PSICODIAGNÓSTICO-V

C972p   Cunha, Jurema Alcides
           Psicodiagnóstico-V / Jurema Alcides Cunha ... [et
        al]. – 5.ed. revisada e ampliada – Porto Alegre : Artmed,
        2000.

           ISBN 978-85-7307-722-3

           1. Psicodiagnóstico. I. Título.

           CDU 616.89:616-071

Catalogação na publicação: Mônica Ballejo Canto – CRB 10/1023

Jurema Alcides Cunha

Livre-docente em Psicologia Clínica.
Doutora em Filosofia.
Professora aposentada dos Cursos de Pós-Graduação em Psicologia
da Pontifícia Universidade Católica do Rio Grande do Sul.
Pesquisadora associada ao Instituto de Psicologia da
Universidade Federal do Rio Grande do Sul.

e Colaboradores

PSICODIAGNÓSTICO-V

5ª edição revisada e ampliada

Reimpressão 2008

2000

© Artmed Editora S.A., 2000

Capa:
Joaquim da Fonseca

Preparação de originais:
Renato Deitos

Supervisão editorial:
Letícia Bispo

Editoração eletrônica:
AGE – Assessoria Gráfica e Editorial Ltda.

Reservados todos os direitos de publicação, em língua portuguesa, à
ARTMED® EDITORA S.A.
Av. Jerônimo de Ornelas, 670 - Santana
90040-340 Porto Alegre RS
Fone (51) 3027-7000 Fax (51) 3027-7070

É proibida a duplicação ou reprodução deste volume, no todo ou em parte,
sob quaisquer formas ou por quaisquer meios (eletrônico, mecânico, gravação,
fotocópia, distribuição na Web e outros), sem permissão expressa da Editora.

SÃO PAULO
Av. Angélica, 1091 - Higienópolis
01227-100 São Paulo SP
Fone (11) 3665-1100 Fax (11) 3667-1333

SAC 0800 703-3444

IMPRESSO NO BRASIL
PRINTED IN BRAZIL

Colaboradores

Aidyl L.M. de Queiroz Pérez-Ramos – Doutora em Psicologia Clínica pela Pontifícia Universidade Católica de São Paulo, com Especialização e Pós-Doutorado nos Estados Unidos e na França. Professora Titular do Programa de Pós-Graduação em Psicologia da Universidade de São Paulo e Docente do Programa de Pós-Graduação da Universidade La Laguna, Espanha. Perito de diversos programas nacionais e internacionais (ONU, OEA e UNESCO), na área de Educação Especial. Titular da Cadeira Paula Souza, nº 30, da Academia Paulista de Psicologia e *Active Member* da New York Academy of Science.

André Jacquemin – Doutor e Livre-Docente em Psicologia pela Universidade de São Paulo. Professor Titular Aposentado da Faculdade de Filosofia e Letras da Universidade de São Paulo. Ex-coordenador do Curso de Psicologia da Universidade de Ribeirão Preto, São Paulo.

Anna Elisa de Villemor Amaral – Psicóloga. Doutora em Distúrbios da Comunicação pela Escola Paulista de Medicina da Universidade Federal de São Paulo. Professora no Curso de Graduação em Psicologia da Pontifícia Universidade Católica de São Paulo. Professora nos Cursos de Graduação e Pós-Graduação em Psicologia da Universidade São Francisco, de Itatiba, SP. Membro da Comissão de Coordenação do Mestrado em Avaliação na Universidade de Itatiba, SP.

Blanca Guevara Werlang – Mestre em Psicologia Social e da Personalidade pela Pontifícia Universidade Católica do Rio Grande do Sul. Doutora do Curso de Pós-Graduação em Ciências Médicas, área de Saúde Mental, da Universidade Estadual de Campinas (UNICAMP). Professora dos Cursos de Graduação e Pós-Graduação da Faculdade de Psicologia da Pontifícia Universidade Católica do Rio Grande Sul.

Candida H. Pires de Camargo – Psicóloga. Coordenadora e Supervisora do Programa de Especialização e Aprimoramento de Psicologia e Neuropsicologia do Instituto de Psiquiatria do Hospital das Clínicas. Coordenadora do Serviço de Psicologia do Instituto de Psiquiatria do Hospital das Clínicas – FMUSP. Supervisora de Neuropsicologia do PROTER do Instituto de Psiquiatria do Hospital das Clínicas – FMUSP.

Cícero Emidio Vaz – Psicólogo. Doutor em Psicologia e Livre-Docente em Técnicas Psicológicas da Faculdade de Psicologia da Pontifícia Universidade Católica do Rio Grande do Sul, com Pós-Doutorado na Universidade da Califórnia, em Berkeley, Estados Unidos. Professor Titular de Técnicas Projetivas dos Cursos de Graduação e Pós-Graduação da Faculdade de Psicologia da Pontifícia Universidade Católica do Rio Grande do Sul.

Claudio Simon Hutz – Ph.D em Psicologia pela Universidade de Iowa, Estados Unidos. Professor Titular do Instituto de Psicologia da Universidade Federal do Rio Grande do Sul. Coordenador do Curso de Psicologia Clínica da UFRGS.

Denise Ruschel Bandeira – Doutora em Psicologia pela Universidade Federal do Rio Grande do Sul. Professora Adjunta do Instituto de Psicologia da Universidade Federal do Rio Grande do Sul. Chefe do Departamento de Psicologia do Desenvolvimento e da Personalidade da UFRGS. Coordenadora do Curso de Especialização em Avaliação Psicológica do Instituto de Psicologia da UFRGS.

Elizabeth do Nascimento – Mestre em Psicologia Social pela Universidade Federal de Minas Gerais. Doutora em Psicologia pela Universidade de Brasília. Professora Assistente do Departamento de Psicologia da Universidade Federal de Minas Gerais.

Irani I. L. Argimon – Mestre em Educação pela Pontifícia Universidade Católica do Rio Grande do Sul. Doutora em Psicologia Clínica pela Pontifícia Universidade Católica do Rio Grande do Sul. Professora no Curso de Graduação em Psicologia na Pontifícia Universidade Católica do Rio Grande do Sul. Supervisora de Psicologia Hospitalar no Hospital São Lucas da PUCRS. Supervisora de Psicologia Clínica na Unidade de Dependência Química no Hospital Mãe de Deus, Porto Alegre.

Jandyra M.G. Fachel – Ph.D em Estatística pela Universidade de Londres. Mestre em Estatística pela Universidade de São Paulo. Professora Titular do Departamento de Estatística da Universidade Federal do Rio Grande do Sul. Professora do Curso de Pós-Graduação em Psicologia do Desenvolvimento da Universidade Federal do Rio Grande do Sul.

Leila S.L.P. Cury Tardivo – Doutora em Psicologia Clínica pela Universidade de São Paulo. Professora de Cursos de Graduação e Pós-Graduação do Instituto de Psicologia da Universidade de São Paulo. Orientadora do Programa de Mestrado do Instituto de Psicologia da Universidade de São Paulo.

Marcelo Tavares – Doutor em Psicologia Clínica pela *United States International University*. Professor do Departamento de Psicologia Clínica do Instituto de Psicologia da Universidade de Brasília. Coordenador do Laboratório de Psicoterapia e Psicodiagnóstico da Universidade de Brasília.

Maria da Graça B. Raymundo – Mestre em Psicologia Clínica pela Pontifícia Universidade Católica do Rio Grande do Sul. Professora Titular dos Cursos de Graduação e Pós-Graduação em Psicologia da Faculdade de Psicologia da Pontifícia Universidade Católica do Rio Grande Sul.

Margareth da Silva Oliveira – Psicóloga. Mestre em Psicologia Clínica pela Pontifícia Universidade Católica do Rio Grande do Sul. Doutora da Universidade Federal de São Paulo (Escola Paulista de Medicina). Professora dos Cursos de Graduação e Pós-Graduação da Pontifícia Universidade Católica do Rio Grande do Sul.

Neli Klix Freitas – Psicóloga. Doutora em Psicologia pela Pontifícia Universidade Católica de São Paulo.

Regina Sonia Gattas F. do Nascimento – Doutora em Psicologia pela Pontifícia Universidade Católica de São Paulo, com formação em psicanálise. Professora no Curso de Graduação em Psicologia da Pontifícia Universidade Católica de São Paulo. Coordenadora do Laboratório de Estudos em Psicodiagnóstico (LEPSI) da Pontifícia Universidade Católica de São Paulo. Professora do curso de Rorschach da Sociedade Brasileira de Rorschach (SBRo), São Paulo.

Silvio A. Erné – Médico Especialista em Psiquiatria pela Associação Brasileira de Psiquiatria (filiada à Associação Médica Brasileira). Especialista em Psiquiatria Forense pela Associação Médica Brasileira. Médico de Perícia e Análise do Estado do Rio Grande do Sul – Secretaria da Justiça e Segurança Pública, à disposição da Assembléia Legislativa do Estado. Médico Perito do Poder Executivo Federal – Ministério da Saúde – Fundação Nacional de Saúde do RS. Consultor Técnico-Forense do Hospital Moinhos de Vento na Área de Gerenciamento de Risco.

Sonia Rovinski – Mestre em Psicologia Social e da Personalidade pela Pontifícia Universidade Católica do Rio Grande do Sul. Doutoranda em Psicologia Clínica e da Saúde pela Universidade de Santiago de Compostela, Espanha, em convênio com a Universidade Luterana do Brasil. Psicóloga Judiciária do Tribunal de Justiça do Estado do Rio Grande do Sul.

Suzi Camey – Mestre em Matemática pela Universidade Federal do Rio Grande do Sul. Doutoranda em Estatística pela Universidade de São Paulo. Professora do Departamento de Estatística da Universidade Federal do Rio Grande do Sul.

Vera L.M. Figueiredo – Mestre em Psicologia Social e da Personalidade pela Pontifícia Universidade Católica do Rio Grande do Sul. Doutora do Curso de Psicologia da Universidade de Brasília (DF). Professora do Curso de Graduação e Pós-Graduação da Escola de Psicologia da Universidade Católica de Pelotas (RS).

Walter Trinca – Doutor em Ciências, Livre-Docente e ex-Professor Titular do Instituto de Psicologia da Universidade de São Paulo, onde coordenou o programa de Pós-Graduação em Psicologia Clínica. Psicanalista e membro efetivo da Sociedade Brasileira de Psicanálise de São Paulo e da International Psychoanalytical Association.

Prefácio

É com extrema satisfação que estou, aqui de novo, para apresentar o *Psicodiagnóstico*, desta vez, em sua quinta edição revisada – o **Psicodiagnóstico-V**. Esta reflete certas inovações surgidas na área, bem como algumas mudanças minhas quanto ao modo de ver as coisas. Mas, de forma mais importante, decorre do estímulo, apoio e reconhecimento que a obra tem tido por parte de todos vocês, alunos, colegas, amigos, assistentes, bolsistas e colaboradores, principais responsáveis por este empreendimento que, só assim, tornou-se viável em poucos meses. Recebam, pois, toda a minha gratidão, já que a merecem.

Os que conheceram as outras edições vão perceber que a estrutura básica da obra continua a mesma, embora pouca coisa permaneça exatamente igual, com a maioria dos capítulos reescritos, sendo outros introduzidos, de forma a ser possível absorver novos enfoques e idéias. Desse modo, tenho o imenso orgulho de assinalar e agradecer a colaboração dos doutores Aidyl Q. Pérez-Ramos, André Jacquemin, Anna Elisa Amaral, Blanca Guevara Werlang, Cícero Vaz, Cláudio Hutz, Denise Bandeira, Elizabeth do Nascimento, Irani Argimon, Jandyra Fachel, Leila Tardivo, Marcelo Tavares, Margareth Oliveira, Neli Freitas, Regina do Nascimento, Vera Figueiredo e Walter Trinca; das doutorandas Sonia Rovinski e Suzi Camey, bem como de registrar, igualmente, a ajuda da mestra Maria da Graça Raymundo e dos especialistas Silvio Erné e Candida Pires de Camargo.

Quando foi lançada a primeira edição, há quase quinze anos, isso aconteceu pela coragem e apoio essencial com que a Editora Artes Médicas recebeu nossas primeiras idéias (minhas, da professora Neli e da professora Maria da Graça) de, ambiciosamente, querer preencher uma lacuna no que se refere a fontes bibliográficas no campo do psicodiagnóstico, atitude que a Editora mantém até hoje. As edições subseqüentes ocorreram pela acolhida que a obra teve em quase todo o país e que espero que continue.

Nesta quinta edição, entretanto, desejo, além de externar meu reconhecimento aos vinte e dois colaboradores, agradecer imensamente à Blanca Guevara Werlang, que auxiliou, de forma eficiente, na revisão final, e, de maneira especial, à Nilza Cidade Cardarelli, pois, sem seu inestimável trabalho de secretaria, este livro não seria possível.

Jurema Alcides Cunha

Prefácio da primeira edição

Trabalhando há vários anos em cursos de pós-graduação em psicologia clínica, freqüentados por psicólogos de várias partes do Brasil, muitas vezes tivemos oportunidade de constatar, e os próprios alunos também, que eles deveriam ter tido uma preparação melhor e mais extensiva em psicodiagnóstico. Todavia, tornava-se muito claro que o problema não poderia ser explicado apenas em termos de deficiências de cursos, mas também pela falta de mais livros de texto e material bibliográfico em geral. Várias vezes, então, nos foi solicitado que escrevêssemos um livro sobre psicodiagnóstico.

É bem verdade que nem todos os alunos de cursos de Psicologia e nem todos os psicólogos clínicos se mostram ávidos por aprender mais a respeito de psicodiagnóstico. Como Weiner comenta, a emergência, na segunda metade do século, de abordagens humanísticas de certa maneira levantou juízos moralísticos a respeito do uso de instrumentos para a classificação diagnóstica. A influência de Maslow e Rogers levou muitos profissionais a considerarem que "o que é verdadeiro sobre as pessoas é somente como experienciam a si mesmas e não qualquer coisa demonstrada por qualquer avaliação externa" e, por outro lado, "que as tentativas de classificação, sejam de acordo com traços de personalidade ou dimensões do comportamento, são procedimentos desumanizantes, que despem as pessoas de sua liberdade e dignidade" (Weiner, 1983, p.450).

A ênfase na individualidade de cada pessoa levou muitos profissionais a adotarem uma posição contra a utilização de processos psicodiagnósticos ou, embora aceitando a sua utilidade, a demonstrarem um temor de classificar as pessoas. A dificuldade chegou a tal ponto que alguns profissionais recebiam o encaminhamento de uma criança, por problema emocional, e, após a utilização de todo um processo, incluindo uma extensiva bateria de testes, acabavam por concluir que a criança apresentava um problema emocional.

Felizmente, após os recentes avanços no campo do psicodiagnóstico, a maioria dos psicólogos acabou por reconhecer que se, em casos específicos, a avaliação psicológica pode ter levado a classificações errôneas ou discriminatórias, como lembra Weiner, "isto não reflete quaisquer características inerentemente desumanizantes dos instrumentos de psicodiagnóstico" (op.cit., p.453).

O psicodiagnóstico é uma tarefa do psicólogo clínico e a única que lhe é privativa. É, pois, de fundamental importância que consiga exercê-la e exercê-la bem.

Por outro lado, à medida que as pesquisas vêm demonstrando a importância etiológica de fatores emocionais em muitas doenças, tradicionalmente tidas como da exclusividade do campo da medicina "física", mais os profissionais vêm considerando a relevância de refinar seus recursos de avaliação, porque podem assumir as funções de um *expert*. Assim, cada vez menos casos são encaminhados para um "exame psicológico" e cada vez mais os psicólogos se dedicam a resolver importantes questões diagnósticas. Desse modo, na medida em que o psicodiagnóstico vai contribuindo substancialmente para a tomada de decisões vitais na vida dos indivíduos e, em especial, os psicólogos vão conseguindo assessorar, de forma fundamental, profissionais de outras áreas, cresce a importância da boa formação e especialização neste campo.

Foi dessa maneira que surgiu o plano deste livro, com uma ambiciosa perspectiva de atender necessidades e interesses de alunos e profissionais. Aos alunos, oferecemos toda uma visão do processo psicodiagnóstico, mais um punhado de informações sobre técnicas, terminando por sugestões para o material básico de um gabinete para psicodiagnóstico. Aos psicólogos, pelo menos parte dessas informações pode interessar, além de termos procurado apresentar alternativas no manejo de várias técnicas, bem como dados recentes sobre o uso de vários instrumentos.

Na primeira parte do livro, discutimos aspectos conceituais e operacionais do psicodiagnóstico, introduzimos questões básicas, enfocamos o problema do encaminhamento e a dinâmica da interação clínica, para, então, passarmos a examinar todo o processo do psicodiagnóstico, desde a entrevista inicial, através de seus vários passos, até a comunicação dos resultados. Os capítulos iniciais, até a colocação de questões básicas, ficaram sob a nossa responsabilidade, passando a professora Maria da Graça B. Raymundo a escrever sobre o contato com o paciente e a dinâmica da interação clínica. No Capítulo 4, houve a colaboração ativa das três autoras, cabendo à professora Neli Klix Freitas, em especial, o desenvolvimento dos itens relativos à entrevista, e à professora Maria da Graça, a maior parte da responsabilidade pelos textos sobre os passos do processo. Foi de fundamental importância a contribuição dessas profissionais, nessa altura do livro, pelo seu contato constante com alunos da graduação e o seu conhecimento sobre suas necessidades.

Na segunda parte do livro, procuramos examinar os recursos de avaliação, partindo de suas implicações teóricas, referindo, a seguir, pontos importantes em várias áreas, para chegar à abordagem de questões eminentemente práticas, tais como sugestões sobre o material básico de um consultório de psicodiagnóstico e a apresentação de uma espécie de catálogo de técnicas, oferecendo informações sucintas, mas básicas, para o profissional ter acesso fácil a algumas alternativas na escolha de instrumentos para uma bateria de testes. Aqui, novamente, a autora sênior introduziu o exame de recursos para a avaliação, ficando ainda a seu cargo a discussão de recursos na área intelectual. A professora Neli e a professora Maria da Graça assumiram, respectivamente, as duas áreas seguintes, enquanto o último item foi desenvolvido em comum pela professora Neli e por nós. No Catálogo de técnicas úteis, a maior parte dos instrumentos ficou sob a nossa responsabilidade, colaborando as demais autoras conforme as experiências profissionais de cada uma.

A terceira parte do livro foi acrescentada ao plano inicial, por parecer necessária a inclusão de alguns manejos clínicos de técnicas de uso comum e que haviam constado no material básico para um gabinete de psicodiagnóstico. Um fator que também pesou bastante na escolha de técnicas foi a sua importância. Assim, num levantamento recente, realizado nos Estados Unidos, em 221 serviços clínicos, o WAIS ficou classificado em primeiro lugar, cabendo o segundo lugar ao MMPI, que superou inclusive o Rorschach, que, por muitos e muitos anos, havia ocupado o primeiro posto em termos de técnicas de personalidade. Todavia, este, o Bender, Complemento de Sentenças e outros ficaram entre os instrumentos mais utilizados pelos psicólogos clínicos daquele país (Weiner, 1983). Dessa maneira, decidimos dar um destaque especial às escalas Wechsler, ao MMPI, ao Bender e ao Rorschach, que foram técnicas que ficaram a nosso cargo, além do Complemento de Sentenças. A professora Neli ficou responsável pelo CAT, Família, Garatujas e TAT, enquanto a professora Maria da Graça desenvolveu o capítulo sobre a Figura Humana. O capítulo sobre o HTP foi em parte escrito pela professora Neli e, em parte, por nós. Nesta parte do livro, cada autora desenvolveu seu assunto como achou melhor, seja do ponto de vista didático, seja quanto à sua experiência pessoal.

Cabe aqui uma menção especial ao trabalho da equipe. Desde que nós esboçamos o rascunho inicial sobre o plano do livro, em abril em 1985, e convidamos as duas professoras, colegas e amigas, a participarem do projeto, temos tido reuniões praticamente mensais para a discussão de sugestões, no sentido de que a obra viesse a atender realmente as necessidades e os interesses de seu possível leitor. Durante esse período, foram examinadas muitas questões e introduzidas modificações, de maneira que o trabalho pudesse refletir o que as três autoras consideraram mais importante, válido e adequado. Há muito, tínhamos em mente escrever este livro. Todavia, foi muito importante a colaboração das duas co-autoras para que fosse desencadeado o processo de sua elaboração e levado até o fim.

Esperamos, agora, ter correspondido à expectativa daqueles alunos e colegas que, há anos, nos solicitam tal empreendimento e aos quais agradecemos o estímulo, a confiança e o reconhecimento.

Jurema Alcides Cunha

Sumário

Parte I
Psicodiagnóstico

MÓDULO I – Fundamentos 19

1 Estratégias de avaliação: perspectivas em psicologia clínica 19
Jurema Alcides Cunha

2 Fundamentos do psicodiagnóstico 23
Jurema Alcides Cunha

MÓDULO II – Questões Básicas 32

3 O problema 32
Jurema Alcides Cunha

4 O contato com o paciente 38
Maria da Graça B. Raymundo

MÓDULO III – Recursos Básicos para o Diagnóstico 45

5 A entrevista clínica 45
Marcelo Tavares

6 A história do examinando 57
Jurema Alcides Cunha

7 O exame do estado mental do paciente 67
Silvio A. Erné

MÓDULO IV – Estratégias Específicas em Entrevista 75

8 A entrevista estruturada para o DSM-IV 75
Marcelo Tavares

9 Entrevista motivacional 88
Margareth da Silva Oliveira

10 Entrevista lúdica 96
Blanca Guevara Werlang

MÓDULO V – Operacionalização do Processo 105

11   Passos do processo psicodiagnóstico 105
     Jurema Alcides Cunha

PARTE II
AVALIAÇÃO, MÉTODOS E TÉCNICAS

MÓDULO VI – Alguns Tipos Específicos de Avaliação 141

12   Avaliação inter e transgeracional da família 141
     Blanca Guevara Werlang

13   Avaliação prospectiva: o exame precoce da criança 151
     Aidyl L.M. de Queiroz Pérez-Ramos

14   Avaliação psicométrica: a qualidade das medidas e o entendimento dos dados 158
     Jandyra M.G. Fachel, Suzi Camey

15   O ABC da avaliação neuropsicológica 171
     Jurema Alcides Cunha

16   Avaliação de sintomas demenciais em idosos: questões essenciais 177
     Irani I.L. Argimon, Candida H. Pires de Camargo

17   Perícia psicológica na área forense 183
     Sonia Rovinski

18   Avaliação retrospectiva: autópsia psicológica para casos de suicídio 196
     Blanca Guevara Werlang

MÓDULO VII – Catálogo de Técnicas Úteis 202

PARTE III
MANEJO CLÍNICO DE TÉCNICAS

MÓDULO VIII – Bender 293

19   Bender na criança e no adolescente 295
     Jurema Alcides Cunha

20   Bender no adulto 317
     Jurema Alcides Cunha

MÓDULO IX – Técnicas de Manchas de Tinta 340

21   Rorschach "tradicional": noções de Klopfer 341
     Jurema Alcides Cunha

22 Novas tendências: introdução ao Sistema Compreensivo de Exner 368
Regina Sonia Gattas F. do Nascimento
Anna Elisa de Villemor A. Güntert

23 Rorschach Temático: um complemento significativo ao Rorschach Tradicional 378
André Jacquemin

24 A técnica de Zulliger no processo de avaliação da personalidade 386
Cícero Emidio Vaz

MÓDULO X – Técnicas de Contar Histórias 399

25 TAT – Teste de Apercepção Temática, conforme o modelo interpretativo de Murray ... 399
Neli Klix Freitas

26 TAT, conforme o modelo de Bellak 409
Blanca Guevara Werlang

27 CAT e sua interpretação dinâmica 416
Neli Klix Freitas

28 Teste das Fábulas: novas perspectivas 421
Jurema Alcides Cunha, Blanca Guevara Werlang, Irani I.L. Argimon

29 Desenvolvimentos do Procedimento de Desenhos-Estórias (D-E) 428
Walter Trinca, Leila S.L.P. Cury Tardivo

MÓDULO XI – Inventário Multifásico Minnesota de Personalidade 439

30 Administração e orientação geral para o manejo do MMPI 439
Jurema Alcides Cunha

31 MMPI: Escalas de validade e escalas clínicas 454
Jurema Alcides Cunha

32 Códigos de dois pontos e outras abordagens do MMPI 480
Jurema Alcides Cunha

MÓDULO XII – Técnicas de Fazer Desenhos 507

33 Desenho da Figura Humana 507
Claudio Simon Hutz, Denise Ruschel Bandeira

34 Desenho da Família 513
Neli Klix Freitas, Jurema Alcides Cunha

35 Desenho da Casa, Árvore e Pessoa (HTP) 519
Neli Klix Freitas, Jurema Alcides Cunha

MÓDULO XIII – Wechsler Intelligence Scales (WIS) 528

36 Escalas Wechsler 529
Jurema Alcides Cunha

37 WISC-III 603
Vera L.M. Figueiredo

38 WAIS-III 615
Elizabeth do Nascimento

Anexo A 628

Anexo B 630
PASSOS BÁSICOS DO DESENVOLVIMENTO DA CRIANÇA (PBDC)
Aidyl L. M. de Queiroz Pérez-Ramos

Anexo C 634

Anexo D 637

Anexo E 639

Referências Bibliográficas 643

Índice Onomástico 662

Índice 668

Parte I
Psicodiagnóstico

MÓDULO I – Fundamentos

Estratégias de avaliação: perspectivas em psicologia clínica

Jurema Alcides Cunha

1

As sementes da avaliação psicológica, que hoje constitui uma das funções do psicólogo, foram lançadas numa fase que abrangeu o fim do século XIX e o início do século XX, época que marcou a inauguração do uso dos testes psicológicos. Historicamente, portanto, justifica-se a imagem que o leigo formou do psicólogo, como um profissional que usa testes, já que principalmente testólogo é o que ele foi, na primeira metade do século XX (Groth-Marnat, 1999). Atualmente, o psicólogo utiliza estratégias de avaliação psicológica, com objetivos bem definidos, para encontrar respostas a questões propostas com vistas à solução de problemas. A testagem pode ser um passo importante do processo, mas constitui apenas um dos recursos de avaliação possíveis. Psicodiagnóstico é uma avaliação psicológica, feita com propósitos clínicos; portanto, não abarca todos os modelos de avaliação psicológica de diferenças individuais (Cunha *et alii*, 1993; Cunha, 1996).

Estratégias de avaliação psicológica, como expressão cada vez mais utilizada na literatura específica, aplicam-se a uma variedade de abordagens e recursos à disposição do psicólogo no processo de avaliação.

Em primeiro lugar, estratégia de avaliação pode-se referir ao enfoque teórico adotado pelo psicólogo. A avaliação psicológica foi fundamentalmente influenciada, durante o século XX, pelas principais correntes de pensamento que salientaram, cada uma, a primazia do comportamento, do afeto e da cognição, na organização e no funcionamento do psiquismo humano.

Na primeira metade do século XX, predominaram "conceituações comportamentais e psicanalíticas", enquanto a segunda metade foi assinalada pela chamada "revolução cognitiva" (Mahoney, 1993, p.8).

A tais linhas de pensamento corresponderam, originariamente, estratégias de avaliação específicas, isto é, métodos e instrumentos típicos. Mas, já nas últimas décadas, foi tomando corpo uma tendência para a integração, que já vinha se esboçando há algum tempo. Desse modo, a estratégia da avaliação comportamental foi abdicando da simples identificação de comportamentos-alvo, perfeitamente distinguíveis e observáveis, mas numa abordagem muito idiossincrásica, para começar a incorporar modalidades cognitivas e, mesmo, afetivas, apesar das fortes objeções iniciais. Por outro lado, até psicólogos da mais tradicional orientação dinâmica têm, muitas vezes, recorrido a estratégias de outra orientação conceitual, devido a razões práticas ou científicas, neste caso, por vezes, pressionados por membros da comunidade acadêmica para serem mais eficientes, com menos tempo e custo. Também, profissionais com referencial cognitivo passaram a lançar mão de técnicas projetivas para entendimento de motivações pessoais e de outros aspectos idiossincrásicos (Piotrowski & Keller, 1984) e igualmente incorporaram avanços do campo da neurociência (Mahoney, 1993).

Tal tendência a mesclar estratégias de diferentes abordagens teóricas pode ser considerada positiva como um recurso científico de nos aproximarmos de nosso objeto de estudo, para explicar aspectos clinicamente relevantes. Porém, como salienta Gabbard (1998), "para alguns clínicos, o desvio de uma perspectiva teórica para outra, dependendo das necessidades do paciente, pode ser embaraçoso e difícil de manejar", e, a propósito, lembra que Wallerstein, em 1988, "assinalou que é possível para os clínicos prestarem atenção ao *fenômeno clínico* descrito através de cada perspectiva teórica, sem adotar o modelo metapsicológico completo". Ainda comenta que Cooper, em 1977, propugnou por maior flexibilidade teórica, afirmando que "diferentes pacientes e categorias diagnósticas sugerem diferentes modelos teóricos" (p.57).

Outro emprego da expressão estratégia de avaliação se refere à metodologia adotada pelo psicólogo. Numa avaliação com propósitos clínicos, por exemplo, é possível usar métodos mais individualizados ou qualitativos ou, ainda, métodos psicométricos, em que o manejo se fundamenta em normas de grupos. A tais métodos, pode-se acrescentar a entrevista, que tem precedência histórica sobre os demais (Goldstein & Hersen, 1990), bem como a observação sistemática de comportamentos, da linha comportamental.

Também no que se refere à metodologia, observa-se que o psicólogo não costuma seguir uma orientação puramente nomotética ou idiográfica. Por outro lado, a própria opção quanto a métodos sofre a influência de eventos e avanços que ocorrem nesta e noutras áreas da psicologia, bem como de outras ciências afins. Nota-se ascensão e declínio de alguns métodos e vice-versa, como numa "espiral histórica, com vários níveis deixados de lado e retomados em diferentes níveis" (p.4).

Goldstein e Hersen (1990) apresentam a entrevista como um exemplo característico desse tipo de movimento. Historicamente, como o método mais antigo, individualizado e, portanto, não-estruturado, utilizado por psicólogos, psiquiatras e por seus predecessores, foi considerado não-fidedigno, já em 1967, por Zubin, ao analisar a concordância entre avaliadores em entrevistas psiquiátricas. Não obstante, sob a influência de tendências científicas, que incentivavam o uso de critérios mais objetivos, a entrevista voltou a ganhar seu *status* na psiquiatria, num formato estruturado, com propriedades psicométricas bem estabelecidas e refletindo avanços recentes.

Assim, no momento em que a ciência e o mercado tornaram acessíveis vários tipos de entrevistas estruturadas, no campo da psiquiatria, tal estratégia pareceu sobrepor-se, quanto à sua utilidade, em relação a qualquer método da psicologia, objetivo ou projetivo. As considerações levantadas, em princípio, foram absolutamente lógicas, pois, se pensarmos que, uma vez que a entrevista psiquiátrica tem sido utilizada como critério externo para a validação de testes, é claro que a entrevista terá prioridade, "quando se pode usar igualmente, de preferência o próprio critério de medida do que o teste" (Goldstein & Hersen, 1990, p.5). Porém, embora a entrevista estruturada tenha boas características psicométricas, a questão diagnóstica, ainda que em situação melhor, "permanece mais complexa do que seria desejável" (Kendall & Clarkin, 1992, p.833).

Já na psicologia, a entrevista estruturada não teve tão grande aceitação, uma vez que, na avaliação com propósitos clínicos, o psicólogo, em princípio, não se limita a um único método (como a entrevista), mas tende a aliar enfoques quantitativos e qualitativos e, assim, consegue testar, até certo ponto, a consistência e a fidelidade dos subsídios que suas estratégias lhe fornecem, para chegar a inferências com grau razoável de certeza. Por outro lado, mesmo considerando a qualidade psicométrica da entrevista estruturada, "faltam-lhe elementos importantes de *rapport*, riqueza idiográfica e a flexibilidade que caracteriza interações menos estruturadas" (Groth-Marnat, 1999, p.7).

Aqui, é o momento de lembrar o outro sentido em que pode ser empregada a expressão estratégias de avaliação, agora com referência específica às medidas do psicólogo. Embora, como no caso da entrevista, elas tenham sido algo desacreditadas, durante certo período, em vários países, estão numa fase de ascensão, não só por apresentarem, cada vez mais, melhor qualidade metodológica, mas porque, especialmente do ponto de vista clínico, tornaram-se mais necessárias para resolver questões diagnósticas, mormente após a valorização científica dos quadros de co-morbidade psiquiátrica.

Tais casos somente passaram a se constituir em objeto de investigação por parte da comunidade científica a partir de 1987, porque antes disso, nas classificações nosológicas, havia regras de exclusão hierárquica, que levaram a uma considerável perda de informações clínicas (Di Nardo & Barlow, 1990).

Um dos problemas observados teve relação com transtornos de ansiedade que, apesar da incidência mais tarde verificada, ocupavam uma posição hierarquicamente inferior ao transtorno de depressão maior, no DSM-III (APA, 1980), e, então, mesmo preenchendo critérios diagnósticos de um ou outro transtorno de ansiedade específico, eram excluídos como diagnóstico adicional. Ora, como a condição de co-morbidade desses transtornos com o episódio de depressão maior, hoje, é reconhecidamente muito comum, é possível imaginar os reflexos de tal exclusão, como de outras, não só para a compreensão do caso clínico e de sua etiologia, como, também, para a determinação de focos de intervenção clínica. Entretanto, as mudanças que ocorreram nas classificações, apesar de resolverem uma série de dificuldades, trouxeram complexas implicações não só para questões diagnósticas e terapêuticas, como também tiveram profundos reflexos em modelos teóricos (Boulenger & Lavallée, 1993; Cloninger, 1990; Cunha & Streb, 1998; Hiller, Zandig & Bose; 1989; Lydiard, 1991; Mineka, Watson & Clark, 1998).

Dessa maneira, pode-se afirmar que, com o decorrer do tempo, houve, indiscutivelmente, refinamentos nos sistemas de classificação, como, da mesma forma, ficou mais abrangente o conceito de co-morbidade, com conseqüente melhoria das estratégias de avaliação. Mas estas sofrem, também, reflexos de questões pendentes, tanto no que se refere à intensidade de sintomatologia, clinicamente importante para definir a situação de co-morbidade (Boulenger & Lavallée, 1993), como na caracterização de síndromes e na formulação diagnóstica. Por exemplo, se, por um lado, a classificação do transtorno misto de ansiedade e depressão foi proposta aparentemente para resolver um problema diagnóstico relacionado com co-morbidade, por outro lado, "carrega consigo o ônus dessa situação, isto é, confronta a questão de se determinar que características distinguem tal categoria nosológica, que sintomas se superpõem e em que medida" (Cunha, Streb & Serralta, 1997b, p.237). Em pesquisa, tal problemática pode ser fascinante, mas, na avaliação psicológica do caso individual, pode resultar em dúvidas cruciais, se está em jogo uma formulação diagnóstica.

Por outro lado, o psicólogo, muitas vezes, identifica sintomas subclínicos ou não, reconhecendo a necessidade de definir níveis de psicopatologia, uma vez que estes costumam diferir se o examinando é um caso que está em tratamento psiquiátrico na comunidade, é um sujeito que recorre a centros de atenção médica primária ou é um paciente de uma unidade psiquiátrica (Katon & Roy-Byrne, 1991). Considerando a importância de definir tais níveis de psicopatologia, vem se observando um crescente interesse por um modelo dimensional, relacionado com instrumentos psicométricos, na avaliação de pacientes, que provavelmente terá reflexos no formato do DSM-V (Brown & Barlow, 1992).

Tais estratégias de avaliação incluem instrumentos de auto-relato e podem ser consideradas como medidas de sintomas ou de síndromes (Clark & Watson, 1991). Um exemplo do primeiro caso é o Inventário de Depressão de Beck, que é uma escala sintomática, e do segundo caso, um dos instrumentos mais usados no mundo, o MMPI. Outras estratégias desse tipo podem diferir conforme a orientação teórica do examinador, de acordo com as características do examinando e a questão proposta.

Com tais perspectivas do ponto de vista clínico, salienta-se a importância do psicólogo bem se instrumentalizar, principalmente no que se refere a recursos psicométricos, já que a necessidade principal, em nível de contribuição para o diagnóstico, tem sido definida como dimensional (Brown & Barlow, 1992). Escalas, inventários e *check-lists* estão na ordem do dia. As escalas Wechsler e muitos outros instrumentos vêm sendo constantemente revisados, renormatizados ou reapresentados (Hutz & Bandeira, 1993), e intensificam-se os esforços para adaptações no Brasil. As chamadas WIS (*Wechsler Intelligence Scales*), cada vez menos empregadas para a determinação de nível intelectual, constituem-se em importantes instrumentos para atender necessidades muito específicas no diagnóstico de psicopatologias e na avaliação neuropsicológica, e são um bom exemplo de tais esforços.

Quanto às técnicas projetivas, também podem ser consideradas estratégias de avaliação. Historicamente caracterizadas por seu estilo de avaliação impressionista (Cronbach, 1996), que causa pruridos em acadêmicos mais comprometidos com uma posição científica sofisticada, tiveram um declínio de seu uso em pesquisa, apesar de continuarem populares. "A maioria dos autores que defendem o seu uso o faz visando à exploração de aspectos dinâmicos da personalidade, que adquirem significado sob a ótica de um referencial teórico ao qual há difícil acesso via psicométrica" (Cunha & Nunes, 1996, p.341). Isso significa que não se pode simplesmente transformar uma técnica projetiva num teste psicométrico, embora muitas delas suportem o uso de procedimentos que permitem avaliar sua qualidade como medida.

As razões pelas quais conservam sua popularidade são variadas. Hutz e Bandeira (1993) acham que, dentre as técnicas projetivas, se mantêm aquelas que "receberam refinamentos em seus sistemas de avaliação e interpretação" (p.98). Já Dana (1984) comentava, com certo senso comum, que também se mantêm os instrumentos que aprendemos a usar em nossos cursos de graduação. É difícil substituí-los por instrumentos mais sofisticados e, assim, permanecem como herança acadêmica de professor a aluno. As substituições, em seu modo de ver, ocorreriam por razões pragmáticas ou éticas. De nossa parte, acreditamos que um dos mais importantes fatores para a inovação e renovação, na área de testes, é a participação em encontros ou em congressos de psicólogos.

De alguma forma, pode-se pensar que as técnicas projetivas ambicionam medir o que Herman van Praag (1992) chamou de "psicopatologia subjetiva", que, embora considere, "por definição", mensurável, verificável e extremamente importante para o diagnóstico, ao mesmo tempo, acha que tais recursos virtualmente inexistem (p.255).

Na realidade, ainda que as técnicas projetivas não tenham justificado todo o entusiasmo com que foram recebidas por muitos psicólogos, nem mereçam se constituir como meros estímulos para interpretações subjetivas, bastante literárias, e sejam suficientemente complexas para serem manejadas apenas numa base quantitativa, cientificamente muitas delas possuem o seu *status* indiscutível como recursos importantes de avaliação psicológica e, segundo Gabbard (1998), especialmente, na avaliação psicodinâmica.

Estratégias de avaliação é, pois, uma expressão com uma abrangência semântica muito ampla e flexível, ainda que possa ser usada de maneira muito específica. Psicólogos lançam mão de estratégias quando realizam avaliações. Numa perspectiva clínica, a avaliação que é feita comumente é chamada de psicodiagnóstico, porque procura avaliar forças e fraquezas no funcionamento psicológico, com um foco na existência ou não de psicopatologia.

Fundamentos do psicodiagnóstico

Jurema Alcides Cunha

Já disseram e repetimos que, enquanto os psicólogos em geral realizam avaliações, os psicólogos clínicos, entre outras tarefas, realizam psicodiagnósticos. Pode-se dizer que avaliação psicológica é um conceito muito amplo. Psicodiagnóstico é uma avaliação psicológica, feita com propósitos clínicos e, portanto, não abrange todos os modelos de avaliação psicológica de diferenças individuais. É um processo que visa a identificar forças e fraquezas no funcionamento psicológico, com um foco na existência ou não de psicopatologia. Isso não significa que a classificação psiquiátrica seja um objetivo precípuo do psicodiagnóstico, mas sim que, para medir forças e fraquezas no funcionamento psicológico, devem ser considerados como parâmetros os limites da variabilidade normal (Yager & Gitlin, 1999). É esta abordagem que confere a perspectiva clínica a esse tipo de avaliação de diferenças individuais.

O psicodiagnóstico derivou da psicologia clínica, introduzida por Lighter Witmer, em 1896, e criada sob a tradição da psicologia acadêmica e da tradição médica. Consta que nem ao fundador da psicologia clínica agradou a designação "clínica", adotada apenas por falta de melhor alternativa (Garfield, 1965). Não obstante, tudo indica que essa tradição médica, associada à psicologia clínica, teria efeitos marcantes na formação da identidade profissional do psicólogo clínico, oferecendo-lhe, por um lado, modelos de identificação e, por outro, acentuando as suas dificuldades nas relações interprofissionais.

Aquele fim de século e o começo do seguinte foram marcantes pelos trabalhos de Galton, que introduziu o estudo das diferenças individuais, de Cattell, a quem se devem as primeiras provas, designadas como testes mentais, e de Binet, que propôs a utilização do exame psicológico (por meio de medidas intelectuais) como coadjuvante da avaliação pedagógica. Por tais razões, a esses três autores é atribuída a paternidade do psicodiagnóstico (Fernández-Ballesteros, 1986).

A nossa tradição psicométrica, assim alicerçada, ficou melhor sedimentada pela difusão das escalas Binet, seguidas pela criação dos testes do exército americano, Alfa e Beta. Se a contribuição da psicometria foi e é essencialmente importante para garantir a cientificidade dos instrumentos do psicólogo, torna-se importante, conforme salienta Groth-Marnat (1999), estabelecer a diferença que existe entre o psicometrista e o psicólogo clínico. O primeiro tende a valorizar os aspectos técnicos da testagem, enquanto, no psicodiagnóstico, há a utilização de testes e de outras estratégias, para avaliar um sujeito de forma sistemática, científica, orientada para a resolução de problemas. O psicometrista "utiliza testes para obter dados", e, em sua abordagem, "o produto final é muitas vezes uma série de traços ou descrições de capacidades". Mas é importante lembrar que "essas descrições tipicamente não estão relacionadas com o contexto total da pessoa e nem se voltam para os problemas singulares que ela possa estar enfrentando" (p.3).

Por outro lado, ainda no século passado, a comunidade científica foi muito marcada pelas descobertas ocorridas no campo da biologia, com início na verificação da "correlação de síndromes clínicas com modificações morfológicas observadas na autópsia" (Klerman, 1990, p.15) e continuada por outra série de descobertas, como pelas "tentativas feitas para correlacionar síndromes mentais com achados de autópsia e dados bacteriológicos" (p.16). A base científica fornecida à medicina pela biologia levava psiquiatras a buscarem as causas da doença mental no organismo e, em especial, no sistema nervoso central. Em conseqüência, "os pacientes psiquiátricos, não mais considerados lunáticos, se tornaram 'nervosos' (...) ou 'neuróticos' " (Wolman, 1965, p.1121). Dessa época data a divisão dicotômica dos transtornos psiquiátricos em "orgânicos" e "funcionais". Foi nessa escola pré-dinâmica da psiquiatria que surgiu Kraepelin, que se notabilizou por seu sistema de classificação dos transtornos mentais e, especialmente, por seus estudos diferenciais entre esquizofrenia e psicose maníaco-depressiva. Em conseqüência, as classificações nosológicas e o diagnóstico diferencial ganharam ênfase.

Não obstante, mesmo no período entre as duas grandes guerras, a classificação das doenças mentais pressupunha uma hierarquia, conforme o modelo médico, em grandes classes: "transtornos mentais orgânicos, psicoses, neuroses, transtornos de personalidade e estados reativos/transitórios". Quando se evidenciava uma condição orgânica, esta "tomava precedência sobre todos os outros diagnósticos" (Klerman, 1990, p.18). Neste cenário, tiveram especial importância as obras de Freud e Kraepelin, caracterizando bem a diferença entre estados neuróticos e psicóticos, dentre os transtornos classificados como funcionais (não-orgânicos). Tal distinção foi considerada muito adequada porque "parecia combinar cinco aspectos da psicopatologia, simultaneamente: 1) sintomas descritivos; 2) causação presumida; 3) psicodinâmica; 4) justificação para hospitalização; 5) recomendação sobre tratamento" (p.18-19).

Deste modo, Freud, que provinha da melhor tradição neurofisiológica, representou o primeiro elo de uma corrente de conteúdo dinâmico, logo seguido pelo aparecimento do teste de associação de palavras, de Jung, em 1906, e fornecendo lastro para o lançamento, mais tarde, das técnicas projetivas.

Nesse cenário, Rorschach publicou sua monografia, em 1921, que teve maior divulgação na década seguinte. O teste passou a ser utilizado como um passo essencial (e, às vezes, único) do processo de diagnóstico. A grande popularidade alcançada nas décadas de quarenta e cinqüenta é atribuída ao fato de que "os dados gerados pelo método eram compatíveis com os princípios básicos da teoria psicanalítica" (Vane & Guarnaccia, 1989, p.7).

Esse foi o período áureo das técnicas de personalidade. Embora o Rorschach e o TAT fossem os instrumentos mais conhecidos, começaram a se multiplicar rapidamente as técnicas projetivas, como o teste da figura humana, o Szondi, o MPAS e tantos outros.

O entusiasmo que cercou o advento das técnicas projetivas pode ser, em grande parte, explicado por dois fatores de peso: 1) o fato de que os testes, tão valorizados na época anterior, principalmente na área militar e da indústria, já não pareciam tão úteis "na avaliação de problemas da vida (neurose, psicose, etc.)" (Groth-Marnat, 1999, p.4), e 2) a valorização atribuída pela comunidade psiquiátrica ao entendimento dinâmico.

Entretanto, a partir de então, as técnicas projetivas começaram a apresentar certo declínio em seu uso, por problemas metodológicos, pelo incremento de pesquisas com instrumentos alternativos, como o MMPI e outros inventários de personalidade, por sua associação com alguma perspectiva teórica, notavelmente a psicanalítica (Goldstein & Hersen, 1990), e pela ênfase na interpretação intuitiva apesar dos esforços para o desenvolvimento de sistemas de escore (Vane & Guarnaccia, 1989). Apesar disso, essas técnicas ainda são bastante utilizadas, embora com objeções, por parte dos psicólogos que propugnam por avaliações de orientação comportamental e biológica.

Atualmente, há indiscutível ênfase no uso de instrumentos mais objetivos, interesse por entrevistas diagnósticas mais estruturadas, notadamente com o incremento no desenvolvimento de avaliações computadorizadas de personalidade, que vêm oferecendo novas estratégias neste campo (Butcher, Keller & Bacon, 1985).

Também, as necessidades de manter um embasamento científico para oferecer respostas adequadas e compatíveis com os progressos de outros ramos da ciência, especialmente em termos de questões diagnósticas, criadas por modificações introduzidas nas classificações oficiais, têm levado à revisão, renormatização e criação de novas estratégias de avaliação.

Aliás, Zacker, já em 1989, afirmava que o reconhecimento da qualidade do psicodiagnóstico tem que ver, em primeiro lugar, com um refinamento dos instrumentos e, em segundo lugar, com estratégias de *marketing* de que o psicólogo deve lançar mão para aumentar a utilização dos serviços de avaliação pelos receptores de laudos. Na mesma década, Groth-Marnat (1984) salientava a importância do profissional se familiarizar com as reais necessidades do usuário, observando que, muitas vezes, psicólogos competentes acabam por "fornecer uma grande quantidade de informações inúteis para as fontes de encaminhamento" (p.20) por falta de uma compreensão adequada das verdadeiras razões que motivaram o encaminhamento ou, em outras palavras, por desconhecimento das decisões que devem ser tomadas com base nos resultados do psicodiagnóstico. Recentemente (1999), insistiu na mesma idéia, afirmando que o psicólogo clínico deve "entender o vocabulário, o modelo conceitual, a dinâmica e as expectativas da fonte de encaminhamento*" (p.31).

As sugestões apontadas, de conhecer as necessidades do mercado e de desenvolver estratégias de conquista desse mercado, parecem se fundamentar na pressuposição de que o psicólogo, sobrecarregado com suas tarefas, não está avaliando a adequabilidade de seus dados em relação ao público usuário.

Mas que público é esse? Que serviços ou profissionais podem ter necessidade de solicitar psicodiagnósticos? Primeiramente, vejamos onde costuma trabalhar um psicólogo que lida com psicodiagnóstico. Segundo Groth-Marnat (1999), o psicólogo clínico mais freqüentemente exerce suas funções numa instituição que presta serviços psiquiátricos ou de medicina geral, num contexto legal ou educacional, bem como em clínicas psicológicas. Em termos de Brasil, embora cada vez mais se encontrem profissionais da psicologia trabalhando nesses ambientes, especialmente em instituições de cuidados com a saúde, é muito comum que o psicodiagnóstico se realize em clínicas ou em consultórios psicológicos, em que ele recebe encaminhamento principalmente de médicos psiquiatras ou de outra especialidade (pediatras, neurologistas, etc.), da comunidade escolar, de juízes ou de advogados, ou atende casos que procuram espontaneamente um exame, ou são recomendados a fazê-lo por algum familiar ou amigo.

A questão básica com que se defronta o psicólogo é que, embora um encaminhamento seja feito, porque a pessoa necessita de subsídios para basear uma decisão para resolver um problema, muitas vezes ela não sabe claramente que perguntas levantar ou, por razões de sigilo profissional, faz um encaminhamento vago para uma "avaliação psicológica". Em conseqüência, uma das falhas comuns do psicólogo é a aceitação tácita de tal encaminhamento, com a realização de um psicodiagnóstico, cujos resultados não são pertinentes às necessidades da fonte de solicitação.

É, pois, responsabilidade do clínico manter canais de comunicação com os diferentes tipos de contextos profissionais para os quais trabalha, familiarizando-se com a variabilidade de problemas com que se defrontam e conhecendo as diversas decisões que os mesmos

---

*N. da A. Em inglês, *referral setting*, para o que é difícil encontrar equivalência precisa em português.

pressupõem. Mais do que isso: deve determinar e esclarecer o que dele se espera, no caso individual. Esta é uma estratégia de aproximação, que lhe permitirá adequar seus dados às necessidades das fontes de encaminhamento, de forma que seus resultados tenham o impacto que merecem e o psicodiagnóstico receba o crédito a que faz jus.

CARACTERIZAÇÃO DO PROCESSO

Definição

Psicodiagnóstico é um processo científico, limitado no tempo, que utiliza técnicas e testes psicológicos (*input*), em nível individual ou não, seja para entender problemas à luz de pressupostos teóricos, identificar e avaliar aspectos específicos, seja para classificar o caso e prever seu curso possível, comunicando os resultados (*output*), na base dos quais são propostas soluções, se for o caso.

Caracterizamos o psicodiagnóstico como um processo científico, porque deve partir de um levantamento prévio de hipóteses que serão confirmadas ou infirmadas através de passos predeterminados e com objetivos precisos. Tal processo é limitado no tempo, baseado num contrato de trabalho entre paciente ou responsável e o psicólogo, tão logo os dados iniciais permitam estabelecer um plano de avaliação e, portanto, uma estimativa do tempo necessário (número aproximado de sessões de exame).

O plano de avaliação é estabelecido com base nas perguntas ou hipóteses iniciais, definindo-se não só quais os instrumentos necessários, mas como e quando utilizá-los. Pressupõe-se, naturalmente, que o psicólogo saiba que instrumentos são eficazes quanto a requisitos metodológicos. Portanto, a questão, aqui, é o quanto certos instrumentos podem ser eficientes, se aplicados com um propósito específico, para fornecer respostas a determinadas perguntas ou testar certas hipóteses.

Selecionada e administrada uma bateria de testes, obtêm-se dados que devem ser inter-relacionados com as informações da história clínica, da história pessoal ou com outras, a partir do elenco das hipóteses iniciais, para permitir uma seleção e uma integração, norteada pelos objetivos do psicodiagnóstico, que determinam o nível de inferências que deve ser alcançado.

Tais resultados são comunicados a quem de direito, podendo oferecer subsídios para decisões ou recomendações.

Objetivos

O processo do psicodiagnóstico pode ter um ou vários objetivos, dependendo dos motivos alegados ou reais do encaminhamento e/ou da consulta, que norteiam o elenco de hipóteses inicialmente formuladas, e delimitam o escopo da avaliação. Portanto, relacionam-se essencialmente com as questões propostas e com as necessidades da fonte de solicitação e "determinam o nível de inferências que deve ser alcançado na comunicação com o receptor" (Cunha, 1996, p.50).

Resumidamente, os objetivos mais comuns são apresentados no Quadro 2.1.

Como se pode pressupor, dependendo da simplicidade ou da complexidade das questões propostas, variam os objetivos.

As perguntas mais elementares que podem ser formuladas, em relação a uma capacidade, um traço, um estado emocional, seriam: "Quanto?" ou "Qual?". Um exemplo comum de exame com tal objetivo seria o de avaliação do nível intelectual, que permitiria uma *classificação simples*. O examinando é submetido a testes, adequados a sua idade e nível de escolaridade. São levantados escores, consultadas tabelas, e os resultados são fornecidos em dados quantitativos, classificados sumariamente.

Estritamente, se o examinador se restringe a tal objetivo, sua tarefa seria caracterizada mais como a de um psicometrista do que a de um psicólogo clínico. Todavia, o psicólogo clínico, que não perde a referência da pessoa do examinando, dificilmente iria se restringir a tal objetivo, porque analisaria escores dos subtestes (se tivesse usado um instrumento WIS), bem como diferenças inter e intratestes, que são

QUADRO 2.1 Objetivos de uma avaliação psicológica clínica

Objetivos	Especificação
Classificação simples	O exame compara a amostra do comportamento do examinando com os resultados de outros sujeitos da população geral ou de grupos específicos, com condições demográficas equivalentes; esses resultados são fornecidos em dados quantitativos, classificados sumariamente, como em uma avaliação de nível intelectual.
Descrição	Ultrapassa a classificação simples, interpretando diferenças de escores, identificando forças e fraquezas e descrevendo o desempenho do paciente, como em uma avaliação de déficits neuropsicológicos.
Classificação nosológica	Hipóteses iniciais são testadas, tomando como referência critérios diagnósticos.
Diagnóstico diferencial	São investigadas irregularidades ou inconsistências do quadro sintomático, para diferenciar alternativas diagnósticas, níveis de funcionamento ou a natureza da patologia.
Avaliação compreensiva	É determinado o nível de funcionamento da personalidade, são examinadas as funções do ego, em especial a de *insight*, condições do sistema de defesas, para facilitar a indicação de recursos terapêuticos e prever a possível resposta aos mesmos.
Entendimento dinâmico	Ultrapassa o objetivo anterior, por pressupor um nível mais elevado de inferência clínica, havendo uma integração de dados com base teórica. Permite chegar a explicações de aspectos comportamentais nem sempre acessíveis na entrevista, à antecipação de fontes de dificuldades na terapia e à definição de focos terapêuticos, etc.
Prevenção	Procura identificar problemas precocemente, avaliar riscos, fazer uma estimativa de forças e fraquezas do ego, de sua capacidade para enfrentar situações novas, difíceis, estressantes.
Prognóstico	Determina o curso provável do caso.
Perícia forense	Fornece subsídios para questões relacionadas com "insanidade", competência para o exercício das funções de cidadão, avaliação de incapacidades ou patologias que podem se associar com infrações da lei, etc.

Fonte: Cunha, in Taborda, Prado-Lima & Busnello, 1996, p.51 (reproduzido com autorização da Editora).

suscetíveis de interpretação. Então, teria condições de identificar forças e fraquezas no funcionamento intelectual. No caso, o objetivo do exame seria de *descrição*. Mas, se se detivesse a examinar certos erros e desvios, poderia levantar pistas que servissem de base para hipóteses sobre a presença de déficits cognitivos. O objetivo ainda seria o de descrição, mas o processo seria mais complexo.

Também seria descritivo o exame do estado mental do paciente ou o exame das funções do ego, freqüentemente realizados sem a administração de testes, pelo que não são de competência exclusiva do psicólogo. O exame do estado mental do paciente, por exemplo, é um tipo de recurso diagnóstico que envolve a exploração da presença de sinais e sintomas, eventualmente utilizando provas muito simples, não-padronizadas, para uma estimativa sumária de algumas funções, como atenção e memória. Este constitui um exame subjetivo de rotina em clínicas psiquiátricas, muitas vezes complementado por um exame objetivo.

Freqüentemente, dados resultantes desse exame, da história clínica e da história pessoal permitem atender ao objetivo de *classificação nosológica*. Essa avaliação com tal objetivo é realizada pelo psiquiatra e, também, pelo psicólogo, quando o paciente não é testável. Nesse caso específico, pode-se dizer que ambos usam preferencialmente um modelo categórico para analisar a psicopatologia, isto é, devem fazer um julgamento clínico sobre a presença ou não de uma configuração de sintomas significativos (Dobson & Cheung, 1990). Dessa maneira, estariam verificando o que o paciente tem de similar com outros pacientes na mesma categoria diagnóstica. Se o trabalho se restringisse a chegar a um código classificatório, não caberia a sua qualificação como psicodiagnóstico propriamente dito.

Não obstante, quando o paciente apresenta condições para testagem, é possível se desenvolver um psicodiagnóstico em estrito senso: o psicólogo organiza seu plano de avaliação e lança mão de uma bateria de testes, para verificar cientificamente suas hipóteses, ou, ainda, para levantar outras a serem analisadas, conforme a história e o contexto de vida do paciente. A classificação nosológica, além de facilitar a comunicação entre profissionais, contribui para o levantamento de dados epidemiológicos de uma comunidade. Assim, deve ser usada, mas, num psicodiagnóstico, a tarefa não se restringe a conferir quais os critérios diagnósticos que são preenchidos pelo caso.

Outro objetivo praticamente associado a esse é o de *diagnóstico diferencial*. O psicólogo investiga irregularidades e inconsistências do quadro sintomático e/ou dos resultados dos testes para diferenciar categorias nosológicas, níveis de funcionamento, etc. Naturalmente, para trabalhar com tal objetivo, o psicólogo, além de experiência e de sensibilidade clínica, deve ter conhecimentos avançados de psicopatologia e de técnicas sofisticadas de diagnóstico.

O objetivo de *avaliação compreensiva* considera o caso numa perspectiva mais global, determinando o nível de funcionamento da personalidade, examinando funções do ego, em especial quanto a *insight*, para indicação terapêutica ou, ainda, para estimativa de progressos ou resultados de tratamento. Não chega necessariamente à classificação nosológica, embora esta possa ocorrer subsidiariamente, uma vez que o exame pode revelar alterações psicopatológicas. Mas, de qualquer forma, envolve algum tipo de classificação, já que a determinação do nível de funcionamento é especialmente importante para a indicação terapêutica, definindo limites da responsabilidade profissional. Assim, um paciente em surto poderia requerer hospitalização e prescrição farmacológica sob os cuidados de um psiquiatra. Um paciente que enfrenta uma crise vital pode se beneficiar com uma terapia breve com um psicoterapeuta. Pressupõe-se que certas funções do ego estejam relativamente intactas para que haja uma resposta terapêutica adequada para determinados tipos de tratamento.

Basicamente, podem não ser utilizados testes. Esse é um objetivo explícito ou implícito nos contatos iniciais do paciente com psiquiatras, psicanalistas e psicólogos de diferentes linhas de orientação terapêutica. Entretanto, se o objetivo é atingido por meio de um psicodiagnóstico, obtêm-se evidências mais objetivas e precisas, que podem, inclusive, servir de parâmetro para avaliar resultados terapêuticos, mais tarde, através de um reteste.

O objetivo de *entendimento dinâmico*, em sentido lato, pode ser considerado como uma forma de avaliação compreensiva, já que enfoca a personalidade de maneira global, mas pressupõe um nível mais elevado de inferência clínica. Através do exame, procura-se entender a problemática de um sujeito, com uma dimensão mais profunda, na perspectiva histórica do desenvolvimento, investigando fatores psicodinâmicos, identificando conflitos e chegando a uma compreensão do caso com base num referencial teórico.

Um exame desse tipo requer entrevistas muito bem conduzidas, cujos dados nem sempre são consubstanciados pelos passos específicos de um psicodiagnóstico, não sendo, portanto, um recurso privativo do psicólogo clínico. Freqüentemente, combina-se com os objetivos de classificação nosológica e de diagnóstico diferencial. Porém, quando é um objetivo do psicodiagnóstico, leva não só a uma abordagem diferenciada das entrevistas e do material de testagem, como a uma integração dos dados com base em pressupostos psicodinâmicos.

Um psicodiagnóstico também pode ter um objetivo de *prevenção*. Tal exame visa a identificar problemas precocemente, avaliar riscos, fazer uma estimativa de forças e fraquezas do ego, bem como da capacidade para enfrentar situações novas, difíceis, conflitivas ou ansiogências. Em sentido lato, pode ser realizado por outros profissionais de uma equipe de saúde pública. Muitas vezes, é levado a efeito utilizando recursos de triagem, procurando atingir o maior número de casos no menor espaço de tempo, portanto, não pressupondo maior profundidade no levantamento de certos indícios de possível patologia, apenas para dar fundamentação ao desenvolvimento de programas preventivos, com grupos maiores. Não obstante, num exame individual, que pode requerer uma dimensão mais profunda, especialmente envolvendo uma estimativa de condições do ego frente a certos riscos ou no enfrentamento de situações difíceis, seria indicado um psicodiagnóstico.

Outro objetivo é o de *prognóstico*, que depende fundamentalmente da classificação nosológica, e, neste sentido, não é privativo do psicólogo. Em muitos casos, todavia, este pode dar uma contribuição importante, na medida em que, por meio do psicodiagnóstico, pode avaliar condições que, de alguma forma, possam ter influência no curso do transtorno. Entretanto, trata-se de uma área que ainda exige muitas pesquisas tanto para a coleta de dados estatísticos sobre o curso possível de certos transtornos quanto sobre a utilização mais adequada da testagem com esse objetivo.

Por último, existe um objetivo de *perícia forense*. O exame procura resolver questões relacionadas com "insanidade", competência para o exercício de funções de cidadão, avaliação de incapacidade ou de comprometimentos psicopatológicos que etiologicamente possam se associar com infrações da lei, etc.

Geralmente, é colocada uma série de quesitos que o psicólogo deve responder para instruir um determinado processo. Suas respostas devem ser claras, precisas e objetivas. Portanto, deve haver um grau satisfatório de certeza quanto aos dados dos testes, o que é bastante complexo, porque "os dados descrevem o que uma pessoa pode ou não fazer no contexto da testagem, mas o psicólogo deve ainda inferir o que ele acredita que ela poderia ou não fazer na vida cotidiana" (Groth-Marnat, 1984, p.25). As respostas fornecem subsídios para instruir decisões de caráter vital para o indivíduo. Conseqüentemente, a necessidade de chegar a inferências que tenham tais implicações pode se tornar até certo ponto ansiogênica para o psicólogo.

Na realidade, comumente o psiquiatra é nomeado como perito e solicita o exame psicológico para fundamentar o seu parecer. Não obstante, muitas vezes, o psicólogo é chamado para colaborar com a justiça, de forma independente.

Responsabilidade

O diagnóstico psicológico pode ser realizado:
   a) pelo psicólogo, pelo psiquiatra (e, eventualmente, pelo neurologista ou psicanalista), com vários objetivos (exceto o de classificação simples), desde que seja utilizado o modelo médico apenas, no exame de funções, identificação de patologias, sem uso de testes e técnicas privativas do psicólogo clínico;
   b) pelo psicólogo clínico exclusivamente, para a consecução de qualquer ou vários dos objetivos, quando é utilizado o modelo psicológico (psicodiagnóstico), incluindo técnicas e testes privativos desse profissional;
   c) por equipe multiprofissional (psicólogo, psiquiatra, neurologista, orientador educacional, assistente social ou outro), para a consecução dos objetivos citados e, eventualmente, de outros, desde que cada profissional utilize o seu modelo próprio, em avaliação mais complexa e inclusiva, em que é necessário integrar dados muito interdependentes (de natureza psicológica, médica, social, etc.).

Na prática, o encaminhamento de casos, com vistas a um diagnóstico, para o psicólogo clínico ou para o psiquiatra, tende a obedecer critérios não completamente explícitos que provavelmente têm uma raiz histórica.

O psicodiagnóstico surgiu como conseqüência do advento da psicanálise, que ofereceu novo enfoque para o entendimento e a classificação dos transtornos mentais. Anteriormente, o modelo para o estudo das doenças mentais remontava ao trabalho de Kraepelin e outros e às suas tentativas para estabelecer critérios de diagnóstico diferencial para a esquizofrenia.

No período anterior a Freud, o enfoque do transtorno mental era nitidamente médico. Os pacientes de interesse para a ciência médica apresentavam quadros graves, estavam hospitalizados, e eram identificados sinais e sintomas que compunham as síndromes.

No período freudiano, a abordagem mudou. Os pacientes atendidos não apresentavam quadros tão severos, não estavam internados, e, embora fossem levados em conta os seus sintomas, estes eram percebidos de maneira compreensiva e dinâmica.

Esta tendência de considerar os pacientes em termos de duas grandes categorias de transtornos de certa forma persiste. Os pacientes que apresentam transtornos mais graves e que podem precisar de hospitalização tendem a ser encaminhados para psiquiatras, enquanto os casos menos graves costumam ser encaminhados para psicólogos ou psiquiatras, de acordo com o conceito de transtorno mental e da avaliação da gravidade dos sintomas pela pessoa que identifica o problema e faz o encaminhamento. Na realidade, a atribuição da responsabilidade pelo diagnóstico tradicionalmente vem se baseando numa avaliação sumária do caso e numa expectativa do tipo de tratamento necessário. Mas essa posição vem tendendo a mudar pela consideração do tipo de exame que o caso individual requer. Atualmente, com possível exceção das urgências psiquiátricas, os encaminhamentos começam a ser feitos tendo em vista a complexidade do caso e não a sua gravidade, e, conseqüentemente, a necessidade de que o diagnóstico seja feito por meio de um exame mais ou menos sofisticado.

A definição mais explícita dos casos, cujo diagnóstico deve ser da responsabilidade do psicólogo, pelos membros da sociedade em geral, vai depender essencialmente da atuação profissional do psicólogo e da adequabilidade das respostas que puder dar às necessidades reais do mercado. Sua identidade se associa, portanto, à qualidade do seu desempenho.

OPERACIONALIZAÇÃO

Em termos de operacionalização, devem ser considerados os comportamentos específicos do psicólogo e os passos para a realização do diagnóstico com um modelo psicológico de natureza clínica.

Comportamentos específicos

Os comportamentos específicos do psicólogo podem ser assim relacionados, embora possam variar na sua especificidade e na sua seriação, conforme os objetivos do psicodiagnóstico:

a) determinar motivos do encaminhamento, queixas e outros problemas iniciais;

b) levantar dados de natureza psicológica, social, médica, profissional e/ou escolar, etc. sobre o sujeito e pessoas significativas, solicitando eventualmente informações de fontes complementares;

c) colher dados sobre a história clínica e história pessoal, procurando reconhecer denominadores comuns com a situação atual, do ponto de vista psicopatológico e dinâmico;

d) realizar o exame do estado mental do paciente (exame subjetivo), eventualmente complementado por outras fontes (exame objetivo);

e) levantar hipóteses iniciais e definir os objetivos do exame;

f) estabelecer um plano de avaliação;

g) estabelecer um contrato de trabalho com o sujeito ou responsável;

h) administrar testes e outros instrumentos psicológicos;

i) levantar dados quantitativos e qualitativos;

j) selecionar, organizar e integrar todos os dados significativos para os objetivos do exame, conforme o nível de inferência previsto, com os dados da história e características das circunstâncias atuais de vida do examinando;

l) comunicar resultados (entrevista devolutiva, relatório, laudo, parecer e outros informes), propondo soluções, se for o caso, em benefício do examinando;

m) encerrar o processo.

Passos do diagnóstico (modelo psicológico de natureza clínica)

De forma bastante resumida, os passos do diagnóstico, utilizando um modelo psicológico de natureza clínica, são os seguintes:

a) levantamento de perguntas relacionadas com os motivos da consulta e definição das hipóteses iniciais e dos objetivos do exame;

b) planejamento, seleção e utilização de instrumentos de exame psicológico;

c) levantamento quantitativo e qualitativo dos dados;

d) integração de dados e informações e formulação de inferências pela integração dos dados, tendo como pontos de referência as hipóteses iniciais e os objetivos do exame;

e) comunicação de resultados, orientação sobre o caso e encerramento do processo.

MÓDULO II – Questões Básicas

O problema
Jurema Alcides Cunha

3

O psicodiagnóstico é um processo, desencadeado quase sempre em vista de um encaminhamento, que tem início numa consulta, a partir da qual se delineiam os passos do exame, que constitui uma das rotinas do psicólogo clínico. Entretanto, tal tipo de avaliação decorre da existência de um problema prévio, que o psicólogo deve identificar e avaliar, para poder chegar a um diagnóstico.

Não obstante, entre a emergência de sinais ou sintomas precoces e incipientes, nem sempre fáceis de detectar ou de identificar, e a chegada à primeira consulta, podem surgir muitas dúvidas, fantasias e busca de explicações, que retardam a ajuda, podem agravar o problema e, eventualmente, interferem na objetividade do relato do caso.

Dizem que "os sintomas estão presentes quando os limites da variabilidade normal são ultrapassados" (Yager & Gitlin, 1999, p.694). Então, se considerarmos a aparente continuidade entre ajustamentos que as mudanças de rotina impõem, os estados emocionais associados a acontecimentos da vida diária, as reações a situações estressantes freqüentes e os sintomas iniciais de um transtorno mental, evidencia-se a dificuldade de julgar quando se configura um problema que necessita de uma avaliação clínica. E tal dificuldade tanto pode ser sentida pelo sujeito como pelas pessoas que convivem com o paciente, inclusive por aquelas que podem ser classificadas como agentes de saúde mental (como professores, orientadores, padres, médicos, etc.).

Já em 1970, Shaw e Lucas lembravam que muitos pais hesitam em considerar certo comportamento do filho como motivo de preocupação, alegando que muitas crianças podem apresentá-lo, no que muitas vezes têm razão. Freqüentemente, é a falta de distinção entre desajustes ocasionais e prolongados que faz com que as pessoas confiem no tempo para que desapareçam. Às vezes, há certa tolerância quanto a comportamentos que devem ser superados, seja porque deixaram de ser proporcionais às suas causas, porque uma determinada idade foi ultrapassada, por normas mais flexíveis do ambiente ou, ainda, porque alguém da família apresentava os mesmos sintomas na infância.

Quando o problema ocorre com um adulto, pode-se verificar uma tendência a enfrentá-lo sem ajuda, ou uma tentativa de explicá-lo em termos de fatores circunstanciais e, assim, talvez resolvê-lo através de mudanças externas. De qualquer maneira, desde o surgimento do problema e até a consulta, "a natureza e a expressão dos sinais e sintomas psiquiátricos são profundamente alteradas pelos recursos pessoais, capacidades de enfrentamento [*coping*] e defesas psicológicas do paciente" (Yager & Gitlin, 1999, p.692).

Esta pré-história de um estudo de caso é importante porque a percepção da dificuldade, a gravidade maior ou menor atribuída a um ou a vários sintomas, as dúvidas sobre a existência de patologia, a confiabilidade de quem possa ter sugerido uma avaliação psicológica, para não falar em atitudes preconceituosas sobre a possibilidade de doença mental, além de outros fatores, tudo pode influir na dinâmica da interação clínica, na maior ou menor atitude de colaboração durante a testagem e na seletividade das informações prestadas. Conseqüentemente, se a consulta foi precedida de uma fase tumultuada e crítica, com forte sobrecarga emocional, pode haver uma facilitação da ocorrência de percepções distorcidas, de fantasias variadas e de um incremento de defesas dificultando a coleta de dados.

Cabe, pois, ao psicólogo examinar as circunstâncias que precederam a consulta, avaliar as maneiras de perceber o problema e delimitá-lo, atribuindo a sinais e sintomas sua significação adequada. Esta não é uma tarefa fácil, principalmente para o psicólogo iniciante.

SINAIS E SINTOMAS

Fala-se em sinais e sintomas na psicologia e na psiquiatria, mas tal terminologia é oriunda da medicina. Em sentido lato, tais termos têm uma acepção comparável nas três áreas. Em geral, referem-se a sinais, para designar comportamentos observáveis, "achados objetivos" (Kaplan & Sadock, 1999b, p.584), enquanto os sintomas são experiências do sujeito, são por ele sentidos. Entretanto, essa diferenciação se torna vaga ou praticamente inexistente no âmbito da doença mental, porque esta envolve estados internos, psicopatologia subjetiva, difícil de descrever. E, "em comparação com os transtornos médicos" – salientam Yager e Gitlin (1999) – "os transtornos psiquiátricos não podem ser entendidos sem uma completa avaliação e compreensão do amplo contexto das queixas do paciente" (p.694). Por outro lado, os medos, por exemplo, são sentidos pelo sujeito, mas também podem se expressar através de comportamentos observáveis.

Parece que, se tomarmos num sentido amplo, a distinção torna-se uma questão de ponto de vista. Shaw (1977), por exemplo, afirmava que "sintoma é um sinal" (p.8), porque se torna significativo na medida em que evidencia uma perturbação. Então, é considerado como um sinal de perturbação, que pode precocemente servir de alerta, mesmo que não tenha sido registrada qualquer queixa explícita, isto é, mesmo que não tenha se verificado a identificação de um sintoma.

Por outro lado, na prática, fala-se em sintoma quando parece possível atribuir-lhe uma significação mais clínica. Pode-se, então, afirmar "que os sintomas estão presentes quando os limites da variabilidade normal são ultrapassados" (Yager & Gitlin, 1999, p.693).

CRITÉRIOS USUAIS DE DEFINIÇÃO DE UM PROBLEMA

Um problema é identificado quando são reconhecidas alterações ou mudanças nos padrões de comportamento comum, que podem ser percebidas como sendo de natureza quantitativa ou qualitativa.

Se, como observam Kaplan e Sadock (1999b), a maioria das manifestações de transtornos psiquiátricos representa variações de diferentes graus de um *continuum* entre saúde mental e psicopatologia, então, na maior parte das vezes, as mudanças percebidas são de natureza quantitativa.

Pode-se falar, em primeiro lugar, em alterações autolimitadas, que se verificariam pela presença de um exagero ou diminuição de um padrão de comportamento usual, dito normal. Tais mudanças quantitativas podem ser observadas em várias dimensões, como na atividade (motora, da fala, do pensamento), no humor (depressão vs. euforia), em outros afetos (embotamento, excitação), etc. Freqüentemente, esse tipo de alterações surge como resposta a determinados eventos da vida, e a perturbação é proporcional às causas, ficando circunscrita aos efeitos estressantes dos mesmos. Não obstante, se sua intensidade for desproporcional às causas e/ou tal alteração persistir além da vigência normal dos efeitos das mesmas (por exemplo, no luto patológico), já pode ter uma significação clínica. Naturalmente, deve ser considerada a possibilidade de outras variações, quando uma alteração aparentemente pareceu ser autolimitada, mas reaparece sob diferentes modalidades, numa mutação sintomática, ou da mesma maneira, repetitivamente, de forma cíclica.

Por certo, esses critérios de intensidade e/ou persistência podem ser também aplicados à dimensão desenvolvimento, considerando os limites de variabilidade para a aprendizagem de novos padrões de comportamento, para certos comportamentos imaturos serem superados, em determinadas faixas etárias. Por exemplo, o controle definitivo do esfíncter vesical deve ser alcançado, no máximo, ao redor dos três anos. Então, um episódio de aparente fracasso em fase posterior não teria maior significação, se fosse uma reação a uma situação estressante. Mas sua persistência já pode representar um sinal de alerta, justificando-se uma avaliação clínica.

Note-se que aqui estamos utilizando um julgamento clínico. Entretanto, sobre questões de desenvolvimento, há muita coincidência entre o senso comum e o que é sancionado pela ciência. A expectativa social, porém, às vezes, não é corroborada pelas normas e costumes de uma ou outra família. Nota-se que, na prática, as famílias podem diferir na determinação de quais são os limites da variabilidade normal, por rigidez ou, pelo contrário, por protecionismo. Isso faz com que determinado comportamento pareça sintomático num determinado ambiente familiar, mas não em outro. Por outro lado, nem sempre os problemas que chamam a atenção da família são clinicamente os mais significativos. Num estudo de 80 crianças, realizado por Kwitko (1984), houve diferença quanto à média dos sintomas informados e a registrada pelos técnicos durante o exame. Por outro lado, as queixas de familiares referiam-se mais a sintomas que perturbavam a rotina da vida cotidiana, ignorando alguns sintomas mais graves.

Quando as mudanças percebidas são de natureza qualitativa, habitualmente chamam a atenção por seu cunho estranho, bizarro, idiossincrásico, inapropriado ou esquisito e, então, mesmo o leigo tende a associá-las com dificuldades mais sérias. Apesar disso, ainda que sejam geralmente tomadas como sinal de perturbação, eventualmente poderão ser explicadas em termos culturais ou subculturais. Pode-se afirmar que "um comportamento ou experiência subjetiva definidos como sintomáticos em um contexto podem ser perfeitamente aceitáveis e estar dentro dos limites normais em outro contexto" (Yager & Gitlin, 1999, p.694). Uma manifestação inusitada, do ponto de vista qualitativo, deve, assim, ser julgada dentro do contexto em que o indivíduo está e, como sintoma, será tanto mais grave se for compelida mais por elementos interiores do que pelo campo de estímulos da realidade, que é praticamente ignorada. Entretanto, é preciso ficar bem claro que um sintoma único não tem valor diagnóstico por si, o que vale dizer que nenhum sintoma é patognomônico de uma determinada síndrome ou condição reconhecida. Assim, "todos os sintomas psiquiátricos devem ser considerados como inespecíficos – vistos em uns poucos e, mais provavelmente, em muitos transtornos" (Yager & Gitlin, 1999, p.694).

Dada a relatividade dos critérios usuais na definição de um problema, a abordagem científica atual para a determinação diagnóstica advoga o uso de critérios operacionais. É, pois, necessário que o paciente apresente um certo número de características sintomatológicas, durante um certo período de tempo, para ser possível chegar a uma decisão diagnóstica.

PROBLEMAS PSICOSSOCIAIS E AMBIENTAIS: ACONTECIMENTOS DA VIDA

O conceito de estresse, termo cunhado no âmbito da pesquisa endocrinológica, pela metade do século XX, teve o seu sentido extremamente expandido para explicar, de um modo geral, "a relação entre o indivíduo e o ambiente e se comprovou particularmente útil durante a Segunda Guerra Mundial" (Klerman, 1990, p.34).

Na realidade, pode-se dizer que a importância atribuída ao estresse, no campo da saúde mental, é de certa maneira herdada do conceito de crise que, originário de investigações com sobreviventes de desastres, por vezes de grandes proporções, resultou aplicável a uma grande variedade de situações pessoais. Atualmente, crise se refere mais a uma reação, associada à especificidade de uma situação ou fase, e envolve uma perturbação, relacionada com a dificuldade de manejá-la pelos meios usuais. Pode-se afirmar que o conceito de crise é extremamente útil em termos de diagnóstico, especialmente para o entendimento do funcionamento psicológico do indivíduo em pontos nodais do desenvolvimento, por exemplo.

Já a ênfase do conceito de estresse parece que está no impacto, no fato de se constituir como um fator potencial para conseqüências futuras, que podem variar em termos do poder do estressor e da vulnerabilidade do sujeito.

Durante a Segunda Guerra Mundial, foram desenvolvidos extensos projetos para pesquisas sobre "o papel do estressor como um precipitador da doença mental" (Klerman, 1990, p.34). A comprovação supostamente encontrada pelas observações de estressores em situações de guerra foi aplicada a estressores civis e caiu como uma luva no ambiente de insatisfação da comunidade psiquiátrica da época com o modelo médico, que adotou a pressuposição teórica de um *continuum* de saúde mental-doença mental, dando ao impacto provocado pelo estresse a significação de um fator-chave para o desenvolvimento de transtornos mentais.

Ainda no DSM-III-R (APA, 1987), que já comportava a avaliação multiaxial, havia a orientação de avaliar a gravidade da ocorrência de estresse, no ano anterior, quanto ao "desenvolvimento de um novo transtorno mental", à "recorrência de um transtorno mental anterior" e quanto à "exacerbação de um transtorno mental já existente" (p.18).

Dado o rigor científico introduzido nas pesquisas sobre estresse, poucos cientistas assumiriam hoje em dia uma posição tão extremada. Ainda se mantém como um conceito extremamente importante, no que se refere a duas categorias diagnósticas, o Transtorno de Estresse Agudo e o Transtorno de Estresse Pós-traumático. Ademais, o Eixo IV do DSM-IV (APA, 1995) ainda é reservado para "o relato de problemas psicossociais e ambientais que podem afetar o diagnóstico, tratamento e prognóstico dos transtornos mentais", especificados nos Eixos I e II (p.30).

Por exemplo, embora pesquisas salientem a existência de uma associação entre fatores socioeconômicos e esquizofrenia, "poucos teóricos sustentam, atualmente, que um ambiente socioeconômico fraco causa esquizofrenia, mas poucos duvidam que este tem um efeito importante sobre o seu curso" (McGlashman & Hoffman, 1999, p.1035).

A AVALIAÇÃO DA PSICOPATOLOGIA*

Num sentido lato, psicodiagnóstico consiste, sobretudo, na identificação de forças e fraquezas no funcionamento psicológico e se distingue de outros tipos de avaliação psicológica de diferenças individuais por seu foco na existência ou não de psicopatologia.

Falando em psicopatologia, é bom lembrar que pesquisadores nessa área têm destacado modelos de psicopatologia utilizados. Referem-se ao *modelo categórico* e ao *modelo dimensional* (Dobson & Cheung, 1990).

O modelo categórico, de enfoque qualitativo, exemplifica-se pelo julgamento clínico sobre a presença ou não de uma configuração de sintomas significativos. Já o modelo dimensional, de enfoque quantitativo, exemplifica-se pela medida da intensidade sintomática.

Tradicionalmente, o psiquiatra tem dado mais ênfase ao modelo categórico, embora

---

*Grande parte deste tema foi apresentado pela autora, no VIII Congresso Nacional de Avaliação Psicológica, Porto Alegre, 1999.

cada vez mais não ignore a importância do modelo dimensional. Já o psicólogo, na prática, costuma dar ênfase ao modelo dimensional. Na realidade, avaliar diferenças individuais envolve algum tipo de mensuração. Além disso, o enfoque quantitativo oferece fundamentos para inferências com um grau razoável de certeza. Mas o psicólogo utiliza, também, o modelo categórico. Na maioria das vezes, porém, associa o enfoque quantitativo e o qualitativo, no desenvolvimento do processo psicodiagnóstico, utilizando estratégias diagnósticas (entrevistas, instrumentos psicométricos, técnicas projetivas e julgamento clínico) para chegar ao diagnóstico.

É evidente que, conforme o objetivo, o processo diagnóstico terá maior ou menor abrangência, adotará um enfoque mais qualitativo ou mais quantitativo, e, conseqüentemente, o elenco de estratégias ficará variável no seu número ou na sua especificidade.

Embora o psicodiagnóstico tenha um domínio próprio, o seu foco na existência ou não de psicopatologia torna essencial a manutenção de canais de comunicação com outras áreas, precisando o psicólogo estar atento para questões que são fundamentais na determinação de um diagnóstico.

TRANSTORNOS MENTAIS E CLASSIFICAÇÕES NOSOLÓGICAS

Se abrirmos o Novo Dicionário Aurélio (Ferreira, 1986), na página 1.703, vamos encontrar que **transtorno** é sinônimo de *perturbação mental*. Entende-se que se pode categorizar, como tal, uma diversidade de condições, que se situam entre o que se costuma caracterizar como normalidade e patologia. Portanto, é uma expressão menos compatível com a antiga concepção de doença mental. Não obstante, temos de convir que, semanticamente, bastaria o termo transtorno, embora a sua significação não modificasse a crítica feita à expressão *transtorno mental*, que, "infelizmente, implica uma distinção entre transtornos 'mentais' e transtornos 'físicos', que é um anacronismo reducionista do dualismo mente/corpo" (APA, 1995, p.xx).

No DSM-IV (APA, 1995), é reapresentada a definição de transtorno mental que foi incluída no DSM-III e no DSM-III-R, não por parecer especialmente adequada, mas "por ser tão útil quanto qualquer outra definição disponível" (p.xxi).

Na tradução brasileira dessa classificação, consta que transtorno mental pode ser conceituado "como uma síndrome ou padrão comportamental ou psicológico clinicamente importante, que ocorre no indivíduo", registrando-se, a seguir, "que está associado com sofrimento (...) ou incapacitação (...) ou com um risco significativamente aumentado de sofrimento atual, morte, dor, deficiência ou perda importante da liberdade" e, ademais, "não deve ser meramente uma resposta previsível e culturalmente sancionada a um determinado evento, por exemplo a morte de um ente querido". Além disso, independentemente da causa original, "deve ser considerada no momento como uma manifestação de uma disfunção comportamental, psicológica ou biológica no indivíduo" (p.xxi). Comportamentos socialmente desviantes não são considerados transtornos mentais, a não ser que se caracterizem como sintoma de uma disfunção, no sentido já descrito.

A partir dessa conceituação, vê-se que é clara a exigência de uma associação com sofrimento ou incapacitação ou, ainda, com risco de comprometimento ou perda de um aspecto vitalmente significante. Em segundo lugar, fica evidente que os sintomas devam ser comportamentais ou psicológicos, embora possa haver uma disfunção biológica. Em terceiro lugar, esse conceito descaracteriza os serviços e os membros da comunidade de saúde mental como agentes de controle social, no momento em que considera que um conflito entre indivíduo e sociedade pode ser identificado como um desvio, condenável pelos padrões sociais, mas que, por si, não é tido como transtorno mental, a menos que, ao mesmo tempo, constitua o sintoma de uma disfunção.

Essa caracterização de transtorno mental é apresentada pelo DSM-IV, que é a edição mais recente da classificação oficial nos Estados

Unidos. Depois de muitas modificações em relação à abordagem e classificação da psicopatologia, durante o século XX, o DSM-IV recapitulou o conceito de transtornos distintos, mas com um enfoque "ateórico com relação às causas" (Sadock & Kaplan, 1999, p.727). O modelo pode ser considerado categórico, mas a classificação nosológica passou a se basear em critérios operacionais ou critérios diagnósticos específicos, que constituem "uma lista de características que devem estar presentes para que o diagnóstico seja feito" (Sadock & Kaplan, 1999, p.727). Isso não pressupõe "que todos os indivíduos descritos como tendo o mesmo transtorno mental são semelhantes em um grau importante" (APA, 1995, p.xxi).

O DSM-IV prevê a possibilidade de uma avaliação multiaxial, sendo que toda a classificação dos transtornos mentais consta nos Eixos I e II. O Eixo III prevê a inclusão de transtorno físico ou condição médica adicional. O Eixo IV é reservado para o registro de problemas psicossociais e ambientais, e no Eixo V é feito o julgamento do nível geral de funcionamento do paciente, conforme a Escala de Avaliação Global de Funcionamento (vide APA, 1995, p.33).

O DSM-IV é compatível com a classificação utilizada na Europa, a CID-10, desenvolvida pela Organização Mundial da Saúde (OMS, 1993). "Todas as categorias usadas no DSM-IV são encontradas na CID-10, mas nem todas as categorias da CID-10 estão no DSM-IV" (Sadock & Kaplan, 1999, p.727).

Para quem trabalha com psicodiagnóstico, é essencial a familiaridade com os sistemas de classificação nosológica, já que a nomenclatura oficial dos transtornos é extremamente útil na comunicação entre profissionais, além do fato de que outros documentos, como atestados, além de laudos, podem exigir o código do transtorno de um paciente. Confira cuidadosamente todos os critérios a partir de suas hipóteses diagnósticas, pondere bem sobre todas as características do caso, examine o que diferencia o caso de outros transtornos e tenha em mente critérios usados para a exclusão de outros diagnósticos (Consulte o capítulo *Uso do Manual*, no DSM-IV, bem como Sadock & Kaplan, 1999, p.737).

O contato com o paciente

Maria da Graça B. Raymundo

A expressão contato, da raiz latina *contactum* (Carvalho, 1955), quer dizer exercitar o tato, com vistas ao toque dentro de uma relação de influência e de proximidade (Ferreira, 1986).

De forma metafórica, no processo psicodiagnóstico, o papel do psicólogo é o de tatear pelos meandros da angústia, da desconfiança e do sofrimento da pessoa que vem em busca de ajuda. Tatear, então, é lidar com as inúmeras resistências ao processo, sentimentos ambivalentes e situações desconhecidas. Primeiramente, é preciso ter clareza de que a sintomatologia já se fez presente e manifesta em período anterior à marcação da consulta, e de que, certamente, várias formas de driblar o sofrimento foram experimentadas e várias explicações foram empregadas, resultando no incremento da angústia. Essas resistências podem passar, também, pelo desconhecimento do que seja o trabalho com um profissional em psicologia, pelos estereótipos culturais em torno da área *psi* e dos preconceitos sobre quem requer esse atendimento. No caso de crianças ou adolescentes, as dificuldades são freqüentemente relacionadas com a influência de companheiros, atribuídas à indisciplina ou a "problemas de idade".

As resistências mais imperiosas ficam por conta das questões internas, pois estão sob a regência de *ananke*, a Necessidade, a Grande Senhora do Mundo Subterrâneo ou mundo psíquico inconsciente (Hillman, 1997). Ela manifesta sua força inexorável por desvios, como a desordem, a desarmonia, a aflição diante de si próprio e no trato com as coisas do mundo circundante. Como conseqüência, a própria pessoa procura conviver com os seus sintomas, e a família tenta tolerá-los, mas há limites para o sofrimento e para a tolerância. Freqüentemente, os sintomas são observados por alguém mais, por uma pessoa com certo poder de influência, que pode assumir o papel de agente de saúde, como um professor, uma assistente social, um médico, ou, provavelmente, uma dessas pessoas é procurada, para apoio e aconselhamento, de onde surge a decisão de busca de ajuda.

A pessoa em sofrimento chega para o primeiro contato com o psicólogo premida pela necessidade de ajuda e pela necessidade de rendição e de entrega.

A atitude de respeito do psicólogo, ou seja, o "olhar de novo", com o coração, em conjunto com o paciente para a sua conflitiva, livre de críticas, menosprezo e desvalia, é basilar no exercício de tocar a psique, para uma ligação de confiança. Estabelecer a proximidade necessária para a consecução do processo significa mostrar ao paciente que as dificuldades parecem não ir embora enquanto não forem primeiro bem acolhidas. A solução só ganhará espaço e lugar se houver contato.

As atitudes de esperança (Hillman, 1993) e da aceitação por parte do psicólogo, da angústia e "da luta entre os opostos", enquanto expressão da "verdade psicológica do eterno jogo de antagonismos" (Silveira, 1992, p. 116), são fundamentais para a pessoa que vem para o primeiro contato, dentro do processo psicodiagnóstico.

MOTIVOS CONSCIENTES E INCONSCIENTES

A marcação da consulta formaliza um processo de trabalho psicológico já iniciado (Jung, 1985), precedido de intensa angústia e ambivalência. Corresponde à admissão da existência de algum grau de perturbação e de dificuldades que justificam a necessidade de ajuda. A emergência de fortes defesas nesse período pode, por vezes, mascarar as motivações inconscientes da busca pelo processo psicodiagnóstico.

Também, nos casos em que o paciente é encaminhado por outrem ao psicólogo, o motivo aparente pode ser a própria solicitação do exame ou fato de ter sido mobilizado por colegas, amigos, parentes. Nessas circunstâncias, o paciente pode ter uma percepção vaga de sua problemática, mas preferir chegar ao psicólogo pelo reforço de um encaminhamento médico, por exemplo. Pode haver algum nível de consciência do problema e lhe ser muito dolorosa a situação de enfrentamento de sua dificuldade. Assim, por suas resistências, o paciente pode negar a realidade e depositar num terceiro a responsabilidade pela procura.

Portanto, há uma tendência para que o motivo explicitado ao psicólogo seja o menos ansiogênico e o mais tolerável para o paciente ou, ainda, para o responsável que o leva. Em geral, não é o mais verdadeiro.

Conseqüentemente, há tendência para explicitação dos motivos, conforme a gradação e apropriação, pela consciência do paciente.

As motivações inconscientes estão no nível mais profundo e obscuro da psique. Constituem-se nos aspectos mais verdadeiramente responsáveis pelas aflições do paciente.

Cabe ao psicólogo observar, perceber, escutar com tranqüilidade, aproximar-se sem ser coercitivo, inquiridor, todo-poderoso. Somente assim se criam o silêncio necessário e o espaço para que o paciente revele sua intimidade, ou senão, denuncie os aspectos incoerentes e confusos de seus conflitos. Para tanto, é sobremodo importante observar como o paciente trata a si próprio e as suas dores. Isso passa pelo vestir-se, pelo comunicar-se verbalmente e não verbalmente, pela linguagem corporal, pelo conteúdo dessas comunicações. Todo movimento corpóreo deve ser considerado como indicativo da realidade interior e expressão do psiquismo (Zimmermann, 1992). Assim, o psicólogo pode decodificar as variadas mensagens que recebe, discriminando o quanto há de reconhecimento do sofrimento, das motivações implicadas, delineando o seu projeto de avaliação.

Quando os pais levam a criança ou o adolescente ao psicólogo, pode ocorrer que o sujeito constitua "o terceiro excluído ou incluído" (Ocampo & Arzeno, 1981, p.36). Se ignora o motivo, é excluído. Mas é preciso investigar se está realmente incluído, porque pode ocorrer o fato de os pais verbalizarem o motivo, porém não o mais verdadeiro ou o mais autêntico, dentro de sua percepção. Isso se dá em função de fantasias sobre o que pode acontecer em face da explicitação do que é mais doloroso e profundo e, portanto, do mais oculto.

Se a realidade está sendo distorcida, podem advir algumas dificuldades para o psicodiagnóstico, caso o psicólogo não perceba e/ou não altere essa situação. Em primeiro lugar, o processo pode ser iniciado com o conflito deslocado, comprometendo a investigação. Em segundo lugar, o paciente percebe a discrepância e projeta no material de teste suas dificuldades, enquanto o psicólogo "finge estar investigando uma coisa, mas sorrateiramente explora outra socialmente rejeitada" (Ocampo & Arzeno, 1981, p.37). Em terceiro lugar, outras dificuldades podem ocorrer, no momento da devolução: a) no caso do parecer técnico estar contaminado e distorcido; b) porque o psicólogo entra em aliança com os aspectos patológicos; c) por adotar uma atitude ambígua, não sendo devidamente explícito; ou, ainda, d) deixando claros somente os pontos tolerados pelo paciente e por seu grupo familiar. Em quarto lugar, as autoras salientam o comprometimento que pode sofrer a indicação para a terapia, visto que o paciente temerá repetir o mesmo vínculo dúbio e falso.

Pelo exposto, ficam claras a importância e a complexidade, para o psicólogo, em abarcar o *continuum* de consciência-inconsciência do paciente, em relação a seus conflitos. Todos os dados psíquicos são relevantes, e cada um ganha múltiplos significados. Compete ao psicólogo abordar cada dado sob vários aspectos, até que seu sentido adquira maior consistência e especificidade.

Quando o paciente chega por encaminhamento, deve-se esclarecer quem o encaminhou, em que circunstância ocorreu o encaminhamento e quais as questões propostas para a investigação. Isso pode ser feito ou complementado através de comunicação telefônica. MacKinnon e Michels (1981) informam que alguns profissionais optam por esse procedimento, enquanto outros preferem desconhecer qualquer informação diversa da que lhe chega, por escrito ou verbalmente, via paciente.

Conclui-se que é fundamental que o psicólogo esclareça, o mais amplamente possível e de forma objetiva, as motivações conscientes indicadas e as inconscientes envolvidas no pedido de ajuda. Cabe ter-se sempre presente que a natureza humana, como já foi dito por Heráclito, tem predileção por ocultar-se, embora a psique aspire a expressão e reconhecimento constantes.

Nessa linha de pensamento, a consideração da objetividade e quantidade de informações parece emprestar um peso para a coleta de dados prévios sobre o caso, especialmente quando os motivos explicitados não parecem corresponder aos reais. Portanto, quanto menos consciente o paciente parecer de sua problemática ou quanto mais fora da realidade parecer estar, mais se torna importante a consideração de informações de terceiros. De qualquer modo, sob o nosso ponto de vista, não se pode prescindir totalmente de informações subsidiárias, no sentido de melhor entender por que o sujeito seleciona certas respostas para lidar com seu ambiente.

O esclarecimento dos motivos aparentes e ocultos não só permite a determinação dos objetivos do psicodiagnóstico como também fornece dados sobre a capacidade de vinculação e de concretização da tarefa pelo paciente e/ou responsável.

IDENTIFICAÇÃO DO PACIENTE

A discriminação entre os motivos explícitos e implícitos para a busca de ajuda colabora para que o psicólogo identifique quem é o seu verdadeiro paciente: a pessoa que é trazida ou assume a procura, o grupo familiar ou ambos. Em face do encaminhamento e do primeiro contato do psicólogo com o paciente e/ou com seu grupo familiar, a tarefa fundamental que se lhe apresenta é definir quem é o paciente, em realidade, levantando todas as indagações possíveis em torno dele e da totalidade da situação envolvida na busca de ajuda, passando pelo grau de consciência das dificuldades.

Ocampo e Arzeno (1981) referem que, com freqüência, dentre um grupo familiar, o elemento trazido ao psicólogo e apresentado como *doente* é, realmente, o menos comprometido da família. Cabe ao psicólogo estar alerta e identificar se o sintoma apresentado é coerente ou não para o paciente e sua família.

De forma abrangente, a identificação do verdadeiro paciente verifica-se desde o momento em que ele procura o psicólogo, através de contato telefônico ou pessoalmente, ou quando outro profissional refere ter feito o encaminhamento, até o momento final da entrevista devolutiva.

O psicólogo começa a conhecer "quem é" o seu paciente, por meio de perguntas iniciais quando do primeiro contato.

DINÂMICA DA INTERAÇÃO CLÍNICA

Aspectos conscientes e inconscientes

A interação clínica psicólogo-paciente verifica-se ao longo de todo o processo psicodiagnóstico.

Essas duas pessoas entram em relação e passam a interagir em dois planos, ou seja, o de atitudes e o de motivações. Ambas têm suas funções e papéis e estão na relação diagnóstica não só como psicólogo e paciente, mas, antes de tudo, como pessoas. No plano das atitudes, está o psicólogo com sua função de examinador e clínico, e está o paciente com sua sintomatologia e necessidade de ajuda.

No plano das motivações, estão o psicólogo e o paciente com seus aspectos inconscientes, assumindo papéis de acordo com seus sentimentos primitivos e suas fantasias.

No plano inconsciente, têm-se os fenômenos de transferência e de contratransferência. O primeiro é experienciado pelo paciente ao se relacionar, no aqui e agora da situação diagnóstica, com o psicólogo, não como tal, mas como figura de pai, irmão, mãe. A contratransferência verifica-se no psicólogo na medida em que assume papéis na sua tarefa, conforme os impulsos de seus padrões infantis de figuras de autoridade ou outros padrões primitivos de relacionamento.

O fenômeno transferencial não tem um caráter só positivo ou negativo, mas consiste na "recriação dos diversos estágios do desenvolvimento emocional do paciente ou reflexo de suas complexas atitudes para com figuras-chave de sua vida" (MacKinnon & Michels, 1981, p. 22).

Na situação de psicodiagnóstico, observam-se ocorrências de transferência na necessidade do paciente de estar agradando, de se sentir aceito pelo psicólogo, como, por exemplo, nos pedidos de horário e acerto financeiro especiais.

Podem verificar-se situações transferenciais, envolvendo sentimentos competitivos, como no caso do paciente que compete no horário de chegada, ou daquele que desafia e agride o psicólogo, atacando o consultório ou ele próprio (linguagem, vestimentas, conhecimentos, etc.).

É importante que a transferência não seja confundida com o vínculo estabelecido com o psicólogo, na medida em que este se centra na realidade da avaliação, através da interação entre os aspectos de ego mais sadios do psicólogo e do paciente, e é baseado na relação de confiança básica entre a mãe e a criança.

A resistência do paciente à tarefa também se constitui em uma forma de transferência. O paciente compete, ou tenta obter provas da aceitação do psicólogo, buscando manipular a situação de testagem, ou espera ser aliviado de seus sintomas, magicamente, por meio do poder que atribui ao psicólogo. O silêncio prolongado e sistemático ou o paciente que fala sem parar também são manifestações de resistência à avaliação.

Igualmente, o paciente pode usar mecanismos de intelectualização muito fortes, buscando o apoio e a concordância do psicólogo.

Outras formas de resistência são a insistência do paciente em só falar sobre seus sintomas, ou, ao contrário, falar sobre banalidades, evitando os motivos mais profundos, assim como as demonstrações excessivas de afeto para com o psicólogo.

A conduta de atuação também encerra resistência e se manifesta nas faltas, nos atrasos, em freqüentes pedidos de troca de horário, em ir ao banheiro várias vezes durante a sessão, por exemplo.

É necessário que se saliente que essas condutas devem merecer adequada e sensível avaliação do psicólogo, buscando seu significado dentro da relação vincular com *aquele* paciente, diante da sua história e do aqui e agora do processo diagnóstico.

Em termos de fenômeno contratransferencial, o psicólogo pode ficar dependente do afeto do paciente, deixando-se envolver por elogios, presentes, propostas de ajuda; pode facilitar ou não horários; pode exibir conhecimento e pavonear-se; ou pode proteger o paciente contra os seus sentimentos agressivos. O psicólogo pode se ver tentado a prolongar o vínculo além do que é necessário, ou a competir com o paciente, ou ainda, a conduzir a tarefa como se o fizesse consigo próprio.

É fundamental que o psicólogo esteja sempre alerta à contratransferência, no sentido de percebê-la e entendê-la como um fenômeno normal, buscando dar-se conta de seus sentimentos, não permitindo que eles *atuem* no processo psicodiagnóstico.

Por outro lado, os sentimentos contratransferenciais podem ser considerados adequados na medida em que possibilitam que o psicólogo perceba o inconsciente do paciente.

Outro aspecto importante a ser considerado no psicodiagnóstico é a percepção que o paciente tem dos objetivos da avaliação e de como ela vai transcorrendo. O psicólogo deve estar atento às manifestações ocultas e aparentes de como o paciente está se sentindo e está se percebendo ao longo da tarefa. Assim, também é imprescindível investigar a motivação do paciente em termos de conhecimentos e de atitudes. Pope e Scott, já em 1967, enfatizavam esse aspecto como a *"pré-disposição* atitudinal e cognitiva" do paciente ao psicodiagnóstico e sugeriam que o psicólogo efetuasse uma entrevista após a aplicação de testes, ao final da sessão, buscando detectar os dados assinalados (p.28).

Com relação ao psicólogo, os mesmos autores fazem comentários sobre a atitude de estímulo, apoio, encorajamento, bem como sobre a atitude distante na produção do paciente à testagem. A propósito, citam um estudo americano, que objetivou avaliar a influência do *rapport* positivo e negativo na produtividade de respostas ao Rorschach, bem como avaliar características de personalidade do psicólogo intervenientes nessa testagem. Os resultados apontaram para o fato de que a personalidade dos psicólogos exerce maior influência do que o clima emocional da situação de teste. Outrossim, os índices mais produtivos no Rorschach foram associados à forma *positiva* com que foi administrado o teste (psicólogo afável e compreensivo), e os índices mais comprometidos e menos sadios foram associados à administração *negativa* (psicólogo distante e autoritário). À forma de administração chamada *neutra* (psicólogo "cortês, mas metódico") corresponderam índices intermediários entre elevada e baixa produtividade (p.30).

Trinca (1983) assinala que o psicólogo se sente ansioso ante os inúmeros dados que emergem durante o exame psicológico. Em função dessa ansiedade, podem ocorrer erros na formulação diagnóstica, visto que, de forma onipotente, pode considerar as "impressões iniciais" com amplitude inadequada. Portanto, é fundamental para o psicólogo o conhecimento de si próprio, devendo estar alerta para o movimento dos processos inconscientes, não deixando de lado, em nenhum momento, a sua dimensão única como pessoa.

Definição de problemas e necessidades do psicólogo

Na tarefa de psicodiagnóstico, o psicólogo sofre pressões do paciente, do grupo familiar, do ambiente, de quem encaminhou o paciente e dele próprio.

O paciente quer ser ajudado e quer respostas.

O meio ambiente, ou seja, o local de trabalho do psicólogo, os colegas, as chefias, muitas vezes, bem como uma equipe multiprofissional ou não, conforme o caso, também exercem suas pressões sobre a condução do caso, planificação e manejos finais. Num trabalho em equipe formalizado, ou mesmo entre a própria classe dos psicólogos, os aspectos competitivos e invejosos são intensamente mobilizados. A situação de psicodiagnóstico torna-se importante em termos de afirmação e valorização da tarefa do psicólogo. A percepção do ambiente sobre o seu trabalho é uma das pressões exercidas sobre ele.

Por outro lado, a sua própria percepção de como exerce e maneja sua tarefa também é um fator de pressão sobre a sua auto-imagem.

A pessoa que efetuou o encaminhamento aguarda respostas específicas, as quais a auxiliarão no seu atendimento e/ou reforçarão ou não a confiança no papel do psicólogo.

O psicólogo necessita obter dados que possam ser por ele empregados, no sentido de respostas, bem como precisa que esses fatos sejam úteis para a atribuição de escores na testagem.

Dessa forma, o psicólogo espera que o paciente colabore, seja franco, forneça todos os dados necessários e seja "comportado", mantendo-se no seu papel. Ora, essa exigência é fantasiosa e decorre da onipotência e arrogância do psicólogo, assim como do desejo de satisfazer as suas necessidades internas e externas.

Ele pode ter dificuldades em reconhecer percepções, quer por falta de clareza, quer pelos dados serem muito precários. Pode recorrer à capacidade de representação, como uma forma complementar (Kast, 1997), até que imagens mais claras tenham se estabelecido. Em inúmeras situações, o psicólogo é driblado por sua própria expectativa.

Não raro se depara com estudantes e profissionais da psicologia frustrados, porque o seu paciente não forneceu os dados que *eles* precisavam nem correspondeu ao que *eles* esperavam do paciente.

Caso o paciente se mostre resistente, através de condutas negativistas, evasivas, ou, ao contrário, provocadoras, com excessiva loquacidade, o psicólogo pode experienciar sentimentos de raiva e intolerância, os quais, se não detectados e conscientizados, podem interferir gravemente ou até invalidar o processo avaliativo.

Afinal, consiste em sabedoria para o psicólogo compreender e aceitar que a psique se revela, ao mesmo tempo que se esconde e, ao esconder-se, dá-se a revelação (López-Pedraza, 1999).

Variáveis psicológicas do psicólogo e do paciente

Schafer (1954) refere algumas das necessidades inconscientes e permanentes mobilizadas no psicólogo-pessoa, durante a tarefa de testagem. Esse autor as considera e denomina de *constantes*, por estarem presentes no psicólogo, independentemente de aspectos pessoais ou circunstanciais e de reações que o profissional tenha diante de pacientes específicos.

Essas constantes relativas ao papel de psicólogo são as seguintes:

a) aspecto "voyeurista", ou seja, o psicólogo examina e perscruta com "vários olhos" o interior dos pacientes, enquanto se mantém preservado pela neutralidade e curta duração do vínculo;

b) aspecto autocrático, salientando o poder do psicólogo no psicodiagnóstico, na medida em que diz ao paciente o que deve fazer, de que forma e quando;

c) aspecto oracular, pois o psicólogo procede como se tudo soubesse, tudo conhecesse, tudo prevesse, aspecto esse reforçado pelo encaminhamento, porque o psicólogo vai fornecer as *respostas*;

d) aspecto santificado, pelo qual o psicólogo assume o papel de *salvador* do paciente.

Na realidade, a situação de psicodiagnóstico apresenta "componentes irracionais que correspondem a tendências inconscientes, implícitas, primitivas, subjacentes aos aspectos socialmente aceitáveis", que não podem ser encarados como patológicos no psicólogo (Cunha, 1984, p.13).

Iglesias (1985) comenta que essas constantes, mencionadas por Schafer, diferem da contratransferência, já que este é um fenômeno específico, que irrompe a partir da mobilização despertada por determinados pacientes.

Schafer (1954) aponta algumas constantes do paciente na interação clínica:

a) "auto-exposição, com ausência de confiança; intimidade violada", no sentido de que o paciente se sente exposto, vulnerável ao psicólogo, que o devassa; de forma inconsciente, acha que está psicologicamente se exibindo ao psicólogo (este como *voyeur*);

b) "perda de controle sobre a situação", pois o paciente fica à mercê do psicólogo, na situação de testagem, passando a adotar uma postura defensiva, já que deve cumprir ordens e manejar situações e dificuldades a ele impostas;

c) "perigos de autoconfrontação", já que para o paciente, sofrendo a ambivalência de querer ajuda e recear a confrontação de aspectos dolorosos e rechaçados, a testagem implica ataque aos processos defensivos que vem utilizando;

d) tentação de reagir de forma regressiva, pela dificuldade de aceitação das próprias dificuldades;

e) ambivalência diante da liberdade, uma vez que, embora podendo enfrentar a testagem com liberdade relativa, tem também de enfrentar os riscos de se expor, e assim, no

Rorschach, por exemplo, o paciente experiencia simbolicamente o enfrentamento da "autoridade real e fantasiada, presente e ausente", sendo-lhe oferecida excessiva liberdade para o seu grau de tolerância (p. 34-43).

Tais constantes reforçam ou provocam reações transferenciais e defensivas, que merecem cuidadoso exame para a ampliação do entendimento do paciente.

A situação psicodiagnóstica envolve, pois, uma dinâmica específica, num vínculo relativamente curto, em que se entrelaçam dois mundos, o do psicólogo e o do paciente, passando a interagirem duas identidades. É uma situação ímpar, à qual o psicólogo deve dedicar merecida atenção e valorização.

Importância para o psicodiagnóstico

Em defesa da propalada neutralidade científica, muitos psicólogos não valorizam os aspectos dinâmicos da interação clínica, por considerarem que esses dados podem ser fontes de erro para a precisão das mensurações que devem ser efetuadas (Pope & Scott, 1967). Entretanto, a tarefa do psicólogo, num psicodiagnóstico, não se restringe à de um psicometrista, assim como também é um erro crasso vê-lo tão-somente como um aplicador de técnicas projetivas. Mesmo quando o objetivo do psicodiagnóstico parece bastante simples, o psicólogo não pode perder de vista a dimensão global da situação de avaliação, levando em conta todos os padrões de interação que se estabelecem. Portanto, é essencial enfatizar a necessidade de o psicólogo estar consciente, atento e alerta tanto para as suas próprias condições psicológicas, para o uso que faz de seus recursos criativos e expressivos, como para as reações e manifestações do paciente, percebendo a qualidade do vínculo que se cria e levando em conta todos esses aspectos para o entendimento do caso.

MÓDULO III – Recursos Básicos para o Diagnóstico

A entrevista clínica
Marcelo Tavares

5

A entrevista clínica não é uma técnica única. Existem várias formas de abordá-la, conforme o objetivo específico da entrevista e a orientação do entrevistador. Os objetivos de cada tipo de entrevista determinam suas estratégias, seus alcances e seus limites. Neste capítulo, vamos definir a entrevista clínica, examinar seus elementos e diferenciar os tipos em que podem ser classificadas. Em seguida, discutiremos alguns aspectos das competências essenciais do entrevistador para a condução de uma entrevista clínica. Concluímos com uma reflexão sobre a ética dos temas discutidos.

DEFININDO A ENTREVISTA CLÍNICA

Em psicologia, a entrevista clínica é um conjunto de *técnicas* de *investigação*, de *tempo delimitado*, *dirigido* por um *entrevistador treinado*, que utiliza *conhecimentos psicológicos*, em uma *relação profissional*, com o *objetivo* de *descrever* e *avaliar* aspectos pessoais, relacionais ou sistêmicos (indivíduo, casal, família, rede social), em um *processo* que visa a fazer recomendações, encaminhamentos ou propor algum tipo de intervenção em *benefício* das pessoas entrevistadas. Convém agora examinar os elementos dessa definição.

Por *técnica* entendemos uma série de procedimentos que possibilitam investigar os temas em questão. A *investigação* possibilita alcançar os objetivos primordiais da entrevista, que são *descrever* e *avaliar*, o que pressupõe o levantamento de informações, a partir das quais se torna possível relacionar eventos e experiências, fazer inferências, estabelecer conclusões e tomar decisões. Essa investigação se dá dentro de domínios específicos da psicologia clínica e leva em consideração conceitos e conhecimentos amplos e profundos nessas áreas. Esses domínios incluem, por exemplo, a psicologia do desenvolvimento, a psicopatologia, a psicodinâmica, as teorias sistêmicas. Aspectos específicos em cada uma dessas áreas podem ser priorizados como, por exemplo, o desenvolvimento psicossexual, sinais e sintomas psicopatológicos, conflitos de identidade, relação conjugal, etc.

Afirmamos ainda que a entrevista é parte de um *processo*. Este deve ser concebido, basicamente, como um processo de avaliação, que pode ocorrer em apenas uma sessão e ser dirigido a fazer um encaminhamento, ou a definir os objetivos de um processo psicoterapêutico. Muitas vezes, o aspecto avaliativo de uma entrevista inicial confunde-se com a psicoterapia que se inicia, devido ao aspecto terapêutico intrínseco a um processo de avaliação e ao aspecto avaliativo intrínseco à psicoterapia. Outras vezes, o processo de avaliação é complexo e exige um conjunto diferenciado de técnicas de entrevistas e de instrumentos e procedimentos de avaliação, como, por exemplo, além da entrevista, os instrumentos projetivos ou cognitivos, as técnicas de observação, etc. A importância de enfatizar a entrevista como parte de um processo é de poder vislumbrar o seu papel e o seu contexto ao lado de uma grande quantidade possível de procedimentos em psicologia. A entrevista clínica é um procedimento poderoso e, pelas suas características, é o único capaz de adaptar-se à diversidade de situações clínicas relevantes e de fazer explicitar particularidades que escapam a outros procedimentos, principalmente aos padronizados. A entrevista é a única técnica capaz de testar os limites de aparentes contradições e de tornar explícitas características indicadas pelos instrumentos padronizados, dando a eles validade clínica (Tavares, 1998), por isso, a necessidade de dar destaque à entrevista clínica no âmbito da avaliação psicológica.

Definimos ainda a entrevista clínica como tendo a característica de ser *dirigida*. Afirmar que a entrevista é um procedimento dirigido pode suscitar alguns questionamentos. Mesmo nas chamadas entrevistas "livres", é necessário o reconhecimento, pelo entrevistador, de seus objetivos. Como afirmamos antes, os objetivos de cada tipo de entrevista definem as estratégias utilizadas e seus limites. É no intuito de alcançar os objetivos da entrevista que o entrevistador estrutura sua intervenção. Isso nos parece verdadeiro, inclusive para os psicólogos que consideram que é o sujeito entrevistado quem conduz o processo. O entrevistador precisa estar preparado para lidar com o direcionamento que o sujeito parece querer dar à entrevista, de forma a otimizar o encontro entre a demanda do sujeito e os objetivos da tarefa. Assim, quando o entrevistador confronta uma defesa, empaticamente reconhece um afeto ou pede um esclarecimento, ele está certamente definindo direções. Até mesmo a atividade interpretativa na associação livre ou a resposta centrada no cliente do psicólogo dá uma direção, facilitando ou dificultando a emergência de novos conteúdos na mente do sujeito. O entrevistador deve estar atento aos processos no outro, e a sua intervenção deve orientar o sujeito a aprofundar o contato com sua própria experiência. Em síntese, concluímos que todos os tipos de entrevista têm alguma forma de estruturação na medida em que a atividade do entrevistador direciona a entrevista no sentido de alcançar seus objetivos.

Entrevistador e entrevistado têm, nesse processo, atribuições diferenciadas de papéis. A função específica do entrevistador coloca a entrevista clínica no domínio de uma *relação profissional*. É dele a responsabilidade pela condução do processo e pela aplicação de conhecimentos psicológicos em benefício das pessoas envolvidas. É responsabilidade dele dominar as especificidades da técnica e a complexidade do conhecimento utilizado. Essa responsabilidade delimita (estrutura) o processo em seus aspectos clínicos. Assumir essas responsabilidades profissionais pelo outro tem aspectos éticos fundamentais; significa reconhecer a desigualdade intrínseca na relação, que dá uma posição privilegiada ao entrevistador. Essa posição lhe confere poder e, portanto, a responsabilidade de zelar pelo interesse e bem-estar do outro. Também é do entrevistador a responsabilidade de reconhecer a necessidade de treinamento especializado e atualizações constantes ou periódicas.

O papel principal da pessoa entrevistada é o de prestar informações. A entrevista pressupõe pelo menos uma pessoa que esteja em condições de ser um participante colaborativo, e o sucesso da entrevista depende do seu modo de participação. Essa dependência torna-se mais evidente nos casos de participantes resistentes ou não voluntários. O entrevistador tem a necessidade de conhecer e compreender algo de natureza psicológica, para poder fazer alguma recomendação, encaminhamento ou sugerir algum tipo de atenção ou tratamento (intervenção). Nos casos em que parece haver dificuldades de levantar a informação, é bem provável que o entrevistador tenha de centrar sua atenção na relação com a pessoa entrevistada, para compreender os motivos de sua atitude. Geralmente, essas dificuldades estão associadas a distorções relacionadas a pessoas ou instituições interessadas na avaliação, a idéias preconcebidas em relação à psicologia ou à saúde mental e a fantasias inconscientes vinculadas a ansiedades pessoais acerca do processo. Tudo isso gera questões transferenciais importantes, que devem ser esclarecidas adequadamente. Essas formas de resistência podem atrapalhar, mas, quando esclarecidas, se transformam em uma das mais importantes fontes de compreensão da dinâmica do sujeito.

A complexidade dos procedimentos específicos de cada tipo de entrevista clínica, dos conhecimentos psicológicos envolvidos e dos aspectos relativos à competência do entrevistador, necessários para sustentar uma relação interpessoal de investigação clínica, requerem *treinamento* especializado. O resultado de uma entrevista depende largamente da experiência e da habilidade do entrevistador, além do domínio da técnica. Alguns temas abordados na entrevista clínica são, pela sua própria natureza, difíceis ou representam tabus culturais. Criar um clima que facilite a interação nesse contexto e a abertura para o exame de questões íntimas e pessoais talvez seja o desafio maior da entrevista clínica. Essa dependência da experiência aproxima a condução de entrevistas da arte – embora ela seja corretamente definida como técnica. A necessidade de ensinar a realizar uma entrevista clínica coloca, portanto, desafios para quem deseja transmitir esses conhecimentos e habilidades. Pequenos detalhes, quando desconsiderados, levam a conseqüências não desejadas. Muitas vezes, o profissional só se dá conta da importância desses detalhes quando algum problema está configurado. O treinamento tem o intuito de antecipar e evitar essas situações e procura apresentar e discutir vários aspectos práticos dos procedimentos. Embora muitas "dicas" possam ser dadas, em última instância, é a qualidade da formação clínica e a sensibilidade do avaliador para os aspectos relacionais – por exemplo, a capacidade de trabalho na contratransferência – que o assistirão nos momentos mais difíceis e inesperados. Além do treinamento formal nos cursos de graduação e especialização, a prática supervisionada é reconhecida como melhor estratégia para a consolidação dessa aprendizagem.

Supõe-se que a entrevista clínica deve ter como *beneficiado* direto as pessoas entrevistadas. Por outro lado, isso nem sempre é claro nos dias de hoje, quando os psicólogos têm que se haver, cada vez mais, com terceiros envolvidos, como juízes, empregadores, empresas de seguros, etc. Quando uma entrevista clínica ocorre em uma empresa, por exemplo, o entrevistador deve estar ciente dos conflitos de interesse e das questões éticas envolvidas, mesmo quando a entrevista tem apenas a finalidade de encaminhamento. Quando a entrevista envolve interesses múltiplos, a definição de quem são os seus clientes, a clareza de suas demandas e a explicitação dos conflitos poderão ajudar o profissional a estabelecer a sua conduta relativa a cada um deles. Nesse exemplo, parece necessário definir em que sentido a empresa é cliente, e que demandas são apropriadas ou não.

A necessidade de *delimitação temporal* parece-nos óbvia, visto que não faz sentido uma avaliação se dela não resulta alguma recomendação. Essa delimitação não requer, necessariamente, um único encontro. Mesmo quando o processo requer encontros em mais de uma ocasião, no processo de entrevista, não há um contrato de continuidade como em um processo terapêutico, embora, freqüentemente, a entrevista clínica resulte em um contrato terapêutico. A delimitação temporal entre a entrevista inicial e o processo terapêutico tem a função de explicitar as diferenças de objetivos dos dois procedimentos e dos papéis diferenciados do profissional nas duas situações. Essa delimitação define o *setting* e fortalece o contrato terapêutico, que pode ser consolidado como conclusão da(s) entrevista(s) inicial(is). Essas recomendações, o encaminhamento ou a definição de um *setting* e contrato terapêutico podem ocorrer integrados como parte de uma única sessão de entrevista ou podem ser reservados para uma entrevista designada exclusivamente para este fim (entrevista de devolução), demarcando, de maneira mais precisa, o término do processo de avaliação.

TIPOS E OBJETIVOS DA ENTREVISTA CLÍNICA

Classificar os tipos de entrevista não é uma tarefa fácil, pois exige a consideração de eixos classificatórios e o exame sistemático dos tipos principais de técnicas de entrevistas. Essa tarefa se estende além dos objetivos deste capítulo, mas indicaremos aqui algumas direções. Vamos levar em consideração dois eixos: segundo a forma (estrutura) e segundo o objetivo.

CLASSIFICAÇÃO QUANTO AO ASPECTO FORMAL

Quanto ao aspecto formal, as entrevistas podem ser divididas em estruturadas, semi-estruturadas e de livre estruturação. As entrevistas estruturadas são de pouca utilidade clínica. A aplicação desse tipo de entrevista é mais freqüente em pesquisas, principalmente nas situações em que a habilidade clínica não é necessária ou possível. Sua utilização raramente considera as necessidades ou demandas do sujeito avaliado – usualmente, ela se destina ao levantamento de informações definidas pelas necessidades de um projeto. Um exemplo típico é a entrevista epidemiológica, que, como um censo, requer que o entrevistador cubra um grande número de questões em pouco tempo. Nela, não se pode exigir do entrevistador experiência ou conhecimento clínico, pelos altos custos envolvidos no processo. Este é o caso da *Diagnostic Interview Schedule* (DIS); (Robins, Helzer, Croughan *et alii*, 1981). As entrevistas estruturadas privilegiam a objetividade – as perguntas são quase sempre fechadas ou delimitadas por opções previamente determinadas e buscam respostas específicas a questões específicas. Quando respostas abertas são possíveis, geralmente são associadas a esquemas classificatórios operacionalizados, que facilitam a tradução da informação em categorias do tipo objetivo.

Nas entrevistas clínicas, desejamos conhecer o sujeito em profundidade, visando a compreender a situação que o levou à entrevista. Nesse caso, o entrevistado é porta-voz de uma demanda e espera um retorno que o auxilie. A utilidade das entrevistas clínicas depende, portanto, do espaço que o procedimento deixa para as manifestações individuais e requer habilidades e conhecimentos específicos que permitam ao entrevistador conduzir adequadamente o processo. Essa especificidade clínica favorece os procedimentos semi-estruturados e de livre estruturação.

É tradição se referir à entrevista de livre estruturação como entrevista livre ou não-estruturada. Temos argumentado que toda entrevista supõe, na verdade exige, alguma forma de estruturação. É necessário que se conheçam suas metas, o papel de quem a conduz e os procedimentos pelos quais é possível atingir seus objetivos. Estes e outros elementos próprios das entrevistas lhes conferem uma estrutura, mesmo que o entrevistador não a reconheça explicitamente. Por esse motivo, referimo-nos a esse tipo de entrevista como *entrevista de livre estruturação*. A grande maioria das técnicas de entrevista divulgadas em psicologia clínica, desde seus primórdios, enquadra-se nesse tipo de entrevista. As técnicas de entrevista vêm sendo gradativamente especificadas, de modo que sua estrutura pode ser mais claramente definida, a partir do desenvolvimento das técnicas de avaliação e tratamento, particularmente com o surgimento de manuais psicoterapêuticos (Luborsky, 1984, 1993; Sifneos, 1993), manuais diagnósticos (APA, 1995; Spitzer, Gibbon, Skodol *et alii*, 1994) e critérios de seleção de pacientes (Davanloo, 1980; Malan, 1980; Marmor, 1980; Sifneos, 1980, 1993). Tomando-se os objetivos de uma técnica de livre estruturação, é possível desenvolver alguma forma semi-estruturada de se obter o mesmo tipo de informação. Historicamente, é assim que têm surgido as entrevistas semi-estruturadas, como é o caso da Entrevista Clínica Estruturada para o DSM-IV (SCID) (Spitzer, Williams, Gibbon *et alii*, 1992; Tavares, 1997, 2000b). Esta avalia um conjunto de 44 psicopatologias mais comuns, facilitando o diagnóstico diferencial nos casos mais difíceis. Um exemplo mais específico é a *Positive and Negative Symptoms for Schizophrenia* (PANSS) (Kay, Fiszbein & Opler, 1987), uma técnica de avaliação semi-estruturada que permite discriminar graus de gravidade e comprometimentos na esquizofrenia. Outro exemplo interessante de semi-estruturação é a Entrevista Diagnóstica Adaptativa Operacionalizada (EDAO), de Ryad Simon (1989, 1993), uma entrevista de avaliação de fundamentação psicodinâmica.

As entrevistas semi-estruturadas são assim denominadas porque o entrevistador tem clareza de seus objetivos, de que tipo de informação é necessária para atingi-los, de como essa informação deve ser obtida (perguntas sugeridas ou padronizadas), quando ou em que seqüência, em que condições deve ser investigada (relevância) e como deve ser considerada (utilização de critérios de avaliação). Além de estabelecer um procedimento que garante a obtenção da informação necessária de modo padronizado, ela aumenta a confiabilidade ou fidedignidade da informação obtida e permite a criação de um registro permanente e de um banco de dados úteis à pesquisa, ao estabelecimento da eficácia terapêutica e ao planejamento de ações de saúde. Por esses motivos, as entrevistas semi-estruturadas são de grande utilidade em *settings* onde é necessária ou desejável a padronização de procedimentos e registro de dados, como nas clínicas sociais, na saúde pública, na psicologia hospitalar, etc. Recentemente, desenvolvemos uma entrevista clínica semi-estruturada para a avaliação da história e do risco de tentativa de suicídio, tendo em vista estudar esse fenômeno, com ênfase nos aspectos mórbidos e psicodinâmicos associados (Tavares, 1999).

CLASSIFICAÇÃO QUANTO AOS OBJETIVOS

Um esforço em classificar as entrevistas quanto aos seus objetivos seria uma tarefa bem mais complexa. Essa complexidade decorre da interdependência entre abordagem e objetivos. A título de exemplo, vamos imaginar dois entrevistadores hipotéticos, um de abordagem psicodinâmica e outro, comportamental. Ao entrevistar um sujeito para definir uma estratégia de intervenção terapêutica, embora tenham, aparentemente, o mesmo objetivo, eles atuariam de maneiras completamente diferentes. O primeiro exploraria o desenvolvimento precoce e os processos inconscientes, defesas e conflitos predominantes, enquanto o segundo procuraria determinar as situações-problema e examinar os antecedentes que mantêm o comportamento na atualidade. Cada um definiria objetivos específicos para os seus procedimentos.

Para abordar essa questão, é necessário distinguir dois níveis de objetivo. A finalidade maior de uma entrevista é sempre a de descrever e avaliar para oferecer alguma forma de retorno. Este objetivo último é comum a todas as formas de entrevista clínica, conforme nossa definição. Todas elas requerem uma etapa de apresentação da demanda, de reconhecimento da natureza do problema e da formulação de alternativas de solução e de encaminhamento. Além desses objetivos-fins, existem objetivos instrumentais, que são definidos por todo tipo de entrevista clínica. Em nosso exemplo hipotético supra, as diferenças podem ser consideradas instrumentais. São muitos e variados os exemplos de objetivos instrumentais. Quando se pretende avaliar um quadro psicopatológico, torna-se necessário um exame detalhado dos sintomas apresentados. Na entrevista psicodinâmica, é importante a investigação do desenvolvimento psicossexual. Cada modalidade de entrevista define seus objetivos instrumentais, e estes delimitam o alcance e as limitações da técnica. Por isso, estratégias diferentes de avaliação podem ser utilizadas para atingir os objetivos de cada situação, ou combinadas para atingir objetivos diversos. Isso nos parece adequado, considerando os vários contextos em que a entrevista clínica é utilizada, no consultório, na saúde pública, na psicologia hospitalar, etc.

Dada a enorme variedade de objetivos instrumentais, conforme variações de abordagem, de problemas apresentados e de clientelas atendidas, não temos a intenção de tentar classificar as entrevistas neste nível. Por outro lado, alguns tipos de entrevista devem ser mencionados quanto à sua finalidade: de triagem, de anamnese, diagnósticas (que podem ser sindrômicas ou dinâmicas), sistêmicas e de devolução. Uma entrevista para a avaliação na clínica psicológica pode ter por finalidade características vinculadas a um desses tipos, ou pode ter por objetivo uma combinação de aspectos relacionados a mais de um desses tipos de entrevistas. Profissionais de todas as abordagens podem realizar entrevistas clínicas com esses objetivos. Examinaremos cada um desses tipos de entrevista.

A entrevista de triagem tem por objetivo principal avaliar a demanda do sujeito e fazer um encaminhamento. Geralmente, é utilizada em serviços de saúde pública ou em clínicas sociais, onde existe a procura contínua por uma diversidade de serviços psicológicos, e torna-se necessário avaliar a adequação da demanda em relação ao encaminhamento pretendido. Um dos equívocos mais comuns é o de pessoas que procuram ajuda individual para problemas relacionais. Outra situação importante ocorre quando existe a opção de terapia individual e grupal, tornando-se necessário avaliar a adequação dos membros conforme a composição e os objetivos dos grupos terapêuticos. A triagem é também fundamental para avaliar a gravidade da crise, pois, nesses casos, torna-se necessário ou imprescindível o encaminhamento para um apoio medicamentoso. Embora não pareça tão óbvio, o clínico que trabalha sozinho também terá que triar seus clientes e encaminhar aqueles que não julgar adequado atender, conforme sua especialidade e competência.

A entrevista em que é feita a anamnese (vide *A história do examinando*, nesta obra) tem por objetivo primordial o levantamento detalhado da história de desenvolvimento da pessoa, principalmente na infância. A anamnese é uma técnica de entrevista que pode ser facilmente estruturada cronologicamente. Embora a utilidade da anamnese seja mais claramente vislumbrada na terapia infantil, muitas abordagens que integram ou valorizam o desenvolvimento precoce podem se beneficiar deste tipo de entrevista. Certamente, aprender a fazer uma entrevista de anamnese irá facilitar a apreciação de questões desenvolvimentais por parte do clínico, pois muitas abordagens investigam aspectos importantes do desenvolvimento, embora de maneira não tão extensiva como faz a entrevista de anamnese.

De um certo modo, toda entrevista clínica comporta elementos diagnósticos. Nessa perspectiva, empregamos o termo de maneira bem ampla. Em outro sentido, empregamos o termo *diagnóstico* de modo mais específico, definindo-o como o exame e a análise explícitos ou cuidadosos de uma condição na tentativa de compreendê-la, explicá-la e possivelmente modificá-la. Implica descrever, avaliar, relacionar e inferir, tendo em vista a modificação daquela condição. A entrevista diagnóstica pode priorizar aspectos sindrômicos ou psicodinâmicos. O primeiro visa à descrição de sinais (baixa auto-estima, sentimentos de culpa) e sintomas (humor deprimido, ideação suicida) para a classificação de um quadro ou síndrome (Transtorno Depressivo Maior). O diagnóstico psicodinâmico visa à descrição e à compreensão da experiência ou do modo particular de funcionamento do sujeito, tendo em vista uma abordagem teórica. Tanto o diagnóstico sindrômico quanto o psicodinâmico visam à modificação de um quadro apresentado em benefício do sujeito.

Algumas vezes, a característica classificatória do diagnóstico sindrômico parece se contrapor a uma compreensão dinâmica do mesmo; contudo, estas duas perspectivas devem ser vistas como complementares, operando dentro de uma mesma estratégia de entrevista. Tradicionalmente, os textos tendiam a enfatizar uma ou outra abordagem. Hoje em dia, entretanto, vemos cada vez mais um esforço de integração dessas duas abordagens (Jacobson & Cooper, 1993; McWilliams, 1994; Othmer & Othmer, 1994). Por exemplo, sabemos que pessoas deprimidas (um sintoma ou síndrome) freqüentemente dirigem sua agressividade contra si mesmas (um aspecto dinâmico), e que isso pode resultar em comportamentos autodestrutivos (sinais) ou, no extremo, em ideação suicida (um sintoma). Quando existem sintomas clínicos claros, o diagnóstico sindrômico torna-se necessário por motivos que nos parecem óbvios. Contudo, não se podem ignorar os aspectos dinâmicos nesses casos. É comum a existência de sinais e sintomas isolados ou subclínicos, que não são suficientes para dar configuração a uma síndrome, mas que são importantes por sugerir uma dinâmica e indicar um modo particular de adoecer. O reconhecimento precoce dessas condições tem um papel preponderante na prevenção de crises ou no desenvolvimento de um quadro clínico estabelecido.

Reconhecendo esta interação entre sinais, sintomas e síndromes com os aspectos dinâmicos (modos de funcionamento), o entrevistador amplia seu domínio sobre a situação, torna-se mais capaz de compreender o sujeito e sua condição e mais capaz de ajudá-lo de maneira eficaz. Voltemos ao exemplo da pessoa que se apresenta deprimida. Em um primeiro momento, o clínico pode estar interessado na severidade do quadro e buscar definir quais sintomas estão presentes e em que intensidade. Contudo, em seguida, pode julgar importante investigar em mais detalhes os sentimentos de culpa, inutilidade e menos valia que a pessoa experimenta subjetivamente e relacioná-los tanto aos sintomas quanto às fantasias inconscientes e aos eventos importantes no desenvolvimento e na história familiar (relações objetais). Tal estratégia integra uma abordagem fenomenológica do quadro sintomático com a compreensão psicodinâmica do seu desenvolvimento – ela busca descrever e compreender o fenômeno em sua complexidade para sugerir modos de intervenção terapêutica.

As entrevistas sistêmicas para avaliar casais e famílias estão se tornando cada vez mais importantes em psicologia, principalmente, quando há a demanda de atenção psicológica para crianças e adolescentes (Féres-Carneiro, 1996). Elas podem focalizar a avaliação da estrutura ou da história relacional ou familiar. Podem também avaliar aspectos importantes da rede social de pessoas e famílias. Essas técnicas são muito variadas e fortemente influenciadas pela orientação teórica do entrevistador. Como exigiriam um capítulo à parte, fica aqui apenas o registro de sua existência e importância.

A entrevista de devolução tem por finalidade comunicar ao sujeito o resultado da avaliação. Em muitos casos, essa atividade é integrada em uma mesma sessão, ao final da entrevista. Em outras situações, principalmente quando as atividades de avaliação se estendem por mais de uma sessão, é útil destacar a entrevista de devolução do restante do processo. Outro objetivo importante da entrevista de devolução é permitir ao sujeito expressar seus pensamentos e sentimentos em relação às conclusões e recomendações do avaliador. Ainda, permite avaliar a reação do sujeito a elas. Ou seja, mesmo na fase devolutiva, a entrevista mantém seu aspecto avaliativo, e tem-se a oportunidade de verificar a atitude do sujeito em relação à avaliação e às recomendações, ao seu desejo de segui-las ou de recusá-las. Finalmente, como objetivo da entrevista de devolução, destaca-se a importância de ajudar o sujeito a compreender as conclusões e recomendações e a remover distorções ou fantasias contraprodutivas em relação a suas necessidades. A devolução pode ser simples, como, por exemplo, de que o motivo que o levou a procurar ajuda pode ser atendido em um processo terapêutico ou complexo, a ponto de requerer mais de uma sessão.

O processo de avaliação psicológica pode envolver diferentes procedimentos, incluindo vários tipos de entrevista. Por exemplo, na avaliação de um jovem adolescente que apresentava comportamentos estranhos e incompreensíveis para família, o processo iniciou-se com uma entrevista de família, seguida de uma entrevista com o jovem para avaliação do quadro sintomático e seus aspectos psicodinâmicos. Depois da aplicação de instrumentos de avaliação psicológica e sua análise, houve uma entrevista de devolução com o jovem, seguida de outra com ele e seus pais. Essas entrevistas tiveram o objetivo específico de ajudar o jovem e seus pais a compreenderem a situação (que envolvia um quadro psicótico), a explorar a sua repercussão no plano afetivo e relacional e a tomar decisões específicas quanto aos estudos e a outros elementos estressores na vida do jovem e da família. Houve mais uma entrevista com os três, a fim de consolidar o encaminhamento para uma avaliação psiquiátrica (para fazer um acompanhamento medicamentoso) e de determinar uma estratégia psicoterapêutica (para o apoio na crise).

COMPETÊNCIAS DO AVALIADOR E A QUALIDADE DA RELAÇÃO

As diversas técnicas de entrevista têm em comum o objetivo de avaliar para fazer algum tipo de recomendação, seja diagnóstica ou terapêutica. A entrevista, como ponto de contato inicial, é crucial para o desenvolvimento de uma relação de ajuda. A aceitação das recomendações ou a permanência no tratamento dependem de algumas características importantes desse primeiro contato, que são influenciadas por um conjunto de competências do entrevistador. A dificuldade de aceitação das recomendações ou a desistência de iniciar um processo terapêutico, quando ocorre, se dá nos primeiros contatos. Comentaremos aqui algumas competências pessoais essenciais para a condução de uma entrevista, independentes da orientação teórica do entrevistador ou dos objetivos específicos da entrevista. A atenção a esses aspectos e o desenvolvimento dessas competências são elementos fundamentais para o êxito na condução de entrevistas.

Uma entrevista, na prática, antes de poder ser considerada uma técnica, deve ser vista como um contato social entre duas ou mais pessoas. O sucesso da entrevista dependerá, portanto, de qualidades gerais de um bom contato social, sobre o qual se apóiam as técnicas clínicas específicas. Desse modo, a execução da técnica é influenciada pelas habilidades interpessoais do entrevistador. Essa interdependência entre habilidades interpessoais e o uso da técnica é tão grande que, muitas vezes, é impossível separá-las. O bom uso da técnica deve ampliar o alcance das habilidades interpessoais do entrevistado e vice-versa. Para levar uma entrevista a termo de modo adequado, o entrevistador deve ser capaz de:

1) estar presente, no sentido de estar inteiramente disponível para o outro naquele momento, e poder ouvi-lo sem a interferência de questões pessoais;

2) ajudar o paciente a se sentir à vontade e a desenvolver uma aliança de trabalho;

3) facilitar a expressão dos motivos que levaram a pessoa a ser encaminhada ou a buscar ajuda;

4) buscar esclarecimentos para colocações vagas ou incompletas;

5) gentilmente, confrontar esquivas e contradições;

6) tolerar a ansiedade relacionada aos temas evocados na entrevista;

7) reconhecer defesas e modos de estruturação do paciente, especialmente quando elas atuam diretamente na relação com o entrevistador (transferência);

8) compreender seus processos contratransferenciais;

9) assumir a iniciativa em momentos de impasse;

10) dominar as técnicas que utiliza.

Examinaremos, a seguir, cada uma dessas capacidades.

Para estar presente e poder ouvir o paciente, o entrevistador deve ser capaz de isolar outras preocupações e, momentaneamente, focalizar sua atenção no paciente. Para fazer isso, é preciso que suas necessidades pessoais estejam sendo suficientemente atendidas, e que ele possa reconhecer os momentos em que isso parece não estar ocorrendo. Isso implica que as ansiedades presentes não sejam tão fortes a ponto de interferir no processo. As ansiedades inconscientes do entrevistador levam à resistência e dificultam a escuta, principalmente de material latente na fala do entrevistado. Cuidando de suas necessidades pessoais, o entrevistador poderá ouvir o outro de um modo diferenciado. Essa escuta diferenciada, por si só, é considerada um dos elementos terapêuticos (Cordioli, 1993).

Por estar atento ao paciente, o entrevistador estará mais apto a ajudá-lo a sentir-se à vontade e a desenvolver uma aliança de trabalho. A aliança para o trabalho, que mais tarde se desenvolverá em uma aliança terapêutica, é composta de dois fatores: a percepção de estar recebendo apoio e o sentimento de estarem trabalhando juntos (Horvath, Gaston & Luborsky, 1993; Luborsky, 1976). Desenvolver uma atmosfera de colaboração é essencial para o sucesso de uma avaliação. Para isso, é importante que o paciente perceba que o entrevistador está receptivo a suas dificuldades e a seus objetivos, que ele demonstra entendê-lo e aceitá-lo, que ele reconhece suas capacidades e seu potencial, e que ele o ajuda a mobilizar sua capacidade de auto-ajuda. Essa percepção fortalece a relação e favorece uma atitude colaborativa e participativa por parte do sujeito.

Facilitar a expressão dos motivos que levam a pessoa a buscar ajuda é o coração da entrevista. Contudo, nem sempre é fácil. Freqüentemente, os motivos reais não são conhecidos, ou se apresentam de maneira latente. Muitas vezes, estão associados a afetos ou idéias difíceis de serem aceitos ou expressos. Outras vezes, existem resistências importantes que dificultam o processo. O paciente deverá se sentir seguro o suficiente para poder arriscar-se. O risco é significativo, pois a entrevista tem o potencial de modificar a maneira como ele se percebe (auto-estima), percebe seu futuro pessoal (planos, desejos, esperanças) e percebe suas relações significativas. Portanto, se há esperança de que a entrevista venha a lhe trazer ganhos, há também o receio de que possa conduzir a perdas significativas. Abandonar idéias supervalorizadas ou auto-imagem distorcida pode ser concretamente experienciado como perda real. Abrir mão de um desejo pode levar à experiência de luto, como, por exemplo, a filha que inconscientemente acreditava que, se fosse "suficientemente" boa, ela conseguiria recuperar o pai alcoólatra. Todo o seu esforço era em vão. Para desistir desse pai e poder investir na própria vida, ela teve que viver o luto pela perda do pai que desejava ter e abandonar a fantasia de obter do pai real o apoio que se esforçava para dar-lhe, sem resultado. Embora seu comportamento fosse configurado por um conflito na fantasia*, a vivência da perda era real. A segurança para enfrentar essas situações vem em parte do tipo de escuta e atenção que percebe estar recebendo, como também da capacidade do entrevistador de facilitar a expressão de experiências, sentimentos e pensamentos relevantes.

Em muitos momentos, o entrevistador deverá buscar esclarecimentos para colocações vagas ou incompletas e, gentilmente, confrontar esquivas e contradições. Utilizamos o termo *confrontar* no sentido de "colocar-se diante de...". Opõe-se a evitar, esquivar-se ou defender-se, e mobiliza a capacidade de enfrentamento do sujeito, no nível adequado à sua capacidade e estrutura egóica. Por isso, a confrontação é uma técnica dirigida ao *insight* e requer certa capacidade de tolerar a ansiedade. O clínico experiente saberá criar um contexto suficiente de apoio para que o sujeito se sinta em condições de enfrentar esses momentos. Alguns entrevistadores recuam, em momentos cruciais, mais freqüentemente do que gostaríamos de admitir. Respostas pouco elaboradas, colocações vagas ou omissões atuam como defesas que obscurecem o assunto em questão. Quando o entrevistador deixa passar esses momentos, perde uma oportunidade de desenvolver uma idéia mais clara sobre o assunto, além de não ajudar o paciente a ampliar sua percepção da questão. Contrariamente à noção difundida, o que não foi dito antes freqüentemente permanece sem ser abordado mais tarde.

Assuntos importantes, afetivamente carregados e associados a experiências dolorosas, muitas vezes aparecem nas entrevistas clínicas. Para sustentar esses momentos, o entrevistador deverá desenvolver a capacidade de tolerar a ansiedade e de falar abertamente sobre temas difíceis, que têm o potencial de evocar emoções intensas. O entrevistador deverá desenvolver confiança em sua própria capacidade de suportar tais momentos com naturalidade e de poder dar apoio ao outro que passa pela experiência, sem ser internamente pressionado a evitá-la. Caso contrário, ele pode comunicar imperícia ou dificuldades pessoais relacionadas ao tema em questão, o que cria um clima carregado de matizes inconscientes,

---

* Compreendemos fantasia não em oposição à realidade, mas como realidade interna, subjetiva, com vínculos em relações objetais e afetos associados, que podem ter um impacto na experiência do sujeito tão ou mais forte que a realidade externa, e que podem, conseqüentemente, influenciar o comportamento de maneira decisiva.

difíceis de serem resolvidos na relação. Tais temas podem vir a ser configurados como tabus na relação e podem não ser abordados adequadamente. Por exemplo, uma senhora solteira apresentou-se para terapia com uma história de depressões recorrentes. Ficou claro que tais episódios começaram após um envolvimento amoroso com um padre e a decisão unilateral dele de abandonar o relacionamento. A perspectiva de falar de experiências sexuais, neste contexto, com alguém da idade da mãe do terapeuta trouxe para ele dificuldades que levaram a um impasse sério na entrevista inicial.

A capacidade de reconhecer as defesas e o modo particular de estruturação do paciente é de especial interesse. Uma pessoa que adota um estilo rígido de personalidade (p.ex., coloca-se de uma maneira predominantemente dependente em suas relações) ou persistentemente projeta (p.ex., culpa os pais por suas dificuldades), revela aspectos significativos de seu modo de ser (estrutura) e funcionar (dinâmica). Reconhecendo esses aspectos, o entrevistador poderá antecipar essas situações de transferência e evitar respostas contratransferenciais inadequadas. Ao reconhecer as dinâmicas e modos de interagir do sujeito, podemos dirigir nosso modo de proceder de maneira mais eficiente. O avaliador pode antecipar as ansiedades da pessoa e adaptar-se de modo correspondente. Se a pessoa apresenta uma postura dependente, obsessiva, auto-engrandecedora ou colaboradora, a observação desta atitude ou comportamento já é informação diagnóstica a ser integrada na interpretação. A observação do comportamento, da comunicação não-verbal e do material latente contribui de maneira especial. Restringir o âmbito do interpretável somente ao conteúdo explícito da comunicação pode acarretar perda de informação clínica significativa.

Ser capaz de compreender seus processos contratransferenciais é, possivelmente, um dos recursos mais importantes do clínico. Reconhecer como os processos mentais e afetivos são mobilizados em si mesmo e ser capaz de relacionar esse processo ao que se passa na relação imediata com o sujeito fornece ao entrevistador uma via inigualável de compreensão da experiência do outro. A contratransferência foi inicialmente conceituada, como processo patológico residual do terapeuta, como "os próprios complexos e resistências internas" (Freud, 1910, p.130). Com o tempo e o desenvolvimento do conceito de identificação projetiva, percebeu-se a característica universal do processo contratransferencial e sua importância na compreensão profunda da comunicação paciente-terapeuta. Os trabalhos clássicos de Heimann (1950), Racker (1981) e Pick (1985), bem como a revisão detalhada de Hinshelwood (1991), descrevem e ilustram esses processos.

Existem momentos em que a entrevista passa por situações de impasse importantes. Por exemplo, uma pessoa pode, a determinada altura, dizer: "Não sei se realmente deveria estar falando isso. Não sei se realmente quero fazer isso". Ou, mais decididamente: "Essa é a terceira vez que procuro ajuda, e não adiantou nada". Assumir a iniciativa em momentos de impasse significa poder mobilizar recursos pessoais diante de situações difíceis e inesperadas. Significa poder usar a criatividade para dar uma resposta eficaz no momento. Por exemplo, pode ser crucial ajudar a explorar alternativas e buscar uma perspectiva em momentos de desesperança. Eis alguns exemplos de situações críticas que requerem do entrevistador capacidade de agir: risco de vida (ideação suicida), sintomas psicóticos, violência, impulsividade, ou outras situações que podem levar a um desfecho prejudicial para as pessoas envolvidas. Uma paciente disse, dez minutos antes do final da primeira entrevista: "Não sei se estarei aqui na semana que vem". A partir da exploração cuidadosa dessa fala, tornou-se claro que ela estava considerando o suicídio. A terapeuta precisou lidar com isso de forma direta e decisiva, de modo a evitar um desfecho autodestrutivo. Desenvolver recursos pessoais para lidar com tais situações é fundamental para que o entrevistador possa trabalhar com segurança.

Finalmente, espera-se que o entrevistador tenha domínio das técnicas que utiliza. É pelo domínio da técnica que o entrevistador pode deixar de se preocupar com a sua execução e se concentrar no paciente, no que ele apresenta e na sua relação com ele. A competência técnica dá e comunica segurança ao liberar o entrevistador para dirigir sua atenção aos aspectos mais importantes da relação. A falta desse domínio pode resultar em uma aplicação mecânica e desconexa das diretrizes da técnica. Com a prática e a experiência, os aspectos mecânicos da técnica tornam-se secundários, e o sujeito e a relação passam a se destacar. Torna-se evidente uma integração natural dos aspectos técnicos e a valorização da relação com o sujeito. Assim, a entrevista flui, e a atuação refinada do profissional transforma a técnica em arte.

CONCLUSÃO

Este capítulo apresentou e discutiu uma definição de entrevista clínica e seus tipos. Abordamos as competências pessoais do avaliador e a sua responsabilidade profissional no processo de entrevista. Mencionamos a situação privilegiada e o poder que tem o entrevistador, diante do entrevistado. A entrevista configura-se como um poderoso meio de influenciar o outro, principalmente considerando que as pessoas freqüentemente buscam ajuda ou são avaliadas em momentos de fragilidade. Esse aspecto, aliado aos já discutidos neste capítulo, nos leva a refletir sobre algumas questões éticas acerca da nossa intervenção. Segundo um dito popular, "nada mais prático do que uma boa teoria". Gostaríamos de poder dizer "nada mais ético do que um bom treinamento" (teórico e técnico). Infelizmente, isso não é suficiente. Uma prática ética depende desse treinamento, mas também dos valores e da formação pessoal do profissional, que desenvolvem nele o respeito e a consideração pelo outro, e que o colocam em condições de antecipar como as conseqüências de seu comportamento e de suas omissões poderiam afetar o outro, adversamente. Desejamos enfatizar este ponto.

As questões éticas colocam-se em evidência em situações de conflito. Primeiro, o interesse (consciente ou inconsciente) do profissional pode contrariar o interesse do sujeito avaliado (por exemplo, o profissional receberia menos pelo seu serviço se informasse ao paciente que atende por um convênio do qual ele é beneficiário). Segundo, mesmo quando o interesse de ambos parece ser o mesmo, este pode ter conseqüências que colocam em risco o bem-estar do outro (por exemplo, manter relações não-profissionais com o sujeito). Terceiro, o profissional pode ser chamado a atender interesses conflitantes (por exemplo, empresa-empregados, casais em processo de mediação, relação pais-adolescentes, etc.).

Vendo a ética na perspectiva do conflito, destacamos duas maneiras como o profissional pode manter o compromisso ético em suas atividades. Primeiro, cabe a ele antecipar os conflitos inerentes a essas atividades. Na avaliação psicológica, encontramos muitos desses casos. Um exemplo são as situações em que existe a necessidade de definir quem são os clientes e como responder adequadamente às demandas de cada um deles. A avaliação pode envolver, além do sujeito, familiares, outros profissionais, instituições, etc. Nesses casos, falamos dos conflitos gerados pela atividade e, portanto, colocados externamente aos profissionais. A estratégia mais simples que temos utilizado nesses casos é a de *socializar a dúvida*. Trata-se de colocar a questão a colegas e procurar verificar como eles têm lidado com dilemas similares, em busca de alguma orientação normativa. As comissões de ética dos diversos conselhos têm oferecido orientação em muitos casos, e os profissionais devem lembrar deste recurso quando se virem nessas situações.

O segundo tipo de conflito ético importante diz respeito à própria relação com o sujeito. Idealmente, esses conflitos deveriam ocorrer na esfera consciente, e o profissional deveria procurar resolver seus interesses sem envolver o paciente. Nossa experiência em supervisão, no entanto, mostra que existem situações, não raras, em que o conflito não é diretamente percebido pelo avaliador. Um exemplo comum é o paciente difícil ou inconveniente, que pode ser negligenciado ou até mesmo abandonado pelo profissional que, inconscientemente, deseja evitá-lo. O melhor contexto para desenvolver habilidades internas para lidar com essas situações é na supervisão clínica. Ela nos permite enxergar com os olhos do outro. A supervisão é uma atividade que oferece meios fundamentais para o profissional entrar em contato com entraves pessoais no trabalho clínico, devendo ser utilizada sempre que possível, principalmente no início de carreira. Mesmo pessoas experientes buscam colegas para darem opiniões em situações difíceis. Um olhar diferente tem sempre o potencial de favorecer nossa compreensão sobre um caso. Em ambas as situações descritas – de conflitos impostos pela natureza da tarefa, ou pela experiência do profissional na relação –, o antídoto é não se isolar, buscar apoio em profissionais e colegas de confiança e desenvolver a capacidade pessoal de lidar com a complexidade dessas situações.

A história do examinando
Jurema Alcides Cunha

INTRODUÇÃO

A história e o exame do estado mental do paciente também constituem os recursos básicos de um diagnóstico e se desenvolvem, como outras interações clínicas, no contexto de uma entrevista (Strauss, 1999). Na realidade, compõem rotineiramente a avaliação clínica psiquiátrica. Num modelo psicológico, a história e o exame do paciente permitem a coleta de subsídios introdutórios que vão fundamentar o processo a que chamamos de psicodiagnóstico. Caracterizam, portanto, uma área de superposição profissional.

Em muitos casos, a tarefa do psicólogo também vai se restringir à utilização desses recursos, dependendo das condições do paciente e/ou dos objetivos do exame.

Primeiramente, há pacientes que não são testáveis, dado o grau de comprometimento das funções do ego ou das funções cognitivas, pelo menos em determinadas fases da doença. Por outro lado, deve-se considerar que a maioria das técnicas e testes pressupõe alguma forma de comunicação intacta e um mínimo de condições de seguir instruções e de colaborar. Sem estarem preservadas essas condições, dificilmente um paciente será encaminhado a um psicólogo, exceto se este trabalha num contexto hospitalar ou em outros serviços de saúde. Dessa maneira, quanto mais grave o estado do paciente, tanto mais o trabalho do psicólogo se assemelhará ao do psiquiatra. O objetivo de tal avaliação seria descritivo ou de classificação nosológica.

Em segundo lugar, ainda dependendo dos objetivos, a tarefa do psicólogo pode se restringir à história e ao exame do paciente, sem a administração de testes, se se pretende apenas chegar a uma avaliação compreensiva com vistas a uma intervenção terapêutica imediata, ou a um entendimento dinâmico, para a identificação de conflitos e possíveis fatores psicodinâmicos.

Assim, a avaliação deste tipo, feita pelo psicólogo, pode ter um caráter mais descritivo e formal ou mais interpretativo e dinâmico, conforme os objetivos do exame e a gravidade ou não do transtorno.

Como história, pode-se compreender a história pessoal ou anamnese, a história clínica ou história da doença atual e, ainda, a avaliação psicodinâmica, que também explora a perspectiva histórica para entender uma problemática atual dentro de um contexto vital de desenvolvimento. Conseqüentemente, a distinção que se faz desses itens tem, primordialmente, um sentido didático, sendo também utilizada para sistematizar as informações, ou para organizá-las, na comunicação ao receptor dos resultados. Da mesma forma, à medida que o paciente relata a sua história, o clínico tem condições de avaliar alguns aspectos que constam do exame do estado mental do paciente. Nesses dois recursos de avaliação, como salientam MacKinnon e Yudofsky (1988b), "existem várias áreas de superposição" (p.50). O primeiro contato com o paciente, por exemplo, permite não só descrever a sua aparência, como observar detalhes de seu comportamento, isto é, sobre atenção, concentração e pensamento, e até sintomas emergentes na história clínica podem ser relatados no exame. Da mesma maneira, a anamnese envolve um levantamento normativo do desenvolvimento, mas que, dependendo dos objetivos do exame, pode ser de pouca ou nenhuma utilidade se os padrões de comportamento emergentes ao longo da infância não forem focalizados em sua significação dinâmica.

Na realidade, ao longo de sua experiência, o psicólogo vai se dar conta de que as várias perspectivas são áreas de informação tão integradas, que se torna mais econômico e produtivo não separá-las, na prática, completando os dados com perguntas suplementares, de forma que se termine com um registro sistemático de cada uma. Não obstante, é bom ter em mente que a avaliação deve ser feita com ênfases especiais, em sujeitos de faixas etárias diversas, como veremos mais adiante.

HISTÓRIA CLÍNICA

Por influência do modelo médico, a história clínica é muitas vezes chamada de história da doença atual. Porém, especialmente no caso do psicólogo, ocorre que muitos problemas com que se lida não podem ser categorizados como "doença mental", ainda que envolvam uma sintomatologia que pode justificar uma intervenção clínica.

A história clínica pretende caracterizar a emergência de sintomas ou de mudanças comportamentais, numa determinada época, e a sua evolução até o momento atual, que habitualmente é entendido como a ocasião em que o exame foi solicitado.

Eventualmente, o paciente não consegue determinar o início de seus problemas. Então, temos de examinar a sua história pessoal, de maneira a identificar quando ou como, a partir de um ajustamento global regularmente bom, começaram a se delinear dificuldades ou a se evidenciar comprometimentos em uma ou mais áreas de funcionamento social, profissional, acadêmico, etc. Da mesma forma, embora, teoricamente, a história clínica termine com o encaminhamento, há situações em que se registra uma continuidade, durante o processo psicodiagnóstico, apresentando-se fatos que devem ser incluídos neste item na redação do laudo.

Freqüentemente, ao se levantar a história clínica, já se tem conhecimento das queixas, dos motivos que levaram à consulta, conforme informações prévias dadas por alguém ou discriminadas no encaminhamento. Mas sempre é importante ter a versão do próprio paciente. Há casos em que ele não se encontra preparado para o exame, e é conveniente explorar as circunstâncias em que foi tomada a decisão da consulta. Essa abordagem permite ao profissional antecipar dificuldades e proporciona-lhe indícios sobre temas mais delicados ou ansiogênicos para o paciente.

Exploradas as circunstâncias do encaminhamento, parece importante registrar as queixas literalmente, mesmo que "ele negue absolutamente ter problemas ou faça afirmações ilógicas ou bizarras, porque a resposta dada revela se ele compreende o propósito do exame" (Detre & Kupfer, 1975, p.730).

Se o paciente nega ter problemas, pode se tratar de uma posição defensiva, falta de *insight*, ou ele pode estar falando a verdade, se considerarmos que certos encaminhamentos ocorrem por pressão do meio ante comportamentos não aceitáveis convencionalmente ou, ainda, por intolerância dos familiares ante uma crise.

De qualquer modo, as queixas, os motivos explícitos ou, até, a não-admissão de sintomas fornecem um ponto de partida. Sejam as preocupações próprias ou das pessoas com as quais o paciente convive, elas devem se associar a algumas mudanças no comportamento ou a sintomas. É preciso descrevê-los, procurando localizar no tempo o seu aparecimento, associá-los com as circunstâncias de vida no momento, analisando o seu impacto em diferentes áreas da vida pessoal ou dos demais, isto é, procurando avaliar a sua repercussão em atividades e relações. É claro que, aqui, também se consideram as perdas secundárias e os ganhos secundários, em comparação com o "ganho primário que resulta da significação inconsciente do sintoma" (MacKinnon & Yudofsky, 1988, p.58). Neste sentido, deve-se focalizar o meio familiar, social, ocupacional e/ou escolar (acadêmico). Muitas vezes, as mudanças que se manifestam no comportamento da pessoa, em diferentes ambientes ou grupos sociais, não só nos fornecem indícios preciosos sobre a gravidade do caso e sobre o grau incapacitante que assumiu, como também sobre o papel das mesmas em relação com as necessidades inconscientes, definindo a extensão e a especificidade de perdas e ganhos secundários.

Determinado o início da história clínica e de seu curso, ainda é necessário um levantamento da sintomatologia e das condições de vida do paciente, no momento atual, em várias áreas, além da investigação de sua história psiquiátrica pregressa. No caso, é importante examinar as atitudes das outras pessoas, investigar a rede social com que conta para apoio, definir a sua situação funcional, se trabalha, e registrar as características de seu desempenho profissional e/ou acadêmico. Também é essencial uma exploração da área sexual, incluindo relações pré-matrimoniais, matrimoniais e extramatrimoniais, se for o caso. Devem-se considerar relações hetero ou homossexuais, quanto a dificuldades específicas na escolha de parceiros ou na própria relação, bem como a estabilidade ou não das ligações. É bom lembrar que se tais temas são às vezes trazidos espontaneamente, este não é sempre o caso, e, então, devem ser abordados pelo psicólogo com a mesma naturalidade com que trata de outros. Evidentemente, se o sujeito é do sexo feminino, devem ser introduzidos assuntos sobre menstruação ou menopausa.

A condução da entrevista pode ser mais, ou menos, diretiva, dependendo de características do paciente e das preferências do psicólogo. Há muitos profissionais que esperam que o paciente forneça sua visão pessoal sobre seus problemas e vá escolhendo os temas sucessivos, que são complementados por perguntas específicas. Há outros profissionais que preferem dar início com perguntas abertas para passar depois a perguntas fechadas, fazendo uso também de perguntas em eco, pela repetição de palavras ditas pelo paciente, implicitamente incentivando-o a esclarecer melhor (Strauss, 1999). De qualquer modo, espera-se que o psicólogo encerre essa etapa com a convicção de que realmente foram abordados todos os pontos essenciais sobre a emergência da problemática e seu curso, com dados cronológicos.

HISTÓRIA PESSOAL OU ANAMNESE

A história pessoal pressupõe uma reconstituição global da vida do paciente, como um marco referencial em que a problemática atual se enquadra e ganha significação.

Freqüentemente, a anamnese é delineada de forma mais sistemática e formal, produzindo um acúmulo de dados que não contribuem para o entendimento do caso. Um enfoque puramente normativo pode ter sentido quando há suspeitas de desvios de desenvolvimento numa criança. Caso contrário, muitas vezes, a série de dados, conseguidos exaustivamente, em busca de uma precisão cronológica, pode ser resumida, porque os dados são importantes, em vista de sua "possível conexão com a enfermidade corrente", como lembram MacKinnon & Yudofsky (1988, p.17), criticando as deficiências no registro da história pessoal.

Desta maneira, a história pessoal deve ser enfocada conforme os objetivos do exame e dependendo do tipo e da idade do paciente, o que vai se refletir, logicamente, na natureza e quantidade de dados que devem constar ou não do laudo.

É praticamente impossível coletar dados completos sobre a vida de um paciente. Muitas vezes, também, ele não tem todas as informações necessárias (e se deve tentar usar fontes secundárias) ou as omitirá por motivos defensivos. Porém, no momento em que se tem a queixa e a história clínica, há condições para definir a estrutura da história pessoal necessária, considerando os objetivos do exame, o tipo de paciente e a sua idade.

Se estamos lidando com uma criança cujo aproveitamento escolar é insatisfatório, temos de atentar para questões do desenvolvimento normativo. Entretanto, como tal desenvolvimento se deu num contexto familiar, além de dados cronológicos, devem-se explorar variáveis afetivas e sociais. Às vezes, importa pouco saber por quanto tempo o paciente foi alimentado ao peito sem ter uma noção sobre seus vínculos afetivos com a figura materna nessa época. Assim, é importante associar a perspectiva histórica a uma abordagem dinâmica. Por outro lado, dependendo da problemática e da estrutura de personalidade do paciente, certas áreas e certos conflitos deverão ser mais explorados do que outros, concentrando-se a atenção em certos pontos da vida do paciente que tenham probabilidade de fornecer explicações para a emergência e o desenvolvimento do transtorno atual. Conseqüentemente, a entrevista pode ser estruturada de forma diversa se o paciente apresentar sintomas obsessivo-compulsivos ou uma personalidade anti-social (MacKinnon & Yudofsky, 1988). A familiaridade com um enfoque teórico-psicodinâmico e com a técnica de entrevista em casos especiais é de especial importância para que a história clínica possa ser complementada pela história pessoal, como um marco referencial que lhe dê significação.

Freqüentemente, o psicólogo segue um roteiro, que o ajuda a dar seguimento à sua investigação. Não estamos oferecendo exatamente um roteiro, mas apresentando tópicos que podem servir como pontos de referência para a exploração da vida do paciente. A maior ou menor ênfase a ser dada a cada tópico ou a forma de seleção das informações significativas têm que ver com o objetivo do exame, tipo de paciente e sua idade, ou, ainda, com "as circunstâncias da entrevista e da avaliação" (Strauss, 1999, p.574).

Contexto familiar

Geralmente, é útil construir um genetograma, nem que seja de forma resumida, focalizando, principalmente, o núcleo familiar atual. Em alguns casos, é de interesse diagnóstico obter informações inter e transgeracionais (vide Capítulo 12, nesta edição). Deve-se procurar descrever o contexto familiar, por ocasião da concepção (ou da adoção da criança), especificando o *status* marital, as condições socioculturais (nível de instrução, nível socioeconômico, rede de apoio social, etc.), o clima das relações afetivas do casal ou da família, suas expectativas quanto à vinda de um bebê ou a existência de algum tipo de planejamento familiar, bem como as reações ante a gravidez. Por vezes, é conveniente registrar outros aspectos ou problemas que caracterizavam a vida familiar.

História pré-natal e perinatal

É importante descrever como transcorreu a gestação (ou o processo de adoção) do ponto de vista físico e psicológico. Não aceite simplesmente a classificação de "normal" (houve acompanhamento médico sistemático? pré-natal?). Procure informar-se a respeito de aspectos nutricionais, doenças, acidentes, uso de drogas, ou, ainda, de fatos significativos na vida do casal, em especial para a mãe. Procure saber qual o estado psicológico da mãe, em termos de ansiedades, temores e fantasias e como isso repercutiu na vida do casal.

Em muitos casos, é essencial se informar quando e como ocorreu o parto, isto é, se foi a termo, natural ou não, sobre o tempo de trabalho de parto e sobre problemas especiais. Procure saber das condições da criança ao nascer, sobre o Apgar e a necessidade de algum atendimento especial. Investigue as reações dos pais em relação ao bebê, quanto à sua aparência, sexo e estado geral e, também, informe-se sobre as experiências iniciais (sucção, deglutição, qualidade da relação mãe-filho, etc.).

Verifique como os pais reagiram afetivamente às mudanças ocorridas pela inclusão de mais um membro na constelação familiar, procurando saber como a mãe amamentava a criança e qual a participação paterna ou de outras pessoas na nova rotina.

A primeira infância (até os 3 anos)

Nessa fase, é de especial importância a qualidade da relação materno-infantil, desde a ligação simbiótica primária, até a fase de separação-individuação, "que se estende dos doze-dezoito meses aos trinta e seis meses" (Mahler, 1983, p.8). Assim, a partir de perguntas sobre hábitos e problemas alimentares, podem-se explorar os contornos que assumiram as relações de objeto. Indícios significativos sobre a experiência afetiva podem ser encontrados exatamente nos problemas na amamentação ou nos sintomas exacerbados de cólicas. Também, "distúrbios precoces nos padrões de sono ou sinais de necessidades não satisfeitas, como bater com a cabeça nos objetos ou embalar o corpo continuamente, fornecem indícios sobre possível privação materna" (MacKinnon & Yudofsky, 1988, p.61).

A ansiedade básica é de separação, de maneira que é importante investigar a acessibilidade da mãe e a disponibilidade de mães substitutas, o papel desempenhado pelas pessoas no lar (em termos de afeto ou disciplina), a qualidade dos cuidados em creches, bem como as reações da criança a estranhos ou a períodos de separação.

A emergência de padrões de comportamento motores (e, mais especificamente, de manipulação e deambulação), de linguagem e sociais, como também de jogo, deve ser registrada e confrontada com as expectativas médias específicas para cada tipo. Embora tais aspectos normativos possam ser de ajuda, é essencial saber o quanto o ambiente foi estimulante para o desenvolvimento, como foram manejadas as tentativas frustradas, o quanto o meio parecia ansiogênico ou oferecia um clima de afeto.

Os aspectos sociais podem ser bem explorados, principalmente pela análise das ligações afetivas com irmãos e na competição pelo afeto dos pais. Alianças e rivalidades devem ser examinadas, com ênfase na caracterização das respostas afetivas usuais do sujeito.

Os jogos constituem uma área rica de informações, desde que o brinquedo era uma parte do próprio corpo ou um objeto simples, até se tornar o campo para a estruturação das relações sociais, explorando as respostas a frustrações e gratificações e as reações ao aprendizado rudimentar de normas. Como a criança se comportava em tais situações? Isolava-se ou buscava companhia?

Ao se falar em aprendizado de normas, é essencial obter informações sobre o treinamento da higiene. A idade em que ocorreu o controle dos esfíncteres em geral é fácil de detectar. Mas explorar os conflitos entre obediência e oposição é mais complexo, embora tais experiências tenham repercussões importantes no desenvolvimento caracterológico do indivíduo. Sintomas, atitudes claramente associadas com esse período ficaram circunscritas à fase ou houve manifestações posteriores? Quais as atitudes dos pais ante tais ocorrências?

Além disso, devem ser considerados sintomas especiais, como o de chupar o dedo, roer unhas, enurese, explosões de raiva, tiques, terrores noturnos, medos, etc. (Kaplan & Sadock, 1999b), especificando-se se ficaram restritos a essa fase ou tiveram continuidade, procurando-se examinar como foram percebidos e manejados pelos pais.

Infância intermediária (3 a 11 anos)

Geralmente é nessa fase que há um alargamento da rede de relações sociais da criança, pelo ingresso na "escolinha". Como se deu a experiência de separação, em termos das ansiedades da mãe e do sujeito? Como foram se estruturando as suas relações no grupo de iguais? "Os primeiros padrões de auto-afirmação, impulsividade, agressividade, passividade, ansiedade ou comportamento anti-social freqüentemente emergem no contexto das relações escolares" (MacKinnon &Yudofsky, 1988, p.63).

Paralelamente, no começo dessa fase, a criança vê-se às voltas com a experiência e os conflitos, associados com a situação de triangularidade edípica do lar, dos quais deve emergir com novos recursos de socialização e com uma nova percepção de sua identidade. É importante analisar a sensibilidade do ambiente no manejo de suas expressões afetivas (de amor ou de ódio), identificar os responsáveis por recompensas ou castigos usuais, as circunstâncias em que ocorriam e evidências de sintomas específicos.

O desempenho escolar é outro campo a ser investigado, considerando forças e fraquezas em determinadas áreas. Se houve fracassos, deve-se verificar se foram exploradas causas, que medidas foram adotadas e qual seu impacto sobre a criança. Mudanças na escola, necessidade de reforços para a aprendizagem e atividades extracurriculares (interesses específicos) podem ser importantes no contexto vital, pela consideração das épocas e circunstâncias em que ocorreram, bem como de sua inter-relação com outros eventos.

"História de pesadelos, fobias, urinar na cama, provocação de incêndios, crueldade com animais e masturbação compulsiva é também importante no reconhecimento dos primeiros sinais de distúrbio psicológico" (MacKinnon & Yudofsky, 1988, p.63-64). Mas, igualmente, é essencial considerar a freqüência, a intensidade, as circunstâncias do aparecimento de sintomas, sua coexistência com outros sinais de perturbação ou a sua relação com situações críticas.

Pré-puberdade, puberdade e adolescência

Há quatro pontos importantes para os quais se deve dirigir a atenção do examinador.

Em primeiro lugar, esta é a época em que as relações sociais vão se tornando mais importantes e devem ser consideradas, enfocando irmãos, colegas e amigos. Deve-se analisar a facilidade ou não de estabelecer e manter relações, avaliar a extensão da rede de amizades, o grau de intimidade nas amizades, identificar qual o papel desempenhado nos grupos, grau de popularidade e liderança, a tendência de participar de grupos que se envolvem em atividades não aceitas pelas normas sociais ou, ao contrário, de organizações com interesses artísticos, políticos, religiosos, etc. Também, neste item, devem ser examinadas características, conflitos na relação com pais, professores e outras figuras. Da mesma maneira, é conveniente identificar figuras idealizadas no contexto familiar ou na sociedade mais ampla, o que "fornece indícios valiosos com relação à auto-imagem idealizada do paciente" (MacKinnon & Yudofsky, 1988, p.64).

Em segundo lugar, é importante registrar a história escolar, em termos de desempenho, aproveitamento, ajustamento, interesses específicos em relação às atividades curriculares e extracurriculares (cursos, passatempos, esportes, etc.), bem como as expectativas quanto ao futuro acadêmico ou profissional. Da mesma forma, é conveniente analisar fracassos, interrupções na vida escolar, por necessidade de trabalhar ou por outras razões, e o conseqüente impacto na vida do sujeito.

Em terceiro lugar, é essencial considerar a área sexual, quanto às primeiras experiências, atitudes frente ao outro sexo, práticas sexuais (masturbação, jogos), escolha e variabilidade de parceiros, dificuldades, conflitos e as reações da família frente ao desenvolvimento sexual (preparação para menarca, esclarecimentos necessários, precauções a serem tomadas, etc.).

Em quarto lugar, aparecem problemas específicos, com repercussões de ordem emocional, física ou social. As questões psicodinâmicas típicas da fase devem ser examinadas, como também a presença de sintomas em uma ou mais áreas de funcionamento (Wilson Jr., 1971), o que será considerado mais especificamente adiante. Problemas comuns são sentimento de inferioridade, muitas vezes se relacionando com a aparência, comportamentos de atuação (fugas de casa, infrações legais, uso, dependência e abuso de drogas ou álcool, etc.).

Além desses quatro pontos importantes (como em outros períodos do desenvolvimento), não se pode deixar de investigar a ocorrência de doenças, acidentes ou de experiências comuns.

Idade adulta

Os principais temas a serem abordados incluem a história e a situação ocupacional, as relações sociais, a área sexual, a história conjugal e as atitudes frente a mudanças ocorridas na vida.

A história ocupacional pode ser investigada em continuidade às expectativas do adolescente com relação ao futuro acadêmico e/ou profissional, examinando-se a concretização ou não dos planos prévios, a escolha profissional, a preparação e o treinamento para o trabalho atual, êxitos e fracassos (número de empregos, estabilidade ocupacional, fatores positivos ou negativos associados com mudanças de emprego ou da ocupação), relações com chefias, colegas e subordinados, bem como o grau de satisfação quanto ao *status* profissional alcançado. Deve-se incluir uma análise da situação ocupacional atual (emprego, desemprego, subemprego, em benefício), das condições financeiras do paciente e do impacto de seus problemas atuais sobre a sua situação ocupacional e financeira.

Ao examinar as relações sociais, é importante não só aquilatar a extensão do círculo de amizades, da rede social que conta como apoio (parentes, amigos, etc.), mas também aferir a qualidade de seu relacionamento, a duração e a profundidade de suas relações interpessoais. Aqui, convém chegar a um entendimento dos motivos subjacentes que levam o paciente a escolher e manter determinados tipos de relacionamento ou as dificuldades e problemas para o estabelecimento e manutenção de relações ou, ainda, as dificuldades para compartilhar idéias, interesses e afetos com os demais.

A área sexual pode ser explorada, até certo ponto e em certos casos, junto com a história conjugal, embora deva incluir experiências (escolha de parceiros, troca de parceiros, práticas sexuais, etc.) e problemas pré-conjugais, bem como sintomas de disfunção sexual (frigidez, ejaculação precoce, etc.), continuando-se com a análise do ajustamento sexual do casal (características da relação, preferências, freqüência e grau de satisfação dos parceiros), considerando-se também arranjos maritais homossexuais e experiências e/ou ligações extramatrimoniais (bem como seus efeitos sociais e psicológicos para a relação do casal).

Todavia, a história conjugal deve descrever também o início e a evolução da vida matrimonial, abrangendo áreas de satisfação e insatisfação, de atrito ou concordância, em termos da rotina cotidiana e em relação à educação e outros aspectos da vida dos filhos.

Por último, a história da vida adulta deve se deter na análise do enfrentamento de mudanças e crises ocorridas ao longo da vida. Aqui, devem-se incluir as reações, as atitudes e os ajustes ocasionados pelo nascimento e crescimento dos filhos, por doenças, acidentes, mortes de membros da família, por mudanças drásticas na área profissional, social ou financeira, pelo casamento dos filhos, nascimento de netos, pela ocorrência da menopausa, aposentadoria, etc. Em outras palavras, é importante verificar como o sujeito lidou com situações críticas e fatores estressantes. As maneiras típicas de lidar com o estresse são essenciais para o seu entendimento psicodinâmico.

Fontes subsidiárias

Como já foi referido, nem sempre o paciente dispõe de todos os dados. Mesmo quando o paciente é adulto, em vista da gravidade de seu transtorno, muitas vezes a história deve ser complementada por um exame objetivo, através da entrevista com um familiar ou pessoa de seu convívio, como se verá mais adiante. Eventualmente, uma entrevista conjunta com todos os membros da família é fundamental para uma compreensão da dinâmica familiar, tanto no caso do paciente adulto, como adolescente ou criança.

Também, em muitos casos, são, às vezes, de muita valia resultados de exames anteriores, realizados por médicos de várias especialidades, psicólogos, etc., bem como pode ser de interesse o exame de material resultante da produção espontânea do paciente, de caráter literário, artístico, etc.

No caso do adolescente, dependendo dos objetivos do psicodiagnóstico, há profissionais que abrem mão da entrevista com pais ou responsáveis. Entretanto, quando se pretende um entendimento mais global de um sujeito que está ultrapassando uma crise de desenvolvimento, tal entrevista pode ser essencial para analisar como o sujeito enfrentou e ultrapassou as crises psicossociais pré-adolescentes, bem como para obter dados sobre o seu manejo das questões psicodinâmicas sintônicas com a fase em que se encontra. Como material suplementar, além dos citados em relação ao paciente adulto, podem ser utilizadas fontes de informações da escola (boletins, entrevistas ou contatos telefônicos com psicólogos, orientadores, professores, etc.), diários ou outras produções espontâneas. No caso de parecer pertinente, pode-se utilizar material de produção infantil, como dados ilustrativos das fases evolutivas precedentes.

Em relação à criança, a entrevista com a mãe e, eventualmente, com outros familiares, especialmente o pai, torna-se essencial, pois constituirá realmente a fonte primária de dados, tornando-se quase sempre a própria criança a pessoa que poderá complementá-los. No entanto, há fontes subsidiárias importantes, desde o álbum do bebê, gravações em vídeo, fotografias, desenhos, cadernos escolares, até entrevistas ou contatos telefônicos com pessoas que atendem ou atenderam a criança, seja de forma sistemática (professores, fonoaudiólogos, pediatra, etc.) ou assistemática (especialistas na área médica), sendo também eventualmente úteis laudos médicos ou psicológicos anteriores. Pode-se ainda acrescentar o recurso da observação do comportamento da criança no lar ou em outras situações.

AVALIAÇÃO DINÂMICA

A não ser em casos muito específicos, em que o objetivo diagnóstico é bastante circunscrito, a avaliação dinâmica é realizada geralmente integrada com a história, buscando-se uma relação entre a pessoa com seus problemas específicos atuais e as experiências de sua vida passada. Pretende-se colocar a problemática presente numa perspectiva histórica, que permita compreender o transtorno dentro de um processo vital, em um contexto temporal, afetivo e social, com base num quadro referencial teórico. Mas é importante sublinhar com Gabbard (1998) que "uma entrevista dinâmica não é uma sessão de psicanálise" (p.64). Trata-se de um modo específico de compreender os fatos. Desse modo, não se analisam os efeitos especiais de um e outro acontecimento, como também suas interações. Bellak e Small (1980) exemplificam: "a perda da mãe na infância do paciente deve ser posta em relação com a chegada anterior de um irmão e com a ausência prévia e prolongada do pai no lar" (p.51). Os acontecimentos também devem ser entendidos em função da época em que ocorreram, pois a sua repercussão psicodinâmica pode ser intensificada em meio a uma crise de desenvolvimento, por exemplo, e eventualmente agravada por vulnerabilidade no desenvolvimento anterior.

Devemos lembrar, por outro lado, que "todo comportamento é uma tentativa de adaptação, e a desadaptação atual, que traz o paciente a nós, está baseada em grande parte em modos aprendidos mais antigos de se adaptar aos problemas" (p.51).

Como os padrões psicodinâmicos tendem a se repetir, devemos entender a situação atual em termos de denominadores comuns, na vida do paciente, ou, mais especificamente, no conteúdo de eventos perturbadores e de reações passadas correlatas. Isso significa que, a partir do quadro atual do paciente, se pode levantar uma série de hipóteses etiológicas, com base em pressupostos teóricos, o "que deve ser justificado por dados históricos" (p.53).

Neste processo, partimos de queixas, identificamos conflitos, pesquisamos causas, inter-relacionamos conteúdos, reunindo e integrando informações que embasam o entendimento dinâmico no fluxo da história do paciente.

Enfoque especial no caso do adolescente

Considerando que o paciente adolescente atravessa uma crise de desenvolvimento, sua problemática pode ser entendida dentro de um esquema multiaxial, inspirado numa classificação diagnóstica de crise da adolescência, proposta por Wilson Jr. (1971) e baseada na linha teórica de Erikson. Embora esta seja uma abordagem bastante antiga, ainda parece útil, do ponto de vista didático.

No Eixo I, é examinada a problemática do paciente, em função das questões psicodinâmicas da fase, categorizando-se a crise da adolescência em cinco classes. No Eixo II, verifica-se a existência de vulnerabilidades prévias no desenvolvimento psicossocial, com a presença ou não de sintomas anteriores à adolescência. No Eixo III, investigam-se sintomas de mau funcionamento em seis categorias ou áreas (afetiva, perceptual, cognitiva, somático-visceral, integrativa e societária).

As questões psicodinâmicas sintônicas com a fase adolescente têm que ver com: a) impotência vs. onipotência; b) dependência vs. independência; c) altruísmo vs. narcisismo; d) passividade vs. agressão; e) feminilidade vs. masculinidade. As vulnerabilidades pré-adolescentes consideradas são: a) sentimento de confiança vs. desconfiança; b) autonomia vs. vergonha e dúvida; c) iniciativa vs. culpa; d) operosidade vs. inferioridade. Tais vulnerabilidades podem ocasionar distorções em nível de ego, ideal do ego e superego.

Para este enfoque, o clínico deve estar bem familiarizado com a linha teórica de Erikson (1971) sobre desenvolvimento, abordando a coleta de dados históricos sob este prisma. Já para o Eixo III são utilizados dados do exame do estado mental do paciente.

Qualquer problemática do adolescente pode se enquadrar em uma das cinco classes seguintes:

Crise da adolescência	Classes				
	I	II	III	IV	V
Vulnerabilidades pré-adolescentes	Não	Não	Sim	Sim	Sim
Sintomas pré-adolescentes	Não	Não	Não	Sim	Sim
Questões psicodinâmicas da adolescência	Sim	Sim	Sim	Sim	Não
Mau funcionamento de uma ou mais áreas	Não	Sim	Sim	Sim	Sim

Vemos, assim, que, na Classe I, a problemática justifica-se exclusivamente pelo enfrentamento das questões sintônicas com a fase, e, provavelmente, o encaminhamento pode ser atribuído às dificuldades da família em tolerar ou manejar uma reação sadia. Os diagnósticos nos Eixos II e III são dispensáveis. O exame pode se restringir a esta etapa. Um psicodiagnóstico completo (com todos os passos) só seria indicado para confirmação da hipótese de categorização na Classe I. No caso, o início da "história clínica" coincidiria com a emergência de mudanças associadas com a fase.

Na Classe II, o ponto focal da problemática é constituído pela confrontação com as questões psicodinâmicas da fase, que é complicada pela emergência de sintomas, na adolescência, que permitem um diagnóstico também do Eixo III, mas não no II. A história clínica tem início no aparecimento de sintomas, dentro da crise adolescente.

Na Classe III, há problemas associados com as questões psicodinâmicas da fase, que são complicadas por vulnerabilidades anteriores, que podem ter causado distorções estruturais na personalidade, mas os sintomas só se evidenciam no enfrentamento da crise da adolescência. Justifica-se um diagnóstico também no Eixo II e no III. A história clínica tem início na emergência dos sintomas, dentro da adolescência, mas o entendimento dinâmico deve associar a problemática atual com os conflitos oriundos da crise pré-adolescente, que foi mal ultrapassada.

Na Classe IV, novamente há problemas, associados com as questões psicodinâmicas da fase, mas vinculados à vulnerabilidade anterior, que pode se relacionar com distorções estruturais e ocasionou sintomas prévios, que podem ter sido tolerados antes, mas, manifestando-se na adolescência de forma exacerbada ou diversa, tornam-se fonte de preocupação. Justifica-se o diagnóstico também nos Eixos II e III. A história clínica tem início por ocasião da emergência dos primeiros sintomas, antes da adolescência, na crise ou crises mal ultrapassadas, que devem ser consideradas no entendimento psicodinâmico.

Na Classe V, os problemas associam-se com crise ou crises anteriores à adolescência, levando a prováveis distorções estruturais e à emergência de sintomas prévios e não permitindo o enfrentamento das questões psicodinâmicas da adolescência, isto é, o paciente não chegou a se "matricular" na adolescência. Justifica-se o diagnóstico também no Eixo II e no Eixo III. A história clínica tem início por ocasião do aparecimento dos primeiros sintomas, em fase anterior à adolescência, e o entendimento dinâmico deve abranger a crise ou crises mal ultrapassadas.

Dessa maneira, vemos que um esquema teórico pode fornecer um embasamento, não só para a compreensão da problemática atual, como pode permitir que o clínico se situe no enfoque adequado da história clínica e no manejo da avaliação dinâmica.

Enfoque especial no caso da criança

No caso da criança, como no que se refere ao adolescente, a perspectiva do desenvolvimento é crucial, o que tem duas repercussões essenciais. Em primeiro lugar, a precisão cronológica dos dados da anamnese é muito mais importante do que em outras fases, porque podem se evidenciar desvios no desenvolvimento por atrasos na emergência de certos padrões de comportamento que podem estar diretamente relacionados com a problemática atual. Em segundo lugar, é extremamente importante que haja uma abordagem dinâmica dos fatos do desenvolvimento para permitir uma dimensão mais profunda na compreensão do caso. Na prática, porém, é recomendável sobrepor esses enfoques, na entrevista, diferenciando-os, depois, no laudo, se for o caso.

Para a coleta de dados, contamos fundamentalmente com as informações da mãe, e pode-se iniciar pela queixa, procurando-se ter uma percepção da sintomatologia atual, que serve como referencial para identificar conflitos ou áreas de desenvolvimento, que devem ser mais detidamente explorados. Não obstante, embora a maior densidade dos dados seja obtida por entrevista com a mãe, é bastante elucidativo ter a versão da própria criança. Além disso, em muitos casos, recomenda-se a entrevista lúdica (vide Capítulo 10, nesta edição) para a obtenção de indícios, que podem alargar e aprofundar o entendimento dinâmico.

Como foi salientado em relação ao adolescente, é importante examinar o enfrentamento das questões psicodinâmicas da fase em que a criança se encontra, tentando determinar se os problemas estão circunscritos a ela. Caso contrário, é importante analisar a sua relação com fases anteriores, que podem ter ou não uma vinculação causal com os conflitos atuais, havendo ou não manifestações sintomáticas prévias. Por exemplo, a criança pode estar enfrentando mal a crise edípica, e seus sintomas podem se explicar por vulnerabilidade na fase anal, cujos conflitos explicam os mecanismos obsessivos que vem apresentando. Se os sintomas eclodiram na fase edípica, aí se inicia a história clínica, embora o entendimento dinâmico deva abranger as dificuldades mais antigas. Se houve sintomas de mau funcionamento prévio, aí se inicia a história clínica.

Quando tratamos da problemática do adolescente, lançamos mão da formulação teórica de Erikson. Aqui, propositalmente, utilizamos pressupostos freudianos, para deixar bem claro que o importante é que o clínico eleja uma linha de pensamento e, a partir dela, tente um entendimento da problemática do paciente.

7
O exame do estado mental do paciente
Silvio A. Erné

O tema do exame do estado mental, em nosso meio, já é antigo, mas, lamentavelmente, pouco divulgado, em conseqüência da avassaladora bibliografia estrangeira, principalmente norte-americana, cuja apresentação dispensa qualquer citação, devido à sua enorme divulgação e excelente qualidade técnica. Reproduzi-la seria, portanto, reeditar ou profetizar o óbvio.

Qual é a importância que este tema tem para a atividade profissional? Varia de acordo com os objetivos e propósitos do exame que será realizado. Assume grande importância o acurado exame do estado mental nos feitos periciais judiciais e/ou administrativos, quando a formulação de um diagnóstico nosológico deve ser provada, em meio às diversas contestações, geralmente oriundas do conflito de interesses entre os que buscam o sistema adversarial para defenderem o que julgam ser seus inalienáveis e legítimos direitos.

O assunto também assume importância relevante nas decisões terapêuticas que se utilizam de psicofármacos, junto com outras abordagens terapêuticas ou isoladamente, desde que o diagnóstico clínico nosológico seja considerado algo importante pelo examinador ou terapeuta.

Na atualidade, face às disposições previstas em nossa Constituição Federal, em seu artigo 5º, inciso V (Brasil, 1988), e também devido às disposições do artigo 14 do Código de Defesa do Consumidor (Brasil, 1997), o mais prudente é ter provas documentais, registros, do real estado mental das pessoas que buscam nossos préstimos de profissionais. A área de Saúde é, particularmente, visada, porque lida com o maior patrimônio humano – a vida alheia. Não há como reparar o dano produzido se este for letal, deformante ou prejudicial de alguma forma. Não há como doar, alugar ou fazer empréstimo de condições ou dias de vida. Conseqüentemente, a responsabilidade é fundada em comportamentos omissivos ou comissivos, em que o ato de fazer, ou não fazer, um exame acurado poderá ter conseqüências inimagináveis para a vida econômica e a imagem social do profissional liberal.

Além desses aspectos legais, que passaram a vigorar mais intensamente, no Brasil, desde a Constituição Federal de 1988, o Código de Proteção do Consumidor de 1990 e a criação do Sistema Nacional de Defesa do Consumidor (Programa de Defesa do Consumidor – PROCON), há também uma cultura de acirrada disputa narcísica e de disputa pela sobrevivência econômica como profissional liberal, na área da Saúde, que nos leva a pensar no ditado de um renomado advogado norte-americano, Sholem Aleichem, que diz: *"Lawyers are just* *like physicians: what one says, the other contradicts"** ('Lectric Law Library, 2000).

Independentemente de qualquer dispositivo legal sobre a responsabilidade civil ou da legislação referente a serviços prestados, prevalecerá, para alguns, o princípio de que é impossível cientificidade sem apreensão e fixação de alguns conceitos que disciplinem e organizem as nossas observações. Para os que endossarem essa tese, o exame detalhado do estado mental do examinando, ou do paciente, será sempre importante, independentemente dos riscos jurídicos.

No que diz respeito à ordenação metodológica do exame do estado mental, há um consenso de que as principais alterações envolvem sinais e/ou sintomas nas seguintes áreas da conduta humana: *atenção*, *sensopercepção*, *memória*, *orientação*, *consciência*, *pensamento*, *linguagem*, *inteligência*, *afetividade* e *conduta*.

A *atenção* é um processo psíquico que permite concentrar a atividade mental sobre um fato determinado. No exame da atenção, é importante considerar: a capacidade de concentração; quanto tempo é mantida a atenção (persistência/fatigabilidade); em quantos objetos é capaz de estar focada simultaneamente (distribuição); quanto tempo demora para começar a efetiva atenção (excitabilidade).

São habitualmente deferidas como transtornos de atenção: a) *aprosexia* (ausência de atenção; p.ex., demências graves); b) *hipoprosexia* (diminuição da atenção; p.ex., demência), c) *hiperprosexia* (atenção espontânea exagerada; p.ex., mania), d) *distraibilidade* (atenção excitável, inconstante; p.ex., síndrome hipercinética).

A expressão distração pode ser utilizada em sentidos opostos. Pode ser entendida como a impossibilidade de manter constante atenção, mas também pode ser empregada para identificar aquela situação onde o indivíduo está tão concentrado que não se dá conta do que se passa ao seu redor. Nesse caso, é habitual utilizar-se a expressão desatenção seletiva.

---

*"Advogados são exatamente iguais aos médicos: o que um diz, o outro contradiz."

A *sensopercepção* é a capacidade de captar as sensações, através dos receptores sensoriais, e transformá-las em imagens ou sensações no sistema nervoso central.

Os transtornos mais freqüentes são: as *ilusões* (do latim *illusionem*; engano) e as *alucinações* (do latim *alucinare*; etimologicamente, privado da razão, enlouquecido).

Fenomenologica e clinicamente, entende-se por ilusão a percepção deformada de um objeto. As ilusões podem ser causadas pelos seguintes fatores:

a) peculiaridades do sistema de refração: por exemplo, aberrações cromáticas, deformações da imagem de objetos em decorrência do meio em que se encontram (meio líquido, meio aéreo);

b) limitações naturais dos órgãos do sentido: por exemplo, ilusões de ótica, como o paralaxe binocular, ocorrendo também na simultaneidade de sensações, notadamente se forem rítmicas e monótonas, na medida em que podem provocar um equívoco da síntese perceptiva;

c) alterações da consciência: por exemplo, nos estados onde há uma turvação ou obnubilação da consciência; são as ilusões denominadas metamorfósicas (macroscopia, microscopia e porropsia);

d) falta de atenção: tanto nos casos de relaxamento normal da atenção, como nas manifestações patológicas que ocorrem nos quadros maníacos ou em outros estados de agitação;

e) catatimias (denomina-se catatimia a influência exercida pela afetividade, na percepção, na atenção, no julgamento e na memória): no caso da afetividade manifestar a sua influência sobre a percepção da realidade, por exemplo, quando o indivíduo está envolvido em desejos intensos, como a paixão, ou está atemorizado, a percepção da realidade pode resultar deformada, e tal deformidade se manifestar por ilusões dos objetos que o cercam; no caso da paixão, a deformação ocorre devido ao mecanismo denominado idealização;

f) erros de julgamento: os erros de julgamento auto ou heteroinduzidos, normais ou patológicos (delírios) mobilizam a sugestibilidade e podem resultar em ilusões perceptivas;

g) reconhecimento deficiente: um reconhecimento equivocado de um objeto pode originar ilusões perceptivas.

Já as alucinações são definidas, simplisticamente, como a percepção sem objeto, podendo ser produzidas em relação a qualquer qualidade sensorial.

Utilizando-se como referência a qualidade sensorial, podemos classificar as alucinações em visuais, auditivas, gustativas, olfativas, táteis, térmicas, cenestésicas (sensibilidade dos órgãos viscerais) e cinestésicas ou motoras (falsa percepção de movimentos).

Costuma-se também utilizar as expressões *alucinose* e *pseudoalucinações*. A primeira é utilizada para caracterizar aqueles quadros em que há todas as características da imagem alucinatória, menos a convicção da realidade ou participação da pessoa no processo. Tem sido empregada, cada vez mais freqüentemente, para designar *delirium* alucinatório (causa orgânica). Nas pseudoalucinações (alucinações psíquicas), falta também a grande convicção que caracteriza as alucinações, mas não há uma patologia orgânica comprovada (p.ex., visão do duplo, a própria imagem do corpo projetada no mundo exterior).

A **memória** é a função psicológica que garante o elo temporal da vida psíquica, pois reflete o passado no presente e permite a perspectiva do futuro.

Costuma-se analisar a memória em três dimensões: a fixação, a evocação e o reconhecimento.

A *fixação* é a capacidade de gravar os dados. A qualidade da fixação depende de uma série de fatores, como interesse, atenção, compreensão, conhecimento prévio, quantidade de informação (volume), via sensorial envolvida na percepção, condições físicas e emocionais, semelhança e diferença dos dados, número de repetições no tempo e tempo durante o qual se pretende fixar.

A *evocação* é a capacidade de atualizar os dados já fixados. Esquecimento é a designação dada à impossibilidade de evocar.

O *reconhecimento* é a capacidade de recordar uma imagem (engrama).

As alterações da memória quanto à *fixação* e à *evocação* são: a) *amnésia* (abolição da memória); b) *hipomnésia* (enfraquecimento da memória); c) *hipermnésia* (exagero patológico da evocação); d) *dismnésia* (designação geral das perturbações da fixação e/ou evocação).

É freqüente o uso de expressões hipomnésia *anterógrada*, hipomnésia *retrógrada* e hipomnésia *retroanterógrada*. Tais expressões dizem respeito ao déficit de memória para os fatos ocorridos *antes*, *depois* ou *antes e após* o fator desencadeante do quadro.

Amnésia *lacunar* ocorre nos estados crepusculares epilépticos (amnésia lacunar anterógrada).

As amnésias lacunares histéricas, quando ocorrem, são geralmente do tipo retrógrado e são explicadas pela repressão.

As disfunções do *reconhecimento* mais habituais são as seguintes: a) *agnosias* (transtorno do reconhecimento da imagem, sem que haja defeitos sensoriais e quando o objeto é familiar ao paciente); b) *paramnésias* (também denominadas de alucinações da memória, porque nestas se trata de imagens criadas pela fantasia e, equivocadamente, aceitas como recordação de acontecimentos reais). Um exemplo comum de paramnésia são os fenômenos de já visto (*déjà vu*) e nunca visto (*jamais vu*).

A **orientação** é uma das expressões da lucidez psíquica, que depende, fundamentalmente, da integridade do estado de consciência, por meio da qual se identifica a capacidade de consciência temporo-espacial.

Examinam-se a orientação *autopsíquica*, que permite avaliar a completa identidade pessoal e as relações com o grupo social, e a orientação *alopsíquica*, que se refere à avaliação da consciência do lugar, do tempo e quanto à situação.

Na patologia da orientação, geralmente se fala em desorientação autopsíquica e/ou desorientação alopsíquica.

Segundo a perturbação elementar, as desorientações são classificadas, geralmente, em seis tipos: a) *apática* (falta de interesse); b) *amnésica* (alterações da memória); c) *confusional* (turvação da consciência); d) *delirante* (ajuizamento patológico da realidade); e) *his-*

triônica (desorientação temporo-espacial limitada); f) *oligofrênica* (dificuldade de aprender ou entender).

Quanto à **consciência**, o termo significa a capacidade de o indivíduo se dar conta do que está ocorrendo dentro e ao redor de si, ao alcance de seu sensório. É apenas neste sentido de consciência-vigilância de processo psíquico integrador dos demais que essa função do ego é valorizada clinicamente. Não se refere, portanto, a valores éticos, como, por exemplo, a chamada consciência moral, nem tampouco à capacidade da pessoa saber o porquê das coisas.

O estado de consciência, em conjunto, é suscetível de alterar-se de várias maneiras, quanto à sua continuidade, amplitude e claridade. Os mais freqüentes são os estados de obnubilação (ou turvação), os estados de coma, os estados de estreitamento da consciência (casos de epilépticos) e os estados de dissociação da consciência (casos de histeria).

O **pensamento** traduz a aptidão do indivíduo para elaborar *conceitos*, articular esses conceitos em *juízos* e, com base nisso, construir *raciocínios*, de modo a solucionar com algum êxito os problemas com que se depara. São características gerais do pensamento: a) as capacidades de generalização; b) a capacidade de identificar e distinguir nos fenômenos e objetos da natureza o que é o essencial e o que é o acessório; c) a capacidade de utilizar o cabedal de conhecimentos acumulado para elaborar conceitos e fazer raciocínios.

As denominadas manifestações *qualitativas* do pensamento incluem os conceitos, os juízos e os raciocínios. Por *conceitos* entendemos a aptidão de relacionar a palavra com o seu significado e a aptidão de relacionar entre si os significados das palavras. Constituem o nível mais elementar das unidades estruturais do pensamento. Os *juízos* representam a possibilidade de relacionar conceitos entre si. Através do juízo, afirma-se ou se nega algum atributo ou qualidade a um objeto ou fenômeno. Os interesses, desejos, sentimentos e necessidades de uma pessoa influem, marcadamente, sobre o seu julgamento, se ela não estiver atenta para isso e treinada para manter a neutralidade. Constituem o segundo nível de complexidade de estruturação qualitativa do pensamento. Já por *raciocínio,* entende-se a capacidade de concluir, podendo ser indutivo (do particular para o geral), dedutivo (do geral para o particular) e analógico (do conhecimento particular para o particular).

No exame do pensamento, cabe analisar as denominadas operações racionais: a) análise e síntese; b) generalização e sistematização; c) abstração e concreção; d) comparação.

Nas denominadas manifestações *quantitativas* do pensamento, avaliam-se a velocidade de associação das idéias ou o fluxo de idéias.

De um modo geral, a análise do pensamento clinicamente é feita sob três aspectos: produção, curso e conteúdo.

As principais patologias do pensamento, são, habitualmente, agrupadas em distúrbios da produção do pensamento, curso do pensamento e conteúdo do pensamento.

Quanto à *produção*, costuma-se distinguir pensamento *mágico* e pensamento *lógico*. O primeiro é assim denominado por apresentar, na sua contextura, a predominância das idéias próprias do primitivo, do selvagem ou das crianças no nosso mundo civilizado, as quais, de um modo geral, possuem uma mentalidade pré-lógica, o que não quer dizer ilógico ou antilógico.

No *curso* do pensamento, observa-se, na prática clínica, que ele se apresenta isoladamente, isto é, sem as alterações concomitantes de todo o pensamento. São exemplos principais de tais alterações: a) *fuga de idéias* (aceleração do pensamento com exuberância e incontinência verbal), comum nos quadros maníacos; b) *inibição do pensamento*, que é oposto do anterior, podendo atingir proporções de um verdadeiro mutismo, sendo uma anormalidade comum nos quadros depressivos; c) *perseveração/verbigeração*, ou seja, aderência involuntária, passiva, automática e obstinada do pensamento a determinados temas, locução, frases, palavras pronunciadas inúmeras vezes, sem qualquer propósito identificável com a realidade; d) *desagregação*, ou perda da capacidade de estabelecer relações conceituais; e) *bloqueio/interceptação* ou *detenção*, em que o pensamento é momentaneamente bloqueado, de forma abrupta, em seu curso.

No exame do *conteúdo* do pensamento, encontra-se, historicamente, o maior acervo de estudos sobre essa função psíquica, sendo os principais transtornos nessa área os *delírios*, as *idéias supervalorizadas* e o *delirium*.

Os *delírios* (do latim *de*, fora, e *liros*, sulco; sair da trilha arada, desviar o arado do sulco) podem ser classificados de diversas maneiras: a) conforme a sua *temática* (de desconfiança, de perseguição, de influência, de prejuízo, de referência, de autopreferência, de ciúme, de grandeza, de descendência ou de linhagem ilustre [genealógico], de invenção, de transformação cósmica, de prestígio, de missão divina, de reforma social, de possessão diabólica ou divina, de natureza hipocondríaca, de negação e transformação, de culpa, de auto-acusação, de ruína e vários outros, de acordo com a plasticidade da trama delirante); b) conforme o *grau de elaboração* (sistematizados e não-sistematizados); c) conforme o *curso evolutivo* (agudos e crônicos).

As *idéias supervalorizadas* são aquelas situações em que a alteração afetiva do paciente causa uma perturbação da capacidade de ajuizar, sem a gravidade e a convicção dos delírios. A esta tendência, determinada mais por fatores afetivos do que por fatores lógicos, denomina-se clinicamente de *inclinação* das idéias, e, quando tal idéia absorve a personalidade do indivíduo e passa a determinar sua conduta, temos o que se denomina de *idéia sobrevalorizada* ou *juízo desviado*. Quando tais manifestações se tornam irredutíveis, quando o indivíduo perde a capacidade de estabelecer o confronto entre o objetivo e o subjetivo, então já se fala em juízos delirantes.

Quanto ao *delirium*, emprega-se esta forma latina para caracterizar uma alteração da consciência-vigilância de natureza orgânica, com a presença de delírios, por exemplo, *delirium tremens*, *delirium febril*.

A **linguagem** falada é o meio de comunicação verbal entre as pessoas. A palavra é o envoltório material do pensamento e manifesta a dimensão perceptível das idéias.

Na linguagem, estão contidos dois aspectos importantes: um, individual, a *fala*, e o outro, social, a *linguagem* ou *idioma*.

No idioma, são destacados três componentes distintos, em constante evolução: a) a *fonética* (refere-se aos sons utilizados); b) a *sintaxe* (refere-se à articulação lógica entre as palavras; c) a *semântica* (refere-se à mudança do significado das palavras).

Ninguém sabe exatamente quando as espécies humanas murmuraram as primeiras palavras. Arqueólogos sugerem que a humanidade adquiriu a *linguagem* há 500.000 anos e que a *fala* tenha cerca de 2.000.000 de anos.

Diz-se que a linguagem é música tocada na flauta da voz humana. Esta escala musical é composta de mais de 200 sons vocais e cerca de 600 consoantes possíveis (Hotz, 2000).

Primeiro, devem ter surgido as formas não-verbais de expressão e, após, a linguagem falada. Logo depois, veio a necessidade social de criar o registro gráfico da linguagem. A escrita surgiu como resposta a essa necessidade, pois a transmissão do conhecimento só pela tradição oral era algo extremamente limitado.

A primeira forma escrita foi ideográfica, após sobreveio a escrita fonética. Ler é a capacidade de atribuir significado a símbolos desenhados sobre uma superfície.

Em média, as pessoas conseguem produzir 150 palavras por minuto. Cada palavra é escolhida em milissegundos entre 50.000 possibilidades diferentes, organizadas num sofisticado manual, onde se entrelaçam fonética, sintaxe e semântica, obedecendo as diversas leis gramaticais de cada idioma.

Os principais quadros patológicos da linguagem falada de causa orgânica são:

a) *disartria*, ou dificuldade de articular palavras; em grau extremo, é anartria;

b) *disfasia*, ou dificuldade ou perda da capacidade de compreender o significado das palavras e/ou a incapacidade de se utilizar dos símbolos verbais; em grau extremo, é afasia. Existem três tipos básicos de afasias: 1) *afasia de Wernicke* (afasia nominal), que é a afasia essencialmente de compreensão, resultante da incapacidade de entender os símbolos verbais, falados ou escritos. O paciente pode articular e emitir as palavras, mas a fala resulta totalmente incompreensível; 2) *afasia de Broca* (afasia mista), quando todas as modalidades de linguagem estão afetadas; 3) *afasia motora pura*, em que o paciente pode entender o que lhe é dito, pode ler e escrever, só não pode falar;

c) *disfonia*, defeito da fala que resulta em alteração da sonoridade das palavras, de causa periférica (traquéia, aparelho respiratório) e não central (sistema nervoso central, como as disfasias e as disartrias);

d) *dislalia*, quando a linguagem resulta defeituosa, sem que haja lesão central.

Os principais quadros patológicos da linguagem falada de causa predominantemente psíquica são: a) *mutismo*; b) *logorréia*: fluxo incessante, com comprometimento da coesão lógica; o estado mais grave é a chamada fuga de idéias, e ocorre porque a velocidade do fluxo do pensamento ultrapassa as possibilidades de expressão das idéias); c) *jargonofasia*: as palavras são pronunciadas corretamente, mas não combinam de forma lógica ("salada de palavras"); d) *parafrasia*: quando são inseridas, numa frase corretamente construída, uma ou várias palavras, sem o mínimo significado com as demais; e) *neologismo*: formação de uma palavra nova, que passa a ser utilizada em lugar de outra, e cujo significado somente o paciente sabe qual é; f) *coprolalia*: uso habitual e incontrolável de linguagem obscena e grosseira, fora do contexto adequado, devendo ser analisados a intencionalidade e o automatismo do ato; g) *verbigeração* ou estereotipia verbal: repetição de sílabas, vocábulos, palavras e até frases inteiras de forma incontrolável e monótona; h) *pararrespostas*: quando a resposta dada a uma pergunta não guarda a mínima relação com o que foi perguntado.

A *inteligência*, a bem dizer, não constitui uma função, faculdade ou função psíquica, *a priori*. Tal designação é a resultante funcional das diversas funções que integram os processos do psiquismo humano.

Inteligência, assim como personalidade, é uma grande síntese de nosso psiquismo.

Há uma definição clássica de inteligência, que é a capacidade de adaptar-se a novas situações, mediante o consciente emprego de meios ideativos (Melo, 1979).

Depreende-se que a inteligência não é somente a posse de numerosos processos ideativos, mas também a capacidade de aplicá-los. Assim, portanto, resulta que um indivíduo inteligente não é só o que pensa muito, mas, também, em determinadas circunstâncias, aquele que pensa pouco. A exigência fundamental para a caracterização da inteligência é sempre de ordem econômica, pois o que se espera da pessoa inteligente é obter o máximo de efeito com o menor dispêndio possível. Dessa maneira, não adianta apenas sermos eficientes (dedicados), pois devemos também ser eficazes na execução do que fazemos.

Diz-se que um indivíduo será tanto mais inteligente: 1) quanto melhor, mais rápido e mais facilmente compreenda; 2) quanto maior, mais extenso e variado for o número de enlaces e associações que estabeleça entre os dados da compreensão; 3) quanto mais pronta e espontaneamente elabore novas e originais idéias que ampliem e enriqueçam o seu patrimônio representativo e ideativo; 4) quanto melhor saiba ajuizar com segurança e raciocinar com lógica; 5) quanto melhor se adapte às exigências das situações vitais.

As patologias mais freqüentes são os estados deficitários, congênitos ou adquiridos da atividade intelectual. A exploração da capacidade intelectual e os métodos utilizados para aferição da inteligência são feitos, basicamente, por testes psicológicos específicos.

A *afetividade* revela a sensibilidade interna da pessoa frente à satisfação ou à frustração de suas necessidades. A necessidade, portanto, é o ponto de partida da afetividade. A necessidade, por sua vez, é definida fenomenologicamente como a tendência natural que impulsiona o indivíduo a praticar um ato ou a buscar uma categoria determinada de objetos. Em princípio, considera-se que toda ação de um indivíduo é determinada pelas suas necessidades conscientes e inconscientes. As necessidades, também denominadas de impulsos, manifestam-se como desejos conscientes ou como tendências inconscientes.

As necessidades (impulsos) são consideradas como primárias quando se referem às motivações naturais, herdadas e incondicionadas. São também denominadas de biológicas, orgânicas ou primárias. Estão ligadas às satisfações das necessidades fisiológicas. Podem ser exemplificadas pelas necessidades de alimento, água, oxigênio e satisfação sexual. As necessidades (impulsos) consideradas como secundárias (ou superiores) são determinadas pela prática histórico-social e assimiladas pelo indivíduo no curso de sua vida como um processo de aprendizado. Originam-se do trabalho do homem e do convívio familiar e social. São exemplos as necessidades de natureza estética, ética e moral.

Os fenômenos afetivos mais elementares são as emoções e os sentimentos. Emoção é a resposta afetiva resultante da satisfação ou frustração das necessidades primárias (biológicas ou orgânicas). Sentimentos são vivências relacionadas com a satisfação ou frustração das necessidades superiores. Fala-se em afeto para tipificar uma explosão incontida de emoções ou sentimentos, como medo, ira, alegria, angústia, paixão. Tais manifestações psíquicas são normais, desde que a pessoa que as experimente mantenha a lucidez de consciência, o controle de sua conduta e que a intensidade e a duração da resposta afetiva se situe nos limites da normalidade determinada pela contextura conjuntural.

As alterações patológicas mais freqüentes do humor são: a) *distimia*: alteração do humor, tanto no sentido da exaltação como na inibição. Existem vários graus, os mais comuns são: a distimia depressiva (hipotímica ou melancólica) e a distimia hipertímica (expansiva ou eufórica); b) *disforia*: tonalidade do humor amargo, "mau humor" (irritabilidade, desgosto e agressividade); c) *hipotimia/hipertimia*: tristeza patológica e alegria patológica (imotivada ou inadequada).

As alterações mais freqüentes das emoções e dos sentimentos são: a) *ansiedade*: é a tensão expectante, que varia da apreensão até a extrema aflição, relacionada com a sensação subjetiva de que algo vai acontecer, sendo este algo geralmente uma situação ou fato ruim. Há uma vivência de perigo iminente, porém, de origem indeterminada, e um sentimento de insegurança, de impotência diante do iminente perigo, que pode chegar à vivência de aniquilamento e gerar o pânico; b) *angústia*: quando as manifestações psíquicas da ansiedade se acompanham de sintomas físicos do tipo neurovegetativo (sudorese, hiper ou hipossalivação, taquicardia, hipo ou hipertensão arterial, dores angustiantes, etc.); c) *apatia*: indiferença afetiva; d) *fobias*: medo patológico, com objeto específico e definido conscientemente. Distingue-se da ansiedade pela especificidade do objeto amedrontador. Na fobia, a pessoa tem algo específico, faz crítica da inadequação de seu comportamento e reações, mas não pode inibir, podendo, inclusive, chegar ao pânico; e) *ambivalência afetiva*: foi um termo criado por Eugen Bleuler para designar a existência simultânea de sentimentos opostos em relação ao mesmo objeto; f) *labilidade afetiva*: mudança rápida e imotivada das emoções e dos sentimentos.

Há várias formas de conceituar a **conduta**. Uma delas, de utilidade prática, é a que se refere à conduta como o padrão habitual de conduta num determinado contexto.

Alguns autores classificam os transtornos da conduta em:

a) Alterações patológicas das pulsões (tendências) instintivas, divididas, por sua vez, em:

1) perturbações das pulsões (tendências) naturais de conservação da vida (condutas suicidas, automutilações, auto-agressões);

2) perturbações da tendência natural do sono (insônia, hipersonia, cataplexia);

3) perturbações da tendência de alimentação (anorexia, bulimia, polidipsia, dipsomania, coprofagia, mericismo, pica);

4) perturbações da tendência de expansão motora (impulso natural de poder, impulso agressivo). Particular destaque é dado às manifestações patológicas que se caracterizam pelo exagero do impulso agressivo. A palavra agressividade (do latim *aggredi, aggredior*) significa avançar decididamente, tomar a iniciativa de mover-se ativamente para um determinado objetivo, partir para a ação com a disposição de enfrentar os obstáculos em seu cami-

nho. Este significado de força e de afirmação pessoal, de poder pessoal, não tinha um significado de violência, de hostilidade, de agressão física ou moral. Na língua inglesa, *aggressiveness* significa afrontar, combater as dificuldades, enquanto *aggressivity* é utilizada para caracterizar agressão despropositada. Existem modelos etiológicos, psicológicos e sociológicos para analisar o tema da agressividade. As alterações mais freqüentes da agressividade são a crueldade (infligir sofrimento ou se tornar indiferente diante do sofrimento alheio) e a agressividade disfarçada auto ou heterodirigida (geralmente, sob a forma de sintomas psicossomáticos). Uma forma particular de agressividade são as manifestações coléricas de pacientes epilépticos (furor epiléptico), as manifestações de pacientes catatônicos (furor catatônico) e as manifestações coléricas de pacientes maníacos (furor maníaco). Também são freqüentes esses estados de furor associados a episódios de agitação psicomotora em pacientes oligofrênicos, portadores de quadros demenciais e portadores de afecções do lobo frontal e temporal;

5) perturbações da tendência sexual (impotência, frigidez, ejaculação precoce, sadomasoquismo, promiscuidade);

6) perturbações da higiene corporal (incontinência fecal e/ou urinária; gatismo).

b) Alterações patológicas das necessidades humanas ditas superiores (não-primárias), por exemplo, avareza, prodigalidade, cleptomania, hedonismo, colecionismo patológico, imediatismo sociopático, egoísmo, narcisismo.

Finalmente, é necessário lembrar que nem todo exame psiquiátrico será, necessariamente, tão detalhado. Por esse motivo é que existem os chamados exames simplificados, sendo um deles o Mini-Exame do Estado Mental, proposto por Folstein e colegas, em 1975 (MacKinnon & Yudofsky, 1988a). (Vide Anexo A.)

MÓDULO IV – Estratégias Específicas em Entrevista

A entrevista estruturada para o DSM-IV
Marcelo Tavares

8

A entrevista é o instrumento mais poderoso do psicólogo – o mais indispensável de todos que possam ser colocados a seu alcance. Esse lugar privilegiado da entrevista clínica nem sempre tem recebido a devida consideração. As técnicas de entrevista favorecem a manifestação das particularidades do sujeito. Com isso, permitem ao profissional acesso amplo e profundo ao outro, a seu modo de se estruturar e de se relacionar, mais do que qualquer outro método de coleta de informações. Por exemplo, a entrevista é a técnica de avaliação que pode mais facilmente se adaptar às variações individuais e de contexto, para atender às necessidades colocadas por uma grande diversidade de situações clínicas e para tornar explícitas particularidades que escapam a outros procedimentos. Por meio dela, podem-se testar limites, confrontar, contrapor e buscar esclarecimentos, exemplos e contextos para as respostas do sujeito. Esta adaptabilidade coloca a entrevista clínica em um lugar de destaque inigualável entre as técnicas de avaliação.

Neste capítulo, vamos abordar a Entrevista Clínica Estruturada para o DSM-IV, ou SCID*, uma técnica de entrevista *semi-estruturada*, utilizada para a avaliação sistemática dos principais transtornos mentais, segundo os critérios da quarta e última edição do *Manual Diagnóstico e Estatístico de Transtornos Mentais – DSM-IV* (APA, 1995). As diferentes modalidades de estruturação das entrevistas foram discutidas, em detalhe, no Capítulo 5 (Tavares, 2000a). A SCID tem demonstrado seu valor em psiquiatria, em saúde mental, em psicologia clínica, em psicologia forense e em psicologia hospitalar. Além de sua utilidade nesses *settings*, ela tem sido empregada como instrumento de ensino e de coleta de dados de pesquisa nessas áreas.

CONSIDERAÇÕES PRELIMINARES

As técnicas de semi-estruturação de entrevistas são relativamente novas no Brasil. Por esse motivo, alguns profissionais estão pouco habituados às discussões sobre o tema da estruturação. Várias técnicas semi-estruturadas, no entanto, têm sido desenvolvidas: a *Schedule for Affective Disorders and Schizophrenia* (SADS) (Endicott & Spitzer, 1978), a *Positive and Negative Symptoms for Schizophrenia* (PANSS) (Kay, Fiszbein & Opler, 1987), a *Present State Examination* (PSE; Wing, Birley, Cooper et alii,

---

*A tradução adotada para *Structural Clinical Interview for the DSM-IV* será Entrevista Clínica Estruturada para o DSM-IV, por extenso, porém, ela será referida no texto pela sigla *SCID* (pronuncia-se SKID), como ela é internacionalmente conhecida. O projeto de adaptação para o Brasil, coordenado pelo autor, teve apoio do CNPq e da FAP-DF.

1967), a *Renard Diagnostic Interview* (RDI) (Helzer, Robins, Croughan *et alii*, 1981) e a *Diagnostic Interview Schedule* (DIS) (Robins, Helzer, Croughan *et alii*, 1981). O único caso brasileiro de uma entrevista clínica semi-estruturada é a Entrevista Diagnóstica Adaptativa Operacionalizada (EDAO), de Ryad Simon (1989, 1993), uma entrevista de avaliação de fundamentação psicodinâmica. Tendo em vista o ensino e a pesquisa, apenas recentemente desenvolvemos uma entrevista clínica semi-estruturada para a avaliação da história e do risco de tentativa de suicídio, com ênfase nos aspectos mórbidos e psicodinâmicos associados (Tavares, 1999).

As técnicas de semi-estruturação visam a ajudar, e não a substituir, o profissional treinado; visam a ampliar, e não a subjugar a intuição ou o julgamento clínicos temperados por anos de experiência. O clínico treinado saberá reconhecer, por exemplo, um momento de fragilidade ou uma emoção emergente e poderá adaptar seu comportamento para poder atender empaticamente uma necessidade do sujeito, durante a entrevista. Todas as competências clínicas importantes, aliás, discutidas no Capítulo 5 (Tavares, 2000a), são essenciais para a condução de uma entrevista semi-estruturada, como, por exemplo, a atenção à natureza relacional da atividade, a capacidade de lidar com a transferência e com outras formas de resistência, etc. A padronização da técnica não significa que ela seja destinada a uma aplicação mecânica. Em todos os sentidos, é necessário conhecimento e experiência clínica para fazer o melhor uso dela. Por outro lado, o clínico que decidir utilizá-la, ou ter sua prática influenciada pela sua forma de estruturação, perceberá os benefícios que a técnica irá trazer para sua capacidade diagnóstica, principalmente no diagnóstico diferencial.

Tem-se argumentado que a avaliação nosológica contrapõe-se a uma compreensão relacional, psicodinâmica e estrutural da personalidade do sujeito. Não há antagonismo implícito nessas abordagens, tema que é discutido em detalhe no Capítulo 5 (Tavares, 2000a). À medida que se desenvolve em experiência, o profissional se torna capaz de perceber a integração entre quadros psicopatológicos, sintomas, estrutura, dinâmica e modos de relacionar-se, de maneira que sua compreensão dos casos ganha em complexidade. Portanto, desenvolver uma capacidade de reconhecimento dos sintomas e de sua organização contribui não somente para a capacidade de estabelecer um diagnóstico, mas para a compreensão mais profunda e sofisticada de seus pacientes.

Outras vantagens mais pontuais derivadas da existência de instrumentos padronizados no diagnóstico das psicopatologias devem ser observadas. Eles têm sido fundamentais para: 1) aumentar a validade dos diagnósticos atribuídos a pacientes com transtornos mentais; 2) permitir maior adequação do planejamento do tratamento ao quadro clínico apresentado; 3) aumentar a consistência entre as formulações diagnósticas de profissionais de orientações e formações diversas; 4) aumentar a eficácia do tratamento a partir da maior validade do diagnóstico e da maior homogeneidade de compreensão do quadro clínico pelos membros das equipes de saúde mental; 5) melhorar a qualidade das pesquisas que requerem uma maior precisão de classificação diagnóstica (como em psicologia clínica e forense, psiquiatria, epidemiologia, intervenção em crise, etc.); 6) permitir a existência de um registro diagnóstico permanente e a criação de bancos de dados para uso administrativo e de pesquisa. Em geral, observamos que a capacidade de avaliar um quadro sintomático e estabelecer um diagnóstico diferencial dá maior segurança ao profissional para trabalhar com o paciente.

ANTECEDENTES HISTÓRICOS E O DESENVOLVIMENTO DA SCID

Talvez o fato singular mais importante que favoreceu o desenvolvimento da área de psicodiagnóstico em saúde mental tenha sido a filosofia de classificação dos transtornos mentais do DSM-III. Este manual diagnóstico foi o resultado do esforço de centenas de pesquisadores e profissionais de psiquiatria, psicologia, assistência social e enfermagem, na construção de um sistema de critérios diagnósticos específicos para virtualmente todos os transtornos mentais. A maior contribuição desse sistema foi a utilização de uma linguagem descritiva na formulação dos critérios diagnósticos e dos agrupamentos de transtornos mentais por classe (APA, 1980, 1987). Devido a essa linguagem fenomenológica, que procurava estar isenta de vieses teóricos, o DSM-III ganhou popularidade rapidamente. Maser e colegas (1991), em uma pesquisa internacional, investigando as atitudes de profissionais de saúde mental fora dos Estados Unidos, chegaram à conclusão que "o DSM-III e o DSM-III-R são mais amplamente utilizados no mundo do que a *Classificação Internacional das Doenças* no ensino, pesquisa e prática clínica" (p.271).

Ao se tornar o padrão utilizado por profissionais de diversas orientações e inclinações, o DSM-III constituiu-se no principal instrumento para aumentar a precisão diagnóstica, favorecer a comunicação clínica entre profissionais e facilitar a generabilidade e comparabilidade entre conclusões diagnósticas. A edição atual para classificação dos transtornos mentais, o DSM-IV, mantém essa mesma característica descritiva. Além disso, é o resultado de mais de 15 anos de testes com esse sistema diagnóstico por milhares de profissionais de saúde mental, tendo corrigido, durante esses anos, erros e imprecisões de suas edições anteriores (APA, 1995).

A linguagem descritiva, fenomenológica, adotada a partir do DSM-III, favoreceu a estruturação do julgamento clínico e a sua conseqüente sistematização. As entrevistas clínicas estruturadas têm desempenhado um papel crucial para o desenvolvimento da qualidade das pesquisas e dos serviços psiquiátricos e psicológicos, por várias décadas, na América do Norte e na Europa (Spitzer, Williams, Gibbon et alii, 1992). Notadamente, são reconhecidas por aumentar ainda mais a confiabilidade e homogeneidade dos psicodiagnósticos dados por psicólogos, psiquiatras, assistentes sociais e outros profissionais de saúde mental, apesar das diferenças, entre esses profissionais, do tipo de formação e da variedade de orientação teórica (Greist, 1990). Observa-se maior confiabilidade, mesmo para profissionais familiarizados com um sistema diagnóstico como o DSM.

Atualmente, existe considerável literatura apontando para a importância clínica da estruturação dos procedimentos. Por exemplo, Kiernan e colegas (1976) observaram muitas falhas na coleta de informação, em hospitais psiquiátricos. Weitzel e colegas (1973) solicitaram a psiquiatras que avaliassem o estado mental de pacientes em entrevistas de acolhimento, tendo verificado que, *em apenas oito por cento das entrevistas*, os psiquiatras consideraram os 15 itens fundamentais na avaliação do estado mental (p.ex., ideação suicida ou alucinação). Quando uma lista objetiva foi utilizada, *todos* os 15 itens foram considerados para *todas* as entrevistas. Climent e colegas (1975) constataram que a incidência de sintomas psiquiátricos relevantes é mais facilmente detectada quando se utiliza uma lista estruturada, por exemplo, três vezes mais para ideação suicida e dez vezes mais para delírios de controle.

Apesar das entrevistas estruturadas disponíveis antes da publicação do DSM-III representarem um avanço, elas ainda apresentavam uma série de problemas metodológicos e/ou técnicos, que eram, em geral, resultado de serem baseadas em sistemas classificatórios heterogêneos e/ou de possuírem critérios pouco precisos. O National Institute of Mental Health (NIMH, Washington), reconhecendo a necessidade da padronização de um procedimento diagnóstico clínico de acordo com critérios homogêneos, requisitou propostas para o desenvolvimento de uma entrevista estruturada fundamentada no DSM-III.

Robert L. Spitzer, editor do DSM-III (APA, 1980) e do DSM-III-R (APA, 1987), vinha coordenando um projeto-piloto para desenvolver uma entrevista vinculada ao DSM-III, na tentativa de superar as falhas constatadas em instrumentos anteriores para o diagnóstico clínico (Spitzer, 1984). Ele, juntamente com outros três membros da equipe do DSM-III e DSM-III-R, Janet Williams, Miriam Gibbon e Michael First, obtiveram financiamento para prosseguir com o desenvolvimento da SCID, entre 1983 e 1985. Entre 1985 e 1987, receberam financiamento para avaliar a fidedignidade da SCID para vários grupos clínicos e não-clínicos (Spitzer, Williams, Gibbon et alii, 1992; Williams, Gibbon, First et alii, 1992). Durante esse período, o DSM-III-R estava em elaboração, e seus critérios foram incluídos nessa versão da SCID. Desde então, baseando-se na experiência crescente com sua aplicação, a Entrevista Clínica Estruturada tem sido periodicamente revisada para incluir novos desenvolvimentos. Sua linguagem tem sido refinada, diminuindo as ambigüidades nas instruções ao entrevistador e tornando suas questões mais acessíveis ao entrevistado. Por conseqüência, seus critérios têm sido mais consistentemente empregados, na clínica e na pesquisa. A utilização ampla e freqüente da SCID, em meios clínicos e acadêmicos, tem feito dela um dos instrumentos mais importantes para a avaliação e a classificação dos transtornos mentais de acordo com os critérios do DSM-III-R.

A Entrevista Clínica Estruturada para o DSM-IV (SCID) é, hoje, o instrumento mais atual e abrangente para o diagnóstico dos transtornos mentais. Existe considerável literatura apontando a sua importância clínica para exames clínicos na avaliação. Spitzer e colegas (1992) e Williams e colegas (1992) relatam dados de fidedignidade teste-reteste para a SCID (versão para o DSM-III-R), variando de razoáveis a muito bons. No primeiro desses estudos, um teste de fidedignidade em seis instituições diferentes, com a participação de 592 sujeitos, os índices de fidedignidade (*kappa de Cohen,* avaliando consistência entre entrevistadores) foram superiores a 0,60 para diagnóstico atual e anterior. No segundo estudo, 13 instituições internacionais colaboraram com um total de 72 pacientes, em uma pesquisa avaliando transtorno do pânico. Esses autores encontraram um excelente índice global de 0,87. Considerando os subtipos de pânico, os índices de concordância foram de 0,73 para pânico sem complicação, de 0,61 para pânico com evitação fóbica limitada e de 0,66 para agorafobia com ataques de pânico.

Com a publicação do DSM-IV (APA, 1995), tornaram-se necessárias a reformulação e a adaptação da SCID, para adequá-la aos novos critérios contidos nessa última classificação. Michael First, editor do DSM-IV, e Miriam Gibbon, ambos co-autores da SCID, desenvolveram essa última versão da SCID, que está atualmente passando por uma nova seqüência de testes de fidedignidade e validade, com estudos multicêntricos nos Estados Unidos. Essa versão modificada é a que foi utilizada para adaptação e padronização no Brasil (Tavares, 1997). Considerando o atual estado da área de saúde mental no Brasil, pode-se prever o impacto que essa entrevista terá na pesquisa, no ensino e na prática clínica.

A SCID, SUA ESTRUTURA E APLICAÇÃO

A SCID existe sob várias formas. A sua versão mais freqüentemente utilizada é a SCID-P, adequada para pacientes com transtornos mentais do eixo I (DSM-IV). A SCID-B/C é uma variação da SCID-P para ser utilizada em situações nas quais a probabilidade da existência de um quadro psicótico é mínima. É útil em situações ou *settings* nos quais esses quadros raramente são observados ou esperados. A SCID-NP foi adaptada para entrevistar sujeitos normais, ou para os quais não se presume uma condição psicopatológica, como acontece em alguns tipos de pesquisa. Existe ainda uma versão para o diagnóstico dos transtornos da personalidade (Eixo II, DSM-IV), a SCID-II. Este texto irá abordar a SCID para o eixo I (SCID-P), mas um entrevistador familiarizado com o seu modo de funcionar não terá dificuldades para se adaptar às outras versões. Um entrevistador treinado, utilizando a versão não modificada da SCID (SCID-P), leva em torno de uma hora e meia para completar a entrevista e apresentar um diagnóstico. A SCID-B/C e a SCID-NP tendem a levar menos tempo de aplicação, pois são geralmente aplicadas a pessoas com quadros e histórias psicopatológicos menos complexos e extensos.

Todas as versões da SCID são compostas de uma série de módulos. Cada módulo se destina à avaliação de conjuntos de categorias diagnósticas agrupadas nos mesmos padrões do DSM-IV. A relação completa dos módulos e transtornos específicos diagnosticáveis pela SCID encontra-se no Quadro 8.1. Essa estrutura modular da SCID permite uma fácil adaptação para uma série de situações e *settings*. Por exemplo, quando se deseja somente avaliar a presença ou ausência de transtornos específicos, o clínico pode utilizar a SCID parcialmente, selecionando apenas aqueles módulos de interesse. Essa situação é também freqüentemente encontrada em pesquisas ou em ambientes clínicos especializados. Portanto, essa característica modular permite adaptabilidade a situações e contextos específicos.

Outro aspecto importante é que os módulos estão organizados hierarquicamente, segundo uma ordem lógica que procura acompanhar uma seqüência naturalmente encontrada em uma entrevista diagnóstica bem conduzida. Essa seqüência lógica, chamada *algoritmo*, representa o raciocínio clínico completo, considerando as alternativas que possam (ou devam) ser antecipadas. A Figura 8.1 mostra um exemplo de algoritmo, que, juntamente com os critérios diagnósticos (Quadros 8.2 e 8.3), tornam explícito o processo de decisão diagnóstica. Os autores da SCID escreveram: "os algoritmos diagnósticos são integrados à estrutura da entrevista, de modo que as várias hipóteses diagnósticas são sucessivamente testadas. Questões são agrupadas por diagnóstico e por critérios. Dentro de cada diagnóstico, se um critério não é satisfeito, o entrevistador é instruído a omitir as questões restantes para os outros critérios para aquele diagnóstico. Portanto, itens de nenhuma significância diagnóstica para um caso em particular são deixados de lado. Nessa abordagem, o entrevistador pode fazer o diagnóstico na medida em que a entrevista progride" (Spitzer, Williams, Gibbon *et alii*, 1992, p.625).

Em outras palavras, as questões que investigam cada quadro patológico estão organizadas em hierarquias. Por exemplo, se nunca houve humor elevado ou expansivo, não há motivo para examinar detalhes de outros sintomas dessa condição. Portanto, o entrevistador é dirigido a passar para outra condição. A maioria das perguntas só é formulada se o contexto é adequado. Algumas são fundamentais, sendo feitas a todos. Assim, a entrevista prossegue, de modo que uma pessoa com poucos sintomas, ou nenhum, seria entrevistada em menos tempo.

QUADRO 8.1 Transtornos específicos diagnosticáveis pela SCID

Transtornos psicóticos:
    Esquizofrenia
    Transtorno esquizofreniforme
    Transtorno esquizoafetivo
    Transtorno delirante
    Transtorno psicótico breve
    Transtorno psicótico SOE*
Transtornos do humor:
    Transtorno bipolar I e II
    Outros transtornos bipolares (inclui transtorno bipolar SOE e ciclotimia)
    Transtorno depressivo maior
    Distimia (dois últimos anos)
    Outros transtornos depressivos (inclui transtorno depressivo SOE, transtorno depressivo sobreposto a transtorno psicótico crônico, etc.)
Transtornos relativos ao uso de substâncias psicoativas (abuso e dependência):
    Álcool
    Sedativos, hipnóticos e ansiolíticos
    Canabis
    Estimulantes
    Opióides
    Cocaína
    Alucinógeno/Fenciclidina
    Polissubstância
    Outras substâncias
Transtornos de ansiedade:
    Transtorno do pânico (com e sem agorafobia)
    Agorafobia sem transtorno do pânico
    Fobia social
    Fobias específicas
    Transtorno obsessivo compulsivo
    Transtorno do estresse pós-traumático
    Transtorno do estresse agudo
    Transtorno de ansiedade generalizada (seis últimos meses)
Transtornos somatoformes (somente atuais):
    Transtorno de somatização
    Transtorno somatoforme doloroso
    Transtorno somatoforme indiferenciado
    Hipocondria
    Transtorno dismórfico corporal
Transtornos de alimentação:
    Anorexia nervosa
    Bulimia nervosa
    Compulsão alimentar periódica
Transtorno de ajustamento (episódio atual)

*SOE = Sem Outra Especificação
Fonte: First, Gibbon, Spitzer *et alii* (1996)

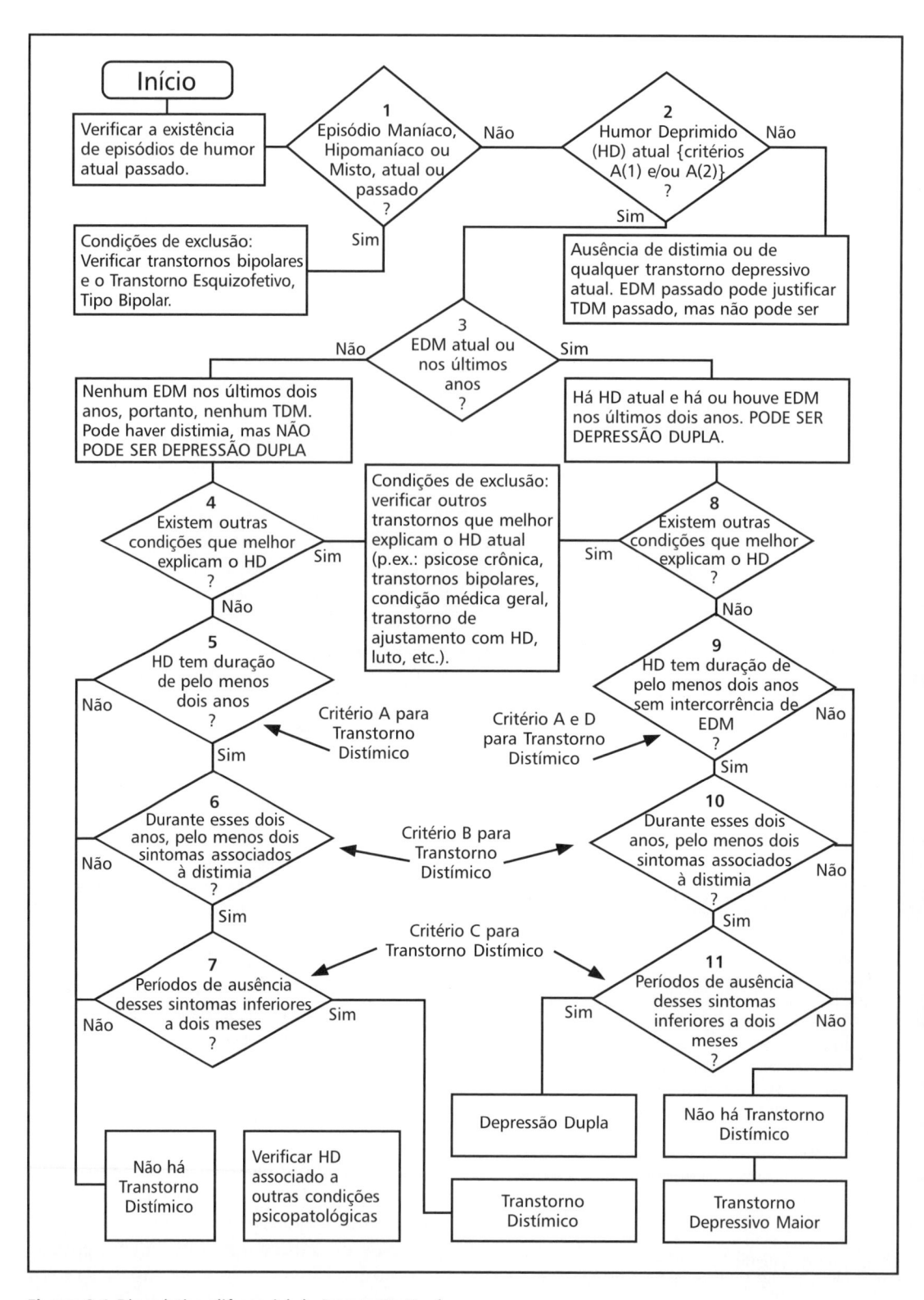

Figura 8.1 Diagnóstico diferencial da Depressão Dupla.

QUADRO 8.2 Critérios para Episódio Depressivo Maior

A. Cinco (ou mais) dos seguintes sintomas estiveram presentes durante o mesmo período de duas semanas e representam uma alteração a partir do funcionamento anterior; pelo menos um dos sintomas é (1) humor deprimido ou (2) perda de interesse ou prazer.

Nota: Não incluir sintomas nitidamente devidos a uma condição médica geral ou alucinações ou delírios incongruentes com o humor.

  (1) humor deprimido na maior parte do dia, quase todos os dias, indicado por relato subjetivo (p.ex., sente-se triste ou vazio) ou observação feita por outros (p.ex., chora muito). *Nota:* Em crianças e adolescentes, pode ser humor irritável.
  (2) interesse ou prazer acentuadamente diminuídos por todas ou quase todas as atividades na maior parte do dia, quase todos os dias (indicado por relato subjetivo ou observação feita por outros)
  (3) perda ou ganho significativo de peso sem estar em dieta (p.ex., mais de 5% do peso corporal em 1 mês), ou diminuição ou aumento do apetite quase todos os dias. *Nota:* Em crianças, considerar falha em apresentar os ganhos de peso esperados.
  (4) insônia ou hipersonia quase todos os dias
  (5) agitação ou retardo psicomotor quase todos os dias (observáveis por outros, não meramente sensações subjetivas de inquietação ou de estar mais lento)
  (6) fadiga ou perda de energia quase todos os dias
  (7) sentimento de inutilidade ou culpa excessiva ou inadequada (que pode ser delirante), quase todos os dias (não meramente auto-recriminação ou culpa por estar doente)
  (8) capacidade diminuída de pensar ou concentrar-se, ou indecisão, quase todos os dias (por relato subjetivo ou observação feita por outros)
  (9) pensamentos de morte recorrentes (não apenas medo de morrer), ideação suicida recorrente sem um plano específico, tentativa de suicídio ou plano específico para cometer suicídio

B. Os sintomas não satisfazem os critérios para um Episódio Misto.
C. Os sintomas causam sofrimento clinicamente significativo ou prejuízo no funcionamento social ou ocupacional ou em outras áreas importantes da vida do indivíduo.
D. Os sintomas não se devem aos efeitos fisiológicos diretos de uma substância (p.ex., droga de abuso ou medicamento) ou de uma condição médica geral (p.ex., hipotireoidismo).
E. Os sintomas não são melhor explicados por luto, ou seja, após a perda de um ente querido, os sintomas persistem por mais de 2 meses, ou são caracterizados por acentuado prejuízo funcional, preocupação mórbida com desvalia, ideação suicida, sintomas psicóticos ou retardo psicomotor.

Fonte: APA, 1995, p. 312 (reproduzido com autorização da Editora).

O primeiro módulo da entrevista é a *Avaliação Preliminar*, destinada a obter informações gerais e dados demográficos básicos, como a história escolar e de trabalho, a estrutura e composição familiar, etc. Mas tem outra função importante, a de facilitar o *rapport*, pois inclui perguntas menos ameaçadoras, que permitem ao entrevistador e ao entrevistado construir uma relação e progredir naturalmente. É composta, predominantemente, de questões abertas, em que o entrevistado é encorajado a falar livremente sobre sua situação atual, incluindo a queixa principal e sua condição atual. Isso cria nova oportunidade para fortalecer o *rapport*, na medida em que é encorajada a expressão livre, e se permite abordar a história da queixa e de tratamento, os antecedentes familiares, etc.

À *Avaliação Preliminar* são destinados, aproximadamente, 15 a 20 minutos iniciais da entrevista, e o entrevistador não deve começar a explorar com perguntas específicas, as quais fará depois, de acordo com a seqüência modular da entrevista. Deve apenas criar um espaço receptivo para expressão voluntária do sujeito. Desse modo, observamos alguns indicadores iniciais relevantes para a avaliação da psicopatologia do entrevistado. A partir dessa descrição inicial dos sintomas e dificuldades, o entrevistador deve indicar suas primeiras impressões diagnósticas, anotando as mais prováveis, e as alternativas possíveis que devem ser descartadas. Por exemplo, se sintomas de humor (depressão) e sintomas psicóticos (alucinações) são relatados, o profissional deve anotar pelo menos três alternativas: um transtorno de hu-

QUADRO 8.3 Critérios diagnósticos para Transtorno Distímico
A. Humor deprimido na maior parte do dia, na maioria dos dias, indicado por relato subjetivo ou observação feita por outros, por pelo menos 2 anos. *Nota:* Em crianças e adolescentes, o humor pode ser irritável, e a duração deve ser de no mínimo 1 ano.
B. Presença, enquanto deprimido, de duas (ou mais) das seguintes características:
(1) apetite diminuído ou hiperfadiga;
(2) insônia ou hipersonia;
(3) baixa energia ou fadiga;
(4) baixa auto-estima;
(5) fraca concentração ou dificuldade em tomar decisões;
C. Durante o período de 2 anos (1 ano, para crianças ou adolescentes) de perturbação, jamais a pessoa esteve sem os sintomas dos Critérios A e B por mais de 2 meses a cada vez.
D. Ausência de Episódio Depressivo Maior durante os primeiros 2 anos de perturbação (1 ano para crianças e adolescentes); isto é, a perturbação não é melhor explicada por um Transtorno Depressivo Maior crônico ou Transtorno Depressivo Maior, Em Remissão Parcial.
Nota: Pode ter ocorrido um Episódio Depressivo Maior anterior, desde que tenha havido remissão completa (ausência de sinais ou sintomas significativos por 2 meses) antes do desenvolvimento do Transtorno Distímico. Além disso, após os 2 anos iniciais (1 ano para crianças e adolescentes) de Transtorno Distímico, pode haver episódios sobrepostos de Transtorno Depressivo Maior e, neste caso, ambos os diagnósticos podem ser dados quando satisfeitos os critérios para um Episódio Depressivo Maior.
E. Jamais houve um Episódio Maníaco, um Episódio Misto ou um Episódio Hipomaníaco e jamais foram satisfeitos os critérios para Transtorno Ciclotímico.
F. A perturbação não ocorre exclusivamente durante o curso de um Transtorno Psicótico crônico, como Esquizofrenia ou Transtorno Delirante.
G. Os sintomas não se devem aos efeitos fisiológicos diretos de uma substância (p.ex., droga de abuso, medicamento) ou de uma condição médica geral (p.ex., hipotireoidismo).
H. Os sintomas causam sofrimento clinicamente significativo ou prejuízo no funcionamento social ou ocupacional ou em outras áreas importantes da vida do indivíduo.
Especificar se:
Início Precoce: se o início ocorreu antes dos 21 anos.
Início Tardio: se o início ocorreu aos 21 anos ou mais.
Especificar (para os 2 anos de Transtorno Distímico mais recentes):
Com Características Atípicas.

Fonte: APA, 1995, p.332-333 (reproduzido com autorização da Editora).

mor deprimido (possivelmente o Transtorno Depressivo Maior, Severo, com Aspectos Psicóticos); um transtorno psicótico (talvez Esquizofrenia), com uma depressão sobreposta (que pode antecipar ou suceder uma crise psicótica) e o Transtorno Esquizoafetivo (que combina sintomas psicóticos e de humor). Há ainda que se eliminar a possibilidade de um Transtorno Bipolar, Episódio Mais Recente Depressivo (com sintomas psicóticos), ou do Transtorno *Borderline*, em fase de regressão ou desestruturação aguda acompanhada de psicose breve (reativa) e humor deprimido (labilidade afetiva). Outras condições menos prováveis são possíveis, mas, notando essas alternativas, o entrevistador terá mais confiança no direcionamento que deverá dar posteriormente. A experiência e o uso repetido da SCID farão essa avaliação preliminar mais fácil, e o direcionamento, mais certeiro.

Essa avaliação geral prepara o trabalho posterior com os módulos específicos. Cada transtorno ou condição nos diversos módulos inicia com questões fechadas, destinadas a avaliar seus sintomas-chave. Quando a resposta é afirmativa, ela será seguida por questões abertas e probatórias, que convidam o entrevistado a elaborar melhor sua resposta. Com a ajuda dos critérios e das instruções, o entrevistador vai codificando as respostas de tal modo que, ao final da entrevista, ele poderá emitir um diagnóstico clínico para o caso. Por exemplo, para o transtorno bipolar, é essencial a confirmação, em algum momento da vida, do critério "humor elevado, expansivo ou irritável durando pelo menos uma semana". Se esta condição não é satisfeita, nenhuma pergunta será feita acerca dos sintomas associados aos episódios maníacos.

O entrevistador poderá incluir suas próprias perguntas, por exemplo, para questionar afirmações contraditórias, ou confrontar negações diante de outros fatos de seu conhecimento. Sabemos que, ao permitir ao entrevistador o uso de seu julgamento clínico, se aumenta a validade do diagnóstico. Isso pode ser observado comparando-se os índices de concordância (teste-reteste) entre entrevistas estruturadas que utilizam ou não o julgamento clínico, como é o exemplo da diferença entre a SCID e a DIS (Robins, Helzer, Croughan et alii, 1981; Williams, Gibbon, First et alii, 1992). A DIS baseia-se nos critérios do DSM-III; contudo, não utiliza o julgamento clínico por parte do entrevistador, o que a torna um instrumento tipicamente de pesquisa, devendo ser aplicada por pessoas sem treinamento clínico.

A seguir, discutiremos o treinamento para o uso da SCID. Após, vamos considerar o diagnóstico diferencial da depressão dupla, como exemplo demonstrativo do processo de decisões clínicas.

TREINAMENTO PARA O USO DA ENTREVISTA CLÍNICA ESTRUTURADA (SCID)

Antes de exercitar-se com a entrevista, os candidatos a entrevistadores com pouca experiência no diagnóstico clínico deverão se familiarizar com o DSM-IV e com os livros didáticos sobre psicopatologia (p.ex., Othmer & Othmer, 1994). A SCID deverá ser estudada juntamente com as categorias diagnósticas no DSM-IV, acompanhadas de estudos de casos (como o livro de casos do DSM-IV; Spitzer, Gibbon, Skodol et alii, 1994). Estas discussões devem ser acompanhadas pelo estudo dos procedimentos contidos nos módulos da SCID para cada categoria diagnóstica. Profissionais de saúde mental, com experiência com o diagnóstico clínico e com o DSM-IV, poderão passar diretamente para o exame cuidadoso do manual da SCID, suas instruções específicas por módulos e à aplicação de suas instruções em estudos de casos adequados a cada módulo. Aplicando os algoritmos da entrevista e os critérios diagnósticos no estudo de casos, domina-se mais rapidamente a capacidade de fazer entrevistas diagnósticas com validade. A seção *Diagnóstico Diferencial*, que acompanha a descrição de cada transtorno no DSM-IV, é de especial interesse (APA, 1995). Essa seção, utilizada em conjunto com a SCID, facilita a observação dos pontos decisivos no diagnóstico.

A aprendizagem é facilitada pela observação (direta ou em vídeo) de sessões didáticas de aplicação por um entrevistador treinado. Elas servem como demonstração dos princípios e técnicas de aplicação da entrevista e devem ser seguidas de treinamento prático com as entrevistas. A observação (direta, por sala de espelho ou por meio de vídeo) é um dos recursos mais importantes da aprendizagem. O manual de instruções oferece esclarecimentos cruciais para a utilização da SCID e dos critérios do DSM-IV nela contidos (First, Gibbon, Spitzer et alii, 1996).

Entrevistadores em treinamento podem comparar seus resultados para um mesmo paciente entrevistado ou observado com os de outros participantes do treinamento ou do supervisor. A verificação da consistência intra e interentrevistadores e a verificação de precisão (concordância com o critério) são as características principais para se julgar a prontidão de um entrevistador para a tarefa. As fontes de dúvidas e discrepâncias devem ser discutidas e sanadas com a ajuda do supervisor. Um teste mais rigoroso da validade e fidedignidade do entrevistador requer que sua entrevista seja comparada com outra realizada, com o mesmo entrevistado, por um entrevistador mais experiente, alguns dias antes ou depois.

O PROCESSO DE DECISÃO CLÍNICA NO DIAGNÓSTICO DIFERENCIAL DA DEPRESSÃO DUPLA

Um dos diagnósticos diferenciais mais difíceis de se estabelecer é o da depressão dupla, que ocorre quando há sobreposição de um Transtorno Depressivo Maior (TDM) à Distimia. É condição para o TDM que haja um Episódio Depressivo Maior (EDM), que tem seus sintomas definidos no Quadro 8.2, ao passo que a Distimia tem sua definição no Quadro 8.3. Pode-se ver que, pela semelhança de sintomas, diferenciar essas condições pode ser problemático e, mais ainda, determinar sua sobreposição. Essa dificuldade de distinguir essas condições complica-se com a possibilidade de haver um Transtorno Depressivo Maior residual, crônico ou recorrente.

Neste caso, é essencial, para confirmar ou modificar o diagnóstico final, não só a gravidade ou a extensão dos sintomas, mas também o seu padrão temporal. Mas que diferença isso faz, clinicamente, se já sabemos que o sujeito está deprimido? Não é isso que importa? Não exatamente. Com a experiência, desenvolve-se uma percepção mais aguçada para os diferentes modos de se deprimir, e começamos a ver a relação disso com os diferentes diagnósticos onde há humor deprimido. Por exemplo, uma pessoa razoavelmente bem adaptada pode ficar subjetivamente deprimida como conseqüência de uma reação a um estressor externo. Ela pode estar passando por uma separação, ou ter perdido o seu emprego. Se, uns dois meses depois, a condição provocadora de estresse tiver sido removida, ou se ela tiver se adaptado à sua nova condição, espera-se que tenha voltado ao seu nível de funcionamento anterior, isto é, sem sintomas depressivos. O diagnóstico provável é de Transtorno de Ajustamento com Humor Deprimido. Nesses exemplos, não havendo outras dificuldades, uma psicoterapia de casal, uma psicoterapia breve ou um novo emprego poderiam ser suficientes, e espera-se uma rápida recuperação.

Por outro lado, para uma pessoa que se apresenta para terapia após ter se separado ou ter perdido o seu emprego, se a avaliação na entrevista inicial mostra uma história de sintomas depressivos compatível com o Transtorno Distímico, pode-se esperar um processo terapêutico mais difícil e de longa duração. A estratégia terapêutica de se lidar com os estressores externos não a ajudaria, provavelmente, com o padrão contínuo de depressão. Tentar focalizar esse padrão crônico de humor deprimido ficaria mais difícil com os estressores que definem uma situação crítica e demandam atenção. A compreensão diagnóstica é outra, a terapêutica também. Na depressão dupla, precisamos atender à crise (Episódio Depressivo Maior); a expectativa é de que, tratando-se a crise, o sujeito retorne ao seu patamar de humor cronicamente deprimido, que também deverá ser tratado adequadamente. Queremos, com esses exemplos, enfatizar que o reconhecimento das variações dos quadros psicopatológicos, levando em consideração outras informações relevantes, irá ajudar a desenvolver uma compreensão e uma terapêutica mais adequadas a cada situação.

Vejamos, então, como a SCID nos ajuda a determinar o diagnóstico diferencial da depressão dupla. Para facilitar nossa discussão, vamos considerar a ausência de transtornos psicóticos crônicos, de sintomas de humor devido ao uso de substâncias ou a condições médicas gerais. A seqüência do raciocínio diagnóstico que iremos acompanhar está diagramada pelo algoritmo na Figura 8.1. Nela, cada losango representa um critério que requer avaliação e tomada de decisão. Estes representam *passos* diagnósticos e são numerados para referência no texto. Os retângulos representam uma instrução ou uma conclusão diagnóstica. Os retângulos também podem indicar o fim do raciocínio diagnóstico, mostrando uma conclusão final ou uma instrução para continuar com um outro raciocínio não desenvolvido nesse algoritmo.

Na SCID, deve-se primeiro estabelecer a existência das alterações de humor. Essa é a função do *Módulo A*. Isso ocorre depois da Avaliação Preliminar, quando o sujeito já falou livremente sobre o motivo da entrevista e sobre suas dificuldades. A primeira pergunta do Módulo A procura avaliar se há humor deprimido atual, o critério A1 para EDM (Quadro 8.2). Deve-se perguntar: "No último mês, houve algum período de tempo em que você se sentiu deprimido(a), ou na pior (pra baixo), na maior parte do dia, quase todos os dias?"

A ênfase "na maior parte do dia, quase todos os dias" procura distinguir um episódio depressivo de variações normais e transitórias de humor. Outras questões exploratórias vão se sucedendo, e o Módulo A da SCID conduz o entrevistador a avaliar a possibilidade de humor deprimido (HD) atual e passado, elevações atual e passada de humor (maníaco, hipomaníaco ou misto) e distimia atual. Somente com a consideração do estado de humor pode-se avaliar os transtornos do humor.

Na Figura 8.1, somos instruídos para avaliar o estado de humor e decidir (passo 1) se já houve alguma situação de humor elevado, expansivo ou irritável, que pode definir um episódio maníaco, hipomaníaco ou misto. Nesses casos, *não* poderemos concluir pela existência de um TDM ou de uma Distimia. A existência de um episódio maníaco, hipomaníaco ou misto a qualquer momento da vida do sujeito, mesmo com a presença de HD ou EDM, já nega essas possibilidades diagnósticas e requer outro raciocínio clínico. Portanto, na SCID, primeiro são feitas as avaliações do quadro de humor (deprimido, maníaco, hipomaníaco), para depois fazer uma avaliação do quadro psicopatológico (transtornos). Ao considerar os transtornos de humor, na presença de episódios maníacos ou hipomaníacos, os *transtornos* depressivos não são considerados. Isso é representado na Figura 8.1, com a primeira instrução para avaliar os estados de humor, seguida de uma decisão (passo 1), que indaga sobre a existência atual ou prévia de episódios maníacos, hipomaníacos ou mistos. Na presença de humor maníaco, hipomaníaco ou misto, o algoritmo indica ao avaliador que ele deve considerar outro raciocínio, que pode levar aos transtornos bipolares ou ao Transtorno Esquizoafetivo, Tipo Bipolar. Na SCID, o entrevistador é encaminhado, página a página, a encontrar o conjunto de condições que deverá avaliar, conforme as possibilidades diagnósticas que identifica.

Considerando a inexistência de um episódio anterior maníaco, hipomaníaco ou misto, o algoritmo pede a confirmação da existência de humor deprimido (HD) atual (passo 2). Geralmente, consideramos atual se a condição é satisfeita a qualquer tempo no último mês. HD é definido pelos critérios A1 (humor persistentemente deprimido) e/ou A2 (falta de interesse ou prazer na maioria das atividades) quase todos os dias, na maior parte do dia, por pelo menos duas semanas (Quadro 8.2). Se não há HD atual, conclui-se pela ausência de qualquer tipo de transtorno depressivo atual. Na SCID, o entrevistador é instruído a passar à avaliação de HD passado. Isso não é representado em nosso algoritmo, pois há a exigência de HD atual para o diagnóstico da distimia na depressão dupla. Se não houve HD passado, e como já havíamos determinado que nunca houve elevações de humor, podemos concluir que não há qualquer tipo de transtorno de humor.

Na presença de HD atual, o passo seguinte avalia a existência de um EDM. O algoritmo pede a avaliação do EDM nos últimos dois anos (passo 3), porque o diagnóstico da distimia exige um padrão de HD por, pelo menos, dois anos (critério A, Quadro 8-3). Se houver um EDM passado, os sintomas de HD podem ser de uma depressão recorrente, crônica ou residual (de um episódio que tenha sido apenas parcialmente resolvido). O padrão de dois anos de HD para distimia só pode se confirmar havendo dois anos sem a intercorrência de um EDM. Quando há um EDM nos dois últimos anos, vamos avaliar se o HD teve duração de dois anos *antes* do início do episódio para saber se ele foi precedido por uma distimia. Igualmente, nesse período anterior, não pode ter tido um outro EDM por, pelo menos, dois anos. Múltiplas ocorrências de EDM sugerem o Transtorno Depressivo Maior Recorrente, e não a depressão dupla.

Consideramos que há um EDM se, pelo menos, A1 ou A2 é verdadeiro, e se pelo menos cinco condições de A1 a A9 são verdadeiras (Quadro 8.2). Ou seja, A1 e/ou A2 são condições necessárias. É também necessário pelo menos três ou quatro sintomas adicionais de A3 a A9, para completarem pelo menos cinco sintomas. Este quadro compõe uma grande variedade de manifestações de EDM. Chegamos, então, a três possibilidades: podemos concluir que não houve EDM nos últimos dois anos, ou que houve EDM nos últimos dois anos, ou que há EDM atual. O primeiro caso segue a resposta "Não" ao passo 3 e determina a linha de raciocínio "Não pode ser depressão dupla", na Figura 8.1. Os dois últimos casos seguem a resposta "Sim" e mostram o raciocínio "Pode ser depressão dupla", na Figura 8.1.

Na primeira linha de raciocínio ("Não pode ser depressão dupla"), se não houve EDM nos últimos dois anos, podemos concluir que não há um Transtorno Depressivo Maior, e, portanto, não pode ser depressão dupla. Contudo, pode ainda ser um Transtorno Distímico ou um outro transtorno com humor depressivo, pois já foi determinado que há HD atual. Primeiro, somos levados a considerar se existem outras condições que melhor explicam o HD (passo 4). Estas são conhecidas como condições de exclusão para o Transtorno Distímico e estão listadas nos critérios D, E, F e G (Quadro 8.3). Um exemplo é o Transtorno Ciclotímico, que alterna períodos de HD e episódios hipomaníacos.

O algoritmo segue instruindo que, para fazer um diagnóstico, precisamos decidir se o padrão de HD tem duração de, pelo menos, dois anos (passo 5), se os sintomas associados, além do HD, estão presentes (passo 6; critério B, Quadro 8.3), e se, durante esse tempo, havendo algum período assintomático, este teria sido *inferior* a dois meses (passo 7; critério C, Quadro 8.3). Uma resposta negativa a qualquer dessas condições exclui o diagnóstico de Transtorno Distímico. Contudo, se existe um HD, ele ainda precisa ser avaliado. O algoritmo termina, então, com a instrução de que outras condições nas quais o HD está associado devem ser verificadas. Na SCID, o entrevistador vai ser encaminhado a avaliar essas possibilidades, por exemplo, o Transtorno Depressivo SOE, o Transtorno de Ajustamento com Humor Deprimido, etc. A SCID irá guiar o entrevistador através de cada um desses critérios, orientando sobre que tipo de informação é necessária e sugerindo como obtê-la.

A segunda linha de raciocínio, "pode ser depressão dupla", considera que houve EDM nos últimos dois anos ou há EDM atual (além do critério A, foram satisfeitos os critérios C a E do Quadro 8.2). A próxima decisão (passo 8) envolve os critérios de exclusão que podem explicar melhor o quadro de humor (critérios B, D e E para EDM e critérios B e C para TDM). Não havendo a possibilidade de que outros transtornos ou condições expliquem melhor o HD e o EDM ocorridos nos últimos dois anos, temos outras decisões a tomar. Como foi mencionado antes, se o EDM se deu há um ano, e a pessoa permanece com sintomas depressivos, estes podem ser de um Transtorno Depressivo Maior passado, recorrente, crônico ou residual. Por isso, precisamos determinar se havia HD por, pelo menos, dois anos, sem intercorrência de EDM (passo 9). Este é o critério D para Transtorno Distímico (Quadro 8.3). Se a duração de HD é inferior a dois anos, ou se houve intercorrência de EDM, podemos concluir que não houve distimia.

Os passos 10 e 11 são análogos aos passos 6 e 7 e visam a avaliar se o HD, que determinamos ter duração de pelo menos dois anos, foi acompanhado, no mesmo período, dos sintomas associados à distimia (passo 10), sem grandes intervalos assintomáticos (passo 11). Igualmente, uma resposta negativa a qualquer dessas condições exclui o diagnóstico de Transtorno Distímico. Contudo, existe um EDM diagnosticado que nos levaria à conclusão de um Transtorno Depressivo Maior, atual ou passado.

Caso essas três condições nos passos 9 a 11 – duração, sintomas associados e períodos assintomáticos – sejam satisfeitas, então podemos concluir, não havendo nenhuma condição de exclusão, que o HD anterior ao EDM diagnosticado satisfaz os critérios do Transtorno Distímico, e que o EDM satisfaz os critérios para Transtorno Depressivo Maior. Essa situação é comumente chamada de Depressão Dupla.

CONCLUSÃO

Alguns comentários acerca do ensino e aprendizagem da técnica são necessários. Algumas pessoas comentam, particularmente alunos, sobre a dificuldade da tarefa. A SCID é fácil de ser manuseada, e uma pessoa pode aprender a fazê-lo em pouco tempo. Contudo, ela não é um substituto para conhecimentos de psicopatologia ou da habilidade para se fazer entrevistas. Na verdade, ela requer a integração desses conhecimentos e capacidades para ser bem utilizada. Também, como o leitor pode ter antecipado, é necessária certa experiência clínica para se poder decidir quando um critério se aplica ou não. Por exemplo, temos situações em que a depressão não se manifesta exatamente como esperávamos (depressão mascarada), ou em que um paciente nega um sintoma quando está presente (como na paranóia), ou que afirma ter um sintoma ou condição quando avaliamos que não (diz ter uma "fobia" em caso de um medo que não causa sofrimento ou prejuízo de funcionamento). Essas situações devem ser tomadas em consideração para que não se chegue a conclusões precipitadas por várias razões. Quando a SCID é usada por uma pessoa com treinamento adequado, ela é um instrumento para o diagnóstico diferencial inigualável e de valor extraordinário. As vantagens da técnica já foram enumeradas no texto, e não retornaremos a elas aqui.

Por organizar os critérios em uma seqüência lógica, a SCID explicita o raciocínio diagnóstico, tornando transparente o processo pelo qual se chega a ele. Essa transparência ajuda o profissional a fazer um diagnóstico mais válido, que é o objetivo primordial da SCID. Outro desdobramento da transparência diagnóstica é o apoio que sua estruturação oferece para facilitar o processo de devolução. Quando adequado, pode-se ajudar o paciente e familiares a acompanharem a conclusão diagnóstica, pareando critério e suas respostas. Essa estratégia facilita a abordagem e a aceitação das recomendações terapêuticas, do prognóstico e dos critérios para o término do tratamento, tendo ainda a função de aumentar a aderência ao tratamento e de criar condições favoráveis ao bem-estar geral do sujeito e à supressão ou ao controle dos sintomas.

Talvez o maior desdobramento dessa transparência esteja no desenvolvimento da competência diagnóstica. A SCID apresenta-se como um excelente instrumento de ensino-aprendizagem. Lembro-me bem da minha primeira visita, como estudante, a um hospital psiquiátrico. Fomos lançados "a campo", com a missão de estabelecer o psicodiagnóstico de algum paciente. Ficamos lá sem instrumental, sem saber o que ou como falar com essas pessoas. Um colega estava conversando com um paciente, quando, com grande alívio, exclamou: "Ah! Já sei o que ele tem!" Depois disso, esse colega pareceu perder o interesse por seu sujeito. A SCID pode ajudar o aluno a desenvolver a habilidade de comunicação com o paciente, a distinguir que informações são relevantes em cada caso e a saber como obtê-las. Ela condensa anos de experiência com o julgamento clínico, que antecipa, ajuda a explicitar e evita muitos dos erros e enganos mais comuns. Essa característica oferece um auxílio prático no ensino, principalmente porque nossos textos de psicopatologia estão sobrecarregados de teorias, enquanto observamos nossos alunos ansiosos por aprender a se comunicarem com seus pacientes. A SCID sugere o que dizer, literalmente. Com a experiência, pode-se desenvolver um estilo pessoal e aprende-se a adaptar a técnica às mais diversas situações, como, por exemplo, alterar um vocabulário para ficar compreensível, no nível cognitivo do paciente, ou para incorporar uma terminologia usada por ele. Facilitando a comunicação, a SCID ajuda a desenvolver uma apreciação da complexidade do psicodiagnóstico, além da atribuição de um rótulo. O rótulo é a parte menos interessante acerca da experiência e do funcionamento do sujeito. A história de desenvolvimento dos sintomas e a sua relação com a psicodinâmica são, por exemplo, de especial interesse para a compreensão e a terapêutica.

Acima de tudo, a SCID ajuda-nos a desenvolver a consciência da complexidade de nossa tarefa e a competência para lidar com ela. É mais um instrumento técnico de nossa profissão, com um potencial excepcional na clínica, na pesquisa e no ensino.

Entrevista motivacional
Margareth da Silva Oliveira

A Entrevista Motivacional (EM) é uma técnica descrita originalmente pelo psicólogo americano William Miller (1983), na Universidade do Novo México (EUA), amplamente difundida na Europa, na Austrália e, mais recentemente, no Brasil. O objetivo principal é auxiliar nos processos de mudanças comportamentais, trabalhando a resolução da ambivalência.

Basicamente, foi delineada para ajudar aos clientes na decisão de mudança nos comportamentos considerados aditivos, tais como transtornos alimentares, tabagismo, abuso de álcool e drogas, jogo patológico e outros comportamentos compulsivos.

A técnica é breve, podendo ser realizada numa única entrevista, ou, como um processo terapêutico, é comumente desenvolvida em quatro a cinco entrevistas. Inspira-se em várias abordagens, principalmente na terapia cognitivo-comportamental, terapia sistêmica, terapia centrada na pessoa, combinando elementos diretivos e não-diretivos. As estratégias da EM são mais persuasivas do que coercivas, mais suportivas que argumentativas (Miller & Rollnick, 1991).

Na literatura, a EM também é reconhecida como Intervenção Motivacional (*Motivational Interviewing* – MI), Terapia Motivacional e, finalmente, como MET (*Motivational Enhancement Therapy*). No projeto MATCH (Project MATCH Research Group, 1993), um estudo multicêntrico de grande dimensão, destinado a tratamentos psicossociais em pacientes alcoolistas nos Estados Unidos, foi uma das três técnicas testadas, juntamente com *Cognitive Behavioral Coping Skills Therapy* (CBT) e *Twelve-Step Facilitation* (TSF), com o objetivo de verificar interação entre o tipo de cliente e o tratamento mais apropriado. A aplicação da EM no Projeto MATCH foi programada para quatro sessões, distribuídas em doze semanas (MET; Miller, Zweben, DiClemente *et alii*, 1992).

A EM está baseada no conceito de motivação. Wade e Tarvis (1992) descrevem a palavra "motivação" como oriunda de raiz latina, que significa "mover", e é uma tentativa de compreender o que nos move ou porque fazemos o que fazemos. Uma definição prática foi proposta por Miller, em 1995, como a probabilidade de que uma pessoa inicie, dê continuidade e permaneça num processo de mudança específico (Davidson, 1997).

Heather (1992) resumiu seu ponto de vista na expressão "os transtornos aditivos são essencialmente problemas motivacionais" (p.828), para explicar porque os obesos não realizavam as dietas prescritas, pacientes cardíacos não deixavam de fumar, citando situações similares com diabéticos e hipertensos e mostrando uma tendência humana antes para ignorar do que para reconhecer caminhos mais curtos da resolução dos problemas, dessa forma creditando à *motivação* a força propulsora que move os indivíduos a um objetivo específico.

Na realidade, quando o sujeito percebe que tem um problema, ele próprio encontrará habilidades para mudar ou procurará ajuda, sugerindo que motivação para a mudança é a chave do problema comportamental. Contudo, encontra-se constantemente presente o conflito motivacional: "Por que mudar?", "Para que mudar?", "O que irá acontecer?" Essas situações de prós e contras mostram o conflito motivacional e, aí, está instalada a ambivalência.

Ambivalência, no contexto da EM, é o primeiro princípio norteador do processo de mudança. Segundo Davidson (1997), trabalhar a ambivalência nos comportamentos aditivos é trabalhar a essência do problema. As abordagens atuais de tratamento enfatizam a natureza situacional da ambivalência. Implícito no modelo de tomada de decisão, encontra-se o fato de que, se os prós superam os contras, é mais provável que o indivíduo tome uma decisão em prol da mudança.

A ausência de motivação ou de prontidão, para mudança em comportamentos aditivos, era entendida como uma negação dos pacientes, principalmente em tratamentos confrontacionais. A prontidão para mudança era tradicionalmente percebida em termos de uma dicotomia: os pacientes estão motivados ou não estão motivados.

Nas concepções das terapias pós-comportamentais, a ambivalência não é considerada um traço de personalidade, mas uma interação dinâmica entre o paciente e uma situação aguda, imediata e com dimensões interpessoais e intrapessoais (Isenhart, 1994).

As respostas dos clientes, tipo "sim, mas...", freqüentemente observadas no caso dos fumantes, exemplificam a expressão do conflito motivacional (manter o comportamento de fumar ou parar de fumar) e supostamente sugerem uma negação, que, provavelmente, foi provocada pelo terapeuta, quando este tenta persuadi-lo. Os técnicos menos avisados podem entender como resistência, e não como um conflito na interação com o cliente (Rollnick, Kinnersley & Stott, 1993).

Mas Rollnick e colegas (1992) afirmam que a EM explora a ambivalência e os conflitos e encorajam os pacientes a expressarem suas preocupações a respeito das mudanças. O cliente e o entrevistador dividem responsabilidades em relação à motivação do cliente no processo de mudança.

A motivação pode ser entendida, numa visão abrangente, não como algo que a pessoa "tem ou não tem", mas como algo que a pessoa deve fazer, existindo várias maneiras de auxiliar as pessoas a se moverem em direção ao reconhecimento do seu problema e da ação efetiva para a mudança.

O entrevistador evita a confrontação (que é sinalizada como provocadora de mais conflito), e os clientes são estimulados a articular para si mesmos suas razões para mudar, por meio de técnicas de aconselhamento, de *feedback* adequado e de análise de custo-benefício, entre outros. A balança decisional, nesse momento, é uma estratégia fundamental, e deve ser utilizada para mostrar os dois lados do conflito, como no Quadro 9.1.

O segundo princípio norteador da EM é o modelo transteórico, exposto por Prochaska e

QUADRO 9.1 Balança decisional (caso de um cliente com obesidade)

Continuar com o comportamento-problema		Fazer mudanças no comportamento-problema	
Vantagens	Desvantagens	Vantagens	Desvantagens
a) Satisfação no momento b) Não precisar justificar "Estou de dieta" c) Não se privar	a) Aumento de peso b) Dor na coluna c) Baixa resistência d) Problemas de saúde	a) Melhora do visual b) Melhor desempenho sexual c) Melhora da saúde	a) Deixar de comer alimentos mais calóricos, condimentados, mais bebidas e guloseimas

DiClemente (1982, 1986), que descrevem a prontidão para a mudança, baseados nos estágios de mudança. O modelo transteórico traz vários conceitos teóricos no esforço de descrever os processos de mudança do comportamento humano (Joseph, Breslin & Skinner, 1999). O modelo transteórico está baseado na premissa de que a mudança comportamental é um processo e que as pessoas têm diversos níveis de motivação, de prontidão para mudar. Recentemente, esse modelo passou a ser empregado nos comportamentos sadios, na área da educação e da promoção de saúde (Joseph, Breslin & Skinner, 1999), sendo considerado uma importante inovação na prática da promoção de saúde nos últimos anos (Figlie, 1999).

Os estágios de mudança, processos de mudança, balança decisional e auto-eficácia são características dos processos de mudança. Prochaska e DiClemente (1982) estudaram a automotivação na cessação do uso do tabaco e, nesse estudo, identificaram três estágios de mudança: decisão para mudança, ação para mudança e manutenção. Em outro estudo sobre fumantes, McConnaughy e colegas (1983) identificaram cinco estágios: pré-contemplação, contemplação, determinação, ação e manutenção. Isenhart (1994) cita estudos subseqüentes, identificando quatro estágios confiáveis e relacionados entre si: pré-contemplação, contemplação, ação e manutenção.

Prochaska e colegas (1992) descrevem os estágios como uma trajetória linear no processo de mudança, seguindo progressivamente os estágios de pré-contemplação para contemplação, da preparação para a ação e, finalmente, para a manutenção.

Pré-contemplação: é um estágio em que não há intenção de mudança. Muitos indivíduos, nesse estágio, não demonstram consciência de seus problemas. Os amigos, familiares, vizinhos freqüentemente identificam claramente os problemas que os pré-contempladores estão manifestando, mas eles não tomam conhecimento.

Os pré-contempladores não se enxergam em tratamento, porque eles não percebem que têm um problema e que precisam de ajuda. Normalmente, quando buscam atendimento, é por pressão dos outros e, freqüentemente, retornam ao problema manifestado. Exemplificamos com o relato de um cliente que busca tratamento especializado em dependência química. "Eu preciso fazer tratamento porque minha esposa ameaçou me deixar e levar nossa filha com ela".

Resistência para reconhecer ou modificar o problema é a marca da pré-contemplação.

Contemplação: é o estágio em que os sujeitos estão conscientes de que existe um problema, estão seriamente pensando no problema, mas ainda não iniciaram a ação.

Os clientes, neste estágio, são mais abertos às tentativas de aumentar a conscientização, tais como observação, confrontações e interpretações. Os contempladores são mais propensos às intervenções educacionais.

Um importante aspecto do estágio de contemplação é a balança decisional dos prós e contras do problema. Os contempladores parecem debater-se com a avaliação positiva do comportamento de risco e os esforços, a energia e os custos para superar o problema. É nesse estágio que se manifesta a ambivalência. O normal e característico do estilo contemplativo é a manifestação do "sim, mas...", como nas palavras de um cliente, citadas por Miller (1995): "Às vezes, eu me pergunto se bebo muito, entretanto, eu na verdade não bebo muito, mas meus amigos bebem. Eu posso parar de beber quando quiser, mas às vezes me preocupa em não lembrar o que aconteceu na noite anterior, e isso não é normal" (p.92).

A marca do estágio de contemplação pode ser exemplificada com a expressão: "Eu sei aonde quero ir, mas ainda não estou pronto" (Prochaska, Diclemente & Norcross, 1999, p.674).

Determinação: ou preparação, é um estágio que combina a intenção e a conduta. É um ponto hipotético, transicional entre contemplação e ação, onde uma decisão ou determinação será alcançada, objetivando o momento de mudar.

As pessoas, neste estágio, verbalizam: "Alguma coisa precisa mudar, eu não posso continuar desta maneira. O que eu posso fazer?" (Miller, 1995, p.92).

Ação: é o estágio em que o cliente faz alguma coisa, a pessoa escolhe uma estratégia de mudança e a persegue. As modificações do comportamento de risco, neste estágio, tendem a ser mais visíveis e recebem o reconhecimento externo.

Durante esse estágio, é importante que o cliente esteja baseado no senso de auto-eficácia. Ele precisa acreditar que tem autonomia para mudar seu modo de viver.

Ação envolve a maioria das mudanças e requer considerável compromisso, tempo e energia. Os sujeitos, nesse estágio, comumente endossam observações, como: "Qualquer um pode falar sobre mudanças, mas eu estou realmente fazendo alguma coisa sobre isso" (Prochaska, DiClemente & Norcross, 1999, p.675).

A marca deste estágio é a modificação do comportamento-alvo e os esforços para mudança.

Manutenção: é o estágio no qual se trabalha a prevenção à recaída e a consolidação dos ganhos obtidos durante a ação. Tradicionalmente, manutenção é vista como um estágio estático; entretanto, manutenção é um estágio dinâmico, pois entende-se como a continuação do novo comportamento para a mudança, que demora algum tempo para se estabelecer (Jungerman & Laranjeira, 1999).

Nos comportamentos aditivos, os estágios mantêm-se por cerca de seis meses, mas o estágio de manutenção pode ser por toda a vida.

A estabilização do comportamento em foco, evitando a recaída, é a marca do estágio de manutenção (Prochaska, DiClemente & Norcrosss, 1999).

Manutenção é o desafio real em todos os comportamentos de risco, pois não é tão difícil parar de beber; o difícil é ficar sóbrio; não é difícil parar de fumar, o desafio é não voltar a fazê-lo; é fácil fazer uma dieta e perder peso, mas o difícil é mantê-lo (Miller, 1995).

O modelo inicial de Prochaska & DiClemente (1982, 1984) mostrava que o processo de mudança se desenvolvia através da metáfora de uma porta giratória (vide Figura 9.1). Sutton (1997) faz uma crítica a esse modelo pelo emprego do termo "estágio", considerando que a pessoa entra por uma porta e fica nesse

Fonte: McConnaughy, Prochaska & Velicer, 1983.

Figura 9.1 Modelo do processo de mudança.

estágio até sair. Então, sugere a utilização de "estados" de mudança, pois este termo não implicaria ordenamento ou seqüência. Contudo, optamos em utilizar o termo estágio em decorrência de uso corrente na literatura internacional.

Miller (1995) explica as mudanças de estágios como uma porta que se abre por um período de tempo, e, se a pessoa consegue atravessar o próprio estágio, o processo continua, caso contrário, a porta se fecha, e ele volta para a contemplação ou até mesmo à pré-contemplação.

Prochaska, DiClemente e Norcross (1999) apresentaram, posteriormente, um modelo em espiral para explicar melhor como a maioria das pessoas se movem através dos estágios. Esse modelo permite ao sujeito voltar ao estágio de pré-contemplação várias vezes, antes de chegar ao estágio final de manutenção.

A figura em espiral (vide Figura 9.2) permite que os indivíduos se movam do estágio de contemplação para a ação e da ação para a manutenção, mas a maioria das pessoas recaem. Durante a recaída, os indivíduos voltam para estágios anteriores. Infelizmente, as pesquisas indicam que a grande maioria das pessoas recai em curto espaço de tempo. Allsop e colegas (1997) citam um estudo realizado por Maddux e Desmond, em 1986, com usuários de opiáceos, em que foi verificado que 70% dos tratados recaíram dentro de um mês, ou como no estudo de Prochaska e DiClemente

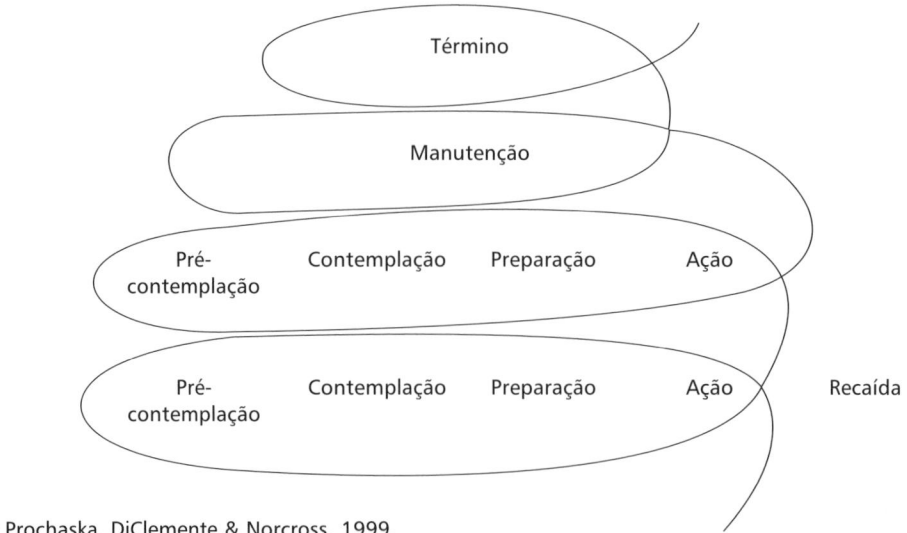

Fonte: Prochaska, DiClemente & Norcross, 1999.

Figura 9.2 Modelo em espiral dos estágios de mudança.

(1984), em que 85% dos fumantes voltavam ao estágio de contemplação ou determinação.

A recaída é considerada como um evento que marca o final do estágio de ação ou manutenção e deve ser encarada como um estado de transição.

Na abordagem da prevenção da recaída, esta é vista como um processo transicional, como uma série de eventos que podem ou não ser seguidos por um retorno aos níveis básicos do comportamento-problema.

Marlatt e Gordon (1993) sugerem que a recaída faz parte do processo de mudança e que, muitas vezes, é o modo como a pessoa apreende e recomeça de uma forma mais consciente.

Integrando os conceitos de prontidão para mudança e ambivalência, Miller e Rollnick (1991) descreveram cinco princípios para trabalhar na EM: expressar empatia, desenvolver discrepância, evitar argumentação, fluir com a resistência e estimular auto-eficácia.

Expressar empatia: é a habilidade rogeriana de ouvir reflexivamente. É utilizada para ajudar a clarificar a ambivalência sem provocar a resistência. Este princípio, de certa forma, é paradoxal, pois, ao mostrar a aceitação do paciente como ele é, ele estará livre para mudança ou não.

Desenvolver discrepância: é ajudar o cliente a ver e sentir como o seu comportamento ameaça importantes metas pessoais, evidenciando a distância entre onde a pessoa está e onde ela gostaria de chegar. O cliente será estimulado a desenvolver a consciência das conseqüências de seu atual comportamento.

Evitar argumentação: a confrontação gera resistência e é um sinal para o técnico mudar as estratégias. As discussões são contraproducentes, por exemplo, fazer com que o cliente, no confronto, aceite o rótulo da dependência de substâncias.

Fluir com a resistência: é mover-se através dela, sabendo reconhecer o momento do cliente, auxiliando dessa forma na resolução da ambivalência. Várias formas de reflexão podem auxiliar na reformulação, como um simples conhecimento da responsabilidade pessoal e liberdade de escolha, assim como envolvendo o cliente na resolução do problema.

Estimular auto-eficácia: os clientes não vão considerar mudança, a não ser que eles pensem que elas sejam possíveis: é necessário acreditar na possibilidade de mudança. Auto-eficácia é um elemento básico no processo de motivação para mudança. O conceito foi elaborado por Bandura (1977) como um importante mediador cognitivo do comportamento, sendo definida como um processo cognitivo, uma vez que lida com julgamentos percebidos ou avaliações feitas pelas pessoas sobre sua competência para desempenhar-se adequadamente, numa situação de tarefa específica. Marlatt e Gordon (1993), no modelo de prevenção da recaída, entendem a "auto-eficácia como a capacidade percebida do indivíduo para executar uma resposta de enfrentamento, um comportamento ativo para lidar efetivamente com a situação específica, e não com a sua capacidade geral para exercer controle ou resistir à tentação de ceder às compulsões internas" (p.119).

A auto-eficácia não é ter habilidades, a auto-eficácia é a percepção, a certeza e a capacidade de exercer as habilidades.

Além desses princípios, Miller e Sanchez (1994) enumeraram seis elementos comumente incluídos na EM e que são indispensáveis para trabalhar estratégias de mudanças, podendo ser sumarizados pelo acrônimo inglês FRAMES: *Feedback, Responsibility, Advice, Menu, Empathy* e *Self-eficacy*.

Feedback: é o uso da informação com base nos resultados obtidos da avaliação inicial estruturada e objetiva das reais condições do cliente, por meio da história familiar, severidade da dependência, perfis dos exames laboratoriais e neuropsicológicos, totalizando três a quatro horas de exame. No projeto MATCH, foram em média sete horas de exame. A simples participação na avaliação pode produzir um efeito motivacional. O cliente recebe informações sobre os efeitos do seu problema no organismo e, dessa forma, reflete sobre sua situação presente. (Orford & Edwards, 1977). Cada escore é explicado ao cliente, assim como a relação dos seus escores com os dados normativos. Por exemplo, o cliente recebe informações sobre seus níveis de gamaglutamil-transpeptidase (GGT), que é uma enzima do fígado que indica o uso excessivo de bebida; se os valores estão acima dos níveis normais, serão preditores de doenças hepáticas e de outros prejuízos. O cliente irá refletir sobre as conseqüências negativas no seu organismo e, com isso, tomar uma decisão de mudar seu comportamento aditivo.

Oferecer resultados pessoais é proporcionar informações pertinentes e claras sobre a real situação do cliente e auxiliar no monitoramento do processo terapêutico.

Responsibility (Responsabilidade)*:* é a ênfase na responsabilidade pessoal do cliente e na liberdade de escolha. O entrevistador não pode mudar os comportamentos do seu cliente ou fazer com que mude, pois depende dele escolher entre continuar com o problema ou fazer mudanças. "Ninguém pode mudar ou decidir por você. O que você vai fazer com o seu problema é só você que vai decidir" (Bien, Miller & Tonigan, 1993, p.327).

Quando é dito aos clientes que eles não têm escolha, eles tendem a resistir à mudança.

Advice (Aconselhamento): é proporcionar ao cliente conselhos claros e diretos, sobre por que ele necessita de mudança e de saber como pode ser obtida; a chave é recomendar a mudança de maneira enfática. Algumas vezes, as orientações são específicas, e, em outras, a prescrição é a abstinência total, como em situações de dependência alcóolica (Gossop, 1997). Estudos têm demonstrado que conselhos breves e intervenções breves podem desencadear mudanças mais efetivas que tratamentos longos (Bien, Miller & Tonigan, 1993; Heather, 1989).

Menu: é fornecer opções de escolha para o cliente, mostrando alternativas para mudança. Por exemplo: "Existem maneiras diferentes de as pessoas mudarem com sucesso seus hábitos de bebida; eu vou dizer algumas delas, e você vai escolher o que faz mais sentido pra você" (Miller, 1995, p.94).

Empathy (Empatia): o técnico vai mostrar ao cliente a aceitação, tentando entender sem julgá-lo, escutando-o reflexivamente. O estilo descrito por Carl Rogers tem demonstrado ser preditivo de sucesso no tratamento de transtornos aditivos. A ambivalência é aceita como parte da experiência humana. É um dos elementos mais significativos da EM, e estudos demonstram ser o fator determinante na mudança do cliente (Miller, 1985; Orford & Edwards, 1977).

Self-eficacy (Auto-eficácia): o cliente acredita na própria capacidade de mudança, sendo um preditor de resultados positivos em comportamentos aditivos. O otimismo do entrevistador também é um fator de motivação do cliente, pois o cliente percebe que o seu técnico busca e fica mais propenso a permanecer no tratamento. Os clientes apresentam diferentes níveis motivacionais; portanto, necessitam combinar diferentes estratégias, por exemplo, clientes pré-contemplativos vão se beneficiar com a compreensão das conseqüências negativas do seu comportamento aditivo, clientes ambivalentes podem se beneficiar com o balanço decisional, e clientes no estágio de ação podem necessitar de técnicas de suporte e reforçadoras do seu novo comportamento.

Outras estratégias também são utilizadas para trabalhar a motivação do cliente para a mudança. A simples identificação de *barreiras*, como o acesso dos clientes ao serviço, o transporte, horários, entre outros, são obstáculos que podem ser removidos. *Fatores externos*, como a exigência do empregador que seu funcionário faça o tratamento, pode ser uma opção de escolha no processo de mudança. Por outro lado, práticas das instituições em manter contato com seus clientes têm demonstrado bons resultados na manutenção do tratamento, como no exemplo citado por Miller (1995), em que, quando o telefonema marcando o tratamento foi dado pela instituição, 82% atenderam; quando foi deixada a iniciativa para o cliente, somente 37% atenderam.

A utilização de escalas para monitorar as mudanças é freqüente e faz parte do estilo de trabalho da EM. A escala SOCRATES (*Stages of Change Readiness and Treatment Eagerness Scale*), desenvolvida por Miller e Tonigan (1996), é empregada especificamente no uso e abuso de álcool e identifica o grau de motivação para mudança, através dos estágios de reconhecimento, ambivalência e ação. A primeira versão foi uma escala com 32 itens, sendo posteriormente desenvolvida uma versão com 19 itens, validada no projeto MATCH (Miller & Tonigan, 1996). Já a escala URICA (*University of Rhode Island Change Assessment*), criada por McConnaughy e colegas (1983), não é específica para o tipo de comportamento-problema, mas se refere genericamente ao "problema" do sujeito. Investiga os estágios de mudança: pré-contemplação, contemplação, ação e manutenção e é composta por 32 itens, incluindo oito itens para cada estágio de mudança.

Da EM, também faz parte negociar um plano de mudanças, ajudando o cliente a estabelecer suas metas.

Normalmente, existe uma discrepância entre uma meta e o estado atual do cliente. Isso poderá ser feito pelo *feedback* pessoal, com base na capacidade do cliente de entender sua ambivalência, e, neste caso, o cliente está no estágio de contemplação, estando mais consciente do problema e da decisão de mudar. Negociar mudanças objetivas, como a abstinência em situações em que o cliente mostra dependência do álcool, com graves comprometimentos neuropsicológicos, co-morbidade e acentuado grau de ambivalência, é mais adequado do que impor a abstinência.

Vamos analisar com o caso de Fernando, de 42 anos, casado, dependente grave de álcool, internado para tratamento, que realiza a avaliação proposta, envolvendo exames laboratoriais (GGT, GPT, GPO), provas neuropsicológicas, escalas para avaliar intensidade de sintomas de ansiedade e depressão, bem como a gravidade da dependência, conseqüências negativas do hábito de beber, estágios motivacionais e, principalmente, freqüência e quantidade de consumo de bebidas alcoólicas e/ou de outras drogas. A devolução dos resultados é fornecida passo a passo, esclarecendo ao cliente suas atuais condições. O cliente reflete, questiona, busca informações e expressa resistência, como no exemplo a seguir:

F – "Isto não pode ser verdade, eu nunca me sinto bêbado, eu não fico atirado na sarjeta."

E – "Está parecendo que, para você, algo está errado com estes resultados."

F – "Você acha que eu sou dependente?"

E – "Estes resultados dizem para você como você está e que você está apresentando sinais importantes de dependência."

F – "Eu não acho que sou alcoólatra."

O entrevistador continua o *feedback*. Este processo pode ser muito difícil, e o papel do técnico nessa fase é fundamental, vai ser ativo e orientador. Resistência é comum, principalmente quando o paciente se encontra frente a frente com os resultados.

Em outro momento da entrevista, o cliente passa a considerar necessário fazer mudanças.

F – "Eu gosto de beber, mas eu sei que é importante parar de beber."

E – "O que você acha que pode acontecer se você voltar a beber?"

F – "Bem, pelo que entendi, tudo pode piorar, meu fígado, minha memória, minha família, meu trabalho."

E – "Como você se sente em relação ao tratamento neste momento?"

F – "Eu tenho que me afastar da bebida, para recuperar o que perdi."

Neste momento, realiza-se com o cliente o plano de mudanças, fornecendo-lhe uma variedade de opções incluindo grupos de AA (Alcoólicos Anônimos), medicação, entre outros. Solicita-se que expresse, por escrito, com auxílio do entrevistador, a sua proposta de mudança, como no exemplo:

As mudanças que eu quero fazer: "Parar de beber, pagar as minhas dívidas, voltar a ser um bom funcionário, cuidar da minha saúde".

As razões mais importantes pelas quais eu quero fazer mudanças são: "Preservar minha saúde, meu emprego, minha família".

Os passos que eu pretendo seguir para a mudança são: "Parar de beber, continuar o tratamento indicado e freqüentar os grupos de AA".

Como as outras pessoas podem te ajudar: "Os incentivos do meu filho e da minha família".

Como vou saber se meu plano está funcionando: "Me mantendo sóbrio e começarem a aparecer os resultados positivos".

O que pode interferir nos meus planos: "Com o passar do tempo, não aparecerem os resultados. A depressão, o desânimo e a falta de perseverança".

Neste caso, o tratamento hospitalar está começando a agir, e o verdadeiro desafio é retornar ao lugar onde vive e, com sucesso, manter a abstinência do álcool. Comumente, a primeira entrevista da EM será próxima à alta hospitalar e as entrevistas subseqüentes bem planejadas e combinadas com o cliente. A segunda entrevista e subseqüentes serão utilizadas para rever o progresso e modificar o plano, caso necessário. O técnico deve reforçar as mudanças que o cliente tem feito, salientar a atitude de responsabilidade dele, incentivar a auto-estima e valorizar seu esforço. O cônjuge ou outro familiar também é solicitado a comparecer nesses encontros, e, posteriormente, as entrevistas são mais espaçadas e consideradas de manutenção. O cliente é solicitado a retornar após três meses, para outra avaliação, com o objetivo de verificar mudanças, sendo mais um elemento motivador.

Sumarizando, a Entrevista Motivacional é uma ferramenta que o técnico especializado nos tratamentos dos comportamentos aditivos deverá empregar como recurso, sendo bastante útil em muitas fases da avaliação para o tratamento e, especialmente, nos casos em que os clientes estão ambivalentes e resistentes à mudança. Jungerman e Laranjeira (1995) citam estudos recentes sobre a efetividade da EM. Apesar de a EM ser basicamente para transtornos aditivos, poderá ser empregada na promoção da saúde mental.

10

Entrevista lúdica

Blanca Guevara Werlang

Freud organizou a sua teoria sobre a sexualidade infantil com base nos dados obtidos na análise de seus pacientes adultos. Em função disso, durante muito tempo, estimulou seus alunos e amigos, em Viena, a coletarem e a descreverem observações sobre a vida sexual de seus filhos, para poder obter um material que desse provas evidentes daquilo que ele afirmava. O resultado disso foi o caso do pequeno Hans. Através dele, Freud (s/d) finalmente compreendeu as neuroses infantis e seu papel na organização da neurose dos adultos, confirmando as hipóteses que havia levantado no seu artigo *Três ensaios sobre a teoria da sexualidade* (Freud, 1989).

A exposição do tratamento do pequeno Hans deu a Freud, sem dúvida, a oportunidade de fazer bem mais do que confirmar certas hipóteses sobre a precocidade da vida sexual. Colocou, sem ser esta sua intenção, na roda das discussões psicanalíticas, a possibilidade de aplicar os princípios da técnica psicanalítica à criança.

A partir do pequeno Hans, Hermine von Hug-Hellmuth observou que o jogo fornecia excelentes possibilidades de compreensão dos fantasmas, instituindo uma primeira forma de análise infantil que se vinculou, primeiramente, à educação. Ela não utilizou interpretações como na análise de adultos, por entender que o ego da criança infantil não estava suficientemente desenvolvido para suportar o peso de uma interpretação psicanalítica, e por saber que a criança não era motivada a procurar análise, sendo encaminhada mais por ser um sofrimento da família; portanto, a interpretação não significaria nada para essa criança (Ajuriaguerra, 1983; Bleichmar & Bleichmar, 1992; Hinshelwood, 1992; Lebovici & Soulé, 1980).

Em compensação, Melanie Klein (1980), desde o início, entendeu que as crianças poderiam, sim, ser motivadas dentro de si mesmas para a análise, insistindo que elas poderiam ser analisadas, do mesmo modo que os adultos, explorando os conflitos inconscientes, abstendo-se de qualquer medida educativa ou de apoio. Neste sentido, Klein pode ser considerada como a iniciadora da técnica psicanalítica para crianças, preconizando a aplicação do jogo, por entendê-lo como o equivalente a um fantasma masturbatório.

Contudo, foi Freud o primeiro estudioso que refletiu sobre a função e o mecanismo psicológico da atividade lúdica infantil, quando interpretou a brincadeira de seu neto de 18 meses de idade. O menino brincava com um carretel amarrado em um barbante e, sempre segurando o fio, lançava o carretel por cima de seu berço, cercado por uma cortina, onde esse desaparecia. Exclamava, então, "fora" (*fort*), puxando logo o barbante, até atirar o carretel para dentro do berço, saudando seu aparecimento com um alegre "aqui" (*da*).

Freud compreendeu que essa criança estava brincando de ir embora e voltar. Era a maneira que ela tinha para controlar a angústia da ausência da mãe. Então, a criança não estava meramente se divertindo. Pelo contrário, por meio da manipulação do brinquedo, estava dominando uma situação que, de outra forma, seria impossível. Assim, para Freud (1976), as crianças repetem, nas suas brincadeiras, tudo que na vida lhes causou profunda impressão e, brincando, se tornam senhoras da situação. O menino do carretel tinha em seu jogo um representante da mãe atado ao cordão. Simbolicamente, deixava-a se afastar, até a atirava longe e, depois, quando sua vontade o demandasse, a fazia voltar. Tinha, como Freud ressaltou, transformado a passividade de sua condição infantil em atividade.

As crianças, então, segundo Freud (1976), brincam para fazer alguma coisa que, na realidade, fizeram com elas. Nas brincadeiras, após idas a médicos, onde o corpo é examinado, ou após alguma cirurgia, muitas vezes, essas lembranças, mesmo sendo penosas, se transformam em conteúdo de jogo. Por quê? Porque, através do brinquedo, a criança tem a possibilidade de realizar o desejo dominante para sua faixa etária, por exemplo, o de ser grande e de fazer o que fazem os adultos. Desta maneira, na situação anterior relatada, a criança poderá ser o médico que estará atacando um corpo, passando a provocar, num objeto/brinquedo ou num companheiro de seu grupo de iguais, a sensação desagradável por ela experimentada. Então, passando da passividade do fato para a atividade do jogo, estará representando, com algum brinquedo ou companheiro, o que não pode exercer sobre a pessoa do médico. É, portanto, na situação do brinquedo, que a criança procura se relacionar com o real, experimentando-o a seu modo, procurando construir e recriar essa realidade.

Através do brinquedo, a criança não só realiza seus desejos, mas também domina a realidade, graças ao processo de projeção dos perigos internos sobre o mundo externo. O brinquedo é, então, um meio de comunicação, é a ponte que permite ligar o mundo externo e o interno, a realidade objetiva e a fantasia.

Pode-se dizer, pois, que Freud estabeleceu os marcos referenciais da técnica do jogo, demonstrando que o brincar não é só um passatempo para viver situações prazerosas, mas também uma maneira de elaborar circunstâncias traumáticas. Prosseguindo nesse sentido, Melanie Klein, como já mencionamos, colocou o brinquedo num lugar de destaque na luta contra a angústia mobilizada pelas pulsões sexuais. Segundo essa autora, ao brincar, a criança domina realidades dolorosas e controla medos instintivos, projetando-os ao exterior, nos brinquedos. Este mecanismo é possível, porque a criança, desde tenra idade, tem a capacidade de simbolizar. Assim, para Klein (1980), o brincar é a linguagem típica da criança, equiparando a linguagem lúdica infantil à associação livre e aos sonhos dos adultos. Portanto, a neurose de transferência desenvolve-se da mesma maneira, não sendo as figuras parentais atuais, mas as internalizadas, que são projetadas no analista, que terá como principal função interpretar todo o material associativo que a criança traz.

Na mesma época, Anna Freud, seguindo ensinamentos de Hug-Hellmuth, colocou-se numa posição contrária à de Melanie Klein. Desse modo, com uma concepção diferente da mente infantil, afirmava que a criança não possui consciência de doença, estando ainda presa a seus objetos originais (pais), pelo que não poderia estabelecer uma neurose de transferência com o terapeuta. Afirmava que o terapeuta deveria apenas reforçar os aspectos positivos do vínculo, sempre num nível de orientação educativa, considerando, ainda, que em nada o brincar da criança poderia ser comparado aos sonhos ou à associação livre do adulto.

As discrepâncias entre Melanie Klein e Anna Freud e o debate dos respectivos pontos teóricos perduram, de certa forma, até hoje, lembra Hinshelwood (1992), nas teorias da psicanálise kleiniana e da psicologia do ego. Mas, mesmo que discrepantes, ambos os posicionamentos ajudaram em muito na conceitualização e no desenvolvimento da psicoterapia infantil. Certamente envolvida no mesmo intuito, a conceituada psicanalista argentina Arminda Aberastury (1978) entendeu que a criança não só estabelece uma transferência positiva e/ou negativa com o psicoterapeuta, como expressava Klein, como também é capaz de estruturar, através dos brinquedos, a representação de seus conflitos básicos, suas principais defesas e fantasias de doença e cura, deixando em evidência, já nos primeiros encontros do acompanhamento, o seu funcionamento mental. Aberastury sugeriu, ainda, que possivelmente esses fenômenos surgem devido ao temor da criança de que seu psicoterapeuta repita com ela a conduta negativa dos objetos originários que lhe provocaram a perturbação, prevalecendo agora o desejo de que o psicólogo assuma uma função através da qual lhe dê condição para melhorar.

Aberastury evidenciou, assim, o valor diagnóstico da entrevista lúdica, falando, pela primeira vez, no nosso meio mais próximo, sobre a hora de jogo diagnóstica, estabelecendo diferenças com a primeira hora de jogo terapêutica.

Para fins diagnósticos, segundo essa autora, não há necessidade de uma caixa com material lúdico exclusiva para cada criança, considerando que qualquer tipo de brinquedo, mesmo que sejam os mais simples, oferecem possibilidades lúdicas projetivas para o diagnóstico. Entretanto, quando se trata da primeira hora de jogo de tratamento, ao finalizar a sessão, além do terapeuta estabelecer as condições do contrato psicoterápico, deverá guardar junto com a criança todo o material lúdico numa caixa, que ficará fechada e à qual só terão acesso a criança e o terapeuta. Essa caixa, sem dúvida, se transforma durante o tratamento no símbolo do sigilo, similar ao contrato verbal que se estabelece com o adulto quando se inicia o tratamento.

Na entrevista lúdica, Aberastury (1978) considera também conveniente não interpretar, já que ainda não temos como saber se a criança será tratada ou não e, em caso de encaminhamento, qual a técnica mais adequada para aplicar. Então, é muito delicado arriscar uma interpretação, porque podem se romper as defesas, cuja fragilidade ou rigidez ainda não conhecemos, e, como conseqüência, despertar muita ansiedade e/ou culpa, bem como alimentar fantasias de que seus impulsos podem atacar ou destruir a relação com o psicólogo, sentimentos estes que ficariam sem resolver, se a decisão for a de não acompanhar psicoterapicamente a criança.

Desta maneira, cabe ressaltar, como expressam Efron e colegas (1978), que a hora de jogo diagnóstica, fundamentada num referencial teórico psicodinâmico, é um recurso técnico que o psicólogo utiliza dentro do processo psicodiagnóstico, que tem começo, desenvolvimento e fim em si mesmo, operando como unidade para o conhecimento inicial da criança, devendo interpretá-la como tal, e cujos dados serão ou não confirmados com a testagem. Entretanto, a primeira hora de jogo terapêutica é apenas um elo dentro de um contexto maior, onde irão surgir novos aspectos e modificações estruturais em função da intervenção ativa do terapeuta.

No psicodiagnóstico infantil, costuma-se entrevistar os pais, antes de ver a criança, com o objetivo de obter informações o mais abrangentes possíveis sobre o problema e sobre como a criança é. Após as entrevistas com os pais, mantém-se o primeiro contato com a criança, que pode ser por meio de uma entrevista lúdica. Nas entrevistas que foram realizadas com os pais, deve-se combinar que eles conversem com a criança a respeito do motivo pelo qual é levada ao psicólogo. Assim, esse pode ser o início do diálogo com a criança, dentro da sala de jogo, sendo importante, então, perguntar se sabe o que está fazendo ali, porque veio ou o que os pais falaram da sua vinda ao psicólogo. Esclarecendo esse aspecto, compreender-se-ão as fantasias da criança a respeito do processo de avaliação, e, se a resposta for negativa, deve-se fazer um breve relato do que foi falado com os pais, sem detalhes muitos profundos, mas sempre explicitando a verdade.

As instruções específicas para uma entrevista lúdica consistem em oferecer à criança a oportunidade de brincar, como deseje, com todo o material lúdico disponível na sala, esclarecendo sobre o espaço onde poderá brincar, sobre o tempo disponível, sobre os papéis dela e do psicólogo, bem como sobre os objetivos dessa atividade, que possibilitará conhecê-la mais e, assim, poder posteriormente ajudá-la.

A entrevista lúdica de cada processo psicodiagnóstico é uma experiência nova, tanto para o psicólogo como para a criança, em que se refletirá o estabelecimento de um vínculo transferencial breve. Nos brinquedos oferecidos pelo psicólogo, a criança deposita parte dos sentimentos, representante de distintos vínculos com objetos de seu mundo interno (Efron, Fainberg, Kleiner *et alii*, 1978). Assim, muitos fenômenos que não seriam obtidos pela palavra poderão ser observados através do brincar, onde a criança, segundo Logan (1991), projetará suas questões-chave, tanto no acontecido do jogo quanto na maneira como usa os materiais e os brinquedos.

As crianças, de maneira geral, agem, falam e/ou brincam de acordo com suas possibilidades maturativas, emocionais, cognitivas e de socialização, e é pela sua ação (ativa ou passiva) que elas exprimem suas possibilidades, descobrindo-se a si mesmas e revelando-se aos outros. Em função disso, algumas aceitam rapidamente acompanhar o psicólogo até a sala de entrevistas, começando facilmente a brincar, conversar e interagir com o interlocutor. Outras podem resistir a se separarem dos pais, ou ficam na sala de entrevista muito inibidas, tanto na ação como na fala, tornando-se necessário que o psicólogo faça algum assinalamento, com a finalidade de ajudá-las a lidar com a angústia. Existem também ocasiões em que a criança, devido à sua problemática emocional, rompe o enquadramento, exigindo por parte do entrevistador a colocação de limites. A postura do psicólogo deve ser, em todos os casos, a de estimular a interação, conduzindo a situação de maneira tal que possa deixar transparecer a compreensão do momento, respeitando e acolhendo a criança, de forma que esta se sinta segura e aceita.

Em parte, o papel do psicólogo na entrevista lúdica diagnóstica é passivo, porque funciona como observador, mas também é ativo, na medida em que sua atitude é atenta na compreensão e formulação de hipóteses sobre a problemática do entrevistado, assim como na ação de efetuar perguntas para esclarecer dúvidas sobre a brincadeira. Ainda, dependendo de cada situação, o psicólogo poderá não participar do jogo ou brincadeira, ou poderá desempenhar um determinado papel, caso seja o desejo da criança (Efron, Fainberg, Kleiner *et alii*, 1978).

Em função das características da atividade, é mais adequado trabalhar em uma sala que não seja o consultório de adultos. É mais conveniente, então, realizar a atividade em uma sala preparada para brincar, ou seja, uma sala fácil de limpar, razoavelmente ampla, para não prejudicar a liberdade de expressão, e, sempre que possível, próxima a um banheiro e/ou cozinha, onde a criança possa ter acesso fácil à água, caso deseje brincar com ela, assim como possa limpar a sujeira de material de tinta, canetinhas, argila e semelhantes.

O material lúdico deve ser apresentado sem uma ordem aparente, em caixas e/ou armários, sempre com as tampas ou portas abertas, devendo ser adequado para atender crianças de diferentes idades, sexo e interesses.

Procurando representar os objetos mais comuns do mundo real circundante, os brinquedos mais usados são: papel, lápis preto e colorido, canetinhas, borracha, apontador, régua, cola, fita adesiva, corda, tesoura, massa para modelar, argila, tinta, pincéis, bonecos e famílias de bonecos, casa de bonecos, marionetes, família de animais selvagens e domésticos, blocos de construção, carros, caminhões, aviões, bola, armas de brinquedo, soldados, super-heróis, *cowboys* e índios, equipamentos de cozinha, de enfermagem e de ferramentas domésticas, quebra-cabeças, telefone, panos, jogos de competição e quadro-negro.

Analisar e interpretar uma hora de jogo diagnóstica não é uma tarefa fácil. Requer que o profissional esteja bem familiarizado com o material teórico de cunho analítico sobre a base fundamental do marco teórico-técnico fornecido por Freud, Melanie Klein e Arminda Aberastury, sendo, então, a linha central de interpretação a análise das fantasias inconscientes a partir do jogo.

Kornblit (1978) salienta que uma análise detalhada da hora de jogo permite: "a) a conceitualização do conflito atual do paciente; b) coloca em evidência seus principais mecanismos de defesa e ansiedades; c) avalia o tipo de *rapport* que pode estabelecer a criança com um possível terapeuta e o tipo de ansiedade que contratransferencialmente pode despertar nele; d) põe de manifesto a fantasia de doenças e cura" (p.225). Por outro lado, a autora considera também importante compreender a hora de jogo como uma história argumental da criança, construída em resposta a uma situação de estímulo, avaliando, então, o modo como ela se inclui em dita situação. Isso possibilita considerar aspectos ou indicadores por ela chamados de "formais", que, muitas vezes, ficavam esquecidos ou abafados pela principal preocupação na inferência de conteúdos inconscientes. Alguns desses indicadores formais seriam: a maneira como a criança se aproxima dos brinquedos, a sua atitude no início e no final da hora de jogo, a sua localização no consultório, a sua atitude corporal e o manejo do espaço.

Efron e colegas (1978) lembram que não existe um roteiro padronizado para analisar esse método de avaliação. Por isso, propõem um guia de oito indicadores que possibilitam estabelecer critérios mais sistematizados e coerentes para orientar a análise com fins diagnósticos e prognósticos, em especial, para a classificação do nível de funcionamento da personalidade, sempre dentro de um entendimento dinâmico, estrutural e econômico. Os indicadores são: escolha de brinquedos e jogos, modalidade do brinquedo, motricidade, personificação, criatividade, capacidade simbólica, tolerância à frustração e adequação à realidade.

A *escolha de brinquedos e jogos* está relacionada com o momento evolutivo emocional e intelectual em que a criança se encontra. Ao nascer, o bebê é um ser passivo, que fica a maior parte do tempo deitado. Mas, à medida que se desenvolve, passa a sustentar a cabeça, a sentar-se e assim por diante, passando de um autoconhecimento para o conhecimento e exploração do mundo que o cerca. O surgimento de novas etapas indica aumento da vivência e do conhecimento da criança, mostrando a passagem de seu conhecimento corporal para o ambiental, até o início da socialização e aquisição de noções simbólicas.

Os brinquedos e jogos, então, devem ser analisados do ponto de vista evolutivo, registrando cada uma das manifestações de conduta lúdica, classificando-as conforme as idades correspondentes dentro de algum dos referenciais da psicologia do desenvolvimento. Erik Erikson, citado por Melvin e Wolkmar (1993), por exemplo, descreve três fases sucessivas na evolução dos brinquedos das crianças: auto-esfera, microesfera e macroesfera. Na auto-esfera, o brinquedo da criança é centralizado na exploração do próprio corpo e/ou nos objetos que estão imediatamente a seu alcance; na microesfera, a criança expressa suas fantasias através de pequenos brinquedos representativos; e, na macroesfera, por incorporar a vivência social, passa, através de suas relações, a dividir o mundo com os outros.

Por outro lado, Piaget, conforme Ajuriaguerra (1983), também propõe uma classificação que leva em conta, ao mesmo tempo, a estrutura do jogo e a evolução das funções cognitivas da criança. Conseqüentemente, fala de brinquedos e jogo de exercício (até os 2 anos), em que a conduta lúdica é destinada exclusivamente para a obtenção de prazer; de brinquedos e jogos simbólicos (entre 2 e 8 anos), em que a criança desenvolve a capacidade de representar uma realidade que não está presente no seu campo perceptivo; e, por último, de brinquedos e jogo de regras (a partir dos 8 anos), que são uma imitação das atividades dos adultos e que pertencem ao domínio do código social.

Sugere-se, pois, que cada uma das condutas lúdicas, identificadas de acordo com a cronologia de cada fase evolutiva correspondente, seja, ainda, comparada, dentro do referencial psicanalítico, com as fases de evolução da libido (oral, anal, fálica e genital), o que proporcionará uma compreensão mais abrangente do funcionamento infantil.

Cada criança, segundo Efron e colegas (1978), estrutura uma *modalidade de brinquedo* que lhe é própria, baseada nas formas de manifestação simbólica de seu ego e de seus traços de funcionamento psíquico. Entre as principais modalidades, temos a plasticidade, a rigidez, a estereotipia e a perseveração.

A plasticidade pode ser observada quando a criança consegue expressar suas fantasias através de brincadeiras organizadas, com seqüência lógica, utilizando brinquedos ou objetos que podem modificar a sua função de acordo com a sua necessidade de expressão, mostrando uma variedade de recursos egóicos e uma significativa riqueza interna, sem necessidade de recorrer a mecanismos de controle excessivos.

Entretanto, quando a criança fixa certos comportamentos ou ações lúdicas de maneira rígida para expressar uma mesma fantasia, mostra grandes dificuldades para aproveitar e/ou modificar os atributos dos brinquedos e um ego pobre em recursos frente à ansiedade, resultando na escolha de brinquedos e jogos monótonos e pouco criativos, como, por exemplo, é o caso de Renata.

Renata é uma bonita menina de 7 anos e 6 meses, muito bem arrumada, mostrando sinais evidentes de cuidados com sua aparência, muito perfumada e com uma exigente combinação de cores, desde a tiara nos cabelos até os sapatos. Seus pais a trouxeram para avaliação por estarem achando-a muito angustiada com suas atitudes repetitivas, contando que a menina não consegue brincar, arrumar seu quarto ou concluir seus temas escolares, pois perde muito tempo na tentativa de organizar a atividade proposta. Durante a entrevista lúdica, mostrou-se insegura, pedindo licença para levantar, sentar ou pegar os brinquedos e muito preocupada em não sujar ou amassar sua roupa. Em vez de brincar, passou a maior parte do tempo arrumando os brinquedos que se encontravam na prateleira de um armário, procurando deixá-los organizados, como se fosse a exposição de uma vitrine, com a justificativa de ser esta a forma mais fácil de enxergá-los, para depois poder decidir com quais deles brincaria. Finalmente, decide brincar com a casinha de bonecas, passando o resto do tempo organizando os móveis de forma indecisa, mudando-os tantas vezes de lugar que o tempo da entrevista se esgota.

A ação repetitiva de Renata, a sua excessiva necessidade de ordem e perfeccionismo, certamente cumpre a finalidade de afastar ou conter algum perigo ou ameaça imaginária, deixando transparecer uma modalidade de brincar rígida, não adaptativa, própria de crianças com componentes neuróticos.

Por outro lado, os jogos estereotipados e perseverantes são a modalidade mais patológica do funcionamento egóico, típica de crianças com funcionamento psicótico, como é o caso de Antônio, que é um menino de 4 anos, encaminhado para avaliação psicológica pelo neurologista para ajudar na classificação diagnóstica. Embora tenha aceitado facilmente se separar dos pais para entrar na sala de entrevista, não realizou nenhum intercâmbio verbal ou contato visual com o examinador, evitando qualquer tentativa de aproximação por parte deste. Não atendeu a qualquer solicitação direta, desprezando blocos, carrinhos e outros brinquedos oferecidos, usando apenas um boneco para bater na sua própria cabeça. Passou a maior parte do tempo ora correndo pela sala, ora andando em círculos, ora andando na ponta dos pés, balançando as mãos e movendo os seus dedos, indiferente ao ambiente onde estava inserido.

O comportamento de Antônio, na entrevista lúdica, deixa clara a falta de resposta afetiva e a presença de maneirismos e movimentos estereotipados, assim como de ações autoagressivas, evidenciando uma desconexão com o mundo externo, tendo como única finalidade a descarga de impulsos do id sem fins comunicacionais.

O desenvolvimento motor é, segundo Melvin e Volkmar (1973), uma seqüência de estádios ordenados, que inicia com o controle postural do pescoço, por volta da terceira ou quarta semana de vida, até o caminhar independente, ao redor dos 18 meses. Aos poucos, as habilidades motoras tornam-se cada vez mais sofisticadas, tornando-se possíveis várias habilidades de autocuidado (vestir, desvestir-se, pentear-se, comer com utensílios, etc.), assim como habilidades de parar num pé só, subir e descer escadas, pular e dançar. As habilidades percepto-motoras também se aperfeiçoam, sendo que, em torno dos 2 anos, a criança pode copiar um círculo, aos 3 anos pode copiar uma cruz, aos 5 anos é capaz de desenhar um quadrado e, aos 7, um losango. No período entre os 6 e 11 anos, tanto os aspectos quantitativos como os qualitativos se consolidam, sendo que partes do desenvolvimento anterior se organizam subitamente, passando a funcionar de forma fluente e integrada, até que, perto dos 9 anos, as habilidade motoras se tornam automáticas e estabelecidas.

Dessa maneira, parece importante que o psicólogo que conduz a hora de jogo diagnóstica tenha, além dos conhecimentos essenciais da psicologia evolutiva, conhecimentos básicos de fisiologia, neurologia e psicomotricidade, que lhe possibilitem identificar e descrever as pautas motoras da criança que está avaliando, para verificar a adequação destas à etapa evolutiva em que a criança se encontra. Em casos específicos de imaturidade ou dificuldades motoras, com interferência na aprendizagem escolar, torna-se conveniente a solicitação de avaliação complementar psicopedagógica ou neurológica, que auxiliam tanto no diagnóstico principal como no diferencial.

A avaliação da *motricidade* é, pois, de especial importância, uma vez que o manejo adequado das possibilidades motoras, no que diz respeito à integração do esquema corporal, organização da lateralidade e estruturação espaço-temporal, possibilitará à criança o domínio dos objetos do mundo externo no campo social, escolar e emocional, satisfazendo suas principais necessidades com autonomia, enquanto dificuldades nesse âmbito provocarão certamente limitações e frustrações.

A *personificação* é a capacidade da criança para assumir e desempenhar papéis no brinquedo. É um elemento comum em todos os períodos evolutivos, através do qual as crianças transformam seus brinquedos ou a si mesmas em personagens imaginários ou não, de acordo com sua faixa etária, expressando afetos, tipos de relações e conflitos, sempre em sintonia com a realidade de seu mundo interno. A análise desse indicador permitirá compreender o equilíbrio existente ou não entre o superego, o id e a realidade, verificando também a capacidade de fantasia na definição de determinados papéis, que, com o auxílio da mágica lúdica, possibilitará, pelo menos por um período limitado, a satisfação dos desejos mais grandiosos que seu eu consciente, em outras circunstâncias, não lhe permitiria.

Marcelo é um menino de 4 anos e 11 meses, que foi trazido para avaliação psicodiagnóstica, por dificuldades para se separar da mãe, tanto em casa como na escola. Na entrevista lúdica, desenvolveu uma brincadeira em que ele próprio assumiu o papel de um "gigante". Um gigante muito forte, corajoso, bravo e malvado, que entra na casa da família das bonecas, à noite, quando todos dormem, para derrubar, esconder e trocar todos os objetos de lugar, deixando, como ele mesmo expressa, "Tudo bagunçado! Tudo espalhado!". Expressa claramente satisfação, quando espalha os pequenos móveis e os diversos bonecos, misturando-os com os blocos lógicos, carrinhos e demais brinquedos, exclamando: "O temporal do gigante!". Frente à observação do psicólogo sobre a proximidade do final da entrevista, Marcelo rapidamente olha ao seu redor e junta alguns brinquedos, montando, com parte dos móveis e objetos da cozinha, uma mesa, com xícaras, pratos, colher, copos e jarras, mencionando: "O gigante sumiu. Ele fez uma mágica. Olha o pão, olha a xícara. Eles vão acordar. O pai ficará bravo. A mãe 'junta' o filho, mas tem café na mesa, todos vão lanchar. Tia, foi só uma brincadeira, agora vou arrumar".

Marcelo certamente está tendo dificuldades de enfrentar as frustrações e a ansiedade típica de sua faixa etária, que surgem com seu inevitável crescimento e exigência por parte dos pais de alcançar mais autonomia, o que lhe deve provocar insegurança e desejos de manter o aconchego materno. Ao se envolver rapidamente com a tarefa proposta de "brincar como o desejasse", liberou a sua onipotência, identificando-se com uma figura poderosa, "o gigante", para poder fazer tudo aquilo que as figuras de autoridade não aprovariam, como forma de denunciar seu descontentamento e castigá-los. Extravasa, assim, seus conteúdos agressivos de ataque e domínio, nem que seja quando a autoridade está dormindo, ou quando o superego está mais permissivo, deixando o ego, dominado pelo id, satisfazer desejos e impulsos. Mas, quando a realidade se impõe, novamente de forma onipotente, faz uma mágica para amenizar o caos instalado, com objetos e alimentos reparadores, como uma forma de aplacar a culpa provocada pelos seus impulsos agressivos.

Através dessa personificação, houve claramente uma regressão a serviço do ego, que, por meio do relaxamento dos controles internos, facilitou ao Marcelo a projeção de fantasias e desejos, desprendendo-se transitoriamente das rígidas regras do processo secundário, representando simbolicamente conteúdos internos.

Criar é inventar ou transformar a partir da própria capacidade. Quando a criança constrói um novo objeto ou transforma um já existente, mostra a sua capacidade de relacionar elementos novos no brinquedo a partir da reorganização de experiências anteriores. Assim, a *criatividade* é um processo mental de manipulação do ambiente do qual resultam novas idéias, formas e relações.

Quando a criança utiliza uma variedade de elementos para se expressar no brinquedo, está exercitando a sua *capacidade simbólica*. O jogo é uma forma de expressão da capacidade simbólica, e a vida de fantasia se torna mais observável à medida que a criança se torna apta para o jogo simbólico.

Durante o primeiro ano de vida, por exemplo, o brinquedo consiste simplesmente na manipulação de objetos; depois desse período, passa a ser usado funcionalmente, numa ação repetitiva, e, quando o jogo de faz-de-conta aparece, a criança começa a usar vários brinquedos simbolicamente, visando a objetos que representam outros objetos. Desta maneira, uma folha de papel pode se tornar um avião, um pau pode se transformar em cavalo, uma panela e uma colher, no melhor tambor, e o nenê caçula da família pode ser afogado numa piscina e, depois, levado a passear pelo amistoso e simpático irmão.

Com o aprendizado escolar, aparecem novos jogos, em que se combinam a capacidade intelectual e o azar, sendo o período da competição e de partilha de papéis com seu grupo de iguais. Mas, em todos os períodos evolutivos, o simbolismo habilita a criança a transferir interesses, fantasias, ansiedades, culpa, tendências destrutivas para outros objetos e/ou pessoas, revelando preocupações e ansiedades, aspirações e desejos, na tentativa de obter, através da ação lúdica, o domínio do mundo externo, e, como indicador avaliativo, possibilita compreender também a capacidade expressiva da criança e a qualidade do conflito.

Tentando exemplificar, lembramos o caso de João, de 6 anos de idade, que apresenta medo de dormir sozinho e do escuro, necessitando ainda dormir com seus pais. Desenvolve, na entrevista lúdica, a seguinte brincadeira e diálogo:

Pega uma caixa que contém madeiras de diversas formas e tamanhos e monta o que ele chama de um "dormitório". Coloca dentro do cercado de madeiras uma cama de casal, duas mesinhas de cabeceira e dois abajures. Procura, noutra caixa, os bonecos da família e, enquanto isso, fala:

J – "Este é o pai (boneco maior). Esta é a mãe (mostrando uma boneca). Sabes? Estes pais vão ter um filho!"

E – "É mesmo?"

J – "Claro, tu não reparou?"

E – "E tu, como reparaste?"

J – "Olha, fica quieta, que a criança precisa dormir (fala em voz baixa). Ele vai entrar na cama deles. Ele agora está quietinho entre os dois (coloca um boneco pequeno entre os pais e cobre a cama de casal com um pano). Psiu!, Silêncio! Vou pegar outro brinquedo. Psiu! Ele está dormindo (João pega do armário um jacaré e, mexendo um pouco ansioso nos outros brinquedos, pega também um pequeno boneco, que ele denomina de 'diabo'). Olha! O que vai acontecer! Este (diabo) está tentando entrar no quarto."

E – "E daí?"

J – "Quer pegar a mãe do garoto, quer tirá-la da cama, mas isso não vai acontecer porque.... olha! O jacaré lhe morde a perna (faz a encenação) e o arrasta para fora do quarto e o fecha num cercado. Quase perdeu a perna!"

João monta um cercadinho com as outras madeiras, sempre fazendo como se fosse o jacaré que estivesse montando o cercado, e coloca dentro deste o diabo. Diz então: "Deu! Tudo em paz".

João expressou, de forma inteligente, conteúdos conflitivos através de elementos simbólicos adequados à sua idade evolutiva, deixando transparecer o estádio psicossexual que atravessa. Parece ser uma criança dependente, com traços fóbicos, que teme ser abandonada ou rejeitada, especialmente pela figura da mãe, o que, de certa forma, se explica pela dinâmica da fase edípica que atravessa. A brincadeira organizada por ele deixa em evidência a sua preocupação com a relação afetivo-sexual dos pais. Sente-se excluído e vivencia a impossibilidade de participar dessa união, através da fantasia da cena primária. Invadido pelos sentimentos de ansiedade, ciúme e frustração frente aos rivais (pai e novo filho), precisa se defender com uma certa dose de atuação, invadindo a cama dos pais, mas imediatamente projeta e desloca os impulsos agressivos para o ambiente. Simbolicamente, transforma-se em diabo para ter coragem de roubar a mãe do pai, mas a fantasia de culpa e a ansiedade de castração facilitam o deslocamento do poder da lei do pai para o jacaré, estabelecendo a ordem através do castigo.

Por último, a *tolerância à frustração* e a *adequação à realidade* são indicadores que têm relação com a aceitação ou não das instruções e enquadramento da hora de jogo, assim como da aceitação dos limites, do próprio papel e do papel do outro, da separação dos pais, do tempo de início e fim, do resultado dos jogos, etc. Tudo isso está intimamente relacionado com as possibilidades egóicas e com o princípio de prazer e realidade.

Como se pode observar, a entrevista lúdica diagnóstica é uma técnica de avaliação clínica muito rica, que permite compreender a natureza do pensamento infantil, fornecendo informações significativas do ponto de vista evolutivo, psicopatológico e psicodinâmico, possibilitando formular conclusões diagnósticas, prognósticas e indicações terapêuticas.

MÓDULO V – Operacionalização do Processo

Passos do processo psicodiagnóstico
Jurema Alcides Cunha

11

FORMULAÇÃO DAS PERGUNTAS BÁSICAS OU HIPÓTESES

O processo psicodiagnóstico é um processo científico e, como tal, parte de perguntas específicas, cujas respostas prováveis se estruturam na forma de hipóteses que serão confirmadas ou não através dos passos seguintes do processo.

Geralmente, temos um ponto de partida, que é o encaminhamento. Qualquer pessoa que encaminha um paciente o faz sob a pressuposição de que ele apresenta problemas que têm uma explicação psicológica. Existe uma preocupação, que pode se expressar por meio de uma pergunta muito vaga, como: "Será que A não aprende por um problema psicológico?" Por certo, o psicólogo precisa de mais dados sobre o caso para desdobrar a pergunta vaga de um leigo, numa série de perguntas formuladas em termos psicológicos, como: "Será que A apresenta uma limitação intelectual?", "Será que A não aprende por interferência de problemas emocionais?" Ainda não são perguntas precisas, mas a história de A vai permitir que chegue a alternativas de explicação, como: a) "A tem um nível de inteligência fronteiriço"; b) "A tem um nível de inteligência normal, mas seu desempenho intelectual atual está limitado, porque sofreu um trauma emocional recente". Tais alternativas de explicação são hipóteses, que serão testadas através do psicodiagnóstico.

Esse exemplo é de um caso muito simples, mas demonstra que o psicólogo precisa de mais dados para que as questões iniciais sejam precisas, podendo, então, formular suas hipóteses. O esclarecimento e a organização das questões pressupostas num encaminhamento são tarefas da responsabilidade do psicólogo.

Se é um profissional que encaminha, provavelmente não o faz com base numa pergunta vaga. Mesmo que o encaminhamento sugira, freqüentemente tem em mente uma série de questões específicas, fundamentadas em observações ou informações prévias. Eventualmente, tais questões estão explícitas no próprio encaminhamento. Outras vezes não, o que ocorre até em razão de sigilo profissional. Assim, seguidamente, é através de um contato telefônico que as questões chegam a ser colocadas em termos mais funcionais e claros. Então, tais questões, reformuladas em termos psicológicos, vão dar um embasamento adequado a um exame, permitindo que o laudo sirva de fundamento para decisões que devem ser tomadas.

Um médico, por exemplo, pode telefonar, dizendo que tem uma paciente com patologia de coluna e que suspeita que os sintomas sejam, pelo menos parcialmente, de fundo psicológico. Poderia ser indicada uma intervenção cirúrgica, para alívio da dor e da restrição da motilidade, mas lhe é de importância fundamental saber como a paciente reagiria à cirurgia.

Aqui, por certo, temos algumas questões: Há fatores psicológicos associados à condição médica? Como a paciente reagiria à situação cirúrgica e à longa recuperação? Qual o prognóstico do caso? Delineiam-se, portanto, três objetivos para o exame. Por outro lado, as questões colocadas pelo médico já começam a ser traduzidas em termos psicológicos.

Consideremos a primeira questão. A hipótese de trabalho que o psicólogo levanta, primeiramente, é de que o diagnóstico da paciente, de acordo com o DSM-IV, seja 307.89, do Eixo I, ou Transtorno Doloroso Associado tanto com Fatores Psicológicos quanto com uma Condição Médica Geral, sendo que esta é codificada no Eixo III.

Não obstante, apenas com os poucos dados que possui, o psicólogo pode levantar perguntas diferentes, como: a) A paciente apresenta outro transtorno mental associado, em especial depressão? b) Há algum problema psicossocial agravante? c) A paciente tem conflitos relacionados com dependência-independência? d) A paciente obtém ganhos secundários a partir de seus sintomas? Aqui, houve também uma reformulação das perguntas em outros termos, buscando também base em pressupostos psicodinâmicos. O processo que permitiria responder às últimas perguntas teria como objetivo básico o entendimento dinâmico.

Assim, os objetivos do psicodiagnóstico dependem das perguntas iniciais. No caso, com base no encaminhamento, decidiu-se fazer um psicodiagnóstico com dois objetivos básicos, de classificação nosológica e de entendimento dinâmico, para que o laudo fornecesse ao médico não só uma explicação do caso, mas também uma compreensão que lhe facilitasse o manejo. A partir dos dados do psicodiagnóstico, também seria possível atender aos objetivos de prognóstico e de prevenção. Confirmadas as hipóteses, o prognóstico não foi considerado favorável, e foi recomendada uma psicoterapia de reforço do ego para o enfrentamento da situação.

Neste caso, desde o início, foram levantadas questões claras e funcionais. Eventualmente, porém, as entrevistas iniciais com o paciente levantarão perguntas complementares, que definem novos objetivos para o exame.

Na realidade, cada caso terá as suas peculiaridades. Às vezes, logo se torna possível levantar as primeiras perguntas a partir do próprio encaminhamento, quando este parece confiável pelas questões propostas. Por exemplo, no caso de um encaminhamento para diagnóstico diferencial, em que o psiquiatra propõe alternativas, não só as perguntas estão explícitas, como também é possível formular hipóteses. Outras vezes, vai ser possível levantar alguma hipótese (ainda que provisória) só no início da história clínica. Neste caso, a condução do restante da história clínica e da história pessoal será estruturada em termos de uma sondagem para a obtenção de subsídios que reforcem a fundamentação da hipótese ou para a busca de dados comprobatórios. Não obstante, geralmente o elenco das perguntas só fica inteiramente completo após o levantamento de toda a história, embora, durante todo o processo psicodiagnóstico, se possa, de vez em quando, levantar questões subsidiárias aos objetivos previstos.

Porém, no momento em que é possível levantar as questões básicas e estabelecer os objetivos, o que, em geral, ocorre no fim da primeira ou segunda entrevista, há condições para o estabelecimento de um plano de avaliação com base nas hipóteses e, conseqüentemente, para realizar o contrato de trabalho.

CONTRATO DE TRABALHO

O psicodiagnóstico é um processo limitado no tempo. Esclarecidas as questões iniciais e definidas as hipóteses e os objetivos do processo, o psicólogo tem condições de saber qual o tipo de exame que é adequado para chegar a conclusões e, conseqüentemente, pode prever o tempo necessário para realizá-lo.

A duração de um psicodiagnóstico constitui uma estimativa do tempo em que se pode operacionalizar as tarefas implícitas pelo plano de avaliação, bem como completar as tarefas subseqüentes até a comunicação dos resultados e recomendações pertinentes.

No momento em que é possível ter uma previsão, deve-se formalizar com o paciente ou responsável os termos em que o processo psicodiagnóstico vai se desenvolver, definindo papéis, obrigações, direitos e responsabilidades mútuas.

O momento mais propício para o estabelecimento de um contrato de trabalho, porém, é variável, pois tanto depende da precisão das questões iniciais e dos objetivos, como da experiência do psicólogo. Por certo, há outras variáveis em jogo, associadas à sintomatologia do paciente e de seu estilo de trabalho. Apesar de o paciente ou responsável muitas vezes desejarem apressar o contrato de trabalho, por razões emocionais ou financeiras, e, então, se poder dar algumas indicações sobre a forma como se costuma trabalhar e sobre valores médios, freqüentemente é mais desejável estabelecer o contrato, em termos definidos, depois de o psicólogo se familiarizar com o desempenho do paciente.

O contrato de trabalho envolve um comprometimento de ambas as partes de cumprir certas obrigações formais.

O psicólogo compromete-se a realizar um exame, durante certo número de sessões, cada uma com duração prevista, em horário predeterminado, *definindo* com o paciente ou responsável *os tipos de informes necessários e quem terá acesso aos dados do exame*. Eventualmente, tal informação já está determinada pelo encaminhamento, mas sempre convém examinar se existe uma aceitação tácita do interessado a respeito.

Ao considerar a duração do processo, muitos profissionais incluem o tempo previsto para contatos ou conferências com outros profissionais (embora nunca o tempo despendido em supervisão). Entretanto, quando são necessários vários tipos de informes ou laudos mais elaborados, o tempo estimado para a sua confecção deve ser computado na duração do processo. A não ser em casos de pareceres muito simples, em geral, deve-se prever um período de duas horas para a preparação dos informes. Com base na estimativa do tempo, são estabelecidos os honorários, sendo definidas também a data e as formas de pagamento.

O paciente compromete-se a comparecer nas horas aprazadas, nos dias previstos e implicitamente a colaborar para que o plano de avaliação seja realizado sem problemas. Isso pressupõe que sejam esclarecidas as suas dúvidas, aproveitando-se a oportunidade para trabalhar suas expectativas irrealísticas ou fantasias sobre o psicodiagnóstico.

Finalmente, o contrato de trabalho deve envolver certo grau de flexibilidade, devendo ser revisto sempre que o desenvolvimento do processo tiver de sofrer modificações, seja porque novas hipóteses precisam ser investigadas, seja por ficar obstaculizado por defesas do próprio paciente.

Não obstante, cabe uma ressalva. Vamos supor que o psicólogo tenha feito o seu plano de avaliação, o tenha desenvolvido e, na fase de levantamento dos dados, chegue à conclusão de que a administração de mais um instrumento seria pertinente para elucidar certas dúvidas. O psicólogo hesita entre tirar conclusões com base em dados insuficientes ou convocar novamente o paciente. E o contrato de trabalho deve ser revisto? Não, a não ser que, previamente, o psicólogo tenha aventado tal possibilidade. Recomenda-se, pois, que o paciente seja chamado, que lhe seja explicada a necessidade de se submeter a mais um teste, mas sem qualquer ônus para ele.

ESTABELECIMENTO DE UM PLANO DE AVALIAÇÃO

Essencialmente, o plano de avaliação é um processo pelo qual se procura identificar recursos que permitam estabelecer uma relação entre as perguntas iniciais e suas possíveis respostas.

O encaminhamento de um caso freqüentemente sugere um objetivo para o exame psicológico. Por vezes, propõe algumas questões, que permitem ao psicólogo estabelecer alguns pressupostos, que podem ser provisórios ou não. Via de regra, somente após um contato com os fatos, o clínico poderá definir com mais precisão as perguntas iniciais e os objetivos do psicodiagnóstico, isto é, após complementar e confrontar os dados do encaminhamento com informações subjetivas e objetivas sobre o caso, estará em condições de estabelecer seu plano de avaliação.

Para as questões iniciais, há alternativas de respostas, que constituem as hipóteses subjacentes ao processo diagnóstico. O plano de avaliação consiste em traduzir essas perguntas em termos de técnicas e testes (Pope & Scott, 1967), isto é, consiste em programar a administração de uma série de instrumentos adequados ao sujeito específico e especialmente selecionados para fornecer subsídios para que se possa chegar às respostas para as perguntas iniciais. Os dados resultantes, portanto, devem possibilitar confirmar ou infirmar as hipóteses, com um grau satisfatório de certeza.

Eventualmente, antes do primeiro contato com o paciente, o objetivo do exame já está bem definido, e as questões iniciais, bem delimitadas, como, por exemplo, quando há solicitação de um diagnóstico diferencial num contexto hospitalar. Há informações prévias sobre o sujeito e o caso em questão. Assim, a primeira entrevista já pode ser estruturada de maneira a permitir a resolução de algumas questões diagnósticas. Então, a entrevista já faz parte do plano de avaliação, não sendo utilizada principalmente para oferecer subsídios para o delineamento do plano de avaliação.

Conseqüentemente, há casos em que o plano de avaliação é estabelecido previamente quando há dados que permitam formulá-lo. Mais freqüentemente, só é estabelecido após a entrevista com o sujeito e/ou com o responsável, quando, então, se dá início ao processo de testagem. Porém, às vezes, é necessário programar a utilização de recursos complementares, tais como observações do comportamento em situações da vida diária. Aliás, hoje em dia, há uma tendência crescente à valorização do levantamento de repertórios de conduta do paciente e à identificação de variáveis do ambiente que possam com ela se relacionar (Fernández-Ballesteros, 1986). Por outro lado, eventualmente, podem parecer importantes resultados de exames médicos e a análise de outros materiais que não contribuíram para a anamnese (Pérez-Ramos, 1966), como fotografias, gravações em vídeo, diários, desenhos, pinturas, cadernos escolares, que constituirão amostras de comportamentos alheios à situação de testagem, que podem levar à formulação de hipóteses subsidiárias ou à confrontação de informações de testes ou da interação clínica com dados da vida cotidiana.

O elenco das hipóteses deve ser norteado e delimitado pelo objetivo do psicodiagnóstico. Isto significa que nem todas as hipóteses levantadas devem ser necessariamente testadas, sob pena de o processo se tornar inusitadamente longo ou interminável. Por exemplo, se o objetivo do exame for o de uma classificação simples na área intelectual, para o encaminhamento ou não da criança para uma classe especial, o plano de avaliação deve incluir apenas os testes que permitam cumprir tal objetivo. Então, somente uma hipótese de uma pseudolimitação intelectual, pela interferência de fatores emocionais, justificaria a inclusão de técnicas projetivas no plano de avaliação, considerando que a confirmação ou não da hipótese poderia influir na decisão sobre a vida do sujeito. Não obstante, se a modificação no plano subentendesse um prolongamento substancial do período de testagem, recomendar-se-ia a revisão do contrato de trabalho. Entretanto, se fosse levantada alguma questão que não se associasse ao objetivo proposto, no máximo o psicólogo deveria aconselhar uma complementação do exame, estabelecendo, então, novo plano de avaliação e acarretando outro contrato de trabalho.

Da mesma forma, se o objetivo do exame for o de diagnóstico diferencial entre transtorno bipolar e transtorno de conduta, num adolescente, o plano de avaliação deve se restringir a instrumentos na área da personalidade, a não ser que os contínuos fracassos escolares suscitem questões referentes ao potencial intelectual, cuja resposta possa se tornar importante para a orientação subseqüente do caso.

Em resumo, o plano de avaliação deve permitir obter respostas confiáveis para as questões colocadas e, ao mesmo tempo, atender aos objetivos propostos. Contudo, a testagem de uma hipótese, por vezes, pode ser realizada com diferentes instrumentos. A opção por um instrumento específico, além de eventualmente ficar delimitada pelo objetivo do exame, deve ser feita tanto pela consideração das características demográficas do sujeito (idade, sexo, nível sociocultural, etc.), como por suas condições específicas (comprometimentos permanentes ou temporários de ordem sensorial, motora, cognitiva, etc.). Também devem ser levados em conta fatores situacionais, como hospitalização do paciente e uso de determinadas medicações, que podem ter reflexos nos correlatos comportamentais, que têm efeitos nas respostas aos testes. Então, deve-se avaliar a urgência dos resultados do exame ou a propriedade de adiá-lo, para evitar os efeitos do estresse situacional e dos produtos químicos. Por outro lado, é importante previamente saber se o português é o idioma pátrio do sujeito, se é destro ou canhoto, se usa habitualmente óculos ou aparelho auditivo, se tem alguma dificuldade na discriminação de cores ou cegueira para cores. Tais informações são essenciais para determinar a opção entre técnicas diversas, para a introdução de procedimentos subsidiários, para a recomendação do uso de óculos ou do aparelho auditivo durante a testagem e para a determinação da validade e utilidade da introdução de certas técnicas no plano de avaliação.

Considerada a especificidade das técnicas, uma vez delineado o plano de avaliação, tem-se uma idéia de seu número aproximado e do tempo necessário para a testagem. Às vezes, são previstos instrumentos alternativos para testar a mesma hipótese, seja por se desejar uma intervalidação dos resultados, seja porque temos dúvida sobre uma determinada técnica será suficiente para responder, de forma satisfatória, às questões propostas. De qualquer modo, nesse momento, pode-se prever, com razoável segurança, o número de sessões necessárias para completar o processo diagnóstico. No caso de se pressupor uma diferença apreciável no tempo de duração previsto no contrato de trabalho, convém reexaminá-lo com o paciente ou responsável, sempre dando uma margem de tolerância, se não temos ainda uma estimativa segura do ritmo de desempenho do sujeito.

Conseguindo selecionar as técnicas e os testes adequados, deve-se distribuí-los, conforme as recomendações inerentes à natureza e ao tipo de cada um, considerando, ainda, o tempo de administração e as características específicas do paciente. Como se pode pressupor, o plano de avaliação envolve a organização de uma bateria de testes.

Bateria de testes

Bateria de testes é a expressão utilizada para designar um conjunto de testes ou de técnicas, que podem variar entre dois e cinco ou mais instrumentos, que são incluídos no processo psicodiagnóstico para fornecer subsídios que permitam confirmar ou infirmar as hipóteses iniciais, atendendo o objetivo da avaliação.

A bateria de testes é utilizada por duas razões principais. Primeiramente, considera-se que nenhum teste, isoladamente, pode proporcionar uma avaliação abrangente da pessoa como um todo. Em segundo lugar, o emprego de uma série de testes envolve a tentativa de uma validação intertestes dos dados obtidos, a partir de cada instrumento em particular, diminuindo, dessa maneira, a margem de erro e fornecendo melhor fundamento para se chegar a inferências clínicas (Exner, 1980).

Em relação às técnicas projetivas, como o número de pesquisas é muito pequeno, e até escasso no caso de crianças (Cunha, Nunes & Silveira, 1990), é aconselhável corroborar a significação clínica de indicadores de um determinado teste através de indícios sugestivos em outra técnica. Quanto a técnicas psicométricas, considerando o número relativamente pequeno de testes com normas brasileiras, recomenda-se buscar a intervalidação dos resultados, especialmente nos casos em que as conclusões deverão servir de base para ações decisórias na vida do sujeito. Contudo, embora tais recursos garantam maior segurança nas conclusões, devem ser reduzidos ao essencial, de modo a não alargar desnecessariamente o processo diagnóstico.

Há dois tipos principais de baterias de testes: as baterias padronizadas para avaliações específicas e as não-padronizadas, que são organizadas a partir de um plano de avaliação.

No primeiro caso, a bateria de testes não resulta de uma seleção de instrumentos de acordo com as questões levantadas num caso individual, pelo psicólogo responsável pelo psicodiagnóstico, a não ser quando se trata de bateria padronizada especializada. A organização da bateria padronizada é efetuada com base em pesquisas realizadas com determinados tipos de pacientes e recomendada para exames bem específicos, como em certos tipos de avaliação neuropsicológica. É indicada em razão de sua eficiência preditiva e para obter uma amostra suficientemente adequada de funções importantes para a natureza complexa da avaliação proposta (Lezak, 1995). Trata-se de uma bateria padronizada, com objetivos explícitos, e deve ser administrada em sua íntegra. Contudo, o psicólogo tem a liberdade de acrescentar testes para se adequar à especificidade do caso individual.

Assim, em princípio, é possível a organização de uma bateria de testes padronizados para casos específicos. Mas isso demanda considerável pesquisa prévia. Nada tem que ver com baterias e testes, usadas de forma sistemática e regularmente por alguns psicólogos, independentemente de aspectos específicos do caso individual, que envolvem perda de tempo e acúmulo de dados inúteis. Por exemplo, lembraríamos que certos psicólogos usam, invariavelmente, alguma escala Wechsler, mesmo que não tenha sido levantada qualquer hipótese referente à área intelectual ou a déficit cognitivo.

Na prática clínica, é tradicional o uso da bateria não-padronizada. No plano de avaliação, são determinados a especificidade e o número de testes, que são programados seqüencialmente, conforme sua natureza, tipo, propriedades psicométricas, tempo de administração, grau de dificuldade, qualidade ansiogênica e características do paciente individual. Embora a bateria não-padronizada deva atender, então, a vários requisitos, ela é organizada de acordo com critérios mais flexíveis do que a bateria padronizada. O número de testes, por exemplo, eventualmente pode ser modificado para mais ou para menos.

Geralmente, o número é modificado para mais, quando, por algum motivo, parece importante buscar uma intervalidação de resultados ou corroborar dados em função de uma determinada hipótese. Pode ser modificado para menos, quando, por exemplo, o objetivo da avaliação foi atingido antes de a totalidade dos instrumentos ser administrada. Suponhamos que um dos objetivos do exame é o de avaliar o nível de funcionamento da personalidade. Contudo, pela administração de uma escala Wechsler – selecionada para examinar certos aspectos cognitivos –, surgem indícios que permitem inferir um nível de funcionamento psicótico. Trata-se de um caso, conforme sugere Exner (1980), em que se pode perfeitamente prescindir da administração do Rorschach, que constava do plano de avaliação precisamente para testar uma hipótese neste sentido.

Por outro lado, se durante a administração do WAIS-R, mais especificamente no subteste de Informação, o paciente fracassa em vários itens, queixando-se de que, em outra época, saberia perfeitamente as respostas, o que suscita, após o subteste, o relato de vários episódios de sua vida, sugestivos de déficit de memória (não trazido como queixa inicial), pode-se levantar uma hipótese adicional que justifica a administração de instrumentos para avaliar disfunções da memória. Neste caso, pressupõe-se que estariam sendo avaliadas as funções cognitivas, o que autoriza o levantamento de outra hipótese abrangida pelo objetivo do psicodiagnóstico. Entretanto, se surgem indícios que levam a questões não pertinentes ao objetivo do exame, não fica justificada a inclusão de uma técnica adicional na bateria.

Em razão da variedade de questões propostas inicialmente e adequadas aos objetivos do psicodiagnóstico, freqüentemente a bateria de testes inclui testes psicométricos e técnicas projetivas. Neste caso, sua seqüência e distribuição relativa, na bateria de testes, devem ser cuidadosamente consideradas, levando em conta o tempo necessário para a administração, o grau de dificuldade das mesmas, sua qualidade ansiogênica e as características específicas do paciente.

Ocampo e colegas (1981) dão primordial importância à questão da mobilização ou não da ansiedade na distribuição seqüencial das técnicas. Dessa maneira, recomendam prioridade para instrumentos não-ansiogênicos.

Pressupondo a presença de um certo grau de ansiedade no paciente que inicia um processo de testagem, sugerem que as técnicas gráficas sejam utilizadas nesse momento. Sendo breves e familiares para o paciente, concorrem para baixar o nível de ansiedade, embora sejam ricas em conteúdos projetivos. Já, sob o nosso ponto de vista, concordamos que a técnica gráfica pode ser bastante recomendável, como instrumento introdutório, mormente se tratando de crianças. Contudo, não parece indicado preencher toda a sessão inicial com o que, para o paciente, não passa de simples desenhos. Por outro lado, sendo de execução breve, após utilizar uma delas como introdutória, conviria reservar as demais (se constam da bateria de testes) para outras oportunidades, por uma série de razões.

Em primeiro lugar, não é só importante baixar a ansiedade inicial, mas ter recursos para lidar com uma situação ansiogênica, em qualquer momento da testagem em que se apresente. Por exemplo, certas técnicas projetivas podem ter um efeito ansiogênico e, além disso, não se pode prever exatamente seu tempo de administração. Muitas vezes, ao completá-las, vemos que dispomos de 10 a 15 minutos, quando a introdução de uma técnica gráfica parece ser recomendável, pois estamos utilizando o tempo de forma racional, permitindo que o sujeito se sinta mais confortável.

Em segundo lugar, há situações na testagem em que o paciente demonstra cansaço, seja pela dificuldade da tarefa proposta, seja por seu baixo nível de tolerância à fatigabilidade. Neste caso, a introdução de uma tarefa simples, breve e fácil pode constituir uma boa alternativa.

Em terceiro lugar, pelo caráter aparentemente lúdico das técnicas que envolvem desenho, não recomendamos acumulá-las no início da testagem. Quando se trata de crianças, o procedimento não parece indicado, a não ser que o plano de avaliação não pretenda ultrapassar um nível lúdico, incluindo, ainda, uma hora de jogo diagnóstica e o Sceno-test. Caso contrário, há sempre o risco de, na sessão seguinte, a criança desejar persistir no mesmo tipo de atividade, porque, consciente ou inconscientemente, o psicólogo a motivou nesse sentido. Quando se trata de adultos, pode-se pressupor que cheguem com disposições bem variadas. Alguns pretendem se submeter a um exame científico, que fornecerá dados importantes para o profissional que os encaminhou. Outros vêm com muita dificuldade para participar do processo do psicodiagnóstico, porque isto os coloca num *status* de paciente, que podem considerar humilhante, enquanto outros comparecem sem qualquer pressuposição do que seja um psicodiagnóstico, simplesmente porque foram encaminhados, assim como iriam a um laboratório, porque isto lhes foi indicado. Para todos esses casos e, possivelmente, para outros, é importante que passemos a mensagem de que o psicodiagnóstico é um processo sério, com bases científicas. Ora, sabemos que os desenhos do paciente podem constituir um material rico em informações psicodinâmicas, mas ele pode não ter condições de pressupor isso. Então, corremos o risco de o nosso trabalho ser desvalorizado simplesmente por uma distribuição inadequada das técnicas. Assim, no primeiro caso, podemos estar desmotivando o paciente que vem com uma expectativa de que vai se submeter a uma investigação científica; no segundo caso, podemos reforçar as defesas do sujeito que tem dificuldade de aceitar seu *status* de paciente, porque o estamos "submetendo" a "atividades de pré-escola", ao passo que, no último caso, estamos passando uma imagem falsa do que é um psicodiagnóstico.

Acreditamos que, exatamente porque as pessoas temem tanto enfrentar seus aspectos doentios, ainda existam atitudes preconceituosas em relação ao psicodiagnóstico, que "magicamente" pode revelar "seus pontos fracos" e "possibilidades para o futuro". Como profissionais, não podemos reforçar tais atitudes. Portanto, lidando com adultos, é importante deixar bem claros os objetivos do psicodiagnóstico. Além disso, acreditamos que a distribuição seqüencial das técnicas bem adequada possa constituir uma mensagem corroboratória de tais objetivos.

Na verdade, na maioria dos casos, existe certo grau de ansiedade inicial, que justifica a introdução de uma técnica gráfica. Mas, dependendo da atitude do paciente adulto, prescindimos de tal introdução. No caso de o objetivo do exame permitir, damos prioridade ao Bender, como técnica introdutória com adultos, de preferência ao desenho da figura humana ou ao HTP. Depois, solicitamos que reproduza os desenhos sem os estímulos, dando o intervalo de tempo previsto, com uma observação de que é importante saber como está a sua memória. De acordo com nossa experiência, mesmo que tenha percebido o Bender como uma tarefa infantil (copiar desenhos, ora!), defronta-se, logo, com um desafio, que o leva a revisar a sua impressão inicial. É claro que este é um mero exemplo, e não um procedimento sistemático.

À medida que são apresentadas técnicas projetivas, há maior mobilização da ansiedade, porque os estímulos escassamente estruturados não oferecem referencial para a produção de respostas, e o paciente tem de assumir a responsabilidade pelo manejo da situação. Conseqüentemente, se estão previstas técnicas projetivas e psicométricas, é conveniente alterná-las, iniciando e completando a bateria com material pouco ou não-ansiogênico.

Para aquilatar a qualidade ansiogênica de um instrumento, deve-se levar em conta não só a natureza dos estímulos, mas também as características do próprio sujeito. Pressupomos que as técnicas projetivas são mais ansiogênicas. Não obstante, eventualmente, o paciente enfrenta bem um material pouco estruturado, porque diminui a consciência do que poderia ser uma resposta "certa" ou "errada", ou, melhor, do que constituiria uma "resposta patológica" ou não, mas fica muito ansioso ao se dar conta de uma sucessão de fracassos, num teste de inteligência.

Contudo, as respostas dos pacientes são variadas. Por exemplo, a tomada de consciência da própria problemática nem sempre é ansiogênica para o sujeito, como se observa particularmente durante a administração do MMPI. Neste caso, o simples fato de se deparar com seus próprios sintomas e preocupações, impressos no caderno do Inventário, que é utilizado por outros pacientes, é suficiente para que os mesmos não pareçam tão inusitados e ameaçadores.

Finalmente, uma questão que deve ser levada em conta, ao se distribuir testes e técnicas numa bateria, programando-a para as sessões de testagem, é o tempo de administração de cada instrumento e a possibilidade ou não de o mesmo ser interrompido para ser concluído num outro dia. Evidentemente, o processo pode ficar facilitado, se o psicólogo dispuser de sala extra para técnicas de auto-administração.

É importante notar que dificilmente se consegue administrar qualquer das escalas Wechsler em uma única sessão. Entretanto, cada subteste deve ser apresentado em sua íntegra. A possibilidade de se alternar subtestes da escala verbal e de execução não só permite manter o bom nível de interesse, como distribuir as tarefas adequadamente e conforme o tempo disponível.

As técnicas projetivas, de um modo geral, não devem ser interrompidas. O TAT, quando aplicado em sua íntegra, é uma exceção. Pode-se reservar uma sessão para cada série de 10 lâminas. Não obstante, dificilmente é necessário aplicar todas as 20 lâminas. Shentoub e colegas (1990) propõem uma série de 16 lâminas, a serem administradas numa única sessão, mas que, com grande número de pacientes, provavelmente ultrapassará 50 minutos. Mais comumente, o psicólogo organiza a sua própria série, conforme os conflitos que pretende investigar, planejando-a para uma sessão, ou, no máximo, em duas pequenas séries, com a lâmina 16 no final, em vista de suas propriedades ansiogênicas.

A administração do Rorschach não pode ser interrompida, mas o inquérito pode ser transferido para outro dia, exceto em casos de crianças ou de pacientes com muito comprometimento da memória. Neste último caso, sendo impossível fazer o inquérito em seguida, faça o inquérito de localização logo após a administração, realizando o inquérito em relação às demais categorias o mais breve possível. Com pacientes comuns, o intervalo não deve ultrapassar uma semana.

No caso do MMPI, é previsto um mínimo de 30 minutos e um máximo de 90 minutos para a administração. Mas, dificilmente os pacientes terminam em 60 minutos e, em média, geralmente 90 minutos. Não há sugestões nos manuais sobre como manejar o problema, mas não só não é praticável reservar apenas uma sessão para tal administração, como a maioria dos pacientes a acham cansativa. Uma sugestão é a de interromper a administração no item 366 e deixar os restantes para a próxima sessão. A vantagem é que, neste item, fica completada a escala abreviada, e, se houver algum problema para a continuação (hospitalização, viagem súbita, desistência), obtêm-se dados sobre todas as escalas, com exceção da K e da Si. Também, se o paciente não demonstra sinais de fadiga, é bom lembrar que, sendo o MMPI autoadministrado, o sujeito pode completá-lo numa sala extra, sem problemas de interrupção.

Dessa maneira, no momento em que se estabelece um plano de avaliação e se organiza uma bateria de testes, convém revisar certas particularidades da administração dos testes, individualmente. No caso da Escala de Memória Wechsler-Revisada, por exemplo, a interrupção, antes do restante de certos subtestes, prejudica irremediavelmente o levantamento do Índice de Evocação Retardada. Tais cuidados são especialmente pertinentes quando se lida com pacientes com desempenho lento.

ADMINISTRAÇÃO DE TESTES E TÉCNICAS: PARTICULARIDADES DA SITUAÇÃO DA INTERAÇÃO COM O EXAMINANDO E DO MANEJO CLÍNICO

É sempre importante salientar que o foco da testagem deve ser o sujeito, e não os testes. Mas, para que o psicólogo possa concentrar a sua atenção no paciente, deve estar perfeitamente seguro quanto à adequabilidade do instrumento para o caso em estudo, estar bem familiarizado com as instruções e o sistema de escore, saber manejar o material pertinente e ter em mente os objetivos a que se propõe para a administração de cada instrumento. Há, pois, algumas questões básicas que devem ser consideradas.

Em primeiro lugar, mesmo que o psicólogo tenha estabelecido seu plano de avaliação com cuidado, previamente à sua administração, é importante revisar certas particularidades referentes aos instrumentos e às características do paciente. Por exemplo, se está prevista uma escala ou teste de que há várias versões ou formas, é importante conferir se a opção feita é a mais apropriada e, principalmente, se o material correto está disponível na hora exata. Por outro lado, se o psicólogo pretende usar alguma escala Wechsler, por exemplo, é bom conferir se o paciente é canhoto para providenciar uma folha de protocolo extra e evitar que haja dificuldades na administração de Código.

Em segundo lugar, o psicólogo deve estar suficientemente familiarizado com o instrumento, jamais utilizando uma técnica em que não esteja treinado o suficiente para estar seguro no seu manejo. Não basta conhecer as instruções, mas deve ter muita intimidade com o material, com a maneira de conduzir o inquérito, com as normas de atribuição de escores (se for o caso), com a forma adequada de registro das respostas e com perguntas e dificuldades que podem surgir durante a administração.

Em terceiro lugar, antes da entrada do paciente, o psicólogo deve organizar todo o material que pretende utilizar, de maneira que fique acessível e o manejo seja facilitado. Isso requer, por exemplo, que as lâminas do Rorschach ou do CAT estejam dispostas em ordem numérica, sem que as manchas de tinta ou as figuras fiquem à vista do paciente. O material das escalas Wechsler deve estar arranjado de tal maneira que o psicólogo não precise mais de 15 segundos para manejá-lo entre um subteste e outro. Além disso, deve ter à mão o cronômetro e outros materiais necessários, como protocolo do teste (se for o caso), lápis, borracha, apontador, papel em branco, eventualmente, lápis vermelho para Labirintos do WPPSI ou lápis coloridos em geral, se pretende utilizar o HTP cromático. Sugere-se deixar todo o material de teste e folhas de protocolo numa mesinha auxiliar, ao lado do examinador, enquanto o material complementar pode ficar sobre a mesa de trabalho do psicólogo. Os lápis devem estar apontados, e, especialmente em certas técnicas, em que o examinando deve escrever ou desenhar, deve haver mais de um à sua disposição. Por outro lado, se está programada a realização do inquérito de Rorschach, é conveniente ter à mão um conjunto de canetas coloridas para delinear com mais precisão a localização de cada resposta na folha adequada.

Em quarto lugar, é importante ter em mente os objetivos para a inclusão de cada técnica da bateria. O psicólogo está utilizando seus instrumentos para colher subsídios para testar hipóteses e deve tê-las bem presentes, de forma a estar atento a qualquer indício sugestivo e conseguir introduzir as perguntas adequadas, no momento oportuno, se for o caso.

Após a consideração de todas essas questões, o psicólogo não deve iniciar a administração de testes e técnicas sem o estabelecimento de um bom *rapport*. Um clima descontraído de confiança e entendimento é necessário, não só para assegurar o desempenho de teste adequado do paciente, como para eliciar um material projetivo genuíno, de forma a obter amostras variadas de comportamento que permitam chegar a um diagnóstico mais preciso.

A situação deve ser manejada de modo não só a diminuir a ansiedade natural do paciente, mas a levá-lo a uma atitude de cooperação. MacKinnon & Yudofsky (1988a), falando de fatores que podem influenciar a entrevista, chamam a atenção para situações especiais, que introduzem dimensões diferenciadas no contexto clínico, como no caso do paciente em internação hospitalar. Ainda que não constitua a rotina usual, muitas vezes o psicólogo é solicitado para a realização de um psicodiagnóstico em paciente em situação clínica especial, principalmente internado em clínica psiquiátrica.

Em tal situação, o *rapport* torna-se de fundamental importância, não apenas porque o sujeito já deve ter passado por várias entrevistas diagnósticas, como também porque o seu estado mental ou, mesmo, a impregnação por medicamentos pode torná-lo menos motivado ou acessível para o tipo de exame que está sendo proposto. Então, exatamente por se tratar em geral de um processo diagnóstico multidisciplinar, a entrevista inicial e o *rapport*, para a administração de instrumentos, praticamente podem se superpor, porque não há necessidade de mobilizar tanto o paciente com perguntas, cujas respostas já constam de registros hospitalares, e porque os objetivos do exame já estão bem claros e definidos.

Naturalmente, a situação torna-se mais complexa se o psicodiagnóstico for realizado com objetivos forenses e o paciente tiver conhecimento disso, demonstrando uma atitude paranóide. Neste caso, o psicólogo deve contar com sua sensibilidade clínica para poder manejar a situação com propriedade, proporcionando, na medida do possível, um reasseguramento que possa atenuar os efeitos de seus temores e suspeições.

Para o estabelecimento de um clima adequado à testagem, o psicólogo deve ser capaz de esclarecer as dúvidas do paciente, não só durante o *rapport*, como, eventualmente, antes da introdução de algum instrumento específico. Muitas vezes, como também ocorre nas entrevistas anteriores, as questões que surgem têm que ver com confidencialidade. O paciente deseja saber quem terá acesso aos resultados. O psicólogo deve ser honesto com o paciente e nunca prometer o que não poderá cumprir. Contudo, parece importante a existência de uma autorização tácita do sujeito (a não ser quando carece de responsabilidade legal) quanto à identidade das pessoas ou instituições que podem ter acesso às informações obtidas. Via de regra, porém, não há problemas nesse sentido. O paciente vem para um psicodiagnóstico porque tem confiança em quem o encaminhou, não criando qualquer obstáculo para que os resultados sejam totalmente acessíveis a este profissional, mas, geralmente, somente a ele.

Para a administração de testes, por vezes é importante a determinação da posição do paciente em relação à do examinando. Se há instruções específicas, estas devem ser seguidas para que a situação de teste seja padronizada. Noutros casos, há apenas sugestões neste sentido. Em relação ao teste de Rorschach, por exemplo, há autores que consideram preferível que o examinando fique ao lado do examinador, e não à sua frente, para diminuir a interferência de mensagens faciais, gestuais ou posturais deste (Exner, 1980).

Como regra geral, a administração de testes deve ser realizada em ambiente com boa iluminação e em que haja condições de privacidade, aeração e silêncio. Ainda que, para muitos testes, não haja restrições quanto à iluminação artificial, no caso do material de teste envolver cores, como no Rorschach, a iluminação deve ser natural. Além disso, deve-se ter cuidado para que o examinando se coloque em posição adequada em relação à mesa, sentado de forma que possa trabalhar confortavelmente, especialmente no caso de crianças e de técnicas que exijam maior precisão nos movimentos. Por outro lado, se o desempenho envolve cópia gráfica de figuras, ou desenho, é essencial que a superfície da mesa não tenha aspereza. Se tiver, aconselha-se colocar um papelão sob a folha de trabalho ou várias folhas de papel.

Geralmente, não há qualquer problema quanto à manutenção de uma situação padronizada quando a administração de testes é realizada no consultório do psicólogo. Outro é o caso quando a testagem deve ser levada a efeito em outro ambiente, como num hospital ou numa escola. Então, torna-se mais difícil manter condições ideais, sobretudo evitar ruídos e interrupções. Convém que, antecipadamente, o psicólogo tome as providências cabíveis para evitar, ao máximo, as interferências.

A situação padronizada na aplicação de um teste garante, em parte, a fidedignidade de seus resultados. Portanto, as instruções devem ser seguidas cuidadosamente. Muitas vezes, recomenda-se memorizá-las, e, em alguns casos, é permitido lê-las, ou, ainda, mantê-las ao alcance dos olhos para evitar que o examinador omita ou substitua inadvertidamente alguma palavra ou expressão. Observa-se que, em muitos casos, há uma tendência para o psicólogo dar as instruções, com uma formulação que parece "mais fácil" para o examinando, sobretudo, quando se trata de crianças, mas isto geralmente não é permitido. Também o examinador deve estar atento para a possibilidade ou não de repetir instruções, bem como para a forma de responder a perguntas adicionais.

Dadas as instruções, geralmente não é prevista uma ajuda extra (a não ser quando explicitamente permitida), exceto um reasseguramento por meio de estímulos neutros. É preciso um máximo de cautela para que tais "estímulos neutros" não se transformem em indícios que podem ser percebidos como sugestões sobre a maneira de agir. Isto é observável, especialmente, na aplicação de alguns testes, em que, inadvertidamente, o psicólogo pode reforçar a produção de determinadas categorias de respostas. A propósito, um procedimento preventivo em relação a tal comportamento é a gravação de algumas administrações durante o período de treinamento. Mas o psicólogo deve estar atento para suas intervenções involuntárias, já que nem todos os "vícios" são adquiridos durante o treinamento e, inclusive, podem ocorrer seletivamente com determinados tipos de pacientes pelo fenômeno contratransferencial.

A contratransferência pode acontecer na situação de testagem, como na terapia, porque a administração de testes pressupõe uma interação clínica e, conseqüentemente, pode suscitar respostas inconscientes do psicólogo a aspectos do comportamento do paciente. Assim, se o psicólogo percebe em si certas reações afetivas, como intolerância, enfado, ansiedade, raiva, etc., frente a comportamentos do examinando, deve procurar que não interfiram, ainda que de forma sutil, no contexto da testagem, mas, antes, deve utilizá-las como fonte de informação para o melhor entendimento dinâmico do caso. Naturalmente, o psicólogo terá mais facilidade em se conscientizar de suas reações contratransferenciais se tiver se submetido à psicoterapia. No entanto, é preciso diferenciar reações contratransferenciais de certas respostas indevidas de psicólogos inexperientes, por dificuldades comuns no manejo de certos testes, especialmente durante a condução do inquérito, muitas vezes relacionadas com as expectativas que têm de respostas por parte do paciente.

É preciso que o psicólogo esteja bem cônscio dos aspectos estruturais e dinâmicos da situação de testagem para que possa fazer do paciente o foco principal de sua atenção. As respostas deste devem estar anotadas em sua íntegra, isto é, não apenas especificamente as respostas ao teste, mas também todas as suas reações, verbais ou não. Isto vale dizer que todos os indícios comportamentais explícitos ou implícitos devem ser cuidadosamente observados e registrados durante a administração de testes e técnicas.

É um hábito comum, quando o psicólogo está familiarizado com o sistema de escores, num instrumento psicométrico, simplesmente atribuir o escore correspondente e deixar de registrar a resposta dada. Este é um procedimento perfeitamente correto quando a resposta é única ou possível de ser categorizada simplesmente como "sim" ou "não". Contudo, sempre que a resposta envolve uma formulação verbal, como nos subtestes de Compreensão, Semelhanças e Vocabulário de uma escala Wechsler, deve ser anotada literalmente, porque: a) é difícil ter em mente todos os exemplos do manual, para atribuir um escore correto; b) nem todas as respostas constam entre os exemplos ilustrativos, e temos de examiná-las à luz de critérios gerais para a atribuição do escore: c) muitos indícios qualitativos ficam irremediavelmente perdidos, se não são registrados. Dessa maneira, a falta de transcrição literal pode acarretar tanto uma falha na atribuição de escores, quanto uma omissão de dados úteis. Berg, já em 1983, por exemplo, chamou a atenção de que, freqüentemente, transtornos de pensamentos são observáveis em testes projetivos, e não em testes estruturados, por uma prática tradicional entre psicólogos de registrar textualmente as respostas a técnicas projetivas e de reduzir a um mínimo as anotações referentes a testes de inteligência.

A recomendação do registro literal das respostas não significa prescindir do conhecimento do sistema de escores. Este é essencial para que, após a obtenção da resposta, o psicólogo saiba quando e como formular perguntas adicionais para explorar toda a potencialidade de resposta do paciente. Tal inquérito deve revelar o interesse do examinador em explorar aquele potencial e não dar a impressão de que a resposta foi "errada". Da mesma forma, recomenda-se a anotação de ensaios e erros ou de outras particularidades no desempenho de uma tarefa, que podem vir a constituir importantes indícios sobre os aspectos cognitivos e emocionais do paciente. Igualmente, devem ser registradas as hesitações, as observações espontâneas, as reações de raiva, fadiga ou ansiedade, bem como quaisquer outras que, de uma forma ou de outra, constituem respostas à situação de teste.

O fato de se recomendar o uso de perguntas adicionais ou a realização de inquérito, sempre que parecer oportuno e as normas o permitirem, não significa que o psicólogo se apresse em fazê-lo. Primeiramente, é importante utilizar estímulos neutros, como "Que mais?", "E daí?", ou "Pode explicar melhor?", para obter o máximo de material espontâneo. Só depois pode passar a outras perguntas, sempre que possível usando como referencial as verbalizações do sujeito, de preferência suas próprias palavras. É importante ter isso em mente, porque pode ocorrer, especialmente com profissionais novatos, que, no afã de conseguir dados, o paciente seja interrompido com perguntas, que, às vezes, cortam o fluxo de seu pensamento, induzem determinadas respostas, bloqueiam a produtividade e a fantasia e despertam ansiedade, prejudicando os resultados.

Existe uma situação padronizada de testagem, mas sempre é importante que o psicólogo lide com ela não meramente como um testólogo, mas de uma maneira clínica, atento a um sujeito que reage de forma personalizada e única ao aqui e agora da interação.

LEVANTAMENTO, ANÁLISE, INTERPRETAÇÃO E INTEGRAÇÃO DOS DADOS

Independentemente das informações dos testes, nesse momento, o psicólogo já possui um acervo de observações que constitui uma amostra do comportamento do paciente durante as várias sessões em que transcorreu o processo diagnóstico, desde o contato inicial até a última técnica utilizada. Em resumo, é capaz de descrever o paciente. Uma revisão das observações feitas é indicada para melhor entendimento da maneira como respondeu à situação do psicodiagnóstico. Dependendo dos objetivos do exame, um sumário de tais observações já constituirá uma parte introdutória do laudo.

Convém, também, fazer um exame da história clínica, cujas informações poderão contribuir para atribuir significação a alguns dados e interpretar conteúdos do material da testagem. Dessa maneira, o relato sistematizado da história clínica não só constituirá uma outra etapa vencida para certos tipos de laudo, como também ajudará o psicólogo a se preparar para entender os dados colhidos. Isso não significa que o psicólogo vá procurar nos testes a confirmação de dados situacionais ou históricos, mas que se capacite para atribuir significação às respostas e aos escores que obtém, que podem diferir, muitas vezes, conforme variáveis demográficas e características do funcionamento do examinando.

É necessário recapitular, então, as hipóteses levantadas inicialmente e no decorrer do processo, tendo em mente os objetivos do exame. As hipóteses levantadas servirão de critérios para a análise e seleção dos dados úteis, enquanto os objetivos fornecerão um enquadramento para a sua integração. Desta maneira, as perguntas indicarão que respostas devem ser buscadas, confirmando ou não as hipóteses. A presença de mais ou menos indícios e a sua compatibilidade e intervalidação permitirão hierarquizar a importância dos dados obtidos. O objetivo do exame norteará a organização de tais informações.

Nos testes quantitativos, se ainda não o fez, atribua escores para as respostas. No caso das escalas Wechsler, o escore bruto deve ser transformado em ponderado. Em algumas dessas escalas, se administrou mais ou menos subtestes que os previstos para cálculo do QI, lembre-se de efetuar a transformação proporcional da contagem ponderada antes de determiná-lo. Além disso, deve verificar o percentil correspondente, o percentual da população em que se localiza o QI, calcular as médias dos escores em cada escala e considerar o desvio padrão da média do sujeito e da população antes de chegar a um entendimento do caso.

A contagem, em alguns outros testes, deverá ser transformada em percentis, em quartis ou em escores T. Tais dados devem ser analisados e entendidos. Resultados de testes psicométricos são medidas estatísticas que, individualmente, podem subentender sistemas diversos, de maneira que é importante o psicólogo se familiarizar com sua significação e equivalência. Se tiver alguma dificuldade prática nesse sentido, a consulta ao item sobre entendimento dos dados, no Capítulo 14, sobre Avaliação psicométrica, nesta edição, é recomendada. Outros testes, que medem funções específicas, em geral usam os mesmos sistemas que os testes de inteligência, de maneira que a leitura desse texto ajudará a clarear certas dúvidas.

Dependendo dos objetivos do exame e das hipóteses levantadas, provavelmente, a essa altura, algumas respostas podem ter sido encontradas.

Em alguns outros testes, como o Bender, por exemplo, que, conforme o enfoque adotado, também envolve contagem, é necessário interpretar a significação do escore, eventualmente comparando-o com a média e o desvio padrão para a idade do paciente.

Mesmo que o teste seja dito projetivo, muitas vezes é necessária a consideração de números brutos de percentuais ou da relação numérica entre escores de categorias, como no Rorschach.

Damos ênfase aos dados quantitativos, uma vez que, havendo mais pesquisas a respeito, oferecem uma base probabilística maior de acerto do que as informações oriundas de uma análise qualitativa (Exner, 1983). No entanto, quando se pretende ter uma compreensão dinâmica sobre o paciente, muitas vezes, para fundamentar a formulação diagnóstica ou para chegar a uma orientação sobre o caso, os dados qualitativos assumem grande importância. Por outro lado, se os dados qualitativos perdem em objetividade para os dados quantitativos, podem ser validados, no caso individual, com a corroboração de alguns indícios por outros, e, por sua vez, a integração pode ficar consubstanciada por um embasamento teórico, que encontre denominadores comuns na história clínica e no comportamento sintomático atual.

Não entraremos em maiores detalhes sobre a análise e interpretação de dados qualitativos, porque cada técnica tem o seu manejo específico, que é tratado na seção pertinente deste livro.

Cabe apenas salientar a necessidade de organizar os dados oriundos das diferentes técnicas, buscando um entendimento de coincidências e discordâncias, hierarquizando indícios e identificando os dados mais significativos, que, contrastados com as informações sobre o paciente, são integrados para confirmar ou infirmar as hipóteses iniciais. A seleção das informações que fundamentam as conclusões finais deve atender aos objetivos propostos para o psicodiagnóstico e pressupõe um determinado nível de inferência clínica.

Níveis de inferência clínica

Lembramos que psicodiagnóstico é um processo científico, que utiliza técnicas e testes psicológicos (*input*) e, através de uma série de passos, termina com a comunicação de resultados (*output*) após a integração e seleção dos dados.

Vimos que, após a admissão de uma quantidade de dados, estes devem ser trabalhados, conforme os objetivos predeterminados, e integrados em função do nível de inferência que se pretende atingir. Inferência é, pois, "o processo que vincula o *input* ao *output*" (Pope & Scott, 1967, p.34).

A inferência pode ficar num nível simples, quando se baseia apenas num levantamento quantitativo, ou pode ser feita em diferentes graus de generalização, como no caso de uma classificação diagnóstica, podendo chegar a interpretações mais inclusivas, que pressupõem o marco referencial de uma teoria de personalidade.

A comunicação dos resultados (*output*) não é mais que a formalização oral e/ou escrita de conclusões a que o psicólogo chegou, estabelecidas em função de um determinado nível de inferência. Todavia, a comunicação não abrange todos os dados e, quase sempre, não compreende todas as conclusões. Há uma seleção de informações que, por um lado, é pertinente aos motivos do encaminhamento e se mantém num determinado nível de inferência, previsto pelo objetivo do exame, e, por outro lado, se estrutura conforme a natureza do serviço ao qual será encaminhado o laudo ou de acordo com o tipo de profissional que o solicitou.

DIAGNÓSTICO E PROGNÓSTICO

Nem sempre o psicólogo precisa chegar, obrigatoriamente, ao nível mais elevado de inferência para obter uma hipótese diagnóstica ou o diagnóstico mais provável. Principalmente em casos mais graves, freqüentemente apenas o quadro sintomático e a história clínica contêm informações suficientes para que o profissional possa enquadrar o transtorno numa categoria nosológica. Esta modalidade de processo diagnóstico seguiria mais um modelo médico do que psicológico, o que não significa que somente o psiquiatra tenha competência para tal. Entretanto, mesmo quando parece não haver dúvidas quanto à classificação nosológica do paciente, o psicólogo muitas vezes é convocado para identificar déficits ou funções preservadas, enfim, para coletar dados mais substanciais como base para um prognóstico. Noutros casos, como há alternativas diagnósticas possíveis, o psicólogo pode assumir a responsabilidade de um diagnóstico diferencial, que se efetua através de um modelo psicológico, isto é, pelo psicodiagnóstico.

Para chegar à inferência clínica, chamada de diagnóstico, o psicólogo deve examinar os dados de que dispõe (que englobam informações sobre o quadro sintomático, dados da história clínica, as observações do comportamento do paciente durante o processo psicodiagnóstico e os resultados da testagem), em função de determinados critérios (critérios diagnósticos), podendo considerar, assim, várias alternativas diagnósticas. Se certos critérios específicos são atendidos, pode classificar o caso numa categoria nosológica. Para tal fim, deve utilizar uma das classificações oficiais conhecidas, como o DSM-IV. Com base em tal classificação e em aspectos específicos da história clínica, poderá fazer predições sobre o curso provável do transtorno (prognóstico) e planejar a intervenção terapêutica adequada. Muitos testes utilizados no psicodiagnóstico também podem fornecer indícios muito úteis para o prognóstico.

Em alguns casos ou transtornos, há um grande número de sinais e sintomas que podem se apresentar em diferentes categorias diagnósticas e que se organizam numa ordem hierárquica. O profissional deve fazer um diagnóstico diferencial e, para chegar a ele, deve tomar uma série de decisões, pelo exame de várias alternativas, que geralmente pressupõem um modelo estatístico e se baseiam, freqüentemente, em estudos epidemiológicos. São utilizadas considerações probabilísticas para chegar a um diagnóstico diferencial e que também servem de fundamento para o prognóstico. Como num diagnóstico médico, há uma série de passos e questões levantadas, que permitem a eliminação de determinadas alternativas e a seleção de outras, chegando, afinal, à hipótese mais provável, à qual podem ser acrescentados diagnósticos alternativos.

Às vezes, conforme o caso e as razões do encaminhamento, o psicólogo deve realizar uma avaliação mais compreensiva, baseada em informações adicionais, pressupondo-se que atinja o nível mais elevado de inferência, fornecendo um embasamento psicodinâmico, que pode facilitar a opção por um tipo de terapia e a condução de um processo terapêutico. Isso não significa uma desconsideração pela classificação diagnóstica do caso, mas um passo subseqüente, que leva a uma formulação interpretativa mais abrangente e inclusiva, que é integrada conforme pressupostos teóricos básicos. Para MacKinnon e Yudofsky (1988), "o objetivo da formulação psicodinâmica é facilitar o entendimento do médico da estrutura da personalidade e conflitos psicológicos do paciente e desenvolver um plano de tratamento efetivo" (p.217). Como se observa, para tais autores, a avaliação compreensiva utiliza pressupostos psicanalíticos. Mas são possíveis outras abordagens, inclusive da psicologia comportamental ou cognitiva, por exemplo. O importante é que tal tipo de avaliação esteja firmemente ancorado numa teoria de personalidade, sendo mais freqüentemente utilizados pressupostos psicanalíticos.

Para chegar à avaliação compreensiva, o psicólogo deve ter um entendimento da natureza da interação clínica, não só na entrevista, mas durante a realização da série de tarefas, implícitas numa bateria de testes, que constituem um campo fértil para observar vários tipos de comportamento e, especialmente, a maneira como o paciente "formula ou distorce a situação (...) a fim de adaptá-la às suas fantasias, atitudes e expectativas profundamente arraigadas (habitualmente inconscientes) sobre as relações interpessoais" (APA, 1980, p.11).

Muitas informações úteis, no mesmo sentido, também são fornecidas pelos testes projetivos. Não obstante, testes mais estruturados podem proporcionar dados, tanto com base no conteúdo das respostas quanto pela relação transferencial que eventualmente se estabelece e que pode ser consubstanciada por aspectos da dinâmica familiar. A propósito, Baker (1970) dá um exemplo de uma reação agressiva do paciente, em relação ao examinador, durante a administração do subteste de Compreensão do WAIS, em razão da própria natureza da prova, "fortemente carregada de itens pertinentes a valores e comportamento social" (p.365). Assim, principalmente se uma reação transferencial for corroborada por outros dados da testagem (ou pelo uso pós diagnóstico dos testes, sugerido por essa autora) e por informações da história clínica, há condições de prever o comportamento futuro do paciente durante o processo psicoterápico. Assim, tanto as observações sobre o comportamento do sujeito e suas respostas aos testes como as reações contratransferenciais do examinador fornecem indícios que podem permitir que se chegue a elaborar "uma formulação diagnóstica psicodinâmica, que é uma explicação da psicopatologia do paciente, em termos de seus conflitos inconscientes e mecanismos de defesa e das origens de seu comportamento atual na experiência de vida precoce" (APA, 1980, p.11).

Embora forneça informações úteis, em muitos casos, a formulação psicodinâmica envolve uma tarefa exaustiva e um registro bastante extensivo e é menos freqüentemente solicitada do que exames com outros objetivos. Mais comumente, é realizada de forma mais restrita, limitando-se ao exame de certos aspectos psicodinâmicos, que podem facilitar e dar embasamento para certas decisões sobre abordagens terapêuticas, inclusive não-psicoterápicas, identificando recursos do ego e, eventualmente, sistemas de apoio no ambiente sociofamiliar para que o paciente possa enfrentar certas situações. Por exemplo, num dos casos ilustrativos deste livro, é apresentado o problema de uma paciente que foi encaminhada para a avaliação de suas condições psicológicas para se submeter a uma intervenção cirúrgica e para prognóstico sobre a sua possível resposta à mesma. O laudo incluiu uma classificação diagnóstica e uma formulação dinâmica para permitir uma compreensão dos motivos que justificaram o encaminhamento. Porém, se o encaminhamento tivesse que ver com a consideração de uma terapia familiar, por exemplo, as informações seriam de natureza diversa, focalizando a paciente em interação com os membros de sua família, como unidade social e dentro de um contexto social mais amplo.

Classificação diagnóstica

> "Fica facultado ao psicólogo o uso do Código Internacional de Doenças – CID, ou outros códigos de diagnóstico, científica e socialmente reconhecidos, como fonte de enquadramento de diagnóstico."
> (Parágrafo único, do Art. 1º, da Resolução CFP nº 015/96, de 13 de dezembro de 1996.)

Como vimos, para verificar se um caso preenche os critérios de uma categoria diagnóstica, o psicólogo pode e, conseqüentemente, deve utilizar algum sistema oficial de classificação de transtornos mentais.

Atualmente, os dois sistemas de classificação mais difundidos e usados são a CID-10 (OMS, 1993) e o DSM-IV (APA, 1995). Considerando que foram criadas facilidades para "um intercâmbio mutuamente produtivo" entre a Organização Mundial da Saúde e a Associação Psiquiátrica Americana, houve um incremento da compatibilidade entre os dois sistemas (APA, 1995, p.xiii). Desse modo, vamos nos restringir a comentários sobre o DSM-IV, uma vez que as classificações americanas têm suscitado um número extraordinário de pesquisas, com amplas repercussões na área do psicodiagnóstico, inclusive com a criação de instrumentos que visam a facilitar o processo diagnóstico.

O DSM-IV utiliza um modelo categórico, classificando os transtornos mentais "em tipos com base nos conjuntos de critérios que os definem" (p.xxi), claramente inspirado num modelo médico. Tais critérios são apresentados "como diretrizes para a confecção de diagnósticos, uma vez que comprovadamente o uso desses melhora o consenso entre clínicos e investigadores" (p.xxv).

A abordagem multiaxial do DSM-IV inclui diversas áreas, dimensões, mais adequadamente denominadas eixos, nos quais cada paciente pode ser avaliado, de vez que se referem "a um diferente domínio de informações" (p.27).

Segundo o DSM-IV, o Eixo I inclui todos os transtornos mentais – exceto os Transtornos de Personalidade e Retardamento Mental, que constituem o Eixo II – e mais "outras condições que podem ser foco de atenção clínica" (p.28), enquanto, no Eixo III, são classificadas condições médicas gerais, "que podem estar relacionadas aos transtornos mentais de diversas maneiras" (p.29).

Os Eixos I, II e III permitem o registro de diagnósticos múltiplos, em casos de co-morbidade, enquanto, no Eixo IV, são considerados problemas psicossociais, e, no V, o nível de funcionamento. Esse tipo de classificação, portanto, "facilita a avaliação abrangente e sistemática" (p.27).

A classificação diagnóstica, conforme esse sistema, além de útil, fidedigna e muito viável para a comunicação entre profissionais, leva o psicólogo ou o psiquiatra a realizar a sua coleta de dados de forma sistemática e organizada, sendo também adequada para a descrição dos sujeitos em trabalhos de pesquisa. Desta forma, consideramos que todo psicólogo que inclui o psicodiagnóstico entre suas atividades específicas deve não só se familiarizar com esse sistema de classificação, mas utilizá-lo em seus laudos, sempre que for pertinente.

COMUNICAÇÃO DOS RESULTADOS

O psicodiagnóstico, quanto à sua estrutura, possui algumas unidades fundamentais: o sujeito ou examinando, o psicólogo, os testes ou as técnicas psicológicas, o informe psicodiagnóstico e o receptor. Em conseqüência, pode-se afirmar que o informe ou a comunicação dos resultados constitui uma unidade essencial do psicodiagnóstico e, portanto, deve ser previsto no contrato de trabalho com o sujeito e/ou responsável.

Na operacionalização do processo, a comunicação dos resultados logicamente deve se realizar como último passo, seguida apenas pelas recomendações pertinentes e pelo encerramento. É da responsabilidade do psicólogo definir seu tipo, conteúdo e forma.

O tipo de comunicação dos resultados ou do informe é definido basicamente pelos objetivos do exame. Os laudos, por exemplo, geralmente respondem a questões como "o que", "quanto", "como", "por que", "para que" e "quando", enquanto os pareceres se restringem à análise de problemas específicos colocados por determinado profissional que já dispõe de várias informações sobre o sujeito. Então, o tipo de informe depende do objetivo ou objetivos do exame, que podem ser, por exemplo, de classificação simples, de entendimento dinâmico, de diagnóstico diferencial, etc. Quase sempre, os laudos constituem o resultado de um processo psicodiagnóstico com vários objetivos, enquanto um parecer pressupõe um único objetivo. Em conseqüência, os laudos costumam ser mais extensos, abrangentes e minuciosos, ao passo que os pareceres são mais focalizados, resumidos e curtos.

Dependendo dos objetivos, podem ser necessários vários tipos de comunicação, como, por exemplo, entrevista de devolução com os pais e com o sujeito, laudo encaminhado ao pediatra, laudo encaminhado à escola especial e parecer para o serviço de orientação de uma escola, que fez a sugestão inicial do exame.

O conteúdo da comunicação é definido tanto pelas questões específicas, formuladas no início do processo, como pela identidade do receptor. Existem questões cuja resposta é do interesse de um receptor, mas não de outro. Tomemos um exemplo simples de um menino que está tendo reações agressivas contra pessoas do sexo feminino, que é encaminhado para exame pela pré-escola. Ao psicoterapeuta, ao qual será encaminhado, interessa por que e para que existe o sintoma, isto é, importa o entendimento dinâmico do caso. À escola importa mais saber como se apresenta, em que circunstâncias, e como manejar o problema. Portanto, o conteúdo pode variar quanto à natureza dos dados, conforme as questões a que responde.

Eventualmente, as mesmas questões podem ser respondidas através de comunicações diferentes, mas o conteúdo de cada uma pode ser diverso, em especificidade, profundidade e extensão, seja o receptor, por exemplo, um psiquiatra, um professor ou um pai de nível socioeconômico baixo. Então, suponhamos que o psicólogo tenha realizado uma avaliação intelectual. Para o psiquiatra, pode-se informar qual o QIV, QIE e QIT, ao mesmo tempo em que é possível fazer uma análise das funções cognitivas. Para o professor, interessará mais ter uma idéia em que percentual da população está enquadrado o seu aluno, em termos intelectuais, e em que áreas se concentram mais seus potenciais e seus pontos fracos. Já para o pai de nível socioeconômico baixo, provavelmente é mais importante saber qual pode ser a sua expectativa em termos do nível de instrução que seu filho pode atingir com relativa facilidade.

Aqui, leva-se em conta não só o nível de inferência que os resultados podem atingir, mas, também, o cumprimento de certas normas éticas. Por exemplo, certas informações podem ser passadas a um receptor, cuja profissão pressuponha um certo código de ética, mas, talvez, não a outro. O sigilo profissional compromete o psicólogo a não fornecer certas informações, ou a prestá-las somente a quem de direito e sempre contemplando o benefício do paciente. Por exemplo, a suspeita da presença de traços psicóticos numa criança deve ser obrigatoriamente comunicada ao profissional responsável pelo tratamento neurológico, já que a criança pode responder de forma diferente a certos medicamentos e contamos com a ética profissional do neurologista. Por outro lado, o informe sobre a mesma criança, para a escola, pode perfeitamente dispensar a classificação nosológica, cujo conhecimento poderia eventualmente levar a uma discriminação do sujeito. Para a escola, interessa mais saber que existe um problema, como se manifesta, qual a melhor maneira de lidar com ele e que está havendo um atendimento diferenciado para o mesmo. Já no caso de a escola contar com uma psicóloga, esta poderá receber um laudo mais extenso e profundo, do qual saberá selecionar as informações que sabe que deve prestar à professora. Entretanto, se sabemos que a escola não dispõe de local onde o informe possa ser mantido sigilosamente, é preferível restringir a comunicação a um contato telefônico ou pessoal.

Um outro exemplo seria de uma história de caso, que incluísse uma tentativa de estupro por um membro da família, guardada sigilosamente pelos pais de uma menina. Este é um tipo de dado que, preferencialmente, deve ser comunicado, de forma pessoal, com autorização do responsável, somente ao profissional que se encarregará da psicoterapia do sujeito, mas não ao técnico que, por exemplo, vai se responsabilizar por um programa foniátrico.

A forma é definida pela identidade e qualidade do receptor. A terminologia e a linguagem, de modo geral, devem ser adequadas às do receptor. Dessa maneira, o informe preserva a comunicação necessária, se estiver de acordo com a profissão, o nível sociocultural e intelectual e com as condições emocionais do receptor. Conseqüentemente, o laudo a ser encaminhado a outro psicólogo vai diferir bastante, na forma, do encaminhado a um ortopedista e será muito diferente da devolução realizada com pais ansiosos e de nível sociocultural inferior.

Para que a comunicação dos resultados seja cientificamente adequada, é necessário que a seleção, organização e integração dos dados se realize, chegando a inferências sobre o caso, tendo como pontos de referência as perguntas iniciais e os objetivos do exame. Tais dados, que emergem da testagem numa terminologia científica, precisam, então, ser decodificados, conforme a identidade e a qualidade do receptor, sendo comunicados de forma oral ou escrita.

O que isto representa para o psicólogo? Em termos de desempenho profissional, quer dizer que realizou uma tarefa que lhe é específica e dela presta contas. Não obstante, há muitas variáveis em jogo, em parte tendo que ver com a sua identidade como psicólogo clínico. Implícita ou explicitamente, o psicólogo percebe o informe psicodiagnóstico como um atestado que apresenta de sua competência profissional. Sem dúvida, variáveis associadas com formação, experiência e com sua própria personalidade estão em jogo. Igualmente, deve-se levar em conta variáveis que têm relação com a competência do receptor e com suas expectativas, e que também influem na situação, interferindo, bloqueando, acelerando ou cronificando o processo psicodiagnóstico e, conseqüentemente, dificultando ou facilitando a comunicação. Assim como nas terapias, às vezes os processos psicodiagnósticos parecem intermináveis, nem tanto por falta de dados, mas porque o psicólogo não sabe o que fazer com eles.

A ciência ajuda o psicólogo a operacionalizar o seu trabalho através dos passos de um processo de psicodiagnóstico. Por isso, são importantes sua formação, sua preparação técnica, sua familiaridade com recursos e manejo das técnicas para um bom exame psicológico. Mas o ponto-chave, o elemento crucial, no processo é o próprio psicólogo. O sucesso de seu trabalho ultrapassa a questão da competência profissional e, portanto, recomendamos psicoterapia para quem trabalha com psicodiagnóstico. Isso se justifica por várias razões, mas, especialmente em entrevistas de devolução, o psicólogo deve ter condições para lidar com problemas às vezes muito sérios, devendo, eventualmente, encaminhar decisões cruciais para a vida de outrem, numa situação potencialmente ansiogênica, dentro de uma relação restrita no tempo. Deste modo, precisa estar muito consciente do que está ocorrendo, ser muito ágil em suas percepções, muito flexível no manejo da relação, muito seguro de suas conclusões e de si mesmo para manter a sua sensibilidade clínica e ser hábil em sua comunicação.

Ao falar em comunicação, parece importante examinar a questão do receptor em potencial. Em princípio, quem solicita um psicodiagnóstico deve ter assegurado o seu direito à comunicação dos resultados, o que deve constar já no contrato de trabalho. Teoricamente, e regulamentarmente, o direito à devolução é obrigatório, e, na prática, é exatamente esse direito que facilita o *rapport* e a confiança no profissional que escolheu.

Ainda que, tradicionalmente, houvesse um pressuposto de que os resultados de um psicodiagnóstico não seriam de interesse do cliente, em vista de sua complexidade científica, hoje em dia, na prática, acredita-se que o usuário tenha direito a um *feedback*. Entretanto, embora cada problema tenha a sua especificidade, na verdade, pode ser apresentado sob diferentes perspectivas, conforme as características peculiares, nível social e profissão da pessoa a quem se está relatando os resultados. É claro que, conforme o Código de Ética, "*o psicólogo está obrigado a fornecer a este (ao examinando) as informações que foram encaminhadas ao solicitante e a orientá-lo em função dos resultados obtidos*"*, mas, para que a comunicação seja eficaz, deve ser clara, precisa e inteligível. Portanto, freqüentemente, a linguagem científica tem de ser traduzida para um modo coloquial de dizer as coisas, com o uso de um vocabulário acessível e enfatizando as questões que serão mais úteis, para que se possam fornecer novas maneiras de perceber a realidade e opções para a solução de problemas, em benefício do cliente.

Não obstante, essa questão da comunicação de resultados envolve aspectos extremamente complexos, porque é preciso distinguir a pessoa que solicita o exame daquela que contrata o serviço, que nem sempre são coincidentes, e, então, *por definição*, o receptor nem sempre é a pessoa que contrata o serviço, desde que, no contrato de trabalho, tenha havido um consentimento informado do contratante a respeito. Este é um problema muito delicado, devendo ser analisado criteriosamente por suas implicações interprofissionais, interpessoais e éticas.

Vamos imaginar um caso oriundo de um *setting* terapêutico, sendo o paciente encaminhado para psicodiagnóstico na expectativa de que os resultados ofereçam subsídios para resolver uma questão naquele contexto. Parece que o receptor legítimo deveria ser o profissional que encaminhou o caso – claro –, desde que os termos do contrato garantissem esse direito. Senão, vejamos: a) se o encaminhamento foi feito por um psicólogo-terapeuta para um psicólogo especialista em psicodiagnóstico, para obter informações que poderão levá-lo a modificar certos focos de intervenção terapêutica; e, por outro lado, b) se o psicólogo que fez o psicodiagnóstico se sentir obrigado não só a fornecer informações, como também orientar o paciente, poderá estar descumprindo o seguinte item do Código de Ética: "*o psicólogo não deve intervir na prestação de serviços psicológicos efetuados por outros profissionais, salvo em algumas situações*"*.

Como vemos, há situações com implicações interprofissionais (psicólogo *versus* psicólogo), interpessoais (psicólogo *versus* paciente e psicólogo *versus* examinando) e éticas (qual dos itens é o mais pertinente?). Desse modo, acre-

---

*Transcrito do *Guia para o exercício profissional*, distribuído pelo CRP/07 entre os membros da classe.

*Vide nota de rodapé anterior.

ditamos que, para o desempenho competente de sua tarefa e a bem da ética, o psicólogo deve usar seu bom senso, procedendo em benefício do usuário e com sua concordância, em casos especiais como este.

Quando se falou que o informe tem normas específicas, salientou-se muito a questão da identidade do receptor. Encaminham-se laudos a profissionais, aos quais possam ser de interesse, em benefício do cliente e com sua concordância. Entretanto, parece mais recomendável dar um *feedback* ao cliente ou a pessoas de sua família, sempre através de uma entrevista de devolução, que também será diferenciada, dependendo da qualificação profissional, nível social, escolaridade e características psicológicas pessoais. A comunicação oral parece ser um recurso mais esclarecedor e eficaz que as informações por escrito, porque cada item pode ser devidamente analisado e esclarecido, se necessário for. Na realidade, é uma forma de se prevenir a ocorrência de interpretações dúbias, especialmente de resultados quantitativos, por entendimento errôneo de dados estatísticos.

A comunicação dos resultados pode ser feita de forma sistemática ou assistemática. Tomemos o exemplo do caso de uma criança, em que, muito freqüentemente, parece importante que, na medida em que os dados colhidos o justificarem, se forneça um *feedback* ocasional aos pais, seja para alívio da ansiedade, para satisfazer necessidades reparatórias, para reforço do ego ou para discutir soluções emergenciais. Assim, a devolução vai sendo realizada de forma bastante assistemática, de modo que a entrevista final seja dedicada mais à integração das informações já prestadas, com vistas à discussão de soluções viáveis.

Outro tipo assistemático de comunicação ocorre quando surgem situações emergenciais de urgência psiquiátrica. Suponhamos que uma paciente, encaminhada para exame de um problema de memória, apresente indícios compatíveis com risco de suicídio. Em consequência, deve haver troca imediata do objetivo do exame, passando-se a avaliar a gravidade do risco. Se for o caso, faz-se a comunicação imediatamente ao responsável, apontando cuidados e soluções cabíveis. A troca de objetivo ocasiona a mudança do tipo de informe e, eventualmente, a troca do receptor. Por outro lado, a necessidade de proteção da paciente quebra o compromisso com o sigilo profissional.

Vemos, portanto, que a comunicação de resultados pode ser assistemática ou sistemática. Entre os informes sistemáticos, os tipos mais comuns são algumas entrevistas de devolução e os laudos. Estes são, habitualmente, encaminhados a profissionais da área médica e a outros, da área de saúde e da educação.

Os laudos podem variar em sua estrutura, conforme as questões básicas e os objetivos do exame ou, ainda, de acordo com o estilo do psicólogo. Em alguns, por exemplo, os dados da anamnese e sobre a dinâmica familiar se fazem imprescindíveis para a compreensão do caso, enquanto outros citam apenas os aspectos mais significativos ou, eventualmente, os omitem, quando são do conhecimento do receptor. Geralmente, o laudo é iniciado com dados de identificação, seguidos da época de realização do exame. Registram-se os motivos explícitos e implícitos da consulta, citam-se as técnicas utilizadas (por extenso), comunica-se a impressão sobre o sujeito, apresentam-se dados sobre o estado mental, relata-se sua história clínica, descrevem-se os resultados da testagem, comumente organizados em tópicos; conforme os objetivos do exame, faz-se, se for o caso, o entendimento dinâmico e/ou a classificação nosológica, com prognóstico e possíveis encaminhamentos ou recomendações. Este é mais um modelo tradicional e, conforme os objetivos do exame, nem sempre precisa ser muito extenso, exaustivo ou profundo. Na verdade, não há regras fixas. O importante não é que o psicólogo escreva tudo o que sabe sobre a pessoa, mas o que for pertinente aos objetivos do exame e de interesse para o receptor.

No caso, por exemplo, de um laudo na área forense, o psicólogo deve se restringir a responder os quesitos propostos de uma forma clara, concisa e não sofisticada, registrando apenas dados que possam ser úteis ao objetivo a que se destinam e excluindo os que podem ser classificados como impressões, opiniões ou suspeitas.

Freqüentemente, não é necessária a redação de um laudo, mas somente de um parecer. Suponhamos que a questão, proposta por um médico, seja se os problemas de memória apresentados por um paciente podem ser justificáveis pelos sintomas de depressão que vêm sendo observados. Embora, até certo ponto, o exame possa ser complexo, o objetivo é simples e único, e nem há razões para a elaboração de um laudo extensivo. O que se requer é um parecer, com base no exame realizado, incluindo justificativas sucintas para o ponto de vista firmado.

Em alguns casos, não se exige entrevista de devolução, laudo ou, até, parecer por escrito. Isso muitas vezes ocorre quando o psicólogo é membro de uma equipe multidisciplinar. Cada profissional utiliza o seu modelo próprio, para o exame do sujeito, e os dados são interdependentes. O caso é discutido pela equipe, em seus vários aspectos, e os dados são integrados num informe, conforme os objetivos propostos. Às vezes, o objetivo é o de classificação nosológica, para fins de estudo epidemiológico da população atendida por um serviço, restringindo-se a comunicação à especificação de um código, conforme uma classificação oficial.

Vê-se, portanto, que o tema é vasto e complexo e que existem, além disso, maneiras pessoais de elaborar informes, que o psicólogo vai desenvolvendo ao longo de sua prática profissional. Em resumo, o tipo de comunicação é definido pelos objetivos do exame, e seu conteúdo o é pelas questões específicas iniciais e pela identidade do receptor. Dessa maneira, pode variar quanto à natureza dos dados, em profundidade e extensão, e deve atender a princípios de ética profissional. Em sua forma, é definido pela identidade e qualidade do receptor.

O informe pode ser sistemático ou assistemático, mas, considerando a estrutura do psicodiagnóstico, é uma unidade essencial e, no processo, um passo obrigatório e final do psicodiagnóstico que, em alguns casos, pode acarretar novo contrato, mas de natureza terapêutica. Assim, desta entrevista de devolução decorrem recomendações, orientações e/ou encaminhamento do caso e o encerramento do processo, conservando-se o material do psicodiagnóstico arquivado durante algum tempo (No caso de pareceres ou atestados para o serviço público, deve ser mantido por cerca de 10 anos.), para poder ser retomado caso o paciente volte para exames complementares, ou para fornecer subsídios para responder a eventuais consultas suplementares.

CASO ILUSTRATIVO

Para ilustrar o processo psicodiagnóstico, o caso constante na edição passada foi reformulado em termos de novas abordagens do MMPI e em relação a critérios do DSM-IV. Este caso é interessante não só por causa da complexidade que apresenta, mas por envolver uma questão de diagnóstico diferencial.

A forma escolhida para expor o caso tem finalidades didáticas. Por esse motivo, é dada ênfase a certos pontos, mais de interesse para o psicólogo, que não seriam tratados tão extensivamente num laudo comum. Na realidade, ao final do processo diagnóstico, o caso foi discutido amplamente com o psiquiatra encarregado do tratamento do paciente, tendo-se optado pela elaboração de um laudo sucinto, necessário para instruir um processo administrativo que havia sido instaurado contra o paciente, com a observação de que somente o acompanhamento do caso permitiria confirmar as hipóteses levantadas, o que acabou ocorrendo, meses depois, conforme depoimento do psiquiatra responsável.

Identificação: B.S.
Idade: 35 anos
Sexo: masculino
Profissão: bancário
Nível socioeconômico: médio

Motivos do encaminhamento

Encaminhado pelo psiquiatra para diagnóstico diferencial, o qual deu, por telefone, as seguintes informações sobre o caso:

O sujeito, que sempre apresentou uma vida muito regrada, com bom relacionamento familiar, embora com poucos amigos, teve uma reação de culpa muito intensa em razão do falecimento do pai há dois anos.

Durante o último ano, passou a se envolver com rituais de religião afro-brasileira. Em seguida, sob a influência de uma mãe-de-santo, começou a "encomendar trabalhos" e, para pagá-los, fez um desfalque de quantia considerável no banco em que trabalhava. Ao ser descoberto e decidido o seu afastamento do banco, apresentou sintomas depressivos, inclusive com tentativa de suicídio, sendo internado em hospital psiquiátrico.

A primeira entrevista com o irmão, na casa de quem permaneceu após a alta hospitalar, não acrescentou muitos dados, exceto a respeito de detalhes sobre o comportamento do paciente após a morte do pai e sobre seus sintomas depressivos antes da hospitalização.

Descrição

B.S. é um homem de 35 anos, casado, com duas filhas, com nível de escolaridade de 3º Grau incompleto, que reside numa pequena localidade, no interior de... Seu padrão de vida é considerado muito satisfatório, dadas as condições socioeconômicas do lugar.

Veste-se de maneira informal e, quase invariavelmente, chega para as sessões de exame de 10 a 15 minutos antes. Uma pessoa, que cruzou com ele ao sair, comentou que sua aparência era de quem havia sido padre.

Sua fala é muito monótona, algo macia, mas não afeminada. Apresenta-se sempre com um sorriso, que mantém, tanto quando responde a questões de cultura geral como quando relata fatos estressantes, como o falecimento do pai. Pode-se dizer que não apresenta uma modulação afetiva nítida. Mostra-se muito constrito. Dá uma impressão de ingenuidade e de ser menos inteligente do que realmente é. Sua linguagem é algo pobre e, eventualmente, troca termos comuns, como "dependente" por "independente" e vice-versa.

Não obstante, o seu comportamento, na entrevista, parece apropriado.

Hipóteses e perguntas iniciais

O processo precisou ser iniciado apenas com os dados fornecidos pelo psiquiatra, pelo irmão e pelo paciente, já que o exame objetivo com a esposa só foi realizado após a testagem, por motivo de viagem.

Contudo, tais dados já permitiam rejeitar ou levantar certas hipóteses. Em primeiro lugar, pelas informações dadas pelo irmão, foi possível verificar que o caso não atendia aos critérios diagnósticos de um transtorno de personalidade anti-social. Em segundo lugar, com base em subsídios, fornecidos pelo irmão e pelo próprio paciente sobre a reação deste ao falecimento do pai, isto é, a um estressor severo, foi possível pressupor que estivesse apresentando um episódio depressivo. Sua personalidade pré-mórbida, bastante dependente, parece ter desenvolvido uma série de sintomas ante esse fato, que, por sua gravidade e duração, teria ultrapassado um quadro depressivo normal pela perda de um ente querido. O paciente informou a respeito de sintomas, que perduraram por meses, e que, por sua especificidade, pareciam corresponder a um episódio de depressão maior. Por outro lado, a sintomatologia que o levou à internação recente também parecia atender aos critérios de uma depressão maior. A partir daí, era possível levantar algumas perguntas.

Estaríamos diante de um transtorno bipolar, em que o envolvimento do paciente em atividades altamente prejudiciais para a sua vida, entre os dois episódios depressivos, poderia ser explicado como uma sintomatologia maníaca? As informações não permitiam manter essa hipótese como a mais provável, uma vez que, nesse transtorno, o episódio inicial geralmente é maníaco.

Estaríamos, então, diante de um transtorno depressivo maior recorrente, em que o envolvimento do paciente, no período intermediário, em atividades religiosas ritualísticas, pudesse ser explicado por um transtorno de personalidade esquizotípica? Mas como entender o comportamento impulsivo e imprevisível (se comparado com sua vida anterior), caracterizado pelo desfalque? Poderia ser explicado pela presença de um transtorno de personalidade *borderline*? E a subserviência absoluta à mãe-de-santo poderia ser justificada por um transtorno de personalidade dependente ou por uma tendência à superidealização?

Estas últimas perguntas deveriam ser consideradas seriamente. A depressão maior é uma complicação comum, tanto no transtorno *borderline*, como no transtorno de personalidade dependente. Já no transtorno de personalidade esquizotípica, são comuns a ansiedade, a depressão, e podem surgir sintomas psicóticos, mas são transitórios.

Considerando as primeiras hipóteses levantadas, dever-se-iam excluir fatores orgânicos e fazer o diferencial com transtorno esquizofrênico. Aliás, cabia a pergunta: a escassa modulação afetiva, observada no primeiro contato, seria devida apenas a um controle exageradamente constritivo ou a um afeto inadequado, típico do transtorno esquizofrênico? Naturalmente, também seria importante o diferencial em relação a outros transtornos afetivos e entre diferentes transtornos de personalidade.

Plano de avaliação

O Teste de Bender, que é uma boa técnica introdutória, foi selecionado como instrumento de triagem de disfunção cerebral. A seguir, decidiu-se usar o HTP, mais com um sentido exploratório e para retardar a introdução de técnicas mais importantes, porém mais ansiogênicas.

A seguir, foi programada a administração do MMPI, do Rorschach, do WAIS e do TAT. O MMPI é bastante indicado, no psicodiagnóstico de adultos, quando o objetivo é o exame diferencial. Por outro lado, todas essas técnicas são consideradas adequadas quando existe a hipótese de transtorno de personalidade, especialmente de tipo *borderline*.

Foi planejado, também, um exame objetivo, através de entrevista com a esposa do paciente, que completaria a coleta de dados, servindo, além disso, para corroborar indícios observados durante a testagem.

Observação

Para facilitar a compreensão do caso, serão apresentados, a seguir, a história clínica, um exame das funções do ego que parecem importantes para fundamentar o diagnóstico, uma tentativa de entendimento dinâmico e uma discussão sobre achados nas técnicas e nos testes utilizados, em função das hipóteses e perguntas levantadas. Os dados foram, assim, integrados para servir como referencial para um encontro entre o psiquiatra e a psicóloga, em que foram examinados alguns pontos críticos, em especial, a qualidade do contato do paciente e outros sintomas apresentados.

História clínica

O paciente, segundo o irmão, teve uma vida aparentemente normal, até aproximadamente 14 ou 15 anos atrás, quando apresentou comportamento impulsivo e imprevisível. Tinha passado no vestibular, freqüentava um curso superior sem problemas, quando foi aprovado na seleção para um banco. Então, abandonou a universidade, voltou para o interior, onde nascera, casando-se pouco depois. Já o paciente não descreve o ato como impulsivo, dizendo que desejava ser bancário, tanto que se submetia à seleção pela terceira vez. Por outro lado, a esposa, que sempre o considerou muito dependente, disse que a decisão de voltar para o interior e casar foi "a única atitude que tomou em sua vida sem consultar alguém" (*sic*). Contudo, em sua opinião, continuou "muito apegado" à família, ao ponto de ela sempre lhe afirmar que tinha de "cortar o cordão umbilical" (*sic*).

Daí por diante, a sua vida é descrita como supermetódica e regrada, tido como funcionário exemplar e como pessoa honesta e responsável. Não obstante, a natureza de suas funções no banco não exigia muita independência e nunca recomeçou os estudos, embora sempre desse apoio à esposa para fazê-lo. Relacionava-se bem com a família, mas tinha poucos amigos. Se convidado para festas, só ia com a família, "não se desgrudando da esposa" (*sic*).

Com a morte súbita do pai, há dois anos, começou a apresentar problemas. O paciente relata: "... ele ficou doente. Fiz tudo o que mandaram. Ficou bom. Foi um enfarto... Estavam fazendo um *check-up* geral. Teve outro enfarto e, daí, veio a morrer. Eu me senti culpado pela morte dele... (?) Poderia ter levado a um centro maior, mas não havia recomendação médica... Como faleceu e eu era o único filho, vieram os irmãos e, daí, veio esse sentimento... Mas enfarto não se pode prever... Depois da morte, me senti culpado... (?) Dias, semanas, sem dormir... Tomei medicamentos... Não houve o sentimento de perda pela morte, mas o sentimento de culpa, que eu carreguei... Mas o sentimento nunca passou..." Mais adiante: "Passei meses para tirar da idéia. Não fiz nenhum tratamento com psiquiatra, nada... (?) Nervoso, o dia inteiro... Na relação afetiva, deixei a mulher e as crianças de lado... Levei semanas sem fazer a barba, cortar o cabelo, querendo, parece, jogar alguma culpa... (?) Que os outros percebessem alguma coisa... Demorou meses... Ia rezar, ia no cemitério todos os dias. Conversava e saía mais calmo... Chegando em casa, revertia tudo..." (sic).

A esposa descreveu o sogro como uma pessoa fria, sem amigos, mas que procurava muito esse filho, com quem se parecia, mas com quem "só conversava sobre coisas banais" (sic).

Com o falecimento do pai, o paciente "se fechou, entrou em crise" (sic). Quando conversavam, o assunto era só o pai e sua culpa. Quando chegava em casa, deitava-se em posição fetal, coberto com acolchoados, muito deprimido: "estava numa concha" (sic). Tinha insônia e tomava comprimidos. Emagreceu bastante e, depois, começou a engordar. Tornou-se muito parecido com o pai, falando, agindo como ele. Achou que também tinha problemas cardíacos. Consultou muitos médicos e fez muitos exames. Deixou de ter amigos e usava desculpas para não sair, exceto ao cemitério.

Gradualmente, começou a falar mais com a esposa e filhos, mas não como antes do falecimento do pai. Principiou a se preocupar exageradamente com sua mãe, especialmente quanto à sua saúde, querendo que sua filha mais velha morasse com ela.

Instado pela esposa a procurar um psicólogo ou psiquiatra, não o fez. Ao invés disso, passou a procurar pessoas que, usando búzios, cartas, etc., pudessem lhe dizer "como seu pai estava, se se encontrava bem onde estava" (sic), buscando avidamente anúncios a respeito.

Construíram outra casa. Depois, resolveram comprar um apartamento na praia. Ao mesmo tempo, passou a se envolver, ativa, intensa e cada vez mais freqüentemente, com atividades ritualísticas de religião afro-brasileira, começando a ficar muito dependente de uma mãe-de-santo.

Quanto à sua vida com a família, "não participava, procurava não conversar, evitava as pessoas e, até com a esposa, era muito fechado. Chegava em casa, não conversava, ia para o quarto, ficava sozinho... Amigos, nem falar...", e, também, mostrava-se "desinteressado pelas coisas da casa" (sic). Queria trocar de carro, falava em comprar outro apartamento, um sítio. Parecia não dar valor ao dinheiro. O que as filhas queriam, dava. Presenteava exageradamente, em quantidade e preço. Mas "só ficava fazendo contas". Parecia "alegre, mas insatisfeito" (sic).

Demonstrou uma atitude de subserviência à mãe-de-santo, passando a consultá-la cada vez mais (anotando tudo o que dizia), procurando ter contatos telefônicos diários com ela, mesmo que estivesse em outro estado, para saber como estavam os negócios e a vida da família. Freqüentemente, queria que a esposa fizesse tais contatos, ficando numa extensão para escutar. Uma vez que esta se negou, chegou a ajoelhar-se à sua frente, pedindo para fazê-lo. Começou, segundo a esposa, a ficar inseguro.

No início, a preocupação era com o pai; em seguida, com sua saúde e, depois, com os filhos e a esposa. Então, surgiram "avisos" de que alguém, no banco, o estava prejudicando. Cada vez que havia ameaça de perigos, por revelação dos búzios ou de outra forma, "encomendava trabalhos" à mãe-de-santo, que eram remunerados acima do exigido, afirmando "que valiam mais" e "não admitia que ninguém falasse mal dela" (sic).

A situação chegou a um clímax quando a mãe-de-santo lhe disse que sua mãe corria risco de vida. Foram contratados novos "trabalhos", cada vez mais absurdos e dispendiosos. Na época, a esposa estava viajando, e, segundo ela, a mãe-de-santo "sentiu nele uma pessoa fácil de manipular" (sic).

Sobre esse período, o paciente relata que, de início, estava convicto de que poderia se comunicar com o pai. Depois, passou a temer perigos iminentes para si e para sua família, dos quais poderia se livrar por meio de "trabalhos": "Na ânsia de me livrar, comecei a tirar dinheiro do banco... Entrei e não tinha como sair... Foi se avolumando mais... Diziam que davam proteção... Fiquei independente... dependente daquelas pessoas..." (sic). Sentiu-se, então, "desligado do sentimento de culpa" (sic).

Desde a época em que começou a freqüentar terreiros e até pouco antes de sua hospitalização, relata o que poderiam ter sido ilusões (?) ou alucinações visuais (?). Começou a, eventualmente, enxergar um vulto, ao acordar. Depois, passou a vê-lo em outros momentos e situações, chegando a achar que o vulto passou a segui-lo na rua. Também há a história de ilusões auditivas (?): "Já ouvi vozes... já ouvi alguma coisa... Eu sentia a sensação de que estava falando... (?) Não sei, talvez fosse um aviso de que algo ia acontecer... Não houve um fato concreto..." (sic). Fala também de odores peculiares, no serviço (alucinações olfativas?). Além disso, acha que "foi induzido a procurar o centro espírita e a fazer coisas que me mandavam" (sic). Por outro lado, refere situações em que, "quando alguém me olhava forte, ficava meio paralisado, meio tonto e perdia a noção da memória, por momentos", e outras em que, "por segundos, me dava uma tonteira e perdia a noção" (sic). Também achava que, realmente, havia pessoas no banco querendo prejudicá-lo.

O desfalque foi descoberto no banco, e, segundo ele, "pediu um tempo", porque não conseguia falar. Procurou a esposa em seu trabalho. Ao chegar lá, as pessoas "sentiram que ele estava diferente". Disse a ela: "Descobriram tudo, no banco, e eu estou na rua". "Tudo o quê?" – perguntou ela, uma vez que ele sempre lhe dizia que os pagamentos eram feitos com dinheiro da poupança, empréstimos, etc.

Foram para casa, porque ele queria telefonar para a mãe-de-santo, e, em seguida, foram procurá-la na cidade onde se encontrava. No caminho, "estava completamente baratinado... Começou a falar sozinho..." Várias vezes, "tentou jogar o carro para fora da estrada, na serra" (sic). As crianças gritavam, e ela passou a viajar segurando a trava de mão. Queria assumir a direção do veículo, mas ele não permitia. Ela disse-lhe, então: "Se quiser tomar uma atitude, tome, mas não quando as crianças estiverem no carro" (sic).

Conseguiram chegar à cidade, onde permaneceram uma semana, em que manteve contatos com a mãe-de-santo, que não se mostrou tão solícita.

Confessou à esposa que "seria melhor ter deixado a mãe morrer e não tocar no dinheiro" (sic). Só queria dormir. Em vez de um comprimido, tomava quatro ou cinco. Deitava-se na cama, em dia de calor, com dois acolchoados. Ficava "em posição fetal, ao desamparo" (sic). Dormia sem trocar de roupa e não cuidava de sua higiene. Se não estava deitado, caminhava de um lado para outro, sem conversar. Nesse período, escreveu bilhetes suicidas, dirigidos à esposa.

Segundo o paciente, "estava bem maluco, não acreditava na gravidade do problema". Não se alimentava e não conseguia dormir: "Queria só dormir... Queria pegar o carro e me jogar num barranco... Peguei até um revólver, mas as pessoas da família não deixaram" (sic).

Conforme o irmão, "fez uma confissão de dívida, para o banco, que foi patética" (sic). Foi então que o irmão mais velho o levou a um centro maior e o internou num hospital psiquiátrico, onde permaneceu 28 dias.

Ao sair, suspensa a medicação, para que realizasse os testes psicológicos, voltou a ter insônia, vagando à noite pela cidade. Na casa do irmão, onde ficou durante esse período, mostrava-se calado, alimentava-se mal e escreveu duas cartas, sem falar em suicídio, mas com teor idêntico às anteriores. Chorava muito. Com a visita da mãe e de sua filha, passou a se mostrar preocupado com o futuro da família. Não obstante, a esposa, que o visitou 10 dias depois, afirmou que, embora fale no assunto, não sabe "até que ponto sofre com isso. Está mais estranho, mais distante... Não é a mesma coisa... (?) Ele não sabe da gravidade do fato... Às vezes, dá a impressão de que não está nem aí... (?) Está aéreo, alheio, não está normal, não colocou os pés no chão" (sic).

A esposa não sabe informar sobre antecedentes de doença mental na família do paciente.

Integração e seleção dos dados

Funções do ego

Inteligência e funções cognitivas em geral – O QIT de 98 é médio, provavelmente no mesmo nível da inteligência pré-mórbida. Não obstante, uma análise mais cuidadosa das produções verbais do paciente, em provas estruturadas, revela a intrusão de aspectos conflitivos em funções do ego, consideradas teoricamente livres de conflito. Desta maneira, há respostas incorretas, na escala de inteligência, que sugerem que a função do juízo pode ficar comprometida por impulsividade e que há dificuldade na capacidade de considerar as necessidades dos outros.

Por outro lado, observam-se irregularidades no desempenho, tanto inter como intratestes. Num subteste específico, cujo escore caiu no limite inferior da normalidade (ao contrário dos demais), mostra um tipo de inconsistência que, por vezes, é encontrada em sujeitos que tiveram de fazer ajustamentos caracterológicos ou cognitivos para manejar uma ansiedade esmagadora, pouco controlada por defesas frágeis. Já a variabilidade parece sugerir uma capacidade inconsistente para moderar pressões emocionais e resguardar as operações cognitivas do afeto, o que pode levar a um funcionamento errático. Tal variabilidade na qualidade das respostas também aparece em provas não estruturadas. Notam-se, portanto, sinais ocasionais no funcionamento cognitivo que, quando ocorrem em quadros de nível "neurótico", são muito mais discretos. Contudo, trata-se de sinais isolados, mas deve-se considerar que o nível de inteligência, preservado, também serve como variável moderadora em relação à desorganização, em provas intelectuais.

Observam-se, ainda, erros não compatíveis com a formação do sujeito, sugerindo pouca capacidade para tirar proveito adequado da educação formal, talvez por perda de interesse no ambiente, embora certas lacunas isoladas possam se associar a dificuldades ocasionais de atenção, em parte devidas à ansiedade.

Pensamento e linguagem – Nos testes estruturados, o escore mais baixo é indicativo de comprometimento do pensamento abstrato. O sujeito apresentou respostas incorretas em muitos itens, chegando a um escore inconsistente com os demais, sugerindo um declínio da eficácia cognitiva da análise e síntese. Confrontado, no reteste de um item, conseguiu dar uma resposta de nível melhor, mas não completamente exata, sem crítica. Por outro lado, seu comentário sobre o fracasso em certos itens envolveu nitidamente projeção, compatível com uma opção de resposta paranóide, ao lidar com estresse.

Em outro subteste, que envolve pensamento conceitual, o comprometimento evidenciado foi mais qualitativo do que quantitativo, não só pela emergência de respostas em nível concreto e funcional, mas também por uma tendência a apresentar conceitos muito amplos e sincréticos e pelo aparecimento de uma resposta isolada de natureza confabulatória.

No Rorschach, apresentou vários lapsos no pensamento lógico, em sua maioria sutis, mas, também, uma resposta isolada, baseada em raciocínio falso, em nível possível de ser caracterizado como um tipo de lógica autista, sem atitude crítica por parte do sujeito.

Todavia, quanto ao número e grau de gravidade, não apresentou distorções de pensamento mais comuns no transtorno esquizofrênico. Por outro lado, confrontado com um dos lapsos mais sutis de funcionamento lógico, mostrou-se, até certo ponto, capaz de melhorar a resposta.

Quanto à linguagem, tanto na entrevista como na testagem, foi verificada constante troca dos termos "dependente" e "independente", que corrigiu uma vez, mas observando-se que, nas outras ocasiões, eles eram usados indiscriminadamente, como se aspectos emocionais se infiltrassem no conteúdo da linguagem. No mais, por vezes, empregou termos não em sua forma mais usual, embora tal fato possa ser devido, até certo ponto, a diferenças socioculturais.

De um modo geral, é possível considerar que a sua linguagem é pobre, e sua produção é ingênua, quase infantil.

Teste de realidade e sentido de realidade – A análise do nível formal das respostas sugere que, de um modo geral, lida com a realidade de uma forma cuidadosamente controlada, o que denota a presença de traços compulsivos na estrutura do caráter. Entretanto, a maneira como se distribuem os escores é compatível com uma constrição superficial, mais situacional do que característica, como uma forma de não se envolver emocionalmente na situação. Contudo, aparecem indícios que nos permitem pressupor, pelo menos, a existência de lapsos transitórios no teste de realidade que, no mínimo, autorizam a afirmar que o sujeito não lida adequadamente com a realidade.

Por outro lado, grande parte das distorções menos graves, na percepção e interpretação, tendem a ocorrer em perceptos que envolvem símbolos fálicos, parecendo respostas disfuncionais, associadas com uma fonte de conflito e não ao acaso, como costumam ocorrer em pacientes cujo teste de realidade está óbvia e grosseiramente comprometido. Também, uma das respostas de conteúdo humano, no Rorschach, pode levantar a possibilidade de algum conflito na área sexual ou, no mínimo, uma desvalorização de suas próprias projeções: "... é um homem... Não do sexo masculino, uma pessoa adulta".

Há, também, indícios que permitem supor a presença de um certo enfraquecimento na capacidade de testar e de discriminar estímulos internos e externos, como, aliás, a história do paciente permite pressupor. Quando relata experiências nesse sentido, nota-se ora confusão entre estados interiores e exteriores, às vezes, ao acordar, ora possível projeção de estados interiores na realidade externa e, até, experiências que poderiam se caracterizar como alucinações. Nesse momento, estas estavam ausentes, mas a fachada de constrição poderia estar mascarando certo grau de incerteza quanto à capacidade de distinguir o real do irreal. Por outro lado, no exame de limites, no MMPI, ao ser solicitado a esclarecer os motivos de sua concordância com a afirmação "Freqüentemente, sinto como se as coisas não fossem reais", disse que é "uma fantasia": "Às vezes, de uma fantasia, faço uma coisa real... de um problema, faço uma fantasia..." (*sic*), alongando-se numa explicação complexa, que permite concluir que nem sempre a realidade externa é percebida totalmente como real ou que podem ocorrer percepções alteradas da realidade externa.

Sua auto-imagem parece geralmente depender do *feedback* externo. No momento em que tal *feedback* falta ou é negativo, como na situação atual, diz-se "perdido, com medo" (*sic*). Então, mostra fortes sentimentos de falta de valor pessoal, mas que não podem ser considerados irrealísticos, em face dos fatores estressantes com que se defronta.

Organização afetiva – O paciente descreve-se como "pessoa muito calma, tranqüila até demais" (*sic*). Isso pode ter que ver com a fachada de constrição ou com uma forma de não se envolver afetivamente, manifestando-se de modo estereotipado. Por outro lado, comportar-se conforme a expectativa permite a satisfação de necessidades de dependência, que parecem muito intensas. Não obstante, há indícios de que tal atitude possa ser apenas superficial. As observações, durante a testagem, são reveladoras. Embora com esforços de se mostrar submisso e cooperador, ao ponto de esperar que o examinador terminasse de escrever, para continuar a falar, houve momentos em que se mostrou evasivo nas respostas, pouco colaborador no inquérito, reticente ao dar explicações ou dependente, com contínuas perguntas sobre as instruções. Mas, noutras vezes, pareceu ansioso, ao ponto de dar uma resposta impulsiva, manifestando uma atitude de oposicionismo ao lidar com o material do teste ou demonstrando irritação e claramente projetando no examinador a culpa por seus próprios erros.

No Rorschach, não há indícios que caracterizem uma labilidade contínua, mas, invariavelmente, se observou que à produção de uma resposta com conotação emocional se seguia outra, caracterizada por uma tentativa de controle mais rígido, de vez em quando com sinais prévios de ansiedade, insuficientes para garantir uma boa qualidade. Já no TAT, elaborou histórias em que os afetos se mostram mais lábeis e pelo menos duas em que se notam mudanças abruptas, tanto na expressão emocional, como no comportamento dos personagens. Desse modo, o quadro geral é de uma regulação não adequada dos afetos, predominando irrupções de afeto nem sempre bem controladas e seguidas por inibição afetiva, mas, eventualmente, havendo a ocorrência de mudanças lábeis. O comportamento não foi marcado por inquietação, mas houve eventuais respostas impulsivas. As histórias do TAT são, em sua maioria, focalizadas mais na ação do que na descrição da experiência interior dos personagens. Pode-se dizer que a ação é usada, até certo ponto, como descarga de tensão, mas, especialmente, num nível de fantasia. Neste, a descarga de tensão e a gratificação direta dos desejos, dependentes ou agressivos, não sofre a influência das normas convencionais. Assim, ao contrário da vida sempre regrada que levou, seus personagens jogam, ficam bêbados, brigam e matam um amigo, sem serem punidos ou mostrarem remorso e culpa. Todavia, também são pessoas muito infelizes, descontentes, ambivalentes ou doentes.

Em relação ao MMPI, os dados sugerem que os mecanismos de defesa não são suficientes para o sujeito lidar com a ansiedade ou para canalizar apropriadamente impulsos agressivos. Há mau controle desses impulsos, podendo ocorrer episódios de forte atuação. A ansiedade associa-se à ameaça que o sujeito sente em relação a esses impulsos, que não conseguem ser liberados adequadamente, mas se dirigem contra si mesmo. Aliás, a história do paciente inclui gestos suicidas recentes. A elevação da escala 2, combinada com outras elevações, no perfil, é compatível com a presença de risco de suicídio.

Organização das defesas – A série de rituais em que o sujeito se envolveu há algum tempo e nos quais possivelmente ainda confia sugere a utilização maciça do mecanismo de anulação. Da mesma maneira, a forma como o sujeito se refere aos fatos relativos ao falecimento paterno e a sua reação aos mesmos são características do uso do mecanismo de anulação, que também se evidencia em alguns indícios dos testes.

No MMPI, há sinais de reativação de defesas que, envolvendo pensamento mágico, ruminação e rituais, estão associadas com usos menos eficientes de repressão (como negação rígida), mais característicos de níveis mais precoces do desenvolvimento psicossexual. Contudo, a configuração geral do perfil também sugere a incapacidade crescente de o paciente lidar com o estresse, pelo uso de defesas obsessivo-compulsivas, como também a sua tentativa de mudar a sua visão do mundo através da utilização de projeções mais grosseiras. Desta maneira, notam-se evidências da presença de defesas mais arcaicas, seguidas ou precedidas por demonstrações de funcionamento em melhor nível. No próprio processo de diagnóstico, foi necessário propiciar algum encorajamento, por manifestações que sugeriam que ora o paciente considerava o examinador com confiança, ora, noutro momento, reagia com suspeição.

Os indícios de utilização do mecanismo de negação não são muito conspícuos. Surgiram, eventualmente, no TAT, num exemplo de negação de impulsos agressivos e num percepto que envolvia disforia aguda e que evoluiu para a expressão e um otimismo ingênuo. Projeção é fortemente sugerida pelo MMPI. Nos demais testes, há indícios, aqui e ali, mas de uma forma caracteristicamente marcante, já que grande parte do material produzido foi sobrecarregado por forte tendência à constrição e, às vezes, por sinais de impotência e dificuldade de associação das idéias. Uma vez que muitos dos itens do MMPI são expressos no passado, talvez a diferença em lidar com o estresse, numa e noutra prova, explique, até certo ponto, por que a utilização de certos mecanismos, embora ainda presente, não seja tão marcante como já o foi.

Há, também, alguma sugestão do uso de cisão, como tática de defesa, através de representações de objeto altamente polarizadas, corporificando qualidades extremas, acompanhadas por outros sinais de inconsistências, na testagem, que podem se associar com possíveis contradições na percepção das pessoas e de si mesmo.

Estrutura do mundo dos objetos – Observam-se alguns indícios de certas contradições, na autopercepção, a partir da descrição de pessoas, nas técnicas projetivas, que podem ser compatíveis com uma dificuldade para resolver aspectos discrepantes de si mesmo e para ver os demais como estáveis e previsíveis.

Notam-se, também, certas inconsistências em perceptos de objetos, que podem estar dentro ou fora de outros, que talvez tenham que ver com dificuldades do sujeito quanto à representação dos próprios limites dos objetos.

Verifica-se que, no TAT, os personagens, por vezes, mudam de atitude ou de sentimentos de forma imprevisível. Assim, ora eles demonstram falta de modulação afetiva, são superficiais ou algo amorfos, ora são levados pelos impulsos. Quando as histórias envolvem mais de um personagem, quase sempre são descritos de forma dicotômica (um é rico, e o outro, pobre; um é feliz, enquanto o outro, infeliz; um é muito dependente, e o outro, gratificador). Essas descrições polarizadas sugerem certa inconstância e instabilidade na percepção dos demais e de si mesmo.

Também se observa que a própria maneira de o sujeito experienciar culpa parece inconsistente, ora se considerando como uma pessoa que prejudicou a si mesmo e à família, pronto para se autocastigar; ora sugerindo que as preocupações éticas estão ausentes, quando diz que realizou o desfalque com completa segurança e, mesmo quando descoberto, não parecia acreditar na gravidade do problema. Tais extremos de ação e fracasso do superego também se refletem no TAT, com um personagem querendo abandonar o lar apenas por ter chegado tarde, o que desgostou a esposa, enquanto se observa outro escapando impunemente após assassinar um amigo. Tais discrepâncias, por certo, influem na percepção dos outros em termos de estabilidade e previsibilidade.

Por outro lado, há personagens muito valorizados ou muito desvalorizados, sugerindo descontinuidade na auto-estima, com reflexos no mundo objetal.

Finalmente, há respostas, no Rorschach, compatíveis com alguma dificuldade na internalização do papel sexual, o que, junto aos demais indícios encontrados, aponta para um problema de identidade e, conseqüentemente, na percepção de si mesmo e dos demais.

Entendimento dinâmico

Parece haver uma preocupação ansiosa a respeito da expressão da agressão e quanto à agressão como força motivadora, uma vez que as histórias que o paciente produz às vezes são marcadas por tensão, oposição e frustração, e, em algumas, há personagens que são vítimas de ou responsáveis por homicídio. Mas o fato de o tema não ser muito freqüente e haver outras respostas, em que símbolos agressivos são desvalorizados ou negados, torna o caso bem menos severo, embora possa ter alguma relação com a intensificação de necessidades de dependência, que vão sendo frustradas por contingências da vida, apesar de seus intensos esforços de evitar abandonos imaginados.

O que parece predominar, no material de teste, é a ansiedade quanto à possibilidade de abandono. Nas histórias do TAT, encontram-se situações em que indivíduos dependem basicamente de outros, e de personagens que entram em desespero quando esses outros faltam, com a emergência de ansiedade e depressão, associadas com sentimentos de abandono. Por outro lado, há uma qualidade infantil na subserviência a alguém idealizado de forma onipotente, que pode tomar conta do sujeito, relacionada com desejos e expectativas mágicas de que esse alguém possa compensar a incapacidade pessoal de encontrar equilíbrio e de lidar com a vida.

O pai do paciente foi descrito por ele como "bom, calado, bem forte, grandão" (sic), provavelmente uma figura onipotente, da qual dependia. A intensidade das necessidades de dependência provavelmente ajuda a entender a dinâmica do caso. Em primeiro lugar, vemos a sua incapacidade em tolerar o grau de estimulação de um centro maior e as exigências de um curso universitário, precisando retornar para seu lugar de origem, para perto da família e de um ambiente protetor. Em segundo lugar, compreende-se o desespero com que reagiu à morte do pai (primeiro episódio depressivo). Em terceiro lugar, a mãe-de-santo aparece como uma continuidade de sua possibilidade de manter vivo seu vínculo com uma figura onipotente (o pai), de quem dependia, passando a substituí-lo e garantindo-lhe segurança, com o que dependência poderia ser percebida como independência. E, finalmente, entende-se sua reação ao desmoronamento de todo um complexo delirante, com nova frustração de suas necessidades de dependência (segundo episódio depressivo?).

Discussão sobre os achados nas técnicas e testes, em função das hipóteses e perguntas iniciais

O protocolo Bender, levantado conforme o sistema de Lacks (1984), revelou a presença de quatro indicadores de disfunção orgânica cerebral, que é um número insuficiente, em termos probabilísticos, para uma hipótese diagnóstica neste sentido e que, também, não encontrava embasamento em outros dados clínicos.

No HTP, foram produzidas figuras muito regressivas, especialmente a da árvore, o que, em comparação com o desenho da pessoa e da casa, sugere um mau prognóstico. A estrutura da árvore é muito primitiva, sem galhos, compatível com dificuldades de contato com o ambiente e lembrando desenhos de pacientes esquizofrênicos. Já a casa é desenhada praticamente sem aberturas, ou melhor, há apenas uma porta fechada e uma janela lateral, consideravelmente acima de onde se supõe ser o chão, já que há o esboço de uma escada, que se liga a um caminho, que não leva a lugar algum. Novamente, o desenho sugere, pelo menos, dificuldades no contato com a realidade, quando não suspeita do rompimento de tal vínculo. Há, também, um sinal de transparência no telhado, compatível com a dificuldade de estabelecer limites entre a realidade externa e a interna. A figura humana, com a cabeça exageradamente grande, pode sugerir a presença de sintomas ideacionais. Por outro lado, a acentuação dos óculos e das orelhas assinala uma atitude de vigilância frente ao ambiente. Há traços de dependência. Os detalhes são poucos e desenhados de forma muito esquemática, que tanto podem assinalar tendências regressivas, como lembram desenhos produzidos por sujeitos com transtornos de personalidade.

Os resultados do Rorschach são atípicos. Trata-se de um protocolo constrito (percentual de F=57%, mas percentual de F'=91%), em que o percentual de F+ sugere um ego débil, com qualidade apenas pouco inferior à normal, embora, aparentemente, não tão prejudicada como num transtorno esquizofrênico. Mas a soma de F'o+F+ indica que o contato com a realidade é apenas superficialmente bom. Por outro lado, a presença de 3 F's e 1 F'– é compatível, pelo menos, com lapsos transitórios no teste de realidade, podendo-se levantar a hipótese de um contato *borderline*, no teste de realidade, mascarado por constrição. Notam-se, também, vários lapsos sutis no pensamento lógico, bem como uma resposta característica de lógica autista, além de presença de uma síndrome autista incompleta. Há, ainda, indícios de algumas defesas de nível "neurótico" (obsessivo-compulsivas), embora com a emergência eventual de mecanismos mais arcaicos. Há sugestão de confusão de identidade, mas não se trata de um Rorschach típico de transtorno de personalidade *borderline*, pelo menos no que se refere à presença de problemas mais sérios no controle dos impulsos, embora não se possa esquecer que esse quadro é muito heterogêneo (Widiger, Sanderson & Warner, 1986).

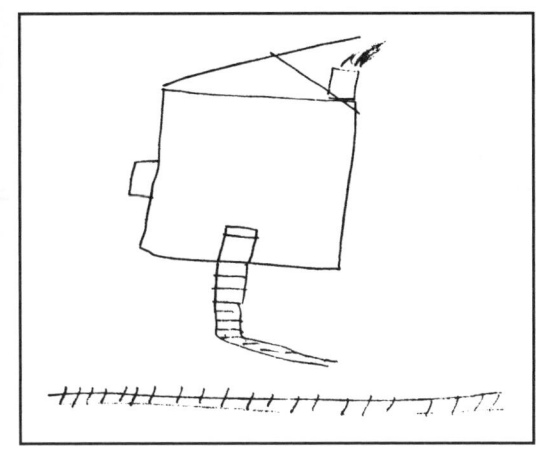

Figura 11.1 Desenho da casa de um paciente do sexo masculino, de 35 anos.

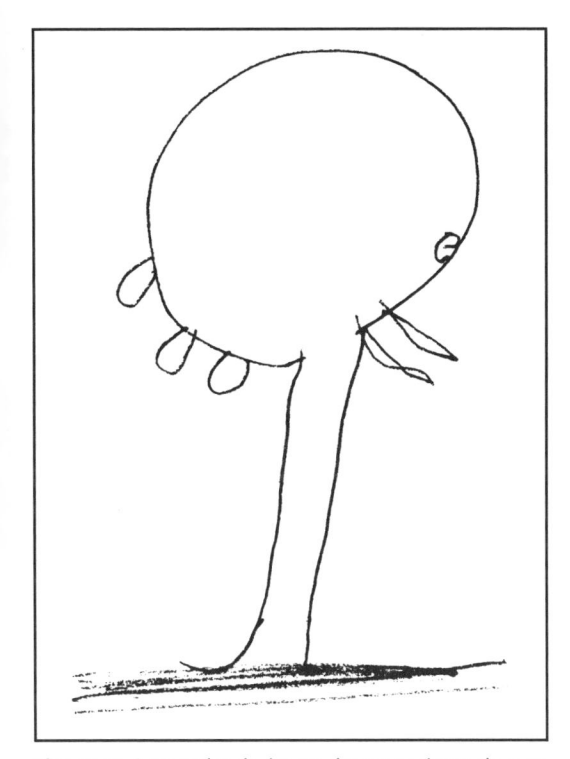

Figura 11.2 Desenho da árvore de um paciente do sexo masculino, de 35 anos.

Figura 11.3 Desenho da pessoa de um paciente do sexo masculino, de 35 anos.

O TAT foi utilizado mais para um entendimento dos vínculos afetivos e da regulação dos afetos. Caracterizou-se pela pobreza na produção e pela ênfase mais na ação do que na interpretação do estado interior dos personagens, o que foi observado por Berg (1983), em protocolos de pacientes com transtorno de personalidade *borderline*. As figuras humanas são mal delineadas e dicotômicas, isto é, boas ou más, felizes ou infelizes, etc. A ênfase é na relação dependente.

O perfil do MMPI impressiona pela elevação global que apresenta (com a elevação média das escalas 82,67), sugerindo, pela forma como se delineia, um transtorno de personalidade (Código: 6!!!2!!!8!!!1!!4!3!9x1:35:7). As elevações predominantes 628, à primeira vista, caracterizam um quadro psicótico, ainda que a elevação F torne importante a consideração da validade do perfil. Mas, de acordo com estudos recentes, o F-K de 27 corresponde exatamente ao ponto de corte estimado para pacientes psiquiátricos (Groth-Marnat, 1999) e, portanto, não invalida o perfil. Na época em que o paciente foi testado, com um ponto de corte admitido do F-K mais baixo, ficamos em dúvida quanto à questão da validade. Por outro lado, o fato de o sujeito ter levado mais de duas horas podia ser atribuído a alguns fatores – gravidade da sintomatologia, exagero no auto-relato da patologia (para passar uma determinada impressão e/ou como pedido de ajuda) ou por má compreensão verbal. Mas o índice TR+CLS é apenas igual a 1 (portanto, menor do que 7), indicando que o paciente deve ter respondido com honestidade, demonstrando compreensão verbal suficiente para fornecer um protocolo válido (conforme Levitt & Gotts, 1995).

Analisando os sintomas principais do paciente, através dos indícios do perfil, como a elevação maior que T70, na escala D (T=90), e pelo uso de escalas especiais – a escala de Wiggins e a escala de Tryon, Stein e Chu (*apud* Levitt & Gotts, 1995) –, que ultrapassam um T70, pode-se afirmar que os dados apontam para uma depressão clinicamente grave, com indícios compatíveis com risco de suicídio. Também, utilizando a escala de tensão, vê-se que o paciente endossou itens que indicam que seu nível atual de ansiedade é elevado, o que, possivelmente, deve-se, em grande parte, à situação estressante que vem atravessando.

Usando a escala I-RD, de Distorção da Realidade (*apud* Levitt & Gotts, 1995), o escore do paciente ultrapassa um T69, com o que se pode dizer que o paciente admite apreciável número de sintomas usualmente considerados compatíveis com a existência de uma psicose, como alucinações e experiências peculiares e bizarras, como as seguintes:

"Às vezes, maus espíritos se apoderam de mim";
"Tenho tido experiências muito peculiares e estranhas";
"Quando estou com outras pessoas, aborrece-me ouvir coisas muito estranhas";
"Minha alma algumas vezes deixa meu corpo";
"Vejo pessoas, coisas, animais, ao meu redor, que os outros não vêem";
"Creio que estão tramando alguma coisa contra mim";
"Creio que estou sendo seguido";
"Comumente, ouço vozes sem saber de onde vêm";
"Alguém controla a minha mente";
"Uma ou mais vezes, em minha vida, senti alguém hipnotizando-me, induzindo-me a fazer coisas";
"Às vezes, sinto odores peculiares";
"Freqüentemente, sinto como se as coisas não fossem reais";
"Tenho pensamentos estranhos e peculiares";
"Ouço coisas estranhas quando estou só";
"Nunca tive visões" (E).

Levando em conta, ao mesmo tempo, a elevação maior que T70 da escala de Psicoticismo de Wiggins, aumenta a possibilidade da hipótese de psicose, embora, a partir de um inventário verbal, esta seja só uma probabilidade, viável, até certo ponto, em termos da história clínica do paciente, mas não integralmente corroborada pelos dados do Rorschach.

Por outro lado, usando escalas suplementares de transtornos de personalidade, observa-se que, para o transtorno de personalidade esquizotípica, o paciente preenche critérios (escore 16) que o classificariam num nível V, enquanto, tanto para o transtorno de personalidade *borderline* (escore 20) como dependentes, estaria no nível IV. Evidentemente, dada a natureza do instrumento e o fato de apresentar itens formulados no tempo presente e no passado, não é possível chegar a inferências sem considerar os demais dados da testagem e as informações da história clínica presente e passada.

O WAIS foi administrado para esclarecimento de aspectos cognitivos, que já foram amplamente discutidos no item sobre as funções do ego. Além dos indícios de comprometimento examinados, especialmente no que tange a pensamento conceitual, os recursos intelectuais, em geral, encontram-se bastante preservados.

Fundamentação das hipóteses diagnósticas

As hipóteses iniciais centravam-se num transtorno afetivo a partir das informações iniciais do próprio paciente e de seu irmão. Não obstante, nova entrevista com o paciente, a entrevista com sua esposa, bem como a observação do comportamento do paciente e os dados obtidos na testagem sugeriram um quadro psicopatológico bem mais complexo.

No momento, sem dúvida, o paciente apresenta e relata sintomas depressivos apreciáveis, bem como sinais residuais de natureza psicótica.

Em relação à hipótese da presença de transtorno de personalidade esquizotípica, observa-se que satisfaz os critérios diagnósticos do DSM-IV. Quanto ao transtorno de personalidade *borderline*, não preenche todos os critérios, e o mesmo se pode dizer quanto ao transtorno de personalidade dependente. Mas, sem dúvida, apresenta alguns traços. Em relação ao último, não só foram observados indícios característicos no MMPI, como a maneira como a esposa o descreveu, desde que começaram a se relacionar, corresponde pelo menos a um tipo de personalidade dependente, como uma pessoa dócil, imatura, passiva e submissa a uma figura mais forte. É ingênuo e facilmente persuadível. Evita competição e tensão social. Parece sentir-se fraco, frágil e, eventualmente, inadequado, em certas circunstâncias.

Entretanto, durante o processo do psicodiagnóstico, chamou especial atenção a ausência de uma modulação afetiva nítida, também observada pelo psiquiatra responsável por seu tratamento. Por outro lado, a esposa também observou diferenças em sua personalidade, descrevendo-o como "desligado", "aéreo", "alheio", "parado", parecendo que "não é mais o mesmo", "que não está normal", "que não está nem aí" (sic). Além disso, como há dados compatíveis com a presença de indícios de transtornos de pensamento, da existência de, pelo menos, lapsos no teste de realidade, de problemas no sentido de realidade, de conteúdos delirantes e de prováveis alucinações, estão satisfeitos alguns critérios para o diagnóstico de transtorno esquizofrênico, em que os traços de transtorno de personalidade esquizotípica e *borderline* poderiam ter uma significação pré-mórbida. Observa-se, porém, que os episódios depressivos não podem ser considerados curtos. Por outro lado, na história, pelo relato do paciente, parece ter havido períodos em que se apresentaram sintomas psicóticos, sem alterações realmente importantes de humor. Ainda, pelos dados da testagem, logo após a hospitalização, em que foram observados sintomas psicóticos, parece haver coincidência de ambos os quadros. Esses dados sugerem a presença de 297.70, transtorno esquizoafetivo, em remissão. Todavia, como os sintomas de natureza esquizofrênica podem ser emergentes, sendo difícil distinguir formas severas de transtorno de personalidade esquizotípica de sinais prodrômicos de esquizofrenia, só um acompanhamento do caso poderá permitir um diagnóstico mais seguro.

Laudo psicológico

Identificação: B.S.
Idade: 35 anos
Época do exame: –
Motivo do encaminhamento: diagnóstico diferencial.

Técnicas utilizadas: Entrevistas com o paciente, com o irmão e com a esposa; Teste de Rorschach, *Minnesota Multiphasic Personality Inventory* (MMPI), *Thematic Aperception Test* (TAT), *Wechsler Adult Intelligence Scale* (WAIS) e técnicas gráficas.

Sumário dos resultados: O paciente apresenta um quadro depressivo, com sinais residuais e/ou incipientes de natureza psicótica. Ao mesmo tempo, os resultados são compatíveis com a presença de transtorno de personalidade esquizotípica, com traços de transtorno *borderline*, ainda com características de personalidade de tipo dependente.

Confrontando os resultados do exame com a história clínica, as características de personalidade de tipo dependente já podiam ser observadas na fase pré-mórbida, quando apresentou um episódio que, pela descrição dos familiares, poderia ter preenchido os critérios de episódio de depressão maior, tendo como fator precipitador a ocorrência do falecimento paterno, com repercussões importantes em suas relações sociais. Todavia, não houve um atendimento especializado, e, assim, as informações não são totalmente confiáveis para se estabelecer um diagnóstico. Considerando que apresenta um transtorno de personalidade esquizotípica com traços de personalidade *borderline*, era muito possível a ocorrência de um transtorno de humor concomitante, com a profunda alteração que se verificou após a morte súbita do pai.

Apesar de seus antecedentes como pessoa de vida muito regrada e honesta, passou a envolver-se fanaticamente em atividades ritualísticas de religião afro-brasileira e, em razão de sua subserviência absoluta a uma mãe-de-santo, chegou a realizar um desfalque importante na agência bancária em que era funcionário para pagamento de "trabalhos", que visavam a livrá-lo de seus problemas depressivos e prevenir a ocorrência de desgraças imaginárias. Nessa época, não se pode descartar a hipótese da coexistência, no paciente, de aspectos delirantes e, provavelmente, de sintomas alucinatórios (?). Ao ser descoberto o desfalque e instaurado processo administrativo, o paciente apresentou outro episódio depressivo, sendo hospitalizado com sintomas psicóticos.

No momento, em fase de remissão do episódio depressivo, está apresentando traços não congruentes, como falta de modulação afetiva nítida, alheamento, além da ocorrência, nos testes, de respostas isoladas compatíveis com a presença de transtorno de pensamento, observando-se, também, pobreza da fala e pobreza do conteúdo da linguagem, isolamento social marcante e comprometimento de seu papel como esposo e pai de família.

Considerando-se alguns prováveis sintomas anteriores, mais os sintomas emergentes e a dificuldade de distinguir formas severas de transtorno de personalidade esquizotípica de sinais prodrômicos de esquizofrenia, as hipóteses diagnósticas que podem ser atualmente levantadas, com base no DSM-IV, são colocadas a seguir, embora só o acompanhamento do caso poderá permitir chegar a um diagnóstico mais seguro.

Hipóteses diagnósticas

Eixo 1 – 297.70. Transtorno Esquizoafetivo. Tipo depressivo. Em remissão.

Eixo 2 – 301.22. Transtorno de Personalidade Esquizotípica, com traços de 301.83. Transtorno de Personalidade *Borderline* e
301.6. Transtorno de Personalidade Dependente

Eixo 3 – Nenhum

Eixo 4 – Problema ocupacional (demissão do emprego), administrativo (processo) e financeiro

Eixo 5 – 40

Parte II
Avaliação, Métodos e Técnicas

MÓDULO VI – Alguns Tipos Específicos de Avaliação

Avaliação inter e transgeracional da família

Blanca Guevara Werlang

12

Todo psicólogo que é solicitado a intervir num dado problema psicológico, seja este individual ou seja familiar, deverá, em primeiro lugar, situar o ponto do ciclo vital em que o solicitante ou os solicitantes se encontram. Esse ciclo é constituído pelos momentos mais significativos da vida pessoal/familiar, onde existem zonas de estabilidade e/ou inestabilidade, correspondentes a mudanças na organização pessoal/familiar, geradoras tanto de equilíbrios como de desequilíbrios, momentâneos ou duradouros, a que o sujeito/família tem de dar resposta, de maneira a atingir uma nova organização.

Como o homem não é um ser isolado, ele não pode ser considerado fora de seu ambiente familiar. Cada indivíduo está em interação intensa com os outros membros da família. Portanto, os problemas individuais não têm só um sentido, mas sim uma função no contexto mais amplo onde surgem. As famílias, segundo Minuchin (1982), modelam e programam o comportamento e o sentido de identidade de seus membros, sendo que também estes e a família crescem juntos e se acomodam às mudanças da sociedade. Desta maneira, a família é um sistema aberto, auto-regulado, com uma história comum, que define no seu seio normas e padrões transacionais próprios.

A família, então, se estrutura em um certo período, através de intercâmbios e retroalimentações, regulados por meio de experiências a respeito do que está e do que não está permitido na relação, até converter-se numa unidade que se sustenta por regras que lhe são próprias.

Desta maneira, a organização da família está formada por uma rede de relações que é preexistente ao sujeito. O ser humano mantém vinculação com seus semelhantes, para uma adequada satisfação de suas necessidades múltiplas e diferenciadas. Numa família, existem relações conjugais, materno-filiais e relações fraternas, cada uma com uma significação diferente para a satisfação das necessidades do indivíduo, sendo as marcas decorrentes impressas na pessoa para toda a sua vida.

Portanto, as famílias desenvolvem uma estrutura característica, um padrão bem definido e repetitivo de papéis e regras, dentro dos quais os seus membros funcionam. Os valores e normas familiares são derivados das experiências de crescimento dos pais, em suas famílias de origem, dos derivativos internalizados dessas experiências, da influência atual da sociedade na qual estão vivendo e de suas histórias desde que se uniram para criar uma nova família.

Segundo Bucher (1985), são as regras ou normas estabelecidas pela família que nortearão a conduta de seus membros e irão variar de família para família, embora haja também regras similares para um grupo de famílias, condicionadas por classe social, nível cultural, etc. Os ritos são moldados pelas regras estabelecidas pela família. Os seus hábitos são exteriorizados através de ritos e ancorados nas regras por ela definidas. Os ritos são produtos da tradição, transmissíveis culturalmente e sancionados pelo consenso grupal, e exigem, como condição básica, a crença em sua eficácia e a repetição constante. Assim, acrescenta a autora, "tanto os mitos quanto os ritos são a expressão do aparelho psíquico da família e expressam sua dinâmica" (p.115), sendo que eles podem ser tanto altamente criadores quanto destruidores, caso se tornem rígidos.

A família é, por si só, uma entidade psíquica, afirma Vilhena (1988), e não apenas grupal ou social. Na família, os mecanismos de projeção são constantes e maciços, sendo as projeções múltiplas próprias do sistema, do grupo familiar. Deste modo, a família elabora uma imagem interiorizada, comum ao grupo, unindo seus membros em um projeto comum. Conseqüentemente, fala-se em mito familiar, não havendo uma organização familiar sem um mito que lhe inscreva em uma ordem de valores mais gerais, que lhe legitime e lhe dê sua lei de composição interna.

Segredos e mitos podem ser começados por um membro da família (ou um agregado), conforme Pincus e Dare (1981), mas eles não permanecem como propriedades do indivíduo, já que os outros membros da família iniciam, como resposta, um processo de influência mútua, fortalecendo ou enfraquecendo os efeitos dos mesmos. Eles se baseiam sempre no poder e na dependência, no desejo de ferir, no amor e no ódio, sentimentos que estão ligados ao sexo, nascimento e morte. Dessa maneira, nas palavras dos autores, "quando surge na criança a primeira consciência de ter de competir com esta mistura de sentimentos, contraditórios e poderosos, desejos e anseios secretos, começam a dominar seu mundo interno" (p.16). Esse mundo permanece, através de suas vidas, como fonte de dor e conflito, assim como fonte de imaginação e criatividade.

Na família saudável há regras, padrões, que servem de guia para o crescimento grupal e individual. Essas famílias percorrem o ciclo vital, estando livres para mudar, adaptar-se e crescer sem medo e apreensão. No entanto, em famílias disfuncionais, as regras são usadas para inibir a mudança e para manter o *status quo*. O comportamento de um indivíduo, então, depende do comportamento dos outros, e, assim, os padrões de interação transcendem à qualidade dos membros individuais.

Do mesmo modo que a teoria psicanalítica considera que, na vida mental e no comportamento humano, nada acontece por acaso, sendo os fenômenos entendidos através do conceito de determinismo psíquico (restabelecer e repetir situações infantis), a perspectiva intergeracional considera os problemas individuais como familiares – com sua raiz também em fatos passados, constituindo a história natural da família —, transmitidos de geração em geração, por meio de condutas repetitivas.

A análise da transmissão dessa cultura familiar, de uma geração para outra e entre os membros da mesma geração, identificando padrões, costumes, segredos, mitos e problemas que determinam o funcionamento pessoal/familiar, é a proposta dessa abordagem intergeracional. Assim, o psicólogo trabalha, segundo Sampaio e Gameiro (1985), em dois eixos: o *eixo vertical*, ou transgeracional, onde são identificados papéis e funções característicos da família, bem como o nível de autonomia e diferenciação de cada elemento face à sua família de origem; e o *eixo horizontal*, ou eixo do aqui e agora, que inclui o estudo dos padrões da interação pessoal e familiar, bem como o modo como o indivíduo e/ou o grupo familiar lida com as dificuldades da sua vida.

Dentro das perspectivas intergeracionais, destaca-se a posição pioneira de Murray Bowen, citado por Andolfi e Angelo (1988), Carneiro (1983) e Foley (1990), entre outros, que, nos anos 50, iniciou um trabalho clínico, em associação com outros técnicos em saúde mental, com famílias de doentes mentais internados com o diagnóstico de esquizofrenia, em instituições psiquiátricas. Mais especificamente no ano de 1954, Bowen trabalhou na cidade de Washington, num projeto de investigação, onde os pacientes eram internados em conjunto com sua família, pelo período de seis meses a dois anos, numa área do hospital reservada para esse propósito. A equipe de Bowen identificou aos poucos que muitos dos efeitos benéficos do tratamento ao paciente eram prejudicados pela constante interferência dos elementos da família. Dessa maneira, inicialmente, conceitualizou a esquizofrenia como sendo uma entidade psicopatológica influenciada pela mãe, porque um apego não resolvido e simbiótico à mãe constituía o problema básico do paciente. Após, passou a considerar o papel do pai, dos avós, ampliando a hipótese para toda a família, passando da compreensão intrapsíquica tradicional para uma análise de sistemas (Foley, 1990; Sampaio & Gameiro, 1985).

A conclusão de Bowen, então, é de que a patologia do paciente identificado só pode ser compreendida em relação ao sistema emocional do qual faz parte, afirmando que os padrões vinculares em determinada geração proporcionam modelos implícitos para o funcionamento pessoal e familiar nas gerações seguintes. Bowen, recorda Miermont (1994), denominou isso de transmissão multigeracional ou intergeracional, propondo uma entrevista de avaliação, durante a qual tenta precisar nomes, idades e atividades de todos os membros da família durante três gerações, assim como os principais acontecimentos: data de nascimento, casamentos, separações, mortes, etc., organizando um mapa que oferece uma imagem gráfica da estrutura familiar ao longo de várias gerações, denominado genetograma.

O genetograma é um instrumento clínico de investigação inter e transgeracional da família, baseado na teoria sistêmica familiar de Murray Bowen, que, até os anos 80, não apresentava um formato aceito por todos os profissionais, existindo várias formas diferentes de construí-lo, de modo que cada especialista tinha seus próprios símbolos e maneiras de traçar as constelações familiares, provocando confusões e impossibilitando a sua leitura por parte de outros profissionais. O formato padronizado foi organizado finalmente por um comitê, integrado principalmente por profissionais vinculados à terapia familiar e à medicina da família. A representação padronizada desses símbolos e dos procedimentos para o traçado foi divulgada por Monica McGoldrick e Randy Gerson, pela primeira vez, no ano de 1985.

Tal formato padronizado registra informações a respeito dos membros da família e de seu relacionamento ao longo de três gerações, mostrando graficamente informações, que fornecem uma "rápida *gestalt* dos complexos padrões familiares, sendo uma rica fonte de hipóteses a respeito de como um problema clínico pode ter se originado e evoluído no contexto familiar, ao longo do tempo" (McGoldrick & Gerson, 1987, p.17). Desta forma, o genetograma ajuda tanto o clínico como a própria família a ver os problemas no seu contexto atual e histórico, em que o paciente identificado, como identidade isolada portadora de sintomatologia, deixa de ser o foco principal, passando apenas a ser um dos elos de um sistema disfuncional, que é gerador de sofrimento e doença.

O pilar de sustentação de um genetograma é o retrato gráfico de como os diferentes membros de uma família estão biologicamente e legalmente relacionados uns com os outros, de uma geração para a outra. Este mapa, ou retrato, é uma construção de figuras/símbolos (quadrados e círculos), que representam as pessoas, e de linhas (cheias ou pontilhadas), que descrevem os seus relacionamentos.

Os principais símbolos para descrever a estrutura e os membros da família básica podem ser observados nos casos de Maria e de André e nas Figuras 12.1 e 12.2, respectivamente.

Maria, 48 anos (paciente identificado), é professora e está casada em segundas núpcias com Carlos, 52 anos, engenheiro. No momento do casamento, Maria era viúva, e Carlos, divorciado. Moram com o casal Roberto, de 23 anos, Sérgio, de 21 anos (filhos do primeiro casamento de Maria), Bernardo, de 16 anos, Júlia, de 13 anos (filhos do casal), e Irma, com 70 anos, enfermeira aposentada, mãe de Carlos. Maria é a filha caçula de uma prole de três filhas mulheres, e seus pais já são falecidos.

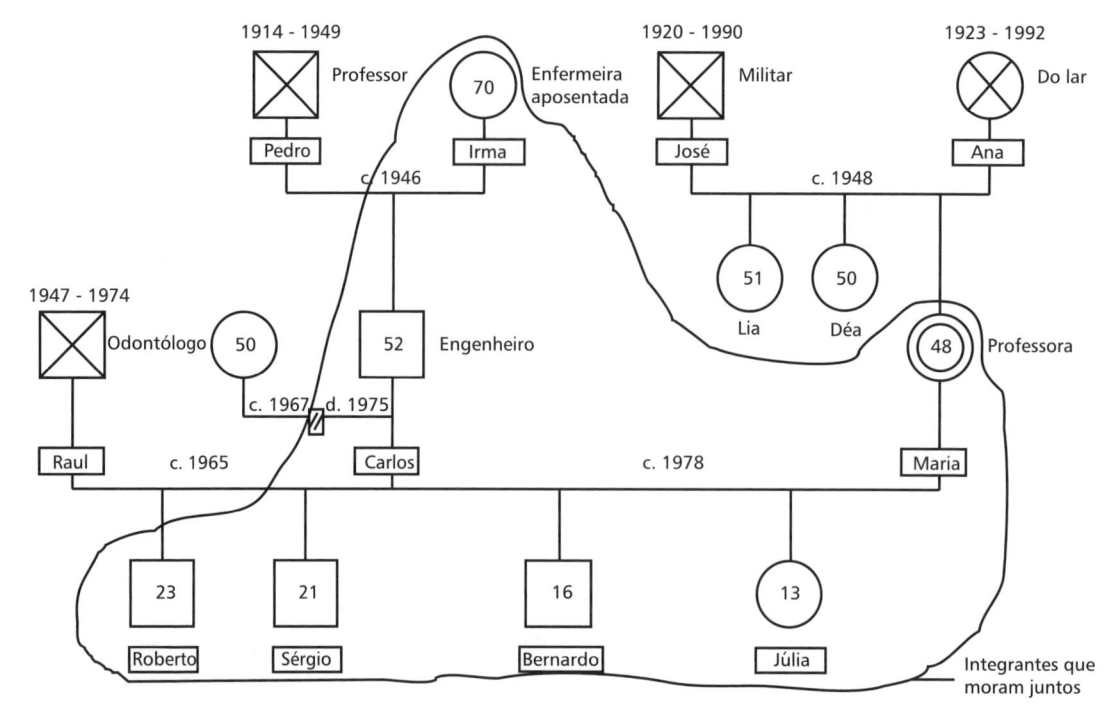

Figura 12.1 Genetograma do caso Maria

Carlos é filho único, sendo que seu pai faleceu quando ele tinha apenas um ano de idade.

André, 10 anos de idade, é o primogênito de uma prole de três. Suas duas irmãs de seis anos são gêmeas idênticas. Seus pais (38 e 35 anos) constituíram família há 12 anos, mas não casaram* e estão aguardando a chegada de mais um filho (gravidez de seis meses). O pai de André é filho adotivo, e a mãe é a única filha mulher de uma prole de quatro, sendo por sua vez gêmea fraterna com um de seus irmãos. Os avós paternos de André estão divorciados há alguns anos, tendo hoje novos cônjuges, e os maternos se encontram separados.

Como pode se observar nos casos de Maria e de André, cada membro da família está representado por um quadrado ou um círculo, de acordo com o seu sexo. Para a pessoa que centraliza ou gera a construção do genetograma (paciente identificado), as linhas do símbolo se duplicam. Os nomes de cada membro devem ser colocados embaixo do símbolo, sua idade cronológica no centro, e a profissão ao lado do mesmo. Para uma pessoa falecida, coloca-se um X dentro da figura, com a data de nascimento (à esquerda) e de falecimento (à direita) em cima da mesma.

As pessoas casadas legalmente estão conectadas por linhas horizontais e verticais cheias, e os que moram juntos (concubinatos) por linhas pontilhadas, com o marido situado à esquerda e a esposa à direita. As letras "c.", "s." e "d." seguidas de uma data indicam o ano do casamento, separação e divórcio, respectivamente. As barras inclinadas sobre a linha do casamento significam interrupção do mesmo: uma barra, para separação, e duas, para o divórcio. Quando os cônjuges representados já tiveram outros casamentos ou relacionamentos, deve-se dispor os mesmos em ordem, da esquerda para a direita, colocando o casamento mais recente em último lugar ou em lugar que, com ajuda das datas registradas, permita uma clara visualização e compreensão da situação.

Se o casal tem filhos, o símbolo de cada um deles deve ser representado e unido, por uma

---

*Situação identificada no genetograma com as letras "m.j." (moram juntos).

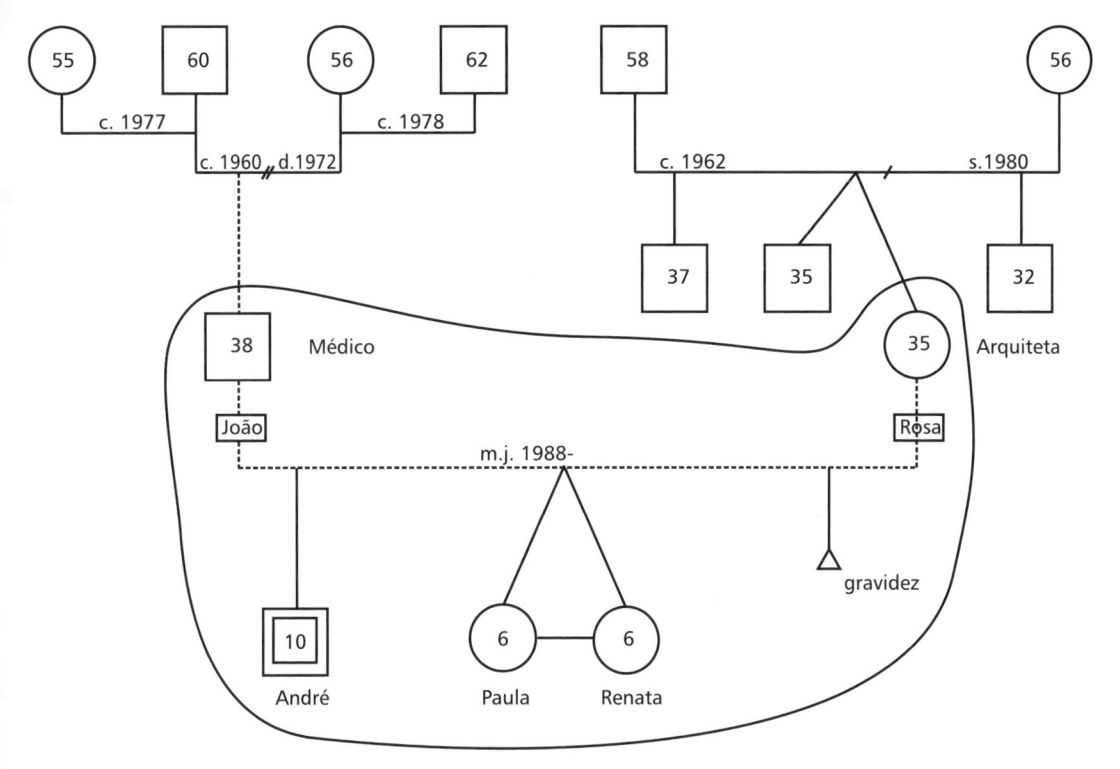

Figura 12.2 Genetograma do caso André.

linha, à linha horizontal que conecta este casal. Os filhos devem ser situados, da esquerda para direita, em ordem cronológica do nascimento. Utiliza-se uma linha cheia para os filhos biológicos e uma linha pontilhada para os filhos adotivos. Linhas convergentes em relação à linha dos pais representam gêmeos. Se são gêmeos idênticos, graficamente a relação é representada por uma linha, que os une.

A linha que é utilizada para cercar os membros da família diferencia aqueles integrantes que compartilham o mesmo lar.

Cabe mencionar, ainda, outros símbolos bastante comuns nas constelações familiares (vide Figura 12.3).

A construção do genetograma é realizada através de uma entrevista de avaliação clínica. Pode ser realizada no primeiro contato, depois de o clínico ouvir o motivo da procura do atendimento. Mas, na maioria das vezes, dentro do processo psicodiagnóstico, é administrada depois da primeira ou segunda sessão.

As informações podem ser obtidas entrevistando um único membro da família ou vários integrantes. Certamente, colher informações de diferentes membros da família aumenta a fidedignidade dos dados, e, quando reunidos em entrevista familiar, esta possibilita, de forma direta, a observação das interações.

Na entrevista familiar, é aconselhável a atuação de um coordenador e um observador. O coordenador registrará, com eventual colaboração de membros da família, o mapa familiar, conduzindo as perguntas e coordenando a atividade para garantir a participação de todos os integrantes da família. O observador anotará as comunicações não-verbais e outros detalhes que pareçam significativos. Nesse tipo de entrevista, o volume de informações é muito grande e variado, sendo fundamental que nada se perca do expressado, tanto individual como coletivamente. Para tanto, é recomendável o uso de gravador, com prévia concordância dos participantes. O tempo de duração da entre-

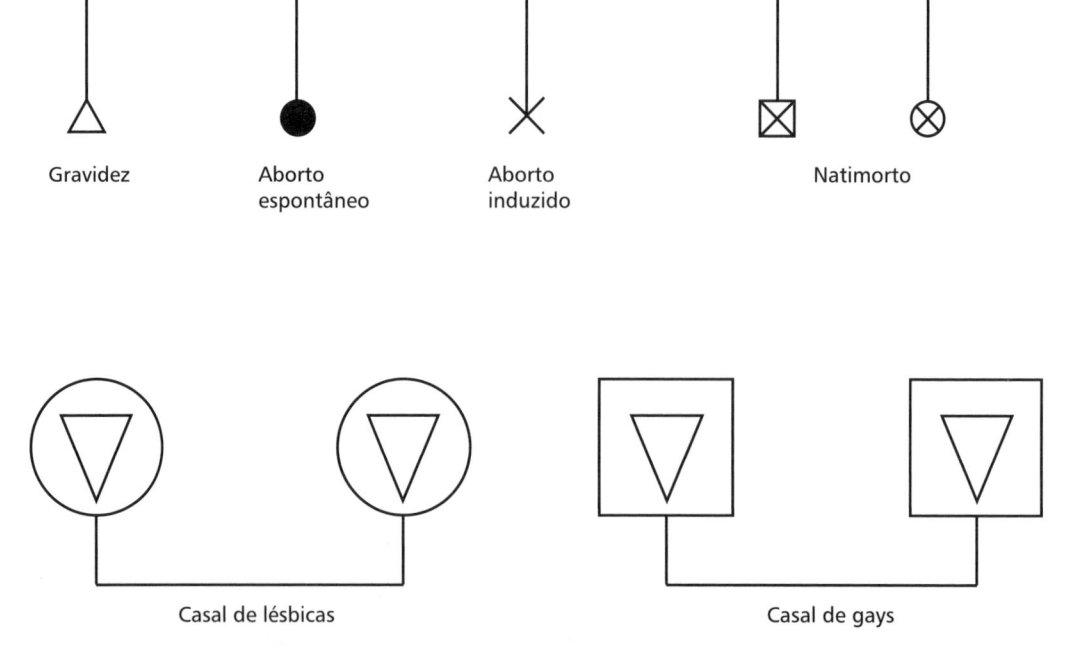

△	●	✕	⊠	⊗
Gravidez	Aborto espontâneo	Aborto induzido		Natimorto

Casal de lésbicas   Casal de gays

Fontes: McGoldrick & Gerson, 1987; McGoldrick & Gerson, 1995; McGoldrick, Gerson & Schellenberger, 1999; Marlin, 1989.

Figura 12.3 Exemplos de símbolos comuns em constelações familiares (adaptados).

vista varia de caso a caso, mas, em geral, para este tipo de atividade, a média de tempo é de 90 minutos.

Para a montagem do genetograma, o entrevistador necessitará colher dados, como se estivesse desenrolando uma rede de informações em círculos cada vez maiores para captar informações relevantes a respeito da família e de seu contexto mais amplo. Essa rede se estende em diferentes direções, sendo aconselhável orientar as perguntas: "a) do problema atual até o contexto maior do problema; b) da família imediata até a família mais extensa e os sistemas sociais mais amplos; c) da situação atual da família até uma cronologia histórica de eventos familiares; d) de indagações fáceis e não ameaçadoras até questões difíceis que provoquem ansiedade; e) de fatos óbvios ao julgamento do funcionamento e relacionamentos até hipóteses sobre padrões familiares" (McGoldrick & Gerson, 1987, p.46; McGoldrick, Gerson & Shellemberger, 1999, p.53).

De maneira geral, as pessoas trazem para avaliação problemas específicos, que se constituem no ponto de partida da investigação. Assim, faz sentido começar tomando como referência o paciente identificado, explorando e registrando informações de todos os membros da família imediata (que compartilham a mesma casa) e do contexto atual, onde ocorre o problema.

Após, torna-se importante orientar as perguntas no sentido de explorar o contexto familiar mais amplo, identificando dados significativos sobre a família de origem, tanto materna quanto paterna (pelo menos em três gerações), incluindo pais, avós, tios, irmãos, primos, cônjuges, filhos, investigando também os agregados e apoios externos (babás, empregadas, vizinhos, médicos, professores, etc.) da família, que tenham desempenhado um papel importante para o funcionamento desta.

Uma vez identificada a estrutura familiar nuclear e a ampla, a preocupação deve se centralizar na obtenção de informações objetivas sobre os dados mais importantes de cada um dos membros da família, tanto sob o ponto de vista demográfico como socioculturais, médico-psicológicos e profissionais ou legais.

No caso da presença de problemas e/ou doenças, deve-se investigar e incluir no mapa gráfico os mais significativos ou crônicos, usando as categorias do DSM-IV (APA, 1995), da CID-10 (OMS, 1993) ou abreviações reconhecíveis. Para algumas situações, existem símbolos específicos, como pode ser observado no caso representado na Figura 12.4.

Nesta família, o paciente identificado é um garoto (Ricardo) de 16 anos, que foi trazido pela sua mãe (42 anos) para avaliação psicológica, por suspeita do uso de maconha. A irmã de Ricardo encontra-se, no momento, em recuperação do uso de cocaína, e o pai é dependente de álcool, em co-morbidade com um transtorno bipolar.

A respeito dos avós, observa-se que, na linha paterna, o avô faleceu no ano de 1986, em função de um acidente vascular cerebral, e a avó encontra-se institucionalizada num lar para idosos. Na linha materna, o avô também já é falecido, a avó é uma senhora de 67 anos, que está com câncer de fígado. Por parte de pai, Ricardo tem uma tia (48 anos) que é freira e que mora, desde sua adolescência, num convento, e um tio (41 anos) dependente de cocaína. Por parte de mãe, tem um tio (39 anos) alcoolista que, no momento, participa do programa de AAA (Associação de Alcoólicos Anônimos).

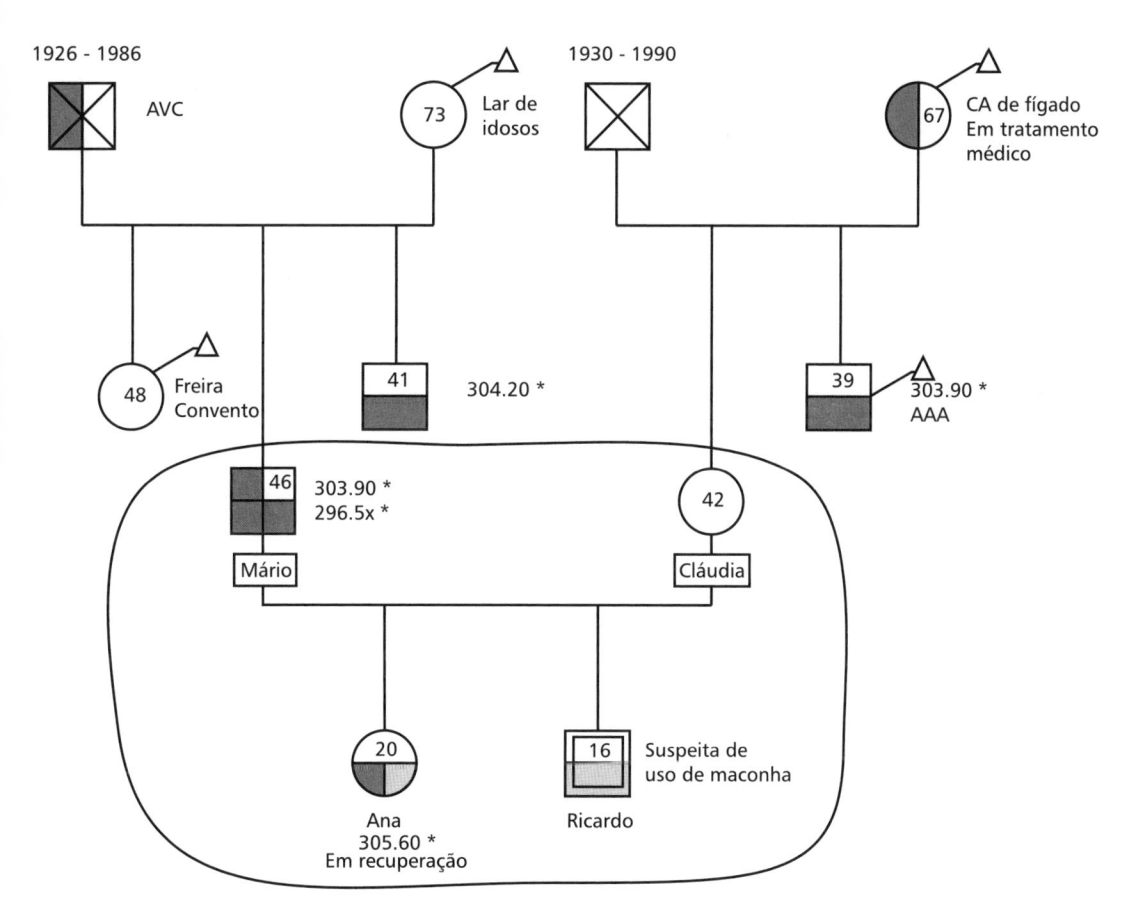

*Categorias nosológicas segundo o DSM-IV (1995).

Figura 12.4 Genetograma do caso Ricardo.

Como pode-se observar, as pessoas que apresentam transtorno mental ou doença física grave foram representadas preenchendo (em tonalidade escura) a metade esquerda do símbolo. No caso dos que são dependentes de álcool e/ou de drogas, o preenchimento é na metade inferior, e os que apresentam co-morbidade de doença mental ou física com dependência de álcool ou drogas são representados com a metade esquerda e a metade inferior também preenchidos com cor escura*.

Os integrantes de que se suspeita que façam uso ou abuso de álcool e/ou de drogas foram representados preenchendo a metade inferior do símbolo com uma cor mais clara, e aqueles que estão em recuperação da adicção, com um quarto inferior do símbolo preenchido em tonalidade escura e o outro quarto inferior em tonalidade clara. Por último, aqueles familiares de Ricardo que se encontram institucionalizados ou fazem tratamento psicoterápico, médico e/ou participam de outros programas institucionais foram representados com uma linha para fora da figura em direção a um triângulo pequeno.

O próximo nível de dados a serem coletados na entrevista envolve o delineamento dos relacionamentos entre os membros da família e os papéis de cada um deles. Para isso também existem alguns símbolos (vide Figura 12.5).

A identificação dos diferentes padrões de interação entre os membros da família (íntimo, distante, conflitivo, dependente, etc.), assim como os papéis de cada um deles (submisso, fracassado, dominador, problemático, etc.) e o traçado das mudanças que ocorreram ao redor dos diversos eventos e transições (nascimentos, morte, separações, fracassos, etc.) proporcionam ao clínico indícios para a formulação de hipóteses a respeito do estilo adaptativo ou não da família. A avaliação dos padrões de funcionamento e relacionamentos, principalmente após determinados eventos e/ou transições, fornecem, então, pistas sobre regras familiares, padrões de organização e fontes de recursos ou de resistência da família.

O funcionamento dos membros da família pode se repetir ao longo de várias gerações. Assim, freqüentemente, o problema atual da família ocorreu em gerações anteriores. Por exemplo, McGoldrick e colegas (1999), analisando o genetograma da família Fonda, observam a repetição de uma conduta suicida, assim como hospitalizações psiquiátricas e fatos traumáticos, revelando ainda detalhes, como: a) casamentos múltiplos são comuns nessa família: Henry Fonda (pai de Jane) casou cinco vezes, sua primeira esposa, Margaret, casou quatro vezes, sendo Henry seu segundo esposo; b) Margaret suicidou-se, e sua filha Brigit também; c) a mãe de Jane Fonda, segunda esposa de Henry, também cometeu suicídio, num hospital para enfermos mentais; d) Henry Fonda manteve, por certo tempo, segredo sobre a morte de sua segunda esposa, realizando, junto com sua sogra, um funeral privado, nunca discutindo o fato com Jane e com Peter, seu outro filho; e) durante a terceira lua-de-mel de Henry Fonda, seu filho Peter deu um tiro no estômago, oito meses após o suicídio de sua mãe; f) durante a quarta lua-de-mel de Henry Fonda, Peter adoeceu por consumo de drogas, devendo Henry retornar de sua viagem, para hospitalizá-lo numa unidade psiquiátrica; g) Henry Fonda tinha dois amigos íntimos que se suicidaram; h) Peter Fonda apaixonou-se por Brigit Hayward, no ano em que esta se suicidou, sendo que também seu melhor amigo se suicidou.

Desta maneira, para essas autoras, certas regras são transmitidas de geração em geração, sendo vários os padrões sintomáticos que tendem a se repetir, tais como alcoolismo, incesto, violência, sintomas físicos e suicídio. Perceber essa repetição possibilitará ajudar a pessoa e sua família a evitar novas repetições, frustrando esse processo disfuncional.

Durante o processo de traçado do genetograma e da coleta de informação na entrevista, o aspecto mais difícil, certamente, é o de estabelecer prioridades para a investigação e inclusão dos dados da família. O clínico deve

---

N. da A. *Provavelmente, devido à importância que tem a dependência de substâncias na história familiar, os autores deram tal destaque a esses transtornos mentais.

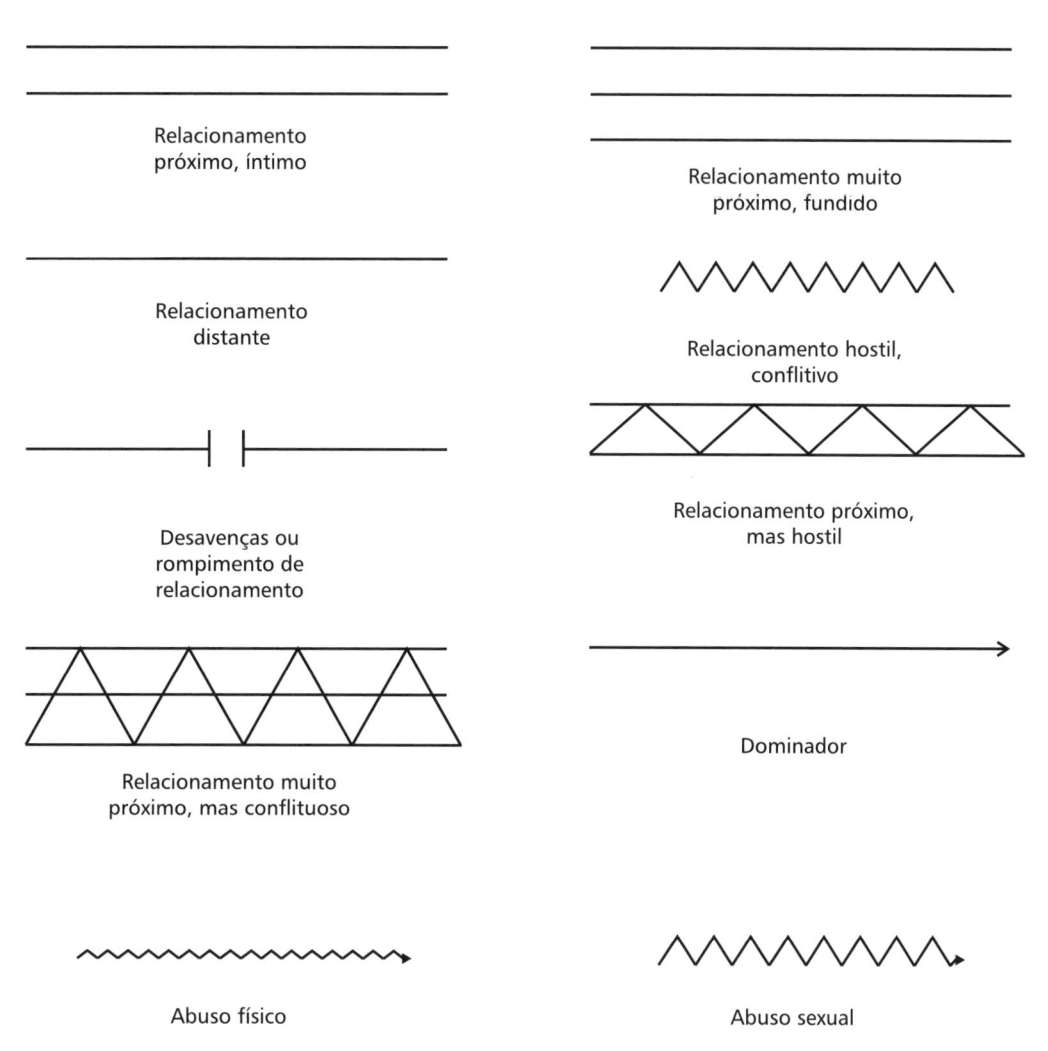

═══════ Relacionamento próximo, íntimo	═══════ Relacionamento muito próximo, fundido
─────── Relacionamento distante	∧∧∧∧∧∧ Relacionamento hostil, conflitivo
──┤├── Desavenças ou rompimento de relacionamento	▲▲▲▲▲ Relacionamento próximo, mas hostil
▲▲▲▲▲ Relacionamento muito próximo, mas conflituoso	────→ Dominador
∼∼∼∼→ Abuso físico	∧∧∧∧→ Abuso sexual

Fontes: McGoldrick & Gerson, 1987; McGoldrick & Gerson, 1995; McGoldrick, Gerson & Schellenberger, 1999; Marlin, 1989; Minuchin, 1982.

Figura 12.5 Representação pictórica de padrões de interação (adaptados).

estar atento às conexões que os familiares fazem ou deixam de fazer em relação a certos fatos e/ou eventos, mas não pode seguir todos os indícios que a entrevista possa sugerir, devendo-se estabelecer prioridades. Assim, a literatura especializada sugere, como regra prática, rastear: a) sintomas repetitivos, ou seja, padrões de relação e/ou conflitos que se repetem na família imediata e através das gerações; b) coincidência de datas, por exemplo, a morte de um familiar ocorrendo ao mesmo tempo em que inicia o sintoma; c) impacto das mudanças ou transições inoportunas no ciclo vital, como nascimentos, casamentos, mortes que se dão fora do esperado e planejado.

Os princípios interpretativos do genetograma têm como base a teoria geral dos sistemas e, nessa, a perspectiva que considera as relações familiares como determinantes da saúde emocional de seus membros. McGoldrick e Gerson (1987) e McGoldrick, Gerson e Shellenberger (1999) propõem a interpretação de seis categorias que sugerem um conjunto geral de suposições, a partir do qual se geram hipóteses relevantes do ponto de vista clínico sobre os padrões familiares. Essas categorias são: estrutura familiar, adaptação ao ciclo vital, sucessos da vida e funcionamento familiar, padrões vinculares e triângulos, equilíbrio e desequilíbrio.

Sem dúvida, o genetograma é uma ferramenta clínica muito útil na compreensão do ciclo vital familiar, possibilitando relacionar os eventos atuais com os do passado, os pessoais com os grupais, com o objetivo de clarear o funcionamento do sistema e permitir um movimento mais saudável do mesmo e dos seus integrantes.

Avaliação prospectiva: o exame precoce da criança

Aidyl L.M. de Queiroz Pérez-Ramos

13

É necessário esclarecer, de início, que a avaliação prospectiva, quando se trata de contexto psicológico, e inclusive realizada o mais precocemente possível, é concebida sempre em termos probabilísticos. O prognóstico esperado depende não somente da natureza do quadro clínico, de sua severidade e complicações, mas também de uma série de fatores incidentes, sejam individuais, sejam ambientais, que surgem e vão se acumulando ao longo da infância e prosseguem em outras fases da vida do ser humano.

Há necessidade, em muitos casos, de realizar avaliação o mais cedo possível, acompanhada da oportuna intervenção, dando prosseguimento à atenção psicológica a esses primeiros anos, que são formadores da personalidade e ainda mais vulneráveis às mais diversas alterações. Prevê-se, portanto, que quanto melhor atendida for a criança, nos seus primeiros tempos, maior é a probabilidade de, futuramente, desenvolver-se de modo equilibrado.

Como promissora perspectiva da avaliação efetuada nesses primeiros anos de vida e suas projeções futuras, destacam-se os progressos alcançados atualmente no âmbito da prevenção, referidos aos fatores de proteção, caracterizados como variáveis que promovem o desenvolvimento da criança, contrapondo-se aos efeitos negativos dos de risco, bloqueadores do processo evolutivo, como também aos logros alcançados nos estudos sobre "resiliência", entendida como resistência do próprio desenvolvimento em defesa daqueles elementos perturbadores (Coie, Watt, West et alii, 1993; Lösel, 1994, Pistori & Crovara, 1994) e facilitadora, por outro lado, da influência dos efeitos positivos dos fatores de proteção. Nesse contexto de interações dos fatores de risco, de proteção e de "resiliência", é possível detectar aqueles comportamentos que constituem "sinais de alerta", ou mesmo indicadores, prenúncios de futuros quadros clínicos e até do desenvolvimento de altas habilidades.

Essas idéias introdutórias permitem justificar o emprego do modelo avaliação-intervenção no estudo de caso de crianças pequenas, elaborado pela autora e amplamente utilizado em diversos tipos de quadros clínicos (Carpentieri, 1994; Pérez-Ramos, A., 1990; Pérez-Ramos, A., 1992; Pérez-Ramos, A., & Pera, 1995). Para complementar essas considerações, serão apresentados significativos "sinais de alerta" ou possíveis indicadores presentes em determinados bebês, que podem constituir inclusive indícios de superdotação.

MODELO DE AVALIAÇÃO-INTERVENÇÃO

Este apresenta características que o diferenciam claramente do modelo tradicional, no qual a avaliação precede à intervenção. Como assinalam A. Pérez-Ramos e J. Pérez-Ramos (1996), "as ações de intervenção subseqüentes ao diagnóstico nem sempre chegam a ser oportunas e, inclusive, facilitam o aumento da vulnerabilidade, presente nas crianças, e, o que é pior, a intensificação dos distúrbios já existentes, devido à demora na realização da intervenção" (p. 91).

O modelo baseia-se em uma perspectiva de articulação cruzada dos procedimentos de avaliação com os de intervenção. À medida que é possível constatar os resultados da avaliação, vão sendo formuladas e aplicadas as estratégias de intervenção decorrentes, e seus resultados, por sua vez, conseqüentemente avaliados, configurando-se, desse modo, a continuidade de cruzamentos recíprocos nas sucessivas fases em que esses processos (avaliação e intervenção) se desenvolvem, até a conclusão do estudo.

Nesse contexto, entende-se por *avaliação* a compreensão do momento evolutivo da criança nas suas diferentes áreas do seu desenvolvimento, especificando aqueles aspectos significativos e suas inter-relações com o ambiente sociofamiliar em que ela vive. Compreende as ações de compilar, analisar, interpretar e integrar dados que possam conduzir ao efetivo conhecimento das condições em que se apresenta o desenvolvimento da criança, inclusive seus progressos e limitações. Nessa atividade investigativa, elaboram-se concomitantemente hipóteses que serão aceitas ou rejeitadas ao longo do seu processo. Identificam-se fatores de risco e de proteção, possíveis manifestações de "resiliência" e, inclusive, os "sinais de alerta" ou indicadores de probabilidade prospectiva.

Quanto ao processo de *intervenção*, o mesmo tem por finalidade proporcionar à criança condições apropriadas destinadas a promover seu adequado desenvolvimento, modificando ou eliminando aquelas variáveis negativas incidentes e proporcionando outras que possam influir, de maneira positiva, nesse processo evolutivo. Incluem-se, no processo de intervenção, desde pequenas mudanças no ambiente até a implementação de programas completos dessa natureza.

Neste modelo, como se pode inferir, a avaliação e intervenção passam a ser inter-relacionadas intimamente por ações recíprocas, podendo ser concebidas por uma perspectiva integradora de três etapas sucessivas na sua evolução. O gráfico apresentado a seguir, que as define, permite esclarecer tal inter-relação (Figura 13.1).

A *primeira etapa* compreende a identificação daqueles aspectos que chamam mais a atenção no desenvolvimento da criança, segundo observação direta do mesmo e dos dados fornecidos pelos seus familiares. A família, e inclusive a criança, quando possível, são motivadas a participar do processo, na qualidade de *facilitadora* a primeira, e *auto-estimuladora*, a segunda. Nessa primeira etapa, tem-se a possibilidade de detecção de possíveis fatores de risco e de proteção, como também dos sinais que possam identificar as condições específicas de "resiliência". A partir dessas informações, derivam-se as primeiras hipóteses, e dessas, as pertinentes estratégias de intervenção. Note-se que, em determinados casos, tais dados avaliativos e estratégias são conclusivos e suficientes.

A *segunda etapa* caracteriza-se pela exploração mais abrangente e organizada de dados avaliativos, concretizando-se por ações mais sistematizadas de intervenção. Estabelece-se um maior envolvimento da criança e da família no processo, acompanhado de atitudes iniciais de auto-iniciativa desta última. Começam o reexame e o aperfeiçoamento das hipóteses iniciais com as novas informações, bem como da avaliação das primeiras intervenções.

A *terceira etapa*, a conclusiva, é onde se integram os dados coletados e interpretados e de onde derivam as ações terminais da intervenção e o desenvolvimento de estratégias mais efetivas de autogestão dos familiares e de auto-estimulação por parte da criança. Também são estabelecidos os passos de seguimento e de re-avaliação, se forem necessários (Pérez-Ramos, A., 1990; Pérez-Ramos, A. 1992).

PROCEDIMENTOS DE AVALIAÇÃO E DE INTERVENÇÃO

Configurado o modelo em referência, são apresentados, sucintamente, os procedimentos de aplicação mais gerais, sem considerar a espe-

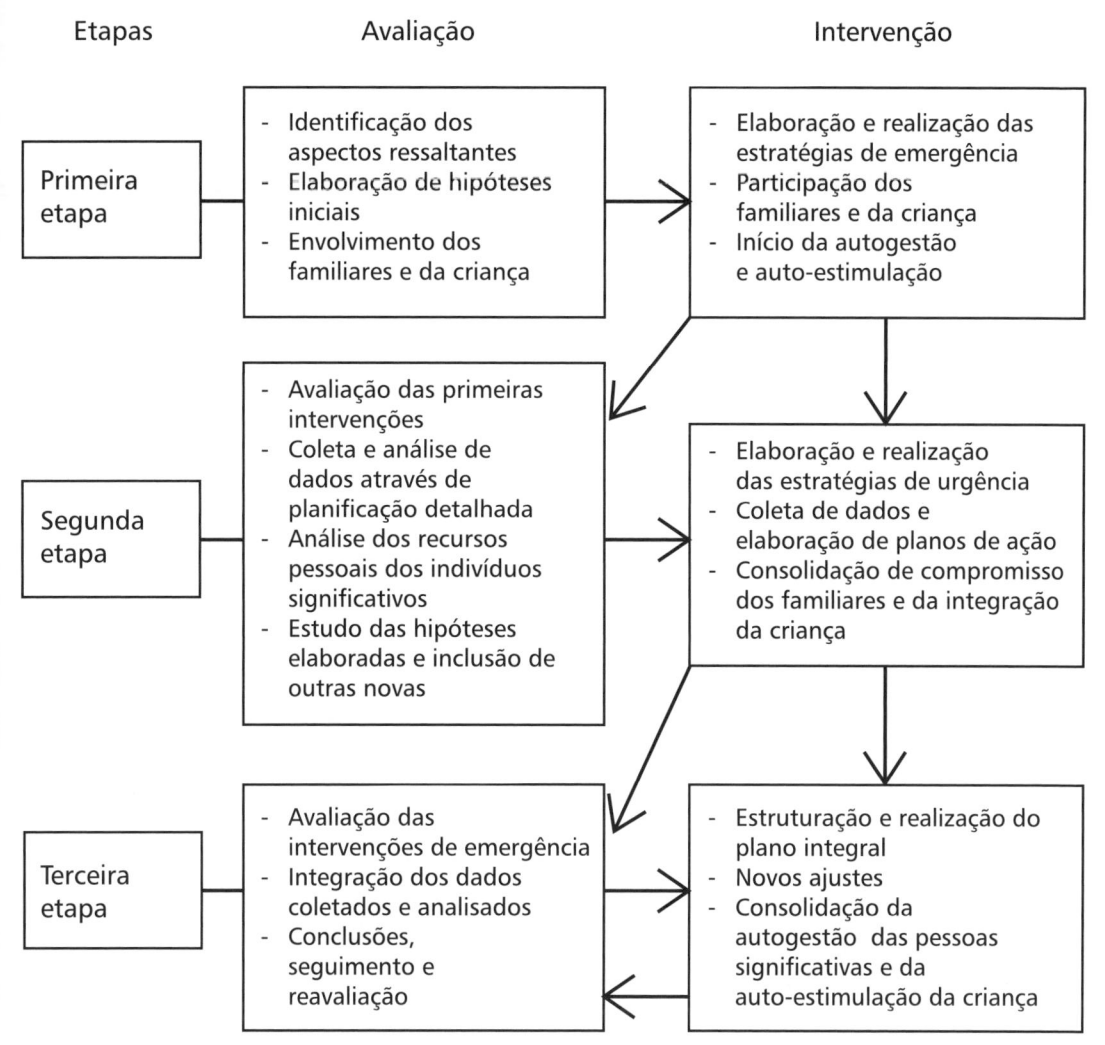

Etapas	Avaliação	Intervenção
Primeira etapa	- Identificação dos aspectos ressaltantes - Elaboração de hipóteses iniciais - Envolvimento dos familiares e da criança	- Elaboração e realização das estratégias de emergência - Participação dos familiares e da criança - Início da autogestão e auto-estimulação
Segunda etapa	- Avaliação das primeiras intervenções - Coleta e análise de dados através de planificação detalhada - Análise dos recursos pessoais dos indivíduos significativos - Estudo das hipóteses elaboradas e inclusão de outras novas	- Elaboração e realização das estratégias de urgência - Coleta de dados e elaboração de planos de ação - Consolidação de compromisso dos familiares e da integração da criança
Terceira etapa	- Avaliação das intervenções de emergência - Integração dos dados coletados e analisados - Conclusões, seguimento e reavaliação	- Estruturação e realização do plano integral - Novos ajustes - Consolidação da autogestão das pessoas significativas e da auto-estimulação da criança

Fonte: Pérez-Ramos, A., 1990, p.71.

Figura 13.1 Etapas de integração ao processo de avaliação-intervenção.

cificidade requerida no estudo de caso, tanto no que se refere ao processo de avaliação quanto ao de intervenção, aplicáveis aos três primeiros anos de vida. Alguns desses procedimentos são mais explicitados devido ao seu limitado conhecimento e uso em nosso meio, mas com a comprovada experiência clínica da autora desta contribuição e seus colaboradores.

Em relação ao processo de *avaliação*, apresentam-se os seguintes:

• Entrevistas de anamnese e de seguimento, com roteiros especificativos dos itens objeto de estudo, incluindo não somente os aspectos comumente empregados (antecedentes, distúrbios de comportamento, etc.), mas também os fatores de risco e os de proteção, as manifestações de "resiliência", os "sinais de alerta" e os indicadores com possível qualidade preditiva.

• Observação participante, também denominada "Hora do Jogo", destinada ao *rapport*, com a criança e a mãe, e também para obter uma primeira impressão do desenvolvimento daquela e da atitude desta última frente ao filho.

• Escalas de desenvolvimento. Sobre esse tipo de instrumento, inclui-se, nesta edição, a referente aos Passos Básicos do Desenvolvimento da Criança (PBDC), apresentada no Anexo B.

• *Baby Tests*. Apesar das dúvidas quanto a seu valor preditivo, os mesmos são utilizados em nosso meio sem a devida adaptação. Um desses testes mais atrativos para a criança, na sua primeira infância, e que possibilita uma variedade de observações sobre seu comportamento, além de outras qualidades, é a Escala Merrill-Palmer de Testes Mentais, contando esta com um protocolo especificativo, elaborado para o nosso meio (Pérez-Ramos, A., & Pérez-Ramos, J., 1996).

• Técnicas projetivas, aplicáveis à primeira infância e à idade pré-escolar, a partir de dois anos de idade. Destacam-se entre essas técnicas os *Jogos Estruturados*, de Lynn (1980). Trata-se de um instrumento atrativo para essas idades, constituído de dramatizações em cenas montadas com bonecos e outros brinquedos, que permitem à criança representar o quotidiano. As cenas são apresentadas mediante a modalidade de histórias incompletas, para serem completadas pela criança em forma dramatizada. Tais atividades lúdicas de "faz-de-conta" estimulam o seu expressivo envolvimento nas mesmas, facilitando assim a expressão de seus desejos e ansiedades em função do quotidiano (Carpentieri, 1994).

• Avaliação do ambiente de convivência da criança. Desse grupo de procedimentos, destacam-se aqueles de avaliação do contexto familiar, mediante *Visita Domiciliar*, e o referido às creches, o Inventário Cumulativo sobre Estimulação Ambiental (ICEA).

• A *Visita Domiciliar*, previamente organizada, mediante roteiro próprio (Carpentieri, 1994), constitui um efetivo recurso para o psicólogo constatar, *in loco*, as condições da criança no seio de seu lar e as características socioafetivas e físicas desse ambiente. Quanto ao primeiro aspecto, podem ser apreciadas a posição que a criança ocupa nesse contexto e a atenção de que é objeto por parte de seus familiares, particularmente no que se refere à sua rotina, bem como suas reações nessas situações. No que diz respeito ao ambiente do lar, podem ser apreciados o clima familiar reinante e os espaços físicos disponíveis para a criança e para os membros da família, entre outros elementos importantes. Nesse roteiro, prevêem-se também as normas éticas específicas que devem ser seguidas, já que uma visita domiciliar supõe certa ingerência na vida do lar.

• O ICEA constitui uma escala de observação sistematizada, destinada a avaliar o ambiente físico e social das creches, no sentido de verificar suas condições estimuladoras para as crianças, desde seus primeiros meses de vida até os 6 anos de idade. Esse instrumento permite analisar a natureza e as características dos estímulos ambientais (pessoas, objetos, animais, espaços físicos, mobiliário, entre outros), especialmente aqueles empregados na rotina diária da criança (alimentação, banho, ato de dormir, etc.), cujos efeitos vão se acumulando ao longo da permanência da mesma na instituição. São também analisados, com esse instrumento, as áreas do desenvolvimento infantil nas quais os estímulos referidos mais incidem. Essa escala consta de parâmetros normativos para facilitar a avaliação que for realizada em uma determinada creche. Os mesmos são resultantes de pesquisa de normatização do instrumento, aplicado em amostras representativas de diferentes creches na cidade de São Paulo (Pérez-Ramos, A., & Pérez-Ramos, J., 1996). Além disso, outras pesquisas, com seguimento de casos clínicos, mostraram sua utilidade e adaptação a outros ambientes, como em lares e em hospitais (Silva, 1997).

Quanto ao processo de *intervenção*, existe uma gama variada de estratégias e programas dessa natureza para proporcionar benefícios ao desenvolvimento da criança e a partir deles serem elaborados planos individuais de ação. Desses recursos, citam-se alguns de comprovada utilidade, a seguir:

• *Guia Curricular para Estimulação Precoce* (GCEP) (Pérez-Ramos, A. & Pérez-Ramos, J., 1996). Tem por finalidade proporcionar condições estimuladoras que facilitam à criança alcançar um efetivo progresso em seu processo evolutivo, sempre em consonância com suas características individuais e com seu ambiente. A estruturação desse instrumento baseia-se em componentes curriculares centralizados no desenvolvimento da primeira infância. São eles: objetivos gerais, objetivos específicos derivados das áreas do desenvolvimento nessas idades, conteúdo de atividades, experiências significativas e avaliação de todos componentes da guia. São previstos, através desses elementos, recursos de seguimento promocional da criança ao longo dos seus três primeiros anos de vida.

A referida guia tem sido utilizada para elaborar programas individuais de estimulação precoce em unidades de atendimento a crianças com necessidades especiais, e sua aplicação tem sido satisfatória. Ademais, constituiu um documento básico na elaboração de diretrizes sobre a matéria, recomendada para promover e redimensionar programas de intervenção precoce existentes no território nacional (MEC, 1995a).

• *Brinquedos e Brincadeiras. Kit* para a criança, do nascimento aos dois anos de vida. (Pérez-Ramos, A., & Pera, 1995). Consta esse *kit* de um conjunto sistematizado de atividades, estratégias e recursos lúdicos destinados a otimizar o processo evolutivo da criança nos seus primeiros dois anos de vida, facilitando assim a construção das bases de seu futuro desenvolvimento. O *kit* consta de um Manual de Orientação, de um jogo de materiais lúdicos e de uma série de fichas, especialmente organizadas, para uso por parte dos pais como "mediadores", sempre que treinados e supervisionados por psicólogo ou pedagogo. O manual referido é estruturado em unidades especificativas do desenvolvimento nesses dois primeiros anos de vida, contendo cada uma delas indicação dos progressos que a criança pode alcançar em um determinado período evolutivo, seguido de sugestões de atividades a serem realizadas junto à criança, com o uso de brinquedos específicos. Uma escala de avaliação das realizações efetuadas pela criança complementa cada unidade. O jogo de materiais lúdicos compreende 28 tipos de brinquedos selecionados, que são distribuídos conforme as unidades de referência, e as fichas indicadas especificam o uso daqueles.

Tratando-se de um instrumento ainda em fase de experimentação, o mesmo tem sido objeto de pesquisas com crianças hospitalizadas, nos seus dois primeiros anos. Os resultados têm sido promissores, no sentido de que essas crianças, embora doentes, foram significativamente mais produtivas no seu desempenho lúdico quando comparadas com as do grupo de controle (Fonseca, 1999).

"SINAIS DE ALERTA" E INDICADORES COM PROBABILIDADES PROSPECTIVAS

Tais comportamentos, como já referidos, constituem possíveis indícios da evolução de quadros clínicos, cuja detecção, especialmente em crianças pequenas, vem determinar ações de prosseguimento, tendo em vista alcançar um pleno processo evolutivo na infância e em outras etapas evolutivas.

Destaque-se que os "sinais de alerta" e os indicadores não têm valor diagnóstico; são "avisos" para seguir observando e estimulando convenientemente o comportamento da criança. A tendência é a de diferenciá-los ("sinais de alerta" e indicadores) quanto à sua qualidade preditiva; os primeiros são ainda de menor valor probabilístico. Portanto, é comum considerar como "sinais de alerta" certos comportamentos supostamente preditivos, já no primeiro ano de vida, e os indicadores, quando o comportamento da criança já está mais estabilizado; isto é, quando tiver uma idade maior. Vale considerar também que a presença de vários "sinais de alerta" ou de indicadores de um determinado quadro clínico ou, até, de comportamentos de altas habilidades aumenta as probabilidades de previsão, mas sem dispensar o necessário seguimento e a intervenção oportunos no processo evolutivo infantil. Há necessidade, ainda, de considerar que esses preditores podem ser prenúncios de vários quadros clínicos aparentemente semelhantes, mostrando também, com isso, a complexidade que envolve o estabelecimento, *a priori*, do diagnóstico.

Pelo exposto, deduz-se o quanto é difícil prever até o caminho a seguir na observação do comportamento da criança e da pertinente intervenção, especialmente no primeiro ano de vida. O uso de escalas de observação do desenvolvimento infantil, como a que se apresenta, pode ser um procedimento auxiliar de importância para determinar os "sinais de alerta" ou os indicadores que podem chegar a ser preditivos de deficiência mental, autismo, dificuldades sensoriais e/ou motoras, entre outros. No entanto, será necessário considerar as diferenças individuais na avaliação dos resultados, com o fim de determinar o possível atraso evolutivo ou condutas atípicas que servirão como comportamentos preditores.

Como ilustração, citam-se dois exemplos de um conjunto de "sinais de alerta", com acompanhamento comprovado, durante vários anos, do processo evolutivo de dois casos. O primeiro refere-se a um possível prognóstico de deficiência mental, cujos "sinais de alerta" foram detectados por meio de uma avaliação psicológica realizada quando a examinanda contava com um ano de idade (caso publicado, com prévia licença de seus familiares e com dados pessoais simulados, em 1975): quadro convulsivo iniciado aos 4 meses de idade, hipotonia generalizada e rigidez nas extremidades, precário nível de balbucio, associado à superproteção, permissividade e passividade por parte dos pais. Como foi constatado recentemente (1999), a examinanda é portadora de clara deficiência mental, não podendo ser alfabetizada, mas apresenta linguagem coloquial suficiente para o cotidiano e independência nos hábitos de cuidado pessoal.

No segundo exemplo (considerando que ainda há poucos trabalhos no gênero), apresentaram-se, quando o bebê tinha 5 meses de idade, certos "sinais de alerta" como prenúncio de provável alto nível de desenvolvimento: comportamento precoce nas áreas motora e cognitiva, como manter-se em pé segurando-se na grade do berço, entretenimento prolongado com brinquedinhos, facilidade para encontrar objetos escondidos, auto-estimulação com brincadeiras de sua iniciativa, reações rápidas a situações estimuladoras, entre outros. Atualmente (25 anos), é doutor na sua especialidade profissional, ocupando cargo de alto nível empresarial.

Quanto aos possíveis indicadores de altas habilidades na idade pré-escolar (de dois a seis anos), colocam-se em relevo tanto as capacidades dos pequenos de liderar grupos de outras crianças, de construir com blocos, de dramatizar cenas familiares e de "criar" em desenhos e materiais diversos, como também de manter a atenção em forma persistente nas atividades realizadas por eles mesmos ou pelos outros. É importante reiterar que não é suficiente a detecção de tais comportamentos para considerá-los preditores de altas habilidades. É imprescindível um acompanhamento sistemático (por processos de avaliação e de intervenção oportunas), a fim de se verificar a intensidade, freqüência e consistência dessas habilidades específicas que, provavelmente, venham a se desenvolver posteriormente. Tais idéias, no seu contexto geral, foram aceitas por um grupo de especialistas que elaboraram as diretrizes educacionais referentes aos educandos com altas habilidades propiciadas pelo MEC e de aplicação a todo o território nacional (MEC, 1995b).

Para facilitar a identificação desses "sinais de alerta" e de indicadores de altas habilidades que possam aparecer nos primeiros anos de vida, são apresentadas algumas estratégias facilitadoras, acompanhadas de exemplos práticos, as quais poderão ser modificadas, ampliadas ou reduzidas, tendo sempre em vista as características do próprio desenvolvimento da criança e de seu ambiente familiar e escola-maternal, se freqüentar.

Seguem algumas dessas estratégias:

• Conhecer a criança por suas características pessoais e a fase de seu desenvolvimento para, nesse contexto, identificar tais sinais ou indicadores.

• Estimular a criança, de forma gradual, seguindo o ritmo de seu processo evolutivo e de acordo com as destrezas e capacidades que vão surgindo no seu desenvolvimento.

• Possibilitar-lhe condições motivadoras para promover sua participação efetiva nas atividades que lhe são sugeridas ou mesmo por elas realizadas.

• Animá-la a expressar, em forma espontânea e oportuna, suas emoções e pensamentos, induzindo-a a manejar os conflitos que possam surgir em tais situações.

• Facilitar-lhe diversos recursos que estimulem sua livre expressão, tanto no seu desenvolvimento cognitivo e sócio-emocional quanto motor e de comunicação, como forma de interação com o ambiente, sua representação e interpretação.

• Utilizar diferentes modalidades de verbalização, como são as diversas formas de perguntas, a fim de orientar a criança em sua própria aprendizagem, tomando decisões por si mesma e dirigindo suas próprias ações.

• Indicar-lhe atividades que são dirigidas por outras pessoas, a fim de que possa sentir e aceitar que, também em muitas situações, precisa ser orientada e guiada pelos demais.

• Possibilitar-lhe a descoberta gradual da multicausalidade de certos acontecimentos, com a confrontação de suas próprias suposições, conduzindo-a, assim, a um conhecimento cada vez mais coerente de seu meio ambiente.

• Proporcionar-lhe recursos destinados a facilitar o desenvolvimento de respostas diferentes para a solução de uma dada situação-problema, e a comparação de seus resultados e com os obtidos pelos demais.

14

Avaliação psicométrica: a qualidade das medidas e o entendimento dos dados

Jandyra M.G. Fachel, Suzi Camey

Em vários pontos deste livro, temos insistido em dizer que o psicólogo deve estar ciente das propriedades psicométricas de seus instrumentos, ou, melhor, deve ser capaz de avaliar a qualidade de suas medidas. Por outro lado, quando trabalhamos com instrumentos quantitativos, são utilizadas medidas estatísticas, que fornecem dados que devem ser adequadamente entendidos para a integração de resultados, num laudo. Entretanto, parece que, às vezes, o psicólogo fica em dúvida sobre a qualidade de seus testes, como também se observa eventual dificuldade de aplicar seus conhecimentos de estatística a situações concretas de avaliação psicológica. São questões que têm que ver com o estabelecimento do plano de avaliação (que instrumentos escolher?) e com o fechamento da avaliação (como integrar resultados de diferentes instrumentos, que utilizam sistemas diversos, quanto à sua equivalência, como percentis, QIs, etc.). Como essas questões merecem muita atenção, serão, neste capítulo, apresentados subsídios a respeito.

A QUALIDADE DAS MEDIDAS

Jandyra M.G. Fachel

Introdução aos conceitos de fidedignidade e validade

Na psicologia e em outras áreas de ciências do comportamento, é usual a construção de escalas para medir variáveis, conceitos ou constructos teóricos não diretamente observáveis, como, por exemplo, inteligência, depressão, traços de personalidade, etc. O objetivo, ao construir essas escalas, é que essas medidas sejam o mais precisas possível e que meçam realmente o que se estava querendo medir. Esses dois conceitos dizem respeito à fidedignidade (precisão, exatidão) e à validade das escalas de medidas, respectivamente, e é o que abordaremos nesta seção. Para tornar claros esses conceitos, costumamos dar o seguinte exemplo: para medir o comprimento de uma mesa, podemos fazê-lo de várias formas: uma maneira seria utilizar uma régua, a outra seria utilizar nosso palmo sabendo que ele tem aproximadamente 20 cm, digamos. As duas maneiras para medir o comprimento da mesa são válidas para medir comprimento, no entanto, uma é mais precisa, mais fidedigna do que a outra, isto é, a régua é mais precisa do que o palmo.

A maioria das escalas de medida em ciências do comportamento são escalas aditivas, isto é, são obtidas a partir da soma de vários itens selecionados como indicadores do constructo teórico que estamos interessados em medir. É muito comum utilizarmos itens medidos, cada um, numa escala de cinco pontos (embora itens com escalas, normalmente ordinais, com um menor ou maior número de categorias são também utilizados); esse tipo de escalas recebe o nome de Escalas de Likert (vide Pasquali, 1996). O primeiro passo na construção das escalas aditivas é decidir quantos e quais itens vão ser selecionados para compor a escala. Os itens escolhidos são baseados no referencial teórico existente sobre o conceito que estamos querendo medir e são, na verdade, uma amostra de todos os possíveis indicadores do constructo teórico em questão. Na pesquisa acadêmica, a construção de escalas aditivas é normalmente feita a partir de marcos teóricos estabelecidos e de resultados empíricos de pesquisas já realizadas. Outras vezes, escalas já construídas em outros países são traduzidas e adaptadas para o contexto cultural local, e, após alguns procedimentos formais de tradução e adaptação de escalas, elas devem ser novamente validadas, e a sua fidedignidade deve ser reavaliada. Tanto para avaliar uma nova escala ou teste, como para adaptar e reavaliar um escala construída em outro país, devemos ter amostras de tamanho grande. Amostras pequenas não são adequadas para validação de escalas e testes.

Um tópico importante na pesquisa acadêmica dentro do contexto de criação de escalas de medida é o conceito de definição operacional das variáveis da pesquisa, como, por exemplo, as variáveis criadas através das escalas aditivas. Uma definição operacional atribui significado a um constructo ou variável especificando as atividades ou "operações" necessárias para medi-lo e também especificando as atividades do pesquisador para medir a variável. É como um manual de instruções para o pesquisador, e deve ser utilizada conjuntamente com a definição conceitual do constructo.

Uma suposição essencial para criar uma escala aditiva é que os itens sejam unidimensionais, significando que eles são correlacionados uns com os outros e que representam um único conceito. A técnica estatística de Análise Fatorial tem um papel fundamental para a determinação empírica da dimensionalidade de um conjunto de itens. A partir da Análise Fatorial, determina-se o número de fatores (variáveis latentes ou constructos latentes) e os pesos (cargas fatoriais) de cada variável ou item sobre o fator. Para garantir unidimensionalidade, cada escala aditiva deveria consistir apenas dos itens com altas cargas fatoriais em um único fator. No caso da Análise Fatorial de um conjunto de itens demonstrar mais de uma dimensão, cada dimensão ou fator deveria ser refletido em escala separada, pois isso significa que o conjunto de itens está medindo não apenas um constructo subjacente, mas mais de um constructo teórico. Dessa maneira, temos implicitamente colocados os conceitos de fidedignidade, no sentido de "consistência interna da medida", quando falamos que os itens devem ser fortemente correlacionados uns com os outros, e o conceito de validade, no sentido de validade de constructo, quando falamos de um constructo teórico latente, segundo definiremos adiante. No entanto, nessa fase de criação da escala, estamos interessados apenas na unidimensionalidade da escala aditiva. Se não houver intercorrelação entre os itens da escala, isso pode significar que eles não estão medindo o mesmo conceito. A correlação de cada item com o total da escala (a soma de todos os itens) também deve ser positiva e relativamente alta. Itens com baixa correlação com o total são fortes candidatos a serem excluídos da escala como um todo.

O processo de verificação da fidedignidade e de validação das escalas de medida, sejam elas aditivas ou não, segue alguns critérios, os quais exporemos a seguir. É importante salientar que os instrumentos de medida para os quais definiremos os conceitos de fidedignidade e validade não precisam ser apenas escalas aditivas, pois estas são apenas as mais comuns. Podemos também avaliar a validade e fidedignidade de medidas em outros tipos de instrumentos como, por exemplo, questionários em que os itens não formam uma escala tipo Likert, questionários estruturados ou semi-estruturados, instrumentos qualitativos, técnicas projetivas ou outros tipos de instrumento. Para cada tipo de instrumento existirá uma ou mais formas apropriadas para medir fidedignidade e validade.

Inicialmente, definiremos os diversos tipos de coeficientes de fidedignidade mais utilizados na literatura e, após, abordaremos o problema da validade de um instrumento de medida. Uma obra considerada clássica na literatura em português sobre fidedignidade e validade de medidas é a de Vianna (1973). Os conceitos dos diversos tipos de validade encontrados na literatura não são muito claros, e existe até uma certa discordância entre autores em relação a alguns desses conceitos ou em relação à classificação dos tipos de validade. Um dos objetivos deste capítulo é esclarecer e, dentro do possível, unificar as diversas definições de validade. Escolhemos, por sua importância histórica, seguir basicamente os padrões definidos no manual norte-americano denominado *Standards for Educational and Psychological Testing*, publicado em conjunto pela APA (American Psychological Association), AERA (American Educational Research Association) e NCME (National Council on Measurement in Education). Esta também é a abordagem da maioria das obras sobre o tema. São importantes neste contexto os comentários e prolixas considerações desenvolvidas por Silva (1993) e pela clássica obra de Anastasi (1988) (vide também a edição atualizada de Anastasi & Urbina, 1996), os quais, a nosso ver, descrevem e esclarecem, dentro de tendências mais modernas, a classificação feita pelos padrões americanos, a qual é utilizada internacionalmente.

Fidedignidade

A fidedignidade de um teste pode ser medida de várias formas. Cada forma é apropriada para um tipo de teste e depende de que tipo de fidedignidade queremos medir. Os conceitos principais de fidedignidade de um teste dizem respeito ao problema de estabilidade no tempo e ao problema de consistência interna da escala. Para escalas aditivas, é usual utilizar-se o Coeficiente Alfa de Cronbach, que é um coeficiente de consistência interna. Já para questionários que não constituem uma escala aditiva, podemos utilizar o método do teste-reteste, o qual nos fornece um coeficiente de estabilidade da medida no tempo. Enfatizamos que mais de uma forma de fidedignidade pode ser obtida para uma escala ou teste, mas eles informam fidedignidade em sentidos diferentes. Outra observação importante, no contexto da língua portuguesa, é a utilização do termo "fidedignidade" para representar precisão, consistência das escalas. A palavra "confiabilidade", como tradução da palavra inglesa *reliability*, não deveria ser usada nesse contexto, pois por confiabilidade entende-se a área da engenharia e estatística que trata da "confiança" que podemos ter em sistemas em geral, incluindo sistemas de segurança. Esta área tem sido denominada Análise de Confiabilidade e, mais amplamente, Análise de Risco e inclui a aplicação de sofisticados modelos de regressão para o tempo de sobrevivência de peças, mecanismos e sistemas.

Diversos métodos para obter a fidedignidade das escalas e testes são sugeridos na literatura. Os métodos são alternativos, em geral, mas mais de um método pode ser utilizado, principalmente quando queremos estabelecer a fidedignidade em relação aos dois conceitos principais: consistência interna e estabilidade no tempo. São os seguintes os métodos de fidedignidade:
• Método do teste-reteste
• Método das formas paralelas
• Método das metades
• Coeficientes de consistência interna

Método do teste-reteste

Uma escala ou teste é fidedigno se repetidas mensurações são obtidas em condições constantes e dão o mesmo resultado, supondo nenhuma mudança nas características básicas, isto é, na atitude sendo medida. Idealmente, podemos estimar fidedignidade repetindo a aplicação da escala ou teste sobre a mesma pessoa usando os mesmos métodos. A dificuldade prática do método de teste-reteste é, entretanto, evidente: quanto maior o intervalo entre o teste e o reteste, menor o risco do efeito de memória, mas maior é o risco de eventos intervenientes causando modificação na visão do respondente, ou mudanças na característica que está sendo medida. O problema é escolher um intervalo de tempo grande o suficiente para tratar adequadamente do primeiro tipo de risco, e curto o suficiente para tratar do segundo. Calculando o coeficiente de correlação entre os escores do teste e do reteste, teremos uma estimativa da fidedignidade da escala ou teste. Coeficientes de fidedignidade baseados no método do teste-reteste são medidas de estabilidade, porque se relacionam com constância sobre o tempo. Segundo Vianna (1973), esse método não é conveniente para medir a fidedignidade de testes de escolaridade (provas de conhecimento), pois a estimativa pode ser viesada, dependendo das condições de aplicação do teste (tempo entre medidas).

Método das formas paralelas

O método das formas paralelas, no qual versões supostamente equivalentes da escala são dadas aos mesmos indivíduos e os resultados correlacionados, é outra forma de medir fidedignidade. Aqui, a dificuldade é a suposição de que não existe diferença entre as duas formas paralelas. Os itens devem ser escolhidos segundo essa suposição. Alguns autores denominam essa forma de medir fidedignidade de método das formas alternadas. Se as formas paralelas são aplicadas em duas ocasiões distintas para os mesmos sujeitos, esse método produz medidas de fidedignidade no sentido de estabilidade temporal e de consistência de respostas a diferentes amostras de itens (ou formas do teste). Este coeficiente pode, então, combinar dois tipos de fidedignidade.

Método das metades

O método das metades (*split-half*) é utilizado quando uma única forma do teste ou escala foi aplicada numa única sessão. O conjunto de itens do teste é dividido em duas metades, e os escores para as duas metades são correlacionados. Esse método consiste em, por exemplo, selecionar os itens pares para formar uma metade da escala, e os itens ímpares para formar outra metade da escala. Se a correlação entre as duas metades for alta, significa que o teste é fidedigno no sentido de consistência em relação à amostragem do conteúdo. A estabilidade temporal não é medida nesse método, pois as duas formas são aplicadas ao mesmo tempo. Este tipo de fidedignidade mede também consistência interna porque só uma aplicação de uma única escala é utilizada. No cálculo da fidedignidade, devemos observar que, quanto mais longo for o teste, mais fidedigno ele será, visto que a fidedignidade de um teste depende diretamente do número de itens do teste. O efeito de incluir mais itens em um teste ou de diminuir o número de itens pode ser calculado pela fórmula de Spearman-Brown (vide Anastasi, 1988, ou Vianna, 1973).

Coeficientes de consistência interna

O quarto método para calcular fidedignidade mede consistência interna do instrumento de medida (escala ou teste), mais especificamente, consistência interitens. Consiste também na aplicação do instrumento uma única vez e com apenas uma forma. A consistência interna do instrumento será maior quanto maior for a homogeneidade do conteúdo expresso através dos itens. Segundo Hair e colegas (1998), a lógica para medir consistência interna é a de que os itens individuais ou indicadores da escala deveriam todos estar medindo o mesmo constructo e então serem altamente correlacionados. Existem vários diagnósticos para saber se o instrumento tem consistência interna, os quais incluem a correlação do item com a escala total e a correlação interitem (correlação do item com cada um dos outros itens). O coeficiente de fidedignidade que determina a consistência interna da escala inteira é denominado Coeficiente Alfa de Cronbach (vide Cronbach, 1990). O Coeficiente Alfa deve variar de 0 a 1; no entanto, valores negativos do coeficiente podem ocorrer. Neste caso, o pesquisador deve verificar cuidadosamente cada item para conferir se o item não está sendo respondido no sentido negativo, ou no sentido oposto ao que os outros itens estão medindo. Em caso afirmativo, recodifique o(s) item(ns) negativo(s) no sentido inverso e recalcule o Coeficiente Alfa de Cronbach (por exemplo, itens com escalas de Likert de cinco pontos devem ter seus escores invertidos, isto é, o escore 1 é recodificado como 5, o 2 como 4 e assim por diante).

Não está disponível nos programas computacionais nenhum teste da significância estatística do Coeficiente Alfa; no entanto, é consenso e é usual considerar que *o limite inferior para que o Coeficiente Alfa de Cronbach seja aceitável é 0,70* (embora coeficientes mais baixos, como 0,60, possam ser considerados válidos em pesquisas exploratórias). *Quanto mais próximo de 1 for o valor do coeficiente, melhor a fidedignidade do teste.* Como todas as medidas de fidedignidade, o valor do Coeficiente Alfa de Cronbach depende diretamente do número de itens, isto é, quanto maior o número de itens da escala, maior o valor do coeficiente, e desta forma, os pesquisadores devem ser mais exigentes com escalas com grande número de itens. Qualquer escala aditiva deveria ser analisada em relação à sua consistência interna antes de determinarmos sua validade.

Quando os itens da escala são binários, isto é, itens do tipo certo-errado, sim-não, etc., o Coeficiente Alfa de Cronbach é equivalente ao coeficiente de fidedignidade conhecido como Coeficiente de Kuder-Richardson, fórmula número 20 (KR_{20}) (vide Vianna, 1973). Embora os programas de computador não apresentem explicitamente o método do Coeficiente de Kuder-Richardson, basta utilizar os itens binários do instrumento (escala ou teste) no programa para o cálculo do Coeficiente Alfa de Cronbach, que obteremos o valor do coeficiente KR_{20}.

Finalmente, descreveremos alguns fatores que, segundo Vianna (1973), podem afetar a fidedignidade do teste e que, portanto, deveriam ser evitados: uso impreciso de palavras; extensão exagerada do item; uso de palavras desconhecidas ou pouco familiares; estrutura defeituosa da frase; uso de dupla negação. Também instruções inadequadas e apresentação defeituosa do teste, como, por exemplo, defeitos de impressão, podem diminuir a fidedignidade do teste, além de contribuírem para uma baixa taxa de resposta.

Validade

Freqüentemente, define-se a validade com a seguinte pergunta: você está medindo o que pensa que está medindo? A ênfase aqui é dada no que está sendo mensurado. Para um teste ser válido, ele deve medir o que o pesquisador deseja e pensa que está medindo. A validade de um teste trata, então, do que o teste mede e através de que conceitos ele mede. O traço medido pelo teste pode ser definido apenas por um exame das fontes objetivas de informação e operações empíricas utilizadas para estabelecer sua validade. A validade deve ser estabelecida em relação ao uso particular para o qual ele está sendo considerado.

Todos os procedimentos para determinar validade tratam, fundamentalmente, das relações entre o valor obtido no teste ou escala e outros fatos (critérios) observáveis, independentes, sobre as características do comportamento em consideração. Os métodos específicos, empregados para investigar essas relações, são numerosos e têm sido descritos por vários nomes. Silva (1993) salienta que, embora a validade tenha várias classificações, validade é, essencialmente, um julgamento feito após compilar todas as informações (teórica, conceitual, externa, interna) e não apenas através de coeficientes. Muitos autores têm, mais recentemente, chamado atenção para a natureza unitária do conceito de validade. Na revisão feita para a elaboração destas notas, encontramos várias discrepâncias entre os autores sobre nomes e conceitos de validade, às vezes extremamente contraditórios.

Segundo Anastasi (1988), na edição de 1985 do manual *Standards for Educational and Psychological Testing*, foi proposto que a nomenclatura sobre validade de medidas fosse agrupada em três categorias principais, a saber: *validade relacionada a conteúdo*, *validade relacionada a critério* e *validade relacionada a constructo*.

Classificaremos os diversos tipos ou conceitos de validade utilizando subdivisões dessas três categorias principais, da seguinte forma:
- *Validade relacionada a conteúdo:*
  Validade de conteúdo
  Validade de face
- *Validade relacionada a critério:*
  Validade concorrente
  Validade preditiva
- *Validade relacionada a constructo:*
  Validade convergente
  Validade discriminante
  Validade fatorial

Validade relacionada a conteúdo

A validade relacionada a conteúdo trata, basicamente, da questão do exame sistemático do conteúdo do teste, para determinar se os itens cobrem uma amostra representativa do universo do comportamento a ser medido e para determinar se a escolha dos itens é apropriada e relevante. Podemos, operacionalmente, classificar este conceito de validade com a seguinte tipologia: validade de conteúdo propriamente dita e validade de face.

Validade de conteúdo

A validade de conteúdo não é determinada estatisticamente, não é expressa por um coeficiente de correlação, mas sim resulta do julgamento de diferentes juízes ou pessoas de reconhecido saber na área da atitude ou traço que está sendo medido. Esses juízes analisam a representatividade dos itens em relação aos conceitos e à relevância dos objetivos a medir. Os juízes devem julgar e/ou identificar comportamentos relevantes e, também, identificar se as áreas do conteúdo em questão foram representativamente amostradas.

Validade de face

A validade de face não se refere ao que o teste mede realmente, mas ao que o teste mede aparentemente. É também denominada de validade aparente e diz respeito à linguagem, à forma com que o conteúdo está sendo apresentado. Por exemplo, quando um teste é planejado para crianças, mas depois aplicado a adultos, ele não terá validade de face. Se o teste parece infantil, certamente haverá pouca cooperação dos respondentes, independentemente da validade original do teste. A validade de face pode muitas vezes ser melhorada reformulando os itens do teste em termos apropriados ao grupo ao qual se aplicará o teste. Por exemplo, se um teste de raciocínio matemático é aplicado a um grupo de maquinistas, os itens deveriam ser apresentados numa linguagem apropriada, de operações com máquinas em vez de operações com "laranjas e bananas". Em resumo, um teste pode estar abordando corretamente os conteúdos relativos ao conceito que está sendo medido, mas não ter validade de face. Validade de face também não é determinada empiricamente por meio de um coeficiente, mas pode ser, em geral, avaliada por juízes ou especialistas.

Validade relacionada a critério

A validade relacionada a critério aborda a qualidade da escala ou teste de funcionar como um preditor presente ou futuro de outra variável, operacionalmente independente, chamada critério. Por exemplo, o desempenho acadêmico poderia ser utilizado como preditor do desempenho profissional, ou um teste de inteligência poderia funcionar como preditor do desempenho acadêmico. Segundo Moser e Kalton (1971), em situações onde uma escala é desenvolvida como um indicador de algum critério observável, a validade da escala pode ser feita investigando quão bem a escala funciona como um indicador do critério. Por exemplo, um questionário para avaliar pessoas com distúrbios psiquiátricos poderia ser validado se os resultados fossem comparados com o diagnóstico feito com base em entrevistas clínicas.

Dois tipos de validade relacionada a critério definem-se na literatura: validade concorrente e validade preditiva. Para Silva (1993), o elemento tempo é a principal diferença entre a validade concorrente e a validade preditiva, as quais são essencialmente as mesmas, com exceção de que a primeira se relaciona ao desempenho do sujeito ao tempo em que a escala está sendo aplicada, enquanto a segunda se relaciona ao desempenho futuro sobre o critério que está sendo medido.

Validade concorrente

A simultaneidade da obtenção dos escores do teste e dos escores de critério identifica a validade concorrente. A validade concorrente é calculada com base em medidas já existentes à época do teste. Validade concorrente trata, então, da qualidade com que a escala pode descrever um critério presente.

Validade preditiva

A validade preditiva fará previsões para o futuro. Assim, por exemplo, um teste de depressão poderá ser validado se os escores altos no teste forem confirmados por diagnósticos clínicos *a posteriori*. Validade preditiva trata, então, da qualidade com que uma escala pode predizer um critério futuro.

Validade relacionada a constructo

A validade relacionada a constructo trata do grau pelo qual um teste mede o constructo teórico ou traço para o qual ele foi designado para medir. A dificuldade para estabelecer a validade de constructo é que, neste caso, o critério, o constructo, não é diretamente mensurável, é uma variável latente não observável; logo, a correlação teste-critério não pode ser calculada, como no caso da validade relacionada ao critério. Assim, a validade relacionada ao constructo não é validade empírica no sentido da correlação do teste com um critério observável, mas sim é validade teórica, isto é, é a relação entre o teste e algum constructo teórico (variável latente) de interesse. Segundo Anastasi (1988), a validade relacionada ao constructo requer a acumulação gradual de informação a partir de várias fontes. A validade relacionada a constructo pode ser classificada em três tipos: validade convergente, validade discriminante e validade fatorial.

Validade convergente

A validade convergente verifica se a medida em questão está substancialmente relacionada a outras formas de medida já existentes do mesmo constructo. Alta correlação entre um novo teste e um teste similar já existente é considerada como evidência de que o novo teste mede (aproximadamente) o mesmo traço de comportamento (ou constructo) que o antigo teste (já validado) estava designado para medir.

Validade discriminante

A validade discriminante verifica se a medida em questão não está relacionada indevidamente com indicadores de constructos distintos, isto é, se a medida ou escala que está sendo avaliada não se correlaciona significativamente com variáveis das quais o teste deveria diferir.

Validade fatorial

Desenvolvida para identificar traços psicológicos comuns (ou fatores latentes) em uma bateria de testes, a técnica estatística multivariada de Análise Fatorial pode ser particularmente útil para definir validade relacionada a constructo. A Análise Fatorial pode ser utilizada tanto no caso de verificação da unidimensionalidade do constructo que está sendo medido, como no caso em que os itens têm mais de uma dimensão subjacente. Por exemplo, se um teste de vocabulário tem uma carga fatorial de, digamos, $l=0,86$ com o fator de compreensão verbal, a validade fatorial desse teste de vocabulário, como uma medida do traço de compreensão verbal, é 0,86. Os itens que não têm altas cargas fatoriais com o fator subjacente definido como o constructo que está sendo medido deveriam ser excluídos da escala.

Concluindo, segundo Vianna (1973), validade é uma característica relativa e existente em diferentes graus. Um teste pode ser válido para certos fins e determinado grupo, mas não o ser para outros fins e indivíduos. A validade é uma característica complexa e não existe isoladamente. Diferentes tipos de validade coexistem num teste e se interligam para formar o todo, onde este ou aquele tipo de validade predominam.

Finalmente, salientamos que fidedignidade e validade são independentes, podendo um teste ser válido mas não ser fidedigno, como também um teste pode ser fidedigno, mas não ser válido. Por isso, devem ser avaliadas separadamente, pois uma escala deve ser *fidedigna* e *válida* para poder ser usada como instrumento de medida.

Qualidade dos testes diagnósticos: sensibilidade e especificidade

A verificação da qualidade de um teste diagnóstico, em estudos clínicos, é feita a partir da comparação do desempenho do teste em dois grupos de indivíduos perfeitamente definidos: um com a doença e outro sem a doença. A classificação dos indivíduos em doentes e não-doentes é feita a partir de outro teste, normalmente já consagrado como válido, chamado de padrão ouro (*gold standard*). O Quadro 14-1 mostra como podem ser organizados os resultados de uma pesquisa para verificar a qualidade de um teste diagnóstico.

O desempenho do teste contra o teste-padrão ou padrão ouro pode ser avaliado através de uma tabela 2x2, como a mostrada no Quadro 14.1, onde o resultado do teste para a doença em questão pode ser classificado como positivo ou negativo, e a doença é caracterizada como presente ou ausente, de acordo com o padrão ouro. Supondo que o padrão ouro seja válido, o resultado do teste pode estar correto (verdadeiro-positivo e verdadeiro-negativo) ou incorreto (falso-positivo ou falso-negativo). A terminologia verdadeiro-positivo refere-se aos casos em que a doença estava presente e foram diagnosticados corretamente como positivos; verdadeiros-negativos são os casos que não têm a doença e foram diagnosticados corretamente como negativos. Os casos falsos-positivos são os casos que não têm a doença, mas são diagnosticados como positivos, e falsos-negativos são os casos com a doença, mas diagnosticados como negativos. A qualidade do teste diagnóstico pode ser medida pelas taxas de verdadeiros-positivos entre os doentes e verdadeiros-negativos entre os não-doentes. Essas medidas constituem-se nas duas propriedades básicas de um teste e são, respectivamente, a sensibilidade e a especificidade.

A sensibilidade (s) é definida como:

$$s = \frac{a}{a + c}$$

ou, em outras palavras, é a capacidade de produzir resultados positivos em indivíduos com a doença em questão (taxa de verdadeiros-positivos).

A especificidade (e) é definida como:

$$e = \frac{d}{b + d}$$

ou seja, é a capacidade do teste produzir um resultado negativo em indivíduos sem a doença em questão (taxa de verdadeiros-negativos).

Segundo Soares e Siqueira (1999), sensibilidade mede a capacidade de reação do teste em um paciente doente, enquanto especificidade mede a não-reação do teste em pacientes não-portadores da doença, sendo dessa forma considerado um teste não-específico

QUADRO 14.1 Forma para apresentação dos dados para verificar a qualidade de um teste diagnóstico

Teste	Doenças		Total
	Presente	Ausente	
Positivo	a	b	a + b
Negativo	c	d	c + d
Total	a + c	b + d	n

para a doença em questão. Esses conceitos são realmente descrições de probabilidades condicionais, ou seja, a sensibilidade é a probabilidade do teste ser positivo, sabendo-se que o paciente é doente, e a especificidade é a probabilidade do teste ser negativo, sabendo-se que o paciente não é portador da doença.

Testes altamente sensíveis, de acordo com Rouquayrol (1994), são aqueles que detectam todos (ou quase todos) os doentes. Testes altamente específicos são aqueles que identificam somente os que têm a doença em investigação. Testes sensíveis têm poucos falsos-negativos, e testes específicos têm poucos falsos-positivos. Assim, deve-se usar um teste de alta sensibilidade quando o ônus de não fazer o diagnóstico é alto, isto é, quando é necessário saber com certeza se um indivíduo realmente não tem a doença. Por outro lado, usa-se um teste específico quando o ônus de um diagnóstico errôneo é alto, quando precisamos ter a certeza de que realmente o indivíduo tem a doença.

Outros dois índices que são importantes para a qualidade de um teste diagnóstico são os índices denominados valor preditivo positivo (VPP) e valor preditivo negativo (VPN) de um teste diagnóstico. No entanto, o cálculo desses índices depende de uma estimativa da prevalência da doença na população de interesse, ou seja, na probabilidade da doença pré-teste. Para uma definição desses índices e fórmulas para o seu cálculo, ver Soares e Siqueira, 1999.

Testes e escalas em psicometria usualmente envolvem escalas contínuas e não-dicotômicas. Dessa forma, os resultados do teste não são "positivo" e "negativo", como classificado antes. O que normalmente acontece é a definição de um "ponto de corte" na escala numérica resultante do teste, a partir do qual se classificam os indivíduos em dicotomias, como, por exemplo, doente e não-doente, ou, ainda, positivo e negativo. Após essa classificação, aplicam-se as definições de sensibilidade e especificidade de acordo com o exposto no início desta seção. Pode haver controvérsias a respeito do ponto de corte em algumas escalas, principalmente as escalas psicométricas, bem como a respeito do chamado padrão ouro nos diagnósticos em psicologia e psiquiatria (vide Murphy, 1995).

Concluindo, a verificação da qualidade de um teste diagnóstico, a partir dos cálculos de sensibilidade e especificidade do teste, pode fazer parte da fase de validação de um teste, de acordo com os objetivos específicos do teste. Alguns testes e escalas não têm como objetivo principal a classificação dos indivíduos em doentes e não-doentes, mas sim, são utilizados como testes para medir o grau ou o nível de uma determinada característica em um indivíduo. Para esses casos, não se aplicam os conceitos de sensibilidade e especificidade.

ESCORES BRUTOS E PADRONIZADOS: DEFINIÇÃO E INTERPRETAÇÃO

Suzi Camey

A medida direta de uma determinada característica mensurável é chamada escore bruto. Essa medida pode ser o número de acertos em uma prova, o tempo necessário para realizar um teste, o escore em um teste psicológico, etc.

O grande problema das medidas psicológicas é encontrar uma escala que represente adequadamente as diferenças entre os indivíduos. Em geral, os escores brutos desses testes não são as melhores medidas para tais comparações, pois:

a) diferenças entre escores brutos podem não representar a real distância entre os indivíduos;

b) geralmente não existe um zero absoluto;

c) não têm um sentido-padrão.

Essas três principais limitações dos escores brutos podem acarretar má interpretação dos escores. Por exemplo, supondo que os candidatos a um emprego fossem submetidos a um teste que medisse raciocínio lógico numa escala de 0 a 100, uma comparação entre os candidatos A e B com relação aos seus respectivos escores brutos de 20 e 60 nos levaria à conclusão de que o candidato B tem raciocínio lógico três vezes melhor do que o candidato A. Mas, se mudássemos a escala para o intervalo de

100 a 200, os resultados seriam 120 e 160, e a diferença entre os candidatos seria bem menor, o que nos mostra a necessidade de um escore onde a escala de medida não tenha influência.

Na maior parte das escalas de medida físicas, temos um zero absoluto, ou seja, se medirmos a quantidade de água mineral que um indivíduo consome por dia, teremos indivíduos que não bebem água mineral. Este é o zero absoluto da escala: a ausência de consumo de água mineral. No entanto, para algumas medidas psicológicas, não podemos expressar qual ponto é o zero absoluto. Tomando a situação de um instrumento que meça a depressão, não podemos dizer que um indivíduo com escore zero, em tal instrumento, tenha total ausência de depressão.

Além dessas duas situações citadas anteriormente, temos o problema de que o escore bruto não nos permite comparar o indivíduo com a sua população. Será que um sujeito que tenha 40 pontos num escore de depressão está mais deprimido que a maioria dos indivíduos, ou a depressão dele é normal quando comparada com a população?

Quando há necessidade de comparação de escores brutos de indivíduos de diferentes faixas etárias, ou quando um subteste é excluído (ou acrescentado) de uma escala, a melhor alternativa são os escores ponderados. Esses escores são calculados através de tabelas específicas inclusas em manuais de escalas que necessitam dessa ponderação, tais como WAIS, WAIS-R, etc. (vide Escalas Wechsler, nesta edição).

Para solucionar tais limitações, os escores brutos são comparados com medidas estatísticas que sirvam de medida-resumo da população estudada. As principais medidas empregadas são a média, a mediana e o desvio-padrão. A média e a mediana dão uma referência da localização dos dados, enquanto o desvio padrão dá uma medida da variabilidade dos dados. Essas medidas são úteis para criarmos escores que possam ser facilmente utilizados para comparar dois indivíduos e que tenham valores de referência. Uma vez essas medidas vão servir como valores de referência, elas devem ser calculadas, sempre que possível, com base em dados populacionais. Caso contrário, podem ser estimadas a partir de amostras representativas da população.

Os escores mais conhecidos são o percentílico e o padronizado, com suas derivações. As interpretações feitas com base no escore padronizado têm como pressuposto que o escore bruto segue uma distribuição normal. A forma da distribuição normal é apresentada na Figura 14.1 e se caracteriza por ser simétrica em relação à média que coincide com a mediana. Na Figura 14.1 também podemos perceber que aproximadamente 68% da população apresenta escores padronizados entre os valores −1 e 1, o que corresponde a escores brutos entre a média menos um desvio padrão e a média mais um desvio padrão (vide Figura 14.1). Além disso, podemos notar que menos de 0,3% da população atinge escores padronizados maiores do que 3 ou menores do que −3. Quando a suposição de que os escores têm uma distribuição normal não é satisfeita, deve-se ter maior atenção no momento de interpretar os escores ou talvez buscar escores mais apropriados.

Um exemplo da interpretação dos escores brutos através do uso da distribuição normal encontra-se em Cunha, onde se observa que sujeitos entre 5 anos e 5 anos e 5 meses têm aproximadamente 68% de chance de apresentarem escores brutos entre 10 e 17,2 na Escala de Maturação Viso-Motora, de Koppitz (vide Bender, nesta edição).

O escore percentílico é calculado através dos percentis, que também são medidas estatísticas, e representam qual o percentual de sujeitos da população que estão situados abaixo deles. Isto é, vamos supor que um indivíduo tivesse um QI de 92, numa escala Wechsler, que corresponde ao percentil 30, o que nos indica que 30% da população têm QI inferior a 92. A mediana é o percentil 50, indicando que 50% da população têm um escore bruto inferior ao valor da mediana e os outros 50% com escores brutos acima do valor da mediana. Esse escore é facilmente calculado e interpretado, sendo que a sua principal desvantagem vem do fato que as distâncias entre dois percentis diferem de acordo com a posição do percentil. Na Figura 14.1, podemos notar que a distância entre os percentis 10 e 20 não é a mesma que os percentis 40 e 50.

Tanto o escore padronizado, como o escore T, necessitam da média e do desvio padrão para serem calculados. A média do escore bruto de uma população nada mais é do que a soma de todos os escores brutos dividida pelo número de sujeitos na população. Para calcularmos o desvio padrão, primeiro precisamos calcular a diferença entre cada escore bruto e a média do escore, que chamaremos de desvio; então, calcula-se a soma dos desvios ao quadrado e divide-se pelo número de sujeitos na população (ou número de indivíduos na amostra menos um, para o desvio padrão amostral). O desvio padrão é a raiz quadrada dessa divisão.

O escore padronizado ou escore Z é calculado com base na seguinte expressão:

$$Z = \frac{X - \mu}{s}$$

onde, X é o escore bruto, μ é a média, e s é o desvio-padrão.

Uma desvantagem do escore Z é que seus valores variam de menos a mais infinito (apesar de, na prática, variarem geralmente entre -

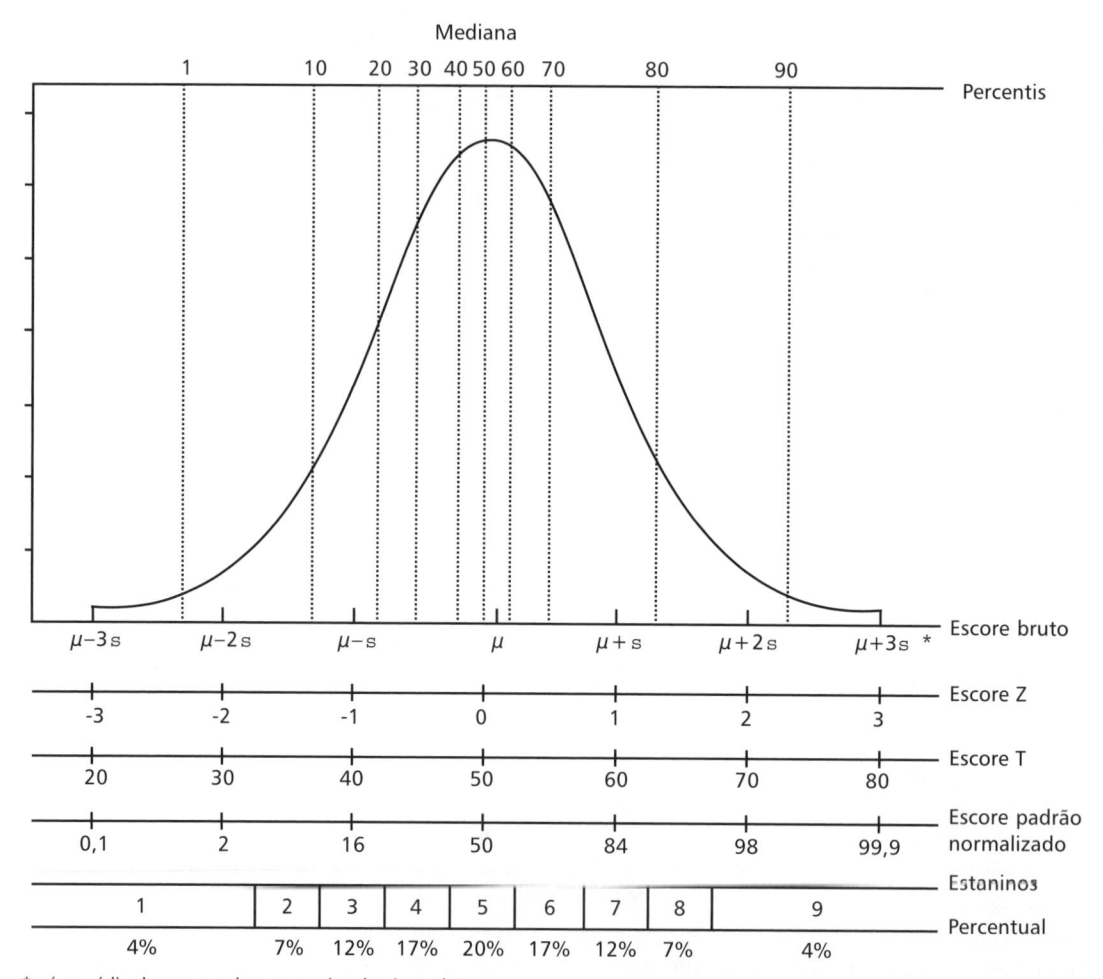

*μ é a média dos escores brutos e s é o desvio-padrão.

Figura 14.1 Equivalência entre escores brutos e outros escores.

5 e +5, quando os escores brutos seguem uma distribuição normal), e como o seu cálculo resulta em valores com casas decimais, muitas vezes pode causar uma interpretação errada do escore. Por exemplo, não é raro ouvirmos que um sujeito com escore Z de -3,1 tem escore inferior do que um sujeito com escore -3,5, ou, ainda, que o escore 3,25 é maior que o escore 3,3.

Para evitar tais confusões, podemos utilizar o escore T, que é calculado através de:

T = 50 + 10Z.

A sua interpretação é mais simples, pois temos somente valores positivos, e, se considerarmos o escore Z com apenas uma casa decimal, o escore T não terá casas decimais.

Existem outros escores calculados com base no escore padronizado, como o escore Z normalizado, que nada mais é que a transformação do escore Z em percentis, como mostra a Figura 14.1.

Outro escore utilizado são os estaninos, que são 9 regiões da curva normal, como mostra a Figura 14.1, delimitados por intervalos de 0,5 desvio padrão, exceto o estanino 1 e o 9. Por exemplo, o estanino 7 compreende o intervalo de 0,75 a 1,25 desvio padrão.

O escore CEEB (*College Entrance Examination Board*), também baseado no escore Z, é dado pela expressão:

CEEB = 500 + 100Z ,

que é o escore utilizado pela Universidade Federal do Rio Grande do Sul para calcular os escores padronizados de cada prova.

Todos esses escores e outros que possam ser derivados desses são importantes pela possibilidade que eles nos oferecem de compararmos indivíduos ou de compararmos habilidades distintas de um mesmo indivíduo. Temos de ressaltar que, para o uso apropriado desses escores, temos que ter uma boa aproximação dos escores brutos com a distribuição normal.

Para ilustrar o uso de tais escores, vamos considerar os escores brutos de 20 indivíduos em relação a um teste de raciocínio lógico, com média 20 e desvio padrão 5,2, e que esses sujeitos sejam uma amostra representativa da população, e, por isso, as conclusões feitas com base nessa amostra podem ser extrapoladas para a população.

Sujeito	Escore bruto	Percentis	Escore Z	Escore T	Estanino
1	6	0	-2,7	23	1
2	14	12	-1,2	38	3
3	15	17	-1,0	40	3
4	16	22	-0,8	42	3
5	17	28	-0,6	44	4
6	18	35	-0,4	46	4
7	19	42	-0,2	48	5
8	20	50	0,0	50	5
9	20	50	0,0	50	5
10	20	50	0,0	50	5
11	20	50	0,0	50	5
12	21	57	0,2	52	5
13	21	57	0,2	52	5
14	22	65	0,4	54	6
15	22	65	0,4	54	6
16	23	71	0,6	56	6
17	24	78	0,8	58	7
18	25	83	0,9	59	7
19	27	91	1,3	63	8
20	31	98	2,1	71	9

Através desse exemplo, podemos ilustrar a interpretação de tais escores e compará-los com o escore bruto. O primeiro fato que devemos notar é que a ordem dos indivíduos é a mesma para qualquer escore que esteja sendo utilizado.

O Sujeito 1 tem o menor escore bruto, sendo que o seu percentil é menor que 1, ou seja, existe menos do que 1% da população com escore bruto menor do que 6. Através do escore Z, podemos dizer que ele está 2,7 desvios padrão abaixo da média. Como já foi dito antes, menos do que 0,3% da população apresenta um escore padrão abaixo de –3, e, com isso, podemos dizer que esse indivíduo está muito abaixo da média. Pelo escore T, chegamos à mesma conclusão sobre o Sujeito 1, mas a única diferença é que o escore T é expresso numa escala de números inteiros positivos e varia entre 20 e 80, sendo que existe menos do que 0,3% de indivíduos que possam obter escore T fora desse intervalo. Podemos ver que o Sujeito 1 se encontra no Estanino 1, o que significa dizer que ele faz parte dos 4% da população com escores mais baixos.

Se analisarmos o Sujeito 16, que obteve escore bruto igual a 23, podemos dizer que 71% da população deve ter um escore bruto inferior ou igual a 23. Esse sujeito está a 0,6 desvio-padrão da média, ou seja, na região onde podemos encontrar aproximadamente 68% dos sujeitos. Ainda podemos dizer que o Sujeito 16 pertence ao Estanino 6.

Outra observação que deve ser feita é que indivíduos com escores brutos diferentes podem apresentar os mesmos, estaninos, como é o caso dos Sujeitos 15 e 16. O mesmo pode ocorrer com os outros escores, sendo que no caso do escore Z isso é menos freqüente.

Os escores definidos anteriormente e outros escores podem ser encontrados em Anastasi (1988), Cronbach (1990) e Guilford e Fruchter (1973).

15
O ABC da avaliação neuropsicológica
Jurema Alcides Cunha

A avaliação neuropsicológica é um tipo bastante complexo de avaliação psicológica, porque exige do profissional não apenas uma sólida fundamentação em psicologia clínica e familiaridade com a psicometria, mas também especialização e treinamento em contexto em que seja fundamental o conhecimento do sistema nervoso e de suas patologias (Lezak, 1995). Conseqüentemente, foge da abrangência deste livro um maior aprofundamento do assunto, tendo nos limitado, na edição anterior, a discutir tópicos, como conceito da avaliação neuropsicológica, objetivos, métodos de inferência ou, ainda, tipos de abordagem (Cunha & Minella, 1993).

Neste capítulo, vamos nos restringir a chamar a atenção sobre algumas questões básicas, enquanto o próximo capítulo será dedicado ao exame de alguns aspectos essenciais na avaliação de sintomas demenciais em idosos.

Na área da avaliação neuropsicológica, conforme Lezak (1995), uma das maiores autoridades no assunto, há duas regras que, em hipótese alguma, podem ser quebradas: a) "Trate cada paciente como um indivíduo" e b) "Pense a respeito do que você está fazendo" (p.110). Talvez você considere essas regras por demais elementares para serem propostas. Mas a idéia básica é de que todo o exame, todas as estratégias usadas, as tarefas propostas e toda a sua atenção, numa avaliação neuropsicológica, têm de se adequar às particularidades individuais do examinando, às suas necessidades, bem como às suas competências e limitações. Isso vale dizer que, por mais que um psicólogo tenha especial preferência pelos ensinamentos freudianos, frente a um adulto que apresentou mudanças de personalidade marcantes, afetando funções cognitivas, ele não vai se contentar em dizer que tais sintomas podem ter uma explicação psicodinâmica (Weinstein & Seidman, 1994), ainda que saiba que a depressão pode ter efeitos sobre a atenção, concentração e memória. Não, cada caso é um caso, que deve ser examinado sob todas as perspectivas adequadas, a partir de hipóteses fundamentadas e não na base de idéias preconcebidas. Portanto, se as questões do encaminhamento envolvem menção de dificuldades cognitivas associadas com mudanças marcantes de personalidade, num adulto, essas dificuldades constituem obrigatoriamente um primeiro foco de atenção.

Entre as dimensões de comportamento, a que é o principal objeto de análise, na avaliação neuropsicológica, é a cognição (e, particularmente, a memória), seja por serem os prejuízos das funções cognitivas os principais correlatos de alterações cerebrais, seja por sua acessibilidade à mensuração, mas isso não significa que os problemas do SNC não se reflitam em outras dimensões do comportamento (Lezak, 1995). São prioridades no exame que se estabelecem.

Por necessidades de pesquisa, entende-se que certos serviços ofereçam triagem, utilizando baterias neuropsicológicas compreensivas, que são fixas, abrangendo um elenco invariável de testes administrados a todos os examinandos (Goldstein & Hersen, 1990). Ainda que detenha algumas vantagens, a avaliação neuropsicológica competente implica que o psicólogo consiga enxergar, através de escores de testes, fatores pessoais que podem modificar o desempenho (Levin, Soukup, Benton et alii, 1999), com uma focalização mais completa no indivíduo.

Por outro lado, outros advogam estratégias mais flexíveis, propondo uma abordagem de testagem de hipóteses. Às vezes, estas podem ser derivadas das questões de encaminhamento. Mas, como salienta Lezak (1995), uma vez que tais questões não provêm de *experts* em neuropsicologia, nem sempre são apropriadas, pelo menos quanto à hierarquização das necessidades de investigação. Então, têm de ser consideradas não só tais questões, mas hipóteses podem ser geradas a partir de queixas do paciente, de sua história, do exame de seu estado mental, da impressão que causou ou de suas circunstâncias de vida atual. O que se pretende dizer é que iniciar uma avaliação formal muito precocemente pode ser inadequado pela perda de informações que acarreta (Lishman, 1998). Tais informações é que vão definir as áreas de investigação (Weinstein & Seidman, 1994), estabelecer prioridades e fundamentar a seleção de estratégias a serem utilizadas. Tais hipóteses podem ser confirmadas por achados, utilizando normas quantitativas. Outras vezes, servem para dar início ao processo com endereço predeterminado e, no decorrer do exame, são redefinidas.

Freqüentemente, o processo suscita, por sua vez, a testagem de duas hipóteses superpostas: a) a hipótese da presença de um déficit cognitivo específico, levantada pela emergência de uma determinada resposta ou de um desempenho anômalo, e b) uma segunda hipótese sobre a presença de determinada disfunção cerebral, gerada por achados comprobatórios da primeira hipótese (Kaplan, Fein, Morris et alii, 1991). Este é um enfoque basicamente qualitativo.

Conseqüentemente, esse tipo de avaliação pode se desenvolver a partir de hipóteses oriundas de várias fontes, inclusive podendo ser eliciadas durante a própria testagem. Portanto, podemos representá-la da seguinte maneira (vide Figura 8.1):

Neste esquema, procuramos resumir duas possíveis abordagens, porque a hipótese sobre um déficit cognitivo pode ser gerada por qualquer das fontes de indícios ou pode só se definir mais adequadamente pela observação do desempenho do examinando. Essas duas abordagens muitas vezes são equacionadas num modelo quantitativo e qualitativo, respectivamente. Um exemplo do último caso pode ocorrer quando o encaminhamento se deu para um psicólogo clínico, por problemas em dimensão do comportamento diferente da cognição, e se verifica a emergência de determinados sinais no desempenho (por exemplo, nas esca-

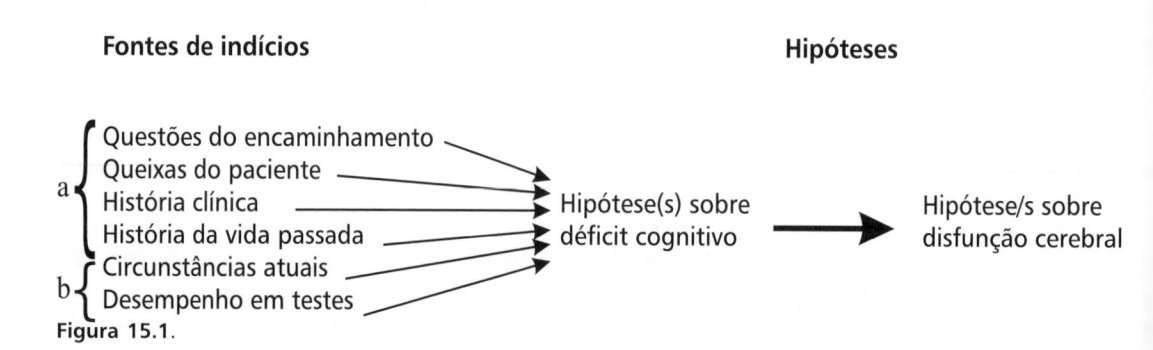

Fontes de indícios   **Hipóteses**

a {
 Questões do encaminhamento
 Queixas do paciente
 História clínica   → Hipótese(s) sobre   → Hipótese/s sobre
 História da vida passada   déficit cognitivo   disfunção cerebral
b {
 Circunstâncias atuais
 Desempenho em testes

Figura 15.1.

las Wechsler), sinais sugestivos o suficiente para permitir levantar a hipótese de um déficit cognitivo, que pode vir a ser confirmado em investigação mais especializada, desde que outras causas possam ser afastadas.

Os déficits cognitivos podem ocorrer em quatro diferentes funções, que Lezak (1995), com muita propriedade, descreve conforme suas analogias com operações do computador, como de *input*, armazenagem, processamento e *output* (vide Quadro 15.1):

QUADRO 15.1 Capacidades envolvidas pelas funções executivas

Funções cognitivas	Manejo das informações
Funções receptivas (*input*)	seleção, aquisição, classificação e integração
Memória e aprendizagem (armazenagem)	armazenamento e reevocação
Pensamento (processamento)	organização e reorganização mental
Funções executivas (*output*)	comunicação ou informação posta em ação

Fonte: Lezak, 1995, p.22 (adaptado do texto).

Portanto, a partir de diferentes fontes de indícios, podem ser geradas hipóteses sobre a presença de déficit ou déficits em determinadas funções cognitivas. Com base nas hipóteses, são selecionadas tarefas (testes) que envolvem o exercício de certas atividades, compreendidas por tais funções. No decorrer do desempenho dessas tarefas, ou em seu produto final, poderão ser encontrados resultados comprobatórios da probabilidade de uma disfunção cerebral.

Já numa abordagem mais exploratória, será o desempenho na tarefa que permitirá levantar uma hipótese sobre déficit numa função cognitiva. Chegar a tal hipótese seria possível, porque certo sinal ou sinais (erros, omissões, distorções, etc.) sugeriram a possibilidade de um déficit cognitivo. "Se tal déficit é confirmado por outras respostas, torna-se a base para levantar hipóteses acerca de disfunção do SNC" (Kaplan, Fein, Morris *et alii*, 1991, p.107).

Tarefas do neuropsicologista, pois, são "a identificação e a mensuração de déficits psicológicos, porque é primariamente através de deficiências e de alterações disfuncionais da cognição, da emocionalidade, bem como da autodireção e manejo (isto é, das funções executivas), que a lesão cerebral se manifesta comportamentalmente" (Lezak, 1995, p.97). Avaliar tais déficits e alterações, porém, não diminui a importância de fazer uma apreciação das competências do indivíduo, bem como de medir mudanças, no quadro neuropsicológico, através do tempo (Seidman, 1994). Essas referências a tarefas servem para lembrar que, verdadeiramente, muitas das avaliações neuropsicológicas pressupõem propósitos múltiplos, ainda que não raramente o encaminhamento tenha sido feito apenas por uma razão (Lezak, 1995).

Não obstante, um encaminhamento ocorre quando há pelo menos uma pressuposição da presença de déficit ou de comportamentos sintomáticos supostamente "resultantes de danos, doenças ou desenvolvimento cerebral anormal" (Levin, Soukup, Benton *et alii*, 1999). Assim, os casos passíveis de encaminhamento para avaliação neuropsicológica são muito variados. Weinstein e Seidman (1994), após uma revisão da literatura sobre casos de adultos que poderiam se beneficiar com tal exame, fizeram uma lista da qual vamos extrair alguns exemplos. Pacientes podem ser encaminhados porque foi observado que apresentaram "mudanças marcantes de personalidade, após os 40 anos" ou após uma intervenção cirúrgica, ou, ainda, por demonstrarem "um gradual declínio na cognição". Podem ter tido um acidente vascular cerebral ou terem "uma história longa de abuso de substâncias". Podem ter sofrido "um dano cerebral traumático (até aparentemente leve)" ou virem apresentando "explosões de cólera transitórias, mas incontroláveis". Podem estar sendo submetidos a "medicações múltiplas que afetam cognição/comportamento" ou terem "déficits cognitivos secundários a transtornos de ordem médica, como AIDS ou diabete melito" (p.56).

Na realidade, pode-se concordar que as questões levantadas sobre os mais variados casos podem ser classificadas resumidamente em duas categorias: questões diagnósticas e questões descritivas (Lezak, 1995). As questões diagnósticas sempre envolvem perguntas que têm que ver com diagnóstico diferencial. É claro que a abordagem atual não admite um conceito unitário de patologia cerebral (Cunha & Minella, 1993), mas procura fazer discriminações importantes entre condições que podem apresentar efeitos comportamentais semelhantes, ou comparar, por exemplo, o nível atual de desempenho com o presumível desempenho pré-mórbido, etc. Na realidade, "neuropsicologistas não podem estabelecer um diagnóstico neuropsicológico, mas podem fornecer dados e formulações diagnósticas que contribuem para as conclusões diagnósticas" (Lezak, 1995, p.111).

Já as questões descritivas envolvem a avaliação de capacidades específicas, que vão fundamentar decisões sobre o indivíduo, seja no que concerne à sua vida escolar, profissional ou, mesmo, no que diz respeito a seus direitos e deveres como cidadão. Por outro lado, também nesta categoria, recaem avaliações que se sucedem através do tempo, num sentido de documentar melhora ou deterioração, seja para planejar ou monitorar o tratamento.

Mas há dois pontos dignos de nota, que devem ser analisados. Em primeiro lugar, se os encaminhamentos a exame neuropsicológico, em que questões diagnósticas principalmente, no passado, tinham que ver com localização cerebral, atualmente, são muito pouco freqüentes, dada a sofisticação atual de recursos técnicos, mas ainda persistem em "condições em que mesmo os estudos laboratoriais mais sensíveis não podem ser esclarecedores, do ponto de vista diagnóstico" (Lezak, 1995, p.8). Entre tais condições, a autora cita "encefalopatias tóxicas, doença de Alzheimer e outros processos demenciais", bem como "trauma cerebral leve" (p.8).

O outro ponto que seria importante salientar é que, por vezes, há uma grande expectativa em relação à avaliação neuropsicológica, sendo "esperado um grau de exatidão dos testes psicométricos que é irrealístico" (Lishman, 1998, p.108). Assim, por um lado, é essencial lembrar que os instrumentos não podem ser utilizados sem serem submetidos a estudos de suas características psicométricas e normatizados, em amostras de sujeitos normais e de grupos de pacientes com diagnóstico formalizado. Isso demanda tempo. Dessa maneira, os avanços que ocorrem no campo da psicometria não podem seguir par a par com progressos tecnológicos que ampliam o conhecimento do SNC e de suas patologias. Por outro lado, inúmeros fatores, como fadiga, motivação, tipos de medicação, etc., podem ocasionar flutuações no ritmo do desempenho do paciente. Portanto, a contribuição da neuropsicologia só pode ser feita numa base probabilística.

Já a situação parece ser um pouco diversa no acompanhamento da evolução dos casos, pois, tendo-se uma linha de referência preliminar, acréscimos e decréscimos são mais facilmente estimados, considerando que se compara o paciente com ele mesmo, através do tempo, com grande vantagem para a monitorização dos casos de interesse.

Mas quaisquer que sejam as razões do encaminhamento e a categoria das questões envolvidas no exame, todas as informações e todos os achados só podem ser entendidos dentro de um contexto, em que são essenciais, pelo menos, a idade do indivíduo, sua história de vida, seu nível de escolaridade (o número de anos de educação formal) e sua dominância manual.

Ao se falar em idade, não se tem em mente o tipo de bateria de testes utilizados, pois é óbvio que há instrumentos diferenciados conforme a faixa etária. Assim, em termos de uma avaliação neuropsicológica, só nos interessam normas da população geral, para descrever como o sujeito se situa, em termos de forças e fraquezas individuais, quando, por exemplo, ele vai ter de usar suas capacidades profissionalmente (isto é, vai competir com os demais). Caso contrário, um dos marcos de referência básicos é a idade. Vejamos as escalas Wechsler. Constituem conjuntos de subtestes que subentendem tarefas que envolvem atividades dependentes de funções cognitivas. Ora, funções cognitivas desenvolvem-se com a idade e declinam com a idade. Qualquer escore de subteste só adquire sentido em relação a normas do grupo etário do examinando, mesmo porque, se existe qualquer déficit, dados globais, como o QI, são de escasso interesse como referencial.

Além disso, a história de vida, colhida com muito cuidado e minúcia, é sobremodo útil. A propósito, há um relato na literatura, aqui apresentado muito resumidamente, que parece especialmente ilustrativo a esse respeito. Trata-se do caso de uma senhora de 34 anos, perfeitamente ajustada ao seu estilo de vida, que subitamente apresentou mudanças marcantes de personalidade e modificações de hábitos. Certas habilidades manuais, que desenvolvera muito bem e lhe davam muito prazer, já não tinham interesse. Na história, chamaram a atenção as queixas de leves sintomas de cefaléia, sonolência, de certa irritabilidade com os filhos e algumas dificuldades de memória que apareceram após um acidente de carro, mas, aparentemente, sem relação com tal ocorrência, uma vez que resultados de exames de rotina (CT e MRI) foram normais. Uma exploração mais profunda e uma extensiva avaliação neuropsicológica não só confirmaram a hipótese de uma disfunção cerebral, como de uma reação emocional a essa, sentindo-se a mulher culpada, porque suas limitações não lhe permitiam dar aos filhos o apoio e a ajuda de antes (Weinstein & Seidman, 1994).

Cada vez mais, tem-se consciência sobre a influência que tem a quantidade em anos de educação formal sobre o desempenho do indivíduo, não só em instrumentos verbais, como também em tarefas cujo caráter nada tem de verbal. Os dados normativos mais recentes de vários instrumentos usados em avaliação neuropsicológica, como, por exemplo, o Teste Wisconsin de Classificação de Cartas (Heaton, Chelune, Taley et alii, 1993), são corrigidos demograficamente em relação às variáveis idade e escolaridade.

Tal influência do fator escolaridade já vem sendo reconhecida há bastante tempo, tendo importância não só para a seleção de técnicas, como na interpretação dos achados. Foi feito, por exemplo, um estudo que demonstrou a existência de correlação, em nível significante, de cada um dos cinco índices da Escala de Memória Wechsler Revisada, a WMS-R (Wechsler, 1987) e escolaridade. Assim, um escore do Índice de Memória Geral, igual para dois indivíduos, poderia ser considerado baixo para o que tivesse mais de 12 anos de educação formal, e perfeitamente aceitável para aquele com oito anos de escolaridade apenas. Tal informação sobre anos de educação formal permite uma interpretação mais realística de um achado de teste, quando inexistem dados sobre o funcionamento pré-mórbido da memória.

Quanto à dominância lateral, é uma informação também importante, porque o desempenho, com a mão preferida ou com a não-preferida, pode variar quanto à velocidade e força e, eventualmente, levar a erros de distorção. Segundo estudos revisados por Lezak (1995), sabe-se que cerca de 90 a 95% dos indivíduos são destros. A mão direita é preferivelmente usada, não só por seres humanos, mas pelos primatas em geral, e isso decorre de uma determinação genética. Conforme a literatura, "trauma precoce ou, mesmo, acontecimentos pré-natais podem afetar a preferência manual do adulto" (p.301), embora se registrem variações em alguns grupos étnicos ou em certas famílias. Torna-se, pois, extremamente importante verificar qual a mão usada preferencialmente pelo paciente, pois o fato pode ter implicações para a organização cerebral. E, uma vez que existe determinação genética, é essencial investigar qual a preferência manual dos parentes de primeiro grau do examinando. Weinstein e Seidman (1994) apresentam exemplos de reproduções gráficas feitas por pessoas normais, chamando a atenção para alguma diferença observável no desenho de um sujeito destro com pais canhotos, situação que caracterizam como de "dominância anômala" (p.58).

Por certo, essas são apenas algumas informações, pequenos exemplos, que visam a ilustrar a complexidade da avaliação neuropsicológica, o que lembra a total superação das antigas formulações de comprometimento cerebral como condição unitária. Atualmente, como afirma Lezak (1995), "em neuropsicologia, reconhece-se lesão cerebral como um fenômeno mensurável multidimensionalmente, que exige uma abordagem de exame multidimensional". E acrescenta que, "ainda que lesão cerebral seja útil, como um conceito organizacional para uma ampla série de transtornos comportamentais, *ao lidar com pacientes individuais, o conceito de lesão cerebral só se torna significativo em termos de disfunções comportamentais específicas e de suas implicações referentes à patologia cerebral subjacente*"* (p.19).

---

*N. da A. O grifo é nosso.

16
Avaliação de sintomas demenciais em idosos: questões essenciais

Irani I.L. Argimon, Candida H. Pires de Camargo

As diferentes imagens sobre a velhice têm consigo o conceito de que, à medida que passa o tempo, invariavelmente aconteça um declínio cognitivo.

O funcionamento cognitivo evidencia possibilidade de mudanças durante o envelhecimento, não só por causa de possível deterioração patológica, mas pelo próprio aumento da idade. Nos idosos, principalmente dos 80 anos em diante, é comum o funcionamento cognitivo se ver associado transitoriamente com outros padecimentos físicos e/ou de conduta. Cada vez mais o funcionamento cognitivo se vê afetado por múltiplos eventos fundamentalmente internos, porém, também externos.

A avaliação neuropsicológica em idosos apresenta problemas particulares a serem considerados, e, neste caso específico, a "regra" neuropsicológica de medir déficits em relação ao nível prévio deve ser levada em conta, também, dentro dos parâmetros das mudanças evolutivas normais no correr da idade.

Na maior parte dos casos, trata-se de estabelecer se um determinado déficit cognitivo é produto de um declínio normal ou de uma deterioração patológica e irreversível e, neste último caso, ao que pode estar relacionado, assim como de que forma isso acontece.

Existe uma série de particularidades específicas do funcionamento cognitivo nos idosos.

Um dos principais problemas encontrados é quanto à motivação e cooperação do idoso no processo de avaliação.

Giurgea (1995) alerta para a importância da avaliação em dois níveis, ou seja, examinar se o idoso está mostrando rendimentos moderados, porque apresenta uma deficiência cognitiva no autêntico sentido do termo, e, também, examinar os fatores que não são cognitivos (por exemplo, a motivação), mas que podem influir sobre o rendimento.

Isso ocorre principalmente quando a avaliação não se realiza por iniciativa própria, mas, sim, de familiares, como, também, em situações institucionais, onde a solicitação pode vir de um médico, juiz, para examinar a necessidade, por exemplo, de interdição, transferência de instituição e outras. Outro fator a ser considerado é quando perdas sensoriais dificultam a comunicação (como perdas auditivas, perdas visuais), de modo que, muitas vezes, o próprio psicólogo precisa estimular o idoso ou seus familiares a procurarem um especialista, com o objetivo de melhorar sua comunicação com o mundo que o rodeia, amenizando suas dificuldades e possibilitando um exame real de suas condições cognitivas.

Entre as variáveis que produzem peculiaridades na avaliação cognitiva de idosos, estão duas das características deficitárias da velhice:

a lentidão perceptiva e a motora. Estes são aspectos muito importantes, porque muitos dos testes de medida cognitiva envolvem tarefas perceptivas e motoras e exigem limitação de tempo em sua execução, produzindo uma sobrecarga de ansiedade.

Se a cognição é um constructo cujo objetivo é a adaptação satisfatória em situações específicas e a tarefas situacionais, que mudam através do ciclo vital, precisamos saber como se caracterizam essas mudanças.

Essas mudanças se fazem notar por meio das queixas comumente trazidas pelos idosos ou seus familiares: estão mais lentos e distraídos, mais "desastrados", desorientam-se diante de qualquer modificação em locais menos conhecidos, esquecem-se facilmente das coisas ("menos as do seu interesse"), "são repetitivos", "teimosos", "inflexíveis". Esses problemas vão se instalando devagar, em épocas diferentes, geralmente a partir da sexta década.

O problema que se apresenta, então, é identificar se essas mudanças constituem as alterações normais e esperadas durante o envelhecimento ou sugerem um processo demencial. Essa tarefa não é fácil por várias razões: 1) os distúrbios cognitivos dos estádios iniciais da demência, especialmente da Demência de Alzheimer, são superponíveis aos da senescência normal ou aos da depressão; 2) freqüentemente, os idosos apresentam condições que interferem na cognição; dentre estas, destacam-se causas psiquiátricas, principalmente, depressão, isolamento social, doenças médicas, déficits sensoriais e polifarmácia.

Entretanto, é fundamental estabelecer a distinção entre senescência e demência, já que, em alguns casos, é possível reverter a síndrome demencial, identificando-se e tratando adequadamente a doença de base. Mesmo quando isso não é possível, o estabelecimento do diagnóstico correto poderá fornecer a orientação adequada para melhorar a qualidade de vida do paciente e cuidadores.

Se o envelhecimento é acompanhado por essas mudanças normais, como então distingui-las de alterações patológicas? Em primeiro lugar, o examinador deve ter claro quais são as mudanças esperadas, em que ordem temporal ocorrem, quais são os déficits cognitivos característicos do envelhecimento.

Uma discussão mais extensa sobre as mudanças cognitivas, no decorrer do envelhecimento, está além do escopo deste capítulo, mas poderá ser encontrada, por exemplo, em Lezak (1995) e em Bottino e colegas (1997). De forma geral, ocorrem nas esferas sensório-motoras e viso-espaciais, na atenção, memória, linguagem e flexibilidade mental. Têm sido atribuídas a uma redução da energia disponível, repercutindo nos processos mentais que demandam esforço, ao passo que as capacidades intelectuais e habilidades desenvolvidas ao longo da vida e por aprendizagem prévia ficam mantidas até muito tarde.

Esses aspectos são extremamente importantes de serem considerados, porque ao contrário do que é julgado pelo senso comum, as demências não implicam prejuízo global, a não ser em fases muito avançadas.

Ao nos depararmos com um pedido de avaliação, antes de mais nada, é necessário estabelecer para que ela será feita. A escolha dos testes, ou de baterias, e das formas de relatar os resultados depende dos objetivos, que podem ir de diagnóstico diferencial a perícia ou pesquisa. Enquanto, no primeiro e segundo casos, a escolha deve recair sobre testes sensíveis para diferenciar finamente entre tipos de déficits, por certo é necessária uma investigação mais abrangente e compreensiva, em pesquisa, onde geralmente a escolha recai sobre baterias fixas. Mas a avaliação nem sempre ocorre por um encaminhamento, mas também em vista de resultados de triagem prévia, em clínicas ou outras instituições.

O ponto de partida para qualquer avaliação é a história precisa obtida com o paciente e informantes. Além do registro dos fatores de risco para o desenvolvimento de demência, de informações sobre história médica, medicações em uso e eventos importantes da vida, é importante estabelecer o(s) tipo(s) de defeitos cognitivos, a época em que ocorreram e o impacto na vida diária. As informações angariadas com o paciente permitem uma análise inicial da linguagem, atenção, memória e julgamento, a serem contrastadas com as habilidades prévias pressupostas pela vida acadêmica e profissional, ou as responsabilidades desempenhadas na vida cotidiana.

As questões que merecem enfoque são: se houve e quais foram as mudanças no comportamento, hábitos e personalidade; se a mudança foi abrupta ou progressiva, se ocorreu primeiro, na personalidade e temperamento, ou depois dos déficits cognitivos; quais foram e quando apareceram os déficits cognitivos; quando e como atingiram a eficiência no funcionamento diário; como interferiram nos relacionamentos e no grau de independência.

Essas questões são importantíssimas por várias razões, entre as quais a de que, quando o quadro de déficits é leve ou moderado, o diagnóstico diferencial por testes pode ser mais difícil, sendo necessário dar mais peso à história da apresentação. Outra razão é que testes não retratam inteiramente o funcionamento no dia-a-dia. Portanto, ao serem utilizados, deve se ter em mente que eles permitem examinar processos, não sendo eles a medida da função em si mesma. Uma outra razão a ser considerada é que especialmente idosos podem se desempenhar mal nos testes, mas funcionarem bem na vida diária. Os testes devem então ser considerados no contexto da vida da pessoa.

Um aspecto importante é a percepção subjetiva do idoso quanto a suas facilidades e dificuldades. Vários trabalhos (vide, por exemplo, Fernández-Ballesteros, Izal, Montorio et alii, 1992) mostram que os idosos tendem a informar positivamente a respeito de si mesmos, mostrando uma maior tendência à desejabilidade social ou uma menor sinceridade que indivíduos de outros grupos de idade. Entretanto, a diminuição da memória é uma das queixas habituais das pessoas idosas que buscam um serviço especializado. Nesses casos, além de escutar o "paciente", é importante ouvir a família falar sobre as atividades diárias do idoso, sobre a forma como lida com o seu dinheiro, os afazeres domésticos, o manejo de sua própria medicação, o uso do telefone, os cuidados consigo mesmo (higiene pessoal, aparência, roupas adequadas).

Estas últimas informações são úteis, seja como parte de uma avaliação neuropsicológica abrangente, seja como parte de um *screening* inicial, para então determinar a necessidade ou não de uma avaliação mais completa.

É importante elaborar estratégias de rotina para o exame da capacidade cognitiva das pessoas que nos procuram por queixas de problemas de memória. Essas estratégias, combinadas com as informações trazidas pelos familiares, favorecem uma forma objetiva para, se for o caso, tranqüilizá-los e poder mostrar-lhes que este declínio na memória é normal e esperado para sua faixa de idade.

No DSM-IV (APA, 1994), encontra-se incluída uma categoria que é definida como "declínio cognitivo associado à idade", em que as alterações são consideradas normais no funcionamento cognitivo com o processo do envelhecimento. Os sujeitos com essa condição podem se queixar de problemas de esquecimento de nomes, de compromissos assumidos, como, também, de uma dificuldade maior na resolução de problemas mais complexos.

As mesmas estratégias recém-citadas também são importantes nos casos em que os déficits cognitivos apresentam uma evolução (sejam progressivos).

Uma abordagem neuropsicológica adequada sempre envolve a verificação de duas hipóteses sobrepostas. Dessa maneira, "uma resposta específica primeiramente serve para gerar hipóteses sobre um déficit cognitivo. Se esse déficit é confirmado por outras respostas, torna-se base para levantar hipóteses acerca de disfunção do SNC" (Kaplan, Fein, Morris et alii, 1991, p.107).

Kaplan e colegas (1991) recomendam cautela para não tirar conclusões sobre déficits cognitivos a partir de poucos indícios, não sendo possível levantar hipóteses de disfunção no SNC a partir de apenas um déficit cognitivo, a menos que outras causas tenham sido definidamente afastadas.

As questões suscitadas pela história fornecem as primeiras hipóteses para o diagnóstico e as pistas para a escolha dos testes. Esta também vai ser determinada pela disponibilidade de tempo, pelo grau de cooperação e fadiga, além da consideração dos custos para o paciente.

Uma vez colhida a história e levantadas as hipóteses iniciais, na prática clínica, o plano de avaliação deve levar em conta tais hipóteses específicas, porque testes de uma bateria fixa geralmente são construídos sem levar em conta o padrão particular das patologias demenciais. Além disso, numa avaliação, os sujeitos podem ter níveis culturais diferentes, ou, na suspeita de demência, podem estar em estádios diferentes de evolução, o que demanda flexibilidade na escolha dos instrumentos, embora algumas baterias possam ser citadas desde que seu objetivo seja o do plano de avaliação.

O examinador poderá optar por fazer uma revisão geral dos sistemas e funções, mas isso demanda tempo e, freqüentemente, é exaustivo para idosos. Tendo em mente quais são as mudanças esperadas e associadas à idade, um enfoque especial à atenção, linguagem, praxia construtiva, memória e funções executivas geralmente é suficiente, escolhendo testes específicos para o caso individual. Quaisquer que sejam as queixas ou patologias suspeitadas, os problemas recairão em uma ou várias dessas funções.

Um problema técnico diz respeito ao material das provas (dos testes) mais comuns na avaliação cognitiva. Conforme salientam Fernández-Ballesteros e colegas (1992), com o passar da idade não só mudam as habilidades cognitivas das pessoas, como também muda a significação, tanto das próprias habilidades, como de tarefas colocadas à sua disposição.

Uma recente estimativa do National Institute of Health dos Estados Unidos (Scott, 1999) calcula que entre 5 e 10% da população com mais de 65 anos sofre de demência. A prevalência dessa condição aumenta com a idade. O déficit de memória é uma característica ressaltada na fase inicial e que se acentua com a progressão da doença. O prejuízo do pensamento abstrato e do julgamento, acompanhado por alterações na personalidade, também podem ser sintomas marcantes do quadro clínico. Segundo os estudiosos, não existe uma causa específica para a demência, visto que várias doenças podem causá-la.

A seguir, será apresentada uma breve descrição dos testes neuropsicológicos e baterias com poder discriminativo mais bem estabelecidos na literatura e que têm sido utilizados em nosso meio. Alguns destes não apareceram na literatura especializada, mas foram apresentados em congressos e vêm sendo utilizados, de longa data, em centros especializados, ou foram validados em amostras específicas, aparecendo em dissertações de mestrado e teses de doutorado. Embora não seja habitual, este tipo de referência pode fornecer informações para os leitores que desejem ou estejam trabalhando com os mesmos instrumentos.

A utilização das Escalas Wechsler de Inteligência (WIS – *Wechsler Intelligence Scales*) no exame da senescência normal e demência foi atestada em inúmeros estudos. Alguns autores elaboraram fórmulas para evidenciar padrões característicos ou sugestivos de demência. Entre essas, parece ser útil a de Fuld e de Coolidge, citados por Lezak (1995), que, usando escores corrigidos para a idade, obtiveram padrões para a Doença de Alzheimer.

São apontadas limitações, quando o uso dessas escalas é apenas quantitativo, requerendo, portanto, os dados normativos. Entretanto, sua utilização qualitativa é de valor indiscutível na avaliação de qualquer condição. Pode-se, por exemplo, estimar a estabilidade da atenção e da memória nas provas em que o objetivo é delimitado previamente, como no subteste de Completar Figuras (em que o sujeito deve sempre dizer o que está faltando) ou Semelhanças (em que ele deve indicar a semelhança existente entre dois itens aparentemente diferentes). Nestes casos, se o sujeito passar a responder diferentemente do que é solicitado (por exemplo, o que é diferente), se não houver correção da resposta após re-instrução, pode-se levantar a hipótese de distúrbio de memória, se outras causas foram descartadas. Uma outra maneira qualitativa é contrastar o nível das respostas a itens de natureza diversa em Compreensão. Desta maneira, pobreza nas respostas aos provérbios, enquanto as demais ou as de Vocabulário são boas, oferece pistas para a concretude do pensamento e mudanças na capacidade de abstração.

No Quadro 16.1, são apresentados exemplos de baterias mais comumente sugeridas, cujos testes são agrupados por domínios ou funções.

QUADRO 16.1 Baterias cujos testes são agrupados por domínios cognitivos ou funções

Teste	Autores/ano	Objetivo	Adaptação	Local de utilização
Mini-Exame do Estado Mental – MEEM	Folstein, Folstein & McHugh, 1975	Avalia orientação, memória imediata, recente, cálculo, linguagem, habilidade construtiva.	Bertolucci, Brucki, Campaci et alii, 1994	
Consortium to Establish a Registry for Alzheimer's Disease – CERAD	Morris, Heyman, Mohs et alii, 1989	Permite comparações sobre prevalência e causas relacionadas com a Doença de Alzheimer. É feita uma quantificação que classifica o sujeito como demenciado ou não-demenciado.	*	Protocolos de Pesquisa no Serviço de Neurologia da Escola Paulista de Medicina
Exame do Estado Mental	Strub & Black, 1985	Revisão de funções de memória, atenção, linguagem, habilidades construtivas e julgamento.	Camargo e colegas, 1987 (não-publicado)	Serviço de Psicologia e Neuropsicologia do Hospital das Clínicas de São Paulo
Cambridge Mental Disorders of the Elderly Examination – CAMDEX	Roth, Tym, Mount et alii, 1986	Fornece dados sobre o início e progresso dos déficits cognitivos. Avalia atenção, memória, linguagem, praxia, abstração, percepção e cálculo.	*	
The Middlessey Elderly Assessment of Mental State – MEAMS	Wilson, Cockburn & Baddeley, 1989	Serve para *screening* do estado mental, para idosos. Inclui questões de orientação, nomeação, evocação, compreensão, aritmética, habilidade visoconstrutiva, percepção visual, fluência verbal, perseveração motora.	Bezerra, Bolognani & Gouveia, 1998 (não-publicado)	Serviço de Reabilitação do CNP-AFIP-FUNESP
Entrevista Estruturada para Diagnóstico da Demência – ENEDAM	Zandig, Mittelhammer, Hiller et alii, 1991	Avalia atenção, memória imediata e tardia, habilidade construtiva, cálculo e pensamento abstrato.	*	Protocolos de Pesquisa do Serviço de Geriatria do Hospital do Servidor Público Estadual de São Paulo

*Não há dados publicados sobre a adaptação para o Brasil.

Todavia, visando a investigar aspectos componentes de uma função ou atividade, testes específicos podem fornecer maiores dados, como nos exemplos apresentados no Quadro 16.2.

Segundo Xavier (1999), a capacidade do examinando de aproveitar pistas e maximizar, por meio dessas pistas, as suas respostas, é mantida na velhice normal e precocemente perdida na doença de Alzheimer. Aproveitar as pistas para recordar alguma situação não lembrada livremente é uma capacidade muito cedo diminuída em idosos que, posteriormente, virão a desenvolver o quadro demencial evidente.

QUADRO 16.2 Testes específicos de memória

Testes	Autores/ano	Função
Teste de Evocação de Buschke	Buschke & Fuld, 1974	Avaliação da memória com análise simultânea de armazenamento, retenção e recuperação de memória remota
Fuld Object Memory Evaluation – FOME	Fuld, 1980	Nomeação tátil e nomeação visual de objetos (fluência verbal, evocação, rememoração dos objetos)
Teste Comportamental de Memória de Rivermead	Wilson, Cockburn & Baddeley, 1985	Investiga registro e evocação de material verbal e visual, memória espacial, orientação temporal
Escala Wechsler de Memória III – WMS-III	Wechsler, 1987	Memória operativa, imediata e tardia, verbal e não-verbal, visual, espacial e de eventos

QUADRO 16.3 Médias, desvios padrão e pontos de corte de alguns instrumentos usados num grupo sadio de longevos (N = 20)

Instrumentos	Escolaridade					
	0-2 anos (n=9)			+ de 2anos (n=11)		
	M	DP	Ponto de corte	M	DP	Ponto de corte
Teste de Evocação de Buschke	89,5	11,0	79	92,6	4,5	88
Lista de Palavras	2,7	1,7	1	3,4	2,7	1
Dígitos	4,8	2,4	2	7,0	1,6	5
Fluência Verbal	11,1	3,9	7	10,6	3,1	7

Em síntese, na triagem de sintomas demenciais em idosos, é importante tornar esta testagem uma rotina de maneira simples e no menor tempo possível. Levando em conta a especificidade, sensibilidade e valores preditivos para a possibilidade de identificação inicial da demência, segundo a literatura e serviços especializados, os testes usualmente utilizados são: Queixa Subjetiva da Memória (Tobiansky, Blizard, Livingston et alii, 1995), Mini-Exame do Estado Mental – MEEM (Folstein, Folstein & McHugh, 1975), Dígitos (ordem direta e inversa) (Wechsler, 1987), Memória Lógica – WMS-R (Wechsler, 1987), Teste de Lembranças Seletivas livre e com pistas (Buschke & Fuld, 1974), Lista de Palavras (Morris, Heyman, Mohs et alii, 1989) e Fluência Verbal-Categoria Animal (Spreen & Benton, 1977).

Numa pesquisa realizada com longevos (de mais de 80 anos) residentes na comunidade (Xavier, 1999), a equipe de psicólogos utilizou uma bateria de testes, para fins de triagem, incluindo, entre os instrumentos, o Teste de Evocação de Buschke (Buschke & Fuld, 1974), Lista de Palavras (Morris, Heyman, Mohs et alii, 1989), Dígitos (Wechsler, 1987) e Fluência Verbal (Spreen & Benton, 1977).

No Quadro 16.3, são apresentados as médias, desvios padrão e pontos de corte estimados para a classificação de declínio cognitivo associado ao envelhecimento, em um subgrupo saudável (n=20), da amostra total estudada (n=77), distribuídos os sujeitos conforme a escolaridade.

Este capítulo não tem a pretensão de esgotar o assunto, mas, sim, de pontuar aspectos importantes e necessários na avaliação de sintomas demenciais em idosos, período etário ainda pouco estudado, principalmente no que diz respeito a instrumentos adaptados para a nossa população. É indispensável ter em vista a história do sujeito e o uso criterioso de instrumentos na avaliação de sintomas demenciais em idosos.

17 Perícia psicológica na área forense
Sônia Rovinski

A psicologia forense é a psicologia aplicada ao campo da prática judicial e, como tal, constitui-se em uma das áreas de estudo resultante das relações entre a psicologia e a lei. A psicologia forense, ou judicial, como também é conhecida, surgiu da necessidade de assessorar magistrados em suas tarefas de julgamento. Inicialmente, esteve relacionada com a psiquiatria forense, sendo suas primeiras investigações voltadas para a área criminal. Somente a partir do século XX, passaram-se a desenvolver novos aspectos de investigação, tanto relacionados com avaliações clínicas ligadas às questões do direito na área cível quanto aos procedimentos jurídicos inerentes ao processo judicial, como avaliação de testemunhos ou procedimentos dos jurados.

Para Ibañez e Ávila (1990), a psicologia forense é toda psicologia, experimental ou clínica, orientada para a produção de investigações psicológicas e para a comunicação de seus resultados, assim como a realização de avaliações e valorações psicológicas, para sua aplicação no contexto legal. Portanto, a coleta de dados, o exame e a apresentação das evidências devem ser direcionados aos propósitos judiciais.

A realização de uma avaliação psicológica, para fins de perícia junto à área jurídica, parte de conhecimentos básicos da psicologia, mas necessita que se faça uma adaptação desses conhecimentos junto às normas legais. Para Grisso (1986), é fundamental à psicologia forense estabelecer modelos conceituais diferenciados dos utilizados na área clínica, para que possam produzir conhecimento relevante do ponto de vista legal.

O psicólogo que for atuar com este referencial teórico deve possuir conhecimentos não apenas da área psicológica, que está investigando, mas também do sistema jurídico em que vai operar; e conhecer as jurisdições e instâncias com as quais se relaciona, a legislação vigente associada ao seu objeto de estudo e as normas estabelecidas quanto à sua atividade. Deve, também, familiarizar-se com a terminologia da área jurídica, pois será constantemente interrogado sob um ponto de vista legal, o que poderá acarretar inúmeras dificuldades na "tradução" dos questionamentos jurídicos e, conseqüentemente, nos objetivos da perícia (Lösel, 1992).

Na área forense, os psicólogos tendem a utilizar os mesmos métodos de investigação que são utilizados na clínica, como entrevistas, testes, recuperação de dados de arquivo (protocolos) e informações de familiares e terceiros. Porém, a natureza específica desta avaliação obriga-os a uma adaptação das informações às questões formuladas, valorizando de modo diferenciado as estratégias para obtenção dos dados, de forma a estabelecer uma maior confiabilidade dos mesmos.

Para se compreender os aspectos distintivos da avaliação forense, é importante que se tenha uma visão diferenciada do contexto do trabalho do psicólogo na área clínica e em sua atividade junto ao sistema legal. Melton e colegas (1997) propõem uma série de dimensões que possibilitam esclarecer estas especificidades e orientar o trabalho do psicólogo, a saber:

Escopo: No *setting* clínico, temas como diagnóstico, funcionamento de personalidade e tratamento para a mudança de comportamento são aspectos primários. A avaliação forense, freqüentemente, dirige-se a eventos definidos de forma mais estreita ou a interações de natureza não-clínica, sempre relacionados a um foco determinado pelo sistema legal. Aspectos clínicos, como diagnóstico ou necessidade de tratamento, estão em segundo plano, em relação a outros de relevância no caso.

A perspectiva do cliente: A precisão da informação é importante, tanto no *setting* clínico como no forense. Porém, na avaliação clínica, a compreensão da visão particular do cliente sobre o problema, que é, geralmente, o motivo do processo, fica em primeiro plano, deixando a avaliação "mais objetiva" como secundária. O examinador forense deve preocupar-se com a exatidão da informação, na medida em que sua avaliação deve responder sobre fatos que extrapolam a subjetividade do examinando. Ainda que a visão do cliente seja importante, torna-se secundária para os objetivos propostos. As fontes de informação não devem se restringir ao cliente, mas a todas as fontes consideradas relevantes.

Voluntariedade e autonomia: As pessoas que buscam um psicodiagnóstico geralmente o fazem voluntariamente ou por encaminhamento de um profissional da saúde. Pessoas que *passam* por uma avaliação forense o fazem por ordem de um juiz ou advogado. Assim, existe uma maior possibilidade de encontrarmos clientes não-cooperativos, resistentes neste último tipo de avaliação. A resistência no *setting* clínico está, freqüentemente, associada a aspectos não-conscientes, ao passo que a resistência frente à avaliação forense é determinada pelo menos por uma das seguintes razões: primeiro, o cliente pode estar temeroso quanto ao resultado final; segundo, mesmo desejoso do resultado da avaliação, pode sentir-se ressentido pela intromissão em sua autonomia.

Riscos à validade: Ainda que a distorção inconsciente da informação seja uma ameaça à validade em ambos contextos de avaliação, a ameaça da distorção consciente e intencional é substancialmente maior no contexto forense. No contexto clínico, a distorção relaciona-se mais com fatores de timidez, fantasias ou falta de consciência do cliente sobre seus problemas. No contexto forense, em função da natureza coercitiva e da importância final de seus trabalhos, os clientes são incentivados a distorcer a verdade. Essa verdade estende-se, também, a terceiros que são chamados a informar dados sobre o cliente (parentes, trabalhadores de saúde mental, amigos).

Dinâmica do relacionamento: A interação orientada pela avaliação clínica enfatiza o benefício que pode advir, se for mantido o interesse em colaborar, havendo um pacto tácito de manutenção da confiança, compreensão e de segurança da confidencialidade. No contexto forense, o examinador não só ocupa um espaço mais distante do cliente, como também necessita confrontá-lo com mais freqüência, checar as informações dúbias ou inconscientes. Com isso, a percepção que o cliente tem do papel do examinador nem sempre é de alguém que está num papel de ajuda. Características como lealdade dividida, limites da confidencialidade e preocupação com a manipulação das informações, em um contexto adverso, determinam maior distanciamento emocional entre o avaliador forense e seu cliente.

O tempo de avaliação forense e o setting: No *setting* clínico, a avaliação, ainda que limitada no tempo, tende a se proceder num ritmo mais lento. Além disso, o diagnóstico pode ser reconsiderado durante o curso do tratamento e revisado muito além das entrevistas iniciais. No *setting* forense, uma variedade de fatores, incluindo a pauta do foro e os limites dos recursos, podem reduzir-se às oportunidades para o contato com o cliente. Essa redução de tempo repercute diretamente numa coerção ao fechamento do caso e numa diminuição da possibilidade de reconsiderar as formulações feitas. Ao mesmo tempo, enfatiza-se a precisão da conclusão quanto à finalidade das disposições legais, uma vez que o resultado da avaliação se torna um produto e passa a fazer parte dos registros do caso jurídico.

INSTRUMENTOS DE MEDIDA

Em sua tarefa de avaliação, o psicólogo conta com uma série de instrumentos, testes psicológicos, que o auxiliam a objetivar o estado mental dos indivíduos com maior precisão. Conforme Ávila e Rodríguez-Sutil (1995), o uso desses instrumentos seria o responsável pela solicitação crescente dos laudos psicológicos. Gudjonsson (1995) salienta que o uso de testes psicológicos seria um aspecto diferencial da avaliação psiquiátrica, pois, enquanto os psiquiatras permanecem na opinião produzida pela entrevista clínica, os psicólogos levariam vantagem ao poder medir de forma padronizada habilidades funcionais, déficits, aspectos de personalidade e *status* mental.

Em uma pesquisa realizada no estado do Rio Grande do Sul, por Rovinski e Elgues (1999), levantou-se que 87% dos psicólogos forenses pesquisados utilizavam instrumentos além da entrevista clínica, dando preferência para os projetivos e gráficos (Machover, HTP, Desenho da família, TAT). O uso de instrumentos para avaliações clínicas na prática forense confirma uma realidade já constatada em outros países da Europa (Ávila e Rodríguez-Sutil, 1995). Esses instrumentos são, geralmente, desenhados para avaliar estados psicopatológicos, traços de personalidade e inteligência geral. Apesar de terem um papel importante no processo de avaliação psicológica, nem sempre são capazes de satisfazer as necessidades impostas pela demanda legal, quanto à relevância e à credibilidade. Os autores salientam a importância de uma utilização criteriosa desses instrumentos, considerando a relevância para a questão legal específica, a relevância hipotética dos resultados do teste, a limitação na reconstrução de contextos e a consideração sobre a validade aparente, isto é, sua aceitação como instrumento de valor reconhecido junto ao contexto jurídico.

Grisso (1986) propõe que se enfrente o desafio da avaliação forense com a criação de um novo conjunto de instrumentos de avaliação que possa responder à demanda legal. Esses instrumentos já se encontram bastante desenvolvidos no mundo anglo-saxão, desde a década de 70, e são chamados Instrumentos Específicos de Avaliação Forense (FAIs – *Forensic Assessment Instruments*). Para o autor, esses novos instrumentos foram desenvolvidos para serem utilizados de maneira conjunta com outros métodos clínicos de avaliação, especialmente para definir a relação entre "termos psicológicos e clínicos" e "critérios legais para competências". Eles têm como preocupação comum a necessidade de padronização de métodos quantitativos, com os quais se possa observar, identificar e medir comportamentos diretamente relevantes às questões legais sobre as competências e capacidades do homem. Esses instrumentos são ainda bastante desconhecidos em nosso meio, uma vez que são necessários não só a tradução e o estudo de suas qualidades psicométricas, como também adaptação às normas legais. Sua produção deveria ser estimulada, pois, além de facilitar a comunicação no contexto legal entre técnicos e agentes jurídicos, permitiria o desenvolvimento de pesquisas empíricas para fundamentação de laudos.

COMPETÊNCIAS LEGAIS

Para Grisso (1986), sempre que questões de decisão judicial são colocadas, elas se referem a capacidades individuais físicas, mentais e/ou sociais, relacionadas à vida passada, corrente ou futura do sujeito. As decisões na área criminal ou cível relacionam-se com a avaliação de competências legais. O objetivo é atribuir ou não ao sujeito um *status* de debilidade ou insuficiência, que é percebido como comprometedor do bem-estar do indivíduo ou da sociedade.

Cada competência legal se refere a várias situações (ordinárias ou extraordinárias) na vida dos acusados, que necessariamente não precisam possuir um *status* legal, desenvolvimentista ou psiquiátrico específico. A lei não presume que incompetência legal em alguma área definida previamente produza incompetência em outra área da competência legal. Na área médico-psicológica, esse conceito supõe sempre a noção de "habilidade para executar determinada tarefa" (Glass, 1997, p.6). Um modelo conceitual para avaliação pericial pressuporia uma análise inicial da visão da lei sobre a competência em questão. O modelo de avaliação escolhido deve refletir sobre, e não reformar o modelo jurídico direcionado à competência legal, ao passo que a teoria psicológica escolhida deve ser apoiada por evidências empíricas.

Salienta-se que a construção dos limites da competência se encontra estreitamente ligada aos valores da sociedade e serve para reforçar ou restringir os direitos das pessoas para determinados propósitos. Assim, exatamente porque a avaliação de competência serve para uma infinidade de objetivos sociais, a interpretação da conduta da pessoa que se encontra em avaliação reduzir-se-á a certos critérios que serão influenciados pelos valores daqueles envolvidos em sua avaliação. Com isso, surge o perigo de que a noção de competência venha a reforçar determinadas instituições sociais, em detrimento dos direitos individuais. Na medida em que esses constructos de valor não podem ser eliminados da avaliação da competência, é importante que sejam ao menos explicitados para que se possa avaliar sua legitimidade.

UMA PROPOSTA DE METODOLOGIA PARA A PERÍCIA FORENSE

O papel do psicólogo junto ao pedido de uma avaliação forense pode se dar: a) como perito oficial, quando designado pelo juiz no decorrer do processo, b) em função de seu desempenho profissional em uma instituição pública; ou, c) a pedido de uma das partes litigantes, quando é conhecido como perito assistente.

As avaliações podem ser realizadas por um ou por vários psicólogos, bem como podem ser feitas em conjunto com outros técnicos de especialidades diversas (médicos especialistas, assistente social). Existe, ainda, a possibilidade do laudo ser emitido por uma entidade, mas sempre com a identificação dos profissionais envolvidos.

Quanto à jurisdição da perícia, esta pode estar relacionada à área cível, penal, do trabalho ou administrativa.

A metodologia para a realização da perícia pode variar de acordo com cada profissional e em função da demanda a ser investigada. Porém, Espada (1986) adaptou alguns passos básicos propostos originariamente por Blau, no sentido de orientar a prática do psicólogo. Esses passos são apresentados aqui, na medida em que parecem viáveis em nosso meio.

Iniciação do caso

A forma de iniciar o caso dependerá da origem do contato com o psicólogo. Se ele for contratado pela parte litigante, isto é, por um advogado que esteja cuidando do caso, deverá manter contato com o mesmo de modo a tomar ciência dos objetivos do processo, ainda que seja o cliente o primeiro a procurá-lo. No caso de ser designado pelo juiz, deverá solicitar os autos processuais para análise e conhecimento dos quesitos formulados. O contato com o juiz poderá ocorrer, ainda que não seja a prática mais freqüente.

O primeiro contato com o advogado, com o juiz ou a leitura inicial do processo deverá fornecer as seguintes informações:

– os principais fatos que levaram à solicitação da intervenção do psicólogo, definindo se o caso é da competência do profissional;

– a data provável da entrega dos resultados, que pode estar relacionada a uma próxima audiência, devendo o psicólogo lembrar que toda perícia exige sempre uma breve revisão da literatura de investigação;

– as "perguntas hipotéticas" ou quesitos que terá de responder como perito;

– as características e disponibilidades do sujeito demandante, de modo a apreciar a existência de condições adversas de avaliação que poderão inviabilizar a investigação e levar à renúncia do caso;

– a necessidade de solicitação de outros informes (internações hospitalares, vida escolar ou de trabalho, exames psicológicos realizados anteriormente); aqui também é importante avaliar o tempo de intervalo desde as avaliações psicológicas prévias, a fim de evitar a contaminação do parecer do psicólogo com o de outros peritos;

– a complexidade do caso, para o estabelecimento dos honorários e a forma de pagamento (devem ser consideradas aqui todas as etapas do processo, inclusive a disponibilidade para responder em juízo).

De posse desses elementos, o psicólogo estará em condições de propor um contrato de trabalho dentro das normas éticas de sua profissão. Se foi chamado pela parte litigante, poderá propor seus honorários diretamente a esta, mas, se foi designado em juízo, deverá propor seus honorários por escrito e juntá-los ao processo, aguardando o aceite das partes litigantes. Antes de iniciar o trabalho, deverá assinar o termo de compromisso, podendo, a partir desse momento, ser responsabilizado penalmente pela não-realização do mesmo.

Preparação do expediente

As perícias forenses freqüentemente alcançam grande complexidade de dados e informações. Por isso, o autor salienta a necessidade de organização do material de expediente, considerando as características próprias quanto aos conteúdos que deverão ser valorizados:

– documentos iniciais (fichas de dados, informações do advogado, dados do processo);
– outros informes do sujeito (emitidos por diversas instâncias e outros peritos);
– anotações tomadas no curso da entrevista com os sujeitos, advogado ou juiz;
– levantamento de cada uma das provas ou procedimentos psicológicos utilizados na exploração, com uma articulação e discussão de resultados adequados aos quesitos;
– cronologia do caso;
– folha com o registro dos honorários (pagamentos realizados);
– assuntos variados.

Para facilitar a administração e integração de todos esses dados, o autor sugere que o perito psicólogo crie formulários que auxiliem na organização dos dados.

Coleta de dados

A investigação pericial deve se utilizar de todos os recursos metodológicos disponíveis, ainda que seja adequado se avaliar a utilidade e possibilidade de explorações complexas. A coleta de dados deve ser orientada de forma a cobrir os quesitos formulados, mas sem se restringir estritamente a eles, evitando a distorção metodológica e a incapacidade de responder novos quesitos relacionados ao caso ou detalhes mais específicos.

Os métodos e as técnicas a serem utilizadas devem seguir o nível de conhecimento e de investigação disponíveis no momento, considerando-se a existência de justificações científicas sobre a validade e fidedignidade desses instrumentos, bem como sua capacidade de explicabilidade das categorias utilizadas no laudo.

Avaliação de necessidades

Nesta etapa, o psicólogo forense avalia se os dados que obteve no curso de suas primeiras investigações são adequados ou não às necessidades propostas pelas "perguntas hipotéticas" (quesitos) e, em conseqüência, passa a formular novos objetivos de exploração ou a justificar a impossibilidade de abordagem destes.

Seleção de estratégias

A discussão sobre a seleção de estratégias realiza-se tanto na etapa de coleta de dados como na de avaliação de necessidades. A escolha e a

implementação de certas estratégias deve orientar-se pelas seguintes questões:
- as estratégias escolhidas estão disponíveis?
- são éticas?
- são aceitáveis para o meio e o contexto profissional e social?
- são práticas?

Segundo o autor, não seria adequada a proposição de um modelo padronizado para as explorações periciais, como baterias constituídas por determinadas técnicas de avaliação, que seriam aplicadas independentemente das características de cada caso. Afirma a impossibilidade de se falar em modelos de investigação específicos para cada classe de demanda, como, por exemplo, disputa de guarda, destituição de pátrio poder, responsabilidade penal, etc. Cabe ao psicólogo forense a discussão e a estruturação de uma proposta metodológica para cada objeto de intervenção.

É importante o psicólogo estar preparado para ser chamado em audiências, com vistas a responder quesitos. Nesse momento, deve estar munido de subsídios para responder a possíveis perguntas sobre a validade de seus achados e sobre as formas de controle da simulação e falsificação de dados.

O informe pericial propriamente dito

É importante salientar que a intervenção do psicólogo nas perícias forenses se resumirá, na maior parte das vezes, ao laudo emitido. Apesar da importância deste documento, é na área judicial que ainda se encontra o maior nível de conflitos para a realização do mesmo. Com o fim de minimizar essas dificuldades, o autor sugere que sejam observados alguns pontos:
- o conteúdo deverá adequar-se aos aspectos básicos do caso, considerando uma disposição mínima que se estruture em uma introdução, procedimentos utilizados, conclusões derivadas e sua discussão;
- deverá ser evitada a erudição e ser expresso com clareza;
- excluir-se-á ou se tornará relativo tudo aquilo que não esteja justificado de uma maneira objetiva, detalhando os níveis de confiança das predições e descrições;
- concluir-se-á com uma ou várias opiniões a respeito das "perguntas hipotéticas" (quesitos) formuladas pelo juiz ou advogados.

SIMULAÇÃO E DISSIMULAÇÃO

A avaliação psicológica na área forense possui um viés próprio, que é a constante preocupação que os técnicos devem ter em vista da possível distorção de dados por parte dos periciados. Para alguns autores, essa distorção existirá sempre, variando apenas em intensidade. A necessidade de demonstração ou de ocultação de fatos e a existência de incentivos financeiros e afetivos (como a obtenção da guarda de filhos) são fatores coercitivos na produção consciente de distorções nas informações prestadas.

A distorção dos dados pode-se manifestar como simulação, quando o sujeito tenta fingir sintomas que não existem, ou dissimulação, quando procura encobrir ou minimizar os sintomas que na realidade existem. A simulação é caracterizada no DSM-IV (APA, 1995) sempre pela existência associada de um incentivo externo, enquanto a dissimulação, conforme o senso comum, tem sido associada à tentativa de evitação de uma privação de direitos.

Os autores, em geral, reconhecem a dificuldade em detectar esses processos de distorção, recomendando uma série de critérios de observação, tanto frente aos testes quanto frente à entrevista. Porém, como sugerem Ávila e Rodríguez-Sutil (1995), esses indicadores não devem ser utilizados isoladamente, como se tivessem um valor absoluto. Todos eles devem alcançar uma descrição coerente da personalidade e do comportamento do indivíduo, constituindo uma intervalidação de dados. Assim, é importante, durante as entrevistas, analisar a concordância entre os níveis de comunicação verbal e não-verbal.

Rogers (*apud* Melton, Petrila, Poythree *et alii*, 1997) alerta para os seguintes indicadores de simulação que poderiam ser observados na entrevista:

– apresentação dramatizada e exagerada (estilo teatral, referência a sintomas extremamente severos e indiscriminados);

– conduta cautelosa e premeditada (fala lenta, repetição de questões, excessiva hesitação);

– inconsistências com relação ao diagnóstico psiquiátrico (relato de sintomas raros e não usuais, relato de melhoras repentinas);

– inconsistências no próprio relato (sintomas contraditórios e disparidade entre sintoma relatado e observação de conduta);

– confirmação de sintomas óbvios (principalmente os positivos e os mais espalhafatosos, em detrimento dos negativos e mais tênues).

Quanto aos aspectos a serem observados na testagem, Ávila e Rodríguez-Sutil (1995) voltam a salientar a necessidade de não se utilizar os indicadores atribuindo-lhes um valor absoluto. Em nosso meio, as pesquisas desses indicadores são praticamente inexistentes e, na literatura mundial, apresentam muitas vezes resultados contraditórios. Em uma revisão teórica sobre a simulação na Técnica de Rorschach (Kahn, Fox & Rhode, 1988; Meisner, 1988; Netter & Viglione, 1994; Perry & Kinder, 1990), observou-se a existência de contradições quanto à possibilidade do sujeito simular determinadas doenças em um protocolo, sendo que um dos fatores discriminativos que favorece a identificação dos simuladores foi a possibilidade do examinador aplicar e corrigir os mesmos protocolos, de forma a poder analisar a conduta do periciado. Apesar dos resultados contraditórios, há certo consenso sobre alguns aspectos que poderiam ser observados na técnica de Rorschach, quanto à simulação e à dissimulação (Ávila e Rodríguez-Sutil, 1995; Melton, Petrila, Poythress et alii, 1997):

– sujeitos que tentam parecer normais darão maior número de respostas populares;

– sujeitos que tentam parecer doentes mentais apresentarão maior dramaticidade e respostas com "sangue", como conteúdo, assim como mais respostas com determinantes de textura e profundidade, movimento inanimado e movimento animal. Aparecerão aumentados os fenômenos especiais, porém, não os mais graves, como confabulação e contaminação. Os simuladores parecem, também, não diminuir a boa forma das respostas. São referidos, ainda, tempo de reação lento e freqüente rejeição de cartões.

Nos testes de Bender e Benton, produções extremamente desviadas são próprias de sujeitos que buscam simular prejuízos cerebrais. Lezak (1995), revisando trabalhos sobre simulação, salienta que, no Benton, os simuladores cometem mais erros de distorção e menos erros de omissão, perseveração e tamanho em relação aos pacientes orgânicos. No Bender, seguindo as orientações de Hutt, sugere que se faça uma retestagem com um intervalo de vários dias, dificultando a lembrança para o periciado das distorções que provocou intencionalmente. Salienta, ainda, os seguintes critérios de avaliação: a) os pacientes orgânicos tendem a simplificar, e não a complicar seus desenhos; b) as distorções provocadas por um paciente orgânico tendem a se apresentar com elementos semelhantes em mais de um desenho; c) orgânicos dificilmente apresentam resultados bons e ruins em desenhos de níveis de dificuldades semelhantes; d) existem certos tipos de distorções feitas apenas por pacientes com prejuízos cerebrais, como rotação e dificuldades na intersecção do cartão seis.

Na área da personalidade, um dos instrumentos mais amplamente estudado e usado para avaliação de dissimulação e simulação é o MMPI / MMPI-2. Esse inventário possui escalas de validade (L, F, K) e índices como F-K que permitem inferir sobre a distorção da informação por parte do avaliando. Alguns estudos mostram a necessidade de revisar o ponto de corte do índice F-K em função da severidade da psicopatologia e de fatores socioeconômicos, sugerindo-se como mais adequada a relação F-K >17 (Melton, Petryla, Pothress et alii, 1997).

Sobre instrumentos adaptados à nossa realidade, podemos citar o Inventário Fatorial de Personalidade (IFP), que possui escalas de controle (validade e desejabilidade social) para as 15 necessidades ou fatores de personalidade que são levantados. Nossa experiência demonstra ser um instrumento muito útil na avaliação de funções parentais.

A REDAÇÃO DO LAUDO

O laudo faz parte dos documentos oficiais que tiveram sua origem na área médica. É todo relatório redigido posteriormente a uma perícia e exige sempre consulta a tratados e obras especializadas sobre o tema em questão. Uma adaptação à prática psicológica foi desenvolvida por Skaf (1997), com o apoio do Conselho Regional de Psicologia do Estado do Paraná. Considerando a qualidade da proposta, apresenta-se como um padrão a ser seguido. Este roteiro se constitui das seguintes partes:

Preâmbulo: É a parte inicial, onde o perito se qualifica. É aconselhável que indique, de modo sucinto, seus principais títulos e funções, sem cair em um histórico funcional. Também deverá indicar a autoridade que lhe atribui o cargo pericial e, sempre que possível, o processo ao qual se encontra vinculado. Deve constar a data, a hora e o local em que o exame foi feito.

Histórico ou comemorativo: Consiste no registro dos fatos mais significativos que motivam o registro da perícia ou que possam esclarecer ou orientar a ação do perito. Corresponde à anamnese da entrevista clínica. Refere-se a dados anteriores aos motivos imediatos da ação proposta. Esta parte do laudo deve ser creditada ao periciado, não se devendo imputar ao perito nenhuma responsabilidade sobre seu conteúdo. Apesar da possibilidade de inverdades neste relato, cabe o direito ao periciado de relatar sua versão dos fatos. No histórico, o perito deve realizar a descrição dos fatos de forma mais simples e objetiva possível, sem a preocupação de comprometer-se com a sua veracidade, ou de agradar ou desagradar a quem quer que seja.

Descrição: É a parte mais importante, básica e essencial do laudo. Tem como função reproduzir fiel, metódica e objetivamente tudo o que for observado pelo perito, através de exposição minuciosa dos exames e das técnicas empregadas. Deve-se considerar que se trata de um exame realizado num corte no tempo, um instantâneo examinado, e que a descrição se constitui matéria de fato, resultando do que pode ser efetivamente observado, cabendo lembrar que esta será a base de todas as conclusões. A descrição deve ser completa, minuciosa, metódica e objetiva, descartando o terreno das hipóteses.

Discussão: Nesta fase, serão abordadas as várias hipóteses, afastando-se ao máximo as conjecturas pessoais, podendo-se inclusive citar autoridades recomendadas sobre o assunto. É o momento de um diagnóstico lógico a partir de justificativas racionais. É a discussão que, através de sua lógica e clareza, pode assegurar a correta dedução das conclusões. Esta parte do laudo, podendo conter citações e transcrições, serve para avaliar o nível cultural e científico do relator. Provavelmente, será neste capítulo que ocorrerão as divergências, gerando perícias contraditórias.

Conclusões: Compreende-se nesta parte a síntese diagnóstica, redigida com clareza, disposta ordenadamente, deduzida pela descrição e pela discussão.

Resposta aos quesitos: Se houver quesitos, o psicólogo deve respondê-los de forma sintética e convincente, afirmando ou negando, não deixando nenhum quesito sem resposta. Não havendo dados para a resposta dos quesitos, ou quando o especialista não pode ser categórico, deve utilizar-se da expressão "sem elementos de convicção". Quando houver quesitos mal formulados, estes também devem ser respondidos, utilizando-se expressões do tipo "prejudicado", "sem elementos" ou "aguarda evolução".

Ao término, o relatório deve ser datado e assinado pelo perito, de preferência rubricando as páginas anteriores.

OS LIMITES ÉTICOS DA PERÍCIA PSICOLÓGICA

A legitimação do papel do psicólogo como perito se encontra no Decreto-lei 53.664, de 21 de janeiro de 1964, que regulamenta a Lei 4.119, de 27 de agosto de 1962, sobre a profissão do psicólogo. Afirma-se, nesse decreto, que caberia ao psicólogo, entre outras atribuições, "realizar perícias e emitir pareceres sobre matéria de Psicologia".

Quanto à discussão dos limites éticos, é preciso, inicialmente, buscar-se as diretrizes definidas junto ao Código de Ética Profissional dos Psicólogos (1996). Nos quatro artigos descritos a seguir, encontramos as informações pertinentes às relações dos psicólogos com a Justiça:

"Art. 17 – O psicólogo colocará seu conhecimento à disposição da Justiça, no sentido de promover e aprofundar uma maior compreensão entre a lei e o agir humano, entre a liberdade e as instituições judiciais.

Art. 18 – O psicólogo se escusará de funcionar em perícia que escape à sua competência profissional.

Art. 19 – Nas perícias, o psicólogo agirá com absoluta isenção, limitando-se à exposição do que tiver conhecimento através de seu trabalho e não ultrapassando, nos laudos, o limite das informações necessárias à tomada de decisão.

Art. 20 – É vedado ao psicólogo:

a) Ser perito de pessoa por ele atendida ou em atendimento;

b) Funcionar em perícia em que, por motivo de impedimento ou suspeição, ele contrarie a legislação pertinente;

c) Valer-se do cargo que exerce, de laços de parentesco ou amizade com autoridade administrativa ou judiciária para pleitear ser nomeado perito".

No capítulo referente ao sigilo profissional, podemos salientar dois artigos que apresentam relação com a atividade de perícias:

"Art. 23 – Se o atendimento for realizado por psicólogo vinculado a trabalho multiprofissional numa clínica, empresa ou instituição ou a pedido de outrem, só poderão ser dadas informações a quem as solicitou, a critério do profissional, dentro dos limites do estritamente necessário aos fins a que se destinou o exame.

§ 1º – Nos casos de perícia, o psicólogo tomará todas as precauções, a fim de que só venha a relatar o que seja devido e necessário ao esclarecimento do caso.

§ 2º – O psicólogo, quando solicitado pelo examinado, está obrigado a fornecer a este as informações que foram encaminhadas ao solicitante e orientá-lo em função dos resultados obtidos.

Art. 29 – Na remessa de laudos ou informes a outros profissionais, o psicólogo assinalará o caráter confidencial do documento e a responsabilidade, de quem receber, em preservar o sigilo".

Ampliando um pouco mais a discussão sobre os limites éticos da perícia psicológica, Monahan (apud Espada, 1986) salienta a necessidade de buscar-se nos contextos não voluntários os mesmos níveis de confidencialidade dos voluntários, explicitando sempre ao cliente o nível possível deste sigilo. Deve-se considerar que o cliente do psicólogo será tanto o sujeito (periciado) como o sistema mais amplo (sociedade), levando em conta as diferentes prioridades. Um exemplo típico desta inter-relação é o exame para determinação da probabilidade de reincidência criminal ou a determinação da destituição de pátrio poder. Em ambos os contextos, é preciso considerar tanto o próprio periciado como os sujeitos, que sofrerão diretamente os resultados de sua ação.

Quanto à atividade prática da perícia, o psicólogo deverá ter o dever ético de favorecer a avaliação sistemática de sua atividade, bem como de suas conseqüências. O perito deverá evitar laudos com o objetivo de rebater ou desqualificar um laudo pericial emitido com anterioridade por outro perito, a partir do conhecimento do conteúdo deste. Esse aspecto, porém, não impede que peritos façam laudos distintos e independentes, desde que apoiados em suas próprias observações.

Por último, há a questão polêmica sobre a devolução dos resultados. Nessa questão, encontram-se não só posicionamentos opostos por parte dos profissionais que nela atuam, como propostas teóricas divergentes. Para Cunha (1993a), de maneira geral, a devolução é de responsabilidade de quem encaminhou o processo, isto é, se o pedido de uma avaliação foi feito pelo médico ou pelo juiz, é a eles que os resultados devem ser remetidos, cabendo aos mesmos a comunicação ao periciado. Nesse caso, não estaria o psicólogo se abstendo da devolução, mas apenas encaminhando a mesma a quem seria o verdadeiro receptor do processo. Para Ávila e Rodríguez-Sutil (1995), o psicólogo teria a obrigação de comunicar a seus clientes as informações obtidas sobre seus aspectos psicológicos durante a avaliação. Só permitem certo relativismo a essa posição ao salientar o princípio da pertinência, em função da qual se deve comunicar ao examinando aquilo que pode lhe ser de utilidade, em linguagem acessível e salientando a segurança relativa das conclusões.

O nosso Código de Ética Profissional (Conselho Federal de Psicologia, 1996) salienta a obrigação do psicólogo de "fornecer a este (periciado) as informações que foram encaminhadas ao solicitante"; porém, não diz em que momento essas informações deveriam ser prestadas. É questionável o fato de oferecer ao sujeito uma devolução, antes mesmo de encaminhar ao juiz os resultados levantados. Este fato poderia interferir no andamento do processo que supõe o momento da ciência das partes envolvidas quanto aos resultados da perícia, bem como prazo de contestação. A prática sugere que seria de bom senso o psicólogo colocar-se à disposição do periciado para esclarecimento de dúvidas, quanto ao laudo, depois de o mesmo tornar-se público em audiência com o juiz. Deve-se tomar cuidado para não criar uma via de comunicação independente ao processo judicial, quando, então, o psicólogo deixaria seu papel original de assessor dos agentes jurídicos para assumir a coordenação do próprio processo. Esse tipo de atitude extrapolaria a função da perícia e colocaria o profissional frente a situações que não poderia manejar.

A PERÍCIA PSICOLÓGICA NO DIREITO PENAL

O trabalho do psicólogo como perito na área penal pode dar-se em dois momentos do andamento processual: primeiro, num período anterior à definição da sentença, quando se verificará a responsabilidade penal (imputabilidade) do acusado, ou, depois de promulgada a sentença, durante a fase de execução da pena, através do exame criminológico.

O exame para verificação de responsabilidade penal é realizado, em nossa realidade, por peritos médicos (psiquiatras), estando o psicólogo em uma posição auxiliar, principalmente através de realização de testagens. Esse exame tem por objetivo verificar se o culpado de um delito o cometeu em estado mental idôneo; portanto, se possuía, no momento da ação, capacidade para reconhecer o caráter injusto e ilegal de seu ato e de dirigir sua ação de acordo com esse entendimento. Este tipo de perícia permitirá ao juiz determinar se o sujeito da ação é imputável ou não, isto é, se deverá responder penalmente pela ação cometida. Sendo considerado imputável, e culpado da ação, receberá uma pena definida quanto ao tempo e ao tipo de regime em que vai cumpri-la (aberto, semi-aberto, fechado); caso contrário, se considerado inimputável, receberá medida de segurança e deverá permanecer internado em um manicômio judiciário por tempo indeterminado, até que seja averiguada, por perícia médica, a cessação de sua periculosidade.

O Código Penal de 1984 refere, no artigo 26, quem seria o sujeito considerado inimputável. Diz o artigo: "É isento de pena o agente que, por doença mental ou desenvolvimento mental incompleto ou retardado, era, ao tempo da ação ou da omissão, inteiramente incapaz de entender o caráter criminoso do fato ou de determinar-se de acordo com este entendimento". Assim, conforme salientam Ávila e Rodriguez-Sutil (1995), esta avaliação deveria determinar: a) o diagnóstico clínico da alteração, transtorno ou déficit mental, se houver, do acusado na época do delito; b) os processos de pensamento e estados emocionais do acusado, bem como as variáveis psicológicas mais relevantes, como autoconceito, estratégias defensivas e de enfrentamento, vivência da culpa e do juízo moral, vivência do significado social e legal da ação, controle dos impulsos e, finalmente, existência, ou não, de transtornos de personalidade (eixo II do DSM).

O exame criminológico, dentre aqueles realizados durante a execução da pena, é o único considerado por Sá (1997) como de características verdadeiramente periciais. Essa avaliação visa à investigação da dinâmica do ato criminoso, de suas "causas" e dos fatores a ele associados. O foco seria o binômio delito-delinqüente, com o objetivo de determinar uma maior ou menor probabilidade de reincidência. Nesse sentido, difere do exame de personalidade e do parecer da Comissão Técnica de Classificação, criados a partir da promulgação da Lei de Execução Penal (LEP) de 1984, já que o primeiro busca uma descrição da personalidade do preso, e o segundo aborda a resposta do preso à terapêutica penal.

O exame criminológico foi instituído para ser aplicado a cada apenado, no início da execução de sua pena, para fins de obtenção dos elementos necessários a uma adequada classificação. Diz o art. 8º, *caput* da LEP, descrita no Código de Processo Penal (1986):

"O condenado ao cumprimento de pena privativa de liberdade, em regime fechado, será submetido a exame criminológico para a obtenção dos elementos necessários a uma adequada classificação e com vistas à individualização da execução".

No entanto, a realidade nem sempre reflete a proposta esperada. Devido às restrições de recursos humanos e materiais, o exame criminológico tem se restringido àqueles realizados para a concessão de benefícios, como o livramento condicional.

Na determinação da prognose da reincidência, os autores não apresentam uma resposta clara quanto à possibilidade de uma predição psicométrica confiável e válida da periculosidade. Segundo revisão teórica realizada por Espada (1986), existem autores que demonstram as deficiências dos testes e escalas, quanto a este tipo de previsibilidade, sugerindo valorizar-se com mais intensidade as observações extraídas da história prévia, em relação ao comportamento agressivo e violento; por outro lado, existem trabalhos que demonstram estabilidade nos padrões de conduta agressiva ao longo dos anos. Assim, sugere que o psicólogo forense não teria outra opção do que moderar suas opiniões acerca das previsões sobre a reincidência, buscando uma ampla combinação de métodos de avaliação para levantar suas hipóteses preditivas.

A PERÍCIA PSICOLÓGICA NO DIREITO DE FAMÍLIA

O trabalho do psicólogo na área do direito de família é muito amplo, envolvendo principalmente as questões familiares de maus-tratos, guarda de filhos, destituição de pátrio poder e interdições. A perícia faz-se necessária sempre que se esgotarem os recursos no sentido de as partes entrarem em acordo, ou quando é necessária a avaliação de competências específicas. No primeiro caso, já existem trabalhos em nosso meio, no sentido de trabalhar com a família de forma integrada (abordagem sistêmica), da definição da guarda ou de como devem ocorrer as visitas. Apesar desta ser uma orientação atual dos autores (Brito, 1993; Coy, 1995), nem sempre é possível se chegar a um consenso ou, mesmo, ter o envolvimento das partes neste processo, principalmente quando os mecanismos psicopatológicos são mais intensos e podem colocar em risco a integridade das crianças. Nesses casos, é fundamental uma perícia que possa levar em consideração o "melhor" para a criança.

Na avaliação da destituição de pátrio poder, examina-se a competência de determinado genitor no sentido de poder garantir o bem-estar de seus filhos (ver Estatuto da Criança e do Adolescente, Lei nº 8.069). A descrição de uma competência (ou incompetência) deve ser feita, considerando os padrões relacionais de comportamento desse pai com as crianças. A determinação de um diagnóstico mental só terá sentido se estiver diretamente relacionada à produção de condutas relacionais consideradas incapacitantes. Geralmente, o diagnóstico nos traz poucos dados sobre as habilidades parentais, práticas e motivações. O conceito de competência requer a descrição do que o pai pensa, faz, conhece e acredita, bem como do que ele é capaz de vir a fazer como agente cuidador (Grisso, 1986).

Melton e colegas (1997) apontam para dois pontos básicos na avaliação de pais de crianças maltratadas e abusadas. Primeiramente, a avaliação deve ser funcional, isto é, o foco deve estar na competência parental quanto à relação com a criança, e nunca em uma característica pessoal individual. O pai e a mãe serão sempre avaliados em relação a uma determinada criança e em um certo contexto. Em segundo lugar, em função da multiplicidade de fatores envolvidos, a avaliação deve ser feita em amplo aspecto, de modo que tanto os pais quanto as crianças devem ser entrevistados, e, sempre que possível, devem ser entrevistados juntos, sendo observados no *setting* natural. A avaliação deve ultrapassar a díade e a própria psicologia, atingindo o entorno social, de modo a apreciar os recursos da família extensiva e da própria comunidade. Na medida em que essa competência é compreendida dentro de um *continuum*, é importante o psicólogo conscientizar-se de seu papel de julgador quanto ao grau de incongruência entre as habilidades parentais e as necessidades da criança, pois é a definição deste nível que o orientará quanto à tomada de posição no que se refere à retirada ou manutenção do pátrio poder.

Na disputa de guarda dos filhos e determinação de visitas, a avaliação psicológica não necessita a confirmação de uma incompetência ou incapacidade, por parte de um dos genitores, para que o outro possa receber as crianças em seu cuidado. Para Grisso (1986), a maioria das decisões sobre guarda de filhos envolve uma comparação entre as qualidades relativas dos pais – que apresentam, à sua própria maneira, méritos e responsabilidades – quanto às necessidades e interesses das crianças. Em nossa realidade, a valorização do direito de igualdade no exercício do pátrio poder pelo pai e pela mãe já é garantido por lei, segundo o Estatuto da Criança e do Adolescente; porém, os autores alertam para a estereotipia de papéis existentes em nossa sociedade, de forma a tender a contemplar à mãe a posse dos filhos menores. Dolto (1989) ressalta que os filhos menores deveriam ficar com o genitor que exercesse o papel de "guardião maternalizante", o qual, em muitas famílias, não é exercido pela mãe. Assim, nessa avaliação das relações entre pais e filhos, é necessário também ouvir as crianças quanto aos seus próprios interesses em permanecer com um dos genitores. Essas informações devem ser consideradas de forma parcimoniosa, avaliando o quanto estão sendo produzidas por pressão direta por parte dos pais ou por vínculos de lealdade.

A AVALIAÇÃO DE DANOS PSÍQUICOS PARA RESSARCIMENTO (DANO MORAL)

Segundo a literatura jurídica, a indenização do dano patrimonial já existiria há mais de dois mil anos nas organizações sociais, porém, o dano moral ou extrapatrimonial teria ingressado de forma consistente no direito civil apenas no século passado. A principal contestação a este tipo de ressarcimento diz respeito à impossibilidade de valorar-se as perdas ligadas ao afeto, à moral ou à imagem pessoal. Mas, seus defensores referem que, apesar da dor não ter preço, é possível uma compensação. Na legislação brasileira, a promulgação da nova Constituição de 1988 veio reforçar esta idéia, referindo textualmente os direitos de ressarcimento por dano à imagem e ao dano moral.

Essa evolução na área jurídica trouxe uma nova demanda para as perícias psicológicas. Atualmente, é fato bastante comum os psicólogos forenses que trabalham na área cível serem requisitados para a avaliação do dano moral ou psicológico. Apesar do interesse do Judiciário de buscar ajuda na avaliação psicológica para poder mensurar, de forma mais justa, as perdas sofridas pela vítima, os psicólogos têm evoluído lentamente quanto à sua instrumentalização para este tipo de abordagem. Se, por um lado, os juristas justificam ser essência do dano moral a arbitragem do juiz (Azevedo Jr., 1996), não cabe aos peritos psicólogos se utilizarem de critérios não-científicos.

Com esta abordagem, Castex (1997) traz a proposta de diferenciar o dano psíquico do dano moral, de forma que caberia ao técnico de saúde mental avaliar o primeiro, e aos agentes jurídicos arbitrar sobre o segundo. Explica que, apesar de conceitualmente o dano psíquico ter um constructo próprio, diferenciado do dano moral, se aproximaria deste por não poder prescindir do discurso jurídico. O dano psíquico emergiria em uma tarefa psicológico-forense, através da atividade de peritos especialistas na área mental.

O mesmo autor procura diferenciar a noção de dano psíquico daquele utilizado na clínica. Sob o enfoque forense, o dano supõe a existência de uma agressão produzida por um evento sobre o psiquismo de uma pessoa, de forma a provocar uma perturbação, distúrbio, disfunção, transtorno e/ou diminuição de uma dimensão vital, de modo a caracterizar-se como dano não-patrimonial. Em outras palavras, podemos dizer que haverá um dano psíquico, em um determinado sujeito, quando este apresentar uma deterioração, disfunção, distúrbio ou transtorno que, afetando suas esferas afetiva e/ou intelectiva, limita sua capacidade de gozo individual, familiar, laboral, social e/ou recreativo.

Retornando à noção de dano moral, podemos dizer que este conceito supõe o sofrimento e a dor que se padece, independentemente de qualquer repercussão de ordem patrimonial; porém, não se constitui necessariamente em um dano psíquico. A diferença entre ambos é que, neste último (dano psíquico), há uma lesão, parcial ou global, ao funcionamento psicológico de uma pessoa; enquanto, no primeiro (dano moral), se identifica apenas o sofrimento, conceito que remete a uma dimensão de perturbação psicofísica, que coloca o sujeito entre a enfermidade e o pleno gozo da saúde, não implicando uma conformação patológica.

Assim, o sofrimento, enquanto expressão de uma lesão aos sentimentos de uma pessoa, também chega a limitar o gozo da plena saúde inerente à personalidade e, por isso, se constitui em uma espécie de dano, no caso do dano moral. Mas, enquanto não se constituir em um quadro de patologia, escapa ao horizonte pericial psicoforense, e a avaliação do sofrimento restringe-se à competência dos agentes jurídicos.

Na literatura mundial, encontram-se tabelas para mensuração do dano psíquico, porém, em nosso meio, elas se restringem apenas aos danos de natureza física. Gomes e colegas (1998), em um primeiro livro editado no Brasil sobre dano psíquico na área forense, sugerem que se adapte uma classificação proposta por Miotto, em que se privilegia a avaliação de duas variáveis: a gravidade do quadro psicopatológico e a possibilidade de reversibilidade. A classificação apresenta-se em três categorias:

a) leve: que se refere a uma conformação patológica de índole reativa, que não compromete substancialmente a vida de relação e, portanto, não requer tratamento em forma permanente;

b) moderado: que implica a existência de sintomas manifestos, com acentuação persistente das características prévias de personalidade e necessidade de tratamento, não inferior a um ano (por exemplo, as depressões, as crises de pânico, as crises conversivas, as fobias, as obsessões);

c) grave: que envolve a irreversibilidade do quadro psicopatológico, inibindo marcantemente a adaptação.

É importante salientar que essas perdas devem ser sempre analisadas em função de uma personalidade e de um nível de funcionamento psíquico prévio. A literatura estrangeira é favorável a responsabilizar o agressor, independentemente do nível de vulnerabilidade existente na vítima em período anterior ao trauma (Simon, 1995), fato que também se tem observado em nossa realidade. Assim, a prática demonstra a importância de uma investigação cuidadosa da personalidade pré-mórbida, com a reconstrução da adaptação prévia ao trauma, de forma a fazer-se uma comparação com o funcionamento psíquico após o trauma. As alterações observadas entre o período pré e pós-traumático é que deverão nortear as conclusões do laudo psicológico.

18
*Avaliação retrospectiva: autópsia psicológica para casos de suicídio**
Blanca Guevara Werlang

O mundo em que vivemos está voltado para o progresso e para a produtividade. Neste contexto, a morte por suicídio estabelece um contra-senso, um paradoxo. É algo que choca e impressiona mais, porque coloca em evidência uma situação psicológica mais difícil de se aceitar – que é o fato do indivíduo optar livremente pela sua própria morte. Constitui-se, assim, em um dos fenômenos mais intrigantes, para psicólogos e psiquiatras, demonstrando, certamente, que ainda "um dos maiores enigmas continua sendo a relação do homem com sua vida e, conseqüentemente, com sua morte, já que começamos a nos convencer de que a morte é parte da vida, e a maneira de morrer é parte integral da maneira de viver de um indivíduo" (Farberow & Shneidman, 1969, p.XI).

Procurando compreender essa maneira de morrer e, mais especificamente, as causas que levam um sujeito a terminar com sua vida, o suicídio tem sido estudado e interpretado sob vários ângulos e múltiplos enfoques, tendo possibilitado muitas discussões teóricas e gerado um número significativo de publicações.

Assim, vários métodos têm sido utilizados para abordar esse tema, tendo sido possível identificar a sua associação com diversas variáveis demográficas, psicossociais e psiquiátricas. Mas, apesar dos avanços nessa área e dos cuidados tomados pelos cientistas, tem sido difícil compreender as características pessoais dos sujeitos que realmente cometem suicídio, por não serem passíveis nem de avaliação direta, nem de tratamento de qualquer espécie.

O principal problema, sem dúvida, é saber como predizer que indivíduos, potencialmente suicidas, vão transformar suas fantasias e/ou ideações em atos concretos. Em função disso, Litman (1996) afirma que, "no presente estado de nosso conhecimento, somos incapazes de prognosticar suicídio" (p.3).

Entretanto, segundo a literatura, há uma possibilidade de chegar à compreensão do suicídio (ato de se matar intencionalmente) através de exames retrospectivos. Esta análise retrospectiva tem possibilitado identificar comunicações prévias da intenção de se matar do falecido. Sabe-se, assim, que 75% (Litman, 1996) ou 90% (Shneidman, 1994) dos casos comunicam previamente a intenção suicida a

---

*Fragmentos de tese de doutorado em andamento no curso de Pós-graduação em Ciências Médicas (Área de Saúde Mental) da Universidade Estadual de Campinas, bem como de comunicações científicas (VIII Congresso Nacional de Avaliação Psicológica, Porto Alegre, 1999, e III Congresso Ibero-americano de Psicologia Jurídica, São Paulo,1999).

familiares e amigos, o que demonstra que, num significativo número de casos, o suicídio não é resultado de um ato repentino e impulsivo, e sim, de um plano premeditado, desenvolvido gradativamente.

A avaliação retrospectiva possibilita, então, observar pistas diretas ou indiretas relacionadas àquele comportamento letal que estava por vir, permitindo, através do método que se convencionou chamar de autópsia psicológica, compreender os aspectos psicológicos de uma morte específica, esclarecendo o modo da morte, refletindo a intenção letal ou não do falecido.

A autópsia psicológica foi desenvolvida no final da década de cinqüenta, nos Estados Unidos, no Centro de Prevenção de Suicídio (CPS), em Los Angeles (Curphey, 1969; Litman, Curphey, Shneidman et alii, 1963; Shneidman, 1969; Shneidman & Farberow, 1969; Shneidman, Farberow e Litman, 1969). O programa desse Centro tinha como finalidade prevenir futuramente o comportamento suicida, utilizando o método de autópsia psicológica para investigar as circunstâncias em que o suicida encontrava sua morte, procurando estabelecer a intencionalidade de sua ação, esclarecendo se o modo da morte foi por suicídio ou por morte natural, acidental ou homicídio.

Shneidman e colegas (1969), como integrantes desse Centro, passaram a prestar assessoramento aos médicos forenses. Portanto, em casos duvidosos, realizava-se o método de autópsia psicológica para se obter informações psicológicas valiosas para classificar com maior precisão o registro de suicídio no certificado de óbito, preenchendo uma lacuna, uma falha, na certificação da causa de morte.

Através de técnicas específicas para inspeção externa do cadáver, o médico legista colhe dados que possibilitarão conclusões claras a respeito da causa da morte. Entretanto, a determinação da causa não indica, necessariamente, o verdadeiro modo da morte. Por exemplo, um sujeito encontrado morto dentro de uma piscina receberá certamente, concluída a perícia, a certificação como causa de sua morte o registro de asfixia por afogamento. Contudo, se o modo de sua morte foi acidente, homicídio ou suicídio, é bem difícil de precisar. Especialistas em saúde mental, como cientistas habilitados na compreensão psicológica, poderão fornecer, conduzindo autópsias psicológicas, informações relevantes para determinar o modo de morte, assessorando, assim, os peritos legistas.

Para Shneidman e colegas (1969), a causa da morte, determinada pelo toxicólogo, pelo bioquímico ou pelo patologista, pode ser clara e precisa, mas a maneira da morte pode ser duvidosa, enfatizando que *o sine qua non* do suicídio é a intenção de autodestruir-se, e esta intenção pertence ao domínio psicológico. Dentro dessa mesma concepção, Curphey (1969), como médico patologista, entende que cabe ao psicólogo a função de coletar os dados, através da autópsia psicológica, para diferenciar a morte por suicídio das que têm outra origem, objetivando compreender a intenção de autodestruição e afirmando que a intenção não é um assunto de química, nem de tecidos, e sim, de natureza psicológica.

Assim, entendendo o suicídio como o ato de se matar intencionalmente e a autópsia psicológica como uma forma de avaliar, após a morte, o que estava na mente da pessoa antes da morte, pode-se conceitualizar a autópsia psicológica como um tipo de estratégia de avaliação restrospectiva, que tem como finalidade reconstruir a biografia da pessoa falecida por meio de entrevistas com terceiros (cônjuge, filhos, pais, amigos, professores, médicos, etc.) e da análise de documentos (pessoais, policiais, acadêmicos, hospitalares, auto da necropsia, etc.) (vide Figura 18.5).

Pode-se dizer, então, que a autópsia psicológica é um procedimento retrospectivo com diferentes abordagens (vide Figuras 18.1 a 18.5).

Há, pois, quatro questões básicas a serem respondidas na autópsia psicológica: "Por quê?", "Como?", "De quê?" e "O quê?" E há quatro constructos subjacentes (vide Figura 18.1) à estratégia da autópsia psicológica: motivação, intencionalidade, letalidade e precipitadores e/ou estressores. A motivação poderá ser compreendida pela identificação das razões psicológicas para morrer, enraizadas na conduta, no pensamento, no estilo de vida e na

Quanto ao foco de investigação
- Motivação (Por quê?) — Identificação das razões psicológicas para morrer, na área da conduta, do pensamento, do estilo de vida e da personalidade como um todo
- Intencionalidade (De quê?) — Papel consciente do próprio indivíduo no planejamento, na preparação e na objetivação da ação autodestrutiva
- Precipitadores e/ou estressores (O quê?) — Fatos ou circunstâncias que acionariam o último empurrão para o suicídio
- Letalidade (Como?) — Identificação da escolha do método e grau do autodano

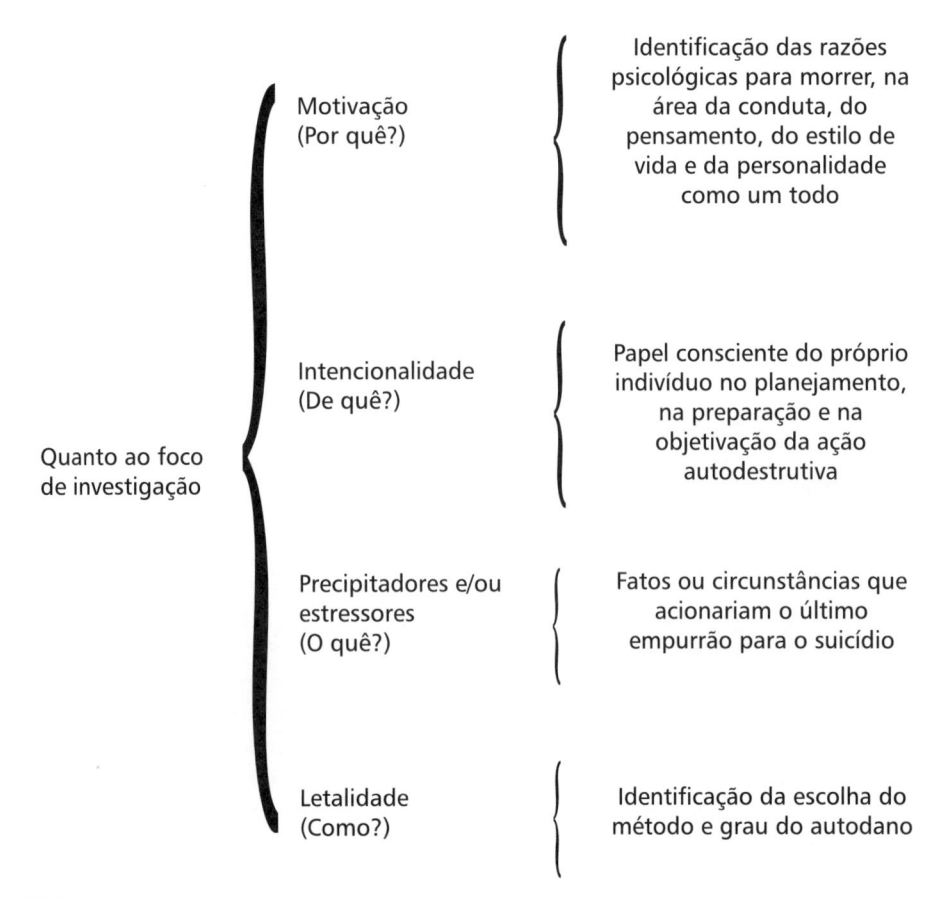

Figura 18.1.

Quanto às áreas exploradas
- Funções cognitivas
- Características de personalidade
- Transtornos psicopatológicos e respectivo tratamento
- Uso ou abuso de substâncias
- Relações interpessoais
- Padrões de ajustamento e dados policiais
- História familiar
- Problemas de saúde e/ou tratamentos médicos
- Dados acadêmicos e profissionais
- Aspectos socioeconômicos e ambientais

Figura 18.2.

personalidade como um todo. A avaliação do grau de lucidez, ou seja, do papel consciente do próprio indivíduo, no planejamento, na preparação e na objetivação da ação autodestrutiva, estabelecerá a intenção do sujeito. O grau de letalidade será medido através da identificação da escolha do método. Os precipitadores e/ou estressores são os fatos ou circunstâncias que acionariam o último empurrão para o suicídio.

A autópsia psicológica é, então, um tipo de avaliação psicológica que enfoca o elemento que está faltando: a intenção do morto em rela-

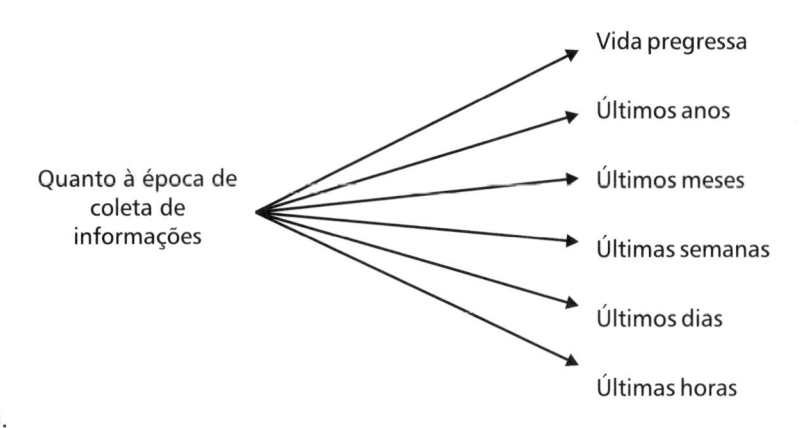

Quanto à época de coleta de informações
- Vida pregressa
- Últimos anos
- Últimos meses
- Últimas semanas
- Últimos dias
- Últimas horas

Figura 18.3.

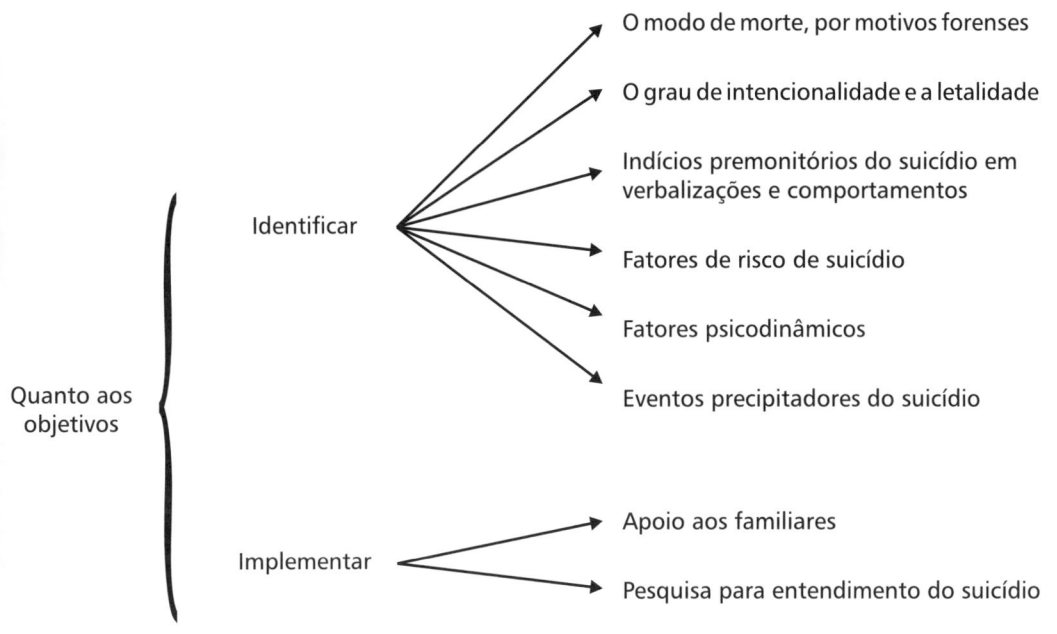

Quanto aos objetivos

Identificar:
- O modo de morte, por motivos forenses
- O grau de intencionalidade e a letalidade
- Indícios premonitórios do suicídio em verbalizações e comportamentos
- Fatores de risco de suicídio
- Fatores psicodinâmicos
- Eventos precipitadores do suicídio

Implementar:
- Apoio aos familiares
- Pesquisa para entendimento do suicídio

Figura 18.4.

ção à sua própria morte, e, considerando que a maioria das vítimas comunica de alguma maneira suas intenções, cabe aos psicólogos e psiquiatras encontrar as pistas deixadas atrás por elas.

Entretanto, as estratégias para identificar tais pistas variam de autor para autor. A literatura especializada deixa claro que falta, ainda, um modelo de procedimento estruturado, tanto no que diz respeito ao roteiro básico e/ou tópicos que devem ser incluídos (Beskow, Runeson & Asgard, 1991; Clarck & Horton-Deutsch, 1992; Ebert, 1991; Isometsa, Heikkinen, Henriksson et alii, 1997; Jacobs & Klein, 1993; Jacobs & Klein-Benheim, 1995; Kelly & Mann, 1996; Litman, 1984; Litman, 1989; Shafii, Carrigan, Whittinghill et alii, 1985; Shneidman, 1981) quanto ao que se refere à forma de contato, momento da realização da entrevista, duração e número de entrevistas e número de informantes.

Contudo, existem vários estudiosos que, com o objetivo de diminuir os problemas de

```
                                               → Não-estruturadas
                    Entrevistas
                    domiciliares
                                               → Estruturadas


Quanto aos
instrumentos                                   → Pessoais

                                               → Policiais

                    Análise de                 → Acadêmicos
                    documentos
                                               → Hospitalares

                                               → Profissionais

                                               → Registro da
                                                 necropsia
```

Figura 18.5.

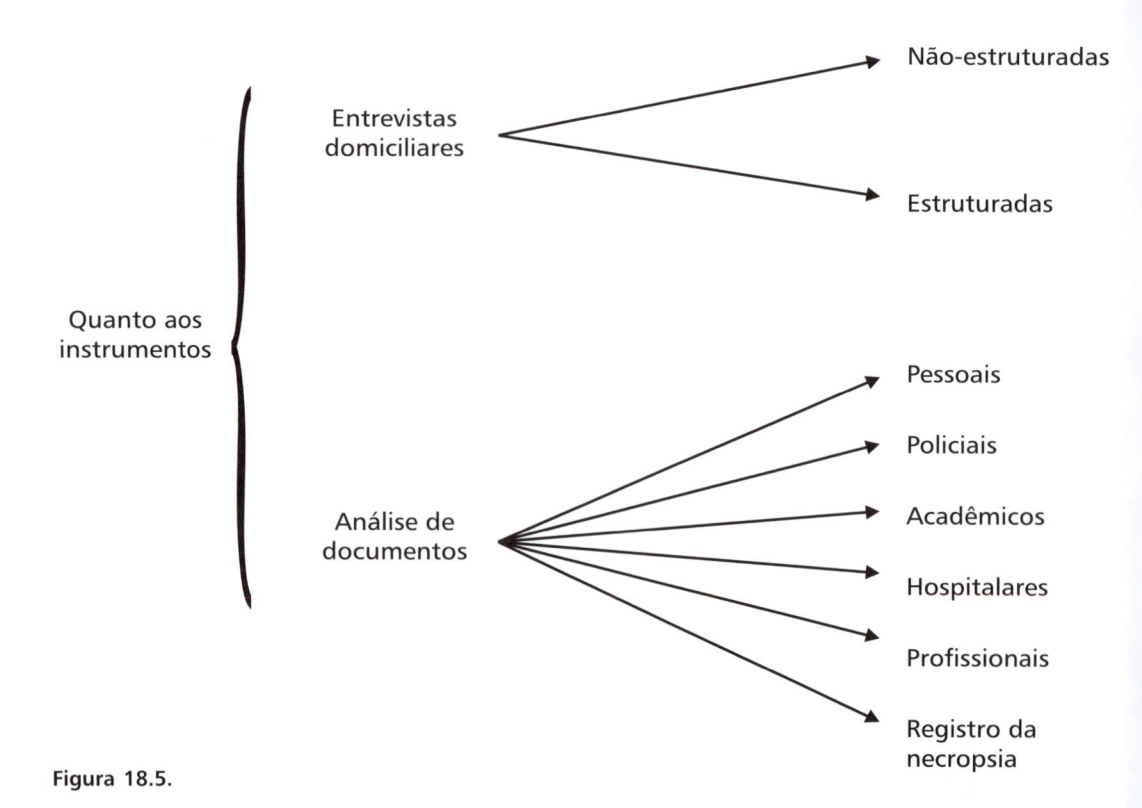

ordem metodológicos dessa estratégia, têm sugerido padrões ou critérios para a condução de uma autópsia psicológica (Clarck & Horton-Deutsch, 1992), enquanto outros têm se esforçado em avaliar a confiabilidade do método (Brent, Perper, Kolko et alii, 1988; Brent, Perper, Moritz et alii, 1993; Kelly & Mann, 1996; Terroba & Saltijeral, 1983).

Sem dúvida, a primeira utilidade da autópsia psicológica foi a de melhorar a exatidão do veredicto de suicídio nos certificados de óbitos, mas, o método também tem sido usado, em estudos científicos de suicídios de sujeitos com diagnósticos de esquizofrenia (Farberow, Shneidmann & Leonard, 1969; Heilae, Isometsae, Henrriksson et alii, 1997), de depressão maior (Isometsa, Aro, Henriksson et alii, 1994; Isometsa, Henrikson, Aro et alii, 1994) e de alcoolismo (Heikkinen, Aro, Heriksson et alii, 1994), como ferramenta em intervenções em crise, em equipes psiquiátricas, de hospital geral e de presídio, após suicídios de pacientes ou apenados (Neill, Benensohn, Farber et alii, 1974; Spellman & Heyne, 1989), suicídios de crianças, adolescentes, adultos jovens e idosos (Alexopoulos, 1991; Brent,1989; Lau, 1994; Marttunen, Aro & Lönnqvist, 1993; Rich, Sherman e Fowler, 1990; Shaffer, Gould, Fisher et alii,1996; Younger, Clark, Oehmig et alii, 1990), em sujeitos com morte duvidosa (Berman, 1993; Kelly & Mann, 1996; Litman, 1984; Litman, 1989; Litman, Curphey, Shneidman et alii, 1963; Shneidman & Farberow, 1969) e em pessoas suicidas de diferentes idades do meio urbano e rural (Asgard, 1990; Finkel & Rosman, 1995; Isometsa, Heikkinen, Henriksson et alii, 1997).

Levantando o acervo de publicações existentes nos bancos de dados computadorizados, existe um significativo número de estudos nas linhas Medline, Psyclit e Lilac, o que nos permite afirmar que a autópsia psicológica tem sido um método aceito e muito utilizado para delinear as características psicológicas e sociais de vítimas de suicídio, por quase três décadas. Pode-se, de certa forma, dizer, como expressa Selkin (1994), que "a autópsia psicológica é para a suicidologia como uma entrevista é para o desenvolvimento da ciência da psicologia" (p.74). Dessa forma, a autópsia psicológica tem demonstrado ser útil como instrumento de pesquisa e avaliação clínica. Entretanto, em nosso meio, é ainda um tipo de avaliação pouco divulgado. Portanto, cabe lembrar que se trata de uma estratégia de avaliação complexa, ainda sem um modelo de procedimento estruturado, que exige a definição prévia tanto da nomenclatura usada para conceitualizar o suicídio como dos critérios específicos nos procedimentos da investigação no que se refere à forma do contato (carta, telefone, pessoalmente), momento para o primeiro contato (velório, após alguns dias ou meses), momento para a realização da entrevista, duração e número de entrevistas e números de informantes, o que deixa muitas vezes o profissional inseguro e sem um grau razoável de certeza para emitir conclusões.

Ciente desse problema e entendendo que o suicídio constitui um fenômeno presente, suscitando em nós, técnicos de saúde mental, a preocupação de auxiliar na promoção da saúde, torna-se fundamental diminuir os problemas de ordem metodológica dos recursos de avaliação disponíveis.

Dessa maneira, estamos desenvolvendo uma entrevista semi-estruturada para a autópsia psicológica, trabalho que representa uma tentativa de sistematização dos subsídios colhidos na literatura especializada, principalmente quanto à compreensão do fenômeno do suicídio, investigando a aplicabilidade desse instrumento para a autópsia psicológica.

Para a ciência da psicologia, esse tipo de estudo é uma importante contribuição, já que o psicólogo, que trabalha em avaliação psicológica, precisa contar não só com sua qualificada experiência clínica para saber administrar e avaliar uma determinada técnica, mas também necessita ter a seu alcance instrumentos fidedignos e válidos adaptados à realidade brasileira, para não fazer inferências errôneas.

Por outro lado, a psicologia e psiquiatria clínica, valendo-se de uma estratégia para reconstruir o perfil psicológico da vítima de suicídio, poderá, entre outras contribuições, embasar programas de prevenção, corroborando e/ou identificando novos fatores de risco e correlatos sociodemográficos, assim como colaborar com os médicos legistas e com os profissionais da área do direito penal e cível, no esclarecimento de casos de morte e processos judiciais. Assim, a autópsia psicológica é uma estratégia muito utilizada para delinear as características psicológicas de vítimas de morte violenta, auxiliando na investigação, em que não existem elementos suficientes para decidir se se trata de suicídio, homicídio ou acidente, permitindo também esclarecer, retrospectivamente, a capacidade da pessoa já falecida para reger-se a si mesma, administrar seus bens e tomar decisões no momento em que assinou documentos legais, como testamentos, seguros de vida, certidões de casamento, renúncia de propriedades, etc. Do ponto de vista clínico, ainda, pode ter efeitos terapêuticos para os sobreviventes enlutados, que têm o papel de informantes na entrevista.

MÓDULO VII – Catálogo de Técnicas Úteis

Jurema Alcides Cunha

> "Embora o conhecimento geral referente a testes e à construção de testes seja essencial, os psicólogos, em sua prática, devem considerar uma ampla série de questões adicionais, para enquadrar os procedimentos de testagem e a atribuição dos escores num contexto apropriado."
>
> Groth-Marnat, 1999, p.36

Em nosso trabalho de ensino e supervisão, muitas vezes pareceu que um guia de referência, como este, seria de muita ajuda para psicólogos. A sua inclusão nas edições anteriores foi considerada útil e prática.

A idéia foi de oferecer um guia de referências rápidas para psicólogos, reunindo informações gerais e sucintas sobre técnicas úteis.

Como já foi referido anteriormente, para que o plano de avaliação com enfoque clínico seja devidamente operacionalizado, precisam ser escolhidas estratégias que permitam obter as respostas adequadas às questões propostas inicialmente. Entre as possíveis estratégias, há muita diversidade de instrumentos psicológicos e é importante o psicólogo ter fácil acesso a informações a respeito, para fazer rapidamente as melhores opções, conforme as hipóteses levantadas e as características do examinando. Como já salientava, em 1983*, Weiner, a competência do psicólogo exige que saiba com precisão o que pode obter de seus instrumentos.

Além disso, também é importante ter em mente ou revisar qual a forma de administração, qual o tempo previsto para administrá-los, qual o material mais indicado, conforme a idade e outras características do sujeito, bem como ter alguma informação sobre manejo.

A ênfase é dada ao enfoque clínico. Assim, só excepcionalmente será incluída alguma informação adicional, como, por exemplo, sobre características psicométricas de instrumentos que, embora consideradas extremamente úteis para o psicólogo clínico, podem ser encontradas em fontes especializadas. Portanto, no Catálogo, não há subsídios adequados também para a escolha de instrumentos de pesquisa. Trata-se apenas de um leque de alternativas de técnicas (testes, inventários, escalas, técnicas projetivas, etc.) consideradas úteis para o psicodiagnóstico.

De um modo geral, são mantidas as principais técnicas incluídas em edições anteriores, tendo-se procurado, sempre que possível, atualizar informações. Não obstante, são excluídas algumas técnicas menos utilizadas (ou cujo material tem se comprovado pouco acessível no Brasil) e acrescentadas outras, mais recentes ou que, de alguma forma, parecem úteis (ou algo populares) no momento. Por outro lado, os textos citados são identificados numericamente e, sempre que oportuno, são incluídas outras fontes bibliográficas, como sugestão para leituras subsidiárias, numa lista que de forma alguma pretende ser exaustiva, abrangendo apenas alguns trabalhos importantes.

---

*Weiner, I.B. (1983). The future of psychodiagnostic revisited. *J. Pers. Assess.*, 47, 3, 451-460.

Para facilitar a localização, os instrumentos de avaliação psicológica não constam conforme sua classificação por tipo, mas são distribuídos por ordem alfabética dos nomes ou siglas pelas quais são mais conhecidos.

Aproveitamos, também, este espaço para externar nosso reconhecimento às co-autoras da obra original, que permitiram que o delineamento inicial deste Catálogo tomasse corpo, bem como a muitas pessoas, as quais é impossível enumerar, que nos forneceram subsídios extremamente importantes.

BENDER (B-G)

Dados históricos

O Teste Gestáltico Visomotor, também conhecido como Teste de Bender, simplesmente Bender ou, abreviadamente, B-G ou BGVMT (*Bender-Gestalt Visual Motor Test*), está historicamente associado a estudos clássicos, realizados sobre percepção, na década de 20, por Wertheimer. Na realidade, coube a Paul Schilder, também familiarizado com os princípios gestálticos, a pressuposição de que a percepção visual, exigida para realizar os desenhos, envolvia fatores de personalidade, estimulando outros a explorar melhor tal relação. Em particular, sua esposa, Lauretta Bender, passou a investigar as formas de reprodução dos desenhos de Wertheimer, em vários tipos de psicopatologia, embora o teste tenha vindo a ser utilizado com finalidades psicodiagnósticas somente por Hutt e outros, devido a exigências da Segunda Guerra Mundial [1].

A sua origem histórica, associada com a definição da função gestáltica [2], deve contribuir para sua popularidade como técnica gráfica, muito estudada e pesquisada, sendo objeto também de muitos trabalhos teóricos [3]. Por outro lado, embora a designação do Teste de Bender mereça críticas, uma vez que se originou do estudo sobre leis gestálticas, sendo reivindicado o nome de Bender Gestáltico [4], não deixa de estar entre os testes mais utilizados, seja com o nome que for.

Tanto a percepção dos estímulos como a resposta motora e expressiva a eles não constituem processos simples, porque envolvem a experiência de uma personalidade [5], que pode refletir efeitos do desenvolvimento neuropsicológico, do funcionamento cerebral menos ou mais intacto, de uma multiplicidade de fatores conscientes, inconscientes, intelectuais e, mesmo, fisiológicos. Portanto, quando o sujeito entra em contato com os estímulos, percebê-los e reproduzi-los não representam apenas uma tarefa de aprendizagem, mas um desempenho em que interage um grande número de variáveis [6]. Então, o fato de constituir uma técnica, que pode ser interpretada ora sob uma ótica projetiva, ora que pode permitir o exame de funções visoconstrucionais, numa avaliação neuropsicológica, também justifica sua popularidade [3].

A complexidade dos fatores envolvidos na percepção e cópia de uma série de figuras geométricas, delineadas a partir dos desenhos de Wertheimer, começou a ser investigada já antes de 1932, por Bender, primeiramente estudando a inteligência infantil (a partir do nível de maturação nas reproduções gráficas), depois passando a investigar a deficiência mental (identificada através de desvios na maturidade esperada) e vários quadros clínicos. Os resultados iniciais desses estudos foram divulgados inicialmente pela American Orthopsychiatric Association, como o *Research Monograph nº 3*, em 1938; e apareceram com o título de *A Visual-Motor Gestalt Test and its clinical use* [7].

Talvez em parte devido à forma de divulgação inicial, os primeiros investigadores confeccionaram suas próprias lâminas com base nos desenhos da publicação original. Somente a partir de 1946, depois de registrado o *Copyright* da Psychological Corporation, foram as lâminas reproduzidas em série autorizadas. Hutt, em sua adaptação do Bender-Gestalt [8], utilizou os desenhos originais de Wertheimer, sendo, pois, sua série diferente da publicada com a autoria de Lauretta Bender [1]. Portanto, para usar a adaptação de Hutt, a série indicada é a publicada por Grune & Stratton. Também são diferentes as séries de Halpern, Pascal e Suttel e Woltman, o que explica divergências entre achados de pesquisa [2].

Embora a monografia inicial não tenha incluído instruções, estas apareceram em 1946, mas, apesar disso, não existe procedimento-padrão a respeito, o que poderia explicar também, em parte, a variabilidade de dados das pesquisas.

Da mesma forma, a partir das considerações clínicas iniciais de Bender [7], multiplicaram-se os sistemas de inspeção dos protocolos, desde uma abordagem mais global, intuitiva (ou até subjetiva), inferencial ou através de métodos objetivos de escore. Em resumo, o instrumento possibilita tanto uma exploração nomotética do indivíduo como idiográfica. Por essas razões, é levantada a questão de se o Bender deveria ser considerado um teste (no sentido psicométrico), uma técnica projetiva ou, simplesmente, uma forma de abordagem projetiva [2]. Há décadas que se registram tentativas de investigar o valor simbólico dos estímulos (vide, por exemplo, 9-16).

Em relação às formas do teste, também tem havido variação, tanto quanto aos estímulos, já referida, como pela introdução de modelos plásticos [6, 17], como a elaboração por memória [14, 18, 19], a associação com palavras ou a associação livre, também ligada à identificação de respostas simbólicas e populares [8-11, 13, 18, 20-22].

Em relação aos campos de aplicação, embora tenham sido citados variados usos como legítimos, não há evidências conclusivas a respeito de muitos deles, registrando-se resultados de pesquisas discordantes [2, 17]. Não obstante, nos últimos anos tem se comprovado como uma técnica especialmente útil no campo da neuropsicologia [1, 23, 24], em especial na avaliação de déficits em alcoolistas [25], e para o diagnóstico diferencial em psicopatologia [1, 24].

Dada a sua facilidade de administração e sua versatilidade, vários autores o consideram como o teste mais freqüentemente utilizado nos Estados Unidos [3].

Descrição

A técnica é constituída por nove desenhos geométricos, utilizando pontos, linhas retas e curvas, ângulos, dispostos numa variedade de relações, de forma a se estruturarem como configurações ou *Gestalten*, baseadas em ilustrações da obra clássica de Wertheimer, *Studies in the Theory of Gestalt Psychology* [6]. São apresentadas em lâminas ou cartões, com uma figura A, introdutória, e mais oito desenhos, que devem ser reproduzidos pelo examinando.

Existem diversas edições, com variações quanto a detalhes formais dos desenhos, quanto ao número de unidades e até quanto ao número de desenhos, como, por exemplo, no sistema de Santucci e Percheux, que abrange somente cinco figuras [26]. É extremamente importante utilizar o conjunto de lâminas correspondente ao sistema de escore que se pretenda usar.

A série de lâminas originais é editada pela Paidós, em Buenos Aires, e distribuída no Brasil pelo CEPA e suas concessionárias. Também é encontrada em anexo ao livro *Bender infantil* [18], distribuído pela Editora Artes Médicas. Outras séries têm distribuição específica, como a utilizada por Santucci, neste caso por Delachaux e Niestlé, em Paris.

É uma técnica utilizada a partir dos 4 anos de idade, com crianças, adolescentes e adultos.

Administração

Forma: individual ou coletiva.

Tempo: em adultos normais, 15 minutos, no máximo (se é utilizado o Bender-Memória, 15 minutos adicionais e, ainda mais, se introduzidas as fases de elaboração e associação); em crianças, em média, de 7 a 9 minutos [27].

Manejo: existem vários sistemas de escore, sendo mais utilizados, para adultos, o de Pascal e Suttel (1951), o de Hain (1964) e o de Hutt (1985) e, para crianças, o de Koppitz (1971), o de Clawson (1980) e o de Santucci e Percheux (1968), sem considerar aqui os manejos mais clínicos e intuitivos, em que não são fundamentais os aspectos quantitativos.

Indicações

1. Medida de inteligência de crianças de 4 a 12 anos ou de adolescentes e adultos, com "idade mental" correspondente [7, 17].
2. Medida da maturação visomotora ou perceptual [26-29], investigação de alterações do desenvolvimento neurológico [30], de sinais sugestivos de comprometimento neurológico [28, 31], de problemas de ajustamento [18, 28, 31] e avaliação do aproveitamento escolar [28] em crianças.
3. Triagem de disfunção cerebral [1, 8, 17, 23, 24, 32-37], identificação de alguns tipos de lesão cerebral, particularmente no lobo parietal direito, ainda que certos erros específicos possam ocorrer em lesões focais à direita ou à esquerda [3]. Em resumo, o Bender discrimina alguns tipos de déficits, embora muitas outras condições possam influenciar o desempenho e o produto [1].
4. Avaliação de déficits cognitivos em dependentes do álcool e seguimento durante a abstinência [3, 19, 25, 38-40].
5. Avaliação da presença e severidade de aspectos psicopatológicos [1, 8, 32].
6. Diagnóstico diferencial entre funcionamento neurótico e psicótico [7, 8, 41].
7. Levantamento de indícios de atuação [42, 43] e, em especial, com ideação suicida [15, 16, 42, 44].
8. Identificação de temas de castração [13] e de outros simbolismos de conteúdo dinâmico [9-11, 14-16, 43].

Comentários

1. A literatura específica chama muito a atenção sobre as variações do B-G, em relação às diferenças entre séries de lâminas, aos procedimentos de administração, às formas, em termos de adaptações e revisões, aos campos de aplicação e aos sistemas de escore como responsáveis não só pela discrepância e divergência entre dados de pesquisa, como também como fatores que têm implicações no ensino, no treinamento de equipes auxiliares, no uso clínico e na condução de pesquisas.

2. Outro aspecto importante a ser lembrado diz respeito à validade do Bender como medida. Tem sido observado [2], com muita razão, que o que determina que um teste seja ou não usado é mais a "impressão" do psicólogo quanto ao seu valor do que resultados de trabalhos de pesquisa. Nota-se, especialmente em países menos desenvolvidos, que se há indicações simples e acessíveis sobre a interpretação de um teste que, por sua vez, seja prático e econômico, muitos psicólogos deixam-se facilmente influir por hipóteses interpretativas, que conciliam com a sua sensibilidade clínica, não dando grande importância a resultados de pesquisa que podem contradizer a "evidência" encontrada.

3. Embora há mais tempo tenham sido referidas [17] escassas evidências para avaliação de efeitos de tratamento, um trabalho mais recente [3] registra a documentação, através do Bender, de melhoras no estado neuropsicológico em alcoolistas, em sujeitos com a doença de Parkinson, em pacientes submetidos a certas cirurgias cerebrais e em pacientes com obstrução pulmonar crônica. Também, no Brasil, foi possível demonstrar a sensibilidade do Bender à melhora funcional de pacientes alcoolistas em período de abstinência [25, 38, 39], como também do Bender-Memória, através de um novo enfoque para a sua utilização [39, 40].

4. Kroeff (1988) desenvolveu normas para a escala de maturidade Koppitz, com base numa amostra de 1.082 crianças de Porto Alegre. Realizou uma análise comparativa entre resultados de crianças brasileiras e americanas, chegando à conclusão de que, em média, as crianças brasileiras utilizam um tempo maior que as americanas para um desempenho de menor qualidade [27].

5. Na interpretação do Bender, é importante levar em conta a existência de considerável superposição de indicadores. Portanto, há indicadores que possuem uma significação dinâmica, mas que, igualmente, podem se constituir como sinais característicos de um siste-

ma de escore para triagem de disfunção cerebral ou compor uma determinada síndrome psicopatológica. Por tal razão, Groth-Marnat [45] diz que o psicólogo deve estar atento para todas as alternativas diagnósticas na interpretação de um determinado sinal. Já sob o nosso ponto de vista, recomendamos evitar qualquer interpretação de enfoque projetivo se houver a mínima suspeita de comprometimento neurológico.

REFERÊNCIAS BIBLIOGRÁFICAS

1. Hutt, M.L. (1985). *The Hutt adaptation of the Bender-Gestalt Test*. 4.ed. Orlando, FL: Grune & Stratton.
2. Dana, R.H., Field, K., & Bolton, B. (1983). Variations of the Bender-Gestalt Test: implications for training and practice. *J. Pers. Assess.*, *47*, 1, 76-84.
3. Lezak, M.D. (1995). *Neuropsychological assessment*. 3.ed. New York: Oxford Universities Press.
4. Bach, Z. (1987). Keep "Gestalt" in the name of the test: the curious name permutations of the Bender-Gestalt Test. *J. Pers. Assess.*, *51*, 1, 109-111.
5. Schilder, P. (1955). Prefácio. In L. Bender. *Test Gestáltico Visomotor: usos e aplicações clínicas* (p.17-20). Buenos Aires: Paidós.
6. Woltman, A.G. (1967). Test Gestáltico Visomotor de Bender. In L.B. Abt & L. Bellak. *Psicología proyectiva*. Buenos Aires: Paidós.
7. Bender, L. (1955). *Test Gestáltico Visomotor: usos y aplicaciones clínicas*. Buenos Aires: Paidós.
8. Hutt, M.L. (1975). *La adaptación Hutt del Test Gestáltico de Bender*. Buenos Aires: Guadalupe.
9. Suczek, R.F., & Klopfer, W.G. (1952). Interpretation of the Bender Gestalt Test: the association value of the figures. *Am. J. Orthopsych.*, *22*, 1, 62-75.
10. Tolor, A. (1957). Structural properties of the Bender-Gestalt Test associations. *J. Clin. Psychol.*, *13*, 176-178.
11. Goldfried, M.R. & Ingling, J.H. (1964). The connotative and symbolic meaning of the B.G. *J. Proj. Tech. & Pers. Assess.*, *28*, 185-191.
12. Hutt, M.L. & Briskin, G.J. (1960). *The clinical use of the revised Bender Gestalt Test*. New York: Grune & Sttraton.
13. Hammer, E.F. (1954). An experimental study of symbolism on the Bender Gestalt. *J. Proj. Tech.*, *3*, 335-345.
14. Brown, F. (1954). Bender Gestalt: meanings of individual figures. Springfield, MA: *Fred Brown Workshop* (mimeo).
15. Cunha, J.A. (1977). *Sinais simbólicos de agressão no Teste de Bender e a dimensão normalidade-anormalidade*. Porto Alegre: Instituto de Psicologia da PUCRS (Dissertação de mestrado).
16. Cunha, J.A. (1977). *Suicídio e o Teste de Bender*. Porto Alegre: Instituto de Psicologia da PUCRS (Tese de livre-docência).
17. Billingslea, F.Y. (1965). The Bender-Gestalt: a review and a perspective. In B.I. Murstein, Ed. *Handbook of projective techniques* (p.703-726). New York: Basic Books.
18. Clawson, A. (1980). *Bender infantil*. Porto Alegre: Artes Médicas.
19. Minella, D.M.L., Pereira, I.T., Argimon, I.L., & Cunha, J.A. (1989). Estudo da estabilidade de alguns instrumentos neuropsicológicos em alcoolistas abstinentes durante o primeiro mês de abstinência. São Paulo: *VIII Congresso Brasileiro de Alcoolismo*.
20. Greenbaum, R.S. (1955). A note on the use of the word association test as an aid to interpreting the Bender Gestalt. *J. Proj. Tech.*, *19*, 1, 27-29.
21. Garney, M.J., & Popplestone, J.A. (1960). Influence of age and sex on Bender Gestalt associations. *Perc. & Motor Skills*, *11*, 258.
22. Lopes, M.C.F.M. (1984). *Estudo sobre respostas populares no Teste de Bender*. Porto Alegre: Instituto de Psicologia da PUCRS (Dissertação de mestrado).
23. Hain, J.D. (1964). The Bender-Gestalt: a scoring method for identifying brain damage. *J. Consult. Psychol.*, *28*, 34-40.
24. Lacks, P. (1984). *Bender Gestalt Screening for Brain Damage Dysfunction*. New York: Wiley & Sons.
25. Minella, D.M.L., Pereira, I.T., & Argimon, I.L. (1987). Disfunção orgânica em pacientes alcoolistas de intoxicação recente e abstinentes. *Rev. Bras. Saúde Mental*, *1*, 1, 18-20.
26. Santucci, M., & Percheux, G. (1968). *Manuel pour l'examen psychologique de l'enfant*. Suíça: Delachaux et Niestlé (tradução mimeo).
27. Kroeff, P. (1988). Normas brasileiras para o Teste de Bender. *Psicologia: Reflexão e Crítica*, *3*, 1/2, 10-17.
28. Koppitz, E.M. (1971). *El Test Gestáltico Visomotor para niños*. Buenos Aires: Guadalupe.
29. Santucci, M., & Galifret-Granjon, N. (1976). Prova gráfica de organização perceptiva (segundo o teste de L. Bender). In R. Zazzo. *Manual para o exame psicológico da criança*. São Paulo: Mestre Jou.
30. Cunha, J.A., Brizolara, A.G., Fulgêncio, M.A.C.M., & Miranda, M.L.G. (1991). Desvios no Bender, relacionados com transtornos no desenvolvimento neurológico, segundo Clawson e Koppitz. In J.A. Cunha, N.K. Freitas & M.G.B. Raymundo. *Psicodiagnóstico*. 3.ed. (p.358-368). Porto Alegre: Artes Médicas.
31. Clawson, A. (1959). The Bender Visual Motor Test as an index of emotional disturbance in children. *J. Proj. Tech.*, *23*, 2, 198-206.

32. Pascal, G.R., & Suttell, B.J. (1951). *The Bender-Gestalt Test: quantification and validity for adults*. New York: Grune & Stratton.
33. Kramer, E.M., & Fenwick, J. (1966). Differential diagnosis with the Bender Gestalt Test. *J. Proj. Tech. & Pers. Assess.*, *30*, 1, 59-61.
34. Shapiro, M.B., et alii. (1957). An inquiry into the determinants of a differentiation between elderly "organic" and "non-organic" psychiatric patients on the Bender-Gestalt Test. *J. Mental Science*, *103*, 364-374.
35. Hartlage, L. (1966). Common psychological tests applied to assessment of brain damage. *J. Proj. & Pers. Assess.*, *32*, 4, 319-338.
36. Russell, E.N. (1976). The Bender-Gestalt and the Halstead-Reitan Battery: a case study. *J. Clin. Psychol.*, *32*, 2, 355-361.
37. Halpern, F. (1976). El Test Gestáltico Visomotor de Bender. In H.H. Anderson & G.L.A. Anderson. *Técnicas proyectivas del diagnóstico psicológico*. 3.ed. (p.376-393). Madrid: Rialp.
38. Argimon, I.L., Minella, D.M.L., Pereira, I.T., & Cunha, J.A. (1989). Exame da melhora da disfunção orgânica cerebral, através do Bender-Lacks, em alcoolistas, durante o primeiro mês de abstinência. São Paulo: *VII Congresso Brasileiro de Alcoolismo*.
39. Cunha, J.A., Minella, D.M.L., Argimon, I.L. & Pereira, I.T. (1990). Déficits cognitivos e a questão da melhora funcional em alcoolistas abstinentes. *Psico*, *19*, 1, 79-94.
40. Pereira, I.T., Argimon, I.L., Minella, D.M.L., & Cunha, J.A. (1989). Sensibilidade do Bender-Memória à melhora clínica em alcoolistas durante o primeiro mês de abstinência. São Paulo: *VIII Congresso Brasileiro de Alcoolismo*.
41. Tamkin, A.S. (1965). The effectiveness of the Bender-Gestalt Test in differential diagnosis. In B.J. Murstein, Ed. *Handbook of projective techniques* (p.741-745). New York: Basic Books.
42. Brown, F. (1967). El Test Gestáltico de Bender y la actuación. In L.E. Abt & S.L. Weissman, Ed. *Teoría y clínica de la actuación* (p.348-360). Buenos Aires: Paidós.
43. Brannigan, G.G. & Benowitz, M.L. (1975). Bender Gestalt signs anti-social acting-out tendencies in adolescents. *Psychol. in the Schools*, *12*, 1, 15-17.
44. Sternberg, D. & Levine, A. (1965). An indicator of suicidal ideation on the Bender Visual-motor Gestalt Test. *J. Proj. & Pers. Assess.*, *29*, 3, 377-379.
45. Groth-Marnat, G. (1984). *Handbook of psychological assessment*. New York: Van Nostrand Reinhold.

OUTRAS FONTES BIBLIOGRÁFICAS

Bell, J. (1951). *Técnicas proyectivas*. Buenos Aires: Paidós.
Groth-Marnat, G. (1999). *Handbook of psychological assessment*. 3.ed. New York: Wiley & Sons.
Lacks, P.B., & Newport, K.A. (1980). A comparison of scoring systems and level of scorer experience on the Bender-Gestalt Test. *J. Pers. Assess.*, *44*, 4, 351-357.
Lanyon, R.I., & Goodstein, L.D. (1982). *Personality assessment*. New York: Wiley & Sons.
Vincent, K.R. (1987). *The full battery codebook: a handbook of psychological test interpretation for clinical, counseling, rehabilitation, and school psychology*. Norwood, N.J.: Ablex.

BENTON

Dados históricos

O *Benton Visual Retention Test*, BRTV, ou Teste de Retenção Visual, criado por Arthur L. Benton em 1955, com revisões em 1963 e 1974 [1], mais conhecido pelo nome de seu autor, é um teste de desenhos que devem ser copiados ou reproduzidos de memória.

Desenvolvido como um teste de memória, passou a ter ampla utilização na avaliação neuropsicológica, dada a sua sensibilidade à presença de lesão cerebral, explicada pelo fato do desempenho exigido envolver muitas funções diferenciadas [2]. Isso faz com que os erros cometidos ocorram por várias razões [3].

Descrição

O teste revisado inclui 30 desenhos geométricos simples, apresentados em cartões, que são reunidos em séries de dez, em cadernos separados, formas C, D e E, consideradas aproximadamente equivalentes.

Existem diferentes formas de administração, A, B, C e D, variando o tempo de exposição e o tempo para que o sujeito reproduza os desenhos de memória, sendo que a administração C envolve simples cópia. O sujeito é solicitado a reproduzir graficamente os desenhos em folhas de papel de dimensões equivalentes às dos cartões.

Existem normas para adultos para as administrações A, B e C. As administrações A e C incluem normas para crianças de 8 a 14 anos. Não há normas para a administração D.

O material técnico, incluindo os cartões, o manual e as folhas de registro, é distribuído por The Psychological Corporation, nos Estados Unidos, e pelo CEPA, no Brasil.

Administração

Forma: individual.
Tempo: aproximadamente 5 minutos.
Manejo: são atribuídos escores para os acertos e para os erros (omissões, distorções, perseverações, rotações, más colocações e erros no tamanho), havendo normas conforme a idade e a estimativa do QI pré-mórbido.

Indicações

1. Medida da memória imediata e da extensão da memória imediata.
2. Medida da percepção visoespacial e da capacidade construcional.
3. Discriminação entre lesão cerebral e transtorno funcional.
4. Medida sensível ao declínio cognitivo precoce.
5. Medida da extensão da retenção imediata em pacientes com prejuízo da linguagem.

Comentários

1. Lezak [2] observa que, embora o instrumento seja apresentado como teste de memória visual, muitos dos estímulos podem ser conceituados verbalmente, assim sendo, é sensível a lesões tanto no hemisfério esquerdo como no direito.
2. Embora seja um teste sensível a grande número de disfunções, ainda é o instrumento de escolha, quando há suspeita de muitos déficits específicos, fazendo-se, então, a análise dos tipos de erros presentes nas reproduções gráficas [2].
3. O teste tem sido bastante utilizado na avaliação neuropsicológica de pacientes alcoolistas, sendo que os déficits se relacionam com a duração do período de bebida excessiva e com idade [4, 5], mas sua reversibilidade se observa, no Benton, num prazo de seis meses [6].

REFERÊNCIAS BIBLIOGRÁFICAS

1. Benton, A. (1974). *Benton Revised Visual Retention Test.* 4.ed. New York: Psychological Corporation.
2. Lezak, M.D. (1995). *Neuropsychological assessment.* 3.ed. New York: Oxford Universities Press.
3. Levin, H.S., Soukoup, V.M., Benton, A.L., Fletcher, J.M., & Satz, P. (1999). Avaliação neuropsicológica e intelectual de adultos. In H.I. Kaplan & B.J. Sadock. *Tratado de psiquiatria.* 6.ed. (p.613-633). Porto Alegre: Artmed.
4. Guthrie, A., & Elliot, W.A. (1980). The nature and reversibility of cerebral impairment in alcoholism. *J. Stud. Alc.*, 41, 147-154.
5. Mandler, R. (1978). Untersuchungen über die intellektuelle Leistungsfähigkeit von Alcoholikern nach Trinka & bruch. *Dtsch. Gesundheitwes*, 33, 71-72.
6. Krampe, M. (1979). Assessment of recovery form organic brain syndrome in chronic alcoholics using the Benton Test. *Stiar*, 63, 1-5.

OUTRAS FONTES BIBLIOGRÁFICAS

Augras, M. (1968). O teste de retenção visual de Benton em psicologia clínica. *Arq. Bras. Psicot., 4*, 31-34.
Benton, A. (1975). Psychological tests for brain damage. In A.M. Freedman, H.I. Kaplan & B.J. Sadock, Ed. *Comprehensive textbook of psychiatry*. V.2 (p.757-768). Baltimore, MD: The Williams & Wilkins.
Lishman, W.A. (1998). *Organic psychiatry: the psychological consequences of cerebral disorder.* 3.ed. London: Blackwell Science.
Van Kolck, O.L. (1981). *Técnicas de exame psicológico e suas aplicações no Brasil. Testes de aptidões.* Petrópolis, RJ: Vozes.

BINET-IV

Dados históricos

A atual escala Binet-IV tem uma longa história, que remonta às primeiras tentativas de discriminação de "débeis mentais", que resultaram na forma preliminar da Escala Binet-Simon, em 1905, seguida de uma nova versão em 1908, sendo publicada a versão definitiva em 1911, a partir da qual surgiram várias revisões, em diferentes países, sendo mais conhecidas e utilizadas as revisões preparadas na Universidade de Stanford, na Califórnia.

Binet tinha um objetivo que era a medida do desenvolvimento mental da criança, baseada em sua concepção de idade mental. Pressupunha que o desenvolvimento se desse através de fases sucessivas, idênticas para todos os sujeitos, e pretendia determinar "o nível de eficiência característico da média dos sujeitos normais de uma certa idade cronológica" [1]. Historicamente, a Escala Binet-Simon representa o primeiro esforço científico para medida da inteligência, como poderíamos entender hoje, bem como o primeiro teste de desenvolvimento, constituindo-se como modelo para a construção de muitos testes e escalas, posteriormente. Apesar do sucesso que marcou o aparecimento das escalas de Binet-Simon, eram criticáveis sob alguns pontos de vista, principalmente pelo fato de que "os grupos de sujeitos normais eram muito pouco numerosos e pouco representativos da população geral" [1]. Com o aparecimento imediato de uma série de revisões, a Escala, em sua forma original, passou a ser menos utilizada, sendo que, na época atual, não é mais usada.

A primeira revisão Stanford, preparada por Terman e seus colaboradores, de 1916, constituída de 90 testes (enquanto a última versão Binet era de 54 testes), introduziu tantos testes novos, além de modificar (ou eliminar) antigos, redistribuindo-os nos diversos níveis de idade, que, conforme Anastasi [2], "chegou a constituir praticamente um novo teste". Além disso, introduziu, de forma prática, pela primeira vez, a noção de Quociente Intelectual, ou QI, expressão criada por Stern, em 1912. Todavia, "a introdução do QI criou problemas, em particular, aquele do limite superior do desenvolvimento mental, que havia sido fixado por Terman em 16 anos, sendo o Quociente Intelectual de um adulto calculado como tendo como idade cronológica base 16 anos" [1].

A segunda revisão Stanford, a Nova Revisão Stanford, apareceu em 1937, com duas formas paralelas (L e M), consideravelmente ampliada (com 129 testes em cada forma), padronizada sobre uma amostra cuidadosamente selecionada de 3.184 sujeitos, relativamente mais representativa da população geral, sendo a noção de QI modificada em relação aos sujeitos adultos [3]. Foi considerada, na época, um "instrumento clássico de medida de desenvolvimento" [1].

A terceira revisão Stanford, de 1960, ocorreu por uma seleção de testes ou itens das formas L e M, com base nos resultados de 4.498 sujeitos, que já haviam se submetido ao teste, para permitir a análise de itens existentes e testagem de alterações em alguns itens, resultando numa única forma L-M, com 122 testes e 20 alternativas [4]. Todavia, uma alternativa importante foi introduzida: o "QI passou a ser entendido em termos de QI de desvio, (...) com uma média de 100 e desvio padrão de 16" [5].

Na revisão de 1960, não houve uma padronização, mas principalmente uma seleção de testes, com algumas adaptações no conteúdo dos itens e em sua colocação. Assim, no início de 1971, pareceu necessário proceder a uma nova padronização, com novas tabelas "para refletir com precisão os resultados nos *anos 70* dos sujeitos das idades para as quais o método havia sido ideado" [4], sem modificações importantes na forma da técnica. Foi utilizada uma amostra representativa de cerca de 100 sujeitos em cada nível de idade, num total de 2.100 sujeitos. As tabelas de 1972 não introduziram modificações referentes à idade mental. As "IM mantêm a *continuidade* entre as normas anteriores e as atuais", afirmavam os autores, dizendo que "os novos equivalentes de QI" envolviam "as adaptações necessárias para levar em consideração as capacidades da criança" dos anos 70 [4]. Não obstante, essa revisão foi muito criticada por não manter o nível da qualidade inicial da equipe de Terman [6].

Em 1986, foi lançada a quarta revisão da Stanford-Binet, denominada Binet-IV. Em comparação com as normas de 1972, no que se refere a adultos jovens, enquanto a amostra anterior incluía somente 86 sujeitos de 18 anos, nessa revisão foi utilizada uma amostra de 194 sujeitos de 18 anos a 20 anos e 11 meses, numa tentativa de torná-la uma escala competitiva com as escalas Wechsler para o mesmo grupo etário. Houve muito mais rigor metodológico na seleção da amostra, sendo consideradas as variáveis sexo, idade, raça/etnia, ocupação e escolaridade da família [7]. A estrutura foi inteiramente renovada, sendo retidos apenas poucos itens de escalas anteriores. Foi também superado o defeito mais sério de edições anteriores, que era a predominância de tarefas verbais. "O examinando recebe os subtestes e os itens dentro dos subtestes, apropriados à sua idade e capacidade" [8].

Descrição

O Binet-IV é o último descendente da tradição Binet-Stanford, publicada por *Riverside Publishing Company*, por Robert A. Thorndike, Elizabeth P. Hagen e Jerome M. Sattler.

Compreende um conjunto de subtestes, cujo número e variedade dependem da idade e da capacidade do sujeito (determinada pelo desempenho no subteste inicial de Vocabulário).

Pode ser utilizado dos 2 aos 24 anos e inclusive em pessoas com mais idade (embora, para tais, não haja normas específicas).

Não há adaptação brasileira, e a escala é introduzida, aqui, apenas por seu valor histórico, e porque provavelmente será um instrumento a competir com as escalas Wechsler, embora o volume de pesquisas atual ainda seja pequeno [8].

Administração

Forma: individual.

Tempo: variável, em média, entre 60 e 90 minutos.

Manejo: Fornece um escore principal, conhecido como CSAS (*Composite Standard Age Score*), que resulta de quatro seções diferenciadas (verbal, quantitativa, abstrata e de memória) e que serve a fins similares ao QI [8].

Indicação

1. Medida da capacidade intelectual global.

Comentários

1. Ainda não há informações suficientes sobre as propriedades psicométricas do instrumento, embora seja considerado por Cronbach [8] "eficientemente planejado". Já McGrew e Flanagan [7], como no caso de tantas outras baterias, o consideram incompleto como medida de inteligência.

2. Lezak [9] lamenta que, com a nova edição, tenham se perdido pequenas provas de interesse no exame neuropsicológico, embora concorde que ainda faltam subsídios sobre as propriedades psicométricas em pacientes neurológicos.

3. Numa pesquisa de Carvajal e colegas [10], foram feitos estudos correlacionais entre os escores do Binet-IV e do WAIS-R. Apesar de ter sido encontrada certa variabilidade entre escores de áreas e de subtestes, em parte atribuída a diferenças entre materiais, procedimentos, conteúdos, limites de tempo, etc., foi verificado alto índice de correlação entre os escores totais de ambos os instrumentos. A conclusão é de que o Binet-IV é um instrumento viável, como escala alternativa ou para reteste, em relação ao WAIS-R, em adultos jovens, nível em que o Stanford-Binet, em revisões anteriores, tinha sido considerado bastante deficitário [2].

REFERÊNCIAS BIBLIOGRÁFICAS

1. Pichot, P. (1949). *Les tests mentaux en psychiatrie*. Paris: Presses Universitaires de France.
2. Anastasi, A. (1965). *Testes psicológicos: teoria e aplicação*. São Paulo: Herder.
3. Terman, L.M., & Merrill, M.A. (1950). *Medida de la inteligencia*. Madrid: Espasa-Calpe.
4. Terman, L.M., & Merrill, M.A. (1975). *Medida de la inteligencia*. Tercera revisión. Madrid: Espasa-Calpe
5. Van Kolck, O.L. (1975). *Técnicas de exame psicológico e suas aplicações no Brasil. Testes de personalidade*. Petrópolis, RJ: Vozes.
6. Kaufman, A.S., & Reynolds, C.R. (1983). Clinical evaluation of intellectual function. In I.B. Weiner, Ed. *Clinical methods in psychology*. 2.ed. (p.100-151). New York: Wiley & Sons.
7. McGrew, K.S., & Flanagan, D.P. (1998). *The Intelligence Test Desk Reference (ITDR): Gf-Gc cross-battery assessment*. Boston, MA: Allyn & Bacon.

8. Cronbach, L.J. (1996). *Fundamentos da testagem psicológica*. 5.ed. Porto Alegre: Artes Médicas.
9. Lezak, M.D. (1995). *Neuropsychological assessment*. 3.ed. New York: Oxford Universities Press.
10. Carvajal, J.H., Gerber, J., Hewes, P. & Weaver, K.A. (1987). Correlations between scores on Stanford-Binet IV and Wechsler Adult Intelligence Scale-Revised. *Psychol. Reports, 61*, 83-86.

CAT

Dados históricos

O *Children Apperception Test* (CAT), ou Teste de Apercepção Temática Infantil, descendente direto do TAT, foi inspirado numa discussão entre o seu idealizador, Leopold Bellak, e Ernest Kris sobre a facilidade que as crianças apresentam de se identificarem com figuras animais, dado ao importante papel que estas desempenham nas fobias e fantasias infantis, bastante evidente no caso de Hans, relatado por Freud [1].

Considerando que o TAT não parecia preencher certas necessidades da investigação infantil e face ao pressuposto da preferência das crianças por animais como figuras de identificação, Leopold Bellak, em colaboração com Sonya Sorrel Bellak, delineou situações fundamentais, que poderiam revelar certos aspectos dinâmicos das relações interpessoais infantis. A partir dessas primeiras sugestões, Violet Lamont realizou um conjunto de dezoito desenhos de cenas, que acabou por ser reduzido a dez, pelo fato de a criança apresentar menos amplitude da atenção, não sendo indicado um material de teste tão extenso [2]. As lâminas resultantes foram divulgadas em 1949, apresentando cenas de animais em situações humanas, pretendendo com elas chegar à compreensão da criança em relação com seu mundo externo (figuras importantes) e com seu mundo interno (impulsos e fantasias).

Os pressupostos básicos para a utilização de figuras animais foram os seguintes:

a) com base na literatura psicanalítica, as crianças identificam-se mais facilmente com personagens animais do que com figuras humanas [3];

b) os elementos figurativos animais são mais acessíveis à projeção de necessidades, impulsos e complexos do que os elementos humanos, não só porque é mais fácil a criança estabelecer relações emocionais com seres menores do que com adultos [1], como porque ela pode ter certa dificuldade em sua interação com estes e, portanto, manter certa distância emocional [4];

c) o personagem animal constitui uma figura mais ambígua em termos de sexo e faixa etária;

d) a natureza mais primitiva, "menos civilizada", do animal permite que lhe sejam atribuídos sentimentos e impulsos vivenciados pela criança como negativos.

A propriedade da escolha de figuras animais também foi ressaltada por estudos, citados por Hirsch e colegas [5], pela freqüência com que os animais aparecem, como personagens principais ou secundários, em histórias relatadas por pré-escolares e, ainda, pelas conexões possíveis entre os aspectos psicodinâmicos da criança e o tipo preponderante de figura animal em suas fantasias. Além disso, chamava a atenção a freqüência de respostas animais no Rorschach infantil e o papel do animal nas culturas primitivas, nas lendas, nos contos de fadas, que pareciam justificar a hipótese de que o CAT-A poderia eliciar temas pertinentes para revelar aspectos da personalidade infantil [6].

Em 1952, foi lançada uma série suplementar ao CAT, o CAT-S, também com figuras animais, constituído por dez cenas, em encaixes, para melhor serem manipulados por crianças pequenas ou por retardados mentais, com idade mental não superior a 5 ou 6 anos. Como foi construída exatamente como técnica suplementar, o examinador escolheria a lâmina que mais se prestasse à investigação de algum problema específico, principalmente no que se refere às relações do sujeito consigo mesmo ou com seus equivalentes. Porém, segundo Hirsch e colegas [5], citando Haworth, faltam maiores dados metodológicos a respeito.

Nos anos subseqüentes ao aparecimento do CAT, alguns estudos sugeriram que, para algumas crianças, por terem mais idade, nível intelectual mais elevado ou por certos aspectos de personalidade, as figuras humanas poderiam constituir um estímulo projetivo melhor do que as figuras animais. Desse modo, foi delineada uma versão antropomórfica, o CAT-H, que pretendia preencher uma lacuna entre o CAT inicial, o CAT-A e o TAT [6].

A transformação das cenas que incluíam animais em cenas antropomórficas foi fácil, uma vez que os personagens animais eram mais ambíguos, mas ficou evidente que as razões da preferência pelo CAT-H sobrepujavam "as desvantagens da menor ambigüidade" [1, 6].

A versão final do CAT-H foi divulgada em 1976, mas, anteriormente, já haviam sido propostas outras versões, sendo desenvolvidos estudos comparativos com o CAT-A. Em conseqüência, Haworth criou um esquema de avaliação, que Bellak considerou como mais detalhado e de orientação mais dinâmica, incluindo-o em vários de seus trabalhos [1, 3, 6].

Embora Bellak [1] tenha considerado seus instrumentos livres da influência de aspectos culturais, ambas as versões do CAT foram objeto de crítica por conterem objetos típicos da cultura ocidental, surgindo várias adaptações das lâminas, entre as quais podem ser salientadas a versão hindu e a japonesa [7].

A partir do sucesso inicial desses testes aperceptivos, começaram a ser introduzidas várias técnicas desse tipo, como o Teste de Nathan e Mauco, com lâminas suplementares ao TAT, para investigação da situação escolar, o *Blacky*, de Blum [8], *Patte Noire*, além do Teste de Atitudes Familiares, de Jackson, o *Pickford Projective Pictures* [9], e, mais recentemente, Constantino e colegas desenvolveram o *Tell Me A Story Test*, TEMAS [10], com personagens hispano-americanos e negros, em situações conflituosas, para uso com minorias [2].

Descrição

O CAT-A, com figuras animais, e o CAT-H, com figuras humanas, são testes projetivos, aperceptivos, temáticos, verbais, constituídos, cada um, de uma série de dez lâminas, que são aplicáveis a crianças, que devem elaborar uma história a partir da cena constante em cada lâmina.

Segundo os autores, seriam instrumentos adequados para uso a partir dos 3 anos, até aproximadamente 10 anos, sendo o CAT-H mais indicado para as faixas etárias acima de 7 anos ou para crianças com nível intelectual correspondente a esta idade. Contudo, pesquisas recentes sugeriram que, em geral até os 5 anos, e até os 6 anos e meio, em crianças de famílias de renda baixa, ainda predominam respostas de caráter não-aperceptivo [11-13].

O material, tanto do CAT-A, como do CAT-H, incluindo a coleção de lâminas, o respectivo manual, bem como o caderno de registro e análise, é editado pela Paidós, Buenos Aires, e por Mestre Jou, São Paulo.

Administração

Forma: individual.
Tempo: variável, recomendando-se que não ultrapasse 60 minutos.
Manejo: registram-se, atualmente, quatro abordagens diferenciadas:

a) interpretação sob enfoque projetivo, com uma análise qualitativa de conflitos, impulsos, estados afetivos, defesas, necessidades e figuras de identificação, havendo uma lista de mecanismos adaptativos, de Haworth [14], para a avaliação quantitativa da presença de perturbação, que justifique ou não a indicação de intervenção terapêutica;

b) classificação de distúrbios de comportamento, com levantamento de freqüências relativas, conforme Fabbiani [15], segundo critérios de Pérez-Ramos;

c) atribuição de escores às respostas, conforme um sistema, baseado na complexidade crescente da capacidade infantil de organizar as ações numa sucessão temporal, o qual, embora criado com objetivos de pesquisa, permite detectar desvios no desenvolvimento [12];

d) o referencial de análise, proposto por Tardivo [16], com base em pressupostos kleinianos.

Indicações

1. Investigação diagnóstica, especialmente com o objetivo de formulação dinâmica.
2. Identificação do estádio de desenvolvimento infantil, especialmente para detectar desvios no desenvolvimento.
3. Indicação da necessidade ou não de intervenção terapêutica e de orientação aos pais.
4. Acompanhamento da evolução do processo terapêutico.

Comentários

1. Embora classificada como técnica projetiva, o próprio Bellak [1], baseado em outros estudos, refere a freqüência do aparecimento de respostas não-aperceptivas, na infância, que só chegam a ser mínimas ao redor dos 8 anos de idade. Por outro lado, os autores [1, 5, 7], apesar de recomendarem o uso do teste a partir de 3 anos de idade, incluem poucos exemplos de pré-escolares. Nota-se ainda que são poucas as pesquisas com o CAT em amostras de pré-escolares e, quando são referidas, geralmente utilizam crianças a partir das faixas etárias de 5 ou 5 anos e meio [6, 17].

2. Num estudo de nossa equipe de pesquisa [11], com 48 crianças de 4 a 6 anos e meio, observou-se a predominância de respostas não-aperceptivas em 68,96% dos casos. A presença de respostas realmente produtivas de um ponto de vista clínico, isto é, daquelas que, de acordo com as instruções, envolvem realmente a produção de uma história, foi verificada em apenas 4,08% da amostra total. Foi possível concluir que, como instrumento de pesquisa, na área da personalidade, o CAT-A não é adequado para idades inferiores a 5 anos e meio. A partir desta faixa etária, pode ser utilizado, mas as respostas produtivas ocorrem em menos de 50% dos casos. Como tal estudo havia sido realizado com um número relativamente pequeno de casos, a pesquisa foi ampliada para abranger 180 crianças daquele período etário, sendo mantidas as conclusões anteriores [12-13].

3. Foi possível verificar, também, que os resultados do CAT-A sofrem efeitos do nível socioeconômico do qual as crianças provêm, já que, entre crianças de famílias de baixa renda, o instrumento se mostra pouco produtivo, de um ponto de vista clínico, mesmo entre 5 anos e meio e 6 anos e meio, em que predominam verbalizações que envolvem descrição simples [18].

4. Dadas as diferenças encontradas entre pré-escolares de menos e mais idade, procurou-se verificar se existia correlação entre os escores do CAT-A e os escores da Escala de Maturidade Mental Columbia. Os dados permitiram fazer a estimativa da existência de correlação positiva, porém baixa, corroborando a impressão de que outros aspectos do desenvolvimento infantil seriam importantes para explicar a diferença entre os grupos etários [18]. Procurando-se examinar melhor o papel da inteligência sobre tais escores, foi selecionado um grupo de 20 crianças, de 9 a 12 anos de idade, com o diagnóstico de retardamento mental leve, que foram emparelhadas com um grupo de 20 pré-escolares, de 4 a 6 anos e meio, em termos de escores na Escala de Maturidade Mental Columbia. Por outro lado, os sujeitos do primeiro grupo foram emparelhados, por idade, com outras 20 crianças que freqüentavam escola comum, sem história de repetência. A pesquisa revelou que os escores do CAT-A do primeiro grupo foram significativamente mais altos do que do grupo de pré-escolares, não apresentando diferenças com os escores do terceiro grupo de escolares. Como a atribuição de escores se baseou na capacidade infantil de organizar as ações numa sucessão temporal, presume-se que os escores mais elevados dos grupos de mais idade tenham que ver com o desenvolvimento da noção de tempo [19].

5. Além das restrições citadas ao uso do CAT em pré-escolares, estudos comparativos entre esta técnica e o Teste das Fábulas [20], nas mesmas crianças, demonstraram que: a) o tempo de reação ao Teste das Fábulas é significativamente menor que ao CAT-A, sugerindo melhor aceitação do primeiro do que do último, nessa faixa etária [21], e b) o CAT-A é menos

sensível que as Fábulas para a investigação do conflito edípico, típico dessa fase de desenvolvimento [22].

6. Numa revisão das referências bibliográficas de 100 artigos que relatavam pesquisas utilizando instrumentos psicológicos, em revistas científicas estrangeiras de 1988 e 1989, não se encontrou qualquer citação do CAT [23]. Contudo, os estudos recém-referidos sugerem a importância da realização de pesquisas com esta técnica, não só para identificar respostas usuais e sua utilidade clínica em diferentes faixas etárias, como para examinar o efeito de diferentes fatores sobre as respostas. Também parecem recomendáveis estudos do CAT-A e do CAT-H, em amostras de crianças brasileiras, para determinar a utilidade de cada uma dessas versões.

REFERÊNCIAS BIBLIOGRÁFICAS

1. Bellak, L. (1979). *El uso clínico de las pruebas psicológicas del TAT, CAT y SAT*. México: El Manual Moderno.
2. Groth-Marnat, G. (1999). *Handbook of psychological assessment*. 3.ed. New York: Wiley & Sons.
3. Bellak, L., & Bellak, S. (1966). *Test de Apercepción Infantil. Manual*. Buenos Aires: Paidós.
4. Jacquemin, A. (1987). Importância dos testes psicológicos no diagnóstico e problemas gerais do diagnóstico (mesa-redonda). Porto Alegre: *III Encontro sobre Testes Psicológicos*.
5. Hirsh, S., Verthelyi, R.F., & Menéndez de Rodríguez, F. (1979). *El CAT en el psicodiagnóstico de niños*. Buenos Aires: Nueva Visión.
6. Bellak, L., & Hurvich, M.S. (1966). A human modification of the Children's Apperception Test (CAT). *J. Proj. Tech. & Pers. Assess.*, 30, 3, 228-242.
7. Bellak, L., & Adelman, C. (1966). El Test de Apercepción Infantil (CAT). In A.J. Rabin & M.R. Haworth, Ed. *Técnicas proyectivas para niños* (p.65-90). Buenos Aires: Paidós.
8. Blum, G.S. (1966). El Teste de "Blacky" aplicado a niños. In A.J. Rabin & M.R. Haworth, Ed. *Técnicas proyectivas para niños* (p.107-15). Buenos Aires: Paidós.
9. Anzieu, D. (1981). *Os métodos projetivos*. 3.ed. Rio de Janeiro: Campus.
10. Constantino, G., Malgady, R.G., & Rogler, L.H. (1988). *Technical manual: the TEMAS thematic apperception test*. Los Angeles, CA: Western Psychological Services.
11. Cunha, J.A., Nunes, M.L.T., & Werlang, B.G. (1990). As respostas ao CAT-A na faixa pré-escolar. Ribeirão Preto, SP: *XX Reunião Anual de Psicologia da Sociedade de Psicologia de Ribeirão Preto*.
12. Cunha, J.A., Nunes, M.L.T., Werlang, B.G., Oliveira, M.S., & Wagner, A. (1993). CAT e a avaliação da qualidade projetiva das respostas. In J.A. Cunha *et alii*. *Psicodiagnóstico-R*. 4.ed.rev. (p.265-270). Porto Alegre: Artes Médicas.
13. Cunha, J.A., & Werlang, B.G. (1991). Respostas ao CAT-A em 180 pré-escolares. Ribeirão Preto, SP: *XXI Reunião Anual de Psicologia*.
14. Haworth, M.R. (1966). *The CAT: facts about fantasy*. New York: Grune & Stratton.
15. Fabbiani, D. (1966). Teste de apercepción temática para niños (CAT). In A.M. Queiroz & Pérez-Ramos, A.M.Q. *Psicología clínica: técnicas de diagnóstico* (p.277-296). Caracas: Mediterráneo.
16. Tardivo, L.S.P.C. (1998). *O Teste de Apercepção Infantil e o Teste das Fábulas de Düss: respostas típicas da população brasileira e aplicações no contexto das técnicas projetivas*. São Paulo: Vetor.
17. Kagan, J. (1976). Técnicas de apercepción temática aplicada a niños. In A.J. Ranin & M.R. Haworth, Ed. *Técnicas proyectivas para niños* (p.116-135). Buenos Aires: Paidós.
18. Cunha, J.A., Werlang, B.G., & Nunes, M.L.T. (1990). Respostas ao CAT-A *versus* inteligência, renda familiar e idade na faixa pré-escolar. Ribeirão Preto, SP: *XX Reunião Anual de Psicologia da Sociedade de Psicologia de Ribeirão Preto*.
19. Cunha, J.A., & Oliveira, M.S. (1992). Retardamento mental leve e o uso do CAT-A. Madrid: *Congresso Ibero-Americano de Psicologia*.
20. Cunha, J.A., & Nunes, M.L.T. (1993). *Teste das Fábulas: forma verbal e pictórica*. São Paulo: Centro Editor de Testes e Pesquisa em Psicologia.
21. Cunha, J.A., Nunes, M.L.T., & Werlang, B.G. (1990). Estudo do tempo de reação ao CAT e ao Teste das Fábulas, em crianças pré-escolares. *Psico*, 19, 1, 23-27.
22. Cunha, J.A., & Werlang, B.G. (1990). Investigação do conflito edípico através de duas técnicas projetivas. Ribeirão Preto, SP: *XX Reunião Anual de Psicologia da Sociedade de Psicologia de Ribeirão Preto*.
23. Cunha, J.A., & Nunes, M.L.T. (1992). Referências bibliográficas: uma questão crítica. *Revista de Psicologia*, 9/10, 1/2, 29-37.

OUTRAS FONTES BIBLIOGRÁFICAS

Bell, J. (1964). *Técnicas proyectivas*. 2. ed. Buenos Aires: Paidós.
Bellak, L., & Bellak, S.S. (1972). *Teste de Apercepción Infantil con figuras humanas (CAT-H). Manual*. Buenos Aires: Paidós.
Bellak, L., & Hurvich, M.S. (1966). Test de Apercepción Infantil con figuras humanas. In A.J. Rabin & M.R. Haworth, Ed. *Técnicas proyectivas para niños*. Buenos Aires: Paidós.

Hirsch, S. (1976). Pautas de interpretación del Test de Apercepción Infantil (CAT-A). In. M.L.S. Ocampo, M.E. Arzeno et alii. *El proceso psicodiagnóstico y las técnicas proyectivas*. 6.ed. V.1 (p.171-191). Buenos Aires: Nueva Visión.

Lawton, M.J. (1966). Animal and Human CAT's with a school sample. *J. Proj. Tech. & Pers. Assess.*, *30*, 3, 243-246.

Mainord, F.R., & Marcuse, F.L. (1954). Responses to disturbed children to human and animal pictures. *J. Proj. Tech. & Pers. Assess.*, *18*, 4, 475-477.

Montagna, M.E. (1989). *Análise e interpretação do CAT: teste de apercepção temática infantil*. São Paulo: EPU.

Piccolo, E.G. (1977). *Indicadores psicopatológicos en técnicas proyectivas*. Buenos Aires: Nueva Visión.

COLUMBIA

Dados históricos

A *Columbia Mental Maturity Scale*, Escala de Maturidade Mental Columbia ou ainda Escala de Maturidade Intelectual, de autoria de Burgemeister, Blum e Lorge, começou a ser desenvolvida em 1947, numa tentativa de construção de um instrumento para a estimativa da capacidade intelectual de crianças com déficits verbais ou motores, particularmente com paralisia cerebral. Dadas as limitações de tais sujeitos, a tarefa envolvida não só deveria ser bastante simples, com instruções fáceis, como também a resposta deveria exigir um mínimo de expressão verbal ou motora por parte da criança, especialmente a de pouca idade.

Atualmente, está em uso a terceira edição da Escala (1972), com características semelhantes à edição original, que é considerada um dos melhores instrumentos para a idade pré-escolar [1].

O instrumento, construído primariamente para a avaliação de sujeitos com paralisia cerebral, é também muito útil para crianças com qualquer problema de comunicação, como sujeitos bilíngues ou com dificuldades de audição e linguagem. Embora considerado adequado para a testagem de crianças de grupos culturais minoritários [2], encontramos escores significativamente mais baixos em pré-escolares de famílias de baixa renda do que naqueles de famílias de renda média [3].

Trata-se de um instrumento bastante rápido e tem sido indicado para triagem [2].

Descrição

É um teste de classificação pictórica [2]. Ao contrário da primeira edição, que era constituída por uma série, ordenada por grau de dificuldade crescente, de 100 cartões (de 15 x 48 cm), a edição atual compreende apenas 92 cartões, cada um com desenhos grandes e coloridos, de percepção fácil e atraente, sendo 50 deles novos e 42 aproveitados da edição de 1959.

A administração é caracterizada por sua flexibilidade. Não há regras fixas. A criança é instruída a identificar qual o desenho que não pertence ao conjunto apresentado. Exige-se somente uma resposta verbal ou motora mínima para a indicação da opção. Há itens muito simples, no início de cada tarefa, que facilitam o entendimento. Os primeiros itens são meramente perceptivos, sendo introduzidas, gradualmente, maiores exigências de natureza conceitual.

Para que a Escala seja considerada administrada, a criança deve responder a mais de 50 itens, independentemente da ocorrência de fracassos ou acertos.

O material, que inclui a série de cartões, folhas de respostas e o manual da primeira edição, foi distribuído pela Vector, em São Paulo. A terceira edição foi padronizada e normatizada pela Casa do Psicólogo, São Paulo. Já o CEPA comercializa o jogo de cartões, a folha de respostas e apuração e a tradução do manual da terceira edição, incluindo dados referentes à padronização e validação do instrumento, no Brasil.

É indicada para crianças de 3 a 9 anos.

Administração

Forma: individual.
Tempo: 15 a 30 minutos.
Manejo: atribui-se um ponto por acerto, sendo que o escore total, constituído pela soma

de acertos, é interpretado pelo uso de tabelas adequadas à idade.

Indicações

1. Avaliação da capacidade de raciocínio geral em crianças normais ou com problemas de ordem motora e com problemas de ordem motora e comunicacional.
2. Teste de triagem intelectual.

Comentários

1. Embora considerado pelas autoras como uma medida de raciocínio geral ou de maturidade mental, tem sido mais indicado como um teste de triagem intelectual para selecionar crianças a serem submetidas a uma avaliação intelectual completa [2].
2. Ainda que esses autores citados achem que a exigência de administração de mais de 50 itens seja muito frustrante para crianças pequenas, a nossa experiência de pesquisa, já com mais de 400 administrações em pré-escolares, revela que o instrumento tem muito boa aceitação, sendo raras as crianças que se queixam de fadiga ou se recusam a continuar na primeira metade do teste.
3. Quando a terceira edição ainda se encontrava em fase de padronização no Brasil, realizamos um estudo de fidedignidade (método das duas metades), sendo estimado um coeficiente de 0,96 [4], mais elevado que os valores de 0,85 a 0,90, verificados em alguns estudos revisados por Perlman e Kaufman [1].

REFERÊNCIAS BIBLIOGRÁFICAS

1. Burgemeister, B.B., Blum, L.H. & Lorge, I. (1972). *Columbia Mental Maturity Scale*. 3.ed. San Antonio, TX: Psychological Corporation.
2. Perlman, M.D. & Kaufman, A.S. (1990). Assessment of child intelligence. In G. Goldstein & M. Hersen, Ed. *Handbook of psychological assessment*. 2.ed. (p.59-78). New York: Pergamon Press.
3. Cunha, J.A. (1992). Problemas na avaliação de crianças na fase pré-escolar. Madrid: *Congresso Ibero-Americano de Psicologia*.
4. Cunha, J.A., Nunes, M.L.T. & Oliveira, M.S. (1990). Escala de Competência Social e Escala Columbia de Maturidade Intelectual: estudo da fidedignidade e correlação entre os instrumentos. Ribeirão Preto, SP: *XX Reunião Anual de Psicologia da Sociedade de Psicologia de Ribeirão Preto*.

OUTRA FONTE BIBLIOGRÁFICA

Burgemeister, B.B., Blum, L.H., & Lorge, I. (1967). *Escala de Maturidade Mental Columbia. Manual de aplicação*. São Paulo: Vector.

COMPLETAMENTO DE SENTENÇAS

Dados históricos

Completamento de Sentenças é um teste inspirado no método de associação de palavras. Teve sua origem no pensamento original de Galton (1885), desenvolvido mais tarde por Jung, Rapaport e outros, para medir inicialmente variáveis intelectuais e, depois, identificar perturbações que podem ter significação patológica [1].

Os pioneiros na utilização do completamento de sentenças, como instrumentos de avaliação da personalidade, foram Binet, Payne (1928), Tendler (1930), Rhode e Hildreth (1940) e Stein e Rotter (1947), tornando-se um método largamente difundido e popular por suas características de flexibilidade e economia, tendo proliferado em várias formas, com os mais diversos objetivos. Por vezes, é considerado como um teste ou como um método projetivo, dependendo de critérios psicométricos utilizados ou não e da forma específica usada [2], sendo que, em algumas formas, os itens se apresentam como estímulos projetivos simples e, em outras, quase se assemelham a um questionário, levando a respostas mais diretas [3].

A forma específica, identificada como SSCT (*Sacks Sentence Completion Test*), foi idealizada por Sacks e outros psicólogos do Veterans Administration Mental Hygiene Service, em New York, para uso clínico. Desde que surgiu, em 1950, foi sendo submetido a uma série de investigações para a formulação e substituição de itens que tendiam a suscitar respostas superaprendidas, estereotipadas [4], até sua reedição em 1959 [5].

É utilizado com adolescentes e adultos.

Descrição

O Teste de Completamento de Sentenças, de Joseph Sacks e outros, consta de 60 itens ou de frases incompletas que o sujeito deve completar, geralmente com a recomendação de que o faça na maior rapidez possível, e que lhe dão oportunidade de expressar atitudes e sentimentos ou, eventualmente, de produzir material diretamente informativo em quatro áreas ou categorias representativas de adaptação: família, sexo, relações interpessoais e conceito de si mesmo. As quatro áreas são divididas em quinze subcategorias de conteúdo significativo, cada uma das quais representada por quatro itens.

O material extraído do SSCT pode revelar conteúdos possivelmente oriundos de diferentes instâncias da personalidade [4], cujo conteúdo é analisado.

Tanto o modelo do protocolo do teste como o de avaliação (ou folha de apreciação) são apresentados na bibliografia específica. Geralmente, os psicólogos costumam tirar cópias mimeografadas do modelo, já que as instruções-padrão prevêem que o estímulo seja lido pelo sujeito, embora o teste possa ser usado oralmente [3].

Administração

Forma: individual ou coletiva.

Tempo: variável, no máximo de 30 a 50 minutos.

Manejo: existem muitos métodos de escore que podem ser aplicados ao SSCT especialmente em caso de triagem ou pesquisa; comumente, é utilizada uma escala de 4 pontos [2] ou de 3 pontos [4], conforme a ausência ou presença mais intensa ou não de indícios de conflito e/ou ansiedade; no caso individual; com freqüência, o psicólogo simplesmente examina as respostas em termos da presença de indícios qualitativos de conflito e perturbação e, mesmo, para levantamento de material informativo sobre a história do paciente, que não raras vezes aparece.

Indicações

1. Investigação do conteúdo e dinâmica de atitudes e sentimentos para identificação de:
    a) principais áreas de conflito e perturbação;
    b) inter-relação entre atitudes; e
    c) levantamento de dados sobre aspectos de personalidade, como: interesses, nível de atividade, adaptação emocional, nível de realidade, maneira de expressão de conflitos, etc.
2. Técnica auxiliar no diagnóstico.
3. Triagem.

Comentários

1. Conforme Baker [6], no caso de testagem coletiva, a técnica oferece a cada sujeito "a melhor oportunidade de expressar idéias e sentimentos, em suas próprias palavras, e isso inclui sua gramática, ortografia e escrita do próprio punho".
2. Na realidade, pode ser considerado mais como "uma técnica ou um método" do que como um instrumento único [7], embora haja formas específicas, até comercializadas.
3. O método é bastante sensível para a avaliação da severidade de transtornos psicopatológicos; todavia, em casos leves, as respostas podem depender dos propósitos do exame [2], da imagem que o sujeito pretende dar, de sua colaboração ou do *rapport* que estabeleceu com o examinador [3], sendo praticamente impossível controlar a censura das respostas (por simulação ou defensividade) do examinando.
4. Além de ser uma técnica de administração rápida e econômica, exige menos experiência e treinamento específico, mas pode envolver o alto grau de subjetivismo na interpretação, que evidentemente é menor se for usado um processo escalar de avaliação.

5. A possibilidade de inquérito suplementar sobre respostas especialmente significativas ou obscuras pode ser muito esclarecedora e diminui a necessidade de supervisão, mas permanecendo a análise em nível menos profundo, mesmo porque, conforme Symonds, citado por Sacks e Levy, "a interpretação do completamento de frases, como projeção, é duvidosa, questionável, hipotética, está na ordem da conjetura e da suposição" [4].

6. Apresenta bom grau de estrutura e focalização, podendo-se dizer que é, conforme Forer, citado por Pope e Scott, "um recurso projetivo controlado" [8], mas, em conseqüência, é muito menos dinâmico que o Rorschach ou o TAT [2].

7. É indiscutivelmente uma vantagem a possibilidade de administração oral não só em casos de comprometimento motor e visual, como com pessoas ansiosas e, principalmente, para estudos da reação a itens específicos (determinação de tempo de reação e identificação de outras manifestações de comportamento não-verbal, como bloqueio, rubor, modificações da expressão facial, etc.).

8. Anzieu, ao analisar o Teste de Completamento de Frases de Stein, refere que, para a interpretação, é necessário realizar um inquérito individual aprofundado, além de uma anamnese prévia [9]. Parece que também a interpretação do Sacks deveria pressupor uma entrevista prévia sobre a história pregressa e atual, de forma que o inquérito suplementar poderia ser realizado, de maneira mais esclarecedora, relacionando as respostas com os dados da história do paciente.

REFERÊNCIAS BIBLIOGRÁFICAS

1. Pichot, P. (1949). *Les tests mentaux en psychiatrie*. Paris: Presses Univesitaires de France.
2. Goldberg, P.A. (1965). A review of sentence completion methode in personality assessment. *J. Proj. Tech. & Pers. Assess.*, 29, 1, 7-45.
3. Carr, A.C. (1975). Psychological testing of intelligence and personality. In A.M. Freedman, H.I. Kaplan & B.J. Sadock, Ed. *Comprehensive textbook of psychiatry*. V.2 (p.736-757). Baltimore, MD: The Williams & Wilkins.
4. Sacks, J.M., & Levy, S. (1967). El test de frases incompletas. In L.E. Abt & L. Bellak. *Psicología proyectiva* (p.205-225). Buenos Aires: Paidós.
5. Van Kolck, O.L. (1975). *Técnicas de exame psicológico e suas aplicações no Brasil. Testes de personalidade*. Petrópolis, RJ: Vozes.
6. Baker, G. (1970). Post-diagnostic use of the Rorschach. In B. Klopfer *et alii. Developments in the Rorschach Technique*. V.III (p.321-384). New York: Harcourt, Brace & Jovanovich.
7. Lanyon, R.I., & Goodstein, L.D. (1982). *Personality assessment*. New York: Wiley & Sons.
8. Pope, B., & Scott, W.H. (1967). *Psychological diagnosis in clinical practice*. New York: Oxford Universities Press.
9. Anzieu, D. (1981). *Os métodos projetivos*. 3.ed. Rio de Janeiro: Campus.

OUTRA FONTE BIBLIOGRÁFICA

Cunha, J.A. (1993). Completamento de sentenças. In J.A. Cunha *et alii. Psicodiagnóstico-R*. 4.ed.rev. (p.355-365). Porto Alegre: Artes Médicas.

DESENHO DA FAMÍLIA

Dados históricos

Parece não haver inteira concordância, na literatura, sobre a autoria do Desenho da Família como instrumento de avaliação. Widlöcher [1] refere que, em 1931, Appel já utilizara o desenho da casa, de uma família e de animais para o estudo da personalidade infantil, e, de fato, tal autor publicou um artigo a respeito [2]. Cita, a seguir, o interesse pela técnica, em 1937, e Groth-Marnat [3] registra um trabalho de Wolff [4], em 1942. Mas parece que o instrumento foi melhor desenvolvido por Hulse [5], em 1951, embora Ortega [6] refira um trabalho de Porot, quase concomitante, em 1952, que propôs a sistematização desse tipo de desenho, analisando a composição da família, a valorização ou desvalorização de seus membros e a posição relativa da criança em relação a eles. Entretanto, pode-se afirmar que a técnica alcançou especial popularidade nas décadas de 60 e 70, pelo desenvolvimento e incremento da terapia familiar [3].

Há referências, também, a trabalhos de Lawton e Reznokoff, em 1962, de Lawton e Sechrest, no mesmo ano, de Harris [7], em 1963, e de Koppitz, em 1968. Conforme Klepsch e

Logie [8], essa última autora afirmava que, por meio da representação da família, é possível identificar atitudes negativas da criança, através de alterações nas representações das figuras parentais e de irmãos, utilizando inconscientemente sinais e símbolos especiais.

Corman [9] introduziu novas formas de administração e interpretação, solicitando o desenho de uma família, tal como a criança a imaginava, analisando-a quanto ao nível gráfico, da estrutura formal e de conteúdo, dando ênfase, neste último, a um enfoque psicanalítico.

Também Klepsch e Logie [8] comentam sobre outra versão da técnica, proposta por Shearn e Russell, em 1970, em que pediam à criança o desenho de uma família, e não de sua família, e a avaliação era completada pelo desenho da família produzido por um ou ambos os pais, o que possibilitaria a obtenção de indícios sobre a dinâmica familiar, e procuravam determinar a significação dos desenhos através de estudos de caso.

O sistema de interpretação geralmente se iniciava por uma apreciação global da tonalidade afetiva do desenho, passando para uma avaliação de tamanho e colocação das figuras em relação umas com as outras e à representação correspondente ao sujeito. Outros aspectos estruturais e formais podiam sugerir "ansiedade, hesitação ou confiança" [3].

Nos anos 70, foi introduzida a versão cinética da técnica, por Burns e Kaufman [10, 11], o *Kinetic Family Drawings* (KFD). Devia ser observada a ordem em que as figuras eram sucessivamente desenhadas, o tamanho, a colocação e os indicadores de ansiedade, sendo desenvolvido um sistema de escore.

Klepsch e Logie [8] citam vários outros sistemas de escore, como o de O'Brien e Patton, em 1974, e o de Reynolds, em 1978. Ainda na mesma década, registram os trabalhos de Jacobson, Levenbaerg, Magnum, McPhee e Wenger, de Raskin e Pitcher-Bake e outros.

Outra versão digna de nota é a de Brem-Gräser [12], que solicita a representação da família com figuras de animais, analisando o seu simbolismo.

Descrição

O teste do desenho de família é uma técnica gráfica. Para a sua administração, são necessários uma folha de papel, lápis preto e borracha. O desenho cinético da família, que geralmente é administrado após a técnica tradicional, exige material idêntico.

Apesar de ser uma técnica mais utilizada com crianças, também pode ser usada com adolescentes e adultos.

Administração

Forma: individual ou coletiva.
Tempo: variável, embora seja recomendável que não ultrapasse 60 minutos.
Manejo: apesar de terem sido propostos vários sistemas de escore, tanto para o desenho tradicional da família como para o KFD, freqüentemente a interpretação da técnica ainda se restringe a um enfoque dinâmico.

Indicação

1. Avaliação dinâmica individual e familiar.

Comentários

1. Hammer [13] refere que a freqüência com que a técnica é utilizada com crianças se associa à importância, nessa faixa, da "determinação da [sua] relação essencial com pais e irmãos". Não obstante, esse autor oferece exemplos de desenhos de adultos, que permitem investigar tanto "o afastamento da interação familiar", como tendências regressivas. Ortega [6] ainda salienta que, segundo Hammer, a técnica se presta para detectar a projeção que o adulto faz de suas percepções, sentimentos e relações infantis com sua família.

2. Di Leo [14] compara a representação da figura humana, no desenho de uma pessoa e no desenho da família, observando que, no primeiro caso, a produção é mais intelectual, e, no segundo, há a influência de conteúdos

afetivos, pelo que os desenhos apresentam diferenças quantitativas e qualitativas. Groth-Marnat [15] faz observações no mesmo sentido, alertando que "a dinâmica envolvida nos dois procedimentos é completamente diferente". Assim, ambos os autores recomendam que o desenho da figura humana, usado na representação da família, nunca seja utilizado para a estimativa do nível intelectual do sujeito.

3. Há, na literatura específica, muitas propostas de análise e de interpretação da técnica, sob enfoque psicodinâmico, mas com ênfase em aspectos diferentes. Tal diversidade tem sido objeto de críticas sobre a validade do teste, salientando-se a necessidade de pesquisas que garantam a cientificidade do instrumento, apesar de já terem sido divulgados vários sistemas de escore.

REFERÊNCIAS BIBLIOGRÁFICAS

1. Widlöcher, D. (1975). *L'interpretation des dessins d'enfants*. Brussels: Dessat & Madaga.
2. Appel, K.E. (1931). Drawings by children as aids in personality studies. *Am. J. Orthopsych.*, *1*, 129-144.
3. Groth-Marnat, G. (1999). *Handbook of psychological assessment*. 3.ed. New York: Wiley & Sons.
4. Wolff, W. (1942). Projective methods for personality analysis of expressive behavior in preschool children. *Character & Personality*, *10*, 309-330.
5. Hulse, W.C. (1951). The emotionally disturbed child draws his family. *Quarterly J. Child Behavior*, *3*, 152-174.
6. Ortega, A.C. (1981). O desenho da família como técnica objetiva de investigação psicológica. *Arq. Bras. Psicol.*, *33*, 3, 73-81.
7. Harris, D.B. (1963). *Children's drawings as measures of intellectual maturity: a revision and extension of the Goodenough Draw-A-Man test*. New York: Harcourt, Brace, & World.
8. Klepsch, M., & Logie, L. (1984). *Crianças desenham e comunicam*. Porto Alegre: Artes Médicas.
9. Corman, L. (1967). *El test del dibujo de la familia*. Buenos Aires: Kapelusz.
10. Burns, R.C., & Kaufman, S.H. (1970). *Kinetic Family Drawings (KFD): an introduction to understanding children through kinectic drawings*. New York: Brunner/Mazel.
11. Burns, R.C., & Kaufman, S.H. (1972). *Action, styles, and symbols in Kinetic Family Drawings (KFD)*. New York: Brunner/Mazel.
12. Brem-Gräser, L. (1986). *Familie in Tiere: Die Familien-Situation in Spiegel der Kinderzeichung*. München: Ernst Reinhardt.
13. Hammer, E.F. (1991). *Aplicações clínicas dos desenhos projetivos* (p.294-333). São Paulo: Casa do Psicólogo.
14. Di Leo, J.H. (1987). *A interpretação do desenho infantil*. 2.ed. Porto Alegre: Artes Médicas.
15. Groth-Marnat, G. (1984). *Handbook of psychological assessment*. New York: Van Nostrand Reinhold.

Outras fontes bibliográficas

Burns, R.C., & Kaufman, S.H. (1978). *Los dibujos kinéticos de la familia como técnica proyectiva*. Buenos Aires: Paidós.

Campos, D.M. (1977). *O teste do desenho como instrumento do diagnóstico da personalidade*. Petrópolis, RJ: Vozes.

DESENHO DA FIGURA HUMANA (1)

Dados históricos

Ainda que date do fim do século passado a pressuposição de que o desenho tem implicações psicológicas [1], só no século XX o desenho da figura humana passou a ser analisado mais sistematicamente como medida de maturidade [2]. Mas o primeiro teste, delineado especificamente para avaliar o desenho da figura humana como medida de desenvolvimento intelectual, foi de Florence Goodenough, em 1926 [3]. Teve ampla divulgação e, durante 35 anos, foi inúmeras vezes reeditado, sem passar por alterações.

O método baseava-se no número de detalhes incluídos no desenho e na sua precisão, que estariam diretamente relacionados com o nível intelectual da criança. A partir do número de itens, eram determinados a idade mental e o quociente intelectual [4].

Somente em 1963, Harris promoveu uma revisão do teste, sob a pressuposição de que o mesmo refletisse "mudanças de desenvolvimento" [2], que ficou conhecida como o método *Goodenough-Harris Draw-a-Man Test* [5].

Outra abordagem foi proposta por Koppitz [6], como teste de maturidade mental, identificando 30 itens evolutivos, que se correlacionavam com os níveis de QI. Utilizando o sistema de Koppitz, Hutz e Antoniazzi [7] desenvolveram normas para a avaliação, no Rio Grande do Sul. Os dados foram coletados de uma amostra de 1.856 casos, de 5 a 15 anos.

Na década de 80, Naglieri [8] desenvolveu uma versão atualizada do sistema Goodenough-Harris. Mais recentemente, no Brasil, Wechsler [9] fez sua contribuição na área, baseando-se nos sistemas de Goodenough-Harris e Koppitz.

Alguns autores, como Koppitz e Naglieri, desenvolveram escores adicionais para identificação de perturbação emocional. Entretanto, conforme Groth-Marnat [4], os sistemas mais usados para o desenho da figura humana e com melhor fundamentação psicométrica são os que o utilizam como medida do desenvolvimento cognitivo.

Descrição

O teste de Goodenough incluía instruções para o examinador solicitar à criança o desenho de um homem. Seu livro descrevia os 51 itens considerados na avaliação, com exemplos ilustrativos, para facilitar o escore. A presença de cada item recebia o escore de um ponto, com normas dos 3 aos 15 anos e 11 meses.

Na revisão de Harris, solicita-se o desenho de um homem, de uma mulher e, por último, do próprio sujeito testado. A escala utilizada para avaliar o desenho do homem é constituída por 73 itens, e, da mulher, por 71 itens. Há escalas separadas para avaliar desenhos de meninos e meninas. Não há normas para o terceiro desenho.

Na forma de Koppitz, é solicitado o desenho de uma pessoa inteira. Avalia-se a presença de cada um dos 30 itens, mas são consideradas as omissões de itens esperados, como também a presença de itens excepcionais como sinais importantes de imaturidade ou de maturidade mental, respectivamente.

No sistema de Naglieri, há normas para as faixas etárias de 5 a 17 anos.

Em todas as formas, o sujeito recebe uma(s) folha(s) de papel em branco, tamanho ofício, lápis preto e borracha. As instruções são dadas oralmente pelo examinador.

O desenho da figura humana destina-se, principalmente, a crianças.

Administração

Forma: individual ou coletiva.
Tempo: entre 10 e 15 minutos.
Manejo: são atribuídos escores, conforme as instruções dos respectivos manuais, sendo, depois, consultadas tabelas para obtenção dos dados a serem interpretados.

Indicação

1. Medida do desenvolvimento cognitivo.

Comentário

1. Tais sistemas de escore se baseiam na presença ou não de aspectos formais e estruturais do desenho e, assim, parecem mais apropriados quando a representação da figura humana é produzida de maneira convencional, o que começa a ocorrer por volta dos 5 anos de idade [10]. Dessa maneira, exceto pelo teste de Goodenough, existe escasso embasamento, na literatura, para a avaliação de desenhos da figura humana em idade inferior a 5 anos, exceto por um enfoque fundamentado na impressão global [11], conforme a ordem do aparecimento de determinados tipos de representação gráfica da figura humana, ao longo do desenvolvimento [12].

REFERÊNCIAS BIBLIOGRÁFICAS

1. Di Leo, J.H. (1984). *Interpretação dos desenhos infantis*. Porto Alegre: Artes Médicas.
2. Klepsch, M., & Logie, L. (1984). *Crianças desenham e comunicam*. Porto Alegre: Artes Médicas.
3. Goodenough, F. (1926). *Measurement of intelligence by drawings*. New York: Brace & World.
4. Groth-Marnat, G. (1999). *Handbook of psychological assessment*. 3.ed. New York: Wiley & Sons.
5. Harris, D.B. (1963). *Children's drawings as measures of intelectual maturity*: a revision and extension of the Goodenough Draw-A-Man test. New York: Harcourt, Brace, & World.

6. Koppitz, E.M. (1976). *El dibujo de la figura humana en los niños*. 3.ed. Buenos Aires: Guadalupe.
7. Hutz, C.S., & Antoniazzi, A.S. (1995). O desenvolvimento do Desenho da Figura Humana em crianças de 5 a 15 anos de idade: normas para a avaliação. *Psicologia: Reflexão e Crítica, 8*, 3-18.
8. Naglieri, J.A. (1988). *Draw a Person: a quantitative scoring system*. San Antonio, TX: Psychological Corporation.
9. Wechsler, S.M. (1996). *O desenho da figura humana: avaliação do desenvolvimento cognitivo infantil. Manual para crianças brasileiras*. Campinas, SP: Editorial Psy.
10. Cox, M.V., & Howarth, C. (1989). The human figure drawings of normal children and those with severe learning difficulties. *British J. Develop. Psychol., 7*, 333-339.
11. Shaffer, J.W., Duszynski, K.R., & Thomas, C.B. (1984). A comparison of three methods for scoring figure drawings. *J. Pers. Assess., 48*, 3, 245-254.
12. Cox, M.V., & Parkin, C.E. (1986). Young children's human figure drawing: cross-sectional and longitudinal studies. *Educ. Psychol., 6*, 353-368.

OUTRAS FONTES BIBLIOGRÁFICAS

Hammer, E.F. (1991). *Aplicações clínicas dos desenhos projetivos*. Rio de Janeiro: Casa do Psicólogo.
Hutz, C.S., & Bandeira, D.R. (1994). Avaliação psicológica com o Desenho da Figura Humana: técnica ou intuição? Ribeirão Preto, SP: *XXIV Reunião Anual de Psicologia da Sociedade de Psicologia de Ribeirão Preto*, p.1-15.
Loureiro, S.R. (1996). As técnicas gráficas e suas aplicações. Ribeirão Preto, SP: *Anais do I Encontro da SBRO*, p.11-24.
Van Kolck, O.L. (1984). *Testes projetivos gráficos no diagnóstico psicológico*. São Paulo: EPU.

DESENHO DA FIGURA HUMANA (2)

Dados históricos

Quase concomitantemente, Karen Machover [1] e Buck começaram a utilizar pressupostos teóricos projetivos para fazer interpretações sobre personalidade, a partir de desenhos. Machover partiu do pressuposto de que a figura humana desenhada representava o próprio sujeito, e o papel, o seu ambiente, enquanto Buck teorizava que, "além da significação atribuída à figura humana, as pessoas também emprestam sentido a casas e árvores" [2]. Isso ocorreu após um período em que procurava, com os desenhos, desenvolver uma escala de inteligência, percebendo, então, que eram inundados por fatores da personalidade [3].

Pode-se dizer que Machover se inspirou no trabalho de Goodenough e desenvolveu um conjunto de hipóteses com base na sua experiência clínica, passando a investigá-las com pacientes adultos e adolescentes e, posteriormente, com crianças.

A partir de então, proliferaram não só versões de testes gráficos que, de uma forma ou de outra, incluíam a figura humana (desenho da família, desenho de um amigo, pessoa na chuva, etc.), como a utilização do desenho da figura humana para estudo das variáveis específicas, como medida da auto-estima [4, 5], de identidade étnica [5] ou de ansiedade [6, 7] e de outras, embora muitos trabalhos apresentassem resultados controvertidos [8]. Entretanto, o sistema de Handler, com 20 itens, a ser usado a partir da adolescência, foi um dos que despertou um certo interesse através de pesquisas realizadas, mostrando-se aplicável em crianças [8-10], embora sendo registradas críticas sobre a sua validade [8, 11, 12].

Não obstante e lamentavelmente, muitos psicólogos clínicos preferem não utilizar abordagens com fundamentação psicométrica, tendendo a fazer interpretações impressionistas, com resultados discutíveis [2], embora seja recomendável uma seqüência de passos, com base mais científica para a interpretação. Atualmente, existem alguns sistemas de escore, com adequada fidedignidade e validade, entre os quais podem ser citados indicadores de desajustamento [13], dos quais os seis primeiros pertencem à lista de Handler [6], impulsividade [14] e comprometimento cognitivo (vide, p.ex., 15-17).

Por outro lado, Portuondo [18] procurou sistematizar as hipóteses interpretativas de Machover, relacionando-as com determinados traços, sintomas e patologias específicas, e Piccolo [19] procurou identificar indicadores psicopatológicos em desenhos infantis.

Tanto Machover como vários outros pesquisadores se basearam mais em dados qualitativos do desenho, sem "nenhum sistema de tabulação, nem dados controlados a partir de investigações" [20]. Apenas poucos estudos mostraram preocupação com a avaliação numérica de certas características do desenho ou com a mensuração de determinados detalhes do desenho.

Segundo Klepsch e Logie [21], foi Koppitz quem elaborou o "primeiro sistema de escore aprimorado para a avaliação de desenhos infantis". Baseando-se nos achados de Machover [1] e de Hammer [22] e em dados de suas próprias pesquisas, identificou sinais qualitativos, esperados e itens omitidos, apesar de esperados, que constituíram uma lista de 38 sinais, que podem ser considerados indicadores emocionais por refletirem "ansiedades, preocupações e atitudes da criança" [20].

Descrição

Basicamente, é solicitado ao sujeito o desenho de uma figura humana. Machover [1] pedia o desenho de uma pessoa e, a seguir, de outra pessoa do sexo oposto. Entretanto, nas diferentes versões e conforme objetivos diversos de exploração, as instruções são muito variáveis. Alguns autores, como Machover e Portuondo, solicitam que o sujeito conte uma história sobre a(s) figura(s) desenhada(s). Eventualmente, é usado um questionário ou feito um inquérito adicional.

Não requer material técnico específico. O sujeito recebe folha(s) de papel em branco, lápis preto e borracha. As instruções são dadas oralmente pelo examinador.

É aplicável a crianças, adolescentes e adultos.

Administração

Forma: individual ou coletiva.
Tempo: variável.
Manejo: conforme a versão utilizada e os objetivos da testagem, há diferentes enfoques para o manejo: a) avaliação global impressionista, que procura ver o grau de distorção da realidade e outros índices psicopatológicos mais gerais; b) avaliação formal de aspectos que se associam com traços psicológicos e patologias; c) avaliação numérica de características formais, abstratas ou de maturidade; d) avaliação das medidas físicas do desenho [23].

Indicações

1. Avaliação da personalidade.
2. Avaliação de variáveis específicas da personalidade.
3. Identificação de indicadores emocionais e psicopatológicos.

Comentários

1. Em relação aos diferentes enfoques, utilizados no manejo da técnica, a avaliação global impressionista é considerada por demais subjetiva [23]. Além disso, achados de pesquisa demonstraram a existência de uma relação entre a interpretação do desenho e o estilo interpessoal do examinador [24], mas há outros enfoques que são mais objetivos e devem ser integrados para uma análise compreensiva do desenho da figura humana [23].

2. Uma série de estudos, revisados por Sims, Dana e Bolton [8], tem demonstrado os efeitos de fatores estressantes sobre os desenhos, podendo contaminar resultados e confundir dados sobre ansiedade traço e ansiedade estado. Handler [6], que desenvolveu um índice de ansiedade, composto por uma série de itens, sugere que se peça ao examinando um desenho adicional de um automóvel. Se os sinais de ansiedade estão presentes no desenho da pessoa, mas não do carro, seriam devidos a uma fonte interna de conflito e não de um estresse situacional [7].

3. Segundo Klepsch e Logie [21], têm havido sérias críticas quanto a certas hipóteses interpretativas baseadas no desenho da figura humana. Assim, salientam que a ênfase olho-orelha, sugestiva de aspectos paranóides, para Machover, foi seriamente questionada por pesquisas realizadas com pacientes paranóides que não salientaram tais detalhes em seus desenhos. A recomendação é de que qualquer interpretação deva ser feita com extrema caute-

la, considerando as hipóteses projetivas subjacentes. Groth-Marnat [2] chama a atenção de que o desenho da figura humana que o sujeito faz pode ser uma representação real de si próprio, de uma imagem idealizada de si mesmo, de seu "*self* temido" ou, ainda, pode resultar "da percepção que tem de pessoas de seu ambiente".

REFERÊNCIAS BIBLIOGRÁFICAS

1. Machover, K. (1949). *Proyección de la personalidad en el dibujo de la figura humana*. Habana: Cuba Cultural.
2. Groth-Marnat, G. (1999). *Handbook of psychological assessment*. 3.ed. New York: Wiley & Sons.
3. Hammer, E.F. (1980). La proyección en el encuadre clínico. In E.F. Hammer. *Testes proyectivos gráficos* (p.28-47). Buenos Aires: Paidós.
4. Delatte, J.G., & Handrikson, N.J. (1982). Human figure drawing size as measure of self-esteem. *J. Pers. Assess.*, *40*, 6, 603-606.
5. Calhoun Jr., G., Ross, J.L., & Bolton, J.A. (1988). Relationship between human figure drawings and self-esteem. *Perc. & Motor Skills*, *66*, 253-254.
6. Handler, L. (1967). Anxiety indexes in the Draw-A-Person Test: a scoring manual. *J. Proj. Tech. & Pers. Assess.*, *31*, 46-57.
7. Handler, L. (1984). Anxiety as measured by the Draw-A-Person Test: a response to Sims, Dana, and Bolton. *J. Pers. Assess.*, *48*, 82-84.
8. Sims, J., Dana, R., & Bolton, B. (1983). The validity of the Draw-A-Person Test as an anxiety measure. *J. Pers. Assess.*, *47*, 3, 250-257.
9. Sopchak, A.L. (1970). Anxiety indicators of the Draw-A-Person Test for clinic and nonclinic boys and their parents. *J. Psychol.*, *76*, 251-260.
10. Van Kolck, O.L. (1973). Sinais de ansiedade e de distúrbios emocionais no desenho da figura humana de crianças: tentativa de validação. *Bol. Psicol.*, *65*, 11-45.
11. Engle, P.L., & Supers, J.S. (1970). The relation between human figure drawing and test anxiety of children. *J. Proj. Tech. & Pers. Assess.*, *34*, 223-231.
12. Goldstein, H.S., & Faterson, H.F. (1969). Shading as an index of anxiety in figure drawings. *J. Proj. Tech. & Pers. Assess.*, *33*, 454-456.
13. Maloney, M.D., & Glasser, A. (1982). An evaluation of the clinical utility of the Draw-A-Person Test. *J. Clin. Psych.*, *38*, 183-190.
14. Oas, P. (1984). Validity of the Draw-A-Person and Bender Gestalt Tests as measures of impulsivity with adolescents. *J. Consult. & Clin. Psychol.*, *52*, 1011-1019.
15. Lezak, M.D. (1995). *Neuropsychological assessment*. 3.ed. New York: Oxford Universities Press.
16. McLachlan, J.F.C., & Head, V.B. (1974). An impairment rating scale for human figure drawings. *J. Clin. Psychol.*, *30*, 405-407.
17. Mitchell, J., Trent, R., & McArthur, R. (1993). *Human Figure Drawing Test: an illustrated handbook for clinical interpretation and standardized assessment of cognitive impairment*. Los Angeles: Western Psychological Services.
18. Portuondo, J.A. (1973). *Test proyectivo de Karen Machover*. 2.ed. Madrid: Biblioteca Nueva.
19. Piccolo, E.G. (1977). *Indicadores psicopatológicos en técnicas proyectivas*. Buenos Aires: Nueva Visión.
20. Koppitz, E.M. (1976). *El dibujo de la figura humana en los niños*. 3.ed. Buenos Aires: Guadalupe.
21. Klepsch, M., & Logie, L. (1984). *Crianças desenham e comunicam*. Porto Alegre: Artes Médicas.
22. Hammer, E.F. (1991). *Aplicações clínicas dos desenhos projetivos*. São Paulo: Casa do Psicólogo.
23. Shaffer, J.W., Duszynski, K.R., & Thomas, C.B. (1984). A comparison of three methods for scoring figure drawings. *J. Pers. Assess.*, *48*, 3, 245-254.
24. Scribner, C.M., & Handler, L. (1987). The interpreter's personality in Draw-A-Person interpretation: a study of interpersonal style. *J. Pers. Assess.*, *51*, 1, 112-122.

OUTRAS FONTES BIBLIOGRÁFICAS

Campos, D.M.S. (1978). *O teste do desenho como instrumento de diagnóstico da personalidade*. 9.ed. Petrópolis, RJ: Vozes.
Cunha, J.A., & Vasconcelos, Z.B. (1987). A pessoa na chuva: um estudo de adolescentes "delinqüentes" e "não-delinqüentes". *Psico*, 14, 2, 32-42.
Di Leo, J.H. (1984). *A interpretação do desenho infantil*. Porto Alegre: Artes Médicas.
Handler, L. (1985). The clinical use of the Draw-A-Person (DAP). In C.S. Newmark, Ed. *Major psychological assessment instruments*. Newton, MA: Allyn & Bacon.
Kahill, S. (1984). Human-figure drawings in adults: an update of the empirical evidence, 1962-1982. *Can. Psychol.*, *25*, 269-292.
Levy, S. (1980). Dibujo de la figura humana. In E.F. Hammer. *Testes proyectivos gráficos* (p.65-94). Buenos Aires: Paidós.

DEZESSEIS PF

Dados históricos

O 16 PF, ou o Questionário dos 16 Fatores de Personalidde, foi criado por Raymondo Cattell e colegas, a partir de um catálogo de traços, que representavam atributos observáveis, descritivos de variáveis do comportamento humano. Em comunicação pessoal a Gynther e Gynther [1], Cattell afirmou que "o seu objetivo em pesquisa de personalidade era muito simples: definir e medir objetivamente os componentes básicos da personalidade, que a análise fatorial demonstrou serem unitários em sua natureza".

Para definir os componentes primários da personalidade, partiu do nome de traços de personalidade [2], selecionando 171, que foram avaliados por estudantes, e, a partir da intercorrelação de dados, identificou domínios da personalidade geral (que, após várias revisões do instrumento, agora são chamados de Fatores Globais [3], apresentando uma estrutura similar à original) e 16 fatores primários.

No Brasil, até pouco tempo atrás, eram usadas duas formas paralelas do 16 PF, A e B [4], com 187 itens cada uma, destinadas a adultos com vocabulário suficiente para a leitura de jornais. Em 1999, o CEPA publicou a tradução e adaptação do *The 16 PF® Fifth Edition* [3] (cujo conteúdo foi revisado e modernizado), originalmente editado por *Personality and Ability Testing*, de Champaign, Illinois.

Descrição

A Quinta Edição do 16 PF é constituída por 185 itens, cada um com três alternativas, que abrangem os 16 Fatores de Personalidade (Expansividade, Inteligência, Estabilidade Emocional, Afirmação, Preocupação, Consciência, Desenvoltura, Brandura, Confiança, Imaginação, Requinte, Apreensão, Abertura a Novas Experiências, Auto-suficiência, Disciplina e Tensão, sendo os Fatores Globais os seguintes: Extroversão, Ansiedade, Rigidez de Pensamento, Independência e Autocontrole. Além disso, incluem indícios que avaliam tendências de respostas: o de Administração da Imagem, o de Aquiescência e o de Não-Freqüência.

É aplicável, em média, a partir dos 16 anos de idade, a sujeitos com nível de leitura equivalente ao Ensino Fundamental Completo.

O material, editado pelo CEPA, compreende, além do manual [3], o caderno de teste, a folha de respostas, a folha de perfil de personalidade (com instruções para cálculo dos fatores globais, no verso) e os crivos.

Administração

Forma: individual ou coletiva.
Tempo: em média, de 35 a 50 minutos.
Manejo: os escores são apurados com a utilização de crivos; os resultados brutos são transformados em resultados-padrão (estenos), consultando-se tabelas (diferenciadas para sexo combinado, masculino ou feminino), havendo instruções específicas para o cálculo dos estenos, para os cinco fatores globais, sendo os resultados estenos para estes e para os 16 fatores primários postos num gráfico, para se obter um perfil, que é bastante útil para a interpretação.

Indicação

1. Medida de personalidade, para a classificação de comportamentos, como base para decisões clínicas.

Comentário

1. Ainda que, em 1978, as avaliações do 16 PF fossem classificadas como positivas, com reservas e até havendo uma avaliação negativa, a técnica, nos seis anos anteriores, ocupava o terceiro lugar quanto a "número de referências, como recurso de avaliação objetiva da personalidade" [1]. Desde então, sua popularidade tem sido crescente.

REFERÊNCIAS BIBLIOGRÁFICAS

1. Gynther, M.D., & Gynther, R.A. (1983). Personality inventories. In I.B. Weiner, Ed. *Clinical methods in psychology*. 2.ed. (p.152-232). New York: Wiley & Sons.
2. Keller, L.S., Butcher, J.N., & Slutske, W.S. (1990). Objetive personality assessment. In G. Goldstein & M.

Hersen, Ed. *Handbook of psychological assessment*. 2.ed. (p.345-386). New York: Pergamon Press.
3. Russell, M. & Karol, D. (1999). *16 PF® quinta edição. Manual*. Rio de Janeiro: CEPA.
4. Cattell, R.B., & Eber, H.W. (1968). *16 PF, manual abreviado, formas A e B*. Rio de Janeiro: CEPA.

OUTRAS FONTES BIBLIOGRÁFICAS

Burger, G.K., & Kabacoff, R.J. (1982). Personality types as measured by the 16 PF. *J. Pers. Assess.*, 46, 2, 175-180.
Cattell, R.B., & Eber, H.W. (1968). *16 PF, manual abreviado, formas A e B*. Rio de Janeiro: CEPA.
Honaker, L.M., & Fowler, R.D. (1990). Computer-assisted psychological assessment. In G. Goldstein & M. Hersen, Ed. *Handbook of psychological assessment*. 2.ed. (p.541-546). New York: Pergamon Press.

EFE – ENTREVISTA FAMILIAR ESTRUTURADA

Dados históricos

A primeira versão da EFE foi criada por Terezinha Féres-Carneiro, em 1975 [1], passando por uma reformulação e adaptação no final da mesma década [2] e, por fim, sendo objeto de estudos de fidedignidade e validade pela própria autora [3]. Trata-se de um método de avaliação das relações familiares, o primeiro método de avaliação familiar desenvolvido no Brasil [4]. Anteriormente, eram utilizadas técnicas projetivas com esse fim [5, 6]. Posteriormente, Peçanha [7] desenvolveu critérios para a avaliação de itens da EFE.

Descrição

Na entrevista com todos os membros da família, são propostas seis tarefas pelo entrevistador, que coordena a sessão, sendo solicitada a participação de cada um. Além da sessão ser gravada, um observador faz anotações sobre o comportamento de cada um dos membros da família. As dimensões a serem avaliadas são: comunicação, regras, papéis, liderança, conflitos, manifestação da agressividade, afeição física, interação conjugal, individualização, integração, auto-estima.

Administração

Forma: coletiva (todos os membros da família).
Tempo: 30 a 90 minutos.
Manejo: são utilizadas escalas de avaliação de 7 pontos das dimensões, cujos extremos são descritos por adjetivos, associados com a promoção ou não de saúde emocional nas relações familiares.

Indicação

1. Avaliação das relações familiares facilitadoras ou não de saúde emocional.

Comentário

1. Trata-se de uma técnica diagnóstica com boas qualidades psicométricas, que, embora venha sendo mais utilizada em trabalhos de pesquisa, é bastante promissora para a avaliação da dinâmica familiar em estudo de caso individual. Peçanha [7], em seu trabalho, fez um estudo de dez crianças asmáticas, discutindo, caso por caso, a dinâmica familiar.

REFERÊNCIAS BIBLIOGRÁFICAS

1. Féres-Carneiro, T. (1975). *Um novo instrumento clínico de avaliação das relações familiares*. Rio de Janeiro: PUC/Rio (Dissertação de mestrado).
2. Féres-Carneiro, T. (1979). *Reformulação da Entrevista Familiar Estruturada*. São Paulo: PUC/SP; Rio de Janeiro: PUC/Rio (Inédito).
3. Féres-Carneiro, T. (1981). *Entrevista Familiar Estruturada: sua consistência, validade e aplicabilidade em psicologia clínica*. São Paulo: PUC/SP (Tese de doutorado).
4. Féres-Carneiro, T. (1993). Avaliação da família. In J.A. Cunha *et alii*. *Psicodiagnóstico-R*. 4.ed.rev. (p.130-134). Porto Alegre: Artes Médicas.
5. Ceverny, C.M.O. (1982). *O Scenotest como instrumento de investigação das relações familiares, no processo psicodiagnóstico com crianças e adolescentes*. São Paulo: PUCSP (Dissertação de mestrado).
6. Winter, W.D. & Ferreira, A.J. (1965). Story sequence analysis of family TAT's. *J. Proj. Techn.*, 29, 392-397.
7. Peçanha, D.L. (1997). *A reciprocidade do desenvolvimento entre a criança com asma e sua família*. São Paulo: USP (Tese de doutorado).

OUTRAS FONTES BIBLIOGRÁFICAS

Féres-Carneiro, T. (1983). *Família: diagnóstico e terapia*. Rio de Janeiro: Zahar.

Féres-Carneiro, T., & Lemgruber, V. (1979). *Padronização de um novo instrumento clínico de avaliação das relações familiares*. Rio de Janeiro: PUC/RJ (Inédito).

ESCALA DE DESESPERANÇA DE BECK (BHS)

Dados históricos

A Escala de Desesperança de Beck, ou *Beck Hopelessness Scale*, a BHS [1], é uma medida da dimensão do pessimismo [2], delineada para operacionalizar um componente cognitivo [3] da tríade teórica de Beck sobre depressão [4].

Na realidade, desesperança, como constructo, havia sido introduzida na literatura psicanalítica, já na década de sessenta, relacionada primariamente com depressão [5]. Desde aí, foi sendo citada, às vezes, como um traço que se associaria com vulnerabilidade a certos transtornos mentais [6]. Também, naquela década, Stotland formulou algumas hipóteses, retomadas por vários autores [1, 7], que focalizam a desesperança como elemento-chave do comportamento suicida, passando a ser teoricamente considerada como um elo básico entre depressão e suicídio [7]. Entretanto, a definição de desesperança não pressupunha a existência de um *continuum* entre desesperança e esperança, nem hipóteses sobre traço ou estado [5].

Com a formulação teórica de constructo desesperança e suas conseqüências para a questão de ideação suicida e risco de suicídio, começou a se delinear importante apoio de trabalhos de pesquisa aos pressupostos teóricos [8], nos anos subseqüentes [1, 9-13]. Foi possível verificar a existência de correlação dos escores da BHS com indicadores de suicídio em grupos clínicos [14] e, por outro lado, constatou-se que a intenção de suicídio se correlacionava mais com desesperança do que com depressão [15, 16], sendo desesperança mais preditora de um eventual suicídio do que o Inventário de Depressão de Beck [10] e de ideação suicida que a depressão [17].

Assim, o conceito de desesperança, subentendendo um conjunto de expectativas negativas frente ao futuro, foi o pano de fundo sobre o qual se delineou uma série de pesquisas que marcaram os anos 80 e parte dos anos 90. Segundo autores mais atuais [18], desesperança engloba uma cadeia de causas próximas e distais da depressão, culminando em uma causa próxima, que corresponde à expectativa sobre a ocorrência de resultados, ante os quais o indivíduo se sente desamparado e certo de que nada pode fazer [19]. Em estudos de validade de constructo da desesperança, nossa equipe pôde constatar que desesperança está associada com a possibilidade de restrição da existência por motivos intrapsíquicos ou não [20].

Descrição

A BHS é uma escala de auto-relato, composta por vinte itens, que constituem afirmações com as quais, conforme as instruções, o sujeito deve concordar ou discordar [1], medindo a extensão de expectativas negativas sobre o futuro imediato ou mediato. A soma dos escores dos itens individuais (0 ou 1) fornece um escore total, que pode variar de 0 a 20. Maior escore indica maior pessimismo.

A escala é especialmente útil para uso com pacientes, especialmente pacientes deprimidos, adolescentes e adultos. Pode ser usada na população geral, especialmente com objetivo de triagem. É necessário que o examinando apresente uma compreensão verbal ao nível do entendimento do conteúdo de itens.

O material (manual e protocolo) é distribuído por The Psychological Corporation. Porém, há alguns anos, tendo a Casa do Psicólogo obtido autorização para pesquisa com o instrumento, desenvolvemos estudos sobre as propriedades psicométricas de uma versão em português da BHS, tendo sido o manual da versão em português já publicado [22].

Administração

Forma: auto-administrada ou oral.

Tempo: 5 a 10 minutos, embora pacientes obsessivos graves possam levar 15 minutos.

Manejo: obtém-se o escore total através da soma dos escores das respostas aos itens individuais, classificando o resultado conforme o nível de desesperança, que pode ser mínimo (0-4), leve (5-8), moderado (9-13) ou grave (14-20), de acordo com as normas brasileiras para uso com pacientes psiquiátricos, sendo especialmente importante, do ponto de vista clínico, o escore de 9 ou mais, que, em pacientes deprimidos, pode aconselhar a avaliação de risco de suicídio [22].

Indicações

1. Avaliação do pessimismo ou de expectativas negativas frente ao futuro em pacientes psiquiátricos.
2. Triagem de atitudes pessimistas em adolescentes e adultos normais.

Comentário

1. Os resultados de pesquisa indicam que o instrumento parece ser mais útil em grupos clínicos do que em não-clínicos [8], porque, em não-pacientes, as respostas tendem a serem influenciadas por um traço de desejabilidade social [1] e porque o instrumento é pouco sensível em níveis baixos de desesperança.

REFERÊNCIAS BIBLIOGRÁFICAS

1. Beck, A.T., & Steer, R.A. (1993). *Beck Hopelessness Scale. Manual*. San Antonio, TX: Psychological Corporation.
2. Beck, A.T., Weissman, A., Lester, D., & Trexler, L.D. (1974). The measurement of pessimism: the Hopelessness Scale. *J. Consult. & Clin. Psychol.*, *42*, 6, 861-865.
3. Neimeyer, R.A. & Feixas, G. (1992). Cognitive assessment in depression: a comparison of existing measures. *Eur. J. Psychol. Assess.*, *8*, 1, 47-56.
4. Beck, A.T., Rush, A.J., Shaw, B.F., & Emery, G. (1982). *Terapia cognitiva da depressão*. Rio de Janeiro: Zahar.
5. Glang, I.M., Haas, G.L., & Sweeney, J.A. (1995). Assessment of hopelessness in suicidal patients. *Clin. Psychol. Rev.*, *15*, 1, 49-64.
6. Steer, R.A., Iguchi, M.Y., & Platt, J.J. (1994). Hopelessness in IV drug users not in treatment and seeking HIV testing and counseling. *Drug & Alc. Dep.*, *34*, 99-103.
7. Minkoff, K., Bergman, E., Beck, A.T., & Beck, R. (1973). Hopelessness, depression and attempted suicide. *Am. J. Psych.*, *130*, 4, 455-459.
8. Cunha, J.A., & Werlang, B.G. (1996). Um estudo com a Escala de Desesperança de Beck em grupos clínicos e não-clínicos. *Psico*, *27*, 2, 189-197.
9. Beck, A.T., Steer, R.A., Beck, J.S., & Newman, C.F. (1993). Hopelessness, depression, suicidal ideation and clinical diagnosis of depression. *Suicide Life-Threat. Behavior*, *32*, 2, 139-145.
10. Beck, A.T., Steer, R.A., Kovacs, M., & Garrison, B. (1985). Hopelessness and eventual suicide: a 10-year prospective study of patients hospitalized with suicide ideation. *Am. J. Psych.*, *142*, 559-563.
11. Beck, A.T., Steer, R.A., & Shaw, B.F. (1984). Hopelessness and alcohol-and heroin-dependent women. *J. Clin. Psychol.*, *40*, 2, 602-606.
12. Beck, A.T., Steer, R.A., & Trexler, L.D. (1989). Alcohol abuse and eventual suicide: a 5– to 10-year prospective study of alcohol-abusing suicide attempts. *J. Stud.Alc.*, *50*, 3, 202-207.
13. Weishaar, M.C., & Beck, A.T. (1992). Hopelessness and suicide. *Int. Rev. Psych.*, *4*, 2, 177-184.
14. Nekanda-Trepka, C.J., Bishop, S., & Blackburn, I.M. (1983). Hopelessness and depression. *Brit. J. Clin. Psychol.*, *22*, 1, 49-60.
15. Emery, G.D., Steer, R.A., & Beck, A.T. (1981). Depression, hopelessness, and suicidal intent among heroin addicts. *In. J. Add.*, *16*, 3, 452-459.
16. Wetzel, R.D., Margulies, T., Davis, R., & Karam, E. (1980). Hopelessness, depression, and suicidal intent. *J. Clin. Psychol*, *41*, 5, 159-160.
17. Cunha, J.A., Argimon, I.L., & Oliveira, M.S. (1995). Depressão, desesperança e ideação suicida em alcoolistas. Belo Horizonte: *XI Congresso Brasileiro de Alcoolismo e Outras Dependências*.
18. Alloy, L.B., Kelly, K.A., Mineka, S., & Clements, C.M. (1980). Comorbidity of anxiety and depressive disorders: a helplessness-hopelessness perspective. In J.D. Maser & C.R. Cloninger, Ed. *Comorbidity of mood and anxiety disorders* (p.499-493). Washington: American Psychiatric Press.
19. Mineka, S., Watson, D., & Clark, L.A. (1998). Comorbidity of anxiety and unipolar mood disorders. *Ann. Rev. Psychol.*, *49*, 377-412.
20. Werlang, B.G.(1997). Uma investigação sobre o constructo desesperança. Porto Alegre: *Anais do VII Encontro Nacional sobre Testes Psicológicos e I Con-*

gresso Ibero-Americano de Avaliação Psicológica (p.147-150).
21. Cunha, J.A. (1997). Generalidades sobre a versão brasileira do BDI, BAI, BHS e BSI. Porto Alegre: *Anais do VII Encontro Nacional sobre Testes Psicológicos e I Congresso Ibero-Americano de Avaliação Psicológica* (p.135-139).
22. Cunha, J.A. (2001). Manual da versão em português das Escalas Beck. São Paulo: Casa do Psicólogo.

OUTRAS FONTES BIBLIOGRÁFICAS

Cunha, J.A., & Argimon, I.L. (1997). Um estudo sobre depressão e desesperança em alcoolistas. San Juan, Porto Rico: *XXV Congresso Interamericano de Psicologia*.
Cunha, J.A., Argimon, I.L., & Oliveira, M.S. (1997). Análise da capacidade de instrumentos de auto-relato de discriminarem grupos de alcoolistas com e sem ideação suicida. Porto Alegre: *Anais do VII Encontro Nacional sobre Testes Psicológicos e I Congresso Ibero-Americano de Avaliação Psicológica* (p.313).
Cunha, J.A., & Oliveira, M.S. (1996). Indicadores psicométricos de potencial suicida em pacientes com dependência do álcool ou com episódio de depressão maior. São Paulo: *Simpósio Internacional Depressão no Ciclo da Vida*.
Cunha, J.A., Oliveira, M.S., & Argimon, I.L. (1996). A avaliação do potencial suicida em dependentes de substâncias. São Paulo: *XXVI Congresso Interamericano de Psicologia*. Resumos (p.179).
Cunha, J.A., Oliveira, M.S. & Argimon, I.L. (1997). A avaliação do potencial suicida em dependentes de substâncias. Recife: *XII Congresso Brasileiro sobre Alcoolismo e Outras Dependências*.
Cunha, J.A., Oliveira, M.S., Touguinha, L.A., Martins, M.L., Trentini, C.M., & Christ, H.D. (1995). Depressão, pessimismo e ideação suicida em alcoolistas. *Psico, 26*, 2, 133-152.
Cunha, J.A., Oliveira, M.S., & Werlang, B.G. (1997). Considerações sobre desesperança na avaliação do potencial suicida. São Paulo: *XXVI Congresso Interamericano de Psicologia*.
Cunha, J.A., & Werlang, B.G. (1996). Desesperança em grupos psiquiátricos e não-psiquiátricos. São Paulo: *Simpósio Internacional Depressão no Ciclo da Vida*.
Oliveira, M.S. (1997). A complexa questão do potencial suicida em alcoolistas. Porto Alegre: *Anais do VII Encontro Nacional sobre Testes Psicológicos e I Congresso Ibero-Americano de Avaliação Psicológica* (p.143-146).

ESCALA DE IDEAÇÃO SUICIDA DE BECK (BSI)

Dados históricos

A Escala de Ideação Suicida de Beck, ou *Beck Scale for Suicide Ideation*, a BSI [1], pode-se dizer que teve sua semente lançada durante um extensivo estudo longitudinal, que teve início em 1970, levado a efeito por Aaron T. Beck e sua equipe, na Universidade de Pennsylvania, com pacientes com ideação suicida ou tentativa prévia de suicídio, para determinar variáveis preditoras de suicídio [2]. Inicialmente, foi desenvolvida uma entrevista sistemática para a avaliação de idéias, preocupações, desejos, planos relacionados com suicídio, em pacientes hospitalizados por transtornos depressivos. Assim foi criada a SSI, ou *Scale for Suicide Ideation* (vide [3]), com base não só na observação, como também em subsídios da literatura especializada [4-6]. No final da década de setenta, após extensivos estudos, foram feitas modificações nas instruções, e os itens iniciais passaram a ser usados como um *screening* da presença ou ausência de ideação suicida, e, assim, ficou criada a BSI, como uma medida escalar de auto-relato.

Descrição

A BSI compreende 21 itens, sendo que cada um deles apresenta alternativas, que variam quanto à gravidade, de 0 a 2. Os 19 primeiros itens medem a intensidade de "desejos, atitudes ou planos de suicídio" [1], enquanto os itens 20 e 21 investigam a existência ou não de história de tentativa prévia, bem como a seriedade ou não da intenção letal do paciente, em sua última tentativa de suicídio.

Se, nos cinco primeiros itens, o paciente não admite qualquer idéia relacionada com suicídio, deixa de responder os restantes, exceto o 20 e o 21.

É utilizado em pacientes psiquiátricos de 17 anos ou mais.

O material (manual e protocolo) é distribuído por The Psychological Corporation. Porém, há alguns anos, tendo a Casa do Psicólogo obtido autorização para pesquisa com o instrumento, desenvolvemos estudos sobre as propriedades psicométricas de uma versão em português do BSI, já divulgado.

Administração

Forma: individual e oral (quando se pressupõem problemas de compreensão verbal), individual e auto-administrada ou coletiva.

Tempo: geralmente, de 5 a 10 minutos (se auto-administrada) ou 10 minutos (se oral).

Manejo: a) verifica-se a presença de qualquer escore diferente de zero em qualquer dos primeiros cinco itens, para concluir pela presença ou não de ideação suicida; b) somam-se os escores dos 19 primeiros itens, podendo-se avaliar a gravidade da intenção suicida; c) os escores nos dois últimos itens (20 e 21) não entram no cômputo total, fornecendo apenas informações adicionais.

Indicações

1. Identificação da presença ou não de ideação suicida.
2. Avaliação da intensidade (gravidade) da ideação suicida, portanto, do risco de suicídio.

Comentário

1. Sendo uma medida de auto-relato, o paciente pode esconder suas verdadeiras intenções. Em razão disso, os autores sugerem que a BSI seja utilizada juntamente com o BDI e a BHS, para se avaliar melhor sintomas de depressão e desesperança, que podem contribuir para o esclarecimento do estado atual do paciente. Entretanto, os autores também são claros em afirmar que a BSI não substitui a avaliação clínica de um especialista.

REFERÊNCIAS BIBLIOGRÁFICAS

1. Beck, A.T., & Steer, R.A. (1993). *Beck Scale for Suicide Ideation. Manual.* San Antonio, TX: Psychological Corporation.
2. Beck, A.T., Steer, R.A., Kovacs, M., & Garrison, B. (1985). Hopelessness and eventual suicide: a 10-year prospective study of patients hospitalized with suicide ideation. *Am. J. Psych.*, *142*, 559-563.
3. Beck, A.T., Rush, A.J., Shaw, A.F., & Emery, G. (1982). *Terapia cognitiva da depressão*. Rio de Janeiro: Zahar.
4. Farberow, N., & Shneidman, E.S. (1961). *The cry for help*. New York: McGraw-Hill.
5. Resnik, H., Ed. (1968). *Suicidal behaviors: diagnosis and management*. Boston, MA: Little, Brown & Co.
6. Shneidman, E.S., Ed. (1967). *Essays in self destruction*. New York: Science House.
7. Cunha, J.A. (2001). Manual da versão em português das Escalas Beck. São Paulo: Casa do Psicólogo.

OUTRAS FONTES BIBLIOGRÁFICAS

Cunha, J.A., Argimon, I.L., & Oliveira, M.S. (1995). Depressão, desesperança e ideação suicida em alcoolistas. Belo Horizonte: *XI Congresso Brasileiro de Alcoolismo e Outras Dependências*.

Cunha, J.A., Argimon, I.L., & Oliveira, M.S. (1996). Análise da capacidade de instrumentos de auto-relato de discriminarem grupos de alcoolistas com e sem ideação suicida. Gramado, RS: *XVIII Jornada Sul-Riograndense de Psiquiatria Dinâmica*.

Cunha, J.A., Argimon, I.L., & Oliveira, M.S., & Werlang, B.G. (1997). Depressão, ansiedade, desesperança, ideação suicida: medida e pesquisa (mesa-redonda). Porto Alegre: *VII Encontro Nacional sobre Testes Psicológicos e I Congresso Ibero-Americano de Avaliação Psicológica*.

Cunha, J.A., Argimon, I.L., & Oliveira, M.S. (1997). A avaliação do potencial suicida em dependentes de substâncias. São Paulo: *XXVI Congresso Interamericano de Psicologia*.

Cunha, J.A., Oliveira, M.S., Touguinha, L.A., Martins, M.L., Trentini, C.M. & Christ, H.D. (1995). Depressão, pessimismo e ideação suicida em alcoolistas. *Psico*, 26, 2, 133-152.

Cunha, J.A., Werlang, B.G. & Fin, J.N. (1997). Estudos sobre algumas variáveis preditoras de ideação suicida em pacientes com história de tentativa de suicídio. Florianópolis: *VI Jornada de Psiquiatria da Região Sul, VI Jornada Catarinense de Psiquiatria e Encontro de Psiquiatria do MERCOSUL*.

FIGURAS COMPLEXAS DE REY

Dados históricos

Na década de 40, André Rey propôs um novo teste, que constava da cópia e reprodução de memória de um traçado geométrico, que apresentava uma estrutura complexa, formando uma figura sem significação evidente, mas que não envolvia maiores dificuldades para sua realização gráfica [1]. Partia da pressuposição de que só é possível avaliar a memória visográfica de um sujeito, se for possível afirmar que sua atividade perceptiva analítica e organizadora está suficientemente intacta, de forma que demonstre, na cópia da figura, que percebeu os dados de maneira inteligível [2].

O teste tornou-se muito difundido e, na maioria das administrações, é utilizada a figura elaborada por Osterrieth [3], geralmente chamada de figura de Rey-Osterrieth ou a figura de Taylor [4]. Observa-se, também, que variam os examinadores no que se refere à reprodução de memória imediata ou tardia [4]. Aliás, na própria edição, que foi traduzida para o português, é referido que o teste sofreu deformações, que estão sendo corrigidas [2].

A versão original é do *Centre de Psychologie Appliquée*, em Paris, e a tradução para a Casa do Psicólogo foi publicada em 1999. Nessa edição, foi acrescentado um segundo teste (Figura B), que inclui uma figura mais simples que a original (Figura A), para ser usada dos 4 aos 7 anos. Em relação à Figura A, pode ser usada a partir dos 4 anos, e há estudos de sujeitos idosos, inclusive, com mais de 90 anos [4].

Descrição

Ao sujeito é entregue uma folha de papel em branco, sem pautas, e um lápis de cor, ao mesmo tempo que lhe são dadas instruções e é apresentada a lâmina da prova (A ou B). O examinador começa a marcar o tempo e conserva consigo mais cinco ou seis lápis de cores variadas, que vão sendo entregues sucessivamente ao sujeito, durante as diferentes fases de cópia, de maneira que fique claramente identificada a estratégia utilizada.

Conforme as instruções da atual edição, depois de um intervalo de três minutos, o sujeito será solicitado a reproduzir de memória a figura copiada, sendo entregues sucessivamente os lápis de cor. O próprio sujeito determinará o encerramento da administração.

Administração

Forma: individual.
Tempo: variável entre 2 e 25 minutos [2].
Manejo: tanto o produto da cópia como o da reprodução por memória são analisados, conforme seus componentes, sendo pontuadas unidades de escore (são apresentadas tabelas normativas, francesas e brasileiras), mas a produção do paciente também pode ser objeto de análise qualitativa [5].

Indicação

1. Avaliação neuropsicológica de funções de percepção e memória.

Comentário

1. Embora se reconheça o esforço de apresentar normas brasileiras, a partir da coleta de dados em número apreciável de sujeitos (N = 280), a própria coordenação faz algumas ressalvas quanto à heterogeneidade da amostra. A sugestão, portanto, é que se dê continuidade a estudos com o teste em grupos clínicos e não-clínicos, possibilitando a apreciação de algumas de suas características psicométricas.

REFERÊNCIAS BIBLIOGRÁFICAS

1. Rey, A. (1959). *Test de copie d'une figure complexe. Manual*. Paris: Centre de Psychologie Appliquée.
2. Rey, A. (1998/1999). *Teste de cópia e de reprodução de memória de figuras geométricas complexas: manual*. São Paulo: Casa do Psicólogo.
3. Osterrieth, P.A. (1944). *Le test de copie d'une figure complexe*. Neuchâtel et Paris: Delachaux & Niestlé.
4. Lezak, M.D. (1995). *Neuropsychological assessment*. 3.ed. New York: Oxford Universities Press.
5. Weinstein, C.S., & Seidman, L.J. (1994). The role of neuropsychological assessment in adult psychiatry.

In J.M. Ellison, C.S. Weinstein & T. Hodel-Malinofsky, Ed. *The psychotherapist's guide to neuropsychiatry* (p.53-106). Washington: American Psychiatric Press.

HTP

Dados históricos

O teste da casa-árvore-pessoa, comumente designado como HTP, foi criado por John N. Buck [1], em 1948, com estudos adicionais de Buck e Hammer [2], sob a pressuposição de que as pessoas, além de emprestarem significação à figura humana, também o fazem com objetos familiares, como casas e árvores [3]. Além de serem objetos facilmente aceitáveis, tanto para serem desenhados como para suscitarem associações, também são "conceitos simbolicamente férteis, em termos de significação inconsciente" [4].

Como técnica psicométrica, é possível fazer uma estimativa da inteligência do sujeito, que é bastante complexa. Utilizando seu sistema quantitativo de escore, Buck fez uma estimativa de satisfatória correlação do HTP com a Escala Wechsler-Bellevue; já com o QI de execução do WAIS-R, a estimativa de correlação com o sistema de Buck, ainda que positiva, foi bem mais baixa [3]. Como técnica projetiva, a hipótese tradicional é de que a figura humana representaria um auto-retrato, sendo a casa e a árvore também aspectos de si mesmo, a casa associando-se com o corpo, bem como com "aspectos de nutrição, estabilidade e sentido de pertencimento", enquanto a árvore teria que ver com "um sentido de crescimento, vitalidade e desenvolvimento". Ou, ainda, pessoa, casa e árvore poderiam representar, respectivamente, o eu, a figura materna e a figura paterna [3]. Quando desenhadas em folhas separadas, são levados em conta, principalmente, o tamanho e a qualidade; se numa única folha, consideram-se também a ordem e a colocação de cada objeto em relação aos demais.

Na interpretação psicodinâmica, concorre não só o simbolismo inerente à casa, árvore e pessoa, mas também conteúdos resultantes de inquérito ulterior à representação das mesmas.

Descrição

O HTP é um teste gráfico e verbal, que utiliza lápis e papel. É considerado uma técnica gráfica porque envolve desenho e técnica verbal, porque se solicita que o sujeito fale sobre cada desenho, havendo uma série de perguntas preparadas para este fim.

Como técnica gráfica, pode incluir uma fase acromática e uma cromática.

O material necessário para o HTP acromático inclui três folhas de papel, lápis preto nº 2, borracha e apontador. Para o HTP cromático, o sujeito utiliza lápis de cor.

Pode ser administrado em crianças, adolescentes e adultos.

Administração

Forma: individual ou coletiva, sendo que, na coletiva, as questões são respondidas não oralmente, mas por escrito.

Tempo: variável, recomendando-se que não exceda 60 minutos.

Manejo: existe um sistema de escore bastante complexo, para o qual há instruções detalhadas e bastante rígidas, sendo atribuídos escores para 34 itens na casa, 17 na árvore e 34 na pessoa, e os valores resultantes permitem inferências sobre inteligência; a análise qualitativa também leva em conta detalhes dos desenhos, interpretados em termos da dinâmica individual.

Indicação

1. Avaliação da personalidade e de suas interações com o ambiente.

Comentários

1. O HTP apresenta algumas restrições em sua aplicabilidade clínica, em especial quanto

ao seu emprego como medida de inteligência. Sua correlação com medida atual de inteligência, ainda que positiva, é baixa, não se recomendando seu uso para a avaliação intelectual.

2. A técnica é promissora, mas sua principal desvantagem é a falta de pesquisa a respeito. Portanto, deve ser considerada como instrumento apenas coadjuvante na avaliação da personalidade.

REFERÊNCIAS BIBLIOGRÁFICAS

1. Buck, J.N. (1948). The H-T-P techniques: a qualitative and a quantitative scoring manual. *J. Clin. Psychol.*, *4*, 317-396.
2. Buck, J.N., & Hammer, E.F. (1969). *Advances in the House-Tree-Person technique: variations and applications*. Los Angeles: Western Psychol. Services.
3. Groth-Marnat, G. (1999). *Handbook of psychological assessment*. 3.ed. New York: Wiley & Sons.
4. Hammer, E.F. (1989). *Aplicações clínicas nos desenhos projetivos*. São Paulo: Casa do Psicólogo.

OUTRAS FONTES BIBLIOGRÁFICAS

Campos, D.M. (1977). *O teste do desenho como instrumento de diagnóstico da personalidade*. Petrópolis, RJ: Vozes.

Klepsch, M., & Logie, L. (1984). *Crianças desenham e comunicam*. Porto Alegre: Artes Médicas.

Morris, W.W. (1976). Otras técnicas proyectivas. In H.H. Anderson & J.L. Anderson. *Técnicas proyectivas del diagnóstico psicológico*. 3.ed. (p.576-604). Madrid: Rialp.

Van Kolck, O.L. (1975). *Técnicas de exame psicológico e suas aplicações no Brasil. Testes de personalidade*. Petrópolis, RJ: Vozes.

IDATE

Dados históricos

O IDATE, ou Inventário de Ansiedade Traço-Estado, de autoria de Spielberger, Gorsuch e Lushene, começou a ser construído em 1964, com o objetivo de criação de um instrumento de pesquisa que pudesse ser utilizado com adultos normais, como medida objetiva de estado (A-estado) e traço de ansiedade (A-traço).

Inicialmente, foram selecionados itens que apresentassem correlação com escalas de ansiedade, como as de Cattell e Sheir, de Taylor e de Welsh. Não obstante, como a maioria das escalas mediam traço, muitos itens foram reformulados para chegar a um instrumento que, com diferentes instruções, pudesse avaliar tanto o estado como o traço de ansiedade [1].

Pouco tempo depois, Levitt, conforme Ramanaiah e colegas [2], ao avaliar uma série de medidas de ansiedade, já considerava o IDATE como "o instrumento mais cuidadosamente desenvolvido, tanto do ponto de vista teórico como metodológico". Além disso, segundo McReynolds [3], é provavelmente o mais amplamente usado como medida de ansiedade.

Com o desenvolvimento das pesquisas, o objetivo inicial foi modificado, e, hoje em dia, o instrumento é constituído por dois conjuntos de itens para avaliar duas dimensões de ansiedade, como estado transitório e "como traço relativamente estável da personalidade" [2].

Embora tenha sido criado para utilização com pessoas normais, as pesquisas demonstraram a sua utilidade também para a avaliação de casos psiquiátricos.

A tradução e adaptação brasileira, por Biaggio e Natalício [4], constituiu um trabalho metodologicamente muito cuidadoso, apresentando normas para adultos e adolescentes.

Descrição

Cada uma das escalas consiste em 20 itens, a que os indivíduos devem responder, avaliando a si mesmos, numa escala de quatro pontos. As instruções, impressas no protocolo, orientam o sujeito a responder como se sente no presente momento, em relação aos itens relativos à ansiedade-estado, e como se sente geralmente, em relação aos itens referentes à ansiedade-traço. No entanto, as instruções relacionadas com ansiedade-estado podem ser modificadas para mensuração da ansiedade num momento específico.

A ordem de apresentação recomendada é a usada na padronização e a constante no protocolo, isto é, em primeiro lugar, administração da escala A-estado (forma x-1) e, em segundo lugar, a escala A-traço (forma x-2).

As categorias escalares para A-estado são as seguintes: 1. Absolutamente não; 2. Um pouco; 3. Bastante; 4. Muitíssimo. As categorias escalares para A-traço são: 1. Quase nunca; 2. Às vezes; 3. Freqüentemente; 4. Quase sempre.

O material é distribuído pelo CEPA e consta de manual e protocolo, denominado Questionário de auto-avaliação.

Pode ser utilizado com adolescentes e adultos.

Administração

Forma: individual ou coletiva.

Tempo: não há tempo limite; o tempo varia principalmente conforme o nível de escolaridade e as condições emocionais, sendo necessários de 6 a 12 minutos aproximadamente para cada escala individual, e de 15 a 20 minutos, aproximadamente, para ambas as escalas; em aplicações subseqüentes, o tempo é menor.

Manejo: para atribuir o escore, é necessário identificar previamente quais os itens que devem ser contados diretamente e quais os que se deve inverter (há 10 itens que devem ser contados inversamente na escala A-estado e 7 na escala A-traço); obtidos os escores para cada item, estes são somados e, determinada a amostra normativa mais apropriada, consulta-se a tabela, localizando-se o escore bruto observado e obtendo-se o escore "T", ou a ordem percentílica correspondente, sendo que, com folhas de resposta IBM, a avaliação pode ser feita por meio do computador.

Indicação

1. Avaliação da ansiedade, como estado e como traço.

Comentários

1. Como as respostas autodescritivas podem ser "sujeitas à falsificação, através de uma variedade de mecanismos", Spielberger [1] chama a atenção de que dependem do que as pessoas desejem e "de que sejam capazes de descrever corretamente seus próprios sentimentos e comportamentos", o que salienta a importância do estabelecimento de um bom *rapport*.

2. Apesar da facilidade e brevidade da administração, para que o sujeito seja capaz de descrever como se sente, é necessário que seu nível intelectual seja, no mínimo, médio inferior [1].

3. Várias pesquisas foram realizadas para verificar se as duas escalas estariam "medindo dimensões separadas de ansiedade", em vista da alta correlação entre as mesmas. Ramanaiah e colegas [2] confirmaram a hipótese de que essa correlação elevada fosse "devida à presença de itens com baixa saturação de conteúdo nessas escalas" e recomendam que seja incluída alguma medida nesse sentido quando o instrumento sofrer uma revisão.

4. Pesquisas demonstraram que sujeitos com resultados elevados na A-traço tendem a maior elevação na A-estado em situações de estresse e, portanto, podem sofrer interferências no desempenho de outros testes. Spielberger [5] salienta que "as diferenças individuais, na disposição de manifestar estados de ansiedade, variam de uma situação estresssante para outra".

5. La Rosa [6] desenvolveu uma investigação, analisando efeitos dos fatores sexo e nível socioeconômico sobre as médias, em estudantes de primeiro, segundo e terceiro graus. Em relação à ansiedade-estado, observou-se que nível socioeconômico suscita diferenças significantes entre as médias no sexo feminino, mas não no masculino.

REFERÊNCIAS BIBLIOGRÁFICAS

1. Spielberger, C.D. (1972). Conceptual and methodological issues. In C.D. Spielberger, Ed. *Anxiety current trends in theory and research*. V.2 (p.481-493). New York: Academic Press.
2. Ramanaiah, N.V., Franzen, M., & Schill, T. (1983). A psychometric study of State-Trait Anxiety Inventory. *J. Pers. Assess.*, 47, 6, 531-535.
3. McReynolds, P. (1989). Diagnosis and clinical assessment: current and major issues. *Ann. Rev. Psychol.*, 40, 83-108.

4. Spielberger, C.D., Gorsuch, R.L., & Lushene, R.E. (1979). *Inventário de ansiedade traço-estado. Manual*. Tradução e adaptação de A.M.B. Biaggio e L. Natalício. Rio de Janeiro: CEPA.
5. Spielberger, C.D. (1972). Anxiety as an emotional state. In C.D. Spielberger, Ed. *Anxiety current trends in theory and research*. V.1 (p.23-49). New York: Academic Press.
6. La Rosa, J. (1991). Inventário de ansiedade traço-estado: características psicométricas. Ribeirão Preto, SP: *XXI Reunião Anual de Psicologia da Sociedade de Psicologia de Ribeirão Preto*.

IDATE-C

Dados históricos

O Inventário de Ansiedade Traço-Estado para Crianças, de Charles D. Spielberger, começou a ser desenvolvido em 1969, como um instrumento de pesquisa, construído com base em experiências e na forma do IDATE para adolescentes e adultos e, portanto, com ele se assemelha em termos de concepção e estrutura [1]. Assim, para informações gerais, consultar IDATE, dentro deste tema.

O instrumento, como o IDATE, propõe-se a medir duas dimensões ou dois conceitos distintos de ansiedade: 1) estado de ansiedade, ou ansiedade-estado, que, conforme a formulação teórica de Spielberger, "pode ser conceitualizado como um estado emocional transitório, que varia em intensidade e flutua com o decorrer do tempo", e 2) traço de ansiedade, ou ansiedade-traço, que "se refere a diferenças individuais relativamente estáveis quanto à propensão para a ansiedade, isto é, a diferenças na disposição em perceber uma ampla série de situações-estímulo como perigosas ou ameaçadoras, e na tendência de responder a tais ameaças com reações de A-estado" [2].

A tradução brasileira, desenvolvida por Biaggio, é metodologicamente muito cuidadosa [1].

Descrição

O IDATE-C, como o IDATE, é constituído por duas escalas que visam à medida de duas dimensões específicas de ansiedade: ansiedade-estado (A-estado) e ansiedade-traço (A-traço). Cada uma das escalas compreende 20 afirmações, num formato mais simplificado que o IDATE, e as instruções indicam que a criança deve responder como se sente em determinado momento (na escala de A-estado) ou como se sente geralmente (na escala de A-traço), selecionando uma entre três alternativas possíveis para cada item.

O material é distribuído pelo CEPA e suas concessionárias, constando do manual e do protocolo, denominado Questionário de auto-avaliação.

Destina-se ao uso com crianças de 9 a 12 anos, mas pode ser utilizado com crianças de menos idade, dependendo de sua habilidade em leitura, e também tem sido usado com adolescentes [3].

Administração

Forma: individual ou coletiva.

Tempo: não há limite de tempo, variando de 8 a 12 minutos aproximadamente, para cada escala individual, e sendo de pouco menos de 20 minutos para ambas as escalas ou ainda de menos em aplicações subseqüentes.

Manejo: para atribuir o escore, é necessário identificar previamente os itens que devem ser contados diretamente (numa escala de 1 a 3) e os que devem ser invertidos (numa escala de 3 a 1), embora a tarefa possa ser facilitada com o uso de crivos ou com o uso de folhas IBM; o escore bruto é transformado em escore T ou valor percentílico, em tabelas referentes a cada escala.

Indicações

1. Medida de ansiedade transitória (A-estado) em determinadas situações (de orientação, testagem, terapia, etc.).
2. Medida de aspectos mais generalizados e estáveis da ansiedade (A-traço).
3. Medida da eficácia da terapia comportamental.
4. Pesquisa.

Comentário

1. Ollendick e Greene [3] afirmam que uma das vantagens do IDATE-C é de que "a escala de ansiedade-estado é delineada de tal maneira que podem ser determinadas as respostas a situações específicas provocadoras de ansiedade". Além disso, há indicações de manifestações cognitivas, motoras e fisiológicas, importantes numa avaliação.

REFERÊNCIAS BIBLIOGRÁFICAS

1. Biaggio, A., & Spielberger, C.D. (1983). *Inventário de ansiedade traço-estado – IDATE-C. Manual*. Rio de Janeiro: CEPA.
2. Spielberger, C.D. (1972). Anxiety as an emotional state. In C.D. Spielberger, Ed. *Anxiety current trends in theory and research*. V.1. (p.23-49). New York: Academic Press.
3. Ollendick, T.H., & Greene, R. (1990). Behavioral assessment of children. In G. Goldstein & M. Hersen, Ed. *Handbook of psychological assessment*. 2.ed. (p.403-422). New York: Pergamon Press.

INV

Dados históricos

O INV, ou Teste de Inteligência Não-Verbal, foi criado originalmente em 1951, por Pierre Weil, na Sociedade Pestalozzi do Brasil, tendo em seguida sido utilizado numa pesquisa de âmbito nacional, com o concurso do Serviço de Seleção e Orientação Profissional do SENAC e a organização de uma Comissão Nacional, encarregada do planejamento e direção geral da investigação. Planejada para uma amostra por quotas, abrangendo 30.000 casos, construída com base no censo de 1950 do IBGE e também em dados do Serviço de Estatística da Educação e Cultura, chegaram a ser testadas mais de 25.000 pessoas e estudados os resultados em função das seguintes variáveis, consideradas na constituição da amostra: sexo, cor, residência, idade, região do país, nacionalidade, estado conjugal, alfabetização, instrução, local de nascimento, atividade exercida, nível econômico e grau de instrução. Pode-se considerar, portanto, que o INV, como medida de inteligência geral (fator "g"), foi uma das técnicas melhor padronizadas no Brasil. Atualmente, está sendo iniciado um estudo para a atualização de normas para adolescentes [1].

Coerente com sua formação acadêmica, o INV reflete o consenso do autor com as idéias de Piaget, embora tal embasamento teórico não tenha sido expresso de maneira formal. Em conseqüência, Eva Nick [2] procurou desenvolver uma análise da estrutura do teste, com base na teoria piagetiana e a exemplo da análise, feita por Sara Paín [3], do teste de Matrizes Progressivas de Raven. Dessa maneira, aquela autora abriu perspectivas para a apreciação das implicações diagnósticas dos erros cometidos pelo sujeito, ampliando assim a utilização clínica do teste.

Descrição

O INV é apresentado em três séries paralelas, A, B e C, que podem ser utilizadas para teste e reteste, embora a forma C, usada na pesquisa nacional, seja mais indicada para sujeitos da zona rural, conforme o Manual do CEPA, que é o distribuidor do material no Brasil.

Cada uma das formas é apresentada em formato de caderno, com 60 itens, ordenados pelo grau de dificuldade, além de itens iniciais, usados como exemplos. Os itens, embora originais, denunciaram a inspiração buscada em outros testes, como o de Raven, de Dearbon, etc. [2]. A forma de apresentação dos problemas assemelha-se ao teste de Raven, com séries de desenhos, dos quais é omitida uma parte, que o sujeito deve identificar entre as oito figuras apresentadas abaixo do problema. Entretanto, os itens são elaborados de forma mais concreta. Por outro lado, além de problemas de lacunas, há itens "de inclusão numa classe, de analogias de figuras, de seriações concretas e numéricas, de permutações e de relações espaciais" [2].

É um teste não-verbal, de papel e lápis, que pode ser utilizado com crianças, adolescentes ou adultos, independentemente do nível de instrução e do idioma do sujeito.

O material compreende o manual, o caderno de teste e o crivo de apuração.

Administração

Forma: individual ou coletiva.
Tempo: livre (embora seja anotado o tempo total), variável individualmente, de 15 a 60 minutos.
Manejo: com o uso do crivo de apuração, contam-se as respostas certas, após anular, previamente, os itens com respostas duplas, obtendo-se, assim, o número de pontos total, que deve ser transformado em percentil, através de tabelas apropriadas.

Indicações

1. Medida da inteligência geral (fator "g"), não-verbal.
2. Avaliação do nível intelectual em analfabetos, sujeitos de língua estrangeira, surdos e sujeitos com problemas de linguagem.
3. Reconhecimento do tipo de operações mentais concretas ou formais de que o sujeito é capaz, o que permitiria a investigação de déficits neuropsicológicos.

Comentários

1. Apesar de o teste ser indicado para uso com analfabetos, as médias aritméticas desses sujeitos são consistentemente mais baixas que as de indivíduos alfabetizados. Tais dados refletem a existência de diferenças nas operações mentais, atribuídas à influência da educação formal e de fatores ambientais estimuladores [4].
2. A forma A foi padronizada, pelo SENAC, numa amostra de 1.000 adolescentes, de 11 a 17 anos, do antigo Distrito Federal. Contudo, resultados obtidos numa amostra representativa de estudantes de Porto Alegre [5, Anexo 1] foram apreciavelmente mais elevados do que os da amostra que serviu para a padronização do teste, o que parece se associar com um caráter seletivo da escola e com as oportunidades que esta oferece para a aquisição de padrões superiores de pensamento abstrato [6], que ultrapassam os efeitos da educação formal básica admitidos por Weil e Nick [4].
3. A partir da análise dos dados da pesquisa nacional, foi observada a presença de uma relação entre o nível de escolaridade e do nível ocupacional paterno com o nível intelectual dos filhos, também observada por nós [7].
4. No estudo iniciado para a atualização de normas do INV, para adolescentes, foi utilizada uma amostra de 351 sujeitos, sendo 229 do sexo masculino e 122 do sexo feminino, de 13 a 16 anos, variando em escolaridade de terceira a sétima séries, testados em seleção para o Projeto Oficina-Escola, coordenado pela TRENSURB e encaminhados por instituições. A média de acertos foi de 42,5 (DP = ±6,93). Não foram verificadas diferenças quanto à variável idade, mas sim, quanto à variável sexo ($F = 6,156$, $p < 0,014$). São resultados apenas preliminares, e é importante chamar a atenção de que todos os sujeitos eram de famílias de baixa renda [1].

REFERÊNCIAS BIBLIOGRÁFICAS

1. Bandeira, D.R., Pereira, D.F., & Alchieri, J.C. (1999). Teste de inteligência não-verbal (INV). Forma de C de Pierre Weil: estudo preliminar para a atualização de normas para adolescentes. Porto Alegre: *VIII Congresso Nacional de Avaliação Psicológica*. Programa e pôsters. Pôster nº 67.
2. Nick, E. (1977). *O teste de inteligência não-verbal de Pierre Weil: análise de sua estrutura baseada na teoria de Jean Piaget*. Rio de Janeiro: CEPA.
3. Paín, S. (1971). *Psicometría genética*. Buenos Aires: Galerna.
4. Weil, P., & Nick, E. (1971). *O potencial da inteligência do brasileiro*. Rio de Janeiro: CEPA.
5. Cunha, J.A., Freitas, N.K., & Raymundo, M.G.B. (1991). *Psicodiagnóstico*. 3.ed. Porto Alegre: Artes Médicas.
6. Cunha, J.A. (1969). O caráter seletivo da escola de nível médio. *Correio do Povo*, *III*, 66, 6.
7. Cunha, J.A. & Moraes, M.I.B. (1968). Status social e nível intelectual. *Bol. CEPA*, *3*, 13-15.

OUTRAS FONTES BIBLIOGRÁFICAS

Cunha, J.A., Carvalho, L.C., Moraes, M.I.B., & Maraninchi, S. (1968). Estudo do nível intelectual de estudantes de nível médio de Porto Alegre, através do teste INV, de Pierre Weil. *Arq. Bras. Psic.*, *20*, 3, 39-44.

Cunha, J.A., & Moraes, M.I.B. (1968). Estudo diferencial de estudantes do sexo masculino e feminino de escolas de nível médio de Porto Alegre. *Bol. CEPA*, *3*, 39-44.

Van Kolck, O.L. (1981). *Técnicas de exame psicológico e suas aplicações no Brasil. Testes de aptidões.* Petrópolis, RJ: Vozes.

INVENTÁRIO DE ANSIEDADE DE BECK (BAI)

Dados históricos

O Inventário de Ansiedade de Beck, ou *Beck Anxiety Inventory*, o BAI, foi desenvolvido por Beck e sua equipe [1], na Universidade de Pennsylvania, como instrumento para medir a intensidade da ansiedade. É uma medida sintomática [2].

Sempre pareceu importante a consideração da gravidade de sintomas de ansiedade ou depressão e, depois que a co-morbidade passou a ser encarada com real seriedade científica, com muito mais razão [3, 4]. Embora certos trabalhos previamente já tivessem chamado a atenção sobre a superposição de sintomas [5], com a aceitação científica da co-morbidade, aumentou a importância de descrever e avaliar sintomaticamente o paciente e as características realmente distintivas das síndromes, bem como a natureza das relações entre os transtornos [5-10]. Entende-se, pois, que a equipe de Beck tenha tentado construir um instrumento que, apesar da correlação entre depressão e ansiedade, compartilhasse o mínimo possível dos sintomas de depressão [2].

O BAI foi especificamente desenvolvido para uso com pacientes psiquiátricos, mostrando-se posteriormente também útil com a população em geral.

Descrição

O BAI compreende 21 afirmações de sintomas de ansiedade, sendo que o sujeito deve avaliar o quanto cada um dos sintomas é aplicável a si mesmo, numa escala de quatro pontos, de 0 a 3. O escore total é a soma dos escores dos itens individuais. Portanto, o BAI é uma medida de auto-relato da intensidade da ansiedade.

O BAI (manual e protocolos) é distribuído por The Psychological Corporation. Tendo a Casa do Psicólogo obtido, há alguns anos, autorização para pesquisa com o instrumento, desenvolvemos estudos sobre as propriedades psicométricas de uma versão em português do BAI, já publicada.

Segundo o manual, o uso mais apropriado do BAI é com pacientes psiquiátricos, a partir de 17 anos. Porém, o manual registra também estudos realizados com adultos normais. Com a versão em português, foram desenvolvidos alguns estudos também com pacientes clínicos adultos, com universitários e com adolescentes de 12 a 17 anos.

Administração

Forma: individual e oral (quando se pressupõem problemas de compreensão oral); individual e auto-administrada; coletiva.

Tempo: geralmente, de 5 a 10 minutos (se auto-administrado) ou 10 minutos (se oral).

Manejo: a soma dos escores dos itens individuais é a soma total, usada para classificar a intensidade da ansiedade como mínima, leve, moderada ou grave [2, 11].

Indicação

1. Medida da intensidade da ansiedade.

Comentários

1. A versão em português tem apresentado excelentes propriedades psicométricas.

2. Embora os escores do BAI e do BDI, de um modo geral, se correlacionem e tendam a

co-variar, há alguma diferença de co-variação entre pacientes com categorias diagnósticas diferenciadas [10].

REFERÊNCIAS BIBLIOGRÁFICAS

1. Beck, A.T., Epstein, N., Brown, G., & Steer, R.A. (1988). An inventory for measuring clinical anxiety: psychometric properties. *J. Consult. & Clin. Psychol.*, 56, 893-897.
2. Beck, A.T., & Steer, R.A. (1993). *Beck Depression Inventory. Manual*. San Antonio, TX: Psychological Corporation.
3. Brown, T.A., & Barlow, D.H. (1992). Comorbidity among anxiety disorders: implications for treatment and the DSM-IV. *J. Consult. & Clin. Psychol.*, 60, 6, 835-844.
4. Cunha, J.A., Streb, L.G., & Serralta, F.B. (1997). Transtornos depressivos e transtornos de ansiedade: a questão de superposição de sintomas. *Psico*, 28, 1, 237-248.
5. Hiller, W., Zandig, M., & Bose, M. (1989). The overlap between depression and anxiety on different levels of psychopathology. *J. Affect. Dis.*, 16, 223-231.
6. Cloninger, C.R. (1990). Comorbity of anxiety and depression. *J. Clin. Psychopharm.*, 10, 3, 435-465.
7. Lydiard, R.B. (1991). Coexisting depression and anxiety: special diagnostic and treatment issues. *J. Clin. Psych.*, 52, 6 (suppl.), 48-54.
8. Boulenger, J.-P., & Lavallée, Y.-J. (1993). Mixed anxiety and depression: diagnostic issues. *J. Clin. Psych.*, 51, 1 (suppl.), 3-8.
9. Mineka, S., Watson, D., & Clark, L.A. (1998). Comorbidity of anxiety and unipolar mood disorders. *Ann. Rev. Psychol.*, 49, 377-412.
10. Cunha, J.A., & Streb, L.G. (1999). A co-variação da ansiedade e depressão. Porto Alegre: *IV Jornada Gaúcha de Psiquiatria*. Programa, p.36.
11. Cunha, J.A. (2001). Manual da versão em português das Escalas Beck. São Paulo: Casa do Psicólogo.

OUTRAS FONTES BIBLIOGRÁFICAS

Cunha, J.A., & Streb, L.G. (1997). Estudo dimensional da depressão e da ansiedade em pacientes com episódio depressivo maior ou com transtorno misto de ansiedade e depressão. Brasília: *XV Congresso Brasileiro de Psiquiatria, XXIII Congresso Nacional de Neurologia, Psiquiatria e Saúde Mental, I Congresso da ASMLP e II Encontro Regional da APAL – Cone Sul*.

Cunha, J.A., Streb, L.G., & Serralta, F.B. (1996). Sintomas auto-relatados de ansiedade discriminam pacientes com depressão maior e pacientes com transtorno misto de ansiedade e depressão? Gramado, RS: *XVIII Jornada Sul-Riograndense de Psiquiatria Dinâmica*.

Cunha, J.A., Streb, L.G., & Serralta, F.B. (1997). Co-morbidade: um estudo sobre ansiedade e depressão. Brasília: *XV Congresso Brasileiro de Psiquiatria, XXIII Congresso Nacional de Neurologia, Psiquiatria e Saúde Mental, I Congresso da ASMLP e II Encontro Regional da APAL – Cone Sul*.

INVENTÁRIO DE DEPRESSÃO DE BECK (BDI)

Dados históricos

O Inventário de Depressão de Beck, ou *Beck Depression Inventory*, o BDI, foi desenvolvido por Aaron T. Beck e colegas da Universidade de Filadélfia, em 1961 [1]. É composto por itens descritivos e sintomas, para se constituir num instrumento, destinado a medir manifestações comportamentais da depressão. A intenção era de criar um instrumento, sem compromisso com qualquer posição teórica específica, que constituísse uma escala sintomática, baseada no pressuposto de que depressão seja um constructo dimensional [2]. É uma medida de auto-relato, e as instruções são de que o sujeito escolha uma entre diversas alternativas, como resposta aos itens, de acordo como tem se sentido, sendo que cada uma delas corresponde a um nível diferente de gravidade da depressão [3]. O instrumento, portanto, pretendia avaliar a intensidade da depressão, substituindo julgamentos clínicos a respeito e fornecendo, de forma econômica, padronizada e consistente, um escore numérico de depressão [4].

O BDI foi desenvolvido em amostras normativas clínicas, pois se destinava ao uso com pacientes psiquiátricos. Dadas as suas características psicométricas satisfatórias, passou a ser utilizado em outros contextos, em pesquisas e na população geral, e acabou por se tornar a técnica mais comumente usada, como medida de depressão [5], por ser considerado um recurso rápido e objetivo [6].

No Brasil, foi levado a efeito extenso trabalho, por nossa equipe, para desenvolvimento de uma versão em português [7] e estudo das propriedades psicométricas do instrumento [8], com a autorização de The Psychological Corporation e apoio da Casa do Psicólogo, sendo que muitas pesquisas foram conduzidas em grupos clínicos e não-clínicos (vide, p.ex., 8-12).

Descrição

O Inventário de Depressão de Beck, ou BDI, é uma escala sintomática, de auto-relato, com 21 itens, cada um com escolha múltipla de respostas, com três alternativas, correspondentes a níveis de gravidade crescente de depressão, aos quais são atribuídos escores entre 0 e 2. A soma dos escores dos itens individuais fornece um escore total, que corresponde à intensidade da depressão, que pode ser classificada em níveis: mínimo, leve, moderado ou grave. Os pontos de corte americanos [13] são diferentes dos brasileiros [12], em pacientes psiquiátricos.

Esta forma é usada com pacientes psiquiátricos e com sujeitos da população geral dos 17 aos 80 anos [13]. Entretanto, existem dados que demonstram que o BDI pode ser utilizado aquém e além desse período [13]. Na literatura, também há referências a vários trabalhos de pesquisa com adolescentes [14-16], sendo que com a versão brasileira há informações sobre o uso do Inventário em adolescentes [17-19] e em idosos [20-23].

Na década de 70, foi desenvolvida uma forma abreviada do Inventário, com somente 13 itens, mais usada como recurso de triagem. A intenção para esse delineamento era de obter um instrumento curto, mas com características psicométricas adequadas [24]. Ambos os instrumentos são bastante utilizados em vários países do mundo.

Administração

Forma: auto-administrada ou oral.
Tempo: 10 a 15 minutos, em média.

Manejo: são somados os escores dos itens individuais, correspondentes à alternativa mais elevada, assinalada em cada um (no item 19, é atribuído escore 0, se a perda de peso é proposital), obtendo, assim, um escore total, que pode ser classificado conforme o nível de intensidade da depressão (há normas americanas e brasileiras, para pacientes psiquiátricos). Na forma abreviada, o procedimento é idêntico, mas não consta que existam normas brasileiras.

Indicações

1. Avaliação do nível de intensidade da depressão.
2. Triagem de sintomas depressivos (principalmente com a forma abreviada).

Comentários

1. Carson [25] realizou uma revisão de instrumentos para medir a depressão, chegando à conclusão de que os trabalhos de Beck estimularam muito o desenvolvimento de pesquisas e a criação de novas técnicas com o mesmo objetivo. Entre as pesquisas, destaca-se uma investigação de Post, Alford, Baker e outros [26], que comparou medidas de auto-avaliação da depressão com o julgamento clínico, observando que o instrumento de Beck e a escala D no MMPI, mas não a escala de Hamilton, mostraram significativa relação com o diagnóstico de depressão maior unipolar.

2. Berndt, Petzel e Berndt [27], revisando uma série de trabalhos com instrumentos de avaliação da depressão, afirmam que, embora tenha havido estudos da validade do Beck em estudantes de *college*, esse inventário não se destina à população normal, mostrando-se pouco discriminativo. Na realidade, embora tenha havido uma tendência histórica a dicotomizar os estudantes, como deprimidos ou não-deprimidos [28-30], nossos estudos sugerem que essa classificação simples ignora a presença de fatores que suscitam diferenças

nos escores do BDI, como sexo e idade. Médias mais elevadas encontradas numa amostra de universitários não chegaram a ser preocupantes, do ponto de vista clínico, em parte porque estudos de estabilidade temporal confirmam a hipótese de transitoriedade da sintomatologia da depressão em estudantes e, em parte, porque apreciável número de casos que tinham escores em nível pelo menos leve ou mais alto estava se submetendo a tratamento [31].

REFERÊNCIAS BIBLIOGRÁFICAS

1. Beck, A.T., Ward, C.H., Mendelson, M., Moch, J., & Erbaugh, J. (1961). An inventory for measuring depression. *Arch. Gen. Psych.*, *4*, 561-571.
2. Dobson, K.S., & Cheung, B. (1990). Relationship between anxiety and depression: conceptual and methodological issues. In J.D. Maser & C.R. Cloninger, Ed. *Comorbidity of mood and anxiety disorders* (p.611-632). Washington: American Psychiatric Press.
3. Williams, J.G., Barlow, D.H., & Agras, W.S. (1972). Behavioral measurement of severe depression. *Arch. Gen. Psych.*, *27*, 330-333.
4. Beck, A.T. (1967). *Depression: clinical, experimental & theoretical aspects*. New York: Harper & Row.
5. McReynolds, P. (1989). Diagnosis and clinical assessment: current status and major issues. *Ann. Rev. Psychol.*, *40*, 83-108.
6. Vincent, K.R. (1987). *The full battery codebook: a handbook of psychological test interpretation for clinical, counseling, rehabilitation, and school psychology*. Norwood, N.J.: Ablex.
7. Cunha, J.A., & Chioqueta, A.P. (1997). O Inventário de Depressão de Beck: a versão em português. Florianópolis: *VI Jornada de Psiquiatria da Região Sul, VI Jornada Catarinense de Psiquiatria, Encontro de Psiquiatria do Mercosul*.
8. Cunha, J.A. (1997). Generalidades sobre a versão brasileira do BDI, BAI, BHS e BSI. Porto Alegre: *Anais do VII Encontro Nacional sobre Testes Psicológicos e I Congresso Ibero-Americano de Avaliação Psicológica* (p.135-139).
9. Cunha, J.A., Barraz, A.C.G., Lemes, R.B., Brenner, M.K., Prieb, R.G.G., & Goulart, P.M. (1995). Notas preliminares sobre um estudo de depressão e ansiedade em estudantes universitários. *Psico*, *26*, 1, 143-150.
10. Cunha, J.A., & Fleck, M.P.A. (1998). Estudo sobre a validade convergente do Inventário de Depressão de Beck com medidas baseadas na avaliação clínica. *Rev. Psiq. RS*, *2*, 25-31.
11. Fleck, M.P.A., & Cunha, J.A. (1998). Estudo da validade convergente da Escala de Lentificação Depressiva com outras escalas de depressão. *Revista de Psiquiatria do Rio Grande do Sul*, *2*, 32-36.
12. Cunha, J.A. (2001). *Manual da versão em português das Escalas Beck*. São Paulo: Casa do Psicólogo.
13. Beck, A.T., & Steer, R.A. (1993). *Beck Depression Inventory. Manual*. San Antonio, TX: Psychological Corporation.
14. Ambrosini, P.J., Metz, C., Bianchi, M.D. & Rabinovich, H. (1991). Concurrent validity of the Beck Depression Inventory in adolescents. *J. Am. Acad. Child & Adol. Psych.*, *30*, 1, 51-57.
15. Atlas, J.A., & DiScipio, W.J. (1992). Consideration of the Beck Depression Inventory and Reynolds Adolescent Depression Scale. *Psychol. Reports*, *70*, 2, 621-622.
16. Kutcher, S.P., & Marton, P. (1989). Utility of the Beck Depression Inventory with psychiatrically disturbed adolescent outpatients. *Can. J. Psych.*, *34*, 2, 107-109.
17. Cunha, J.A., & Argimon, I.L. (1997). O uso do Inventário de Depressão de Beck em adolescentes. Canela, RS: *Congresso Internacional de Saúde Mental*.
18. Cunha, J.A., & Chioqueta, A.P. (1997). Indícios sugestivos de potencial suicida em adolescentes. Canela, RS: *Congresso Internacional de Saúde Mental*.
19. Cunha, J.A., & Chioqueta, A.P. (1997). Indícios sugestivos de potencial suicida em adolescentes. Gramado, RS: *III Jornada Gaúcha de Psiquiatria*.
20. Cunha, J.A., Lemes, R.B., & Oliveira, M.S. (1996). O efeito depressivo da institucionalização na terceira idade. Gramado, RS: *XVIII Jornada Sul-Riograndense de Psiquiatria Dinâmica*; São Paulo: *Simpósio Internacional Depressão no Ciclo da Vida*.
21. Cunha, J.A., Lemes, R.B., & Oliveira, M.S. (1997). O efeito depressivo da institucionalização na terceira idade. Porto Alegre: *VII Encontro Nacional sobre Testes Psicológicos e I Congresso Ibero-Americano de Avaliação Psicológica*.
22. Argimon, I.L. (1997). Um estudo de fases da vida mais vulneráveis à depressão com o Inventário de Depressão de Beck. Porto Alegre: *VII Encontro Nacional sobre Testes Psicológicos e I Congresso Ibero-Americano de Avaliação Psicológica*.
23. Cunha, J.A., & Argimon, I.L. (1999). Capacidade de instrumentos de auto-relato de discriminarem pessoas que vivem na comunidade ou em instituições de idosos. Porto Alegre: *VIII Congresso*

Nacional de Avaliação Psicológica. Programa e pôsters, 74.

24. Scott, N.A., Hannum, T.R., & Ghrist, S.L. (1982). Assessment of depression among incarcerated females. *J. Pers. Assess.*, *46*, 4, 372-379.
25. Carson, R.C. (1989). Personality. *Ann. Rev. Psychol.*, *30*, 227-248.
26. Post, R.D., Alford, C.E., Baker, N.J., Franks, E.D., House, R.M., Jackson, A.M., et alii (1985). Comparison of self-reports and clinician's ratings of unipolar major depression. *Psychol. Reports*, *57*, 479-483.
27. Berndt, D.J., Petzel, T.P., & Berndt, S.M. (1980). Development and initial evaluation of a multiscore depression inventory. *J. Pers. Assess.*, *44*, 6, 396-404.
28. Bumberry, W., Oliver, J.M., & McClure, J.L. (1978). Validation of the Beck Depression Inventory in a university population using psychiatric estimates as a criterion. *J. Cons. & Clin. Psychol.*, *46*, 1, 150-155.
29. Hatzenbuehler, I.C., Parpal, M., & Matthews, L. (1983). Classifying college students as depressed or non-depressed using the Beck Depression Inventory: an empyrical analysis. *J. Cons. & Clin. Psychol.*, *51*, 3, 360-366.
30. Shek, A.T. (1991). Depressive symptoms in a sample of Chinese adolescents: an experimental study using the Chinese version of the Beck Depression Inventory. *Int. J. Adol. Medic. & Health*, *5*, 1-16.
31. Cunha, J.A., Prieb, R.G.G., Touguinha, L.A. & Goulart, P.M. (1996). Depressão em estudantes da PUCRS (uma pesquisa em andamento). *Psico, 27*, 2, 97-109.

INVENTÁRIO FATORIAL DE PERSONALIDADE (IFP)

Dados históricos

O Inventário Fatorial de Personalidade [1] foi desenvolvido para representar uma adaptação brasileira do *Edward's Personal Preference Schedule*, criado por Allen L. Edwards, nos anos cinqüenta, e, posteriormente, revisado na mesma década. O projeto foi conduzido pelo Laboratório de Pesquisa em Avaliação e Medida do Instituto de Psicologia da Universidade de Brasília, coordenado por Luiz Pasquali, com a colaboração de uma equipe e de mais de trinta instituições em todo o país. Não obstante, o trabalho desenvolvido levou a tantas reformulações e alterações, que não apenas justificou a mudança do nome do instrumento, como se pode afirmar que se apresenta como um teste mais promissor para o conhecimento da personalidade do que o original de Edwards.

O instrumento baseia-se na teoria das necessidades básicas de Murray [2].

Descrição

O Inventário compreende 155 itens, que constituem afirmações, às quais o sujeito deve responder, utilizando alternativas de uma escala tipo Likert de 7 pontos. Avalia 15 dimensões de personalidade, abrangendo, ainda, uma escala de mentira e uma de desejabilidade social, sendo, portanto, ao todo 17 fatores de personalidade.

O material, além do manual, inclui o caderno de teste, a folha de resposta e a folha de aplicação. É distribuído pela Casa do Psicólogo, de São Paulo.

Existem normas para adultos de 16 a 60 anos de idade, conforme o sexo. Exige uma compreensão verbal correspondente ao sétimo nível de leitura.

Administração

Forma: individual ou coletiva (é auto-administrável).

Tempo: aproximadamente 45 minutos.

Manejo: a contagem de pontos pode ser feita com o auxílio de crivos ou computador; levantam-se os escores percentílicos correspondentes através de tabelas, conforme o sexo, e, após verificar se o perfil é válido, os percentis altos e baixos (que representam necessidades fortes e fracas) são interpretados de acordo com as dimensões de personalidade pertinentes.

Indicação

1. Medida de variáveis da personalidade normal.

Comentário

1. Embora os autores não considerem o instrumento útil para a população clínica, descrevem-no como um bom recurso para "subsidiar o diagnóstico de problemas". Subentende-se que, tendo sido normatizado na população geral, não oferece parâmetros adequados para grupos psiquiátricos. Entretanto, parece ser um instrumento de triagem útil e também viável, como um recurso subsidiário, mesmo em situação clínica. Tem se mostrado também útil em perícias psicológicas na área forense.

REFERÊNCIAS BIBLIOGRÁFICAS

1. Pasquali, L., Azevedo, M.M., & Ghesti, I. (1997). *Inventário Fatorial de Personalidade: manual técnico e de aplicação*. São Paulo: Casa do Psicólogo.
2. Murray, H. (1953). *Exploration de la personalité*. Paris: Presses Universitaires de France.

OUTRAS FONTES BIBLIOGRÁFICAS

Edwards, A.L. (1953). *Manual for the Edward's Personal Preference Schedule*. New York: Psychological Corporation.

Edwards, A.L. (1959). *Manual for the Edward's Personal Preference Schedule*. New York: Psychological Corporation.

KOHS

Dados históricos

O Teste de Cubos de Kohs, criado por Samuel C. Kohs, para a avaliação do nível intelectual de sujeitos, na faixa de 5 a 17 anos, teve sua primeira divulgação em 1919, sendo publicado originariamente em 1923.

Constituindo um teste de execução, que envolve construção em duas dimensões, teve bem reconhecida a sua importância diagnóstica ao ser incorporado numa série de escalas de avaliação intelectual, como a de Grace Arthur, Merril-Palmer, Wechsler e Alexander [1], embora com eventuais modificações. Também alguns de seus itens foram introduzidos na bateria neuropsicológica de Luria [2]. Essa inclusão em escalas largamente utilizadas, como nas escalas Wechsler, tornou muitas vezes "redundante" a administração deste teste. Contudo, o Teste de Kohs inclui mais itens que o subteste de Cubos do WAIS, sendo alguns mais complexos e difíceis. Observa Lezak [2] que, em pacientes bastante inteligentes, certos déficits visoconstrutivos leves ficam obscurecidos em sua execução no WAIS, mas se tornam evidentes pelo desempenho nos Cubos de Kohs.

No Brasil, Silva [3] adaptou o teste original para administração coletiva, utilizando uma amostra de 506 sujeitos de 7 a 14 anos. Outro estudo importante foi desenvolvido por Xavier e Jacquemin [4], sobre a influência da variável tempo, no desempenho do teste. A partir da observação de que muitas crianças com resultados satisfatórios em outros testes de inteligência apresentaram dificuldades para construir itens do Kohs dentro do tempo limite, esses autores realizaram uma investigação com 280 sujeitos de ambos os sexos, de 5 a 11 anos, em que o tempo normal – Tn (tempo limite, conforme as instruções da padronização original) – foi duplicado, com a introdução experimental de um tempo suplementar – Ts –, sempre que a criança não conseguia realizar a tarefa durante o Tn. Foi constatada a existência de diferença de desempenho entre as duas situações em nível estatisticamente significante. No que concerne às faixas etárias, foi observado quase o mesmo nível de realização aos 5 ou 6 anos, acentuando-se a diferença aos 7 anos, havendo um ganho de praticamente um item, em média, com o acréscimo do Ts, aos 9 e 10 anos, e de dois itens, na faixa de 11 anos. Os autores concluíram que há melhor desempenho com o acréscimo de um tempo suplementar, que apresenta um incremento com a idade. Os resultados permitiram verificar que, em termos clínicos, os *Cubos de Kohs* podem ser utilizados sob duas modalidades, como teste de eficiência intelectual (na administração com o Tn) e como teste de potência intelectual (na administração com o Ts) a partir dos 9 anos de idade.

Conforme informações de Silva [3], Chwaki realizou uma adaptação desse teste para a administração em cegos, e Grassi criou uma versão para o diagnóstico de patologia orgânica cerebral.

Descrição

O teste é composto de 16 cubos de madeira, medindo 2,5 cm de aresta cada um. Todos os cubos apresentam faces coloridas em azul, branco, vermelho e amarelo e duas faces bicolores, em amarelo e azul ou em vermelho e branco. O material inclui um conjunto de 17 lâminas (mais uma para demonstração), com desenhos geométricos dispostos em dificuldade crescente, que constituem os modelos em tamanho reduzido que devem ser reproduzidos com os cubos. Existe um tempo limite para cada modelo.

Além do objetivo geral de avaliação intelectual, o teste requer capacidade de organização perceptual, estruturação espacial, bem como de análise e síntese. Exige escasso uso da linguagem e pode ser aplicado independentemente de escolaridade, sendo mais recomendado para utilização dos 6 aos 11 anos de idade.

A forma dos Cubos de Kohs para aplicação coletiva tem como instrumento um caderno de 10 páginas, com dois desenhos em cada uma, excetuando a última página, que possui somente um desenho. Há um código no lado esquerdo do desenho em substituição aos cubos da forma individual. Esse código é constituído de 12 quadros, cada um com 1 cm de lado. Quatro deles são nas cores vermelha, branca, amarela e azul, cada um. Os oito demais quadros são divididos por uma linha diagonal que separa de duas em duas essas quatro cores. Há um desenho a mais que funciona como exemplo. Os desenhos restantes e o outro exemplo são idênticos ao teste original.

A forma coletiva é recomendada para sujeitos de 8 a 13 anos de idade.

No Brasil, o CEPA edita Cubos e as figuras, folhas de registro e manual de instrução [5].

Administração

Forma: individual ou coletiva.

Tempo: individual, entre 20 e 45 minutos (sem considerar a administração com o Ts); coletiva, 30 minutos, no máximo.

Manejo: a soma dos pontos obtidos, dentro do tempo limite, constitui o escore bruto do sujeito, que é transformado em idade mental a partir de tabela apropriada para cálculo do QI para classificar o nível de eficiência intelectual; os pontos obtidos, com acréscimo de tempo suplementar, na administração individual, fornecem uma estimativa do potencial intelectual.

Indicações

1. Medida do nível intelectual (especialmente indicada quando há perturbações da linguagem) e do potencial intelectual.
2. Medida de déficits visoconstrutivos, na avaliação neuropsicológica, especialmente sensível em casos com lesões pós-centrais e em transtornos neurológicos degenerativos [2].

Comentários

1. Em alguns casos de pacientes com lesões cerebrais que obtêm, no WAIS, um QI de execução dentro dos limites normais, apesar de apresentarem um escore no subteste de Cubos mais baixo que em outros subtestes, a administração dos Cubos de Kohs torna óbvia a presença de déficits, associados às lesões, quando é o caso [2].

2. A proposta de Xavier e Jacquemin [4] de oferecer um tempo suplementar, além do tempo limite, parece muito útil no diagnóstico clínico, não só porque a estimativa do potencial intelectual pode corroborar resultados deste e de outros testes, como também porque pode lançar luz sobre casos, com hipótese de atraso intelectual, de crianças que podem se beneficiar com um programa de estimulação para melhoria de seu desempenho.

3. Em sua forma coletiva, há maior facilidade de administração, levantamento, avaliação e interpretação dos dados. Possibilita, outros-

sim, a aplicação em crianças alfabetizadas em outros idiomas.

4. O coeficiente de correlação ordinal entre os escores do Teste de Kohs e do INV, em crianças, é de 0,72 [6], concluindo-se que a técnica contém boa saturação do fator "g".

REFERÊNCIAS BIBLIOGRÁFICAS

1. Van Kolck, O.L. (1981). *Técnicas de exame psicológico e suas aplicações no Brasil. Testes de aptidões*. Petrópolis, RJ: Vozes.
2. Lezak, M.D. (1995). *Neuropsychological assessment*. 3.ed. New York: Oxford Universities Press.
3. Silva, A.A.V. (1978). *Adaptação do Teste de Cubos de Kohs para a forma coletiva*. Porto Alegre: Instituto de Psicologia da PUCRS (Dissertação de mestrado).
4. Xavier, M.A. & Jacquemin, A. (1982). Influência de variável tempo na realização dos Cubos de Kohs. *Ciência e Cultura*, *34*, 1, 68-71.
5. Kohs, S.C. (1966). *Cubos de Kohs. Manual*. Rio de Janeiro: CEPA.
6. Nick, E. (1977). *O teste de inteligência não-verbal de Pierre Weil: análise de sua estrutura baseada na teoria de Jean Piaget*. Rio de Janeiro: CEPA.

MMPI, MMPI-2, MMPI-A

Dados históricos

As pesquisas originais para o desenvolvimento do *Minnesota Multiphasic Personality Inventory*, o MMPI, tiveram início em 1939, na Universidade de Minnesota [1]. Seus autores, Hathaway e McKinley, pretendiam criar um instrumento que possibilitasse uma avaliação de casos psiquiátricos, permitisse classificar a gravidade do transtorno apresentado e fizesse uma estimativa de mudanças, ocorridas em função de psicoterapia ou de outras variáveis.

A seleção inicial de itens incluiu afirmações colhidas de diferentes fontes, como escalas existentes, material clínico de pacientes e experiência clínica profissional. O critério para a inclusão de cada item foi a referência externa de se era respondido por pacientes psiquiátricos diferentemente de sujeitos normais. Num segundo momento, os 504 itens selecionados foram administrados a pacientes psiquiátricos, em tratamento nos hospitais locais, com diagnóstico formalizado, sendo comparadas as respostas dadas por parte de cada subgrupo com o grupo de normais, ficando definidas, assim, as escalas clínicas que, originalmente, receberam denominações conforme o sistema de classificação kraepeliano [2].

Como, de acordo com a posição psiquiátrica vigente, transtornos eram considerados síndromes clínicas distintas, a pressuposição era de que as escalas facilitariam a identificação do transtorno do paciente, levando à determinação diagnóstica. Mas nem todos os pacientes com o mesmo diagnóstico apresentavam o perfil que, por hipótese, lhes seria típico. Então, foi decidido que as escalas fossem identificadas por dígitos, como uma forma de escapar de conotações diagnósticas falsas [3]. Posteriormente, ao instrumento original foram acrescentadas duas escalas adicionais, cujos itens foram selecionados por uma abordagem diversa. Mais tarde, foram introduzidas escalas de conteúdo, subescalas, listas de itens críticos e numerosas escalas suplementares.

Apesar de sua crescente popularidade, foram feitas sérias críticas sobre a construção do inventário, sua padronização, redação obsoleta ou outras dificuldades apresentadas por alguns itens, que levaram a uma repadronização do MMPI, em 1982, conservando seu formato original tanto quanto possível intacto, para permitir a utilização de dados de pesquisa colhidos por quase meio século. Entretanto, no MMPI-2, de Butcher, Dahlstrom, Graham e outros [4], parte dos itens foi modificada, sendo acrescentados outros, e a forma resultante foi administrada a uma amostra similar à distribuição apresentada no censo norte-americano de 1980. A ordem dos itens foi alterada, de maneira a ser possível obter medidas das escalas tradicionais nos primeiros 370 itens [2].

Por outro lado, em vista das diferenças observadas nas elevações das escalas entre adolescentes e adultos, dificuldades em relação às normas desenvolvidas para adolescentes, bem como ao conteúdo de certos itens e à extensão do inventário, a comissão que trabalhou na repadronização para o MMPI-2 decidiu criar um novo instrumento, o MMPI-A, divulgado em 1992 [5].

Descrição

O MMPI, na sua última versão, compreende 566 itens, que consistem em autodescrições com as quais o examinando concorda ou não, assinalando "Certo" ou "Errado", que recebem escores quando marcados na direção crítica. Nesse formato, inclui dez escalas clínicas e quatro de validade. Já o MMPI-2 é um inventário com 567 itens, que, além das escalas clínicas e de validade tradicionais, fornece várias outras medidas com propósitos clínicos ou de pesquisa. O MMPI-A contém 478 itens, acrescentando quatro novas escalas de validade e seis escalas clínicas suplementares.

No Brasil, é apenas acessível o MMPI, que foi adaptado por Benkö e Simões [1]. O material compreende o caderno, a folha de respostas, a folha de apuração e as chaves-gabarito, além do manual.

Também é possível usar uma forma abreviada, excluindo itens que não constam das escalas básicas, havendo indicações de como efetuar a contagem no manual [1].

O material original é fornecido por The Psychological Corporation, nos Estados Unidos. No Brasil, o material para a forma coletiva é distribuído pelo CEPA, Rio de Janeiro, e também é usado individualmente.

O inventário é indicado para sujeitos a partir de 16 anos, exigindo um nível de leitura de oitava série.

Administração

Forma: individual ou coletiva (é auto-administrável e pode ser administrado com computador).

Tempo: não existe limite de tempo, mas, em média, a resposta ao MMPI é de 90 minutos, sendo mais baixa a média na administração com computador.

Manejo: o escore bruto das várias escalas é obtido através de computador ou de forma manual, com o uso de crivos, com exceção da escala "?" (o escore consiste no número de itens com respostas omitidas ou duplas) e da escala L (total de itens assinalados com "Errado", dentre os seguintes: 15, 30, 45, 60, 75, 90, 105, 120, 135, 150, 165, 195, 225, 255 e 285); a seguir, através de tabelas, os escores brutos são transformados em notas T (com ou sem correção, K), podendo ser traçado o perfil das escalas de validade e das escalas clínicas e determinado o código correspondente, sendo que os escores individuais e o código podem ser interpretados comparando-os com normas de grupos clínicos.

Indicações

1. Medida do nível de ajustamento emocional [2] e identificação da psicopatologia apresentada.
2. Avaliação da atitude frente à testagem.

Comentários

1. Em vista da forma como foi construído, diferenciando uma amostra bimodal, o MMPI não fornece informações significativas sobre sujeitos normais. Por outro lado, pela mesma razão, mede atributos multidimensionais, isto é, compartilhados por várias escalas. Assim sendo, o psicólogo clínico não só deve estar muito familiarizado com a significação das escalas e a relação entre elas, mas também deve levar em conta as variáveis demográficas e a história clínica do paciente [2].

2. Embora o MMPI-2 apresente melhor qualidade psicométrica, as limitações do MMPI são contrabalançadas por alguns aspectos, principalmente pela quantidade de pesquisas realizadas, totalizando mais de 10.000 estudos sobre o instrumento ou com o instrumento [2].

REFERÊNCIAS BIBLIOGRÁFICAS

1. Hathaway, S.R., & McKinley, J.C. (1971). *Inventário Multifásico Minnesota de Personalidade. Manual.* Rio de Janeiro: CEPA.

2. Groth-Marnat, G. (1999). *Handbook of psychological assessment*. 3.ed. New York: Wiley & Sons.
3. Cunha, J.A. (1999). Questões críticas em avaliação psicológica conforme o ponto de vista clínico. Porto Alegre: *Anais do VII Congresso Nacional de Avaliação Psicológica* (p.180-191).
4. Butcher, J.N., Dahlstrom, W.G., Graham, J.E., Tellegen, A., & Kraemmer, B. (1989). *Manual for administration and scoring: MMPI-2*. Minneapolis, MN: University of Minnesota Press.
5. Butcher, J.N., Williams, C.L., Graham, J.R., Archer, R.P., Tellegen, A., Ben-Porath, Y.S., & Kraemer, B. (1992). *MMPI-A (Minnesota Multiphasic Personality Inventory-Adolescent): manual for administration, scoring, and interpretation*. Minneapolis, MN: University of Minnesota Press.

OUTRAS FONTES BIBLIOGRÁFICAS

Cunha, J.A., & Tambara, N.J.C. (1992). Homossexualidade versus AIDS: aspectos psicopatológicos e psicodinâmicos: Madrid: *Congresso Ibero-Americano de Psicologia*.
Dahlstrom, W.G., Welsh, G.S., & Dahlstrom, L.E. (1972). *An MMPI handbook: clinical interpretation*. V.1. Minneapolis, MN: University of Minnesota Press.
Gynther, M.D., & Gynther, R.A. (1983). Personality inventories. In I.B. Weiner, Ed. *Clinical methods in psychology*. New York: Wiley & Sons.
Keller, L.S., Butcher, J.N., & Slutske, W.S. (1990). Objective personality assessment. In G. Goldstein & M. Hersen, Ed. *Handbook of psychological assessment*. 2.ed. (p.152-232). New York: Pergamon Press.
Munley, P.H., & Zarantonello, M.M. (1989). A comparison of MMPI profile types across standard and contemporary norms. *J. Clin. Psychol.*, 45, 2, 229-239.
Olin, J.T., & Keatinge, C. (1998). *Rapid psychological assessment*. New York: Wiley & Sons.
Trimboli, F., & Kilgore, R.B. (1983). A psychodinamic approach to MMPI interpretation. *J. Pers. Assess.*, 47, 6, 514-626.
Vincent, K.R. (1987). *The full battery codebook: a handbook of psychological test interpretation for clinical, counseling, rehabilitation, and school psychology*. Norwood, N.J.: Ablex.
Welsh, G.S., & Dahlstrom, W.G. (1963). *Basic readings on the MMPI in psychology and medicine*. Minneapolis, MN: University of Minnesota Press.

PMK

Dados históricos

O Teste Psicodiagnóstico Miocinético, mais conhecido como PMK, foi criado pelo psiquiatra espanhol Emilio de Mira y López, que o apresentou em Londres, em 1940. Foi introduzido no Brasil por Gall e Chevreuil, sendo posteriormente objeto de muitos estudos, principalmente depois que Mira y López se radicou no Rio de Janeiro.

O teste focaliza alguns aspectos grafológicos e outros, relacionados a movimentos musculares expressivos. Pressupõe que cada indivíduo tem facilidade em produzir um certo conjunto de movimentos, que, por lhe serem típicos [1], refletem sua atitude mental e traços caracterológicos. Desta maneira, podem ser analisados através de traçados do sujeito, em diferentes dimensões espaciais. A técnica, portanto, investiga a relação mensurável entre fatores de personalidade e tônus muscular [2].

É geralmente classificado como uma técnica expressiva [3], tendo também potencial como método projetivo [2].

Descrição

Trata-se de uma técnica gráfica, que propõe ao sujeito sete tarefas, em seis folhas de 31,5 cm por 26 cm. Estas apresentam modelos de traçados, que o sujeito deve executar às cegas (após recobri-las com controle visual), ora com a mão direita, ora com a mão esquerda ou com ambas simultaneamente. Os traçados incluem lineogramas, ziguezagues, escadas, círculos, cadeias, paralelas, etc.

O material, além do caderno de teste, exige uma mesa de tipo especial, com tampa móvel, que permita a execução de traçados em plano vertical, e prendedores para fixar o papel. São necessários, ainda, anteparos, lápis preto, azul e vermelho. Inclui, também, um conjunto de máscaras, que são folhas de papel vegetal com os modelos dos traçados impressos para o levantamento quantitativo, além do manual.

Destina-se a sujeitos acima de 9 anos, embora seja mais recomendável seu uso a partir da adolescência.

O material original é do *Centre de Psychologie Appliquée*, Paris. No Brasil, o material é encontrado na Vector, São Paulo. A mesa com anteparo, para a administração do PMK, é vendida pelo CEPA.

Administração

Forma: individual.
Tempo: 20 a 30 minutos por sessão, sendo que a administração completa inclui duas sessões, com o intervalo de 8 dias.
Manejo: são feitas mensurações nos traçados, que recebem notas conforme tabelas específicas, a partir das quais é feita a interpretação, que considera também dados qualitativos.

Indicações

1. Avaliação clínica da personalidade (especialmente no que se refere à agressividade, emocionalidade, extra e intratensão, tônus psicomotor, tendência à inibição ou excitação, aspectos psicopatológicos, etc.).
2. Avaliação de condições para orientação e seleção profissional.

Comentários

1. Na literatura, registram-se restrições quanto à consistência dos traçados, mesmo quando a interpretação se baseia em dados de duas administrações, pressupondo-se que um desvio possa ser atribuído a diferentes fatores psicopatológicos. Por essa razão, há certo ceticismo em relação a seus resultados [2].
2. Não obstante, apesar de, posteriormente, ter o seu uso sofrido certo declínio, está crescendo novamente no meio empresarial e, principalmente, em seleções no âmbito policial.

REFERÊNCIAS BIBLIOGRÁFICAS

1. Bell, J. (1964). *Técnicas proyectivas*. 2.ed. Buenos Aires: Paidós.
2. Anzieu, D. (1981). *Os métodos projetivos*. 3.ed. Rio de Janeiro: Campus.
3. Van Kolck, O.L. (1981). *Técnicas de exame psicológico e suas aplicações no Brasil. Testes de aptidões*. Petrópolis, RJ: Vozes.

OUTRAS FONTES BIBLIOGRÁFICAS

Boccalandro, E.R. (1998). *Diagnóstico de disritmia no PMK*. 2.ed.rev.ampl. São Paulo: Vetor.
Galland de Mira, A.M. (1960). *Psicodiagnóstico miocinético*. São Paulo: Vector.
Mira y López, E. (1957). *Psicodiagnóstico miokinético*. Buenos Aires: Paidós.

PROCEDIMENTO DE DESENHOS-ESTÓRIAS*

Dados históricos

O Procedimento de Desenhos-Estórias foi proposto em 1972, por Walter Trinca, ao apresentar sua tese de doutorado, "O desenho livre como estímulo de apercepção temática" [1], difundido e atualizado posteriormente [2, 3].

A partir de pressuposições comuns a várias técnicas projetivas, gráficas e temáticas e, ainda, à entrevista não-estruturada, Trinca qualifica sua técnica não como um teste, mas como um instrumento com "características próprias", que se situa numa posição intermediária em relação a outras e, como tal, pode constituir um valioso auxiliar no diagnóstico psicológico.

Descrição

O material necessário à realização do teste inclui folhas de papel em branco (tamanho ofício), lápis preto nº 2 e uma caixa com 12 lápis de cor.

As instruções propõem que o sujeito realize um desenho livre (cromático ou acromático) e, a partir de cada um, deve contar uma estória. Segue-se uma fase do inquérito e solicitação de que dê um título a sua estória. Este conjunto constitui uma unidade de produção.

---

*Com agradecimentos por informações prestadas por Leila Cury Tardivo.

É importante conseguir até cinco unidades de produção, em duas sessões.

É aplicável a sujeitos de 5 a 15 anos, de qualquer sexo, nível intelectual ou sociocultural. Há, porém, referências, na literatura [4] a pesquisas com adultos e com grupos clínicos.

Administração

Forma: individual.
Tempo: livre.
Manejo: a avaliação dos desenhos-estórias faz-se por meio da análise de dez categorias ou áreas, segundo Trinca [2] ou de sete grupos, conforme Tardivo [5], tentando identificar fatores expressivos, determinar áreas de perturbação, sempre considerando o contexto global, a seqüência das unidades de produção, a história clínica do sujeito e resultados de outros testes psicológicos.

Indicação

1. Avaliação da personalidade em psicodiagnóstico (diagnóstico breve, entrevista e seguimento).

Comentário

1. A técnica combina procedimentos gráficos e verbais, de maneira a compensar, em certas faixas etárias, as dificuldades de projetar conteúdos, através de uma forma de comunicação, com os recursos de outra, trazendo, assim, uma contribuição invulgar para a avaliação dinâmica da criança.

REFERÊNCIAS BIBLIOGRÁFICAS

1. Trinca, W. (1972). *O desenho livre como estímulo de apercepção temática.* São Paulo: Instituto de Psicologia da USP (Tese de doutorado).
2. Trinca, W. (1987). *Investigação clínica de personalidade: o desenho livre como estímulo de apercepção temática.* 2.ed. São Paulo: EPU.
3. Trinca, W. (1997). *Formas de investigação clínica em psicologia.* São Paulo: Vetor.
4. Safra, G. (1984). Procedimentos clínicos utilizados no psicodiagnóstico. In W. Trinca, Org. *Diagnóstico psicológico: a prática clínica* (p.51-66). São Paulo: EPU.
5. Tardivo, L.S.P.C. (1998). *O Teste de Apercepção Infantil e o teste das Fábulas de Düss: respostas típicas da população brasileira e aplicações no contexto das técnicas projetivas.* São Paulo: Vetor.

OUTRAS FONTES BIBLIOGRÁFICAS

Lima, C.M.B. (1997). *A aliança familiar na adaptação escolar ineficaz.* São Paulo: Instituto de Psicologia da USP (Dissertação de mestrado).
Lima, C.M.B. (1997). Desenhos de famílias com estórias: desenvolvimento e atualização. In: W. Trinca. *Formas de investigação clínica em psicologia.* São Paulo: Vetor.
Tardivo, L.S.C.P. (1985). *Normas para avaliação do procedimento de desenhos-estórias numa amostra de crianças paulistanas de 5 a 8 anos de idade.* São Paulo: Instituto de Psicologia da USP (Dissertação de mestrado).
Tardivo, L.S.C.P. (1996). O processo de desenhos-estórias: características e potencialidades. In A. Jacquemin, E.T.K. Okino e J. Vendruscolo, Org. *Anais do I Encontro da Sociedade Brasileira de Rorschach e Outros Métodos Projetivos* (p.41-51). Ribeirão Preto, SP: Sociedade Brasileira de Rorschach.
Trinca, W., et alii (1989). O procedimento de desenhos de famílias com estórias (DF-E). São Caetano do Sul, SP: *Anais do I Congresso de Psicologia do ABC e III Simpósio da FEC do ABC* (p.49).

QUESTIONÁRIO DE SAÚDE GERAL DE GOLDBERG (QSG)

Dados históricos

O Questionário de Saúde Geral de Goldberg, ou *General Health Questionnaire*, GHQ, foi desenvolvido em 1972, por D.P. Goldberg, sob a pressuposição de que existe um *continuum* entre saúde mental e transtorno mental e de que a saúde de um indivíduo seria melhor categorizada por índices comportamentais que caracterizariam desvios da população geral.

O instrumento não foi delineado para discriminar transtornos psiquiátricos específicos, mas sim para medir a gravidade do estado psicopatológico "não-extremado" (não-psicótico) de indivíduos, para fins de triagem.

A adaptação brasileira baseou-se na tradução de Giglio [1], com ligeiras alterações, sendo desenvolvida no Laboratório de Pesquisa em Avaliação e Medida, sob a coordenação de Pasquali e colegas [2], apresentando excelentes características psicométricas.

Descrição

O QSG é um questionário de auto-relato de 60 itens, apresentado aos examinandos em folheto, com instruções para que o sujeito responda a cada item, em comparação com seu estado usual, assinalando um dos pontos de uma escala tipo Likert de quatro pontos. Os itens variam em sua formulação, ora como sintomas, ora como comportamentos normais.

O escore geral indica a gravidade do estado do sujeito, quanto à ausência de saúde mental (ou severidade da doença mental), mas também os resultados podem ser apresentados como um perfil psiquiátrico, abrangendo mais cinco dimensões: estresse psíquico, desejo de morte, desconfiança no desempenho, distúrbios de sono, distúrbios psicossomáticos.

O material é distribuído pela Casa do Psicólogo, constando de manual técnico, caderno de aplicação, folha de respostas e crivos de apuração.

Destina-se ao uso com pacientes e também na população geral.

Administração

Forma: individual ou coletiva.
Tempo: em média, de 30 a 50 minutos.
Manejo: verifica-se o escore bruto, em cada um dos fatores, com o uso do crivo de apuração, bem como o escore geral, transformando os escores brutos em escores sintomáticos, que devem ser assinalados nas tabelas de normas, para a obtenção do perfil, mas a apuração também pode ser feita pelo computador.

Indicações

1. Triagem do estado de saúde mental, para identificar a presença de doença psiquiátrica [3].
2. Identificação do perfil sintomático do sujeito.

Comentário

1. A partir de resultados obtidos na amostra normativa brasileira, de 902 respondentes [2], foi possível verificar que sujeitos do sexo feminino apresentaram escores significantemente mais elevados que os do sexo masculino no fator geral, bem como em quatro outros fatores.

REFERÊNCIAS BIBLIOGRÁFICAS

1. Giglio, J.S. (1976). *Bem-estar emocional em universitários: um estudo preliminar*. Campinas: Faculdade de Ciências Médicas da UNICAMP (Tese de doutorado).
2. Goldberg, D.P. (1996). *Questionário de saúde geral de Goldberg: manual técnico QSG: adaptação brasileira*. São Paulo: Casa do Psicólogo.
3. Marder, S.R. (1999). Escalas de avaliação psiquiátrica. In H.I. Kaplan & B.J. Sadock. *Tratado de psiquiatria*. 6.ed. (p.675-691). Porto Alegre: Artes Médicas.

RAVEN

Dados históricos

O Teste das Matrizes Progressivas, desenvolvido pelo psicólogo J.C. Raven, na Inglaterra, foi criado como medida do fator "g", com base no referencial de Spearman. Apareceu em 1936, ainda com fins de investigação, sendo publicado em 1938. Em 1948, houve uma revisão das normas, de forma a abranger sujeitos de 6 a 65 anos. Posteriormente, houve uma padronização argentina [1].

Considerado como tarefa a ser cumprida, poderia ser descrito como um teste de completamento e, em termos do tipo de item, seria um teste de escolha entre soluções alternativas duplas. Cada série apresenta um problema introdutório, cuja solução é clara, fornecendo um padrão para a tarefa, que se torna progressivamente mais difícil nos problemas subseqüentes. Exige que o sujeito estabeleça inferências sobre as relações existentes entre itens abstratos, tendo sido considerada a melhor medida do fator "g" [2].

Como teste não-verbal, foi tido como livre de influências socioculturais. Contudo, mais tarde, verificou-se que a instrução suscita efeitos significativos sobre os resultados. Além disso, algumas pesquisas, embora comprovando boa saturação do fator "g", revelaram a influência de outras variáveis, como, por exemplo, a precisão perceptiva e o raciocínio indutivo.

Atualmente, o teste é apresentado em três escalas.

As séries iniciais compõem a chamada Escala Geral. Apesar de a padronização de 1948 abranger faixas etárias inferiores, é mais utilizada dos 12 aos 65 anos ou, mais especificamente, para adolescentes e adultos [3].

Consideradas certas limitações da Escala Geral, foi construída a Escala Avançada para aumentar o poder discriminativo do instrumento. Lançada em 1943 para atender necessidades de seleção de oficiais, foi revisada em 1947, mas somente o trabalho de Foulds, Forbes e Bevens [4] permitiu resolver certas questões de fidedignidade e validade do instrumento. A edição final de 1962 eliminou alguns dos itens e adotou a ordem de sua apresentação pelo índice de freqüência dos acertos [5]. Essa Escala parece mais útil com sujeitos a partir de 12 anos e meio ou com nível intelectual equivalente. Nesta, a série I serve de treinamento e triagem para a série II, que é especialmente indicada por sua capacidade discriminativa nos níveis de inteligência superior. Apresenta a vantagem tanto de poder ser utilizada como teste de rapidez e potência intelectual, como também permite explorar operações intelectuais envolvidas nos processos mais elevados de pensamento.

As investigações também permitiram o desenvolvimento de uma outra escala, conhecida como Escala Especial, considerada mais fácil para crianças de 5 a 11 anos, sujeitos com déficits intelectuais e idosos [3]. Lançada em 1947, foi padronizada também na Argentina [6], sendo apresentada tanto em caderno, como na forma de tabuleiro, muito satisfatória para crianças pequenas. A revisão de 1956 da Escala Especial foi publicada em 1988, pela Casa do Psicólogo, com padronização brasileira.

Descrição

Todas as séries, com a exceção do tabuleiro, são apresentadas na forma de cadernos, com uma série de matrizes ou desenhos, impressos na parte superior de cada página, entre os quais falta um, que completa logicamente o conjunto. Na parte inferior, há entre seis ou oito alternativas de respostas ou soluções, das quais o indivíduo deve selecionar a correta, cujo número o sujeito deve escrever na folha de respostas, de acordo com o item. No caso da forma de tabuleiro, o sujeito deve inserir na prancha a peça que corretamente completa o desenho. As séries são ordenadas por dificuldade crescente.

A Escala Geral compreende cinco séries – A, B, C, D e E –, a Escala Especial, três séries – A, Ab e B –, e a Avançada, duas séries – I e II (esta última introduzida apenas para os sujeitos que resolvem mais da metade dos itens da série I).

O material inclui o manual, caderno ou cadernos de matrizes, folhas de respostas e crivo de correção. Para a administração coletiva da Escala Especial, existem cartazes dos dois primeiros itens.

A Escala Geral e a Especial (correspondente à edição de 1947) são distribuídas pela Paidós, Buenos Aires; a Escala Avançada tem edição do CEPA, Rio de Janeiro; a Escala Especial (correspondente à edição de 1956) pode ser encontrada na Casa do Psicólogo e no Centro Editor de Testes e Pesquisas em Psicologia, São Paulo, com padronização brasileira.

Administração

Forma: individual ou coletiva, em todas as escalas, exceto no caso de crianças pequenas, em que deve ser individual.

Tempo: geralmente livre, podendo ser determinado um período de tempo para avaliar a eficiência do trabalho do sujeito sob pressão, especialmente no caso da Escala Avançada; via de regra, observa-se que: a) na Escala Geral, o tempo é algo variável, sendo, em média, de aproximadamente 40 a 60 minutos; b) na Escala Especial, em aplicação individual, também é algo variável, mas dificilmente ultrapassando 30 minutos; c) na Escala Especial, em aplicação coletiva, deve ser previsto um período de 90 minutos, ainda que, em muitos casos, não exceda 45 minutos; d) na Escala Avançada, a série I pode ser administrada em 10 minutos; e) na Escala Avançada, a série II, como teste de rapidez, é recomendável um período de 40 minutos, mas, sem limite de tempo, pode ser administrada em aproximadamente 60 minutos.

Manejo: com o uso de uma chave, as respostas são classificadas como positivas ou negativas; cada resposta positiva ou certa recebe um ponto; o total de pontos é o escore obtido pelo sujeito; este é transformado em percentil, com o uso de uma tabela selecionada conforme a escala usada, a forma de administração e a idade do sujeito, e, conseqüentemente, pode-se ter uma estimativa do seu nível intelectual.

Indicações

1. Medida de inteligência (fator "g").
2. Especificamente no caso da série II, avaliação da capacidade de exatidão e clareza de raciocínio lógico com poder de discriminação nos níveis mais altos de inteligência.

Comentários

1. Em relação à fundamentação teórica, diz Eva Nick que "toda e qualquer construção de um teste psicológico, não apenas no domínio cognitivo, deveria partir de uma análise prévia que permitisse inserir os itens dentro de um contexto teórico" [7]. Embora essa autora valorize a tentativa feita por Paín, de análise das matrizes progressivas dentro de uma perspectiva genética com base em Piaget [8], salienta que a construção do teste se baseou nas leis neogenéticas de Spearman, sem referência às operações mentais fundamentadas em Piaget, enquanto somente nessa linha teórica haveria uma base para explicar sua dificuldade progressiva [7]. Tal enfoque, conforme Nick, permitiria não apenas determinar o nível intelectual, com base no escore total obtido, mas chegar a "uma utilização mais adequada do teste como instrumento diagnóstico".

2. As normas originais da Escala Geral são muito semelhantes às da padronização argentina. Aliás, em vários países europeus, pareceu viável a utilização das normas originais, embora resultados em culturas não-européias não tenham confirmado a universalidade de tais normas. Note-se, também, que, na década de 50, foi feita uma aplicação em mais de 5.000 alunos, de 12 a 19 anos, de escolas públicas e particulares de Porto Alegre, sendo os resultados apreciavelmente mais elevados do que das normas argentinas [9], havendo sido as tabelas de percentis correspondentes incluídas em outra edição deste livro [10, Anexo I]. Na realidade, torna-se muito importante uma revisão periódica das normas (o que está sendo realizado em Porto Alegre, sob a coordenação de Denise Bandeira, e em outros pontos do país), porque o uso de normas antigas leva a uma superestimação do desempenho, pelo aumento crescente dos escores, desde o surgimento do teste [11].

3. Seu uso em neuropsicologia, antes valorizado, agora, é considerado com certas restrições, sendo de alguma utilidade apenas em casos muito específicos [12].

REFERÊNCIAS BIBLIOGRÁFICAS

1. Raven, J.C. (1950). *Test de Matrices Progresivas. Manual*. Buenos Aires: Paidós.
2. Anastasi, A. (1965). *Testes psicológicos: teoria e aplicação*. São Paulo: Herder.

3. Raven, J.C., Raven, J., & Court, J.H. (1988). *Matrizes Progressivas Coloridas: manual*. São Paulo: Casa do Psicólogo.
4. Campos, F. (s/d). *Manual para uso da escala avançada para Matrizes Progressivas*. Rio de Janeiro: CEPA.
5. Forbes, A.R. (s/d). Análise dos itens das matrizes – escala avançada, 1947, Série II. In F. Campos. *Manual para uso da escala avançada para Matrizes Progressivas* (p.23-38). Rio de Janeiro: CEPA.
6. Raven, J.C. (1955). *Test de Matrices Progresivas – escala especial. Manual*. Buenos Aires: Paidós.
7. Nick, E. (1977). *O teste de inteligência não-verbal de Pierre Weil: análise de sua estrutura baseada na teoria de Jean Piaget*. Rio de Janeiro: CEPA.
8. Paín, S. (1971). *Psicometría genética*. Buenos Aires: Galerna.
9. Cunha, J.A. (1960). Contribuição ao estudo do teste de Raven. *Bol. SPRGS*, *1*, Separata.
10. Cunha, J.A., Freitas, N.K., & Raymundo, M.G.B. (1991). *Psicodiagnóstico*. 3.ed. Porto Alegre: Artes Médicas.
11. Flynn, J.R. (1987). Massive IQ gains in 14 nations: what IQ test really measure. *Psychol. Bull.*, *101*, 171-191.
12. Lezak, M.D. (1995). *Neuropsychological assessment*. 3.ed. New York: Oxford Universities Press.

RORSCHACH

Dados históricos

A idéia da utilização de manchas de tinta, como teste, surgiu no século passado, quando Binet e Henri tentaram usá-las para estudo da imaginação visual, havendo outros ensaios nesse sentido, tanto na Europa, como nos Estados Unidos [1]. Há registro, porém, de uma obra anterior, de Kerner, de 1857, discutindo suas possibilidades como material psicológico [2]. Entretanto, os antecedentes históricos do uso das manchas de tinta para estimular a imaginação criativa parecem remontar a Leonardo da Vinci, no século XVI [3].

Em 1911, Hermann Rorschach, como um médico residente em psiquiatria, teve a idéia de utilizar um jogo muito popular entre crianças e adultos, chamado *Blotto*, para minorar os problemas que tinha no manejo dos pacientes psiquiátricos. O jogo em si fora criado por Kerner que, em 1895, sugerira seu uso no estudo de traços de personalidade, e um amigo seu, professor Konrad Gehring, decidira usá-lo também para diminuir problemas no manejo de uma turma de alunos adolescentes. O jogo era utilizado em muitas variações, para criar poemas, em charadas ou, simplesmente, para as pessoas dizerem o que podiam ver nas manchas. Como o professor Gehring conseguira diminuir seus problemas na sala de aula, intercalando ensino com um período de jogo, Rorschach incentivou os pacientes a jogá-lo [1, 2].

No mesmo ano, Bleuler publicou sua obra *Dementia praecoce*, introduzindo o termo esquizofrenia e colocando o problema da diferenciação entre pacientes com demência orgânica e esquizofrênicos. Rorschach observou que as respostas desses dois grupos de pacientes ao jogo eram diferentes e apresentou um trabalho a respeito para a sociedade psiquiátrica local, que não chamou muita atenção.

Somente em 1917, Rorschach, voltando à Suíça, após um período de treinamento em Moscou, decidiu usar sistematicamente as manchas de tinta para obtenção de respostas de pacientes psiquiátricos. É provável que a retomada da idéia, segundo Exner, tenha tido alguma influência de um trabalho publicado por Hens, em 1917, sobre o uso de manchas de tinta com crianças, adultos normais e pacientes. Desenvolveu um conjunto de códigos para classificar as respostas em termos de localização, dos atributos da mancha responsáveis pela imagem percebida (forma, cor e movimento) e conteúdo (humano, animal, anatomia, etc.).

Em 1921, havia reunido material suficiente para demonstrar a utilidade diagnóstica do método, especialmente com esquizofrênicos. Desenvolvera, também, dados sobre freqüências de tipos de resposta e relações entre certos determinantes, que pareciam se relacionar com características psicológicas.

Dessa maneira, evidenciou-se o potencial desse método para ser utilizado com fins de diagnóstico, sua capacidade de detectar traços ou estilos de personalidade.

Houve muitas dificuldades para a publicação de sua obra, *Psychodiagnostik* [4], e as quarenta manchas, inicialmente utilizadas, foram reduzidas a um conjunto de dez, usadas mais freqüentemente e mais consistentemente nas pesquisas. Todavia, as manchas foram reproduzidas "com marcantes diferenças nos níveis de saturação do colorido". Rorschach, bastante criativo, decidiu utilizá-las em novas investigações, achando que poderiam levar a respostas mais diferenciadas. Entretanto, oito meses após, em abril de 1922, morreu de apendicite aguda, complicada por peritonite [1].

Rorschach denominara seu método de *Teste de Interpretação da Forma* e achava que seu trabalho era apenas preliminar. Seus amigos Morgenthaler, Oberholzer e Roemer resolveram dar continuidade aos estudos, chamando o instrumento de Teste de Rorschach, embora o último deles desenvolvesse novo conjunto de manchas, enquanto os outros dois, permanecendo fiéis tanto ao material como ao sistema original de escore, tentaram, entretanto, desenvolver o trabalho inicial, mas com mais ênfase no conteúdo.

Na década de 20, pela reputação de Oberholzer, principalmente no campo da psicanálise, David Levy conseguiu uma subvenção para com ela estudar durante um ano e, voltando aos Estados Unidos, trouxe consigo vários conjuntos de manchas, pretendendo realizar estudos com as mesmas. Este foi o início do desenvolvimento e florescimento, naquele país, do método, para o qual seriam desenvolvidos seis sistemas diferentes, tanto no que se refere a escore, como a interpretação.

As primeiras pesquisas a respeito foram de Beck e Hertz, em suas dissertações de doutoramento, que completaram em 1932, continuando depois seus estudos na área.

Por causa das crescentes pressões sobre os judeus, na Alemanha, Bruno Klopfer decidiu deixar o país, primeiramente, para Zürich e, mais tarde, migrando para os Estados Unidos, passando a trabalhar na Universidade de Columbia. Por causa de seu treinamento no teste de Rorschach, em 1934 começou uma série de seminários, primeiro, de maneira informal e, posteriormente, passou a devotar quase todo o seu tempo ao desenvolvimento do teste. Em 1936, deu início a uma publicação, *Rorschach Research Exchange*, que mais tarde evoluiu para o *Journal of Projective Techniques*, hoje o *Journal of Personality Assessment*. Pretendia a divulgação e a troca de informações sobre o teste. Logo começou uma longa controvérsia com Beck, na qual Hertz acabou se envolvendo. Com o correr do tempo, a controvérsia mostrou-se irreconciliável, cada um desenvolvendo seu próprio sistema e com contínuas críticas mútuas. Em 1942, lançou com Kelley seu primeiro livro, *The Rorschach Technique* [1], seguido de vários outros.

Algum tempo após, Zygment Piotrowski, que participara do primeiro seminário de Klopfer, apareceu no cenário. Seu interesse básico tinha que ver com a ajuda que o teste poderia oferecer "para diferenciar pessoas criativas e não-criativas e (saber) como aqueles com disfunção neurológica poderiam se empenhar nesta tarefa, aparentemente ambígua". Em 1957, tinha desenvolvido outro sistema de abordagem do teste, muito elaborado. Com o lançamento de sua obra *Perceptanalysis*, estava oficialmente lançada a quarta abordagem do teste [1, 5].

Outro profissional, que acabou por lançar a quinta abordagem para o teste, foi David Rapaport. Encarregado, na Menninger Foundation, de uma unidade de pesquisa, interessada no uso de testes psicológicos para diagnóstico, após alguns anos de trabalho com uma boa equipe, lançou uma série de dois volumes, *Diagnostic Psychological Testing*, em 1946, sobre as aplicações clínicas de vários testes, inclusive o Rorschach. Seu interesse tinha pontos de contato com o de Klopfer, mas era fortemente marcado pela influência da escola psicanalítica [6], o que se refletiu, também claramente, na obra de um de seus discípulos, Roy Schafer, *Psychoanalytic Interpretation in Rorschach Testing*, considerada até hoje como um trabalho clássico sobre o assunto [7].

Ao mesmo tempo em que Klopfer iniciava a sua série de seminários, em 1935, foi divulgado o *Thematic Apperception Test* (TAT), com o conceito de projeção, termo cunhado pela psicanálise, e do qual derivou o nome de *métodos projetivos*, aplicado a uma variedade de técnicas, inclusive o Rorschach. Os instrumentos, em geral, passaram a ser classificados como técnicas objetivas e projetivas. Apesar da popularidade do Rorschach, TAT e de outras técnicas, na época classificadas como projetivas, foram objeto de numerosas críticas, dirigidas para a metodologia projetiva, algumas das quais bem colocadas e outras que poderiam ser caracterizadas como ingênuas. A própria dicotomia entre técnicas objetivas e projetivas também foi uma supersimplificação grosseira, já que alguns testes de inteligência, classificados sumariamente como objetivos, muitas vezes permitem respostas que são analisadas pelo enfoque projetivo, enquanto em algumas técnicas, destinadas especificamente a favorecer a projeção, foram desenvolvidos elaborados sistemas de escore, permitindo estudos sobre validade e fidedignidade, além de dados normativos que, embora sem comprometer sua classificação como projetivas, lhes emprestam qualidades bastante objetivas [1].

Todavia, exatamente essa dicotomia das técnicas e críticas à metodologia projetiva levaram Exner a desenvolver um sexto sistema para o teste de Rorschach, o sistema compreensivo. Preocupado com a existência de cinco diferentes sistemas e principalmente pelo fato de os psicólogos mesclarem abordagens de um e de outro autor em algum tipo de sistema individual, desenvolveu extensa pesquisa, basicamente destinada a examinar aspectos metodológicos e a utilidade clínica dos vários sistemas. Em sua equipe, havia psicólogos com Ph.D em psicologia clínica, com treinamento em todos os cinco sistemas. Foram colhidos cerca de 1.200 protocolos e estudadas questões fundamentais, tais como a posição do examinador e do examinando, instruções, registro de respostas, inquérito, seleção de códigos e de escores. Foram examinados aspectos importantes, como de fidedignidade e validação da significação na interpretação. Foram feitas análises muito complexas, utilizando a tecnologia da computação eletrônica, e, finalmente, em 1974, foi divulgada a nova abordagem, o sistema compreensivo Rorschach, seguida da publicação de várias obras e artigos a respeito. Não obstante, Exner [1] não considera o Rorschach como uma técnica projetiva, ainda que admita a ocorrência possível do processo de projeção. Acha que "é muito mais do que isso", afirmando, com base em pesquisa, que "os estímulos do teste... provocam um conjunto muito complexo de operações psicológicas".

Descrição

O material do teste compreende dez lâminas com manchas de tinta, de 18,5 por 25cm, cinco das quais são acromáticas e cinco cromáticas (duas em vermelho e preto e três policromáticas). As manchas são, em geral, escassamente estruturadas, embora possam ser consideradas simétricas em termos do eixo vertical.

São apresentadas, uma a uma, ao examinando, em ordem.

O material é impresso na Suíça, por Hans Huber, Medical Publisher, sendo, nos Estados Unidos, distribuído por Grune & Stratton, Inc., New York.

No Brasil, podem ser adquiridas no CEPA e na Casa do Psicólogo. O CEPA também fornece folhas para localização e sumário de dados, embora cada sistema adotado exija uma folha de registro correspondente.

Administração

Forma: individual e consensual (com casais ou outros grupos).

Tempo: variável, raramente inferior a 15 minutos ou superior a 60 minutos na administração propriamente dita; segue-se uma fase de inquérito, cuja duração varia, principalmente de acordo com o número de respostas, e que pode ser realizada na mesma ou em outra sessão, recomendando-se que o intervalo entre ambas não ultrapasse uma semana; conforme Klopfer, pode-se ainda usar um período de analogia e um para teste de limites; na administração consensual, são avaliados principalmente aspectos dinâmicos da interação.

Manejo: cada resposta é geralmente classificada, no sistema de Klopfer, quanto a localização, determinantes, conteúdo, popularidade-originalidade e nível formal; classificadas as respostas, levantam-se freqüências, e são feitos vários cálculos para chegar a determinados índices; a interpretação leva em conta aspectos quantitativos e qualitativos.

Indicações

1. Diagnóstico de personalidade, em clínica, planejamento terapêutico, seleção profissional e na área forense.
2. Detecção da dinâmica interpessoal e planejamento da terapia familiar na forma consensual [3].
3. Prognóstico.

Comentários

1. Atualmente, o sistema mais em voga, nos Estados Unidos, é o de Exner, embora ainda haja adeptos de Klopfer. O de Klopfer é bastante divulgado, oferece critérios muito bem definidos para a classificação das respostas e boa fundamentação para o levantamento de hipóteses interpretativas. Porém, o sistema de Exner apresenta qualidades psicométricas indiscutíveis e está se difundindo rapidamente, em vários países. Foi desenvolvido principalmente para emprestar mais cientificidade ao instrumento.

2. Na realidade, Exner [9], em sua decisão de criar um sistema compreensivo, a partir das experiências de Rapaport, Beck, Klopfer, Hertz e Piotrowski, demonstrou um reconhecimento da qualidade de todos eles para apresentar "o melhor do Rorschach". Assim, à exceção de Rapaport, que faleceu antes de seu empreendimento, foi muito incentivado pelos demais. Também, em sua atividade didática anterior, achava aconselhável que seus alunos conhecessem pelo menos dois, senão os cinco sistemas de escore. Conseqüentemente, sua preocupação com o fato de os alunos mesclarem abordagens de mais de um autor nada tinha a ver com restrições do ponto de vista científico, uma vez que refere que seus dados, obtidos com todo o rigor científico, apresentavam "significativa congruência" com esses enfoques personalizados. Antes, lamentava que tivessem de emergir e evoluir a partir de uma experiência pessoal e não de uma situação formal de aprendizagem.

3. Apesar de ser perfeitamente possível o manejo de mais de um sistema de escores para fins de diagnóstico, é preciso que o psicólogo esteja adequadamente familiarizado com cada um deles para evitar falhas. Alguns erros freqüentes são cometidos pelo fato de o examinador utilizar um determinado sistema de escore e nele basear hipóteses interpretativas, desenvolvidas a partir de outro sistema de classificação. Assim, embora o sistema de Klopfer seja largamente utilizado para várias finalidades, no momento em que se pretende uma abordagem com base em pressupostos psicanalíticos, como num estudo das defesas, conforme Schafer, é necessário reclassificar as respostas de acordo com o sistema de Rapaport. Por outro lado, a utilização de listas da qualidade formal das respostas também deve ser feita com cuidado pelos clínicos, que usam uma combinação de mais de um sistema, uma vez que há casos em que apresentam diferenças, que se refletem no F+% ou no X+%. Kinder e colegas verificaram, por exemplo, que o método de Beck, usado com pacientes psiquiátricos, produz um X+% significativamente mais baixo que o método de Exner [10].

4. Embora haja certos indícios, no Rorschach, que costumam ocorrer em casos com problemas orgânico-cerebrais, há técnicas específicas mais indicadas para diagnóstico nesta área [9]. Não obstante, esse teste é utilizado com freqüência na avaliação neuropsicológica, não para investigar a etiologia de tais sintomas, mas para caracterizar aspectos da personalidade individual [11].

5. Trata-se de um teste que exige especialização, constante estudo e atualização. Durante muitos anos, o psicólogo que deseja trabalhar com ele necessita de supervisão de profissional notoriamente reconhecido por sua competência. A bibliografia é muito extensa (e, aqui, reduziremos apenas a algumas obras, consideradas essenciais), mas as fontes só são realmente úteis se o psicólogo é capaz de dominar aspectos básicos, como conduzir eficazmente um inquérito e classificar as respostas

com precisão. Além disso, parece importante que a experiência inclua testagem de pessoas dos vários níveis socioeconômicos, com diversas características culturais e de vários níveis de funcionamento da personalidade. Recomenda-se, também, que a pessoa que pretende utilizar o Rorschach em psicodiagnóstico se submeta a terapia.

6. Segundo Groth-Marnat [12], a enorme quantidade de pesquisas com o Rorschach "é tanto uma vantagem, quanto uma limitação", porque muitos achados são contraditórios. Têm havido também muitas restrições em relação à sua qualidade psicométrica, o que não impede, entretanto, a sua popularidade.

REFERÊNCIAS BIBLIOGRÁFICAS

1. Exner, J.E. (1983). Rorschach assessment. In I.B. Weiner, ed. *Clinical methods in psychology* (p.58-99). New York: Wiley & Sons.
2. Klopfer, B., & Kelley, D.M. (1946). *The Rorschach technique*. Younkers-on-Hudson, NY: World Book.
3. Carr, A.C. (1975). Some instruments commonly used by clinical psychologists. In A.M. Freedman, H.I. Kaplan & B.J. Sadock, Eds. *Comprehensive textbook of psychiatry*. V.2 (p.768-771). Baltimore, MD: The Williams & Wilkins.
4. Rorschach, H. (1948). *Psicodiagnóstico*. Buenos Aires: Médico-Quirúrgica.
5. Piotrowski, Z.A. (1957). *Perceptanalysis*. New York: MacMillan.
6. Rapaport, D. et alii (1965). *Tests de diagnóstico psicológico*. Buenos Aires: Paidós.
7. Schafer, R. (1954). *Psychoanalytic interpretation in Rorschach Testing*. New York: Grune & Stratton.
8. Klopfer, W.G. (1984). Application of the consensus Rorschach to couples. *J. Pers. Assess.*, 48, 4, 422-440.
9. Exner, J.E. (1980). *Sistema comprehensivo del Rorschach*. 2.ed. Madrid: Pablo del Río.
10. Kinder, B. (1982). Rorschach form quality: a comparison of Exner and Beck Systems. *J. Pers. Assess.*, 46, 2, 131-138.
11. Lezak, M.D. (1995). *Neuropsychological assessment*. 3.ed. New York: Oxford Universities Press.
12. Groth-Marnat, G. (1999). *Handbook of psychological assessment*. 3.ed. New York: Wiley & Sons.

OUTRAS FONTES BIBLIOGRÁFICAS

Adrados, I. (1967). *Teoria e prática do teste de Rorschach*. Rio de Janeiro: Fundação Getúlio Vargas.
Adrados, I. (1976). *Rorschach na adolescência normal e patológica*. Petrópolis, RJ: Vozes.
Adrados, I. (1985). *A técnica de Rorschach em crianças*. Petrópolis: Vozes.
Ames, L.B., Learned, J., Metraux, R., & Walker, R. (1942). *Child Rorschach: development trends from two to ten years*. New York: Hoeber.
Augras, M. (1967). Estudos para padrões brasileiros do Rorschach. *Arq. Bras. Psicot.*, XIX, 2, 45-54.
Augras, M. (1967). Problemas metodológicos do Teste Rorschach no meio brasileiro. *Arq. Bras. Psicot.*, XIX, 1, 105-110.
Augras, M., Sigelmann, E., & Moreira, M.H. (1969). *Teste de Rorschach: atlas e dicionário*. Rio de Janeiro: Fundação Getúlio Vargas.
Beck, S.J. (1944). *Rorschach's test: variety of personality pictures*. V.1. New York: Grune & Stratton.
Beck, S.J. (1945). *Rorschach's test: variety of personality pictures*. V.2. New York: Grune & Stratton.
Bochner, R., & Halpern, F. (1948). *L'application clinique du test de Rorschach*. Paris: Presses Universitaires de France.
Bohm, E. (1958). *Manual del psicodiagnóstico de Rorschach*. Barcelona: Científico-Médica.
Bohm, E. (1962). *Vademécum del test de Rorschach*. Barcelona: Científico-Médica.
Cunha, J.A., & Maraninchi, S. (1968). A dimensão clínica do critério de realidade no teste de Rorschach. *Bol. Psicol.*, XX, 55/56, 81-86.
Cunha, J.A. (1969). *Rorschach: inventário de dados significativos*. Rio de Janeiro: CEPA.
Cunha, J.A., Raymundo, M.G.B., & Schlieper, Y.T.J. (1978). Estereótipos culturais do medo e a lâmina IV do Rorschach. Salvador: *III Congresso Latino-Americano de Rorschach e Outras Técnicas Projetivas para Estudo da Personalidade*.
Cunha, J.A., Raymundo, M.G.B., & Schlieper, Y.T.J. (1979). Alguns aspectos do funcionamento do ego, no Rorschach, em candidatos a curso de Psicologia. Porto Alegre: *II Congresso Latino-Americano de Psicologia*.
Endara, J. (1967). *Test de Rorschach: técnica, evolución y estado actual*. Barcelona: Científico-Médica.
Exner, J.E. (1978). *Sistema compreensivo del Rorschach*. V.2. Madrid: Pablo del Río.
Halpern, F. (1953). *A clinical approach to Children's Rorschach*. New York: Grune & Stratton.
Klopfer, B., & Davidson, H.H. (1966). *Técnica de Rorschach*. Buenos Aires: Paidós.
Klopfer, B., et alii (1954). *Developments in the Rorschach Technique*. V.1. New York: Harcourt, Brace & World.
Klopfer, B., et alii (1956). *Developments in the Rorschach Technique*. V.2. New York: Harcourt, Brace & World.
Klopter, B., et alii (1970). *Developments in the Rorschach Technique*. V.3. New York: Harcourt, Brace & World.
Loosli-Usteri, M. (1948). *Le diagnostic individuel chez l'enfant au moyen du Test du Rorschach*. Paris: Hermann & Cie.
Navran, L. (1983). Scoring the Rorschach: a constructive critique of Exner's Comprehensive Rorschach Method. *J. Pers. Assess.*, 47, 3, 232-237.

Olin, J.T., & Keatinge, C. (1998). *Rapid psychological assessment*. New York: Wiley & Sons.

Quintela, G.F. (1955). Psicodiagnóstico do Rorschach. *Arq. Bras. Psicot.*, 7, 1, 7-28; 7, 2, 75-112; 7, 3, 47-55.

Quintela, G.E. (1955). Psicodiagnóstico de Rorschach. *Arq. Bras. Psicot.*, 7, 2, 75-112.

Quintela, G.E. (1955). Psicodiagnóstico de Rorschach. *Arq. Bras. Psicot.*, 7, 3, 47-55.

Rickers-Ovsianka, M.A., Ed. (1961). *Rorschach Psychology*. New York: Wiley & Sons.

Santos, M.A. (1996). Aplicação da prova de Rorschach no campo da psicopatologia. Ribeirão Preto, SP: *Anais do I Encontro da SBRO*, p.257-281.

Small, L. (1956). *Rorschach locations and scoring manual*. New York: Grune & Stratton.

Windholz, M.H. (1969). *Rorschach em crianças*. São Paulo: Vetor.

Vaz, C.E. (1980). *O Rorschach: teoria e desempenho*. Porto Alegre: Artes Médicas.

SCENO-TEST

Dados históricos

O *Sceno-test* foi inspirado numa situação terapêutica, analisada por sua autora, Gerhild Von Staabs [1]. A idéia surgiu, em 1938, a partir da dramatização de um diálogo de um casal, encenada com elementos do ambiente, por uma criança de 5 anos, cena que, segundo Von Staabs, representava a situação familiar da paciente. Desde então, começou a reunir objetos que pudessem constituir o universo de uma família, além de outros suplementares, com base na pressuposição de que tais materiais permitissem que os sujeitos fizessem a reprodução mais fácil de situações de vida diária.

O *Sceno-test* foi divulgado, pela primeira vez, em 1943 [2], tendo tido outras edições posteriores, inclusive em 1951 [3], na Alemanha, e em 1964, na Suíça [4].

No desenvolvimento de seus estudos, a autora constatou que, além de importante coadjuvante na psicoterapia, o instrumento também era útil no processo psicodiagnóstico.

Descrição

O material é apresentado numa caixa de madeira, com dimensões de 60 cm x 40 cm x 10 cm, dentro da qual há três caixas de papelão, nas quais o material estandardizado é disposto de forma a permitir uma visão global sem chamar uma atenção especial para alguma peça específica. Numa das caixas, há marionetes flexíveis, representando 8 adultos e 8 crianças. Noutra caixa, há retângulos de madeira de diversas cores e tamanhos. Além disso, há um material suplementar, constituído de 10 animais, 3 veículos, 3 personagens simbólicos, elementos da natureza (como árvore, grama, etc.) e itens caseiros (móveis e objetos).

O material e o manual são distribuídos por Delachaux & Niestlé, na Suíça.

É usado em crianças, adolescentes e adultos [5], sendo que Ceverny [6] apresenta uma experiência desenvolvida com o grupo familiar.

Administração

Forma: individual, ainda que, eventualmente, no caso de grupo familiar, com a participação de vários filhos e observação dos pais.

Tempo: variável; no caso de sessões familiares, de 30 a 50 minutos.

Manejo: não há um sistema de escores, embora Knehr [7] tenha apresentado sugestões para a análise formal; em nível individual, oferece a possibilidade de análise de conteúdos conscientes e inconscientes para a interpretação dinâmica; em nível familiar, a avaliação tende a um enfoque comunicacional, pela identificação do tipo de sistema familiar, de subsistemas, permeabilidade ou rigidez dos mesmos, diferenciação de papéis e interação entre os membros do grupo.

Indicações

1. Avaliação dinâmica da personalidade.
2. Avaliação do desenvolvimento psicomotor.
3. Exploração das relações familiares.
4. Psicoterapia em geral e intervenção em crises.
5. Orientação profissional.

Comentários

1. Embora relativamente pouco divulgado no Brasil, Van Kolck [4] cita trabalhos de Kazenstein e de Vidal. Na década de 80, Ceverny [5] desenvolveu interessante pesquisa sobre a utilização do instrumento na avaliação da família.

2. Após mais de 50 anos de trabalho clínico com o Sceno, Biermann e Biermann [5], em mais de 1.000 crianças e adolescentes (com problemas psicossomáticos, transtornos de conduta, etc.) e em cerca de 100 adultos esquizofrênicos, opinam que, embora fossem aconselháveis pequenas modificações para se adaptar aos tempos modernos, o material de teste pode ser considerado atualizado, mesmo em nossos dias.

REFERÊNCIAS BIBLIOGRÁFICAS

1. Van Staabs, M.G. (1964). *Der Sceno-Test*. Bern/Stuttgart: Hans Huber.
2. Anzieu, D. (1981). *Os métodos projetivos*. 3.ed. Rio de Janeiro: Campus.
3. Zamorani, P. (1993). Lo Sceno Test di V. Staabs nello studio del Defeck Schizofrenico. *Revista de Psichiatria, 28*, 5 (Suppl.), 21-25.
4. Van Kolck, O.L. (1975). *Técnicas de exame psicológico e suas aplicações no Brasil. Testes de personalidade*. Petrópolis, RJ: Vozes.
5. Biermann, G., & Biermann, R. (1998). Das Scenospiel im wandel der zeiten. *Praxis der Kindergarten und Kinder psychiatrie, 47*, 186-202.
6. Ceverny, C.M.O. (1982). *O Scenotest como instrumento de investigação das relações familiares, no processo psicodiagnóstico com crianças e adolescentes*. São Paulo: PUCSP (Dissertação de mestrado).
7. Knehr, E. (1961). *Konflikt-Gestaltung in Scenotest*. München/Basel: Ernst Reinhardt.

TAT

Dados históricos

O TAT, *Thematic Aperception Test*, ou Teste de Apercepção Temática [1], foi idealizado pelo psicólogo e médico americano Henry Murray e Christina Morgan, em 1935, sendo desenvolvido e sofrendo algumas modificações até 1943, na Universidade de Harvard. Sua criação foi influenciada pela ênfase no enfoque psicodinâmico, durante as duas décadas anteriores, pela demanda de instrumentos de psicodiagnóstico e pelo reconhecimento da importância do teste de Rorschach. Como outras técnicas projetivas, baseava-se em pressupostos psicodinâmicos.

Inicialmente, a tarefa proposta ao sujeito consistia em solicitar-lhe interpretações e comentários sobre as cenas das figuras das lâminas. As instruções foram modificadas depois, pedindo-se a elaboração de uma história com princípio, meio e fim, com base nos estímulos de cada lâmina. A pressuposição básica é de que o sujeito se identifique como herói e se solicita que informe sobre sentimentos e pensamentos do personagem, acreditando-se que, assim, ele expresse necessidades, motivos, atitudes, crenças pessoais, etc.

Após o lançamento do TAT, muitos estudos foram realizados, embora não exista um sistema de escore único. Pelo contrário, segundo a literatura [2], em 1986, foi registrada por Murray a existência de métodos de interpretação para o TAT, propostos por 22 psicólogos diferentes. Grande parte dos sistemas de interpretação se baseava na teoria de personalidade de Murray. Mas houve outras abordagens, como as de Arnold, Bellak, Dana [3] e, mais recentemente, a de Vica Shentoub e colegas [4, 5].

Após o aparecimento do TAT, surgiu uma série de técnicas projetivas utilizando figuras como estímulo, como o CAT (*Children's Apperception Test*), para crianças, o PST (*Picture Story Test*), para adolescentes, o SAT (*Senior Apperception Test*), para idosos, e, mais recentemente, o TEMAS [6], para sujeitos de grupos minoritários, e, inclusive, o Teste de Frustração é considerado um herdeiro do TAT [3].

Descrição

O TAT é composto por 31 lâminas: 30 com gravuras e uma em branco. Destas, 11 são universais, aplicando-se a todos os sujeitos: 1, 2, 4,

5, 10, 11, 14, 15, 16, 19 e 20. As demais são específicas conforme sexo e faixa etária. Logo, a forma completa do TAT abrange 20 lâminas para cada sujeito (11 universais e 9 de acordo com o sexo e a faixa etária).

O material é editado pela Paidós, em Buenos Aires, e pela Casa do Psicólogo, em São Paulo.

Ainda que eventualmente usado com crianças, destina-se principalmente a adultos e adolescentes.

Administração

Forma:
a) conforme o número de sujeitos: individual (podendo ser auto-administrada ou não), coletiva (auto-administrada) ou grupo (em colaboração);
b) conforme o número de lâminas: completa, abreviada ou reduzida (selecionando-se as lâminas segundo faixa etária, sexo, problemática do paciente, método adotado ou dependendo de dados derivados da história ou do material de testagem).

Tempo: variável, recomendando-se que, no total, não ultrapasse de 90 a 120 minutos, distribuídos em duas sessões.

Manejo: embora tenham sido propostos vários sistemas de escore para o TAT [2], usualmente, na clínica, a interpretação é realizada através de uma abordagem psicodinâmica.

Indicações

1. Avaliação da personalidade, principalmente para analisar a natureza dos vínculos afetivos, regulação dos afetos, qualidade das relações interpessoais e identificação de conflitos e mecanismos de defesa.
2. Avaliação de condições para indicação psicoterápica.
3. Acompanhamento da evolução durante o processo psicoterápico.
4. Coleta de subsídios sobre a função cognitiva de planejamento, através da análise do manejo que o examinando faz de idéias verbalizadas seqüencialmente [7].

5. Análise da capacidade de organização e manutenção de idéias [7].

Comentários

1. Apesar de Murray [1] ter considerado o TAT como um dos instrumentos projetivos de mais amplo uso e credibilidade por parte dos psicólogos, já não se verifica a atmosfera de entusiasmo que o cercava por volta da metade do século XX [8], o que é atribuído, às vezes, ao tempo exigido para sua administração e interpretação [9]. Também, no meio acadêmico, parece ter diminuído sua valorização, embora, num levantamento de técnicas utilizadas, em 221 serviços clínicos dos Estados Unidos, há pouco mais de uma década, fosse classificado em quinto lugar [10]. Da mesma forma, já foi registrado seu declínio como instrumento de pesquisa [11]. Entretanto, ultimamente, consta em quarto lugar na produção de pesquisas [3]. Porém, em nosso meio, o TAT ainda tem sido considerado um instrumento útil tanto em psicodiagnóstico como em pesquisa [12-17].
2. Na realidade, o TAT foi em parte delineado para avaliar traços de personalidade. Dados de pesquisa, entretanto, têm indicado que, ao contrário, o TAT é mais sensível a estados afetivos do que a traços [9]. Cabe referir também que sofre influências situacionais [18] e do nível de escolaridade [7].
3. Ainda que sejam muito questionadas a fidedignidade e a validade do TAT, como ocorre com a maioria dos instrumentos de sua categoria [19], as críticas geralmente se centralizam na inexistência de um sistema de escore único e na ausência de dados normativos, conforme a idade [7], sendo uma técnica orientada mais para uma interpretação impressionista [18]. Dessa forma, a ambigüidade da produção do sujeito e a quantidade de variáveis que podem surgir em duas sessões de administração podem ser alvo de inúmeras interpretações do ponto de vista qualitativo. Isso faz com que muitos psicólogos de orientação não-dinâmica o classifiquem como não-científico [2]. Não obstante, teóricos de orientação dinâmica desconsideram tais críticas, achando

que a produção do sujeito pode ser perfeitamente alvo de uma avaliação qualitativa, sendo solidamente fundamentada em uma teoria da personalidade.

4. Outra crítica, levantada por Anzieu, no prefácio à obra de Vica Shentoub e outras [4], é quanto ao enfoque adotado por Murray na interpretação do teste, que não considera validado pela experiência clínica. Assim, dá ênfase ao método de interpretação dessas autoras por utilizarem uma perspectiva rigorosamente psicanalítica.

REFERÊNCIAS BIBLIOGRÁFICAS

1. Murray, H. (1977). *Test de Apercepción Temática (TAT). Manual para la aplicación*. Buenos Aires: Paidós.
2. Vane, J.R., & Guarnaccia, V.J. (1989). Personality theory and personality assessment measures: how helpful to the clinician? *J. Clin. Psychol.*, *45*, 1, 5-19.
3. Groth-Marnat, G. (1999). *Handbook of psychological assessment*. 3.ed. New York: Wiley & Sons.
4. Shentoub, V., et alii (1990). *Manuel d'utilization du TAT (approache psychanalytique)*. Paris: Dunod.
5. Costa-Fernandez, E. (1993). TAT, conforme o modelo interpretativo de Vica Shentoub. In J.A Cunha et alii. *Psicodiagnóstico-R*. 4.ed.rev. (p.372-376). Porto Alegre: Artes Médicas.
6. Constantino, G., Malgady, R.G., & Rogler, L.H. (1988). *Technical manual: the TEMAS thematic apperception test*. Los Angeles, CA: Western Psychological Services.
7. Lezak, M.D. (1995). *Neuropsychological assessment*. 3.ed. New York: Oxford Universities Press.
8. Goldstein, G., & Hersen, M. (1990). Historical perspectives. In G. Goldstein & M. Hersen, Ed. *Handbook of psychological assessment*. 2.ed. (p.3-17). New York: Pergamon Press.
9. Butler, R.W. & Satz, P. (1999). Avaliação da personalidade de adultos e crianças. In H.I. Kaplan & B.J. Sadock. *Tratado de psiquiatria*. 6.ed. (p.592-613). Porto Alegre: Artes Médicas.
10. Pruitt, J.A., Smith, M.C., Thelen, M.H. & Lubin, B. (1985). Attitudes of academic clinical psychologists toward projective techniques: 1968-1983. *Prof. Psychol.: Research & Practice*, *16*, 781-788.
11. Pollyson, J., Norris, D., & Ott, E. (1985). The recent decline in TAT research. *Prof. Psychol.: Research & Practice*, *16*, 26-28.
12. Felippe, Y.M.L. (1980). *Gravidez e depressão: um estudo comparativo entre gestantes primíparas e não-gestantes*. Porto Alegre: Instituto de Psicologia da PUCRS (Dissertação de mestrado).
13. Eizirik, L.S. (1982). *Depressão puerperal: efeitos de prematuridade e risco de vida do recém-nascido no estado emocional da puérpera*. Porto Alegre: Instituto de Psicologia da PUCRS (Dissertação de mestrado).
14. Freitas, N.K. (1982). *Um estudo sobre a negação maníaca e a depressão nas mães de pacientes cancerosos terminais*. Porto Alegre: Instituto de Psicologia da PUCRS (Dissertação de mestrado).
15. Rian, I. (1984). *Um estudo sobre os aspectos psicológicos da depressão e negação maníaca em pacientes mastectomizados*. Porto Alegre: Instituto de Psicologia da PUCRS (Dissertação de mestrado).
16. Knijnik, J. (1985). *Amamentação natural ou artificial: estudo de indicadores da libido e da agressão*. Porto Alegre: Instituto de Psicologia da PUCRS (Dissertação de mestrado).
17. Jung, M.E. (1985). *Maternidade e prematuridade: um estudo sobre a relação entre o desenvolvimento de prematuros e o desempenho da maternagem*. Porto Alegre: Instituto de Psicologia da PUCRS (Dissertação de mestrado).
18. Cronbach, L.J. (1996). *Fundamentos da testagem psicológica*. 5.ed. Porto Alegre: Artes Médicas.
19. Cunha, J.A., & Nunes, M.L.T. (1996). Medida projetiva. In L. Pasquali, Org. *Teoria e métodos de medida em ciências do comportamento* (p.341-365). Brasília: Laboratório de Pesquisa em Avaliação e Medida/Instituto de Psicologia/UnB: INEP.

OUTRAS FONTES BIBLIOGRÁFICAS

Bellak, L. (1979). *El uso clínico de las pruebas psicológicas del TAT, CAT y SAT*. México: El Manual Moderno.
Holt, R.R. (1978). El Test de Apercepción Temática. In H.H. Anderson & J.L. Anderson. *Técnicas proyectivas del diagnóstico psicológico*. 3.ed. (p.224-274). Madrid: Rialp.
Murray, H. (1953). *Exploration de la personalité*. Paris: Presses Universitaires de France.
Portuondo, J. (1970a). *Cuatro técnicas en el Test de Apercepción Temática y la autobiografia como técnica proyectiva*. Madrid: Biblioteca Nueva.

TESTE DAS FÁBULAS

Dados históricos

O Teste das Fábulas [1] retomou uma série de fábulas inacabadas, que originalmente foi divulgada por Louisa Düss, na França, em 1940 [2], e, logo em seguida, na Alemanha [3]. O instrumento, apresentado inicialmente como

Método das Fábulas, visava a explorar conflitos inconscientes, pretendendo chegar a um "diagnóstico do complexo", com uma base teórica essencialmente freudiana. Nos anos seguintes, a autora levantou dúvidas sobre o método, que envolviam a questão de validade [4], desenvolvendo estudos de caráter pioneiro na época [5-7]. Entretanto, o Teste das Fábulas [1] propõe, na administração, a apresentação concomitante da forma verbal e de uma forma pictórica. Utiliza, para a análise das verbalizações, um sistema de categorização de respostas, identifica respostas populares e fenômenos específicos e se fundamenta em um referencial teórico mais completo e complexo, para a interpretação dos resultados, do que o usado em trabalhos anteriores com historietas incompletas.

Ainda na década de 40, as fábulas foram traduzidas para o inglês, nos Estados Unidos, por Louise Despert, para utilizá-las numa pesquisa com crianças [8], ficando conhecidas nesse país como Fábulas de Despert [9]. Apesar da popularidade que alcançou, essa tradução sofreu críticas, por imprecisões semânticas e por não preservar suficientemente "certo caráter sugestivo das fábulas, em consonância com o cunho psicanalítico do original" [10].

Desde seu lançamento, as fábulas foram importadas em vários países, muitas vezes sofrendo modificações e acréscimos e servindo como instrumento em várias pesquisas e em casos clínicos (vide, p.ex., 10-16).

Há pouco mais de uma década se começou, na Pontifícia Universidade Católica do Rio Grande do Sul, Brasil, uma ampla pesquisa com crianças pré-escolares, bem como outros projetos menores paralelos, e a equipe sob nossa coordenação decidiu utilizar as fábulas como um dos instrumentos na área de personalidade. Entretanto, os subsídios da literatura sobre o uso das fábulas, nesse período etário, eram escassos.

A experiência anterior, bem como observações na Argentina [17], apontaram para as vantagens de desenvolver uma versão pictórica para uso com crianças de menos idade e, então, nos propusemos a tal tarefa. A versão original de Düss, que retomáramos e traduzimos, compreende dez pequenas fábulas, cujo herói (animal ou criança) se encontra em uma determinada situação-problema, ambígua e simbólica, que permite a emergência de material de qualidade projetiva.

Desenvolvemos, pois, uma série de lâminas com material ilustrativo dos temas, do tipo de histórias em quadrinhos. Por exemplo, na Fábula 1, na versão verbal, é apresentada uma pequena historieta sobre um filhote de passarinho que sabe voar um pouco. Ele, com os seus pais, estava no ninho, em uma árvore, quando veio um vento muito forte, que derrubou o ninho. Os pais voaram cada um para uma árvore. Então, pergunta-se à criança o que vai fazer o filhote. Portanto, a fábula envolve três momentos-chave, que são apresentados em ilustrações.

Estudos realizados comprovaram a fidedignidade da versão pictórica, em termos de produtividade e aspectos psicodinâmicos, na verbalização espontânea da criança [18]. As vantagens de utilizar concomitantemente as duas formas se reflete no nível de interesse observado e, principalmente, no material obtido no inquérito subseqüente, que fornece conteúdos muito mais ricos, resultando num melhor aprofundamento do entendimento psicodinâmico.

Porém, utilizar um instrumento projetivo em pesquisa envolve um problema, uma vez que autores, que propugnam pelo uso clínico de tais técnicas, o fazem "visando à exploração de aspectos dinâmicos da personalidade que adquirem significado sob a ótica de um referencial teórico ao qual há difícil acesso via psicométrica" [19].

Desenvolvemos, então, um sistema de categorização de respostas. É sabido que, na literatura, encontra-se uma série de críticas em relação a sistemas de escore ou categorias em instrumentos projetivos (vide, p.ex., 20– 26), que procuramos considerar devidamente. Primeiramente, listamos todas as variáveis psicodinâmicas identificadas pelos autores, nas fábulas. Em segundo lugar, examinamos e analisamos o referencial teórico a respeito, para ter subsídios sobre a validade de constructo de possíveis alternativas. A seguir, a lista de variáveis foi apreciada em relação às verbalizações produzidas por cerca de 500 crianças "para verificar se as respostas apresentaram consistência lógica com o constructo implícito pelas variáveis relacionadas, se poderiam ser categorizadas conforme as alternativas ou, ainda, se o material real permitiria a identificação de variáveis descritoras ou categorias não previstas anteriormente com base na revisão teórica ou nas discussões de casos e relatos de pesquisa na literatura" [27].

Anteriormente, num estudo prévio, já se tinha feito a identificação de respostas populares em pré-escolares e escolares [27] e procurado verificar a significação de tais respostas [28-31]. Por outro lado, a análise da verbalização dos 500 casos permitiu a identificação de um certo número de fenômenos específicos que, junto com as respostas populares, constaram no sistema de categorização de respostas. Ultimado tal sistema, foram desenvolvidos estudos de fidedignidade interavaliadores.

Descrição

Em sua forma verbal, o teste compreende dez historietas incompletas, que são apresentadas uma a uma ao sujeito, que as deve completar. As fábulas são as seguintes: F1: do passarinho; F2: do aniversário de casamento; F3: do cordeirinho; F4: do enterro ou da viagem; F5: do medo; F6: do elefante; F7: do objeto fabricado; F8: do passeio com a mãe ou com o pai; e F10: do sonho mau. Em sua forma atual, são praticamente mantidas as formulações propostas por Düss [32] (a não ser na F8, em que o texto de Fine [12] foi preferido). Apenas são sugeridas discretas modificações, a partir do exame do material original, para melhorar a precisão semântica ou manter as características essenciais da situação originalmente pressuposta pela autora.

A forma pictórica é composta por doze lâminas, com ilustrações adequadas a cada uma das fábulas, que devem ser apresentadas ao sujeito concomitantemente à forma verbal. Como há duas alternativas possíveis na F4 (conforme a idade) e na F8 (conforme o sexo), a série de lâminas tem duas a mais do que o número de fábulas.

A administração individual é utilizada em processo psicodiagnóstico. Obtêm-se as verbalizações do sujeito e se realiza um inquérito para aprofundar o entendimento dinâmico. Com crianças de 3 até aproximadamente 8 ou 9 anos, deve-se utilizar a forma pictórica concomitantemente com a verbal. Na adolescência e com adultos, pode-se utilizar apenas a forma verbal, mas o uso da forma pictórica também tem parecido ser bastante útil. Com tais sujeitos, as fábulas são apresentadas como teste de imaginação.

A administração coletiva é usada com o objetivo de triagem. Utiliza-se geralmente a forma verbal. Existem, porém, diapositivos ou transparências no caso de parecer recomendável introduzir a forma pictórica com crianças de idade escolar.

O manual da forma original é distribuído pela Casa do Psicólogo, São Paulo. Existe uma versão com a forma verbal e pictórica, incluindo manual, lâminas e protocolo, distribuída pelo Centro Editor de Testes e Pesquisas em Psicologia, São Paulo.

Administração

Forma: individual (para fins de diagnóstico) e coletiva (para fins de triagem).

Tempo: aproximadamente 15 minutos, ou até 30 minutos, dependendo do inquérito.

Manejo: são considerados o tempo médio de reação, o número de respostas populares, outros tipos de respostas e fenômenos específicos; as verbalizações são analisadas conforme um sistema de categorização e faz-se a interpretação dinâmica dos resultados.

Indicações

1. Psicodiagnóstico de crianças, especialmente pré-escolares.
2. Avaliação dinâmica de adolescentes e adultos, inclusive de terceira idade.
3. Avaliação dinâmica em casos clínicos.

4. Triagem de conflitos emocionais em crianças, adolescentes e adultos por meio de administração coletiva.

Comentários

1. É um dos testes projetivos mais bem aceitos por crianças que reagem a ele mais prontamente que ao CAT [33], e fornece informações úteis dentro do contexto de uma bateria de testes psicológicos [17].
2. Exige do examinador um sólido referencial teórico e boa compreensão de representações simbólicas.
3. Pode servir como método para a investigação de constructos teóricos de base [19, 27, 33-36].
4. Em São Paulo, foi desenvolvido, por Peçanha [37], um sistema de categorização de indicadores de somatização, com crianças asmáticas, bem como categorias relativas a aspectos estruturantes das relações dos pais sobre o ego infantil.
5. Tardivo [38] desenvolveu interessante trabalho, procurando relacionar categorias de conteúdo relativas a cada uma das fábulas e analisando a distribuição de respostas de 128 crianças de 5 a 8 anos. Além disso, discute o desempenho desses sujeitos nas fábulas, no CAT e no Procedimento Desenhos-Estórias.

REFERÊNCIAS BIBLIOGRÁFICAS

1. Cunha, J.A., & Nunes, M.L.T. (1993). *Teste das Fábulas: forma verbal e pictórica*. São Paulo: Centro Editor de Testes e Pesquisas em Psicologia.
2. Düss, L. (1940). La méthode des fables en psychoanalyse infantile. *Arch. Psychol.*, *28*, 1-51.
3. Düss, L. (1942). Die Methode der Fabeln in der Psychoanalyse. *Zeitchrift für Kinderpsychiatric*, *9*, 12-24.
4. Van Kolck, O.L. (1975). *Técnicas de exame psicológico e suas aplicações no Brasil. Testes de personalidade*. Petrópolis, RJ: Vozes.
5. Düss, L. (1944). Étude experimentale des phénomènes de resistance en psychoanalyse infantile. *Zeitzchrift für Kinderpsychiatric*, *11*, 1-11.
6. Düss, L. (1950). *La méthode des fables en psychoanalyse infantile*. Paris: L'Arche.
7. Düss, L. (1964). *Fabelmethode und Untersushungen über den Widerstand in der Kinderanalyse*. Biel: Institut für Psycho-Hygiene.
8. Despert, L. (1946). Psychosomatic study of fifty stuttering children. *Am. J. Orthopsych.*, *16*, 100-113.
9. Würsten, H. (1966). Complemiento de cuentos de Madeleine Thomas y otros métodos similares. In A.J. Rabin & M.R. Haworth, Ed. *Técnicas proyectivas para niños* (p.181-192). Buenos Aires: Paidós.
10. Kramer, E. (1968). The Fables Test. *J. Proj. Tech. & Pers. Assess.*, *32*, 6, 530-532.
11. Ducros, M.M. (1959). Des responses fournies aux "fables de Düss" par les enfants vivant dans un milieu familial anormal. *Enfance*, *2*, 153-180.
12. Fine, R. (1948). Use of Despert Fables (revised form) in diagnostic work with children. *Rorschach Res. Exch. & Proj. Tech.*, *12*, 106-118.
13. Malhorta, M.K. (1971). Über den diagnostischen Wert der Düsschen Fabelmethod. Zeitschrift für experimentelle und angewandte *Psychologie*, *XVIII*, 285-306.
14. Mosse, H.L. (1954). The Duess Test. *Am. J. Psychoth.*, *8*, 251-264.
15. Rossi, L. (1965). Utilitá del test delle Düss nell'indagine psicodinamica degli psicotici. *Neuropsichiatria*.
16. Schwartz, A.A. (1950). Some intercorrelations among four tests comprising a test battery: a comparative study. *J. Proj. Tech.*, *14*, 153-172.
17. Bernstein, J. (1964). Apendice. In J.E. Bell. *Técnicas proyectivas*. Buenos Aires: Paidós.
18. Cunha, J.A., Werlang, B.G., Oliveira, M.S., Nunes, M.L.T., Porto Alegre, A., Heineck, C., & Silveira, H.R. (1989). Método das Fábulas: uma versão pictórica. *Psico*, 17, 1, 51-59.
19. Cunha, J.A., & Nunes, M.L.T. (1996). Medida projetiva. In L. Pasquali, Org. *Teoria e métodos de medida em ciência do comportamento* (p.341-365). Brasília: Laboratório de Pesquisa em Avaliação e Medida/Instituto de Psicologia/UnB: INEP.
20. Blatt, S.S. & Berman, W.H. (1984). A methodology for the use of the Rorschach in clinical research. *J. Pers. Assess.*, *48*, 3, 226-239.
21. Cronbach, L.J. (1990). *Essentials of psychological testing*. 5.ed. New York: Harper & Row.
22. Vane, J.R., & Guarnaccia, V.C. (1989). Personality theory and personality assessment measures: how helpful to the clinician? *J. Clin. Psychol.*, *45*, 1, 5-19.
23. Exner, J.E., & Exner, D.E. (1972). How clinicians use the Rorschach. *J. Pers. Assess.*, *36*, 403-408.
24. Maloney, M.D., & Ward, M.P. (1976). *Psychological assessment: a conceptual approach*. New York: Oxford Universities Press.
25. Cunha, J.A. (1993). Aspectos culturais dos testes psicológicos. *Psico*, 24, 1, 69-74.
26. Hirst, M., & Genshaft, J.L. (1976). Personality assessment and tests for children. In S. Sankar, Ed. *Mental health in children* (p.103-159). Westbury, NY: PJH.

27. Cunha, J.A., & Werlang, B.G. (1995). O uso de técnicas projetivas em pesquisa: o Teste das Fábulas. *Psicologia: Reflexão e Crítica, 8*, 1, 31-42.
28. Cunha, J.A., Oliveira, M.S., Werlang, B.G., Nunes, M.L.T., Porto Alegre, A., Heineck C., et alii (1989). Respostas populares ao Teste das Fábulas. *Psico, 19*, 2, 28-42.
29. Cunha, J.A., Oliveira, M.S., & Heineck, C. (1990). Tendências socioclínicas sugeridas pelas respostas populares ao Teste das Fábulas. Porto Alegre: *Ciência e Cultura, 42*, 7, 467.
30. Nunes, M.L.T., Cunha, J.A., Oliveira, M.S. (1990). O valor clínico do escore de concordância social no Teste das Fábulas. *Psico, 20*, 2, 77-84.
31. Martins, M. (1990). *Um estudo do transtorno de conduta através do Teste das Fábulas*. Porto Alegre: Instituto de Psicologia da PUCRS (Monografia, com divulgação restrita).
32. Düss, L. (1986). *Fábulas de Düss: o método das fábulas em psicanálise infantil*. São Paulo: Casa do Psicólogo.
33. Cunha, J.A., Nunes, M.L.T., Werlang, B.G., Oliveira, M.S. & Wagner, A. (1993). CAT e a avaliação da qualidade projetiva das respostas. In J.A. Cunha *et alii*. *Psicodiagnóstico-R*. 4.ed.rev. (p.265-270). Porto Alegre: Artes Médicas.
34. Cunha, J.A. (1991). Uma investigação sobre o Édipo, hoje. Gramado, RS: *Primeiro Congresso Gaúcho de Psiquiatria*.
35. Cunha, J.A., & Nunes, M.L.T. (1995). Referencial teórico para a investigação do conflito edípico através de técnicas projetivas. *Psicologia: Reflexão e Crítica, 8*, 1, 19-29.
36. Cunha, J.A., & Werlang, B.G. (1992). Conflito edípico e descontinuidades no desenvolvimento. Madri: *Congresso Ibero-americano de Psicologia*.
37. Peçanha, D.L. (1997). *A reciprocidade do desenvolvimento entre a criança com asma e sua família*. São Paulo: USP (Tese de doutorado).
38. Tardivo, L.S.P.C. (1998). *O Teste de Apercepção Infantil e o Teste das Fábulas de Düss: respostas típicas da população brasileira e aplicações no contexto das técnicas projetivas*. São Paulo: Vetor.

TESTE DAS PIRÂMIDES COLORIDAS

Dados históricos

O Teste das Pirâmides Coloridas foi criado por Max Pfister, em 1946, em Zurique, mais com base em suas intuições sobre a significação das cores do que, propriamente, com uma fundamentação científica [1]. Posteriormente, com a colaboração de Robert Heiss e Hildegard Hiltman, de Friburgo, foram feitos estudos sobre a técnica que, com melhor embasamento, chegou à sua forma final em 1951. Também, em vez da construção de uma única pirâmide, na nova forma de administração, passaram a ser solicitadas três. Trata-se de uma técnica projetiva que visa a investigar aspectos psicodinâmicos, com base nas relações entre as cores, seu manejo e seu simbolismo.

Foi desenvolvido através de três etapas, a partir do significado dado às cores pela tradição popular e normatizado após um estudo de validade discriminativa, usando, como amostra, um grupo de sujeitos considerado representativo da população geral e um grupo de dependentes de substâncias, sendo, além disso, desenvolvido um estudo clínico, em que os achados foram analisados em vista do perfil psicológico dos sujeitos.

Descrição

O teste compõe-se de uma folha de papel com o desenho de uma pirâmide de cinco andares, constituída de 15 quadrados de 2,5 cm de lado, além de quadrados de papel glacê de 24 tonalidades diferentes, a partir de 10 cores fundamentais: vermelho, laranja, amarelo (cores de extroversão), verde (cor da regulação), azul, violeta (cores da introversão), branco, marrom, cinza e negro (cores da personalidade profunda).

Aplica-se a sujeitos adultos.

O material, editado e distribuído pelo CEPA, inclui manual, folha de protocolo e as cartelas. O teste propriamente dito (isto é, os quadrículos) é importado de Berna, Suíça.

Administração

Forma: individual.
Tempo: livre.
Manejo: as cores utilizadas são classificadas em quatro categorias, sendo que a inter-

pretação se baseia numa série de relações numéricas estabelecidas entre as categorias e nos percentuais de utilização das diferentes cores e tonalidades, que são avaliados conforme tabelas por sexo e idade, sendo analisada a sua significação a partir do simbolismo da cor, além de serem considerados o modo de execução e aspectos formais.

Indicação

1. Avaliação da personalidade, especialmente como técnica introdutória.

Comentários

1. Segundo Güntert [1] e Anzieu [2], a técnica oferece uma adequada abordagem da afetividade do ponto de vista dinâmico, deixando a descoberto alguns aspectos importantes dentro de uma avaliação psicológica mais geral do ponto de vista clínico.
2. Além de outras modificações propostas para a técnica, Heiss e Hiltman sugeriram a construção suplementar de três pirâmides feias, pressupondo que, nestas, fossem projetadas tendências inconscientes, e Shaia e Holder propuseram a redução das diversidades de nuanças. Tais modificações, porém, parecem ter sido sujeitas a sérias críticas [2].
3. Ao mesmo tempo que se afirma que o teste pode ser repetido, porque a aprendizagem não influi nos resultados, sua fidedignidade no reteste é questionada por não diferenciar suficientemente afetos estáveis e instáveis no sujeito.

REFERÊNCIAS BIBLIOGRÁFICAS

1. Güntert, A.E.V.A. (1996). A técnica das pirâmides coloridas de Pfister para diagnóstico da personalidade. In A. Jacquemin, F.T.K. Okino e J. Vendruscolo, Org. *Anais do I Encontro da Sociedade Brasileira de Rorschach e Outros Métodos Projetivos* (p.3-9). Ribeirão Preto, SP: Sociedade Brasileira de Rorschach.
2. Anzieu, D. (1981). *Os métodos projetivos*. 3.ed. Rio de Janeiro: Campus.

OUTRAS FONTES BIBLIOGRÁFICAS

Carnio, E.C., & Loureiro, S.R. (1993). Caracterização da percepção do real de pacientes esquizofrênicos, avaliados através das pirâmides coloridas de Pfister. *Psico, 24*, 1, 35-47.
Villemor Amaral, F. (1966). *Pirâmides coloridas de Pfister*. Rio de Janeiro: CEPA.

TESTE DAS RELAÇÕES OBJETAIS

Dados históricos

O Teste das Relações Objetais [1] foi desenvolvido na Inglaterra, a partir da observação de sessões psicoterápicas de grupos, realizadas por Herbert Phillipson, com a colaboração e sugestões de colegas, na Clínica Tavistock, em Londres. Embora considerado um dos descendentes do TAT, seu referencial teórico teve ampla influência de Melanie Klein e Fairbairn. Focalizava especificamente a relação entre paciente e terapeuta. Apesar de ter sido começado a ser delineado em 1948, foi publicado somente em 1955.

A normatização do teste foi feita com base em 600 histórias produzidas por uma amostra de 50 pacientes psiquiátricos ambulatoriais e em material coletado de outra amostra, constituída por 40 adolescentes normais, cujos dados foram comparados com 50 sujeitos do sexo feminino, com história de delinqüência. Entretanto, o próprio autor considerou com restrições seus estudos, sugerindo investigações adicionais.

Somente na década seguinte à sua divulgação, em Londres, o teste foi introduzido na Argentina, onde teve ampla aceitação, continuando seu enfoque interpretativo a sofrer a influência de idéias de Freud e Klein, mas também recebendo contribuições decorrentes de pontos de vista de Bion e de Liberman [2].

Descrição

O material do teste de Phillipson é composto de três séries de quatro lâminas com figuras e mais uma lâmina branca. Cada série é denominada, respectivamente, de A, B e C, assim como as lâminas integrantes de cada uma são chamadas de A1, A2, A3 e AG. Cada figura mede 15,5 cm x 19,5 cm e está impressa sobre uma lâmina branca de 22,5 cm x 29 cm. Essas figuras representam situações de relações objetais básicas, havendo situações de uma, duas, três pessoas e situações grupais. Em todas as figuras, as representações são de luz e sombras, as silhuetas humanas são vagas [3] e ambíguas quanto a sexo e idade, não possuindo detalhes nem precisão, em especial no rosto. Também não aparece movimento ou esboço de movimento em qualquer das situações.

Administração

Forma: individual.
Tempo: aproximadamente 90 minutos.
Manejo: são consideradas três características essenciais na produção das histórias: a) percepção da situação da lâmina; b) as pessoas incluídas nas histórias e suas relações; e c) a história como estrutura e como realização, e a interpretação é realizada, principalmente, com base na teoria das relações objetais.

Indicações

1. Avaliação da personalidade.
2. Avaliação de condições para indicação de processo psicoterápico.

Comentários

1. É uma técnica de produção verbal, a partir de estímulos visuais, bastante ambíguos para se tornarem isentos da influência de aspectos socioculturais. Concilia tendências de temática neutra e de dramatização, assim como enfatiza o presente, embora investigue a ordem temporal do que é projetado. Oferece a oportunidade de menor expressão da agressividade, predispondo a um maior dinamismo quanto à transferência.

2. Considera-se que essa técnica amplia o referencial do teste de Rorschach, em termos do emprego de textura, de cor em duas modalidades e das gradações de preto, bem como pela inclusão de figuras humanas.

REFERÊNCIAS BIBLIOGRÁFICAS

1. Phillipson, H. (1977). *Test de Relaciones Objetales. Manual*. Buenos Aires: Paidós.
2. Grassano, E. (1996). *Indicadores psicopatológicos nas técnicas projetivas*. São Paulo: Casa do Psicólogo.
3. Anzieu, D. (1981). *Os métodos projetivos*. 3.ed. Rio de Janeiro: Campus.

OUTRAS FONTES BIBLIOGRÁFICAS

Arzeno, M.E.G. (1995). *Psicodiagnóstico clínico: novas contribuições*. Porto Alegre: Artes Médicas.
Ocampo, M.L.S., Arzeno, M.E., et alii (1979). *Las técnicas proyectivas y el proceso psicodiagnóstico*. V.2. Buenos Aires: Nueva Visión.
Ocampo, M.L.S., Arzeno, M.E., et alii (1981). *O processo psicodiagnóstico e as técnicas projetivas*. São Paulo: Martins Fontes.
Piccolo, E.G. (1977). *Indicadores psicopatológicos en técnicas proyectivas*. Buenos Aires: Nueva Visión.

TESTE DE COMPLETAMENTO DE DESENHOS (WARTEGG)

Dados históricos

O Teste de Completamento de Desenhos também é chamado de Teste de Wartegg, por ter sido Ehrig Wartegg que o divulgou, num congresso de psicologia, realizado na Alemanha, em 1937, e o publicou, em Leipzig, em 1939 [1-3]. Sua idéia de utilizar o completamento de desenhos, como técnica projetiva, foi inspirada numa técnica desenvolvida em 1928, o Teste da Fantasia. Como embasamento de seu teste, criou um sistema tipológico, elaborando, ao mesmo tempo, um esquema de funções básicas da personalidade, cada um com duas características em oposição. Teoricamente, baseava-se em pressupostos da Gestalt e de Jung.

Posteriormente, foi desenvolvido um estudo sobre o Wartegg por Marian Kinget, numa amostra de 383 sujeitos, considerados normais, incluindo crianças, adolescentes e adultos. Ela abandonou o sistema tipológico criado anteriormente, mas utilizou o esquema de funções da personalidade, como um esquema metodológico, para considerar as características individuais, usando um critério diagnóstico que, segundo Stipp [1], serve de fundamentação para as avaliações do teste que se fazem no Brasil.

Descrição

A folha de protocolo do teste apresenta oito quadrados de 4 cm de lado ("campo"), com uma moldura preta, sendo que, em cada um deles, há o esboço de um desenho ("sinal arquétipo"), que é um estímulo para que o sujeito, a partir dele, construa uma configuração, completando o desenho, conforme as características gestálticas que lhe atribui.

Após a entrega do protocolo, lápis e borracha, é feito o estabelecimento de um *rapport*, e o sujeito recebe instruções para completar o desenho iniciado da forma que mais lhe agrade e na ordem que quiser (que é anotada).

O teste pode ser aplicado a qualquer pessoa, independentemente de idade, sexo ou escolaridade, bastando apenas estar o suficientemente familiarizada com lápis e papel, para poder desenhar.

O manual e as folhas de aplicação são publicados, no Brasil, pelo CETEPP, Centro Editor de Testes e Pesquisas em Psicologia.

Administração

Forma: individual ou coletiva.
Tempo: de 15 a 20 minutos.
Manejo: são utilizadas uma abordagem projetiva (com análise da seqüência e do conteúdo, em relação às qualidades do estímulo) e uma abordagem expressiva (análise de aspectos formais da produção), enquanto a interpretação é feita numa base probabilística [2], já que as listas de respostas normais, ou não, de Wartegg não podem ser consideradas adequadas no Brasil, por diferenças socioculturais e havendo uma listagem de conteúdos mais freqüentes, numa amostra brasileira, embora a autora considere este como um estudo preliminar [1].

Indicação

1. Avaliação da personalidade, em clínica, na área escolar e organizacional.

Comentário

1. Como todas as técnicas projetivas, o Wartegg tem sido objeto de críticas, apesar de estar apresentando certa popularidade entre psicólogos, especialmente pelo fato de sua administração se caracterizar por baixo custo e ser simples e rápida. Estudos sugerem uma adequada revisão dos procedimentos adotados para levantamento e interpretação, uma vez que a fidedignidade interavaliadores é baixa [4], o que é uma crítica que deve ser encarada com muita seriedade pelos psicólogos, pois põe em xeque a qualidade de suas decisões.

REFERÊNCIAS BIBLIOGRÁFICAS

1. Freitas, A.M.L. (1993). *Guia de aplicação e avaliação do teste de Wartegg*. São Paulo: Casa do Psicólogo.
2. Stipp, V.D. (1996). Teste de Wartegg ou teste de completamento de desenhos. In A. Jacquemin, E.T.K. Okino e J. Vendruscolo, Org. *Anais do I Encontro da Sociedade Brasileira de Rorschach e Outros Métodos Projetivos* (p.35-40). Ribeirão Preto, SP: Sociedade Brasileira de Rorschach.
3. Anzieu, D. (1981). *Os métodos projetivos*. 3.ed. Rio de Janeiro: Campus.
4. Mattlar, C.E., Lindholm, T., Haasiosalo, A., Vesala, P., et alii (1991). Interrater agreement when assessing alexithymia using the Drawing Completion Test. *Psichot. & Psychos.*, 56, 1-2, 98-101.

OUTRAS FONTES BIBLIOGRÁFICAS

Kinget, M.G. (1952). *The drawing completion test*. New York: Grune & Stratton.
Wartegg, E. (1987). *Teste de Wartegg, Diagnóstico de Camadas*. São Paulo, CETEPP.

TESTE DE SONDAGEM INTELECTUAL

Dados históricos

O Teste de Sondagem Intelectual foi planejado para se constituir numa adaptação da *Series of Emergency Scales*, de Grace H. Kent, que é um instrumento utilizado como medida preliminar a um exame intelectual mais completo [1].

A partir do modelo de Kent, foi desenvolvida uma série unificada de provas verbais – A, B, C e D –, organizadas por ordem de dificuldade crescente, com zonas de superposição – AB, BC e CD –, construídas com a finalidade de serem usadas como índices do nível em que cada sujeito deve ser enquadrado para classificação.

Para a construção do instrumento, foi utilizada uma amostra de 877 sujeitos, representativa e proporcional à população estudantil de Porto Alegre. Os níveis de referência para a construção e padronização (atualizados em função da seriação escolar atual) são: nível A, até a 2ª série completa, nível B, até a 5ª série completa, nível C, até a 7ª série completa, e nível D, até a 8ª série completa.

Os instrumentos foram apresentados em 1967 e publicados em 1968 e 1969.

Descrição

A série total inclui 75 itens, compreendendo três conjuntos – AB, BC e CD. Cada conjunto se compõe de 40 itens, organizados como dois subtestes unitários, com igual número de itens. Os itens são questões do tipo do subteste de Informação das Escalas Wechsler.

A série total foi desenvolvida para ser aplicada em folhas de questões e folhas de respostas próprias para cada conjunto [2]. Pode ser usada em crianças a partir de 6 anos, adolescentes e adultos.

O conjunto AB, que apresenta uma correlação satisfatória com o teste INV, foi publicado pelo CEPA, com o título de Teste de Sondagem Intelectual [3]. Seu material inclui folhas de questões do teste, folhas de respostas e manual. O seu limite inferior de idade é de 6 anos, e há tabelas de percentis para níveis de escolaridade equivalentes até a atual sétima série do ensino fundamental.

Administração

Forma: individual, para pré-escolares e crianças da 1ª série, e coletiva para todos os outros níveis.

Tempo: livre, chegando aproximadamente a 30 minutos.

Manejo: atribui-se escore, de 1 a 4, às respostas corretas, conforme o grau de generalização de abstração e de precisão, obtendo-se a soma dos escores, que são classificados conforme tabelas de percentis existentes no manual.

Indicações

1. Triagem intelectual.
2. Avaliação intelectual [4].

Comentário

1. Tanto a série total, como o Teste de Sondagem Intelectual, reúnem as características de rapidez, economia e flexibilidade, mas foram criados como uma medida preliminar, que atende a um propósito de triagem. Kaufman e Reynolds [5] recomendam o uso de medidas desse tipo para avaliar grande número de crianças em um período curto de tempo, para, numa base probabilística, identificar crianças que podem apresentar problemas intelectuais e que devem ser encaminhadas a uma avaliação mais completa. Assim, um mau resultado num teste de triagem não significa que o sujeito tenha problemas intelectuais, mas que tem probabilidade de apresentá-los.

REFERÊNCIAS BIBLIOGRÁFICAS

1. Kent, G.H. (1946). *Series of Emergency Scales*. New York: Psychological Corporation.

2. Cunha, J.A., Moraes, M.I.B., Rocha, N.S., Werba, L., Valle, R.R., Spader, M. et alii. (1968). Construção da série unificada de provas de sondagem intelectual. *Bol. de Psicol.*, XX, 55/56, 15-24.
3. Cunha, J.A., Moraes, M.I.B., Rocha, N.S., Werba, L., Valle, R.R., Spader, M., *et alii.* (1969). *Teste de Sondagem Intelectual*. Rio de Janeiro: CEPA.
4. Van Kolck, O.L. (1975). *Técnicas de exame psicológico e suas aplicações no Brasil. Testes de personalidade*. Petrópolis, RJ: Vozes.
5. Kaufman, A.S. & Reynolds, C.R. (1983). Clinical evaluation of intelectual function. In I.B. Weiner, Ed. *Clinical methods in psychology*. 2.ed. (p.100-151). New York: Wiley & Sons.

TESTE DESIDERATIVO

Dados históricos

Criado em 1946, por Pigem e Córdoba, em Barcelona, este instrumento passou por várias modificações, até a forma em que hoje é mais utilizado na América Latina. Primeiramente, Krevelen, na Holanda, fez uma adaptação para administrá-lo em crianças. Em seguida, na França, Zazzo e Mathon [1], em 1950, apresentaram outra versão, publicada, em 1956, como Teste do Bestiário. Também, em 1956, o teste foi modificado por Jaime Bernstein [2], na Argentina, onde ficou conhecido como Questionário Desiderativo ou Teste Desiderativo. Assim, seu referencial teórico, que derivava de Spranger, passou a ser um marco psicanalítico, havendo mudanças não só na interpretação, como na própria administração [3].

No Bestiário, a criança faz escolhas e estabelece restrições em relação a animais. As respostas são consideradas quanto ao simbolismo dos animais, que são objeto de opções ou rejeições. Não obstante, embora o Bestiário e o Desiderativo tenham aspectos em comum, exploram diferentes níveis de personalidade.

Por outro lado, comparando o Teste Desiderativo, de Pigem e Córdoba, com a versão do Desiderativo, de Bernstein, segundo ele opina, no Apêndice do livro de Bell [2], a última forma permite uma avaliação mais dinâmica e supõe um enfoque idiográfico, ao contrário da versão original, podendo a produção do sujeito ser analisada sob diferentes enfoques teóricos.

Descrição

O Teste Desiderativo coloca o sujeito numa situação imaginária, respondendo à pergunta: "Que desejaria ser se tivesse de voltar a este mundo não podendo ser pessoa?" A seguir, são propostas outras opções, entre animal, planta e objeto, bem como rejeições, sendo estabelecida uma hierarquia de desejos e rejeições. São investigadas as condições de integridade do ego, diante da situação de morte, que é fantasiada através das indagações do teste.

Destina-se a crianças, adolescentes e adultos.

Administração

Forma: individual.
Tempo: 10 a 15 minutos, aproximadamente.
Manejo: a interpretação é feita a partir do simbolismo das respostas e das motivações dinâmicas, expressas na explicação desiderativa.

Indicação

1. Avaliação dinâmica.

Comentários

1. Ainda que o trabalho de Bernstein tenha representado um avanço sobre a versão original de Pigem e Córdoba, a técnica apresenta agora melhores perspectivas para diagnóstico, considerando novas abordagens interpretativas, propostas por Grassano [4], com base em pressupostos teóricos kleinianos.

2. Apesar do uso de indicadores psicopatológicos introduzir certa sistemática na tarefa de interpretação, parece que se poderia obter mais riqueza de subsídios, se fosse possível desenvolver pesquisas sistemáticas com o instrumento em grupos não-clínicos, bem como

em grupos clínicos diferenciados quanto ao diagnóstico ou "quadro psicopatológico", na terminologia de Grassano [3].

REFERÊNCIAS BIBLIOGRÁFICAS

1. Zazzo, R., & Mathon, T. (1968). A prova do bestiário. In R. Zazzo. *Manual para o exame psicológico da criança* (p.496-595). São Paulo: Mestre Jou.
2. Bell, J. (1964). *Técnicas proyectivas*. 2.ed. Buenos Aires: Paidós.
3. Celener de Nijamkin, J., & Guinzbourg de Braude, M. (1993). *El cuestionário desiderativo*. 2.ed. Buenos Aires: Lugar Editorial.
4. Grassano, E. (1996). *Indicadores psicopatológicos nas técnicas projetivas*. São Paulo: Casa do Psicólogo.

OUTRAS FONTES BIBLIOGRÁFICAS

Arzeno, M.E.G. (1995). *Psicodiagnóstico clínico: novas contribuições*. Porto Alegre: Artes Médicas.
Ocampo, M.L.S., Arzeno, M.E., *et alii* (1981). *O processo psicodiagnóstico e as técnicas projetivas*. São Paulo: Martins Fontes.
Piccolo, E.G. (1977). *Indicadores psicopatológicos en técnicas proyectivas*. Buenos Aires: Nueva Visión.

TESTE NÃO-VERBAL DE RACIOCÍNIO PARA CRIANÇAS (TNVRI)

Dados históricos

O TNVRI foi desenvolvido recentemente, no Laboratório de Avaliação e Medida da Universidade de Brasília, sob a coordenação de Luiz Pasquali [1]. O autor, influenciado pelos pressupostos teóricos de Spearman sobre o fator "g", bem como pelas idéias de Raven, sobre o desenvolvimento cognitivo das crianças, que originaram as escalas de Matrizes Progressivas (vide Raven, neste Catálogo), e, ainda, também inspirado nas pesquisas de Pierre Weil (vide INV, neste Catálogo), delineou um teste destinado a medir o potencial intelectual de crianças e adolescentes brasileiros.

A análise fatorial, com rotação oblíqua, produziu uma solução fatorial de dois fatores, representando o Fator 1 o constructo de raciocínio analógico concreto, e o Fator 2, o raciocínio analógico abstrato. O Fator 1 compreende os itens mais fáceis do teste e envolve uma tarefa de preenchimento de uma lacuna simples, completando uma *gestalt* e exigindo da criança capacidade de percepção da *gestalt* e habilidade visoespacial. Já o Fator 2, com itens mais difíceis que o anterior, envolvendo uma tarefa de descobrir a parte faltante de um todo, estabelecendo uma relação por analogia, exige, assim, capacidade de abstração e dedução. Em vista da correlação entre esses dois fatores, foi possível identificar também um fator geral que compreende os conteúdos de ambos os fatores e que representa o constructo de raciocínio analógico.

O instrumento, nos estudos realizados até sua divulgação, em edição experimental (1998), vinha apresentando muito boa qualidade psicométrica, devendo ser reapresentado, dentro de pouco tempo, com normas baseadas em cerca de 3.000 casos, em versão definitiva para o Brasil.

Descrição

O TNVRI é um instrumento não-verbal constituído por um caderno com 60 itens ou figuras, que representam cada uma um problema, cuja solução deve ser escolhida entre seis alternativas de resposta. Os problemas estão ordenados por ordem de dificuldade crescente.

É utilizado com sujeitos de 5 a 12 anos, sendo que, na fase atual, as normas para as faixas de 8 a 12 anos são consideradas as mais confiáveis.

O material é composto de um caderno de questionário, folha de respostas e crivos de apuração, sendo que, na administração coletiva, faz-se necessária uma reprodução de dois exemplos em tamanho de cartaz, e é distribuído pela Casa do Psicólogo, São Paulo.

Administração

Forma: individual (com sujeitos com idade inferior a 8 anos ou com limitações intelectuais ou psicomotoras) ou coletiva (em grupos de, no máximo, 8 a 9 sujeitos),

Tempo: de 45 a 90 minutos, em média.

Manejo: na apuração manual (é possível também a apuração por computador), as respostas certas para cada fator são computadas com o uso de crivos, sendo o escore bruto transformado em valor percentílico, consultando-se tabelas normativas em função da idade.

Indicação

1. Medida de raciocínio analógico.

Comentários

1. Segundo o autor, o Fator 1 envolve itens muito fáceis para medir o raciocínio analógico concreto de crianças normais de cerca de 10 anos, mas é considerado útil quando existem déficits de percepção espacial ou dificuldades de raciocínio concreto.

2. Uma vez que as normas do INV, para a população brasileira, foram desenvolvidas na década de 50 [1], é muito conveniente se contar com um teste também não-verbal e com normas atuais, principalmente, pressupondo possíveis modificações do desempenho intelectual do brasileiro, já que, em vários países, foi observado que tem havido um ganho apreciável em QI por década [2].

REFERÊNCIAS BIBLIOGRÁFICAS

1. Pasquali, L.(1998). *Teste não-verbal de raciocínio para crianças (TNVRI). Manual técnico e de aplicação.* São Paulo: Casa do Psicólogo.
2. Flynn, J.R. (1998). WAIS-III and WISC-III IQ gains in the United States from 1972 to 1995: how to compensate for obsolete norms. *Perc. & Motor Skills, 86,* 1231-1239.

VINELAND

Dados históricos

A escala Vineland original, de Maturidade Social, foi desenvolvida por Edgard A. Dool, em New Jersey, tendo aparecido a primeira versão, em caráter experimental, em 1935, seguida por uma segunda, em 1936. A terceira foi publicada em livro, denominado *The measurement of social competence*, incluindo uma tabela de conversão para transformar a soma total dos escores em valores de idade social. A quarta, publicada em 1965, constitui uma revisão e padronização da anterior, apresentando uma melhor e mais prática distribuição dos itens, com modificações importantes na faixa dos 10 aos 15 anos e no nível adulto.

Pela última revisão, que foi divulgada em 1984, o instrumento recebeu o nome de *Vineland Adaptive Behavior Scales*, ou, simplesmente, Vineland, e sofreu modificações importantes no que se refere à sua aplicação em diferentes idades e populações, na padronização e normatização, desenvolvida em amostra de 3.000 sujeitos para cada versão, apresentando melhores qualidades psicométricas [1]. É apresentada em três versões, a *Survey Form*, a *Expanded Form* e a *Classroom Edition*, por Sparrow, Ball e Cicchetti [2].

Descrição

O instrumento é composto por uma série de itens, distribuídos conforme "a progressão comportamental da vida normal", nas mesmas oito categorias da escala original, relacionadas com "competência social" [1]: auto-ajuda geral, auto-ajuda para comer, auto-ajuda para vestir, autodireção, ocupação, comunicação, locomoção e socialização.

As duas primeiras versões destinam-se à avaliação de sujeitos desde o nascimento e até os 18 anos e 11 meses ou de adultos mais limitados, por meio de entrevista semi-estruturada com um dos pais ou pessoa que tome conta do sujeito. A terceira versão destina-se à avaliação de crianças de 3 a 11 anos, através de questionário respondido pelo professor.

O material é distribuído pelo American Guidance Service, em Circle Pines, MN, Estados Unidos.

Administração

Forma: individual, seja por entrevista semi-estruturada (nas duas primeiras versões), seja por meio de questionário (na terceira versão).

Tempo: 20-60 minutos, para a *Survey Form*, 60-90 minutos para a *Expanded Form* e 20 minutos para a *Classroom Edition*.

Manejo: são atribuídos escores, nas três versões, que fornecem escores padrões, sendo transformados em percentis, estaninos, níveis adaptativos e equivalentes de idade, havendo, também, para as duas primeiras versões, normas para grupos específicos, com retardamento mental, perturbação emocional, incapacidade visual e de audição.

Indicações

1. Avaliação do funcionamento adaptativo.
2. Avaliação de condições para colocação e institucionalização.

Comentários

1. É um instrumento especialmente recomendado para integrar baterias para diagnóstico e avaliação do retardamento mental [3]. Assim, é introduzido, aqui, como sugestão para ser objeto de estudo e adaptação para o Brasil.

2. Conforme Perlman e Kaufman [1], embora as versões atuais representem considerável avanço sobre o instrumento original, são criticadas pela existência de poucos itens em alguns níveis de idade (como era o caso nas versões anteriores), e, assim, na análise de algumas subcategorias, o examinador deve estar suficientemente familiarizado com o instrumento e suas características para levar em conta sua fidedignidade em diferentes idades.

3. Uma tentativa de adaptação da escala de 1965, para pré-escolares, foi feita por nosso grupo de pesquisa da PUCRS, incluindo apenas itens relacionados com competência social, que não dependem do aprendizado formal (originais, modificados ou substituídos). O sistema de escore foi simplificado, e o instrumento foi aplicado à mãe ou responsável. O coeficiente de fidedignidade (método das duas metades) dessa escala de Competência Social foi estimado em 0,87 [4]. Pela análise de variância, verificou-se que as variáveis renda familiar e idade e a interação entre esses dois fatores têm efeitos significantes sobre as médias [5]. Não obstante, tais achados devem ser interpretados à luz de resultados parciais sobre o desempenho de crianças nas diferentes categorias, que sugerem que a composição do escore total varia em termos dos escores de certas categorias, que possivelmente se associam "com restrição ou não de liberdade e autonomia, bem como da maior ou menor estimulação em algumas áreas", nos diferentes níveis socioeconômicos e níveis de idade [5, 6].

REFERÊNCIAS BIBLIOGRÁFICAS

1. Perlman, M.D., & Kaufman, A.S. (1990). Assessment of child intelligence. In G. Goldstein & M. Hersen, Eds. *Handbook of psychological assessment*. 2.ed. (p.59-78). New York: Pergamon Press.
2. Sparrow, S.S., Balla, D.A., & Cicchetti, D.V. (1984). *Vineland Adaptive Behavior Scales*. Circle Pines, MN: American Guindance Services.
3. Groth-Marnat, G. (1999). *Handbook of psychological assessment*. 3.ed. New York: Wiley & Sons.
4. Cunha, J.A., Nunes, M.L.T., & Oliveira, M.S. (1990). Escala de Competência Social e Escala Columbia de Maturidade Intelectual: estudo de fidedignidade e correlação entre os instrumentos. Ribeirão Preto, SP: *XX Reunião Anual de Psicologia da Sociedade de Psicologia de Ribeirão Preto*.
5. Cunha, J.A. (1992). Problemas na avaliação de crianças pré-escolares. Simpósio: Diferenças socioculturales y evaluación psicológica. Madrid: *Congreso Ibero-americano de Psicología*.
6. Cunha, J.A., & Nunes, M.L.T. (1990). Escala de Competência Social *versus* renda familiar, sexo e idade em crianças pré-escolares. Ribeirão Preto, SP: *XX Reunião Anual de Psicologia da Sociedade de Psicologia de Ribeirão Preto*.

OUTRAS FONTES BIBLIOGRÁFICAS

Cunha, J.A., & Nunes, M.L.T. (1990). Análise do desempenho de crianças pré-escolares nas diferentes categorias da Escala de Competência Social. Ribeirão Preto, SP: *XX Reunião Anual de Psicologia da Sociedade de Psicologia de Ribeirão Preto*.

Dool, E.A. (1965). Vineland Social Maturity Scale. Circle Pines, MN: American Guindance Service.

WAIS e WAIS-R

Dados históricos

A *Wechsler Adult Intelligence Scale*, WAIS, ou Escala de Inteligência para Adultos, foi publicada, originalmente, em 1955 [1], como resultado da revisão, extensão e padronização da Forma I da *Wechsler Bellevue Scale*, ou W-B (1939). Foi considerada extremamente importante a introdução das Escalas Wechsler, através da W-B, atingindo o monopólio da Stanford-Binet, na área da avaliação intelectual [2], e propondo o uso de critérios estatísticos para o cálculo do QI, em substituição à idade mental, em uso até o momento [3]. Como revisão da Escala de Inteligência para Adultos, ou do WAIS (como é mais popularmente conhecida entre psicólogos), o WAIS-R [4] foi publicado em 1981, padronizado para adultos de 16 a 74 anos e 11 meses. Esse instrumento, embora objeto de modificações, ainda reflete o conceito básico de David Wechsler de que os testes de inteligência são instrumentos psicométricos, constituídos por uma série de tarefas, para a avaliação do potencial do sujeito para apresentar "comportamento com propósito e útil".

Já antes do aparecimento do WAIS-R, o W-B [5] e o WAIS começaram a ser utilizados, não só como medida de QI, mas também para a mensuração de diferentes funções cognitivas e na avaliação da organização da personalidade [2], principalmente sob a luz de pressupostos da psicologia do ego, sendo que esta última perspectiva foi defendida especialmente por Rapaport e colegas [6], em obra lançada em 1945. Ainda que tais escalas não tenham sido originariamente delineadas para tal fim, hoje em dia, o WAIS e, principalmente, o WAIS-R são amplamente utilizados em avaliações neuropsicológicas [7], tendo sido criado um instrumento complementar, o WAIS-R NI [8], que é um poderoso coadjuvante em tais exames. Por outro lado, em completo acordo com o conceito de Wechsler sobre inteligência [4], as duas escalas continuam a ser usadas em psicodiagnóstico de personalidade, com base em resultados de pesquisas.

Assim, dando continuidade a seu mais antigo antecessor, o W-B, essas escalas servem a outros propósitos diversos da simples classificação do QI, permitindo aplicações clínicas diferenciadas com diversos objetivos psicodiagnósticos [9].

Descrição

Tanto o WAIS como o WAIS-R compreendem duas escalas, verbal e de execução, com seis e cinco subtestes, respectivamente. No WAIS, a escala verbal inclui os subtestes de Informação, Compreensão, Aritmética, Semelhanças, Dígitos e Vocabulário. A escala de execução abrange os subtestes de Símbolos, Completamento de Figuras, Cubos, Arranjo de Figuras e Armar Objetos. No WAIS-R, os subtestes são os mesmos. Não obstante, subtestes verbais e de execução são alternados, para manter o interesse do sujeito [4].

Os subtestes avaliam diferentes aspectos do funcionamento mental e, neste sentido, podem ser considerados como uma bateria. Entretanto, através da soma dos escores de cada escala, obtêm-se um QI verbal e um QI de execução, e os resultados globais fornecem um QI total.

Tanto o WAIS como o WAIS-R exigem material técnico específico (somente Cubos e três conjuntos de Armar Objetos são comuns a ambos), folha para registro de respostas (protocolo) e manual, sendo que o WAIS-R ainda inclui uma folha de análise. O material original de ambos é de The Psychological Corporation. O WAIS, de edição da Paidós, é distribuído pela Casa do Psicólogo, São Paulo.

Alguns subtestes verbais do WAIS já foram traduzidos e relativamente adaptados no Brasil. A folha de registro de respostas é distribuída pelo Centro Editor de Psicologia Aplicada, Rio de Janeiro, ou por suas concessionárias. Do WAIS-R não existe tradução publicada no Brasil, nem qualquer tentativa de padronização, o que é lamentável, não só porque seu conteúdo foi atualizado, mas porque apresenta condições psicométricas melhores que o WAIS [1].

São utilizados com sujeitos de 16 anos ou mais.

Administração

Forma: individual.

Tempo: existe tempo limite para a administração dos itens individuais em alguns subtestes; o tempo de administração total mínimo é de aproximadamente 60 a 90 minutos, podendo variar conforme as condições culturais, intelectuais e emocionais dos sujeitos.

Manejo: são atribuídos escores brutos às respostas individuais, conforme as instruções detalhadas nos manuais; as somas dos escores brutos é convertida em escore ponderado, através de tabela; a soma dos escores ponderados de cada escala e a de ambas as escalas são, por sua vez, convertidas em QI, através de tabela selecionada conforme o grupo etário do sujeito; porém, se apenas cinco subtestes verbais ou quatro de execução são administrados, no WAIS-R, previamente deve ser utilizada uma tabela específica de proporcionalização da contagem ponderada.

Indicações

1. Medida da inteligência geral.
2. Avaliação do nível intelectual com base em apenas uma das escalas, quando comprometimentos específicos (da fala, sensoriais, motores, etc.) prejudicam ou impedem a utilização de todos os subtestes.
3. Identificação de indícios psicopatológicos.
4. Instrumento de avaliação neuropsicológica.

Comentários

1. Na tradução do WAIS, foi praticamente mantida a ordem dos itens da escala original, com exceção daqueles do subteste de Vocabulário. Não obstante, a experiência clínica sugere que a ordem de dificuldade crescente dos itens não é a mesma no Brasil. Apresentamos recomendações de como lidar com o problema no tema específico sobre as Escalas Wechsler. Quanto ao conteúdo do subteste de Aritmética, sugere-se adaptar a formulação dos problemas às circunstâncias do momento econômico atual, de forma a ser mantido o mesmo raciocínio implícito.

2. A ausência de normas padronizadas para a população brasileira faz com que o psicólogo tenha que recorrer a tabelas americanas. Porém, a comparação com resultados de outros instrumentos sugere que a classificação original é utilizável para finalidades clínicas. Para laudos com objetivo forense, parece essencial a utilização de outras técnicas para confirmação de resultados.

3. O WAIS possui pouca capacidade de discriminação nos extremos da curva de inteligência, o que significa que a sua aplicabilidade é restrita, especialmente em casos de limitação intelectual mais severa, porque leva a uma superestimação da capacidade desses sujeitos [11]. Já o WAIS-R é indicado para a avaliação do retardamento mental [9].

4. Ainda há certa discrepância em resultados de pesquisas que comparam resultados de QI no WAIS e no WAIS-R. Na amostra de padronização, Wechsler encontrou coeficientes de correlação para o QIV, QIE e QIT de 0,91, 0,79 e 0,88, respectivamente, numa amostra de sujeitos de 35 a 44 anos. Já em sujeitos de 16 anos, dessa amostra, encontrou diferenças de 7 a 9 pontos, nos QIs, a favor do WAIS [4]. Lezak [7] também cita vários autores que observaram esse tipo de diferença. A comparação sistemática entre escores das amostras de normatização dessas escalas Wechsler e de sua sucessora, o WAIS-III, revelou que isso resulta do fato de que os sujeitos estão se desempenhando cada vez melhor em testes de QI, tornando as normas recentes mais rígidas que as anteriores [12]. Comparando dados de quatro países, Flynn [13] observou que o ganho em QI fica ao redor de 6 pontos por década.

5. Jacquemin [14], examinando resultados de um estudo, realizado em 1985, entre 194 membros da Sociedade de Avaliação da Personalidade dos Estados Unidos, comenta o fato de que o WAIS foi colocado em primeiro lugar entre os instrumentos de psicodiagnóstico utilizados, ressaltando que tal popularidade ocorreu após o lançamento do WAIS-R. Por outro

lado, Lezak, em 1995 [7], lamentava o fato de o WAIS-R ter conservado a sistemática das escalas anteriores, em vez de assumir um formato mais científico. O esquema dicotômico das Escalas Wechsler também é criticado por não levar em conta modelos teóricos mais atualizados sobre inteligência [15].

6. O WAIS tem sido incluído entre as baterias neuropsicológicas mais comumente utilizadas [16], sendo empregado para a identificação de déficits cognitivos, na determinação da natureza e extensão de tais déficits e, especialmente, no caso de alcoolistas para a avaliação da reversibilidade de déficits após a abstinência [17, 18]. Entretanto, autores assinalam que uma série de fatores pode influenciar o padrão desses déficits que se refletem no desempenho nos testes.

REFERÊNCIAS BIBLIOGRÁFICAS

1. Wechsler, D. (1955). *WAIS – Wechsler Adult Intelligence Scale. Manual*. New York: Psychological Corporation.
2. Allison, J., Blatt, S.J., & Zimel, C.N. (1988). *The interpretation of psychological tests*. New York: Taylor & Francis.
3. Levin, H.S., Soukoup, V.M., Benton, A.L., Fletcher, J.M., & Satz, P. (1999). Avaliação neuropsicológica e intelectual de adultos. In H.I. Kaplan & B.J. Sadock. *Tratado de psiquiatria*. 6.ed. (p.613-633). Porto Alegre: Artmed.
4. Wechsler, D. (1981). *WAIS-R – Wechsler Adullt Intelligence Scale – Revised*. Cleveland, OH: Psychological Corporation.
5. Portuondo, J.A. (1970). *Escala Wechsler-Bellevue (su enfoque clínico)*. Madrid: Biblioteca Nueva.
6. Rapaport, D., et alii. (1965). *Tests de diagnóstico psicológico*. Buenos Aires: Paidós.
7. Lezak, M.D. (1995). *Neuropsychological assessment*. 3.ed. New York: Oxford Universities Press.
8. Kaplan, E., Fein, D., Morris, R., & Delis, D.C. (1991). *WAIS-R NI. Manual: WAIS-R as an neuropsychological instrument*. San Antonio, TX: Psychological Corporation.
9. Lindemann, J.E. & Matarazzo, J.D. (1990). Assessment of adult intelligence. In G. Goldstein & M. Hersen, Ed. *Handbook of psychological assessment*. 2.ed. (p.79-101). New York: Pergamon Press.
10. Kaufman, A.S., & Reynolds, C.R. (1983). Clinical evaluation of intellectual function. In I.B. Weiner, Ed. *Clinical methods in psychology*. 2.ed. (p.100-151). New York: Wiley & Sons.
11. Zimmerman, I.L., Woo-Sam, J.M., & Glasser, A.J. (1976). *Interpretación clínica de la Escala de Inteligencia de Wechsler para adultos (WAIS)*. Madrid: Tea.
12. Flynn, J.R. (1998). WAIS-III and WISC-III IQ gains in the United States from 1972 to 1995: how to compensate for obsolete norms. *Perc. & Motor Skills*, 86, 1231-1239.
13. Flynn, J.R. (1999). Searching for justice: the discovery of IQ gains overtime. *Amer. Psychol.*, 54, 1, 5-20.
14. Jacquemin, A. (1987). Importância dos testes psicológicos no diagnóstico e problemas gerais do diagnóstico (mesa-redonda). Porto Alegre: *II Encontro sobre Testes Psicológicos*.
15. McGrew, K.S., & Flanagan, D.P. (1998). *The Intelligence Test Desk Reference (ITDR): Gf-Gc cross-battery assessment*. Boston, MA: Allyn & Bacon.
16. Hesselbrock, M.N., Weidenmann, M.A. & Reed, H.B.C. (1985). Effects of age, sex, drinking, and antisocial personality in neuropsychology of alcoholics. *J. Stud. Alc.*, 46, 4, 313-320.
17. Cunha, J.A., Minella, D.M.L., Argimon, I.L., & Pereira, I.T. (1990). Déficits cognitivos e a questão da melhora funcional em alcoolistas abstinentes. *Psico*, 19, 1, 79-94.
18. Cunha, J.A., Minella, D.M.L., Argimon, I.L., & Pereira, I.T. (1989). Cubos e Armar objetos e a questão da melhora funcional em alcoolistas abstinentes. *Psico*, 17, 1, 43-50.

OUTRAS FONTES BIBLIOGRÁFICAS

Matarazzo, J.D. (1976). *Wechsler: medida e avaliação da inteligência do adulto*. São Paulo: Manole.
Mayman, M., Schafer, R., & Rapaport, D. (1976). Interpretación de la escala de inteligencia Wechsler-Bellevue en el estudio de la personalidad. In H.H. Anderson & G.L. Anderson. *Técnicas proyectivas del diagnóstico psicológico*. 3.ed. (p.605-649). Madrid: Rialp.
Vincent, K.R. (1987). *The full battery codebook: a handbook of psychological test interpretation for clinical, counseling, rehabilitation, and school psychology*. Norwood, N.J.: Ablex.
Wechsler, D. (1958). *The measurement and appraisal of adult intelligence*. 4.ed. Baltimore, MD: The Williams & Wilkins.

WAIS-III

Dados históricos

Seguindo a trilha da família Wechsler, foi lançado, em 1997, a *Wechsler Adult Intelligence*

Scale, o WAIS-III [1], desenvolvido principalmente para atualizar dados normativos, mas, ao mesmo tempo, incluindo mudanças importantes e mantendo a estrutura tradicional de seis subtestes verbais e cinco de execução, para cálculo dos QIs. Entretanto, introduziu três novos subtestes, que permitem o cálculo de quatro índices [2]. Na realidade, no total, são sete subtestes que usam medida verbal, e outros sete, medida de execução [3]. Outro aspecto importante é sua integração com a Escala Wechsler de Memória-III [4] e, ainda, com um teste de aproveitamento [2], para as idades de 16 a 19 anos.

Descrição

O WAIS-III compreende 14 subtestes, mas, dependendo dos objetivos da avaliação, não se faz necessária a administração de todos eles. Para cálculo do QI total, são utilizados onze subtestes (seis verbais e cinco de execução). Os quatro índices, cujos escores são calculados combinando onze subtestes, são os seguintes: Compreensão Verbal (Vocabulário, Semelhanças e Informação), Organização Perceptual (Completamento de Figuras, Cubos e Raciocínio Matricial), Memória de Trabalho (Aritmética, Dígitos e Seqüência de Letras e Números) e Velocidade de Processamento (Símbolos e Procurar Símbolos).

Pode ser utilizado dos 16 aos 89 anos.

É distribuído por The Psychological Corporation.

No Instituto de Psicologia da Universidade de Brasília, está sendo desenvolvido um projeto de adaptação brasileira do WAIS-III.

Administração

Forma: individual.

Tempo: variável, conforme o objetivo, mas a administração de todos os subtestes é considerada muito demorada [3].

Manejo: escores brutos são convertidos em escores ponderados, e, em seguida, são calculados os QIs, consultando a tabela adequada ao grupo etário do sujeito, sendo que uma abordagem comum para interpretar os resultados é por meio do exame de discrepância entre os escores, e, no caso de haver discrepância significante entre o QIV e o QIE, recomenda-se o cálculo dos índices, podendo-se dizer que as conclusões possivelmente resultarão de informações combinadas sobre os escores dos QIs, dos índices e dos subtestes.

Indicações

1. Medida de inteligência geral.
2. Identificação de forças e fraquezas no funcionamento cognitivo.
3. Avaliação do impacto de problemas psicopatológicos sobre o funcionamento cognitivo.

Comentários

1. Ao contrário das escalas Wechsler anteriores, criticadas por pouca capacidade de discriminação nos extremos da curva de inteligência, o WAIS-III é o único teste de inteligência para adultos com característica de satisfatória fidedignidade quanto às suas normas abaixo do QI 70 [5] e apresenta uma amplitude de QI de 45 a 155.

2. Apesar de sua posição de honra na tradição psicométrica, o WAIS-III mantém o modelo dicotômico verbal-não-verbal de Wechsler, apresentando os mesmos três fatores verificados em estudos do WAIS-R, excetuando-se os três novos subtestes, para os quais se aplica a classificação lógica Cf-Cc – inteligência cristalizada/inteligência fluida [6].

3. O WAIS-III é especialmente indicado para a avaliação de pessoas idosas, não só porque foi padronizado até 89 anos, como porque o material foi feito para facilitar a visão [3].

REFERÊNCIAS BIBLIOGRÁFICAS

1. Wechsler, D. (1997). *WAIS-III administration and scoring manual*. San Antonio, TX: Psychological Corporation.

2. Groth-Marnat, G. (1999). Wechsler Adult Intelligence Scale-III Supplement. In G. Groth-Marnat. *Handbook of psychological assessment*. 3.ed. New York: Wiley & Sons.
3. Olin, J.T., & Keatinge, C. (1998). *Rapid psychological assessment*. New York: Wiley & Sons.
4. Wechsler, D. (1997). *WMS-III-administration and scoring manual*. San Antonio, TX: Psychological Corporation.
5. Flynn, J.R. (1998). WAIS-III and WISC-III IQ gains in the United States from 1972 to 1995: how to compensate for obsolete norms. *Perc. & Motor Skills, 86*, 1231-1239.
6. McGrew, K.S., & Flanagan, D.P. (1998). *The Intelligence Test Desk Reference (ITDR): Gf-Gc cross-battery assessment*. Boston, MA: Allyn & Bacon.

WAIS-R NI

Dados históricos

Como o WAIS-R tem sido um instrumento amplamente utilizado em avaliações neuropsicológicas, embora não tenha sido delineado para este fim, em 1991, foi lançado por Kaplan, Fein, Morris e Delis [1] um novo método, que constitui uma abordagem processual para administrar e atribuir escore nesse instrumento. Desta maneira, introduz modificações no manejo do WAIS-R, propõe alternativas diferenciadas de administração, além de acrescentar outros subtestes para permitir um entendimento mais completo do funcionamento neurocognitivo de um examinando.

Descrição

O WAIS-R NI mantém a estrutura básica das escalas Wechsler, com subtestes verbais e de execução. Não obstante, introduz dois métodos de opção, caso o examinador necessite derivar escores de QI ou não, apresentando normas referentes ao limite de tempo e descontinuidade. Em todos os subtestes originais, exceto Cubos, é possível atribuir escores para cálculo do QI, se for indispensável.

Como complementação aos subtestes de Informação, Vocabulário e Semelhanças, que originariamente solicitam uma resposta livre, há possibilidade de apresentar os itens por escrito, para examinandos com problema de audição ou de compreensão auditiva e, ainda, a opção de escolha entre respostas múltiplas, que permite uma análise mais refinada de erros cometidos. Além disso, é apresentado um novo subteste verbal, de Arranjo de Sentenças e várias formas de administrar Aritmética.

Entre os subtestes de execução, são propostas modificações importantes na administração de cubos. Aos quebra-cabeças do WAIS-R é acrescentado o Carro do WISC-III e mais dois adicionais, o Círculo e a Vaca. Além disso, são incluídos outros subtestes – Expansão Espacial e Cópia de Símbolos.

Para administrar o NI, é necessário o material do WAIS-R e um conjunto suplementar, que compreende o manual, o protocolo, o caderno de resposta, o blocos de estímulos, o de Arranjo de Sentenças, os quebra-cabeças adicionais, a prancha de Extensão Espacial e cubos extras, para uso com o subteste de Cubos.

Administração

Forma: hétero-administrada individualmente.
Tempo: variável e, além disso, a administração pode requerer duas ou mais sessões, especialmente se há problemas de atenção ou limitação da persistência do examinando.
Manejo: a ordem de administração dos subtestes precisa ser adaptada ao caso individual, sendo usada a forma padrão apenas quando são requeridos escores de QI; há instruções específicas para a administração, a avaliação dos acertos e a análise dos erros, sendo os resultados apresentados num perfil.

Indicações

1. Avaliação neuropsicológica.
2. Triagem para a determinação da necessidade de uma avaliação mais completa.

Comentários

1. Conforme Lezak [2], várias sugestões e considerações do WAIS-R NI são aplicáveis à

análise do desempenho de outras escalas Wechsler. Assim, embora apresente alguns recursos que não podem ser utilizados no Brasil, por falta de normatização desses instrumentos, de um modo geral, a abordagem qualitativa dos erros, em especial, parece extremamente útil na avaliação de déficits neurológicos.

2. Ainda que os autores considerem serem necessárias pesquisas adicionais para reforçar a cientificidade de certas hipóteses diagnósticas apresentadas, o fato de nomes de peso, como Lezak [2] e outros, sugerirem o uso de vários procedimentos recomendados no NI empresta um bom grau de confiabilidade às estratégias propostas.

REFERÊNCIAS BIBLIOGRÁFICAS

1. Kaplan, E., Fein, D., Morris, R., & Delis, D.C. (1991). *WAIS-R NI Manual: WAIS-R as a neuropsychological instrument*. San Antonio, TX: Psychological Corporation.
2. Lezak, M.D. (1995). *Neuropsychological assessment*. 3.ed. New York: Oxford Universities Press.

WASI

Dados históricos

The Psychological Corporation, que, há mais de 50 anos, vem produzindo as escalas Wechsler, e seguindo os preceitos de David Wechsler, lançou, recentemente, a *Wechsler Abbreviate Scale of Intelligence*, a WASI, Escala Wechsler de Inteligência Abreviada, que é apresentada como "o instrumento de testagem de inteligência mais fidedigno que já foi desenvolvido", destinado a ser utilizado na área clínica, psicoeducacional e de pesquisa, como medida rápida, quando as circunstâncias não permitem uma avaliação mais abrangente [1].

Não se trata de uma forma reduzida de instrumentos anteriores, embora seja semelhante em seu formato às demais escalas Wechsler, sendo os subtestes incluídos pela importância de sua "associação com capacidades cognitivas gerais e por sua relação com constructos de inteligência" [1].

Descrição

A WASI compreende quatro subtestes – Vocabulário, Cubo, Semelhanças e Raciocínio Matricial –, com itens semelhantes aos de outras escalas Wechsler. Fornece QI total, verbal e de execução. O conjunto constituído por Vocabulário e Raciocínio Matricial permite obter uma estimativa de capacidade intelectual geral.

Existem normas dos 6 aos 89 anos.

O material é distribuído por The Psychological Corporation.

Administração

Forma: individual.
Tempo: de 15 a 30 minutos.
Manejo: similar a outras escalas Wechsler.

Indicação

1. Medida rápida de inteligência.

Comentário

1. Note-se que o lançamento do WASI é tão recente que, até o momento, não foram publicados resultados de pesquisas, obtendo-se sobre o mesmo apenas material de divulgação de The Psychological Corporation.

REFERÊNCIA BIBLIOGRÁFICA

1. Psychological Corporation (1999). *WASI. Wechsler Abbreviate Scale of Intelligence*. San Antonio, TX: Psychological Corporation.

WISC & WISC-R

Dados históricos

Ambas de autoria de David Wechsler, a *Wechsler Intelligence Scale for Children* (WISC), publicada em 1949, bem como a *Wechsler Inte-*

lligence Scale for Children – Revised (WISC-R), publicada em 1974, são, como o WAIS, o WAIS-R, o WAIS-III, o WPPSI, o WPPSI-R e, recentemente, o WASI, descendentes da Wechsler-Bellevue Scale, ou W-B (1939). Após a versão original do W-B, foi acrescentada outra alternativa ou forma paralela, em 1946. Posteriormente, após extensivo trabalho de revisão, construção e padronização, surgiu uma extensão do W-B, em termos de faixas etárias, para baixo, o WISC [1]. Metodologicamente, representou um avanço sobre o W-B, embora sua natureza não tenha sido modificada essencialmente, pelo que qualquer análise crítica dessa técnica deva a esta se referir, tanto em seu uso como instrumento psicométrico quanto como um recurso mais amplo, embora auxiliar, no diagnóstico clínico. Na forma revisada, o WISC-R [2] segue basicamente o modelo do WISC, mantendo muitos itens (64%) em sua forma original e outros (8%) com modificações importantes [3]. De um modo geral, a nova forma procurou atender interesses infantis, incluindo figuras de ambos os sexos e de diferentes raças. A padronização foi realizada numa amostra estratificada e representativa de muitas variáveis demográficas dos Estados Unidos. Por outro lado, já foi objeto de muitas pesquisas, de forma que, em termos de suas propriedades psicométricas, pode-se afirmar que constituiu um expressivo progresso sobre o WISC.

O WISC foi traduzido por Ana Maria Poppovic [4], sendo introduzidas pequenas modificações e adaptações. Quando ao WISC-R, é acessível apenas em sua forma original, no Brasil.

Descrição

O WISC e o WISC-R incluem duas escalas, verbal e de execução. No WISC, a escala verbal compreende os subtestes de Informação, Compreensão, Semelhanças, Dígitos, Aritmética e Vocabulário. A escala de execução abrange os subtestes de Completamento de Figuras, Arranjo de Figuras, Cubos, Armar Objetos, Código e Labirintos. Na realidade, para o cálculo do QI, são considerados cinco subtestes em cada escala, sendo Dígitos e Labirintos subtestes suplementares. A inclusão desses subtestes no cálculo do QI tem sido muitas vezes criticada, em razão de sua baixa correlação com os outros subtestes. Não obstante, na prática, muitas vezes são considerados alternativos (a serem usados em substituição a outros subtestes) ou subsidiários (quando interessa a sua aplicação de um ponto de vista clínico). Dessa maneira, podem ser utilizados quatro, cinco ou seis subtestes, em cada escala, mas, no primeiro e no último caso, é necessária a transformação proporcional da contagem ponderada.

O WISC-R compreende os mesmos subtestes, ainda que a sua seqüência seja diversa. Na administração, o próprio manual prevê a alternância de subtestes verbais e de execução para a manutenção do interesse e cooperação do sujeito. Na escala verbal, Dígitos é apresentado como subteste suplementar, que deve ser utilizado quando houver disponibilidade, mas rotineiramente não é considerado para o cômputo do QI. Só é usado como teste alternativo quando algum dos outros subtestes for invalidado. Na escala de execução, Labirintos é o subteste suplementar, mas pode ser utilizado indiferentemente, em lugar de Código. A não ser neste caso específico, Dígitos e Labirintos só serão usados como alternativos quando outro subteste da escala específica for invalidado. Não é permitida substituição por preferência, conveniência ou mau desempenho do sujeito [5].

Os subtestes avaliam diferentes aspectos do funcionamento intelectual, e os resultados globais são convertidos em QI.

Exigem material técnico específico (sendo que o WISC-R não pode ser administrado com o material do WISC), folhas de registro de respostas e uso de tabelas, conforme os grupos etários, que constam do manual.

O material original é distribuído por The Psychological Corporation, nos Estados Unidos. Há uma edição argentina do WISC da Paidós, e existe uma tradução brasileira do CEPA, Rio de Janeiro.

O WISC pode ser usado dos 5 aos 15 anos e 11 meses, e o WISC-R, dos 6 aos 16 anos e 11 meses.

Administração

Forma: individual.

Tempo: existe tempo limite para a administração dos itens individuais de alguns subtestes; com exceção de Informação, Compreensão, Semelhanças e Vocabulário, o tempo de administração total é de aproximadamente 60 minutos, podendo variar conforme as condições culturais, neuropsicológicas, intelectuais e emocionais do sujeito.

Manejo: as respostas individuais recebem escores brutos, conforme a natureza do teste, dependendo do grau de generalização e/ou qualidade e/ou rapidez; a soma dos escores brutos de cada subteste é convertida em escore ponderado, através de tabela correspondente à faixa etária do sujeito; a soma dos escores ponderados dos subtestes utilizados em cada escala é proporcionalizada para cinco subtestes, existindo uma tabela para tal fim, já que a conversão em QI é obtida com base na soma correspondente a escores ponderados de cinco subtestes; têm-se, então, o QI verbal e o de execução, através de tabela específica; a soma dos escores ponderados da escala verbal mais a soma dos escores ponderados da escala de execução fornecem um escore global, que é convertido em QI total.

Indicações

1. Medida de inteligência geral.
2. Avaliação do nível intelectual, através da escala de execução, em crianças que apresentam atraso da fala ou outras dificuldades que interfiram nos resultados dos subtestes verbais. A escala de execução do WISC-R também foi padronizada, por Anderson e Sisco [6], para uso com crianças surdas.
3. Avaliação do nível intelectual, através da escala verbal, em crianças com problemas de visão, inclusive cegueira total, ou com problemas de psicomotricidade fina ou, mesmo, em casos com maior comprometimento motor, como hemiplegia do lado dominante, paraplegia superior ou quadriplegia.
4. Levantamento de indícios associados com vários transtornos específicos.

Comentários

1. A padronização original do WISC foi criticada principalmente por ter incluído na amostra somente crianças de cor branca e predominantemente de classe média, o que prejudicaria a avaliação de grupos culturais desprivilegiados [7]. O WISC-R levou em conta uma série de variáveis, inclusive raça, região geográfica, ocupação do chefe da família e residência (urbana-rural) na seleção da amostra para padronização, mas também recebe críticas quanto à sua adequabilidade para a testagem de minorias [8].
2. Uma crítica feita ao WISC seria a de que testaria principalmente o potencial para o aproveitamento escolar e não o funcionamento social adequado [9].
3. Enquanto o WISC-R tem apreciável poder discriminatório em níveis intelectuais elevados, o WISC possui pouco poder discriminativo em ambos os extremos da curva de inteligência e de idade, sendo pouco fidedigno para crianças com QI inferior a 50, e sendo mais adequado para crianças entre 8 e 13 anos, sendo possível uma criança de 5 anos ter escore zero em todos os subtestes e ser seu escore global convertido num QI de 52.
4. Silverstein [10] pôs em dúvida a sugestão de, no WISC-R, utilizar Dígitos e Labirintos como testes suplementares, pressupondo ser mais adequado o seu uso como testes alternativos, fazendo a transformação proporcional da soma ponderada. Não obstante, através de pesquisa, verificou que, se com a proporcionalização havia ganho em validade, com a substituição havia ganho em fidedignidade, sendo pequenas as diferenças observadas. Portanto, cabe ao psicólogo a decisão de utilizar tais subtestes como suplementares ou alternativos.
5. Glasser e Zimmerman [7] criticam o enunciado um tanto complicado de alguns itens do WISC, como "caridade organizada" (traduzido para o português como "instituição de caridade") e a inclusão de itens mobilizadores de emoção, no subteste de Compreensão. Estes

últimos, entretanto, resultam úteis do ponto de vista qualitativo, podendo fornecer dados de interesse clínico.

6. Comparando o material brasileiro e o argentino no subteste de Armar Objetos do WISC com o original da American Psychological Corporation, percebem-se diferenças no material empregado, que podem constituir uma variável que talvez venha a afetar o desempenho. Seriam necessárias pesquisas no sentido de determinar se o tempo limite com esses materiais deve ser o mesmo que com o material original.

7. Como há muitas críticas em relação a esses instrumentos, não obstante, ainda em uso no Brasil, recomenda-se o WISC-III, em fase final de adaptação (vide a seguir).

REFERÊNCIAS BIBLIOGRÁFICAS

1. Wechsler, D. (1949). *WISC – Wechsler Intelligence Scale for Children. Manual*. New York: Psychological Corporation.
2. Wechsler, D. (1974). *WISC – Wechsler Intelligence Scale for Children – Revised*. San Antonio, TX: Psychological Corporation.
3. Vance, H.R., Brown, W., Hankins, N., & Ferguson, S.C. (1987). A comparison of the WISC-R and the WAIS-R with special education students. *J. Clin. Psychol.*, *43*, 3, 377-380.
4. Poppovic, A.M. (s/d). Introdução do tradutor. In D. Wechsler. *WISC – Escala de Inteligência para crianças* (p.7-19). Rio de Janeiro: CEPA.
5. Boyd, T.A., & Hooper, S.R. (1987). Psychometric validity of proration and Digit Span substitution for estimating WISC-R verbal and full scale IQs. *Perc. & Motor Skills*, *65*, 19-25.
6. Psychological Corporation (1985). *Tests, products and services for psychological assessment*. Cleveland, OH: Harcourt, Brace Jovanovich.
7. Glasser, A.J., & Zimmerman, I.L. (1972). *Clinical interpretation of the Wechsler Intelligence Scale for Children*. New York: Grune & Stratton.
8. Kaufman, A.S., & Reynolds, C.R. (1983). Clinical evaluation of intelectual function. In I.B. Weiner, Ed. *Clinical methods in psychology*. 2.ed. (p.100-151). New York: Wiley & Sons.
9. Cytrin, L., & Lourie, R.S. (1975). Mental retardation. In A.M. Freedman, H.I. Kaplan & B.J. Sadock, Ed. *Comprehensive textbook of psychiatry*. V.2 (p.1158-1197). Baltimore, MD: The Williams & Wilkins.
10. Silverstein, A.B. (1989). On the use of the WISC-R supplementary subtests as alternates. *Psychol. Reports*, *64*, 580-582.

WISC-III

Dados históricos

Mantendo o mesmo conceito de inteligência, subentendido pelas demais escalas Wechsler, foi lançada, em 1991, uma revisão do WISC-R, denominada *Wechsler Intelligence Scale for Children – Third Edition* [1].

As normas se basearam numa amostra de 2.200 crianças de 6 a 16 anos, com número idêntico de sujeitos de cada sexo, mas sendo, sob outras variáveis, uma amostra bastante representativa das características demográficas dos Estados Unidos, inclusive de um ponto de vista étnico.

A revisão incluiu uma atualização de itens, considerados em termos de gênero e etnia, novo delineamento do material de teste, com uso da cor e a inclusão de novos itens em subtestes para aumentar o poder discriminativo nos grupos etários extremos. Por outro lado, além de estudos de correlação com o WISC-R e o WPPSI-R, o manual inclui dados sobre diferentes grupos clínicos.

Descrição

O WISC-III mantém a estrutura básica do WISC-R, compreendendo duas escalas, verbal e de execução, que permitem a obtenção de três medidas, o QIV, o QIE e o QIT. A escala verbal é composta pelos mesmos cinco subtestes básicos do WISC-R, com um subteste suplementar (Dígitos). A escala de execução também é constituída pelos cinco subtestes básicos do WISC-R, com dois subtestes suplementares: Labirintos, que já constava da versão anterior, e Procurar Símbolos.

Exige material técnico específico, diverso do WISC-R, folhas de registro e manual, que são distribuídos por The Psychological Corporation, nos Estados Unidos. Não obstante, o instrumento está sendo padronizado no Brasil, com coordenação de Vera Figueiredo. Os dados já obtidos a respeito apresentam propriedades psicométricas satisfatórias [2].

Administração

Forma: individual.

Tempo: 50 a 70 minutos, para os subtestes básicos, e 10 a 15 minutos, para os três subtestes suplementares.

Manejo: os escores brutos são transformados em ponderados, e a soma dos escores ponderados verbais, de execução e totais é convertida em QIs.

Indicações

1. Avaliação clínica e neuropsicológica.
2. Diagnóstico de excepcionalidade na idade escolar.
3. Avaliação, colocação e planejamento psicoeducacionais.

Comentários

1. Estudos com o WISC e o WISC-R permitiram identificar, além dos fatores de Compreensão Verbal e de Organização Perceptual, um terceiro fator, de Resistência à Distratibilidade. A inclusão do novo subteste suplementar, nesta edição, permitiu esclarecer mais a explicação desse terceiro fator, em termos de variância no espaço dos fatores, bem como levou à identificação de um quarto fator, Velocidade no Processamento, de maneira a haver mais informações quanto a aspectos cognitivos. Esses fatores, ou índices fatoriais [3], são importantes recursos para melhor entendimento clínico de transtornos associados à aprendizagem. Uma vez que foi observado que os sujeitos estão se desempenhando cada vez melhor nos testes de QI [4], com um ganho médio de 6 pontos por década, as normas tendem a se tornar obsoletas [5], e, então, recomenda-se o uso de índices, de categorias ou perfis [6] que se baseiam em escores de subtestes que foram normatizados na mesma época [5].

2. O WISC-III também representa um avanço sobre o WISC-R, no sentido da ampliação da análise de sua validade em diferentes grupos clínicos, o que é de grande importância na área do psicodiagnóstico. Além disso, oferece subsídios para o acompanhamento de crianças, ao longo de seu desenvolvimento, facilitando a comparação de diferentes escalas Wechsler.

3. É importante salientar que o WISC-III está vinculado a outro instrumento, o *Wechsler Individual Achievement Test* (WIAT), lançado em 1992, compondo uma bateria com a finalidade de analisar a existência de discrepâncias entre o nível de capacidade e o nível de aproveitamento escolar, o que pode enriquecer a avaliação de problemas clínicos que interferem na aprendizagem.

4. Além do trabalho de adaptação do WISC-III, que está sendo desenvolvido em Pelotas, RS [2, 3], há notícia de estudos realizados e em andamento sobre os subtestes verbais, em Campinas, SP, sendo interessantes os resultados já obtidos com a análise do item [7].

REFERÊNCIAS BIBLIOGRÁFICAS

1. Wechsler, D. (1991). *Wechsler Intelligence Scale for Children – Third Edition (WISC-III)*. San Antonio, TX: Psychological Corporation.
2. Figueiredo, V.L.M., Pinheiro, S., & Nascimento, E. (1998). Teste de inteligência WISC-III: adaptação para a população brasileira. *Psic. Esc. e Educ.*, 2, 2, 101-107.
3. Figueiredo, V.L.M. (1999). WISC-III: mais uma escala Wechsler para avaliar a inteligência das crianças. *Expressão Psi*, 3, 1, 29-36.
4. Flynn, J.R. (1998). WAIS-III and WISC-III IQ gains in the United States from 1972 to 1995: how to compensate for obsolete norms. *Perc. & Motor Skills*, 86, 1231-1239.
5. Flynn, J.R. (1999). Searching for justice: the discovery of IQ gains overtime. *Amer. Psychol.*, 54, 1, 5-20.
6. Groth-Marnat, G. (1999). *Handbook of psychological assessment*. 3.ed. New York: Wiley & Sons.
7. Schelini, P.W. & Wechsler, S.M. (1999). WISC-III: proposta de adaptação brasileira de subtestes verbais. Porto Alegre: *VIII Congresso Nacional de Avaliação Psicológica*. Programa, pôster nº 5.

OUTRAS FONTES BIBLIOGRÁFICAS

Figueiredo, V.L.M. (1996). A influência do tipo de escola nos resultados dos subtestes verbais do Teste WISC-III. *Psico*, 27, 2, 111-115.

Kaufman, A.S. (1994). *Intelligent testing with the WISC-III*. New York: Wiley.

WISCONSIN

Dados históricos

O *Wisconsin Card Sorting Test*, WCST, ou Teste Wisconsin de Classificação de Cartas, foi criado em 1948, sendo ampliado e revisado posteriormente [1]. Delineado para uso na população geral, passou a ser empregado, cada vez mais, como um instrumento clínico na avaliação neuropsicológica de funções cognitivas, particularmente as que envolvem os lobos frontais.

É vasto o número de investigações em sujeitos adultos com alterações nas funções executivas, sejam ocasionadas por declínio no desempenho cognitivo, sejam pela esclerose múltipla, doença de Parkinson, doença de Alzheimer ou envolvendo lesões cerebrais focais, etc. [2-9]. Multiplicam-se também as pesquisas com o instrumento para avaliar disfunções cognitivas em transtornos psicopatológicos [10-12].

Em crianças e adolescentes normais, observa-se um interesse no desenvolvimento de tabelas normativas [1, 13, 14], como referencial para discriminar casos com problemas, que têm repercussões importantes, principalmente no aproveitamento escolar e no comportamento, como ocorre em sujeitos com déficit de atenção/hiperatividade, transtornos de aprendizagem, além daqueles com lesões cerebrais traumáticas, transtornos convulsivos, etc. [1, 15, 16].

Descrição

É um teste em que o sujeito deve classificar cartas de um baralho, uma por uma, procurando casá-la com uma de quatro cartas-estímulo com que mais combine, conforme um princípio preestabelecido (a categoria pode ser cor, forma ou número), conhecido pelo examinador, mas não pelo examinando, que se baseia apenas no *feedback* que é dado à sua resposta, como certa ou errada. No momento em que o examinando consegue dar dez respostas corretas consecutivas, o princípio de classificação é mudado pelo examinador, sem prévio aviso ao examinando. O procedimento é repetido até que o sujeito complete seis séries corretamente classificadas ou até ter usado todas as cartas dos dois baralhos.

O material inclui o manual do WCST, dois baralhos idênticos com quatro cartas-estímulo, bem como outras 64 cartas cada um e o protocolo de respostas. As cartas dos baralhos apresentam figuras de várias cores (vermelho, azul, amarelo ou verde), formas (cruzes, círculos, triângulos ou estrelas) e número de figuras (uma, duas, três ou quatro). É distribuído por *Psychological Assessment Resources*, de Odessa, Flórida, nos Estados Unidos.

Administração

Forma: hétero-administrada individualmente.
Tempo: 20 a 30 minutos, em média.
Manejo: a atribuição do escore, no WCST, não é fácil, e cada resposta deve ser considerada em três dimensões – (a) Correta-Incorreta, (b) Ambígua-Não-ambígua e (c) Perseverativa-Não-perseverativa –, que são avaliadas conforme uma série de regras, e, além disso, ainda são levados em conta: o nível conceitual das respostas, o fracasso em manter o contexto e a eficiência em aprender. As normas americanas apresentam a correspondência entre o escore bruto e o escore padrão, escore T e percentil, para indivíduos entre 6 anos e meio e 90 anos e para adultos com menos de 8 anos de escolaridade até mais de 18 anos de escolaridade. Está em andamento a coleta de dados, sob nossa coordenação, para o desenvolvimento de normas brasileiras.

Indicações

1. Medida do pensamento abstrato.
2. Medida da flexibilidade na resolução de problemas.
3. Avaliação de déficits neuropsicológicos.

Comentários

1. Embora amplamente usado na investigação das funções executivas, algumas pesqui-

sas sugerem que o desempenho prejudicado não é específico de lesão frontal, como também ainda não são conclusivas as evidências de correspondência entre mau desempenho e o local de lesão na região frontal [1, 17].

2. O treinamento de examinadores é uma etapa essencial e crucial para assegurar a qualidade da testagem, uma vez que tem sido questionada a precisão de examinadores, principalmente novatos, na anotação das respostas ao WCST [18].

REFERÊNCIAS BIBLIOGRÁFICAS

1. Heaton, R.K., Chelune, G.J., Taley, J.L., Gay, G.G., & Curtiss, G. (1993). *Wisconsin Card Sorting Test Manual (revised and expanded)*. Odessa, FL: Psychological Assessment Resources.
2. Beatty, W.W., Hames, K.A., Blanco, C.R., Paul, R.H., et alii (1995). Verbal abstration deficit in multiple sclerosis. *Neuropsychol.*, 9, 2, 198-205.
3. Binetti, G., Magni, E., Padovani, A., & Cappa, S.F. (1996). Executive dysfunction in early Alzheimer's disease. *J. Neur. & Psych.*, 60, 1, 91-93.
4. Collins, B., & Tellier, A. (1994). Differences in conceptual flexibility with age as measures by a modified version of the Visual Verbal Test. *Can. J. Aging*, 13, 3, 368-377.
5. Hänniken, T., Hallikainen, M., Koivisto, K., Partanen, K., et alii (1997). Decline of frontal lobe functions in subjects with age-associate memory impairment. *Neurology*, 48, 1, 148-153.
6. Horner, M.D., Flashman, L.A., Freides, D., Epstein, C.M., et alii (1996). Temporal lobe epilepsy and performance on the Wisconsin Card Sorting Test. *J. Clin. Neuropsychol.*, 18, 2, 310-313.
7. Huber, S.J., Bornstein, R.A., Rammohan, K.W., Christy, J.A., et alii (1992). Magnetic resonance imaging correlates of executive function impairment in multiple sclerosis. *Neuropsych., Neuropsychol., & Behavior Neurol.*, 5, 1, 33-36.
8. Paolo, A.M., Troster, A.I., Axelrod, B.N., & Koller, W.C. (1995). Construct validity of the WCST in normal elderly and persons with Parkinson's disease. *Arch. Clin. Neuropsychol.*, 10, 5, 463-472.
9. Lezak, M.D. (1995). *Neuropsychological assessment*. 3.ed. New York: Oxford Universities Press.
10. Capleton, R.A. (1996). Cognitive function in schizophrenia: association with negative and positive symptoms. *Psychol. Reports*, 78, 1, 123-128.
11. Chanon, S. (1996). Executive dysfunction in depression: the Wisconsin Card Sorting Test. *J. Affect. Disorders*, 39, 2,107-114.
12. Martin, D.J., Oren, Z., & Boone, K. (1991). Major depressives' and dysthimic's performance on the Wisconsin Card Sorting Test. *J. Clin. Psychol.*, 47, 5, 684-690.
13. Paniak, C., Miller, H.B., Murphy, D., Patterson, L., et alii (1996). Canadian developmental norms for 9 to 14 years-old on the Wisconsin Card Sorting Test. *Can. J. Rehabil.*, 9, 4, 233-237.
14. Rosselli, M., & Ardilla, A. (1993). Developmental norms for the Wisconsin Card Sorting Test in 5- to 12-year-old children. *Clin. Neuropsychol.*, 10, 4, 493-512.
15. Reader, M.J., Harris, E.L., Schuerholtz, L.D., & Denckla, M.B. (1994). Attention deficit hiperactivity disorders and executive dysfunction. *Develop. Neuropsychol.*, 12, 3, 343-363.
16. Snow, J.H. (1992). Mental flexibility and planning skills in children and adolescents with learning disabilities. *J. Learning Disabil.*, 25, 4, 265-270.
17. Levin, H.S., Soukoup, V.M., Benton, A.L., Fletcher, J.M., & Satz, P. (1999). Avaliação neuropsicológica e intelectual de adultos. In H.I. Kaplan & B.J. Sadock. *Tratado de psiquiatria*. 6.ed. (p.613-633). Porto Alegre: Artmed.
18. Paolo, A.M., Axelrod, B.N., Ryan, J.J., & Goldman, R.S. (1994). Administration accuracy of the Wisconsin Card Sorting Test. *Clin. Neuropsychologist*, 8, 1, 112-116.

WMS, WMS-R & WMS-III

Dados históricos

A WMS, Escala de Memória Wechsler [1], foi divulgada em 1945, por seu autor, David Wechsler, que a descrevia como um instrumento "rápido, simples e prático", após dez anos de investigação. A amostra de normatização foi criticada por seu número e pela pequena amplitude etária, deixando de incluir idades em que o declínio cognitivo normal ou patológico é mais provável. Ademais, o constructo de memória pressuposto correspondia a uma função unitária e superinclusiva [2]. Outras críticas são citadas pelo próprio Wechsler [3], relativas à sua limitação em termos da abrangência das funções da memória, à inclusão de apenas um subteste de memória visual, ao fato de o Quociente de Memória refletir quase exclusivamente memória verbal e não permitir "a diferenciação de funções separadas da memória".

Não obstante, ainda na década de 70, o próprio Wechsler deu início a um programa de pesquisas para o desenvolvimento da WMS-R, Escala de Memória Wechsler – Revisada, conseguindo levar a efeito as modificações essenciais antes de seu falecimento, em 1981. Posteriormente, foram finalizados os estudos, com a contribuição de Edith F. Kaplan, Prigatano, Schwartz e outros, sendo lançada a revisão em 1987, com normas de 16 a 74 anos.

A WMS-R constitui indiscutivelmente uma importante melhoria, no sentido de não manter um escore unitário, o QM, nem a dicotomia de memória verbal/não-verbal, incluindo medidas de memória tardia e usando uma amostra mais adequada para sua normatização [4], incluindo normas dos 16 aos 74 anos [3].

Em 1997, porém, foi lançada a última revisão da escala, a WMS-III [5], que apresenta adequadas propriedades psicométricas e permite uma avaliação clínica mais detalhada e satisfatória, além de se basear em pressupostos teóricos mais atualizados e poder ser utilizada dos 16 aos 89 anos [6].

Nunca houve uma tradução formal em português da WMS. Quanto à WMS-R, foi feita uma adaptação para o português, com vistas à realização de estudos de validade e fidedignidade [7], com normas de 18 a 70 anos.

Descrição

A WMS original incluía duas formas, sendo que a normatização e as pesquisas mais importantes foram feitas apenas com a escala I. Esta compreende sete subtestes: Informações Pessoais e Atuais, Orientação, Controle Mental, Memória Lógica, Dígitos, Reprodução Visual e Aprendizagem Associada. Permite determinar o QM, ou Quociente de Memória.

A WMS-R manteve certo número de itens de vários subtestes da WMS, com algumas modificações e maior refinamento nas instruções e no sistema de escore, além de acrescentar outros. Tal conjunto de oito subtestes (forma abreviada) visa à mensuração da evocação imediata. Também, representando outro avanço sobre a WMS, inclui o reteste de alguns subtestes, com procedimentos específicos para mensuração da evocação retardada.

A forma abreviada da WMS-R compreende os seguintes subtestes: Informação e Questões de Orientação, Controle Mental, Memória de Figuras, Memória Lógica, Pares Visuais Associados, Pares Verbais Associados, Reprodução Visual, Dígitos e Amplitude da Memória Visual, sendo que os índices resultantes se baseiam apenas nos oito últimos. O reteste inclui os subtestes de Memória Lógica II, Pares Visuais Associados II, Pares Verbais Associados II e Reprodução Visual II. A WMS-R proporciona os índices de Memória Geral (composto de dois índices, de Memória Verbal e Memória Visual), Atenção e Concentração e de Evocação Retardada.

A WMS-III é constituída por 12 subtestes primários (sendo 4 medidas tardias) e 6 subtestes suplementares (2 são medidas tardias). Inclui subtestes de Orientação (Informação e Orientação), do Domínio da Memória Auditiva/Verbal (Memória Lógica I e II, Pares Verbais Associados I e II e Lista de Palavras I e II), do Domínio da Memória Visual-Não-Verbal (Figuras de Famílias I e II, Rostos I e II e Reprodução Visual) e do Domínio da Memória de Trabalho (Seqüência de Letras e Números, Extensão Espacial, Dígitos e Controle Mental). Os últimos subtestes são comuns ao WAIS-III.

A WMS só exige material específico para o subteste de Reprodução Visual e o manual. A WMS-R e a WMS-III, além do manual, requerem material especializado, que é fornecido por The Psychological Corporation.

Administração

Forma: individual.

Tempo: 15 minutos, para a WMS; 30 minutos, aproximadamente, para a forma abreviada da WMS-R, mas, se utilizado o reteste, este deve ser iniciado, pelo menos, 30 minutos após a administração de Memória Lógica I, mas na mesma sessão de testagem; a WMS-III é considerada por demais demorada, se for aplicada na sua íntegra.

Manejo: para a WMS, são atribuídos escores brutos às respostas corrigidas de cada subteste e somados os escores parciais dos subtestes, obtendo-se um total, que é corrigido, conforme o grupo etário do sujeito, encontrando-se, pelo uso de uma tabela, sua equivalência com um quociente, o QM (Quociente de Memória); para a WMS-R, são atribuídos escores brutos para cada subteste (com exceção de Informação e Orientação), que são multiplicados cada um por um peso específico e combinados para formar compostos, cuja equivalência com diferentes índices é determinada, conforme o grupo etário, pelo uso de tabelas, no manual; para a WMS-III, são derivados oito índices, combinando escores dos subtestes (Índice Auditivo Imediato, Índice Visual Imediato, Índice de Memória Imediato, Índice Auditivo Tardio, Índice Visual Tardio, Reconhecimento Auditivo Tardio, Memória Geral e Memória de Trabalho); a seguir, é feita uma análise de discrepâncias, com o auxílio de tabelas e questões normativas, sendo utilizadas também escalas suplementares, às quais são atribuídos valores percentílicos; existem, ainda, diferentes métodos para comparar escores da WMS-III e do WAIS-III.

Indicações

1. Avaliação clínica das funções mnêmicas.
2. Avaliação neuropsicológica para diagnóstico de déficits de memória e acompanhamento do estado das funções mnêmicas do paciente durante o tratamento, treinamento e reabilitação.

Comentários

1. Apesar das objeções contra a WMS, tem havido tentativas para a sua padronização em vários países. Gilleard e Gilleard [8] observam que, para tal normatização em países em desenvolvimento, devem ser controlados não só a idade, mas também o nível de instrução. Também Löberg [9] e Parsons [10], em estudos com alcoolistas, notaram efeitos do período de alcoolismo e do tempo de abstinência sobre os escores. Por outro lado, numa pesquisa, utilizando o subteste de Reprodução Visual, numa amostra de alcoolistas abstinentes, nossa equipe verificou que também o fator nível socioeconômico suscita diferenças entre as médias [11].

2. Apesar das críticas sobre a WMS-R, pesquisas demonstram sua capacidade discriminativa nos primeiros estádios da doença de Huntington e de Alzheimer, que diminui em quadros mais severos [4]. Já a WMS-III é especialmente indicada para o *screening* de problemas demenciais, para obter uma "avaliação abrangente da memória" [6].

REFERÊNCIAS BIBLIOGRÁFICAS

1. Wechsler, D. (1945). A standardized scale for clinical use. *J. Psychol.*, *19*, 87-95.
2. Lezak, M.D. (1983). *Neuropsychological assessment*. New York: Oxford Universities Press.
3. Wechsler, D. (1987). *WMS-R. Wechsler Memory Scale – Revised. Manual*. San Antonio, TX: Psychological Corporation.
4. Lezak, M.D. (1995). *Neuropsychological assessment*. 3.ed. New York: Oxford Universities Press.
5. Wechsler, D. (1997). *WMS-III – administration and scoring manual*. San Antonio, TX: Psychological Corporation.
6. Olin, J.T., & Keatinge, C. (1998). *Rapid psychological assessment*. New York: Wiley & Sons.
7. Plass, A.M. (1991). *Adaptação da Escala de Memória Wechsler – Revisada: fidedignidade e validade*. Porto Alegre: Instituto de Filosofia e Ciências Humanas da UFRGS (Dissertação de mestrado).
8. Gilleard, E., & Gilleard, C. (1989). A comparison of Turkish and Anglo-American normative data on the Wechsler Memory Scale. *J. Clin. Psychol.*, *45*, 1, 114-117.
9. Löberg, R. (1980). Alcohol misuse and neuropsychological deficits in man. *J. Stud. Alc.*, *41*, 119-128.
10. Parsons, O.A. (1980). Cognitive disfunction in alcoholics and social drinkers. *J. Stud. Alc.*, *41*, 115-118.
11. Cunha, J.A., Minella, D.M.L., Argimon, I.L., & Pereira, I.T. (1992). Memória visual e nível sócio-econômico. Madrid: *Congresso Iberoamericano de Psicologia*.

OUTRAS FONTES BIBLIOGRÁFICAS

Goldstein, G. (1990). Comprehensive neuropsychological assessment batteries. In G. Goldstein & M. Hersen, Ed. *Handbook of psychological assessment* 2.ed. (p.197-227). New York: Pergamon Press.
MacKinnon, R.A., & Yudofsky, S.C. (1988). *A avaliação psiquiátrica na prática clínica*. Porto Alegre: Artes Médicas.
Shum, D.H.K., Murray, R.A., & Kathy, E. (1997). Effect of speed of presentation on administration of the Logical Memory Subtest of the Wechsler Memory Scale-Revised. *Clin. Neuropsychologist*, *11*, 2, 188-191.

Wilkinson, D.A. (1987). CT span and neuropsychological assessment of alcoholism. In O.A. Parsons, N. Butters & P.E. Nathan, Ed. *Neuropsychology of alcoholism* (p.76-102). New York: Guilford.

WPPSI & WPPSI-R

Dados históricos

O WPPSI, ou *Wechsler Preschool and Primary Scale of Intelligence*, não se fundamentou em quaisquer pressupostos teóricos sobre o desenvolvimento cognitivo infantil [1]. Antes, pode ser considerado um descendente direto das escalas WISC e WAIS, também da autoria de David Wechsler. Entretanto, não representa uma extensão para baixo do WISC, embora originariamente projetado para tal fim, idéia que foi abandonada por razões teóricas e metodológicas [2]. Ainda que semelhante ao WISC em forma e conteúdo, apresenta características próprias, constituindo uma escala distinta e separada. Oito de seus subtestes são derivados do WISC, e três são inteiramente novos: Sentenças, Casa de Animais e Desenhos Geométricos.

Casa de Animais foi incluído com a intenção de substituir Código, mas não pode ser considerado estritamente como seu equivalente.

A exclusão de Código e Dígitos constitui a explicação provável para que o Fator III do WISC-R [3] não emerja na estrutura fatorial do WPPSI, em que são identificados apenas Compreensão Verbal e Organização Perceptual, conforme análise de Sattler (1988), citado por Perlman e Kaufman [1].

O WPPSI foi lançado em 1967. Contudo, face a limitações observadas, foi objeto de revisão e de nova padronização, surgindo o WPPSI-R em 1989, após estudos que abrangeram 1.700 crianças, amostra estratificada em termos de variáveis demográficas [4].

Nesta versão, muitos itens foram testados e revisados, sendo alguns eliminados. Os subtestes que incluíam ilustrações foram redesenhados, sendo incrementado o uso da cor. Houve uma extensão dos grupos etários compreendidos. Não obstante, do ponto de vista conceitual e técnico, o WPPSI-R mantém a estrutura do WPPSI.

Descrição

O WPPSI, como o WISC e o WISC-R, compreende um conjunto ou uma bateria de subtestes, cada um envolvendo aspectos intelectuais diversos, mas que são "combinados num escore composto, como uma medida da capacidade total ou global" [2]. É constituído por duas escalas, verbal e de execução, com seis e cinco subtestes, respectivamente. A escala verbal abrange Informação, Vocabulário, Aritmética, Semelhanças, Compreensão e Sentenças, sendo este último um subteste suplementar. A escala de execução inclui Casa de Animais, Completamento de Figuras, Labirintos, Desenhos Geométricos e Cubos.

O WPPSI-R mantém os 11 subtestes do WPPSI, incluindo outro subteste, Arranjo de Objetos, na escala de execução. Casa de Animais, agora com a denominação de *Animal Pegs*, passa a ser um subteste opcional, assim como Sentenças. Por outro lado, Desenhos Geométricos é apresentado atualmente com duas versões, sendo selecionada uma delas conforme a idade do sujeito.

Ambas as escalas permitem obter um QI verbal, um QI de execução e um QI total.

Exigem material técnico específico, além de folhas impressas para a execução de Labirintos e Desenhos Geométricos, folhas para registro das respostas e manual. O material original, diverso para cada uma das escalas, é produzido por The Psychological Corporation.

O WPPSI é indicado para uso com crianças de 4 a 6 anos e meio, e o WPPSI-R, com sujeitos de 2 anos e 11 meses a 7 anos e 3 meses.

Administração

Forma: individual.
Tempo: 50 a 70 minutos para o WPPSI e para o WPPSI-R, e 10 a 15 minutos para opcionais do último.

Manejo: são atribuídos escores brutos às respostas individuais, conforme as instruções detalhadas no manual, sendo que, em alguns subtestes, levam-se em conta a qualidade do conteúdo, o grau de generalização, o número de erros permitido, dentro do tempo limite, e, a partir daí, a soma dos escores brutos de cada subteste é convertida em escore ponderado, conforme a idade, sendo a soma dos escores ponderados de cada escala (com base em cinco subtestes) utilizada para a determinação do QIV e do QIE, e a total para o QIT.

Indicações

1. Avaliação intelectual.
2. Avaliação do nível intelectual, com base em apenas uma das escalas, quando comprometimentos específicos prejudicam ou impedem a administração de todos os subtestes.
3. Instrumento auxiliar na avaliação neuropsicológica.
4. Levantamento de indícios associados a transtornos no desenvolvimento e/ou psicopatológicos.

Comentários

1. Não existe tradução de qualquer das duas escalas publicada em língua nacional e muito menos qualquer tentativa de padronização. Em Porto Alegre, foi feita uma tradução do WPPSI, estritamente para fins de pesquisa, que, na área psicológica, foi coordenada por J.A. Cunha, mas os resultados foram apresentados em termos de escores brutos [5]. A análise de itens, a partir das respostas dos sujeitos da amostra utilizada, dadas aos subtestes de Vocabulário, Completar Figuras, Aritmética, Semelhanças e Compreensão, demonstrou que a ordem de dificuldade dos itens, nesses subtestes, é diversa da verificada na padronização americana [6].
2. A experiência em nosso meio tem mostrado que dificilmente é possível a administração do WPPSI em apenas uma sessão de testagem. Aliás, o longo tempo de administração tem sido apontado como uma das limitações do WPPSI [1] e, pelas informações sobre o WPPSI-R, parece ainda constituir um problema, pelo menos com crianças de menos idade.
3. Apesar de não ser considerado meramente uma extensão para baixo do WISC, mas uma nova escala, o WPPSI compreende alguns subtestes que constam do WISC ou constituem extensões de alguns do mesmo, o que permite estudos longitudinais e comparativos, na medida em que ambas as escalas podem medir capacidades em diferentes níveis de desenvolvimento. Tal possibilidade é grandemente reforçada no WPPSI-R, uma vez que apresenta uma superposição de um ano com o WISC-III, de maneira que o examinador possa selecionar o instrumento que lhe parece mais adequado neste período de transição.
4. Pesquisa com o WPPSI-R em crianças de 4 anos e meio a 6 anos, de classe média e média alta, antes de ingressarem no jardim-de-infância, demonstrou que medidas de subtestes verbais podem ser usadas para predizer o sucesso escolar nos três primeiros anos escolares [7].

REFERÊNCIAS BIBLIOGRÁFICAS

1. Perlman, M.D., & Kaufman, A.S. (1990). Assessment of child intelligence. In G. Goldstein & M. Hersen, Ed. *Handbook of psychological assessment*. 2.ed. (p.59-78). New York: Pergamon Press.
2. Wechsler, D. (1967). *WPPSI – Wechsler Preschool and Primary Scale of Intelligence. Manual*. New York: Psychological Corporation.
3. Wechsler, D. (1974). *WISC-R – The Wechsler Intelligence Scale for Children – Revised. Manual*. San Antonio, TX: Psychological Corporation.
4. Wechsler, D. (1989). *WPPSI-R – Wechsler Preschool and Primary Scale of Intelligence – Revised. Manual*. San Antonio, TX: Psychological Corporation.
5. Guazzelli, E.T.F. (1979). *A criança marginalizada*. Porto Alegre: Globo.
6. Cunha, J.A., Freitas, N.K., & Raymundo, M.G.B. (1991). *Psicodiagnóstico*. 3.ed. Porto Alegre: Artes Médicas.
7. Kaplan, C. (1996). Predictive validity of the WPPSI-R: a four-year follow-up study. *Psychol. in the Schools*, *33*, 3, 211-220.

OUTRA FONTE BIBLIOGRÁFICA

McGrew, K.S. & Flanagan, D.P. (1998). *The Intelligence Test Desk Reference (ITDR): Gf-Gc cross-battery assessment*. Boston, MA: Allyn & Bacon.

Z-TESTE

Dados históricos

O Z-teste, desenvolvido por Hans Zulliger, é considerado um descendente direto do teste de Rorschach, que talvez se deva ao fato de o próprio autor ter continuado as experiências científicas de Hermann Rorschach [1]. Assim, já em 1938, divulgou, com Behn-Eschenburger, sua primeira técnica, utilizando manchas de tinta, como estímulo. No início da década seguinte, fez várias tentativas para desenvolver um instrumento que pudesse atingir objetivos similares ao teste de Rorschach, mas com economia de tempo, para a seleção de oficiais durante a Segunda Guerra Mundial. Dessa maneira, em 1948, divulgou um conjunto de três diapositivos, para administração coletiva, sendo que, em 1954, a versão em cartões e o manual foram publicados por Hans Huber, na Suíça.

Descrição

O material do teste é constituído por três diapositivos, para a forma coletiva, ou três cartões, às vezes denominados lâminas ou pranchas, para a administração individual. Como o teste de Rorschach, é uma técnica projetiva, e os estímulos utilizados são manchas de tinta, escassamente estruturadas, embora possam ser consideradas simétricas, em termos do eixo vertical.

Os diapositivos ou as lâminas são apresentados um a um, sendo necessária uma folha de localização, para mapeamento das respostas; além disso, na administração coletiva, é preciso material e ambiente adequado à projeção dos diapositivos.

O material é produzido, na Suíça, por Hans Huber. No Brasil, é distribuído pelo CEPA e pela Casa do Psicólogo.

Administração

Forma: individual ou coletiva.

Tempo: aproximadamente 15 minutos, para a administração coletiva, e variável, para a individual.

Manejo: cada resposta é classificada conforme sua localização, determinantes e conteúdo, considerando-se, ainda, o número de respostas e a presença de fenômenos especiais, sendo que a interpretação leva em conta aspectos quantitativos e qualitativos.

Indicação

1. Avaliação da personalidade, principalmente em seleção profissional, em clínica e na área escolar.

Comentário

1. A forma preferencial de administração da técnica de Zulliger é a coletiva, já que, no que se refere à administração individual, o teste de Rorschach oferece, indiscutivelmente, subsídios mais ricos. Por outro lado, no Brasil, foi objeto de extensivo trabalho de pesquisa, desenvolvido por Cícero E. Vaz [1].

REFERÊNCIA BIBLIOGRÁFICA

1. Vaz, C.E. (1998). *Z-teste: Técnica de Zulliger*: forma coletiva. São Paulo: Casa do Psicólogo.

OUTRAS FONTES BIBLIOGRÁFICAS

Freitas, A.M.L. (1996). *Teste Zulliger: aplicação e avaliação*. São Paulo: Casa do Psicólogo.

Guerra, G.A. (1977). *O Teste de Zulliger: uma experiência brasileira*. Rio de Janeiro: CEPA.

Macedo, R.M.S. (1968). O Teste Z em adolescentes. *Rev. Psicol.*, *14*, 1/2, 3-47.

Vaz, C.E. (1996). O Teste de Zulliger, suas aplicações e o número de respostas como desempenho e produção. In A. Jacquemin, E.T.K. Okino e J. Vendruscolo, Org. *Anais do I Encontro da Sociedade Brasileira de Rorschach e Outros Métodos Projetivos* (p.53-66). Ribeirão Preto, SP: Sociedade Brasileira de Rorschach.

Parte III
Manejo Clínico de Técnicas

MÓDULO VIII – Bender

Problemas na administração

Na literatura específica, este teste é freqüentemente identificado como Bender ou, mais resumidamente, como B-G, embora Bach (1987) considere mais adequado chamá-lo de Bender-Gestáltico. Como o nome, encontram-se acentuadas diferenças no material de teste e no sistema de abordagem para a avaliação, conforme os diversos autores.

Assim, antes de administrar o Bender, é importante que o psicólogo tenha em mente por que pretende fazê-lo, porque a resposta vai determinar qual o método ou o sistema escolhido para exame do protocolo, com o que pode ser definido qual o material mais adequado. Tal exame se baseia na identificação e consideração de desvios na reprodução de modelos de desempenho. Mas existem vários conjuntos de desenhos. Se o psicólogo não decide, *a priori*, como pretende avaliar o protocolo, poderá ter dificuldades em fazê-lo.

Dana, Field e Bolton (1983) referem um estudo desenvolvido por Popplestone, em 1956, que procurou comparar as lâminas originais de Bender de 1983 com as de 1946, bem como os conjuntos utilizados por Halpern (1951), Hutt (1953), Pascal e Suttell (1951) e Woltman (1950). Só identificou como realmente equivalentes os desenhos A, 1, 3 e 5. As diferenças referiam-se: a) ao número e formato das unidades do desenho, como, por exemplo, "no Desenho 2, a maioria das formas tem 10 colunas de ovais, enquanto Hutt usa 10 colunas de círculos", mas o conjunto de Pascal e Suttell apresenta 11 colunas de círculos e "Bender tem 10 colunas ovais" (p.77); b) ao formato das subpartes, como na subparte curva do Desenho 4, com variações em todos os autores, e na subparte reta desse mesmo desenho, em dois autores; c) à inclinação das subpartes do Desenho 6 e do 7 (por exemplo, a figura da direita, no Desenho 7, é inclinada para a esquerda, nos conjuntos de Bender e de Pascal e Suttell, enquanto nos conjuntos de Halpern, Hutt e Woltman fica na posição vertical); d) ao formato e colocação de subparte, como no losango do Desenho 8.

O que pode ocorrer é que, utilizando o conjunto de um autor e a lista de desvios de outro, facilmente o psicólogo pode incorrer em erros de escore. É bom lembrar que, além de modificações nos estímulos quanto a detalhes formais do desenho e ao número de unidades, existem edições com diferenças quanto ao número de desenhos, como a de Santucci e Percheux (1968), que inclui apenas cinco.

Portanto, *antes de testar, assegure-se de que tem em mãos o material de teste adequado. Além disso, sempre verifique se os desenhos estão na ordem e na posição correta, colocados de face para baixo, na sua frente*.

É importante também que *use as instruções adequadas*, conforme o método e sistema escolhido para o exame do protocolo. As principais diferenças entre os autores envolvem "o número de folhas fornecidas, a quantidade de detalhes usada nas instruções, o fornecimento de informações referentes ao número de desenhos e à exatidão esperada na reprodução" (Dana, Field & Bolton, 1983, p.78). Portanto, *verifique se tem todo o material necessário, antes de iniciar a testagem*. Lezak (1983) aconselha que se deixem sobre a mesa, ao alcance do paciente, três lápis bem apontados de número 1 ou 2, de preferência com borracha de qualidade na ponta, e um bom número de folhas de papel em branco. Verifique também se a mesa onde o testando vai trabalhar tem a superfície lisa (já que uma superfície rugosa pode prejudicar fundamentalmente o desempenho) e *apresente a folha (exceto quando há instruções em contrário) na posição usual (posição vertical)*, embora o examinando possa ajustá-la para trabalhar mais confortavelmente, mas ainda mantendo uma orientação vertical. *Comece a marcar o tempo após colocar a primeira lâmina na frente do examinando.* Lacks (1984) recomenda que não se utilize cronômetro, para o examinando não pensar que existe um limite de tempo. Um relógio de pulso ou de parede são suficientes. Há autores que não valorizam o fator tempo, mas, às vezes, é importante.

A primeira lâmina é colocada na frente do examinando, para que copie. Eventualmente, o examinando a aproxima para ver melhor. O examinador só intervirá, de forma não-verbal, corrigindo a posição, se o examinando mudar a orientação da lâmina. Se insiste, o examinador não deve intervir novamente, mas, logo que terminar a testagem, deve indicar a posição do estímulo, por uma flecha, no protocolo, indicando a direção da parte superior do estímulo, no momento em que foi copiado. Da mesma maneira, se o examinador mudou a posição do papel, também deve ser feita uma flecha, indicando sua parte superior, durante a cópia.

As perguntas ocasionais do examinando devem ser respondidas de maneira neutra, repetindo as instruções ou dizendo que proceda "como quiser" ou "como achar melhor". A pergunta de se pode usar uma régua deve ser respondida com um simples "não". Por outro lado, se faz perguntas sobre motivos ou significado do teste, transfira a resposta para depois do período de testagem (Lacks, 1984).

Alguns clientes, às vezes, tentam reproduzir as figuras, esboçando-as com uma série de linhas leves, ao invés de usar uma linha firme. É preciso que o examinador esteja atento para isso, porque em alguns sistemas, como a adaptação Lacks do sistema Hutt-Birskin, um protocolo esboçado não se presta para o escore e, então, o examinador deve dizer ao cliente para não desenhar dessa maneira.

Foi descrita a fase da cópia, que constitui a administração total, para muitos autores. Eventualmente, pode-se seguir a reprodução por memória, a fase de associação e, por vezes, de elaboração.

O procedimento que foi descrito foi para a administração individual, que é a mais comum. Nessa forma de administração, a técnica pode ser usada no início de uma testagem, como procedimento para *warming-up*, para facilitar o *rapport* ou tranqüilizar um examinador inquieto. Também se aconselha como um instrumento de transição entre técnicas mais objetivas e as projetivas.

Caso tenha se decidido por uma administração coletiva, siga as instruções do autor selecionado.

Seja com administração individual ou coletiva, o problema realmente importante em termos de administração é, pois, o de selecionar, *a priori*, o método de abordagem a ser utilizado, se projetivo ou objetivo, e, então, o sistema de escore a ser adotado, para utilizar, desde o início, um procedimento padronizado.

Existem muitas estratégias, que variam conforme os propósitos da avaliação, e vários sistemas de escore. Aqui, neste capítulo, examinaremos apenas as abordagens que parecem mais úteis.

Bender na criança e no adolescente
Jurema Alcides Cunha

19

BENDER NA CRIANÇA

Indicadores de perturbação emocional, segundo Clawson e Koppitz

Na área emocional, os principais trabalhos realizados com crianças foram de Clawson e Koppitz. Vamos aqui comparar o trabalho de pesquisa de ambas, tentando avaliar principalmente sua validade científica.

Subsídios históricos e metodológicos

Em 1959, Aileen Clawson publicou um artigo com resultados de importante pesquisa, desenvolvida em sua tese de doutoramento, na Universidade de Houston, Texas (Clawson, 1959), trabalho que veio a ser ampliado mais tarde e publicado na forma de livro (Clawson, 1980).

Esse trabalho sobre sinais ou desvios no B-G, como indicadores de perturbação emocional, pode ser considerado como pioneiro na época em que, segundo a autora, só existia um único trabalho sobre o assunto, de Byrd (1956), cujas hipóteses não foram devidamente trabalhadas, mas que Koppitz considerou como um estudo com um bom delineamento de pesquisa (Koppitz, 1971). Byrd estudou cerca de 400 crianças (200 adaptadas e 200 inadaptadas), de 8 a 16 anos, quanto a 15 variáveis, propostas originalmente por Hutt, entre as quais encontrou seis que diferenciavam significativamente os dois grupos: seqüência dos desenhos, mudanças na curvatura e na angulação, dificuldades de fechamento, rotação dos desenhos e mudanças de tamanho (Clawson, 1959). Todavia, o trabalho não teve maior significação clínica, porque não houve uma tentativa para o levantamento de hipóteses interpretativas.

Na investigação realizada por Clawson (1959), as hipóteses foram as seguintes:

I – "Os tipos e desvios das figuras-estímulo são significativamente maiores, quando medidos quantitativamente, nos casos clínicos do que nos não-clínicos.

II – Desvios das figuras-estímulo podem ser relacionados com perturbações infantis.

III – No grupo clínico, os padrões do BVMGT* podem estar relacionados com determinantes e conteúdos Rorschach".

Os desvios a que se refere a primeira hipótese derivaram de pesquisas, com adultos, de Hutt, Billingslea ou Peck e Quast. As sub-hipó-

---

**Bender Visual Motor-Gestalt Test*, ou BVMGT, sigla utilizada por Clawson, embora o teste seja mais costumeiramente abreviado como B-G (*Bender-Gestalt*).

teses relativas à segunda hipótese foram extraídas da pesquisa de Hutt com adultos, com algumas extrapolações para adaptação ao desenvolvimento infantil. E, em relação à terceira hipótese, as relações procuradas entre o B-G e o Rorschach precisavam ser determinadas empiricamente, por não se registrar, até então, qualquer trabalho desse tipo na literatura específica.

A amostra utilizada por Clawson compreendeu um grupo "experimental" e um grupo de controle. O primeiro era constituído por 80 crianças, de 7 a 12 anos, clientes do *Wichita Guindance Center*, em Wichita, Kansas, com ampla gama de sintomas, de forma que poderiam ser descritas como apresentando comportamento desajustado, com perturbações emocionais, mas sem que qualquer uma fosse caracterizada como psicótica, deficiente mental ou lesada cerebral. O grupo de controle era constituído por 80 crianças, também de 7 a 12 anos, de escolas públicas, julgadas como normais por um professor, quanto a desenvolvimento, escolhidas randomicamente, mas sendo o grupo estratificado em termos dos níveis socioeconômicos da cidade. Os grupos foram equiparados quanto a idade, QI e nível socioeconômico.

Pouco tempo depois, Koppitz realizou sua investigação sobre problemas emocionais em crianças. Na literatura em que buscou subsídios, citou Byrd (1956), Eber (1958), Simpson (1958) e Clawson (1959). A hipótese levantada foi:

"As crianças com problemas de ajustamento mostrarão, no Bender, uma incidência muito maior de indicadores emocionais do que crianças bem-adaptadas".

Para seu estudo, utilizou uma amostra de 272 crianças, de 5 a 10 anos, da qual um grupo era constituído por 136 crianças, encaminhadas a uma clínica de conduta ou ao psicólogo, por problemas emocionais, enquanto o outro grupo, também de 136 crianças, era constituído por alunos sem história de desajuste emocional. Os grupos foram equiparados em termos de idade e sexo, não sendo incluída qualquer criança que pudesse ser caracterizada como deficiente. Foram examinados indicadores emocionais, selecionados com base na experiência da autora e nos achados de outros investigadores, sendo citados Byrd, Clawson, Hutt e Birskin, Kitay, Murray e Roberts, Pascal e Suttell e Tucker e Spielberger (Koppitz, 1971; Koppitz, 1987).

Koppitz desenvolveu seu projeto de pesquisa em 1963, elaborando um manual de escore de dez indicadores (Koppitz, 1971; Koppitz, 1987). Dois outros indicadores foram melhor examinados em seu trabalho de 1975 – figuras em quadros* e elaboração** – e não são incluídos na comparação feita no item seguinte, em que são citadas hipóteses interpretativas.

Comparação das pesquisas de Clawson e Koppitz

Os resultados das duas pesquisas são apresentados, resumidamente, nos Quadros 19-1, 19-2 e 19-3. Os itens estão organizados, nos três quadros, basicamente de acordo com a sistemática usada por Clawson, em seu livro, sendo acrescentados itens de Koppitz, que não constaram da pesquisa original daquela autora. Da pesquisa de Clawson de 1959, são incluídos aqui apenas os itens que apresentaram significação estatística, embora os demais também sejam discutidos em seu livro quanto à sua possível interpretação clínica. No caso da pesquisa de Koppitz, são incluídos todos os itens, independentemente dos resultados terem sido considerados estatisticamente significativos ou não, em vista de a autora manter suas hipóteses, desconsiderando esse aspecto. Para os leitores identificarem bem os casos em que não foi encontrada significância estatística, a interpretação consta como *Hip K* (hipótese de Koppitz).

As iniciais das autoras, *C* (Clawson) ou *K* (Koppitz) são empregadas para identificação de suas respectivas definições operacionais,

---

*As figuras, desenhadas dentro de um quadro ou caixa, relacionam-se com fracos recursos de controle, de forma que são necessários limites externos para o comportamento.
**Elaboração ou adições espontâneas relacionam-se com medos e ansiedade.

QUADRO 19.1 B-G: Fatores organizacionais, segundo Clawson e Koppitz

Categoria	Item	Definição operacional	Critério de escore	Figuras	Hipótese	P	Interpretação
Ordem da seqüência	Ordenada	C: Todas as figuras desenhadas em sucessão, em seqüência horizontal ou vertical, exceto uma	Presença ou ausência		I	0,001	C: Típico de criança bem ajustada. Parece razoável a hipótese de que fatores perturbadores resultem em padrões inusitados, desde arranjos rígidos, compulsivos, até uma ordem confusa
	Confusa	C: No máximo, três figuras desenhadas em sucessão; as demais, espalhadas na página	Presença ou ausência		I	0,01	
		K: Figuras espalhadas arbitrariamente na página	Presença ou ausência		K	NS (5-7a) 0,001 (8-10a)	K: Planejamento pobre e incapacidade de organizar o material; confusão mental
	Fig. A central	C: Sucessão confusa com a Fig. A central	Presença ou ausência	A	I	0,01	C: Típico de criança desajustada
Organização	Estilo compressivo	C: Dois terços das figuras dispostas na borda, no topo ou na base, considerando a metade da página, esteja esta na horizontal ou na vertical	Presença ou ausência		I	0,05	C: Personalidade que tende ao retraimento de um mundo, que parece ameaçador e hostil
		K: Uso de menos de metade da folha	Presença ou ausência		K	NS (5-7a) NS (8-10a)	Hip K: Retraimento, timidez, depressão C: Personalidade que se expressa por comportamento de atuação
	Estilo expansivo	C: Figuras espalhadas na página ou páginas, com considerável espaço entre as mesmas	Presença ou ausência		II	0,001	
		K: Uso de duas folhas ou mais	Presença ou ausência		II K	0,001 0,001 (5-7a) 0,01 (8-10a)	K: Impulsividade, atuação
Modificação no tamanho	Tamanho aumentado	C: Aumento linear maior que ¼ do eixo vertical ou horizontal em relação à figura-estímulo	Presença em 5 ou mais figuras		I	NS	Hip C: Tamanho da figura e controle dos afetos estão relacionados em casos de crianças perturbadas
		K: Aumento de 3 vezes o tamanho do estímulo, em ambas as direções na figura ou em ambas as subpartes	Computa-se só uma vez		K	NS (5-7a) NS (8-10a)	Hip K: Atuação
	Tamanho diminuído	C: Diminuição linear menos que ¼ do eixo vertical ou horizontal, em relação à figura-estímulo	Presença em 5 ou mais figuras		I	0,01 0,001	C: Comportamento de retraimento. Associada a padrão Rorschach, indicativo de personalidade supercontrolada, com canais inadequados de expressão
		K: Tamanho da metade do modelo em ambas as direções na figura ou em ambas as subpartes	Computa-se só uma vez		K	NS (5-7a) 0,02 (8-10a)	K: Ansiedade, retraimento, constrição, timidez
	Tamanho irregular	C: Aumento ou diminuição progressiva do tamanho ou, pelo menos, uma figura muito grande					C: Baixa tolerância à frustração. Padrão encontrado em 75% das crianças com comportamento de atuação; relacionado com sinais de reação mais explosiva, no Rorschach
		K: Aumento progressivo no tamanho, de forma que as últimas unidades são, pelo menos, três vezes maiores que as primeiras	Computa-se só uma vez	1,2,3	K	NS (5-7a) NS (8-10a)	Hip K. Baixa tolerância à frustração e explosividade

Fontes: Clawson, 1959, p.198-206; Clawson, 1980, p.20-44 e p.82-83; Koppitz, 1971, p.161-181 (adaptado).

QUADRO 19.2 B-G: Modificação da Gestalt, segundo Clawson e Koppitz

Categoria	Item	Definição operacional	Critério de escore	Figuras	Hipótese	P	Interpretação
Fechamen-		C: Problema na junção nas linhas ou subpartes, como no caso de:		A,2,4, 5,6,7,8	II III	0,01 0,01	C: Medo nas relações interpessoais. O conflito relaciona-se, no Rorschach, com respostas M agressivas, cuja interpretação não foi estabelecida. (A categoria foi significativa como conjunto de vários itens.)
	Lacuna	C: Quebra de um contorno que é contínuo no estímulo		A,2,4, 6,7,8	I	NS	
	Transpasse	C: Extensão de uma linha além do ponto de junção		A,2,4, 6,7,8	I	NS	
	Separação	C: Pequeno espaço na junção de suas subpartes		A,2,4, 5,6,7,8	I	0,5	
Superposição de partes	Penetração	C: Reprodução de uma subparte sobre a outra, em local em que ambas somente se tocam no estímulo		A,4,5,8	I	NS	
	Absorção	C: Contato de subpartes, mas o vértice de uma subparte faltando por causa da interseção com as outras		A,4,7,8	I	NS	
	Outros						
Simplificação		C: Falta de maturação nas reproduções (incluindo vários itens)	Presença em 3 ou mais unidades		II	0,01	C: Falha na maturação
	Uso de círculos, traços ou vírgulas por pontos ou laçadas			1,2,3,5			
	Pontos por laçadas			2			
	Forma básica da figura e a junção das subpartes, compostas por linhas, abaixo da IM*			A,1,2, 3,4,5, 6,7,8			
	Traços por círculos	K: Traços de 2 mm ou mais em lugar de círculos		2	K	NS (5-7a) NS (8-10a)	Hip K: Impulsividade, falta de interesse ou de atenção
Rotação		C: Giro da figura total, de forma que o ângulo subentendido entre o eixo horizontal da figura e a borda do papel é igual ou maior que 15º do que na figura estímulo		A,1,2, 3,4,5, 6,7,8	I	0,001	Hip C: Pequenas rotações têm maior valor que as severas, para indicar desajustamento (?)
Mudança na curvatura		C: Mudança na curvatura, de modo que o arco assume uma forma retangular achatada ou uma forma triangular pontuda		A,4,5	I	0,01	C: Sinal de perturbação emocional
			Presença em 3 ou mais unidades	6			Hip C: (Hutt) Aumento como hiper-resposta emocional e diminuição como supressão do afeto (?)
Mudança na angulação		C: Mudança maior que 15º no tamanho de qualquer ângulo de uma figura ou no ângulo de interseção entre subartes de uma figura	Presença de ângulos aumentados ou diminuídos em 4 ou mais figuras	A,2,3, 4,5,6, 7,8	I	0,001	C: Sinal de perturbação emocional; interpretação não formulada
Limites da figura		C: Número incorreto de unidades		1,2,3, 5,6	II	0.01	Hip C: Relacionado com a aprendizagem percentual; significação diversa conforme a idade
	Perseveração	C: Duas ou mais unidades que o estímulo					
	Mutilação	C: Duas ou mais unidades a menos que o estímulo					

Fontes: Clawson, 1959, p.198-206; Clawson, 1980, p.20-44 e p.82-83; Koppitz, 1971, p.161-181 (adaptado).
*IM medida pelo teste de Goodenough, na pesquisa original de Clawson.

QUADRO 19.3 B-G: Medida de trabalho, segundo Clawson e Koppitz

Item	Definição operacional	Critério de escore	Figuras	Hipótese	P	Interpretação
Rasura	C: Número de reproduções às quais foi aplicada a borracha			II	0,01	C: Típico de crianças bem ajustadas. Desejo de agradar os adultos. Sentimento de liberdade na escola.
Repassamento	C: Repassamento de uma linha ou ponto já feito			I	0,01	C: Típico de crianças bem ajustadas. Mesmas possibilidades anteriores.
	K: Todo o desenho repassado ou reforçado	Computa-se só uma vez		k	0,01 (5-7a) NS (8-10a)	K: Impulsividade, agressividade, possível atuação
Direção do desenho	C: Parte oblíqua desenhada para fora ou para dentro, em relação ao corpo da criança		5	I	0,05	C: Tendência da oblíqua para fora, em crianças bem ajustadas. Tendência da oblíqua para dentro em crianças desajustadas. Hip C (Hutt): personalidade egocêntrica.
Linha ondulada	K: Duas ou mais mudanças abruptas na direção da linha de pontos ou círculos	Computa-se só uma vez	1,2	K	0,01 (5-7a) NS (8-10a)	K: Instabilidade na coordenação motora e na personalidade, por fatores orgânicos e/ou emocionais
Linha fina	K: Traço tão fino que é preciso esforço para ver o desenho completo			K	NS (5-7a) NS (8-10a)	Hip K: Timidez, retraimento
Segunda tentativa	K: Abandono do desenho ou de parte do mesmo, sem haver terminado, e realização de um segundo desenho			K	NS (5-7a) 0,01 (8-10a)	K: Impulsividade, falta de controle interno suficiente, ansiedade

Fontes: Clawson, 1959, p.198-206; Clawson, 1980, p.20-44 e p.82-83; Koppitz, 1971, p.161-181 (adaptado).

bem como de suas conclusões interpretativas. Note-se que, quando Clawson considera a interpretação apenas tentativa, constará também como *Hip C* (hipótese de Clawson), eventualmente seguida pelo nome do autor no qual se baseou. Por outro lado, se considera duvidosa a interpretação tentativa, é colocado um ponto de interrogação entre parênteses.

As três hipóteses de Clawson são identificadas como I, II e III, e a de Koppitz apenas com um K.

Os quadros não são apresentados com o objetivo de substituir a consulta aos livros das duas autoras, pois não abrangem todos os aspectos ou itens por elas considerados ou discutidos. Pretendemos apenas comparar os dois sistemas e apresentar dados que permitam identificar os desvios mais válidos, do ponto de vista de sua significação estatística. Todavia, não podemos deixar de admitir que são estes os que se pode dizer que possuem utilidade clínica.

Análise dos resultados e comentários

No sistema de Koppitz, são considerados 11 indicadores emocionais, em dois grupos etários, de 5 a 7 anos e de 8 a 10 anos.

No grupo de 5 a 7 anos, apenas três dos 11 indicadores de Koppitz, de acordo com os dados apresentados pela autora, se mostraram significativos: *linha ondulada*, *repassamento* e *expansão*. No grupo de 8 a 10 anos, dos mesmos 11 indicadores, somente quatro se mostraram significativos: *ordem confusa*, *tamanho pequeno*, *segunda tentativa* e *expansão*. Portanto, dos 11 indicadores emocionais de Koppitz, somente um, *expansão*, é significativo dos 5 aos 10 anos. Dois indicadores, isto é, *linha ondulada* e *repassamento*, só são significativos dos 5 aos 7 anos, e três, *ordem confusa*, *tamanho pequeno* e *segunda tentativa*, só são significativos dos 8 aos 10 anos. Em conseqüência, de todos os indicadores emocionais de Koppitz, apenas seis são clinicamente úteis. Entretanto, Koppitz inclui em seu livro mesmo os itens que ela própria informa não terem significação estatística, atribuindo-lhes significação clínica, o que nos parece cientificamente criticável, pelo que não recomendamos seu uso.

Já no caso de Clawson, verificamos que demonstra o cuidado de não tirar conclusões além do que é justificado pelos dados da pesquisa. No caso da significação não poder ser determinada, eventualmente levanta hipóteses, baseadas em dados de outros autores, citando devidamente a fonte utilizada, ou deixa as conclusões em suspenso. Porém, em seu livro, discute mais amplamente cada item e, inclusive, formula hipóteses, comparando com dados de outros autores, mesmo em relação a itens que, na pesquisa inicial, não haviam sido significativos, mas se restringe a hipóteses e salienta a necessidade de maiores investigações.

Devido à popularidade que alcançou o trabalho de Koppitz, resolvemos comparar as duas pesquisas, para que os leitores possam julgá-las. De nossa parte, consideramos o trabalho de Clawson de melhor qualidade científica que o de Koppitz, no que se refere a indicadores emocionais.

Considerações críticas

Não obstante a popularidade das hipóteses interpretativas dos indicadores emocionais de Koppitz, conforme a literatura, dados de pesquisa não lhe conferiram apoio suficiente. Entretanto, foi possível verificar que conjuntos de indicadores poderiam ter utilidade clínica e, inclusive, em obra de 1975, a própria Koppitz recomendou o uso de um ponto de corte de três ou mais indicadores para levantar hipóteses sobre a presença de problemas emocionais, cuja natureza deveria ser investigada (Groth-Marnat, 1999). Aliás, Rossini e Kaspar (1987) estiveram entre os autores que se preocuparam com a questão da validade dos indicadores emocionais de Koppitz. Desenvolveram estudos com crianças de 7 a 10 anos, comparando grupos com transtorno de ajustamento e com transtorno de conduta com controles normais. Os dois primeiros grupos apresentaram um número significativamente maior de indicadores que o grupo normal, sendo que a presença de três indicadores foi muito característica entre eles: *ordem confusa*, *tamanho aumentado* e *figuras em quadros*. No caso de outros cinco indicadores, embora não especificamente relacionados com psicopatologia, sua pouca freqüência no grupo normal "sugeriu alguma relação possível com dificuldade emocional: expansão, linha fina, repassamento (ou reforço de linhas), segunda tentativa (sem corrigir o original) e tamanho pequeno" (Groth-Marnat, 1999, p.566-567). Outros quatro indicadores não foram considerados relacionados com psicopatologia por Rossini e Kaspar (1987), mas, segundo Groth-Marnat (1999), são citados por outros autores: linha ondulada, riscos por círculos, tamanho aumentado e elaboração. Conforme o autor, os indicadores não considerados úteis por Rossini e Kaspar possivelmente se associavam a outros tipos de psicopatologia não apresentados por sua amostra de sujeitos de 7 a 10 anos de idade. Sugere, inclusive, que sejam desenvolvidos estudos sobre os indicadores com adolescentes ou sujeitos mais velhos.

Os aspectos simbólicos e as respostas populares no Bender infantil

Segundo Clawson (1980), além da administração pelo procedimento-padrão, pode-se utilizar ainda o Bender como técnica projetiva, em alternativas que parecem promissoras em termos de um psicodiagnóstico, que seriam a fase de associação e de elaboração. Na primeira fase, os cartões são apresentados à criança, solicitando-lhe que diga com que se parecem ou o que é que eles lembram. Na segunda, a criança é convidada a "desenhá-los da maneira como quiser: alterando, combinando ou elaborando à vontade". Num exemplo de seu livro, inclui as duas fases, discutindo o valor simbólico das associações e das produções (p.2).

Um dos problemas que surgem para se poder utilizar um esquema de referência simbólico, no que tange às associações, é poder definir até que ponto tal associação é individual, isto é, se realmente é o resultado de uma projeção do indivíduo ou se é o estímulo que a impõe ou suscita, em vista de suas qualidades estruturais. No Rorschach, em que os estímulos são muito menos estruturados do que no Bender, não se considera legítima uma interpretação simbólica, quando a resposta é popular. Brown, citado por Endara (1967), chama a atenção para a facilitação de uma percepção básica nas populares, que "põe de lado a natureza 'acidental' das manchas" (p.223). Schafer (1954) também acentua que as respostas P, a menos que dadas com um toque pessoal, constituem exemplos da percepção distanciada, relativamente impessoal e não-dinâmica, de que fala Schachtel. Embora essas ressalvas sejam feitas em relação ao Rorschach, achamos que sejam válidas em relação às associações de Bender.

Dessa maneira, para quem utiliza a fase de associações, no Bender, parece muito importante o conhecimento de uma pesquisa, realizada em Pelotas, RS, sobre respostas populares do teste de Bender, que constituiu o tema de dissertação de Mestrado em Psicologia Clínica, na PUCRS, da psicóloga Maria Carmem F. Mattar Lopes. A amostra foi constituída por 860 sujeitos, de 8 a 13 anos, de ambos os sexos e de nível socioeconômico baixo, médio e alto. As respostas populares encontradas são apresentadas no Quadro 19-4 (Lopes, 1984).

QUADRO 19.4 Respostas populares no Bender, numa amostra de 860 crianças, de ambos os sexos, de 8 a 13 anos

Figura	Categoria	Respostas populares
A	1	Figuras geométricas
A	2	Figura humana, boneco
1	3	Pontos, pontos em linha
2	4	Bolinhas
3	5	Árvore de Natal, árvore, pinheiro
6	6	Cobras, minhocas, podendo estar em movimento
6	7	Água, mar, ondas, rio, podendo estar em movimento
6	8	Linhas
7	9	Lápis
8	10	Lápis, podendo estar em movimento

Fonte: Lopes, 1984, p.101-102.

Se examinarmos o caso discutido por Clawson (1980), veremos que a associação da criança, para as Figuras 7 e 8, foi "lápis". Sua interpretação foi a seguinte: "Uma vez que o seu B-G não teve padrão de perseveração, a associação única, para as duas formas hexagonais, não precisa ser interpretada como patológica. Lápis é um conceito relativamente comum e um símbolo fálico socialmente aceito por crianças escolares" (p.46).

Note-se que, no seu estudo sobre freqüência de associações, "lápis" apareceu com 15%, na Figura 7, e 8%, na 8 (Clawson, 1980, p.55). Na pesquisa de Lopes, citada acima, "lápis" constitui resposta popular tanto para a Figura 7 como para a 8. Se o exemplo ocorresse em nosso meio, embora lápis não deixe de constituir um símbolo fálico, a sua percepção não poderia ser interpretada em termos de aspectos dinâmicos individuais, uma vez que, coletivamente, é a resposta mais usual para ambas as figuras.

É importante nos darmos conta desses aspectos, ao usar essa modalidade projetiva, no teste de Bender, sob pena, por exemplo, de concluir que uma criança deu 30% de respostas que envolvem simbolismo fálico, quando apenas deu três respostas populares, "cobras", para a Figura 6, e "lápis", para a 7 e a 8.

Feitas essas ressalvas, as associações se tornam um enfoque promissor, assim como as elaborações, embora seja muito possível que também, entre as elaborações, possam ser encontradas respostas populares, facilitadas pela estrutura básica de estímulos, ainda que, neste caso, é provável que sempre haja algum toque pessoal.

De toda maneira, desejando usar o Bender como técnica projetiva em crianças, achamos que essas são as alternativas mais válidas, uma vez que muitos dos desvios e sinais habitualmente utilizados para basear interpretações projetivas, podem, na realidade, se apresentar, num protocolo, por problemas na maturação visomotora, quando não se associam com transtornos no desenvolvimento neuropsicológico. Portanto, a não ser em relação a sinais identificados como significativos, através de pesquisas sérias, cremos que não existe o direito de usar simplesmente um referencial simbólico, em crianças. E, mesmo em tal caso, parece só ser possível um enfoque projetivo para a interpretação de desvios quando se tem plena consciência de que a criança apresenta um nível de maturidade visomotora compatível com sua faixa etária.

O sistema de escore de Santucci-Percheux

Para a aplicação do Bender como prova de organização grafoperceptiva, é necessário ter em mãos o Manual, as máscaras e a cinco lâminas do teste (edição de Delachaux & Niestlé, Paris), na seguinte ordem: A, 2, 4, 3 e 7. Devem ser usadas as instruções específicas do Manual. A folha, por exemplo, é apresentada com o lado maior na horizontal.

Não podemos aqui reproduzir todos os critérios utilizados na correção. Todavia, preparamos uma Folha de Registro, que auxilia consideravelmente tal correção. Vamos ensinar a utilizá-la.

Cada uma das lâminas do teste é denominada modelo e identificada por um algarismo romano. Temos, pois, Modelo I (correspondente à Figura A), Modelo II (Figura 1), Modelo III (Figura 4), Modelo IV (Figura 3) e Modelo V (Figura 7). Cada um dos modelos é apresentado num quadro diferente, na Folha de Registro.

Em cada um dos quadros, à direita, tem-se o número de itens, seguido de sua especificação que, eventualmente, se encontra abreviada. A seguir, você encontrará a palavra Guia. Refere-se às *guias de correção*, que são as máscaras. Elas são identificadas por letras maiúsculas, e, conforme o item que tiver de ser corrigido, deve ser selecionada a guia adequada. Elas vão servir para medir ângulos, avaliar comprimentos, alinhamentos, paralelismos, inclinações em relação à vertical ou à horizontal, para apreciar dimensões da reprodução do modelo, etc. No Manual, há instruções sobre como utilizá-las.

Na técnica de Santucci-Percheux, o escore é atribuído conforme o nível de sucesso da reprodução. Há três níveis de sucesso, que foram definidos pelas autoras com base no percentual de acertos, encontrado em três faixas etárias. Desse modo, o escore ou nota 3 se "atribui aos aspectos raramente reproduzidos pelas crianças de 6 anos e melhor respeitados de idade a idade ou, ainda, relativamente pouco respeitados, mesmo nas idades superiores". Já o escore 1 ou nota 1 é atribuído "aos aspectos bem reproduzidos por grande porcentagem de crianças, desde 6 anos, ou a certos sucessos de nível inferior, cuja freqüência decresce com a idade". O escore ou nota 2 atribui-se "aos casos intermediários" (Santucci & Percheux, 1968, p.2). Pode haver, portanto, até três níveis esperados, embora a maioria dos itens pressuponha um nível de sucesso ou dois, mas, dependendo do grau de dificuldade para atingir o nível de sucesso, o escore varia de 1 a 3.

Voltemos à Folha de Registro. Eventualmente, o número do item é repetido e seguido por uma letra minúscula. No Modelo I, temos, por exemplo, 1a, 1b, 1c. Isso significa que, no item 1, há três níveis possíveis de sucesso. Em seguida à coluna de Guia, de que já falamos, existe outra coluna, encimada pelas letras NE e, a seguir, outra coluna, NO. As letras NE significam *nível esperado*. Vemos que o NE de 1a é 3, o NE de 1b é 2 e o NE de 1c é 1. Nesse caso, é fácil de entender. Logo a seguir, porém, temos o NE do item 2. Isso significa que, no item 2, se espera apenas um determinado nível de sucesso e que corresponde ao escore. Já as letras NO significam *nível observado*, e há espaços para registro de escore. Então, vimos que, no item 1, podemos esperar três níveis de sucesso, 3, 2 ou 1, e, através da correção, se forem respeitadas as condições para um escore 3, por exemplo, este será o nível observado (NO = 3), e o escore é registrado no espaço correspondente. Caso contrário, devemos ver se a reprodução preenche as condições para um NO = 2 ou NO = 1. Caso nem essas condições forem preenchidas, não se atribui escore ou temos um NO = 0. No item 2, só um NE é possível, 2, e o NO só pode ser 2 ou 0. Esclarecemos que Santucci e Percheux falam em nível de sucesso e em nota. Introduzimos a noção de nível esperado (possível) e de nível observado para facilitar o manejo dos dados e, conseqüentemente, o seu registro na Folha.

Após corrigir todos os itens de um modelo, a soma de NO (escore) é escrita no espaço à direita, abaixo do quadro do modelo. Após corrigir todos os modelos, o escore de cada um deles é transposto para o retângulo, em posição vertical, abaixo do Modelo V. Somam-se os escores dos cinco modelos para obter o total.

O sistema de escores padronizados da prova utiliza os conceitos de mediana e, conse-

PROVA DE ORGANIZAÇÃO GRAFOPERCEPTIVA (SANTUCCI-PERCHEUX)
FOLHA DE REGISTRO DE J. A. CUNHA

Identificação: Idade: Escolaridade: Série: Data:

Item	Modelo I	Guia	NE	NO
1a	Quadr.: lados e ângulos iguais	A	3	
1b	Retângulo; losango; paral., trap.	—	2	
1c	Quadril.: 4 ângulos, 4 lados	—	1	
2	Eixo horizontal	C	2	
3a	Tangência correta	—	2	
3b	Quase-tangência	—	1	
4	Ponto de tangência sobre eixo	—	2	
5	Círculo = modelo	D1	3	
6	Quadrado = modelo	D2	3	

Item	Modelo IV	Guia	NE	NO
1	Metade do nº total = pontos		2	
2	A1 correto	B	1	
3a	A2 correto	B	2	
3b	A2 curvo	B	2	
4a	A3 correto	B	3	
4b	A3 curvo	B	2	
5	Nº correto	—	2	
6	Eixo horizontal: S – S3	C	3	
7	S, S1, S2, S3 alinhados	B	3	
8	S-S1, S1-S2, S2-S3 eqüidistantes	B	3	
9	Simetria	—	3	

Item	Modelo II	Guia	NE	NO
1	Nº correto de colunas (10)	—	2	
2	Ausência de contato dos círculos	—	1	
3	Inclinação para a esquerda	B	2	
4	Paralelismo das colunas	B	3	
5	Inclinação eixo 0 a 5º		2	
6	Alinhamento círc. linha superior	B	1	
7	Alinhamento círc. linha inferior	B	2	
8	Comprimento 8-14 cm	B	3	

Item	Modelo V	Guia	NE	NO
1a	Hexágono A correto, vertical	—	2	
1b	Hexágono A: 1 só ângulo mal	—	1	
2a	Hexágono B correto	—	3	
2b	Hexágono B: 1 só ângulo mal	—	1	
3	Orientação correta de A e B	C	2	
4a	Secância correta	—	3	
4b	Alguma secância	—	2	
5	Hexágono A = modelo	F	3	
6	Hexágono B = modelo	F	3	

Item	Modelo III	Guia	NE	NO
1	2 ângulos corretos (90º)	A	3	
2	Mesmo nível de parada	—	1	
3	Curva correta	—	1	
4	Ganchos corretos	—	1	
5	Localização curva entre med.	—	1	
6a	Ponto de tangência correto	—	2	
6b	Alguma tangência	—	1	
7	Quadrado = modelo	E	3	

Modelo	Escore
I	
II	
III	
IV	
V	
Total	

Interpretação

Idade (anos)	Meninos			Meninas		
	Q1	Med.	Q3	Q1	Med.	Q3
6	17,0	22,5	27,5	12,5	20,0	26,5
7	29,0	34,5	40,0	24,5	32,0	36,0
8	33,0	40,0	48,0	32,5	36,5	43,0
9	41,0	48,5	55,5	41,0	45,0	50,0
10	47,5	52,0	58,0	47,0	53,0	59,5
12	52,0	58,0	61,0	56,0	61,0	67,0
14	56,0	62,0	67,0	57,0	63,0	67,0

Fonte: Santucci & Percheux, 1968, p.29.

Psicólogo:_____

qüentemente, quartis. Foi reproduzida a tabela de resultados apresentada pelas autoras com base em protocolos colhidos entre escolares da cidade de Paris. Não é do nosso conhecimento a existência de normas brasileiras. Todavia, como a organização grafoperceptiva depende da maturação, os dados locais não podem ser muito discrepantes, pelo menos nas idades inferiores.

Além de considerações diretamente associadas à organização e ao desenvolvimento grafoperceptivo, as autoras fazem algumas observações, que parecem clinicamente úteis:

1 – No caso de uma criança de 7 ou 8 anos apresentar um resultado inferior a 6 anos, as autoras sugerem o uso do Pré-Bender, ou o PGOP. Se nesta prova o resultado é satisfatório, o mau resultado anterior é atribuído a razões emocionais e sugerido um reteste, após alguns dias.

2 – Se, em caso de ter havido um diagnóstico de retardamento mental, com base em teste de inteligência, e o resultado nesta prova for superior ao encontrado, devem se pôr em dúvida os resultados do teste de nível intelectual.

Vejamos um exemplo. Trata-se de um menino de 6 anos e 1 mês. A reprodução do protocolo encontra-se na Figura 19.1. Os escores dos itens estão na Folha de Registro. Como se vê, o menino alcançou um escore apenas de 7. Como tem 6 anos, seu escore se localiza no quartil 1, para meninos. Nota-se sensível atraso no seu desenvolvimento grafoperceptivo. Além disso, a disposição dos desenhos na página denota desorganização espacial, o que torna o prognóstico menos favorável.

O sistema de escore de Koppitz

Em 1963, Koppitz desenvolveu um método do B-G denominado *Developmental Bender Test Scoring System*, composto de 30 itens, destinado a avaliar o nível de maturidade de crianças de 5 a 10 anos, que é fácil de utilizar, bastante popular por isso mesmo, e que, em 31 estudos, alcançou uma fidedignidade entre os examinadores que varia entre 0,79 e 0,99, sendo que 89% desses estudos alcançaram um coeficiente de 0,89 ou mais (Lacks, 1984).

Para o desenvolvimento de sua chamada escala de maturação, cada item foi validado tomando como critério o desempenho escolar e partiu do pressuposto de que "um aluno principiante, com sua percepção visomotora bem desenvolvida, será provavelmente um bom estudante, enquanto uma criança cuja percepção visomotora não amadureceu terá dificuldades em suas tarefas escolares". Os resulta-

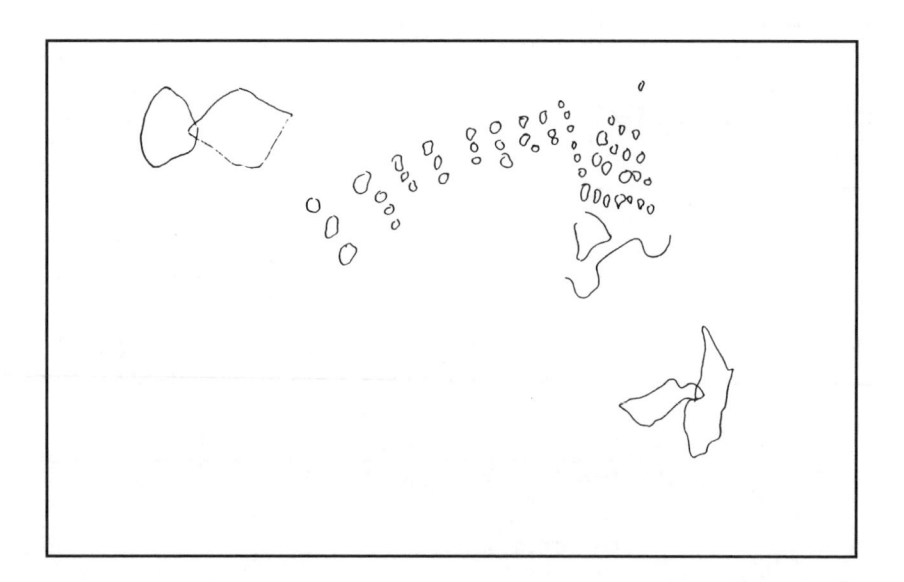

Figura 19.1 Protocolo Bender (Santucci-Percheux) de menino de 6:1.

PROVA DE ORGANIZAÇÃO GRAFOPERCEPTIVA (SANTUCCI-PERCHEUX)
FOLHA DE REGISTRO DE J. A. CUNHA

Identificação: Idade: Escolaridade: Série: Data:

Item	Modelo I	Guia	NE	NO
1a	Quadr.: lados e ângulos iguais	A	3	
1b	Retângulo; losango; paral., trap.	—	2	
1c	Quadril.: 4 ângulos, 4 lados	—	1	1
2	Eixo horizontal	C	2	
3a	Tangência correta	—	2	
3b	Quase-tangência	—	1	0
4	Ponto de tangência sobre eixo	—	2	0
5	Círculo = modelo	D1	3	0
6	Quadrado = modelo	D2	3	0
				0

Item	Modelo IV	Guia	NE	NO
1	Metade do nº total = pontos	—	2	0
2	A1 correto	B	1	0
3a	A2 correto	B	2	
3b	A2 curvo	B	2	1
4a	A3 correto	B	3	
4b	A3 curvo	B	2	0
5	Nº correto	—	2	0
6	Eixo horizontal: S – S3	C	3	0
7	S, S1, S2, S3 alinhados	B	3	0
8	S-S1, S1-S2, S2-S3 eqüidistantes	B	3	0
9	Simetria	—	3	0
				1

Item	Modelo II	Guia	NE	NO
1	Nº correto de colunas (10)	—	2	0
2	Ausência de contato dos círculos	—	1	0
3	Inclinação para a esquerda	B	2	2
4	Paralelismo das colunas	B	3	0
5	Inclinação eixo 0 a 5º	—	2	0
6	Alinhamento círc. linha superior	B	1	0
7	Alinhamento círc. linha inferior	B	2	0
8	Comprimento 8-14 cm	B	3	0
				2

Item	Modelo V	Guia	NE	NO
1a	Hexágono A correto, vertical	—	2	
1b	Hexágono A: 1 só ângulo mal	—	1	0
2a	Hexágono B correto	—	3	
2b	Hexágono B: 1 só ângulo mal	—	1	0
3	Orientação correta de A e B	C	2	0
4a	Secância correta	—	3	
4b	Alguma secância	—	2	2
5	Hexágono A = modelo	F	3	0
6	Hexágono B = modelo	F	3	0
				2

Item	Modelo III	Guia	NE	NO
1	2 ângulos corretos (90º)	A	3	0
2	Mesmo nível de parada	—	1	0
3	Curva correta	—	1	0
4	Ganchos corretos	—	1	1
5	Localização curva entre med.	—	1	0
6a	Ponto de tangência correto	—	2	
6b	Alguma tangência	—	1	0
7	Quadrado = modelo	E	3	01

Modelo	Escore
I	1
II	2
III	1
IV	1
V	2
Total	7

Interpretação

Atraso no desenvolvimento grafoperceptivo.
Sinais sugestivos de desorganização espacial.

Idade (anos)	Meninos			Meninas		
	Q1	Med.	Q3	Q1	Med.	Q3
6	17,0	22,5	27,5	12,5	20,0	26,5
7	29,0	34,5	40,0	24,5	32,0	36,0
8	33,0	40,0	48,0	32,5	36,5	43,0
9	41,0	48,5	55,5	41,0	45,0	50,0
10	47,5	52,0	58,0	47,0	53,0	59,5
12	52,0	58,0	61,0	56,0	61,0	67,0
14	56,0	62,0	67,0	57,0	63,0	67,0

Fonte: Santucci & Percheux, 1968, p.29.

Psicólogo:_____

dos mostraram (ou demonstraram) correlação satisfatória com o TMP (*Teste Metropolitano de Prontidão*), e os dados normativos apresentados basearam-se em uma amostra de 1.104 alunos de escolas de estados do leste e meio-oeste dos Estados Unidos (Koppitz, 1971, p.28).

As instruções são simples: "Aqui tenho nove cartões com desenhos para que você copie. Aqui está o primeiro. Faça um igual a este" (p.36). O manual inclui também orientação sobre como responder a perguntas ou resolver outras dificuldades, durante a testagem. Não orienta sobre a posição do papel, quando é apresentado. Porém, como na grande maioria dos exemplos incluídos a orientação é vertical, pressupõe-se que esta seja a posição usual de apresentação.

Conforme Koppitz, existem quatro categorias de desvios, que podem ser computados como presentes ou ausentes ou, em termos de escore, como um ou zero, sendo que cada desvio só pode ser considerado como tal se está nítido. As categorias são as seguintes:

Distorção de forma: Esta categoria diz respeito aos aspectos formais: pontos, linhas retas, linhas curvas e ângulos.

Existe distorção da forma quando os aspectos formais do estímulo são reproduzidos sem razoável precisão, sem conservar pontos, linhas retas, linhas curvas e ângulos como tais, isto é, quando são substituídos (por exemplo, 5 ou mais círculos por pontos), omitidos ou multiplicados (ângulos) ou deformados exageradamente ou quando há perda de sua proporção relativa (eixo de = ½ do outro). Verifica-se distorção da forma nos itens: 1a, 1b (Figura A); 4 (Figura 1); 10 (Figura 3); 15 (Figura 5); 18a, 18b (Figura 6); 21a, 21b (Figura 7) e 24 (Figura 8) de Koppitz, ou nos de 1 a 10 da Folha de Registro. Vide exemplos na Figura 19.2.

Desintegração*: Esta categoria diz respeito à configuração total ou partes componentes (subpartes).

Existe desintegração quando há perda da configuração, seja por fracasso na união das

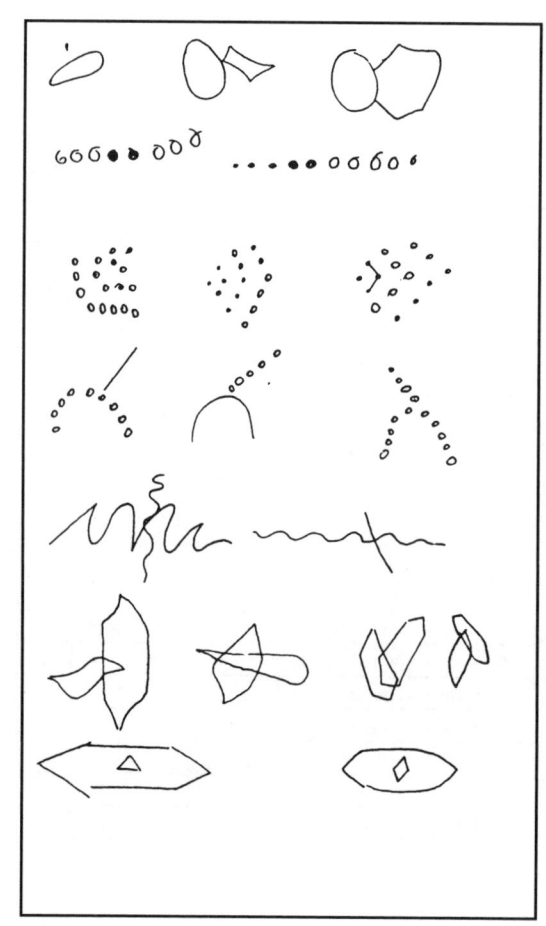

Figura 19.2 Exemplos de distorção da forma, segundo Koppitz.

---

*N. da A. No livro consultado de Koppitz (1971), a denominação usada é integração. Usamos desintegração por motivos óbvios.

partes (com separação de mais de 3 mm), omissão, acréscimo ou substituição de elementos componentes, seja por perda da posição relativa ou modificação grosseira do aspecto estrutural do estímulo. Verifica-se desintegração nos itens: 3 (Figura A); 8 (Figura 2); 12a e 12b (Figura 3); 14 (Figura 4); 17a e 17b (Figura 5); 19 (Figura 6); 23 (Figura 7) de Koppitz, ou nos números de 11 a 19 da Folha de Registro. Vide exemplos na Figura 19.3.

Rotação: Esta categoria diz respeito à orientação no espaço.

Existe rotação quando há uma variação no eixo da figura ou de parte da mesma em 45° ou mais, inclusive quando resulta de cópia correta, após rotação do cartão (a rotação da folha não se computa). Verifica-se

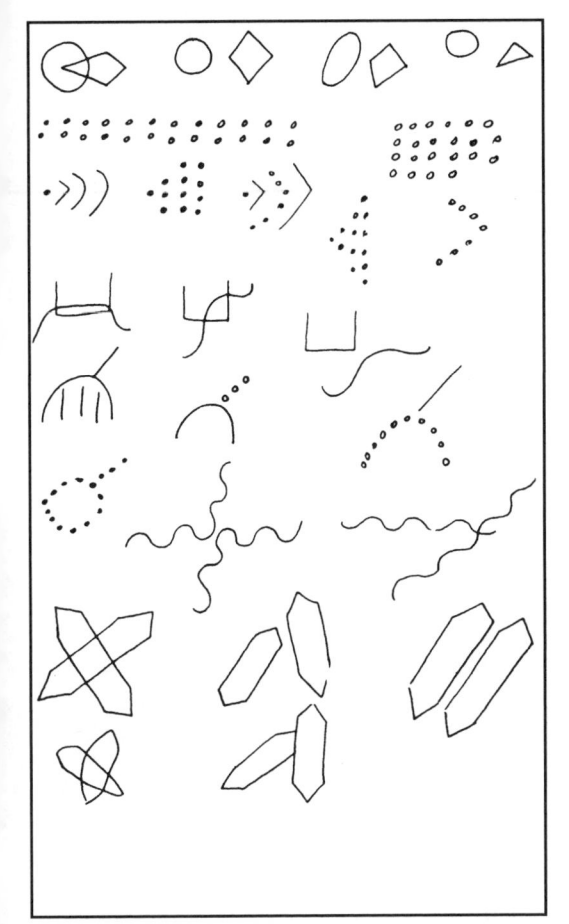

Figura 19.3 Exemplos de desintegração, segundo Koppitz.

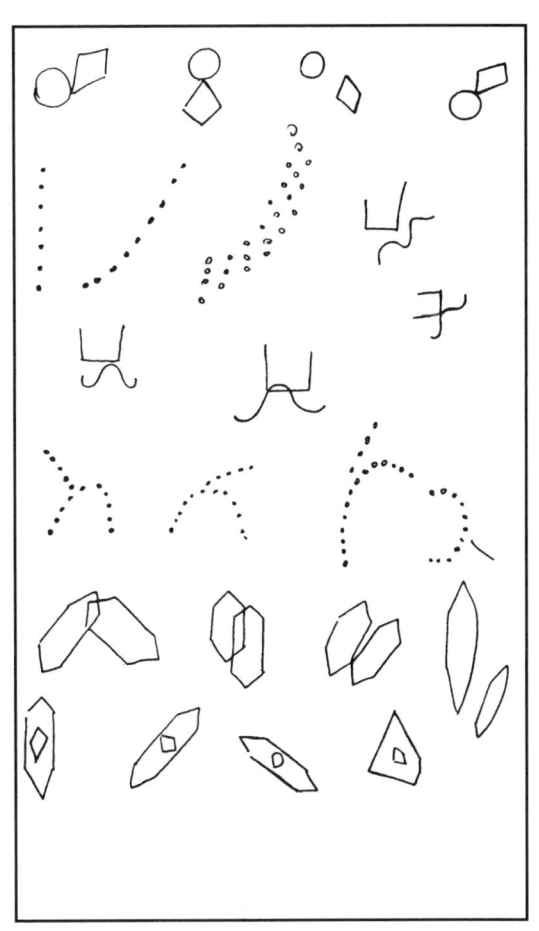

Figura 19.4 Exemplos de rotação, segundo Koppitz.

rotação em todos os desenhos, com exceção da Figura 6, isto é, nos itens 2, 5, 7, 11, 13, 16, 22 e 25 de Koppitz, ou nos de 20 a 27 da Folha de Registro. Vide exemplos na Figura 19.4.

Perseveração: Esta categoria se refere ao número de unidades.

Existe perseveração quando há um aumento no número de elementos formais (pontos, colunas, curvas), em comparação com o desenho-estímulo.

Verifica-se a perseveração na Figura 19.1 (aumento de 3 ou mais), na Figura 19.2 (aumento de 4 ou mais) e na Figura 19.6 (aumento de 2 ou mais curvas sinusoidais completas), isto é, nos itens: 1, 9 e 2 de Koppitz ou nos de 28 a 30 da Folha de Registro. Vide exemplos na Figura 19.5.

Escore e interpretação da Escala de Maturação

A partir das categorias recém-relacionadas acima, preparamos uma Folha de Registro que é aqui incluída. Computa-se cada item como presente ou ausente, ou com um ou zero, respectivamente. A correção por categoria e não por figura, como faz Koppitz, parece-nos que facilita a tarefa, porque, ao avaliar rotação, por exemplo, já se faz a inspeção de todo o protocolo, com exceção da Figura 19.6, medindo as que parecem apresentar o desvio.

Após a inspeção dos desenhos e a atribuição de escores, estes são somados. A seguir, deve ser consultada a tabela. No Quadro 19.5,

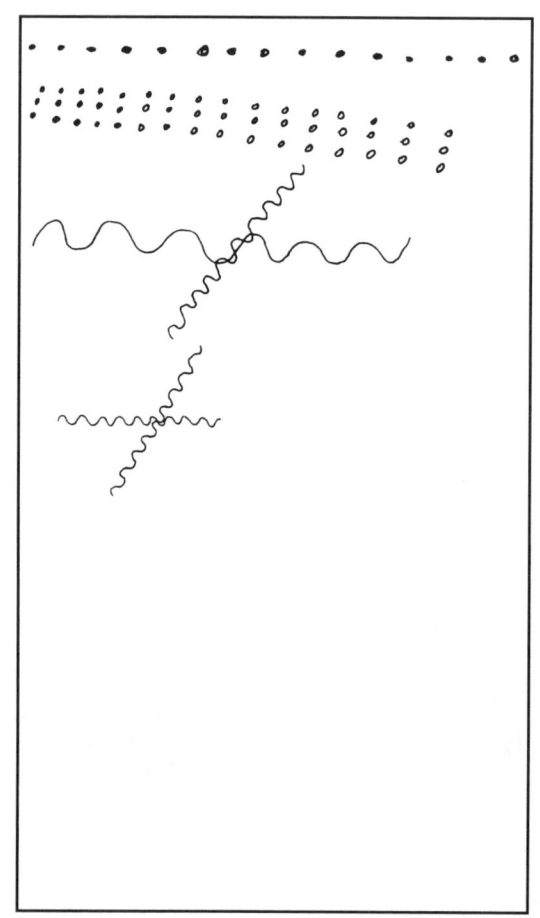

Figura 19.5 Exemplos de perseveração, segundo Koppitz.

QUADRO 19.5 Distribuição de médias e desvios padrão na Escala de Maturação, segundo a idade, conforme Koppitz (N = 1.104)

Idade	M	DP	+/– DP
5-0 a 5-5	13,6	3,61	10,0 a 17,2
5-6 a 5-11	9,8	3,72	6,1 a 13,5
6-0 a 6-5	8,4	4,12	4,3 a 12,5
6-6 a 6-11	6,4	3,76	2,6 a 10,2
7-0 a 7-5	4,8	3,61	1,2 a 8,4
7-6 a 7-11	4,7	3,34	1,4 a 8,0
8-0 a 8-5	3,7	3,60	0,1 a 7,3
8-6 a 8-11	2,5	3,03	0,0 a 5,5
9-0 a 9-5	1,7	1,76	0,0 a 3,5
9-6 a 9-11	1,6	1,69	0,0 a 3,3
10-0 a 10-5	1,6	1,67	0,0 a 3,3
10-6 a 10-11	1,5	2,10	0,0 a 3,6

Fonte: Koppitz, 1971, p.231.

QUADRO 19.6 Distribuição de médias e desvios-padrão na Escala de Maturação, segundo a idade, conforme Kroeff (N = 1.082)

Idade	M	DP	+/– DP
5-0 a 5-5	11,8	3,32	8,48 a 15,12
5-6 a 5-11	10,7	3,87	6,83 a 14,57
6-0 a 6-5	9,5	3,90	5,60 a 13,40
6-6 a 6-11	7,1	4,04	3,06 a 11,14
7-0 a 7-5	6,3	3,76	2,64 a 10,16
7-6 a 7-11	6,0	4,14	1,86 a 10,14
8-0 a 8-5	4,8	3,57	1,23 a 8,37
8-6 a 8-11	4,2	2,75	1,45 a 6,95
9-0 a 9-5	3,8	3,24	0,56 a 7,04
9-6 a 9-11	3,4	2,84	0,56 a 6,24
10-0 a 10-5	3,1	2,86	0,24 a 5,96
10-6 a 10-11	2,7	2,41	0,29 a 5,11

Fonte: Kroeff, 1988, p.12 (dados resumidos e publicados com autorização do autor).

temos uma tabela de médias e desvios padrão organizada por Koppitz. Tais normas são americanas. Como o processo de maturação é predominantemente do desenvolvimento neuropsicológico e, portanto, possivelmente livre de influências culturais, pareceria confiável utilizá-la. Porém, no Quadro 19.6, são apresentadas médias e desvios padrão de crianças brasileiras, a partir de uma amostra de 1.082 sujeitos, de um estudo desenvolvido por Kroeff (1988). A partir de tais resultados, observa-se que, exceto no primeiro grupo etário, o número de pontos é mais baixo entre as crianças brasileiras, sugerindo "uma maturidade menor que as crianças norte-americanas" (p.15), que o autor atribui à possibilidade de menor estimulação na área perceptomotora ou talvez início mais tardio dessa no sistema educacional brasileiro. Assim, parece recomendável a utilização da tabela brasileira e não da americana, embora seja aconselhável ampliar as pesquisas em grupos mais diversificados do país.

Mas voltemos à utilização da tabela. Para melhor interpretar os dados, os leitores devem se reportar à noção de curva normal (vide Capítulo 14 sobre Avaliação psicométrica, nesta edição). Aqui basta recordar que "a área total sob a curva representa o número total de escores na distribuição" (Psychological Corporation, 1955, p.7). Tomemos um exemplo da tabela, de Koppitz, de 5-0 a 5-5. A partir da média, 13,6, supondo que se trate de uma distribuição normal, a zona compreendida entre mais e menos um desvio padrão abrange 68,26% dos escores nessa faixa etária (vide Figura 19.6). O desvio padrão é um índice de variabilidade, e os escores que recaem na zona referida representam variações dentro da média. Então, a zona compreendida por 13,6 ± 3,61, ou melhor, os escores entre 10,0 e 17,2 estão dentro de limites médios. Portanto, se uma criança, nessa faixa etária, tem um escore total de 18 ou 19, por exemplo, seu escore ul-

ESCALA DE MATURAÇÃO DE KOPPITZ
FOLHA DE REGISTRO DE J. A. CUNHA

Identificação: Idade: Data:

Categoria	Item	Especificação	Fig.	Escore
1. Distorção da forma	1 2 3	Achatamento do eixo 1:2 (A) ou deformação excessiva (A,7,8) ou adição ou omissão de ângulos	A 7 8	
	4 5	Desproporção 1:2 nas subpartes	A 7	
	6 7 8	5 ou mais círculos por pontos	1 3 5	
	9 10	3 ângulos por curvas Ausência de curvas em uma linha ou em ambas	6 6	
2. Desintegração	11 12	Separação > 3 mm (A,4) ou curva tocando os 2 vértices	A 4	
	13	Adição ou omissão de fil. ou Fig. 1. como fil. sup. ou 4 ou mais círculos na maioria dos fil.	2	
	14	Aglomerado ou uma só fil. de pontos ou sem aumento de pontos em cada nova fil. ou cabeça de flecha irreconhecível ou invertida	3	
	15 16	Linha contínua por fil. de pontos (3), pelo arco ou extensão (5)	3 5	
	17	Aglomerado; reta ou círculo de pontos pelo arco; extensão atravessando arco	5	
	18	Sem cruzamentos ou mau cruzamento; duas linhas onduladas entrelaçadas	6	
	19	Sem superposição ou superposição exagerada	7	
3. Rotação	20 21 22 23 24 25 26 27	Rotação do eixo > 45° na figura (A,1,2,3,8) na figura ou parte (4,5,7)	A 1 2 3 4 5 7 8	
4. Perseveração	28 29 30	> 15 unidades na 1 > 14 unidades na 2 > 6 unidades na 6	1 2 6	
			Soma	

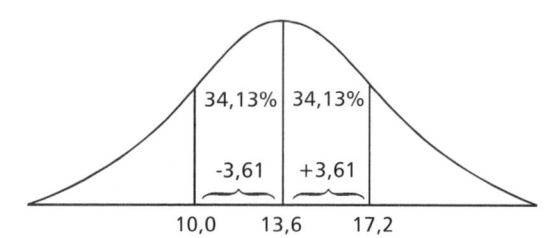

Figura 19.6 Distribuição da média e desvios padrão para a idade de 5-0 a 5-5, na Escala de Maturação, conforme a Tabela de Koppitz.

trapassa o desvio admitido para limites normais, o que significa que a sua percepção visomotora é imatura para a sua idade. Naturalmente, quanto mais desvios padrão se afastarem da média, mais sério será o déficit na percepção visomotora. Dizemos que essa criança está a mais de um desvio padrão abaixo da média, correspondente à sua idade. Se o seu escore total fosse de 8, estaria a mais de um desvio padrão acima da média para a sua faixa etária, e seu nível de maturação corresponderia à faixa etária de 6-0 a 6-5, porque a média deste grupo é de 8,4.

A exemplo de Koppitz, Kroeff (1992) procurou analisar o desempenho perceptomotor das crianças, conforme o nível da escolaridade, uma vez que o Bender "é reconhecido como válido para predizer o aproveitamento nos primeiros anos escolares" (p.827). No Quadro 19.7, é apresentada a distribuição das médias e desvios padrão, segundo o nível de escolaridade, sendo incluída também a idade média das crianças de cada nível.

Não obstante, quando foi considerado o tipo de escola freqüentada – pública ou privada –, foi possível observar que, aparentemente, as normas são diferentes, conforme os dados do Quadro 19.8.

Por outro lado, levando adiante os seus estudos, Kroeff observou que, em cada nível de escolaridade, a média de idade de crianças de escolas públicas tende a ser maior que a de crianças das escolas privadas, embora apresentem pior desempenho perceptomotor do que estas, conforme os dados dos Quadros 19.9 e 19.10.

QUADRO 19.8 Distribuição de médias e desvios padrão na Escala de Maturação, de crianças de escolas públicas e privadas, segundo a idade, conforme Kroeff (N = 1.082)

Idade	Escolas públicas		Escolas privadas	
	M	DP	M	DP
5-0 a 5-5	12,1	3,3	11,7	3,4
5-6 a 5-11	12,2	4,1	9,8	3,5
6-0 a 6-5	10,6	3,9	8,0	3,2
6-6 a 6-11	7,4	4,2	6,4	3,7
7-0 a 7-5	7,0	4,0	5,1	3,0
7-6 a 7-11	6,3	4,0	5,3	4,6
8-0 a 8-5	5,5	3,7	3,8	3,2
8-6 a 8-11	4,8	2,7	3,1	2,6
9-0 a 9-5	4,2	3,4	3,1	2,9
9-6 a 9-11	4,0	3,0	2,6	2,4
10-0 a 10-5	3,2	3,1	2,4	1,7
10-6 a 10-11	3,1	2,7	2,0	1,6

Fonte: Kroeff, 1982, p.828 (dados resumidos e publicados com autorização do autor).

QUADRO 19.7 Distribuição de médias e desvios padrão na Escala de Maturação, segundo o nível de escolaridade, conforme Kroeff (N = 1.082)

Nível de escolaridade	Idade média	Média	DP
Jardim A	5-2	12,2	3,4
Jardim B	6-1	9,8	4,2
1ª série	7-4	6,7	3,8
2ª série	8-5	4,3	3,1
3ª série	9-5	3,5	3,0
4ª série	10-1	2,8	2,5
5ª série	10-8	2,2	1,7

Fonte: Kroeff, 1982, p.828 (dados resumidos e publicados com autorização do autor).

QUADRO 19.9 Distribuição de médias e desvios padrão na Escala de Maturação, de crianças de escolas públicas, segundo o nível de escolaridade e idade média, conforme Kroeff (N = 651)

Nível de escolaridade	Idade média	Média	DP
Jardim A	5-6	13,2	3,6
Jardim B	6-3	19,3	4,5
1ª série	7-6	6,9	3,8
2ª série	8-6	4,8	3,1
3ª série	9-7	3,8	3,1
4ª série	10-3	2,9	2,6
5ª série	10-8	2,1	5,1

Fonte: Kroeff, 1982, p.828 (dados resumidos e publicados com autorização do autor).

QUADRO 19.10 Distribuição de médias e desvios padrão na Escala de Maturação, de crianças de escolas privadas, segundo o nível de escolaridade e idade média, conforme Kroeff (N = 431)

Nível de escolaridade	Idade média	Média	DP
Jardim A	5-1	11,9	3,3
Jardim B	5-11	9,2	3,6
1ª série	7-0	6,4	3,8
2ª série	8-2	3,5	2,8
3ª série	9-0	2,9	2,8
4ª série	9-9	2,4	2,2
5ª série	10-7	2,2	1,6

Fonte: Kroeff, 1982, p.828 (dados resumidos e publicados com autorização do autor).

Kroeff (1992), a partir desses estudos, discute a importância de se utilizar normas diferenciadas, quando se quer avaliar a maturidade perceptomotora infantil. Entretanto, chama a atenção para o fato de que "as crianças das escolas privadas são menos discrepantes entre si, tanto na maturidade perceptomotora como na idade cronológica" (p.827) do que as crianças de escolas públicas. Atribui essas diferenças à diversidade do nível socioeconômico familiar dessas últimas.

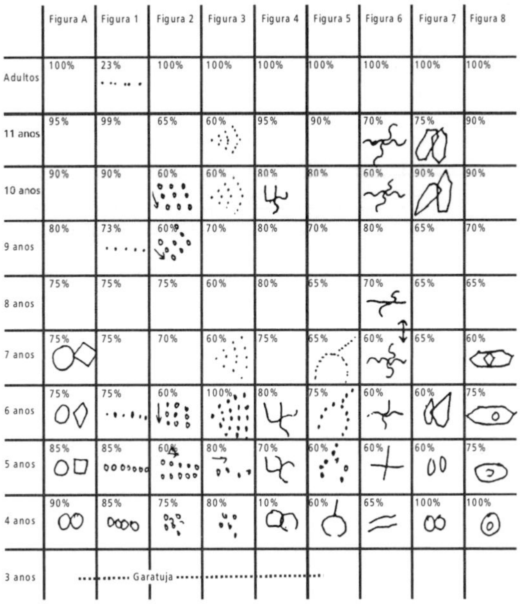

Fonte: Bender, *apud* Clawson, 1980, p.90.

Figura 19.7 Quadro-resumo de tipos de respostas de crianças, conforme a faixa etária. Reproduzida com autorização.

Desvios no Bender relacionados com transtornos no desenvolvimento neuropsicológico (estudos de Cunha, Brizolara, Fulgêncio et alii, 1991)

Já por ocasião da divulgação de sua monografia sobre o B-G, em 1932, Lauretta Bender afirmava: "A cópia dessas figuras, por crianças, constitui um teste que permite estabelecer o nível de maturação infantil da função gestáltica visomotora" (Bender, 1955, p.150). Após a padronização do teste, em uma amostra de 800 crianças de 3 a 11 anos, organizou um quadro-resumo de tipos de respostas, conforme a faixa etária, que é aqui representado na Figura 19.7. Esse foi o ponto de partida para numerosas pesquisas posteriores, que procuraram não só estabelecer critérios mais objetivos para a avaliação da maturação, como a escala de Koppitz, que acabamos de examinar, da mesma forma que para identificar sinais, desvios ou indicadores de patologia orgânica cerebral.

Como se trata de um teste que envolve percepção e coordenação neuromuscular, pressupõe-se que "dependa de certas áreas intactas de integração cortical, para sua execução satisfatória" (Clawson, 1980, p.66).

Todavia, como Clawson salienta, "não existe uma entidade única de lesão cerebral" (p.66), há vários graus e tipos de comprometimento, além de existirem outros fatores individuais que concorrem para dificultar um diagnóstico referencial, a partir de um teste psicológico. A par dessas considerações, podem-se levantar algumas questões de conhecimento do psicólogo que lida com o Bender:

a) Os autores que tratam do assunto raramente apresentam definições operacionais das variáveis em estudo, de maneira que apresentam indícios, sinais, desvios ou indicadores de "patologia orgânica", de "alterações do SNC" ou de "lesão cerebral", etc., sem que o psicólogo saiba com certeza a que estão se referindo, já que não existe unanimidade prática quanto a essa terminologia.

QUADRO 19.11 Escala de Maturação e indicadores de patologia cerebral, segundo Koppitz

Fig.	Nº	Item		
A	1	Distorção da forma	1a. deformação; achatamento; eixo 1:2; omissão ou adição de ângulos (S)	1a
			1b. desproporção 1:2 (S7)	1b
	2	Rotação (S)		2
	3	Integração (S)		3
1	4	Distorção da forma: 5 ou mais círculos por pontos		4
	5	Rotação (A, S)		5
	6	Perseveração: mais de 15 pontos (AS 8)		6
2	7	Rotação (S9)		7
	8	Integração	omissão ou adição de fileira(s) (S7); Fig. 1 como fileira da Fig. 2; 4 ou mais círculos na maioria das colunas; adição de uma fileira	8
	9	Perseveração: mais de 14 círculos numa fileira (AS 8)		9
3	10	Distorção da forma: 5 ou mais círculos por pontos (S7)		10
	11	Rotação (S8)		11
	12	Integração	desintegração: sem aumento de pts. em cada fileira sucessiva	
			12a. cabeça de flecha irreconhecível ou invertida; (S6) aglomerado ou uma só fileira de pontos	12a
			12b. linha contínua por fileira de pontos (AS)	12b
4	13	Rotação parcial ou total (AS)		13
	14	Integração: separação de 5 mm ou curva tocando os dois ângulos (s)		14
5	15	Distorção da forma: 5 ou mais círculos por pontos (S9)		15
	16	Rotação parcial ou total (S)		16
	17	Integração	17a. desintegração; aglomerado; reta ou círculo de pontos por arco; extensão atravessando arco	17a
			17b. linha contínua no arco ou na extensão (AS)	17b
6	18	Distorção da forma	18a. 3 ou mais ângulos por curvas (S)	18a
			18b. sem curvas em uma ou em ambas as linhas (AS)	18b
	19	Integração: sem cruzamento ou com mau cruzamento: duas linhas onduladas entrelaçadas (S)		19
	20	Perseveração: 6 ou mais curvas sinusoidais em qualquer direção (AS8)		20
7	21	Distorção da forma	21a. desproporção de 2:1 (S8)	21a
			21b. deformação excessiva; adição ou omissão de ângulos (S)	21b
	22	Rotação (S7)		22
	23	Integração: sem superposição ou superposição exagerada (S7)		23
8	24	Distorção da forma	deformação excessiva adição ou omissão de ângulos (S)	24
	25	Rotação		25
			Total	

Fonte: Koppitz, 1971 (adaptação).

b) Há excelentes autores, como Clawson (1980), que apresentam desvios no Bender que podem fundamentar "uma hipótese de que a criança em questão tem um transtorno do sistema nervoso central" (p.66), porque diferenciam significativamente grupos com e sem tal patologia.

c) Às vezes, há informações sobre amostragem e, mesmo, sobre o procedimento estatístico utilizado, como no caso da Escala de Koppitz (Koppitz, 1971). Além da Escala, essa autora apresenta "indicadores de lesão cerebral", classificados como significativos ou altamente significativos em todas ou em algumas faixas etárias, que se encontram identificados por S ou AS, eventualmente seguidos pela idade, em que passam a ter significância, no Quadro 19.11. Entretanto, esses dados, colhidos de seu livro (p.232-233), mostram algumas divergências com os resultados significantes ou não do qui-quadrado, apresentados em quadro constante da mesma obra.

d) Embora autores como Hutt (1975) considerem que o Bender, como teste perceptomotriz, está bastante desvinculado da experiência cultural, acabamos de discutir, no item anterior, resultados de pesquisas sobre a Escala de Maturação que sugerem diferenças nas crianças brasileiras. Fica-se, portanto, com dúvidas sobre a propriedade de utilizar "sinais significativos", identificados num meio sociocultural diferente, mesmo que meramente com objetivo de triagem.

A grande maioria de crianças com problemas de aprendizagem que são encaminhadas ao psicólogo para diagnóstico não se caracteriza por transtornos neurológicos mais severos, ainda que apresente, muitas vezes, irregularidades no desenvolvimento neuropsicológico. E ainda que tais casos sejam bastante passíveis de recuperação, esta fica muito dependente do diagnóstico precoce e correto. Também, embora esta seja uma área multidisciplinar, a importância do manejo adequado da testagem, em especial do Bender, é indiscutível.

Em conseqüência, desenvolvemos uma pesquisa, pretendendo examinar se os critérios de Clawson, para identificar crianças "com incapacidades orgânicas", e os de Koppitz, os chamados "indicadores de patologia cerebral", eram capazes de diferenciar crianças com e sem transtornos do desenvolvimento neuropsicológico.

A pesquisa, melhor descrita noutro local (Cunha, Brizolara, Fulgêncio et alii, 1991, Anexo 2), foi desenvolvida em uma amostra de 55 crianças, de 8 a 12 anos, divididas em dois grupos, com e sem alteração do ENE, mas equivalentes quanto a nível socioeconômico, idade e sexo. Não foram incluídas crianças psicóticas, pré-psicóticas ou que apresentassem retardamento mental definido.

A administração do Bender foi feita conforme as instruções de Koppitz, sendo utilizados os mesmos protocolos para a avaliação segundo Clawson e Koppitz.

Para o estudo dos itens individuais de ambos os métodos, foi utilizado o qui-quadrado; para o estudo da diferença entre os dois grupos, usou-se a prova U de Mann-Whitney. Para o estudo adicional do número de desvios com significação diagnóstica, foi aplicado o teste de diferença de proporções. As conclusões foram as seguintes:

a) Os oito desvios Clawson (vide Quadro 19.12) podem ser usados como indícios diagnósticos na triagem de transtornos do desenvolvimento neuropsicológico, sendo recomendável manter a exigência da presença de 4 ou mais desvios, para se formular uma hipótese nesse sentido, dos 8 aos 12 anos de idade.

b) Dos 23 desvios Koppitz considerados, por serem os que apresentavam um nível de significância igual ou maior que 5%, sete não se mostraram presentes na amostra, e oito apresentaram um nível de significância de 1% e são apresentados no Quadro 19.13, e, face aos re-

QUADRO 19.12 Desvios de Clawson altamente significativos e sugestivos da presença de transtornos no desenvolvimento neuropsicológico*

Nº	Desvios Clawson	Condições
1	Simplificação num nível de 3 anos abaixo da IM	Presença em 2 ou mais figuras
2	Fragmentação	Presença em 1 ou mais figuras
3	Colisão de uma figura com outra ou com a borda do papel	Presença
4	Rotação de 90° ou mais	Presença em 1 ou mais figuras
5	Número incorreto de unidades	Presença em 3 ou mais figuras
6	Perseveração de unidade figura a figura	Presença
7	Qualidade da linha trêmula	Presença
8	Vírgulas e/ou traços	Presença em 2 ou mais figuras

* A hipótese aplica-se somente após 8 anos, e é necessária a presença de 4 ou mais desvios.
Fonte: Clawson, 1980; Cunha, Brizolara, Fulgêncio et alii, 1991 (adaptado).

sultados de um teste de diferença de proporções, pode-se concluir que a ocorrência de quatro ou mais desses desvios pode justificar uma hipótese de transtorno no desenvolvimento neuropsicológico, dos 8 aos 12 anos de idade.

QUADRO 19.13 Desvios Koppitz altamente significativos e sugestivos da presença de transtornos no desenvolvimento neuropsicológico*

Nº Desvios Koppitz	Figura
1 Adição ou omissão de ângulos	A
2 Integração	3
3 Integração	4
4 Rotação	4
5 Ângulos por curvas	6
6 Perseveração	6
7 Adição ou omissão de ângulos	7
8 Adição ou omissão de ângulos	8

*A hipótese aplica-se somente após 8 anos, e é necessária a presença de 4 ou mais desvios.
Fonte: Clawson, 1980; Cunha, Brizolara, Fulgêncio et alii, 1991 (adaptado).

c) Apesar de tanto os desvios Clawson como os desvios Koppitz poderem ser usados como indícios na triagem de transtornos no desenvolvimento neuropsicológico, dentro dos critérios referidos, não há superposição prática entre eles, sendo que a sua identificação se deve fundamentar rigorosamente nas normas apresentadas pela autora adotada para a avaliação.

A hipótese de disfunção cerebral a partir dos indicadores de Koppitz

Ao se avaliar um Bender, para triagem de disfunção cerebral, na realidade, julga-se o grau da precisão na reprodução dos desenhos, bem como da integração global da figura (Groth-Marnat, 1999). Portanto, levantam-se hipóteses que têm que ver com o funcionamento visoperceptivo e construcional. Conseqüentemente, a hipótese de disfunção cerebral encontra apoio numa primeira hipótese de que existe um déficit numa função cognitiva. Todavia, dificuldades na realização da tarefa podem ocorrer não só por problemas no Sistema Nervoso Central, no desenvolvimento neuropsicológico, como por fatores emocionais. Dessa maneira, ainda que o Bender costume ser usado como recurso de triagem de déficit cerebral, há grande probabilidade de classificação errônea, tornando-se especialmente importante, além de um escore específico, um exame cuidadoso do tipo de erros e da observação do comportamento apresentado durante o desempenho, e a obtenção de informações adicionais.

A respeito, Groth-Marnat (1999) apresenta uma lista de erros, baseado num estudo sobre os indicadores de Koppitz, realizado por Taylor, Kaufman e Partenio, em 1984, lembrando que, se existe a expectativa de que crianças de 5 a 8 anos cometam alguns desses erros, isto é raro ou muito improvável após os 8 ou 9 anos, exigindo-se a presença de, no mínimo, quatro das características do Quadro 19.14, para se levantar uma hipótese de disfunção cerebral.

BENDER NO ADOLESCENTE

Embora existam muitas pesquisas utilizando o Bender em crianças e adultos, estudos sistemáticos com adolescentes têm sido muito escassos, exceto pela existência de normas para a população adulta que se estendem até os 15 anos de idade (Hain, 1964a, Hain, 1964b; Pascal & Suttell, 1951).

Indicadores emocionais de Koppitz e a Escala de Psicopatologia de Hutt

Conforme Belter e colegas (1989), Koppitz não considerava que o somatório de seus indicadores emocionais constituísse um "escore significativo", mas afirmava que "a presença de três indicadores emocionais ou mais, num protocolo, é fortemente indicativa de dificuldades emocionais" (p.416). Não obstante, decidiram pesquisar em adolescentes como se comportavam os indicadores emocionais propostos por Koppitz, em 1975, para crianças.

A amostra foi constituída por um grupo de 150 adolescentes normais, 140 adolescentes

QUADRO 19.14 Características importantes em crianças, após 8 ou 9 anos, segundo Taylor, Kaufman e Partenio, para basear a hipótese de disfunção cerebral (critério: presença mínima de 4)

Nº	Características	Condições
1	Simplificação num nível de 3 ou mais anos abaixo da idade cronológica	Presença em 2 ou mais figuras
2	Colisão de uma figura com outra ou com a borda do papel	Presença
3	Fragmentação	Presença em 1 ou mais figuras
4	Rotação de 90° ou mais	Presença em 1 ou mais figuras
5	Número incorreto de unidades	Presença em 3 ou mais figuras
6	Perseveração de unidade figura a figura	Presença de um tipo ou mais
7	Qualidade da linha trêmula	Presença
8	Linhas por pontos	Presença
9	Linha reta por curva	Presença

Fonte: Groth-Marnat, 1999, p.563 (adaptado).

com perturbação emocional e 47 adolescentes com perturbação emocional e diagnóstico secundário de retardamento mental ou de comprometimento cerebral.

Atribuído escore para os 12 indicadores emocionais nos protocolos Bender, os resultados demonstraram a presença de diferenças apenas em alguns grupos de idade e a ausência de correlação entre esses escores e o QI. A conclusão foi de que "a falta de um padrão consistente de interação sugere que a soma dos indicadores emocionais não é um sinal consistente de perturbação emocional em adolescentes" (p.421). Por outro lado, a presença de três sinais não foi considerada um critério indicativo de perturbação emocional. No entanto, parece ter um caráter probabilístico, que deve ser melhor explorado.

Da mesma forma, foram atribuídos escores aos protocolos, conforme a severidade e/ou a freqüência da ocorrência dos 17 fatores da escala de psicopatologia de Hutt, melhor descrita na seção sobre o Bender adulto. Os resultados indicaram a relação desses fatores com QI e idade, mas não com psicopatologia.

Os autores concluem que, como instrumento projetivo, o Bender apresenta limitações em seu uso com adolescentes, exceto no que se refere aos indicadores emocionais, mas "somente como um componente de uma bateria de métodos de avaliação psicológica" (p.422).

Indicadores de atuação de McCormick e Brannigan

Vários autores, como Brown, Hutt e Koppitz, McCormick e Brannigan, em 1984 (*apud* Groth-Marnat, 1999), elaboraram uma lista de indicadores, com base nos quais seria possível chegar a um escore de atuação na adolescência, incluindo os seguintes sinais:
• "Figuras espalhadas na página
• Aumento progressivo no tamanho das figuras
• Aumento global no tamanho das figuras
• Colisões
• Riscos por pontos ou círculos
• Círculos por pontos
• Pontos por círculos
• Linha excessivamente densa
• Segunda tentativa
• Angulação aguda" (p.58)

Bender como prova de maturidade percepto-visomotora, segundo Koppitz

Conforme comentários de McIntosh e colegas (1988), Koppitz não estendeu seu sistema de escore além dos 12 anos, tendo dúvidas quanto à sua utilização na adolescência, porque a sua expectativa era de que naquela idade se completasse a maturação percepto-visomotora. Não obstante, esses autores decidiram conduzir uma investigação com sujeitos de 12 a 16 anos, sob a pressuposição de que a qualidade dos desenhos melhorasse durante a adolescência, bem como a de que o Bender pudesse diferenciar adolescentes normais de adolescentes com perturbação emocional, com ou sem retardamento mental (QI < 70) ou comprometimento neurológico.

A amostra foi composta por 150 adolescentes normais, 140 com perturbação emocional e 47 também com perturbação emocional e diagnóstico secundário de retardamento mental ou de comprometimento neurológico.

Os resultados demonstraram que os escores Koppitz tendiam a diminuir com a idade, nos três grupos. Contudo, não se verificaram diferenças entre o grupo normal e o grupo com perturbação emocional, embora tenham sido encontradas diferenças entre os normais e o grupo com perturbação emocional e um diagnóstico secundário de retardamento ou comprometimento neurológico. Os resultados são apresentados no Quadro 19.15.

QUADRO 19.15 Médias e desvios padrão de escores Koppitz em adolescentes normais e com retardamento mental/comprometimento neurológico, dos 12 aos 16 anos

Idade (anos)	Normais		C/retardamento mental/ comprometimento neurológico	
	M	DP	M	D.P.
12	3,50	2,84	5,13	3,04
13	1,83	1,49	5,63	4,75
14	1,27	1,76	6,63	4,57
15	1,27	1,39	3,25	2,59
16	1,67	1,52	3,29	2,87

Fonte: McIntosh e colegas, 1988, p.228 (dados resumidos).

Pesquisa de Shapiro e Simpson, de 1995, referida por Groth-Marnat (1999), confirma os resultados de McIntosh e colegas (1988), demonstrando que a escala de Koppitz pode ser útil na adolescência, uma vez que os escores diminuem progressivamente, embora, entre os 12 e 18 anos, não se mantenha tão evidente a relação com idade, como anteriormente.

O sistema Bender-Lacks (adaptação Hutt-Briskin)

O sistema Bender-Lacks (melhor descrito na seção sobre o Bender adulto) foi utilizado na mesma amostra do estudo anterior (McIntosh *et alii*, 1988). Os resultados indicaram a mesma tendência de decréscimo dos escores com o aumento da idade. O grupo com diagnóstico secundário de retardamento mental ou de comprometimento neurológico diferenciou-se significativamente dos outros dois, que, não obstante, não apresentaram diferenças entre si. As médias e os desvios padrão do grupo normal e do grupo com diagnóstico secundário de retardamento mental ou de comprometimento neurológico são apresentados no Quadro 19.16, porém, convém salientar que o número de sujeitos neste último grupo era relativamente pequeno.

QUADRO 19.16 Médias e desvios padrão de escores Lacks em adolescentes normais e com retardamento mental/comprometimento neurológico, dos 12 aos 16 anos

Idade (anos)	Normais		C/retardamento mental/ comprometimento neurológico	
	M	DP	M	D.P.
12	2,67	1,49	4,87	2,58
13	2,43	1,43	5,63	2,26
14	2,30	1,44	5,00	2,51
15	2,27	1,48	3,94	2,46
16	2,17	1,29	3,57	1,72

Fonte: McIntosh e colegas, 1988, p.229 (dados resumidos).

Bender no adulto

Jurema Alcides Cunha

O ENFOQUE PROJETIVO

Regras básicas para a interpretação individual

As hipóteses interpretativas de caráter dinâmico *não se aplicam* quando:
   a) existe baixa escolaridade e, conseqüentemente, escassa experiência com lápis e papel;
   b) os desvios podem se associar, pelo menos, com uma suspeita de disfunção cerebral (existem indicadores idênticos);
   c) há possíveis irregularidades no desenvolvimento (retardamento mental, por exemplo);
   d) existe déficit de visão.

As hipóteses interpretativas *aplicam-se* quando:
   a) vários sinais concorrem para se chegar a uma inferência, porque um sinal isolado, ainda que considerado significativo, é pouco válido (Hutt, 1975), sem confirmação;
   b) vários sinais concorrem para se chegar a uma inferência, para a qual não haja, no protocolo, uma evidência contraditória (Billingslea, 1965);
   c) podem ser considerados por seu caráter probabilístico (Brown, 1967), já que dificilmente se apresentam com consistência interna, devendo ser confirmados por outros dados da testagem (Billingslea, 1965), pela história clínica ou por indícios do comportamento verbal e não-verbal.

Pressupostos básicos

1. O protocolo, como um todo, fornece a impressão sobre o desempenho do sujeito (recursos de controle dos impulsos, manejo da ansiedade e da agressividade e método de abordagem dos problemas), e, assim, conforme Pascal e Suttell (1951), bom ajustamento tende a se associar com uma impressão de coerência e de integração, enquanto mau ajustamento emocional se relaciona com má qualidade.

2. O papel representa o microcosmo espacial do sujeito, e sua maneira de lidar com o mesmo pode refletir seu estilo de adaptação e defesa em seu espaço vital, "que incluem polaridades como impulsividade-restrição, expansão-constrição, plasticidade-rigidez e complacência-oposição" (Brown, 1967, p352), ou, em outras palavras, a abordagem do sujeito é a mesma que "assume diante de seu mundo" (Groth-Marnat, 1984, p.94).

3. Alguns significados simbólicos são quase universais (como círculo = figura feminina ou quadrado = figura masculina), mas outros

resultam de investigações com grupos específicos, cujas características podem não ser idênticas às do sujeito. Assim, é necessário examinar a aplicabilidade para o indivíduo em questão (Hutt, 1975) ou investigar se está em jogo material do sistema simbólico individual, o que pode ser feito na fase de associação.

Significados simbólicos das figuras Bender, indicadores emocionais e algumas hipóteses interpretativas

Tentaremos, a seguir, resumir dados de vários autores, relativos aos significados simbólicos das figuras, no Quadro 20-1. As referências

QUADRO 20.1 Significado simbólico das figuras Bender e algumas hipóteses interpretativas de alguns autores

Fig.	Significação simbólica	Foco de interesse	Hipóteses interpretativas
A	Relações interpessoais e heterossexuais (B1); dependência (G & I); conflito e falta da harmonia (S & K). Círculo = figura feminina (H & B); objeto feminino (H2). Quadrado = figura masculina (H & B); objeto masculino (H2).	Desequilíbrio e assimetria; ponto de contato (S & K).	A produção reflete potencialidades de integração dos elementos de "conflito" ou desarmonia da personalidade (p. ex.: falta de contato ou penetração de uma figura na outra = dificuldade na integração de elementos desarmônicos da personalidade (S & K). O aspecto tangencial (i.é., fatores de união e fechamento) pode refletir dificuldades em catexias interpessoais (H2). O aumento relativo de uma das subpartes pode denotar problemas na autopercepção (H1). Dificuldade na reprodução da figura curva = dificuldade na expressão de impulsos agressivos (H1). Dificuldades na reprodução da figura reta = dificuldades em relação à passividade (H1).
1	Agressividade e tensão (B1); perseveração, repetitividade, importância do detalhe pequeno (S & K).	Falta de regularidade na distância e imperfeição da figura total (S & K). Falta de limites bem definidos.	Reflete a atitude e o sentimento em relação à regularidade, sistematização e importância do detalhe (p. ex.: a reprodução cuidadosa e compulsiva = conformidade com regras e regulamentos) (S & K). Linha de pontos como um arco = egocentrismo (H). Linha com pontos iniciais; depois círculos e formas "Z" finais = progressiva debilidade dos controles (B2).
2	Relações interpessoais (G & I); para o sexo feminino, ordem no ambiente (S & K); para os homens, imposição de ordem nas pessoas por autoridade (S & K). Linha central = humor em relação com fatores de controle (B1).	Regularidade e ordem completa do padrão e a irregularidade no detalhe (S & K). Abertura da figura, sem indicação de limites (H1).	Reflete a boa vontade para atender à ordem imposta externamente (S & K). É difícil para indivíduos com conflitos interpessoais (H & B). Redução na angulação = redução da afetividade (H1). Aumento na angulação = aumento da afetividade (H1). Figura como um arco = egocentrismo (H1).
3	Agressividade (H & B); agressividade e auto-afirmação (B2); agressividade (ameaça-dora) (H2).	Movimento, direção de movimento, arranjo ou padrão, aumento da linha de pontos (S & K). Abertura da figura (H). Compressão da figura ou destruição da Gestalt (H2).	Reflete a atitude frente à expressão dos próprios sentimentos e impulsos instintivos (p.ex.: redução do tamanho, aumento do ângulo à direita e/ou preocupação maior com o detalhe do que com a forma da figura = medo da expressão emocional (S& K). Simplificação da figura = regressão (H1). Pequenas rotações = depressão (H1). Pontos como círculos e expansão da Gestalt = probabilidade de fracasso no controle dos impulsos (B2).

QUADRO 20.1 *Continuação*

Fig.	Significação simbólica	Foco de interesse	Hipóteses interpretativas
4	Relações que envolvem oralidade (B1); implicações orais-receptivas (B2); interação entre o sexo masculino e feminino (H & B); desequilíbrio, falta de integração e perfeição (S & K). Quadrado = objeto masculino (H1). Curva = objeto feminino (H1). Curva = peito; figura completa = desejo hipotético de reunião com a figura materna, em nível psicossexual muito precoce, representando possivelmente regressão a um plano de vida intra-uterina (B2).	Imperfeição, discordância, falta de equilíbrio físico e no ponto de contato (S & K).	Reflete a atitude característica em relação às incongruências e ambivalências em si mesmo e em sua vida emocional (p. ex.: dificuldade na reprodução, repassamento, esboço nas linhas, relacionar de forma precisa as partes = presença de incongruências internas é fonte de ansiedade) (S & K). Achatamento da curva = achatamento emocional (H1). Fragmentação das subpartes = deterioração do ego, em estados depressivos (H1). Dificuldades na execução de uma das subpartes em relação à outra = problemas de identificação sexual (comparar com A) (H1). Falha na integração + anéis simbióticos (favorecendo, em alguns casos, solução suicida) (B2). Acréscimo de mais uma volta na parte curva = mau controle emocional, impulsividade (H2). Dificuldades com lados verticais = dificuldades com figuras de autoridade (H2).
5	Vínculos orais (B1); sexualidade genital (S & K); figura de "mãe substituta" (H & B); dependência (G & I). Secante = símbolo fálico (H & B).	Para os homens, a extensão; para as mulheres, o espaço fechado (S & K).	Reflete a atitude frente à identificação sexual básica (p. ex.: ênfase na extensão = valorização da masculinidade) (S & K). Parte curva como círculo completo = insegurança e dependência (H2).
6	Afeto (B1); impulsos instintivos primitivos ou emoção, em sentido amplo (S & K); emoção (H & B); emocionalidade (H1). Interseção = relações interpessoais (H & B). Representação pictórica da emocionalidade (H2).	Movimento irregular, contorcido e alterado e no cruzamento ou interseção das linhas (S & K).	Reflete a atitude e o modo característico do indivíduo em relação ao manejo dos impulsos instintivos primitivos ou de seus derivados (p. ex.: redução do tamanho, da curvatura = atitude tímida e tendência ao supercontrole; impulsos isolados ou intelectualizados (S & K). Curvas com "Us" tangenciais = temor nas relações interpessoais (H1). Leve rotação no sentido do relógio, linhas leves ondulantes = depressão (H1). Elaboração da curva como um perfil de um rosto ou inserção de um ponto, por olho = aspectos paranóides (H1). Aumento no tamanho das curvas e pressão da linha = impulsividade (H2). Linha ultrapassando o limite do papel = controle emocional difícil, fuga de uma situação de tensão; atuaçao (B2).
7	Relações com figuras de autoridade (B1); relações interpessoais (H & B); aspectos fálicos e agressivos, principalmente para o sexo feminino	Complexidade, eficácia e imutabilidade da figura. Sobreposição das figuras, às vezes, vista como uma figura partida em duas (S & K).	Reflete o sentimento de poder do indivíduo, sua capacidade de enfrentar e lidar com as situações complexas da vida (p. ex.: dificuldade na reprodução, manifesta no desenhar e redesenhar ou pela simplificação da relação de superposição = sentimentos de impotência) (S & K).

QUADRO 20.1 *Continuação*

Fig.	Significação simbólica	Foco de interesse	Hipóteses interpretativas
	(G & K), e homossexuais (H2); complexidades intelectuais da vida, forças imutáveis e, ainda, agressão e destruição (S & K); relações interpessoais, que incluem o pai e/ou figuras masculinas em posição de autoridade (B2).		Figura inclinada parecendo empurrar a vertical, com a impressão de que esta se inclina para a direita (particularmente com aumento da pressão da linha, no extremo superior da inclinada = potencial para a atuação; atitude agressivamente exigente frente a figuras de autoridade (B2). Dificuldades de fechamento, de cruzamento, variações na qualidade da linha, dificuldade com ângulos = ansiedade e dificuldade nas relações interpessoais (H1; H2). Separação ou simplificação das figuras = problemas graves de superego ou transtornos sexuais (H1; H2). Amenização das características fálicas da figura = defesa contra a ameaça fálica (homossexualismo) (H).
8	Implicações fortes de sexualidade (parte da esquerda = anal, regressiva, imatura; parte da direita: fálica, adaptativa, madura); concepção de si mesmo e lugar no mundo (B1); sexualidade fálica; para os homens, algo desejável e decorativo; para as mulheres, algo agressivo e poderoso (S & K); características sexuais, particularmente fálicas (H).	Parte central da figura, cuja presença precisa ser explicada ou racionalizada e, ainda, a ambivalência de direção (dois pontos) e no fato de que a figura pode ser partida em duas (S & K).	Reflete a atitude frente à sexualidade fálica (p. ex.: desenhar, redesenhar, rasurar = atitude de tensão e ansiedade frente à sexualidade fálica (S & K). Dificuldades com os extremos da figura = conflito sobre homossexualidade ou masturbação (H1). Dificuldades na reprodução do losango interno (diminuição, má colocação, dificuldade de fechamento ou união) = conflito com o sexo feminino e temor na relação (comparar com A) (H1). Tamanho da figura o dobro das outras em direção vertical = atuação contra as figuras de autoridade (B2). Linhas ultrapassando o ponto de união = impulsividade e indiferença pelas exigências de controle do meio (B2).

Código: B1 = Brown, 1954, p.1-10; B2 = Brown, 1967, p.348-460; H1 = Hutt, 1975, p.153-163; H2 = Hutt, 1985, p.160-167; H & B = Hutt & Briskin, apud Goldfried & Ingling, 1964, p.185-190; G & I = Goldfried & Ingling, 1964, p.185-190; S & K = Suczek & Klopfer, 1952, p.64-72.

utilizadas são identificadas por código, apresentado abaixo do Quadro.

Indicadores como os de Hain, além do peso que lhes foi atribuído na triagem da disfunção orgânico-cerebral, podem ser interpretados com um sentido projetivo, de onde o cuidado que se deve ter para excluir patologia neurológica, antes de considerá-los como indicadores emocionais. Groth-Marnat (1984) fez um levantamento desses e de outros indicadores, na literatura específica, relacionando a sua possível interpretação. São apresentados, de forma adaptada, no Quadro 20.2, com o acréscimo de outros dados, e, como no caso anterior, os autores citados são identificados por código.

Na realidade, poucas hipóteses interpretativas encontram fundamentação em estudos com boa qualidade metodológica. Entre esses, destacam-se os indicadores já referidos de atuação na adolescência e os indicadores de impulsividade, identificados por Oas, em 1984. Na pesquisa realizada, foram controladas as variáveis QI, idade, capacidade para o desenho, organicidade e motivação. Os indicadores são apresentados no Quadro 20.3.

Como se pode ver pelo exame desses quadros, observam-se diferenças entre as conclusões dos vários autores, tendo em vista que deixamos de incluir, pelo menos, índices de sensibilidade fálica e reações a sentimentos de castração de Hammer (1955), bem como muitas das hipóteses de Brown (1964) e Hutt (1975). Acontece que, embora, em muitos casos, as conclusões sobre o significado simbólico te-

QUADRO 20.2 Indicadores emocionais, conforme compilação de Groth-Marnat

Indicador emocional	Descrição
Perseveração	Disposição rígida, cognitiva (H2; M), comum em personalidades compulsivas (H & B); mau controle do ego e teste de realidade comprometido (H3); dificuldade de planejamento e má concentração (M).
Rotação	Grau severo de disfunção, possivelmente psicose (H & G); tendências oposicionistas (H1); atenção má e capacidade limitada para aprendizagem nova (M).
Concretismo	Estados regressivos (Ha); dificuldade de pensamento abstrato (H).
Acréscimo de ângulos	Má coordenação visual-motora (H; M); insegurança e hesitação (Ha).
Superposição	Insegurança e dúvida compulsiva (H3; H & G); potencial para a atuação agressiva (B, H2).
Distorção	Capacidade comprometida para abstrair e formar categorias, revelando perturbação severa (H3).
Embelezamento	Intensa preocupação com necessidades anteriores (Ha); intensa ansiedade e dificuldade de concentração (H & B).
Omissão	Dificuldade de síntese e integração, perturbação em atos motores coordenados (M); ruptura de funções do ego (H2).
Abreviação	Possível negativismo e/ou baixa tolerância à frustração (H & B).
Falta de fechamento	Ansiedade, hesitação, dúvida sobre si mesmo, com dificuldade de completar tarefas (H3); relações difíceis e provocadoras de ansiedade (H & G); comportamento atuador agressivo (B).
Bosquejo	Depressão, ansiedade, tensão e hesitação (C; H1).
Expansão	Controle emocional insuficiente, impulsividade (Mu; B); atuação agressiva (Ha); expansividade compensatória por causa de sentimentos de inadequação (H & B).
Redução no tamanho	Sentimentos de inadequação, insegurança, tendência ao retraimento e constrição emocional (H & B; Mu).
Arranjo rígido, metódico	Rigidez e meticulosidade (H1); tentativa de criar um sentimento de segurança, com sentimentos subjacentes de vulnerabilidade e inadequação (Ha).
Arranjo confuso, caótico	Fortes sentimentos de ansiedade (H1); desorientação, má compreensão e julgamento comprometido (M).
Arranjo constrito, comprimido	Depressão ou ansiedade (J; W & McG), com insegurança e sentimentos de inferioridade (J; Mr & R).

Fonte: Groth-Marnat, 1984, p.110-111 (resumido e adaptado).
Código: B = Brown, 1965; C = Clawson, 1962; H & B = Hutt & Briskin, 1960; H & G = Hutt & Gibby, 1970; H1 = Hutt, 1968; H2 = Hutt, 1969; H3 = Hutt, 1977; H = Hain, 1964; Ha = Halpern, 1951; J = Johnson, 1973; M = Marley, 1982; Mr & R = Murray & Roberts, 1956; Mu = Mundy, 1972; W & McG = White & McGraw, 1975; todos *apud* Groth-Marnat, 1984.

nham se originado de pesquisas bem conduzidas, em outros se basearam apenas em observação, inclusive de um único caso. Dessa maneira, quando se trata de um caso individual, a aplicabilidade de tais hipóteses é duvidosa. Os indícios encontrados devem ser verificados, devidamente, na fase de associação e somente utilizados com muita cautela.

Relataremos, a seguir, o estudo que desenvolvemos sobre alguns sinais simbólicos de agressão, tentando mostrar as dificuldades envolvidas para que se chegue a algumas hipóteses interpretativas.

Agressão no teste de Bender (estudos de Cunha)

Partimos de uma revisão da literatura, para procurar instrumentos que contribuíssem para

QUADRO 20.3 Indicadores de impulsividade, segundo Oas, 1984*
(Critério: presença de 5 ou mais)

Nº	Indicador
1	Completamento em tempo curto
2	Qualidade global pobre
3	Interrupção da tarefa
4	Omissão
5	Colisões
6	Transformações
7	Aumento de tamanho
8	Mudanças em ângulos
9	Mau planejamento
10	Perseveração
11	Rabiscagem
12	Agressão

Fonte: Oas, 1984, p.1013 (adaptado).

a identificação de sinais premonitórios de comportamento suicida. Havia algumas tentativas de uso de técnicas projetivas para tal fim, mas parecia importante se encontrar instrumentos comuns, rápidos, econômicos e de fácil manejo.

Encontramos um trabalho de Sternberg e Levine (1965) que, através de pesquisa, estabeleceram a presença de uma relação significativa entre ideação suicida e um tipo de penetração da Figura 5 pela Figura 6 no Bender (vide Figura 20.1). De acordo com os autores, essa distorção representaria tanto uma agressão como um desejo de volta ao útero, impulsionado pelo afeto. Em trabalho anterior, Brown (1954) havia relacionado a superposição ou interpenetração dos elementos ou subpartes da Figura 4 como indício suicida (vide Figura 20.2). Mais tarde, salientou o valor simbólico do fenômeno como "um desejo hipotético de reunião com a figura materna", de nível muito primitivo e simbiótico, sugerindo "uma regressão a um plano de vida intra-uterino", que facilitaria, em alguns casos, "solução suicida" (p.358).

Os sinais considerados têm aspectos formais em comum e, possivelmente, implicações simbólicas idênticas. Por outro lado, examinando cerca de 2.964 protocolos Bender, de sujeitos normais ou não, de diversas idades, níveis de escolaridade e de diferentes classes sociais, foi possível verificar que, além desses sinais, apa-

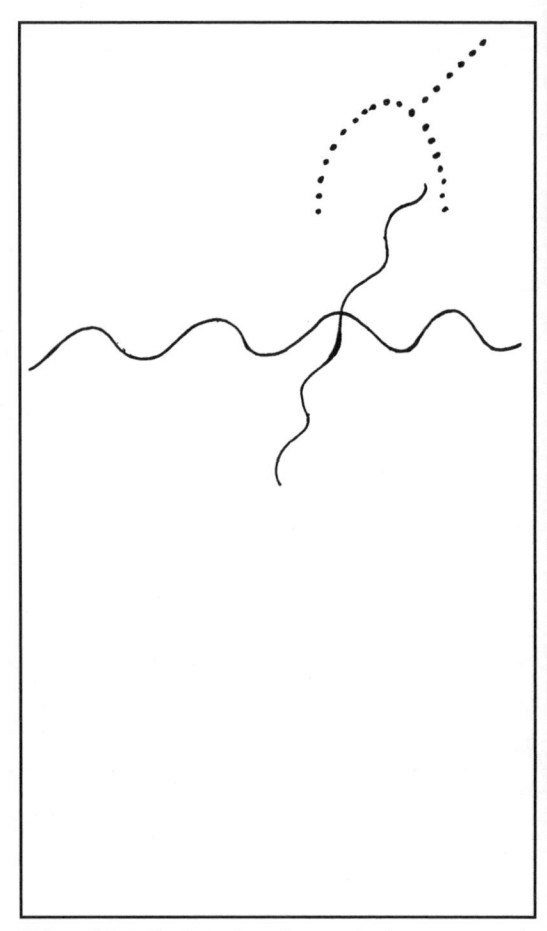

Figura 20.1 Sinal de Sternberg e Levine no teste de Bender.

recem outros, com as mesmas características formais, num total que varia de amostra para amostra, de 5 a 30%. Tais sinais, com possíveis implicações simbólicas agressivas, pareciam abrir novas perspectivas de investigação.

Dessa maneira, iniciamos uma investigação, cuja pressuposição subjacente era de que o sinal de *penetração*, no B-G, possivelmente representaria uma projeção agressiva, que poderia se associar com ideação suicida.

Se Perlstein (1966) tivesse razão quando disse que "parece haver um *continuum*, desde o que ameaça o suicídio, através do que o tenta e até o que o completa" (p.3.017), as informações da literatura permitiriam crer que, certamente, os doentes mentais se fariam representar, em todo esse *continuum*, com pesadas

Figura 20.2 Sinal de Brown, no teste de Bender.

lógicas do que um grupo de controle emparelhado, sem tais sinais. Os resultados mostraram que o grupo normal, com sinais hipoteticamente "suicidas", teve escores significativamente mais elevados do que o grupo de controle, em ansiedade, depressão, agressão, neurose e psicose (Cunha, 1977a).

A seguir, procuramos investigar o aspecto simbolicamente agressivo dos sinais, em quatro grupos de sujeitos normais e anormais (conforme a ausência ou presença de diagnóstico psiquiátrico de doença mental, conhecido e referido aos sujeitos em estudo). Os resultados indicaram que os sinais no Bender se associaram com agressão, enquanto identificada pelo teste do desenho da figura humana, independentemente de normalidade ou anormalidade, embora, de forma independente dos sinais, os normais apresentassem menos agressão do que os anormais. Não se comprovou efeito de interação entre a variável sinais e a variável dimensão normalidade-anormalidade. As conclusões de que os sinais de penetração, no Bender, se associam com agressão parecem ter aplicações práticas, tanto no exame clínico como em processos de seleção para cursos ou funções, em que os aspectos psicopatológicos estudados e, em especial, os agressivos, constituem contra-indicação.

Noutro trabalho de pesquisa (Cunha, 1977b), ainda com a preocupação de explorar mais a significação de tais sinais, partimos de pressupostos teóricos de Menninger (1970) e de seus três componentes do ato suicida: o desejo de morrer, o desejo de matar e o desejo de ser morto.

Menninger (1970), em relação ao simbolismo comum do desejo de morrer, sugere uma interpretação inversa, dizendo que é possível que fantasias de nascimento e desejos de volta ao útero "talvez sejam apenas representações pictóricas do que, no nível mais profundo, é o desejo inconsciente de morte" (p.82). Esse autor recapitula Freud, quando este diz que ninguém se mata sem que "esteja ao mesmo tempo matando um objeto com o qual se identificou" e, também, "voltando contra si próprio um desejo de morte antes dirigido contra outrem" (p.202). Assim, serve-se do termo

incidências. Todavia, também a partir da literatura, haveria motivos para supor que casos sem uma patologia específica também se fizessem presentes, ainda que num grau mais discreto, possível pelo menos estatisticamente.

Porém, se as pessoas aparentemente normais apresentassem idéias mais persistentes de suicídio ou comportamento nessa linha, então haveria uma probabilidade da existência, pelo menos incipiente, de um transtorno mental em evolução. Este foi o raciocínio básico para a seleção do que chamamos de características psicopatológicas no teste de Machover, sendo levantada a hipótese de que um grupo de sujeitos normais, com os "sinais suicidas", no Bender, apresentaria um número significativamente maior de tais características psicopato-

identificação ou, mais precisamente, de introjeção (Menninger, 1979), delimitando o conceito de internalização e diferenciando expressões muitas vezes usadas como sinônimos na psicanálise (Moore & Fine, 1968; Moore & Fine, 1992).

Suicídio "é antes de tudo um homicídio". Em alemão, "o homicídio de si próprio", significação literal também presente em formas filológicas mais antigas. Portanto, se há "no suicídio um eu que se submete ao homicídio e parece desejoso de fazê-lo", deve haver uma explicação para isto (Menninger, 1970, p.36).

O desejo de matar seria resultante da destrutividade primária. Sob certas condições, os impulsos destrutivos, investidos em um ou mais objetos, desprendem-se dos mesmos, e, dessa maneira, o impulso homicida, libertado, pode se aplicar "sobre a pessoa de sua origem, como objeto substituto, realizando assim um homicídio deslocado" (p.57).

Sobre o terceiro componente do ato suicida, afirma Menninger (1970): "Ser morto é a forma extrema da submissão, assim como matar é a forma extrema de agressão". E acrescenta, pouco mais adiante: "A explicação do desejo de sofrer e submeter-se à dor e mesmo à morte é encontrada na natureza da consciência" (p.58). Dessa forma, Menninger lembra Freud, ao explicar as dificuldades do ego em se ajustar às exigências do superego e aplacar-lhe a severidade: "Quem alimenta desejos homicidas sente também, pelo menos inconscientemente, a necessidade de uma punição da espécie correspondente" (p.61).

Freqüentemente, acidentes encobrem comportamentos suicidas, segundo vários autores. Em conseqüência, se a existência de agressão fosse comprovada nos vários tipos de comportamento que, segundo Menninger, poderiam ou assumir manifestamente a forma de um suicídio ou mascará-lo, poderíamos pressupor que a presença mais evidente de uma ou outra forma representativa dos vários componentes, teorizados por Menninger, provavelmente se deveria aos mecanismos em jogo na dinâmica individual, que fazem com que tal agressão seja atuada ou expressa predominantemente em um ou outro sentido.

A partir de tais pressupostos teóricos e comprovada a significação estatística dos sinais estudados, como indicadores de agressão, desenvolvemos uma pesquisa, utilizando grupos equivalentes, com e sem sinais no B-G, de pacientes psiquiátricos, de pacientes psiquiátricos delinqüentes, de operários da indústria e de motoristas, para verificar se os grupos com sinais se diferenciavam dos grupos sem sinais, quanto à maior incidência de ideação suicida e de fatores de risco de suicídio, entre os pacientes psiquiátricos; de homicídio ou de tentativa de homicídio, entre os pacientes psiquiátricos delinqüentes; de acidentes, entre os operários de indústria e entre os motoristas. Todas as hipóteses levantadas foram confirmadas (Cunha, 1977b) (vide exemplos de protocolos Bender nas Figuras 20.3 a 20.6).

Dada a possível capacidade dos sinais simbolicamente agressivos no B-G de diferenciar grupos com e sem ideação suicida, história de comportamento homicida e de acidentes, recomendamos a administração sistemática do teste de Bender:

a) em hospitais psiquiátricos, para pesquisa de ideação suicida, não só porque esta tende a persistir em muitos casos, como porque os sinais que a identificam se associam a condições psiquiátricas, que agravam o seu risco;

b) em pacientes psiquiátricos delinqüentes, desde que tais sinais parecem corresponder a um componente agressivo latente, e, por outro lado, o paciente homicida muitas vezes não se restringe à primeira vítima;

c) em processo de seleção para funções que envolvem risco e em exame psicotécnico de motoristas.

É importante salientar o fato de que o estudo foi desenvolvido em grupos, portanto, sem se ter oportunidade de examinar, individualmente, alternativas de explicação para o aparecimento das distorções, como, por exemplo, a presença de disfunção cerebral, que, como veremos adiante, pode levar a distorções bastante semelhantes a alguns dos sinais estudados. Assim, embora achemos que os sinais devem ter uma significação premonitória, no caso individual, acreditamos que os sinais devem ser predominantemente utilizados na

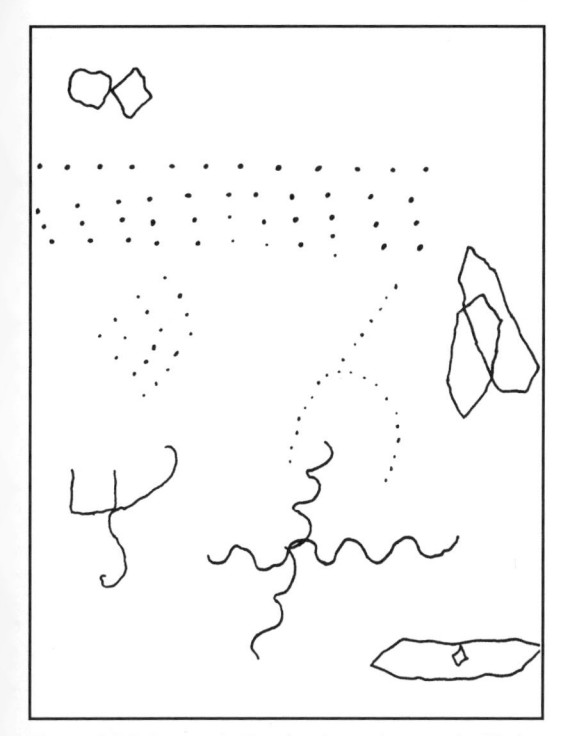

Figura 20.3 Protocolo Bender de paciente psiquiátrico com tentativa de suicídio e comunicação de idéias suicidas.

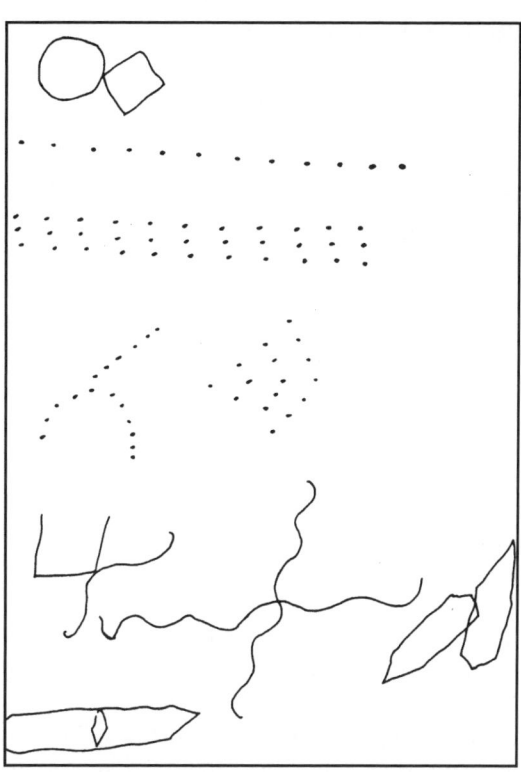

Figura 20.5 Protocolo Bender de um motorista amador, com história de acidente.

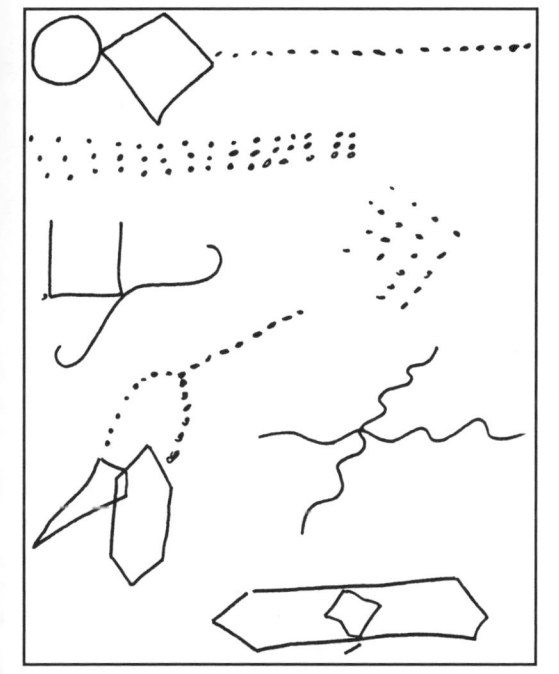

Figura 20.4 Protocolo Bender de paciente psiquiátrico com tentativas de suicídio, anterior e durante a internação.

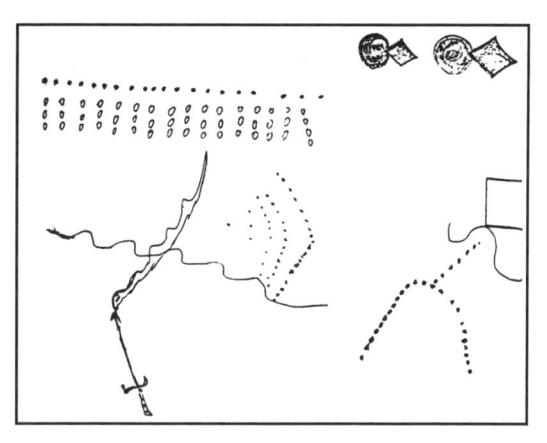

Figura 20.6 Protocolo Bender de paciente psiquiátrico com história de homicídio.

triagem de grandes grupos, submetendo os casos individuais a exame mais completo. Entretanto, embora tenhamos, noutro momento, levantado a questão da necessidade de se estudar a influência ou não de variáveis socioculturais, no aparecimento de determinadas distorções no Bender, foi possível observar, em relação aos sinais estudados, que se fizeram presentes, em protocolos de sujeitos tanto classificados como analfabetos e até com nível de escolaridade superior (vide Figura 20.7). Notamos, inclusive, que o treinamento em desenho parece não impedir a emergência de sinais agressivos. Desse modo, na Figura 20.8, temos o protocolo Bender de um desenhista, no qual apareceu, aliás como no anterior, nitidamente, o sinal identificado por Sternberg e Levine.

O ENFOQUE OBJETIVO

Note-se que, apesar de o Bender ter sido originariamente desenvolvido por Lauretta Bender, com o intuito de buscar relações entre desvios nas reproduções gráficas e vários tipos de psicopatologia, os trabalhos iniciais ficaram mais num nível descritivo, que foi seguido por um enfoque projetivo, introduzido pela metade dos anos 40 (Hutt & Briskin, 1960). Desde aí e até 1960, conforme Schulberg e Tolor, citados por Lacks (1984), o Bender, "de uma medida relativamente obscura, passou ao terceiro teste mais popular, utilizado por 95% dos clínicos mais experientes", mas, quanto mais era usado, mais "era reconhecida a necessidade de algum tipo de sistema de escore objetivo e fidedigno" (p.2).

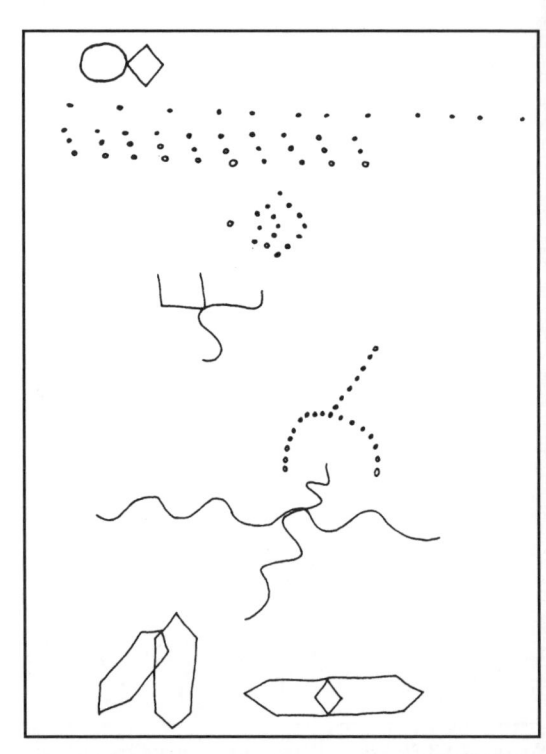

Figura 20.8 Protocolo Bender de um desenhista, motorista amador, com história de acidente de trânsito.

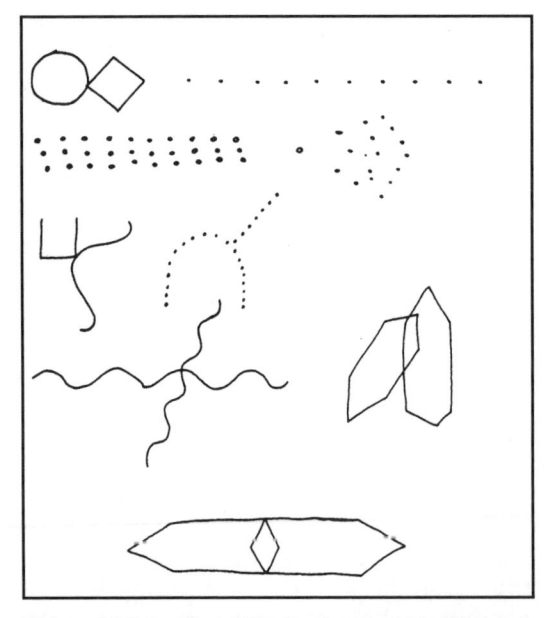

Figura 20.7 Protocolo Bender de um motorista amador, de nível de escolaridade superior, com história de acidente de trânsito.

A primeira tentativa de um sistema objetivo de escore foi de Billingslea, ainda nos anos 40, utilizando 137 indicadores para compor o escore total. Porém, apresentou problemas metodológicos e envolvia um manejo muito complexo (Billingslea, 1965). No entanto, a importância de sua monografia parece ter sido a de desencadear uma série de estudos com o mesmo propósito. Os mais importantes parecem ter sido o de Pascal e Suttell (1951), o de Hutt e Briskin (1960), com poucas ilustrações, tornando o processo de escore difícil (Lacks, 1984), o de Hain (1964), a adaptação Hutt, desenvolvendo uma escala de psicopatologia (Hutt, 1975) e a adaptação Lacks (1984) do sistema de Hutt e Briskin. Lacks (1984) ainda cita um sistema de Pauker, de 1976, mas assinala a necessidade de mais pesquisas para a avaliação de sua qualidade científica. Aqui nos restringiremos aos sistemas de Pascal e Suttell e de Hutt e, mais especificamente, na triagem da disfunção cerebral, ao sistema de Lacks.

O sistema de escore de Pascal e Suttell

O trabalho da Pascal e Suttell apareceu em 1951, com uma abordagem psicométrica, para adultos. Comparando protocolos de indivíduos "normais" e de pacientes psiquiátricos, verificaram que estes geralmente tendiam a distorcer mais os estímulos, em sua reprodução, que os normais. Desse estudo, resultou uma lista de 105 desvios. Finalmente, foi realizada uma análise de item, com base num grupo de 260 indivíduos (não-pacientes), de 15 a 50 anos, com nível de escolaridade variando do primeiro ano da *high school* até o nível de graduação pelo *college*, e de um grupo equivalente, em termos de nível de escolaridade, idade e sexo, de 260 pacientes psiquiátricos. A partir da freqüência de ocorrência dos desvios, foram atribuídos pesos aos itens.

Além dos 105 itens referentes aos desenhos individuais, ainda são considerados mais sete itens, relativos a aspectos configuracionais. A soma total dos valores dos itens, presentes no protocolo, constitui o *escore total*, e há tabelas, preparadas pelos autores, para a conversão do escore total bruto em escore *z*. Todavia, o sistema aplica-se a sujeitos de 15 a 50 anos, que tenham um nível de escolaridade equivalente a pelo menos um ano de *high school*. Os escores têm um sentido probabilístico em relação à presença de psicopatologia. Escores muito elevados, com indícios qualitativos, associam-se a uma elevada probabilidade de um transtorno mental grave. Assim, um escore de 75 tem uma probabilidade de apenas 1% de que o protocolo correspondente seja de um sujeito normal, porque está dois desvios padrão e meio acima da média da população normal. Não obstante, a não ser pelo registro de alguns desvios, que seriam comuns em certas categorias nosológicas, o sistema não oferece maiores indicações diagnósticas. Desse modo, apesar de vários estudos registrarem diferenças significativas entre grupos de "neuróticos", psicóticos e normais, parece que o poder discriminativo verificado em grupos não é adequado para a interpretação do protocolo individual (Billingslea, 1965; Hutt, 1985). Da mesma forma, não parece útil para diferenciar sujeitos com disfunção orgânico-cerebral de pacientes psiquiátricos (Lacks, 1984).

O sistema de escore é complexo, e os autores dedicam quase cem páginas de sua obra definindo os itens e exemplificando-os. Dessa maneira, não é possível tentar aqui um exame discriminado dos itens. Vamos, entretanto, apresentar um caso de uma paciente, internada em hospital psiquiátrico, de 25 anos e 10 anos de escolaridade, apenas como exemplo da atribuição de escores, conforme a presença e o tipo de desvios (vide Figura 20.9 e a folha de escore).

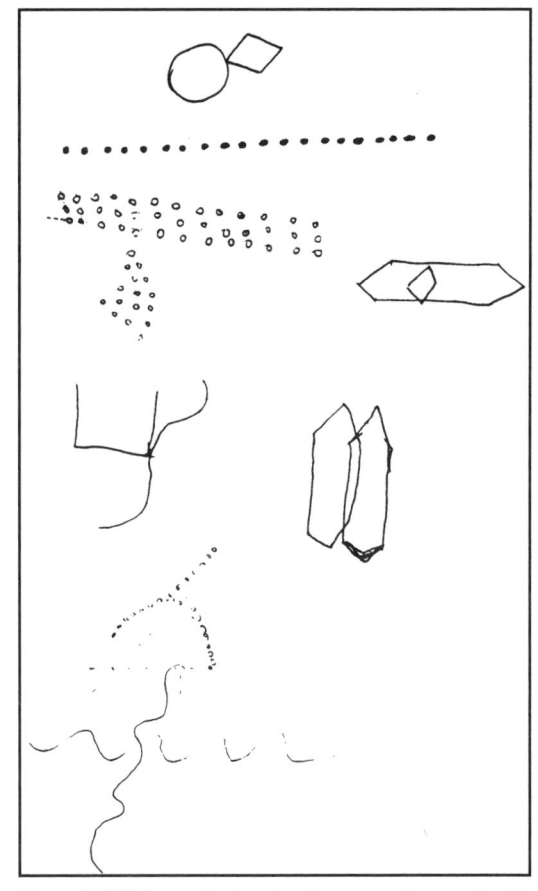

Figura 20.9 Protocolo Bender de uma paciente psiquiátrica, de 25 anos.

FOLHA DE ESCORE DO TESTE DE BENDER (SISTEMA DE PASCAL & SUTTELL)*

Identificação: 6:0   Idade: 25 anos

Nível de escolaridade: Sexo:

DESENHO 1	Escore	DESENHO 4	Escore	DESENHO 7	Escore
1. Linha ondulada (2)		1. Assim. da curva (3)	3	1. Extr. não unidas (8)	
2. Pontos, traços, círc. (3)		2. Quebra da curva (4)		2. Adição âng. (3)	
3. Traços (2)		3. Curva não centr. (1)		3. Omissão âng. (3)	
4. Círculos (8)		4. Encaracol. (4)		4. Pontos ou traços extras (3)	
5. Nº de pontos (2, cada)	12	5. Falta junção (8)		5. Linha dupla (1, cada)	7
6. Carreira dupla (8)		6. Rotação curva (3)	3	6. Tremor (4)	4
7. Repassamento (2)	2	7. Retoque (8)		7. Distorção (8, cada)	8
8. Segunda tent. (3, cada)		8. Tremor (4)	4	8. Linhas-guia (2)	
9. Rotação (8)		9. Distorção (8)		9. Segunda tent. (3, cada)	9
10. Parte des. faltando (8)		10. Linhas-guia (2)		10. Rotação (8)	8
		11. Segunda tent. (3, cada)		11. Parte des. faltando (8)	
Total desenho	14	12. Rotação (8)	8	Total desenho	36
		13. Parte des. faltando (8)			
		Total desenho	18		

DESENHO 2		DESENHO 5		DESENHO 8	
1. Linha ondulada (2)		1. Assimetria (3)	3	1. Extr. não unidas (8)	
2. Traços ou pontos (3)		2. Pontos, traços, círc. (3)		2. Adição âng. (3)	
3. Forma dos círc. (3)	3	3. Traços (2)		3. Omissão âng. (3)	
4. Círc. omit. ou extras (3)		4. Círculos (8)	8	4. Pontos, traços extras (3)	
5. Círc. se tocando (5)		5. Ext. unida a ponto (2)		5. Linha dupla (1, cada)	
6. Desvio inclinação (3)		6. Rotação ext. (3)	3	6. Tremor (4)	
7. Nº de colunas (2, cada)		7. Nº de pontos (2)		7. Distorção (8, cada)	8
8. Fig. em 2 níveis (8)		8. Distorção (8)		8. Linhas-guia (2)	
9. Linhas-guia (2)		9. Linhas-guia (2)		9. Repassamento (3, cada)	
10. Repassamento (2)		10. Repassamento (2)		10. Segunda tent. (8)	
11. Segunda tent. (3, cada)		11. Segunda tent. (3, cada)		11. Parte des. faltando (8)	
12. Rotação (8)		12. Rotação (8)		Total desenho	8
13. Parte des. faltando (8)		13. Parte des. faltando (8)			
Total desenho	3	Total desenho	14		

DESENHO 3		DESENHO 6		ASPECTOS CONFIGURACIONAIS	
1. Assimetria (3)	3	1. Assimetria (3)	3	1. Coloc. Des. A (2)	
2. Pontos, traços, círc. (3)		2. Ângulos (2)		2. Superposição (2, cada)	2
3. Traços (2)		3. Ponto cruzam. (2, cada)	2	3. Compressão (3)	
4. Círculos (8)	8	4. Curva extra (8)		4. Linhas desenh. (8)	
5. Nº de pontos (2)		5. Linha dupla (1, cada)		5. Ordem (2)	2
6. Carreira extra (8)		6. Retoque (8)		6. Falta de ordem (8)	
7. Achatamento (8)		7. Tremor (4)	4	7. Tamanho relat. (8)	8
8. Distorção (3)		8. Distorção (8)		Total	12
9. Linhas-guia (2)		9. Linhas-guia (2)			
10. Repassamento (2)		10. Repassamento (2)		TOTAIS DOS DESENHOS	113
11. Segunda tent. (3, cada)		11. Segunda tent. (3, cada)		1.14 3.11 5.14 7.26 2.3	
12. Rotação (8)		12. Rotação (8)		4.18 6.9 8.8	
13. Parte des. faltando (8)		13. Parte des. faltando (8)		Configuração	12
Total desenho	11	Total desenho	9	Escore total bruto	125
				Escore padrão (z)	163

*Traduzida de Pascal & Suttell, 1951, p.209. Os escores referem-se ao protocolo Bender da Figura 20.9.

O sistema de escore de Hutt e a Escala de Psicopatologia

O sistema de escore de Hutt (1985), originário de sua experiência clínica, vem passando por várias revisões, face a evidências de achados de pesquisa. Na realidade, o trabalho de Hutt é muito complexo e extenso, não sendo possível apresentar aqui mais do que simples informações a respeito.

Primeiramente, o material de teste é específico, e a administração envolve procedimentos definidos, sendo que mesmo as instruções são apresentadas, pretendendo ressaltar aspectos não-estruturados da tarefa para mais facilmente suscitar projeção. Não obstante, para a utilização das escalas objetivas, somente a fase de cópia é necessária. As fases de elaboração, associação e clínica-experimental não se resumem na análise do produto do desempenho (cópia), mas procuram explorar "respostas idiossincrásicas e projetivas significantes" (p.4), sendo proposto um uso clínico, mas também terapêutico.

Dentre suas várias abordagens do Bender, a Escala de Psicopatologia é a mais popular e envolve 17 fatores de teste: seqüência, posição do primeiro desenho, uso do espaço, colisão, variação na posição do papel, dificuldade de fechamento, dificuldade no cruzamento, dificuldade na curvatura, mudança na angulação, rotação perceptual, retrogressão, simplificação, fragmentação, dificuldade de superposição, elaboração, perseveração e repassamento. No seu livro, esses fatores são discutidos em quatro agrupamentos principais: organização, desvios no tamanho, desvios na forma e distorção maciça. Tais fatores têm, cada um, uma significação psicológica, que não é considerada se o que se deseja é atribuir escore para as escalas objetivas. Cada fator é definido e recebe um escore bruto, sendo-lhe atribuído depois um valor escalar (de 1 a 10), que depende de aspectos qualitativos do desempenho (por exemplo, colocação do primeiro desenho: anormal, egocêntrica ou normal) ou quantitativos (freqüência da ocorrência), que constituem subcategorias de cada fator (e que se baseiam em pressuposições projetivas do comportamento de teste). A escala "fornece uma medida global do grau de psicopatologia manifestado", supondo-se que a psicopatologia tenha uma qualidade linear, que pode se expressar num *continuum*, de modo que "um escore mais elevado representa um grau mais alto de psicopatologia" (p.106), podendo variar os escores da Escala de Psicopatologia entre 17,0 e 170,00, valor que constitui a soma dos escores ponderados dos 17 fatores do teste. Ilustrando essa relação entre o escore obtido e a severidade da psicopatologia, vamos reproduzir dados normativos da Escala de Psicopatologia de Hutt (Quadro 20.4):

QUADRO 20.4 Dados normativos da Escala de Psicopatologia de Hutt

Grupo	N	Média	DP
Normais	140	32,8	4,9
Neuróticos ambulatoriais	150	43,0	9,5
Neuróticos internados	55	61,7	8,7
Depressivos unipolares	68	66,2	6,4
Esquizofrênicos ambulatoriais	60	78,3	11,8
Esquizofrênicos internados	155	97,1	12,1
Lesão orgânica cerebral	147	100,1	14,5

Fonte: Hutt, 1985, p.110.

A comparação dessas médias revela a presença de diferenças significativas, ao nível de 0,001 ou melhor com p < 0,001 na maioria dos casos, apenas a diferença entre neuróticos internados e depressivos unipolares foi de p = 0,01, e entre os dois últimos grupos apresentados no Quadro acima, foi de p = 0,05.

Isso significa que a escala tem validade discriminativa em relação a grupos clínicos. Por certo, para o diagnóstico individual, são necessários muito mais dados comprobatórios.

A abordagem configuracional

Um procedimento também inspirado na Escala de Psicopatologia de Hutt é a abordagem configuracional, que é utilizada para fins de triagem, isto é, para um exame preliminar, que basearia a recomendação, ou não, de uma investigação mais completa. Os padrões configuracionais propostos reúnem alguns fatores da Escala de Psicopatologia, que seriam capazes de diferenciar grupos de determinadas categorias nosológicas. "No caso de indivíduos, a análise configuracional leva, antes, a uma inferência de que este indivíduo, que mostra um comportamento de teste, comumente associado com uma categoria psiquiátrica específica, *possa* também pertencer a essa categoria" (Hutt, 1985, p.116).

Cada configuração tem um escore total, que representa a soma dos escores ponderados (com peso 1 ou 2) dos componentes pertinentes. O escore de uma certa configuração pode ser classificado como *crítico* ou *marginal*. Se o escore de um determinado paciente recai no nível crítico, no caso de uma categoria psiquiátrica, existe probabilidade estatística de que possa pertencer à mesma. Se é apenas marginal, tal possibilidade é questionável. No livro, há padrões configuracionais para vários quadros nosológicos. Aqui, vamos nos limitar a apresentar o padrão configuracional para lesão orgânica cerebral no item seguinte, uma vez que, segundo o autor, pela triagem, é possível identificar cerca de 80% de casos verdadeiros-positivos.

Bender na triagem da disfunção orgânico-cerebral

A triagem rápida de Hutt

Para bem entender os fundamentos deste tipo de triagem, recomendamos a leitura prévia dos dois itens anteriores, para depois considerar a análise configuracional para a lesão orgânica cerebral, conforme Hutt.

Antes de introduzir uma discussão sobre as subcategorias incluídas neste padrão configuracional, é conveniente mostrar que o autor recomenda cautela, ao julgar os fenômenos configuracionais, dada a multiplicidade de fatores (como idade na emergência do problema, tempo transcorrido, gravidade do dano, localização, personalidade do indivíduo, etc.) que podem afetar o desempenho. Além disso, chama a atenção para o fato de que, freqüentemente, há características no comportamento do paciente, durante a reprodução dos desenhos, que, por si, já são sugestivas de déficit cerebral (como grande dificuldade de percepção ou da cópia dos estímulos, a elaboração ou a reprodução do desenho como um objeto concreto, o longo tempo necessário para realizar a tarefa, etc.), mas não podem ser incluídos com os demais, porque não têm poder discriminativo. Em resumo, são apresentados como indicadores (Quadro 20.5):

QUADRO 20.5 Indicadores de lesão cerebral, de Hutt

Indicadores	Peso
Colisão moderada	2
Angulação em quatro desenhos	2
Rotação severa	2
Simplificação severa	2
Fragmentação severa	2
Superposição severa	2
Perseveração moderada	2
Dificuldade de fechamento severa	1
Incoordenação da linha	1

Escores críticos: 10 ou mais; escores marginais: 7 a 9.
Fonte: Hutt, 1985, p.120 (resumido).

Explicações sucintas sobre os indicadores

a) *Colisão* refere-se ao toque ou à superposição do perímetro de uma figura pelo de outra. Neste indicador, não se considera a penetração de parte do estímulo de uma figura no espaço aberto de outra, sem ocorrência de toque ou superposição (o que seria apenas uma tendência à colisão). Uma colisão é *moderada* quando é verificada por duas vezes.

b) *Angulação* refere-se a um aumento ou diminuição de, no mínimo, 15°, na angulação *no interior* da Figura 2, 3, 4, 5, 6 e 7. Por exemplo, na Figura 6, considera-se como interior do estímulo o cruzamento das duas linhas curvilíneas. No caso, deve estar presente em quatro figuras para ter peso 2.

c) *Rotação severa* seria considerada quando existe uma inversão, ou quase, a partir do eixo (de 80 a 180°) em qualquer figura.

d) *Simplificação* refere-se à reprodução mais simplificada ou mais fácil de desenhar, como reproduzir as duas partes da Figura A como separadas (mas sem destruição da Gestalt), reproduzir partes da Figura 7 ou 8 como mais primitivas (retângulos ou elipses), ou reduzir unidades (número de curvas, na Figura 6, ou diminuir pelo menos em três unidades o desenho na Figura 1, 2, 3 e 5). Considera-se severa quando presente em mais de duas figuras.

e) *Fragmentação* refere-se à quebra da figura em partes ou omissão de parte, com destruição da Gestalt. Considera-se severa, quando presente em mais de duas figuras.

f) *Superposição* refere-se à grosseira superposição de áreas componentes que não existe no estímulo (Figura A e 4) e, ainda, à omissão, simplificação ou distorção na área de superposição (Figura 7). Considera-se severa quando ocorre em mais de uma figura.

g) *Perseveração* refere-se à substituição da unidade do estímulo, que está sendo copiado, pela unidade do estímulo da figura precedente (por exemplo, uso de pontos na Figura 2) ou à repetição de unidades ou sua continuação no desenho, além dos limites demarcados pelo estímulo (por exemplo, 14 pontos na Figura 1, em vez de 12, ou presença de 12 ou mais colunas na Figura 2, em vez de 10). No primeiro caso, deve haver a ocorrência de dois ou mais elementos perseverados e, no segundo, a adição de dois ou mais elementos na mesma figura. É considerada moderada quando presente em duas figuras.

h) *Dificuldade de fechamento* refere-se à dificuldade de junção de subpartes ou de partes adjacentes de uma figura. Aplica-se apenas às Figuras A, 2, 4, 7 e 8, como, por exemplo, dificuldade de completar o círculo ou o losango na Figura A ou as unidades circulares da 2, como se vê na Figura 20.11. Também pode ocorrer, por falhas, rasuras ou correções no ponto de junção. O escore bruto é o número total de ocorrências. Para atribuição do escore, há certos critérios: a) não podem ser consideradas mais de duas dificuldades de fechamento na mesma figura, e b) na Figura 2, duas dificuldades têm escore bruto de 1, e três ou mais têm escore bruto de 2. Considera-se severa quando o escore bruto está entre 6 e 8.

i) *Incoordenação da linha* ou má coordenação, que "se manifesta por irregularidades, variabilidade na qualidade e tremor" (Hutt, 1985, p.147).

O sistema de escore de Hain

O sistema de escore de Hain (1964a; 1964b), que foi divulgado nos anos sessenta, ainda era recomendado por autores na década de oitenta (Groth-Marnat, 1984; Vincent, 1987), embora já então fosse salientada a sua desvantagem em vista do aparecimento de grande número de falsos-negativos, confirmado por estudos posteriores (Groth-Marnat, 1984; Groth-Marnat, 1999). Como, em comparação, a adaptação Lacks dos sinais de Hutt-Birskin (Lacks, 1984) apresenta melhor índice de acertos, idêntico ao registrado pelo Índice de Comprometimento da bateria neuropsicológica de Hasltead-Reitan, atualmente se considera que tal sistema é mais recomendável que o de Hain para propósitos de triagem (Groth-Marnat, 1999). Assim, deixamos de apresentar em detalhe o sistema de Hain, como havíamos feito na última edição (Cunha *et alii*, 1993).

Adaptação Lacks do sistema Hutt-Briskin

Um estudo de Robiner, de 1978, citado por Lacks (1984), demonstrou que a maioria dos psicólogos ainda não faz muito uso de sistemas de escore para a interpretação do Bender, por várias razões, uma das quais sendo que muitas pesquisas têm apontado para superposições nas distribuições de escore de casos orgânicos ou não, o que faz com que as decisões e predições, no caso individual, sejam arriscadas. Decidimos, então, dar uma ênfase especial à adaptação Lacks do sistema de escore Hutt-Briskin, embora pudesse ter sido incluída entre as modalidades de enfoque objetivo, em razão de suas qualidades metodológicas, que asseguram suas propriedades psicométricas satisfatórias nesta área tão controvertida.

Administração

O material para a aplicação do B-G inclui uma pilha de folhas de papel (tamanho ofício), vários lápis nº 2, com borracha, uma superfície lisa e os cartões com desenhos Bender, que podem ser os originais de Lauretta Bender (edição de 1946) ou os levemente modificados do conjunto de Hutt (1975) e que devem estar junto do examinador, na ordem apropriada e de face para baixo. Antes de dar as instruções, deve-se colocar uma folha de papel na frente do examinando, na posição vertical, deixando os lápis e as folhas restantes, "sem comentário, ao lado, próximos do cliente". São dadas as seguintes instruções, idênticas às de Hutt:

"Eu vou lhe mostrar estes cartões, um de cada vez. Cada cartão tem um desenho simples. Gostaria que você copiasse o desenho no papel, o melhor que puder. Trabalhe da maneira que for melhor para você. Este não é um teste de habilidade artística, mas tente copiar tão exatamente quanto for possível. Trabalhe rápido ou devagar, como desejar" (Lacks, 1984, p.210).

As demais considerações ou explicações sobre perguntas, modificações da posição do papel e do cartão-estímulo, marcação de tempo, etc., feitas pela autora, são as mesmas que constam no princípio deste Módulo. A autora também recomenda que sejam feitas observações sobre o comportamento do examinando: "o examinador deve tentar determinar se um erro foi feito por causa de dificuldades perceptomotoras verdadeiras ou por causa de outros fatores, como falta de cuidado. Somente no primeiro caso se deve atribuir escore a um erro" (p.23). Apresenta uma lista de observações comportamentais, que estão incluídas no Quadro 20.6. Estas são muito importantes para a identificação dos erros verdadeiros, já que apenas 5, entre 12 erros possíveis, são suficientes, "para indicar comprometimento ou disfunção orgânica" (p.23).

A autora faz algumas ponderações a respeito:

1 – "Por exemplo, suponhamos que um cliente reproduziu a Figura 1 com apenas quatro pontos. Ademais, suponhamos que esse cliente demonstrou hostilidade ao fato de ser testado, mal olhou de relance o cartão-estímulo, antes de copiá-lo, fez algum comentário a respeito de haver pontos demais para copiar e que levou somente 2 minutos para completar todo o teste. É improvável que o cliente esteja

QUADRO 20.6 Observações comportamentais para o B-G

___ Evidência de fadiga
___ Atenção insuficiente ao estímulo
___ Rapidez extrema e execução descuidada
___ Extremo cuidado e deliberação
___ Insatisfação expressa em relação aos desenhos mal executados (esforços repetidos do cliente para corrigi-los, que não têm sucesso)
___ Falta de coordenação motora ou tremor da mão
___ Rotação (indique em qual figura)
___ Aparente dificuldade de enxergar as figuras (por exemplo, diz que necessita de óculos)
___ Outro _____
    Tempo _____

Fonte: Lacks, 1984, p.24.

sofrendo de disfunção cerebral, mas mais provável que esteja se recusando a cooperar. Sem ter observado pessoalmente este desempenho ou sem que lhe fosse contado pelo examinador, o clínico poderia achar 5 erros e, erroneamente, diagnosticar disfunção orgânica cerebral."

2 – "No extremo oposto, uma pessoa, realmente sofrendo de problemas orgânicos, pode ser capaz de produzir um protocolo adequado (ou um protocolo com 4 erros), mas com extremo esforço, levando muito tempo (pode ser até 20 ou 30 minutos) e fazendo inúmeras rasuras. Novamente, as observações comportamentais seriam cruciais para fazer o diagnóstico correto" (p.24). Ora, uma vez que o tempo médio para pacientes psiquiátricos (não-orgânicos) fazerem o teste é de 6 minutos, levar mais de 15 minutos para completar o teste pode ser contado como um ponto extra.

Histórico do sistema de escore

O sistema de escore apresentado por Lacks é originário de uma lista de 12 discriminadores essenciais de lesão intracraniana, descritos em 1960, por Hutt e Briskin, e que se encontram no Quadro 20.7.

Entretanto, as definições dos autores eram por demais resumidas para orientar adequadamente o escore. Lacks desenvolveu um ma-

QUADRO 20.7 Doze discriminadores essenciais de disfunção orgânica, de Hutt-Briskin

1. Rotação: severa
2. Dificuldade de superposição
3. Simplificação
4. Fragmentação
5. Retrogressão
6. Perseveração
7. Colisão ou tendência à colisão
8. Impotência
9. Dificuldade de fechamento: marcante e severa
10. Incoordenação motora
11. Dificuldade na angulação: severa
12. Coesão

Fonte: Hutt & Briskin, *apud* Lacks, 1984, p.32.

nual sobre os 12 erros, que pareceram mais eficientes para o uso clínico. Posteriormente, Hutt e Gibby (1970) publicaram ilustrações para exemplos de erros, e Hutt continuou a revisão de sua lista de sinais. A partir daí, seu interesse pelo enfoque projetivo e o desenvolvimento de sua escala de psicopatologia não colaboraram para a melhoria da lista inicial. Em conseqüência, Lacks, que já vinha trabalhando há vários anos com os sinais Hutt-Birskin, decidiu-se pela publicação de um manual sobre a sua adaptação do sistema de escore inicial, com dados importantes sobre fidedignidade e validade, incluindo a comparação com outros sistemas de escore e com outros testes neuropsicológicos, como os de Benton, Graham-Kendall, Halstead-Reitan, etc. Todavia, conforme Hutt (1985), o Bender-Lacks é mais "útil para *propósitos de triagem*, e não para diagnóstico" (p.40). Porém, como afirma Groth-Marnat (1999), a utilidade clínica desse sistema está em sua capacidade de discriminar pacientes com e sem disfunção cerebral e normais, com base no ponto de corte de 5, uma vez que 74 a 96% dos sujeitos sem comprometimento orgânico apresentam escore dentro da faixa de 0 a 4, enquanto apenas 18% de sujeitos com disfunção cerebral recaem nessa faixa de escore.

Naturalmente, é sumamente importante a abordagem da utilização de um ponto de corte, porque, ainda que alguns erros possam concorrer mais para diferenciar esses grupos, havendo certas diferenças qualitativas no desempenho, nenhum deles pode ser usado como discriminador único. Assim, conforme lembra Groth-Marnat (1999), embora seja possível observar que pacientes com problemas no hemisfério direito "têm mais probabilidade de cometer erros relacionados com capacidades visoespaciais (por exemplo, rotações, assimetria, fragmentação, desenhos irreconhecíveis, linhas não-unidas)", e, por outro lado, saiba-se que os que têm "lesões no hemisfério esquerdo mais freqüentemente fazem desenhos que são instáveis (tremores na linha) e menores quanto ao tamanho, com cantos arredondados e partes omitidas (supersimplificação)", também se sabe que, muitas vezes, o Bender não detecta casos com déficit orgânico cerebral, especialmente no caso de pacientes com lesões no hemisfério esquerdo (p.556).

O Bender-Lacks no estudo de pacientes alcoolistas

O Bender-Lacks foi utilizado em pesquisas com pacientes alcoolistas, demonstrando possuir um bom poder de discriminação entre alcoolistas de abstinência recente (máximo de oito dias) e prolongada (mínimo de um ano). O escore médio de discriminadores presentes nos protocolos Bender do primeiro grupo foi de 6,98, e do segundo grupo foi de 4,92. Uma vez que, conforme o critério estabelecido por Lacks, é necessária a presença de cinco indicadores para um diagnóstico positivo de disfunção cerebral e que, em sujeitos com uma longa história de alcoolismo, a presença de quatro indicadores seria compatível com um quadro *borderline*, a média, no primeiro grupo, parece justificar um diagnóstico de disfunção cerebral, enquanto a média encontrada no segundo grupo, dada a história de alcoolismo de no mínimo 10 anos desses pacientes, pressupõe a presença de um problema residual (Minella, Pereira & Argimon, 1987).

A mesma equipe, com a colaboração desta autora*, procurou investigar se os escores Ben-

---

*Agradecemos às demais autoras pela permissão de reprodução dos dados.

der-Lacks permaneciam estáveis ou não, durante o primeiro mês de abstinência. O Bender foi aplicado em quatro sessões, com intervalo de sete dias, a partir do sétimo dia de abstinência (com tolerância de mais ou menos 24 horas). Os protocolos foram examinados às cegas para identificação dos indicadores Lacks. Os resultados da análise de variância demonstraram que os escores Bender-Lacks não permaneceram estáveis, durante o primeiro mês de abstinência, sendo observadas as seguintes médias nas quatro sessões: 6,45, 5,45, 4,45 e 4,27 (Minella, Pereira, Argimon et alii, 1989).

Como se pode notar, a média da primeira semana (6,45) é muito próxima da encontrada no estudo anterior, em alcoolistas com abstinência de, no máximo, oito dias (6,98). Percebe-se, por outro lado, que as médias das duas primeiras semanas confirmam um diagnóstico positivo de disfunção orgânico-cerebral, com pouca diferença entre as médias seguintes, inferiores a 5. Levando-se em conta os critérios de Lacks, foi possível afirmar que os escores sugerem melhora funcional, a partir da segunda semana (Argimon, Minella, Pereira et alii, 1989).

Numa seqüência da mesma pesquisa, procurou-se verificar que indicadores apresentavam diferenças de freqüência nas quatro administrações. Fragmentação e tempo superior a 15 minutos foram indicadores ausentes em todos os casos, enquanto dificuldades de fechamento e coesão foram identificadas em todos os protocolos. Embora somente com maiores investigações seja possível chegar a conclusões sobre implicações clínicas, os resultados estimados pela prova Q de Cochran sugerem que diferenças na freqüência da apresentação dos indicadores de fragmentação, retrogressão, perseveração e dificuldades de angulação podem ter alguma relação com a melhoria do quadro clínico, já que mostraram uma tendência decrescente em sua ocorrência (Argimon, Minella, Pereira et alii, 1989).

Descrição do sistema de escore

Embora muitos erros sejam possíveis no Bender, o sistema inclui apenas 12 distorções, que serão apresentadas a seguir. Mas, antes da atribuição de escores, é importante excluir outras causas alternativas para o aparecimento de erros, como irregularidades na superfície da mesa em que as reproduções são feitas, apresentação imprópria do cartão-estímulo, "capacidade física debilitada ou um instrumento de desenho inadequado" (Lacks, 1984, p.83).

O procedimento a ser utilizado é uma abordagem de sinais. Cada sinal tem escore único, não importando se aparece uma ou várias vezes. Entretanto, um desenho pode conter mais de uma distorção. Mas, para que se identifique uma distorção como erro, ela deve ser *severa ou persistente*.

Rotação. Este erro se refere à orientação no espaço. Rotação implica a variação da posição do eixo principal da figura de 80 a 180°, inclusive no caso de uma reprodução espelhada do estímulo. Não há rotação quando é feita uma cópia exata, após a rotação do cartão ou do papel. Aplica-se a todas as figuras (vide exemplos, Figura 20.10).

Dificuldade de superposição. Este erro se refere à dificuldade na reprodução da área de superposição das subpartes componentes e se aplica às Figuras 6 e 7. Pode se verificar por: omissão de partes que se superpõem; simplificação ou marcante tracejamento, apenas no ponto de superposição; distorção no ponto de superposição; superposição em lugar errado ou falta de superposição (mas, se o espaço entre as subpartes é maior que 3,2 mm, atribui-se escore para Simplificação) (vide Figura 20.10).

Simplificação. Este erro se refere à reprodução mais simplificada ou mais fácil do estímulo, embora não mais primitiva, em termos de maturação, e se aplica a todas as figuras. Pode se verificar por círculos, em vez de pontos, na Figura 1; ausência de superposição; espaço entre as subpartes maior que 3,2 mm; cópias muito simplificadas, como ângulos de linhas em vez de ângulos de pontos, na Figura 3, embora a substituição de ângulos por curvas, nas Figuras 7 e 8, não seja considerada erro (vide Figuras 20.10 e 20.11).

Fragmentação. Este erro se refere à quebra da figura em partes, com destruição da Gestalt ou ao incompletamento da figura (exceto

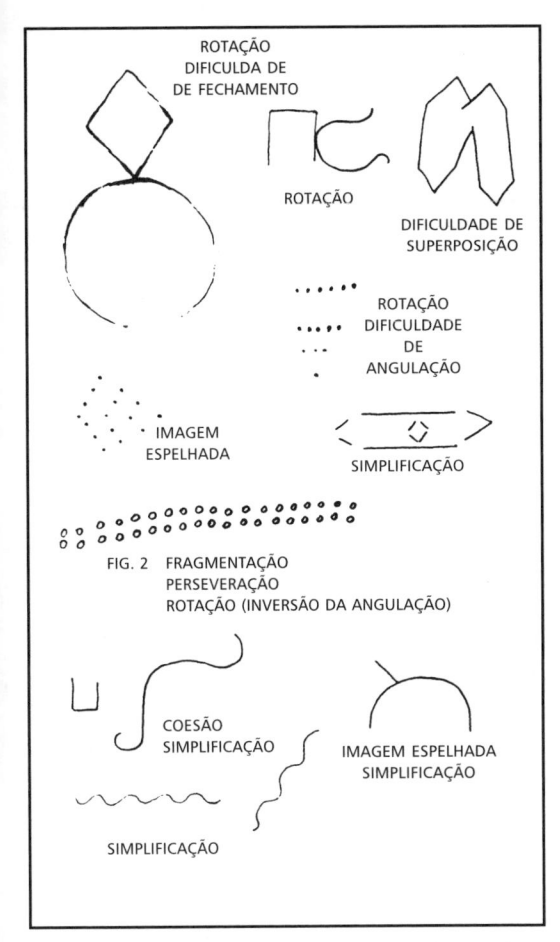

Figura 20.10 Exemplos de erros considerados no sistema de escore de adaptação Lacks.

por recusa do sujeito em completá-la) e se aplica a todas as figuras. Exemplos: Figura 1, dividida em duas carreiras; Figura 2, com quatro grupos de duas colunas cada um, separados entre si, ou como uma longa carreira de 33 círculos, ou, ainda, como amontoado de círculos, com destruição da Gestalt; Figura 5, com a extensão para a esquerda ou penetrando no arco; Figuras 1 ou 2, com seis ou menos unidades; Figura 4, sem a curva ou sem uma das três retas; Figura 5, sem a extensão, etc. (vide Figura 20.10).

Retrogressão. Este erro se refere à representação do estímulo de forma mais primitiva, de um ponto de vista maturacional (compare com Simplificação) e se aplica a todas as figu-

ras, exceto a 4 e a 6. Exemplos: na Figura 1, fazer traços em vez de pontos (se o desvio é extremo e persistente); na Figura 2, laçadas, em vez de círculos; na Figura A, triângulo ou quadrado, pelo losango, ou, na Figura 7, retângulos, pelos hexágonos; na Figura 8, quadrado pelo losango, ou retângulo, em vez do hexágono. Porém, ângulos por curvas não são considerados erros, nem a omissão da forma angular da Figura 7 (vide Figura 20.11).

Perseveração. Este erro se refere à substituição da unidade do estímulo, que está sendo copiado, pela unidade de estímulo da figura precedente (como no caso de substituir os círculos da Figura 2 pelos pontos da Figura 1, de substituir os pontos da Figura 3 e da 5 pelos círculos da Figura 2) ou à repetição das unidades ou à sua continuação no desenho, além dos limites impostos pelo estímulo (como fazer 4 pontos ou mais, na Figura 1, ou 13 ou mais colunas, na Figura 2). O primeiro tipo de perseveração se aplica às Figuras 2, 3 e 5 e o segundo tipo, às Figuras 1, 2 e 3, mas, embora haja dois tipos, conta-se como um erro só. Também se considera perseveração quando são acrescentadas uma ou mais carreiras de círculos na Figura 2 ou na Figura 3 (vide Figuras 20.10 e 20.11).

Colisão ou tendência à colisão. Este erro se refere ao toque ou à superposição de uma figura por outra ou, mesmo quando não chega a haver toque, quando duas figuras são desenhadas de forma que o espaço entre elas seja menor que 6,35 mm, caso em que se caracteriza uma tendência à colisão. Aplica-se a todas as figuras.

Impotência. Este erro se refere a "expressões comportamentais ou verbais de incapacidade de desenhar uma figura corretamente (muitas vezes acompanhada de afirmações como 'Eu sei que este desenho não está correto, mas não consigo fazê-lo certo')". Aplica-se a todas as figuras. O sujeito pode repetir várias vezes o mesmo desenho, apagá-lo repetidamente, sem conseguir corrigir as imprecisões, ou o próprio sujeito reconhece o erro e "tenta corrigi-lo sem sucesso, ou expressa incapacidade para corrigi-lo". Não se atribui escore quando o sujeito realmente consegue cor-

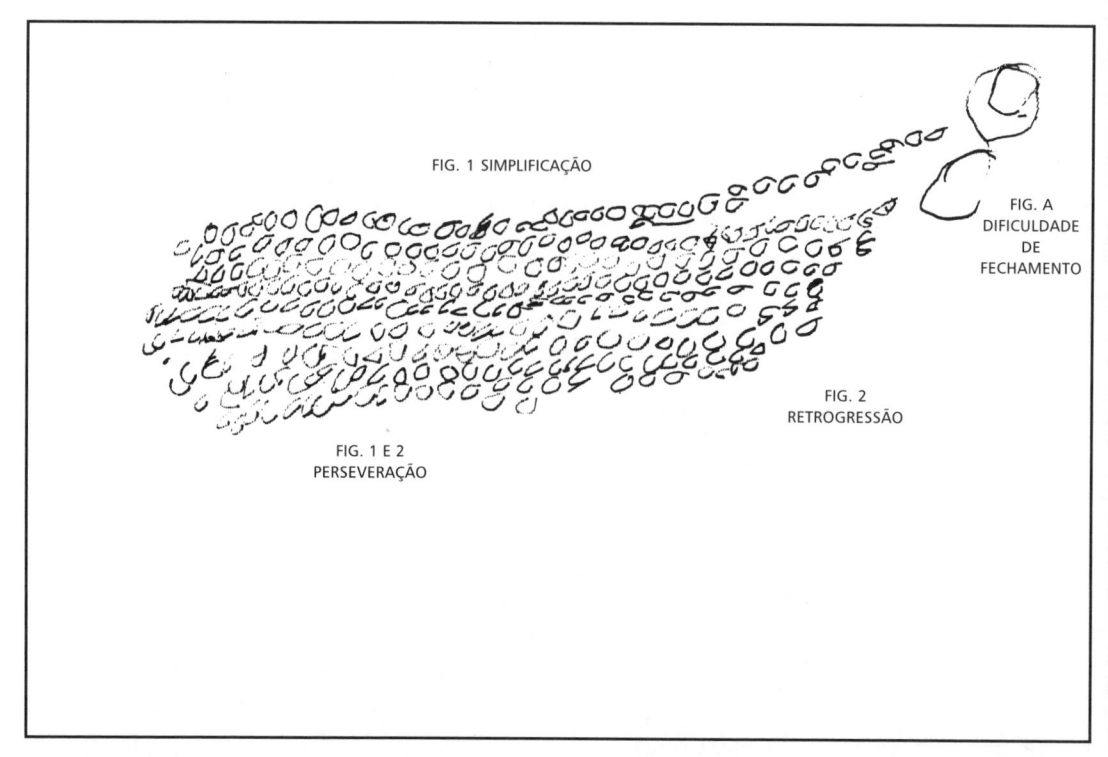

Figura 20.11 Exemplos de erros de simplificação, retrogressão, dificuldade de fechamento e perseveração da adaptação Lacks.

rigir o erro feito, numa segunda tentativa (p.100-101) (vide Figura 20.12).

Dificuldade de fechamento. Este erro se refere à junção de subpartes ou das partes adjacentes de uma figura. Aplica-se apenas às Figuras A, 4, 7 e 8. Atribui-se o escore, quando há problemas *consistentes*, pelo menos em duas figuras, entre três (A, 4 e 8), ou quando existe "um problema significativo, no fechamento dos círculos ou figuras, ou, ainda, nas

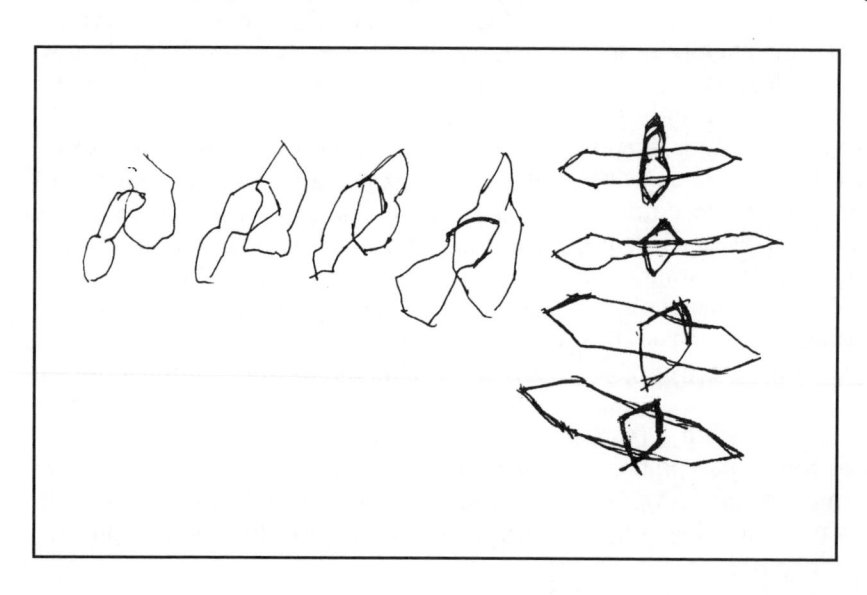

Figura 20.12 Exemplos do erro de impotência da adaptação Lacks.

partes adjacentes de uma figura", ou, além disso, quando há "marcantes aberturas, superposições, reelaboração do desenho, tracejamento, rasuras, pressão aumentada, nos pontos em que as partes do desenho se juntam". Todavia, quando há um espaço entre as subpartes maior que 3,2 mm, atribui-se escore para Simplificação (p.102-104) (vide Figuras 20.10 e 20.11).

Falta de coordenação motora. Este erro se refere à "irregularidade das linhas (semelhantes a tremor), especialmente com forte pressão". É importante observar a conduta e verificar se a superfície em que o sujeito desenha é lisa (p.105).

Dificuldade de angulação. Este erro pode ser definido como "dificuldade severa na reprodução da angulação das figuras". Aplica-se somente à Figura 2 e à 3, especialmente à última. Por exemplo, atribui-se este escore quando as colunas da Figura 2 são desenhadas sem inclinação, ou quando mais da metade das colunas varia quanto à angulação (se a inclinação é contrária à do estímulo, atribui-se escore para Rotação), quando toda a figura apresenta uma angulação de 45 a 80° (mas, se é maior que 80°, atribui-se escore para Rotação) (p.106-107) (vide Figura 20.10).

Coesão. Este erro se refere ao tamanho relativo e se aplica a todas as figuras. Considera-se que existe coesão quando uma subparte da figura é reproduzida "mais de 1/3 menor que as dimensões usadas no restante da figura", ou quando existe "aumento ou diminuição no tamanho de uma figura de 1/3 das dimensões usadas nos *outros desenhos* (*não* se compara com o tamanho das figuras dos cartões-estímulo). Exclua as partes do desenho que são mais compridas, devido à Perseveração" (p.108-109) (vide Figura 20.10).

A seguir, são apresentados dois casos, ambos internados em hospital psiquiátrico forense por história de homicídio e com diagnóstico de transtorno mental orgânico, com sintomas convulsivos e psicóticos; o primeiro, com 30 anos, do sexo masculino, levou mais de 30 minutos para a cópia das figuras Bender; o segundo, com 35 anos, do sexo masculino, levou cerca de 14 minutos. A seguir, será apresentado um terceiro caso, de outro paciente, internado no mesmo local, também com his- tória de homicídio, mas com o diagnóstico de esquizofrenia paranóide.

Para o registro dos resultados, será utilizada uma cópia traduzida do sumário de escores de Lacks (as Figuras 20.13, 20.14 e 20.15 referem-se aos casos 1, 2 e 3 respectivamente).

Caso ilustrativo nº 1

*Sumário de escore do teste Bender-Gestalt**

(adaptação Lacks)

Nome: F.M.
Idade: 30 anos   Sexo: masculino
Educação: analfabeto   Raça:

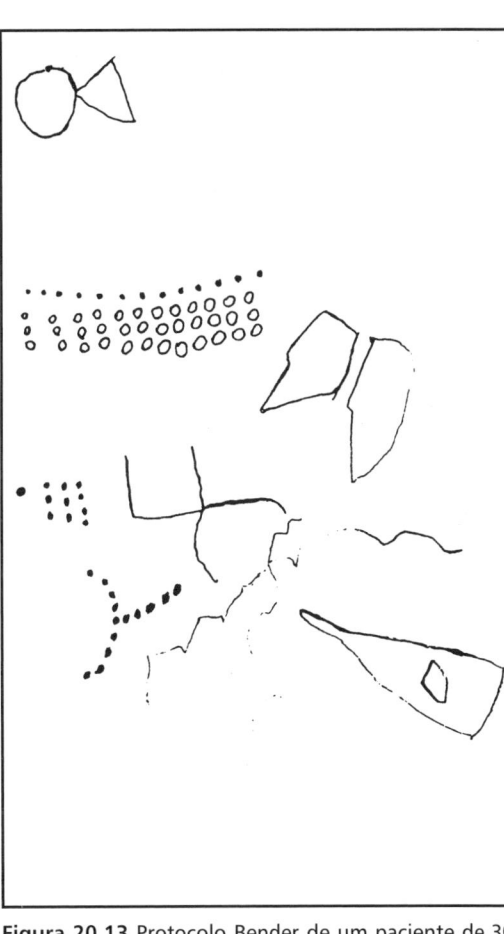

Figura 20.13 Protocolo Bender de um paciente de 30 anos, com transtorno orgânico cerebral.

---

*N. da A. Tradução do sumário de escore Lacks.

Ocupação: sem emprego fixo
Observações comportamentais

__ Evidência de fadiga
__ Atenção insuficiente ao estímulo
__ Extremamente rápido e execução descuidada
__ Extremo cuidado e deliberação
__ Insatisfação expressa em relação aos desenhos mal executados ou tentativas repetidas de corrigir erros, sem sucesso
__ Falta de coordenação motora ou tremor da mão
_X_ Rotação (na Figura 5)
__ Aparente dificuldade de enxergar as figuras
_X_ Outros comentários: *A superfície da mesa era áspera.*
Tempo: 40 minutos

Lista de escore

_X_ 1. Rotação
_X_ 2. Dificuldade de superposição
__ 3. Simplificação
__ 4. Fragmentação
_X_ 5. Retrogressão
__ 6. Perseveração
_X_ 7. Colisão ou tendência à colisão
__ 8. Impotência
__ 9. Dificuldade de fechamento
__ 10. Falta de coordenação motora
__ 11. Dificuldade de angulação
__ 12. Coesão
_X_ Tempo maior que 15 minutos

Escore total: 5 erros
Diagnóstico do teste: *Disfunção orgânica cerebral*

Caso ilustrativo nº 2

Sumário de escore do teste Bender-Gestalt (adaptação Lacks)

Nome: D.B.
Idade: 35 anos   Sexo: masculino
Educação: 5 anos   Raça:
Ocupação: agricultor
Observações comportamentais

__ Evidência de fadiga
__ Atenção insuficiente ao estímulo
__ Extremamente rápido e execução descuidada
__ Extremo cuidado e deliberação
__ Insatisfação expressa em relação aos desenhos mal executados ou tentativas repetidas de corrigir erros, sem sucesso
_X_ Falta de coordenação motora ou tremor da mão
_X_ Rotação (nas Figuras 3 e 5)
__ Aparente dificuldade de enxergar as figuras
_X_ Outros comentários: *A superfície da mesa era áspera, mas foi possível observar tremor nas mãos.*
__ Tempo: 14 minutos

Lista de escore

_X_ 1. Rotação
__ 2. Dificuldade de superposição
_X_ 3. Simplificação
__ 4. Fragmentação
_X_ 5. Retrogressão
__ 6. Perseveração
__ 7. Colisão ou tendência à colisão
__ 8. Impotência
__ 9. Dificuldade de fechamento
_X_ 10. Falta de coordenação motora
_X_ 11. Dificuldade de angulação
_X_ 12. Coesão
__ Tempo maior que 15 minutos

Escore total: 6 erros
Diagnóstico do teste: *Disfunção orgânica cerebral*

Caso ilustrativo nº 3

Sumário de escore do teste Bender-Gestalt (adaptação Lacks)

Nome: C.S.
Idade: 24 anos   Sexo: feminino
Educação: 5 anos   Raça:
Ocupação: desempregada
Observações comportamentais

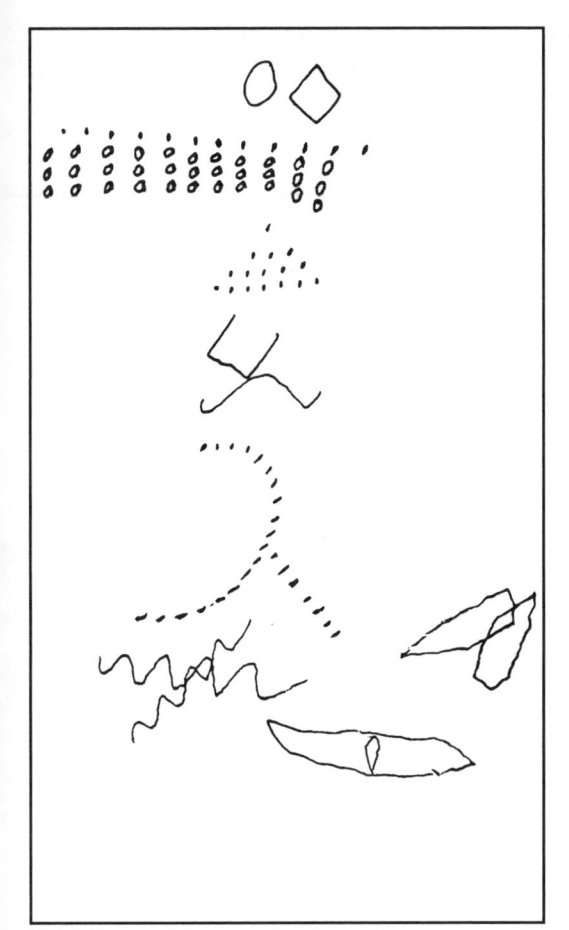

Figura 20.14 Protocolo Bender de um paciente de 35 anos, com transtorno orgânico cerebral.

Lista de escore

___ 1. Rotação
___ 2. Dificuldade de superposição
___ 3. Simplificação
___ 4. Fragmentação
___ 5. Retrogressão
_X_ 6. Perseveração
___ 7. Colisão ou tendência à colisão
___ 8. Impotência
_X_ 9. Dificuldade de fechamento
___ 10. Falta de coordenação motora
___ 11. Dificuldade de angulação
___ 12. Coesão
___ Tempo maior que 15 minutos

Escore total: 3 erros
Diagnóstico do teste: Ausência de disfunção orgânica cerebral

___ Evidência de fadiga
___ Atenção insuficiente ao estímulo
___ Extremamente rápido e execução descuidada
___ Extremo cuidado e deliberação
___ Insatisfação expressa em relação aos desenhos mal executados ou tentativas repetidas de corrigir erros, sem sucesso
___ Falta de coordenação motora ou tremor da mão
___ Rotação (na Figura 5)
_X_ Aparente dificuldade de enxergar as figuras
___ Outros comentários: *A superfície da mesa era áspera.*
Tempo: 10 minutos

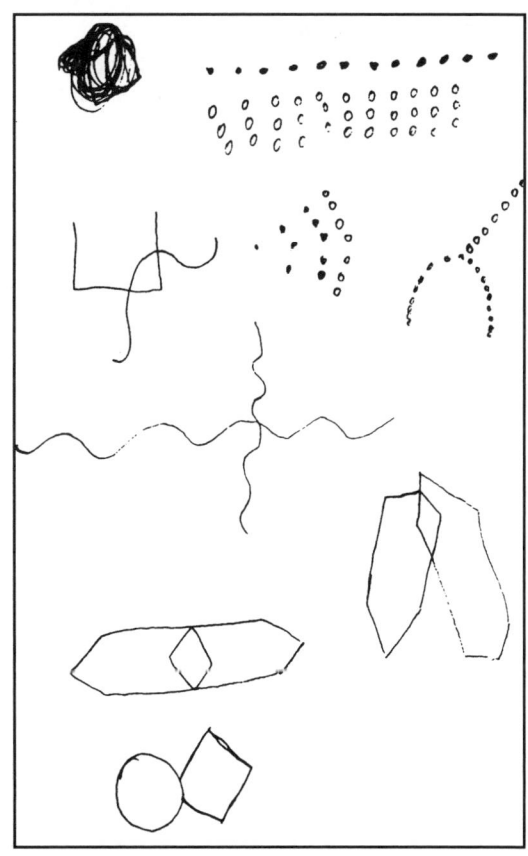

Figura 20.15 Protocolo Bender de um paciente psiquiátrico de 24 anos, com esquizofrenia paranóide.

MÓDULO IX – Técnicas de Manchas de Tinta

Ao se utilizar técnicas de manchas de tinta, a pressuposição básica é de que a forma como o sujeito percebe estruturalmente os estímulos ambíguos reflete o seu comportamento em outras situações de vida real, que envolvem operacionalmente idênticos aspectos psicológicos. Em outras palavras, pode-se supor que, ao testar o sujeito, obtém-se uma amostra perceptocognitiva de sua experiência de contato com a realidade. Em princípio, a tarefa proposta constitui um processo de solução de problema "que não força os sujeitos necessariamente à projeção" (Exner, 1983, p.77), "exigindo uma adaptação a estímulos exteriores estabelecidos, quer dizer, põe em jogo a função de realidade" (Rorschach, 1948, p.120).

Entretanto, o material de manchas de tinta também pode ser conceitualizado "como um estímulo à fantasia". Neste caso, a pressuposição é de que a ambigüidade dos estímulos constitua um veículo apropriado para a projeção das necessidades do sujeito, por meio do uso de representações simbólicas, de modo que o psicólogo lança mão de seu "referencial teórico e de sua experiência clínica para associar símbolos e dinâmica" (Erdberg, 1990, p.389).

Neste tema, serão apresentadas, em breves tomadas, diferentes abordagens de técnicas de manchas de tinta – a) do Rorschach como tarefa perceptocognitiva, segundo Klopfer (como abordagem tradicional) e conforme Exner (por sua importância metodológica), b) do Rorschach como estímulo à fantasia (como proposta de avaliação projetiva das respostas), e, finalmente, c) do Z-teste (por reunir vantagens como técnica de manchas de tintas, mas de forma sucinta).

Rorschach "tradicional": noções de Klopfer*

Jurema Alcides Cunha

INTRODUÇÃO

Inicialmente, serão considerados alguns aspectos em parte comuns a outras técnicas, mas que devem ser levados em conta com muita seriedade, dada a complexidade específica do instrumento.

Em primeiro lugar, é preciso ter em mente que a situação em que o teste é realizado é escassamente estruturada, tornando-se difícil o controle de certas variáveis associadas a características individuais do psicólogo, durante a administração e o inquérito. Entretanto, pesquisas têm demonstrado que determinadas atitudes do examinador podem facilitar ou inibir a produtividade, e certos reforços inconscientes podem induzir alguns tipos de respostas, influenciando escores e pondo em risco a validade da técnica. Ora, geralmente, durante a fase do aprendizado ou de um curso de especialização na técnica, o que o professor ou o supervisor recebe é o produto final, após a realização do exame. Não obstante, por razões didáticas, parece recomendável observar e gravar várias administrações do aluno, naturalmente feitas sem finalidades diagnósticas, para poder ser analisado o seu comportamento verbal e não-verbal, para a identificação de pequenos sinais ou da emissão de interjeições (como "ham", "hem"), não controladas, espontâneas, mas que podem servir de estímulos para suscitar certas respostas do examinando.

Em segundo lugar, sendo o instrumento bastante complexo e difícil, a adequação de sua utilização fica muito dependente do aprendizado do estudante. Portanto, desde o entendimento da interação clínica, a identificação do que é uma verbalização classificável, até a atribuição correta dos escores, levantamento de freqüências e cálculo de índices, como base para o estabelecimento de hipóteses interpretativas, o traçado de um psicograma, a integração dos dados para permitir chegar a inferências diagnósticas, há todo um trabalho exaustivo, cuja qualidade depende, de um modo geral, da formação de graduação e pós-graduação, da experiência com variado tipo de pacientes e do constante manejo dos manuais de texto. Contudo, tudo isso não substitui a capacidade de realizar um bom inquérito, o que pressupõe anos de supervisão segura e competente.

Em terceiro lugar, embora clinicamente potente, o Rorschach tem suas limitações, e deve-se discernir quando o seu uso é indicado. Note-se que, se por um lado, num protocolo, é relativamente fácil distinguir uma depressão situa-

---

*Este texto foi apresentado, de forma mais extensa, na edição anterior, com o título de "Rorschach, como tarefa perceptocognitiva".

cional de quadros depressivos crônicos, por outro lado, é extremamente difícil fazer o diferencial entre "o depressivo unipolar crônico do bipolar (maníaco-depressivo) usando apenas os dados do Rorschach, porque o último inclui, muitas vezes, os mesmos tipos de características que o primeiro". Também, "a diferenciação diagnóstica de perturbações menos severas é ainda mais difícil, embora nem sempre impossível" (Exner, 1983, p.88). Ademais, o teste é sensível a variações dentro de um quadro clínico, associadas com a duração da doença, à sua severidade, à ação de algumas drogas terapêuticas, de modo que a lista de indicadores diagnósticos nem sempre é adequada ao caso individual. Por tais razões, muitas vezes as conclusões baseadas unicamente no Rorschach apresentam discordâncias com diagnósticos clínicos, calcados em observações prolongadas. Assim, não se pode fazer uma superestimativa do instrumento, e não é adequado usá-lo para uma análise às cegas, exceto com objetivo de pesquisa. O conhecimento da história do sujeito é fundamental e representa uma garantia em termos de precisão diagnóstica. E, mesmo que nem sempre os dados permitam conclusões diagnósticas, eles são importantes na avaliação da personalidade e na identificação de áreas que devem ser focalizadas na terapia.

Em quarto lugar, uma vez que toda a fundamentação para a classificação das respostas está na existência de um material que desencadeia operações perceptocognitivas e em relação ao qual se testam a qualidade e a especificidade das respostas do sujeito, somente uma administração adequada e um inquérito satisfatório podem garantir a qualidade científica dos resultados.

O exame

O exame inclui quatro partes ou fases: *administração propriamente dita*, *inquérito*, *período de analogia* e *teste de limites*. Seus objetivos, os comportamentos específicos do examinador, as características da situação e o tipo de interação que se estabelece entre o examinador (E) e o sujeito (S) são resumidos no Quadro 21.1.

A administração propriamente dita, ou *performance*, também é denominada de fase de associação livre. Contudo, essa denominação não parece englobar todas as operações e processos que ocorrem no sujeito, além de se referir apenas a um comportamento ulterior às instruções. A administração propriamente dita abrange desde a maneira como sentam o E e o S, a entrega da lâminas e instruções, a anotação do tempo de reação e do tempo total e o registro do comportamento verbal e não-verbal do sujeito. Por outro lado, segundo estudos realizados, a primeira operação que ocorre no sujeito é a da classificação. Dados provenientes do *input* são comparados com aqueles já armazenados, de onde pode resultar um grande número de respostas para cada lâmina. Entretanto, o *output* decorre de algum processo de censura ou discriminação, sendo a resposta também determinada sob a influência do estilo próprio do sujeito e de seu estado psicológico no momento da testagem (Exner, 1983). Portanto, parece que a denominação de associação livre é por demais específica para caracterizar todas as operações e processos que têm lugar.

O inquérito parece constituir a fase mais importante de toda a administração, porque deve fornecer subsídios para tornar clinicamente úteis as verbalizações registradas durante a primeira fase. Como o seu objetivo é o de averiguar aspectos perceptocognitivos subjacentes às respostas, deve partir das próprias verbalizações do sujeito, restringindo-se, tanto quanto possível, à terminologia por ele utilizada. Não obstante, seu referencial básico é o material da mancha, de modo que envolve um constante redirecionamento do sujeito para a área da lâmina selecionada. Em razão disso, o examinador precisa ter uma familiaridade muito grande com as características da mancha, porque estas vão subsidiar as hipóteses que serão testadas durante o inquérito, embora suas perguntas devam ser, na medida do possível, neutras e rotineiras, subentendendo-se a existência de um roteiro implícito.

Geralmente um bom inquérito torna dispensável o período de analogia. Porém, este se justifica quando permanecem dúvidas sobre aspectos importantes, em especial se são essen-

QUADRO 21.1 Teste de Rorschach: fases do exame

Fases do exame e objetivos	Comportamentos específicos do examinador	Características da situação	Interação ExS
ADMINISTRAÇÃO PROPRIAMENTE DITA, *PERFORMANCE* OU FASE DE ASSOCIAÇÃO LIVRE Objetivo: obter uma amostra do comportamento do sujeito.	1. Obter respostas ao material-estímulo: verbalizações e reações não-verbais. 2. Registrar o comportamento verbal e não-verbal do sujeito.	1. Relativamente padronizada quanto a material e instruções. 2. Permissiva, não estruturada: o S deve interpretar as instruções e assumir a responsabilidade pelo manejo da situação. 3. Nova (teste) ou relativamente nova (reteste).	1. Mínima, em nível consciente. 2. O papel do S é ativo, assumindo o controle da situação.
INQUÉRITO Objetivo: averiguar aspectos perceptocognitivos subjacentes às respostas.	1. Identificar unidades de escore e área da mancha à qual se referem. 2. Identificar características do estímulo que determinaram o percepto. 3. Explorar as especificações do percepto. 4. Avaliar o grau de adaptação do conceito à área da mancha. 5. Classificar as respostas, atribuindo escores principais e adicionais e avaliar o nível formal.	1. Mais padronizada: o referencial essencial para o sujeito é o material da mancha; as perguntas são neutras e rotineiras. 2. Mais estruturada: há regras e um roteiro implícito, e o vocabulário usado deve usar a terminologia do sujeito, ou ficar muito próximo à mesma. 3. Tanto quanto possível não diretiva, não sugestiva.	1. Há mais interação ExS que na fase anterior.
PERÍODO DE ANALOGIA (fase facultativa) Objetivo: esclarecer problemas de escore.	1. Investigar se o determinante usado numa resposta é aplicável a outras. 2. Atribuir escore adicional para determinante, nas respostas a que se aplica.	1. Mais diretiva. 2. Mais padronizada. 3. Menos estruturada, embora o referencial para as perguntas sejam os perceptos de S.	1. Há mais interação ExS que na fase anterior e menos que na subseqüente.
TESTE DE LIMITES (fase facultativa) Objetivo: testar hipóteses do E.	1. Reestruturar a situação, reorientando o sujeito, para testar atitudes, capacidades subjacentes, dificuldades, através de procedimentos variáveis.	1. Mais diretiva e, se necessário, sugestiva. 2. Menos padronizada. 3. Altamente estruturada para o S e flexível para o E.	1. A relação pode ser alterada, a critério do E, de qualquer maneira útil.

ciais para um diagnóstico diferencial. Caso contrário, não deve ser utilizado, pois, se resolve problemas na testagem atual, pode trazer interferências para a produção de respostas genuínas, numa situação de reteste.

Teste dos limites é um recurso conveniente para testar reações específicas a determinadas lâminas (como indícios de choque, manifestações afetivas, etc.) e para avaliar potenciais do sujeito. Entretanto, quanto menos sugestiva puder ser esta fase, menos comprometerá o desempenho do sujeito em futuro reteste, de modo que deve se restringir à testagem de hipóteses realmente fundamentais no contexto geral da avaliação.

Há autores que sugerem a utilização de procedimentos adicionais. Um deles prevê a solicitação de uma última resposta, após o completamento da lâmina X, embora alguns prefiram pedir uma resposta diferente. O procedimento não altera a administração tradicional, mas acrescenta um item, que pode ter implicações importantes não só no que se refere a recursos intelectuais pessoais, mas de um ponto de vista qualitativo.

ADMINISTRAÇÃO

Objetivo, definições operacionais e pressuposição básica

O *objetivo da administração* é o de obter uma amostra do comportamento do sujeito, numa situação-estímulo relativamente padronizada, mas ambígua, não-estruturada, nova para o sujeito.

Definições operacionais

Amostra do comportamento do sujeito refere-se ao conjunto de verbalizações e de respostas não-verbais do sujeito frente à situação-estímulo.

Situação-estímulo relativamente padronizada refere-se a uma situação em que o material é padronizado, assim como o são os aspectos essenciais das instruções e as respostas a perguntas ou solicitações do S. Porém, como podem ser subentendidos fatores conscientes e inconscientes concernentes ao S e ao E e à interação, tal situação é apenas relativamente padronizada, por não ser possível o controle de todas as variáveis.

Situação ambígua, não-estruturada, refere-se à vaguidade das instruções do E, de modo que o S as interpreta e assume a responsabilidade sobre o modo de agir.

Situação nova refere-se ao desconhecimento do material ou da situação por parte do sujeito, no caso de teste. Em reteste, pressupõe-se que uma série de fatores (como desenvolvimento, psicoterapia, etc.) haja influído sobre o S, no intervalo entre teste-reteste, de modo que a sua aproximação da situação-estímulo contenha elementos novos.

A *pressuposição básica* é de que a amostra do comportamento de S possa fundamentar hipóteses interpretativas, que permitam se chegar a inferências sobre a estrutura e o funcionamento de sua personalidade.

Dificuldades ou fracasso na realização ou no manejo da situação do teste

Subentende-se que, antes da administração, haja necessidade do estabelecimento de um bom *rapport*. Contudo, para Klopfer e Kelley (1946), ainda que o considerem desejável, não lhes parece que seja essencial, achando que o que realmente importa é que o examinador realmente perceba e compreenda o tipo de relação estabelecida entre S e E e o valor-estímulo de sua pessoa, dentro da interação. Não obstante, as condições atuais do sujeito podem interferir ou comprometer o seu desempenho e devem ser adequadamente avaliadas. Tais dificuldades são apresentadas no Quadro 21.2.

Entretanto, em geral, não há problemas dignos de nota, no sentido de invalidar os re-

---

QUADRO 21.2 Dificuldades que interferem ou comprometem o desempenho no teste de Rorschach

1. O sujeito parece incapaz de comunicar-se de forma útil; seu comportamento oferece alguns indícios qualitativos significativos, apenas.
2. A presença de sintomas alucinatórios, delirantes ou confusionais compromete a produção de respostas úteis.
3. O sujeito mostra-se errático, sem controle para evitar referências freqüentes a fatos da vida pessoal, preocupações e/ou sintomas, de modo a não manter a atenção dirigida para o estímulo, a não ser por momentos eventuais.
4. O sujeito demonstra evidente dificuldade de se concentrar, por fatores situacionais que envolvem condições físicas (fadiga, fome, frio, etc.).
5. O sujeito manifesta sinais ou refere sintomas de inibição, excitação, sono, etc., provavelmente associados a efeitos de drogas utilizadas como medicamento ou não.
6. O sujeito é tão limitado intelectualmente, ou tão deteriorado, que a tarefa resulta desencorajadora, tanto para ele, quanto para o examinador.
7. O sujeito demonstra dificuldade em se concentrar, associada a uma situação de vida estressante.
8. O sujeito mostra dificuldades, aparentemente por problemas socioculturais, tais como baixo nível educacional, falta de familiaridade com tarefas dessa natureza, etc.
9. O sujeito demonstra dificuldades de outra natureza. Especifique:
10. Não há informações específicas ou não se observaram dificuldades especiais.

sultados, podendo ocorrer com pacientes que apresentam transtornos mentais mais severos. Assim, numa pesquisa, em que coordenamos a testagem de pacientes psiquiátricos, em sua maioria de classe baixa, examinados em unidades hospitalares no Rio de Janeiro, verificou-se que mais da metade apresentou uma atitude submissa, dócil e cooperadora, e cerca de 19% deles "mostraram dúvida, suspeição ou medo, seja em relação ao teste ou à situação", mas "27% manifestaram a emergência de comportamento delirante ou confusional ou, ainda, sinais de inibição ou de excitação" (Brody et alii, 1973, p.468).

Entre sujeitos com problemas menos sérios ou considerados normais, dificilmente se verifica alguma dificuldade. Pode ocorrer, eventualmente, um problema, porque o paciente só ao final da administração refere dificuldades por falta de óculos e, usando-os durante o inquérito, no dia subseqüente, chega a alterar uma série de respostas. Esta é uma situação rara, mas convém preveni-la, perguntando ao examinando, antes da administração, se costuma fazer uso de óculos ou de lentes.

Mais comumente, pode acontecer que estados emocionais, provocados por fatores situacionais, levem à emergência de determinados tipos de respostas. Sempre lembramos uma situação, em que utilizávamos o Rorschach numa seleção para uma universidade, atendendo a vários candidatos, durante a tarde. Cedo, começara um incêndio de proporções calamitosas, com um grande número de vítimas fatais, em um magazine de vários andares, no centro da cidade, cerca de seis quarteirões de distância do local de testagem. Apesar de darnos conta do deslocamento de bombeiros, não sabíamos precisamente o que estava ocorrendo. Todavia, foi impressionante o número de respostas de "nuvem" e "fumaça" produzido pelos candidatos, que iam chegando durante a tarde. Porém, só ficaram claros tais indícios de ansiedade quando tomamos conhecimento das proporções da tragédia, algumas horas depois. Aliás, há estudos que demonstram como acontecimentos estressantes se manifestam nos protocolos Rorschach. Aron (1982) desenvolveu uma pesquisa, comparando respostas de sujeitos cujas condições de vida envolviam ou não fatores estressantes. Os resultados apoiaram a hipótese de que o estresse se torna manifesto no material Rorschach, porém, o autor achou que seriam necessárias mais investigações para averiguar os tipos específicos de estresse que produzem tais efeitos, as condições em que isso se verifica e a duração da influência dos mesmos, admitindo também a existência de diferenças individuais.

AS INSTRUÇÕES

Rorschach (1948) costumava entregar as lâminas sucessivamente ao sujeito, com a pergunta: "Que você vê aí?" (p.20). Klopfer e Kelley (1946) acham que tal instrução pode ser malentendida, suscitando respostas descritivas. Exner (1983), por exemplo, comenta que o fato de Beck acrescentar às instruções "... e diga-me tudo o que você vê aí" (p.81) acarreta um acréscimo de mais dez respostas do que com as instruções padronizadas que utiliza, que proporcionam um protocolo comumente com 18 a 23 respostas.

Klopfer e Davidson (1966) procuram dar uma explicação sucinta sobre como se pode obter as manchas de tinta (mantendo as lâminas sobre a mesa, com as manchas para baixo) e acrescentam: "Nestas lâminas com manchas de tinta, as pessoas vêem todo tipo de coisas. Agora, diga-me o que você vê, o que poderia ser, em que o faz pensar?"(p.35).

Costumamos, com as lâminas viradas para baixo sobre a mesa, dizer: "Vou lhe mostrar isto aqui e quero que você me diga o que vê, com que se parece, o que poderia ser". Apresentamos a primeira lâmina, acrescentando ao mesmo tempo: "Quando terminar, me entregue a lâmina". No momento em que se passa a lâmina para o sujeito, começamos a marcar o tempo.

Não fazemos referência ao fato de serem manchas de tinta, nem à maneira como são feitas. Se o sujeito diz "É uma mancha de tinta", confirmamos simplesmente: "Sim, é uma mancha de tinta. Com que se parece? Que é que poderia ser?" Também não salientamos que não existem respostas certas ou erradas, como alguns autores. Se o sujeito dá uma resposta e pergunta se está certo, respondemos: "Não há respostas certas ou erradas".

Não dizemos que a lâmina pode ser olhada em qualquer posição, exceto quando o sujeito, após trabalhar com a lâmina na posição normal, a gira, voltando à posição inicial. Neste caso, se pergunta se pode girar a lâmina, dizemos que pode olhá-la como quiser. Esta, como qualquer outra observação do examinador, deve ser feita em tom casual, não sugestivo. A posição da lâmina deve ser registrada com um ângulo, cujo vértice indica a parte superior, e os giros, com uma espiral.

Anota-se o tempo transcorrido até a primeira resposta e o tempo total. Às vezes, a pessoa faz um comentário ou começa com observações de caráter descritivo. Recomenda-se que seja anotado o tempo até que o sujeito verbalize qualquer coisa, pareça esta um comentário ou não, e o tempo até o que constitui aparentemente uma resposta. Isto é importante porque há verbalizações que são classificáveis e outras não, o que, às vezes, só se pode identificar no inquérito.

Sobre o tempo que o sujeito deve permanecer com a lâmina, antes que se caracterize um fracasso, os autores variam. Geralmente, após um minuto, costumamos usar algum estímulo como "Com que se parece?" ou "Pode começar!", utilizando o mesmo tipo de incentivo ou outros, sempre neutros, quando o sujeito chega aos dois minutos, sem resposta. Na Figura 21.1, vemos que um sujeito é capaz de explorar visualmente toda a lâmina, num período de 900 milissegundos, padrão que é muito semelhante ao usado por outros indivíduos.

A experiência mostra que o tempo além de três minutos dificilmente resulta proveitoso. Neste caso, costumamos dizer "Vamos experimentar outra", recolhendo a lâmina, a não ser que o sujeito expresse o desejo de continuar. No caso de fracasso ou rejeição, não se conta o tempo que o sujeito permaneceu com a lâmina para cálculo da média do tempo por resposta.

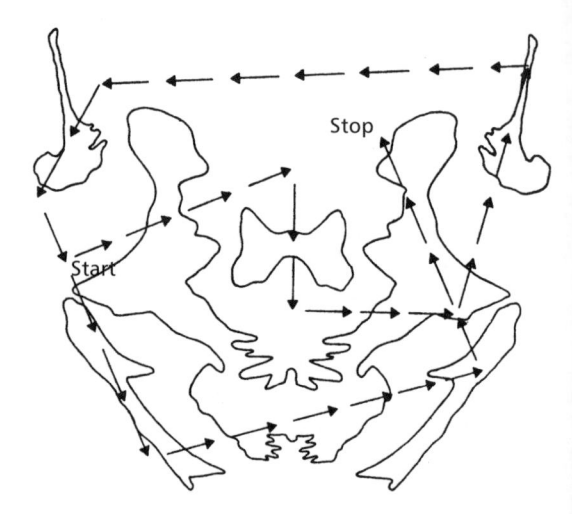

Fonte: Exner, 1983, p.80.

Figura 21.1 Atividade de exploração ocular da Lâmina III de uma mulher de 24 anos, durante um intervalo de 900 milissegundos.

IDENTIFICAÇÃO DAS UNIDADES DE ESCORE

Os padrões de comportamento do sujeito, como reação aos estímulos das manchas, produzem-se, fundamentalmente, na forma de verbalizações e, só complementarmente, são verificáveis por outras características.

É preciso que o sujeito seja capaz de se comunicar de forma útil para que forneça verbalizações classificáveis ou respostas. Uma resposta é uma unidade básica de escore.

É necessário dividir o protocolo em respostas isoladas ou unidades básicas de escore. A identificação das unidades de escore nem sempre é fácil e exige a consideração de três aspectos essenciais: a intenção do sujeito e sua capacidade de lidar com os estímulos de maneira interpretativa, as pressuposições do sujeito sobre a área da mancha e a organização ou o grau de independência dos conceitos.

A intenção do sujeito e sua capacidade de lidar com os estímulos de maneira interpretativa

Geralmente, é relativamente simples distinguir respostas de comentários. Entende-se uma resposta isolada como um conceito independente, nitidamente separado dos demais, referido a uma porção da mancha claramente identificável ou a toda a mancha, que pode ser classificável em termos das características dos estímulos que a determinam. Portanto, se na administração propriamente dita o sujeito vê uma borboleta preta, referente a toda a mancha, e o corpo de uma mulher, no detalhe central da Lâmina I, podemos destacar dois conceitos independentes, nitidamente separados e dados a áreas da mancha claramente identificáveis e suscetíveis de classificação.

Entretanto, por vezes, é necessário investigar qual a verdadeira intenção do sujeito e definir sua capacidade para lidar com os estímulos ou sua atitude frente a eles. Assim, são os padrões do comportamento do sujeito que vão servir de base para a distinção entre resposta e comentário.

Em primeiro lugar, pode-se verificar a *intenção do sujeito* por meio de informações obtidas no inquérito. Ela pode ser:

a) *explícita*, quando o sujeito afirma que sua verbalização constitui uma resposta, embora, em caso de dúvida, deva ser feita uma pergunta direta, ainda que não sugestiva, no sentido de esclarecer se a verbalização é considerada pelo sujeito como uma resposta ou um comentário;

b) *implícita*, quando o sujeito indica a localização, apresenta elaborações e explicações.

Em segundo lugar, pode-se verificar a *capacidade interpretativa do sujeito* por seu modo de manejar os estímulos e independentemente de informações prestadas. Desse modo, a designação de cores, por exemplo, só é considerada uma verbalização classificável se constitui a única maneira de o sujeito lidar com os estímulos.

Em terceiro lugar, a *atitude do sujeito* pode ficar definida por sua intenção, explícita ou implícita, de dar ou não uma resposta descritiva. Não obstante, é preciso verificar se não se trata apenas da elaboração de um conceito CF ou C, porque, geralmente, tal atitude revela somente tendências que não são classificáveis. Contudo, quando ocorrem cinco a seis observações descritivas em uma lâmina, passam a ser consideradas como uma unidade de escore, determinada seja pela forma, pelo sombreado ou pela cor.

As pressuposições do sujeito sobre a área da mancha

Uma área da mancha desperta a atenção do sujeito e provoca reações de sua parte, que podem ser identificáveis como uma ou mais unidades de escore, de acordo com as pressuposições que o sujeito faz a respeito.

As respostas podem envolver alternativas, correções ou rejeições, conforme o que o sujeito considera que a localização pode "ser". As pressuposições do sujeito servem de base para o escore e para a distinção entre respostas principais e adicionais. Existem três pressuposições possíveis de parte do sujeito.

Em primeiro lugar, o sujeito pode pressupor que cada localização possa "ser" apenas uma coisa. Então, conforme a evidência obtida, atribui-se o escore correspondente.

Evidência	Escore correspondente
O sujeito mantém a sua resposta no inquérito	atribua escore para uma resposta principal
O sujeito corrige espontaneamente sua resposta no inquérito, elaborando-a de forma mais apropriada	atribua escore para uma resposta principal somente
O sujeito substitui sua resposta por outra	atribua escore para uma resposta principal e um escore adicional, para a resposta rejeitada
O sujeito rejeita sua resposta, sem corrigi-la	atribua escore adicional, com uma seta apontando para a coluna principal

Em segundo lugar, o sujeito pode pressupor que cada localização pode "ser" várias coisas, e há possibilidade de três alternativas.

Evidência	Escore correspondente
O sujeito dá duas ou mais respostas para a mesma área da mancha, com determinantes diversos	atribua escore para duas ou mais respostas principais

O sujeito insiste que são duas ou mais respostas, embora tenham o mesmo determinante	atribua escore para duas ou mais respostas principais
O sujeito usa apenas nomes diferentes para o mesmo conceito ou refere conceitos que essencialmente representam a mesma coisa	atribua escore para uma resposta principal

Em terceiro lugar, o sujeito pode pressupor que cada localização pode "ser" uma ou outra coisa.

Evidência	Escore correspondente
Na administração propriamente dita, o sujeito dá duas ou mais respostas para a mesma localização, admitindo que são intercambiáveis	atribua escore para uma resposta principal
Na administração propriamente dita, o sujeito dá duas respostas para a mesma localização, insistindo que não são intercambiáveis	atribua escores para duas respostas principais separadas
O sujeito dá a segunda resposta para a mesma localização, somente no inquérito	atribua escore para uma resposta principal e para uma adicional
O sujeito dá duas respostas para a mesma localização, que têm elementos diferentes de escore	atribua escore para duas respostas principais separadas
O sujeito dá duas respostas para a mesma localização, com especificações diferentes para cada uma	atribua escore para duas respostas principais separadas

A organização e o grau de independência dos conceitos

Tipos de organização. Nem sempre um conceito é simples, como "uma borboleta". Freqüentemente, envolve uma organização, como "dois indígenas dançando em torno de um totem", que pode ser de dois tipos.

Organização compacta é um tipo de organização que não justifica a subdivisão das partes componentes. Portanto, estas não recebem escore como respostas principais, a não ser que, na elaboração da resposta, esteja incluído um conceito popular ou de nível popular. Neste caso específico, é atribuído escore como resposta principal também a esse conceito, e a organização é indicada por um parêntese. As lâminas que mais comumente suscitam respostas de organização compacta, com localização W, são a I, IV, V e, às vezes, a II, VI e IX.

Organização frouxa é um tipo de organização em que as partes componentes podem ser vistas separadamente, quer na administração propriamente dita, sendo-lhes atribuído escore principal, quer no inquérito, caso em que recebem escore adicional. A organização das partes no conceito mais amplo deve ser indicada por um parêntese. Respostas de organização frouxa são mais freqüentes na Lâmina III e na X.

Grau de independência dos conceitos. É necessário identificar o que são respostas individuais, já que elas constituem as unidades de escore. As respostas individuais são registradas separadamente, na folha de escore, classificadas como principais ou adicionais.

A resposta individual pode ser constituída por um conceito independente ou semi-independente. As especificações são partes essenciais de um conceito amplo, acessórios ou atributos de uma resposta, mas não são respostas individuais.

Conceito independente é uma resposta individual que não se subordina a outra. Ao conceito independente, atribui-se um escore principal de localização e um escore principal para cada uma das outras classificações (determinante, conteúdo e popular ou original, se for o caso), fazendo-se uma estimativa do nível formal. Além do escore principal, pode comportar escores adicionais. À resposta individual, com tal característica, mas produzida apenas no inquérito, atribuem-se escores correspondentes, mas eles são registrados na coluna de adicionais. Um conceito independente pode ser simples ou ter uma organização, compacta ou frouxa.

Conceito semi-independente é uma resposta individual que possui uma relação de subordinação com um conceito global, seja principal ou adicional. Justifica um escore separado de localização (principal ou adicional) e um escore para cada uma das outras classificações (principal ou adicional), com base nas características da área da mancha admitida pelo sujeito. Numa organização frouxa, o conceito semi-independente pode e comumente é visto separadamente. Numa organização compacta, corresponde a uma resposta popular ou de nível popular.

Especificações são partes essenciais de um conceito mais amplo, acessórios ou atributos de uma resposta individual, que habitualmente não são vistos separadamente. Supõem uma relação de dependência estrutural ou funcional com uma resposta individual. Não justificam escores de localização, nem principais nem adicionais. Contudo, podem servir de base para que se acrescentem escores adicionais de determinantes ao escore da resposta individual, bem como podem contribuir para elevar o seu nível formal. No entanto, eventualmente, as especificações são irrelevantes (nada acrescentando ao escore da resposta individual) ou destrutivas (que podem acrescentar escores adicionais de determinantes, mas diminuir o nível formal).

Classificação das respostas conforme o tipo de organização e o grau de independência dos conceitos

As classificações das respostas variam conforme o tipo de organização e o grau de independência dos conceitos, como pode ser observado no Quadro 21.3.

INQUÉRITO

No que se refere à participação do examinador na testagem do Rorschach, esta é a fase mais crítica, exigindo que ele esteja completamente familiarizado com as categorias de escore, com sua significação interpretativa e, também, com as características das manchas. Como regra geral, o examinador deve elaborar suas perguntas com base nas verbalizações do sujeito, mas deve direcionar a atenção deste continuamente para as manchas.

Pode-se introduzir o inquérito dizendo ao sujeito que o teste tem uma segunda parte, que se vai ler suas respostas e fazer algumas perguntas a respeito de onde viu cada coisa (se no todo ou em parte da mancha) e do que, na mancha, o levou àquela resposta. Pode-se acrescentar que, uma vez que duas pessoas podem ver a mesma coisa, cada uma de sua maneira, é exatamente esta maneira de ver que nos interessa conhecer.

Inquérito de localização

Segundo Klopfer e Kelley (1946), "é essencial saber exatamente a parte da mancha que está sendo utilizada para poder avaliar a precisão das respostas e a maneira de abordagem usada pelo sujeito" (p.9). Assim, após a leitura da resposta, pergunta-se a ele se usou o todo ou parte da mancha e, neste caso, solicita-se que a mostre.

Não se aconselha que o sujeito a delineie na folha de localização. Além de o examinador estar mais familiarizado com ela do que o sujeito, sendo a reprodução acromática, sem certas nuanças de sombreado e tendo dimensões diversas, seria ingênuo pressupor que o sujeito fosse capaz de localizar com precisão determinadas áreas. Então, é preferível solicitar-lhe que passe o dedo em torno da área selecionada na lâmina. Às vezes, o próprio desenvolvimento do inquérito facilita a localização. Suponhamos que o sujeito diga: "Uma pessoa... Aqui estão as pernas". Pode-se perguntar que mais vê da pessoa, pedindo-lhe que vá mostrando as partes, à medida que as descreve.

Mesmo quando parece que se trata de um conceito popular, é importante proceder da mesma forma, não só porque a localização pode ser diversa da popular, como também porque, às vezes, são feitos acréscimos ou di-

QUADRO 21.3 Classificação das respostas conforme o tipo de organização e o grau de independência dos conceitos

Tipo de organização	Grau de independência dos conceitos	Escore correspondente
Organização compacta	Conceito independente	Atribua escore principal para localização, determinante, conteúdo, popular *versus* original (se for o caso) e proceda à estimativa do nível formal. No caso de haver especificações, acrescente escores adicionais e considere-os em termos do nível formal.
Organização compacta	Conceito independente e Conceito semi-independente de nível popular	Atribua escore principal para localização e para as demais classificações e atribua escore principal para localização e para as demais classificações, indicando a conexão por parênteses.
Organização frouxa	Conceito independente e Conceitos semi-independentes	Atribua escore principal para localização e para as demais classificações e atribua escore principal para localização e para as demais classificações, para cada um dos conceitos indicando a conexão por parênteses.
Organização frouxa	Conceitos semi-independentes e construindo cumulativamente um conceito, com o qual não têm relação de dependência essencial	Atribua escore principal para localização e para as demais classificações, para cada um dos conceitos, e atribua escore adicional para localização e outros escores adicionais para o conceito global, indicando a conexão por parênteses.
Organização frouxa	Conceito independente e Conceitos semi-independentes dados no inquérito	Atribua escore principal para localização e para as demais categorias e atribua escore adicional para localização e para as demais categorias, para cada um dos conceitos.

minuições, com a introdução de especificações, construtivas ou destrutivas, que se refletem na atribuição dos escores e no nível formal. Em suma, como uma das nossas tarefas subseqüentes é a de avaliar a adequação do conceito à área da mancha, é muito importante que utilizemos todos os meios para nos assegurar de que sabemos exatamente onde o conceito foi percebido.

Para a atribuição do escore de localização, é essencial que o examinador tenha um conhecimento perfeito das diferentes classificações de localização, em especial no que se refere às subcategorias de Dd, bastante importantes do ponto de vista diagnóstico.

Como há sujeitos muito produtivos, sempre é conveniente ter à mão lápis de cor ou uma série de canetas de cores variadas, para evitar problemas posteriores na identificação das áreas selecionadas, que devem, ainda, ser enumeradas conforme as respostas.

Eventualmente, são utilizadas áreas muito pouco usuais, tornando-se um pouco difícil delimitá-las. Embora nem sempre tal delineamento seja essencial para a atribuição do escore, pode ser importante para o melhor entendimento do conceito enunciado. Há, inclusive, casos muito raros de crianças que selecionam uma pequena área no espaço em branco circundante, sem uso de qualquer porção da mancha, que parecem representar uma "aberração alucinatória na função do ego de percepção da realidade" (Siegel & Marion, 1973, p.243).

Inquérito de determinantes

Nesta tarefa, é muito importante que o examinador esteja familiarizado com os determinantes que são facilitados pela própria configuração e as características das manchas. Como os estímulos desencadeiam operações perceptocognitivas no sujeito, as peculiaridades da área selecionada devem servir de base para o levantamento de hipóteses, que serão confirmadas ou não, através do inquérito. Não obstante, o examinador deve estar atento para não incorrer no erro freqüente de pressupor que o sujeito usou um certo determinante numa área específica, porque a maioria das pessoas costuma fazê-lo, como, por exemplo, utilizar cor, numa resposta de "gravata" ou "laço", para o detalhe central da Lâmina III. Como comentam Klopfer e Kelley (1946), "o fato de a maioria das pessoas empregar ou não a cor, sob essas circunstâncias, não é tão significativo quanto o fato de nosso sujeito admitir tê-la usado ou não" (p.10). Assim, a pergunta óbvia e fundamental, no inquérito, é: "O que, na mancha, fez com que parecesse....?"

"O uso da forma é uma hipótese em qualquer caso" (p.10). Além disso, é a justificativa mais fácil para o sujeito. Contudo, como precisamos avaliar a adequação do conceito à mancha, não devemos nos contentar se o sujeito nos diz que foi o formato que determinou a sua resposta, incentivando-o a falar mais a respeito. Por exemplo, um sujeito pode nos dar a resposta "morcego", para a lâmina V, por causa da forma. É uma resposta popular e poderíamos de imediato atribuir o escore. Entretanto, pedindo-lhe para falar mais a respeito, pode responder que vê as asas, as pernas, a cabeça e mais umas pernas aos lados. Portanto, foram dadas especificações (pernas laterais), que enfraquecem o grau de adequação do conceito à mancha, com conseqüente reflexo no nível forma. Forma, então, é sempre uma hipótese possível, mas precisamos de subsídios para avaliar a qualidade formal.

Para figuras humanas e de animais, o movimento também é sempre uma hipótese possível. Tal determinante, às vezes, fica completamente evidente, quando, ao elaborar a sua resposta, o sujeito demonstra o movimento ou a postura. Entretanto, há respostas em que o movimento parece implícito, mas o sujeito não o admite. Por exemplo, "uma ave com as asas abertas" é uma resposta que sugere uma postura vital, mas que exige um inquérito ulterior, porque, muitas vezes, por "asas abertas" o sujeito pretende somente dizer que uma está de um lado e a outra do outro, sem que esteja realmente subentendido um mínimo de movimento ou qualquer elemento vital, como no caso de uma borboleta de museu.

Outro ponto importante a ser discutido é sobre uma tendência, comum em indivíduos mais intelectualizados, a afastar-se do contexto do exame e fazer generalizações. Se um sujeito diz "Um morcego. Os morcegos voam à noite", o examinador deve imediatamente inquirir: "E aqui, na mancha?", surpreendendo-se, às vezes, com a não-admissão do movimento na resposta. Dessa maneira, se devemos sempre nos ater às verbalizações do sujeito, usando cada palavra, cada especificação como apoio para novas hipóteses, da mesma maneira que este é o nosso referencial, o referencial do sujeito é a mancha, e o inquérito de determinantes consiste em redirecioná-lo sempre para o material de teste. São as operações perceptocognitivas do sujeito, desencadeadas pela mancha, que nos interessam, porque é nos subsídios sobre as mesmas que baseamos o escore que atribuímos.

Toda área colorida pode suscitar o uso da cor como determinante. Geralmente, a pergunta "O que, na mancha, faz com que se pareça com...?", leva à verbalização do uso da cor, se esta constituiu um determinante da resposta, a não ser que o sujeito não o admita, por motivos psicológicos. Sempre é bom utilizar mais um incentivo, perguntando "Algo mais, na mancha, ajuda a pensar em...?" Todavia, há casos em que permanecem dúvidas, como na resposta: "Este vermelho me faz pensar em uma borboleta". A questão é se o vermelho foi usado para localizar o conceito ou funcionou como determinante. Deve-se iniciar o inquérito como sempre, dizendo: "Você falou em borboleta..." Pode-se utilizar os estímulos usuais, para verificar se o sujeito elabora espontaneamente o uso da cor. Caso contrário, convém proceder de forma mais direta, repetindo toda a verbalização e perguntando ao sujeito se, ao falar em vermelho, houve intenção de localizar a borboleta ou se o vermelho ajudou de alguma maneira. Não se pode considerar a pergunta sugestiva, porque o próprio sujeito mencionou a cor, e, se sua intenção fosse a de negar o uso da cor, a pergunta não o impediria de fazê-lo. Assim, mesmo quando a verbalização sugere o uso da cor, somente o inquérito vai definir a sua utilização. Klopfer e colegas (1954) dão um exemplo de uma resposta para o D lateral da Lâmina X: "Aqui estão duas aranhas azuis". Mesmo nesse tipo de verbalização, o uso da cor não pode ser pressuposto sem ulterior investigação. Cabe a pergunta: "Você pensa nelas como aranhas azuis ou apenas quis dizer que estas manchas azuis são aranhas?". Dessa maneira, "o inquérito é essencial" (p.147). Entretanto, há outra questão crítica, quando a área da mancha cromática apresenta baixa saturação de cor, em especial em marrom, azul e verde, ou, mesmo, no caso do uso aparente de cor em áreas acinzentadas. No inquérito, não basta que o sujeito verbalize que o que o levou ao conceito foram a forma e a cor. É preciso solicitar-lhe que explique melhor a utilização da cor, como em um exemplo daqueles autores: "Eu não estou muito certo do que você quer dizer por cor. Qual é a cor do...?" (p.170). Se o sujeito cita uma tonalidade cromática (como azul, verde ou marrom), configura-se o uso da cor e um escore provável de FC, porque a forma foi tomada em consideração. Mas, se refere uma tonalidade acromática (cinza, branco ou preto), o escore seria de FC'.

A mesma pergunta deve ser feita quando o sujeito dá como determinantes forma e cor, em lâmina acromática, porque há três hipóteses possíveis:

a) o sujeito está usando cor acromática, com escore provável de FC';

b) está considerando uma "representação acromática de cores vivas, como numa fotografia" (p.134), e o escore é de Fc;

c) está projetando cores, sem o respaldo de características da mancha, o que constituiria um fenômeno qualitativo.

Por outro lado, numa resposta de "noite, por causa da cor", não se subentende cor acromática, porque o escuro, então, tem "qualidades de difusão e de preenchimento de espaço" (p.156).

Às vezes, o sujeito fala em cor quando a impressão que teve foi de textura (como na resposta "pele de animal", na Lâmina IV ou VI), ainda que este caso seja menos freqüente. É claro que, se o sujeito acompanha suas palavras com um movimento dos dedos sobre a superfície da mancha, roçando-a de leve, está concretamente nos comunicando a sua impressão de textura. Contudo, em sua maioria, os sujeitos preferem usar apenas a comunicação verbal. O fato de o sujeito verbalizar que sua resposta pode envolver textura, em lâminas densamente sombreadas, aumenta a probabilidade do uso de tal determinante, mas é o inquérito que vai determinar a sua utilização. A resposta "pele de animal" pode sugerir três possibilidades:

a) o uso do sombreado como textura (Fc);

b) o uso de cor acromática para uma pele mais lisa e malhada (FC');

c) referência apenas à forma (F+).

Nem sempre o sujeito tem facilidade de nos comunicar a impressão que teve. Uma pergunta adequada é: "Esta pele é vista pelo lado de dentro ou pelo lado de fora?" Como a forma implícita é a mesma, a resposta à pergunta subseqüente, "O que na mancha faz com que pareça ser vista pelo lado de...?", muitas vezes é esclarecedora. Se, mesmo assim, não é possível estabelecer o uso do sombreado como textura, é provável que uma das outras possibilidades esteja em jogo.

Outra hipótese relativa à mesma resposta é a presença ou não de movimento inanimado, como determinante (principal ou adicional), quando a pele de animal é vista como "estendida" ou "estendida para secar". Se está meramente estendida, a ausência de movimento inanimado é quase certa. Este fica estabelecido, porém, se, ao explicar a sua impressão, o sujeito a descreve como "esticada" ou "repuxada", subentendendo algum sentido de tensão. A pergunta que cabe é: "Você vê esta pele de animal como se estivesse no chão ou, por exemplo, numa parede?" Quando é vista no chão, quase sempre existe uma implicação meramente posicional, enquanto, se estiver "pendurada numa parede" ou "esticada para secar", a hipótese perdura. A pergunta "O que, na mancha, dá esta impressão?" quase sempre resolve a dúvida.

De um modo geral, esses são os problemas mais comuns do inquérito de determinantes. O importante, na formulação das perguntas, é sempre enunciá-las usando a verbalização do sujeito como ponto de partida, levando-o a usar a mancha como seu ponto de referência. Assim, qualquer palavra usada pelo sujeito para qualificar seus conceitos deve ser levada em conta e explorada com cuidado. São as várias hipóteses possíveis de serem levantadas que fazem do inquérito uma tarefa interessante para o examinador. Por outro lado, o fato de o sujeito sentir que o examinador está realmente interessado em sua maneira de perceber os conceitos faz com que procure se esforçar em colaborar.

Inquérito de conteúdo

O inquérito de conteúdo comumente é dispensável, porque a resposta geralmente o torna óbvio. Entretanto, há alguns aspectos aos quais convém fazer alguma referência. Por exemplo, uma "mulher com asas" pode ter um conteúdo (H) ou AH. No primeiro caso, trata-se de uma figura mitológica, aceitável de um ponto de vista lógico; no segundo, refere-se a uma adição arbitrária de asas, numa figura em parte humana e em parte animal. Por outro lado, a resposta "monstro" pode constituir:

a) uma referência a um ser humano com configuração anômala, com conteúdo (H);

b) uma menção a um animal excessivamente grande, desproporcional, que pode ser classificado como A ou (A);

c) uma figura mitológica, que pode ser (H) ou (A);

d) uma pessoa cruel, que seria classificada como H.

Então, é preciso explorar os conceitos, que devem ser descritos ou explicados, porque a sua classificação vai se refletir não só nas freqüências de certas categorias, como pode oferecer subsídios para a avaliação das relações objetais do sujeito e de seu autoconceito.

Também, quando é verbalizada uma parte do corpo humano, sugere-se uma análise mais cuidadosa. Um "dedo", por exemplo, pode ser:

a) uma parte da figura humana ou Hd;

b) um "dedo de Deus" ou (Hd);

c) o "dedo da Justiça" ou (Hd), simb.

Ainda pode existir alguma dúvida com respostas aparentemente classificáveis como A ou Pl, que podem ter conteúdo Alim, se fica subentendido que estão preparados para comer, ou, também, com conceitos como "ilha" ou "lago", que podem ser classificados com conteúdo Geo (geografia), Pais (paisagem) ou N (natureza). Nota-se que a paisagem, que engloba seres humanos, precisa ser explorada para que se possa definir, pelo inquérito, qual o componente mais importante, podendo o conteúdo ser N, H ou H, N.

Inquérito de populares

Ainda que quase sempre a resposta popular seja óbvia, às vezes subentende certos requisitos para ser classificada como tal. Por exemplo, os "animais" da Lâmina II, conforme Klopfer e colegas (1954), não podem ter escore como popular, a menos que "o focinho esteja na região central superior, as orelhas nas projeções exteriores superiores e as patas (se houver) nas projeções inferiores exteriores" (p.205), além de precisarem ser vistos na posição normal da lâmina. Isso demonstra que a popular não pode ser classificada sem alguma investigação do conceito, ainda que mínima. Basta a pergunta: "O que na mancha faz com que se pareça...?" Se o sujeito responde que "tem o formato de um cachorro, aqui está o focinho", pergunta-se o que mais vê do "cachorro", pedindo-lhe para indicar a localização.

Evidentemente, devem ser investigados outros determinantes, nas populares, que os incluem para classificação como tal.

A CLASSIFICAÇÃO DA RESPOSTA

Localização das respostas

A localização das respostas é o primeiro passo para a sua classificação. Atribui-se um escore de localização principal para qualquer conceito, caracterizado como independente ou semi-independente, que é verbalizado na fase de administração. O escore de localização adicional é atribuído também para tais conceitos, se formados durante o inquérito; para os conceitos verbalizados na administração, mas rejeitados no inquérito; para os detalhes semi-independentes de uma organização frouxa, só mencionados no inquérito; para tendências à globalização; e para o uso complementar do espaço em branco.

Os maiores problemas, em relação à classificação de localização, referem-se à discriminação entre escore principal e adicional, que podem ser resolvidos com facilidade, se o psicólogo tiver em mente os tipos de organização e o grau de independência dos conceitos explicados anteriormente. No mais, é de especial importância considerar, nas respostas globais, a *intenção* do sujeito, para a distinção entre W e W', e a *lógica implícita*, nos casos em que o sujeito generaliza adequadamente ou não, a partir de um detalhe bem visto.

A diferenciação entre W e W' baseia-se, fundamentalmente, na intenção do sujeito. O escore W' só é atribuído se o sujeito, espontânea e deliberadamente, exclui uma porção equivalente a um terço ou menos da mancha, mesmo que, no inquérito, o examinador se dê conta de que o conceito não engloba completamente toda a mancha, excetuando-se apenas as Lâminas II e III, em que a exclusão de manchas vermelhas pode ser determinada pelo inquérito. Por outro lado, aplica-se o W' quando o sujeito utiliza dois terços da mancha e os considera a *parte principal* da mesma.

A classificação DW somente é utilizada quando o sujeito faz uma generalização arbitrária, a partir de um detalhe bem visto, chegando a um conceito global que é inadequado, embora tenha implicações de forma definida. Alguns autores, como Vaz (1980), utilizam a classificação DW ou DG não apenas no caso específico de resposta confabulatória, conforme Klopfer, mas para todos os casos em que a generalização é precedida pela percepção de um detalhe, com o que a global resultante poderia ter diferentes níveis de qualidade global. Portanto, DW, conforme Klopfer, nunca se aplica a um conceito global vago. Assim, o exemplo típico de resposta confabulatória (DW) é a resposta "gato" para a Lâmina VI, em que o sujeito parte de um detalhe bem visto, "a cara do gato", no D superior, e insiste em que a mancha toda seja um gato, conceito que tem implicações de forma definida, mas não é adequado para a Lâmina VI. Se a partir do mesmo detalhe, generalizando porém para um conceito de forma vaga, como na resposta "um gato esmagado por um caminhão", não cabe o escore de DW. Por outro lado, se generaliza a partir de um detalhe bem visto, para um conceito global, com implicações de forma definida, mas que seja adequado para a mancha, o escore é de W, mesmo que não seja capaz de verbalizar a adequação das partes do conceito às partes da área da mancha. Por exemplo, se, na Lâmina V, disser "Uma cabeça de rato... é um rato", trata-se de uma DW, mas, se disser "Uma cabeça de morcego.... É um morcego", trata-se de uma W, mesmo que no inquérito dê a mesma explicação para abranger o restante da mancha: "É o resto do animal". Esta é a única classificação de localização que utiliza o critério de qualidade ou lógica do conceito.

O escore de WS não envolve problemas, nem o de D e d. As localizações D e d correspondem a subdivisões óbvias da mancha, diferenciadas pelas características configuracionais e definidas pela freqüência de seu aparecimento. Portanto, há um número limitado de localizações D e d e devem ser identificadas em listas reproduzidas em manuais em que Klopfer é o autor principal. Porém, no caso de o profissional preferir utilizar outro sistema, deve utilizá-lo para *todas* as respostas.

Em relação aos chamados detalhes inusitados, Dd, é preciso haver certo cuidado em sua distinção.

Os *dd*, como D e d, correspondem a subdivisões óbvias da mancha, justificadas por suas qualidades configuracionais, mas não são tão freqüentes quanto aqueles e, geralmente, são insulares e peninsulares.

Para a discriminação entre *de* e *di*, é preciso ter claros os critérios de diferenciação da mancha usados pelo sujeito, que devem ser esclarecidos pelo inquérito. Na localização *de*, o sujeito desconsidera a superfície da mancha, utilizando só segmentos do contorno, como em muitas respostas de "perfis" e de "contorno da costa". Os *di*, ao contrário, são detalhes internos, delimitados a partir de diferenças no sombreado. Geralmente, não envolvem áreas óbvias e nem sempre é fácil identificá-los, mas, quando é possível fazê-lo com a ajuda do sujeito, observa-se que a sua delimitação não é arbitrária.

Os detalhes *dr*, denominados detalhes raros, o são porque a sua delimitação não se justifica pelos aspectos configuracionais da mancha, mas se define pela necessidade de adequação do conceito à área selecionada. As combinações de D e d (não suficientemente freqüentes para serem, por sua vez, classificadas como D) também são categorizadas como *dr*. O *dr* é, pois, uma seleção inusitada de uma porção da mancha, que não chega a abranger dois terços de seu total. Nada tem a ver com a qualidade do conceito, havendo respostas *dr* excepcionalmente boas. O conceito, em si, não é necessariamente inusitado; a área selecionada é que o é.

As respostas de espaço branco, S, envolvem a inversão de figura-fundo, focalizando o espaço em branco como figura, a mancha servindo como fundo. Contudo, podem não subentender tal inversão, utilizando o espaço em branco como o elemento predominante (como "céu", "mar", etc.) e a mancha como um elemento que dele sobressai, mas que não predomina (como "nuvens", "ilhas", etc.). Se aparecem apenas no inquérito, são classificadas como respostas adicionais. Todas as respostas com qualquer localização, em que o espaço em branco for usado complementarmente, são classificadas com um S adicional.

Escore da forma e qualidade da forma

Conforme Peterson e Schilling (1983), "o exemplo mais óbvio da realidade do estímulo e de seu impacto sobre o processo de resposta é o escore do determinante F" (p.268). Assim, são as características reais do estímulo que fornecem o material para a resposta F do sujeito, que, "não podendo identificar o estímulo como uma mancha de tinta, o identifica como algo mais" (Exner, 1983, p.77). Tais características do estímulo vão servir para testar a congruência entre um conceito verbalizado e uma área selecionada. Essa afirmação é verdadeira em relação ao uso de qualquer determinante, mas se torna mais flagrante no caso do escore F.

O escore F aplica-se a todos os casos em que não existe outro determinante, não importando se o conceito pressupõe uma forma precisa, semidefinida, indefinida ou vaga. Tal escore é sempre principal, quando a classificação é de uma resposta principal. Como fica pressuposto pela classificação de outros determinantes que também envolvem forma, F só justifica um escore adicional quando uma localização separada o exige.

Em geral, os autores costumam classificar as respostas F, em termos do grau de definição do conceito e de sua adequação à área da mancha, como F+, F± e F−. Inicialmente, a classificação F era reservada para as respostas de nível medíocre ou popular. A classificação F+ era atribuída às respostas de forma definida de nível de precisão marcantemente superior ao medíocre, e a F− era utilizada em respostas em que se observava grande discrepância entre o conceito e a área da mancha (Klopfer & Kelley, 1946). As respostas vagas, comumente identificadas como

F±, eram consideradas de nível medíocre e incluídas na classificação F. Quando foi introduzida a avaliação do nível formal das respostas, as questões de definição da forma e de sua adequação à área da mancha ficaram melhor explicitadas. Não obstante, implicitamente foram mantidas as classificações de F, para as respostas de forma, conforme sua definição e adequação, que são muito importantes, quando não se faz a avaliação do nível formal. Mesmo quando esta é realizada, o cálculo de percentual de 'F+ permanece como um dado valioso do ponto de vista clínico.

Outros autores têm proposto também métodos de escore do nível formal de F, como as sete categorias de aderência à realidade de Mayman, sistema considerado por Lohrenz e Gardner (1967) de muito valor em análises qualitativas, que foi mantido em parte no sistema compreensivo de Exner (1980).

Para a estimativa global da qualidade da forma, existem vários métodos, mas que sempre pressupõem a estimativa prévia da qualidade das respostas individuais. Existem listas de respostas possíveis (atlas), que podem ser consultadas quanto à qualidade das respostas, sendo as americanas mais numerosas, mas havendo, também, atlas desenvolvidos no Brasil (Adrados, 1967; Adrados, 1973; Augras, Sigelmann & Moreira, 1969; Quintela, 1955).

Um dos problemas que se tem, ao consultar um atlas ou vários, é o de não encontrar a resposta procurada. Neste caso, os autores sugerem que se procure comparar a resposta com conceitos similares, procurando fazer extrapolações ou, ainda, utilizar o julgamento clínico. Na realidade, parece mais aceitável a combinação desses dois critérios, evitando-se fazer a estimativa da qualidade da forma com base apenas no julgamento clínico. Por outro lado, ainda que não haja muitas listas disponíveis, parece preferível utilizar, predominantemente, aquelas que foram desenvolvidas com base estatística e a partir de uma população de faixa etária equivalente ou próxima da do sujeito em estudo.

Escore de outros determinantes e de conteúdo

No escore de determinantes, há critérios definidos para classificação como principais ou adicionais, caso sejam mencionados ou fiquem implícitos na verbalização espontânea, na administração propriamente dita ou no inquérito; sejam referentes a respostas dadas apenas no inquérito; sejam atribuídas apenas à parte da localização; surjam somente após muita estimulação; ou sejam usados com certa hesitação ou dúvida. Tais critérios são facilmente encontrados nos manuais em que Klopfer aparece como um dos autores, citados nesta obra. Entretanto, um dos pontos importantes, dentro do sistema proposto por esse autor, são as regras para determinar prioridades, na distinção de determinantes principais e adicionais. É utilizado apenas um escore, como principal, e, para defini-lo, usam-se as regras seguintes:

a) se o próprio sujeito dá prioridades ou ênfase a um certo determinante, este deve ter o escore como principal;

b) se um determinante se torna explícito na administração propriamente dita, este deve ter prioridade sobre outros que só aparecem no inquérito;

c) se dois ou mais determinantes parecem ter a mesma importância, a prioridade é dada e mantida sempre na ordem seguinte, a não ser que haja hesitação, dúvida ou caso pareça um uso secundário: M, sobre todos os demais determinantes; CF ou C, nesta ordem, sobre todos os demais, exceto M; Fc, sobre todos os demais, exceto M e cor (Klopfer, Ainsworth, Klopfer, W., et alii, 1954).

Essas regras foram criticadas por alguns autores, não só porque forçam o clínico a fazer escolhas difíceis, mas, principalmente, porque o escore adicional entra com a metade do peso atribuído ao escore principal, nos cálculos finais. Exner, que, num levantamento feito entre psicólogos americanos, verificou que um grande número deles atribuía peso idêntico a todos os determinantes, optou por adotar tal critério em seu sistema, sem discriminação entre respostas principais e adicionais, mas desconsiderando como respostas as verbalizações surgidas durante o inquérito. Entretanto, Navran (1983), que fez uma acurada análise dos motivos que levaram Exner a assumir tal posição, apresentou uma argumentação bastante sólida a favor da diferenciação de escores em principais e adicionais, defendendo, inclusive, a manutenção das regras que estabelecem as prioridades na escolha entre determinantes principais e adicionais, em especial quanto à precedência preferencial de M. Sustentou a importância da classificação das respostas dadas no inquérito e sugeriu que o sistema de Exner seria aperfeiçoado, de um ponto de vista clínico, pela adoção de tais abordagens de Klopfer.

Quanto ao escore do conteúdo, as principais dificuldades foram discutidas no item sobre inquérito.

Respostas populares

Tendo em mente que o estímulo provoca uma série de operações mentais de parte do sujeito, é interessante a consideração das características do estímulo, para compreender por que certas respostas se tornam suficientemente freqüentes para serem classificadas como respostas populares.

O sujeito é levado a prestar atenção no estímulo e, de forma tácita, chega a reconhecer que "existe uma realidade, que serve tanto para informar quanto para limitar a resposta" (Peterson & Schilling, 1983, p.267). Peterson e Schilling (1983) adotam o conceito de *card pull*, apresentado por outros autores, que se refere "àquelas propriedades da mancha de tinta que predispõem o sujeito a usar certos aspectos da mancha" (p.266). Também Rapaport e colegas (1965), ao definirem as respostas populares como as que são dadas, pelo menos, por um em cada cinco sujeitos da população geral, deixam implícito o mesmo conceito, ao afirmarem que "a sua alta freqüência indica que essas respostas são, até certo ponto, compulsórias e que exigem pouca flexibilidade associativa ou riqueza dos processos associativos para a sua produção" (p.228). Assim, a própria estrutura da mancha facilitaria uma determinada organização perceptual, que se associa a um conteúdo específico, ou, como salientam Peterson e Schilling (1983), analisando o ponto de vista de Rapaport, tais áreas "representam uma parte da realidade relativamente definida, que é tão compulsória, que o seu significado 'é uma questão de concordância social'. A responsividade de um sujeito a essas áreas compulsórias, nas manchas, assim se torna a medida de seu senso do óbvio" (p.268).

No Quadro 21.4, encontram-se as listas de respostas populares de cinco autores. Há áreas e respostas que praticamente se repetem em todas as listas, o que parece reforçar o conceito de *card pull* implícito. Há algumas diferenças, que podem ser relacionadas tanto com aspectos culturais como com a diversidade de critérios utilizados pelos autores. Enquanto, para Rorschach, a popular era a resposta de conteúdo idêntico, dada pelo menos uma vez em cada três pessoas, outros autores variam quanto a tais critérios: "uma vez em cada cinco sujeitos (Rapaport e Schafer), quer dizer, de 20 a 25% num protocolo de 25 respostas; uma vez em cada seis (Loosli-Usteri); 6,4 a 7 (Ch. Bühler); 7 (Beck); 5 a 7 (Bohm), determinadas estatisticamente pela freqüência com que aparecem nos grupos normais (Hertz)" (Endara, 1967, p.256). Augras, Sigelmann & Moreira (1969) consideraram populares as respostas dadas, no mínimo, por uma pessoa em cada seis. Klopfer e Kelley (1946) preferiram usar o número de sujeitos e não a freqüência das respostas, selecionando os conceitos populares de acordo com os seguintes critérios:

a) de freqüência de seu aparecimento em qualquer amostra de protocolos, ainda que esta seja específica quanto à idade ou limitada a um certo grupo cultural;

b) de inclusão dos determinantes mais freqüentes em certas áreas, além da forma;

c) de aceitação dos conceitos correspondentes por qualquer sujeito classificado como "normal";

d) de sua localização como W ou, ainda, D, já que "os detalhes usuais são eles próprios determinados pela freqüência" (p.178).

As listas de Quintela (1955) e de Augras e colegas (1969) podem ser consideradas como

QUADRO 21.4 Comparação entre cinco listas de populares

Lâmina e localização	Rorschach	Klopfer	Beck	Quintela	Augras
I – W	Morcego	Morcego Borboleta ou qualquer criatura alada com o corpo no D central e as asas dos lados (pode ser W'*)	Morcego Borboleta	Morcego Borboleta Osso da bacia	Morcego Borboleta Pássaro
D central			Forma humana mulher ou criança		
II – W	Dois palhaços	Dois animais (ou parte), tais como cachorro, urso, touro, coelho, etc. (pode ser D lateral)	Figuras humanas Urso, cachorro	Figura humana Dois animais	Duas pessoas (pode ser W') Dois animais
III – W' ou D lateral	Dois homens	Duas figuras humanas em movimento	Duas pessoas	Duas pessoas	Duas pessoas
D vermelho central		Gravata, laço de fita, borboleta	Borboleta	Borboleta	
IV – W			Pele de animal Gorila	Pele de animal Morcego	Pele de animal Pessoa fantasiada
V – W		Qualquer criatura alada, com o corpo no D central e as asas dos lados (pode ser W')	Morcego Borboleta	Morcego Borboleta	Morcego Borboleta Pássaro
D lateral			Perna de animal		
VI – W	Pele de animal	Pele de animal, com textura (pode ser D)	Pele de animal	Pele de animal	Pele de animal
VII – D superior (1/3)	Máscara		Cabeças humanas	Figura humana	
D 2/3 superiores					Dois animais
VIII – D rosa lateral D central		Quadrúpede em movimento	Ursos, ratos, roedores Esqueleto	Dois quadrúpedes	Dois animais (pode ser W)
IX – D rosa D alaranjado	Cabeça de homem		Cabeça humana Pessoas		
X – D azul lateral	Caranguejo, polvo, aranha	Qualquer animal com muitas pernas, como aranha, caranguejo ou polvo	Crustáceo, aranha	Crustáceo, polvo, aranha	Aranha, caranguejo
D verde claro central		Cabeça de coelho	Cabeça de animal com orelhas longas ou chifres, como coelho, burro ou bode	Cabeça de coelho	
D verde central (exceto o anterior)		Qualquer animal verde alongado, como lagarta, cobra de jardim, etc.			
D cinza superior					Dois animais

Fonte: Augras, 1978, p.53; Augras, Sigelmann & Moreira, 1969, p.XIX.; Klopfer, Ainsworth, Klopfer, W., *et alii*, 1954, p.203-205
*São utilizados os símbolos de Klopfer.

as primeiras tentativas de identificação de respostas populares brasileiras. Entretanto, ambas se basearam em dados colhidos de amostras de uma população que procurava os serviços do Instituto de Seleção e Orientação Profissional, da Fundação Getúlio Vargas, no Rio de Janeiro. Portanto, seria importante a coleta de dados semelhantes em outras regiões do país, para se chegar à definição de uma lista genuinamente brasileira.

Adrados (1967), utilizando, como nós, o sistema de Klopfer, admite os critérios desse autor, sugerindo pequenas modificações, de acordo com sua experiência. Por exemplo, na Lâmina II, refere que "figuras humanas" é uma resposta que aparece quase com a mesma freqüência que a resposta de "dois animais", que consta de quase todas as listas. O fato de, em nossa experiência, a resposta "figuras humanas" não aparecer com uma freqüência tão elevada reforça nosso ponto de vista de que são necessários dados de outros pesquisadores e de outros locais do Brasil, antes de se chegar a uma lista definitiva de populares.

CONCEITOS BÁSICOS PARA A ESTIMATIVA DO NÍVEL FORMAL

Na estimativa do nível formal, devem ser considerados três conceitos importantes, a partir dos quais se define todo o sistema de quantificação ou de escore.

Precisão refere-se à adequação entre o conceito e a área da mancha à qual se aplica. Conforme o grau de adequação, as respostas podem ser precisas, semidefinidas ou indefinidas ou imprecisas. A *resposta precisa* corresponde a um conceito de forma definida, cujo formato implícito se mostra adequado ao contorno da área da mancha selecionada. A resposta *semidefinida* ou *indefinida* subentende um conceito que se caracteriza por uma forma implícita tão vaga ou tão variada, que pode se adequar praticamente a qualquer área total ou parcial da mancha. A *resposta imprecisa* supõe um conceito cuja forma é definida, mas que não se adequa à área da mancha escolhida, ou, ao contrário, o conceito implícito é de forma semidefinida ou indefinida, mas é referido a uma mancha ou área da mancha que apresenta uma configuração muito especificada.

Especificação refere-se à elaboração do conceito, que está diretamente relacionado com o grau de diferenciação perceptual do sujeito. As especificações podem ser construtivas, irrelevantes e enfraquecedoras ou destrutivas, conforme a sua contribuição para melhorar, ou não, o grau de adequação entre o conceito e a área da mancha à qual se aplicam.

Organização refere-se a qualquer procedimento utilizado pelo sujeito para integrar partes da mancha num conceito mais amplo e significativo.

Para avaliar o nível formal, é utilizada uma escala, cujo limite inferior é -2,0, passando por 0,0 e chegando até 5,0.

Em primeiro lugar, atribui-se um escore básico, geralmente positivo, mas que, no caso de respostas imprecisas, é negativo. A seguir, a resposta é considerada em termos de suas especificações e organização, podendo ser acrescentado o crédito de 0,5 para cada especificação construtiva ou organização adequada, ou, pelo contrário, ser subtraído um crédito de 0,5 para "uma especificação ou organização que enfraquece a adequação do conceito à mancha" (Klopfer, Ainsworth, Klopfer, W., *et alii*, 1954, p.219).

Definição da forma do conceito e atribuição do escore básico

Os conceitos podem ter uma forma definida, semidefinida ou indefinida. O escore básico pode variar conforme a definição da forma do conceito (vide Quadro 21.5).

"Aranha" é um conceito de forma definida, mas simples, isto é, suas implicações formais essenciais se reduzem basicamente a corpo e pernas. Para a configuração da mancha ser adequada a este conceito, deve compreender uma área arredondada (corpo) e projeções (pernas). Portanto, subentende apenas dois ou, no máximo, três requisitos. Tais conceitos são pouco exigentes em termos das operações perceptocognitivas que ocorrem no sujeito. Podem

QUADRO 21.5 Definição da forma do conceito

1. Conceito de forma definida
   1.1. Conceitos de forma definida, mas simples, exigindo pouca imaginação (populares ou conceitos com 2 ou 3 requisitos), com escore 1. Exemplos:
   Borboleta: corpo (área central, estreita, pequena) + asas (áreas laterais, simétricas)
   Árvore: tronco (área estreita) + copa (área larga, espalhada)
   Aranha ou siri: corpo (área arredondada) + pernas (projeções)
   Animal: corpo (qualquer área de forma razoável) + cabeça + pernas
   Peixe, cobra: corpo (área comprida, estreita)
   Cachorro: corpo + cabeça + patas
   Cabeça de cachorro: focinho + cara + orelhas
   Tórax, osso ilíaco
   Dedo, braço ou perna, olho
   Taça de sorvete
   1.2. Conceitos de forma definida, diferenciada (4 requisitos ou mais), com escore 1,5. Exemplos:
   Perfil humano: nariz + testa + boca + queixo (proporções adequadas)
   Figura humana: corpo (mais comprido do que largo) + cabeça (porção superior, menor e arredondada) + pernas e, talvez, braços (colocados no lugar correto). Figura de animal específico: coelho, cão de caça, elefante
2. Conceito de forma semidefinida: forma vaga, semidefinida ou muito variável, mas não completamente negligenciada (1 requisito, muitas vezes com ênfase no determinante em que forma tem um papel secundário), com escore 0,5. Exemplos:
   Nuvem (área insular, forma vaga)
   Flor, folha (área insular de forma variável)
   Ilha (área insular de forma variável)
   Desenho (geralmente áreas simétricas, forma variável)
   Sorvete
   Conceitos anatômicos vagos
   Conceitos organizacionais (dependendo da posição relativa de elementos sem forma), como "terra, mar e céu"
3. Conceitos indefinidos: sem envolver qualquer estrutura, forma negligenciada, com escore 0. Exemplos: céu, terra, mato, massa de sorvete

ser suscitados, também, em razão das características estruturais de certas áreas das manchas, que compelem o sujeito a determinadas percepções, como no caso das respostas populares. Também são incluídas entre os conceitos de forma definida, mas simples, as respostas de nível popular, que são as "freqüentemente" dadas a áreas da mancha bastante óbvias e que requerem cerca do mesmo nível de capacidade organizacional que as próprias respostas populares. Seu escore básico é 1.

"Perfil humano" também é um conceito de forma definida, mas não é simples, porque suas implicações formais essenciais (nariz+testa+boca+queixo, em proporções adequadas) são mais diferenciadas. Tais conceitos de forma definida, mas diferenciada, subentendem quatro requisitos ou mais, são mais exigentes em termos das operações perceptocognitivas envolvidas e quanto à configuração da mancha a que se aplicam. Seu escore básico é 1,5.

O determinante de um conceito de forma definida, seja simples ou diferenciada, é F ou qualquer outro, em que forma assume um papel prioritário (M, FM, Fm, FC, FC', FK ou Fc).

"Nuvem" é um conceito de forma semidefinida, isto é, suas implicações formais são mínimas, vagas ou variáveis quanto à forma. Para ser adequada a esse conceito, a configuração da mancha é constituída por uma área insular, sem forma definida. Os conceitos de forma semidefinida podem se aplicar quase a qualquer mancha ou área da mancha, exceto às que envolvem características formais bastante estruturadas, como o D vermelho central da lâmina III ou o D rosado lateral da Lâmina VIII. Subentendem apenas um requisito, muitas vezes, com ênfase num determinante em que a forma tem um papel secundário (F±, mF, C'F, KF, kF ou cF). Seu escore básico é 0,5.

"Céu" é um conceito de forma indefinida, não envolvendo qualquer implicação formal. A área da mancha adequada a este conceito também não pressupõe quaisquer características formais definidas. Há negligência da forma e, portanto, não subentende qualquer requisito. Seu determinante é C, Cdes, Cn, Csim, c, C', K, k e m e aparece muito raramente. Seu escore básico é 0,0.

Respostas imprecisas e atribuição de escore básico negativo

Resposta imprecisa pressupõe uma inadequação do conceito à mancha, que justifica a atri-

QUADRO 21.6 Respostas imprecisas

Conceito	Configuração da mancha	Atitude do sujeito	Tipo de resposta	Escore básico
Semidefinido ou indefinido	Muito estruturada	Sem crítica	Imprecisa	-0,5
Definido	Estruturada, mas inadequada, não nos detalhes, mas na maneira como se organizam estruturalmente	Esforço fracassado para conciliar a F da mancha com os requisitos do conceito	Combinação confabulatória*	-1,0
Definido	Estruturada, mas com apenas um detalhe bem visto	Generalização ilógica a partir de um detalhe bem visto com insistência em usar W	Confabulação**	-1,5
Definido	Inadequada	Sem esforço para conciliar a F da mancha com os requisitos do conceito; resposta automática	Perseveração	-2,0
Definido	Inadequada	Sem esforço para conciliar a F da mancha com os requisitos do conceito	Imprecisa (com qualidade absurda)	-2,0
Fusão de dois conceitos incompatíveis	Possivelmente adequada para cada conceito separadamente, mas fusão absurda	Sem crítica; sem senso de humor	Contaminação***	-2,0

* Se o esforço é bem-sucedido, com base na mitologia, por exemplo, não se trata de uma combinação confabulatória.
** Se a generalização envolve um conceito vago, não é DW.
*** Só é contaminação se o sujeito a toma seriamente.

buição de um escore negativo. Deve-se considerar a definição da forma do conceito e as características da mancha, bem como a atitude do sujeito.

Não obstante, muitas vezes, são encontradas respostas de forma definida, que envolvem certo grau de imprecisão, mas não são completamente inadequadas à mancha a que se aplicam. Tais respostas não são classificadas como imprecisas, nem justificam um escore básico negativo, embora, em razão de suas especificações destrutivas, possam resultar num escore final negativo.

Na resposta imprecisa mais simples, a inadequação seria caracterizada pela aplicação de um conceito de forma semidefinida ou indefinida a uma mancha ou área da mancha, muito estruturada. Um exemplo seria a resposta de "nuvem" para o D vermelho central da Lâmina III ou para o D rosado lateral da Lâmina VIII. Seu escore básico é -0,5, não tendo as mesmas implicações psicopatológicas de outros tipos de respostas imprecisas.

Em segundo lugar, uma resposta imprecisa pode envolver um conceito definido, que se aplica a uma mancha ou área da mancha estruturada com esforço por parte do sujeito para indicar "partes", que justificariam o conceito, como bem vistas e precisas, mas com inclusão de outras que não são adequadas ou, ainda, com todas as partes do conceito bem vistas, mas organizadas de forma ilógica, como no caso da *combinação confabulatória*. Seu escore básico é -1,0.

A resposta também pode envolver um conceito definido, mas observar a imprecisão pela generalização inadequada para o todo, a partir de um detalhe bem visto, caracterizando, assim, uma *confabulação*. Seu escore básico é -1,5.

Um exemplo de resposta imprecisa encontra-se em casos de *perseveração*, em que, após uma resposta inicial eventualmente adequada (como "morcego", na Lâmina I), a mesma resposta continua a ser dada nas lâminas seguintes, com completa desconsideração das características da mancha. Tal resposta, comum em crianças pequenas, é encontrada entre pacientes esquizofrênicos muito regressivos e em muitos casos com disfunção cerebral. Seu escore básico é -2,0.

A completa desconsideração pelas características da mancha também se verifica em respostas para as quais não há qualquer justificativa de parte do sujeito, de modo que se caracterizam por sua qualidade absurda. Klopfer e colegas (1954) dão um exemplo ilustrativo da resposta "casa", como resposta global para a Lâmina VII, sem justificativas. Outra possibilidade de resposta, também classificada nesse nível, é a *contaminação*, em que o sujeito superpõe ou faz a fusão de dois conceitos incompatíveis em uma mancha ou área da mancha. Rapaport *et alii* (1965) dão como exemplo a resposta de "ilha sangrenta, em que sempre há revoluções", para o D vermelho superior da lâmina III, em que, separadamente, poderia ser vista "ilha" ou "sangue", mas que não comporta a "fusão arbitrária e rebuscada desses dois conceitos". Também citam a seguinte resposta para a Lâmina I: "Isto parece com um V (contorno interno das figuras laterais), uma vitória alada; aqui está o V da vitória e, aqui, as asas". Neste caso, "a figura alada familiar (W) e uma linha vaga em forma de 'V' se fundem, para dar a resposta final" (p.235).

Dessa maneira, a resposta imprecisa pode se caracterizar por desconsideração completa das características da mancha, como na perseveração, em respostas de qualidade absurda ou pela fusão de duas respostas inteiramente incompatíveis, nas respostas contaminadas. Seu escore básico é -2,0.

Especificações e o acréscimo ou diminuição do nível formal

Uma vez que os conceitos de forma definida subentendem requisitos formais essenciais, pode-se avaliar a adequação do conceito à área da mancha. Contudo, geralmente o sujeito não se limita a verbalizar o conceito, mas procura torná-lo mais diferenciado, assinalando partes que considera essenciais, acrescentando acessórios ou mencionando atributos, procurando embelezar a sua resposta.

Quando assinala partes que são essenciais, como requisitos do conceito (como nariz, boca e queixo, num perfil humano), suas especificações são *irrelevantes*, porque são abrangidas pelos requisitos do conceito e não o melhoram nem o enfraquecem. Da mesma forma, a especificação "vermelha", para uma resposta de "borboleta", embora permita o escore de FC, também é irrelevante, porque borboletas podem ser de qualquer cor. Não obstante, se a resposta do sujeito for de "um morcego escuro", há uma especificação *construtiva*, já que aos requisitos essenciais do conceito "morcego" o sujeito ofereceu uma elaboração adequada dos detalhes da mancha, acrescentando um aspecto essencial, porque os morcegos são necessariamente escuros.

As especificações construtivas revelam uma capacidade de percepção altamente diferenciada e se evidenciam pelos detalhes verbalizados em relação aos conceitos, que constituem elaborações adequadas de características da mancha. Assim, para a avaliação do nível formal, é conveniente incentivar o sujeito a ampliar as especificações dos conceitos, por meio de perguntas não-diretivas, além das necessárias para a simples atribuição de escore.

As especificações construtivas podem ser formais, referindo-se a aspectos essenciais, consubstanciados pelas características da mancha, que ultrapassam os requisitos essenciais do conceito. Cumpridas tais condições, justificam, cada uma, um crédito de 0,5, que é acrescentado ao escore formal básico. Por exemplo, "chapéu" numa bruxa, "bigodes" num gato, "seios" numa mulher, etc. são todas especificações essenciais, que ultrapassam os requisitos essenciais desses conceitos.

Já as especificações construtivas de movimento, além de pressuporem o escore de movimento em conceito de forma definida (M, FM e Fm), devem ser "justificadas por qualidades estruturais da mancha e não simplesmente projetadas" (Klopfer, Ainsworth, Klopfer, W., *et alii*, 1954, p.212) e, então, permitem acrescentar 0,5 cada uma, ao escore formal básico. Assim os autores citados dão o exemplo da resposta "um pião rodando", para o S central da Lâmina II, invertida, em que a especificação de movimento ficou consubstanciada por pequenos traços da mancha, que justificaram a impressão referida. No caso, a falta de justificativa nas características da mancha tornaria a especificação irrelevante, embora permitisse o escore Fm.

As especificações de cor e sombreado, além de pressuporem o escore correspondente em conceito de forma definida (FC, FC', Fc, FK), devem corresponder a um componente essencial do conceito e ser justificadas pelo material da mancha, quando, então, como nos casos anteriores, fazem jus ao crédito de 0,5 cada uma, como acréscimo ao escore formal básico.

Há, porém, casos em que as especificações podem ser *destrutivas* ou *enfraquecedoras*. No primeiro caso, a adequação do conceito à mancha fica completamente comprometida, porque as especificações afetam "a parte focal do conceito". Os autores antes citados dão o exemplo da resposta "interior da cabeça", acrescentando as especificações de "olhos" e "nariz", que são "incompatíveis com o conceito" e com as características da mancha. No segundo caso, a parte focal do conceito não fica afetada pelas especificações, "porque são periféricas ou secundárias em importância", mas pioram a adequação geral e enfraquecem o nível formal (p.217), como, por exemplo, na resposta "morcego", para a Lâmina V, na qual são especificadas pernas extras nas asas.

Quando está presente uma especificação enfraquecedora, numa resposta com um nível formal básico de 1,0 (ou, às vezes, de 1,5), não se faz a simples subtração de 0,5 (como no caso do escore formal básico mais elevado), mas convencionalmente lhe é reservado um escore de -0,5. Considerando que os escores formais básicos de 0,5 e 0,0 correspondem a conceitos semidefinidos e indefinidos, toda vez que a subtração ocasiona tais níveis, automaticamente passa para -0,5. Quando houver mais de uma especificação enfraquecedora, em geral, isso leva à destruição do conceito, e, então, o escore de -1,0 é justificado.

Organização

Organização refere-se a qualquer procedimento utilizado pelo sujeito para integrar as partes da mancha num conceito mais amplo e significativo, embora possa resultar numa organização frouxa. O sujeito pode organizar seu conceito "pela interação de figuras em movimento, por interdependência funcional, posição ou, mesmo, simbolismo" (Klopfer, Ainsworth, Klopfer, W., et alii, 1954, p.18), fazendo jus ao crédito de 0,5 a ser acrescentado ao escore formal básico. Não obstante, não se justifica tal crédito se a tentativa de organização não se fundamentar numa conexão adequada, genuína e significativa, constituindo uma mera justaposição.

Cálculo do nível formal

Calcula-se a média não ponderada do nível formal pela soma algébrica de todos os escores formais das respostas, dividindo-os por R (número de respostas). Utilizam-se apenas as respostas principais no cálculo.

Calcula-se a média ponderada do nível formal (a mais utilizada) multiplicando cada escore formal de 2,5 ou acima de 2, e, a seguir, fazendo a soma algébrica desses com os demais escores inferiores a 2,5 e dividindo por R.

Pode-se ainda calcular a média não ponderada do nível formal das lâminas cromáticas e acromáticas; verificar a diferença entre a média do nível formal de lâminas muito sombreadas e as levemente sombreadas; e, finalmente, pode-se calcular a média não ponderada do nível formal para cada categoria de determinantes e localização. Eventualmente, a média do nível formal em certas categorias de conteúdo também parece útil.

INTERPRETAÇÃO

Como já ficou claro em relação ao manejo dos dados Rorschach, estamos nos detendo apenas naqueles aspectos que parecem suscitar mais dúvidas nos psicólogos que habitualmente nos procuram para supervisão. Em termos de interpretação, seguiremos na mesma linha.

Seleção dos dados

Para chegar a uma interpretação do teste, é importante se distribuir os dados quantitativos e qualitativos num quadro-resumo. São especialmente importantes os dados quantitativos, porque sobre eles existem mais subsídios na literatura, e, assim, "as interpretações derivadas desses dados têm maior probabilidade de serem corretas" (Exner, 1983, p.90).

Em primeiro lugar, é conveniente listar as relações básicas, conforme a orientação de Klopfer. Para a sua consideração, esse autor utiliza apenas as respostas principais. Não obstante, para uma visão mais completa dos dados, suplementarmente, o psicólogo precisa de algumas informações sobre respostas adicionais, que não entram nos cálculos, mas dão indicações sobre potenciais do sujeito. Além da composição das respostas F, com os respectivos percentuais de F e de F+, sugerimos, ainda, a consideração do F estendido e do F+ estendido, não incluídos por Klopfer. Entretanto, para chegar a seu cálculo conforme Schafer (1954), por exemplo, as respostas devem ser reclassificadas de acordo com critérios diferenciados.

É conveniente, também, uma listagem das relações secundárias, para o que se pode seguir a orientação de Klopfer, atribuindo aos determinantes das respostas adicionais o peso de meio ponto.

Deve-se relacionar os dados que permitam avaliar o tipo de enfoque, comparando o percentual observado e esperado das diferentes respostas, classificadas nas diversas categorias de localização. A seguir, registram-se o nível formal médio e a média do nível formal, sendo acrescentados outros dados que complementem a estimativa do nível intelectual, inclusive o tipo de sucessão.

O psicograma deve ser traçado cuidadosamente, assinalando o número das diversas categorias de respostas principais por meio de barras com linhas contínuas e as adicionais com linhas pontilhadas.

A folha-resumo não deve deixar de incluir a relação dos fenômenos específicos observados, as verbalizações inusitadas, os conteúdos importantes para a análise temática e o registro de atitudes especiais do sujeito frente ao teste, ao examinador ou durante a testagem. É claro que, enfocando a natureza da tarefa como estritamente perceptocognitiva, alguns desses dados não parecem pertinentes. Não obstante, eventualmente, permitem levantar algumas hipóteses sobre a variabilidade dos escores. Por outro lado, de um ponto de vista diagnóstico, são importantes os subsídios que oferecem informações sobre o nível de funcionamento, sobre modalidades defensivas e de indícios sobre a organização do ego.

Análise dos dados

A análise dos dados pode permitir chegar a uma descrição geral da personalidade, bem como a hipóteses diagnósticas. Porém, não se fará uma tentativa de um exame detido de possibilidades neste sentido, porque seria por demais longa e exaustiva, exigindo o espaço correspondente a outro livro. Assim, vamos nos restringir à discussão de alguns pontos importantes.

Tipo de vivência: A relação entre M e a soma C, muito ressaltada por Rorschach, foi retomada por outros autores, por denotar o modo preferencial de o sujeito lidar com situações estressantes. Ainda que os conceitos de orientação introversiva, extratensiva e ambiversiva já não sirvam como subsídios para tantas inferências clínicas como era suposto anteriormente, ainda fornecem indícios importantes.

Tradicionalmente, sabe-se que o peso predominante de M se associa com a maior probabilidade da utilização de recursos interiores, enquanto a primazia da soma C sugere que o sujeito se volta para o ambiente, com ele interagindo. No ambiversivo, nenhum desses estilos é identificável.

Organização da experiência perceptual: O número proporcional e a qualidade das respostas W são dados que permitem levantar hipóteses sobre a presença ou não de uma capacidade do sujeito de conceitualizar e de organizar a experiência perceptual num todo integrado.

A ênfase em respostas W de boa qualidade associa-se com um interesse abstrato, teórico e com a existência de uma capacidade de organização. Não obstante, somente a evidência de respostas altamente articuladas e integradas é que reflete maior sofisticação na abordagem do mundo exterior, em decorrência de maturidade e de capacidade de organizar a experiência perceptual (boa proporção de W, com nível formal elevado, integrando zonas D). Assim, não é a mera presença de um número grande de W que garante o interesse e a capacidade de organização. A ênfase em W, com formas vagas e indefinidas, pode sugerir uma incapacidade de o sujeito ultrapassar uma percepção mais global, por limitação ou interferência no uso construtivo de sua inteligência; com muitas W de nível medíocre, pode denunciar uma necessidade compulsiva de realização intelectual, com ou sem êxito, ou, se há uma superacentuação de W, pode indicar ambição intelectual, sem o respaldo de capacidade correspondente. Por outro lado, a qualidade de W é garantia da presença de uma capacidade crítica. A ausência desta (W) sugere que o sujeito pode chegar a conclusões errôneas com base em evidência inadequada, por enfraquecimento dos laços com a realidade.

O manejo da localização D permite levantar hipóteses sobre os modos do sujeito de lidar com problemas práticos e sobre o uso que faz do senso comum. A ausência de transtornos de ordem intelectual e afetiva pressupõe, pelo menos, uma capacidade média de o sujeito manejar os problemas e reconhecer os fatos de sua vida.

Se o enfoque intelectual privilegia grandemente D, com bom nível formal, isto é compatível com a existência de uma capacidade de diferenciação dos dados da experiência e de aplicação prática da inteligência, mas sem um esforço para organizá-la. Se o nível formal cai, a ênfase do enfoque prático justifica-se por uma incapacidade de haver uma visão mais integrada. Se ocorre o contrário (D abaixo da média, com bom nível formal), a hipótese é de que haja capacidade de diferenciação, mas menor uso do senso comum.

À medida que a abordagem se detém preferencialmente em áreas menores, pode ser indício de uma responsividade perceptual mais rica (com W e percentual de D normais), porém, eventualmente, com um toque inusitado, ou pode representar uma busca de adesão a áreas limitadas de certeza, como defesa contra a insegurança ou necessidade de precisão (d), hesitação em chegar a conclusões mais globais (ênfase de Dd+S, à custa de W), despreocupação com os aspectos práticos da vida (ênfase de Dd+S, à custa de D) ou afrouxamento dos laços com a realidade (ênfase de Dd+S, à custa de W e D). As tendências que levam à ênfase de áreas diminutas devem ser reconhecidas pela abordagem escolhida (ênfase de dd, de, di, dr ou S) e pela relação de sua proporção com D e W. Se principalmente esta não é adequada, sinais de imaturidade ou dificuldade em nível de ego devem ser considerados.

Estratégias para o manejo de problema: Ainda que os estilos pessoais para lidar com situações de estresse sejam muito importantes e tendam a perdurar, é necessário avaliar não só as estratégias utilizadas pelo sujeito no manejo de seus problemas, mas as interferências que elas podem sofrer.

Exner, em 1980, segundo Erdberg (1990), desenvolveu um escore para fazer uma estimativa do material psicológico desorganizado, que pode agir em tal sentido e que contém alguns elementos da relação de orientação secundária de Klopfer e colegas (1954), mas que não lhe corresponde exatamente. Assim sendo, analisaremos apenas algumas variáveis, que parecem apresentar um potencial de interferência no estilo pessoal de lidar com estresse e que podem ser levantadas de acordo com este último autor.

A ênfase em FM (maior que M) associa-se com a repercussão no ego de impulsos mais desorganizados e arcaicos. Com a ausência de recursos de controle adequado, pode haver a ocorrência de comportamento imaturo, irresponsável, impulsivo ou atuador. Erdberg (1990) refere pesquisas em que se verificou que a possibilidade de recaída para pacientes psiquiátricos em alta foi maior para os que tinham essa predominância de FM do que para os que não a apresentavam. Uma das razões para isso seria a consciência de "estados de necessidade, para os quais não tinham estratégias suficientes de enfrentamento e adiamento e aos quais responderam de forma impulsiva e inapropriada" (p.391).

A resposta m representa outro componente com potencial semelhante: "a m sugere ideação provocada pela experiência de situações estressantes, sobre as quais a pessoa tem pouco controle" (p.391). Pode ser considerada uma variável de estado ou situacional e costuma estar presente em protocolos de indivíduos que se encontram em situações tensionais e ameaçadoras.

Outros componentes, que se associam com aspectos perturbadores de um ponto de vista emocional, são as respostas que utilizam determinantes de claro-escuro ou a cor acromática.

As respostas que envolvem textura (Fc, cF e c) dão indicações sobre o grau de consciência e de aceitação da necessidade afetiva e quanto à disposição de buscar interações que envolvem um elemento afetivo. Pessoas normais produzem, pelo menos, uma resposta de textura, geralmente controlada. A ausência ou a superacentuação de respostas de textura são mais comuns em grupos clínicos, sugerindo ou a falta de aceitação ou de disposição de buscar contatos com tonalidade afetiva ou a ênfase da necessidade neste sentido. No caso da superacentuação se verificar por respostas menos controladas, pode-se subentender uma necessidade mais crua, imatura e indiferenciada de contato. As mais controladas podem ainda expressar necessidade de dependência, embora mais adaptada. Entretanto, tais hipóteses devem ser examinadas considerando não só a quantidade dessas respostas específicas, mas o equilíbrio do restante do psicograma.

O sombreado, usado para efeitos tridimensionais (excetuando respostas de reflexo), pode se associar com o manejo da ansiedade através de esforços introspectivos, criando, assim, um distanciamento dos problemas, que pode ter uma tonalidade depressiva, numa resposta controlada (FK), ou, pelo contrário, pode denunciar ansiedade difusa (KF, K). Já as respostas acromáticas podem sugerir que o afeto está contido, isolado, não chegando a se expressar diretamente no mundo externo.

A responsividade à experiência emocional: A reação às três lâminas cromáticas oferece indicações de como o sujeito responde à experiência emocional. A ausência de reação, inibição ou, por outro lado, a superestimação cromática são comuns nos grupos clínicos e têm que ver com a maneira como se dá o processamento dos estímulos de uma experiência emocional complexa e como o sujeito a eles dá uma resposta, que potencialmente não é adaptativa.

A relação entre respostas cromáticas menos ou mais controladas reflete a natureza dos contatos afetivos com o ambiente.

Quando as respostas cromáticas controladas (FC) têm precedência sobre as demais, sem serem por demais abundantes, pode-se pressupor um afeto mais bem modulado e expresso de forma mais socializada, enquanto a predominância de respostas menos controladas sugere a presença de componentes emocionais mais intensos no comportamento, podendo a expressão afetiva se apresentar como inadequada ou mal modulada.

Recursos de controle interior: As respostas M parecem se associar com a presença de recursos interiores para integrar a vida dos impulsos com a realidade externa, envolvendo uma capacidade para retardar a ação o suficiente para obter um controle sobre a mesma. Têm relação com processos intelectuais de natureza abstrata, estando presentes em protocolos de sujeitos com nível geral de eficiência intelectual elevado e denotando uma capacidade de imaginação ou de atividade mental em nível de fantasia.

Na consideração de tais respostas, é importante examinar o número de M+, mas também suas relações com indícios sobre a esfera dos impulsos (FM) e sobre o manejo afetivo da experiência (respostas cromáticas). A diminuição de M, com acentuação de FM+m, mostra que as tensões são demasiadamente fortes para que os recursos interiores de controle possam ser utilizados.

Entretanto, as implicações diagnósticas variam se há uma sobreacentuação de M (em relação à soma C), se o movimento é projetado apenas num detalhe humano ou em figuras humanas distanciadas em nível de realidade, porque tais dados denotam interferências na aceitação de si mesmo. Também as hipóteses podem ser diversas, se o movimento é ativo ou passivo, se envolve interação ou não e se esta implica agressão ou tem sentido positivo.

Principalmente, é preciso levar em conta a qualidade de M. Se é positiva, o indício pode se associar com um prognóstico terapêutico favorável. Se é negativa, fica sugerido um enfraquecimento do controle dos processos da imaginação e da integração com a realidade, o que interfere nas relações empatéticas com os demais. M é, pois, um dado muito importante, mas muito complexo em sua interpretação.

Qualidade dos contatos com os demais: As respostas de movimento dão algumas indicações sobre interação, dependendo de seu tipo, mas é muito importante verificar a categoria de conteúdo a que se aplicam. Erdberg (1990) comenta que, sob o ponto de vista de Exner, a presença de mais de três respostas de movimento de natureza agressiva sugere uma atitude negativa ou mesmo hostil no contato interpessoal.

Não obstante, um dado que se associa com interesse em contatos humanos é a quantidade de respostas de conteúdo humano. Essas respostas estão habitualmente presentes na maioria dos protocolos. Sua diminuição é compatível com a existência de dificuldades nas interações com os demais, escasseando principalmente em quadros clínicos em que a relação com a realidade se encontra prejudicada. Por outro lado, quando o conteúdo humano é fragmentário (H) ou se caracteriza por diminuição de seu nível de realidade, como em figuras míticas, etc., fica sugerido "um entendimento menos preciso do mundo interpessoal" (Erdberg, 1990, p.396).

A qualidade do teste de realidade: Os dados básicos a serem considerados são a proporção dos diferentes tipos de respostas F e de F estendido. Assim, é fundamental a análise da precisão da forma dos conceitos.

Se ocorrem respostas imprecisas, é importante examinar se elas se apresentam apenas em situações de maior complexidade afetiva (lâminas cromáticas), para definir se ainda está preservada uma precisão perceptual pelo menos na rotina da vida diária.

A predominância de respostas de nível formal elevado sugere uma boa congruência nos laços com a realidade e, também, boa dose de imaginação que se associa com uma originalidade espontânea. Porém, tal enfoque precisa se combinar com uma boa proporção de respostas D e P, como garantia do reconhecimento dos fatos práticos da vida, utilização do senso comum, apreciação do óbvio e da capacidade de compartilhar o ponto de vista do grupo social, porque, caso contrário, mesmo com um F+ elevado, pode haver um contato deficiente com a realidade.

Deve-se ter certo cuidado na avaliação das respostas imprecisas, especialmente quando se trata de resposta única. Todavia, mesmo com a presença de um único desvio mais sério, em termos de lógica, pode levantar a suspeita, pelo menos, de lapsos transitórios na percepção da realidade.

Dentre as respostas imprecisas, é necessário distinguir as que podem se caracterizar como "verbalizações patognômicas", pois elas sugerem a presença de transtornos de pensamento. A combinação de uma má precisão formal com indícios de transtornos de pensamento é compatível com a probabilidade de problemas mais sérios, que envolvem defeitos grosseiros no teste da realidade, como num quadro esquizofrênico, ou, se menos severos e conspícuos, de transtorno de personalidade, especialmente de tipo *borderline*.

22
Novas tendências: introdução ao Sistema Compreensivo de Exner

Regina Sonia Gattas F. do Nascimento
Anna Elisa de Villemor A. Güntert

No atual momento de desenvolvimento do exame de Rorschach, não poderíamos deixar de incluir uma breve introdução ao Sistema Compreensivo desenvolvido por John Exner, Jr.* Tal inclusão, neste módulo, é plenamente justificável, pois, como já vimos, se trata de um sistema de classificação, análise e interpretação que nasceu com o objetivo de integrar algumas das principais contribuições a esse método de psicodiagnóstico.

Na década de 70, Exner, com o consentimento e estímulo de quatro dos principais sistematizadores do Rorschach nos Estados Unidos – Samuel Beck, Marguerite Hertz, Bruno Klopfer e Zigmunt Piotrowski –, empreendeu seus primeiros esforços no sentido de reunir os conhecimentos e as investigações destes e também de Rapaport, que, desde muitos anos, vinham arduamente desenvolvendo o método. Mas o que teria levado Exner a tal empreitada? A resposta a essa questão quiçá remonte à morte prematura de Hermann Rorschach, que, em 1922, deixou sua obra como um rico procedimento a ser ainda bastante explorado. Assim, a divulgação do método, após sua morte, deu-se, inicialmente, graças aos esforços de Morgentahaler e Oberholzer, mas as primeiras sistematizações que faltavam foram empreendidas no continente americano, ainda no final da década de 20 e durante as décadas de 30 e 40, dando origem a diversos sistemas. Cada um dos sistemas desenvolvidos guardava semelhanças entre si, pois todos mantinham-se fiéis às idéias originais de Rorschach, mas continham diferenças decorrentes das distintas formações teóricas de seus autores. A expansão do uso desses diversos sistemas, por um lado, permitia um desenvolvimento cada vez maior da técnica, seja nos Estados Unidos, seja na Europa, e depois, também em outros continentes, mas, por outro lado, dificultava a comunicação entre os diversos pesquisadores e a aplicação dos desenvolvimentos e descobertas de um sistema para os outros. Portanto, a proposta inicial de Exner não era a criação de mais um sistema entre tantos, mas sim a unificação das principais contribuições dos autores americanos em um só sistema que pudesse superar as complicações advindas de um paralelismo – uma babel – que impossibilitava a troca entre pesquisadores, criando obstáculos a maiores desdobramentos do método.

Exner criou, então, em 1968, a Rorschach Research Foundation, hoje conhecida por Rorschach Workshops, e começou suas investiga-

---

*Este texto foi redigido tendo como fontes as obras de Exner (1994), Exner (1999), Exner & Sendín (1999) e Weiner (1998).

ções. Iniciou por fazer um levantamento exaustivo entre os clínicos e pesquisadores registrados na American Psychological Association e, após vários estudos, concluiu que a grande maioria dos que se utilizavam do Rorschach em sua prática profissional, além de seguirem linhas diferentes, "personalizavam" os procedimentos de aplicação e codificação conforme sua experiência pessoal, sendo que a prática mais comum era incorporar características de sistemas diferentes, sem se pautar por critérios precisos. Ora, continuando com as investigações, Exner pôde também demonstrar que, entre os mais de 4.000 artigos e 29 livros que constavam na literatura sobre o Rorschach, até 1970, além do manual original, muitos temas relacionados com aspectos cruciais da aplicação ou classificação nunca tinham recebido uma investigação sistemática. Finalmente, após um criterioso trabalho de compilação de mais de 1.300 protocolos recebidos de experientes rorschachistas da época, constatou que os diferentes modos de aplicação de cada sistema produziam cinco tipos relativamente diferentes de protocolos. Além disso, observou que, embora os cinco sistemas contivessem elementos empiricamente comprovados, todos eles incluíam alguns códigos ou critérios de classificação sem confirmação empírica ou sobre os quais já existiam resultados negativos quanto à sua confiabilidade. Esses dados, somados à constatação de que menos de 20% dos profissionais que usavam o Rorschach acreditavam e seguiam um único sistema, fizeram com que as investigações da Fundação passassem a tentar integrar características de qualquer sistema que pudessem encontrar uma justificação empírica (para informações mais detalhadas, vide o primeiro capítulo de Exner, 1994).

Daí em diante, houve 25 anos de pesquisas com o Sistema Compreensivo, que continua se desenvolvendo, de forma bastante dinâmica, até nossos dias. Integrações, revisões e acréscimos são feitos constantemente, apoiados em investigações extensas e fundados em metodologias de pesquisa atualizadas, todas elas descritas na obra organizada por Exner, em 1995.

Esse ideal continua sendo perseguido até hoje, e o atual Rorschach Council – grupo de pesquisas criado por Exner, em 1997 – prossegue empenhado em incluir e integrar, de modo compatível, os desenvolvimentos mais significativos na área. Os componentes atuais desse grupo, liderados por Viglione, Eksberg e Perry revelaram, no recente Congresso Internacional de Rorschach e Outras Técnicas Projetivas, ocorrido em julho de 1999, em Amsterdã, que, além de seguirem aprimorando os elementos de codificação das respostas, têm se empenhado em sistematizar a análise dos conteúdos e dos modos de expressão verbal na formulação das respostas, incluindo também critérios de fundamentação psicanalítica.

A iniciativa de Exner trouxe ao método algumas soluções que até então pareciam impossíveis, o que explica a ampla difusão do Sistema Compreensivo e sua adoção por importantes pesquisadores em todo o mundo. Hoje em dia, temos trabalhos relevantes com esse sistema nos Estados Unidos (incluindo o Alasca), Canadá, México, Venezuela, Peru, Chile, Argentina, Portugal, Espanha, França, Grã-Bretanha, Itália, Finlândia, Holanda, Dinamarca, para mencionar apenas aqueles de que temos conhecimento direto.

No Brasil, já contamos com algumas pesquisas utilizando-se do Sistema Compreensivo, e outras que visam à produção de normas para a população brasileira (Güntert, 1996; Güntert, Nascimento, Cardoso et alii, 1997; Nascimento, 1993; Nascimento, Güntert, Freitas et alii, 1997; Semer, 1999; Silva Neto, 1999; Yazigi, Antúnez, Duarte et alii, 1999).

A APLICAÇÃO

Considerando os sistemas estudados, Exner começou a investigar questões relativas às instruções de aplicação, registro da prova e posição do examinador em relação ao sujeito. Suas pesquisas mostraram que, dependendo dos procedimentos e instruções adotados em cada sistema, obtinham-se diferentes protocolos, incluindo médias de quantidade de respostas por protocolo, que variam de 23,9 (sistema

Klopfer) a 36,4 (sistema Rapaport). Isso demonstra que, não importando qual o sistema adotado, as instruções devem ser coerentes com esse sistema, o que garante maior confiabilidade dos resultados.

Para o Sistema Compreensivo, a recomendação quanto à aplicação é de que a posição da dupla aplicador-examinando deve ser lado a lado e, nunca, face a face, para evitar a interferência do aplicador, por meio de suas expressões não-verbais. As instruções são curtas e simples, perguntando-se apenas "O que isso poderia ser?", ao se apresentar as pranchas.

Exner estabeleceu ainda alguns critérios quanto ao número de respostas para que um protocolo seja aceito, pois, por meio de suas pesquisas, verificou que um protocolo com menos de 14 respostas não é favorável para a análise e apresenta baixa correlação em caso de reteste. Propõe, para evitar essa situação, alguns procedimentos que estimulem um número suficiente de respostas, chegando, se for o caso, a um repasse de todas as pranchas. No seu ponto de vista, o viés introduzido com esse procedimento, se necessário, é menos nocivo do que o de trabalhar com material escasso, principalmente estando o profissional ciente de quando e como interferiu na produção do examinando. Da mesma forma, propõe que se interrompa a associação nas duas primeiras pranchas, após cinco respostas, a fim de desestimular protocolos muito longos, que mostraram não possuir resultados essencialmente diferentes para a interpretação, quando comparados a protocolos com um número médio de respostas.

A CLASSIFICAÇÃO DAS RESPOSTAS

Exner estabeleceu que nenhuma categoria de classificação seria introduzida em seu sistema, se não alcançasse um nível de fidedignidade de 0,85, na comparação da classificação de 10 a 15 diferentes codificadores, trabalhando com um mínimo de 10 protocolos que apresentassem freqüência significativa do elemento de classificação em estudo. Dessa forma, conseguiu estabelecer critérios de classificação claros e facilmente aplicáveis. Além disso, a confirmação empírica do significado interpretativo de cada elemento da classificação serviu como critério para sua inclusão no sistema. Apesar de suas novidades, o Sistema Compreensivo não apresenta tantas modificações que impeçam um especialista, com uma certa prática, de compreender bem as mudanças. Para aqueles que estão iniciando, traz a clareza com que estes elementos são descritos, o que facilita a sua utilização, embora seja maior a complexidade no processo de codificação do que nos outros sistemas americanos. Muitos dados, que antes eram apenas trabalhados de maneira qualitativa, foram incorporados na forma de categorias codificáveis, para um trabalho mais objetivo. Essa complexidade, no entanto, é o que garante a riqueza de seus dados, paralelamente à consistência do sistema.

Os elementos convencionais de classificação das respostas foram mantidos com leves modificações e são os seguintes: localização, determinantes, conteúdos e respostas populares. A esses, Exner acrescentou códigos para qualidade evolutiva, qualidade formal (tradicionalmente usado, porém, agora com alterações muito significativas), respostas de pares e escores especiais.

Localização

A classificação da localização das respostas é bastante simples, considerando apenas as áreas utilizadas. As respostas podem ser globais (W), detalhes comuns (D), detalhes incomuns (Dd) ou nos espaços em branco (S), que são sempre associados a um dos critérios de codificação anteriores (WS, DS ou DdS).

Qualidade evolutiva

Este novo elemento de classificação complementa a localização, acrescentando um segundo código, que diferencia a qualidade dos processos perceptivos envolvidos na formação da resposta e visa a discriminar respostas vagas, respostas simples – ordinárias –, que envolvem uma forma, e respostas que introduzem uma relação entre seus elementos – sintetizadas.

Neste caso, os critérios são os seguintes:

Resposta sintetizada (+): resposta na qual dois ou mais objetos são descritos como separados, mas havendo uma clara relação entre eles. Nesse caso, pelo menos um dos objetos é descrito de modo a introduzir uma forma específica.

Resposta ordinária (o): em que um objeto simples é descrito, e essa descrição lhe confere uma determinada forma.

Resposta sintetizada (v/+): dois ou mais objetos são descritos como separados, há uma relação entre eles, mas não há nenhuma demanda de forma específica para qualquer das partes da resposta.

Resposta vaga (v): neste caso, o examinando refere apenas um elemento na resposta, sem que nenhuma demanda específica de forma seja introduzida.

Determinantes

Estes são os elementos mais complexos da classificação das respostas, que indicam qual, ou quais características da mancha estimularam o sujeito e influenciaram a formação da resposta, ou seja, quais elementos *determinaram* a resposta.

Os critérios para a classificação dos determinantes são praticamente os mesmos da maioria dos sistemas existentes: forma, movimento, cor, cor acromática e sombreado. A esses foram acrescidas as categorias de forma-dimensão (*FD*), pares (2) e reflexos (*Fr* e *rF*). Todos os determinantes possuem subcategorias, conforme a importância dada à forma na elaboração do conceito. Por exemplo, *FC*, onde a cor aparece como um elemento secundário, e as características formais são mais relevantes, ou *CF*, quando o elemento principal é a cor, e a forma aparece de modo secundário, ou *C*, quando apenas a cor determinou a formação da resposta.

Os determinantes do Sistema Compreensivo são:

1) *Forma*: F – apenas a forma determina a imagem percebida.

2) *Movimento*: M, FM, m – para respostas que envolvem atividade ou movimento de seres humanos, de animais ou de objetos inanimados, respectivamente. Exner acrescentou, ainda, um critério para classificação de *M*, quando a resposta envolve uma experiência humana, mesmo que não tenha forma alguma, como, por exemplo, "Isto me lembra *desentendimento*". Além disso, deve-se, obrigatoriamente, atribuir um código complementar a cada resposta de movimento, qualificando-o como ativo, *a*, ou passivo, *p*. Portanto, teremos, necessariamente, *Ma* ou *Mp*, *FMa* ou *FMp* e *ma* ou *mp*.

3) *Cor cromática*: FC, CF, C, Cn – respostas influenciadas pela cor da mancha.

4) *Cor acromática*: FC', C'F, C' – respostas influenciadas pelas cores preta, branca ou cinza.

5) *Sombreado*:

a) Textura: FT, TF, T – respostas onde o sombreado produz impressões táteis.

b) Dimensão (Vista): FV, VF, V – respostas nas quais as características de sombreado da mancha causam efeitos de profundidade.

c) Difusão: FY, YF, Y – respostas baseadas nas características claro-escuro das manchas sem efeitos mais específicos.

6) *Forma-dimensão*: FD – respostas que envolvem impressão de profundidade, distância ou dimensão, mas nas quais essa impressão não é baseada nas características de sombreado da mancha, e sim no seu tamanho ou posição.

7) *Reflexo*: Fr, rF – quando imagens idênticas, devido à simetria da mancha, são referidas como espelhadas.

Pares (2) – considerado como um determinante, mas classificado em uma coluna à parte; utiliza-se este código para todas as respostas que envolvem a percepção da imagem dupla, quando essa impressão é determinada pelo aspecto de simetria da mancha.

Determinantes únicos e determinantes mistos. Uma resposta pode ter um ou mais determinantes em sua classificação. Quando existe apenas um determinante, é chamado de *determinante único,* e, quando aparece mais de um em uma mesma resposta, diz-se que são *determinantes mistos* ou *blends*.

Qualidade formal

A classificação da qualidade formal das respostas fica mais complexa do que alguns dos sistemas anteriores, uma vez que Exner amplia os critérios de codificação, além de introduzir a obrigatoriedade de atribuir uma qualidade formal a todas as respostas, onde entra a forma, mesmo que secundariamente. Assim, no lugar de termos apenas respostas bem vistas ou mal vistas, temos os seguintes critérios:

1) Resposta superior/superelaborada (+): este código é específico para uma resposta bem-vista, que foi articulada de maneira não usual, excessivamente detalhada, à qual é atribuída uma série de características descritivas, sem alterar a sua qualidade formal.

2) Resposta ordinária (o): este código é específico para uma resposta que é facilmente identificada pela maioria das pessoas, constando, portanto, das tabelas normativas. O critério estatístico para respostas o é de que tenham sido dadas, pelo menos, por 2% da população.

3) Resposta incomum (u): trata-se de uma resposta que, apesar de pouco freqüente, se comparada ao critério anterior, mantém a característica de poder ser facilmente identificada por outras pessoas, não apresentando distorção significativa da forma.

4) Resposta menos (-): é a resposta que recebe este critério por tratar-se de uma resposta que distorce a forma, podendo apresentar pequenas distorções ou ser totalmente arbitrária.

Conteúdos

Tal como todos os sistemas, a classificação dos conteúdos é simples e praticamente não traz modificações, a não ser pelo fato de que existem critérios muito precisos de inclusão de uma resposta em cada categoria, já que algumas delas comporão fórmulas importantes para a interpretação dos resultados. Por exemplo, Natureza (*Na*) e Paisagem (*Ls*) seguem critérios estritos, que não podem ser confundidos.

Existem 26 categorias, sendo quase todas utilizadas em outros sistemas de codificação do Rorschach. Foi introduzida uma categoria para as respostas que não se ajustam facilmente a nenhuma das já existentes. Essas respostas são codificadas como conteúdo idiossincrático (*Id*).

Populares

As respostas populares (*P*) são as respostas que aparecem com uma freqüência muito alta na população em que foi realizado o levantamento. Podem existir diferenças entre as respostas populares, em diferentes grupos culturais. O Sistema Compreensivo definiu 13 respostas *P*, grande parte delas coincidentes com o que já considerávamos popular em nosso meio.

Atividade organizativa

Este item de classificação refere-se à atribuição de um valor numérico, quando diferentes elementos da resposta são integrados pela atribuição de uma relação entre eles. Esse critério foi introduzido por Beck (1944) e empregado de forma diferente por Hertz (1977), que atribuía o mesmo valor a todas as respostas organizadas – e foi, de certa forma, considerado por Klopfer e colegas (1954), ao atribuírem valores à qualidade formal das respostas, codificação quase nunca utilizada, por ser muito subjetiva. O critério adotado no Sistema Compreensivo é o de Beck, segundo o qual existem relações que são mais fáceis de serem estabelecidas, em função das características formais da própria mancha (compacta ou fragmentada) e da área escolhida pelo sujeito para formar sua resposta (toda a mancha, detalhes adjacentes, detalhes distantes e espaços brancos). Em função do grau de facilidade ou de dificuldade para se estabelecer essas relações, atribui-se um valor menor ou maior. Esses valores variam de 1,0 (a mais fácil) a 6,5 (a mais complexa, ou de aparecimento mais raro).

No Sistema Compreensivo, trabalha-se com a atribuição desses valores citados, que são chamados de notas Z, e, em cada protocolo, estima-se a freqüência com que tais valores aparecem (*Zf*) e mais a soma desses valores (*Zsum*).

Códigos especiais

Esses códigos também vão integrar a análise quantitativa e são elementos da resposta que, em outros sistemas, costumam ser considerados de modo qualitativo. Eles indicam a presença de uma característica incomum na fala do sujeito, ao emitir uma resposta. Temos 14 Códigos Especiais (*special scores*), dos quais seis são utilizados para verbalizações inusuais, dois para perseveração e falha na integração, quatro para características especiais do conteúdo, um para resposta personalizada e um para fenômeno especial de cor.

1) Verbalizações inusuais. Na maioria desses códigos, existe uma discriminação em dois níveis, dependendo da gravidade do fenômeno ocorrido, sendo o nível 1 (*lvl 1*) atribuído a deslizes mais leves e indicando falhas mais brandas, e o nível 2 (*lvl 2*) atribuído a respostas mais bizarras, que podem indicar a presença de problemas mais graves.

São três categorias diferentes:

a) *Verbalizações desviantes*: referem-se a modos de expressão que apresentam deslizes cognitivos, indicados por meio de uma verbalização inadequada à tarefa, que dificultam a clareza na comunicação do sujeito. São de dois tipos: verbalização desviante e resposta desviante:

a.1) Verbalização desviante (*DV*), atribuída a *neologismos* e *redundâncias*. Nesta categoria, estão incluídas as más utilizações das palavras, ou seja, quando seu uso é equivocado, ou quando são verbalizadas incorretamente, tais como as *mãos do animal*, ou *estrupo*, até formas mais graves, como "*rabatana*" (por barbatana).

a.2) Respostas desviantes (*DR*), quando a resposta apresenta palavras que mostram um afastamento da tarefa ou uma distorção, na forma de *frases inadequadas*, que são comentários relativos à resposta, mas completamente desnecessárias e até mesmo inoportunas, não acrescentando nada à compreensão da resposta, ou de *respostas circunstanciais* que aparecem na forma de divagações e comentários.

b) *Combinações inadequadas*: são combinações que violam o princípio de realidade nas condensações dos diferentes elementos de uma única resposta. Apresentam três diferentes tipos, que são: INCOM, FABCOM e CONTAM.

b.1) Combinação incongruente (*INCOM*), quando diferentes elementos são combinados, de forma incoerente, em um único conceito formulado como resposta, como, por exemplo "*uma pessoa... que tem bico; mistura de gente e ave*".

b.2) Combinação fabulada (*FABCOM*), indicando uma relação impossível entre diferentes elementos combinados em uma resposta, como em "dois cachorros dançando animadamente", "dois ursos subindo em uma taça de sorvete" ou "um monstro com braços levantados e aqui no centro é o seu coração".

b.3) Contaminação (*CONTAM*), quando diferentes elementos se fundem para formar uma resposta, violando, de forma bastante grave, o princípio de realidade, como, por exemplo, "estômago de um urso" (D1 da prancha VIII).

c) *Lógica inadequada* (*ALOG*), quando uma resposta é justificada, espontaneamente, por um raciocínio forçado, indicando a presença de um raciocínio frouxo e simplista, como no exemplo "Aqui é o pulmão. Se o rim tá na parte inferior, aqui seria o pulmão".

Estes são os denominados Seis Códigos Especiais Críticos (*DV, DR, INCOM, FABCOM, ALOG* e *CONTAM*), que, em diferentes graus, indicam a presença de incompetência ou disfunção cognitiva, estando relacionados a disfunções da ideação, e que, para efeito de interpretação, aparecem em soma bruta e em soma ponderada (*Sum 6* ou *Wsum 6*). Esses fenômenos indicam lapsos ou falhas lógicas no pensamento. Eles podem ocorrer em protocolos de muitas pessoas, como fenômenos isolados, e que não chegam a comprometer o funcionamento do pensamento, mas, quando os mais graves são utilizados ou quando aparecem em um grande número de respostas, indicam falhas severas no pensamento, que devem ser consideradas como elementos graves e perturbadores.

2) *Perseveração e falha na integração:*

a) *Perseveração (PSV)*: é um elemento de codificação que deve ser atribuído em três diferentes circunstâncias: a) quando encontramos um mesmo modo de responder, aparecendo respostas com os mesmos elementos de classificação, na mesma prancha (perseveração em um mesmo cartão); b) quando um mesmo conteúdo é repetido em diferentes pranchas (perseveração de conteúdo); c) quando uma mesma resposta aparece de uma forma simplista (perseveração mecânica).

b) *Confabulação (CONFAB)*: é atribuído quando o sujeito faz sua associação de resposta a partir de um detalhe da mancha, geralmente de maneira apropriada, e generaliza sua resposta para a mancha inteira, o que é feito de um modo inadequado.

3) *Características especiais de conteúdo:*

a) *Conteúdo abstrato (AB)*: é um código atribuído para respostas que expressam uma representação simbólica. Em alguns dos sistemas anteriores, era considerado como um conteúdo e, no Sistema Compreensivo, foi agrupado com os códigos especiais. Algumas vezes, essa característica aparece de maneira direta, como na resposta "alegria", cujo conteúdo é *Hx* (experiência humana), e, outras vezes, aparece como um elemento secundário, atribuído a um outro objeto, como em "cachimbo da paz".

b) *Movimento agressivo (AG)*: como o próprio nome diz, esta categoria é atribuída quando aparece uma ação claramente agressiva, seja ela em movimento humano (*M*), animal (*FM*) ou inanimado (*m*), mas sempre junto com determinante de movimento.

c) *Movimento cooperativo (COP)*: é atribuído para qualquer dos determinantes de movimento, desde que a ação envolva dois ou mais elementos, de forma que haja necessidade de todos eles para que a ação aconteça e onde a ação seja considerada positiva ou cooperativa. Entram nessa categoria respostas tais como: "duas pessoas balançando numa gangorra", "duas pessoas fazendo um brinde" ou "duas pessoas dançando juntas".

d) *Conteúdo mórbido (MOR)*: pode-se utilizar esse conteúdo sempre que houver uma resposta cujo conteúdo apareça como *destruído*, *morto*, *estragado*, etc., ou quando aparecer um sentimento de conteúdo disfórico, tal como *triste*, *sombrio*, *infeliz*, etc. Essas respostas indicam a presença de uma auto-imagem negativa, baixa auto-estima e uma visão negativa e pessimista do meio.

4) *Respostas personalizadas (PER)*: Este código indica que, ao responder, o indivíduo recorreu a seus conhecimentos ou experiência pessoal anterior para justificar a resposta. São interpretadas como necessidades inusuais do sujeito justificar-se defensivamente, costumando aparecer em número elevado em pessoas inseguras. Quase sempre deve vir acompanhada de pronome pessoal, como eu, mim ou nós. Exemplos dessas respostas são: "eu já vi desenhos como este em meus livros de biologia", "lá em casa tinha um quadro igual a este".

5) *Fenômeno especial de cor:*

Projeção de cor (CP): é o escore que mostra que o sujeito identificou uma parte ou toda a mancha acromática como colorida. Costuma aparecer em pessoas deprimidas, que procuram negar a presença dos afetos negativos, substituindo defensivamente por emoções positivas.

SUMÁRIO ESTRUTURAL

O modo como os dados são analisados também obedece a um esquema original. Os elementos da classificação das respostas, bem como as fórmulas e proporções, são organizados no *sumário estrutural*, preparando os dados para a interpretação do protocolo. Ele é dividido em duas partes: na primeira, ou seção superior, anota-se a freqüência de cada um dos códigos; na segunda, ou seção inferior, registram-se as proporções, razões, porcentagens ou derivações. Ou seja, nessa segunda parte, são efetuados os cálculos de porcentagens de códigos isolados (por exemplo, as porcentagens da qualidade formal das respostas), ou de índices (por exemplo, o índice de egocentrismo, relacionado ao nível de autocentramento da pessoa) ou, ainda, a nota D, que nos informa sobre a tolerância ao estresse.

Uma novidade do sumário estrutural é que, na seção inferior, os dados já são agrupados em blocos organizados por seções, onde todos os elementos são relativos à interpretação de uma esfera da personalidade. Temos sete seções:

1) *Seção principal:* neste bloco, são agrupadas as freqüências das respostas de movimento, cor e sombreado, o número de resposta (*R*) e Lambda (*L*). Além dos dados a respeito do *Tipo de Vivência*, ela reúne os dados que trazem informações a respeito da capacidade de *Controle e Tolerância ao Estresse*.

Nesta seção, temos os índices D e Adj D, que indicam a capacidade de controle para enfrentar as situações estressantes. Esses índices discriminam os recursos habitualmente disponíveis para enfrentar situações de estresse com ações deliberadas (Adj D,) da presença de ansiedade mobilizada por acúmulo de fatores estressantes vividos no momento que poderiam interferir na capacidade habitual de controle da pessoa (D). Quando os valores D e/ou Adj D forem negativos, indicam a presença de uma sobrecarga de estímulos, que podem levar a pessoa a reações impulsivas, devido à falta de recursos suficientes para enfrentar dificuldades. Cabe ressaltar que os determinantes FM+m e a soma das respostas de sombreados, que entram nos cálculos para se chegar às notas D e Adj D, são indicadores de uma sobrecarga de tensão, quando mais elevados que os resultados de M e Wsum C. Já os determinantes m e Y apontam a presença de estresse situacional.

2) *Seção da ideação:* seção relativa à área do pensamento. Traz os elementos que indicam como a pessoa pensa suas experiências, o que dá origem às decisões e condutas deliberadas do sujeito. A pessoa pode ser capaz de pensar de maneira lógica, coerente, flexível e construtiva, ou, ao contrário, mostrar um pensamento incoerente e ilógico, rígido e pouco construtivo. Incluem-se aqui dados relativos às respostas de movimento (M-, Mnone, Ma:Mp, ativos passivos de todas as respostas de movimento) e os Códigos Especias Críticos (Sum6, WSum6), que são os elementos que indicam alterações na atividade ideacional.

3) *Seção da mediação:* nesta seção, estão agrupados os dados que fornecem as diretrizes para se conhecer como se dá a tradução das informações a respeito de si mesmo e da realidade, convencional ou não convencional, ou se há uma percepção adequada ou distorcida, ou seja, os dados referentes à qualidade formal das respostas.

4) *Seção do processamento:* reúne os dados das localizações das respostas, da atividade organizativa e da qualidade evolutiva, que nos trazem elementos interpretativos, relativos ao modo como a pessoa apreende e incorpora as informações da realidade, indicando também o nível do desenvolvimento intelectual e a capacidade para realizar operações de análise e síntese.

5) *Seção do afeto:* agrupa os elementos relativos às emoções da pessoa, como ela lida com situações emocionais e como expressa seus sentimentos. Aqui são incluídas as respostas de cor, o quociente afetivo (Afr – proporção de respostas às pranchas cromáticas), a proporção SumC:SumC e as respostas de projeção de cor (Cp).

6) *Seção interpessoal:* neste agrupamento, estão diversos índices relativos à maneira com que o indivíduo percebe o outro e estabelece suas relações, indicando suas necessidades, atitudes e estilos quanto a esse aspecto. Entre esses índices, podemos citar as respostas COP e AG, e o índice de isolamento (Isolate/R), que indica tendência à convivência ou afastamento das pessoas.

7) *Seção da autopercepção:* aqui são reunidos os elementos que revelam o modo como a pessoa se descreve e os conceitos e atitudes que constrói sobre si mesma, dando-nos informações sobre a auto-imagem e o valor que atribui a essa imagem, a auto-estima. São eles:

o índice de egocentrismo, calculado a partir de respostas de pares e de reflexo, que assinala o autocentramento; respostas de reflexo, que indicam a presença de componentes narcisistas; respostas MOR; anatomia e raio X; o determinante FD, bem como a qualidade das respostas de seres humanos.

Além da organização dos dados por agrupamentos, como vimos antes, o Sistema Compreensivo apresenta as *constelações*, que são conjuntos de índices relacionados a patologias ou desajustes, mas que também trazem elementos para se compreender a estrutura da personalidade e estilos ou traços dominantes do sujeito: Constelação de Suicídio (*S-CON*), Índice de Esquizofrenia (*SCZI*), Índice de Depressão (*DEPI*), Índice de Déficit Relacional (*CDI*), Índice de Hipervigilância (*HVI*) e Índice de Estilo Obsessivo (*OBS*).

INTERPRETAÇÃO

Com os dados organizados de forma bastante objetiva, a interpretação fica facilitada também por diretrizes claras e sistematizadas que permitem a um iniciante começar a entender as manifestações da personalidade, a partir dos resultados do Rorschach. A interpretação recomendada pelo sistema sugere analisar, em primeiro lugar, os elementos do sumário estrutural; em seguida, a seqüência das classificações e, finalmente, a análise dos conteúdos temáticos.

Tabelas normativas: O sistema fornece tabelas bastante completas, indicando padrões que dão maior segurança para a compreensão dos valores encontrados no sumário estrutural, além de orientar a interpretação. Sabemos, no entanto, que esses dados podem sofrer variações culturais, e pesquisas normativas precisam ser realizadas para a nossa população. Iniciamos em São Paulo uma pesquisa para estabelecer índices adequados para nosso meio, começando pelos itens da mediação, relativos à qualidade formal (Nascimento, pesquisa em andamento) e também quanto à constelação de depressão (Güntert & Nascimento, pesquisa em andamento), que são os que mais têm revelado variações em diferentes culturas, e devemos seguir pesquisando neste sentido.

Agrupamentos: A interpretação deve partir dos agrupamentos de dados que formam as seções do sumário estrutural, já que os mesmos estão relacionados com uma determinada esfera da personalidade, o que evita a análise de variáveis isoladas. Exner e Sendín (1999) acrescentam algumas outras variáveis a esses agrupamentos, inclusive elementos qualitativos, que deverão ser levados em conta para uma interpretação completa.

A análise por agrupamentos aumenta a possibilidade de uma interpretação integrada do Rorschach, seguindo o modelo do Sistema Compreensivo, como Weiner (1998) enfatiza. A subdivisão dos agrupamentos apenas organiza as informações que serão relevantes para cada um deles, indicando quais os elementos que deverão constar da análise daquele tema, incluindo códigos de classificação, fórmulas específicas e análise temática. Lembra esse autor que os agrupamentos não funcionam como resultados compartimentalizados dos testes, que apresentam seus resultados em traços isolados, mas são agrupamentos das informações relevantes de algumas funções da personalidade.

Estratégias de interpretação/variáveis-chave: Também são fornecidas as melhores estratégias de interpretação, que iniciam pelo elemento mais importante de cada protocolo, ou a chamada variável-chave. O sistema determina qual a melhor seqüência de agrupamentos a seguir, ou seja, oferece o melhor roteiro para uma boa interpretação. Essa organização, a partir da variável-chave, possibilita que sejam analisados, em primeiro lugar, os resultados mais significativos do protocolo, aqueles que fornecerão mais elementos de interpretação, esclarecerão melhor os dados encontrados nos agrupamentos subseqüentes e apontarão para onde devemos dirigir nossa atenção naquele caso.

Projeção e percepção: O Sistema Compreensivo propõe ainda uma clara diferenciação entre dois processos envolvidos na formação das respostas, ou seja, os perceptivos e os projetivos. Essa diferenciação orienta também a seqüência da interpretação. Devemos começar pelos aspectos estruturais que, em geral, são mais determinados por processos perceptivos (localização, forma, colorido, sombreado) e seguir com o material projetivo, que se encontra com maior probabilidade em respostas que envolvem movimento (o sujeito cria o movimento, este não é um estímulo provocado pela mancha), distorções perceptivas (respostas com qualidade formal [menos]) e "floreamentos", que acrescentam indícios reveladores de vários aspectos da dinâmica da personalidade. Entre as respostas com conteúdo projetivo, temos algumas com material mais significativo do que outras. Cabe ao examinador com boa experiência identificar qual material é mais significativo, porém, Weiner (1998) nos dá uma orientação, no sentido de procurar aquelas que combinam dois ou três indícios de projeção, que devem ser analisados em conjunto com as características de cada prancha. A associação dos diversos componentes da resposta torna a interpretação mais consistente, dinâmica e profunda.

RIAP: Outro avanço do sistema é o programa de informática, o *RIAP*, que oferece assistência para utilização em computador, que facilita a atividade de análise do teste, sem, contudo, substituir a interpretação realizada pelo especialista.

O objetivo de integrar as diversas contribuições de vários sistemas de modo coerente e científico foi alcançado, apoiado em numerosas pesquisas, que continuam enriquecendo o trabalho com o método original de Hermann Rorschach. Já foram apresentados, em congresso, estudos sobre um novo agrupamento, cujo nome é *Ego Impairement Index*, bem como estudos a respeito das respostas de agressão (AG), para uma possível modificação do escore e também das perseverações (PSV).

Muitos estudos ainda devem ser feitos, principalmente no Brasil, e esse fato apenas confirma que estamos diante de um método vivo de investigação da personalidade, que acompanha a evolução da ciência, da cultura e da sociedade.

Rorschach Temático: um complemento significativo ao Rorschach Tradicional*

André Jacquemin

Dentre as diversas pesquisas desenvolvidas com o Método de Rorschach no Centro de Pesquisa em Psicodiagnóstico da Universidade de São Paulo, Ribeirão Preto, é de especial interesse o trabalho de Iozzi (1988), que propõe um procedimento para completar a exploração das respostas Rorschach, visando a ampliar a sua interpretação. Em contato com Draime (1980), na Universidade de Louvain, Bélgica, tivemos oportunidade de conhecer seu trabalho, referente ao estudo do valor simbólico da prancha IV do Rorschach. Uma técnica diferente, chamada de "Rorschach Temático", tinha sido utilizada, com vistas a preencher as lacunas existentes entre as respostas fornecidas no teste, em sua aplicação tradicional. Com efeito, na maioria das vezes, essas respostas são lacônicas e, em conseqüência, sem evidência de articulação e concatenação entre si.

A idéia de ampliar as informações sobre os conteúdos das respostas no Rorschach não é nova. Diversos trabalhos sugeriram a utilização da técnica de associações livres para este fim. Podem-se citar as pesquisas de Aronov e colegas (1979) e de De Tichey e Lighezzolo (1983), cujos resultados apontam para a riqueza do procedimento, no sentido de fornecer dados clínicos significativos para uma compreensão dinâmica da personalidade. Entretanto, empregada na forma sugerida pelos estudos citados, a técnica de associações livres torna-se bastante restrita, pois focaliza cada resposta isoladamente, o que não possibilita a apreensão das possíveis relações existentes entre as respostas, e que poderia trazer à tona elementos expressivos da vida afetiva dos indivíduos avaliados. Outros estudos solicitaram a elaboração de histórias.

Elizur (1976) descreve uma nova técnica, administrada em dois momentos. Na primeira fase, o sujeito é convidado a imaginar uma história, tomando como tema central a resposta fornecida durante a aplicação tradicional. No caso de várias respostas por prancha, o sujeito escolhe uma delas ou o próprio examinando opta por aquela resposta julgada mais apropriada, para estimular a fantasia. Na segunda fase, chamada de auto-interpretação, o sujeito deve identificar-se com a figura principal de cada história e buscar temas comuns entre suas histórias e sua vida real. Usando o referencial teórico da Gestalt-terapia, o autor considera que as histórias, baseadas nas manchas do Rorschach, podem suscitar um material mais inconsciente e idiossincrásico que as histórias baseadas nas figuras do TAT.

---

* Projeto financiado pelo CNPq e pela FAPESP.

Edington (1980) solicita que as crianças elaborem histórias a partir do percepto proveniente de manchas criadas por elas próprias. As histórias assim obtidas revelam uma tonalidade disfórica acrescida de violência, que pode caracterizar a faixa etária estudada (de 6 anos e meio a 16 anos), assim como as condições precárias de vida dessas crianças. Frente aos resultados obtidos, Edington recomenda não atribuir um significado simbólico a determinado percepto sem considerar os dados adicionais.

Dentro desse contexto, o procedimento proposto traduz sua originalidade, ao induzir uma articulação das respostas fornecidas pelo indivíduo, o que será obtido numa segunda fase, após a aplicação tradicional do teste. Solicita-se ao sujeito a elaboração de uma história que integra as respostas, impondo, assim, uma dinâmica aos conteúdos aparentemente estáticos. Desse modo, pretende-se ampliar a proposta de Rorschach (1948), que, originalmente, deu maior ênfase aos aspectos perceptivos de sua técnica. Com efeito, no seu Psicodiagnóstico, Rorschach deixa claro o seu enfoque perceptivo: "As interpretações destas figuras casuais pertencem ao campo da percepção e da apercepção, mais do que da imaginação" (p.21). Ou, ainda, "não há dúvida que esta prova de interpretação de figuras casuais possa ser chamada de prova de percepção" (p.22). Embora, a princípio, esse autor buscasse uma técnica para a avaliação do funcionamento psíquico por meio de processos perceptivos, pela forma de apreensão do real imediato, estudos posteriores ampliaram esse pressuposto, sem, contudo, desconsiderá-lo. Neste sentido, Rausch de Traubenberg (1983) propôs a hipótese de que o teste de Rorschach seria um espaço de interações entre a atividade perceptiva e a fantasmática, entre a realidade externa do objeto conhecido e a realidade interna do objeto vivenciado. Considerando esses elementos, o Rorschach Temático oferece maior possibilidade de investigação da inter-relação entre o real e o imaginário. Enquanto a aplicação tradicional tende a alcançar o nível perceptivo, sobretudo na normalidade, a elaboração de uma história atingiria o nível fantasmático.

Além do material original do Rorschach, foram utilizadas fichas para a apresentação das respostas aos sujeitos, durante a segunda fase da pesquisa. A aplicação ocorreu em duas fases distintas, em uma ou duas sessões. Na primeira fase, foi feita a aplicação do Rorschach, incluindo o processo completo de investigação. Na segunda fase, solicitava-se ao sujeito que imaginasse uma história que incluísse todas as interpretações dadas a cada um dos estímulos, durante a aplicação do teste. As pranchas foram reapresentadas, uma por uma, juntamente com uma ficha, onde constavam as respostas fornecidas para cada uma delas. As instruções foram as seguintes: "Vou lhe mostrar novamente os dez cartões que já apresentei. Aqui estão as respostas que você me deu. Eu gostaria que você me contasse uma história para cada cartão, utilizando todas as respostas que me deu. Então, neste cartão você viu 'x', 'y' e 'z'. Conte-me então uma história com 'x', 'y' e 'z' ". Na quase totalidade dos casos, os sujeitos reagiram positivamente a essas instruções, conseguindo realizar a tarefa a contento.

A utilidade e a viabilidade do Rorschach Temático, como técnica complementar e capaz de fornecer subsídios significativos para a compreensão da personalidade, já foram examinadas em diversos contextos.

ESTUDO EM CRIANÇAS

Cinqüenta crianças, de ambos os sexos, com idade de 9 a 10 anos, foram submetidas a esse procedimento. Em função das características socioeconômico-culturais e educacionais, foram constituídos quatro grupos:

a) grupo A (n=20), com escolaridade regular, boa alimentação, nível socioeconômico-cultural inferior;

b) grupo B (n=10), com escolaridade irregular e atraso escolar, condições gerais de vida bastante precárias no nível material e afetivo;

c) grupo C (n=10), em instituição, nível socioeconômico-cultural inferior, boa alimentação e escolaridade regular;

d) grupo D (n=10), com escolaridade regular e nível socioeconômico-cultural médio-superior.

Os resultados tradicionais do Rorschach (psicograma) deixam de ser apresentados, já que o objetivo maior era o de verificar o quanto o procedimento seria exeqüível e clarificador com crianças. Nesse trabalho, as histórias foram analisadas de acordo com a lista de necessidades do *Thematic Apperception Test*, de Murray (1951), tendo como referencial Ombredane (1969) e Morval (1982). Além de uma objetivação das histórias, a configuração das necessidades permite "uma avaliação dinâmica da personalidade, visto que evidencia em que consiste o elemento motor da conduta" (Morval, 1982, p.31).

No Quadro 23.1, são apresentadas as porcentagens das necessidades mais freqüentes, encontradas nas histórias das crianças dos grupos em estudo.

QUADRO 23.1 Distribuição das necessidades obtidas nas histórias contadas no Rorschach pelos diferentes grupos de crianças

Necessidades	Porcentagem			
	Grupo A n=20	Grupo B n=10	Grupo C n=10	Grupo D n=10
Agressão-destruição	43	42	44	27
Afiliação	14	23	15	23
Proteção exercida	6	2	3	7
Realização	5	3	2	5
Aquisição	6	0	3	4
Alimentação	6	3	13	11
Diversão	6	10	8	12
Outras necessidades	6	7	4	5
Sem histórias	8	10	8	6

Observa-se que mais de 40% das necessidades encontradas, nos grupos A, B e C, caracterizam-se pela agressão e destruição. São sinais preocupantes, que denotam que as crianças são marcadas por impulsos de tipo primitivo, com reduzido controle. Nesses grupos, todas as crianças avaliadas provêm de uma classe social totalmente desprovida de recursos, embora aquelas do grupo A vivenciem privações de forma menos acentuada. As famílias, geralmente numerosas, moram em favelas ou casa com espaço vital mínimo, onde as atuações impulsivas (agressivas e sexuais) são presenciadas por todos. A pobreza e a falta de condições materiais de vida são características predominantes. Desse modo, poder-se-ia pensar que essas privações reais – além daquelas em nível fantasmático –, com suas conseqüências vivenciais cotidianas de frustrações, acabam por estimular a alta manifestação de componentes agressivos e destrutivos nas histórias contadas. Vale ressaltar que as crianças do grupo D, em condições de vida melhor – classe socioeconômica média, vida familiar mais estável, escolaridade normal –, com vivência menor de frustrações, diminuem apreciavelmente as temáticas agressivas nas suas histórias, mostrando o quanto o meio pode estar influindo nas suas reações.

Observa-se, também, uma maior tendência dos grupos B e D a apresentarem necessidade de afiliação. No grupo B, pode caracterizar um mecanismo compensatório, uma tentativa premente de preencher o vazio decorrente da ausência de afeto, reforçada pela situação familiar difícil. As crianças realmente mais carentes manifestam claramente suas insatisfações em nível afetivo, solicitando fortemente que o ambiente exerça sobre elas ações protetoras. Denotam, assim, sentimentos de insegurança e fragilidade pessoal com maior intensidade do que as outras crianças dos grupos A e C, que recebem ainda um mínimo de apoio externo. No grupo D, pode se tratar da necessidade de receber proteção e apoio devido ao contexto socioeconômico-cultural, que torna as crianças menos autônomas e mais dependentes do auxílio dos pais para atender suas necessidades.

Os grupos C e D diferem notavelmente do grupo B em relação à necessidade alimentar, caracterizando a busca da manutenção de comida, já que as crianças desses grupos têm acesso a uma variedade maior de alimentos.

Quanto às demais características das necessidades expressas pelas crianças em suas histórias, os grupos A e B, melhor estruturados, tendem a produzir maior número de necessidades do tipo obter conhecimentos, realização, ser reconhecido, além de proteção exercida, sinal evidente de uma maior diversidade de suas necessidades.

Concluindo, parece, então, que as condições socioeconômico-culturais desfavoráveis desempenham um papel importante na manifestação das necessidades relacionadas com a agressão e a destruição. Quanto às outras necessidades, as condições externas podem ter um papel maior ou menor na sua presença.

Após essas considerações sobre os tipos de necessidades detectados nas produções infantis, por meio dessa nova técnica, apresentar-se-ão, a seguir, outros elementos demonstrativos do material que pode ser recolhido através do Rorschach Temático.

Como já foi comentado anteriormente, as respostas ao teste de Rorschach, em sua aplicação tradicional, não tornam explícitos os significados particulares dos perceptos, limitando a possibilidade de análise do nível fantasmático subjacente aos conteúdos. Recorrendo a essa nova técnica, uma simples resposta de "borboleta", na prancha V (uma única interpretação), de três crianças, pode tornar-se, através das histórias elaboradas, sinalizadora das vivências afetivas e fantasmáticas, de uma maneira bastante esclarecedora. Como ilustração, considerar-se-ão as histórias a seguir.

Do sujeito A, do sexo masculino, com 10 anos: "Uma vez, uma borboleta queria ir no pantanal. Chegando lá, ela viu bastante animais bonitos. Só que ela achava feio o jacaré. Um dia, quando ela foi dormir na escuridão, ela pousou em cima da cabeça dele. Naquela hora, o jacaré acordou e devorou a borboleta. Só".

Do sujeito B, do sexo feminino, com 10 anos: "Uma borboleta voou no mato e depois voltou. No campo, a borboleta morreu, porque ela cansou de voar. Não sei mais".

Do sujeito C, do sexo feminino, com 10 anos: "Era uma vez uma borboleta muito feinha. Ela era muito triste, porque todas eram bonitas. Aí, ela conheceu uma tartaruga, e a tartaruga era muito feia. Então, a borboleta e a tartaruga ficaram felizes para sempre".

Tomando-se a cotação da resposta "borboleta" – Gp F+ A Ban –, ter-se-iam poucos elementos pessoais de análise, caracterizando, apenas, uma apreensão "banal" do estímulo, embora bem adaptada, indicadora de aparente organização em termos da integridade psíquica.

No entanto, analisando-se as histórias provenientes de tal interpretação, detectam-se índices muito mais reveladores, praticamente evidentes pela forma de elaboração particular do enredo produzido por parte de cada criança. Assim, o sujeito A expressa claramente sinais de um relacionamento agressivo entre os elementos viventes, sugerindo uma percepção ameaçadora dos contatos interpessoais. A própria forma da história dessa criança é bastante diferente da segunda, em que "o não saber" aparece como sinal de maior fragilidade na identidade, mesmo porque a borboleta acaba se desvitalizando por seu próprio cansaço, por atuação pessoal (talvez autodestrutiva), mas sem envolver um elemento externo agressor. Por sua vez, o sujeito C apresenta indicadores de maior riqueza formal em sua história, estruturando-a com elementos de presente e futuro. Embora, inicialmente, expresse uma autoimagem negativa ("feinha"), através do contato com a realidade (há outros também "feinhos"), parece ser capaz de reelaborar essa percepção e encontrar estímulo e apoio ambiental para a continuidade de sua vida.

Essas breves considerações sobre a produção de crianças no Rorschach Temático permitem identificar elementos esclarecedores e enriquecedores para a análise dos significados pessoais atribuídos aos perceptos.

ESTUDO EM IMIGRANTES

Quarenta descendentes de imigrantes de origem japonesa e portuguesa, de ambos os sexos, foram submetidos ao procedimento do Rorschach Temático, como complemento de um estudo com o Teste de Apercepção Temático – TAT, cujo objetivo é de verificar o nível de aculturação de povos de origem diversa (Jacquemin, 1997).

Na fase atual, os resultados são preliminares e devem servir como ilustração da aplicabilidade do Rorschach Temático. São apresentados comentários sobre a prancha I do Rorschach, a partir das histórias dos sujeitos masculinos japoneses (n=10) e portugueses (n=10).

A prancha I, segundo Rausch de Traubenberg (1983), associa-se com o desconhecido. De acordo com Chabert (1987), a prancha I coloca o indivíduo frente ao teste, de modo que torna possível que (re)viva a experiência de um contato inicial com algo desconhecido. Já para Monod (1963), a prancha I significa o estabelecimento de contatos, que testemunha a maneira de adaptação e de defesa e a forma de vivenciar a situação aqui-agora. Em função dessa significação, é interessante verificar como as histórias do Rorschach Temático ampliam a compreensão dos sujeitos quanto a esse aspecto.

Uma leitura das histórias, num contexto interpretativo-dinâmico, permite constatar que a apresentação dos dois grupos é nitidamente negativa, um pouco mais acentuada nos descendentes de imigrantes japoneses, em que se observam sete histórias negativas, uma ambivalente e duas positivas enquanto, nos portugueses, se encontram seis histórias negativas, uma ambivalente e três positivas. Esse aspecto negativo se caracteriza, nos dois grupos, por problemas de identidade, atitudes agressivas manifestadas de modo franco ou desviado, de autodestruição. Os aspectos positivos salientam a busca de contato, de estabelecimento de relacionamentos sociais e/ou heterossexuais, acompanhados, nos portugueses, de uma necessidade de religiosidade e misticismo.

Pode-se ilustrar esses aspectos negativos por meio de exemplos de histórias contadas pelos descendentes de imigrantes.

Problema de identidade: Japonês, 25 anos, solteiro, secundário completo.

No Rorschach clássico, fornece três respostas: "uma máscara, uma borboleta e um morcego".

Sua história: "Eu fui no baile do colégio e cada um devia se fantasiar e escolhi uma máscara para me fantasiar. No salão, tinha uma outra pessoa com uma máscara de borboleta e um homem fantasiado de morcego...".

Problema de agressividade, autodestruição: Português, 24 anos, solteiro, nível universitário.

No Rorschach clássico, forneceu uma resposta: "um esqueleto".

Sua história: "As pessoas envelhecem por dentro, tornam-se opacas, seus sentimentos são recalcados.... não se sabe por que, mas esta pessoa não se perturbou pela notícia..... o resultado do exame indicava um câncer dos ossos.... este dia mesmo, sozinha como sempre, ela morreu".

A riqueza das informações obtidas pelo procedimento temático é evidente. Deve-se, assim, possibilitar efetuar uma interpretação clínica e simbólica das pranchas do Rorschach de maneira mais científica. Em função da significação da prancha I, a apresentação que os descendentes de imigrantes fornecem no Rorschach parece ser bastante problemática, sendo indicativa de que a sua identidade não está completamente resolvida, com mais evidência para os japoneses, por causa dos prováveis conflitos existentes entre a cultura de origem de seus pais e a cultura de adoção e pelas características fenotípicas da raça.

ESTUDO EM MULHERES COM INFECÇÃO VAGINAL RECORRENTE

Dez mulheres (cinco com candidíase de repetição e cinco sem problema) foram submetidas a um conjunto de testes, inclusive o Rorschach Temático, com o objetivo de investigar a possível vinculação entre necessidades e motivos psicológicos e a recorrência da candidíase vaginal, isto é, verificar qual a influência que os aspectos psicológicos (e quais) assumem sobre a permanência dessa sintomatologia ou, de outra forma, na resistência ao tratamento medicamentoso (Palma, 1996).

Nessa pesquisa, as histórias foram interpretadas tomando em consideração o valor simbólico latente de cada prancha, de acordo com Rausch de Traubenberg e do referencial teórico freudiano. O procedimento será ilustrado a partir de duas histórias contadas por uma paciente.

Mulher de 31 anos, casada, um filho. Desde sua adolescência, sofre de infecção vaginal. Após a primeira relação sexual, apresenta episódios freqüentes de candidíase vaginal.

No Rorschach clássico, fornece as seguintes respostas: na prancha VI, "uma vagina, uma pele de urso aberta"; na prancha VII, "duas mulheres que dançam, uma vagina".

No Rorschach Temático, conta as histórias seguintes:

Prancha VI: "Tinha uma cabana nas montanhas; era o inverno. Estava frio e tinha uma pele de urso na sala, perto da lareira; tinha um casal na sala. Então, a mulher estava deitada sobre a pele, sem roupas e com as pernas abertas de modo que se via claramente sua vagina.... Eles tinham tido uma relação. Ele tinha saído; ela não sabia onde ele tinha ido".

Prancha VII: "Eram duas bailarinas que dançavam uma na frente da outra, se olhando e fazendo gestos idênticos. Então.... nesta dança, uma bailarina escorregou e caiu com as pernas abertas; sua vagina se chocou contra a perna da outra e sangrou... Não,... sangrou, é trágico demais... não há vermelho. Ela se feriu e foi obrigada a desistir do espetáculo".

Nessas duas pranchas, o sujeito mostra o quanto sua vida sexual é problemática e vivenciada de maneira invasiva e dolorosa: "com as pernas abertas, de maneira que se via nitidamente a vagina" (prancha VI) e "caiu com as pernas abertas, sua vagina chocou-se contra a perna da outra e sangrou..." (prancha VII). É revelador também da frieza e da solidão ressentida após o ato sexual: "... acabam de ter tido uma relação. Ele tinha saído..." (prancha VI). O sujeito tenta controlar a angústia pela negação: "Não,... sangrou, é trágico demais.." (prancha VII).

Na prancha VII, considerada a prancha da feminilidade, o sujeito mostra os aspectos relacionados com a figura materna, que parece ter sido carregada de uma identificação maciça: "... duas bailarinas... fazendo gestos idênticos....", e de sentimentos agressivos fortes que parecem ter impedido o desenvolvimento, de maneira adequada, de uma imagem feminina independente e, deste fato, um papel sexual satisfatório.

Esses dados reforçam e clarificam a problemática fundamental do sujeito: dificuldade franca na relação heterossexual, acompanhada de conflitos não-resolvidos com a figura materna.

ESTUDO EM CRIANÇAS QUE EXPERIENCIARAM A PERDA DE SEUS PAIS

Nove crianças (cinco meninas e quatro meninos), na faixa etária de 5 a 7 anos, sob custódia materna. O objetivo central do trabalho era verificar as representações internas das figuras parentais de crianças que viveram grandes conflitos familiares, culminando na separação de seus pais. Em particular, pretendia-se investigar a capacidade do Rorschach Temático, interpretado de modo psicodinâmico, em ampliar o material obtido com o Rorschach clássico (Barreto, 1998).

Menina, com 6 anos e 3 meses de idade, tendo vivenciado a separação aos 4 anos de idade.

No Rorschach clássico, fornece duas respostas na prancha IV: "pés" (Do F+ Hd) e "calça" (Dd F– Obj-Vest).

No Rorschach Temático, conta a história seguinte:

"Era uma vez um homem que morreu porque era velhinho. Aí chegou a mãe e falou:

– Meu querido marido, já que você morreu, vamos enterrar. Não queria que você morresse, mas nós vamos enterrar você e pôr no caixão, já que ninguém matou você. E enterrou ele.

Aí chegou com cara triste e cada criança falou:

– Mamãe, por que você está triste? (repete 4 vezes)

– Porque seu pai morreu.

– Por que, mãe? (repete 4 vezes)

– Porque ele estava velho demais, ninguém matou ele. Ele morreu sozinho. Agora vamos viver nós.

– Coitado do pai! Eu amava tanto ele (repete 4 vezes).

– Mãe, por que será que o pai ficou velho demais?

– Não sei.

Acabou".

No Rorschach clássico, o processo inibitório frente à autoridade é bastante claro, impossibilitando uma apreensão mais global da prancha. No Temático, o homem decrépito, que morreu de velhice, pode estar representando a figura paterna "perdida", endeusada, até perceber, não sem sofrimento, pelas lições da realidade, que ele era falível e incapaz de responsabilizar-se pelo seu desenvolvimento e educação. O sujeito mostra, por meio de sua história, que poderá contar apenas com a sua mãe, em termos de cuidados, porém, sem entender a causa dessa situação.

ESTUDO EM MULHERES COM HIV+ E/OU AIDS

Dois grupos de mulheres (cada um composto de sete indivíduos), com idade entre 20 e 40 anos, sendo que o primeiro grupo apresentava soropositividade para o vírus HIV, enquanto o segundo grupo era composto por mulheres com AIDS. O objetivo da pesquisa era verificar a relação entre integração psíquica e fragilidade diante do vírus HIV, tanto em mulheres soropositivas quanto naquelas portadoras da doença (Abduch, 1997). As histórias contadas no Rorschach Temático foram avaliadas, levando em conta a construção das mesmas (processo narrativo com temática, cujo enredo tenha começo, meio e fim) e o quadro teórico proposto por Winnicott (1975).

Nas mulheres com AIDS, existe uma articulação entre os mundos interno e externo de maneira diferenciada daquela do outro grupo. As mulheres que desenvolveram a doença utilizam o pensamento racional como uma maneira de adaptação e controle, embora consigam levar em consideração suas necessidades internas, suas emoções, seus impulsos. Verifica-se, então, uma maior integração psíquica, o que pressupõe capacidade para vivenciar de modo mais significativo os aspectos mais dolorosos da vida. No Temático, são capazes, na maioria da vezes, de elaborar histórias a partir de seus perceptos, caracterizando a possibilidade de imaginar e fantasiar.

As mulheres apenas soropositivas são menos espontâneas e criativas, não possibilitam de forma tão intensa o surgimento de fantasias, de emoções. Essas mulheres utilizam o pensamento lógico como forma de controle e adaptação, que se apresenta extremamente rígido e ineficaz. Suas demandas internas não ocorrem ou, quando se apresentam, não podem ser consideradas, porque são passivas de levar a um sentimento de desintegração. A necessidade que este grupo tem de se manter em tensão vigilante, para que as emoções não emerjam, pode significar dificuldade para tolerar a dor e a angústia. A relação com o mundo externo dá-se de modo cauteloso e prudente, com a utilização do racional como meio de contato. As emoções encontram-se como que congeladas, o que faz restringir a personalidade e leva a inibições, à repressão do mundo imaginativo e criativo, produzindo fortes repercussões sobre sua vida. No Temático, há uma total ou parcial impossibilidade de construir uma história, o que significa que essas mulheres têm dificuldades para brincar, já que o brincar só pode ser alcançado se o indivíduo abdicar de algumas funções egóicas, como a lógica e o contato com o mundo real e objetivo.

Duas histórias ilustram, com clareza, a diferença de produtividade que ocorreu no Rorschach Temático, indicando a capacidade ou não de "brincar" dos pacientes.

Mulher, 39 anos, soropositiva com AIDS, primário completo.

No Rorschach clássico, na Prancha II, fornece uma resposta: "dois palhaços batendo palmas, um frente ao outro".

No Rorschach Temático:

"Um instante mágico".

"Eles trabalhavam no circo, então quando eles vestiam aquelas roupas, colocavam a maquiagem, era só alegria, eles esqueciam de todas as tristezas e só pensavam na alegria que eles tinham que passar para aquelas pessoas que tanto esperavam deles. Aqueles momentos de trabalho eram mágicos, só pensavam na alegria, era como se eles esquecessem tudo ao redor deles, os problemas que eles tinham e junto com as crianças eles esqueciam mesmo. Eles voltavam a ser crianças e um mundo de fantasia se criava ao redor deles. Mas quando eles tiravam as roupas, maquiagem, eles eram homens comuns com a vida cheia de problemas. E quantos problemas eles tinham! Tinham a família para sustentar, que dependia deles. E assim eles iam tocando a vida, até o instante mágico voltar e eles voltavam a ser crianças outra vez".

Mulher, 28 anos, soropositiva, superior completo.

No Rorschach clássico, fornece uma só resposta na Prancha II: "aranha".

No Rorschach Temático: "Era uma vez uma aranha, estava sempre de boca aberta".

COMENTÁRIOS FINAIS

Os resultados que acabam de ser apresentados mostram, de maneira clara e evidente, a importância das informações fornecidas pelas histórias contadas pelos sujeitos, a partir de seus perceptos. Parece importante salientar que, *a priori*, não há modelo teórico único para interpretar as histórias. O pesquisador e/ou clínico poderão utilizar seja um modelo mais objetivante – tipo necessidade, de Murray –, seja um modelo mais interpretativo – tipo psicanalítico, fundamentado na sua prática e formação.

Embora sejam necessários outros estudos de sistematização dessa técnica, para a avaliação de sua validade clínica, os trabalhos apresentados demonstram a amplitude interpretativa que pode vir a ser alcançada por meio dessa forma complementar de investigação das respostas. Não se pretende, com esse procedimento, substituir testes temáticos, como o CAT ou o TAT, por exemplo, mas sim obter informações adicionais valiosas para a análise do próprio método de Rorschach.

Ainda que com objetivo diferente, buscando uma análise estritamente psicanalítica de associações livres, De Tichey e Lighezzolo (1983) também apontam para a contribuição desse tipo de procedimento, para a análise do protocolo clássico do Rorschach, sem, contudo, desconsiderar a proposta original do autor. Comentam que as duas abordagens se situam numa relação de complementaridade, e não de concorrência. Julgam que, com efeito, elas atingem dois níveis diferentes de funcionamento da personalidade. Nesse sentido, o procedimento clássico está mais centrado na organização estrutural do sujeito, ao passo que a técnica associativa privilegia a dinâmica presente e passada, que predeterminou essa organização.

Confirma-se, portanto, a possibilidade de utilização do Rorschach Temático como um instrumento de grande importância clínica para o estudo da personalidade.

A técnica de Zulliger no processo de avaliação da personalidade

Cícero Emidio Vaz

24

Hans Zulliger, psicólogo clínico suíço, que, por ocasião da Segunda Grande Guerra, trabalhou também em seleção de pessoal, nasceu em 1893 e faleceu em 1965. Sua amizade com o pastor e psicanalista Oskar Pfister contribuiu para que ele se dedicasse à psicanálise, integrando o grupo de Emil Oberholzer, Hans Behn-Eschenburg, Walter Morghenthaler e Hermann Rorschach, fundadores da Sociedade de Psicanálise de Zurique. Foi amigo pessoal de Hermann Rorschach e participou dos trabalhos de Rorschach nos experimentos com manchas de tinta feitas ao acaso na avaliação da personalidade.

O primeiro trabalho com manchas de tinta, metodologicamente baseado na técnica de Rorschach, feito por Zulliger, após a morte de Hermann, foi *Der Rorschasche Testversuch im Dienste der Erziehungsberatung* (Teste de Rorschach na assistência educacional), em 1932, em que investigava a criatividade e a integração humana. No ano de 1938, em co-autoria com Hans Behn-Eschenburg, publicou o BERO (*Behn-Rorschach Test*), técnica paralela à de Rorschach e constituída igualmente de dez Cartões contendo manchas de tinta feitas por acaso (manchas fortuitas), construído para aplicação em crianças e publicado pela Hans Huber.

Em 1942, realizando seleção de oficiais para as Forças Armadas suíças, iniciou as primeiras experiências coletivas com novas manchas de tinta. A aplicação individual do Rorschach com os dez Cartões durava muito tempo, tornando-se economicamente dispendiosa para seleção em grande escala. O final das experiências resultou num conjunto de três figuras, que foi aplicado pareadamente à administração individual com o Rorschach, numa amostra de 800 pessoas, surgindo assim o *Zulliger Diapositive-Test* (1948), para aplicação coletiva. O próprio autor fez a adaptação do instrumento, para a aplicação individual em três Pranchas ou Cartões, com o nome de *Der Zulliger-Tafeln-Test* (1954). As sucessivas publicações, em 1955, 1959 e 1962, feitas pela Hans Huber, atestam muito bem a receptividade desse instrumento de trabalho no campo das técnicas projetivas.

Qual o nome mais adequado, teste ou técnica de Zulliger? A literatura pertinente permite-nos constatar diferentes denominações:

a) Z-Teste, pelo próprio autor (Zulliger, 1948), Maza, (1952), Salomon, na publicação original (1962) e Someonoff (1990); b) Teste Z, por Zulliger e Salomon, na versão espanhola (1970), Macedo (1968), Xavier (1985) e Morali-Daninos e Canivet (1986); c) Teste de Zulliger, por Guerra (1977) e Mahmood (1990), entre outros autores; d) Técnica de Zulliger (Vaz, 1998).

A denominação Técnica de Zulliger parece mais adequada, muito embora, por respeito ao próprio criador, usamos também a designação Z-Teste, como sinônimo. Teste é um meio instrumental através do qual se mede o que determinado produto tem, tratando-se de coisas, o que determinado sujeito é capaz de render, tratando-se de pessoas, relativamente a um padrão previamente estabelecido. O que mede um instrumento com base metodológica no Rorschach como uma unidade? "Com o Rorschach, que tem sido tradicionalmente considerado como um teste de personalidade, nós não conseguimos, em medida, quanto de personalidade a mais ou a menos a pessoa tem" (Weiner, 1994, p.499). O que mede o Z-Teste como uma unidade? A personalidade é um complexo dinâmico plurifacetado de elementos estruturais e funcionais. Sabiamente, diz Weiner: "O Rorschach é útil como médias de medidas e descrições sobre vários aspectos do funcionamento da personalidade" (p.499). Tanto o Rorschach como o Z-Teste apresentam categorias, tais como número de respostas, respostas globais (G), detalhe comum (D), forma precisa (F+), movimento humano (M), movimento animal (FM), altamente quantificáveis, e que, conseqüentemente, possibilitam estudos comparativos e correlacionais em elevado padrão estatístico. Entretanto, tais medidas, por mais objetivas que sejam, expressam muito pouco, se o psicólogo deixar de lado a integração dessas variáveis com outros dados do contexto familiar, profissional, social, para aproveitar melhor as possibilidades de avaliação da personalidade através do Zulliger.

As manchas não estruturadas, projetadas fisicamente sobre a tela (aplicação coletiva) ou visualizadas nos Cartões (aplicação individual), suscitam, na pessoa que está sendo psicologicamente examinada, situações que vêm associadas ao seu contexto. O Z-Teste é capaz de propiciar ao examinador essas informações, que, transformadas em categorias, passam a ser quantificadas e interpretadas no todo plurifacetado de dinamismos perceptivo-associativos que é a personalidade. A técnica de Zulliger é um conjunto de variáveis, por meio das quais se pode quantificar aspectos funcionais e dinâmicos da personalidade. É uma técnica, um método no sentido amplo, e não um teste, uma unidade estímulo padrão para obtenção de resposta-padrão. O que Hans Zulliger construiu para avaliação da personalidade foi, a nosso ver, uma técnica, e não um simples teste. As denominações Teste de Zulliger e Z-Teste são usadas e devem ser entendidas como sinal de respeito ao autor e à tradição, mas nos parece mais respeitoso ao ser humano avaliável e mais metodologicamente adequado dizermos técnica de Zulliger, quer coletiva quer individualmente, conforme a modalidade de aplicação.

Aplicação coletiva

A aplicação coletiva é recomendada para fins de seleção ou classificação de pessoal e de pesquisa. O número de pessoas a serem examinadas não deve ser superior a 35. A sala, não muito grande e com circulação adequada do ar e temperatura não demasiadamente elevada, deve ter condições de poder ser escurecida, quando a aplicação for feita durante o dia. Outros cuidados com espaço físico, interruptores de luz, tamanho da tela para projeção dos diapositivos, folhas de aplicação e de mapeamento das respostas, equipamentos necessários, assim como o *rapport*, instruções e procedimento de toda a aplicação, devem ser objeto de preocupação para a aplicação coletiva (Vaz, 1998).

Aplicação individual

A aplicação individual possibilita uma coleta mais minuciosa de dados sobre a personalidade do examinando. O ambiente físico consiste de uma sala relativamente pequena, arejada, com claridade correspondente à luminosidade solar, e que não sofra influência de ruídos perturbadores à conversa entre duas pessoas, com uma mesa de 2,0 m x 1,5 m, duas cadeiras em que possam se sentar o examinador e o examinando e uma mesinha pequena para os três Cartões de Zulliger.

Como material necessário, deve o examinador ter à disposição, além do conjunto dos três Cartões de Zulliger, um razoável número de folhas de papel almaço, folha para mapeamento das respostas, ou Folhas de Localizações das respostas do Z-Teste, publicadas pela Editora Vetor e pela Casa do Psicólogo, caneta ou lápis e um cronômetro. Ao contrário da aplicação coletiva, quem escreve as verbalizações e o mapeamento das áreas da mancha em que foram localizadas respostas é o examinador.

A aplicação individual da técnica de Zulliger pode se dividir em quatro fases: 1) *rapport*, 2) instruções, 3), aplicação propriamente dita; 4) inquérito ou investigação, à semelhança do Rorschach.

1) *Rapport*. Esta é uma fase de contato inicial, que se caracteriza por uma conversa informal, simples, descontraída, sem finalidade de coletar dados mais profundos do examinando, extremamente necessária para o êxito e fidelidade da aplicação.

2) Instruções: " Nós vamos, agora, fazer um teste bastante simples. Não se trata de um teste de acerto ou erro. Eu vou lhe apresentar alguns Cartões, um de cada vez, você olha e, à medida que vai olhando, você vai falando tudo aquilo que as manchas lhe sugerem, o que elas lhe lembram ao olhar para o Cartão. Procure *não* se preocupar com erros nem com acertos, nem com o que é bom ou não falar. Procure falar, bem livremente, tudo aquilo que lhe vem à lembrança. Algumas pessoas vêem mais, outras vêem menos. Enquanto você vai falando, eu vou tomando nota. Durante algum tempo, eu não conversarei com você, pois preciso anotar o que você fala, depois sim, irei conversar para ver se entendi bem tudo que você tiver falado. Não vendo mais nada, devolva-me, por favor, o Cartão. Está bem? Compreendeu bem? Vamos começar" (Vaz, 1997, p.16).

3) Fase da aplicação propriamente dita. Uma vez que a pessoa examinanda manifestou ter entendido as instruções, inicia-se a aplicação propriamente dita. O examinador oferece-lhe o primeiro Cartão, com uma pequena frase: "Por favor, pode dizer o que as manchas lhe lembram, lhe sugerem?" Controla o tempo de reação (tempo decorrido desde o momento em que o sujeito recebe o Cartão e emite a primeira resposta) e de duração (desde o momento em que o sujeito recebe o Cartão até o da devolução).

4) Fase do inquérito. Nessa fase, o psicólogo deve procurar saber onde o examinando situou as respostas nas manchas do Cartão; identificar os conteúdos verbalizados e diferenciar bem o que influiu no processo perceptivo-associativo do examinando. Em outras palavras, vai identificar onde e que conteúdo foi verbalizado, o que levou o examinando a emitir cada resposta, se foi de forma precisa, duvidosa ou confusa e vaga, se foi algum tipo de ação humana, animal ou inanimada, cor, sombreado e fenômenos especiais – categorias básicas da técnica de Zulliger. Nessa fase, o psicólogo passa a conversar com o examinando, com serenidade, procurando esclarecimentos sobre um dado e outro, trazido na fase de verbalização ou que está sendo falado agora no inquérito, com todo o cuidado para não induzi-lo a qualquer tipo de determinante ou outra categoria.

É de extrema importância que os dados, levantados no inquérito, posteriormente sejam classificados e tabulados quanto a localização, determinantes, conteúdos e fenômenos especiais (dados qualitativos) das verbalizações e reflitam o que o examinando quis dizer, e não o que o psicólogo imaginou ou simplesmente deduziu que fosse.

CLASSIFICAÇÃO E INTERPRETAÇÃO BÁSICAS

Classificar as verbalizações de um protocolo do Zulliger quanto a localizações, determinantes, conteúdos e fenômenos especiais requer certo cuidado, principalmente quando se trata da aplicação coletiva. Nem sempre o examinando consegue mapear com a devida clareza a área da mancha em que visualiza o conteúdo verbalizado, fornecendo subsídios claros para a classificação exata das localizações, dos determinantes e outras categorias. A aplicação individual, para um diagnóstico clínico ou compreensão dinâmica mais acurada, é, sem dúvida, a forma mais apropriada. Uma investigação (Inquérito) na aplicação individual, feita pelo examinador, descontraidamente e com todo o cuidado, para não induzir o examinando, realmente possibilita uma coleta de dados que facilita a classificação mais do que a aplicação coletiva.

Uma outra questão a considerar é o sistema de classificação adotado para a codificação no Rorschach e, conseqüentemente, no Zulliger. Embora as categorias globais, detalhes comuns, movimento, cor, forma, sombreado, conteúdo humano, conteúdo animal mantenham as mesmas características básicas, especialmente no que tange à interpretação nos vários sistemas (Beck, 1945; Exner, 1974; Exner, 1991; Exner, 1993; Exner & Weiner, 1995; Hertz, 1951; Klopfer, 1937; Klopfer, Ainsworth, Anderson et alii, 1956; Klopfer, Ainsworth, Klopfer et alii, 1954; Klopfer & Davidson, 1940; Klopfer & Sender, 1936; Ombrendane-Canivet, citado por Anzieu, 1960; Rappaport, Gill & Schaffer, 1946, Piotrowski, 1957), as diferenças existentes entre um e outro sistema são irrelevantes, no que tange ao resultado final; diferenças de codificação não implicam discrepâncias fundamentais na interpretação e no diagnóstico.

Adotamos, como linha básica de trabalho, o sistema de Bruno Klopfer, quer com o Rorschach, quer com o Z-Teste, desde 1966. Em pesquisa normativa com a técnica de Zulliger, verificamos que não há necessidade de se levar em conta as subdivisões de movimento inanimado (conteúdo em ação por forças da natureza ou abstratas) em *Fm, mF, m*, de textura (Fc, cF, c) e de sombreado sobre superfície plana (conteúdos vistos através de transparência, radiografia ou foto) em *Fk, kF, k*. O índice de freqüência desses determinantes é quase sempre muito irrelevante ou, dependendo do grupo, nulo. Para uma melhor compreensão dinâmica do examinando, numa aplicação coletiva para seleção de pessoal, e numa avaliação clínica, entretanto, torna-se vantajosa essa minuciosidade quer nos determinantes apontados, quer nas localizações, como, por exemplo, os detalhes diminutos (dd), para discriminação de personalidade obsessiva e pessoa com defesas obsessivas.

Procuraremos apresentar as categorias básicas, cada uma seguida da interpretação, que, uma vez relacionadas dinamicamente com os demais dados coletados pelo colega profissional, através da entrevista, de outros testes e técnicas projetivas, poderão servir de ajuda na avaliação da personalidade, na elaboração do psicodiagnóstico. Para uma interpretação mais detalhada e específica em função de faixa etária, gênero e ocupações profissionais do examinando, recomendam-se as referências Vaz (1998), nos casos de aplicação coletiva, e Freitas (1996), nos de aplicação individual.

RESPOSTAS

Resposta é um conteúdo verbalizado, é uma idéia, um conceito vinculado diretamente a determinada área-estímulo do diapositivo ou do Cartão. A pessoa dá configuração à mancha que lhe é proposta como um estímulo difuso, não organizado, não estruturado, dando-lhe, em resumo, um conteúdo com nome e características peculiares. Não se considera resposta um simples comentário, nem tampouco uma pergunta, uma exclamação, ou uma expressão de admiração, de susto ou coisa semelhante, feitos pelo examinando diante da figura. Por exemplo, no diapositivo I, "Este é mais difícil...", ou no II, "Não gostei disso", ou no III, "Este foi mal feito". "Por que o psicólogo procura complicar tanto a vida da gente com essas manchas?" Tais comentários, críticas, apreciações, depreciações, etc. são elementos que poderão ser levados em consideração na integração dinâmica e compreensão diagnóstica da pessoa, porém, não como um dado quantitativo. Nestes exemplos, no diapositivo/Cartão I, "No total, eu vejo um morcego", no III, "Duas mulheres", no II, "Vejo duas crianças brincando de subir e descer numa gangorra", há, em cada verbalização, uma resposta. Podemos dizer que a resposta, no Z-Teste, responde à pergunta que tecnicamente se faz: "O que viu o examinando na figura ou em partes da figura?" Esta é a parte mais importante na classificação das verbalizações expressas por uma pessoa no Z-Teste, porque é a partir do número de respostas que se extraem os parâmetros quantitativos das demais categorias.

O total de respostas (ou somatório de respostas), verbalizadas num protocolo, constitui o produto de todo o trabalho da pessoa durante a fase de testagem, e, como tal, *pode ser interpretado como a expressão da sua capacidade de adaptação à tarefa, sua capacidade de produção, de desempenho e realização*; é o resultado de uma tarefa constituída de dificuldades que ela teve que enfrentar e resolver, usando do potencial de sua inteligência e de suas condições de personalidade. Diversos fatores podem influir no total de respostas de uma pessoa considerada normal.

LOCALIZAÇÕES

Denominam-se localizações as áreas da mancha em que o examinando situa a resposta verbalizada. Em função das áreas, as respostas podem ser classificadas em categorias globais, codificadas como G, detalhes comuns, que levam como código, D, e respostas de detalhe incomum, classicamente Dd, e que, seguindo Klopfer, se dividem em quatro subcategorias: Detalhe raro (dr), Detalhe diminuto (dd), Detalhe interno (di) e Detalhe externo (de) ou de borda. Quando o examinando inclui o branco do diapositivo ou Cartão, o registro assume a classificação GS, ou SG, no caso em que fique clara a preocupação com o branco. Exemplo de GS: "um morcego voando no espaço" (incluindo o branco do Cartão); de SG: "um morcego voando num espaço muito amplo, este espaço é amplo demais, não gostei". Para classificar a localização, há necessidade do uso de Atlas de localizações na técnica de Zulliger, que pode servir de referencial normativo, especialmente para profissionais com pouca experiência, assim como quanto aos critérios objetivos para a classificação das respostas (Freitas, 1996; Guerra, 1977; Macedo; 1968; Vaz, 1998).

De modo geral, podemos dizer que as categorias de localizações (globais – G, detalhes comuns – D e detalhes incomuns – Dd) das respostas do Z-Teste *significam* o modo como a pessoa percebe racionalmente a realidade. As localizações expressam como a pessoa usa sua inteligência: a) a percepção de síntese, senso de organização, capacidade de planejamento e capacidade de abstração do sujeito (G); b) a capacidade de discriminação perceptiva dos dados da realidade e o senso de objetividade, por meio das respostas emitidas em área de detalhes comuns (D); as respostas de D podem ser interpretadas como o uso da inteligência voltada para o concreto e pragmático; c) as respostas dadas em áreas com baixa freqüência estatística, denominadas detalhes incomuns (Dd), significam a capacidade de análise e senso de observação. A presença de espaço branco (S), combinado com essas variáveis, pode ser interpretada como interferência da ansiedade situacional sobre o que cada uma representa (Vaz, 1997; Vaz, 1998). Convém verificar as tabelas de número 4 a 7, em Vaz (1998), pois, de acordo com a ocupação profissional da pessoa testada, varia o percentual considerado normal e esperado. Pessoas com propensão ao uso da fuga e da fantasia apresentam percentual de globais elevado. Um índice de globais inferior à média conduz à hipótese de pessoa pouco inteligente, com a capacidade de síntese prejudicada e com falta de visão de conjunto da realidade. Deficientes mentais têm dificuldades para se organizar ante as manchas, caindo num processo de repetição, na perseveração de globais com o mesmo conteúdo. Pessoas com quadro obsessivo de personalidade manifestam elevado percentual de D e Dd combinado com elevado número de respostas, enquanto defesas obsessivas de personalidade se caracterizam pelo elevado percentual de Dd, mas com o número de respostas considerado normal.

DETERMINANTES

Determinante é uma palavra usada nas técnicas de Rorschach e Zulliger para identificar quais fatores psíquicos que *levaram* ou *determinaram* o examinando a dar essa ou aquela resposta. Rorschach parecia atribuir aos determinantes a expressão de algo estrutural da personalidade. Os determinantes mobilizam não apenas a maneira como são captados os perceptos, mas a mobilização dos engramas do mundo interno do examinando pelas manchas, ou seja, são a expressão da memória viva das experiências passadas e projetadas pelo examinando sobre as manchas. São a expressão do modo como o examinando estabelece a relação entre o mundo externo através das manchas e o seu mundo interno.

Forma

Considera-se como determinante forma, um conteúdo percebido de modo particularizado, singularizado pelo examinando, tendo sido este levado simplesmente pela forma. O conteúdo é verbalizado sem nenhuma combinação de ação, colorido, sombreado ou de preto e branco.

O uso da freqüência estatística das respostas nas áreas de detalhes e globais nas figuras, não resta dúvida, é o critério mais consistente para a classificação de F+. Fenômenos especiais como a *contaminação*, a *confabulação*, *idéia de auto-referência*, *idéia de referência* e *resposta de posição* interferem negativamente no processo perceptivo, na precisão da forma, e, pelos estudos de casos clínicos, constata-se que prejudicam decisivamente a precisão, a coerência e a clareza do raciocínio lógico. Adotamos, para a classificação *Forma precisa ou de boa qualidade* (F+), um dos dois critérios seguintes:

1) Quando a resposta dada é considerada comum pela área em que está localizada e encerra um conteúdo com forma simples (isto é, sem nenhuma combinação com cor, preto/cinza/escuro, movimento e sombreado), quer o examinando descreva o formato do conteúdo verbalizado, quer não o descreva. Exemplo: diapositivo II, área D1: "Dois touros". Não foi feito comentário. Classificação: D (como localização) F+ (como determinante). Na mesma área: "Vejo dois touros". Comentário: "Dá para se notar bem o formato da cabeça, das patas e do corpo". Classificação: F+. Diapositivo I, no total da figura: "Um morcego". Não foi feito comentário. Classificação: F+ (como determinante) (Vaz, 1998, p.35).

2) Quando o examinando emitiu a resposta levado simplesmente pela forma, a resposta situa-se numa área que não é comum naquela figura, mas ele caracteriza bem o conteúdo, descrevendo-lhe o formato e o configurado à área. Exemplo, no diapositivo II, dr 20: "Esquilo". No comentário, o examinando explica "Tem patas, cabeça e corpo perfeitos de um esquilo" (Vaz, 1998, p.35). Determinante F+. Não se trata de uma resposta comum nesta área, entretanto, o examinado descreve bem a forma do conteúdo verbalizado e em consonância com o modo como a área selecionada da mancha se apresenta. Em caso de ocorrer dúvida do examinador que está efetuando a classificação, quanto à atribuição de precisão formal (+), convém recorrer à opinião de um segundo e de um terceiro colegas, prevalecendo então a maioria dos três.

Para as respostas de *Forma confusa e vaga ou de má qualidade* (F-), utilizamos como critérios:

1) Quando, na resposta, o conteúdo é percebido com forma simples, porém confusa e vaga, e dá para se observar que o próprio examinando, quando não é psicótico, sente dificuldades para descrever e mesmo objetivar o conteúdo verbalizado. Exemplo II, no conjunto: "Uma coisa que não dá para saber bem". No inquérito: "É uma coisa assim parecida. Floresta não é, é qualquer coisa nesse tipo". Há, por parte da pessoa, confusão e falta de clareza em perceber e caracterizar o conteúdo. Às vezes, a pessoa que está sendo examinada tem dificuldades para se expressar. Classificação: G F– Pl. Quando assim acontece, o examinador deve procurar uma maneira de buscar a explicação, usando um modo mais simples de perguntar, com cuidado, para não induzir a resposta.

2) *Forma combinada com fenômenos especiais comprometedores.* Quando o conteúdo, de forma simples, vem associado, na verbalização, a um ou mais dos fenômenos especiais – contaminação, confabulação (ou confabulização), idéia de auto-referência, idéia de referência e resposta de posição (PO) –, considera-

mos esses fenômenos como fortemente comprometedores da personalidade e temos constatado, no Rorschach, que costumam ocorrer em transtornos neuróticos e transtornos esquizofrênicos.

Significados do somatório Forma (F+, F– e F±). O somatório F num protocolo é indicativo consistente de o examinando perceber as coisas com objetividade, com adequado senso lógico; é a expressão da capacidade para perceber as coisas como elas se apresentam na realidade e sem interferência prejudicial ou distorciva das emoções; é a expressão racional e intelectual do controle geral adequado que a pessoa tem sobre seus dinamismos psíquicos (como instintos, reações afetivo-emocionais e impulsivas). Pessoas cuja categoria de ocupação profissional se caracteriza por atividades burocráticas, sistemáticas e de rotinas apresentam um percentual do somatório F entre 35 e 60% do total de determinantes do protocolo, enquanto as de atividades menos rigorosas quanto à sistematização e método apresentam um percentual situado entre 25 e 50% (Vaz, 1998). A forma, sob nosso ponto de vista, expressa um importante papel da inteligência no aprendizado do ser humano, no desenvolvimento de seus dinamismos. Retardar uma reação impulsiva (M) em determinado momento, diferenciar adequadamente os estímulos e situações (F+) para não se dar mal, trabalhar com as emoções e assim ser mais afetivo (FC), são exemplos de como a forma, em técnicas com base em manchas de tinta, é a expressão clara de uma operação da inteligência no processo de aprendizado do ser humano.

A presença do percentual do somatório F significativamente elevado é um sinal de alerta; é indicativo de controle demasiado, de repressão dos afetos e emoções, com prejuízo na espontaneidade. Já um protocolo com F% baixo ocorre mais comumente em casos de pobreza intelectual. Deficientes mentais tendem a dar baixo percentual de F. Também pode ser indício de descontrole emocional, como também de pouco senso de responsabilidade. Schafer (1954) interpreta, sob o ponto de vista psicanalítico, o somatório F% como a variável mais importante do Rorschach, por meio da qual se expressam as funções do superego. A nosso modo de ver, esta é uma das variáveis mais consistentes para avaliar o funcionamento do pensamento lógico em seu aspecto de *precisão, coerência e organização*. "Quando F+ % diminui e não há distúrbios afetivos, trata-se de baixo potencial de inteligência (de raciocínio). Quando o percentual de F+ diminui numa pessoa intelectualmente bem dotada, é sinal de que ela sofre interferências de fatores afetivos, especialmente estados depressivos ou constritivos" (Serebrinski, 1948, p.96). Psicóticos depressivos, esquizofrênicos, neuróticos ansiosos e depressivos, sempre, pelo que temos podido observar, apresentam F+% inferior a 70 no Z-Teste. A diminuição de F+% com correspondente aumento de F±% acontece mais comumente em pessoas com perturbação afetiva e emocional, sem, contudo, se tratar de psicose; isso ocorre mais em neurose de ansiedade e neurose de histeria. Já, por outro lado, a diminuição de F+% com correspondente aumento de F-% é comum de acontecer em caso de psicose ou de neurose depressiva.

Movimento humano

Rorschach define movimento como "interpretações determinadas pela percepção da forma e acrescidas de sensações cinestésicas" (1967, p.25); é a manifestação do mundo interno da pessoa, através de imagens cinestésicas. Para se classificar como movimento humano, é necessário que o conteúdo expresso pelo examinando seja percebido em ação vital. Classificam-se como:

1) M+, *movimento de boa qualidade:* a resposta em que o examinando verbaliza uma figura humana inteira em ação, quer de deslocamento (correndo, etc.), quer de extensão (em ação com braços, etc.), quer de postura ou flexão (olhando, respirando, etc.). Exemplo no diapositivo ou Cartão III (áreas vermelhas laterais inferiores): "Duas crianças"; no comentário feito pelo examinando: "Uma cena em que vejo duas crianças brincando de pula-pula" (Vaz, 1998, p.37).

2) M-, *movimento secundário ou de não boa qualidade*: 1) quando a resposta é de conteú-

do de *detalhe humano* percebido em ação. Exemplo na área D2: "Dois olhos de pessoa braba" (Vaz, 1998, p.37); 2) nos casos de resposta de conteúdo humano, mesmo visto como figura inteira, mas *descaracterizado como humana*, como: ser humano mitológico (figuras lendárias), monstros, com maior conotação expressa pelo examinando, de gente, fantasmas humanos, caricaturas, vistos em movimentos, em ação. Exemplo no dr1 do diapositivo III: "Uns duendes, meio gente com uns traços estranhos, uns humanóides" (Vaz, 1998, p.167); 3) classifica-se como M– resposta de conteúdo humano acompanhada de: a) uma *confabulação*, em que o examinando amplia a verbalização como se estivesse contando uma história; conta uma história; b) *contaminação*, caracterizada por um processo de dissociação em que ele tenta fazer uma junção de elementos que na realidade é impossível; c) *idéia de auto-referência*, quando o examinando verbaliza um conteúdo levado pela idéia de idêntico a parte ou propriedade sua; d) *idéia de referência*, quando fica claro que não é pelas peculiaridades do conteúdo verbalizado, mas pelo que de idêntico esse conteúdo tem com fatos, acontecimentos, pessoas próximas ao mundo do examinando.

3) M±: aquelas respostas cujo conteúdo é uma figura humana vista por inteiro, mas em que o examinando tem dúvida se está em movimento ou não, ou quando a pessoa não chega a definir bem se o percepto é visto em movimento humano da pessoa inteira, de modo bem claro. Também assumem a cotação de M± os conteúdos humanos vistos por inteiro, mas quando o examinando tem dúvida se se trata de uma pessoa do mundo real ou imaginário, quando o conteúdo visto é descaracterizado como humano. Exemplo I, no conjunto da mancha: "Uma dança". No comentário: "Pessoa ou bruxa... não dá para ver bem... numa dança".

Movimento humano (M): expressão de criatividade, espontaneidade e empatia

O movimento humano tem sido interpretado pelos rorschachistas como criatividade, capacidade de integração do ser humano e empatia (Cristiano de Souza, 1971; Rappaport, 1946; Rorschach, 1967; Schachter 1973; Schafer, 1954). A ação vital dos conteúdos humanos autênticos é, em nosso entendimento, a expressão do mundo interno da pessoa, da espontaneidade e do seu poder de adaptação ao meio externo; é a expressão da imaginação criadora, da empatia e das funções integradoras de sua personalidade.

Espera-se como normal um índice de 1 a 2 M num protocolo, na forma coletiva, e um mínimo de 2 M, na aplicação individual. A freqüência de duas respostas de movimento humano de boa qualidade (M+), num protocolo, com F+ acima de 70% e F% dentro da média (do grupo) e com DG elaborada, indica tratar-se de pessoa dotada de inteligência criativa, dinâmica e com boa capacidade de planejamento.

Índice elevado de M, mais do que três em aplicação coletiva, pode significar inteligência altamente criativa ou propensão da pessoa testada a reações ou defesas de tipo maníaco. Tornam-se mais delicadas essas reações se o índice elevado de M vier combinado com CF (reações emocionais com controle precário) e FM (reações impulsivas) também com índice elevado. A ausência de M é freqüente em casos de pessoas ansiosas, tensas, inibidas, depressivas ou pouco inteligentes. A ausência de M é freqüente, ainda, em casos de deficiência mental, de esquizofrenia simples com estereotipia de pensamento. É necessário, no entanto, para se aceitar a hipótese de deficiência mental, ser apurado se é muito baixo o número de respostas, o percentual de F e de F+, e se há perseveração do mesmo conteúdo nos três diapositivos, e, para a hipótese de esquizofrenia, se há contaminação (dissociação de idéias), F+% baixo com conseqüente aumento de F–% e ausência (comprometimento do raciocínio lógico) de respostas cromáticas (bloqueio ou outra problemática de origem afetivo-emocional).

Respostas com conteúdo humano em ação são do tipo movimento de boa qualidade (M+) e indicam boas condições intelectuais e imaginação criadora, ao passo que as de tipo M–

são mais comuns em casos de pessoas inibidas, ansiosas e de relacionamento interpessoal receoso e tenso.

Movimento animal

Movimento animal, classificado como FM, caracteriza-se por ser uma resposta de conteúdo animal visto em ação vital, quer de deslocamento, quer de postura. Exemplos: I -"Um morcego voando", movimento de deslocamento; II – "Dois touros parados se olhando", movimento de postura.

Movimento animal como indicativo de impulsos, dinamismo. A verbalização de conteúdos animais em ação é uma característica da infância. Alcock (1956) ressalta a importância dos FMs, num protocolo, também do adulto, como uma "válvula de escape aos impulsos libidinais e como uma precária tolerância à frustração" (p.63). Os autores, em sua grande maioria, são de opinião que FM deve ser superior ao índice M, em casos normais de personalidade.

O movimento animal (FM) no Z-Teste coletivo, aplicado para finalidade psicotécnica, é uma variável muito importante para se verificar como se encontra a pessoa testada quanto à iniciativa e capacidade para competição. Convém se levar em consideração o grupo humano em que o examinando se situa, em função da ocupação profissional (Vaz, 1998), da faixa etária, do grau de instrução e de papéis de gênero. De modo geral, pessoas com pouca iniciativa, dependentes e acomodadas (Vaz, 1997; Vaz, 1998) apresentam menor incidência de FM do que as dinâmicas, competitivas e com senso de iniciativa, como pudemos constatar em pesquisa realizada, inclusive com o Rorschach, aplicado em índios Tükuna e brancos da mesma região geográfica (Vaz, 1996; Vaz, 1997). Convém relacionar a ausência de FM com o percentual de F, pois pode acontecer que o F% esteja elevado (conforme o grupo humano de referência), o que, no caso, deve ser interpretado como repressão dos impulsos ou coartação quanto a tomadas de iniciativa.

Elevado índice de FM pode significar imaturidade e infantilismo, e quando combinado com F% baixo, com ausência de M e de FC, é sinal de impulsividade descontrolada. Quando o índice de FM é alto, combinado com CF+C > FC e F% baixo, pode-se levantar a hipótese de compulsividade do sujeito testado.

Movimento inanimado

Classificam-se as respostas de movimento inanimado como aquelas em que o conteúdo está sendo visto em movimento, em ação não vital humana ou animal, isto é, está sendo movido por forças físicas, químicas, mecânicas ou abstratas. Se o conteúdo é verbalizado com forma definida, o determinante assume a classificação de *Fm*. Exemplo, "Um avião subindo"; como *mF*, quando o percepto é visto pelo examinando em movimento inanimado, mas o conteúdo não é expresso com forma definida, por exemplo, "algo parecido com um avião, só que não sei se é um avião ou outro objeto subindo". Assumem o determinante *m* as respostas caracterizadas por ação, conteúdos abstratos, sem forma definida e difusos (Vaz, 1998, p.39).

O somatório de movimento inanimado *(Fm+ mF+ m)* tem significado, para Klopfer (1954) e Alcock (1956), de conflitos internos, com os quais a pessoa está encontrando dificuldades para conviver. Ressalta a última autora que o *m* (puro), sem o mínimo indicativo de forma, expressa forças e tensões internas sentidas como hostis e que o sujeito não consegue controlar.

Somos de opinião de que a presença de movimento inanimado, num protocolo de Zulliger, em forma coletiva ou individual, é *indicativo de conflito intrapsíquico, em conseqüência de tensões vivenciadas pelo examinando entre o esquema de valores formado e presente no seu mundo interno, e o esquema de valores socioculturais* que o mundo externo, em transformações, está lhe apresentando.

Cor cromática

As cores constituem um dos aspectos mais relevantes no Rorschach e no Z-Teste, não só pela importância na percepção visual, mas, principalmente, porque, como estímulos de impacto do mundo externo, têm o poder de mobilizar o mundo interno da pessoa, provocando-lhe reações emocionais, quer de aproximação (euforia, entusiasmo, encantamento, estima, amor), quer de afastamento (retraimento, indiferença, desencanto, hostilidade, ódio) com as mais variadas repercussões em todo o aparato psíquico da personalidade. Os diapositivos ou cartões de Zulliger caracterizam-se por dois aspectos fundamentais na constituição das manchas: por um lado, os estímulos coloridos de vermelho, verde, marrom e matizes e, por outro, os não-coloridos, preto, cinza, escuro.

Considera-se resposta de cor cromática quando o examinando emite a resposta, levado em seu processo de percepção pelo colorido. O examinando inclui o colorido da mancha ou da sua imaginação no conteúdo verbalizado.

Forma e cor (FC). Classifica-se FC quando é verbalizado conteúdo visto com forma definida, com colorido e que sua cor seja compatível com a da área de localização dessa resposta. O determinante *forma e cor* (FC) pode ser interpretado como a capacidade de a pessoa receber e retribuir afeto adequadamente, investir afeto nas demais e de se permitir ser objeto de afetos dos outros, também adequadamente. As condições afetivo-emocionais são tanto mais maduras quanto mais autênticas e de boa qualidade sejam as respostas de forma e cor. Muitas vezes não basta a presença de FC.

A freqüência média de FC não é alta, de modo geral, nem no Rorschach nem no Z-Teste, forma coletiva. Pelo que se pode observar (Vaz, 1998), a média por protocolo gira em torno de 1 a 2 FC, no geral de 15 grupos profissionais. Profissionais da área da saúde, como psicologia, enfermagem e odontologia, tendem a aumentar o índice de respostas de forma e cor (Vaz, 1998).

Cor e forma (CF). São consideradas respostas de cor com forma imprecisa (CF) aquelas cujos conteúdos são percebidos como coloridos, em área também colorida, mas sem que o examinando consiga precisar o formato; são as respostas em que a pessoa, sendo levada pela cor, emite um conteúdo sem poder (por razões emocionais, ver interpretação) identificar bem seu formato. A forma é vaga, confusa. Exemplo no diapositivo II (áreas verdes laterais): "Duas coisas verdes". Na coluna reservada a comentário: "São umas coisas verdes, não sei bem do que se trata". Na realidade, pode-se aceitar que existam coisas verdes, há compatibilidade entre cor de área e de conteúdo, mas o examinando não particularizou o conteúdo, falta a precisão formal. CF, visto isoladamente, indica que a pessoa reage aos estímulos emocionais de forma precariamente controlada; seu sistema emocional se mobiliza com a mínima intensidade de estímulo. Pessoas com tendências a excitabilidade emocional, escapes agressivos e a atitudes sem o adequado controle tendem a dar mais respostas CF do que as consideradas "emocionalmente controladas". Pode indicar irritabilidade e inquietude interior quando associado a S, K ou KF (ansiedade situacional elevada) e expressões de crítica ao teste ou à pessoa do examinador (Vaz, 1998, p.40).

Cor pura (C). Denomina-se de cor pura, C, aquele determinante correspondente à resposta em que há compatibilidade entre o colorido da área e o conteúdo verbalizado, entretanto, visto sem forma. Exemplo no II (no total): "Cores". Comentário: "Muitas cores e bonitas". Também se consideram respostas de cor pura: conteúdos tipo disfóricos, em estado líquido ou gasoso, vistos como coloridos em áreas de manchas coloridas. Exemplo no III, D2 (áreas vermelhas laterais): "Sangue". Comentário: "Sangue vermelho" (Vaz, 1998, p.42).

A cor pura (C) pode ser interpretada como o determinante específico no Rorschach e Z-Teste, por meio do qual o examinando projeta suas reações emocionais livres, intensas e carregadas de sentimentos, quer de apreciação, estima, admiração, amor e paixão, quer de depreciação, desprezo, ódio, raiva e agressividade. A presença de C é sempre motivo de atenção sobre a capacidade de controle emocional do examinando, por parte do psicólogo. Faz-se necessária apropriada integração dessa variável a todo o quadro geral dos dados do Z-Teste. Às vezes, a presença de um C puro, num protocolo com índices adequados de F%, F+%, M, e G% e D%, pode ser interpretada como um dado positivo: sinal de iniciativa e capacidade de reação emocional firme e necessária para tomada de decisão.

Cor descrita (Cdesc). O sujeito, diante de uma mancha colorida, por se perturbar e não conseguir organizar seu processo de percepção objetiva da realidade, simplesmente descreve as tonalidades das cores; detém-se em descrever as nuanças de cor, daí a classificação Cdesc. Exemplo no II, D1: "Cor marrom". Comentário feito pelo examinando: "Percebe-se um marrom mais claro e que aos poucos vai ficando com a tonalidade mais forte". Trata-se de um outro tipo de reação à cor. O examinando, diante das cores do material do teste, tende a se desorganizar, levado, não tanto por transtorno da personalidade, mas por dificuldade de ordem intelectual. Pessoas limitadas de inteligência descrevem as cores, sem expressar sentimento de hostilidade ou outras manifestações comprometedoras da personalidade; pelo contrário, de forma direta, manifestam sentimentos de impotência (Vaz, 1998, p.42).

Cor nomeada ou enumerada (Cn). O sujeito, sentindo-se emocionalmente perturbado, não conseguindo coordenar seu pensamento lógico, com objetividade e precisão, simplesmente nomeia ou enumera as cores que visualiza, Cn. Trata-se de uma resposta de cor pura e que, via de regra, quando aparece, chama a atenção do examinador, como indicador de possível comprometimento emocional. Exemplo no II: "Três cores", "Marrom, vermelho e verde" (Vaz, 1998, p.42).

A cor nomeada aparece mais freqüentemente em protocolos de pessoas que, ao se depararem com estímulos coloridos, se perturbam emocionalmente, de tal forma, que não conseguem perceber qualquer conteúdo; apenas enumeram ou dão o nome das cores. Desorganizam-se no processo lógico do pensamento. A presença de cor nomeada num protocolo de Zulliger deve ser estudada com bastante cuidado em relação a outras variáveis dessa técnica e de outros instrumentos, inclusive de exame neurológico. Em deficientes mentais, isso também pode ocorrer, embora em menor incidência. Respostas com cor nomeada, no Zulliger, podem aparecer também nos casos de pessoas com baixo poder intelectual ou epilépticas.

Proporção FC ^{3} CF+C. Quando, na razão proporcional, forma e cor (FC) é maior que cor e forma (CF) mais cor pura (C), pode-se dizer que o examinado é capaz de liberar seus sentimentos, afetos e emoções de forma adequada e madura, bem como de estabelecer bom relacionamento interpessoal. É a proporção considerada como o parâmetro ideal.

Podemos dizer, conforme pesquisa, que, à medida que as pessoas vão avançando na idade cronológica, tendem a diminuir as respostas com cor pura C e CF no Z-Teste, forma coletiva (Vaz, 1998).

Há atividades em que se faz necessária a presença de maior potencial agressivo (não destrutivo), correspondente à iniciativa, competição e disputa. Donde, além da presença em percentual adequado, de movimento animal (FM), de forma bem definida (F+) e do total de respostas com forma (F+, F– e F±), é de se esperar a presença de CF, que deve ser interpretado como liberação da emoção com certa intensidade, para reforçar a pulsão instintiva na busca do desempenho do objetivo. Em seleção de pessoal ou situação similar, a proporção invertida (FC<CF+C), dependendo de como se apresentam os percentuais de F, F+ e os tipos de cor pura, pode ser favorável à pessoa cujo protocolo está em avaliação.

Proporção FC < CF+C. Neste caso, cabe a interpretação: a pessoa, ao ser mobilizada afetiva e emocionalmente, sofre dificuldades em reagir de modo adequado quanto à adaptação no relacionamento interpessoal.

Cor forçada (F-C e C-F) e Cor arbitrária (F/C e C/F). Respostas dessas duas categorias no Z-Teste coletivo quase nunca ocorrem. Quando isso acontece, convém o examinador verificar, pois, comumente, se se devem à alteração do colorido dos "diapositivos". No Z individual, é mais freqüente, podendo significar labilidade afetiva, relacionamento interpessoal cauteloso e tímido.

Cor simbólica (Csimb). De todas as respostas cromáticas sem forma, é a que menos compromete o diagnóstico sobre o examinando. Diante da mobilização que as cores provocam em seu sistema afetivo emocional, ele usa a cor como símbolo de conteúdos abstratos, numa tentativa de fuga, mas de forma nãoagressiva. A presença de Csimb é sinal indicativo de que o sujeito está tentando sublimar suas pulsões agressivas.

Textura

Algumas pessoas, na aplicação individual, quer do Rorschach quer do Z-Teste, friccionam a área da mancha do Cartão, ao mesmo tempo em que dizem o que ali estão percebendo; é como se estivessem acariciando a área onde verbalizam a resposta. Textura (Fc, cF, c), como percepção tátil, é a expressão do contato.

Torna-se difícil, às vezes, ao examinador identificar uma resposta caracterizada pela textura no Z coletivo. O processo de luminosidade, projeção em tela, assim como a falta de uma apuração (inquérito) por parte do examinador, são fatores que levam o examinando a não deixar claro se é pela sombra sobre a superfície que ele está sendo levado a dar tal resposta ou se por outro fator, como, por exemplo, o escuro com simples tonalidades ou outros fatores. Para que diminua essa dificuldade, recomenda-se que, durante a aplicação, na hora das instruções sobre o mapeamento das áreas onde cada examinando viu o conteúdo verbalizado, solicite-se que comente detalhadamente o que foi escrito na primeira parte da testagem.

Em nosso entender, textura é uma forma tátil de expressão das condições afetivas da pessoa, quer buscando o afeto em alguém ou em alguma coisa, quer investindo o afeto em outras pessoas, situações e objetos. Aquelas que são capazes de atitudes adequadas (com a devida percepção de limites), na dinamização dessa busca ou de investimento, apresentam, na técnica, o Fc proporcionalmente igual ou *maior* que cF+c. Por outro lado, as que não o fazem adequadamente (sem a devida percepção de limites) têm Fc menor que cF+c.

Cor acromática

As respostas em que aparecem o preto e o cinza, verbalizados e integrados ao conteúdo, são interpretadas como tendência de a pessoa evitar estímulos que lhe possam mobilizar reações emocionais e sentimentos para o mundo exterior. A nosso ver, as cores acromáticas FC', C'F e C', conforme classificação detalhada (Vaz, 1997), expressam depressão como traço de personalidade e não apenas reações depressivas transitórias.

Na prática, devem ainda ser levadas em conta, no protocolo, as proporções FC'/C'F+C'+C', FC' ^{3} C'F+C', se o total de respostas está dentro da média esperada, e os percentuais de F, F+ além de outras variáveis. Se a proporção for FC' ^{3} C'F+C' e nos demais índices a pessoa está bem, é sinal de que ela consegue conviver adequadamente com as condições depressivas; quando, no entanto, a proporção for FC' < C'F+C' e os demais índices estão abaixo do mínimo esperado, o diagnóstico quanto às condições depressivas não parece ser favorável. Comprometedor se torna o quadro geral quando FC' é menor que C'F+C', especialmente se houver a presença de C' (pura) que pode indicar se tratar de depressão crônica. Em casos de transtorno neurótico depressivo, além das respostas acromáticas, sem o devido controle, aparecem outros fenômenos especiais, como expressão de sentimentos de incapacidade, queixas durante a aplicação e o tempo de reação e duração prolongados.

Sombreados radiológico e perspectiva

O determinante sombreado radiológico, presente em conteúdos vistos em transparências, imagens fotográficas, radiológicas ou radiográficas e subclassificado em Fk, kF e k, conforme o grau de definição da forma, revela sentimentos desagradáveis da pessoa, vividos intensamente ante situações novas e desconhecidas a serem superadas por ela, e, conseqüentemente, representa a ansiedade situacional. O sombreado perspectiva se caracteriza pelo conteúdo visto pelo examinando em plano tridimensional, em perspectiva e profundidade, e classifica-se como FK, KF e K, conforme a forma esteja bem definida, não bem definida ou vaga, respectivamente. São dois grupos de determinantes que não aparecem com freqüência na aplicação coletiva, sendo mais freqüentes na forma individual.

Convém que, na interpretação, sejam considerados em função das proporções. A proporção Fk > k+kF indica que o examinado consegue controlar a ansiedade situacional pela intelectualização; porém, se dispõe de poucas condições para controle da ansiedade, apresenta a proporção invertida, Fk < k+kF. A reação adaptativa ou o mecanismo utilizado para tolerar a ansiedade é mais adequado e, por certo, sadio. FK > KF+K indica que a pessoa usa a introspecção, partindo de auto-avaliação como processo adaptativo para tolerar a ansiedade. O determinante FK, combinado com a presença de F+%, F%, índice de M e FC considerados adequados no caso, é, a nosso ver, um indicativo altamente positivo de capacidade de *insight* e de reparação.

Recomenda-se ao examinador verificar, nas outras variáveis do Zulliger, como estão o controle e as condições afetivas do examinando, para poder integrar melhor as relações Fk, kF e k, assim como FK, KF e K. Essas relações permitem ajudar o examinador a entender como o indivíduo procura meios de adaptação ou ajustamento, quando enfrenta uma situação, que lhe aumenta o nível de ansiedade e, conseqüentemente, lhe mobiliza sentimentos de insegurança, de temor ou medo.

O determinante K (p.ex., nuvem, água, fumaça sem nenhum indicativo de forma), como subcategoria do sombreado perspectiva e profundidade, estudada separadamente, significa, para alguns autores (Allen & Dorsey, 1954; Klopfer, Ainsworth, Anderson *et alii*, 1956), ansiedade livre-flutuante, o que corresponde à incapacidade de suportar o mínimo de intensidade de um estímulo ansiogênico. A presença de KF indica que a pessoa fica ansiosa, mas tenta suportar, não projetando as dificuldades no mundo externo e, sim, usando do processo de introjeção, buscando por si mesma as causas de sua dificuldade, embora ainda de forma precária.

CONTEÚDOS

Pessoas flexíveis no modo de perceber e avaliar as coisas dão de três ou mais categorias de conteúdos; já aquelas que produzem menos de três tendem a ser estereotipadas e inflexíveis, até mesmo na própria conduta.

H+Hd como conteúdos humanos. De modo geral, significa adequada capacidade de relacionamento com as pessoas. Considera-se como normal num protocolo, de pessoa adulta, o percentual dentro da faixa dos 15 a 25 do total de respostas.

(H) e (Hd) – Conteúdo humano descaracterizado. Os conteúdos humanos com características de animais, de monstro, podem indicar relacionamento interpessoal receoso, cauteloso e controlador.

Dentro de detalhes humanos, existem alguns que podem ajudar o psicólogo na compreensão de alguns dinamismos psíquicos. Por exemplo, olhos fixos indicam controle, tendência a reação defensiva de tipo paranóide.

A +Ad – Conteúdo animal. Os conteúdos animais são comuns em crianças. Tendem a diminuir à medida que a pessoa amadurece psicologicamente. É de se esperar que as pessoas de nível cultural primário apresentem um índice de A mais elevado do que as de nível sociocultural mais destacado.

Anat – Respostas com conteúdo anatômico. Os conteúdos anatômicos, como já entendia Hermann Rorschach, são indício de que a pessoa "supervaloriza a inteligência": um índice superior a 14% das respostas no Z-Teste pode ser indício de uso da intelectualização para tolerar a ansiedade, tensão e sentimentos de frustração, ressalvado quando se tratar de profissional da área médica, que, por prática funcional, tende a dar mais conteúdos anatômicos do que quem não tem vivência profissional envolvida com imagens radiográficas ou fotográficas.

Ao efetuar a interpretação, com base no estudo dos conteúdos – análise de conteúdos –, convém ao psicólogo levar em consideração que este grupo de variáveis, quer no Zulliger forma coletiva, quer individual, sofre maior influência do ambiente cultural e, conseqüentemente, tem menor consistência em comparação com as localizações e determinantes.

MÓDULO X – Técnicas de Contar Histórias

TAT – Teste de Apercepção Temática, conforme o modelo interpretativo de Murray

Neli Klix Freitas

25

CONSIDERAÇÕES GERAIS

Escrever sobre o manejo clínico de um teste projetivo complexo como o TAT representa um desafio. Por um lado, é necessário lembrar premissas teóricas do autor do teste, Henry Murray, que formulou uma teoria da personalidade. Existe, pois, uma teoria da técnica do TAT. Por outro lado, é indispensável expor como se analisa e se interpreta o teste, sem correr o risco de repetir, simplesmente, o que consta do manual. A tarefa reveste-se de importância. Após vinte anos ininterruptos de emprego do TAT na clínica e em pesquisa, seguindo o modelo de Murray, pode-se oferecer algumas contribuições importantes na sistematização dos dados, na análise clínica e no emprego do teste em pesquisas.

Murray, em sua teoria, a Personologia, explica a dinâmica da personalidade alicerçada na dualidade das necessidades e pressões (*needs – press*). Sua obra *Explorations in personality* (1938) expõe a teoria, que deve ser estudada pelos técnicos que se aventuram a empregar o TAT. Seus principais conceitos podem ser encontrados em manuais de teorias da personalidade (vide, por exemplo, Hall e Lindzey, 1973; Schultz e Schultz, 1992). Para proceder ao manejo clínico do TAT, é indispensável rever alguns princípios teóricos de Murray.

Para ele, é tão importante o passado, ou a história do indivíduo, como o presente e seu meio. Como a psicanálise, considera que as vivências infantis são determinantes decisivos para a conduta do adulto. Outra semelhança com a posição psicanalítica está na considerável importância atribuída à motivação inconsciente e no profundo interesse pela verbalização, subjetiva ou livre, do indivíduo, inclusive pelas produções da sua imaginação.

Dá, pois, ênfase à motivação. Seu esquema de conceitos motivacionais tem sido amplamente usado. Insistiu na importância da descrição pormenorizada como um preliminar necessário à formulação diagnóstica. Corroborando esse ponto de vista, encontra-se seu profundo interesse pela taxonomia e as classificações exaustivas que estabeleceu para muitos aspectos da conduta.

Murray fez sérios esforços para estabelecer um acordo entre as exigências, muitas vezes conflitantes, da complexidade clínica e da investigação. Criou meios de representar a diversidade da conduta humana e, ao mesmo tempo, dedicou-se à tarefa de organizar operações para avaliar as variáveis que ocupam uma função central no seu esquema teórico. Essa dupla ênfase resultou numa maior aproximação entre a prática clínica e a pesquisa psicológica.

Com base nessas questões teóricas, surgiu o TAT (Teste de Apercepção Temática). Murray partiu da pressuposição de que pessoas diferentes, frente à mesma situação vital, experimentá-la-ão cada uma ao seu modo, de acordo com sua perspectiva pessoal. Essa forma pessoal de elaborar uma experiência revela a atitude e a estrutura do indivíduo frente à realidade experienciada. Expondo-se o sujeito a uma série de situações sociais específicas, possibilitando a expressão de sentimentos, imagens, idéias e lembranças vividas em cada uma dessas confrontações, pode-se ter acesso à personalidade subjacente. A Personologia de Murray procura considerar o indivíduo naquilo que tem de mais próprio na sua relação consigo e com o mundo. Essa singularidade é o que o TAT procura revelar. Trata-se, pois, de um teste projetivo.

Desde o surgimento do TAT, diferentes autores têm se dedicado a estudos e pesquisas sobre o seu manejo, como Balken (1940), Bellak (1954), Dana (1959), Hartmann (1954), Rapaport et alii (1965) e Shentoub (1954).

Em sua grande maioria, tem sido dada uma ênfase especial a aspectos estritamente qualitativos. Mas houve esforços para o desenvolvimento de sistemas de escores, ou de normas formais, a partir do material produzido (Lanyon e Goodstein, 1982). Não obstante, conforme o ponto de vista de Exner (1983), nenhuma dessas tentativas chegou ao ponto de "estabelecer uma base empírica vigorosa para o teste. Dessa maneira, parece adequado identificar o TAT como sendo fundamentalmente uma técnica projetiva" (p.71).

O TAT tem sido empregado no psicodiagnóstico prévio à psicoterapia breve, onde uma compreensão dinâmica do paciente é imprescindível ao bom andamento do processo terapêutico. Em uma pesquisa com 30 mães enlutadas pela perda de um filho (Freitas, 1997; Freitas, no prelo), aplicaram-se quatro lâminas do TAT no início do tratamento dos sujeitos: 1, 2, 5 e 7MF. As mesmas lâminas foram aplicadas em sessões de *follow-up*, três meses após o término do tratamento. O TAT é um instrumento clínico por natureza. Revela a ocorrência de *insight* na psicoterapia, constituindo-se em um instrumento importante para avaliar a eficácia do tratamento em situações estressantes da vida.

ADMINISTRAÇÃO DO TAT

O TAT compreende 30 lâminas com gravuras e uma em branco. Dessas, onze são consideradas universais, no sentido de que são aplicáveis a todos os sujeitos: 1, 2, 4, 5, 10, 11, 14, 15, 16, 19 e 20. Para homens adultos, acrescentam-se as seguintes: 3RH, 6RH, 7RH, 8RH, 9RH, 12H, 13H, 17RH e 18RH. Para mulheres adultas, além das universais, são indicadas as lâminas 3MF, 6MF, 7MF, 8MF, 9MF, 12F, 13HF, 17MF e 18MF.

Para jovens do sexo masculino, são recomendadas as lâminas: 3RH, 6RH, 7RH, 8RH, 9RH, 12RM, 13R, 17RH e 18RH. Para jovens do sexo feminino, são relacionadas as seguintes: 3MF, 6MF, 7MF, 8MF, 9MF, 12RM, 13M, 17MF e 18MF.

Desta forma, tradicionalmente, a administração abrange 20 lâminas para cada sujeito, o que inclui as 11 chamadas universais e mais uma série de nove, selecionadas conforme o sexo e a faixa etária.

Pode-se recorrer a formas abreviadas do TAT, para testar determinadas hipóteses diagnósticas. Recomenda-se recorrer ao manual do teste (Murray, 1977).

Cada uma das lâminas tem um significado e explora questões específicas. Selecionar as lâminas pelo significado é uma forma. Outra forma de seleção abreviada consiste em suprimir lâminas que proporcionam dados equivalentes.

Recomenda-se o uso de formas abreviadas somente após um período de treinamento com a forma completa. No caso da forma completa, pode-se empregar duas sessões para a aplicação.

No que se refere às instruções propriamente ditas, deve ser dada ênfase à criatividade do sujeito, que é solicitado a inventar uma história. As instruções têm certo caráter de flexibilidade, no sentido de levar em conta a idade, o nível intelectual e outras características do sujeito. Assim, quando é possível pressupor certo grau de inteligência e nível cultural, bem como com adolescentes, aconselha-se que a tarefa seja apresentada como um teste de imaginação. Mas, de um modo geral as instruções básicas são as seguintes: "Este é um teste que consiste em contar histórias. Aqui tenho algumas lâminas que vou lhe mostrar. Quero que me conte uma história sobre cada uma. Você me dirá o que aconteceu antes, e o que está acontecendo agora. Explique o que sentem e pensam os personagens, e como terminará. Pode inventar a história que quiser" (Murray, 1977, p.102).

É importante que o psicólogo tenha em mente que, ao expor o sujeito a uma ampla variedade de representações de situações sociais, pretende chegar à exploração da estrutura de sua personalidade subjacente, levando-o a comunicar imagens, sentimentos, idéias e lembranças vividas diante de cada um desses enfrentamentos.

Basicamente, Lanyon e Goodstein (1982) acham que existem duas pressuposições orientadoras no trabalho de Murray. Em primeiro lugar, "os atributos do herói, ou do personagem principal, na história, representam tendências da própria personalidade de quem responde", e, em segundo lugar, "as características do ambiente do herói representam aspectos significantes do próprio ambiente do respondente" (p.60). Dessa maneira, a pressuposição básica é de que o sujeito se identifique com o herói. Com a liberdade que consegue, através do relato de uma história dramática completa, espera-se que comunique a sua experiência, que inclui aspectos perceptivos, mnêmicos, imaginativos e emocionais. Tudo provém da memória, ou, melhor, da experiência passada, tanto os personagens descritos, como as atitudes atribuídas às ações referidas nas histórias. Os personagens, reais ou fantasiados, já tiveram algum papel importante na vida do sujeito, talvez por um longo tempo, ou mesmo recentemente. As atitudes, os sentimentos e as ações também se relacionam com tais experiências (Rapaport,1965).

Bem, em princípio, isso é o que espera o psicólogo. Na verdade, muitas vezes, o sujeito foge dos conflitos, mascara, nega, se defende ou "só expressa indiretamente seus conteúdos ideacionais essenciais", e, assim, sua resposta nem sempre "constitui necessariamente o material essencial e vital da vida do sujeito" (Rapaport,1965, p.262).

O MANEJO DO TAT

O manejo clínico do TAT, ou a sua elaboração, é um processo que consta de análise, interpretação, síntese dinâmica e diagnóstico.

Análise

Analisar um TAT consiste em destacar as modalidades do discurso que precedem à construção das diversas narrativas, produzidas a partir das diferentes lâminas. A forma como os relatos são construídos e comunicados ao clínico possibilita o acesso aos mecanismos de defesa do ego. Através da sua análise, pode-se obter informações acerca da normalidade, ou da patologia, nas diferentes organizações da personalidade, e, também, tem-se o acesso à problemática de cada sujeito, a sua conflitiva, a sua subjetividade, que o torna único, em relação com o outro e com o meio.

Na análise do TAT, o psicólogo deve examinar as histórias do sujeito e a sua conduta durante a testagem. A história representa o conteúdo manifesto e subentende um conteúdo latente, que reflete os dinamismos subjacentes da personalidade do sujeito (Rapaport, 1965). A partir de ambos, da história e da conduta do sujeito durante a testagem, é possível abstrair dados significativos.

Pela análise de conteúdo, o psicólogo desmembra cada história nos conteúdos expressos no tema central, chegando à identificação do herói, ao reconhecimento de seus motivos, tendências e necessidades, à exploração de seus estados interiores, ao exame das pressões ambientais e do desfecho.

Identificação do herói: Segundo Murray (1977), o primeiro passo, na análise de uma história, é a identificação do herói. Este é o personagem com quem o sujeito se identifica.

Ele é, também, via de regra, o mais parecido com o sujeito, não só quanto ao sexo e faixa etária, como no que se refere a sentimentos, motivos, dificuldades e emoções.

Na maioria das vezes, o herói é representado por um personagem. Contudo, pode ocorrer que o sujeito se identifique com mais de um personagem. Isso pode se verificar de diferentes formas.

Em primeiro lugar, a identificação do sujeito pode modificar-se no decorrer da história, com o aparecimento de diversos heróis: primeiro, segundo, etc.

Em segundo lugar, pode haver heróis competidores (por exemplo, um policial e um ladrão). Neste caso, um deles pode estar representando forças do superego (o policial que faz cumprir a lei) contra impulsos anti-sociais (ladrão). É a expressão de uma situação conflitiva interna, configurando um conflito entre duas instâncias da personalidade, projetado no conteúdo manifesto da verbalização.

Em terceiro lugar, o sujeito pode narrar uma história que contenha outra: o herói conta uma história, em que observa outro herói, com quem simpatiza e a quem admira, e que, nesta história, desempenha um papel principal. Por exemplo, na lâmina 7MF, um sujeito do sexo feminino pode narrar uma história sobre uma mulher que, por sua vez, conta uma história sobre outra, que cuida de uma criança, que é uma mãe amiga, etc. Neste caso, há um herói primário (a mulher que conta uma história) e um secundário (a outra mulher, que cuida de uma criança).

Eventualmente, aparece apenas um herói, mas o sujeito se identifica com um personagem do sexo oposto, expressando deste modo essa parte de sua personalidade.

As características demográficas (sexo, idade, etc.) e físicas (aparência, etc.) do herói sugerem aspectos da imagem – real ou ideal – que o sujeito tem de si mesmo. Outros personagens podem representar identificações múltiplas do sujeito. As relações que se estabelecem entre o herói e os demais personagens podem refletir atitudes conscientes ou inconscientes do sujeito frente aos mesmos, bem como podem revelar os papéis que estes desempenham (de frustração, de estimulação, etc.). Quando não são introduzidas relações interpessoais, pode-se levantar a hipótese de pobreza quanto à sociabilidade e às relações objetais.

Em relação ao herói, é importante identificar traços e tendências, bem como atitudes frente à autoridade. Em termos de traços e tendências, é possível se relacionar: a) superioridade (capacidade, prestígio, poder); b) inferioridade (incapacidade, desprestígio, debilidade); c) extroversão; d) introversão. Algumas das atitudes frente à autoridade, facilmente identificáveis, são: a) domínio, submissão; b) dependência, independência; c) medo, agressão; d) gratidão, ingratidão; e) orgulho, humildade, etc.

Motivos, tendências e necessidades do(s) herói(s): As necessidades podem ser expressas como impulsos, desejos ou intenções ou, ainda, como traços de conduta manifestos nas histórias.

A necessidade é um constructo que representa uma força, de modo a transformar uma situação insatisfatória existente. A necessidade gera um estado de tensão que conduzirá à ação, reduzindo a tensão inicial e restabelecendo o equilíbrio. Pode ser produzida por forças internas ou externas, sendo sempre acompanhada por um sentimento ou emoção (Murray, 1977).

O autor relacionou 28 necessidades (ou tendências), classificadas segundo a direção ou objetivo (motivos). Essas necessidades são identificadas na conduta do herói, traduzindo-se por: a) ações de iniciativa do herói, em relação a objetos, situações e pessoas, ou b) reações do herói às ações de outras pessoas.

As necessidades por ele relacionadas, definidas por suas manifestações na conduta do herói, no manual, são as seguintes: realização, aquisição, aventura, curiosidade, construção, oposição, excitação, nutrição, passividade, gozo lúdico, retenção, sensualidade, conhecimento, afiliação, agressão, domínio, exposição, proteção, reconhecimento, rejeição, sexo, socorro, humilhação, autonomia, evitação da culpa, deferência, evitação de dano e exibicionismo.

Estados interiores do herói: Neste item, é importante a identificação dos estados interiores do herói, procurando examinar que tipos de afetos se manifestam, em que direção e de que forma. Também é preciso analisar como surgem e como se resolvem. Além disso, é necessário analisar que estados interiores parecem importantes. Como são as manifestações de amor e de sentimentos de culpa? Que conflitos aparecem?

Os conflitos transparecem através da ação de forças e/ou tendências opostas da personalidade. Estas podem se expressar pela oposição entre as necessidades, pela presença de heróis com traços opostos ou pelas oposições manifestas nos personagens.

Refletem o choque de forças de diferentes instâncias da personalidade e se evidenciam, mais nitidamente, entre pares de opostos: passividade/atividade, dependência/independência, realidade/prazer, etc. Assim, o conflito transparece na ação de forças conscientes e inconscientes da personalidade, em busca de objetivos incompatíveis. O conflito também pode ocorrer entre os impulsos do sujeito, normas e valores do grupo social ao qual pertence, que foram ou não internalizados. Se internalizados, vão aparecer como sanções do superego. Senão, vão se manifestar como medo de castigo, de perda da liberdade ou medo de perda de outras condições importantes, mas sem envolvimento de culpa.

A ação do superego pode ser identificada nas expressões de culpa, ficando implícito que um castigo é merecido, seja autocastigo, ou não. Também pode surgir na forma de autojustificativa, em termos de aprovação e desaprovação, crítica e na exigência de reparação.

A intensidade do conflito também precisa ser avaliada. A vulnerabilidade a um conflito costuma transparecer através de forte mobilização afetiva, com a emergência de sinais de ansiedade e/ou com o surgimento de defesas para manejá-la, as quais podem ser eficazes, ou não. Também é importante identificar o tipo de ansiedade que se faz presente (persecutória? de separação, de abandono? outra?) e saber em que circunstâncias surge, como se expressa e se consegue ser resolvida.

Há, entretanto, outros tipos de manifestações afetivas que precisam ser analisados com cuidado, para se chegar a um bom entendimento dinâmico, que pode servir de subsídio para o diagnóstico diferencial. Por exemplo, é essencial estar atento para aspectos disfóricos e maníacos, presentes no protocolo. Como aparecem? Como se sucedem e se resolvem?

Pressões do ambiente: É essencial identificar as pressões que o herói percebe como advindas do ambiente e os efeitos das mesmas.

As pressões são determinantes do meio externo, que podem facilitar ou impedir a satisfação da necessidade, representando a forma como o sujeito vê ou interpreta seu meio. Para Murray (1938), a personalidade é o agente organizador e administrador do indivíduo, cuja função é a de integrar conflitos e pressões, visando à satisfação das necessidades.

Nas verbalizações do TAT, é essencial identificar as pressões que o herói percebe como advindas do ambiente e os efeitos das mesmas.

Em primeiro lugar, é preciso examinar os personagens ou outros elementos, justificados pela realidade da lâmina, que são ou não aproveitados no contexto da história. Em segundo lugar, é importante reconhecer aqueles presentes no estímulo, mas que se apresentam de forma distorcida. Em terceiro lugar, deve-se identificar os personagens ou objetos, não suscitados pelos elementos de realidade da lâmina, mas que são introduzidos pelo sujeito, justificados pela imaginação, mas freqüentemente a serviço de objetivos defensivos. O ponto básico a ser considerado é se o sujeito percebe o seu ambiente para dificultar, obstaculizar ou, pelo contrário, para favorecer as necessidades, os motivos ou as intenções do herói. Especialmente importantes parecem ser os elementos utilizados, distorcidos ou acrescentados, com o fim de obstruir o confronto com um determinado estímulo ou conflito, bem como perceber como tais pressões são enfrentadas, desviadas, negadas ou deformadas, enfim, chegar a uma compreensão dinâmica da situação.

Murray (1977) relacionou algumas das principais pressões, reais ou fantasiadas, que o sujeito recebe e que representariam as necessidades das pessoas com as quais ele se relaciona: aquisição, afiliação, agressão, conhecimento, deferência, conformismo, respeito, domínio, exemplo, exposição, proteção, rejeição, retenção, sexo, socorro, carência, perigo físico, ataque físico.

Desfecho: Qual o desenlace? Há vários desfechos possíveis, que vão indicar como o herói resolve as suas dificuldades, os seus conflitos, como trabalha com suas necessidades internas e como enfrenta as pressões que provêm do ambiente.

O examinador pode identificar o êxito ou o fracasso na resolução das dificuldades, verificando qual a proporção existente entre os finais felizes e infelizes, claros e indecisos, otimistas e pessimistas, mágicos e realistas ou, ainda, convencionais. Pode-se examinar se o herói demonstra *insight* das suas dificuldades, se dissocia no desfecho, ou integra suas percepções, conseguindo chegar a conclusões, ou não.

O desfecho, além de permitir a avaliação da adequação ou não à realidade, fornece alguns dados para a formulação das indicações terapêuticas. Assim, por exemplo, nas verbalizações, se o herói demonstrar capacidade de auto-observação, de flexibilidade para mudança de atitudes, de *insight,* de adaptação e, ainda, se suas relações interpessoais são baseadas no diálogo e é um personagem ativo, pode-se recomendar uma terapia de esclarecimento. Ao contrário, se o herói é dependente, precisa ser orientado, a psicoterapia aconselhável seria a de apoio. Contudo, nesta decisão devem ser consideradas tanto a história do paciente como informações do exame das funções do ego (Freitas, 1997).

Tema: Portuondo (1977a) define tema como "a 'interação' entre uma 'necessidade' (ou fusão de necessidades) do herói e uma 'força' (ou fusão de forças) do ambiente, unida ao desfecho (triunfo ou fracasso do herói)" (p.23).

O tema pessoal pode adequar-se, ou não, aos significados padronizados das lâminas. O tema pessoal, não-padronizado, pode revelar a linha de pensamento do sujeito.

Rapaport (1965) propôs três regras para a avaliação do significado do tema nas histórias. Em primeiro lugar, quanto mais *uma* história se desvia do material padronizado, tanto mais significativo e importante será o seu conteúdo ideacional. Em segundo lugar, quanto *maior for o número de* histórias que se desviam dos significados padronizados, *menor* é a probabilidade de que uma, em particular, expresse a história interna do sujeito. Em terceiro lugar, *um grande número* de histórias que se desviam dos significados padronizados pode indicar a presença de patologia.

Exemplos de análise de conteúdo em verbalizações

Caso 1:

Informações básicas: Trata-se de um rapaz de 19 anos, solteiro, filho único, cujo pai é médico. Refere ter namorada, de quem "gosta muito" (sic). Durante o ensino médio, diversas vezes manifestou a vontade de cursar Engenharia Civil. Contudo, seus pais sempre desejaram que fosse médico e que, após a graduação, fosse se especializar no exterior. O jovem fez vestibular para Medicina, sendo aprovado. Não obstante, ao longo do primeiro semestre, sentiu-se "desmotivado, tendo tirado notas baixas". Então, decidiu procurar uma psicóloga para "conversar e descobrir o que estava acontecendo com ele" (sic).

Lâmina I: "O jovem estuda música e gosta de música desde pequeno. Certo dia, estudando as partituras musicais, começou a tocar. Parou logo... não conseguiu tocar mais. Estava difícil. Os professores estavam observando e insistiram para que ele tocasse. Ele ficou triste e pensou: 'Preciso ir em frente... O que vai me acontecer, se não conseguir? Estão exigindo muito de mim'. Ficou quieto, pensando no que fazer. Por um lado, quer tocar, mas receia não conseguir. E logo ele, que sempre foi tão estudioso... E fica assim durante o tempo todo da aula".

Título: O jovem estudioso e o violino.

Herói: O jovem estudioso, com traços de incapacidade e de introversão. É submisso, sente medo, não tem confiança em si.

Motivos, tendências e necessidades do herói: O herói sente necessidade de realização pessoal e de conhecimento. Quer pensar, refletir, para resolver suas dificuldades.

Estados interiores: Está inseguro e quer se sentir seguro quanto ao que é importante em seus estudos. Sempre foi estudioso, atendendo às suas expectativas e às dos professores (pais). Submissão e desejo de independência. Quer se sentir seguro, confiante em si, mas não consegue. Este é o seu conflito. O afeto predominante é de tristeza. Mas há também sinais de ansiedade: sente-se exigido, pressionado e tem medo de não conseguir. Há ansiedade de perda de aprovação, de amor ("O que vai me acontecer, se não conseguir?"). As defesas mais evidentes são repressão e negação. O superego é severo: é exigente consigo mesmo.

Pressões do ambiente: Nas relações interpessoais, sente pressões de aquisição, de conhecimento, de afiliação, de respeito e de proteção.

Desfecho: O herói não resolve seu conflito, suas dificuldades. Reage às pressões com passividade (fica em silêncio, parado).

Tema: O tema é de um jovem inseguro diante das pressões pessoais e sociais.

Lâmina 6MF: "Um jovem... é, é jovem. Ele está muito triste, porque não está conseguindo um bom desempenho no trabalho. Não compreende bem os livros que precisa ler, para levar para a frente o trabalho, com precisão. Fica calado. Aí chega a sua mãe. Ela vê o filho quieto, andando de um lado para outro. Ela pergunta o que é que está acontecendo. O jovem pensa. Diz que não é nada. Mas não agüenta e começa a chorar. A mãe pergunta por que chora. 'O que aconteceu?'. Ele diz: 'Não adianta, não consigo mais fazer nada bem feito no trabalho. Quero sair do emprego'. E pede a ela que avise o chefe de que não vai mais trabalhar. A mãe diz que ele deve tentar. Mas não adianta. Ele pede, ele implora que ela telefone e avise seu chefe. Tem que estudar muito, para trabalhar... É pesado demais! E a mãe fica ali, calada, preocupada. O filho continua sem saber o que fazer".

Título: O jovem que não sabe o que fazer.

Herói: Um jovem, com traços de incapacidade, de introversão, de submissão, de dependência.

Motivos, tendências e necessidades do herói: Sente necessidade de conhecimento, de reconhecimento, de proteção e de socorro.

Estados interiores: Está em conflito, porque se sente incapaz de um bom desempenho. Sente-se exigido demais: o que pode dar não condiz com o que exigem dele. Não tem autonomia para resolver o problema e pede ajuda à mãe. Há desejo de autonomia, mas há dependência materna. O afeto predominante é tristeza. Mas há ansiedade: sente-se pressionado, com medo. A ansiedade manifesta-se como temor do fracasso, de perda de prestígio pela incapacidade pessoal e de perda de aprovação. Utiliza as defesas de repressão e negação. O superego é severo, exigente consigo mesmo.

Pressões do ambiente: Agressão, conhecimento.

Desfecho: Não consegue resolver o conflito. Pede auxílio à mãe, mas nada ocorre.

Tema: O filho que comunica à mãe que não consegue mais lidar com o seu ambiente. Precisa de ajuda.

Caso 2:

Informações básicas: Trata-se de uma mulher adulta, com 45 anos, casada, com uma filha viva (19 anos), e um filho falecido há três meses, com 21 anos. Seu filho teve leucemia. Foram três anos de tratamento, mas morreu. Foi encaminhada para atendimento psicológico em um ambulatório hospitalar. Refere "sentir-se angustiada, infeliz, com uma tristeza insuportável (sic)".

Lâmina 2: "Essa jovem mulher sai para estudar. Uma vez, ela teve muitos sonhos: queria casar, trabalhar fora, ter filhos. Ela deixou sua família lá no interior e foi para a cidade estudar. Mas os sonhos que se realizaram duraram pouco: uma dor muito grande se atravessou, e ela fez tudo para vencer a morte. Agora segue só com sua dor. Está desesperada. Não tem ninguém. E a dor é forte demais...será que ela errou? Acho que esta história terminou".

Título: A mulher que teve seu sonho interrompido.

Herói: Uma jovem mulher, com traços de incapacidade, debilidade e introversão. Sente-se dependente, sem perspectivas, com medo.

Motivos, tendências e necessidades do herói: Sente necessidade de proteção, de socorro, de evitação da culpa, de realização pessoal.

Estados interiores: Está desesperada, sente-se culpada porque não conseguiu evitar uma morte. Seus sonhos e projetos de vida desmoronaram. Sente-se só, com muito medo de não conseguir enfrentar a dor. Tenta fugir, negar (a história terminou). Sente-se culpada (Será que errou?). O superego é severo. É exigente consigo. "Não conseguiu vencer a morte, e errou".

Pressões do ambiente: Sente-se só, com pressões de rejeição, carência e perigo.

Desfecho: O herói não resolve seu conflito: "Não tem ninguém". Foge do enfrentamento da realidade. "A história terminou". Está sem perspectiva.

Tema: O tema é o de uma jovem mulher que se sente só diante da dor da morte.

Lâmina 7 MF: "Uma mulher... ela senta no sofá e lembra da sua criança pequena... Eu segurava ela no colo e era a mais feliz das mulheres. Ninguém me contou que isso ia terminar. Mas terminou... Não cuidei direito da criança. Ela se foi... Estou desesperada... Só ficou um brinquedo, um sofá vazio, tão vazio como meu coração. É que eu só tinha esse sonho, o de ter a criança, e não ficou nada... A mulher do sofá espera a sua mãe... Mas não foi boa filha, e a mãe não chega. Vai levar sua vida só de formalidades daqui para frente... sem sonhar...sem sofrer. Deu..."

Título: A mulher sofredora e formal.

Herói: Uma mulher sozinha, com traços de incapacidade e de introversão; sem confiança em si.

Motivos, tendências e necessidades do herói: O herói, a mulher, sente necessidades de afiliação, de proteção, de socorro, de evitação da culpa e de reconhecimento. Precisa de ajuda, para vencer sua dor e diminuir sua culpa.

Estados interiores: Está desesperada porque perdeu sua criança. Dedicou-se ao seu sonho de ser mãe, com exclusividade. Mas sente culpa, acha que falhou: falhou como mãe e como filha. Quer ser ajudada, mas não se acha merecedora da ajuda. Este é o seu conflito. O afeto é a tristeza, o desespero. Sente ansiedade e solidão.

O superego é severo: a culpa é intensa. As defesas predominantes são a negação e a racionalização. É muito exigente consigo mesma. Há ansiedade de perda do amor e de aprovação.

Pressões do ambiente: Sente pressões de afiliação, proteção, perigo, rejeição.

Desfecho: O herói não resolve seu conflito. Não tem com quem compartilhar sua dor. Nega. "Vai viver só de formalidades." A conflitiva persiste. Reage às pressões com conformismo.

Tema: O tema é o de uma mulher desesperada e sozinha diante das pressões e da dor da perda.

Análise formal: Segundo Murray (1977), a análise formal do TAT deve considerar os seguintes itens:

a) atitude frente ao teste: disponibilidade ou não; tranqüilidade; temor;

b) atitude frente ao psicólogo: colaboração; hostilidade; críticas ao psicólogo e ou ao teste; boa vontade;

c) atitude frente às lâminas: o sujeito cumpre as instruções ou não; ajusta a história ao que a lâmina explora ou não; produz omissões, adições ou distorções dos estímulos da lâmina; e

d) manifestações de conduta: linguagem; tempo de reação; velocidade na voz ou lentidão; pausas, hesitações; desejos de fumar, de sair da sala; transpiração; tiques; clareza da linguagem; tipo de vocabulário; etc.

Interpretação

A análise das verbalizações do sujeito permite o reconhecimento de dados significativos, sendo possível a interpretação dos mesmos. Interpretar, conforme Murray (1977), significa "traduzir os motivos (problemas, necessidades, pressões, etc.), encontrados no repertório das histórias, em termos dos *fatores* internos e externos da personalidade do sujeito (sentimentos, tendências e atitudes íntimas subjacentes; ambiente, pessoas, objetos que operam sobre ele)" (p. 61). Desta maneira, a postura interpretativa deve orientar-se para o conhecimento da dinâmica da personalidade do sujeito. Exige do psicólogo conhecimentos sólidos da psicologia dinâmica e experiência clínica (Rapaport, 1965).

Além disso, para interpretar o TAT, é indispensável o conhecimento da história pessoal do caso, porque a precisão e a riqueza das conclusões do teste têm uma correlação direta com este material.

Por outro lado, para chegar à compreensão da personalidade, é necessário o exame do repertório completo de histórias, para avaliar a consistência entre os conteúdos.

Na interpretação do TAT, o psicólogo não deve buscar, apenas, a comprovação da participação do sujeito nas formas de conduta do grupo normativo ou, ainda, verificar se há desvio significativo dos mesmos. Importa obter a *gestalt* do conjunto das respostas, relacionando as coincidências e os desvios das normas aperceptivas e temáticas.

Cada dado significativo deve ser compreendido no conjunto dinâmico, incluindo o que o antecede, sua intensidade e suas conseqüências.

Quando o psicólogo encontra um motivo, uma seqüência dinâmica em uma história, deve examinar a possibilidade de sua repetição nas demais. Para esclarecer esta afirmação, tomemos como exemplo verbalizações ao TAT de uma jovem de 22 anos. Na Lâmina 2, sua resposta foi: "A moça olha para a mulher do campo e pensa que talvez esta seja feliz, vivendo para o lar e para os filhos". Na Lâmina 7MF, disse: "A mãe, bem jovem, conta uma história para a sua filha, em que a boneca-mãe estudou muito, mas ficou feliz mesmo quando cuidou da boneca-filha". Na Lâmina 5, sua verbalização foi de que: "A mãe saiu correndo do trabalho para a sua casa, porque sabia que era ali que estava a sua felicidade. Abriu a porta e até se emocionou de alegria". Neste caso, e apenas após o exame desta seqüência, pode-se afirmar que essa jovem, indecisa entre a escolha do estudo ou da profissão e a vida no lar, junto aos filhos, optou pela segunda alternativa.

Reafirma-se, portanto, que um dado é significativo quando fica corroborado por duas ou mais histórias. No mesmo sentido, devem ser avaliadas as distorções, omissões e/ou as adições de personagens e/ou de outros elementos.

Elaboração da síntese

Após o procedimento de análise, levando-se em consideração aspectos da observação, e da história, deve-se elaborar uma síntese, que traduza a dinâmica da personalidade do indivíduo testado (Freitas, 1996). Uma análise em seqüência permite ao profissional a construção gradativa de um quadro mais abrangente. Isso requer uma certa prática. Pode-se recorrer a um esquema de interpretação como, por exemplo temas abordados, características e necessidades dos heróis, que são reveladoras da auto-estima do sujeito. Pode-se identificar as possibilidades de ação na busca de resolução das tramas do herói. É importante a análise do ambiente externo, saber que tipo de relações procura estabelecer, como reage às pressões externas. Aborda-se, também, relacionamentos específicos, tais como figuras parentais, relações sociais, heterossexuais, etc. A seguir, importa relatar os conflitos do herói nas diversas lâminas; a presença da ansiedade perturbadora e dos mecanismos de defesa comumente empregados. Finalmente, importa enfocar como ocorre a elaboração dos conflitos, que indica a disponibilidade do indivíduo poder entrar em contato com seus conteúdos internos; suas possibilidades de mudança e de crescimento pessoal. Para isso, os desfechos das histórias são particularmente reveladores da integração do ego (Freitas, 1995).

Concluindo, a síntese deve descrever uma pessoa real e não uma coleção de itens isolados.

Diagnóstico

Pela própria natureza da técnica, o TAT é essencialmente indicado para o entendimento dinâmico da personalidade. Assim, só secundariamente, oferece subsídios para a classificação nosológica.

Quando se pretende o entendimento dinâmico, a análise dos dados deve ser enfocada de modo a apresentar "um quadro global do mundo interno do indivíduo" (Rapaport, 1965, p.283), ou seja, é preciso compreender o sujeito em função de suas principais áreas vitais, em suas relações familiares, em suas relações hetero ou homossexuais (com referência à sua vida afetiva, sexual e/ou matrimonial), em suas relações sociais (e anti-sociais) e com o trabalho. Murray (1977) apresenta a orientação de Tomkins, para chegar a uma análise "do comportamento da personalidade frente às principais regiões existenciais" (p.101). Recomenda-se, sobretudo ao psicólogo iniciante, um estudo cuidadoso desse material, para experiência no manejo dos dados, até que possa chegar ao seu próprio entendimento da dinâmica pessoal do sujeito.

Em relação a informações básicas para chegar a um diagnóstico nosológico, se compararmos os subsídios de Murray (1977), com base também em outros autores, e os de Rapaport (1965) e de Portuondo (1970), poderemos verificar que cada um dos autores se apóia na experiência dos demais, de maneira que uma tentativa de síntese incorrerá numa repetição de conteúdos. Por outro lado, tais informações são pouco sistemáticas. Ora esclarecem aspectos dinâmicos, ora são descritivas em termos das verbalizações de sujeitos que apresentam determinados estados afetivos, ora pretendem apontar indicadores diagnósticos para certo nível de funcionamento ou relacionam manifestações encontradas em algum quadro clínico. São, portanto, bastante vagas, se levarmos em conta os critérios diagnósticos específicos, incluídos nas classificações nosológicas mais recentes. Assim, os subsídios encontrados nas obras citadas podem eventualmente auxiliar a corroborar outros achados.

Não obstante, o TAT pode oferecer uma contribuição importante em termos de diagnóstico, se considerarmos que refinamentos no entendimento dinâmico podem servir de subsídios básicos para um diagnóstico diferencial.

26

TAT, conforme o modelo de Bellak

Blanca Guevara Werlang

Pressupostos básicos

O Teste de Apercepção Temática – TAT – é uma técnica para a investigação da dinâmica da personalidade. O procedimento básico consiste em apresentar ao sujeito que está em avaliação um conjunto de imagens (lâminas), incentivando-o a que relate histórias, seguindo o curso de sua inspiração no momento. Espera-se que o examinando utilize a sua reserva de experiência, elaborando narrações, em que, sem se dar conta, se identifica com os personagens da cena. Tais histórias denunciarão dados sobre a relação do examinando com as figuras de autoridade e outros tipos de vínculos, revelando também o funcionamento das relações familiares, a natureza dos temores, desejos, dificuldades, assim como a hierarquia das necessidades e da estrutura das transações entre id, ego e superego.

Para Murray, lembram França e Silva e colegas (1984), o valor do TAT está no seu poder de evocar fantasias suscetíveis de traduzir tendências inconscientes inibidas. Em função disso, o conceito fundamental, para a compreensão e interpretação do conteúdo das histórias das lâminas, é o da projeção.

Aqui, cabe lembrar que o termo projeção foi introduzido por Freud (1986a), em 1894, no seu artigo *Neuroses de angústia*, em que, a partir da observação de alguns casos patológicos, compreendeu que a psique desenvolve uma neurose de angústia, quando não se sente em condições de realizar a tarefa de controlar a excitação sexual que surge endogenamente, comportando-se como se a tivesse projetado no mundo exterior.

Posteriormente, em 1896, analisando um caso de paranóia grave, no artigo *Observações adicionais sobre as neuropsicoses de defesa*, Freud (1986b) melhorou e ampliou o conceito de projeção, postulando que este processo consiste em atribuir os próprios impulsos e afetos a outras pessoas ou ao mundo exterior, como um mecanismo de defesa, que possibilita ignorar os próprios fenômenos indesejáveis. Ainda, analisando o caso Schroeber, Freud (1969) passou a considerar que a projeção é o mecanismo de defesa do paranóico, explicando que, para sujeitos com este tipo de patologia, é mais fácil enfrentar um perigo externo do que um interno. Para isso, esses indivíduos utilizam três operações: primeiro, reprimem o sentimento de amor, para depois converter o amor em seu contrário (ódio) e, finalmente, atribuir esse ódio ao objeto amoroso original. Nessa defesa do paranóico, só nesta última operação é que se processa o mecanismo projetivo.

Por último, em 1913, no artigo *Totem e tabu*, Freud (1974) generalizou mais o conceito de projeção. Neste, Freud salientou que, nos povos primitivos, as almas dos que morrem são transformadas em demônios, e, para se protegerem da hostilidade dos mesmos, os sobreviventes recorrem a tabus, ou seja, concebem os demônios como projeções dos sentimentos hostis que os sobreviventes abrigam em relação aos mortos. "Este procedimento comum, tanto na vida mental normal quanto na patológica, é conhecido com o nome de projeção" (p.82).

A projeção, pois, desempenha "um papel muito grande na determinação da forma que toma nosso mundo exterior" (p.86). Portanto, quando se projeta alguma coisa na realidade externa, o que sucede é o reconhecimento de um estado em que algo está presente nos sentidos e na consciência, junto a outro estado, em que a mesma coisa está latente, podendo reaparecer. Em outras palavras, Freud afirmou a coexistência "da percepção e da memória ou, em termos mais gerais, a existência de processos mentais inconscientes ao lado dos conscientes" (p.117).

Dessa maneira, a principal suposição de Freud é que as lembranças conscientes ou inconscientes influenciam na percepção de estímulos contemporâneos. Assim, a interpretação do TAT, segundo Bellak (1967b, 1979), baseia-se justamente neste fundamento. Exemplificando, esse autor comenta que a percepção passada que um indivíduo tem de seus próprios pais influirá na percepção das figuras parentais no TAT, sendo isso uma prova válida e confiável das percepções habituais das figuras paternas do sujeito.

Entretanto, Bellak (1967b, 1979) considera que o termo percepção está vinculado a um sistema da psicologia, que não tem relação com o conceito de personalidade da psicologia dinâmica. Em função disso, prefere adotar a noção de apercepção de Herbart (já utilizada por Murray), entendida como o processo pelo qual uma experiência é assimilada e transformada pelo resíduo da experiência passada, ou seja, é a interpretação subjetiva da percepção, que é apenas a interpretação objetiva de um estímulo.

Esta definição de apercepção sugere, segundo França e Silva e colegas (1984), que pode haver um processo hipotético de apercepção não interpretado (percepção objetiva), e que toda interpretação subjetiva constitui uma apercepção, dinamicamente significante, sendo também um processo natural e comum a todos os indivíduos. Desse modo, a resposta "um menino tocando violino" para a lâmina 1 do TAT constitui uma norma de percepção (objetiva) comum para a maioria das pessoas. Entretanto, a interpretação dessa situação como "um menino feliz, triste, agressivo, tímido ou ambicioso" é singular para cada indivíduo. Desta maneira, embora haja uma percepção, toda pessoa "deforma" aperceptivamente, de acordo com seus conteúdos internos, diferindo de uma para as outras, apenas em grau.

Bellak (1967b, 1979) distingue cinco formas de apercepção: a) projeção invertida; b) projeção simples; c) sensibilização; d) percepção autista; e) externalização.

A projeção invertida é, na realidade, o mecanismo de defesa descrito por Freud na paranóia, podendo ser observada como uma passagem do inconsciente "eu o amo" para a consciência de "eu o odeio". A projeção aqui envolve quatro passos:

"1) eu o amo (um objeto homossexual): impulso do id inaceitável pelo ego;

2) eu o odeio: formação reativa;

3) a agressão é também inaceitável e reprimida;

4) finalmente, ele me odeia: projeção simples" (Bellak, 1967b, p.28; 1979, p.21-22).

Como se pode observar, a projeção invertida representa o grau máximo de distorção aperceptiva em oposição à projeção simples, que é uma pequena distorção ou transferência, pela aprendizagem ou pela influência de imagens prévias. Por exemplo, uma pessoa chega tarde ao trabalho e passa a inferir incorretamente que seu chefe o olha com raiva. Isso representa, certamente, uma consciência de culpa, caracterizando, na concepção de Bellak (1979), uma projeção simples, dentro do contexto situacional onde foi operacionalizada.

Já a sensibilização não é a construção de um percepto objetivamente inexistente: é uma percepção mais sensível de estímulos existentes. A sensibilização, então, significa que o objeto que se "ajusta a um padrão preestabelecido se percebe mais facilmente do que aquele que não se ajusta". Um exemplo comum disso pode ser observado nos problemas perceptuais da leitura, em que as palavras previamente aprendidas se percebem com maior facilidade pela sua configuração que pela sua ortografia (Bellak, 1967b, p.29).

A percepção autista acontece quando a personalidade está sob tensão ou em estado de grande necessidade. Um indivíduo, por exemplo, com muita fome, passa a perceber objetos comestíveis frente a estímulos que objetivamente não representam comida. Desta maneira, alcança, por meio da distorção gratificante, satisfazer seus impulsos básicos.

Por último, Bellak (1979) descreve a externalização como uma apercepção que, diferentemente dos anteriores, não é um processo inconsciente, e sim pré-consciente. Na lâmina 5 do TAT, uma pessoa pode contar que "se trata de uma mãe que olha para dentro do quarto de seu filho para se certificar de que o mesmo terminou sua tarefa, passando a xingá-lo por estar demorando muito". Após uma pequena pausa, o sujeito verbaliza "era isso o que acontecia seguidamente entre minha mãe e eu". Sem dúvida, o conteúdo não era consciente, enquanto essa pessoa contava a história, mas, em um determinado momento, facilmente se tornou consciente, passando a reconhecer o episódio como parte de sua própria história pessoal (p.25).

Anzieu (1981) sintetiza com muita clareza como Bellak entendia a psicanálise. Ele a considerava como uma teoria da aprendizagem, relacionada com a história de vida do sujeito: "aquisição da apercepção dos estímulos orais, anais e genitais e das reações das figuras parentais a estes; interação das apercepções (atos falhos, formação de sintomas e de traços de caráter); influência das primeiras apercepções sobre a apercepção de estímulos ulteriores (mecanismos de defesa)" (p.266). A personalidade é vista, então, como um sistema complexo de apercepções de natureza diversa, influenciando o comportamento de maneira seletiva. Assim, existem percepções que levam em conta as dificuldades da realidade (ego), outras são ligadas a ideais de longo curso (ideal de ego), e outras governam a conduta moral (superego).

Sem dúvida, os pressupostos básicos que sustentam o TAT são de cunho psicanalítico, e a interpretação e a análise, propostas por Bellak, fundamentam-se na teoria estrutural freudiana (id, ego, superego), em que o conceito de determinismo psíquico tem um lugar de destaque. Desta maneira, como lembra Dewald (1981), todos os fenômenos da vida e do comportamento são determinados seletivamente pela "interação simultânea de todas as forças e experiências, passadas e presentes, do indivíduo, sejam elas conscientes, pré-conscientes ou inconscientes" (p.60-61).

ADMINISTRAÇÃO DO TAT

Ao contrário de Murray, que propunha a administração de 20 lâminas, Bellak (1979) opta por um procedimento reduzido, administrando, numa única sessão, o número máximo de 12 lâminas. Justifica esta sua escolha tanto no sentido de economizar tempo, como por entender que esse número de lâminas é suficiente para obter material dinâmico do paciente. Contudo, considera essencial administrar 9 lâminas, que, segundo ele, investigam todas as relações humanas básicas. São elas, para os homens, 1, 2, 3RH, 4, 6RH, 7RH, 11, 12H e 13HF, e, para as mulheres, 1, 2, 3RH, 4, 6MF, 7MF, 9MF, 11 e 12HF. Bellak inclui a lâmina 3RH para as mulheres por ter comprovado, empiricamente, que ela funciona tanto em sujeitos do sexo masculino como do feminino, possibilitando histórias mais ricas que sua equivalente 3MF.

Além da idade e do sexo do examinando, existem outros fatores que podem ser critérios para a escolha das lâminas, como a suscetibilidade e/ou vulnerabilidade das mesmas para mobilizar, com maior probabilidade, determinadas situações, problemas e/ou aspectos dinâmicos (vide Quadro 26.1).

Às nove lâminas básicas, deve-se acrescentar, segundo Bellak, o máximo de três lâminas específicas (aquelas que sejam necessá-

QUADRO 26.1 Lâminas segundo o aspecto mobilizador

Aspecto mobilizador	Lâminas universais	Lâminas masculinas	Lâminas femininas
Id	4, 10, 11, 15	8VH, 18VH, 13HF	9MF, 12F, 13HF, 17MF, 18MF
Superego	5, 15, 30	3RH, 7RH, 9RH, 13HF	3MF, 6MF, 7MF, 13HF
Ideal de ego	1, 2, 16	8RH, 17RH	8MF, 9MF
Depressão e suicídio	10, 14, 15, 20	3RH, 6RH, 8RH	3MF, 8MF, 17MF
Perigo, medo	6, 11, 19	8RH, 12H, 13HF, 18RH	9MF, 13HF, 17HF
Relações familiares	5, 10	6RH, 7RH, 13R, 8RH	6MF, 7MF, 12F
Sexualidade	2, 4, 5, 10	9RH, 12H, 13HF, 17RH, 18RH	3MF, 6MF, 8MF, 9MF, 12F, 13HF
Trabalho, profissão	1, 2	9RH	
Agressão	15	12H, 13HF, 18RH	13HF, 18MF
Situação mãe-filha			7MF, 9MF, 12F, 18MF
Situação pai-filho		7RH, 12H	
Situação pai-filha	10		
Situação mãe-filho	10	6RH	

Fonte: Murray, 1975, p.20 (adaptado).

rias) para atender a situação particular da pessoa que está sendo avaliada, de acordo com os dados obtidos na história clínica. Assim, por exemplo, se um paciente do sexo masculino apresenta medos homossexuais, podem ser incluídas as lâminas 9RH, 17RH e 18RH.

As instruções utilizadas por Bellak para a administração do teste são praticamente as mesmas que as propostas por Murray (1975), exceto no fato de que Bellak omite a informação de ser esta "uma prova de imaginação, uma forma de inteligência" (p.23), por considerar isto inapropriado no contexto clínico. O que deve ser enfatizado é que serão mostradas algumas lâminas, para cada uma das quais deve ser elaborada uma história sobre o que está ocorrendo, enfatizando que acontecimentos levarão a essa situação e qual será o desfecho.

A respeito do inquérito, Bellak (1979) propõe que seja realizado depois de completar todas as histórias, e não após cada história, por considerar que o material pré-consciente se faria consciente, interferindo no resto das respostas ao teste.

INTERPRETAÇÃO E ANÁLISE DAS LÂMINAS DO TAT

Para Bellak (1967a, 1979), o TAT é um teste projetivo que tem a capacidade de despertar o conteúdo e a dinâmica das relações interpessoais e os padrões psicodinâmicos de funcionamento. Em função disso, propõe um método interpretativo, constituído por dez categorias de classificação, que se relacionam, em primeiro lugar, com estas dimensões e, só secundariamente, com as características formais.

As dez categorias são: 1) tema principal; 2) herói principal; 3) necessidades e impulsos do herói; 4) conceito do meio ambiente; 5) atitudes frente às figuras de vinculação; 6) conflitos significativos; 7) natureza das ansiedades; 8) principais defesas; 9) adequação do superego; 10) integração do ego.

Utilizaremos a história produzida para a lâmina 12H, por um indivíduo do sexo masculino, de 28 anos, como exemplo didático, para interpretar as categorias recém-mencionadas.

L. 12H

"Bem! Parece duas pessoas, uma mulher e um homem mais idoso. João é tio de Clara que vem visitar João, que mora noutra cidade. Ela tem um mal-estar e fica doente, não é bem o termo, é mal-estar, e João está cuidando dela com certa preocupação, embora seja algo passageiro. Clara está dormindo, está observando. Vou dar um título: Tio João."

Inquérito:
– O que Clara fazia na casa de João?
– "Ela viajou e a casa de João era passagem e ela tinha um certo relacionamento, não agora, mas maior no tempo de infância. Foi rever o tio."
– Em que pensam?
– "Clara está dormindo, não pensa. João pensa na sobrinha que está ali, como era pequena, o quanto cresceu (25 anos), pensa sobre ela e sobre ele. Acha que também ficou velho, 50 anos. Pensa que já teve aquela idade e o quanto o tempo passa."
– Como foi esta viagem?
– "Era para uma cidade maior, Curitiba. De Passo Fundo foi para outra cidade e passou por Blumenau para visitar a cidade e talvez participar de algum congresso."
– Como termina?
– "Ela se recuperando e indo para Curitiba e voltando depois para sua cidade e João também. Voltando a sua rotina de vida."

O *tema principal* refere-se ao núcleo principal da história, ou seja, é o tema básico do enredo. Para interpretá-lo, Bellak recomenda desmembrá-lo em quatro níveis: descritivo, interpretativo, diagnóstico e simbólico. No nível descritivo, a proposta é resumir a história relatada pelo examinando numa forma mais simples. No nível interpretativo, deve-se alcançar o significado oculto do resumo obtido no nível descritivo, ao passo que, no nível diagnóstico, se procura transformar as impressões do nível interpretativo numa formulação definitiva, para, no nível simbólico, interpretar os símbolos que possam existir na história, de acordo com as hipóteses psicanalíticas.

Deste modo, no exemplo da lâmina 12H, temos:

Nível descritivo: Clara visita seu tio João, passa mal, fica doente, dorme, não pensa, mas continua observando. Recupera-se e continua sua rotina de vida.

Nível interpretativo: Para evitar pensar, é melhor ficar doente e/ou dormir, mas isto pode não ser suficiente, então, tem que ficar atenta, observando.

Nível diagnóstico: Dificuldades com a sexualidade.

Nível simbólico: Dormir representando o controle dos desejos instintivos. Mulher *versus* doença, imagem feminina desvalorizada.

O *herói principal* da história é aquele personagem do qual se fala mais e, geralmente, é com quem o examinando se identifica. É importante avaliar a auto-imagem e a adequação do mesmo, o que certamente deixará em evidência as qualidades que o examinando possui ou deseja possuir.

A adequação do herói será observada através da habilidade do personagem para realizar tarefas em circunstâncias de dificuldades externas e/ou internas, de maneira que resultem aceitáveis social, moral, intelectual e emocionalmente. Por sua vez, a auto-imagem relaciona-se com o conceito de si mesmo e com o papel social representado.

O herói principal do nosso exemplo é visto como uma mulher (num personagem que é do sexo masculino) doente ou que passa mal (auto-imagem). Apresenta dificuldades para enfrentar a situação de se encontrar com seu tio, precisando dormir (ação passiva) para evitar (negar) a consumação do desejo de cunho sexual incestuoso.

Identificando a ação do herói principal, podem-se detectar as suas necessidades, que, do ponto de vista de Portuondo (1970a), se expressam, subjetivamente, como impulsos, desejos ou intenções e, objetivamente, como traços de conduta. Uma vez identificadas as necessidades, procura-se inferir o seu significado dinâmico. As *necessidades e os impulsos do herói* podem ser categorizados seguindo o esquema apresentado no Quadro 26.2.

As necessidades da conduta da mulher, com que o examinando se identifica, parecem ser a de esconder os desejos sexuais, tanto no sentido da sua identidade quanto na vinculação com o outro personagem, podendo-se pressupor a presença de sentimentos de culpa. As circunstâncias introduzidas são o estar doente e a viagem.

QUADRO 26.2 Principais necessidades e impulsos do herói

a) Necessidades da conduta do herói (tal como aparecem na história): _____

   inferência dinâmica: _____

b) Personagens, objetos ou circunstâncias introduzidas:

   pressupondo a necessidade de: _____

c) Personagens, objetos ou circunstâncias omitidos:

   pressupondo necessidade de: _____

Fonte: Bellak, 1979, p.85.

A doença pode estar pressupondo a necessidade de se afastar da idéia de ser mulher, porque isto representaria um "mal-estar", e a viagem representaria a necessidade de voltar para a realidade.

Quando o examinando inclui na história determinado personagem, objeto ou circunstância, que não está presente na lâmina, ou exclui o que é evidente, no estímulo, é porque se trata de elementos que representam determinadas necessidades, merecendo, então, uma atenção especial para compreender o papel que desempenham dinamicamente.

A *concepção do meio*, ou seja, do mundo, é, segundo Bellak, uma mistura de autopercepção inconsciente e da apercepção dos estímulos provocada pelas imagens do passado. Quanto mais consistente aparece nas histórias a imagem do meio ambiente, mais poderemos considerá-la como parte integrante da personalidade do sujeito. Dessa maneira, podem-se encontrar referências de meios protetores, ameaçadores, hostis, amistosos, rejeitadores, acolhedores, exploradores, etc.

Meio. Aparentemente, acolhedor, protetor, embora o herói mantenha uma atitude de vigilância frente à situação.

É importante fazer, também, uma análise de como o herói vê as *figuras* dos pais ou outras figuras de autoridade, bem como as da sua mesma faixa etária, as mais jovens e as hierarquicamente abaixo dele. Do mesmo modo, é importante examinar qual é a reação dele a tais figuras, para poder compreender o tipo de relações e vínculos estabelecidos e os fatores dinâmicos básicos das mesmas.

Atitudes frente às figuras de autoridade: Tio visto como uma figura que relembra relacionamentos anteriores, sendo a reação de precaução, observação e controle.

O id, o ego e o superego são forças ou estruturas psíquicas que estão, ao mesmo tempo, na psique do indivíduo. Quando essas forças têm objetivos contraditórios, surgem situações de *conflito psíquico*. Nas histórias das lâminas do TAT, é importante identificar quais as tendências impulsivas ou forças que estão em conflito, assim como é importante, também, especificar a conduta resultante disso.

O *conflito significativo* do herói da lâmina 12H parece estar relacionado com um choque de forças provenientes do id *versus* as do superego, tanto no que se refere à identidade do próprio herói principal quanto à manifestação de sentimentos de culpa pela proibição do incesto. Cabe ressaltar que o herói principal nessa história, como já foi mencionado, é do sexo feminino, e que o narrador da história é um jovem de 28 anos. Neste caso, a identificação com um herói feminino precisaria, ainda, ser comparada com os heróis de outras histórias, para levantar e/ou confirmar a hipótese de um problema de identidade sexual. Entretanto, essa identificação feminina tão convincente, num estímulo onde aparece claramente a figura de personagens do sexo masculino, parece indicar algo significativo.

Identificadas as forças que estão em conflito, deve-se determinar a *natureza das ansiedades*. Sabemos que a ansiedade pode proceder de várias fontes do aparelho mental. Deste modo, como lembra Dewald (1981), a ansiedade instintiva é "o resultado de uma expectativa de invasão do organismo por excesso de tensões e estímulos oriundos de seus próprios impulsos e relaciona-se com as primeiras experiências infantis de acúmulo de tensão com ausência de gratificação" (p.41). Por outro lado, a ansiedade do ego surge da percepção de "uma situação perigosa incorporada, que uma vez foi sentida como externa, correspondente a várias fantasias e distorções do pensamento do processo primário, na infância" (p.41). Em contrapartida, a ansiedade do superego surge da introjeção de ameaças de punição ou perda de amor, sustentadas nas normas morais, experienciadas pelo indivíduo como sentimento de culpa.

Analisados o conflito psíquico e a natureza das ansiedades, cabe identificar os *mecanismos de defesa*. Estes são operações efetuadas pelo ego perante os perigos que procedem do id, do superego e da realidade externa. Manifestam-se, segundo Kusnetzoff (1982), como condutas, porque "derivam de um processo de abstração e generalização das condutas defensivas, que exprimem a idéia de um sujeito numa situação determinada" (p.206). Assim, cada sujeito seleciona, inconscientemente, um determinado número de estruturas defensivas, que utiliza para lidar contra os perigos internos e externos em quase todos os contextos dos quais faz parte, constituindo-se no seu estilo característico de agir.

Existem várias maneiras de estudar os diferentes *mecanismos de defesa*. Bellak (1974) apóia-se na classificação de Anna Freud (1974), que ordena os mecanismos conforme os perigos, sejam internos ou externos.

O grau de severidade do superego deve ser avaliado, analisando a relação existente entre o tipo de castigo e a magnitude da ofensa. Deste modo, poder-se-á determinar se o *superego do herói* principal é severo, rígido ou indulgente.

O desenlace da história possibilita compreender a força do ego. Dependendo de como o herói lida com os problemas, que enfrenta nas lâminas, e de acordo como maneja os impulsos do id, as exigências da realidade e as ordens do superego, poder-se-á compreender a *integração ou não do ego*.

A ansiedade que pode ser identificada, no exemplo da lâmina 12H, resulta do superego: desaprovação social. O superego demonstra ser severo, sendo, até certo ponto, eficaz na sua função de controlar as fantasias sexuais, sugerindo que assumir uma identificação feminina é algo "doentio". Por sua vez, o ego parece ser frágil para enfrentar a realidade do estímulo, precisando de artifícios através dos mecanismos de defesa para conseguir mediar os impulsos do id e do superego. Dessa maneira, nega as implicações sexuais da relação, procurando projetar no tio seus próprios impulsos. Parece capaz de atender as exigências da realidade, "voltando à sua rotina de vida". A dinâmica não pode ser completamente inteligível, pois, no inquérito, o psicólogo deixou de examinar como o sujeito imagina o que acontecerá imediatamente, para perguntar sobre o passado ("Como foi esta viagem?") e sobre o futuro ("Como termina?").

Uma vez analisada cada uma das histórias, de acordo com as dez categorias, Bellak (1967a, 1979) propõe realizar um pequeno resumo dos principais dados. Esses resumos facilitarão para o clínico a visualização dos padrões repetitivos nas respostas do sujeito, como a organização do informe final, onde deverão constar dados sobre a estrutura inconsciente e necessidades do sujeito, concepção do meio e relação com as figuras significativas, assim como informações sobre as características da personalidade.

Bellak deixa claro que, no seu entender, o TAT é um instrumento que auxilia muito o estabelecimento do diagnóstico dinâmico e estrutural do examinando, mas não é uma prova que propicie uma classificação nosológica.

CAT e sua interpretação dinâmica

Neli Klix Freitas

CONSIDERAÇÕES GERAIS

O CAT (*Children's Apperception Test*) é um instrumento de grande utilidade aos psicólogos que se dedicam às atividades de diagnóstico e de tratamento dos diferentes transtornos clínicos infantis: problemas neuróticos, psicóticos, psicossomáticos, bem como a repercussão de situações traumáticas no psiquismo da criança. Dentre essas, pode-se citar: negligência, abuso, abandono, maus tratos, perdas. É um instrumento clinicamente útil para determinar os fatores dinâmicos relacionados com as reações infantis em um grupo, na escola e diante dos acontecimentos familiares.

Inúmeras tentativas foram feitas para padronizar o CAT, empregando critérios estatísticos. Mas todas as evidências apontam para a maior utilidade do emprego do CAT como um teste projetivo. Seu manejo requer do psicólogo conhecimentos aprofundados sobre a psicodinâmica, bem como sobre o desenvolvimento infantil. Como o CAT é a forma infantil do TAT, é imprescindível conhecer a Teoria da Personalidade de Murray, a Personologia (1953), e as proposições de Bellak e Bellak (1981a; 1981b) para sua análise e interpretação.

Na sistematização da produção das crianças, o psicólogo defronta-se com o vetor evolutivo. Este é de grande importância na elaboração do material do CAT, que, além do conteúdo projetivo, expressa a aquisição de funções mentais e as conquistas intelectuais. Por essa razão, uma esquematização completa deveria conter um modelo das configurações verbais esperadas, de acordo com a idade cronológica.

Na abordagem interpretativa do material projetivo infantil, é indispensável trabalhar com esquemas claros do desenvolvimento evolutivo normal e, portanto, das conquistas de pensamento e adequação à realidade de cada momento cronológico. A partir daí, interpretando o teste, lâmina por lâmina, pode-se investigar modalidades clínicas manifestas e latentes na estruturação da personalidade.

Nos últimos cinco anos, diferentes autores realizaram pesquisas com o CAT, ressaltando a sua utilidade como teste projetivo, no psicodiagnóstico infantil (Arzeno, 1995; Cassidy, 1998; Gambos, 1998; Grassano, 1996; Lafond, 1999; Sanders, 1998; Seligman, 1999; Setten, 1998).

É de fundamental importância que o clínico conheça a história da criança, antes de aplicar o teste: situação familiar, questões de saúde/doença, desenvolvimento da criança. Esses dados devem ser integrados à dinâmica do teste, por ocasião do psicodiagnóstico infantil. É função do psicólogo clínico integrar e interpretar, com base nos fatos e achados, as dificuldades da criança e pesquisar formas de auxiliar a ela e às pessoas envolvidas com seus cuidados.

ANÁLISE E INTERPRETAÇÃO DO CAT, SEGUNDO BELLAK E BELLAK

O CAT é um teste aperceptivo, um instrumento que permite a investigação da personalidade, o estudo da dinâmica significativa das diferenças individuais na percepção de estímulos padronizados. As verbalizações do CAT refletem o conteúdo latente, os processos psíquicos da criança. Assim, a partir das verbalizações do CAT, é possível levantar hipóteses sobre a organização da personalidade infantil. Cada história, seguindo-se as proposições de Bellak e Bellak (1981a; 1981b), deve ser analisada nos seguintes itens:

Tema principal: A história pode conter um tema ou vários temas importantes. É necessário saber o que é verbalizado e por quê. Procura-se, então, identificar um denominador comum ao longo das histórias.

Herói: O herói é o personagem com quem o sujeito mais se identifica, a figura em torno da qual a história se desenvolve. Costuma ser semelhante a ele, em sexo e idade. É necessário reconhecer qual a figura que constitui o herói e quais são os outros personagens. É importante ver como é descrito; por exemplo, se é bom, bonito, corajoso ou sujo, deficiente, perigoso. A imagem do herói retrata a imagem que o sujeito tem de si mesmo e/ou o papel social que desempenha. Representa as atitudes, as habilidades que o sujeito tem, ou deseja possuir. É necessário, então, examinar a adequação do herói às características da sociedade à qual o sujeito pertence. Isso permite uma estimativa da adequação do ego. Não obstante, pode haver identificação com diferentes heróis, o que deve ser analisado cuidadosamente. O sujeito pode se identificar inicialmente com um e, depois, com outro herói. A identificação com o herói secundário também é importante, porque este representa sentimentos e atitudes inconscientes do sujeito. Por exemplo, o herói secundário pode ser do sexo oposto. Neste caso, é possível encontrar certas contradições nas histórias.

Necessidades do herói: As necessidades expressas podem corresponder às do sujeito, em termos de realidade ou de fantasia. Assim, a inclusão de personagens agressivos nas histórias pode ocorrer em crianças com comportamento agressivo, ou não. Na análise das verbalizações, deve-se atentar para a seqüência da história, para poder identificar como a criança maneja a agressividade e o grau de controle que tem, ou não, sobre ela. Por outro lado, é importante confrontar tais dados com o comportamento do sujeito, tal como é descrito na história clínica e/ou observado pelo psicólogo.

Figuras, objetos ou circunstâncias introduzidos: A análise dos elementos introduzidos, que não constam nas lâminas, constitui um passo importante na interpretação. Por exemplo, circunstâncias externas que sugerem decepção, injustiça, indiferença e outras são indicadores auxiliares para a compreensão do mundo em que a criança pensa estar vivendo.

Figuras, objetos ou circunstâncias omitidos: A criança também pode omitir ou ignorar elementos presentes nas lâminas, o que sugere que não os deseja naquele lugar, fornecendo indícios sobre conflitos com eles relacionados.

Concepção do mundo: Trata-se de um conceito complexo, que pode envolver percepções inconscientes e distorções aperceptivas pela memória. Em geral, duas ou três descrições de termos, como hostilidade e perigo, são suficientes para denotar reações costumeiras diante do ambiente.

Como são vistas as figuras: Importa considerar como a criança vê, percebe as figuras com relação a si mesma e, principalmente, como reage diante delas. A qualidade dessa reação (simbiótica, oral-dependente, ambivalente, etc.) permite identificar vulnerabilidades relacionadas com diferentes estágios do desenvolvimento da personalidade.

Conflitos significativos: É importante procurar identificar a natureza dos conflitos manifestos nas histórias, assim como os mecanismos de defesa empregados diante da ansiedade. Este item fornece indícios sobre aspectos do funcionamento da personalidade, revelando dados para a compreensão de componentes *neuróticos* e sobre a formação do caráter. Assim, possibilita o levantamento de hipóteses sobre o diagnóstico e prognóstico do caso.

Natureza das ansiedades: O enredo das histórias fornece subsídios para reconhecer ansiedades associadas a desejos inconscientes e defesas empregadas contra as mesmas. A ansiedade depende das experiências pessoais ao longo das etapas de desenvolvimento, e, assim, é possível identificar vulnerabilidades específicas, que facilitam a formulação do diagnóstico e do prognóstico, como a ansiedade frente ao abandono dos objetos pré-edípicos, em relação a conteúdos edípicos, ou mesmo à ansiedade, que pode advir das pressões do superego. Este pode ser visto como persecutório, numa fase pós-edípica. Não obstante, as principais ansiedades, evidenciadas no CAT, referem-se à punição, agressão física, medo de perda do amor (manifestado por desaprovação) ou de menosprezo (observado por indícios de solidão e desamparo).

Principais defesas: As defesas mostram a habilidade ou não do sujeito de lidar com estímulos externos e internos, sendo reveladoras de aspectos de seu desenvolvimento. É importante procurar identificar os principais mecanismos de defesa utilizados frente à ansiedade para a compreensão psicodinâmica da criança. Por exemplo, podem aparecer defesas obsessivas, com conteúdos perturbadores. Temas curtos, de natureza descritiva, em número de quatro ou cinco, também revelam o emprego de defesas obsessivas. De qualquer modo, a introdução de diferentes temas em uma história pode significar o quanto a lâmina específica perturba o sujeito.

Severidade do superego: A severidade do superego pode ser avaliada pela punição, comparada com a natureza da defesa. A desproporção do castigo, em relação à transgressão, reflete a severidade do superego. Se o superego se mostra severo diante de certas condições, e, em outras, a sua pressão é leve, displicente, este dado remete-nos às dificuldades de relacionamento com os demais.

Integração do ego: O modo como a criança enfrenta as demandas dos impulsos e da realidade externa mostra-nos o funcionamento de seu ego. O desenvolvimento do ego deve ser avaliado, com referência à fase em que a criança se encontra, observando-se: a) a adequação de cada história à fase evolutiva da criança e aos estímulos reais das lâminas, que refletem a percepção que o *self* tem do mundo interno e externo; b) o enfrentamento da realidade, ao longo de cada história, que se traduz por verbalizações adequadas, originais, inteligentes: c) a inclusão, ao longo da história, de soluções adequadas, completas e realísticas.

Haworth (1966) propôs um guia útil para a análise dos principais mecanismos de defesa manifestos no CAT, tais como formação reativa, ambivalência, isolamento, repressão, negação, simbolização, regressão. Esse guia consta dos manuais do CAT (Bellak & Bellak, 1981a; 1981b).

O CAT tem sido empregado com crianças enlutadas (Freitas, 1998; 1999a; 199b). Se a perda de uma das figuras parentais, de um irmão, de um dos avós ocorreu recentemente, espera-se que a criança expresse seu pesar nas verbalizações do teste. A morte de um familiar próximo ou de uma pessoa amiga constitui-se em um dos eventos estressores mais significativos. Se, nas verbalizações do CAT, nenhuma referência ao pesar e à perda se fizer presente, há sinal de alguma patologia. Se as manifestações de negação forem intensas, há um mascaramento do pesar e dos sentimentos depressivos. Conseqüentemente, essa criança poderá apresentar dificuldades de aprendizagem e/ou de conduta; manifestações psicossomáticas e outros desajustamentos.

Crianças enlutadas podem narrar histórias com expectativas mágicas. A culpa é uma manifestação comum. Pode-se exemplificar com duas verbalizações de um menino, de 8 anos, que perdeu seu pai recentemente, em acidente automobilístico.

Lâmina 3 – "O leão fuma o seu cachimbo. Ele ri bem alto: ah, ah, ah, ah! Ele gosta tanto de fumar cachimbo, que fica sorrindo. Aí, o ratinho olha o leão e pensa: que bom que ele está feliz. Feliz para sempre. O leão é muito forte. Ele agüenta todas as coisas e é muito, muito, muito bonito. O ratinho fica ali, bem quieto, só olhando...".

Nessa verbalização, o herói é o leão, com traços de superioridade, beleza, força. Há evidências de negação: o leão ri, está feliz. Há expectativas mágicas: "Feliz para sempre". Não há referências à morte: o leão (pai) é idealizado.

Lâmina 8 – " Os macacos estavam no aniversário do macaquinho. Todos estavam bem felizes. Ele ganhou muitos presentes. Todos comeram bolo, cantaram 'Parabéns a você'. O macaquinho pensou no avô: ele só está no retrato. E o macaquinho, brincando com a bola, chutou e quebrou o vidro do retrato. Machucou o vovô. O macaquinho ficou triste e chorou muito. Aí, a vovó falou: é só o retrato. Não faz mal, a gente arruma. E ficaram felizes para sempre".

Também nessa verbalização, observa-se a negação: há uma festa, todos cantam, são felizes. Aparece culpa, quando o macaquinho quebra o vidro do quadro. Mas, logo aparece uma solução mágica, e todos são felizes para sempre.

Este menino certamente necessita de ajuda terapêutica. A família também deve ser orientada. Nesse sentido, o CAT constitui-se em um instrumento projetivo muito útil para o psicodiagnóstico infantil. Permite, ainda, a formulação de indicações terapêuticas adequadas.

Pode-se encontrar configurações, nas histórias do CAT, que permitem referi-las a modalidades nosológicas específicas. Em trabalhos de pesquisa (Freitas, 1998; 1999a; 199b), usando o CAT, foram encontrados indicadores de depressão, tendências maníacas e de esquizofrenia.

Indicadores de depressão e tendências maníacas no CAT:

Depressão: capacidade associativa inibida, produção pobre, histórias curtas, com reduzida expressão de emoção, finais pessimistas; temas referentes à fome, insatisfação, privação, solidão, tristeza, separações, viagens, inibições para aprender, falta de entusiasmo, vocabulário pobre, culpa, temor ao castigo e à solidão.

Pode-se exemplificar:

Lâmina 1 – "Três pintos queriam comer. E a mamãe galinha não chegava. Eles pensaram que ela vinha vindo. Mas não era ela: era só uma sombra. Ela morreu e eles ficaram sozinhos, abandonados... Deu."

Tendências maníacas: rápida resposta à lâmina, grande número de associações, histórias longas, coloridas; presença de temas como alegria, passeios, satisfação oral, ênfase nos detalhes; os personagens solucionam todos os problemas: dão e recebem prêmios e recompensas; desfechos felizes e mágicos; presença de negação, controle onipotente e identificação com o objeto idealizado; personagens infantis independentes, que não sofrem, manipulam os personagens adultos.

Pode-se exemplificar com uma verbalização:

Lâmina 4 – "Aqui tem uma família: todos os cangurus vão fazer piquenique. O papai canguru passa chispando na bicicleta. Ele é bem forte. Faz musculação. Vai pedalando... A mãe vai atrás, porque tem um filhinho e carrega a comida. Mas ela também vai ligeiro. Vão chegar todos no campo. Os filhinhos saem pulando no campo cheio de flores... Bonito, lindo. Aí, estendem a colcha, sentam e comem bastante lanche. O papai chama os filhos para jogar bola. São muito, muito felizes. Para sempre, porque os filhinhos são muito bonzinhos com o papai e com a mamãe canguru...".

Indicadores de esquizofrenia infantil: percepções distorcidas, adições indiscriminadas, associações fracas, histórias vagas, confusas, desajustes em relação ao estímulo, projeções da criança; contaminações com lâminas anteriores; palavras sem sentido; confusão, perda de limites, produção empobrecida, falta de adequação ao estímulo, dissociação (figuras ou boas, ou más), os personagens são perseguidos, devorados; presença de animais ferozes; o personagem não desenvolve condutas coerentes, o desfecho é indefinido, ou destrutivo.

Exemplo:

Lâmina 2 – " Dois ursos... os cachorros estão brigando muito. Um urso deu um tiro com uma arma. Os cachorros caíram da corda. Saiu sangue da perna do cachorro. Está com medo, vai cair..."

O CAT permite corroborar hipóteses diagnósticas. Os itens descritos, que resultam de estudos clínicos e pesquisas feitas ao longo dos últimos 20 anos, representam uma tentativa de abrir uma investigação sistemática no campo do psicodiagnóstico infantil, em especial, no que se refere às patologias descritas. Outros autores (Piccolo, 1977; Portuondo, 1970a; Rapaport, 1965) descreveram categorias nosológicas, associando o CAT a diferentes testes projetivos.

SÍNTESE INTERPRETATIVA E CONCLUSÃO

Haworth (1966) propôs alguns itens para a síntese global do CAT, que deve ser feita após a análise de todas as lâminas. Esses itens são:

Nível intelectual: Não é objetivo do CAT classificar a inteligência, mas pode-se chegar a uma compreensão de aspectos intelectuais, a partir da escolha das palavras nas verbalizações, da formulação coerente das idéias. O uso de referências pessoais, com freqüência, descrições simples e banais, histórias com elaboração pobre é compatível com pobreza intelectual. Por outro lado, descrições minuciosas e histórias articuladas demonstram bom nível intelectual.

Contato com a realidade: Produção de material não adequado aos estímulos da lâmina, com distorções, denota prejuízo no contato com a realidade.

Relações interpessoais: As lâminas do CAT permitem o acesso às atitudes da criança para com seus pais, irmãos e outros personagens. Tais atitudes podem mostrar dependência, medo, solidão.

Padrões afetivos: É necessário, na síntese final, retomar os sentimentos manifestos nas verbalizações: alegria, tristeza, pesar e outros. É importante verificar quem oferece apoio ao personagem da história, em momentos de estresse. Importa avaliar, também, o manejo da agressividade, quem agride, quem é agredido; se há presença de culpa ou não.

Mecanismos de defesa: É fundamental identificar as defesas mais comuns que aparecem nas verbalizações.

Integração do ego e ajustamento: Haworth (1966) propôs, ainda, a importância de observação de outros aspectos que considera básicos, na síntese integrativa, tais como atitudes para consigo mesmo: competência, segurança pessoal, egoísmo, domínio, independência: como o herói de cada história é considerado, como se considera na trama desenvolvida.

Níveis de desenvolvimento psicossexual: Identificação da maturidade infantil, através dos temas e das respostas às situações específicas de cada história.

Desenvolvimento do superego: As histórias podem revelar imaturidade, fragilidade, culpa, expectativa de punição, severidade do superego.

Por fim, é relevante observar o ajustamento global da criança à situação do teste: capacidade de adaptação, produção adequada à idade cronológica, controle pertinente. São indicadores desses itens: "desfechos felizes, realísticos, exitosos; ações responsáveis, lógicas; consciência de que o sonho era somente sonho; temas concentrados em atividades do cotidiano familiares, identificações predominantes com figuras adultas e/ou infantis do mesmo sexo" (p.161).

Pode-se seguir o que Haworth (1966) recomenda para a síntese final integrativa. Mas, sugere-se ainda:

a) a observação dos temas, heróis e suas necessidades, que permitem a descrição da estrutura psíquica e das necessidades do sujeito;

b) a concepção do ambiente e das figuras que são significativas para o sujeito;

c) os conflitos, as ansiedades, os mecanismos de defesa e a severidade do superego, que permitem a formulação da psicodinâmica do sujeito;

d) os desfechos das histórias, que são reveladores de como o sujeito lida com as diferentes situações; se necessita de tratamento e qual o tratamento mais recomendado.

Teste das Fábulas: novas perspectivas*

Jurema Alcides Cunha, Blanca Guevara Werlang, Irani I.L. Argimon

A exploração de historietas incompletas como estímulo para investigar conflitos inconscientes, na avaliação psicológica, começou a ser feita por Louisa Düss, em 1940. Desde então, firmou-se a sua popularidade, especialmente como um método projetivo infantil, em vários países, ainda que grande parte das pesquisas publicadas utilizassem apenas amostras de sujeitos em idade escolar.

Após vários anos de experiência com a técnica, utilizando a forma verbal e pictórica com crianças, resolvemos avaliar a sua utilização clínica com outros grupos etários. Na realidade, embora a literatura tenha vários exemplos de trabalhos que falam no valor das fábulas em diferentes idades, tal possibilidade não parecia muito prática, uma vez que o conteúdo das fábulas é caracteristicamente infantil. Aliás, segundo Anzieu (1981), a criança se identifica com o herói, porque este está "colocado em uma situação representativa do desenvolvimento infantil" (p.69).

Examinando o contexto de cada fábula, vê-se que, basicamente, apresenta uma situação-problema, para a qual deve ser encontrada uma solução. Fornece determinadas informações que devem ser elaboradas por meio de operações cognitivas, com base nas quais o sujeito pode produzir uma resposta lógica, derivada da esfera do ego livre de conflitos (Hartmann, 1968). Pode-se dizer que as "respostas normais" de Düss e nossas respostas populares estão neste nível: são isentas de simbolismo personalizado e não envolvem indícios de conflito. Isso pode ocorrer por duas razões: a) o conteúdo da fábula não produziu uma mobilização afetiva ou b) o sujeito é capaz de controle de sua expressão afetiva, produzindo uma resposta que está em concordância com a expectativa social. Somente o inquérito ou a transposição de elementos da fábula para verbalizações posteriores nos dirá qual das alternativas é verdadeira.

Por exemplo, a F1, ou Fábula do Passarinho, é a seguinte:

"Um papai e uma mamae pássaros e seu filhote passarinho estão dormindo num ninho, no galho. De repente, começa a soprar um vento muito forte, que sacode a árvore, e o ninho cai no chão. Os três passarinhos acordam num instante e o passarinho papai voa rapidamente para uma árvore, enquanto a mamãe passa-

---

*Este trabalho reúne fragmentos de várias comunicações científicas (vide, p.ex., Argimon, Werlang, Cunha et alii, 1998, e Cunha, 1998), apresentadas em congressos e baseadas em trabalhos de pesquisas, em que colaboraram, na coleta de dados, as psicólogas Marilene da Fonseca Seger, Maísa Silva dos Santos e Tatiana Escovar e a graduanda em psicologia Tânia Michelena, a quem agradecemos.

rinho voa para outra. O que vai fazer o filhote passarinho? Ele já sabe voar um pouco..." (Düss, 1986, p.18).

Em crianças pré-escolares, a resposta popular (que aparece numa freqüência de um em cada cinco sujeitos) é "Vai para outra árvore"; já, entre escolares, as respostas populares (que se apresentam em um de cada quatro sujeitos) são "Vai para uma árvore, para um galho, um lugar abrigado" (Cunha & Nunes, 1993, p.241-243).

Entretanto, a situação proposta também tem aspectos críticos, emergenciais que podem ser interpretados em função de experiências particulares e pessoais. Antes, vimos que era possível captar, no problema, dados reais, que poderiam ser trabalhados para resolvê-lo. Agora, chamamos a atenção para os seus dados potencialmente estressantes, conforme o Quadro 28-1.

QUADRO 28.1 Dados potencialmente estressantes da F1

a) veio um vento muito forte (presença de um elemento potencialmente destruidor);
b) o ninho caiu (ameaça da perda de proteção e estabilidade);
c) os pais passarinhos voaram cada um para uma árvore diferente (ameaça de separação dos pais);
d) o filhote passarinho sabe voar um pouco.

Fonte: Cunha e Nunes, 1993, p.7.

Todavia, é exatamente a ênfase nos aspectos estressantes que torna as fábulas sensíveis a interpretações extremamente particularizadas, que se associam com problemas circunstanciais da vida diária e com conflitos tanto conscientes como inconscientes. Tal fato demonstra que, apesar dos esforços de Düss para "eliminar situações familiares ou escolares, excessivamente particularizadas" (Düss, 1986, p.18), isso não foi possível, o que torna o instrumento mais rico e promissor.

Então, como já mencionamos, do ponto de vista de Anzieu (1981), "a criança se identifica naturalmente com o herói" (p.69), e, sem dúvida, esta era a intenção de Düss. Dessa maneira, na F1, criou uma situação em que a criança, pela identificação com o herói, fornecesse elementos para que se pudesse inferir sua fixação no pai ou na mãe ou, pelo contrário, sua independência. Na realidade, o material que se obtém é muito mais produtivo, podendo-se extrair elementos sobre o processo de separação-individuação. Por outro lado, por estudos realizados com psicóticos (Cunha, Werlang, Oliveira et alii, 1999; Rossi, 1965) e pelo exame de protocolos infantis, vê-se que é possível inferir, muitas vezes, qual a atitude básica do sujeito frente ao mundo.

Vejamos o exemplo de um menino de 6 anos e 4 meses, que é apresentado no manual: "Morreu... Caiu da árvore e se machucou muito... Morreu..." (Cunha & Nunes, 1993, p.99).

A situação de separação suscita uma fantasia de perda do objeto real. A ansiedade de abandono é absolutamente esmagadora, já que o herói não faz uma opção possível para a autonomia (o passarinho sabia voar um pouco), e o ego se deixa morrer. Não consegue enfrentar as exigências da situação de separação-individuação, ingressando num processo regressivo sem retorno.

Outro exemplo, também de um menino de 6 anos e 7 meses: "O pequeno se perdeu... Ele não tinha muita força e o vento levou ele. O pai e a mãe foram procurá-lo. A mãe foi por um lado e o pai por outro. E o encontraram. O ninho se espalhou todo. Os pais procuraram mais palha para fazer o ninho. Quando acabou o ninho, botaram o filhote dentro" (Cunha & Nunes, 1993, p.99).

Esta criança também não enfrenta bem a situação, já que também não usa os recursos autônomos de que dispõe, talvez porque o mundo pareça demasiadamente ameaçador. Há um trauma de separação passageiro, mas rudimentarmente há um vestígio de confiança numa fonte externa de ajuda.

Vejamos, agora, um outro caso de um menino de 12 anos e 5 meses, que já apresentamos em outro trabalho: "Ele vai tentar subir até a arvore onde estão os pais; só que não vai conseguir. Fica esperando os pais virem buscar, até que a mãe vem buscar. Os três se reúnem novamente e constroem um novo ninho" (Cunha & Werlang, 1997, p.289).

Nota-se que o sujeito inicia uma ação, que é insegura, tornando-se passiva. Aparentemente, poder-se-ia dizer que se trata de uma resposta imatura que, não obstante, poderia ser melhor caracterizada como pseudo-infantil. Na realidade, os estímulos da F1, para um menino que está se matriculando na fase da adolescência, fazem com que enfrente uma questão, caracteristicamente egossintônica com a fase, isto é, a crise que envolve impotência *versus* onipotência. Em seu ingresso nessa fase, ainda lhe é penoso assumir a tarefa de elaborar seu crescimento, desapegando-se de objetos infantis, dos pais de sua infância (Aberastury & Knobel, 1991). Em tal enfrentamento, numa situação de estresse, proposta pela F1, parece normal certa ambivalência, que explica suas oscilações. Pode desejar, por um momento, ter acessível o colo antigo, que o fazia sentir-se seguro. Mas não se entrega a uma ansiedade esmagadora. Antes, confiantemente, espera ajuda. Observa-se que, então, é capaz de um comportamento mais maduro, participando da construção do ninho. Portanto, ainda que a F1 seja emocionalmente muito mobilizadora para o adolescente, diferencia-se freqüentemente do modo infantil de elaborar o desfecho, sendo o sujeito capaz de buscar uma "solução" mais madura.

Entretanto, dentre todas as fábulas, na adolescência, destaca-se a F3, a Fábula do Cordeirinho, como a mais mobilizadora, uma vez que é a que mais suscita a categorização de estados emocionais, fantasias e defesas. Isso não significa que não seja comum a emergência da resposta "Vai comer capim fresco". Não obstante, enquanto a tônica da elaboração infantil se situa na ovelha mãe, o adolescente costuma dar maior realce à figura do cordeirinho, do irmão que toma o seu lugar. Sendo assim, a menção do estado afetivo de ciúme é comum. É claro que se poderia considerar que, dentro do contexto, tal referência é probabilisticamente a mais lógica, se a freqüência de pausas no relato e outras conotações não denunciassem o quanto o tema afeta outra vulnerabilidade egossintônica com a fase, isto é, a questão do altruísmo *versus* narcisismo. Vamos examinar uma história, para a F3, produzida por um menino de 12 anos e 11 meses:

"Vai ficar muito brabo e com ciúmes, pois pensa: 'Eu sou o primeiro e eu devo beber o leite, pois esse aí é apenas um intruso, se metendo no meu caminho, e eu vou me vingar dele. Colocarei veneno na comida dele... Não, melhor! Pisotearei ele. Não, melhor ainda! Eu vou esmagá-lo a chifradas'. Mas, quando ia fazer isso, olha e diz: 'Ele é tão bonitinho, o meu maninho...'. Então, sua mãe é levada para o 'tosamento' e raposas a atacam e matam. Então, ao invés dele matar o irmão, leva para uma amiga, que também tem filhos já grandes, e ela amamenta o filhote" (Cunha & Werlang, 1997, p.289).

Vemos, neste exemplo, que o adolescente vivencia o conflito entre altruísmo e narcisismo de forma violenta, mas muito sofrida, podendo-se dizer, numa linguagem vulgar, que, em sua fantasia, "viaja", "louqueia" e, até, regressivamente, faz com que a agressão recaia sobre a figura materna, perdendo a mãe de sua infância. Mas tenta uma solução, buscando reparar seus impulsos agressivos. Vamos, então, comparar essa história com a de um menino de 4 anos e 2 meses, também com conteúdo agressivo, mas sem qualquer desfecho adaptativo:

"Foi e roubou o leite do cordeirinho. (Por que fez isto?*) Porque ele estava com fome... (E daí?) Daí, que ela não era mãe do outro. Então, o leite era dele... Acabou".

Noutro exemplo, de um menino de 5 anos e 8 meses, também fica claro que o herói não abre mão do leite e fica magoado com a mãe:

"Comprou leite. (Quem comprou o leite?) O cordeirinho. (Como se sente comprando leite?) Triste, chorando. (Por quê?) Porque a mãe não dá leite para ele. (Por que não dá?) Porque o outro tomou tudo. (Daí?) Daí, ele teve que comprar".

Pode-se ver que o manejo é diferente. Ambos os pré-escolares se sentem privados, mas enquanto o primeiro se mostra hostil, o segundo chora pela perda simbólica, mas drástica do afeto materno e tenta aliviar sua ansieda-

---

*As intervenções entre parênteses foram feitas pela psicóloga, como inquérito.

de, sem agredir a mãe ou o irmão. Já o adolescente sente-se ferido em seu narcisismo e sofre com a perda de seu papel de criança e com a sua dificuldade em aceitar mudanças que fragilizam o seu ego. Por outro lado, deve-se considerar que, em adolescentes, o alargamento da rede social, com a participação em grupos cada vez maiores, favorece a reedição de emoções originárias das primeiras rivalidades infantis com irmãos, agora, sob nova roupagem.

Considerando os resultados de uma amostra de um estudo de 48 adolescentes, os dados de categorização de estados emocionais e das fábulas e, a partir da tabela de contingência, utilizando a técnica de análise de correspondência, pode-se visualizar, na Figura 28.1, como ciúme se associa mais com a F3, assim como dependência se associa mais com a F1, nesta, em função do conflito de impotência *versus* onipotência, como já foi discutido.

Na Figura 28.1, também se verifica que solidão se associa mais com a F2, a Fábula do Aniversário de Casamento.

Os estímulos da F2 e da F8, a Fábula do Passeio, envolvem uma situação de triangularidade, muito mobilizadora na fase edípica. Neste caso, também se torna sumamente interessante comparar respostas de pré-escolares com as de adolescentes. Primeiramente, vamos apresentar a resposta de um pré-escolar à F2:

"Ele não gostou da festa. (Por quê?) Porque está o pai... (E daí?) O pai não deixa ele falar. (O que a criança faz?) Vai embora e fica sentada aqui. (Como a criança se sente?) Triste. (O que vai acontecer?) Ele vai ficar sem mãe? (O que tu achas?) A mãe ficou com o pai... (E daí?) Não sei..."

Conteúdos edípicos invadem a história de forma tão intensa, que há um bloqueio. Vamos ver, então, a resposta de uma menina de 12 anos e 5 meses para os mesmos estímulos:

"Porque ela tá achando muito... tá muito desenturmada, pois só tem gente adulta e ela está sozinha, sem ninguém para conversar ou brincar...".

Comparando os dois exemplos, fica evidente a presença de vínculos afetivos de natureza diversa. No primeiro caso, os pais, sem dúvida, ocupam a primazia no mundo objetal infantil e, no segundo, eles são percebidos como pessoas que fazem parte do mundo social do sujeito, não existindo apenas em função de seu *self*. Nesta última alternativa, entende-se que deve ter havido a resolução completa do conflito edípico ou os aspectos dinâmicos associados com o conflito não emergem, pela ação

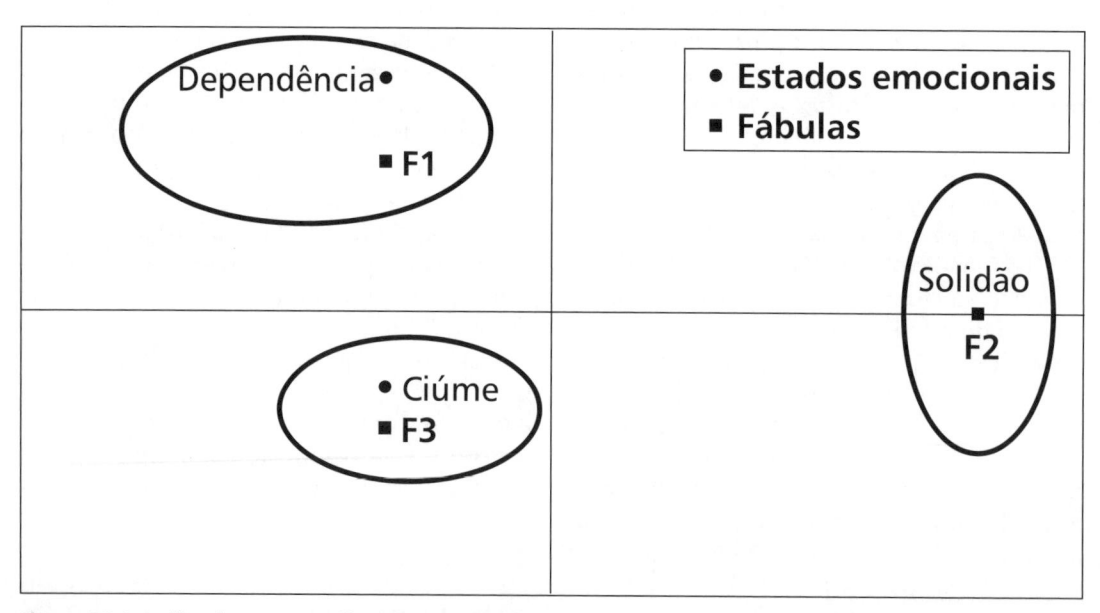

Figura 28.1 Análise de correspondência entre estados emocionais e as Fábulas 1, 2 e 3.

da repressão e de outros mecanismos de defesa (Spiro, 1988). Aliás, este deve ser o caso, no exemplo referido, em que parece ter sido usada a racionalização, além de repressão, já que a presença exclusiva de adultos na festa não encontra subsídios na representação pictórica. Mas, talvez, exemplos à F8, a Fábula do Passeio, sejam mais esclarecedores. Vejamos, primeiro, a resposta de um pré-escolar:

"Por causa que foi passear com a mãe dele e não podia deixar o pai sozinho. (O que vai acontecer?) O pai vai dar na mãe e nele e, então, vão embora para o Rio de Janeiro. (Quem vai embora?) A mãe e o filho. (E o pai?) Fica sozinho".

Esboça-se, claramente, uma situação edípica que culmina com um triunfo edípico. Mas, vejamos a resposta de uma adolescente:

"Porque... Eles são separados? Eles não avisaram que iam sair e deixaram ela preocupada. (Por que perguntaste se eles são separados?) Se forem separados e não fosse o dia de visita do pai, podia a filha ter sido seqüestrada, isto se a mãe fosse a responsável. E, se fosse o pai o responsável, a mãe ia ficar braba, porque não pode ver a filha no dia de visita... (Como sabes isto?) Vi na novela..."

O tema, no último caso, é manejado de forma impessoal. A resposta, entretanto, sugere o uso farto de mecanismos de defesa, ficando racionalização e repressão em bastante evidência. Aliás, racionalização foi o mecanismo mais utilizado pelos sujeitos desta amostra, seguido por repressão e introjeção. Assim, foi possível constatar que, entre esses adolescentes, foi pequena a emergência de mecanismos primitivos. Note-se que também apareceram fantasias edípicas, mas não foram as mais observadas, podendo-se dizer que, entre esses sujeitos, ainda há casos que apresentam indícios de vulnerabilidades pré-adolescentes. Todavia, quando tais indícios são concomitantes com o uso de defesas mais maduras, considera-se que o conflito edípico já foi parcialmente superado (Spiro, 1988).

É possível que a questão fique mais clara, se examinarmos os resultados da análise de correspondência entre as categorias de mecanismos de defesa e das fábulas. Com base na Figura 28.2, pode-se examinar a questão da F2 e da F8, as duas fábulas que mais mobilizam conteúdos edípicos.

Vemos que, enquanto a F8 se associa mais com racionalização, a F2 situa-se numa posição praticamente eqüidistante de racionalização e de repressão. Com isso, fica sugerido que, embora tais conteúdos edípicos tenham certo

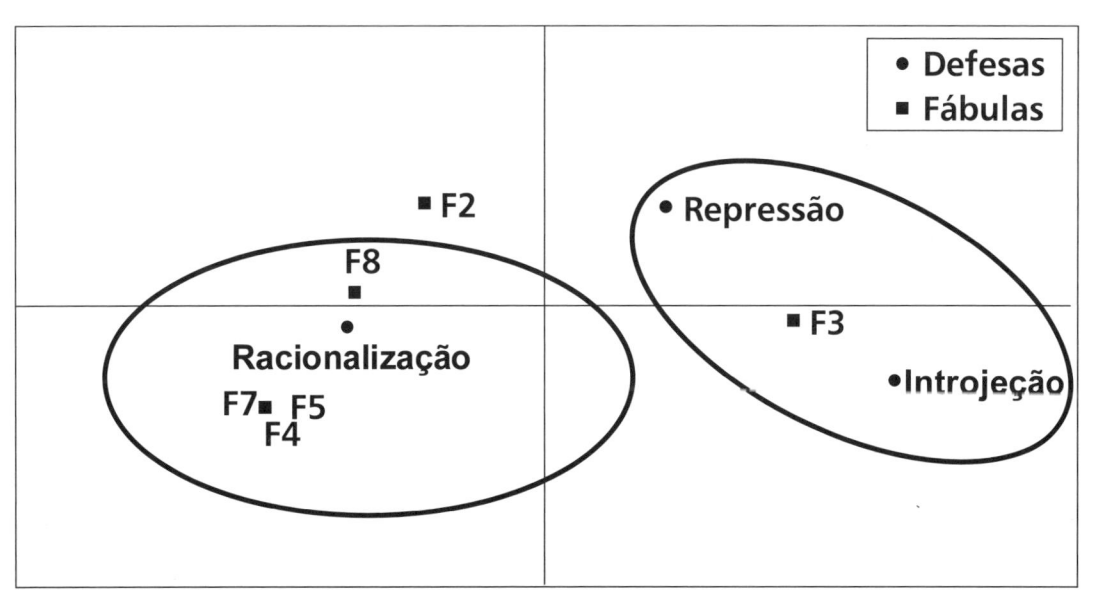

Figura 28.2 Análise de correspondência entre defesas e as Fábulas 2, 3, 4, 5, 7 e 8.

poder de mobilização afetiva, indicando a presença de alguma vulnerabilidade ao conflito, as fábulas correspondentes associam-se mais com defesas típicas da fase de dissolução do Édipo. Mas, por que dizemos que, na amostra, tais fábulas mobilizam estados emocionais que podem se relacionar com conteúdos dessa natureza? Na Figura 28.3, temos os resultados da análise de correspondência entre categorias de fantasias e de fábulas.

Pode-se ver, então, que a F2 e a F8 se associam mais com rejeição que, envolvendo sentimentos de exclusão, aponta para um tema básico do conflito edípico, relacionado com a vivência da impossibilidade de união com o progenitor do sexo oposto. Não devemos esquecer, porém, que a adolescência oferece uma segunda chance de reelaboração de conflitos infantis.

Já, na terceira idade, a situação é outra. Lembramos que, em termos de estrutura do instrumento, as fábulas se caracterizam por dois subconjuntos de historietas, constituídas pelas Fábulas 1, 2 e 3 e 6, 7 e 8, "que são entremeadas por duas fábulas (F4 e F5) e complementadas por outras (F9 e F10)", que, na infância, "freqüentemente assumem uma função catártica e de controle" (Cunha & Nunes, 1993, p.14).

Foi possível observar que o primeiro subconjunto, com exceção da F3, foi afetivamente mais mobilizador na terceira idade, constatando-se que, na F4 e na F5, se concentrou a grande maioria das ocorrências de fenômenos específicos. Lembrando que os temas das duas fábulas são a morte e o medo, respectivamente, parece que, por certo, a reação observada é sintônica com a fase.

Num levantamento de indícios de estados emocionais, nas respostas às fábulas, em sujeitos da terceira idade, muitos destes institucionalizados, predominam estados emocionais de tonalidade depressiva, como tristeza e solidão, chamando a atenção, também, para aqueles ligados ao manejo de afetos, como dependência. Então, nos enredos produzidos, há freqüente solicitação de ajuda, não atendida, com indícios de manifestações de ansiedade e medo. Aliás, as referências são a medos abstratos, que possivelmente se associam com uma ansiedade frente à morte.

Salienta-se que, enquanto na Fábula 1 a resposta popular entre crianças é de solução independente, para o enredo criado, não se

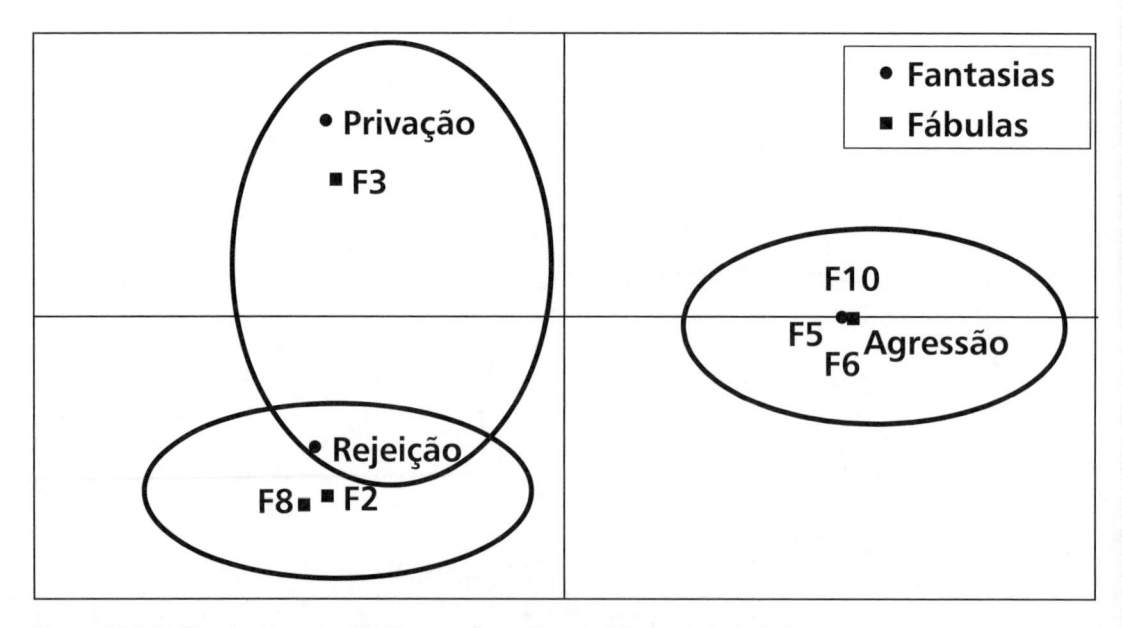

Figura 28.3 Análise de correspondência entre fantasias e as Fábulas 2, 3, 5, 6, 8 e 10.

verificou qualquer caso que envolvesse mais do que uma tentativa nesse sentido.

Um exemplo de resposta típica é de um sujeito de 66 anos, que, após sinais iniciais de choque, respondeu:

"Ele vai chamar o pai, gritar e pedir socorro para salvar ele dali. Ele vai começar a gritar, chamar o pai e mãe para vir socorrer ele. Mas daí a mãe não foi... (E aí?) Mas a mãe ficou cuidando para os outros bichos não chegar perto dele... (E então?) Não sei... ele ficou no chão, não conseguiu voar porque não tinha asa... (E como se sentia?) Aflito".

Depois de outras considerações, a história termina com um lavrador pondo os passarinhos no ninho. Entretanto, apesar da posição, muitas vezes dependente, o desfecho das histórias é, geralmente, adaptativo.

Mas, com esse tipo de conteúdo, na análise das respostas, justificam-se as fantasias emergentes, com predominância de fantasias de abandono e rejeição, e tal situação é tolerada por um uso intensificado de racionalização como defesa, seguido por outras defesas, como negação e repressão.

Entretanto, apesar do ressurgimento de aspectos mais infantis, observa-se que defesas de tipo mais imaturo constituem minoria, sendo mais freqüentes mecanismos oriundos da fase de dissolução do Édipo ou mais maduros.

Aliás, um traço que chama especialmente a atenção é a flexibilidade da identificação, observando-se que, em certas fábulas, a identificação tende a se fazer com o herói infantil, em outras, com o herói adulto, às vezes, com o herói infantil num papel adulto, ou variando, na mesma fábula, o nível de identificação. Como exemplo, vamos dar a resposta de um sujeito de 67 anos à Fábula 2.

A Fábula 2 conta a história do aniversário de casamento de um pai e uma mãe, que se amam muito. Durante a festa, a criança se levanta e sai, indo ficar sozinha no fundo do quintal. À pergunta "por quê?", o sujeito respondeu:

"Porque ele acha que aquilo é uma fantasia e não tem nada para comemorar. Ele pensa diferente dos pais sobre o casamento. Ele está se sentindo traído, acabrunhado. Os pais, se vendo sozinhos, vão atrás dele e, numa conversa franca com o filho, eles notam e sentem que o casamento seria outra coisa e não o que eles têm vivido. O menino se sente revoltado, mas dá nova chance aos pais".

Observa-se, portanto, uma variabilidade de indícios que denotam ora uma posição dependente, ora sinais de autonomia do ego, baseados numa sábia experiência de vida.

Tanto em crianças como em adolescentes e na terceira idade, o material suscitado é muito rico, porque oferece importantes indícios de vulnerabilidades egossintônicas com cada fase, uma vez que as situações-problema que as fábulas apresentam são suficientemente ambíguas e simbólicas, para o sujeito poder projetar aspectos pessoais intrapsíquicos, possibilitando ao examinador identificar questões básicas, na perspectiva da fase etária atual e conflitos não resolvidos de etapas anteriores. Fica, portanto, demonstrada a utilidade clínica do instrumento em várias idades.

Esses trabalhos, que deram subsídio ao presente capítulo, desenvolvidos nos últimos anos, permitem-nos concluir que as perspectivas de entendimento psicodinâmico variam conforme o período etário, embora a F1, a Fábula do Passarinho, seja bastante mobilizadora do ponto de vista afetivo em todas as idades. Na infância, principalmente, na faixa pré-escolar, além da F1, salientam-se, especialmente, a F2, Fábula do Aniversário de Casamento, e a F8, a do Passeio, todas elas com temas que envolvem uma situação triangular. Já na adolescência, são principalmente mobilizadoras as fábulas com temas egossintônicos com a fase, isto é, a F1 e a F3, a Fábula do Cordeirinho. Por outro lado, na terceira idade, os temas da morte e do medo, suscitados pelas Fábulas 4 e 5, parecem desencadear intensas reações afetivas, assim como a F1. Aliás, isso nos permite sugerir que a F1, no sentido diagnóstico, seja universal, porque é uma fábula que, quase invariavelmente, produz conteúdos importantes, em várias idades e em diferentes grupos clínicos.

Desenvolvimentos do Procedimento de Desenhos-Estórias (D-E)

Walter Trinca, Leila S.L.P. Cury Tardivo

INTRODUÇÃO

O Procedimento de Desenhos-Estórias (abreviadamente, D-E) é uma técnica de investigação da personalidade que emprega, basicamente, desenhos livres associados a estórias*, no contexto do diagnóstico psicológico. Foi introduzido por Walter Trinca, em 1972, para se prestar à exploração da dinâmica inconsciente da personalidade, em setores que outros meios utilizados na época deixavam muito a desejar. Ou seja, necessitava-se de instrumento com sensibilidade bastante para uma exploração inconsciente de tipo *vertical* e *focal*, relacionada especialmente às queixas e outras angústias emergentes em dada situação. Nessa época, o exame psicológico, como um todo, ocupava-se, na clínica psicológica, prioritariamente com a *horizontalidade* e a *extensão* da personalidade em seus múltiplos aspectos. Havia predominância do uso de testes objetivos, e os psicólogos afiliavam-se, preferencialmente, a modelos médicos e psicométricos.

Nesse contexto, o Procedimento de Desenhos-Estórias, juntamente com outras técnicas de investigação psicanaliticamente fundamentadas, como a Hora de Jogo Diagnóstica (Aberastury, 1982) e o Jogo de Rabiscos (Winnicott, 1984), ajudou a consolidar uma nova maneira de se conceber e realizar o diagnóstico psicológico. Importante, acreditamos, é sublinhar que o D-E veio se inserir no *processo diagnóstico de tipo compreensivo* (Trinca, W., 1984), que trouxe uma abordagem clínica renovadora e uma visão humanística integradora dos propósitos do diagnóstico psicológico. Não somente a psicanálise, como também a psicologia fenomenológico-existencial, a psicologia da *Gestalt*, o behaviorismo, os estudos sobre a dinâmica familiar, a análise dos processos de desenvolvimento da criança e outras áreas da psicologia lançaram luz sobre o foco da problemática humana que foi incorporada no diagnóstico compreensivo.

Foi, inicialmente, apresentado como tese de doutorado no Instituto de Psicologia da USP (Trinca, W., 1972). Algum tempo depois, essa tese foi transformada em livro (Trinca, W., 1976). Encontram-se hoje, referidos ao D-E, mais de 100 trabalhos publicados, dentre os quais mais de 30 teses de doutorado e dissertações de mestrado, feitas a seu respeito ou com o seu emprego. Um resumo, ainda que pálido, dessa produção encontra-se em Trinca, W. (1997).

---

* N. dos A. Apesar de alguns autores recomendarem a grafia história, quando se trata de narrativa de ficção, o uso consolidou e justifica a forma estória, já incorporada à língua portuguesa.

NATUREZA E CARACTERÍSTICAS

O Procedimento de Desenhos-Estórias é uma técnica de investigação da personalidade que se coloca, no contexto do diagnóstico psicológico, como meio auxiliar de ampliação do conhecimento da personalidade, em situações clínicas ou não-clínicas. Tem por base, como afirmamos, a combinação do emprego de desenhos livres com o recurso de contar estórias. O examinando realiza uma série de desenhos livres, associados às estórias que eles contam, também de modo livre. Por isso, o D-E já foi referido como uma técnica de desenhos livres que servem como estímulos de apercepção temática. Nesse caso, ele se constitui em instrumento com características próprias, que se vale de processos expressivo-motores e aperceptivo-dinâmicos.

Os desenhos livres servem para eliciar as estórias, mas o resultado desse par se compõe em um todo uno e indiviso. Além disso, a integridade do conjunto exige a utilização de "inquéritos" e títulos para as unidades gráfico-verbais. O examinando realiza um primeiro desenho livre e, a partir deste, inventa uma estória. Responde, em seguida, às perguntas do examinador e dá um título à produção. A unidade gráfico-verbal é normalmente repetida, na mesma seqüência, por cinco vezes. Tal reiteração seqüencial não resulta em unidades isoladas, mas em uma comunicação contínua, que serve aos propósitos da constituição de um todo, denominado Procedimento de Desenhos-Estórias.

Trata-se de uma técnica que deixa o examinando livre para se comunicar; simultaneamente, fornece um substrato básico de meios estáveis para os participantes se conduzirem. As informações advindas do emprego do Procedimento são habitualmente reunidas a outras para a composição da compreensão clínica. Em particular, o uso conjugado do D-E com as entrevistas clínicas vem propiciar a obtenção de informações focais e nodais dentro do *setting* do diagnóstico psicológico.

O D-E é uma técnica de investigação que não se restringe às noções habituais e particulares que temos a respeito dos testes psicológicos. Estes, geralmente, se prendem a questões fundamentais de fidedignidade, sensibilidade e padronização, que não são igualmente consideradas no D-E. Não o são justamente por ser ele uma técnica de exploração livre e ampla, e por visar a uma compreensão da dinâmica psíquica profunda.

Podemos sintetizar, dizendo que o Procedimento de Desenhos-Estórias tem como características principais: 1) o uso de associações livres por parte do examinando; 2) o objetivo de atingir aspectos inconscientes da personalidade; 3) o emprego de meios indiretos de expressão; 4) a participação em recursos de investigação próprios das técnicas projetivas; 5) a ampliação das possibilidades da observação livre; 6) a extensão dos processos da entrevista semi-estruturada e não-estruturada.

TÉCNICA DE APLICAÇÃO

A administração do Procedimento é individual, devendo ser aplicado por profissionais devidamente qualificados. Usam-se folhas de papel em branco de tamanho ofício, lápis preto e uma caixa de lápis de cor. Preenchidas as condições requeridas, o sujeito é colocado sentado, trabalhando em uma mesa, e o examinador senta-se à sua frente. É dada a tarefa após verificação de bom *rapport* entre examinando e aplicador. Espalham-se os lápis sobre a mesa, ficando o lápis preto (ponta de grafite) localizado ao acaso dentre os demais.

Coloca-se uma folha de papel na posição horizontal, com o lado maior próximo do sujeito. Não se menciona a possibilidade de este alterar essa posição, nem se enfatiza a importância do fato. Solicita-se ao examinando que faça um desenho livre: "Você tem essa folha em branco e pode fazer o desenho que quiser, como quiser". Aguarda-se a conclusão do primeiro desenho. Quando estiver concluído, não é retirado da frente do sujeito. O examinador solicita, então, que ele conte uma estória associada ao desenho: "Você, agora, olhando o desenho, pode inventar uma estória, dizendo o que acontece". Na eventualidade de o examinando demonstrar dificuldades de associação e de elaboração da estória, pode-se introduzir recursos auxiliares, dizendo-lhe, por exemplo: "Você pode começar falando a respeito do desenho que fez".

Concluída, no primeiro desenho, a fase de contar estórias, passa-se ao "inquérito". Neste, podem-se solicitar quaisquer esclarecimentos necessários à compreensão e interpretação do material, produzido tanto no desenho quanto na estória. O "inquérito" tem, também, o propósito de obtenção de novas associações. Ainda com o desenho diante do sujeito, pede-se o título da estória. Chegando a esse ponto, retira-se o desenho da vista do examinando. Com isso, temos concluída a primeira unidade de produção, composta de desenho livre, estória, "inquérito", título e demais elementos relatados.

O examinador tomará nota detalhada da estória, da verbalização do sujeito enquanto desenha, da ordem de realização, dos recursos auxiliares empregados, das perguntas e respostas da fase de "inquérito", do título, bem como de todas as reações expressivas, verbalizações paralelas e outros comportamentos observados durante a aplicação. Pretende-se conseguir uma série de cinco unidades de produção. Assim, concluída a primeira unidade, repetem-se os mesmos procedimentos para as demais. Na eventualidade de não se obterem cinco unidades em uma única sessão de 60 minutos, é recomendável combinar o retorno do sujeito a nova sessão de aplicação. Não se alcançando o número de unidades igual a cinco, ainda que utilizado o tempo de duas sessões, será considerado e avaliado o material que nelas o examinando produziu. Se as associações verbais forem pobres, convém reaplicar o processo, a partir da fase de contar estórias. Não é aconselhável o uso de borracha. Para outros esclarecimentos quanto à aplicação, vide Trinca, W. (1976).

O D-E foi introduzido como técnica de avaliação psicológica individual. Alguns estudos atuais, contudo, consideram a possibilidade de ser aplicado coletivamente (Aiello-Vaisberg, 1997; Gavião & Pinto, 1999). Originalmente, foi apresentado para sujeitos de ambos os sexos, de cinco a 15 anos de idade. Hoje, esse uso se estendeu a crianças de três e quatro anos, bem como a adultos de todas as idades. Os examinandos podem pertencer a quaisquer níveis mental, socioeconômico e cultural (Trinca, A., 1997).

FINALIDADES

O D-E foi proposto, inicialmente, para o estudo dos conteúdos psicodinâmicos da personalidade, que abrangem especialmente os processos de natureza inconsciente. Ele é de grande valor na detecção de componentes das experiências subjetivas. Ultimamente, contudo, tem se enfatizado que se presta, também, ao reconhecimento das características formais e estruturais da personalidade. A produção gráfica revela, como afirma Grassano (1996), a concepção e os conflitos inerentes ao manejo espacial, às funções e ao interior do próprio corpo, bem como as angústias e fantasias dominantes com relação ao corpo de outras pessoas, construídas desde as primitivas relações de objeto. Como, no D-E, os desenhos livres não são somente substitutivos de pranchas destinadas a provocar estórias, mas constituem importantes fatores a serem avaliados de forma integrada com os demais elementos presentes, podemos dizer que tal produção gráfica é reveladora de características formais e estruturais. Hammer (1991), Van Kolck (1981) e a própria Grassano (1996) oferecem indicadores para interpretá-los desse modo. Tardivo (1985; 1997) enfoca os aspectos formais da produção gráfica no D-E e sua coerência dentro do conjunto da produção global.

De início, essa técnica de investigação da personalidade foi concebida para avaliar sujeitos normais, neuróticos e psicóticos em situação eminentemente clínica. Com o passar do tempo, verificou-se que, em função de sua extrema adaptabilidade, se prestava a diversas outras situações, como, por exemplo, aos contextos da psicologia escolar, da saúde pública, da psicologia forense, das instituições de atendimento a pessoas carentes, deficientes, etc. Temos encontrado uma ampla utilização do D-E na pesquisa, seja dentro, seja fora da clínica psicológica. Além disso, ele se revela útil em diagnóstico breve, psicoterapia breve, entrevista devolutiva, *follow-up* e inúmeras outras áreas.

FUNDAMENTAÇÃO

O Procedimento de Desenhos-Estórias encontra sua fundamentação nas seguintes suposições:

1) O indivíduo pode revelar suas disposições, esforços e conflitos ao estruturar ou completar uma situação incompleta. Essa suposição fundamenta as técnicas projetivas em geral. Ela vem sendo comprovada por meio de pesquisas e de experiência clínica.

2) As associações livres tendem a se dirigir a setores em que o indivíduo é emocionalmente mais sensível. Essa hipótese, que fundamenta a própria psicanálise, aplica-se ao D-E, que, como vimos, deixa o examinando livre para realizar a tarefa. Nesta, ele tende a exprimir seus impulsos, conflitos, angústias, fantasias inconscientes, etc.

3) Nas técnicas projetivas, quanto menor for a estruturação e a direção do estímulo, tanto maior será a tendência de surgir material emocionalmente significativo. Quando são solicitados livremente desenhos e estórias, e quando é minimizada a direção oferecida pelo examinador, pode-se esperar que os núcleos significativos da personalidade tenham a oportunidade de se manifestar.

4) No contato inicial, o cliente tende a comunicar seus principais conflitos e fantasias inconscientes sobre a doença e a cura. Aberastury (1982) explica, de modo geral, esse fenômeno, dizendo que, no caso da criança, esta espera que os profissionais que a atendem não reproduzam a conduta de seus objetos originais, que provocaram a doença ou o conflito. Tanto para as crianças quanto para os adultos, têm se verificado nas consultas iniciais evidências empíricas e clínicas para essa hipótese.

5) Crianças e adolescentes preferem comunicar-se por desenhos e fantasias aperceptivas a se expressar por comunicações verbais diretas. A surpresa, para nós, foi constatar que os adultos, muitas vezes, têm essa preferência.

6) Determinada seqüência reiterada de provas gráficas e temáticas tende a produzir um fator ativador dos mecanismos e dinamismos da personalidade, levando a maior profundidade e clareza na comunicação. A reiteração do par desenho-estória conduz a um processo unitário de comunicação, com início, meio e fim.

AVALIAÇÃO

O D-E é uma técnica que permite várias modalidades de avaliação. Do vértice da análise de conteúdo com fundamentação psicanalítica, temos observado, tanto em pesquisas realizadas, como na clínica psicológica, o uso do método denominado "livre inspeção do material". Essa forma de avaliação se baseia em uma análise globalística. Ou seja, levando-se em conta o conjunto da produção (desenhos, estórias, respostas aos "inquéritos" e outras associações), são levantadas hipóteses referentes à natureza dos impulsos, das fantasias inconscientes, das angústias e conflitos predominantes, dos vínculos mais significativos, das defesas mais utilizadas, entre outros aspectos. Tenta-se relacionar tudo isso com as queixas. Podemos mencionar, aqui, a profundidade do método, que depende da experiência clínica. Contudo, ao utilizá-lo, o profissional corre o risco de se equivocar, especialmente se não dispõe de muita experiência clínica.

Dada a riqueza do material que surge no Procedimento de Desenhos-Estórias, há a possibilidade de se realizar uma análise dos aspectos formais e estruturais, como foi mencionado. Nesse caso, a ênfase é colocada nas qualidades aparentes dos desenhos (localização, qualidade do grafismo, temas predominantes, uso das cores, significado das cores, etc.). São consideradas, também, as qualidades da verbalização: adequação ao nível evolutivo do sujeito, grau de coerência entre os desenhos, as estórias e os títulos, além de outros aspectos. Por intermédio dessa análise, pode-se avaliar o grau de organização das funções egóicas, como o raciocínio, a memória, a lógica, a estruturação espacial, temporal, etc. Tardivo (1985; 1997) propôs itens para a análise dos aspectos formais. Focalizou, de modo especial, a produção gráfica e a coerência entre os aspectos que compõem o D-E. Christofi (1995) utilizou esse esquema, comparando os dados de Tardivo (numa amostra de crianças normais) com crianças que apresentavam problemas de aprendizagem. O estudo revelou a utilidade do D-E no diagnóstico psicopedagógico, de acordo com as características formais. As crianças com dificuldades de aprendizagem apresentaram maior imaturidade emocional, incapacidade de adequação ao meio e baixa tolerância à frustração. Acreditamos ser interessante usar esse tipo de análise em combinação com a análise de conteúdo, pois ambas se complementam.

Passemos, agora, aos referenciais de análise de conteúdo. Mencionamos, inicialmente, o trabalho de Trinca, W. (1972). Ele propôs um referencial de análise elaborado desde as respostas de 53 sujeitos que compunham a amostra de sua pesquisa. Esse referencial é composto por dez áreas, ou categorias: Atitude Básica, Figuras Significativas, Sentimentos Expressos, Tendências e Desejos, Impulsos, Ansiedades, Mecanismos de Defesa, Sintomas Expressos, Simbolismos e Outras Áreas da Experiência. Tomando por base esse referencial, Tardivo (1985) analisou 80 protocolos de crianças normais, criando um outro referencial de análise. Das dez áreas apresentadas, as sete primeiras foram consideradas relevantes por Tardivo e denominadas Grupos. Estes foram numerados de I a VII, reunindo cada qual certo número de traços, num total de 33. Resumimos, em seguida, esse referencial de análise.

Grupo I – Atitude Básica (traços de 1 a 5): 1. Aceitação (estão incluídas, neste traço, as necessidades e preocupações com aceitação, êxito, crescimento e as atitudes de segurança); 2. Oposição (atitudes de oposição, desprezo, hostilidade, competição, negativismo, etc.); 3. Insegurança (inclui as necessidades de proteção, abrigo e ajuda, as atitudes de submissão, inibição, isolamento e bloqueio e as atitudes de insegurança); 4. Identificação Positiva (sentimentos de autovalorização, auto-imagem e autoconceito reais e positivos; busca de identidade e identificação com o próprio sexo); 5. Identificação Negativa (este traço se opõe ao traço 4 e se refere aos sentimentos de menor valia, menor capacidade, menor importância e identificação com o outro sexo).

Grupo II – Figuras Significativas (traços de 6 a 11): 6. Figura Materna Positiva (mãe sentida como presente, gratificante, boa, afetiva, protetora, facilitadora – objeto bom); 7. Figura Materna Negativa (mãe vivida como ausente, omissa, rejeitadora, ameaçadora, controladora, exploradora – objeto mau); 8. Figura Paterna Positiva (sentida como próxima, presente, gratificante, afetiva e protetora); 9. Figura Paterna Negativa (semelhante ao traço 7, aqui em relação ao pai); 10. Figura Fraterna Positiva e/ou Outras Figuras (aspectos de relacionamento com irmãos e/ou com outros iguais, companheiros, amigos, etc., ou seja, cooperação, colaboração, etc.); 11. Figura Fraterna Negativa e/ou Outras Figuras (aspectos negativos do relacionamento: competição, rivalidade, conflito, inveja).

Grupo III – Sentimentos Expressos (traços 12 a 14): 12. Sentimentos Derivados do Instinto de Vida (ou de tipo construtivo: alegria, amor, energia instintiva e sexual); 13. Sentimentos Derivados do Instinto de Morte (ou de tipo destrutivo: ódio, raiva, inveja, ciúme persecutório); 14. Sentimentos Derivados do Conflito (sentimentos ambivalentes, que surgem da luta entre os Instintos de Vida e de Morte, ou seja, sentimentos de culpa, medos de perda, de abandono, sentimentos de solidão, de tristeza, de desproteção, ciúme depressivo e outros).

Grupo IV – Tendências e Desejos (traços 15 a 17): 15. Necessidades de Suprir Faltas Básicas (as mais primárias, como desejo de proteção e abrigo, necessidades de compreensão, de ser contido, de ser cuidado com afeto, necessidades orais, etc.); 16. Tendências Destrutivas (as mais hostis, como desejo de vingança, de atacar, de destruir, de separar os pais); 17. Tendências Construtivas (as mais evoluídas, como necessidades de cura, de aquisição, de realização e autonomia, de liberdade e crescimento).

Grupo V – Impulsos (traços 18 e 19): 18. Amorosos; 19. Destrutivos.

Grupo VI – Ansiedades (traços 20 e 21): 20. Paranóides; 21. Depressivas.

Grupo VII – Mecanismos de Defesa (traços 22 a 33): 22. Cisão; 23. Projeção; 24. Repressão; 25. Negação/Anulação; 26. Repressão ou Fixação a Estágios Primitivos; 27. Racionalização; 28. Isolamento; 29. Deslocamento; 30. Idealização; 31. Sublimação; 32. Formação Reativa; 33. Negação Maníaca ou Onipotente.

Outros autores, também, propuseram referenciais de análise para o D-E. Em especial, indicamos Castro (1990), Mázzaro (1984), Mestriner (1982) e Paiva (1992). Além da orientação psicanalítica, o D-E permite outros tipos de avaliação. Já tivemos oportunidade de oferecer exemplos de avaliação junguiana, behaviorística e fenomenológico-existencial, considerando-se um caso clínico (vide Tardivo, 1997).

ILUSTRAÇÃO CLÍNICA

Fabiano tem sete anos de idade. Foi encaminhado pela professora da escola que freqüenta, porque, sem motivos aparentes, passou a ir mal na escola, a não conseguir assimilar as lições. Até o meio do ano, ia bem, depois deixou de aprender, tendo sido reprovado. Quem o trouxe à consulta foi Selma, uma tia paterna de Fabiano, que, juntamente com a avó paterna e dois outros tios, cuidam da criança desde bebê. O pai mora em uma cidade distante, no Nordeste, e vê o filho, no máximo, uma vez por ano. Da mãe não se tem notícia, desde que ela abandonou o lar, quando Fabiano era bebê. Ao vir para a casa da avó e dos tios, o bebê estava descuidado e muito doente. Desde cedo, ele se afeiçoou aos parentes, especialmente a Selma, que praticamente foi quem o criou. Ele se mantém desligado do pai e da nova mulher deste. Selma tem um namorado, e, por vezes, Fabiano chama a ambos de mamãe e papai. A criança é sustentada financeiramente por ela e pelos dois tios. Sempre se sentiu bem na família, que o ama.

Nas entrevistas, verificou-se que há um fator encoberto, escondido, de Fabiano pela família. Selma pretende se casar brevemente. Não contou esse fato ao menino, porque teme uma reação desfavorável da parte dele. Além disso, não sabe quem cuidará dele após seu casamento. A avó pensou em enviá-lo ao pai. A preocupação de Selma é grande, visto que são muito ligados entre si: o menino a espera todas as noites, antes de ela chegar do trabalho e do curso que faz. Quanto aos tios, é mais ligado a um deles do que ao outro. Tem ciúmes quando a avó e a tia dão atenção a outras crianças.

Procedimento de Desenhos-Estórias

Verbalização: "A menina foi para a casa dela. Ela tava pensando: que casa pequenina, vou ficar logo nessa casa? Que raiva que tem essa casa pequenina, minha mãe foi logo morar nessa casa? Queria morar no castelo, o castelo é tão gostoso, já pensou se eu casasse com o filho do príncipe? Nessa rua deserta não tem ninguém para brincar. Só brincar na rua, só brincar na rua não adianta, nem tem jogo, porque não brinca com ninguém. Posso acabar? Ai, tchau gente, vou para minha casa. Acabou". (Psicólogo: Quem é menina?) "É uma menina, eu não sei o nome dela, não conheço, vou inventar. Renata, eu acho que ela tá certa, numa rua deserta não dá para brincar, o quintal é pequeno, não tem muita flor, o castelo é maior." (Psicólogo: Aconteceu alguma coisa?) "Um dia uma cobra já mordeu, ela tava assim

Figura 29.1.

passeando nos matos, tropeçou na pedra e a cobra mordeu. Ela deu um grito, o pai dela veio, já tinha mordido, foi na esquina pegou um táxi, foi para o Pronto-Socorro." (Psicólogo: E depois?) "Vai dar uma tempestade, a casa dela vai cair, a mãe dela e ela vão morrer, menos o pai dela, porque a casa tá um pouco torta, por isso que eu fiz torta." (Psicólogo: E com o castelo, o que aconteceu?) "Caiu os tijolos, o rei morreu, ficou o príncipe e o filho dele. O príncipe foi ser o rei, ele tinha muito dinheiro, moravam cinco pessoas, o dinheiro era dele. O pai dele falava que quando ele morresse podia fazer o que quisesse com o castelo, podia pegar empregada. Cinco empregadas. Aí ele pegou, fez outro castelo."

Título: A casa pequenina.

Interpretação: Oposição entre uma situação favorável e outra desfavorável. Angústia de que tenha de se haver com restrições e frustrações. Mais ainda: angústia de ficar só. Receia passar por mudanças e sofrimentos traumáticos, com perdas relacionadas à figura materna.

de sol quente'. Eu coleciono borboletas". (Psicólogo: Por que queriam ser gente?) "Porque quando chovia elas não tinham lugar, elas caíam com as asas pesadas e os meninos que colecionavam pegavam elas. Eu tenho uma borboleta tão bonita, mas por trás tá toda feia. Quando tiver muitas eu jogo essa fora, vou fazer umas árvores e colo as borboletas com cola tenaz." (Psicólogo: Como termina?) "Um dia as pedras começaram a rolar, mataram todas as plantas, a semente caiu e nasceram outras." (Psicólogo: Vai acontecer mais alguma coisa?) "Vai dar uma grande chuva, vai passar aqueles ratos, e as plantas, as borboletas vão morrer, as águas vão levar as sementes para outro jardim, vai ficar florido e esse vai ficar seco, menos a flor amarela porque ela tem semente."

Título: Jardim florido.

Interpretação: Receios de perdas e de transformações ameaçadoras, destruidoras dos vínculos amorosos. Por detrás da aparente segurança, esconde-se a angústia de abandono e o medo de uma grande catástrofe. Insegurança quanto à manutenção da própria identidade.

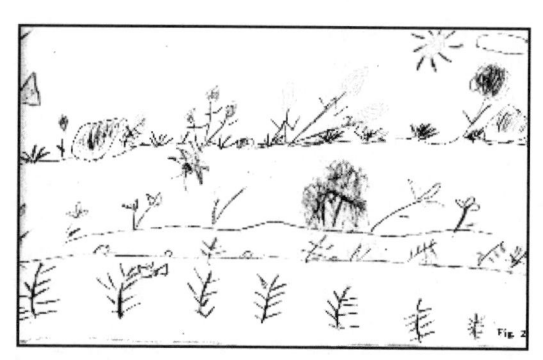

Figura 29.2.

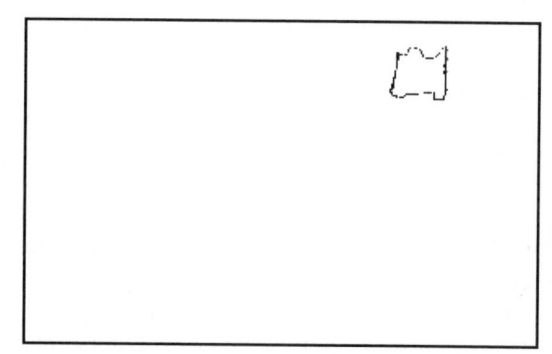

Figura 29.3.

Verbalização: "Um jardim, aí as borboletas falavam: bem que a gente podia ser gente, para morar numa casa, gente bem bonita. Tinha muitos rubim em ouro, mas mesmo assim a gente se transformava em borboleta para ninguém roubar. Acabou." (Psicólogo: O que aconteceu ao jardim?) "Um dia esse jardim ficou muito seco, faz de conta, porque era um dia verão, ficou muito seco, queimava e a borboleta falava: 'que pena que minha irmã morreu

Verbalização: "O que eu desenho?" (Psicólogo: O que você quiser.) "Queria fazer uma locomotiva." Tenta fazer mas não consegue. Rabisca a folha, diz que errou, devolve o papel.

Verbalização: "Era uma vez um zoológico. Aí deu uma tempestade, os bichos entrou tudo para a casinha. Aí o dono, a casa do dono caiu. Era muito forte, o dono abandonou o zoológi-

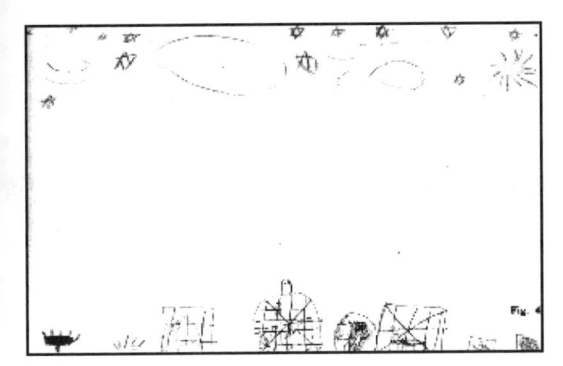

Figura 29.3.

Figura 29.4.

co. Tinha muitos animais, mas os animais foi jogado pela chuva. Tinha onça, tinha mais camelo, tinha jacaré, tinha patos, tinha mais peixe, tinha um monte de jaula maior, assim com tubarão. Tinha tigre, tinha serpente, tinha águia, tinha rinoceronte e tinha hipopótamo. Eu tenho um jogo de zoológico, com vários bichos. Acabou. Só ficou esses bichos. Esse zoológico era numa ilha que ninguém sabia onde ficava. Quando eu crescer, eu vou achar ossos antigos nas cavernas. Assim, vou estudar muito, vou ser isso, vou viajar para Paris, para achar bichos antigos, ir no espaço." (Psicólogo: Vai acontecer alguma coisa?) "Não vai acontecer, a tempestade já aconteceu. Eu vejo muitos monstros em desenhos. Gosto do filme de trem fantasma, assisto 'Sexto Sentido'. Eu queria ter 18 anos para assistir filmes de fantasma, de mistério."

Interpretação: A reviravolta, que ele teme, pode atingir as bases de sustentação de sua personalidade. Uma poderosa força destruidora ameaça levar tudo de roldão. Ele tem de buscar forças no fundo de si próprio para enfrentar os males, que já aconteceram. Em face dos medos pelos quais passa, gostaria de ser adulto a fim de desvendar os mistérios que são dele escondidos.

Verbalização: "O que eu vou desenhar?" (Psicólogo: O que você quiser.) "Pode ser algo simples?" (Psicólogo: Como quiser.) "Não tenho mais vontade de desenhar." Desenha rapidamente. "Esse daqui não tem estória. Nesse jardim deu uma seca muito forte. As folhas entortaram todas. Só." (Psicólogo: Vai acontecer mais alguma coisa?) "Vai dar uma chuva bem forte e as plantas vão sair bem bonitas."

Título: Jardim horroroso. Deu uma risada, olhou para o psicólogo e disse: "Não tá feio mesmo? Não é melhor o título buquê horroroso? Eu tou com uma preguiça de fazer desenho, não quero mais!"

Interpretação: Apesar da angústia e da resistência que a situação provoca, pela reiteração do tema principal da iminência de uma catástrofe afetiva, ainda resta uma vaga esperança de recomposição ("as plantas vão sair bem bonitas").

Discussões: A queixa escolar em relação a Fabiano representa apenas o aspecto visível de um drama vivido inconscientemente por ele, quando o ambiente familiar lhe esconde a ameaça de abandono e de subtração de vínculos essenciais. Ele capta essa situação e a expressa claramente no Procedimento de Desenhos-Estórias. Permanece, porém, a questão de saber se a situação atual não corresponderia à reativação de um conflito primitivo, de natureza mais profunda, relacionado ao abandono.

Avaliação segundo o referencial de Tardivo

Como Atitude Básica, há o predomínio da Insegurança, já que se evidencia a percepção que Fabiano tem do mundo e de sua realidade atual como desproteção. Encontramos conteúdos de abandono e perda em quatro unidades de produção. Na terceira (que ele não conseguiu concluir), há um "trem que não pôde andar". Pai e Mãe surgem como Figuras Significativas, mas não são capazes de oferecer contenção às angústias de Fabiano. Ele sente que perde essas figuras, sendo abandonado por elas (na terceira unidade, o dono abandona os animais). Outras figuras (borboletas, na segunda unidade) perdem-se e morrem. Em relação aos Sentimentos Expressos, temos a presença dominante de sentimentos derivados do conflito, embora estejam presentes, também, os derivados do Instinto de Vida. Há tentativas de realizar a construtividade (chuva para o jardim, o castelo para morar), mas elas se mostram insuficientes e ineficazes. O que prevalece é a sensação geral de perda dos bons objetos: sentimentos de abandono e extrema desproteção. O menino torna-se muito ameaçado por esses sentimentos, mas vem se equilibrando. Pode não suportar e, então, corre o risco de desmoronamentos no *self*. Assim, no Grupo IV (Tendências e Desejos), notamos o predomínio de Necessidades de Suprir Faltas Básicas. São claros seus pedidos de abrigo, proteção e a necessidade de ser acolhido. Estão presentes os Impulsos amorosos (nos pedidos de ajuda e proteção), mas também os destrutivos (nas casas que caem, nos incêndios que queimam os jardins e matam as borboletas). Parece que sobressaem as Ansiedades Depressivas, mas não se descartam, de modo algum, as Paranóides. Fabiano refere-se aos monstros que gosta de ver, aos filmes de terror, aos trens fantasmas, provavelmente como projeções de figuras ameaçadoras. Mas o que predomina, acreditamos, são as intensas ansiedades de perda, portanto, de natureza depressiva. Nos Mecanismos de Defesa, há a dificuldade de Fabiano poder utilizá-los eficazmente. Tenta se controlar, mas está presente, sempre, o perigo de cair, de ruir, de se desmoronar; e assim, falhando as defesas, o próprio *self* pode se desmoronar.

O D-E foi bastante eficaz para fazer ressaltar angústias que Fabiano vivencia nesse momento de sua vida. Tendo sido já abandonado numa primeira vez, vê-se novamente ameaçado de perder laços afetivos, sendo reeditadas suas angústias primitivas. Poderá ser devolvido a um pai que ele não conhece direito. A mãe que ele conhece, e que o criou, deverá se casar, não pretendendo levá-lo consigo. Pelo D-E, nota-se que Fabiano percebe, inconscientemente, essa situação e se vê muito ameaçado. São claros, também, seus pedidos de ajuda e proteção.

PROCEDIMENTO DE DESENHOS DE FAMÍLIA COM ESTÓRIAS (DF-E)

Desde 1978, tem sido divulgada uma técnica de investigação psicológica introduzida, também, por Trinca, W. (1989) e denominada Procedimento de Desenhos de Família com Estórias (abreviadamente, DF-E). Esse instrumento de avaliação se origina, igualmente, das técnicas gráficas e temáticas, sendo um desdobramento relativamente recente da técnica de desenhos de família (Trinca, W., *et alii*, 1991). Consiste na realização de uma série de quatro desenhos de família, na ordem correspondente às seguintes instruções: 1) "Desenhe uma família qualquer"; 2) "Desenhe uma família que você gostaria de ter"; 3) "Desenhe uma família em que alguém não está bem"; 4) "Desenhe a sua família". Após a realização de cada desenho, é solicitado ao examinado que conte livremente uma estória, tomando por base o desenho. Faz-se, a seguir, o "inquérito" e, finalmente, pede-se o título da produção. Assim como o D-E, o DF-E é composto por unidades de produção gráfico-verbais, cada qual contendo desenho, estória, "inquérito" e título. A reiteração seqüencial de quatro unidades de produção, com a anotação completa das reações do examinado, constitui a base da técnica. Esse conjunto passa a ter características unitárias e indivisas.

A administração é individual, podendo ser aplicado indistintamente a ambos os sexos e a todas as idades, quando o examinando consegue desenhar e verbalizar. As condições de aplicação e o material necessário são os mesmos descritos para o Procedimento de Desenhos-Estórias. Ou seja, há oferecimento de lápis preto e coloridos, livre utilização das cores, impedimento do uso de borracha e recomendação do retorno do examinando, caso não seja possível a obtenção das quatro unidades em uma única sessão de aplicação. Informações mais detalhadas encontram-se em Trinca, W. (1997).

O DF-E tem por finalidade a detecção de processos e conteúdos psíquicos de natureza consciente e inconsciente, relacionados aos objetos internos e externos que dizem respeito à dinâmica da família. É empregado com vistas a ampliar o conhecimento das relações intrapsíquicas e intrafamiliares do examinando. Por isso, espera-se que sejam postos em evidência, relativamente a essas relações, conflitos psíquicos, fantasias inconscientes, angústias atuais e pregressas, defesas e outros movimentos das forças emocionais. Sua aplicação é recomendada quando o profissional percebe ou intui que as dificuldades emocionais têm relação com conflitos e fatores familiares presentes no mundo interno e/ou no mundo externo do examinando.

A fundamentação do Procedimento de Desenhos de Família com Estórias sustenta-se, *mutatis mutandis*, nos pressupostos que servem de base para o Procedimento de Desenhos-Estórias. Em particular, funda-se em conhecimentos sobre a dinâmica inconsciente da personalidade, a regra da associação livre, a dinâmica da família, os princípios gerais das técnicas projetivas, os princípios de condução das entrevistas clínicas não-estruturadas e semi-estruturadas, etc.

Para um roteiro de avaliação, Trinca, W (1997) sugere alguns itens: a) características peculiares das figuras paterna e/ou materna; b) tipos de vínculo e formas de interação com as figuras parentais; c) trocas sexuais e afetivas entre as figuras parentais; d) relacionamentos com figuras fraternas e outras figuras do meio familiar; e) determinantes da estrutura e da dinâmica familiar; f) forças psicopatológicas e psicopatogênicas existentes na família; g) eventos familiares reveladores de conflitos e dificuldades; h) pontos centralizados de conflitos e dificuldades no examinando; i) descrição que o examinando faz de si próprio; j) atitudes para com a vida e a sociedade; l) tendências, necessidades e desejos; m) tonalidades das angústias e das fantasias inconscientes predominantes; n) características das forças de vida e de destrutividade; o) mecanismos de defesa; p) fatores de aquisição da individualidade e de integração do *self*; q) outras áreas de experiência emocional.

Lima (1997c), por sua vez, acrescenta outros aspectos de avaliação, como, por exemplo, o modo pelo qual o examinando conceitua a família, o valor atribuído a esta no contexto de vida, a vivência das funções parentais, o grau de maturidade do examinando em relação às figuras parentais, as expectativas sobre cada membro do grupo familiar, o grau de contato do examinando em relação a si mesmo e aos membros da família, a relação entre os sintomas e a dinâmica familiar, etc.

O DF-E tem se verificado eficaz no diagnóstico individual e de casal, na utilização cruzada entre a criança e os pais e na avaliação da dinâmica da família como um todo. Além disso, é empregado com sucesso nos processos de psicoterapia de casal e de família.

PROCEDIMENTO DE DESENHOS-ESTÓRIAS COM TEMA

Trata-se de uma extensão do D-E para estudos específicos de determinados temas, propostos de maneira explícita. O examinando é convidado a desenhar algum tema, que o examinador indica de antemão. Depois, pede-se que conte uma estória associada livremente ao desenho. Seguem-se as mesmas recomendações que se fazem para a aplicação do D-E comum, ou seja, mantém-se o "inquérito", o título, as cinco unidades de produção, a oportunidade do uso das cores, etc. Há grandes benefícios na utilização do D-E temático, quando o *setting*, por si só, não ofereça indicações a respeito da estruturação da tarefa, e o examinando tenha dúvidas sobre o que se espera de suas realizações.

Tem-se verificado que essa forma de apresentação do D-E é válida para a pesquisa, para as práticas na escola, na empresa, em instituições públicas, etc. Possui sobre o D-E comum a vantagem de poder ser facilmente aplicado, também de modo coletivo. Aiello-Vaisberg (1997) diz que o D-E com Tema é uma alternativa fecunda para pesquisa da representação social. Ela costuma fazer a aplicação em grupo, pedindo aos sujeitos para criar uma estória, que eles mesmos registram no verso da folha desenhada. A técnica permite, assim, o estudo de temas, como o doente mental, o deficiente físico, a situação escolar, a pessoa gorda, o hospital, a casa, a velhice, a equipe de trabalho, etc.

CONSIDERAÇÕES FINAIS

Temos, assim, uma técnica de investigação da personalidade que permite um amplo leque de possibilidades de uso. Em relação a muitas outras técnicas, é de fácil manejo, e os custos são baixos. Para a realização do diagnóstico breve, pode ser comodamente associada às entrevistas não-estruturadas. No caso do exame epidemiológico das populações carentes, seu valor é inestimável. Além disso, trata-se de um tipo de exame que tem sido descrito como altamente motivador para os seus participantes. Pela liberdade e espontaneidade de sua penetração psíquica, opõe-se aos métodos invasivos e insere-se no espírito de uma nova forma de se conceber a ciência (por contraste com a ciência dita "clássica").

A validação dessa técnica tem sido perseguida com afinco, seja pelo método estatístico (vide Mestriner, 1982), seja pelo método clínico (vide Amiralian, 1997). Como não dispomos de espaço suficiente para descrever os estudos de validação já realizados, remetemos o leitor aos trabalhos dessas autoras, que fizeram resumos detalhados dos mesmos, bem como à bibliografia sobre o assunto.

MÓDULO XI – Inventário Multifásico Minnesota de Personalidade

Administração e orientação geral para o manejo do MMPI

Jurema Alcides Cunha

30

Problemas na administração

A versão mais conhecida e mais usada do MMPI é a do caderno. Criada originalmente para uso com grupos, o fato de ser auto-administrada permite sua utilização tanto na forma coletiva como individual.

Em princípio, qualquer pessoa, com 16 anos ou mais e escolaridade equivalente ao ensino fundamental, pode ser testada. Eventualmente, é possível a administração com adolescentes de menos idade e, até, com crianças inteligentes de cerca de doze anos, desde que o sujeito seja capaz de ler e compreender os itens – o que supõe um campo vasto de interesse e certo grau de cultura geral – e persistência suficiente para levar a cabo a tarefa. Cabe lembrar, entretanto, que não há normas brasileiras para essas faixas etárias. Por outro lado, não se recomenda a administração em sujeitos cujo QI seja inferior a 80, a não ser com muita supervisão, que envolve, às vezes, a necessidade de fornecer algumas definições comuns de dicionário sobre certos termos (Dahlstrom, Welsh & Dahlstrom, 1972). Não obstante, a falta aparente de cooperação muitas vezes não interfere na validade dos resultados, como no caso de certos pacientes internados em hospitais psiquiátricos.

Autores têm sugerido algumas modificações no sentido de superar as dificuldades dos sujeitos, como a impressão do caderno adequada a pessoas com déficits de visão e a versão em braille. Ainda é possível a versão oral, sendo os itens gravados e a resposta indicada por cartões em pilhas de "Certo" e "Errado".

De qualquer modo e em qualquer caso, o importante é que o sujeito seja capaz de compreender os procedimentos do teste e de responder adequadamente. Às vezes, o próprio preenchimento dos dados de identificação já é uma referência para uma dificuldade óbvia de compreensão. Já na forma individual, se o examinador ainda não chegou a uma conclusão, através da realização de outros testes, sobre a competência do sujeito, convém que, após as instruções, acompanhe o sujeito durante os primeiros itens, fazendo-o lê-los em voz alta, antes de assinalar a resposta. Neste procedimento, o examinador pode inclusive discuti-los, para examinar o raciocínio subjacente. Na versão em português, observa-se, às vezes, uma dificuldade, em sujeitos sem muita escolaridade ou pouco afeitos a este tipo de questionário, na resposta a itens redigidos na forma negativa, precedidos por vários itens na forma afirmativa. Por exemplo, se o sujeito, ante itens como "Sou acordado facilmente por ruídos", raciocina assim – "Eu não me acordo facilmente por ruídos. Está errado, não se aplica a mim" –, ao chegar a um item como "Não leio, diariamente, todos os editoriais dos jornais", persiste no mesmo raciocínio – "Eu não leio, diariamente, todos os editoriais dos jornais, está errado, não se aplica a mim" – e assinala uma resposta incorreta. Por um problema talvez de atenção, como que persevera no mesmo raciocínio dos itens anteriores. Convém, então, depois de acompanhar seu raciocínio nos primeiros itens, tomar uns dois exemplos, iniciados pela palavra "Não" ou "Nunca" e ver como responde. É quase desnecessário dizer que, para tal fim, devem ser usados itens sem nenhum conteúdo perturbador, ou, melhor ainda, exemplos inócuos não constantes no caderno.

Groth-Marnat (1999) aconselha que, além das instruções-padrão, sejam fornecidos alguns esclarecimentos sobre o motivo da testagem e o uso previsto dos dados. Lembra que parece conveniente informar que o instrumento permite "determinar se a pessoa está se apresentando de uma maneira irrealisticamente positiva ou exageradamente perturbada" (p.270), sugerindo ao examinando que procure ser sincero e claro. Além disso, convém acrescentar que certos itens parecerão um tanto inusitados, porque o teste foi feito para avaliar sujeitos com personalidade e problemáticas muito variadas. Conseqüentemente, havendo itens que não se aplicam, é só assinalar a alternativa adequada. Tais considerações, em sua opinião, geralmente deixam a pessoa mais à vontade e pronta para colaborar, embora, às vezes, surjam perguntas. Mas, geralmente, quando os sujeitos são de inteligência aproximadamente média, não aparecem dificuldades, e, se há dúvidas sobre certos termos, eles devem ser estimulados a interpretá-los.

Em nossa própria experiência, e também conforme observação dos autores citados, surgem às vezes perguntas sobre itens formulados no passado (p.ex.: "Meu pai foi um bom homem"), especialmente entre sujeitos jovens, que se confundem, por acharem que a afirmação no passado implica a falta de continuidade até o presente. Os autores sugerem que se responda que o teste foi elaborado para todos os tipos de pessoas e que tal formulação seria adequada para a maioria delas, mas os mais jovens podem ser encorajados a responder como se a referência fosse ao presente.

No caso de o sujeito ter passado recentemente por uma situação estressante ou ter sido internado num hospital, surge a pergunta sobre se a resposta deve se referir a como se sentia antes ou depois do acontecimento. Em tal caso, a recomendação é de que responda de acordo com suas reações e sentimentos atuais. Porém, em casos em que não é referido um fator bastante estressante, mas simplesmente circunstâncias de vida, o sujeito deve responder de acordo com o que a ele se aplica na maior parte do tempo ou na maioria das vezes.

Uma vez que há interesse em manter num mínimo os itens não respondidos, recomenda-se que, antes de o sujeito sair, o examinador examine a folha de respostas, e, quando há muitos itens cuja resposta foi omitida, deve-se solicitar-lhe que reconsidere tais itens e tente respondê-los. Em nossa experiência, preferimos salientar a importância de dar alguma resposta a cada item, mas sugerindo que, no caso de parecer difícil responder, assinale o item na folha de respostas com uma cruz ou círculo em torno do número, seguindo adiante. Após o término, pede-se ao sujeito que diga quais foram as dificuldades. Geralmente, essas não são diversas das já citadas anteriormente, de maneira que facilmente o sujeito é levado a reconsiderar os itens e a respondê-los. Este procedimento oferece a oportunidade de o examinador indicar tais itens que, muitas vezes, não são respondidos, pelo seu conteúdo perturbador. Naturalmente, o número de itens deixados para posterior reconsideração será menor, se previamente se disser ao sujeito que não necessita ponderar sobre uma possível resposta e que é desejável que responda conforme sua primeira impressão. Apesar disso, sempre é conveniente que se forneça ao sujeito um lápis, e não uma caneta, para que possa modificar uma resposta, no caso de desejar fazê-lo ou de se enganar. Ao se fornecer uma borracha, deve-se recomendar que apague bem a resposta não desejada, salientando que, como o levantamento das respostas é feito através de chaves ou crivos, as marcas que podem ficar podem alterar os resultados. Tal observação casual também pretende deixar o sujeito mais à vontade, em relação a itens cuja resposta pode achar muito comprometedora.

Dahlstrom e colegas (1972) fazem uma série de recomendações para a administração em grupos, das quais as mais importantes parecem ser as seguintes:

1 – O examinador deve estar previamente familiarizado, não só com o material e as instruções, como com os problemas que a testagem em grupo envolve e com as condições que o local de testagem deve ter (iluminação, ventilação, etc.).

2 – Sempre que possível, deveria saber que atividades são previstas para os sujeitos antes da testagem, uma vez que fadiga, tensão, excitação, etc. podem interferir no interesse e na sua eficiência, durante a mesma.

3 – Os cadernos devem ser sempre previamente examinados, uma vez que alguns sujeitos ocasionalmente neles escrevem comentários ou as próprias respostas.

4 – A sessão deve ser iniciada com uma breve informação sobre o que será feito e com que propósito. Também os sujeitos devem ser informados sobre a duração aproximada e se podem deixar a sala, ao terminarem, bem como a maneira de entregar o material. O examinador deve falar de forma amigável e interessada, de forma a dar aos sujeitos a impressão de que o teste é *importante, interessante e que vale a pena ser levado a sério*. É essencial que se faça a recomendação de que os sujeitos respondam a todos os itens possíveis, apesar de a mesma constar no caderno.

5 – No caso de o número de testandos ser pequeno, o próprio examinador é suficiente para controlar problemas que podem surgir. Em caso de grandes grupos, o examinador necessitará de um assistente para cada grupo de vinte a vinte e cinco testandos. O assistente deverá observar que sujeitos estão assinalando mal suas respostas, que estão "colando" ou mostrando falta de persistência, mas não deve ficar demasiadamente próximo de alguém, de forma a parecer que está interessado em respostas específicas. Os assistentes devem manter uma atitude mais profissional, sem conversarem entre si. Devem manter uma atmosfera de seriedade, prontos a interferirem no caso de surgirem reações, que podem se tornar contagiosas, como risadinhas, arrastar os pés, suspiros, etc.

ORIENTAÇÃO GERAL PARA O MANEJO CLÍNICO

Os passos atualmente recomendados para chegar à interpretação do MMPI-2 e MMPI-A, de um modo geral e até certo ponto, podem (com alguma adaptação) se aplicar ao manejo do MMPI, embora esses inventários mais recentes apresentem mais recursos numa avaliação psicológica. Assim, neste capítulo, discutiremos os passos a serem seguidos, para, posteriormente, analisar as escalas.

Passo 1: Verifique o tempo requerido para completar as respostas

Antes do levantamento dos escores, Groth-Marnat (1999) recomenda que se verifique o tempo que o sujeito levou para completar a tarefa, que usualmente é de 60 a 75 minutos. Se esse tempo ultrapassar duas horas, pode ter havido dificuldades de compreensão, por problemas de leitura ou de ordem intelectual, pode se tratar de patologia mais severa, especialmente de tipo depressivo, ou de psicose funcional. Ainda, uma possibilidade a ser descartada é a de comprometimento cerebral. Por outro lado, se o tempo for rápido, de menos de uma hora, pode haver uma invalidação do perfil ou se tratar de uma personalidade impulsiva.

Também é aconselhável que se examine a folha de respostas. No caso de se observar alguns sinais de rasura ou marcas de lápis, é provável que a tarefa tenha sido assumida com seriedade, o que geralmente resulta num perfil válido. Não obstante, a abundância de tais sinais sugere aspectos obsessivo-compulsivos.

Passo 2: Atribua o escore bruto, transforme em escore T e trace o perfil

Previamente à atribuição de escore, verifique se houve algum problema na administração que ainda seja sanável (caso não o tenha feito no fim da sessão de testagem), como itens não-respondidos (para verificar a importância da questão, consulte o item sobre a Escala "Não posso dizer" ou "?").

Prossiga, agora, realizando a atribuição de escores e transformação em escores T, através das seguintes etapas:

1 – No caso de aplicação coletiva, o primeiro passo é separar os protocolos por sexo, já que a escala Mf (5) tem chaves diferentes para homens e mulheres, e, também, para facilitar a consulta posterior às tabelas, ao transformar os escores brutos em escores T.

2 – A contagem de pontos das escalas é feita por meio de chaves, exceto no caso das escalas "?" e "L", em que a contagem é direta.

2.1 – Para a contagem de pontos da escala "?", marque com um lápis vermelho todas as respostas omitidas ou duplas, cuja soma constitui o escore bruto nesta escala e deve ser registrado, no lugar correspondente. A marca em vermelho deve cobrir os dois espaços do item (Certo e Errado), para ficarem identificadas principalmente as respostas duplas, que não devem ser contadas quando forem usadas as chaves.

2.2 – A seguir, obtém-se o escore de "L". O escore bruto de "L" é constituído simplesmente pela soma dos itens marcados como "Errado", entre os seguintes: 15, 45, 75, 105, 135, 165, 195, 225, 255, 285, 30, 60, 90, 120 e 150. Observe onde estão colocados na folha de respostas.

3 – Para todos os outros escores brutos, as chaves devem ser colocadas adequadamente sobre a folha de respostas, e os espaços que aparecem, assinalados a lápis pelo examinando, devem ser contados. Some os totais, e, como nas escalas anteriores, o escore bruto deve ser registrado no lugar adequado. No caso de aplicação individual, lembre que, na escala Mf (5), há chaves diferentes para cada sexo.

A seguir, para levantar o perfil, observe os seguintes passos:

1 – Transporte os escores brutos ou resultados brutos para a folha de apuração.

2 – Transcritos os escores brutos, o próximo passo é verificar a quantidade de correção K a ser acrescentada às escalas Hs, Pd, Pt, Sc e Ma. A escala K é composta de itens com base na comparação entre respostas de sujeitos normais, mas cujos perfis se apresentaram menos desviantes do que seria esperado, em vista de uma atitude defensiva. Serve, pois, para a correção estatística das escalas clínicas, ressaltando os indícios diagnósticos do perfil. Todavia, apesar de considerável justificativa existente na literatura para o uso das correções K, as características que representa (defensividade e exibicionismo psicológico) podem estar presentes em diferentes graus e freqüências em grupos diferentes, pelo que se recomenda levantar o perfil com e sem correções K (Dahlstrom, Welsh & Dahlstrom, 1972, p.65-66).

Para efetuar a correção K, veja qual o escore bruto de K e consulte a Tabela III do Manual (Hathaway & McKinley, 1971, p.15), para ver as frações correspondentes de K a serem acrescentadas na escala Hs (0,5), na Pd (0,4), na Ma (0,2), sendo que, para as escalas Pt e Sc, acrescenta-se o total do escore bruto de K. Registre abaixo do resultado bruto, na folha de apuração, as correções de K (K a acrescentar), efetuando a soma (Resultado com K).

3 – Consulte, agora, a Tabela XII do Manual (p.42-65), para transformar os escores brutos com K em escores T. Na Tabela XIII do mesmo Manual (p.46-67), encontram-se os escores T para as escalas Hs, Pd, Pt, Sc e Ma, sem o acréscimo de K. Observe que as escalas clínicas apresentam escores T diferentes para os sexos masculino e feminino. Registre os escores T, na folha de apuração, como resultado ponderado (com K e sem K).

4 – Localize onde deve marcar os escores T na folha de apuração. Una, com uma linha, os pontos referentes às escalas de validade (?, L, K e F) e una, com uma linha, os pontos referentes às escalas clínicas (Hs, D, Hy, Pd, Mf, Pa, Pt, Sc, Ma, Si). Está traçado o perfil. Se desejar, também, traçar o perfil sem K, faça-o com uma linha interrompida.

Dependendo da história clínica e do quadro sintomático, atribua escore também a outras escalas (sutis, de conteúdo, suplementares), que lhe sejam acessíveis* e que possam fornecer mais subsídios sobre o caso. Identifique, também, itens críticos assinalados (vide Itens críticos), procurando, sempre que possível, discuti-los com o examinando, para avaliar o sentido que ele lhes atribuiu.

Passo 3: Procure entender o perfil e codifique o caso

Descrição do perfil

Os grupos de referência para a construção das escalas incluíram pacientes psiquiátricos e sujeitos normais, que serviram como grupo de controle. Os itens de cada escala foram selecionados com base na existência de diferenças estatisticamente significantes entre tais grupos, portanto, com um sentido bimodal. A partir da média e do desvio padrão, baseados nos dados da amostra normal, foram estabelecidos os escores T. "O escore bruto médio de cada escala é convertido num escore T de 50 e seu desvio padrão num intervalo de escore T de dez pontos" (Pope & Scott, 1967, p.90). Desta maneira, o procedimento adotado torna o instrumento pouco adequado para a sua utilização com pessoas normais. Por outro lado, os escores elevados permitem inferências mais confiáveis que os escores moderados (Groth-Marnat, 1999).

Procure entender, então, o perfil. A linha correspondente aos escore T 50 corresponde a um escore bruto médio. Cada linha para cima e para baixo corresponde a intervalos de desvio em relação à média. Observe que as linhas correspondentes ao escore T 70 e 30 foram duplicadas. Representam um afastamento de dois desvios padrão da média e são considerados pontos críticos. Nos estudos iniciais com o MMPI, todos os escores T que recaíam acima de 70 (dois DP acima da média) foram considerados como indicativos de patologia, enquanto a significação de um escore T abaixo de 30 (dois desvios padrão abaixo da média) não parecia muito clara. O perfil traçado entre os dois pontos críticos seria considerado aparentemente normal, porque recairia na zona normal. Estudos posteriores têm tentado encontrar a significação clínica também para valores T baixos, e, por outro lado, a zona normal ficou em geral caracterizada como composta daqueles escores entre 54 e 46.

Ainda que pareça existir uma relação entre a elevação do perfil e psicopatologia, esta não é uma relação simples, porque devem ser considerados outros atributos do perfil, conhecidos como *características da fase*. Estas incluem elevações isoladas, únicas, denominadas *spikes*, e os *platôs*. Observe as figuras 30.1, 30.2 e 30.3. Na Figura 30.1, verifica-se um *spike*, por uma elevação acentuada em uma única escala 3 (Hy), que será discutida posteriormente.

Os platôs caracterizam-se por elevações de duas, três ou quatro escalas. Na Figura 30.2, observam-se elevações simultâneas nas escalas 1 (Hs), 2 (D) e 3 (Hy), configuração que foi chamada de *tríade neurótica*. Na Figura 30.3, observa-se um platô, formado por elevações simultâneas nas escalas 7 (Pt), 8 (Sc) e 9 (Ma), numa configuração denominada *tríade psicótica*. Na realidade, as quatro escalas clínicas finais – 6 (Pa), 7 (Pt), 8 (Sc) e 9 (Ma) – são

---

*A abrangência deste livro permite incluir apenas algumas escalas mais comumente usadas, dentre a imensa variedade existente. Caso seja de seu interesse, procure em outras obras, dentre as quais indicamos a de Levitt e Gotts, constante nas referências bibliográficas.

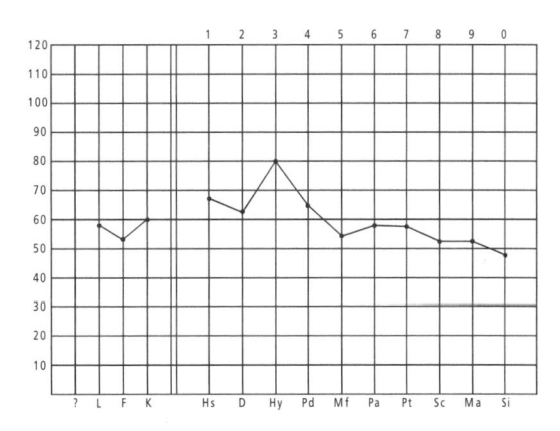

Fonte: Pope & Scott, 1967, p.102

Figura 30.1 Perfil do MMPI com elevação em *spike* (histeria).

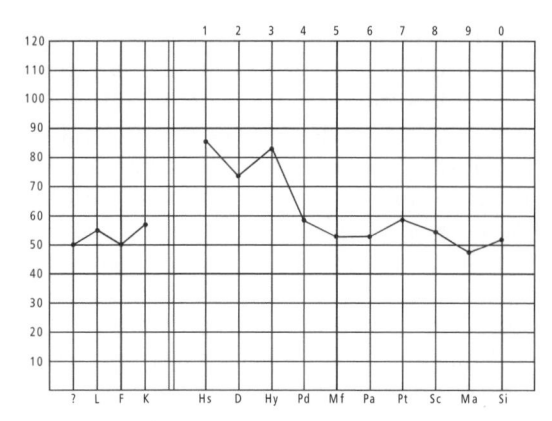

Figura 30.2 Perfil do MMPI com elevação nas escalas Hs, D e Hy (tríade neurótica). Código 13.

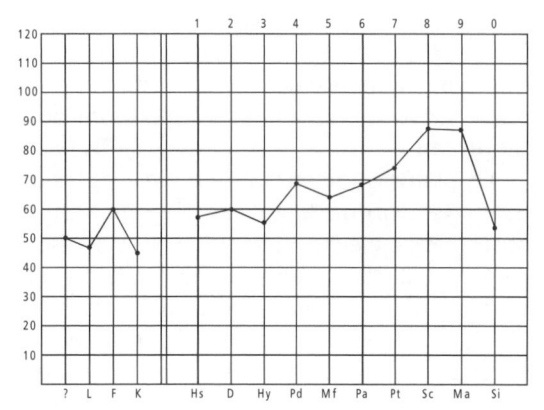

Figura 30.3 Perfil do MMPI com elevação psicótica. Código 89.

extremamente importantes no sentido psicopatológico, constituindo a *tétrade psicótica*, freqüentemente associada, ainda, com uma elevação na escala 2 (D). Aliás, "na interpretação do MMPI, os dois atributos básicos do perfil, *elevação* e *características* da fase, interagem" (Pope & Scott, 1967, p.97).

No desenvolvimento de estudos com o MMPI, houve uma tendência para facilitar o manejo dos dados através de uma codificação do perfil. Justamente a idéia da existência de uma inter-relação entre as escalas e, conseqüentemente, de uma inter-relação entre os atributos do perfil, parece estar subjacente ao sistema de codificação. Alguns são extensos e complexos, enquanto outros usam apenas dois ou três dígitos, que representam configurações clínicas do perfil.

Por outro lado, há configurações que são consideradas típicas, como o "V da conversão", que se observa do lado esquerdo da Figura 30.3 (escala 2 com uma diferença de 10 pontos das escalas 1 e 3), melhor descrito no código 13 ou 31.

Codificação

A partir dos exemplos das Figuras 30.1, 30.2 e 30.3, pode-se introduzir a idéia de padrão, em que as escalas não são consideradas individualmente, mas se leva em conta a forma singular como fica delineado todo o conjunto de escalas, não somente clínicas, mas também de validade. Pode-se falar na forma singular que assume o padrão, uma vez que os padrões podem variar indefinidamente, praticamente sem repetições. Exatamente para que se possa lidar com tal variabilidade, foi aplicado um sistema de codificação, "que reduz o número possível de diferentes perfis a uma quantidade mais praticável" (Dahlstrom, Welsh & Dahlstrom, 1972, p.70).

O procedimento para codificação, conforme os autores do MMPI, o chamado Código Hathaway, envolve os seguintes passos:

1 – Em primeiro lugar, atribua um número a cada escala clínica, tal como foram identificadas, acima do diagrama, nas Figuras 30.1, 30.2 e 30.3. Assim, a escala Hs fica designada como 1, a D se torna 2, a Hy, 3 e assim por diante, até a Ma, como 9. A escala Si, quando incluída, é identificada como 0. A numeração das escalas, além de fundamental para a codificação, é usada rotineiramente por muitos profissionais, para evitar falsas implicações psiquiátricas da identificação tradicional das escalas, já que elas correspondem apenas a "conjuntos de variáveis de personalidade" (Groth-Marnat, 1999, p.207).

2 – Escreva o número da escala com escore T mais elevado e, em ordem decrescente, os seguintes, cujo escore T esteja acima de 54.

3 – Coloque um ! ou ' (plica) após o último número, na codificação, cujo T seja igual ou

maior que 70. Por exemplo, no caso do padrão da Figura 30.3, ter-se-ia 132'47 (elevação com uma plica). Não obstante, alguns autores acham importante assinalar os escores T com valor igual ou maior que 80 com duas plicas, e aqueles com valor igual ou maior que 90, com três plicas, para indicar quantos desvios padrão a escala está acima da média. Na tradução em português, é usado o sinal !, e não a plica. Então, no exemplo citado, teríamos 1!!3!2!47. Estes números representam os pontos altos do perfil.

4 – Sublinhe todos os números adjacentes, cujo escore T seja igual ou apenas com a diferença de um ponto. No exemplo da Figura 30-3, teríamos 89!!7!645213*. No caso em que a escala 9 tivesse um escore um ponto acima do escore da escala 8, o código seria 98!!7!645213*. Quando duas ou mais escalas têm o mesmo escore T, o código convencionalmente segue uma seqüência ordinal, muito embora o fato de serem os números sublinhados signifique que não são diferentes quanto ao seu valor. Por outro lado, os números à direita do 7, que é assinalado com um !, representam, em ordem decrescente, as escalas com valor T entre 70 e 54.

5 – Lembre que os valores entre 54 e 46 representam a zona normal. Os escores entre tais valores T não são incluídos no código. Coloque um hífen após o último número escrito, que caracteriza essa separação entre os pontos altos do perfil, que ficam à esquerda, e os pontos baixos, que ficarão à direita do mesmo.

6 – Após o hífen, escreva o número da escala menor, entre os valores T abaixo de 46; a seguir, escreva os números das outras escalas que tenham escores T entre este e 46, em ordem crescente. Siga a regra anterior de sublinhar os números adjacentes iguais ou com apenas um de diferença. Esses números escritos são os pontos baixos do perfil. Igualmente, há autores que costumam assinalar (!) os valores abaixo de 40.

---

*Atualmente, há alguns autores que excluem também a escala 5, além da escala 0 do código, por não constituírem especificamente escalas clínicas.

7 – À direita do código, devem ser escritos os escores brutos de L, F e K, nesta ordem, e separados entre si por dois pontos. Entretanto, se o escore bruto de L for igual ou maior que 10 e se o escore bruto de F for igual ou maior que 16, registra-se um X (maiúsculo) logo após o código das escalas clínicas, que é uma indicação de que há possibilidade do perfil não ser válido.

O Código Hathaway foi examinado aqui com mais detalhes, não só por ser o sistema originalmente desenvolvido, como por ser útil na consulta a certas obras clássicas, como no manejo de alguns atlas, para uso clínico. Serve como um referencial para exame de casos com padrões MMPI semelhantes ao que está sendo considerado pelo clínico. Todavia, existe outro sistema de codificação, de Welsh, mais extenso do que o de Hathaway, cujo procedimento é um tanto diverso. Parece importante, para quem trabalha com o MMPI, estar familiarizado com a notação de ambos os sistemas, porque parte do material bibliográfico se baseia em um ou outro, e, ultimamente, há trabalhos que são publicados nos dois sistemas. Assim, transcrevemos no Quadro 30.1 um sumário, que permite comparar ambos os sistemas de codificação.

Torna-se fácil, agora, seguir os passos do método ampliado de codificação de Welsh. Da mesma maneira que fazem os autores citados (Dahlstrom, Welsh & Dahlstrom, 1972), vamos fazê-lo, através de exemplos:

Escala	Hs	D	Hy	Pd	Mf	Pa	Pt	Sc	Ma
Código	1	2	3	4	5	6	7	8	9
Escore T	59	94	52	43	61	32	87	76	28

1 – Primeiramente, registre o número das escalas, do escore T mais alto ao mais baixo. A seqüência será a seguinte: 278513469.

2 – A seguir, tome como referência as oito classes-padrão do quadro anterior. Cada classe em que recai um escore T será assinalada, no código, por um sinal gráfico, assim:

QUADRO 30.1 Sumário e comparação do método de codificação original (Hathaway) e o método de codificação ampliado (Welsh)

Item	Método de Hathaway	Método de Welsh
Comprimento do código	Variável: desde nenhum, até dez dígitos.	Constante: Sempre dez dígitos (se todas as escalas são usadas).
Código sem todas as escalas	Pode ser impossível dizer se uma certa escala foi usada ou se simplesmente está no intervalo não codificado, do escore T 46 a 54.	Se uma escala (como a 5, que não foi usada no Atlas, ou a 0, que não tem escore atribuído rotineiramente por todos) não está no perfil, isto fica imediatamente aparente no código.
Ordem do código	Variável e inconsistente: 1. Do mais alto ao mais baixo, acima do T=54. 2. Escores entre T=46 e T=54 não codificados. 3. Do mais baixo ao mais alto para escores abaixo do T = 46.	Constante: Sempre do mais alto ao mais baixo, numa seqüência natural, por toda a série de escores.
Posição da escala mais alta	Variável ou indeterminada: 1. Será o primeiro dígito, se o escore T está acima de 54. 2. Se recai no intervalo de escore T, entre 46 e 54, e todas as outras escalas também recaem nesse intervalo, a escala alta não pode ser determinada. 3. Se a escala mais alta está abaixo de 46, será o *último* dígito no código.	Constante: Sempre o primeiro dígito do código.
Posição da escala mais baixa	Variável ou indeterminada: 1. Será o último dígito, se todos os escores T no perfil estão acima de 54. 2. Será o primeiro dígito, se todas as escalas do perfil estão abaixo de 46. 3. Se recai no intervalo de escore T, entre 46 e 54, e todas as outras escalas também recaem neste intervalo, a escala baixa não pode ser determinada. 4. Será o último dígito, se duas escalas estão abaixo de 46, etc.	Constante: Sempre o último dígito no código (cada vez mais importante, desde que foi iniciado o trabalho com pontos baixos, p.ex., Cantor, 1952, e Sulton, 1952).
Indicação da elevação	Quatro classes originais: 1. ≥ 70 2. 55-69 3. 46-54 4. < 46	Oito classes-padrão: 1. ≥ 90 2. 8-89 3. 70-79 4. 60-69 5. 50-59 6. 40-49 7. 30-49 8. < 30
Reprodutibilidade do perfil a partir do código	É possível apenas a reconstrução grosseira da maioria dos perfis; alguns não podem ser reproduzidos absolutamente.	Todos os perfis com escores entre 20 e 29 podem ser reproduzidos absolutamente, com uma precisão de cinco pontos de escore T; habitualmente, é obtida uma precisão de dois pontos.

Fonte: Welsh, 1963, p.131-132.

Classe-padrão	Sinal gráfico
≥ 90	*
80-89	''
70-79	'
60-69	-
50-59	/
40-49	:
30-39	=

3 – O sinal gráfico é colocado logo após a escala que recai na citada classe-padrão. O código fica, então, assim expresso: 2*7''8'5-13/4:6=9*.

4 – Vejamos, agora, como registrar as escalas de validade. Suponhamos que tenham os seguintes escores:

Escala	?	L	F	K
Escore T	60	51	45	72

Tomam-se novamente as classes-padrão como referência e tem-se K'?-L/F.

5 – Como no sistema de Hathaway, os escores T iguais ou com um ponto de diferença são sublinhados. Apenas há algumas regras a seguir:

5.1 – No caso da presença de duas ou mais escalas com o mesmo escore T, os números são colocados na seqüência ordinal e sublinhados. Por exemplo, se D e Pd têm o mesmo escore T, o código será 24.

5.2 – No caso de haver um ponto de diferença, por exemplo, sendo D 81 e Pd 82, o código será 24''.

5.3 – Quando há um ponto de diferença, mas cada escala recai numa classe diferente, isto é assinalado. No caso de D ser 80 e Pd 79, a notação é 2''4. Tomemos um exemplo hipotético:

Escala	Hs	D	Hy	Pd	Mf	Pa	Pt	Sc	Ma
Código	1	2	3	4	5	6	7	8	9
Escore T	55	56	59	60	55	54	69	53	68

O código seria 79 4-3 21568*.

---

*Vide nota de rodapé da p.445.

Uso do código

Em primeiro lugar, a codificação dos casos permite um armazenamento de dados de pacientes, de acordo com suas características dominantes (pontos altos ou pontos baixos), que facilita a localização de perfis similares. O arquivamento de fichas ou digitação em banco de dados de cada paciente com seu respectivo código, dados de identificação e diagnóstico é um recurso aconselhável para clínicas e serviços, não só para um levantamento de características de uma população atendida, como rápida referência para comparação com um caso em questão.

Os casos geralmente são descritos usando como referência códigos de dois ou três pontos, embora, para discussão, sejam consideradas outras elevações ou quedas de perfil.

A significação de códigos de dois pontos é encontrada neste e em outros livros de textos específicos. Baseia-se em pesquisas realizadas e não tem que ver com as categorias diagnósticas tradicionais aparentemente pressupostas pelas escalas clínicas.

Nas discussões e comentários, sempre que possível, serão utilizadas como referenciais classificações mais recentes. Não obstante, quando não houver subsídios consistentes mais atualizados, será usada a terminologia dos autores consultados, deixando ao clínico a tarefa de integrar seus dados conforme critérios diagnósticos em voga hoje em dia.

O refinamento das abordagens do MMPI deixa bem claro que a utilização diagnóstica baseada *unicamente* em elevações isoladas não teve o êxito previsto e pode ser considerada ultrapassada. Todavia, será incluída discussão sobre a significação das escalas individuais, tomando basicamente como referência pesquisas isoladas, porque tal conhecimento é importante para o entendimento do perfil.

Por outro lado, é importante lembrar que as elevações acima de 70 são mais confiáveis em termos diagnósticos ou, em outras palavras, mais características da dinâmica individual, enquanto elevações de 60-65 correspondem mais a tendências do sujeito. Por isso, devem ser interpretadas com mais cautela (Groth-Marnat, 1984). Elevações de 65 são consideradas com significação clínica, porém, no MMPI-2, após ser normatizado de forma diferente do MMPI (Groth-Marnat, 1999).

Passo 4: Determine a validade do perfil

Este é um passo extremamente importante, em que se analisam os indicadores de validade (vide Escalas de Validade) para definir se o protocolo é válido ou não.

São vários os aspectos a serem considerados, sendo essencial procurar identificar se o examinando procurou dar respostas honestas ou, por alguma razão, adotou um estilo defensivo – minimizando ou exagerando a sintomatologia – ou, ainda, se mostrou inconsistente em sua maneira de responder (vide também *Nível global de ajustamento*, no Passo 5).

Passo 5: Determine qual a atitude do examinando e o nível global de ajustamento

Atitude do examinando

A atitude do examinando depreende-se de seu auto-relato, através de subsídios proporcionados, em grande parte, pela configuração que assumem os indicadores de validade (como foi visto antes), eventualmente complementados por outros dados do perfil e entendidos no contexto de sua história, quadro sintomático e condições atuais de vida. Aliás, como salienta Groth-Marnat (1999), é essencial "determinar a probabilidade com que o examinando obteria algum ganho potencial por exagerar ou diminuir o relato da psicopatologia" (p.225).

A informação básica obtida diz respeito à atitude do sujeito frente ao teste e permite começar a entender qual a imagem ou impressão que nos quer transmitir. Assim, o sujeito, consciente ou inconscientemente, ao responder, pode transmitir uma imagem favorável ou desfavorável de si mesmo, que é de especial importância no entendimento diagnóstico. Por exemplo, em determinadas circunstâncias e sob certas motivações, como o desejo de alta hospitalar ou o interesse em conseguir um empre-

go, pode haver vantagem em produzir uma boa impressão, que se reflete em determinadas configurações do perfil. Por outro lado, pode ocorrer o caso oposto, que pode ser identificado por uma elevação isolada da escala F, com escores baixos na L e K (e, eventualmente, a elevação das escalas óbvias). Afastadas algumas alternativas, como as associadas a limitações especiais do sujeito, pode ser considerada a hipótese de que a situação de teste seja percebida como uma oportunidade de um pedido de ajuda, com base na fantasia de que, se a sintomatologia não for ressaltada ou exagerada dramaticamente, não haverá atenção ou assistência. Tal atitude pode provocar a elevação exagerada das escalas óbvias (Peterson, Clark & Bennett, 1989) ou da escala 2, neste caso, "quando o indivíduo está experienciando perturbação e deseja comunicar isto ao examinador" (Trimboli & Kilgore, 1983, p.614).

Nível global de ajustamento

O nível geral de elevação do perfil fornece uma primeira impressão sobre o nível global de ajustamento. Um perfil elevado pode corresponder a uma ME* alto (ME = média dos escores T das escalas clínicas**), que daria "um índice grosseiro de psicopatologia" (Levitt & Gotts, 1995, p.19).

Na realidade, a grande maioria dos perfis apresenta uma ME muito abaixo de 70. De um modo geral, quando essa média da elevação global do perfil é superior a 75 (com correção K; ou 70, sem tal correção), pode-se considerar que é anômala, pressupondo-se a presença de patologia implícita por várias escalas, mas podendo acontecer, também, em muitos casos, como "uma conseqüência de confusão, compreensão inadequada da leitura ou um

---

*Em inglês, *Mean Elevation*, embora, originalmente, fosse identificada por AV (Modlin, 1963).
**Quando criado, eram incluídas as nove escalas então existentes (sem a Si). Posteriormente, da média, foi excluída também a escala 5, por não medir patologia propriamente dita, e porque, quando são usadas táticas de simulação, a 5 e a 0 geralmente não são envolvidas.

contexto de respostas de simulação" (Levitt & Gotts, 1995, p.20).

No caso da ME estar por volta de 70 ou pouco mais, é preciso que o T de quatro escalas de sintomas seja igual ou maior que 70, para ser reforçada a hipótese de patologia grave, por exemplo, num episódio psicótico agudo (que raramente é encaminhado à avaliação).

Entretanto, trata-se apenas de uma impressão inicial, uma vez que, conforme Graham, citado por Trimboli e Kilgore (1983), "a probabilidade de psicopatologia séria e de comprometimento no funcionamento aumenta à medida que cresce o número de escalas acima do escore T=70 e à medida que a elevação das escalas se torna maior" (p.614-615).

Assim, consideremos o diagrama da folha de apuração, em que está delineado o perfil. Se este recai na chamada área normal, isto é, entre T=46 e T=54, há várias possibilidades: de que não haja perturbação significativa, de que se trate de um "normal falso", de que o paciente esteja procurando transmitir uma boa imagem de si mesmo (confirme a presença de elevação de L e K) ou, ainda, de que o perfil esteja atenuado, porque o paciente se habituou às suas dificuldades.

Ao examinar um perfil, com escalas elevadas acima dos limites normais, é importante considerar a presença ou não de um enviesamento e a direção em que se configura. O enviesamento do perfil ajuda a determinar o possível nível de funcionamento do paciente.

Examinemos o perfil da Figura 30-4. A direção do enviesamento é nitidamente da direita para a esquerda, havendo elevação significativa apenas da "tríade neurótica", que é compatível com um funcionamento em nível neurótico. Comparemos agora este perfil com o apresentado na Figura 30-5. Temos um enviesamento da esquerda para a direita, que é sugestivo de um funcionamento em nível psicótico.

Comparemos, agora, os dois perfis com o apresentado na Figura 30.6. Não existe enviesamento, tal como parece delineado nas outras figuras. Esse tipo de perfil foi especialmente destacado por uma elevação central, associada especialmente com "patologia do caráter", cuja "marca distintiva é a elevação da escala 4

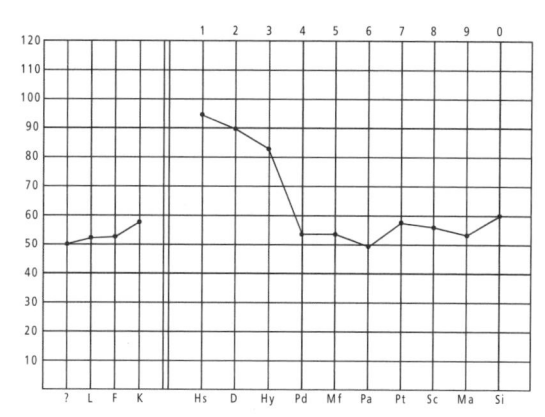

Figura 30.4 Enviesamento da direita para a esquerda no MMPI.

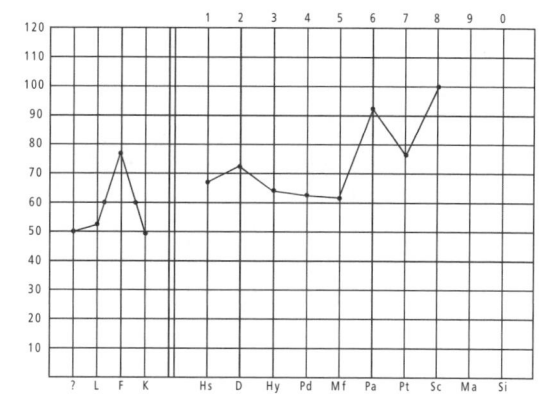

Figura 30.5 Enviesamento da esquerda para a direita no MMPI.

(Trimboli & Kilgore, 1983, p.624). Numa consideração mais precisa, há elevação das escalas 4 e 6, predominando sobre K e 3, e em menor grau, sobre a escala 5, que sugere atuação.

Examinemos, agora, um quarto tipo de perfil, também sem enviesamento definido, que eventualmente apresenta: uma ou mais elevações em nível neurótico (uma ou mais escalas da "tríade neurótica"), uma característica de "patologia do caráter" e, pelo menos, uma ou duas elevações, típicas de funcionamento psicótico. Tal perfil é mais característico de transtorno de personalidade e, conforme Gustin e colegas (1983), apresenta maior elevação no transtorno de personalidade *borderline* (vide Figura 30.7).

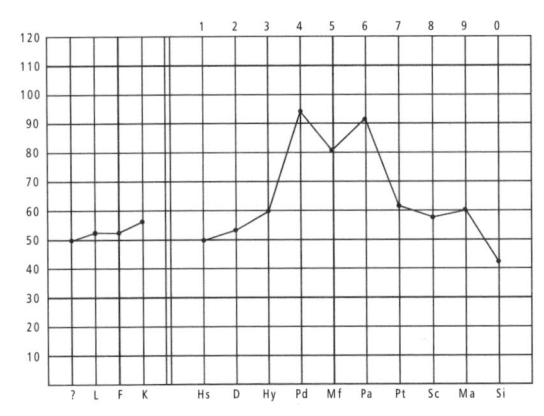

Figura 30.6 Ausência de enviesamento definido. Elevação nas escalas 4, 6 e 5 (MMPI).

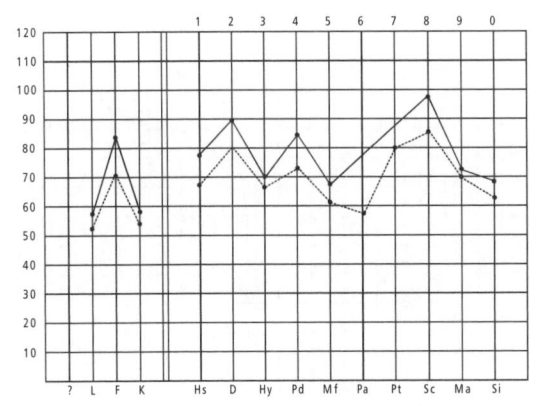

Fonte: Gustin, Goodpaster, Sajadi et alii, 1983, p.52.

Figura 30.7 Escores médios (com K) das elevações de pacientes com transtorno de personalidade *borderline* (–) e de pacientes com outros transtornos de personalidade (–).

Não obstante, há fatores modificadores, que devem ser considerados, ao se tentar inferir o nível de patologia, através da configuração geral do perfil. Por exemplo, em relação à atuação, devem ser levadas em conta também as elevações das demais escalas. Segundo Graham, citado por Trimboli e Kilgore (1983), uma vez que as escalas 1, 2, 3, 5, 7 e 0 se associam com controle e inibição de impulsos, o comportamento de atuação é mais provável quando há elevação das escalas 4, 6, 8 e 9, do que quando aquelas predominam no perfil.

Por outro lado, como a escala 3 se associa com a utilização de defesas de nível mais alto,

a elevação nessa escala representa uma contra-indicação de comportamento psicótico. Na presença de uma configuração que sugere o funcionamento em tal nível, a simultânea elevação da escala 3 representaria um efeito atenuante e modificador do quadro. Na mesma direção, pode ser interpretada a elevação da escala K e 5. "Desta maneira, elevações nas escalas K, 3 e 5, mesmo na presença de elevações em outras escalas no mesmo perfil, tenderiam a diminuir o potencial para o comportamento atuador ou psicótico", uma vez que a tendência de tais escalas é de se elevarem em quadros clínicos mais em nível neurótico, refletindo inibição da expressão de impulsos, possivelmente associada com ambivalência e culpa (p.624).

Já a elevação da escala 6 tem um efeito que pode ser considerado oposto. Ao se falar no desvio ou enviesamento da esquerda para a direita, bem como quando nos referimos anteriormente à tétrade psicótica, ficou claro que a gravidade da patologia costuma se associar com elevações à direita do perfil. "Isto reflete a negação (escala 9) e distorções da realidade (escala 8), características deste nível de funcionamento." Nessa configuração, a elevação da escala 6 tem um efeito potencializador das implicações patológicas das outras escalas. "Portanto, quando uma elevação na escala 6 se combina com elevações na escala 7 e 9, a psicopatologia é caracteristicamente manifestada em suas manifestações mais floridas" (p.625).

Dahlstrom e Welsh (1962) examinaram uma série de escalas, para avaliar a gravidade do quadro, mas acabaram por concluir que se faria necessária uma definição mais explícita de severidade do transtorno, antes de se poder chegar a uma medida escalar mais precisa. Finalmente, consideraram que, no caso de pacientes colaboradores e sem limitações definidas, que comprometem o escore, a elevação da escala F constitui a medida mais adequada da gravidade da doença.

Rogers e colegas (1983), revisando a literatura, afirmaram que as escalas clínicas marcantemente elevadas, com uma elevação extrema na F, superior a T=80 e um índice de F-K médio de 19,4*, poderiam ser interpretadas como sugestivas de psicopatologia extrema ou de simulação. É evidente que, se fosse possível afastar a hipótese de que as respostas tivessem sido dadas de forma randômica e se, pela avaliação da atitude do paciente, fosse possível excluir o exagero intencional da sintomatologia (o que não é fácil), consideravam que esses dados poderiam servir como indícios de gravidade do quadro clínico.

De um modo geral, a elevação global do perfil parece ainda se constituir como um dos indicadores mais usados na avaliação do grau de gravidade, ainda que seja também afetada pela "agudização da perturbação e pela falta de defensividade no teste" (Dahlstrom & Welsh, 1962, p.283).

Na realidade, no MMPI não se encontra uma medida válida de ajustamento psicológico. O nível geral de elevação das escalas fornece-nos apenas uma indicação grosseira nesse sentido. O exame de como se delineia o perfil orienta-nos um pouco mais em termos da presença do tipo de patologia. Sabemos que "pessoas com transtornos neuróticos ou psicóticos podem, hipoteticamente, com tratamento apropriado, se tornar não-neuróticas ou não-psicóticas", enquanto se considera de forma diversa transtornos de personalidade, já que "estão baseados em traços e comportamentos da personalidade, que são mais duráveis do que sintomas" (Levitt & Gotts, 1995, p.76). Assim sendo, embora não tenhamos uma medida específica do nível global de ajustamento, poderemos levantar algumas hipóteses.

Diferenciação entre síndromes agudas e crônicas

As síndromes agudas caracterizam-se freqüentemente pela quantidade de perturbação subjetiva experienciada, associada com o *insight* a respeito de tal perturbação e por uma crescente incapacidade de lidar com o estresse.

---

*Atualmente, são adotados outros pontos de corte para F-K. Vide adiante.

O aumento da perturbação subjetiva reflete-se, no MMPI, pela elevação das escalas de sintoma, isto é, das escalas 2, 7, 8 e 9 e, um pouco menos, da escala 1. A consciência de que existe algo muito mal ou fora do comum fica caracterizada pela elevação na escala F, enquanto a crescente incapacidade de lidar com o estresse se associaria a uma baixa na escala K, que, como vimos, pode ocorrer por pânico, confusão e desorganização. Tal grau de desorganização ou de cisão no funcionamento global, que o paciente está experienciando, tem sido avaliado pela escala de força do ego, ou escala Es (*Ego Strenght*), de Barron, desenvolvida para medir aspectos da eficácia do funcionamento pessoal (Barron, 1963) (Quadro 30.2).

Segundo Caldwell (1978), citado por Trimboli e Kilgore (1983), os escores dessa escala podem ser usados como indicadores do grau de desorganização de tal funcionamento, experienciado pelo paciente. Assim, os escores baixos, isto é, abaixo do escore T de 30, "implicam vasta desorganização das estratégias de luta, enquanto escores que recaem próximos a um escore T de 50 implicam uma elasticidade na personalidade e uma maior capacidade para resistir à investida da perturbação atual" (Trimboli & Kilgore, 1983, p.619). Trabalho mais recente (Levitt & Gotts, 1995) faz uma revisão de estudos sobre a Es, criticando a metodologia usada por Barron, considerada muito primitiva e demonstrando que tal escala possui apenas a capacidade de discriminar pessoas emocionalmente comprometidas de pessoas normais. Já Groth-Marnat (1999), baseado em estudos de Graham, de 1978, afirma que a Es "avalia o grau com que um cliente tem probabilidade de se beneficiar com a psicoterapia" (p.297), mas faz a ressalva que, no caso, se trata do benefício que podem ter pacientes neuróticos em terapia orientada para o *insight*.

Na síndrome crônica, há uma tendência a modificar os indícios usados para caracterizar a síndrome aguda. Em primeiro lugar, as escalas de sintoma não se mostram marcantemente elevadas, e, quando existe elevação, esta se apresenta em relação às escalas 1 e 8, com uma elevação mais significativa que as escalas 2 e

QUADRO 30.2 Escala de força do ego (Es)*

Certo										
2	36	51	95	109	153	174	181	187	192	208
221	231	234	253	270	355	367	380	410	421	430
458	513	515								

Errado										
14	22	32	33	34	43	48	58	62	82	94
100	132	140	189	209	217	236	241	244	251	261
341	344	349	359	378	384	389	420	483	488	489
494	510	525	541	544	548	554	555	559	561	

Fonte: Barron, *apud* Dahlstrom & Welsh, 1962, p.454.
*As tabelas para transformação de escores brutos em notas T podem ser encontradas no Anexo C.
Nota: O escore bruto de 50 corresponde ao escore T de 59. Espera-se um escore bruto de 51 ou mais, como aceitável. O escore T de 30 corresponde ao escore bruto de 32. (2) A escala é de Barron, *apud* Dahlstrom & Welsh, 1963, p.454.

7. Em segundo lugar, a escala K mostra-se num nível considerado pelos autores como moderadamente baixo, isto é, entre um escore T de 45 a 55, que corresponderia aproximadamente à zona média de Dahlstrom e colegas (1972). Em terceiro lugar, enquanto nos casos agudos a elevação da escala F se situa freqüentemente acima de um escore T de 70, tal elevação diminui, ficando seu escore T ao redor de 60, refletindo o fato de o sujeito ir se habituando com suas dificuldades. Da mesma forma e no mesmo sentido, devem ser interpretados os escores T da escala Es, que podem subir para o nível de 35 a 40.

Ainda que, de um modo geral, os casos agudos apresentem maiores elevações e os crônicos elevações mais moderadas, deve ser considerado também o nível de funcionamento, pois "parece haver uma interação entre o nível da elevação e a natureza da síndrome clínica. Isto é, pacientes neuróticos mais crônicos podem apresentar elevações aumentadas, enquanto pacientes psicóticos freqüentemente obtêm elevações mais moderadas" (p.619). Por exemplo, em pacientes com código 13, que tendem a somatizar ou negar seus problemas emocionais, à medida que se encontram em fase mais avançada do quadro, freqüentemente acentua-se a elevação nas escalas 1 e 3, que se acompanha por queda simultânea da escala 2, que, por sua vez, passa a se constituir como um indicador da cristalização de tal tipo de adaptação específica. Por outro lado, a evolução de quadros psicóticos, que na fase aguda mostravam elevações das escalas 6, 8 e, às vezes, da 0, mostra uma atenuação dessas elevações. Segundo Trimboli e Kilgore (1983), "indivíduos psicóticos crônicos muitas vezes produzem perfis em que as elevações das escalas 6 e 8 caem para elevações entre 70 e 80. As escalas 2 e F também caem para níveis moderados, enquanto a escala 0 freqüentemente sobe até um escore T de aproximadamente 70, com o passar do tempo" (p.619-620).

Passo 6: Descreva sintomas, comportamentos e/ou características da personalidade

Este é um passo nuclear da interpretação, que se baseia tanto nas elevações e baixas escalares, como nas inter-relações entre as escalas. O objetivo é o de descrever e predizer sintomas, correlatos comportamentais e outras características – em função da freqüência com que costumam se associar com dados presentes no perfil – "e/ou os meios característicos pelos quais [o sujeito] lida com o mundo" (Trimboli & Kilgore, 1983, p.614), na medida em que fazem sentido no contexto de informações sobre o examinando.

Via de regra, as elevações caracterizadas por um T de 70, ou mais, tendem a ser mais características da personalidade do sujeito. Não obstante, uma elevação idêntica da mesma escala deverá ser interpretada diversamente, se o perfil for de um paciente psicótico ou de uma pessoa com um funcionamento psicológico adequado. Como salienta Groth-Marnat (1999), "quaisquer das descrições são modais. Elas devem ser consideradas como interpretações possíveis, que não se aplicam necessariamente a todas as pessoas que têm um determinado escore. São meramente hipóteses que necessitam verificação ulterior" (p.266). Por exemplo, com a idade, naturalmente podem ocorrer elevações das escalas, por preocupações com a saúde (como da 1 e da 3) e por perdas, que ocorrem (da 2), ou baixa (da 9), por diminuição da energia. Por outro lado, sexo, nível socioeconômico, escolaridade e inteligência são fatores que podem produzir efeitos nos escores, assim como outros, associados ao funcionamento psicológico e neurológico e ao bem-estar físico.

É exatamente por essas razões que a literatura sobre o MMPI, ao discutir sintomas, comportamentos e caraterísticas de personalidade, associadas com escalas ou códigos específicos, costuma se referir a elevações e baixas, ou a escores altos e baixos, e muito raramente definem o valor de T, porque um determinado escore pode ser considerado elevado para uma pessoa e dentro da expectativa para outra.

Neste nível de interpretação, o psicólogo não deve se ater apenas à significação das escalas. É preciso verificar se é possível constatar a presença de configurações específicas. Além disso, é bom lembrar que a interpretação será mais consistente, se mais de uma elevação permitir levantar hipóteses compatíveis. Por outro lado, é essencial considerar fatores modificadores dos efeitos atribuídos a características do perfil (por exemplo, influência de escalas excitatórias ou inibitórias). Assim, se é importante estar familiarizado com os códigos de dois pontos (vide adiante), também é preciso avaliar como se relacionam com outros aspectos do perfil. Recomenda-se, ainda, que, neste nível, não sejam descritos somente sintomas e correlatos comportamentais, mas que se procure identificar necessidades, defesas e estratégias no manejo dos afetos. Entretanto, utilize, sempre que possível, também outras fontes de informação, como escalas óbvias, sutis, de conteúdo, suplementares e itens críticos.

Mas, principalmente, tenha extrema precaução em verificar com que tipo de dados está lidando, se com um perfil *bem-definido*, com elevações bem caracterizadas, ou se, pelo contrário, os escores levantados permitem, apenas, um delineamento *mal-definido*, que recai predominantemente na chamada *área normal*, que autoriza uma pressuposição de ausência de patologia, mas não é garantia. Aliás, a forma como o instrumento foi construído favorece a ocorrência desse tipo de perfil, de forma que o MMPI é um recurso mais indicado, numa avaliação, quando o quadro sintomático e/ou a história pregressa sugerem a presença de psicopatologia. Desta maneira, quanto menos elevado tiver o perfil, mais será necessário atenuar ou deletar certos descritores, dando mais importância a achados corroborados por outros indícios.

Passo 7: Forneça hipóteses diagnósticas ou um diagnóstico

Ainda que este não seja um objetivo precípuo do MMPI, pode-se dizer que um protocolo válido muitas vezes pode fornecer subsídios que, avaliados dentro do contexto geral do caso, podem oferecer valiosas informações, que permitem levantar hipóteses diagnósticas ou, mesmo, estabelecer um diagnóstico formal, se este for o objetivo do psicodiagnóstico.

Passo 8: Recomendações

Uma vez que, freqüentemente, o protocolo oferece subsídios sobre pontos fortes e pontos fracos no funcionamento psicológico, indícios sobre o sistema de defesas, maneiras típicas de lidar com agressão e ansiedade, estilo de relacionamento, *insight* e força do ego, geralmente o psicólogo tem condições de julgar a respeito da necessidade ou não de uma intervenção e, também, avaliar o tipo de intervenção mais benéfico para o paciente.

MMPI: Escalas de validade e escalas clínicas

Jurema Alcides Cunha

ESCALAS OU INDICADORES DE VALIDADE

Os indicadores de validade são fornecidos pelas chamadas escalas de validade: "Não posso dizer" ou escala "?", a escala L, a escala F e a escala K. Segundo Trimboli & Kilgore (1983), os indicadores de validade fornecem dados para o primeiro nível de interpretação do MMPI, de auto-relato, que "é freqüentemente útil para compreender a atitude do paciente ante o teste e a impressão que deseja nos transmitir com base no MMPI" (p.614). Tal atitude, bem como a competência em responder, podem levar a uma distorção das respostas, à defensividade, etc.

A validade também pode ser avaliada pelo Índice TR e pela escala CRL (vide adiante).

Escala "Não posso dizer" ou "?"

Segundo Groth-Marnat (1999), o indicador "?" não chega a ser uma escala formal, uma vez que não representa qualquer medida de personalidade. Simplesmente corresponde ao número de omissões, que pode ou não afetar o protocolo.

Na tabela oriunda da padronização brasileira, um escore bruto de 15 corresponde ao T=50 (Hathaway & McKinley, 1971). Isso significa que tanto o escore bruto de 15, como os inferiores a ele, são registrados na folha de apuração como T=50, entendendo que tais omissões não enfraquecem ou afetam o valor das outras escalas, desde que sua distribuição seja aleatória. A hipótese, relacionada com um escore bruto que ultrapassa 15, é de que o sujeito omitiu itens, como uma forma de defesa contra o medo de admitir problemas pessoais, e, dessa maneira, as interpretações devem ser feitas com cautela (Vincent, 1987). Não obstante, escores moderados (T entre 50 e 70) podem ser explicados, muitas vezes, por dificuldade na leitura, retardamento psicomotor ou por dúvidas obsessivas. A indecisão pode se associar ao uso conspícuo de intelectualização, à interpretação pouco usual dos itens ou a uma superprecaução relacionada com aspectos paranóides (Groth-Marnat, 1999). Depressivos também podem apresentar a tendência a omitir itens, por uma atitude de desesperança: a idéia de que não podem ser ajudados faz com que achem que não vale a pena o esforço de responder (Dahlstrom, Welsh & Dahlstrom, 1972).

Na realidade, quanto mais o escore ultrapassar o T=50, mais probabilidade existe de o perfil ser inválido, e, atingindo o escore de T=100, o perfil não comporta qualquer interpretação clínica (Groth-Marnat, 1984).

De qualquer forma, como o número excessivo de omissões tem um efeito que se difunde através das outras escalas, tem sido proposta uma série de medidas no sentido de corrigir esse estado de coisas. Parece que procedimento mais defensável é tentar dar ao sujeito nova oportunidade de responder aos itens omitidos, entrevistando-o para tentar saber as razões das omissões. Todavia, o sujeito deve entender as razões do examinador, para não aumentar uma possível defensividade ou comprometer a atitude de colaboração fundamental para o prosseguimento da avaliação psicológica. Vejamos um exemplo de um perfil delineado com base nas respostas ao MMPI, com apreciável número de omissões (vide Figura 31.1). A seguir, o sujeito foi solicitado a tentar examinar e procurar responder os itens omissos. É apresentado, então, o perfil delineado após ter sido dada tal oportunidade ao sujeito (vide Figura 31.2). É importante observar como se modificou o perfil. O *spike* na escala 5, que se elevava bem acima da zona média, diminui sensivelmente, ficando dentro de limites normais. Foram assinaladas respostas que tinham sido omitidas nesta escala, e, crescendo o escore bruto, diminuiu o escore T (que representa uma relação inversa nesta escala para o sexo feminino). Por outro lado, entre as escalas de validade, diminuiu o escore T de "?", mas cresceram os escores T de L e de K. É possível que o escore elevado em "?" fosse o resultado de uma atitude defensiva, omitindo respostas, como forma de apresentar uma imagem favorável de si mesmo. Tal atitude se manteve, levando à elevação de L e K.

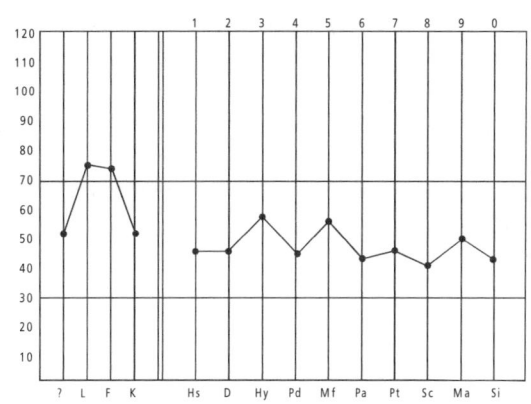

Figura 31.2 Segundo perfil.

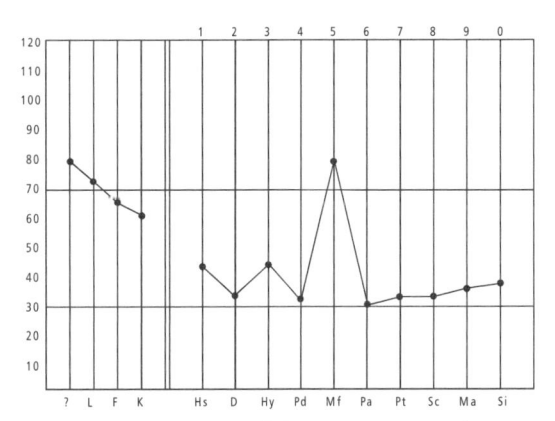

Figura 31.1 Primeiro perfil (com 110 omissões).

Escala L

Uma elevação acima do normal na escala L pode ser interpretada como rigidez e ingenuidade (Gilberstadt & Duker, 1965) e, ainda, falta de *insight* (Marks & Seeman, 1963). Já De-Mendonça e colegas (1984), numa revisão da literatura, acharam que traços de convencionalismo, rigidez e autocontrole podem se associar com tal elevação. Groth-Marnat (1999) considera que a escala pode identificar um sujeito que está apresentando "uma visão exageradamente perfeccionista e idealizada de si mesmo" (p.233). Aliás, os itens da escala L (Mentira) se referem a pontos fracos ou pequenas falhas, que as pessoas admitem que têm, embora em geral não sejam considerados como positivos, de um ponto de vista sociocultural. Por exemplo, responder como errado a um item como "Às vezes, fico zangado" "sugere uma autopercepção irrealisticamente positiva" (Groth-Marnat,1984, p.270). Então, se o sujeito não admite que é capaz de determinadas fraquezas, essa atitude tende a se manter no restante dos itens, havendo um efeito supressor nas demais escalas. Assim, quanto mais se eleva a escala L, menores tendem a ser as elevações nas outras escalas. Desta forma, se o escore bruto de L for igual ou maior do que 10, há possibilidade de os demais resultados não serem válidos.

Diferentes níveis na escala L sugerem diferentes alternativas de interpretação:

T = 36-43. É um escore baixo e atípico. Encontra-se em sujeitos que tentam dar uma imagem extremamente patológica de si mesmo, bem como em pessoas normais, pouco convencionais e independentes, que se sentem à vontade para admitir seus pontos fracos.

T = 46-53. É um escore médio, típico e normal. Os sujeitos seletivamente admitem certas falhas, mas tendem a se defender em relação a outras, que lhes parecem mais criticáveis, de um ponto de vista social ou moral.

T = 56-63. É um escore moderado. Os sujeitos querem passar uma imagem favorável de si mesmos, e "pode indicar uma rigidez psicológica ou simulação consciente" (Groth-Marnat, 1984, p.270). Tal escore pode ser encontrado em pessoas extremamente religiosas ou moralistas, refletindo convencionalismo, conformismo com valores e normas socioculturais ou uma tendência a responder em função da desejabilidade social.

T = 64-69. É um escore alto. Pressupõe "uma visão ingênua, irrealística do mundo" e se associa com negação, repressão e, às vezes, com simulação consciente. Esses sujeitos "exageram suas qualidades morais e escrúpulos positivos, de forma rígida, autocentrada e não compromissada", mas, "subjacentemente, tendem a ser 'autocríticos e frustrados' " (p.270). Seu prognóstico em terapia não é bom, porque carecem de um *insight* suficiente.

T – 70 ou mais. É um escore marcante e raro. Pode se associar com: a) intensificação dos traços correspondentes aos níveis anteriores; b) os mecanismos citados, especialmente negação da psicopatologia; c) tendências ruminativas e introspectivas, que se refletem nas relações sociais, com aspectos paranóides; ou d) simulação consciente (Dahlstrom, Welsh & Dahlstrom, 1972; Groth-Marnat, 1984).

Nota-se que o escore cresce inversamente ao nível socioeconômico e a antecedentes educacionais do sujeito (Groth-Marnat, 1999).

Escala F

A escala F "não mede qualquer traço específico, mas, antes, uma diversidade de respostas inusitadas" (Groth-Marnat, 1984, p.271). Assim, um *spike* na escala F pode subentender uma forma de pensamento confuso ou autodepreciação (Gilberstadt & Duker, 1965). Pontos altos podem corresponder a um sujeito descrito como inquieto, instável, mutável, confuso, insatisfeito, mal-humorado, opiniático, e pontos baixos, como simples (DeMendonça, Elliot, Goldstein *et alii*, 1983).

A escala F, também chamada de Freqüência (ou infreqüência), foi criada para detectar respostas atípicas, inusitadas, incluindo "desde sensações bizarras, idéias estranhas, experiências peculiares, até sentimentos de alienação" e "atitudes atípicas" em relação a instituições sociais, bem como "certo número de crenças, expectativas e autodescrições improváveis e contraditórias" (Dahlstrom, Welsh & Dahlstrom, 1972, p.114-115). Portanto, o escore baixo representa conformidade com os padrões do grupo normal, que serviu para a padronização do teste. Isso corresponderia a um escore bruto de 9 ou menos (T=50). Um escore alto significa um exagero da sintomatologia ou uma indicação de psicopatologia. Porém, isso nem sempre é verdadeiro. Muitas vezes, respostas na direção desviante refletem importantes problemas na vida da pessoa (como perdas significativas), tanto que muitos dos itens são incluídos também na lista dos chamados itens críticos, a ser examinada mais adiante, neste livro.

Diferentes níveis na escala F sugerem diversas alternativas de interpretação. Via de regra, considera-se que um escore bruto de 16 assinala uma probabilidade de que o protocolo não seja válido. Não obstante, não existe um ponto de corte exato. Dessa maneira, mesmo *escores de 70 a 90* nem sempre indicam um protocolo inválido, especialmente entre pacientes psiquiátricos internados ou, até mesmo, entre detentos. Elevações moderadas muitas vezes sugerem "abertura para experiências inusitadas e possível psicopatologia, mas só se suspeita de um protocolo inválido ante elevações mais extremas" (Groth-Marnat, 1999, p.234). Aliás, uma das formas de se verificar se a elevação da escala F ocorre por respostas dadas ao acaso é por meio do Indicador TR, especialmente em combinação com a escala de Descuido (vide adiante).

T = 55 ou menos. Este nível se associa com ausência de estresse. São sujeitos que podem ser descritos como honestos, simples, calmos, confiáveis e convencionais. Geralmente, um escore baixo significa que o sujeito "percebe o mundo como as outras pessoas" (Groth-Marnat, 1999, p.235). Não obstante, neste nível se inclui, também, se os dados clínicos sugerem psicopatologia, a possibilidade de o sujeito minimizar ou negar seus problemas. (Verifique a elevação de K e o Índice F-K.)

F = 55-65. É um escore médio. Os sujeitos apresentam um tipo de pensamento independente, menos convencional e não conformista, o que pode envolver negatividade e pessimismo (Groth-Marnat, 1999). Já os escores mais elevados, neste nível, podem refletir circunstâncias especiais numa área circunscrita da vida, resultante de um tipo de rebeldia contra padrões, normas e valores ou de alguma forma de comportamento socialmente desviante (Dahlstrom, Welsh & Dahlstrom, 1972) ou de certa inquietação ou alteração do humor.

F = 65-80. É um escore moderadamente alto. Pode envolver uma intensificação dos comportamentos anteriormente descritos, podendo ser aqui incluídos adolescentes com problemas de identidade e de não-conformismo (conferir o escore, utilizando normas para adolescentes), pessoas com grandes envolvimentos em movimentos políticos ou religiosos mais radicais e "personalidades rebeldes, anti-sociais, esquizóides e 'boêmias' " (Groth-Marnat, 1984, p.271). Especialmente com T = 70 a 80, é importante considerar a possibilidade de "neurose" severa ou psicose (desorientação do ego), de um estado fronteiriço ou, ainda, de simulação. Porém, problemas de leitura e compreensão também podem constituir a causa subjacente do escore.

T = 80 ou mais. "Escores de 80 a 99 sugerem simulação, exagero de dificuldades, resistência à testagem ou significantes níveis de patologia" (Groth-Marnat, 1999, p.235). Mas é importante excluir erros de apuração, como também problemas de compreensão na leitura, porque o perfil pode ser invalidado. Freqüentemente, a elevação deve-se ao mau contato com a realidade, por desorganização psicótica, alcoolismo em estado próximo ao *delirium tremens*, etc. Neste caso, o perfil ainda pode oferecer informações válidas. Entretanto, é preciso excluir ainda a falta de colaboração (que pode ocorrer em transtornos de conduta) e a tentativa de simular patologia (verificar se há elevação da escala L). Aliás, todos esses problemas podem ser exacerbados se o F ultrapassar T=90. Com um F igual ou superior ao T = 95, as possibilidades são de que o perfil "possa ser inválido, distorcido ou exagerado" (Vincent, 1987, p.105). Novamente, as hipóteses relacionam-se com um nível de compreensão de leitura inferior ao exigido pelo instrumento, com a presença de um quadro psicótico agudo ou com um pedido de socorro. Se a pessoa tem menos de 40 anos e foi encaminhada pela Justiça, é grande a possibilidade de se tratar de um problema de conduta, com probabilidade de comportamento de atuação ou autodestrutivo. Se a pessoa possui instrução em nível adequado e não é psicótica, é preciso considerar o diagnóstico de um transtorno de personalidade *borderline*. Numa pesquisa com pacientes psiquiátricos, o escore de T = 95 ou mais foi encontrado em sujeitos dos quais 50% eram psicóticos (com transtorno esquizoafetivo ou afetivo bipolar, do tipo maníaco), e a maioria dos demais tinha transtorno de ajustamento. Cerca de um terço com este perfil recebeu diagnóstico adicional de abuso de drogas (Vincent, 1987). Já quando o F é igual ou superior a F = 100, há probabilidade de que o instrumento tenha sido respondido de forma randômica (Dahlstrom, Welsh & Dahlstrom, 1972).

Escala K

Se os demais indicadores de validade são capazes de detectar casos mais grosseiros, que permitem a invalidação do perfil, a escala K possibilita a identificação de fatores sutis, mas eficazes, aumentando a sensibilidade do instrumento e "proporcionando um meio de correção estatística" das escalas clínicas (Dahlstrom, Welsh & Dahlstrom, 1972, p.120). "Enquanto somente indivíduos ingênuos, moralistas e não-refinados têm escore elevado em L, pessoas mais inteligentes e psicologicamente mais refinadas têm escores mais altos em K e, ainda assim, não apresentam qualquer probabilidade de uma elevação importante em L" (Groth-Marnat, 1999, p.236).

A construção da escala foi bastante complexa e seguida por muitas pesquisas para avaliar se haveria vantagem real com a introdução do sistema de correção.

Escores altos na escala K revelam defensividade ou inibição (DeMendonça, Elliot, Goldstein et alii, 1984; Gilberstadt & Duker, 1965). Em outras palavras, embora se possam subentender conflitos subjacentes, em sujeitos com tais escores, eles "não estão dispostos a discutir essas dificuldades e fazem esforços para defensivamente disfarçar seus verdadeiros pensamentos e sentimentos" (Groth-Marnat, 1984, p.272). Essa defensividade tem um efeito supressor da psicopatologia, manifestando-se em menores elevações do perfil, enquanto escores baixos em K se acompanham de acentuadas elevações das escalas clínicas. Por tal razão, o escore de K permite a correção estatística do perfil, procedimento geralmente aceito. Todavia, os autores recomendam que os serviços examinem a propriedade de sua utilização para fins clínicos (Dahlstrom, Welsh & Dahlstrom, 1972).

Diferentes níveis da escala K sugerem diversas alternativas de interpretação, ainda que, na realidade, se possa dizer que "não existe um ponto de vista nítido para diferenciar força do ego positiva (ajustamento), defensividade do ego ou simulação positiva" (Groth-Marnat, 1999, p.236).

T menor que 56. É um escore baixo e, quanto menor, maior a probabilidade de que as respostas tenham sido assinaladas por patologia aguda ou para dar a impressão de psicopatologia, o que pode ocorrer por exagero ou simulação ingênua, mas deliberada, para a obtenção de ganhos secundários, ou como pedido de socorro. Pode também se associar com pânico ou confusão. De qualquer modo, pode revelar um sistema de defesas precário, desorientação, confusão, insatisfação, cinismo e baixo nível de *insight* (Groth-Marnat, 1999). Não obstante, tais problemas são menores, à medida que os escores são maiores, neste nível. Nota-se, porém, que as pessoas de baixo nível socioeconômico podem ter escores altos, sem evidenciarem essas características, já que suas respostas refletem a maneira como percebem a si mesmas, seu mau autoconceito. De forma idêntica, encontram-se escores baixos em adolescentes, o que pode indicar mais abertura e "maior grau de sensibilidade a seus problemas" (Groth-Marnat, 1999, p.237).

T = 56-64. É um escore moderado. Corresponde a um sistema de defesas adequado, com aceitação de si mesmo e boa força de ego (Groth-Marnat, 1999). Há certa exposição de problemas, mas também certa preservação de alguns conflitos. As respostas refletem ajustamento, equilíbrio e competência em lidar com problemas.

T = 65-70. Trata-se de sujeitos que, tendo problemas psicológicos, fazem um esforço para manter uma imagem positiva para os demais, inclusive negando seus problemas. A defensividade aumenta com a elevação dos escores, observando-se falta de *insight* e "resistência à avaliação psicológica", não se apercebendo tais sujeitos das impressões que as outras pessoas podem ter deles. Todavia, conforme Groth-Marnat (1984), "percebem os problemas psicológicos dos outros como fraquezas e relutam em ser colocados no papel de pacientes" (p.272). Esse autor coloca o T = 65 como um marco significativo em termos de prognóstico para a psicoterapia, de forma que os sujeitos com um T menor que 65 poderiam se beneficiar com o tratamento, enquanto aqueles com um T maior que 65 encontrariam dificuldades nesse sentido. Se o protocolo é válido, passam a impressão de controle e funcionamento eficaz, mas deixando de observar os próprios problemas (Groth-Marnat, 1999).

Configurações específicas das escalas de validade

No desenvolvimento dos estudos sobre o MMPI, num primeiro momento, cada uma das escalas de validade procurou ser entendida por sua significação específica e pelos efeitos sobre as escalas clínicas. Num segundo momento, procuraram ser compreendidas em suas inter-relações, principalmente quando formam configurações específicas.

Hipóteses de Dahlstrom, Welsh e Dahlstrom

Elevação de ? e L. Configuração comum em pessoas com limitações de vários tipos, que fazem esforços grosseiros para dar boa impressão.

Elevação de ? e F. Geralmente se associa com a presença acentuada de perturbação emocional e confusão, o que também pode se explicar por dificuldades intelectuais. Validade duvidosa das escalas clínicas. É necessário investigar a causa das dificuldades.

Elevação de ? e K. Atitude muito defensiva e similar à configuração "Elevação de ? e L". Há rebaixamento das escalas clínicas. Recomenda-se que o sujeito retome a tarefa e tente responder os itens deixados em branco. Tal atitude defensiva pode ter efeitos em outras técnicas.

Elevação de L e F. Envolve uma contradição básica, pela negação de padrões que não são socialmente aprovados e reconhecimento de algumas "experiências, sentimentos e reações inusitadas, bizarras ou atípicas", que, muitas vezes, podem se associar com "comportamento contrastante em contextos diferentes", o que pode decorrer "de uma falta de apreciação completa do que está sendo revelado" ou de "má integração de diversas tendências comportamentais, que caracterizam os vários processos psicóticos" (p.168 e 169).

Elevação de L e K. Pode envolver três possibilidades: a) expressa um processo de mudança social, em que L reflete defesas anteriores, e K, sentimentos e preocupações recentes; b) há simulação para passar uma boa imagem psicológica do sujeito; c) é o chamado padrão V das escalas de validade, encontrado em pacientes psiquiátricos, com perturbações leves de ajustamento, mas na fase pré-hospitalar (sobretudo no sexo masculino), mau ajustamento social.

Elevação de F e K. Subentende a mesma contradição que na "Elevação de L e F", atribuível à "difusa falta de auto-*insight*, estados confusionais ou a dificuldade em captar a natureza da tarefa ou suas instruções e procedimentos" (p.171) e associada a um mau prognóstico.

Elevação de L, F e K. Más relações interpessoais e desorganização severa do comportamento, em pacientes psiquiátricos, com agitação e desintegração psicótica.

Elevação de F; L e K moderados. Provável quadro randômico das respostas.

Hipóteses de Vincent

As hipóteses de Vicent (1987), referentes a configurações específicas, são apresentadas no Quadro 31.1.

Índice TR e a escala de Descuido

Há 16 itens que se repetem no caderno de teste, que compõem os seguintes pares:

8 e 318	20 e 310	24 e 333	37 e 302
13 e 290	21 e 308	32 e 328	38 e 311
15 e 314	22 e 326	33 e 323	(305 e 366)
16 e 315	23 e 288	35 e 331	(317 e 362)

"O índice TR é o número total de itens respondidos de forma oposta nas duas ocasiões" (Dahlstrom, Welsh & Dahlstrom, 1972, p.95). É necessário comparar as respostas dadas a cada par. Para facilitar o escore, especialmente quando a folha de apuração é impressa dos dois lados, os dois últimos pares foram excluídos. O escore, então, é atribuído ao número de itens cuja resposta, duplicada no par, não é a mesma. Considera-se que um escore de 3 ainda representa um nível de consistência aceitável. Já um escore de 4 ou mais indicaria "uma questionável confiabilidade" (p.141).

Embora tenha havido dúvidas sobre a validade discriminativa do Índice TR, para diferen-

QUADRO 31.1 Hipóteses de Vincent (1987)*, só aplicáveis em ambiente clínico

Elevação das escalas de validade	Perfil	Características dos pacientes
L: T=70 ou maior F: T=70 ou maior e menor que T=95 K: T=70 ou maior	Provavelmente inválido	Admitem a patologia; apresentam grande estresse; mostram-se defensivos.
L: T=70 ou maior F: T=70 ou maior e menor que T=95 K: T menor que 70	Provavelmente válido	Admitem a patologia e grande estresse; mostram-se defensivos e ingênuos.
L: T menor que F: T=70 ou maior e menor que T=95 K: T=70 ou maior	Validade questionável	Admitem a patologia; procuram dar a imagem de bom ajustamento (provável ajustamento a uma psicopatologia duradoura ou presença de transtorno grave, com defensividade sem sucesso).
L: T=70 ou maior F: T menor que 70 K: T menor que 70	Infreqüente	Possível defensividade ingênua, com rebaixamento indevido das escalas clínicas; comum em "neuróticos", com pouco *insight*, repressão e negação.
L: T menor que 70 F: T menor que 70 K: T=70 ou maior	Validade questionável	Defensividade extrema, com rebaixamento indevido das escalas clínicas; procuram dar impressão de adequação e normalidade; resistência à psicoterapia; freqüentemente, problemas psicológicos afetando a condição física.
L: T menor que 70 F: T entre 80 e 94 K: T menor que 70	Válido	Sentimentos negativistas em relação a si mesmos; acentuada perturbação emocional; aceitam psicoterapia; pode haver "superdramatização" e/ou reação a aguda crise emocional.
L: T menor que 70 F: T entre 70 e 89 K: T menor que 70	Válido	Presença de importante perturbação emocional.
L: T entre 60 e 69 F: T menor que 70 K: T entre 60 e 69	Válido	Acentuada defensividade e evasividade; *insight* escasso; comum em "neuróticos".
L: T menor que 60 F: T menor que 70 K: T entre 60 e 69	Válido	Defensividade, inibição, pouco *insight*; relações interpessoais difíceis; comum em "neuróticos".
L: T entre 60 e 69 F: T menor que 70 K: T menor que 60	Válido	Ingenuidade e defensividade; procuram dar boa imagem de si mesmos; convencionalismo e certa rigidez; pouca tolerância ao estresse.
L: T menor que 60 F: T menor que 70 K: T menor que 60	Válido	Apresentam atitude honesta na testagem.

*Resumidas e adaptadas.

ciar sujeitos que respondem de forma randômica ou não (Rogers, Dolmetsh & Cavanaugh, 1983), hoje em dia, seu uso está incrementado, em combinação com a escala de Descuido (CLS), cujos itens são apresentados no Quadro 31.2.

QUADRO 31.2 Escala de Descuido (CLS)

Par de itens	Resposta desviante
10-405	Mesma
17-65	Diferente
18-63	Diferente
49-113	Mesma
76-107	Mesma
88-526	Mesma
137-216	Mesma
177-220	Diferente
178-342	Mesma
286-312	Diferente
329-425	Mesma
388-480	Diferente

Fonte: Levitt & Gotts, 1995, p.115.

O escore da escala de Descuido (CLS) corresponde ao número de pares em que a resposta foi desviante.

Hipóteses de validade de Levitt e Gotts

Segundo Levitt e Gotts (1995), a validade de um protocolo pode ser avaliada pela fórmula

TR + CLS.

• Se o total é inferior a 7, isso significa que o sujeito respondeu com honestidade, sendo possível considerar o protocolo como válido.
• Se a soma recai entre 7 e 9, a validade é questionável, devendo-se ter muito cuidado para fazer alguma interpretação, com base nas escalas de sintomas (1, 2, 7 e 8) e das escalas sutis (vide em Escalas clínicas, mais adiante).
• Se o total é maior que 9, isso pode ocorrer por várias razões:
a) confusão mental (podendo ser atribuível a estresse ou a ingestão de drogas);
b) escassa compreensão verbal ou limitação intelectual;
c) falta de cooperação.
• Se o total é inferior a 7, mas se cumpre uma das duas condições seguintes:
a) ME (média dos escores T das escalas clínicas*) ≥ 75 e

b) ME e, pelo menos, o escore T de quatro escalas ≥ 70,

pode-se afirmar que o sujeito está dando a impressão de apresentar um grave transtorno, embora haja provável exagero na sintomatologia relatada, como possível apelo para se submeter à psicoterapia. Não obstante, "está ansioso em vista da possibilidade de ser rejeitado para tratamento" (Levitt & Gotts,1995, p.128). As hipóteses diagnósticas prováveis são de transtorno psicótico grave, transtorno de personalidade *borderline* ou, ainda, de transtorno obsessivo-compulsivo grave.

Índice F-K

Os estudos a respeito de simulação ou da tendência a distorcer as respostas, no sentido de criar uma melhor ou pior imagem de si mesmo, levaram ao desenvolvimento de um índice especial, F-K, que resulta da diferença entre escores brutos de F e K, chamado de índice de dissimulação (Gough, 1963), que pretende avaliar "a probabilidade de uma pessoa estar produzindo um perfil inválido" (Groth-Marnat, 1999, p.238).

*F-K = +12 (mulheres normais) ou +17 (homens normais)/+25 (pacientes psiquiátricos do sexo feminino) ou +27 (pacientes psiquiátricos do sexo masculino)**.* Para indicar simulação entre pacientes psiquiátricos, os valores são bem mais altos do que para a população normal, em vista da correlação existente entre a escala F e algumas escalas clínicas.

Via de regra, pode-se afirmar que quanto mais elevado esse índice, maior é a probabilidade de simulação, porém, sem esquecer que, às vezes, F-K cresce, seja por uma intenção de pedir ajuda, seja como uma reação temporária a uma situação estressante. Ainda, observa-se que pode haver uma tendência à elevação deste escore em pessoas que dramatizam exageradamente suas dificuldades, para obter atenção ou para manipular os demais. Conseqüentemente, o índice F-K pode ser alto em personalidades narcisistas ou histriônicas.

---

*Vide como calcular ME em *Nível global de ajustamento*, no Passo 5, do Capítulo 30.

**Dados apresentados por Groth-Marnat, 1999, p.238.

F-K = -11 ou menos. Este nível de escore costuma indicar minimização ou negação de dificuldades, bem como uma tendência a dar uma impressão favorável de si mesmo. Em conseqüência, qualquer interpretação sobre outros dados do perfil deve ser feita com muita cautela.

F-K = -20 ou menos. Tal índice se associa com extrema defensividade. Pode ser atribuído "a fraude consciente ou a uma incapacidade das pessoas de admitirem qualquer inadequação pessoal" (Groth-Marnat, 1999, p.238). Este nível de escore pode sugerir negativismo, recusa em cooperar e pouco *insight*, sendo mau o prognóstico para a psicoterapia.

ESCALAS CLÍNICAS

No desenvolvimento deste item, procuraremos dar uma idéia do conteúdo e da significação de cada escala clínica. Serão apresentadas também as descrições mais comuns de indivíduos que se caracterizam por escores baixos, moderados ou altos. Convém salientar, porém, que tais características podem vir a ser bastante diferentes, quando interagem com outras escalas, constituindo determinados padrões (tipos de códigos), que serão discutidos mais adiante. Por outro lado, a menos que haja referência explícita a adolescentes, as descrições aplicam-se mais especificamente a adultos. Eventualmente, serão sugeridas algumas hipóteses diagnósticas a serem consideradas no contexto clínico do caso em questão.

Escala 1 (Hs)

A escala 1 compreende basicamente queixas, preocupações e sintomas relacionados com a saúde corporal. Em casos típicos, essa série de queixas persiste, mesmo na ausência de achados médicos que as justifiquem, restringindo a extensão das atividades e relações interpessoais do sujeito. Na realidade, queixas genuínas, sem complicações neuróticas, embora elevem um pouco os escores, em comparação com os de sujeitos normais, não causam elevação tão grande como no caso de preocupações hipocondríacas (Brozek & Kjenaas, 1963). Não obstante, nem sempre as queixas são simplesmente funcionais, principalmente em idosos. Mas, quando pode ser documentada uma doença física, é possível reconhecer um forte componente psicológico, com exagero da sintomatologia, sem que os sujeitos demonstrem *insight* sobre as implicações emocionais de suas queixas. Então, passam de médico a médico, já que os problemas são duradouros, não se associando com estresse imediato (Vincent, 1987). Entretanto, os sujeitos apresentam a habilidade de frustrar os médicos, pois "solicitam cuidado e atenção e, contudo, criticam e rejeitam a ajuda que lhes é oferecida" (Groth-Marnat, 1984, p.274). Conseqüentemente, procedimentos cirúrgicos, em casos de lombalgia, com elevação na 1, envolvem um mau prognóstico. Por outro lado, psicoterapia com tais pacientes é um processo difícil. São pessoas pessimistas, queixosas, inseguras, defensivas, imaturas, egocêntricas e manipuladoras.

A escala 1 é considerada uma escala de sintoma, assim como a 2, a 7 e a 8 (Trimboli & Kilgore, 1983).

A elevação da escala 1, muitas vezes, pode ser concomitante a elevações das escalas 2, 3 e 7, refletindo "graus correspondentes de depressão, conversão ou de estados de ansiedade" (Groth-Marnat, 1999, p.240). Uma configuração típica é caracterizada pela elevação da 1 e da 3, acompanhada por baixa significante, de 10 pontos ou mais, da escala D. Trata-se do "V conversivo", que será analisado no item sobre o código 13/31.

Escores altos. De um modo geral, aplicam-se as descrições referentes à significação clínica da escala 1, do início deste item, isto é, são indivíduos imaturos, autocentrados, lamurientos, queixosos, exigentes, pessimistas, teimosos, cínicos (DeMendonça, Elliot, Goldstein *et alii*, 1983), narcisicamente egocêntricos e manipuladores (Groth-Marnat, 1999). Entre as últimas, registram-se queixas que envolvem o aparelho digestivo, de fadiga e cefaléia, mas raramente chegam a ser incapacitantes. Escores muito elevados relacionam-se com uma variedade muito grande de sintomas. Isso pode ocorrer em pacientes com traços de tipo psicótico (como esquizóides, esquizoafetivos, esquizofrênicos ou na depressão psicótica, "que estão tendo delírios somáticos (verifique elevações nas escalas 6, 7, 8 e 9)" (Groth-Marnat, 1999, p.240).

Implicações terapêuticas. Pessoas com escore elevado na escala 1 apresentam enorme dificuldade de admitir alguma explicação psicológica para seus problemas. Em vista disso, mostram-se críticas e rebeldes sobre possibilidades de ajuda terapêutica. No entanto, se há elevação concomitante na escala 7, o prognóstico pode ser melhor, pela presença de ansiedade. Também é recomendável um asseguramento de que seus sintomas físicos não serão ignorados.

Escores baixos. Os sujeitos podem ser descritos como ativos, capazes e responsáveis (De-Mendonça, Elliot, Goldstein et alii, 1983), escrupulosos ou, até, moralistas (Groth-Marnat, 1984). Contudo, as interpretações devem ser feitas com cautela, porque o escore, no sexo feminino, basicamente se associa com ausência de preocupações e queixas somáticas.

Escala 2 (D)

A escala D foi desenvolvida para medir o sintoma clínico da depressão. É considerada, como a escala 1, a 7 e a 8, como uma escala de sintoma (Trimboli & Kilgore, 1983). Aliás, nos estudos iniciais, explicitamente é dito que esta escala foi desenvolvida para medir a *depressão sintomática*, e o autores justificaram a expressão em vista de seu desejo de evitar que o termo *depressão* se associasse a algo diverso do que a presença de baixo moral, falta de esperança e insatisfação do paciente em seu estado atual, no momento da testagem (Hathaway & McKinley, 1967). Não obstante, os itens da escala 2 abrangem melancolia, lentidão física, sentimentos subjetivos de depressão, apatia mental e mau funcionamento físico (Groth-Marnat, 1999).

Beckwith e colegas (1983) desenvolveram uma subescala, de grande consistência interna, para medir depressão, a Drev (vide Quadro 31.3),

QUADRO 31.3 Itens da escala Drev

002(F)	008(F)	009(F)	020(F)	032(V)
041(V)	046(F)	052(V)	067(V)	076(V)
082(V)	086(V)	088(F)	107(F)	122(F)
152(F)	159(V)	178(F)	182(V)	207(F)
217(V)	236(V)	242(F)	259(V)	272(F)
290(V)	301(V)	309(F)	317(V)	335(V)
356(V)	371(F)	379(F)	397(V)	403(F)
407(F)	473(V)	549(V)*	(C013)(V)*	(C094)(V)*
(C184)(V)*	(C346)(F)*	(C146)(V)*	(C149)(V)*	(C463)(V)*

Símbolos: V – verdadeiro; F – falso.
Fonte: Beckwith, Hammond & Campbell, 1973, p.608.
*Itens do *California Psychological Inventory*, incluídos na construção da escala originalmente, mas que, segundo os autores, podem ser excluídos.

sem os itens de correção da escala D original, mas que apresenta uma correlação de 0,86, para o sexo masculino, e 0,87, para o sexo feminino, com a escala 2. Abrange "sentimentos de infelicidade, pessimismo, desesperança, apatia, descontentamento e inadequação pessoal" (p.607).

Da mesma forma, parece importante citar o desenvolvimento das subescalas D-O e D-S, criadas por Wiener e Harmon, que, ainda hoje, parecem ter boa aplicação clínica (Wiener, 1963), com sua divisão dos itens da escala D em óbvios e sutis (vide Quadro 31.4).

Os itens óbvios são considerados mais discriminativos de casos de depressão, enquanto os itens sutis parecem importantes no exame de sujeitos defensivos, mas mais inteligentes e sofisticados (Dahlstrom & Welsh, 1962).

A escala 2 é uma medida muito sensível de depressão, mas se recomenda verificar as relações da 2 com a 7 (que sugere intrapunitividade) e com as escalas 1, 2 e 3, a "tríade neurótica", procurando os códigos correspondentes, porque, naturalmente, a sintomatologia não será somente de depressão.

A elevação da escala 2 é bastante importante, se considerarmos a sua unidimensionalidade teórica com a escala 9, sendo que a distância entre os escores T de ambas pode caracterizar a gravidade de um quadro depressivo. Assim, a elevação da escala 2 cinqüenta pontos de escore T acima da 9 é compatível com a hipótese da presença de uma depressão psicótica (Trimboli & Kilgore, 1983). Porém,

QUADRO 31.4 Escala D-O (Depressão Óbvia) e escala D-S (Depressão Sutil)

Depressão óbvia		Depressão sutil	
Certo		Certo	
23 32 41 43 52 67 86 104 138 142 158 159 182 189 236 259 290		5 130 193	
Errado		Errado	
2 8 9 18 36 46 51 57 88 95 107 122 131 152 153 154 178 207 242 270 271 272 285		30 39 58 64 80 89 98 145 155 160 191 208 233 241 248 263 296	
Sexo masculino:*		Sexo masculino:*	
Média: 7,84	Desvio padrão: 4,43	Média: 10,36	Desvio padrão: 2,77
Sexo feminino:		Sexo feminino:	
Média: 9,64	Desvio padrão: 4,92	Média: 11,03	Desvio padrão: 2,71

*As escalas e os dados estatísticos são de Wiener & Harmon (1946), apud Dahlstrom, Welsh & Dahlstrom, 1972, p.405.

nem sempre os dados do MMPI são adequados para o levantamento de uma hipótese diagnóstica, porque é necessário levar em conta diversos aspectos do perfil para verificar a compatibilidade com um determinado transtorno. Contudo, a relação entre a 2 e a 9 permite, muitas vezes, a identificação de um estado emocional que, embora transitório, pode ser motivo para uma internação ou constituir o foco de uma terapia. As regras do estado depressivo, apresentadas por Gilberstadt e Duker (1965), são as seguintes: a) D entre 70 e 79, Ma < 40; b) D entre 80 e 89, Ma < 50; c) D > 100, Ma < 60.

Escores altos. Se os escores são mais moderados, pode-se tratar de uma resposta a uma crise situacional. Na realidade, é possível que traços pessoais se acentuem frente aos problemas, observando-se mais pessimismo, desamparo e desesperança, o que pode suscitar sentimentos de inadequação, com reflexos na área de trabalho e na vida em geral (Groth-Marnat, 1999). À medida que os escores crescem, parecem maiores os problemas, aumentam as dificuldades, tornando-se o sujeito sensível, irritável e, eventualmente, distraído, com reflexos nas relações interpessoais. "Seu sentimento de desencorajamento pode resultar em retardamento psicomotor, letargia e isolamento" (p.242). Aumentam as queixas somáticas, podendo surgir idéias de morte ou de suicídio.

Implicações terapêuticas. É a elevação mais freqüente na população psiquiátrica (Dahlstrom & Welsh, 1962). Contudo, não significa essencialmente um sinal de mau prognóstico. Enquanto envolve um descontentamento "em relação ao autoconceito pessoal e uma disposição para mudar, ou tentar mudar, pode ser um sinal prognosticamente promissor" (Marks & Seeman, 1963, p.51). Para melhor avaliar a motivação para mudar, é importante observar se existem elevações moderadas da 2 e da 7, que subentendem a presença de uma orientação introspectiva, associada com tensão, a consciência da problemática pessoal, que constituem uma indicação para o êxito de uma psicoterapia (Groth-Marnat, 1999).

A elevação na escala e suas combinações com algumas outras escalas podem se associar com comportamento auto-agressivo. A elevação da 2 não se relaciona só com depressão, mas é uma indicação de que as defesas contra a ansiedade não são suficientes (particularmente com escores altos). Ao atingir o escore 80, há um quadro de depressão clínica, podendo, a partir daí, estar presente um potencial suicida, cujo risco é maior se há elevação de outras escalas, especialmente da 4 e da 9 (Trimboli & Kilgore, 1983) ou, segundo Groth-Marnat (1999), da 4, 7, 8 e/ou 9. Se isso ocorrer, recomenda-se uma avaliação nesse sentido, principalmente se tendências suicidas são confirmadas pelos itens críticos (ver adiante). Tal avaliação se torna extremamente importante para avaliar se, no caso, seria recomendável uma internação psiquiátrica.

Escores baixos. Os sujeitos podem ser descritos como entusiastas, gastadores, desinibidos, autoconfiantes, ativos, atentos, alegres e enérgicos (DeMendonça, Elliot, Goldstein et alii, 1984). Não obstante, o escore baixo pode ser compatível com negação da depressão ou, simplesmente, ausência das características associadas com os escores altos, já que a escala é unipolar (Dahlstrom, Welsh & Dahlstrom, 1972).

Escala 3 (Hy)

A escala 3 foi desenvolvida no interesse de diagnosticar pacientes que apresentavam transtornos com base psicogênica. A tendência desses pacientes de utilizar sintomas somáticos no manejo de seus conflitos ou, ainda, para evitar responsabilidades mais maduras, embora possa aparecer somente em situações de estresse, foi considerada no desenvolvimento da escala.

A escala inclui itens que se associam com a presença de queixas e sintomas somáticos e com a habilidade social de negar tais sintomas, de forma que, muitas vezes, "parecem ser mutuamente contraditórios" (Dahlstrom, Welsh & Dahlstrom, 1972, p.191). Esta característica permitiu o desenvolvimento de suas subescalas, Ad (administração de sintomas) e Dn (negação de sintomas), que apresentam correlação negativa, em normais (vide Quadro 31.5). Da mesma forma, a correlação das subescalas Hy-I (escala Hy óbvia) e Hy-S (escala Hy sutil), apresentadas no Quadro 31.6, é negativa em normais, mas positiva em pacientes.

A escala 3, embora construída especificamente visando ao diagnóstico da sintomatologia clássica da conversão, só é geralmente sugestiva deste, com um escore T = 80 ou mais (Trimboli & Kilgore, 1983). Já McKinley e Hathaway (1963) consideravam que, se no momento da testagem o sujeito estivesse sob tensão e apresentasse indícios sintomáticos, a escala o identificaria, o mesmo ocorrendo, provavelmente, se estivesse numa zona fronteiriça. Mas, se o contrário fosse verdadeiro, a escala não se mostraria sensível à problemática.

Por outro lado, a escala 3 é muito importante na investigação da operação de mecanismos de defesa, parecendo ficar sugerido o uso da negação, já em elevações de 60 ou mais; porém, de um modo geral, as elevações da 3 parecem associadas com uma tendência de evitar a consciência de conflitos internos, seja mantendo-os em nível inconsciente, seja canalizando-os através de sintomas somáticos, isto é, através da repressão. Assim, os sintomas físicos desses pacientes "servem como uma expressão indireta de seus conflitos. Seus traços podem ser consistentes com os de uma personalidade histriônica, no sentido de que eles requerem amor e apoio social, mas fazem isto de uma maneira indireta e manipulativa. Têm facilidade em estabelecer relações, mas estas são superficiais. Podem atuar sexual ou agressivamente, mas "têm uma conveniente falta de *insight* seja sobre seus motivos subjacentes ou sobre seu impacto nos outros" (Groth-Marnat, 1999, p.243).

A escala tem um efeito atenuante sobre as demais escalas, inclusive sobre a 6 e a 8, constituindo o seu escore alto uma contra-indicação de psicose, ou, segundo Groth-Marnat (1999), reduzindo as possibilidades de um diagnóstico de psicose, mesmo ante a presença de elevações das escalas 6 e 8.

A elevação na escala 3 freqüentemente se acompanha por elevações nas escalas 1 e 2 (vide códigos correspondentes).

Escores altos. Se os escores são moderadamente elevados, pessoas oriundas de bons ambientes socioculturais podem demonstrar um bom ajustamento. Também tende a haver certa elevação da 3 em indivíduos que querem se apresentar de forma favorável e negar problemas (como em situação de seleção para emprego). Não obstante, quando a elevação aumenta, "há um exagero da negação, somatização, dissociação e baixos níveis de *insight*" (Groth-Marnat, 1999, p.244). Os sujeitos são descritos como imaturos, autocentrados, exigentes, egoístas, sugestionáveis e amigáveis (DeMendonça, Elliot, Goldstein et alii, 1983). Suas relações interpessoais são superficiais, imaturas, narcisistas e sugestionáveis, buscando produzir efeitos emocionais e conseguir afei-

QUADRO 31.5 Subescalas Ad e Dn da escala 3

Ad – Admissão de sintomas (32 itens)		Dn – Negação de sintomas (26 itens)	
Certo		Certo	
10 23 32 43 44 47 76 114 179 186 189 238			
Errado		Errado	
2 3 7 8 9 55 103 107 128 137 153 160 163 174 175 188 190 192 230 243		6 12 26 30 71 89 93 109 124 129 136 141 147 162 170 172 180 201 213 234 265 267 279 289 292	
Sexo masculino:* Média: 4,91	Desvio padrão: 4,23	Sexo masculino:* Média: 12,13	Desvio padrão: 4,52
Sexo feminino: Média: 6,84	Desvio padrão: 4,91	Sexo feminino: Média: 12,45	Desvio padrão: 4,26

*As escalas e os dados estatísticos são de Little & Fischer (1958), *apud* Dahlstrom, Welsh & Dahlstrom, 1972, p.408.

QUADRO 31.6 Subescalas Hy-O e Hy-S da escala 3

Hy-O – Histeria óbvia (32 itens)		Hy-S – Histeria sutil (28 itens)	
Certo		Certo	
10 23 32 43 44 47 76 114 179 186 189 238		253	
Errado		Errado	
2 3 7 8 9 51 55 103 107 128 137 153		6 12 26 30 71 89 93 109 124 129 136 141 163 174 175 188 192 230 243 274 147 160 162 170 172 180 190 201 213 234 265 267 279 289 292	
Sexo masculino:* Média: 4,67	Desvio padrão: 4,22	Sexo masculino:* Média: 12,76	Desvio padrão: 4,53
Sexo feminino: Média: 6,66	Desvio padrão: 4,77	Sexo feminino: Média: 13,18	Desvio padrão: 4,20

*As escalas e os dados estatísticos são de Wiener & Harmon (1946), *apud* Dahlstrom, Welsh & Dahlstrom, 1972, p.408.

ção e apoio, utilizando manobras manipulativas para isso. Têm grande dificuldade de lidar com agressão e estresse, e seus sintomas físicos tendem ou a se acentuar ou a se atenuar, reativamente, com a intensificação ou diminuição do estresse (Groth-Marnat, 1999).

Implicações terapêuticas. Como, no núcleo de seus sintomas, encontra-se um conflito entre dependência e independência, os pacientes aparentam entusiasmo no início da terapia, mas terão dificuldade em demonstrar algum progresso, em vista de seu uso extensivo de repressão e negação de seus problemas, chegando, finalmente, a tentar manipular o terapeuta ou a se mostrar verbalmente agressivos.

Escores baixos. Os sujeitos são descritos como convencionais, constritos, isolados e controlados, apresentando campo de interesses estreito e sendo, socialmente, pouco participantes (DeMendonça, Elliot, Goldstein et *alii*, 1983; Groth-Marnat, 1984).

Escala 4 (Pd)

De acordo com um ponto de vista atual, a escala 4 avalia "o nível de ajustamento social", sendo que os seus itens abrangem várias áreas, como "o grau de alienação da família, impermeabilidade social, dificuldades com a escola, ou com figuras de autoridade, e alienação de si mesmo e da sociedade" (Groth-Marnat, 1999, p.248).

A escala 4 foi desenvolvida para medir o padrão que, na época, era conhecido clinicamente como personalidade psicopática, ou, em termos de MMPI, como desvio psicopático. De um modo geral, destinava-se a identificar um desajustamento social ou, mais especificamente, "transtornos de caráter, associados com déficits no controle dos impulsos" (Vincent, 1987, p.139), que levam a comportamentos de atuação. Assim, indivíduos com elevação nesta escala muitas vezes apresentam características associais e amorais, mostrando um padrão de comportamento repetitivo e persistente de natureza anti-social, em flagrante desconsideração de normas sociais e com violação dos direitos dos demais. Freqüentemente, causam boa impressão inicial e mantêm um relacionamento aparentemente adequado, até ocorrer uma situação que envolva um teste de sua consideração pelos demais, de seu sentido de responsabilidade e da manifestação de sua lealdade. Na realidade, são imaturos, egocêntricos, impulsivos, emocionalmente instáveis. Julgados em termos dos sintomas de "neurose", dariam uma impressão de normalidade, por parecerem imunes a sentimentos de vergonha e embaraço (Hathaway & Monachesi, 1965), à ansiedade e à depressão, quando a punição é vista apenas como possível (Dahlstrom, Welsh & Dahlstrom, 1972), embora os apresentem, como reação situacional, se chegam a ser presos (Vincent, 1987), com sentimentos de tédio e irritação. Assim, têm dificuldade em aprender a partir da conseqüência de seus atos (Groth-Marnat, 1999). Mostram alienação em relação à sua família e sociedade e, freqüentemente, têm histórias de fracasso escolar e ocupacional. Portanto, as elevações da 4 parecem se associar com delinqüência ou propensão à delinqüência.

Entretanto, muitos grupos podem ter escores um tanto elevados, por sua desconformidade com valores e regras da cultura dominante, por terem estilos de vida pouco convencionais ou por apreciarem modos de vida que envolvem risco. É bom lembrar, ainda, que os sujeitos utilizados no desenvolvimento da escala eram muito jovens e apresentavam uma longa história de atos delinqüentes (furtos, vagabundagem, promiscuidade sexual, alcoolismo, falsificação de assinatura, etc.), mas não as chamadas transgressões capitais. Como controles, foram usados estudantes de *college*. Desta maneira, as características associadas à escala podem lembrar os efeitos que podem ter as mudanças de uma personalidade em transição (Hathaway & Monachesi, 1965), inclusive a resistência do adolescente às repressões sociais.

Na escala, há pelo menos nove itens que se referem a dificuldades no lar e dois que aludem explicitamente à escola. Considerando, além desses, alguns itens que envolvem sentimentos disfóricos e dificuldades no relacionamento social e heterossexual, que são comuns na adolescência, facilmente a média é ultrapassada. Na verdade, alguns problemas implícitos parecem sintônicos com a fase da adolescência, especialmente os que tratam de discórdia familiar, dificuldades com figuras de autoridade e moral baixo. Então, a elevação na 4 é considerada menos desviante quando ocorre no fim da adolescência e no começo da idade adulta.

Portanto, só é possível levantar alguma hipótese, considerando o restante do perfil, uma vez que certas escalas podem ter efeito excitante ou inibitório sobre certas tendências ou comportamentos, associados à elevação da escala 4.

A 4 é considerada uma escala fortemente excitativa, no sentido de que as características a ela associadas, inclusive a delinqüência, são exacerbadas, à medida que sua elevação aumenta. Mas, quando se combina com escalas inibitórias, como a 1, a 7 e, mais especialmente, com a 2, a expectativa de delinqüência é muito menor, em vista da ansiedade e culpa refletida sobretudo pela 2. Quando se combina com a escala 9, a possibilidade de comportamento impulsivo e atuador é muito elevada, mesmo que haja elevações na 1 e na 7 (Dahlstrom, Welsh & Dahlstrom, 1972). Mas, se as elevações da 4 e da 9 são apenas relativamente altas, tais tendências, embora presentes, são canalizadas por meios e limites socialmente aceitáveis, enquanto, se a combinação é com a 2, o comportamento anti-social aparece de forma menos manifesta e disfarçada. Já sua elevação concomitante com a 8 ainda se associa com comportamento anti-social, porém, num nível sugestivo de psicose (Groth-Marnat, 1984; Groth-Marnat, 1999).

Escores altos. Os sujeitos são descritos como levianos, rebeldes, ressentidos, impulsivos, autocentrados, agressivos, hostis, irresponsáveis, sociáveis (DeMendonça, Elliot, Goldstein *et alii*, 1984), hedonistas, anti-sociais (Butcher & Pancheri, *apud* Trimboli & Kilgore, 1983), irados, impulsivos, alienados, alheios a leis e regulamentos, com dificuldade de planejamento, superficiais em suas interações sociais, desleais, com descaso pelas conseqüências de seus atos e dificuldade de aprender com a experiência, mesmo em psicoterapia (Groth-Marnat, 1984). Se confrontados com as conseqüências dos seus atos, podem apresentar remorso genuíno, mas de curta duração (Groth-Marnat, 1999). Suas características negativas geralmente se tornam manifestas em períodos de estresse, já que, inicialmente, causam boa impressão. Da mesma forma, embora aparentemente livres de conflitos e de ansiedade, os demonstram numa situação de dificuldade mais séria. Muitas vezes, têm histórias de mau ajustamento escolar, profissional, marital e envolvimento com álcool, drogas e Justiça.

Implicações terapêuticas. Indivíduos com escores elevados na escala 4 aparentam ser bons candidatos à psicoterapia, porque geralmente se mostram "fluentes, vigorosos e inteligentes". Não obstante, "sua hostilidade subjacente, impulsividade e seus sentimentos de alienação eventualmente vêm à tona" (Groth-Marnat, 1999, p.246). Isso ocorre tanto por não assumirem as conseqüências de seus atos, tentando projetar a culpa nos outros, por não se comprometerem numa relação, como porque dificilmente aceitam a terapia voluntariamente. Conseqüentemente, o término do tratamento é breve, a menos que apresentem algum desconforto (vide escalas 2 e 7) e desejem mudar. Intervenções terapêuticas breves, com objetivos bem definidos de mudanças ou motivações externas (continuidade no emprego, por exemplo) podem ser mais eficazes.

Escores baixos. Os sujeitos são descritos como convencionais e rígidos (DeMendonça, Elliot, Goldstein *et alii*, 1984), submissos, complacentes, conformistas, bonachões, alegres, confiáveis, despretensiosos (Dahlstrom, Welsh & Dahlstrom, 1972). Se confrontados com as conseqüências dos seus atos, podem apresentar remorso genuíno, mas de curta duração (Groth-Marnat, 1999). Apesar disso, parece haver uma diferença entre homens e mulheres, possivelmente sendo estas mais cooperadoras e agradáveis.

QUADRO 31.7 Subescalas Pd-O e Pd-S da escala 4

Pd-O – Desvio psicótico óbvio (28 itens)		Pd-S – Desvio psicótico sutil (22 itens)	
Certo		Certo	
16 24 32 33 35 38 42 61 67 84 94 106 110 118 215 216 224 244 245 284		21 102 127 239	
Errado		Errado	
8 20 37 91 107 137 287 294		82 96 134 141 155 170 171 173 180 183 201 231 235 237 248 267 289 296	
Sexo masculino:*		Sexo masculino:*	
Média: 5,88	Desvio padrão: 3,62	Média: 8,89	Desvio padrão: 2,51
Sexo feminino:		Sexo feminino:	
Média: 5,30	Desvio padrão: 3,48	Média: 8,68	Desvio padrão: 2,41

*As escalas e os dados estatísticos são de Wiener & Harmon (1946), *apud* Dahlstrom, Welsh & Dahlstrom, 1972, p.409.

Escala 5 (Mf)

A escala 5 foi desenvolvida para identificar características de personalidade da inversão sexual masculina, tida como um subgrupo da personalidade psicopática (Dahlstrom, Welsh & Dahlstrom, 1972), numa época em que a homossexualidade era ainda considerada como transtorno mental.

A literatura inclui poucos dados, nesse sentido, sobre a escala 5, que foi excluída de grande parte dos estudos tradicionais de Minnesota, por parecer não ter tido êxito quanto à sua destinação (Wong, 1984). São citados vários estudos, cujos resultados mostram que, em geral, os homossexuais não apresentam escores muito elevados nesta escala, e, hoje em dia, segundo Groth-Marnat (1999), existem evidências claras de que a elevação da escala 5 *não* se associa com preferência sexual, mas "se relaciona com o grau com que uma pessoa endossa itens que se associam com papéis e interesses masculinos ou femininos tradicionais". Os itens da escala agrupam-se em cinco dimensões, que focalizam "a estabilidade pessoal e emocional, a identificação sexual, o altruísmo, a identificação ocupacional feminina e a negação das ocupações masculinas" (p.247). Além disso, a variação dos escores sofre especial influência da inteligência e do nível de escolaridade.

Embora levando em conta as mudanças ocorridas na sociedade, desde que a escala foi criada, estudos recentes sugerem que os correlatos de personalidade, associados com a 5, continuam idênticos aos relacionados nas primeiras pesquisas. Entretanto, trata-se de uma escala extremamente complexa, e é difícil a sua interpretação. Na realidade, não pode ser considerada uma escala clínica, em estrito senso, de vez que não oferece subsídios para identificar categorias diagnósticas. Não obstante, pode ser utilizada subsidiariamente, após a interpretação das escalas clínicas propriamente ditas, analisando seus efeitos sobre as outras escalas. Groth-Marnat (1999) dá o exemplo dos efeitos da escala 5 sobre a escala 4. Diz ele que um escore alto na escala 5, acompanhado de um escore baixo na escala 4, num homem, sugere que "ele expressa sua insatisfação através da ação; tem pouco *insight* a respeito de seu comportamento e enfatiza a força física", enquanto um escore alto na escala 5, com um escore elevado na escala 4, sugere que o indivíduo "é mais introspectivo, sensível, se expressa com clareza, podendo canalizar seus sentimentos anti-sociais através da criação de mudança social" (p.248). Entretanto, a determinação da presença ou não de uma elevação na escala 5 deve levar em conta o nível de instrução e o *status* socioeconômico do sujeito.

A interpretação da escala 5, também considerada uma escala de caráter, é, segundo Trimboli e Kilgore (1983), bastante complexa, porque ela sofre a influência de fatores psicológicos e demográficos, sendo que um desvio extremo, nesta escala, pode "refletir um processo de identificação falho, que comprometeria o desenvolvimento de um funcionamento defensivo eficaz", de forma que "os déficits na identificação também provavelmente enfraqueceriam a formação de funções associadas ao ego". Identificação relaciona-se, no caso, com o processo de internalização de papéis sexuais. É importante lembrar, porém, que também a escala 2 tem que ver com outro aspecto de identidade, de auto-identidade. A combinação de ambas as escalas "pode se relacionar com uma forma bastante primitiva de identificação com o agressor", e, assim, "um indivíduo que apresenta uma deficiência na auto-identidade e cuja experiência precoce foi com uma figura sádica, pode se identificar com esse sadismo e lidar com a sua agressão, voltando-se contra si mesmo" (p.616 e 621).

Conseqüentemente, mesmo que uma pessoa do sexo masculino tenha escores elevados na 5, isto não é indicativo de homossexualidade. Escores muito elevados apenas poderão dar alguma sugestão nesse sentido, em vista da associação de tal elevação com determinados interesses ou tipos de sentimentos, que tradicionalmente foram relacionados com o sexo feminino. Além disso, deve-se assinalar o caráter transparente dos itens, que torna a simulação muito fácil (Groth-Marnat, 1999).

Níveis de escore para o sexo masculino

Escores altos. Os sujeitos são descritos como espertos, curiosos, espalhafatosos, idealistas, submissos, preocupados, sensíveis, efeminados, imaginativos, inteligentes (DeMendonça, Elliot, Goldstein et alii, 1984), pacíficos, sociáveis (Dahlstrom, Welsh & Dahlstrom, 1972), passivos, com interesses artísticos, muitas vezes, com conflito relacionado com a identidade sexual, com possíveis tendências homossexuais ou história de problemas matrimoniais. Às vezes, observa-se o desenvolvimento de "formação reativa contra a passividade, em que pode se manifestar uma expressão exagerada de masculinidade, como no escore 5 baixo" (Groth-Marnat, 1999, p.249).

Porém, os indivíduos com elevação moderada caraterizam-se por possuírem interesses estéticos, artísticos e literários, sendo um escore freqüente entre estudantes de *college*. São pessoas sensíveis, introspectivas, imaginativas, psicologicamente sofisticadas, idealistas, com amplo campo de interesses e facilidade de comunicação.

Implicações terapêuticas. Homens com escores moderadamente elevados são bons candidatos à psicoterapia, e é importante frisar que a elevação na 5 diminui a probabilidade de atuação de aspectos patológicos. Não obstante, crescendo os escores, podem surgir questões importantes, associadas com traços passivos, dependentes, bem como dificuldades de lidar com agressão e de se relacionar com o sexo oposto. Por outro lado, o homem com escores baixos terá dificuldade de se ajustar a um programa psicoterápico, pela série de dificuldades que o distinguem (Groth-Marnat, 1999).

Escores baixos. Os sujeitos podem ser descritos como afoitos, à vontade, masculinos, grosseiros (DeMendonça, Elliot, Goldstein *et alii*, 1984), práticos, alegres, autoconfiantes, equilibrados, independentes (conforme Hathaway & Meehl, *apud* Wong, 1984), narcisistas, com interesses estreitos, pouco *insight* e ênfase "em expressões tradicionais de masculinidade" no comportamento manifesto (Groth-Marnat, 1984, p.281). Conforme Trimboli e Kilgore (1984), os escores de baixos a moderados são mais freqüentes no nível socioeconômico baixo, de instrução baixa ou média-inferior, sendo sujeitos com interesses práticos e pragmáticos e com capacidade para apresentar um comportamento dogmático.

Níveis de escore para o sexo feminino

Escores altos. Uma vez que, na escala 5, para as mulheres, os escores são atribuídos em direção oposta do que para os homens, as mulheres, neste nível de escore, são descritas como "agressivas, dominantes, desconfiadas, hostis" (DeMendonça, Elliot, Goldstein *et alii*, 1984, p.484), confiantes, espontâneas, desinibidas, com atividades e ocupações tradicionalmente masculinas, desconformes com estereótipos femininos, "desconfortáveis em muitas situações heterossexuais" (Groth-Marnat, 1999, p.250), quando a expectativa é de que se coloquem num papel feminino (Vincent, 1987). Em comparação com as mulheres de escore baixo, apresentam melhores condições de saúde (Groth-Marnat, 1999).

Implicações terapêuticas. As mulheres com escores altos podem demonstrar problemas para se ajustar a um programa psicoterápico mais tradicional, por não valorizarem a introspeção e o *insight*, bem como terem dificuldades para expressar verbalmente problemas e emoções, em contraste com as que têm escores baixos, exceto quando têm escassa educação formal.

Escores baixos. Atualmente, sabe-se que os descritores de mulheres com escores baixos se diferenciam conforme o nível de escolaridade. Por exemplo, a mulher com uma escolaridade equivalente ao *college* é descrita como "terna, emotiva, tendo uma visão equilibrada sobre o comportamento típico do papel feminino". Demonstra interesses estéticos e assume papéis femininos tradicionais, mostrando-se "capaz, competente e consciensiosa" (Groth-Marnat, 1999, p.250), enquanto as que têm baixo nível de instrução podem ser descritas como "caricaturas do papel feminino tradicional", tendo probabilidade de serem "modestas, passivas, constritas e submissas", mas também culpando os outros por suas dificuldades. Freqüentemente, apresentam a chamada "tríade neurótica". Por outro lado, se o escore baixo na escala 5 é acompanhado de uma elevação na escala 4, tem-se uma configuração que ficou conhecida como o perfil Scarlett O'Hara, caracterizado por "um grau exagerado de feminilidade, combinado com manipulações dissimuladas, sentimentos anti-sociais subjacentes e hipersensibilidade" (p.251).

Escala 6 (Pa)

A escala 6 foi desenvolvida visando ao diagnóstico do quadro clínico da paranóia. Não obstante, a amostra em que se baseou incluiu outras categorias, que envolviam sintomatologia paranóide, isto é, quadros clínicos "em que idéias de referência, delírios persecutórios e de grandeza eram manifestos" (Dahlstrom, Welsh & Dahlstrom, 1972, p.207).

Grande parte dos itens envolve "idéias de referência, crenças delirantes, suspeição difusa, sentimentos de perseguição" e outros (Groth-Marnat, 1999, p.251). Assim, o conteúdo de alguns itens é claramente psicótico, enquanto outros envolvem apenas preocupação com os motivos percebidos nas ações de outras pessoas. Há uns, inclusive, que parecem menos pertinentes, se considerados os critérios atuais para o diagnóstico da esquizofrenia paranóide ou do transtorno de personalidade paranóide. Ainda há outros cuja direção prevista na resposta é oposta à que seria esperada dentro do quadro.

Marks e Seeman (1963) consideram que o fato de alguns itens terem um conteúdo obviamente bizarro representa um ponto fraco da escala, já que o paciente que deseja ocultar pensamentos inusitados pode fazê-lo, respondendo na direção não comprometedora. Essa transparência da escala pode mudar a atitude frente ao teste, pelo próprio fato de o transtorno envolver suspeição (Trimboli & Kilgore, 1983). Conseqüentemente, um escore baixo não exclui essa possibilidade diagnóstica. Trimboli e Kilgore (1983) sugerem que sintomas mais sutis, como suspeição, hipersensibilidade interpessoal, etc., compatíveis com o uso de defesas paranóides, podem se encontrar também naqueles sujeitos com um T inferior a 35, desde que eles "sejam capazes de inibir expressões mais manifestas de patologia", mas que façam uso "de várias formas de projeção e de variantes primitivas de externalização" (p.616). Isso é especialmente verdadeiro quando se trata de pessoas intelectualmente brilhantes (Groth-Marnat, 1999).

Na realidade, observam Marks e Seeman (1963) que, em 75% dos casos de sujeitos paranóides incluídos no atlas de Hathaway e Meehl (1967), a elevação desta escala é inferior ao T = 70, e, entre pacientes paranóides, cerca de 30% não apresentam absolutamente escores superiores à área normal. Por tal razão, a escala é considerada fraca. Não obstante, sua elevação acentuada é típica de sujeitos psicóticos, com sintomas paranóides, o que vale dizer que há poucos falsos-positivos (Trimboli & Kilgore, 1983). Por outro lado, sua combinação com a escala 8, a despeito de outros aspectos do perfil, é grandemente sugestiva de diagnóstico de esquizofrenia paranóide (Drake & Oetting, 1967; Groth-Marnat, 1999).

Em alguns casos, parece ser de ajuda a utilização das subescalas Pa-O e Pa-S (vide Quadro 31.8).

Escores altos. Os sujeitos são descritos como rígidos, suspeitosos e hostis e, de forma menos freqüente, como ressentidos, desconfiados, emocionais e preocupados (DeMendonça, Elliot, Goldstein *et alii*, 1984), ainda que, numa dimensão normal, segundo Hathaway e Meehl, *apud* Dahlstrom e colegas (1972), os homens possam ser descritos como sensíveis, emocionais, prontos a se preocuparem, afetuosos, generosos, agradáveis, sentimentais, bondosos, pacíficos, cooperadores, corajosos e com amplitude de interesses. Já as mulheres são emocionais, bondosas, sensíveis, francas, tensas ou dependentes, submissas e com pouca autoconfiança. É preciso notar, entretanto, que, embora haja na literatura listas de características da população normal, há probabilidade muito grande da presença de uma patologia mais grave, se o perfil é válido. Por isso, é importante não só a consideração de outras

QUADRO 31.8 Subescalas Pa-O e Pa-S da escala 6

Pa-O – Paranóia óbvia (23 itens)		Pa-S – Paranóia sutil (17 itens)	
Certo		Certo	
16 24 27 35 110 121 123 151 158 202 275 284 291 293 305 317 326 338 341 364		15 127 157 299 365	
Errado		Errado	
281 294 347		93 107 109 111 117 124 268 313 316 319 327 348	
Sexo masculino:*		Sexo masculino:*	
Média: 2,68	Desvio padrão: 2,88	Média: 6,05	Desvio padrão: 2,33
Sexo feminino:		Sexo feminino:	
Média: 2,87	Desvio padrão: 2,48	Média: 5,54	Desvio padrão: 2,13

*As escalas e os dados estatísticos são de Wiener & Harmon (1946), apud Dahlstrom, Welsh & Dahlstrom, 1972, p.412.

elevações no perfil, bem como o esclarecimento, junto ao paciente, do motivo para o assinalamento de certas respostas. É possível que se trate de "uma pessoa paranóide, que é cismática e suspeitosa, rumina com rancor e sente que não conseguiu da vida a melhor fatia" (Groth-Marnat, 1984, p.284). Com escores muito altos, pode-se registrar desorganização do pensamento, idéias de referência, pensamento delirante, além de obsessões, compulsões e fobias. A suspeição é acentuada, e as pessoas podem ser descritas como rígidas, irritadas, ressentidas, vingativas e cismáticas (Groth-Marnat, 1999).

Escores moderados associam-se com maior probabilidade de tendências psicóticas, mas ainda é possível haver suscetibilidade e sentimentos de os sujeitos se acharem de alguma forma prejudicados, com possibilidade de sugerir suspeição, ressentimento, com base real ou imaginária. Os sujeitos projetam a culpa e a hostilidade, expressando os conteúdos agressivos de formas indiretas, que envolvem outras pessoas, enquanto assumem uma atitude aparentemente intrapunitiva (Groth-Marnat, 1999).

Implicações terapêuticas. Uma vez que escores muito elevados comumente ocorrem quando está presente um processo psicótico (a ser confirmado por outros subsídios), é importante avaliar a possibilidade de o paciente necessitar medicação. Além disso, as condições para psicoterapia não são boas, dada a rigidez do sujeito, sua dificuldade de lidar com temas afetivos, escasso *insight* e tendência a projetar nos outros a culpa. Dificilmente o paciente retorna após a primeira sessão, exceto quando sente que foi realmente entendido. Mas, mesmo assim, tentará manipular a situação, mantendo-se em tratamento com dificuldade, em vista de suas características pessoais. Caso se mostre por demais ressentido, é preciso avaliar o potencial de sua heteroagressão (Groth-Marnat, 1999).

Escores baixos. Os sujeitos são descritos como confiáveis e alegres (DeMendonça, Elliot, Goldstein et alii, 1984). Já Dahlstrom e colegas (1972), com base em alguns estudos, referem o termo equilibrado como a característica mais comum para ambos os sexos. Os homens são alegres, decididos, mas, constantemente, descrentes de si mesmos, sem escrúpulos, pacíficos, autocentrados, cautelosos e com interesses estreitos. As mulheres são convencionais, sérias, maduras, pacíficas, razoáveis, confiáveis ou, ainda, de ajustamento rápido, firmes, à vontade com os outros, mas não confiáveis. Nota-se, pois, que as características das pessoas deste nível são muito variáveis, quando não contraditórias. Groth-Marnat (1984) assinala, então, a importância de discernir pessoas normais das pessoas paranóides, que conseguem ocultar as manifestações mais flagrantes de patologia. Na realidade, estas devem compartilhar das características dos escores altos, no que se refere à suscetibilidade, mau humor, manifesta cautela e sensibilidade acentuada em suas interações.

Escala 7 (Pt)

A escala 7 foi desenvolvida tendo em vista a avaliação do padrão neurótico que, na época, era designado como psicastenia, incluindo aspectos fóbicos e obsessivo-compulsivos (Marks & Seeman, 1963), e que, embora não mais em uso, corresponde a "uma característica importante e persistente de muitos transtornos psiquiátricos" (Dahlstrom, Welsh & Dahlstrom, 1972, p.211), semelhante a um transtorno de ansiedade com sintomas obsessivo-compulsivos (Groth-Marnat, 1999).

A escala 7 é considerada uma escala de sintoma, isto é, como a 1, 2 e 8, uma escala "mais vulnerável a flutuações, em função de uma perturbação experienciada" (Trimboli & Kilgore,1983, p.615). Sua elevação isolada pode ser interpretada, em termos simples, como ansiedade e pensamento obsessivo (Gilberstadt & Duker, 1965), a que se pode acrescentar medos, compulsões e dúvidas (Groth-Marnat, 1999). Não obstante, é algo transparente em termos do que avalia e, então pode ser afetada por esforços defensivos, razão pela qual necessita da adição de 1K, como recurso corretivo.

É importante observar que pessoas com transtorno obsessivo-compulsivo podem apresentar baixa do escore T, na escala 7, "porque seus comportamentos e obsessões são eficazes na redução de seus níveis de ansiedade" (Groth-Marnat, 1999, p.253). Por outro lado, ainda que o escore alto, na escala 7, "sugira a possibilidade de um transtorno obsessivo-compulsivo, outros transtornos ou estados situacionais, relacionados com ansiedade, também podem produzir uma elevação" (p.253-254).

Além de a elevação na 7 se relacionar com ansiedade e dúvidas ruminativas, constitui-se num indicador importante, do ponto de vista diagnóstico, se for considerada a sua combinação com algumas outras escalas. A elevação da 2 com a 7 sugere desconforto interno, compatível com motivação para a terapia, a não ser quando as elevações são extremamente altas, e, então, o desconforto interno deve ser manejado com recursos farmacológicos prévios. Já sua elevação com a escala 8 deve ser examinada cuidadosamente. Se a 7 ultrapassar a 8, isso significa que o sujeito ainda continua a lutar contra um processo psicótico, mas, à medida que a 7 vai se tornando significativamente mais baixa que a 8, quer dizer que a luta foi abandonada, e o processo psicótico pode ficar caracterizado (Groth-Marnat, 1999).

Escores altos. Escores altos na escala 7 associam-se com apreensão, preocupação, perfeccionismo e tensão, podendo estar presentes medos variados. Já quando a elevação não é tão acentuada, apesar da presença de certa ansiedade, é possível se observar um comportamento mais organizado e persistente, embora pouco original, havendo preocupação com causas mínimas, que são supervalorizadas. Tais indivíduos com escores altos procuram manejar a ansiedade com o uso de racionalização e intelectualização, mas essas defesas são pouco eficazes. Quanto mais se elevam os escores, mais ficam conspícuas as dúvidas, incertezas, indecisões, bem como há um incremento de meticulosidade da rigidez e há dificuldades de concentração. Em vista de certa timidez, intensificam-se as dificuldades nas interações sociais, notando-se uma preocupação com a aceitação dos outros e a popularidade social. Essas pessoas podem ter padrões rígidos, do ponto de vista moral, para julgar a si mesmos e aos demais. Utilizam grande número de rituais para manejo da ansiedade. Quando os escores são extremamente elevados, pode ocorrer uma incapacidade para desempenho das atividades cotidianas (Groth-Marnat, 1999).

Implicações terapêuticas. Como já foi observado antes, sujeitos com escores elevados na escala 7 sentem muito desconforto e tensão, além de apresentarem certa ineficiência cognitiva. Por tal razão, têm motivação para se tratar, bem como para permanecer no programa terapêutico. Não obstante, seu progresso costuma ser lento. Um foco terapêutico importante envolve a redução das ansiedades, sendo que vários tipos de intervenção podem ser indicados, inclusive, em certos casos, com o uso de medicamentos. Notam-se dificuldades no desenvolvimento da terapia de *insight*, em virtude de tendência à intelectualização e ruminação, que interferem no processo, em especial, na adoção de uma atitude voltada para a solução de problemas. Assim, muitas vezes, devem ser considerados outros tipos de intervenção. Observa-se que, entre pessoas que procuram terapia, são raros os casos com escores baixos na escala 7 (Groth-Marnat, 1999).

Escores baixos. Os indivíduos são descritos como autoconfiantes, calmos, capazes, relaxados e eficientes (DeMendonça, Elliot, Goldstein et alii, 1984). Em pesquisa citada por Dahlstrom e colegas (1972), os homens são equilibrados, controlados, independentes e, ainda, são descritos como eficientes, capazes, organizados, adaptáveis, polidos, embora tímidos e cautelosos.

Tanto homens como mulheres têm menor probabilidade de serem críticos e, em geral, têm poucos temores. Apesar de as mulheres não costumarem parecer "nervosas", apresentam tendência a terem pesadelos e se preocupam com pequenas coisas.

Escala 8 (Sc)

O desenvolvimento da escala 8, construída para diferenciar sujeitos esquizofrênicos de normais, não foi fácil, em parte, pela heterogeneidade da própria sintomatologia e por abranger características contrastantes e, em parte, pela contaminação com outros quadros que as primeiras escalas refletiam. Na situação atual, a questão coloca-se de forma mais complexa, porque, embora esquizofrenia ainda seja uma classificação utilizada largamente, em certos ambientes psiquiátricos, em outros, os critérios são usados de forma mais precisa, e transtornos que antes se enquadravam na categoria esquizofrênica, como o transtorno esquizotípico e *borderline*, agora passaram a ser abrangidos pelos transtornos de personalidade (Vincent, 1987). De qualquer modo, a escala identifica indivíduos que se caracterizam pela presença de idéias e de comportamentos bizarros e inusitados e, muito comumente, pela qualidade específica do afeto, enquanto outros, por sua inacessibilidade. Assim, é considerada uma escala fraca, apesar de ser a mais numerosa, pelos itens que inclui e pelo tempo devotado a seu desenvolvimento, porque a sintomatologia é muito heterogênea e complexa para ser avaliada por uma medida escalar. Não obstante a melhora operacional obtida com a correção K, é preciso muita cautela no diagnóstico, mesmo ante a presença de elevações importantes.

Classificada como uma escala de sintoma, reflete distorções da realidade (Trimboli & Kilgore, 1983) ou pensamento confuso, esquizóide e bizarro (Gilberstadt & Duker, 1965). Além disso, inclui temas relacionados com alienação social (e familiar), sentimento de perseguição, ausência de interesses profundos, dificuldades de concentração e de controle, dificuldades na área sexual, sensações peculiares, medos, preocupações, etc. Em conseqüência, têm havido numerosos estudos introduzindo refinamentos para medir aspectos sintomatológicos específicos ou para facilitar o diagnóstico diferencial. Já em 1965, Harris e Lingoes (*apud* Dahlstrom, Welsh & Dahlstrom, 1972) identificaram três conjuntos de itens, a partir da escala 8: a) a escala de perda do objeto (com a subescala de alienação social e a de alienação emocional); b) de ausência de domínio do ego (com as subescalas de funcionamento cognitivo, de funcionamento conativo e de defeito de inibição e controle); c) uma escala que compreendeu a dissociação sensório-motora ou experiências sensoriais bizarras.

De um modo geral, as elevações associam-se com dificuldades nas interações sociais, afastamento das mesmas, até a alienação, com uma ênfase na fantasia interior. Há dificuldades de comunicação, que se relacionam com problemas de concentração e de pensamento, chegando ao comprometimento dos processos de pensamento. Os sujeitos não se sentem compreendidos e enfrentam importantes questões, que têm que ver com valor pessoal e auto-identidade.

Idade, nível de instrução e outras variáveis podem contribuir para a determinação do nível de elevação verificada. Adolescentes geralmente apresentam certa elevação, o que pode ser atribuído à sua "maior abertura a experiências inusitadas, à sua perturbação no estabelecimento de um sentido sólido de identidade e a maiores sentimentos de alienação" (Groth-Marnat, 1999, p.256).

Escores também podem se elevar em virtude de comprometimentos sensoriais, déficits cognitivos, pelo efeito de drogas ou, ainda, pela familiarização com as práticas de certos grupos subculturais.

Não obstante, é extremamente importante examinar a elevação da 8 no contexto do perfil. Tal elevação, concomitante com a 4 (vide código 48/84), está associada com uma percepção do mundo como algo perigoso, ante o qual se reage com uma atitude hostil. Já sua elevação junto à da escala 9 (vide 89/98) sugere uma visão distorcida da realidade e a possibilidade de o sujeito se comportar de acordo com tal distorção. É preciso, também, atentar para a elevação relativa da 8 e da 7, em vista do valor prognóstico do padrão, e para o perfil característico, em que se associam as escalas F, 2, 4, 8 e 9, já discutido no item sobre a escala 2.

Escores altos. Escores elevados estão associados a aspectos diferentes, inusitados e não-convencionais, seja em termos de idéias, crenças ou perspectivas, e a dificuldade nas relações com o mundo circundante. Mas, caso os escores fiquem num nível mais moderado, tais aspectos podem caracterizar interesses filosóficos, religiosos ou abstratos, e esses sujeitos podem ser descritos como arredios, reservados ou tímidos.

À medida que crescem os escores, mais dificuldades serão observadas em termos de pensamento (na organização e no direcionamento) e dos sentimentos (agressivos e hostis, mas não expressos). Aparentemente e na melhor das hipóteses, tais sujeitos ainda podem ser considerados pacíficos, generosos, interessantes e criativos. Não obstante, crescendo os escores, esses sujeitos já se sentirão inadequados, incompetentes, cheios de dúvidas e preocupações, de caráter sexual, ao mesmo tempo que terão crenças religiosas bastante incomuns.

O contato com a realidade vai se tornando mau, e o comportamento, excêntrico, podendo se registrar a presença de alucinações. Todavia, entre esquizofrênicos, raramente se apresentam elevações extremas. Estas, habitualmente, "refletem experiências inusitadas, relatadas por pacientes inusualmente ansiosos, como adolescentes com reações de ajustamento, pré-psicóticos, indivíduos com personalidade *borderline*, ou por pessoas relativamente bem-ajustadas, que estão simulando" (Groth-Marnat, 1999, p.257).

Implicações terapêuticas. Dadas as condições de personalidade desses pacientes, o processo terapêutico é difícil, mas eles tendem a permanecer em tratamento, chegando, às vezes, a estabelecer uma relação quase estreita, se bem que o prognóstico é mau. Dependendo do grau de desorganização do pensamento, podem necessitar medicação adequada.

Escores baixos. Os sujeitos são descritos como convencionais, conservadores, responsáveis, submissos (DeMendonça, Elliot, Goldstein *et alii*, 1984). Já Dahlstrom e colegas (1972), revisando algumas pesquisas, usam os termos: equilibrados, moderados, tímidos, conservadores, convencionais, responsáveis, precisos, pacíficos, amigáveis, alegres e honestos. Groth-Marnat (1999) ainda acrescenta que esses indivíduos podem ser descritos como de boa índole, confiáveis e adaptáveis, além de submissos, porém, evitam relações mais profundas e próximas.

Escala 9 (Ma)

A escala 9 foi desenvolvida para diagnóstico do estado hipomaníaco e de casos leves de mania, caracterizado por hiperatividade, excitação emocional e fuga de idéias (Dahlstrom, Welsh & Dahlstrom, 1972). Já Groth-Marnat (1999) o descreve por "períodos cíclicos de euforia, irritabilidade aumentada e excessiva atividade improdutiva, em parte, consideradas como manobras distrativas para evitar uma depressão obstrutiva" (p.257). Portanto, não se espera que sirva para a avaliação do episódio maníaco, quando o paciente se hospitaliza, uma vez que o prejuízo acentuado que envolve (Gaviria & Flaherty, 1990) compromete a testagem. Assim, quando o paciente melhora, a elevação da escala não é tão pronunciada. Conseqüentemente, uma elevação moderada não exclui aquela possibilidade diagnóstica.

Por outro lado, é preciso levar em conta a natureza transitória do estado hipomaníaco. As flutuações do humor e, naturalmente, o nível de energia são fatores que influem na testagem. Uma vez que a escala reflete o nível de energia, tende a se elevar entre jovens, enquanto há uma baixa, entre idosos. Além disso, exatamente por tal razão, muitas vezes se encontram elevações entre sujeitos não-psiquiátricos, que se caracterizam pelo grau de energia que demonstram e que se reflete em características de personalidade. Não obstante, as elevações na escala 9, segundo McKinley e Hathaway (1980), citados por Trimboli e Kilgore (1983), dependendo do perfil, podem ser encontradas na "personalidade psicopática", na forma agitada de depressão, em síndromes orgânico-cerebrais, bem como em estados hipomaníacos. Conforme a experiência desses autores, mesmo elevações moderadas tendem a se associar com superatividade ineficaz, utilização de negação como defesa e autoconceito grandioso, além de tais sujeitos demonstrarem "nítidas dificuldades nas áreas de controle dos impulsos, tolerância à frustração e regulação afetiva, muitas vezes, com uma propensão para episódios de irritabilidade e explosões agressivas" (p.661-617). Porém, quando os dados do MMPI não se prestam para caracterizar determinadas síndromes ou "constructos diagnósticos", segundo Gilberstadt e Duker (1965), ainda é possível identificar o estado maníaco, a partir das seguintes regras: a) Ma > 70; b) D < 55.

Os itens da escala 9 envolvem sentimentos de grandiosidade, grau de excitação e nível de atividade, abrangendo sintomas do estado hipomaníaco e, também, questões morais, interações sociais e familiares, bem como temas somáticos.

A discriminação dos itens das subescalas Ma-O e Ma-S é apresentada no Quadro 31.9.

É importante, também, considerar combinações com a escala 9.

Sua combinação com a escala 2 pode ocorrer em determinados quadros nosológicos, como lesões orgânico-cerebrais, ou em adolescentes perturbados e que enfrentam problemas relacionados com identidade, mas, em geral, se associa com um estado agitado, em que a pessoa está tentando manejar defensivamente impulsos hostis (Groth-Marnat, 1999). Também muitas vezes se combina com K. A elevação simultânea de 9 e K (com a 2 e a 7 baixas) se encontra numa personalidade autocrática, que procura compulsivamente exercer liderança.

Já a elevação de 9 com um K baixo se associa com competitividade, narcisismo e medo do sujeito de se sentir submisso ou dependen-

QUADRO 31.9 Subescalas Ma-O e Ma-S da escala 9

Ma-O – Hipomania óbvia (23 itens)	Ma-S – Hipomania sutil (23 itens)
Certo	Certo
13 22 59 73 97 100 156 157 167 194 212 226 238 250 251 263 266 277 279 298	11 21 64 109 127 134 181 222 228 232 233 240 268 171
Errado	Errado
111 119 120	101 105 148 166 171 180 267 289
Sexo masculino:* Média: 5,88　　　Desvio padrão: 2,92 Sexo feminino: Média: 5,22　　　Desvio padrão: 3,02	Sexo masculino:* Média: 9,27　　　Desvio padrão: 2,60 Sexo feminino: Média: 9,04　　　Desvio padrão: 2,55

*As escalas e os dados estatísticos são de Wiener & Harmon (1946), apud Dahlstrom, Welsh & Dahlstrom, 1972, p.415.

te, mas, ao contrário, procura fazer com que os demais se sintam fracos e dependentes, como meio de conseguir auto-estima.

Escores altos. Escores extremamente elevados podem ser sugestivos de um episódio maníaco moderado, porque, quando os sintomas são mais graves, o paciente não é testável. Assim, é uma escala útil para discriminar pacientes maníacos moderados, mas também pessoas sem histórico psiquiátrico, caracterizadas por seu alto grau de energia, embora, geralmente, as elevações que apresentam na escala 9 sejam mais moderadas ou até leves.

Em indivíduos com escores altos, é possível observar a presença de sintomas maníacos, como hiperatividade, exagerado sentimento de importância pessoal, fuga de idéias e mau controle dos impulsos. Ainda que sua atitude entusiástica, alegre e agradável possa causar uma boa impressão inicial, há aspectos em seu comportamento que acabarão por criar dificuldades no relacionamento interpessoal. Aparentemente, podem parecer criativos, mas sua avaliação do que podem realizar é irrealística. Sob uma fachada de otimismo, no fundo, podem se irritar desproporcionalmente com pequenas coisas. Apesar de passarem uma imagem de grande energia, podem ser improdutivos ou, ainda, podem ser percebidos como inquietos e agitados.

Quando a elevação é mais moderada, os sujeitos podem canalizar sua energia de forma mais direcionada e produtiva. Não-pacientes são descritos como energéticos, sociáveis, otimistas, mas podem ser impulsivos, hiperativos e, eventualmente, apresentar problemas de humor. Considerando apenas os escores, às vezes é difícil diferenciar "uma pessoa normal, energética e ambiciosa, com uma viva produtividade, de uma hipomaníaca" (Groth-Marnat, 1999, p.280), sendo necessário utilizar outras fontes de informação.

Implicações terapêuticas. Dadas as suas características de personalidade, pacientes com escores altos na escala 9 terão dificuldades para enfocar seus problemas e, portanto, de aceitar interpretações, apesar de, aparentemente, terem grandes planos de mudar. Sua baixa resistência à frustração e sua tendência a fazer uso de negação, como defesa, interferem em seu rendimento terapêutico, e, eventualmente, é preciso considerar qual o tipo de intervenção que será mais eficaz, no caso em questão. Inclusive, é importante verificar se o paciente não preenche os critérios para um diagnóstico de transtorno bipolar, encaminhando-o para que tenha uma prescrição farmacológica adequada. Outra avaliação recomendada se baseia numa hipótese de abuso de substâncias.

Já pacientes com escore baixo se mostrarão deprimidos, pouco motivados, requerendo um tipo de intervenção mais estruturada (Groth-Marnat, 1999).

Escores baixos. Os sujeitos são descritos como apáticos e confiáveis (DeMendonça, Elliot, Goldstein *et alii*, 1984) e, ainda, como pessimistas, com baixa da auto-estima e da autoconfiança, falta de iniciativa e energia. Se os escores são muito baixos, é provável um quadro depressivo grave, mesmo que não haja confirmação por presença de elevação da escala 2. Este tipo de perfil, mais comum entre pessoas idosas, reveste-se de importância quando encontrado em jovens (Groth-Marnat, 1999).

Escala 0 (Si)

A escala 0 foi desenvolvida a partir de uma análise conceitual do *continuum* introversão-extroversão, em termos de traços de pensamento, participação e expressão emocional. Foram delineadas medidas para esses três aspectos, através de um instrumento publicado como um teste psicológico, por Drake (1946), com o nome original de *Social I-E*, que deu origem à escala 0, principalmente com base em estudos com alunos de *college*, realizados com a colaboração de Oetting (Drake & Oetting, 1967), visando à avaliação do ajustamento social. Assim, "a escala é uma medida muito estável da extensão em que o indivíduo participa de eventos sociais e de seu grau de conforto nas relações interpessoais" (Groth-Marnat, 1984, p.290).

Apesar de a escala 0 poder ser considerada como uma escala de caráter, isto é, entre as escalas capazes de refletir mecanismos de defesa caracteristicamente utilizados (Trimboli & Kilgore, 1984), em geral não é incluída como uma escala clínica, num sentido estrito, sendo qualificada como mais útil em ambientes não hospitalares, tais como serviços de aconselhamento e orientação (Hathaway & McKinley, 1951). Dessa maneira, foi excluída de considerável número de estudos e pesquisas, de modo que não se tem uma apreciação de sua ocorrência em várias populações, nem dados empíricos substanciais sobre seus correlatos de personalidade importantes.

Os itens envolvem a "falta de comodidade da pessoa em situações sociais e ao lidar com os outros", sensibilidade, sentimentos de insegurança e preocupações (Dahlstrom, Welsh & Dahlstrom, 1972, p.225).

Portanto, de um modo geral, a elevação na escala 0 se associa com desconforto nas situações sociais. Os sujeitos com tal elevação, segundo Trimboli & Kilgore (1983), podem até parecer sensíveis, porém, são frios e distantes, evitando enfrentar determinadas situações, "seja fazendo concessões ou, passivamente, resistindo a pressões através do não-envolvimento". Conforme tais autores, quando o escore é alto (T ao redor de 70), os indivíduos, de um ponto de vista dinâmico, "parecem lidar com sua vida interna e com as dificuldades externas, através de evitação e retraimento, que podem ser acompanhados de suspeição" (p.617).

Pode-se dizer que a escala 0, como a escala 5, em sentido estrito, não é uma escala clínica. Apenas, deve ser considerada pela tonalidade que empresta aos subsídios oferecidos pelo restante do perfil. Portanto, este deve ser analisado de forma independente, para, depois, se levar em conta as implicações resultantes do nível de elevação da escala 0 e da 5. Pode-se dizer que a escala 0 fornece informações sobre "quão confortáveis as pessoas estão em suas interações, sobre seu grau de envolvimento manifesto com os outros, sobre a eficácia de suas habilidades sociais e a probabilidade de que tenham um sistema de apoio social bem desenvolvido". Portanto, um escore baixo, na escala 0, apresentará um efeito de "redução do grau de patologia, que possa estar implícito pelas elevações de outras escalas", enquanto um escore elevado "sugere uma exageração das dificuldades indicadas pelas outras escalas" (Groth-Marnat, 1999, p.260). É necessário observar, especialmente, se a elevação da escala 0 se acompanha por alta das escalas 2 e 8, configuração que pode pressupor alienação social, retraimento, autocrítica e pensamentos inusitados, com apoio social inadequado. Todavia, é preciso considerar que, se um aumento na escala 0, por um lado, se associa com um incremento de dificuldades pessoais, por outro lado, diminui a possibilidade de atuação, especialmente se tal dado foi corroborado pelos escores das escalas 2 e 5 (elevados, para o masculino, e baixos, para o sexo feminino). Por tal razão, as escalas 0 e 5 são freqüentemente classificadas como escalas inibitórias (Groth-Marnat, 1999).

Escores altos. As dificuldades características de pessoas com escores altos na Si podem ser resumidas em presença de sentimentos de desconforto no relacionamento social e escassas habilidades sociais. Tais pessoas podem ser descritas como socialmente apagadas, carentes de autoconfiança e tímidas, podendo ser percebidas como distantes, frias e rígidas. Essas características são tanto mais evidentes quanto mais elevados forem os escores, podendo-se observar retraimento, insegurança, suscetibilidade à opinião alheia, especialmente quando a pessoa não dispõe de uma rede de apoio social, que a auxilie em relação a seus problemas. Já se os escores forem moderados, as características também serão moderadas, sendo os sujeitos descritos como supercontrolados, sérios, cautelosos, conservadores, etc. (Groth-Marnat, 1999).

Implicações terapêuticas. Segundo Groth-Marnat (1999), a elevação relativa da escala 0 pode fornecer uma indicação extremamente útil no planejamento terapêutico, porque constitui "um indicador do grau de conforto social, da inibição e do controle do indivíduo nos relacionamentos", podendo se pressupor "o grau em que a pessoa é capaz de ficar envolvida em relações interpessoais" (p.261).

Em razão de seus problemas específicos, tanto pacientes com escores altos como aqueles com escores baixos têm dificuldade em estabelecer uma boa aliança terapêutica, os primeiros, por serem retraídos e ansiosos, e os últimos, por causa de sua superficialidade. No primeiro caso, há uma expectativa de que o terapeuta seja diretivo, e a atitude contrária pode incrementar sintomas de ansiedade. Eventualmente, a terapia de grupo e o treinamento de habilidades sociais seriam boas opções.

Escores baixos. Os sujeitos, de ambos os sexos, são descritos como sociáveis, isto é, o escore baixo associa-se com "calor interpessoal e um grau relativamente alto de conforto nas relações sociais". Não obstante, embora os escores muito baixos possam ser encontrados em pessoas com muitos contatos pessoais, estes tendem a ser superficiais: há necessidade de aprovação por parte dos outros, por conflito na dimensão dependência-independência (Groth-Marnat, 1984, p.290).

Ausência de elevações nas escalas clínicas

Em ambientes não-clínicos, é bastante comum se encontrar perfis que se caracterizam pela ausência de elevações significativas (T = 70 ou maior) em todas as escalas clínicas. Não obstante, eventualmente, tal perfil se apresenta entre pacientes ambulatoriais e, mesmo, em hospitais psiquiátricos. Esse perfil em pacientes é denominado de "normal falso".

A metade das pessoas que apresentam esse perfil entre pacientes ambulatoriais tem, em sua maioria, um diagnóstico de transtorno de ajustamento e/ou problemas maritais, enquanto, entre pacientes psiquiátricos, apresenta um funcionamento psicótico, em primeiro lugar por transtorno afetivo maior e, em segundo lugar, por esquizofrenia. Nos 50% restantes, seja qual for o ambiente clínico (ambulatório ou internamento), em sua maioria, os pacientes apresentam transtornos crônicos mistos, em nível neurótico, como transtorno somatoforme, fatores psicológicos afetando a condição física, transtornos de ansiedade e distímico (Vincent, 1987).

É, entretanto, sumamente importante tentar um entendimento dos motivos do delineamento do perfil. Volte ao Passo nº 5 no Capítulo 30 e considere escores de subescalas e itens críticos, dentro do contexto geral do caso.

32

Códigos de dois pontos e outras abordagens do MMPI

Jurema Alcides Cunha

No desenvolvimento deste capítulo, serão consideradas as combinações das elevações de duas escalas. Serão apresentados os códigos de dois pontos, cuja ocorrência é freqüente, têm relevância clínica e sobre os quais existem subsídios adequados na literatura. Portanto, certos códigos deste tipo não serão incluídos, por falta de referencial adequado.

Embora, na literatura específica, algumas vezes sejam apresentados códigos de três ou quatro pontos, aqui serão fornecidas apenas descrições relativas às duas elevações mais altas, fazendo-se alguma menção a elevações subsidiárias, quando isso parecer pertinente. Não obstante, às vezes, quatro escalas apresentam elevações aproximadamente similares, como 2468. Neste caso, é preciso consultar os códigos, 24, 26, 28, 46 e 48 e o código 68, procurando integrar os dados da maneira mais acurada possível, isto é, dando mais ênfase às implicações do código mais elevado e às características descritivas comuns entre os vários códigos.

A interpretação dos códigos de dois pontos aplica-se a casos clínicos, em que as elevações características se elevam ou ultrapassam um T = 70, e as características visam à descrição da psicopatologia. Deste modo, se as elevações se situarem numa área moderada (T = 65 a 70), conforme Groth-Marnat (1984), as referências somente podem ser utilizadas de forma muito criteriosa, e, sob um ponto de vista psicopatológico, "as descrições mais extremadas devem ser consideravelmente modificadas ou, até, excluídas" (Groth-Marnat, 1999, p.262).

Ainda, é importante observar que a interpretação se aplica às duas escalas mais altas, com elevações mais ou menos similares. Assim, não importa a ordem com que se apresentam no perfil individual. Por exemplo, a interpretação do código 12 é a mesma do código 21, a menos que haja uma diferença de 10 ou mais pontos do escore T entre as escalas. Nesse caso, os dados devem procurar ser integrados, considerando as características associadas à escala predominante, que deve ser mais enfatizada na interpretação.

Por outro lado, a menos que expressamente especificado, as interpretações são pertinentes a pacientes adultos e não a adolescentes. Não obstante, nem todas as hipóteses são adequadas a um caso individual. É necessário considerá-las em função da história do paciente e de outras fontes de informação disponíveis.

Os códigos de dois pontos são particularmente úteis para o desenvolvimento de hipóteses interpretativas, recomendando-se, porém, que sejam continuamente consideradas as significações específicas de cada escala, incluída no código, conforme sua elevação relativa, sem esquecer que certos aspectos serão enfatizados ou amenizados, em função dos efeitos de outras escalas ou de características do perfil. Deste modo, nunca parece demais ressaltar que se deve levar em conta não só as implicações especiais do par de escalas que compõem o código, como as de cada uma delas individualmente, tomando em consideração sua relação com as demais e tendo em mente as variáveis que podem influir, dentro do contexto do caso clínico.

Tanto quanto possível, será utilizada a terminologia do DSM-IV. Porém, alguns termos mais amplos serão às vezes usados, como forma de resumir certos quadros, como, por exemplo, "neurose".

12/21

Sintomas, comportamentos e características da personalidade. Uma característica importante desses pacientes é desconforto físico (Olin & Keatinge, 1998) ou dor, seja expressa através de sintomas ou queixas, e tendo como causa problemas orgânicos ou funcionais. A outra característica observada é depressão (Groth-Marnat, 1999).

Queixas comuns são de dor, ansiedade, tensão, irritabilidade, fadiga e preocupação com questões somáticas, principalmente na forma de sintomas físicos reais ou imaginados, com base na interpretação distorcida do próprio funcionamento do corpo e na medida em que isso possibilita ganhos secundários ou a manipulação dos outros.

Mesmo quando existe uma patologia física documentada (freqüentemente em casos de úlcera e problemas pulmonares ou reumáticos), a tendência é a exacerbação das queixas e sintomas. Os pacientes concentram-se em suas dores e não apresentam *insight* quanto aos componentes emocionais de seu ajustamento, funcionando, predominantemente, em nível neurótico (Hathaway & Meehl, 1963).

Este tipo de código freqüentemente se associa com um caráter passivo-dependente e é mais comumente encontrado no sexo masculino e entre pessoas idosas. O mecanismo mais usual é a repressão.

Segundo Groth-Marnat (1999), há três categorias de pacientes pressupostas por este código. O paciente hipocondríaco seria o protótipo do código 12, com importantes traços depressivos. Se suas queixas são de caráter funcional, tende a ser tímido e retraído, enquanto, se existe alguma base orgânica, se mostra mais manifestamente lamentoso. As dificuldades que apresenta envolvem principalmente o sistema cardíaco e digestivo. A segunda categoria abrange pacientes com dor crônica, com forte componente emocional intensificando-a. A dor é utilizada para manobras manipuladoras e explica uma tendência para a adição ao álcool e às drogas, aparentemente por intentos de automedicação, especialmente quando há elevações simultâneas da 3 e da 4. A terceira categoria é composta por pacientes com história recente de acidentes, reagindo com depressão a seus efeitos incapacitantes.

Numa pesquisa em uma amostra de pacientes psiquiátricos, cerca de metade dos casos com o código 12/21 apresentava transtorno somatoforme ou fatores psicológicos afetando a condição física (Vincent, 1987). Além de transtorno somatoforme, parece que tais casos freqüentemente apresentam algum transtorno depressivo ou de ansiedade e, mais raramente, esquizofrenia (Olin & Keatinge, 1998).

O código 123 é encontrado em pacientes deprimidos, com múltiplas queixas, supervalorizadas, comuns ao padrão 12, e representando, em idosos, o declínio da saúde física (Vincent, 1998).

Na combinação do 12 com a escala 7, além de depressão e dificuldades somáticas, a ansiedade dá um colorido especial ao quadro neurótico, com importantes sentimentos de inadequação. Se o código 12 se acompanha por elevações na 8 e/ou na 0, pode ser evidenciado um funcionamento pré-psicótico, com prováveis alucinações somáticas. As dificuldades são de caráter funcional, embora, em alguns casos, possa haver uma "síndrome orgânico-cerebral, muitas vezes secundária a trauma, senilidade ou toxicidade alcoólica" (Vincent, 1987, p.111). Na combinação menos comum com a escala 9, mantém-se a sintomatologia do padrão 12, que é manejada pela negação, observando-se aspectos hipomaníacos.

Em termos de personalidade, os sujeitos mostram-se introvertidos, passivos e dependentes das pessoas, em relação às quais se ressentem, por se sentirem carentes em suas necessidades de afeto. Conseqüentemente, nas interações, não só tentam manipular os outros para atender suas exigências de afeto, atenção e apoio, mas também para a obtenção de ganhos secundários, para eles justificáveis em função de suas queixas e sintomas.

Implicações terapêuticas. Os sujeitos com este código não são bons candidatos à psicoterapia, principalmente, orientada para o *insight*, em virtude de não admitirem, nem de longe, que sua problemática possa pressupor qualquer explicação psicológica. Além disso, em vista de suas necessidades de dependência, é quase inviável aceitarem se comprometer em assumir a responsabilidade por seu comportamento pessoal. Por outro lado, como tendem a somatizar a ansiedade, estão pouco motivados para mudança, já que aprendem a tolerar o desconforto. Na realidade, o que desejam é atendimento médico (Groth-Marnat, 1999).

13/31

Sintomas, comportamentos e características da personalidade. O padrão 13/31, com elevações características das escalas Hs e Hy, em relação à escala D (com diferença de 10 pontos ou mais), é a combinação mais comum entre pacientes psiquiátricos e é freqüentemente referida como "vale conversivo", "V conversivo" ou, ainda, como "V psicossomático".

Não obstante, é interessante notar que, muitas vezes, o tipo 13/31 é compatível com uma elevação em nível moderado ou normal, abrangendo seletivamente itens somáticos, combinados com negação da ansiedade, sem elevação na 2 e na 7. Ainda que exista certa contradição psicológica na concomitância da admissão de sintomas e protesto de estabilidade emocional, na realidade este padrão envolve uma negação da possibilidade de perturbações mentais (Dahlstrom, Welsh & Dahlstrom, 1972). Mas tais pacientes, sob estresse, demonstram um incremento de dificuldades somáticas.

De um modo geral, pacientes com esse código caracterizam-se por queixas de dor crônica, não tratável, que se acentua com o decorrer do tempo. Suas dificuldades físicas "se tornam recrutadas a serviço de conflitos psicológicos", e, à medida que tal adaptação vai se cristalizando, maior parece ser a discrepância entre as escalas 1 e 3, que se elevam, e a escala 2, que baixa (Trimboli & Kilgore, 1983, p.620), "aumentando a possibilidade de um transtorno conversivo" (Groth-Marnat, 1984, p.294), com escassa manifestação de ansiedade, que se converte em sintomas funcionais (confirmar a ausência de elevação das escalas 2 e 7). Já quando a 2 e a 7 estão elevadas, isso significa que a repressão não está sendo eficaz para o manejo dos conflitos, verificando-se sintomas de depressão e ansiedade. Porém, principalmente entre pacientes de mais idade, pode haver documentação física para alguns problemas (Vincent, 1987), ainda que com forte componente psicológico. Pesquisas de Lair e Tratt, de 1962, e de Caldwell e Chase, de 1977, citados por Levitt e Garron (1982), mostraram que doenças orgânicas podem elevar as escalas 1 e 3 e, também, a 2, acima dos escores médios, inclusive em casos de lombalgia. Esses autores também referem resultados de pesquisa mais recente, em que foi apurado que tais elevações também podem ocorrer com a crescente duração da dor, da mesma forma que quando há compensação financeira, por ganho secundário.

O V conversivo tornou-se, numa época, muito usado como critério para diferenciar a lombalgia funcional da lombalgia orgânica, sendo desenvolvida a subescala Lb (Hanvick, 1963). Entretanto, a partir de estudos posteriores, observou-se que, embora entre tais pacientes seja comum o perfil sugestivo de "neurose de conversão" (Elkins & Barrett, 1984), indicando a presença de distúrbio psicológico, mas não necessariamente conversivo (Leavitt

& Garron, 1982), outros perfis têm aparecido com bastante freqüência, tanto em casos de sintomatologia de causa orgânica como funcional. Na realidade, muitas formas de patologia são encontradas nesses pacientes, independentemente de etiologia, o que pôs em dúvida a utilidade da escala Lb (Elkins & Barrett, 1984). Contudo, os escores pré-operatórios desses pacientes, nas escalas Hs e Hy, ainda parecem importantes para a predição de resultados cirúrgicos (Elkins & Barrett, 1984; Leavitt & Garron, 1982).

O chamado padrão de histeria (V conversivo) também aparece, de forma proeminente, em alguns quadros psicossomáticos de asma, de sintomas cardíacos e envolvendo problemas dermatológicos. As queixas são muito variadas, desde sintomas gastrintestinais, cefaléia, lombalgia, até dificuldades aparentemente "neurológicas" (Groth-Marnat, 1984). Queixas podem envolver problemas centralizados no comer (como obesidade, anorexia ou bulimia) ou ainda sintomas aparentemente "neurológicos" (Groth-Marnat, 1999). Nota-se, porém, uma falta de preocupação com os sintomas, isto é, um "correlato, no teste, da *belle indifférence* clínica" (Marks & Seeman, 1963, p.52). Os pacientes são imaturos, sugestionáveis e, ainda que procurem passar aos outros uma imagem socialmente satisfatória (principalmente com a elevação de K), são histriônicos, manipulativos, para conseguir a atenção dos familiares, utilizando seus sintomas exagerados como pretexto para evitar assumir responsabilidades e obter ganhos secundários. Estabelecem relações superficiais e querem parecer socialmente aceitáveis (Groth-Marnat, 1999).

Observa-se que, quando a escala 3 ultrapassa a escala 1, o foco de conversão tende a ser o tronco do corpo, enquanto, se há predominância da 1, o foco é constituído pelas extremidades corporais. Mas, se há também elevação na 8, além do pico na 1, podem ocorrer delírios somáticos.

As hipóteses diagnósticas mais freqüentes são transtornos depressivos (depressão maior e distimia), hipocondria, transtorno conversivo e transtorno de personalidade (histriônico e passivo-agressivo). Esta configuração também costuma ser apresentada por doentes com problema de dor, por lesão orgânica, que pioram em situações de estresse. Ansiedade também é registrada, se há elevação concomitante na 7 ou na 8 (Groth-Marnat, 1999).

Neste tipo de personalidade, o que mais chama a atenção são as relações com os demais, que costumam ser superficiais e, eventualmente, com uma tonalidade imatura, egocêntrica. Aparentemente, esses sujeitos querem dar a impressão de estar a serviço de ideais sociais. Reprimem a hostilidade, gerada pelo ressentimento contra os outros, que não satisfazem suas necessidades de dependência. Também, para obterem atenção e apoio, por vezes, mostram-se extrovertidos, e seu comportamento se torna um tanto exibicionista.

No caso da presença da configuração do "V conversivo", numa área de normalidade, os sujeitos podem se mostrar otimistas, embora um pouco imaturos. "Podem ser descritos como responsáveis, prestativos, normais e simpáticos" (Groth-Marnat, 1999, p.268).

Implicações terapêuticas. Tais sujeitos carecem de *insight*, querendo dar a impressão de serem normais, mas sentindo-se ameaçados, quando sentem desafiadas as suas defesas. Conseqüentemente, são maus candidatos à psicoterapia mais tradicional. São melhor aceitas intervenções para redução do estresse, as que lhes pareçam estratégias de caráter médico ou dentro de um contexto médico, porque não afetam a imagem de hipernormalidade psicológica que querem passar aos demais. Naturalmente, a questão torna-se mais crítica, se for um caso de transtorno de personalidade.

14/41

Sintomas, comportamentos e características da personalidade. Embora o código 14/41 não seja freqüente porque se associa com quadros graves de hipocondria, estes se caracterizam por queixas somáticas, em relação às quais os pacientes expressam grande preocupação e, sendo bastante egocêntricos, demandam atenção, sendo descritos, porém, como indecisos e rebeldes. Além disso, a elevação 4 é compatível com a hipótese de história de comportamento aditivo, associado ao uso ou abuso de substâncias, com possíveis problemas de ajustamento ao trabalho e nas interações sociais.

Não obstante, é necessário examinar a elevação relativa das duas escalas, para estabelecer o diagnóstico diferencial. Quando predomina a escala 1 (possivelmente acompanhada de escores altos na 2 e/ou na 3), o quadro clínico caracteriza-se especialmente por traços neuróticos (como transtornos de ansiedade, transtorno somatoforme, dissociativo e distímico). Por outro lado, se a elevação mais acentuada ocorre na escala 4, é possível a presença de algum transtorno de personalidade, sendo mais freqüente a hipótese de personalidade anti-social (Groth-Marnat, 1999).

Características que chamam a atenção são o comportamento atuador e o comprometimento na função do juízo, que se refletem principalmente nas interações com os demais. O sujeito utiliza manobras manipulativas, embora raramente seja anti-social por demais. Tem má adaptação no trabalho e ao sexo oposto. Apresenta problemas em relação a regras e limites, que transparecem por uma atitude de rebeldia no lar. Entretanto, uma vez que é capaz de controlar os impulsos, tal rebeldia não se expressa diretamente, mas, sim, mostrando-se amargo, ressentido, insatisfeito e exigente.

Implicações terapêuticas. Dadas as características, as pessoas com este código demonstram resistência no contexto terapêutico e dificuldade de se manterem num processo de tratamento longo, sendo pouco assíduas, tensas, com manifestações de hostilidade e ressentimento contra o terapeuta. Não obstante, pode haver êxito através de intervenções terapêuticas breves, com foco específico na sintomatologia (Groth-Marnat, 1999).

18/81

Sintomas, comportamentos e características da personalidade. Neste código, a elevação na escala 1 é compatível com um foco em sintomas físicos, com queixas vagas e inusitadas, temperadas pelas conotações da escala 8, representadas por confusão mental, desorientação e pouca concentração. Desta combinação, resultam crenças de caráter delirante sobre os sintomas físicos. Por outro lado, há uma marca de alienação e de distanciamento nas relações pessoais, uma vez que há sentimentos de hostilidade que não são expressos, pois, no caso de o serem, isso ocorre de forma inapropriada e belicosa. Dessa maneira, há escassa confiança, e a desconfiança dos outros pode levar ao rompimento de relações. Isso vale dizer que pode existir um tipo de ideação paranóide, que pode se refletir (ainda que não necessariamente) numa elevação adicional da escala 6.

Outras elevações concomitantes, que costumam se apresentar com este código, são da 2, 3 e 7, acrescentando novas dimensões à interpretação, como um toque de pessimismo pelo efeito da 2, de temores e ansiedades expressos pela 7 e de aspectos conversivos ou de delírios somáticos, sugeridos pela elevação da 3.

O diagnóstico mais freqüentemente encontrado é o de esquizofrenia, quando há elevação também da escala F. Porém, se esta escala se encontra dentro dos limites normais, uma hipótese provável é de hipocondria, ou, se há elevação também da 7, é importante considerar a possibilidade de um transtorno de ansiedade.

Em nível de personalidade, será provavelmente possível confirmar, pela história clínica, que os problemas são de longa duração.

Implicações terapêuticas. Com essas características de personalidade, esses sujeitos têm más condições de se envolver ativamente, num processo terapêutico, mesmo porque carecem do necessário *insight* (Groth-Marnat, 1999).

19/91

Sintomas, comportamentos e características da personalidade. Este código é pouco citado na literatura e pouco freqüente entre pacientes, mas é importante porque o quadro sintomático pode sugerir dificuldades "relacionadas com disfunção endócrina ou com o sistema nervoso central", e as queixas podem incluir "problemas gastrintestinais, exaustão e cefaléia" (Groth-Marnat, 1999, p.267).

O comportamento tem uma tonalidade paradoxal, porque é o resultado de uma combinação entre uma atitude queixosa e de preocupação a respeito de problemas orgânicos com uma tendência concomitante de negá-los e escondê-los. O paciente escapa do enfrentamento de suas dificuldades, fazendo um esforço para evitá-las. Para isso, mostra-se extrovertido e falador, mas, ao mesmo tempo, tenso, por causa da experiência de ansiedade.

Diagnósticos freqüentes são de hipocondria e/ou de estados maníacos, "desencadeados ou exacerbados seja por uma condição orgânica subjacente, seja por uma depressão iminente, ou por ambos" (p.268). Caso se verifiquem elevações concomitantes nas escalas 4 e 6, deve ser avaliada a possibilidade da presença de transtorno de personalidade passivo-agressiva.

O quadro explica-se por fortes necessidades de dependência, que são consideradas inaceitáveis. O paciente sente-se tenso e dependente, enquanto procura manter uma impressão de que tudo está e continuará bem.

Implicações terapêuticas. Como não existe uma franca admissão de que os sintomas possam ter uma explicação psicológica, não são pacientes fáceis para se comprometer num programa terapêutico (Groth-Marnat, 1999).

23/32

Sintomas, comportamentos e características da personalidade. O código 23/32 associa-se especialmente com sentimentos de ineficiência e inadequação, inclusive no que se refere a tarefas cotidianas, principalmente quanto à dificuldade de iniciá-las. Os sujeitos apresentam dificuldades de expressão emocional, depressão, tensão, ansiedade, inibição, carência de energia e inadequação social. Os sintomas vêm de longa data, e, geralmente, os pacientes aprendem a conviver e viver com sua depressão. O mecanismo de defesa mais utilizado é a negação. Apresentam muitos sintomas somáticos, mas, muitas vezes, abandonam o tratamento médico, ao saberem que seus problemas não têm uma causa física.

Os homens são ambiciosos, mas imaturos e dependentes. Desejam aumentar suas responsabilidades, mas as temem por medo de fracasso, e isso provoca estresse e insegurança. Apesar disso, seus esforços são geralmente reconhecidos, embora se sintam inadequados. As mulheres são mais deprimidas, fracas e apáticas. Suas relações são superficiais, e, muitas vezes, têm uma história de matrimônio infeliz, mas raramente de divórcio. São resignadas em sua insatisfação.

Os diagnósticos mais comumente encontrados são de transtornos depressivos.

Se o código se combina com a elevação da escala 4, têm conflitos em relação à hostilidade, mostrando-se cismáticos em sua depressão, com idéias anti-sociais subjacentes, não expressas em seu comportamento, que se mostra controlado. Com a elevação da 6, os pacientes têm conflitos de dependência, o que se reflete nas interações, na forma de suscetibilidade e desconfiança. Com a elevação da 0, observam-se retraimento e introspecção. Além disso, caso haja elevação concomitante da escala F e/ou da 8, há hipótese de depressão, em nível psicótico. Se a escala 1 está elevada, uma hipótese a ser considerada é a de dor crônica.

Como indivíduos que aprenderam a conviver com um alto grau de insatisfação, são passivos, dóceis e dependentes, suscitando cuidados por parte dos demais. Todavia, "como mantêm superficiais suas relações, conseguem sentir um certo nível de segurança"(Groth-Marnat, 1999, p.269), mas de maneira imatura, infantil. Assim sendo, não se sentem adequados numa relação heterossexual adulta, podendo apresentar disfunções sexuais (impotência, frigidez) e, também, não se sentem confortáveis em situações que envolvem competição. Por outro lado, apesar de desejarem progredir profissionalmente, não se sentem reconhecidos em seu desempenho.

Implicações terapêuticas. O *insight* de pacientes com este código não é bom. Além disso, como fazem uso conspícuo da negação, não melhoram durante um processo terapêutico, que se baseia no *insight*, porque contraria seu estilo de vida. Porém, conseguem se beneficiar de uma terapia de apoio. Por outro lado, como fazem também uso de somatização, para lidar com alguns conflitos, tendem a aceitar "soluções" médicas, usando tranqüilizantes e medicamentos para a dor. Em muitos casos, entretanto, são recomendados antidepressivos (Groth-Marnat, 1999).

24/42

Sintomas, comportamentos e características da personalidade. Este código é encontrado em pacientes com tendências anti-sociais e instabilidade emocional. Sua dificuldade de controle dos impulsos os leva à atuação, com subseqüente depressão e culpa, mas que parecem ter mais um sentido situacional face às conseqüências de seus atos, do que constituir um efeito da ação coercitiva do superego. Embora tais elevações teoricamente possam se associar com incremento do risco de suicídio, se a escala D se eleva a um T = 80 ou mais (Trimboli & Kilgore, 1984), este não constitui o padrão predominante nos grupos de pacientes que Farberow (1963) utilizou para estudo do comportamento suicida. Suas tentativas de suicídio, então, teriam um caráter manipulativo (Vincent, 1987), ainda que, no caso de elevação extremada das escalas, associada com funcionamento psicótico ou pré-psicótico, o suicídio possa ser considerado um risco sério (Dahlstrom, Welsh & Dahlstrom, 1972).

As dificuldades desses pacientes preverem as conseqüências de seus atos os levam a novas atuações. Desta maneira, "embora essas pessoas possam prometer mudar, e sua culpa seja geralmente autêntica, suas atuações são resistentes à mudança" (Groth-Marnat, 1984, p.297). Conseqüentemente, têm problemas em sua vida familiar, acadêmica, profissional, chegando a envolvimentos com a Justiça. Já Vincent (1987) não acredita que esses sujeitos sejam sinceros em sua culpa e remorso, a não ser quando estes se relacionam com sua frustração.

O abuso de álcool e drogas, bastante comum, poderia se associar com sua depressão, como uma forma de automedicação (Groth-Marnat, 1999). Aliás, em um estudo, este código se relacionou com o nível mais alto de uso do álcool (Vincent, 1987), e outras pesquisas registraram a presença da 2 e da 4 entre as maiores elevações do perfil, em alcoolistas (Barnes, 1979).

A hostilidade (que pode ser expressa direta ou indiretamente) pressuposta pelo código 24/42 deve ser considerada em relação às escalas 6 e 9. A elevação concomitante da 6 sugere que os impulsos hostis podem ser expressos de forma direta contra pessoas. Ao contrário, quando a 6 é baixa, "pode refletir a supressão ou negação inconsciente da hostilidade" (Groth-Marnat, 1999, p.270). Já a combinação com a elevação da escala 9 pode se associar a comportamento violento.

O código 24/42 é encontrado mais comumente em pacientes com transtorno de personalidade, especialmente passivo-agressiva e anti-social, mais provável ainda se há uma elevação concomitante da escala 6. Outra alternativa diagnóstica seria transtorno de ajustamento, com humor depressivo.

Parece importante, também, procurar discernir se a depressão é crônica ou reativa. A depressão crônica associa-se com aspectos neuróticos e fica evidenciada pela presença da "tríade neurótica" (1, 2 e 3 elevações). A depressão reativa é mais típica da personalidade anti-social.

Quando, no código 24/42, a escala 4 ultrapassa um T = 90, a hipótese de funcionamento pré-psicótico ou psicótico deve ser considerada, principalmente se estão presentes elevações da F e da 8.

À primeira vista, são personalidades que parecem amistosas e sociáveis. Com o passar do tempo, em ambiente clínico, tentam manipular a equipe. Socialmente, suas atitudes tendem a provocar ressentimento. Da mesma forma, ainda que possam parecer competentes, sentem-se insatisfeitas, pessimistas e autocríticas. Procurando manejar tais sentimentos, "muitas vezes desenvolvem relação passivo-dependente" (Groth-Marnat, 1999, p.270).

Implicações terapêuticas. É importante salientar que, em razão da freqüência da dependência de substâncias entre indivíduos com este tipo de código, o paciente deveria ser devidamente avaliado nesse sentido e acompanhado (vide Capítulo sobre Entrevista motivacional, nesta obra), com algum tipo de monitoração.

Os problemas implícitos são de longa duração, com muita resistência à mudança, de forma que o prognóstico do paciente, em programa terapêutico duradouro, é mau, ainda que haja "promessa de mudar, e sua culpa seja geralmente autêntica" (Groth-Marnat, 1999, p.270).

Dadas as características de personalidade do paciente, terapia de apoio parece ser o tratamento de melhor opção.

26/62

Sintomas, comportamentos e características da personalidade. Os pacientes com este tipo de código caracterizam-se por serem muito suscetíveis, hostis, sentindo-se facilmente ressentidos e funcionando, principalmente, com base num mecanismo de projeção. Fundamentando-se em dados sempre insuficientes ou imaginários, pressupõem críticas e rejeições, das quais procuram se preservar, muitas vezes rejeitando as pessoas e induzindo igual rejeição dos demais, o que usam como confirmação da pressuposta atitude anterior, projetando a culpa e não se dando conta de seu verdadeiro papel em tal interação. Conseqüentemente, suas relações interpessoais são muito difíceis.

Contudo, podem, alternativamente, internalizar a culpa, voltando sua hostilidade contra si mesmos, com possível ideação suicida ou tentativa de suicídio.

Uma hipótese diagnóstica possível para este padrão é transtorno distímico, mas é muito importante a consideração do restante do perfil.

Com a elevação também das escalas 7, 8 e, possivelmente, da 9, a hipótese de funcionamento psicótico ou pré-psicótico deve ser considerada, com provável diagnóstico de esquizofrenia paranóide (Groth-Marnat, 1999). Melhor ajustamento pode ser suposto se há elevação moderada das escalas 2, 6 e F. Já no caso de ocorrência de elevação da 4, convém analisar a possibilidade de uma personalidade passivo-agressiva.

A hipersensibilidade, a hostilidade e os traços passivo-agressivos desses indivíduos favorecem o desenvolvimento de más relações interpessoais, que são difíceis de ser modificadas, mesmo com o decorrer do tempo.

Implicações terapêuticas. Qualquer tratamento tem resultados pouco eficazes, em vista da dificuldade dos pacientes de manterem uma aliança terapêutica. De qualquer modo, uma providência essencial e inicial é a investigação sobre a presença e gravidade de possível processo psicótico.

27/72

Sintomas, comportamentos e características da personalidade. Este código pode ser considerado como o mais comum entre pacientes psiquiátricos, tanto em regime de internação quanto ambulatorial, como também entre pacientes médicos, pelo que é tido como manifestação de anormalidade, conforme Dahlstrom, Welsh & Dahlstrom (1972). Aliás, Trimboli e Kilgore (1983) citam uma observação desses autores em trabalho posterior, em que assinalaram que tais pacientes, quando examinados em regime hospitalar, costumam ser classificados como psicóticos, mas sem transtorno de pensamento, e, quando examinados em regime ambulatorial, são habitualmente categorizados como "neuróticos".

Tais pacientes são descritos como ansiosos, tensos, deprimidos, agitados, muitas vezes obsessivos, meticulosos e perfeccionistas, podendo apresentar fobias e medos variados. Suas queixas são de fraqueza, fadiga, insônia, dor no peito, constipação, tontura e, eventualmente, lentidão psicomotora, além de sentimentos de inadequação. Enfim, podem ser caracterizados como queixosos, pessimistas, apresentando sintomas neuróticos múltiplos e variados, além de "correlatos somáticos de ansiedade" (Vincent, 1987, p.125). Dessa maneira, "as escalas 2 e 7 refletem o grau relativo de perturbação subjetiva que a pessoa está experienciando, e, portanto, são muitas vezes referidas como 'escalas de aflição' " (Groth-Marnat, 1999, p.272).

Em pacientes com este código, é especialmente importante a história clínica. Além disso, quando há também a elevação da escala 8 (código 278), é necessário o diferencial com esquizofrenia. Roy (1984) utilizou o cálculo do Índice de Goldberg (IG), com esta finalidade, isto é, L+6+8-7-3, chegando às seguintes regras: "a) se IG<40, qualifique como 'não-esquizofrênico'; b) se GI>100, qualifique como 'esquizofrênico'; c) se GI = 41-49, qualifique como 'indeterminado' " (p.401).

Diagnósticos mais prováveis são de transtornos depressivos, especialmente depressão maior, embora haja outras possibilidades, como de transtorno de ajustamento com humor depressivo, de transtorno de ansiedade (principalmente, transtorno obsessivo-compulsivo) ou de transtorno de personalidade (esquiva, compulsiva ou passivo-agressiva).

Este código, de forma moderada, também ocorre entre não-pacientes, entre pessoas normais "que estão fatigadas e exaustas, com um alto grau de rigidez e excessiva preocupação" (Groth-Marnat, 1999. p.272).

Não obstante, o código 42 também pode ser encontrado com elevação concomitante da escala 4. Tal configuração reflete ansiedade e depressão, associadas a dificuldades na função do juízo e, talvez, relacionadas com comportamento aditivo. Por essa e várias outras razões, a personalidade dos indivíduos, com o código 27/72, caracteriza-se por traços obsessivo-compulsivos, tanto no que se refere ao pensamento, como na maneira perfeccionista e meticulosa de lidar com as coisas da vida. Freqüentemente, são bastante rígidos, em suas normas e padrões, e quase sempre são muito religiosos. Sentem certo desconforto nas suas relações sociais, apesar de serem dóceis, passivos, dependentes da família e amigos, raramente sendo provocadores, já que lidam com seus sentimentos agressivos de forma intrapunitiva, percebendo a si mesmos como inadequados e inseguros. Muitas vezes, apresentam, também, medos e fobias.

Implicações terapêuticas. Ainda que não considerem com confiança nem a perspectiva de um tratamento, nem do futuro, com o decorrer de uma terapia, essas pessoas acabam melhorando. Entretanto, quando as escalas estão muito elevadas, há pouca concentração para que os sujeitos possam participar de programas psicoterápicos, sendo necessária medicação, para relaxarem e reduzirem o nível de depressão e de ansiedade e terem motivação para um tratamento, que passa a ter um bom prognóstico, quando as elevações recaem numa zona moderada. Aliás, embora esses sujeitos possam ter alguma dificuldade nas relações interpessoais, são capazes de estabelecer um vínculo emocional, pelo que podem apresentar um ajustamento estável no casamento e na área profissional. Quando as escalas estão elevadas, cresce a probabilidade de ideação suicida ou de tentativas de suicídio (Vincent, 1987), e, assim, o potencial suicida desses sujeitos deve ser cuidadosamente examinado, especialmente quando as escalas 6 e 8 também estão elevadas (Groth-Marnat, 1999).

Ainda que pessoas com o código 27/72 possam se beneficiar com uma terapia de *insight*, se a escala 4 também está elevada, tal intervenção não tem probabilidade de ser muito produtiva. Em pacientes com os códigos 247/427/724, deve se investigar, inicialmente, se há um envolvimento com álcool que, possivelmente, é de longa duração. Tal fato complicaria os planos de tratamento, porque, ainda que com uma melhora inicial, pode se registrar comportamento atuador, em períodos de estresse. Nesses casos, terapia de grupo, com objetivos bem definidos, é uma opção melhor (Groth-Marnat, 1999).

28/82

Sintomas, comportamentos e características da personalidade. O código 28/82, embora infreqüente, parece muito importante, porque pode indicar perturbação séria no contato com a realidade, inclusive com a ocorrência de fragmentação dos processos de pensamento num transtorno afetivo grave.

Os sujeitos com este padrão caracterizam-se como retraídos, alienados, ansiosos, agitados, tensos, irritáveis e, também, podem ser não-sociáveis, suscetíveis e suspeitosos. Têm dificuldades de concentração e memória, pensamento confuso, sentimentos de desamparo e desvalia, e podem apresentar delírios, alucinações e idéias de referência, especialmente quando a 8 é T>85. Suas queixas são de depressão, ansiedade, insônia, fraqueza, fadiga, perda de memória e tonturas.

Também é importante lembrar que a elevação da 8 é compatível com deficiência na função do juízo, e, num quadro de depressão (especialmente quando a 2 é maior que T = 80), pode haver risco de suicídio (Trimboli & Kilgore, 1983). Na realidade, ideação suicida e tentativas de suicídio são comuns. Os pacientes têm dificuldade de controlar os impulsos, e isso inclui o controle dos impulsos agressivos contra si mesmos.

Como se pode ver, as características deste código são muito variadas e só em parte são aplicáveis num caso individual. Para melhor interpretação, é preciso não só examinar outras elevações, mas também analisar os itens críticos, considerar os resultados das escalas óbvias e sutis, bem como outras fontes de informação disponíveis (Groth-Marnat, 1999).

O diagnóstico diferencial é de fundamental importância, porque esse código pode tanto ocorrer em transtornos de humor (transtorno bipolar II ou transtorno depressivo maior), como na esquizofrenia ou no transtorno esquizo-afetivo ou, ainda, em transtornos de personalidade (*borderline*, esquiva, obsessivo-compulsiva ou esquizóide) (Groth-Marnat, 1999).

O indivíduo tanto pode ser negativista, ressentido e irritado, como dependente, assumindo excessiva culpa. "Justificadamente, pode ter medo de perder o controle de suas emoções", e, então, a estratégia para lidar com isso "é negar impulsos inaceitáveis, mas isso, às vezes, resulta em períodos dissociativos de atuação" (p.273).

Implicações terapêuticas. Uma vez que um dos problemas do paciente é a possibilidade de perder o controle, inclusive da agressão, duas questões devem ser salientadas. Em primeiro lugar, em vista de sua ambivalência, a agressão pode ser dirigida contra o terapeuta, especialmente em situações de estresse, provocando uma resistência a mudanças. Em segundo lugar, o potencial suicida deve ser avaliado no início e durante a terapia. Vemos, assim, que um, dentre os múltiplos problemas que o cliente enfrenta, se refere à expressão da raiva, que, naturalmente, também pode se manifestar em suas relações sociais e, por certo, na relação terapêutica, levando-o a se retrair. O processo terapêutico pode ser longo, mas é possível afirmar que "o terapeuta potencialmente pode fornecer um ponto de estabilidade numa vida que, de outra maneira, é caótica e imprevisível" (Groth-Marnat, 1999, p.274).

29/92

Sintomas, comportamentos e características da personalidade. Este código é paradoxal, no sentido de que, teoricamente, se esperaria que ambas as escalas não apresentassem uma elevação simultânea.

Os sujeitos com este código apresentam grande perturbação e podem ser descritos como ansiosos, deprimidos e agitados. O nível de energia pressuposto pela 9 representa um esforço defensivo para lidar com os componentes depressivos subjacentes. Como este manejo não tem sucesso, pode-se esperar adição ao álcool.

Por outro lado, se há elevação simultânea de 4 (que, junto com a 9, pressupõe mau controle dos impulsos) e no caso de a 2 ser maior que T = 80, pode-se configurar um quadro de urgência psiquiátrica, se outros dados sugerirem risco de suicídio. A elevação extrema na 2 pode indicar intensificação de cargas agressivas, associadas com a incapacidade do sujeito de descarregá-las, que se voltam contra ele mesmo, com aumento do risco de suicídio, que fica potencializado pelo mau controle dos impulsos, implícito pela 4 e 9.

As hipóteses diagnósticas incluem duas alternativas principais: a) transtorno afetivo bipolar misto e b) síndrome orgânico-cerebral.

Como vimos, a dinâmica da personalidade se centraliza em sentimentos de inadequação e desvalia, que procuram ser negados através de intensa atividade (Groth-Marnat, 1999).

Implicações terapêuticas. Uma vez que o quadro sintomático tende a se alterar de forma cíclica, um problema nuclear da terapia é a tentativa de estabilização do humor. Isto pode se tornar complicado em vista de possível comportamento aditivo e por causa do potencial suicida, em razão do que o paciente precisa ser monitorado.

Dadas as características do quadro, os aspectos depressivos podem não ser aparentes, mas a história clínica possivelmente oferece subsídios sobre diferentes fases com alterações de humor (Groth-Marnat, 1999).

Como vimos, a dinâmica da personalidade centraliza-se em sentimentos de inadequação e desvalia, que procuram ser negados por meio de intensa atividade (Groth-Marnat, 1999).

Implicações terapêuticas. Uma vez que o quadro sintomático tende a se alterar de forma cíclica, um problema nuclear da terapia é a tentativa de estabilização do humor. Isso pode se tornar complicado em vista de possível comportamento aditivo e por causa do potencial suicida, em razão do que o paciente precisa ser monitorado.

Dadas as características do quadro, os aspectos depressivos podem não ser aparentes, mas a história clínica possivelmente oferece subsídios sobre diferentes fases com alterações de humor (Groth-Marnat, 1999).

34/43

Sintomas, comportamentos e características da personalidade. Sendo a elevação 3 atenuante de outras variáveis no perfil e estando a 4 associada com mau controle dos impulsos, é fácil entender que, no caso de elevações marcantes de ambas as escalas, principalmente se a 3 ultrapassa a 4, se encontre um estilo passivo-agressivo de manejo da hostilidade, em que "o indivíduo expressa a ira de uma maneira encoberta ou oculta' (Trimboli & Kilgore, 1983, p.621). Observa-se que tais sujeitos procuram agradar superficialmente as outras pessoas, mas "ainda experienciam considerável grau de raiva e necessitam encontrar meios para controlá-la ou descarregá-la" (Groth-Marnat, 1999, p.275). Podem, então, estabelecer relações com outras pessoas, por vezes, com um indivíduo anti-social, e "atuam através delas" (Vincent, 1987, p.128), isto é, estimulam nelas manifestações hostis, embora, aparentemente, pareçam discordar de tal comportamento e apresentando pouco *insight* sobre o seu papel na interação, especialmente com elevação também da escala 6.

A atuação é comum e de vários tipos. As dificuldades na vida matrimonial são crônicas, e, freqüentemente, há história de abuso do álcool e de drogas. "Tentativas impulsivas de suicídio usualmente são subseqüentes a períodos de atuação ou de bebida excessiva" (Vincent, 1987, p.127-128), e podem ocorrer fenômenos dissociativos.

A descrição é compatível com uma personalidade passivo-agressiva. Quando as elevações ultrapassam um T = 85, são possíveis estados de fuga, em que "impulsos agressivos ou sexuais são atuados" (Groth-Marnat, 1999, p.278). Numa pesquisa entre pacientes psiquiátricos de clínica privada, o diagnóstico modal foi de transtorno de ajustamento, e os tipos de personalidade mais comuns foram histriônica, *borderline* ou passivo-agressiva (Vincent, 1987).

Há conflitos subjacentes de dependência *versus* independência. Tais necessidades são intensas e podem caracterizar períodos em que os indivíduos buscam afeto e proteção, mas, também, fortes sentimentos de hostilidade podem ser suscitados, uma vez que podem ser ativados facilmente por críticas. "Superficialmente, eles podem parecer conformistas, mas, subjacentemente, têm fortes sentimentos de rebeldia" (Groth-Marnat, 1999, p.275).

Implicações terapêuticas. A imaturidade, as dificuldades de controle e o estilo passivo-agressivo, que marcam os relacionamentos desses indivíduos, têm probabilidades de tumultuar o processo terapêutico. Por outro lado, seu escasso *insight* faz com que tenham dificuldade de assumir a responsabilidade pelos seus atos, projetando a culpa nos demais. Assim, a tendência é de que a resistência à terapia, bem como seus sentimentos de raiva, os levem à interrupção do processo que, muitas vezes, teve início por pressão externa. Entretanto, parece que a terapia de grupo é uma opção mais adequada, especialmente se houver algum tipo de monitoração e motivação externa (Groth-Marnat, 1999).

36/63

Sintomas, comportamentos e características da personalidade. Este é um código importante na avaliação do manejo da agressão dirigida aos demais, de forma não direta. Às vezes, a agressão chega a ser manifesta e observada por outras pessoas (principalmente quando a 6 ultrapassa a 3 por mais de cinco pontos), mas o sujeito tem escasso *insight* (Groth-Marnat, 1984), surpreendendo-se quando os outros assinalam a natureza de seus atos (Trimboli & Kilgore, 1983), ficando ressentido e culpando-os (geralmente, pessoas da família) por suas dificuldades, o que resulta num problema nas relações interpessoais.

Quando a 3 ultrapassa a 6 por mais de cinco pontos, o uso da projeção não é tão conspícuo, mas, antes, há uma tendência para negar os problemas e os conflitos, através de uma imagem muito idealizada de si mesmo e do mundo. Os pacientes "têm mais probabilidade de desenvolverem queixas somáticas do que uma ideação paranóide, e a chance de um processo psicótico fica significativamente reduzida" (Groth-Marnat, 1999, p.276).

Ainda que existam sentimentos hostis e ressentimento, que envolvem principalmente familiares, esses são manejados pela repressão, de forma que raramente se manifestam. A pessoa é muito sensível à crítica, mas procura reprimir aspectos agressivos. Às vezes, entre os indivíduos com este código, alguns são descritos como "ingênuos e tolos" (Groth-Marnat, 1999, p.276).

Implicações terapêuticas. Não são bons candidatos à psicoterapia, por escasso *insight*, dificuldades de estabelecer vínculos afetivos, de admitir causas psicológicas para seus problemas e de se responsabilizar pelos próprios atos, o que os torna muito defensivos, pouco colaboradores, geralmente interrompendo o processo terapêutico.

38/83

Sintomas, comportamentos e características da personalidade. Este código está associado com acentuada perturbação emocional, em que se observam ansiedade, depressão, tensão e inquietação. A ansiedade, porém, pode ser canalizada por vias somáticas, com queixas de cefaléias, problemas gastrintestinais, etc., principalmente quando a 3 é maior que a 8.

Embora a elevação na 3 seja considerada tipicamente como uma contra-indicação de psicose, este código pode constituir uma exceção, especialmente quando há preponderância significativa da 8 sobre a 3. Então, o sujeito apresenta transtornos de pensamento, dificuldades de concentração e memória, com má capacidade de *insight*, podendo ter sintomas de confusão mental, desorientação e, eventualmente, pensamento delirante e perda de associações de idéias. Socialmente, os pacientes mostram-se alienados, esquizóides ou dependentes. Assim, muitas vezes, têm conflitos em relação a necessidades de dependência, requerendo atenção e afeto e desejando parecer normais, mas temendo serem rejeitados, em função da natureza inusitada de suas experiências interiores.

Quando a escala 8 está grandemente elevada, concomitantemente com a F, o diagnóstico provável é de esquizofrenia. Contudo, se a escala 3 é bem mais alta que a 8, com F menor que T = 70, as alternativas diagnósticas prováveis são de transtorno somatoforme ou dissociativo. Quando o perfil, com o código 38/83, apresenta um K elevado e um F baixo, os indivíduos costumam ser inibidos, muito convencionais, sendo que quaisquer sentimentos de rancor e tensão se tornam intoleráveis, passando a ser negados, e eles manifestam, então, um otimismo irrealista e uma necessidade de afiliação exagerada.

As necessidades de atenção e afeto são de nível imaturo, apesar de eles tentarem passar uma imagem de pessoas muito convencionais, comuns, estereotipadas, embora suas experiências interiores sejam inusitadas, o que lhes causa desconforto.

Implicações terapêuticas. São maus candidatos para a terapia orientada para o *insight*, já que seu *insight* é escasso, têm dificuldade de estabelecer um vínculo e em admitir que possam apresentar problemas mentais. Entretanto, poderão aceitar melhor uma intervenção mais diretiva de reforço do ego (Groth-Marnat, 1999).

45/54

Sintomas, comportamentos e características da personalidade. Este código se associa com comportamento manifestamente não-conformista que ainda pode se apresentar como imaturo ou autocentrado. É um padrão comum em minorias, que se ressentem e expressam sua desconformidade em relação à cultura dominante. De forma subjacente, podem-se pressupor problemas de identidade, inclusive de identidade sexual. Pode ser consistente, às vezes, com a orientação homossexual em homens ou com atitudes feministas, em mulheres, considerando-se tais sujeitos como membros de uma subcultura. Assim, não serve como "diagnóstico" de homossexualidade, especialmente como elevações únicas, embora não seja comum entre pessoas que declaram abertamente serem homossexuais. No sentido em que se consideram as minorias, insatisfeitas socialmente, mas com um nível de energia para abrir espaços e mudar, espera-se que este código se acompanhe de uma elevação na escala 9. Entretanto, se a 5 for baixa, sendo elevadas a 4 e a 9, esse perfil é consistente com atuação sexual do tipo "Don Juan".

Conforme Groth-Marnat (1999), "para obter maiores informações sobre este ou sobre qualquer perfil, em que a escala 5 é um ponto alto, é extremamente proveitoso interpretar a terceira elevação. Desta maneira, um perfil, em que 4, 5 e 6 são todos altos, pode ser interpretado como se fosse do tipo de código 46/64" (p.278).

São personalidades imaturas, autocentradas, não-conformistas, com baixa tolerância à frustração, abrigando sentimentos latentes de raiva e ressentimento, expressando seus problemas num estilo passivo-agressivo. Têm probabilidade de apresentarem dificuldades em nível de identidade sexual e conflito na dimensão dependência-independência.

Implicações terapêuticas. Apesar de sua defensividade, têm boa capacidade de *insight*, mas raramente chegam a ser pacientes em tratamento, porque geralmente estão satisfeitos consigo mesmos. Se chegam à terapia, freqüentemente, é por dificuldades relacionadas com dependência *versus* domínio, mas não devem ser esperadas mudanças significantes (Groth-Marnat, 1999).

46/64

Sintomas, comportamentos e características da personalidade. A escala 4 é considerada por Trimboli e Kilgore (1983) como "a marca distintiva do caráter" (p.264), relacionando-se a sua elevação extrema a uma falta de controle dos impulsos. A combinação da 4 com a 6 constitui um padrão significativo em termos do entendimento das relações objetais, uma vez que ao egocentrismo, refletido pela elevação 4, se associa uma aversão manifesta e dirigida contra pessoas específicas, caracterizada pela 6, ocorrendo, então, uma potencialização mútua dos efeitos de ambas, crescendo a possibilidade de atuação (especialmente se a 4 e a 6 se mostram mais altas que a K e a 3 e, em menor grau, que a 5). Por outro lado, este código pode sugerir a utilização de mecanismos mais arcaicos.

Os sujeitos com este código são descritos como hostis, irritáveis, suspeitosos, autocentrados, mal-humorados, desagradáveis, com problemas em relação a figuras de autoridade, questionadores e defensivos (especialmente com L e K elevadas), altamente suscetíveis a qualquer exigência e sensíveis a críticas imaginárias ou não, desconfiados das intenções dos outros, culpando-os pelas próprias dificuldades e, naturalmente, apresentando pouco *insight* sobre os motivos de suas atitudes pessoais. Assim, para evitar a rejeição imaginada, procuram manipular os demais, o que lhes dá um certo sentido de segurança (Groth-Marnat, 1999; Vincent, 1987).

Dentro deste quadro, é de se esperar desajustamento nas relações interpessoais, em várias áreas, e, muitas vezes, adição ao álcool e às drogas.

Num estudo em pacientes psiquiátricos, a maioria com este código apresentou um diagnóstico dual de transtorno afetivo (depressivo) e abuso de drogas (Vincent, 1987). No sexo masculino, a concomitância da elevação 8 torna o caso compatível com um funcionamento pré-psicótico ou psicótico, com diagnóstico possível de esquizofrenia paranóide. Já, se estão elevadas também a 2 e/ou a 3, há probabilidade de um transtorno de personalidade *borderline*. No sexo feminino, esse código é mais encontrado em psicóticos ou pré-psicóticos, porém, mais comumente, apresentam uma personalidade passivo-agressiva (Groth-Marnat, 1984).

Utilizando projeção como defesa, têm problemas de ajustamento e dificuldades de criar vínculos profundos, sendo hostis, desconfiados, irritados e imaturos.

Implicações terapêuticas. Além de apresentar escasso *insight*, focalizando mais o comportamento dos demais do que o seu próprio, geralmente são contra a idéia de se submeterem a um tratamento. Se o fazem, é por pressão dos outros, e, eventualmente, haverá dificuldade em estabelecer uma relação terapêutica. "Planos de tratamento devem ser concretos, claros, realísticos e descritos de maneira a não suscitarem suspeição ou antagonismo" (Groth-Marnat, 1999, p.279).

47/74

Sintomas, comportamentos e características da personalidade. Este é um padrão que envolve comportamentos contraditórios, sendo os sujeitos caracterizados por insensibilidade em relação aos demais (pelos quais se sentem rejeitados, com manifestação de impulsos hostis, culpa e remorso em relação à própria conduta). São imaturos, inseguros, mal-humorados, cismarentos e têm conflitos de dependência-independência. Seu estilo é cronicamente cíclico, no sentido de que se alternam períodos em que não controlam seus sentimentos de raiva, que são atuados, seguidos por fases de supercontrole, com culpa genuína, sentimentos de remorso, autocondenação e autopiedade. O sujeito, "frustrado por esses sentimentos, pode tentar egoisticamente satisfazer suas necessidades através de meios como abuso do álcool, promiscuidade ou atuação agressiva. Assim, o ciclo continua e, habitualmente, é muito resistente à mudança" (Groth-Marnat, 1999, p.280).

Embora com necessidade de afeto, as relações interpessoais não são boas, e o sujeito pode chegar a ter envolvimentos com a Justiça.

Groth-Marnat (1984) relaciona, como hipóteses diagnósticas, transtorno de personalidade anti-social ou transtorno de ansiedade, e afirma que este código é comumente encontrado entre pacientes com problemas de adição (ao álcool, drogas, etc.), encaminhados por seu estilo de vida impulsivo-compulsivo.

As questões nucleares concentram-se em insegurança e ambivalência, relacionadas com um conflito básico entre dependência e independência.

Implicações terapêuticas. Durante os períodos de remorso, há procura de ajuda terapêutica, mas sem muito êxito, porque o alívio da ansiedade dá lugar a novas atuações. Dessa maneira é que se estabelece um padrão crônico, e "os esforços terapêuticos para diminuir a ansiedade podem realmente resultar num aumento de atuação, porque o controle criado pela culpa e pelo remorso pode se aliviado" (Groth-Marnat, 1999, p.280). Esses pacientes conseguem se adaptar a um programa terapêutico de apoio, mas mudanças básicas não devem ser esperadas.

48/84

Sintomas, comportamentos e características da personalidade. Sujeitos com este código são descritos como estranhos, peculiares, esquisitos, impulsivos, imprevisíveis, erráticos, não-conformistas, com severas perturbações emocionais, podendo apresentar comportamentos anti-sociais e associação no submundo ou com minorias políticas e religiosas estranhas e inusitadas.

Provêm geralmente de lares muito perturbados, podendo ter sofrido rejeições e maus tratos, de modo a desenvolver uma atitude de desconfiança em relação a um mundo frio e perigoso, com problemas de auto-identidade. Estabelecem, assim, um padrão de vida marcado pela rejeição e o fracasso. Com mau autoconceito, têm fortes necessidades de atenção e afeto. "Essas pessoas são basicamente medrosas, instáveis e prontas a atuar" (Vincent, 1987, p.132). Por medo de rejeição e por dificuldades de comunicação, tornam-se alienadas e hostis, apesar de sua intensa necessidade de afeto.

Seu ajustamento pode ser considerado marginal ou mau, em várias áreas, como acadêmica e profissional. Apresentam, freqüentemente, disfunções sexuais de vários tipos, são capazes de atos anti-sociais, com envolvimento com a Justiça, sendo que há um cunho bizarro e persistente em muitas de suas atuações. São comuns as tentativas de suicídio e tendência à adição ao álcool ou às drogas. Na verdade, é o padrão mais comum entre os usuários de drogas (Vincent, 1987).

Algumas combinações com outras escalas podem ser dignas de nota. Assim, quando se observa uma elevação da escala F e uma baixa da escala 2, a hipótese é de que os sujeitos tenham tendências agressivas e punitivas, que conseguem sanção social, pela função que eles ocupam, mas podendo chegar, eventualmente, a verdadeiro sadismo. "Subjacentemente a seus comportamentos manifestos, habitualmente eles têm um profundo senso de alienação, vulnerabilidade e solidão, que podem suscitar sentimentos de ansiedade e desconforto" (Groth-Marnat, 1999, p.281).

Em homens, quando há combinação com a elevação 9, comportamento criminoso é uma possibilidade, com atos violentos, bizarros, que podem envolver homicídio e/ou ataque sexual. Em mulheres, tal hipótese é pouco provável, mas seus problemas se caracterizam por uma tendência a escolherem parceiros sexuais de nível inferior.

Groth-Marnat (1999) associa este padrão com personalidade esquizóide ou paranóide e, se há elevação também da escala 6, com esquizofrenia paranóide.

Implicações terapêuticas. São maus candidatos à psicoterapia. A multiplicidade de problemas torna difícil manter um foco terapêutico, e o processo tende a ser caótico, improdutivo, de curta duração e complicado por possível história de álcool ou drogas.

49/94

Sintomas, comportamentos e características da personalidade. As escalas 4 e 9 estão associadas com mau controle dos impulsos, e esta configuração é encontrada em sujeitos em que se observa não só tendências anti-sociais, mas a atuação direta dos impulsos agressivos, sem consideração pelas conseqüências de seus atos, já que a elevação 9 é compatível com o uso do mecanismo de negação (Trimboli & Kilgore, 1983).

São indivíduos impulsivos, anti-sociais, egocêntricos, hedonistas, sensuais, desejosos de excitação, extrovertidos, irritáveis, violentos, alienados, manipulativos, energéticos e atuadores. Apresentam histórias de mau ajustamento familiar, mau aproveitamento escolar, além de dificuldades no trabalho e com a Justiça. Contudo, tais dificuldades, em pessoas mais moças, não são tão intensivas e extensivas. Por exemplo, ambas as escalas costumam ser elevadas em adolescentes normais ou não, pelo que a interpretação deve ser feita com muito cuidado, uma vez que casos de delinqüência e evasão escolar também comumente apresentam este código (Hathaway & Monachesi, 1965). No entanto, tal tipo de código, após os 25 ou 30 anos, já tende a se associar com um padrão crônico (Vincent, 1987), "muito resistente à mudança" (Groth-Marnat, 1999, p.282).

Se a escala 0 está baixa, parece aumentar a capacidade de manipulação dos demais, de forma acentuadamente anti-social. Com a elevação da 3, a atuação diminui, e o manejo da hostilidade é semelhante ao associado ao código 34/43. Quando a escala 6 se eleva, a atuação pode ser violenta, perigosa e bizarra.

Em termos diagnósticos, a hipótese provável é de personalidade anti-social. Se há elevação da escala 8, deve-se considerar a possibilidade de um estado maníaco ou de esquizofrenia (Groth-Marnat, 1999). Contudo, num estudo de pacientes psiquiátricos de hospitais particulares, abuso de drogas foi encontrado em 75% dos sujeitos (como diagnóstico primário ou secundário), tendo, como hipótese alternativa, transtorno de ajustamento (Vincent, 1987).

Ainda que os sujeitos passem inicialmente uma boa imagem, não são capazes de relações mais profundas, e os problemas tendem a aparecer, muito em função do egocentrismo, irresponsabilidade, hostilidade e tendência a manipular os demais, embora busquem racionalizar as suas atitudes e culpar os outros por seus erros.

Implicações terapêuticas. Podem ser considerados como maus candidatos à psicoterapia, porque "o tratamento deve provavelmente ser lento, frustrante e, muitas vezes, improdutivo" (Groth-Marnat, 1999, p.282). Tais pacientes não apenas não aprendem pela experiência, como também, uma vez que sentem pouca ansiedade, não têm motivação para mudar. A terapia de grupo, bem como a modificação comportamental, podem ser de melhor ajuda.

68/86

Sintomas, comportamentos e características da personalidade. Trimboli & Kilgore (1983) citam a afirmação de Dahlstrom e colegas, em trabalho de 1975, de que um escore maior que 80, seja na escala 6, 8 ou F, de forma característica, "se associa com um contato perturbado com a realidade" (p.622).

A combinação da escala 6 com a 8 é um dos códigos mais marcados por sintomas psicopatológicos. Os sujeitos são descritos como suspeitosos, desconfiados, inibidos, com sentimentos de inferioridade, falta de auto-estima e de autoconfiança, distantes, com dificuldade extrema de estabelecer vínculos afetivos e acentuadamente voltados para um mundo de fantasia. Apresentam comprometimento das funções de juízo, sentido de realidade e teste de realidade. Seu pensamento geralmente "é considerado como autista, fragmentado, tangencial ou circunstancial" (Vincent, 1987, p.133), tem "conteúdo inusitado, senão bizarro, freqüentemente contendo delírios de grandeza e/ou de auto-referência" (Groth-Marnat, 1999, p.283). Alucinações, confusão mental, afeto inapropriado e depressão podem estar presentes, além de problemas de concentração e memória, medos e fobias.

Esses sujeitos habitualmente são solteiros e podem ter tido uma história profissional prévia aparentemente adequada, até que fatores estressantes tenham levado a uma intensificação de sintomas, que os incapacita (Groth-Marnat, 1999).

Freqüentemente, este padrão é associado à psicose, principalmente com esquizofrenia paranóide (em especial, quando há elevação da escala 4). "Se a escala 7 está dez pontos ou mais abaixo das escalas 6 e 7, este código é referido como o 'vale paranóide' e enfatiza a presença de ideação paranóide" (Groth-Marnat, 1999, p.283). Outra hipótese possível é de estado paranóide, e, com menos freqüência, podem ser encontradas síndromes orgânico-cerebrais ou transtornos de ansiedade graves (Groth-Marnat, 1999).

É importante observar que, com este código, se as elevações são superiores a T = 80, um F elevado não invalida o perfil.

Sendo sintomas nucleares a suspeição e a desconfiança, as pessoas com tais características têm só poucas amizades ou nenhuma, preferindo estarem sós, em vista do desconforto em situações sociais.

"Suas defesas são mal-desenvolvidas, e, sob estresse, elas têm probabilidade de regredir" (Groth-Marnat, 1999, p.283).

Implicações terapêuticas. Dadas as características de personalidade desses pacientes, a terapia voltada para o *insight* não é recomendável. Intervenções cognitivas podem ser tentadas, mas com alguma dificuldade, em vista do sistema de crenças e lógica inusitadas desses pacientes. Intervenção comportamental parece ser mais proveitosa. Todavia, há questões cruciais que devem ser consideradas, em caso de piora sintomática: a) o regime de tratamento (em internação ou ambulatorial); b) a necessidade de tratamento psicofarmacológico; c) eventual treinamento de habilidades sociais básicas; d) conhecimento e familiaridade com recursos de atendimento (Groth-Marnat, 1999).

69/96

Sintomas, comportamentos e características da personalidade. Indivíduos com este código têm dificuldades na modulação dos afetos, além de se mostrarem, eventualmente, irritados, ansiosos, suscetíveis, desconfiados, vulneráveis a ameaças reais ou imaginárias, fugindo para um mundo de fantasia, quando estão sob estresse, ou ficando extremamente excitados. Podem ter sinais claros ou sutis de transtornos de pensamento, inclusive chegando a apresentar delírios, dificuldades de concentração, alucinações, associações tangenciais, fala incoerente, parecendo perplexos e desorientados, e sendo, muitas vezes, "obsessivos, ruminativos e sobreideacionais"(Groth-Marnat, 1999, p.284). Com fortes características de suspeição e desconfiança, estabelecem relações de tipo passivo-dependente, havendo grande diferença entre a imagem que têm de si e a percebida pelos demais.

Implicações terapêuticas. Este código é mais comum entre pacientes, em internação psiquiátrica. Dadas as suas condições de personalidade e, principalmente, a desorganização do pensamento, a terapia de *insight* não é tratamento de opção, dificilmente tendo alguma eficácia. Comumente, necessitam de tratamento psicofarmacológico (Groth-Marnat, 1999).

78/87

Sintomas, comportamentos e características da personalidade. Segundo Groth-Marnat (1999), a emergência do quadro associado a este código relaciona-se com uma crise. Assim, quando o paciente é internado, freqüentemente apresenta muita perturbação, dificuldades de concentração e, eventualmente, um estado de pânico (Vincent, 1987). São pacientes ansiosos, deprimidos, tensos, retraídos, supersensíveis, obsessivos, com sentimentos de insegurança, inadequação e inferioridade, que também podem se relacionar com problemas na vida sexual, especialmente no que se refere a relações heterossexuais em nível adulto. Podem apresentar uma vida de fantasia (inclusive devaneios), delírios e alucinações, pelo que, freqüentemente, são classificados como psicóticos.

Este código deve ser cuidadosamente analisado em função da elevação relativa das duas escalas. A predominância da escala 7 torna o quadro mais benigno, porque significa que o sujeito ainda está conseguindo utilizar defesas de nível neurótico, e uma hipótese provável é de transtorno de ansiedade, em vez de um quadro psicótico. A predominância da 8 (especialmente quando maior que T = 75) associa-se com sintomas mais em nível psicótico, e o prognóstico é pior. Se ambas as escalas estão bem elevadas, com T maior que 75, é provável a presença de esquizofrenia, principalmente quando a "tríade neurótica" está baixa. "Mesmo que esquizofrenia possa ser descartada, a condição tende a ser resistente à mudança, como, por exemplo, num grave transtorno de personalidade alienada" (Groth-Marnat, 1999, p.285). Com a elevação da 2, a hipótese de um transtorno distímico ou obsessivo-compulsivo deve ser considerada (Groth-Marnat, 1984).

Implicações terapêuticas. Este código é encontrado, mais comumente, entre pacientes psiquiátricos. Dadas as características de personalidade, deve ser levado em conta risco de suicídio, especialmente com elevação na 2. Neste caso, devem ser examinados os itens críticos e outras fontes de informações (Groth-Marnat, 1999).

89/98

Sintomas, comportamentos e características da personalidade. Conforme Marks e colegas, *apud* Trimboli e Kilgore (1983), as elevações 8 e 9 potencializam-se mutuamente, e, então, quando o T de ambas está ao redor de 80, "vê-se um indivíduo psicótico, errático, que evidencia considerável confusão e perplexidade" (p.622). Além disso, caracteriza-se por ser altamente energético, hiperativo, agitado, indeciso, emocionalmente lábil, irrealístico, desorganizado, muitas vezes com delírios de grandeza de sentido religioso (especialmente com elevação da 6). Há probabilidade de apresentarem pensamento tangencial, fala bizarra, com neologismos e ecolalia. São sujeitos que se frustram se não recebem atenção e afeto e são imaturos, desconfiados, irritáveis, evitando as interações mais íntimas ou interagindo de forma infantil. Têm planos ou objetivos que podem ultrapassar o seu nível de realização, pelo que têm sentimentos de inadequação e de inferioridade, e seu desempenho não é bom na escola e na profissão.

Têm escasso *insight* e negam a necessidade de ajuda terapêutica.

As hipóteses mais comuns são de esquizofrenia ou de transtorno esquizoafetivo, com episódios maníacos. Para avaliar a gravidade do quadro clínico, é importante considerar a elevação da escala F.

Implicações terapêuticas. Com escasso *insight*, dificuldades para focalizar um tema, negação de problemas psicológicos, qualquer intervenção terapêutica é extremamente difícil. Dependendo da gravidade do quadro, possivelmente será indicado tratamento psicofarmacológico.

ESCALAS ÓBVIAS E SUTIS

Como foi referido no item sobre as escalas básicas, em conseqüência de estudos desenvolvidos com o MMPI, para algumas escalas (2, 3, 4, 6 e 9) foram criadas, em 1946, por Wiener e Harmon (Wiener, 1963), escalas óbvias e sutis, para obter dados mais precisos que os ordinariamente fornecidos pelas escalas tradicionais (Greene, 1988).

O desenvolvimento dessas escalas baseia-se no fato de que muitos itens possuem conteúdo óbvio e transparente, permitindo que as respostas possam ser manipuladas numa determinada direção, numa tentativa de fornecer certa impressão positiva ou negativa ao examinador. Uma imagem positiva geralmente resulta de uma defensividade deliberada ou de negação da psicopatologia. Uma imagem negativa ocorre a partir de um exagero ou simulação de psicopatologia. Pressupostamente, os itens sutis estariam mais isentos de uma manipulação num ou noutro sentido. Tais escalas permitem, assim, avaliar os efeitos da tendência consciente ou inconsciente do sujeito para apresentar uma determinada imagem de si mesmo (Wiener, 1963).

Gynther e Gynther (1983), embora considerem muito razoável a argumentação a favor da utilização dessas subescalas, a partir do exame de várias pesquisas, afirmam que a questão de sua utilidade não está suficientemente analisada. Não obstante, observa-se que, há mais de uma década, tem se intensificado o interesse no conteúdo dos itens e do antigo conceito (Christian, Burkhart & Gynther, 1978). Hryckowian & Gynther (1989) consideram a possível utilidade clínica do conceito para a interpretação do MMPI, embora assinalem a necessidade de mais pesquisas sobre os padrões de respostas. Entretanto, a literatura recente critica a metodologia utilizada, considerando-a por demais simplista (Levitt & Gotts, 1995).

Na verdade, apesar de alguma divergência em nível técnico, as escalas óbvias e sutis são, às vezes, utilizadas no trabalho clínico, por apresentarem uma informação extra e útil. Por outro lado, Peterson e colegas (1989), em pesquisa realizada, chegaram à conclusão de que as escalas óbvias "são mais suscetíveis de distorção deliberada, e as escalas sutis, menos" (p.582), se considerada a possibilidade de simulação ou de exagero de patologia, também em relação às escalas tradicionais, parecendo que a informação pode ser complementada pelo uso da escala de Dissimulação (Walters, White & Greene, 1988), que é apresentada no Quadro 32.1.

A composição dessas escalas é encontrada, neste livro, nos itens sobre as escalas clínicas

QUADRO 32.1 Escala de Dissimulação

Certo
10 14 16 19 23 24 29 31 35 42 44 47 50 53 73 93 97 104 125 179 206 210 211 212 216 226 241 246 247 297 303 320 325 328 341 344 352 360 375 388 419 422 433 438 443 453 458 459 471 475 476 480 481 485 518
519 525 535 541 543 545 565

Errado
68 83 88 96 137 207 257 306 405 466 524 528

Amostras clínicas	Amostras não-clínicas
Média: 15,94	Média: 15,88
Desvio padrão: 9,99	Desvio padrão: 7,90

Observação: A escala é de Gough (1954), *apud* Dahlstrom & Welsh, 1962, p.453. Os dados são de Gough (1963).

correspondentes, das quais derivam. A tabela (americana) para transformar os escores brutos em notas T é incluída no Anexo C, e a faixa de normalidade situa-se entre T = 40 e T = 60.

ESCALAS ESPECIAIS

Segundo Levitt e Gotts (1995), já em 1975, Butcher, falando do desenvolvimento de escalas, "sugeriu que havia mais escalas especiais do que itens" no MMPI (p.6). É evidente que algumas escalas metodologicamente são discutíveis, mas, na realidade, é bem mais seguro apoiar as hipóteses diagnósticas de uma avaliação não só nas escalas originais, mas buscar também subsídios no uso de escalas especiais.

Como não se torna possível fornecer todas as escalas especiais que pareceriam desejáveis, vamos apresentar, pelo menos, dois quadros, que permitem levantar hipóteses sobre transtornos de personalidade, cujo diagnóstico, evidentemente, não pode ser feito com base apenas no MMPI (vide Quadros 32.2 e 32.3).

OUTRAS SUBESCALAS E ÍNDICES

Desde a criação do MMPI, o sucessivo desenvolvimento de estudos deu lugar ao aparecimento de considerável número de subescalas. Nos últimos anos, tais esforços foram dirigidos principalmente para o desenvolvimento de

QUADRO 32.2 Itens hipoteticamente associados com transtornos de personalidade

Transtorno	Certo	Errado
Anti-social	49 56 93 118 124 135 145 146 205 218 250 269 271 298 313 381 419 437 471 472 475	37 113 294
Borderline	22 39 61 67 74(') 75 94 104 129 139 145 158 208 234 236 299 301 305 381 383 418 468 506 555	8 37 74(a) 379 399 407
Dependente	82 86 141 259 357 394 398 443 531 549 564	46 73 112 122 170 228 235 257 371 501 520
Esquiva	86 138 191 267 301 304 305 321 344 368 382 509	79 187 371 521
Esquiva-esquizotípica-esquizóide (núcleo)	52 292 312 377 384 473	54 57 309 440 449 451 479 547
Esquizotípica	27 33 50 110 121 136 265 284 293 345 348 349 364 551	450 464 482
Histriônica	22 25 126 158 181 248 266 336 353 381 386 482 506 521 555	171 180 240 262 304 306 312 407
Narcisista	19 24 35 73 122 165 247 257 264 271 280 282 299 317 336 353 400 411 415 417 469 511 521	86 198
Obsessivo-compulsiva	64 112 148 213 232 233 343 346 359 390 404 427 431 461 499 558	Nenhum
Paranóide	16 28 35 110 136 157 162 200 247 265 278 284 303 348 364 448 507	79 347
Passivo-agressiva	13 41 109 157 212 233 244 245 259 342 487 536	83 96

Fonte: Levitt & Gotts, 1995, p.87 (adaptado e resumido).

QUADRO 32.3 Freqüência dos escores esperados

Transtorno	Masculino			Feminino		
	Provável	Definido	Marcante	Provável	Definido	Marcante
Anti-social	12	13	15	11	12	14
Borderline	17	19	22	20	23	27
Dependente	12	13	15	14	16	19
Esquiva	9	11	13	11	13	16
Esquiva-esquizo-típica-esquizóide (núcleo)	9	10	13	8	10	12
Esquizotípica	9	10	12	10	11	14
Histriônica	13	14	15	14	15	17
Narcisista	15	16	18	15	16	19
Obsessivo-compulsiva	10	11	13	11	13	15
Paranóide	11	12	14	12	14	17
Passivo-agressiva	8-9	9	11	10	11	14

Fonte: Levitt & Gotts, 1995, p.89 (adaptado e resumido).

subescalas destinadas mais especificamente ao diagnóstico de novas entidades clínicas, incluídas no DSM-IV. Não obstante, como não é objetivo deste livro a discussão de tais escalas, recomenda-se o uso das referências bibliográficas do MMPI, inclusas no Catálogo de técnicas úteis. A pedido, são incluídas no texto a escala de Força do Ego e a escala de Dissimulação.

AV – Trata-se da antiga identificação para a média da elevação do perfil (ME), já apresentada no item Nível global de ajustamento do Passo 5, no Capítulo 30.

AI – Trata-se do índice de ansiedade, desenvolvido por Welsh (1963) e que inclui escores de quatro escalas e utiliza três características do perfil de ansiedade: um aumento geral da "tríade neurótica", a relação anticlinal de D (considerada em relação a Hs e Hy) e uma elevação secundária de Pt, da seguinte forma:

$$AI = \left[\frac{Hs + D + Hy}{3}\right] + \left[(D + Pt) - (Hs + Hy)\right]$$

O valor esperado de AI, para a população normal, é de 50, sendo que valores mais elevados são mais freqüentes em grupos clínicos, em que a ansiedade é um componente significativo.

IR – Trata-se do quociente de internalização, útil para ser associado ao AI, mas enfatizando um aspecto diverso do perfil. Welsh (1963) propõe uma relação entre "a soma das três escalas de queixa, humor ou sentimento – Hs, D e PT" e "a soma das três escalas de transtornos do comportamento ou de caráter – Hy, Pd e Ma" (p.302), da seguinte forma:

$$IR = \frac{Hs + D + Pt}{Hy + Pd + Ma}$$

O valor esperado do IR, para a população normal, é de 1, sendo que valores mais elevados são encontrados "em sujeitos que tendem a ter muitos sintomas somáticos e o sentimento subjetivo de estresse", enquanto valores mais baixos são freqüentes em sujeitos que tendem à atuação e "externalizam" seus conflitos (p.300). Valores concomitantemente altos de AI e IR são encontrados em casos caracterizados principalmente por ansiedade e depressão. Já os valores baixos de ambos (ou só com leve elevação do IR) são mais comuns em casos de atuação.

ITENS CRÍTICOS

Os itens críticos constituem indicadores de comportamento desviante (Koss, Butcher & Hoffman, 1976), ou indicadores de dificuldades clínicas especiais. Se respondidos na direção crítica, têm pressupostamente um caráter "patognomônico". Por tal razão, devem ser objeto de inquérito, para explorar a possibilidade de envolverem um significado patológico específico e importante para a identificação de crises e transtornos, no exame individual, em triagem e em descrições computadorizadas. Tal inquérito é feito por meio de entrevista individual, com duração de 5 a 20 minutos, após a administração individual ou coletiva.

O inquérito é dirigido de forma que o sujeito fale mais a respeito de sua resposta a itens desviantes (Schlanck, 1985). Na realidade, o inquérito é necessário, porque a interpretação se baseia "em itens isolados, que são mais vulneráveis a marcas errôneas ou a interpretações erradas pelo paciente do que as escalas" (Gynther & Gynther, 1983, p.174). Porém, nem sempre é necessária a investigação de todos os itens, respondidos na direção crítica. Schlanck (1985) sugere alguns itens específicos, que, na lista de Grayson (vide Quadro 32.4), estão marcados por asterisco, mas recomenda que, em diferentes clínicas, sejam selecionados os itens que parecem mais importantes.

As listas de itens críticos de Grayson é composta por 38 itens e foi publicada, originalmente, em 1951 (Dahlstrom, Welsh & Dahlstrom, 1962). Têm sido utilizadas para caracterizar estados de crise, ainda que, em grande parte, os itens se relacionem com crises de proporções psicóticas e não com crises situacionais ou de desenvolvimento (Gynther & Gynther, 1983). Posteriormente, Caldwell, conforme Koss e colegas (1976), procurou melhorar a qualidade dos itens críticos, abrangendo novas áreas de conteúdo (vide lista de Caldwell, no Quadro 32.5). Apesar disso, ainda há áreas que estão sub-representadas. Assim, além de dúvidas sobre se os itens representam amostras do comportamento real do paciente, ainda há críticas quanto ao seu uso como uma escala do estado psiquiátrico do sujeito. Espera-se que pessoas normais dêem, no máximo, três respostas na direção crítica, sendo um escore de 4 ou mais já sugestivo de patologia. Contudo, as médias, tanto de grupos normais como clínicos, apresentam certa variabilidade no escore de itens críticos (Koss, Butcher & Hoffman, 1976).

A seguir, serão definidas as áreas de conteúdo especialmente abrangidas pelas duas listas. Como ponto de partida, são apresentadas as áreas da lista de Caldwell, conforme são relacionadas por Groth-Marnat (1984), acrescentando itens ou áreas que constam da lista de Grayson. São marcados com asterisco os temas da lista de Caldwell:

a) álcool* e drogas*: 156, 215, 251, 460;
b) atuação: 85, 139, 146, 205, 354;
c) culpa*, depressão e suicídio*: 88, 139, 202, 209, 339;
d) dificuldades sexuais*: 20, 37 (302), 69, 74, 133, 179, 297;
e) experiências peculiares* e alucinações*: 27, 33 (323), 48, 66, 184, 291, 334, 345, 349, 350;
f) idéias de referência*, perseguição* e delírios*: 33 (323), 110, 121, 123, 151, 200, 275, 284, 293, 347, 364;
g) perturbação*, ansiedade, tensão e depressão*: 5, 27, 44, 86, 142, 152, 158, 168, 178, 182, 259, 337;

QUADRO 32.4 Lista de itens críticos de Grayson

Item	Direção crítica	Item	Direção crítica
20 (310)	Errado	179	Certo
27	Certo	182*	Certo
33 (313)*	Certo	184*	Certo
37 (342)	Errado	200*	Certo
44	Certo	202*	Certo
48*	Certo	205	Certo
66*	Certo	209*	Certo
69	Certo	215*	Certo
74	M:Certo; F:Errado	251*	Certo
85	Certo	275	Certo
114	Certo	291	Certo
121*	Certo	293*	Certo
123	Certo	334*	Certo
133	Errado	337	Certo
139*	Certo	339*	Certo
146	Certo	345	Certo
151	Certo	349*	Certo
156	Certo	350	Certo
168	Certo	354	Certo

Observação: Estes itens foram selecionados por Grayson, a partir de uma lista de Hellman (*apud* Dahlstrom, Welsh & Dahlstrom, 1972, p.377-378), que pretendia reunir sintomas, impulsos ou experiências, considerados sérios, e, portanto, se os itens são respondidos na direção crítica, podem requerer inquéritos ou exploração científica na triagem de pacientes, para identificação de estados de crise.
*Itens sugeridos para inquérito (Schlanck, 1985).

QUADRO 32.5 Lista de itens críticos de Caldwell

Item	Direção crítica	Item	Direção crítica
2	Errado	168	Certo
5	Certo	175	Errado
9	Errado	178	Errado
20	Errado	179	Certo
21 (308)	Certo	182	Certo
23	Certo	184	Certo
27	Certo	189	Certo
33 (323)	Certo	200	Certo
37 (302)	Errado	202	Certo
38 (311)	Certo	205	Certo
48	Certo	209	Certo
55	Errado	212	Certo
59	Certo	215	Certo
66	Certo	216	Certo
69	Certo	237	Errado
74	M:Certo; F:Errado	243	Errado
86	Certo	245	Certo
88	Errado	251	Certo
96	Errado	259	Certo
110	Certo	275	Certo
114	Certo	284	Certo
118	Certo	291	Certo
121	Certo	293	Certo
123	Certo	294	Errado
125	Certo	297	Certo
133	Errado	334	Certo
137	Errado	337	Certo
139	Certo	339	Certo
142	Certo	345	Certo
151	Certo	347	Errado
152	Errado	349	Certo
153	Errado	350	Certo
156	Certo	364	Certo
158	Certo	460	Errado

Fonte: Groth-Marnat, 1984, p.428-430 (lista adaptada).

h) problemas com autoridade*: 38 (311), 59, 118, 205, 294;

i) preocupações somáticas*: 2, 9, 23, 44, 55, 114, 125, 153, 175, 189, 243;

j) transtorno familiar*: 21 (308), 96, 137, 212, 216, 237, 245.

MECANISMOS DE DEFESA

Para a presente abordagem, é importante a distinção, já anteriormente citada, entre escalas de caráter, isto é, as escalas 3, 4, 5, 6, 9 e 0, que "refletem os mecanismos de defesa mais típicos do indivíduo", e as escalas de sintoma, isto é, as escalas 1, 2, 7 e 8, que "são mais vulneráveis a flutuações, como função de perturbação experienciada". Para Trimboli e Kilgore (1983), "mecanismo de defesa é um processo intrapsíquico inconsciente que funciona para aliviar a ansiedade associada com impulsos e pulsões conflituados" (p.615).

Sabe-se que a elevação da *escala 3*, especialmente quando igual ou maior que o escore T de 80, se associa com a sintomatologia de conversão clássica. Por outro lado, há autores que consideram que sua elevação igual ou maior que o escore T de 60 seria sugestiva de uso de negação. Como, de um modo geral, em relação à escala 3, os autores do MMPI se referem "a comportamento sugestivo de indivíduos que tentam evitar conflitos internos, mantendo-os fora da consciência ou canalizando-os através de vagas queixas físicas", os autores citados acreditam que a escala 3, de um ponto de vista psicanalítico, reflita o mecanismo de repressão (p.615).

Considerando os correlatos de personalidade geralmente associados com a *escala 4*, em especial no âmbito das interações familiares e sociais, parece que pacientes com elevações nesta escala procuram lidar com a ansiedade, apoiando-se fortemente nos mecanismos de externalização, atuação e racionalização ou intelectualização.

A *escala 5* implica uma interpretação bem mais complexa. Sabe-se que "qualquer desvio extremo nesta escala pode refletir um processo de identificação defeituoso que comprometeria o desenvolvimento do funcionamento defensivo eficiente, com repercussões prejudiciais na formação de funções do ego associadas". As chamadas elevações "femininas" (elevadas nos homens e baixas nas mulheres) são compatíveis com melhor nível educacional e tidas como refletindo interesses estéticos e culturais, conforme Lavon, *apud* Trimboli e Kilgore (1983). "Assim, elevações femininas leves e moderadas (determinadas à luz do nível educacional) podem ser conceitualizadas como refletindo alguma capacidade de sublimação, um dos mecanismos de defesa de nível mais elevado e mais adaptativo. Perfis com a escala

5 com escores T de moderados a elevados, na direção feminina, são considerados como refletindo passividade marcante... [e] tais escores podem servir para inibir a expressão direta dos impulsos", isto é, parecem associados com o uso da supressão, "uma defesa mais consciente e relativamente menos eficaz", embora classificada como madura (Gabbard, 1998). Por outro lado, as elevações leves e moderadas, na direção "masculina" (elevadas nas mulheres e baixas nos homens), encontram-se mais, segundo Lachar (1984), apud Trimboli e Kilgore (1983), em níveis sociais e educacionais médios e baixos, em indivíduos com interesses mais práticos e pragmáticos, e, segundo esses autores, associam-se com comportamento dogmático ou insistente, que se acentua quando os escores são de moderados a altos, podendo-se classificar mesmo como comportamento agressivo, rude e dominador. Então, de um ponto de vista psicodinâmico, estas elevações "parecem refletir uma capacidade defensiva diminuída para canalizar apropriadamente impulsos agressivos" (p.616).

Considerando os correlatos de personalidade, bem como os sintomas, tais como idéias de referência, delírios de grandiosidade, associados com escores elevados na escala 6 e, ainda, sintomas mais sutis, como suspeição, hipersensibilidade e rigidez, toda essa variedade de comportamentos sugere que "indivíduos com escore T acima de 65 (ou abaixo do escore T de 35, em pessoas que são capazes de inibir expressões mais manifestas de patologia) tendem a usar várias formas de projeção e variantes de externalização" (p.616).

Conforme McKinley e Hathaway (1980), apud Trimboli e Kilgore (1983), as elevações na escala 9 tendem a se associar com uma variedade de transtornos, desde a antes denominada personalidade psicopática, e a síndrome orgânico-cerebral, até o tipo agitado de depressão, algumas formas de esquizofrenia e o estado hipomaníaco. Segundo os últimos autores citados, mesmo elevações moderadas, isto é, com escore T acima de 65, já "tendem a evidenciar uma forma não eficaz de superatividade e um autoconceito bastante grandioso", além de dificuldades no manejo de impulsos e dos afetos, já descritos no item referente à escala 9. A hipótese psicodinâmica correspondente seria de que os sujeitos com escores pelo menos moderados na escala 9 utilizam o mecanismo de negação e, também, "tendem a descarregar a ansiedade relacionada com o conflito psíquico, através de canais psicomotores". Além disso, conforme Lanyon (1968), apud Trimboli e Kilgore (1983), tais defesas freqüentemente se associam com atuações, especialmente com a elevação simultânea da escala 4 (p.616-617).

Dada a caracterização de indivíduos com escores elevados na escala 0, em especial seu desconforto em situações sociais, sua dificuldade de enfrentar diretamente situações perturbadoras, os autores consideram que, numa linha psicodinâmica, os sujeitos com escores elevados, isto é, com escores T ao redor de 70, "parecem estar lidando com as dificuldades com sua vida interna e com as dificuldades externas, através de evitação e retraimento, que podem ser acompanhadas por suspeição" (p.617).

Além das escalas de caráter, também as escalas de validade podem proporcionar indícios sobre mecanismos que o indivíduo utiliza para manejar a ansiedade.

Quando examinamos a escala K, vimos que níveis altos da escala K se associam com uma relutância em reconhecer seus problemas e fraquezas psicológicas, chegando a usar a racionalização para assinalar respostas aceitáveis. Segundo Caldwell (1968), apud Trimboli e Kilgore (1983), é possível levantar a hipótese de que tais escores elevados indiquem uma constrição marcante, com conseqüente restrição da responsividade afetiva ou inibição da mesma. Essas considerações permitem que se pressuponha que a elevação da escala K se associe ao uso de repressão e racionalização. Já a configuração representada por uma elevação da escala F, acompanhada de escores baixos nas escalas L e K, "implica uma ausência de funcionamento defensivo eficaz", enquanto um escore baixo na escala F seria consistente com a repressão ou negação sugeridas por escores elevados na escala K" (p.617).

Neste trabalho que vem sendo citado, Trimboli e Kilgore (1983) afirmam que uma das suas hipóteses principais é que, quando não existem elevações marcantes nas escalas de sintomas, isto é, nas escalas 1, 2, 7 e 8, a presença de elevações marcantes nas escalas de caráter, ou de pares de elevações de tais escalas, isto é, na 3, 4, 5, 6, 9 e 0, pode ser utilizada para descrever os mecanismos defensivos do paciente. Já no caso em que existam elevações das escalas de sintomas, "pode-se inferir, a partir das escalas de caráter, que tipos de operações de defesa estão sendo rompidos pelos sintomas ou que defesas características o indivíduo está tentando empregar para controlar os sintomas que emergiram". Como exemplo, apresentam o caso de um sujeito cujo perfil apresenta apenas elevações moderadas nas escalas K e 3, o que seria indicativo que "suas operações ou defesas estão organizadas em torno da repressão. Isto implicaria um indivíduo funcionando num nível relativamente elevado, que não está presentemente perturbado (sem elevações das escalas de sintoma) e que é capaz de usar os mecanismos de defesa mais eficazes". Este caso pode ser comparado com o perfil de um sujeito que apresenta elevações notáveis nas escalas 4 e 6, que poderiam se relacionar com a utilização de mecanismos mais primitivos. Em conseqüência, tal pessoa percebe o mundo ao seu redor com uma atitude de suspeição e utiliza defesas muito menos eficazes (p.617).

Manejo da ansiedade

Das últimas considerações, pode-se concluir que a ausência de elevações marcantes das escalas de sintoma se associa com um sistema de defesas organizado para manejar a ansiedade. Então, na medida em que surgem elevações nas escalas de sintoma, isso seria uma indicação de que os mecanismos de defesa não são suficientes para lidar com a ansiedade. Entre tais elevações, merece uma menção especial a da escala 2, já que os autores citados consideram "a magnitude de elevação na escala 2 como sendo o melhor indicador isolado da extensão pela qual as defesas típicas do indivíduo estão sendo rompidas", ou, melhor, pode ser interpretado como um sinal de que o mecanismo de repressão não está sendo eficaz ou capaz de manter o conflito neurótico abaixo de um nível consciente. Então, "à medida que o conflito se torna mais intensificado, podemos compreender uma elevação na escala 7, como indicando uma reativação daquelas defesas que, envolvendo pensamento mágico, ruminação e rituais, estão associadas com usos menos eficientes de repressão, característicos de níveis mais precoces de desenvolvimento psicossexual". Por outro lado, quando as defesas se mostram muito comprometidas e deterioradas, isso pode se refletir por uma nítida elevação da escala 8. "Tal elevação reflete a confusão cognitiva, o crescente isolamento e o tumulto emocional que acompanham as descompensações mais severas" (p.617-618).

Já a escala 1, embora seja considerada uma escala de sintoma, funciona de forma similar às escalas de caráter. A elevação da escala 1 associa-se com a tendência a canalizar as dificuldades emocionais através do plano somático, ou, melhor, as preocupações psicológicas refletem-se em queixas somáticas. Envolve, então, uma função defensiva, o mecanismo de deslocamento, como resposta ao estresse. À medida que o estresse experienciado pelo paciente aumenta, raramente se observam elevações apenas nas escalas de sintoma, começando a se elevar as escalas de caráter, cujas elevações pressupõem "uma intensificação das defesas típicas que o indivíduo usa em épocas de estresse. Quanto maior é o estresse e quanto maior a ruptura do funcionamento, mais provavelmente se observam elevações através de todo o perfil" (Graham, 1977, *apud* Trimboli & Kilgore, 1983, p.618).

Nas descompensações de nível neurótico, verifica-se primeiramente a elevação nas escalas 2 e 7, como já vimos, e, talvez, da escala 1, representando um incremento dos esforços para tentar a repressão do conflito. Embora haja muita variação nos casos individuais, comumente o passo seguinte seria o aparecimento de elevações secundárias nas escalas 4 e, provavelmente, nas 6 e 9, "refletindo tentativas auxiliares de dissipar a ansiedade, que ameaça dominar o funcionamento do indivíduo. Nesta categoria de configuração do perfil, as escalas de sintoma permanecem mais proeminentes do que as escalas de caráter". Entre estas últimas, as escalas 3 e 7 predominam sobre as escalas 6 e 9, assegurando que a descompensação permanece em nível neurótico (p.618).

Para entender a descompensação em nível psicótico, é preciso examinar as interações entre as escalas 7 e 9 e as escalas 6, 8 e 0. As elevações das escalas 7 e 9 envolvem agitação e desconforto; todavia, enquanto estas escalas predominam sobre as escalas 6, 8 e 0, há menos distorção da realidade e ainda um bom prognóstico. Contudo, quando o funcionamento defensivo vai se deteriorando, em vista do fracasso nas tentativas de enfrentar a perturbação, isso se expressa geralmente por meio de uma inversão da configuração anterior. "Por exemplo, as escalas 8 e 0, significativamente elevadas acima da escala 9, indicam aumento do isolamento emocional, acompanhado de apatia e retraimento. De forma similar, à medida que a escala 8 se eleva acima da 7 (por mais de 10 escores T), vemos a evidência nítida da incapacidade do paciente de evitar a fragmentação cognitiva pelo uso de defesas ruminativas. Finalmente, à medida que a escala 6 se eleva acima da 7, temos a evidência da tentativa do paciente de reconstituir sua percepção do mundo, através do uso de projeções grosseiras, que se refletem clinicamente na formação de delírios elaborados e/ou bizarros" (p.618-619).

MANEJO DA AGRESSÃO E DA HOSTILIDADE

No manejo da agressão, seja dirigida para os outros de forma direta ou indireta, seja dirigida contra si mesmo, devemos considerar principalmente as elevações nas escalas 1, 3, 5, 8 e 9.

Ao se considerar a expressão direta da agressão em relação aos outros, assumem importância primordial a elevação das escalas 4 e 6, ainda que o foco da ira se defina de forma diferente, nos dois casos. Quando a escala 4 se apresenta elevada, acima de um escore T de 70, associa-se com hostilidade dirigida contra figuras parentais e seus substitutos sociais, principalmente enquanto representativos culturais de autoridade. Todavia, a agressão é racionalizada pelo sujeito e, usualmente, não é focalizada especificamente contra determinadas pessoas, mas é mais difusa. Se a elevação da escala 4 se combina com a elevação na escala 9, os sujeitos são descritos como hostis, impulsivos, e sua baixa tolerância à frustração os leva à atuação de seus impulsos agressivos (Gilberstadt & Duker, 1965) de forma mais direta, contra os demais. Já no caso da elevação da escala 6, a agressão também é expressa de forma direta, mas "a ira se focaliza em pessoas específicas" (p.65). Conforme Trimboli & Kilgore (1983), citando também observações de Corson (1969), as elevações da escala 6, ao redor do escore T de 80, "quase sempre são um indicador de projeção delirante da hostilidade. Quando a escala 6 é elevada com a escala 4, elas caracteristicamente se potencializam mutuamente, e podemos observar mau controle dos impulsos, explosividade e uma propensão à violência". Trata-se de uma configuração característica de violência, especialmente se estiver associada também à elevação da escala 9 (Trimboli & Kilgore, 1983, p.621).

Como já vimos, a escala 3 associa-se com repressão e tem um efeito atenuante sobre o comportamento atuador, e, então, a agressão pode se expressar de forma mais indireta, especialmente se existem elevações nas escalas 1 e 2. Segundo Graham (1977), citado por Trimboli e Kilgore (1983), tais configurações aparecem em sujeitos que podem usar seus sintomas físicos ou apatia como forma de punição, que pode se dirigir a familiares, médico ou psicoterapeuta, portanto, usando a agressão de forma mais velada e indireta. No entanto, quando a elevação da escala 3 se associa com elevações nas escalas 6 ou 4, a expressão ainda pode ser considerada indireta, mas se manifesta de forma menos velada. A combinação das escalas 3 e 6, conforme referência da mesma fonte, associa-se com expressões de agressão "facilmente observadas pelos outros", mas das quais o indivíduo não está consciente, manifestando reações de surpresa e descrença quando os outros sugerem sua intenção. A combinação da escala 3 com a escala 4 associa-se com intensos impulsos agressivos, e, "quando as escalas se encontram notavelmente elevadas, a pessoa é incapaz de expressar a ira de uma maneira adequada". No caso da escala 3 predominar sobre a 4, comumente se observa um estilo passivo-agressivo, "através do qual o indivíduo expressa a ira de uma maneira encoberta ou oculta". Os autores ainda assinalam, referindo-se a observações de Person e Marks (1971), que os indivíduos cujo perfil apresenta a escala 4 predominando sobre a 3 "tendem a ser supercontrolados na maior parte do tempo; todavia, podem ocorrer episódios curtos de violenta atuação" (p.620-621).

Quanto à agressão dirigida contra si mesmo, associa-se mais com a elevação da escala 2 e com suas combinações com outras escalas, principalmente com escalas de caráter. Já vimos que a elevação na escala 2 se associa à depressão e também é um indicador de que as defesas não são suficientes no manejo da ansiedade. Indícios de tal ansiedade, por meio de sintomas de inquietação, leve agitação, sentimentos de insatisfação, já podem ser observados em elevações moderadas da escala 2, isto é, quando os escores T se situam entre 65 e 75. A ansiedade associa-se à ameaça que o indivíduo sente frente aos seus impulsos agressivos, que não conseguem ser liberados de forma apropriada, mas se dirigem contra si mesmo. À medida que tais impulsos se intensificam, aumenta a possibilidade de comportamentos autopunitivos, de maneira que, quando a elevação da escala 2 chega ou ultrapassa um escore T de 80, se instala um quadro clínico de depressão, e, quanto mais elevada é a escala, mais evidência há de um potencial suicida que, muitas vezes, se expressa por ideação suicida. É mais provável, porém, a existência de risco de suicídio quando a elevação da escala 2 se associa com elevações em outras escalas, particularmente com uma ou mais escalas de caráter, como na 4 e na 9, com a escala de sintoma 8 (quando há deficiência do juízo) e, de forma mais atenuada, com as escalas de caráter 3 e 6.

Quando a escala 4 apresenta escores T abaixo de 40, especialmente quando há uma elevação simultânea da escala 3, segundo Graham (1977), apud Trimboli e Kilgore (1983), fica sugerida a presença de um supercontrole dos impulsos agressivos, que se faz com ônus para o equilíbrio do indivíduo, podendo-se pressupor que tal repressão excessiva possa vir a se expressar por um comportamento intrapunitivo.

Ainda outra configuração importante seria a elevação simultânea das escalas 5 e 8, ambas relacionadas com a formação da identidade. Os autores cujo trabalho está sendo citado sugerem que tal configuração "possa ser relacionada com uma forma mais primitiva de identificação com o agressor". Assim, "um indivíduo com uma fraca auto-identidade e cujas experiências precoces tenham sido com figuras sádicas, pode se identificar com esse sadismo e manejar sua agressão voltando-se contra si mesmo", num ato destrutivo isolado. Por outro lado, existe uma configuração em que a chamada elevação "feminina" na escala 5 (elevada nos homens e baixa nas mulheres) se combina com uma elevação da escala 1, que pode ser encontrada "em indivíduos mais primitivamente organizados, que têm uma história de múltiplas cirurgias. Esta seria entendida como uma variante da agressão voltada contra si mesmo, em indivíduos que tentam lidar com seus "maus" introjetos de uma maneira bastante concreta" (p.621-622).

CASO ILUSTRATIVO

Informações básicas. Trata-se de um rapaz, de 21 anos, solteiro, cursando a terceira série do ensino médio de um curso supletivo, encaminhado à avaliação psicológica por vir apresentando problemas de aproveitamento escolar, que se agravaram a partir da sétima série do ensino fundamental. Confessa que "matava muita aula" (sic) e não tinha bom relacionamento com professores. Gosta de ler, escutar música e tem grupos de amigos. Não refere envolvimentos afetivos. Quanto ao convívio com os demais, descreve-se como uma pessoa tímida, "mas nem por isso ausente" (*sic*). Acha que sabe muitas coisas e que, por tal motivo, não necessita fazer comentários. Na avaliação*, não apresentou problemas de ordem cognitiva. Na sua história médica, só se registra a necessidade de reposição hormonal, no início da adolescência.

Este caso* é apresentado por ser um perfil pouco definido, como muitas vezes acontece, quando se utiliza o MMPI em examinandos cujo nível de psicopatologia não é significativo. São perfis que devem ser interpretados com muita cautela, atribuindo mais peso a indícios que se confirmam.

Descrição clínica. O protocolo é válido (1TR+0CLS)<7: os dados indicam que o paciente apresenta um nível de compreensão verbal adequado. Portanto, é possível pressupor que tenha respondido com honestidade. Não obstante, o perfil é pouco definido, com nenhuma escala ultrapassando um T = 70. Nas escalas de validade, observa-se uma elevação acima de um nível moderado na escala L (escore 8/T=62) e uma elevação definidamente alta na escala K (escore 22/T=77).

No primeiro caso, a hipótese é de que o sujeito, consciente ou inconscientemente, deseja passar uma imagem favorável de si mesmo ou a imagem que tem de si mesmo não é realística. Como conseqüência, deve ter baixa tolerância ao estresse e pouca capacidade de *insight*, o que se reflete nas relações com os demais.

A segunda elevação corrobora a hipótese de desconsiderar ou negar suas próprias dificuldades, provavelmente tentando dar uma idéia de estar com a própria vida sob controle e de ter um desempenho eficiente, embora possa não se dar conta da impressão que causa nos outros. Sua maneira de ser limita sua interação social, podendo parecer tímido e inibido.

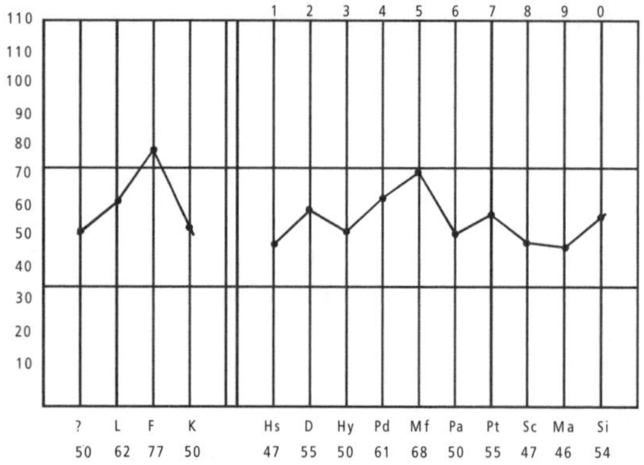

Figura 32.1 Perfil do MMPI de um rapaz de 21 anos. Código: 5 4 2 7 8:5:22.

Também o índice F-K (-17) confirma a presença de muita defensividade, com minimização das próprias dificuldades, o que recomenda cautela para a interpretação de quaisquer indícios.

Uma análise, usando a escala de Desajustamento social (SOC = 15, que se classifica 1DP acima da média) e a de Introversão social (TSC/1 = 17, mais de 2DP acima da média), reforça a tendência à timidez, à inibição e à baixa tolerância ao estresse, especialmente quando a situação envolve relações interpessoais. Por outro lado, considerando o código 54, em que a escala 5 está pelo menos cerca de 8 pontos de escores T acima da média esperada para o sexo e nível de escolaridade do sujeito, combinada com uma elevação moderada da escala 4, há uma sugestão de que o sujeito possa se opor a ou desafiar maneiras convencionais de ser.

Embora indicadores de problemas mais sérios, em relação com laços com a realidade, estejam ausentes, a forma como o sujeito endossou as afirmações sugere que não se trata de um bom candidato à psicoterapia, sendo pouco colaborador numa avaliação psicológica.

---

*Agradecemos à psicóloga Clarissa Trentini o fornecimento de dados da avaliação.

MÓDULO XII – Técnicas de Fazer Desenhos

Desenho da Figura Humana

Claudio Simon Hutz, Denise Ruschel Bandeira

33

Já no final do século XIX, acreditava-se que o desenho de crianças podia ser visto como indicador do desenvolvimento psicológico (Goodenough, 1974). A primeira escala com critérios de análise do Desenho da Figura Humana (DFH), como medida de desenvolvimento intelectual de crianças, foi desenvolvida por Florence Goodenough, em 1926. Posteriormente, essa escala foi revisada e expandida por Harris (1963).

Duas décadas após a publicação do trabalho seminal de Goodenough, em 1926, Karen Machover (1949a) publicou os resultados de uma série de observações clínicas sobre a representação gráfica de figuras humanas desenhadas por crianças e adultos que apresentavam problemas psicológicos diversos, fornecendo um caráter projetivo ao DFH. Esse trabalho popularizou o DFH como método de avaliação da personalidade, que, já na década de 60, havia se tornado uma das técnicas mais empregadas por psicólogos americanos (Lubin, Walls & Paine, 1971; Sundberg, 1961). Na década de 50, vários autores deram contribuições importantes para a utilização do DFH como técnica projetiva. Entre eles, destacam-se as de Hammer (1958), Jolles (1952) e Levy (1991).

A publicação do trabalho de Koppitz (1968) forneceu mais do que uma alternativa à escala de Harris-Goodenough para avaliar inteligência. Pela primeira vez, surgia um sistema quantitativo objetivo de avaliação do DFH para o diagnóstico de problemas de aprendizagem e distúrbios emocionais. Isso permitiu que, já na década de 70, o DFH se tornasse mais abrangente e tivesse seu uso intensificado, sendo que, hoje, é um dos testes mais empregados em pesquisa e na prática profissional do psicólogo em várias áreas (Hutz & Bandeira, 1993; Lubin, Larsen & Matarazzo, 1984; Lubin, Larsen, Matarazzo et alii, 1985; Lubin, Walls & Paine, 1971).

Entretanto, a validade do DFH como teste psicológico, bem como sua utilidade clínica, têm sido questionadas sistematicamente (Maloney & Glasser, 1982). Reynolds (1979) mostrou que o julgamento dos psicólogos profissionais sobre a utilidade de testes psicológicos apresenta uma baixa correlação com o julgamento de psicólogos acadêmicos sobre a qualidade desses testes. Anteriormente, Thelen e colegas (1968) já alertavam para o fato de que, embora professores e pesquisadores na área da psicologia clínica sistematicamente expressassem atitudes negativas sobre o valor clínico das técnicas projetivas, elas continuavam entre os 10 testes mais utilizados. Cerca de 15 anos mais tarde, essa situação era essencialmente a mesma (Pruitt, Smith, Thelen et alii, 1985).

A continuidade do uso do DFH, em vários países, até o presente, mostra, porém, seu amplo grau de aceitação e demonstra a convicção de psicólogos que trabalham com psicodiagnóstico de que o DFH é uma técnica útil na avaliação de crianças, adolescentes e até mesmo adultos, não obstante a dificuldade de produzir demonstrações empíricas de validade e utilidade clínica.

O DFH é uma técnica muito atrativa para psicólogos em várias áreas, devido à sua abrangência, simplicidade e aparente objetividade. Além de ser uma técnica de baixo custo (requer apenas lápis e papel), é também uma tarefa de fácil execução e de boa aceitação especialmente por crianças. Não é, portanto, surpreendente que o DFH tenha sido rapidamente incorporado ao arsenal de técnicas utilizadas por psicólogos brasileiros, sem que os estudos necessários para um uso confiável dessa técnica tivessem sido realizados (Hutz & Bandeira, 1995). Além disso, há uma crença (infundada) de que essa técnica é pouco afetada pela cultura. Argumenta-se que o estímulo básico – uma pessoa – é essencialmente o mesmo em todas as sociedades e em todas as épocas.

Desenhos pré-históricos são, às vezes, apontados como evidência de que pessoas têm representado seres humanos, praticamente, da mesma forma por muitos milênios. O efeito da cultura sobre o desenho seria, portanto, muito pequeno e se limitaria, apenas, a alguns detalhes da figura (por exemplo, vestimenta, adornos, comprimento do cabelo). Se isso fosse realmente verdade, escaparíamos da necessidade de adaptações e repadronizações onerosas e teríamos um instrumento que nos permitiria realizar comparações transculturais.

Infelizmente, há evidência de que diversos tipos de indicadores (evolutivos, emocionais e outros) não têm, com amostras brasileiras, a mesma validade e significado clínico encontrados em amostras americanas para as quais eles foram padronizados (Bandeira & Hutz, 1994; Hutz, 1986; Hutz, 1989a; 1989b; Hutz & Antoniazzi, 1995). É possível que isso reflita diferenças evolutivas na produção de desenhos ou na representação do corpo entre crianças brasileiras e americanas. A invariabilidade do estímulo básico não implica, necessariamente, que os itens investigados tenham a mesma saliência ou o mesmo significado psicológico em ambas as culturas, ou mesmo entre níveis socioeconômicos na mesma cultura.

Porém, psicólogos brasileiros têm aplicado o DFH utilizando normas desenvolvidas com amostras americanas na década de 60, ou anteriores. A utilização de um teste psicológico, sem conhecer sua fidedignidade e validade, é um procedimento de alto risco que pode levar a erros de diagnóstico, provocando prejuízos importantes para os indivíduos avaliados.

Exceto pelo trabalho sistemático de Van Kolck (Van Kolck, 1966; Van Kolck, 1984), pouco foi publicado no Brasil sobre o DFH até muito recentemente (Hutz & Bandeira, 1993). Essa situação começou a se modificar apenas na década de 90, com o desenvolvimento de estudos de normatização, padronização e validação do DFH realizados pelo Laboratório de Mensuração da UFRGS e pelo Laboratório de Avaliação e Medidas Psicológicas da PUCCAMP, culminando com a publicação de normas locais atualizadas (vide Anexo D) para os indicadores evolutivos e emocionais de Koppitz (Hutz & Antoniazzi, 1995) e de um manual para uso em crianças brasileiras (Wechsler, 1996).

DFH: AVALIAÇÃO DO DESENVOLVIMENTO INFANTIL

Ao revisar e ampliar a escala de Goodenough, Harris (1963) já questionava o uso do DFH como teste de inteligência, preferindo entendê-lo como medida de *maturidade conceitual*, ou seja, o conceito que a criança tem do corpo humano. Introduz-se, então, o enfoque do desenvolvimento infantil no desenho, profundamente estudado por Koppitz (1968), que produziu um sistema de avaliação objetivo muito utilizado internacionalmente. Para aplicar a técnica de Koppitz, solicita-se à criança o desenho de uma pessoa inteira em uma folha branca tamanho ofício, lápis número dois e borracha. A avaliação, feita com um único desenho, inclui 30 itens evolutivos, pontuados como ausentes ou presentes. Os itens presentes são somados, e a criança recebe, então, um escore global. A análise também pode ser realizada na avaliação pela presença de itens esperados, comuns, incomuns e excepcionais, conforme a idade da criança. A categorização desses itens deve sempre advir de amostras locais (ver Hutz & Antoniazzi, 1995, para normas locais).

A análise dos itens evolutivos é relativamente clara no livro de Koppitz (1968). Em nossos estudos, encontramos apenas dois problemas. Um deles envolve um conjunto de itens (itens 27, 28 e 29), que devem ser pontuados se o desenho apresentar nenhum ou um item de roupa, um ou dois, e três ou mais itens, respectivamente. Se a análise for realizada sobre os itens esperados, comuns, incomuns e excepcionais, não há problema algum. Porém, se o interesse for na soma do conjunto total de itens (escore global), o item 27 sempre será pontuado (o desenho necessariamente tem ou não tem roupa representada, não há uma terceira possibilidade). Isso torna o item inútil e traz problemas psicométricos para a escala. Para sanar esse problema, modificamos a definição do item 27, em nossos estudos, para "somente um item de roupa", não pontuando desenhos que não apresentam nenhuma representação de vestimenta. Observe-se, também, que o primeiro item evolutivo a ser pontuado é "presença de cabeça". Em nossos estudos normativos, com mais de 2.000 crianças e adolescentes que freqüentam escolas, nunca encontramos uma omissão de cabeça (exceto quando são produzidas figuras bizarras, em que partes do corpo não são diferenciadas). Mesmo assim, esse item foi mantido, porque algumas crianças psicóticas podem desenhar figuras sem cabeça.

O outro item que apresenta dificuldade na sua análise (item 30) requer que o avaliador decida se o desenho apresenta boas proporções. Koppitz (1968) não é clara nesse sentido, apenas afirmando que o desenho deve estar *bem*, mesmo que incorreto do ponto de vista anatômico. Essa definição faz com que o item se torne suscetível ao viés do avaliador, dificultando, em especial, a avaliação de desenhos de crianças pequenas. De todos os itens, este é o que apresenta a menor concordância entre juízes. Burley e Handler (1997) demonstraram, inclusive, que variáveis de personalidade de avaliadores de desenho, tais como empatia, intuição e criatividade, interferem no processo avaliativo. Por outro lado, estudos do nosso laboratório têm demonstrado que tanto psicólogos treinados como leigos são capazes de fazer avaliações globais do DFH, apresentando altas correlações entre juízes (Hutz & Bandeira, 1995).

O trabalho da equipe de Wechsler (1996) trouxe contribuições positivas para a melhoria da fidedignidade da avaliação, apresentando uma boa operacionalização dos itens a serem avaliados no DFH, com exemplos gráficos e tabelas da nossa realidade. Além disso, alguns estudos têm mostrado que há correlação significativa entre o sistema utilizado por Wechsler e o de Koppitz (Donadussi, Medina, Lucca *et alii*, 1999).

DFH: AVALIAÇÃO DA PERSONALIDADE E AJUSTAMENTO EMOCIONAL

Uma das formas de avaliação de aspectos emocionais no DFH em crianças também foi desenvolvida por Koppitz (1968). Baseada nos estudos de Machover e de Hammer, bem como na sua própria experiência, estabeleceu uma escala de 30 indicadores emocionais capazes de diferenciar crianças sem e com problemas emocionais (em atendimento clínico). A presença de três ou mais indicadores, especialmente em crianças com mais de nove anos de idade, apontaria para a possível presença de desajustamento emocional. Alguns indicadores são pontuados conforme a idade da criança.

A avaliação dos indicadores emocionais caracteriza-se por apresentar um pouco mais de dificuldade na análise dos indicadores do que a avaliação dos indicadores evolutivos, a começar pela definição do que é sombreamento, presente nos indicadores três e quatro. Handler (1967) é um dos poucos autores que definem claramente o sombreamento como um dos índices de ansiedade, referindo-se ao uso de traços ou marcas de padrão recorrente. É uma definição mais operacional, mas não se pode assegurar, evidentemente, que essa definição seja a mesma para Koppitz, ou que o sombreamento realmente expresse problemas emocionais se avaliado dessa forma.

Outra forma de avaliação do DFH, abordando a personalidade e seus aspectos estruturais e dinâmicos, teve origem nos estudos de Machover (1949b). Na aplicação, solicita-se também o desenho de uma figura do sexo oposto à primeira desenhada, sempre em folha separada. Ainda há a possibilidade de se solicitar o desenho de uma pessoa na chuva, o que permitiria investigar as reações do examinando a situações de tensão. Recomenda-se, ainda, a realização de um inquérito ou a construção de uma estória sobre a figura. Van Kolck (1984) apresenta sugestões de perguntas a serem feitas no inquérito (vide no Anexo E).

Ao desenhar uma pessoa, o indivíduo projeta sua imagem corporal no papel, definida por Schilder (1981) como "a figuração de nosso corpo formada em nossa mente, ou seja, o modo pelo qual o corpo se apresenta para nós" (p.11). Essa imagem envolve uma apercepção do corpo, possuindo bases fisiológicas, libidinais e sociológicas e está intimamente relacionada com o conceito que o indivíduo tem de si mesmo.

Contudo, segundo Van Kolck (1984), o desenho também pode ser a representação de outros aspectos do indivíduo, tais como aspirações, preferências, pessoas vinculadas a ele, imagem ideal, padrões de hábitos, atitudes para com o examinador e a situação de testagem. Essa variedade de possibilidades torna a técnica muito rica, mas também dificulta a interpretação acurada e fidedigna de um DFH.

Existe uma ampla literatura que auxilia o psicólogo a interpretar o Desenho da Figura Humana, desde obras mais esquemáticas e objetivas (p.ex., Campos, 1978; Van Kolck, 1984) até aquelas que fornecem uma visão mais dinâmica e interpretativa do desenho (p.ex., Di Leo, 1987; Hammer, 1981). Os primeiros pecam por falta de definições claras ou exemplos, enquanto os demais passam a idéia de interpretações baseadas na experiência pessoal, e não em dados de pesquisa. A literatura disponível pode, portanto, gerar uma certa insegurança, em especial para aqueles que estão iniciando sua formação em interpretação de desenhos. Acreditamos que, neste momento, o estudo dos diversos manuais de interpretação, a leitura da pesquisa na área e a orientação ou supervisão por pares com mais experiência é indispensável. Certamente, não se pode pretender, a partir de uma leitura de um livro, fazer interpretações e diagnósticos.

É importante também registrar que a visão geral do desenho, levando em conta aspectos de normalidade, traz informações sobre o indivíduo que está sendo avaliado, tão válidas quanto os aspectos específicos (Hutz & Bandeira, 1995). Contudo, há que se tomar cuidado com aspectos pessoais do interpretador, tendo em vista estudos que mostram a influência de fatores de personalidade na avaliação de desenhos (Burley & Handler, 1997; Hammer & Piotrowsky, 1997). Mais uma vez, aponta-se para a necessidade de supervisão, de utilização de outras técnicas complementares ao DFH e, sobretudo, de um conhecimento profundo de psicologia. Nenhum teste substitui a necessidade de conhecimento atualizado em psicologia do desenvolvimento, personalidade e psicopatologia.

DFH E ANSIEDADE

O DFH também pode ser utilizado para avaliação de aspectos específicos, tais como ansiedade. Handler (1967) propôs uma escala com 20 índices de ansiedade, que, dentre os diversos sistemas de escores, tem recebido muita atenção dos pesquisadores na área e gerado um grande número de pesquisas (Sims, Dana & Bolton, 1983). A sua base está, em parte, nos trabalhos de Hoyt, de 1955, e de Bolton, de 1950 (citados em Handler, 1967). Handler introduziu modificações, preocupando-se em estabelecer critérios de escore para a análise de maneira formal, que abrangem tanto a ansiedade causada por situações externas estressantes como por causas intrapsíquicas. Vinte índices foram descritos, atribuindo-se escores de acordo com as características do desenho para cada um deles, em escalas de quatro ou dois pontos, onde, nesta última, a presença é um indicador de ansiedade.

A escala de Handler foi elaborada para a avaliação da ansiedade nos desenhos de adolescentes e adultos. A sua utilização em crianças tem se mostrado contraditória. Parte dos estudos encontrou alta correlação na aplicação da escala em crianças (Sopchak, 1970; Van Kolck, 1973), enquanto, mais recentemente, foi comprovada a sua falta de validade para uso nessa faixa etária (Bandeira, Loguercio, Caumo et alii, 1998). Outros estudos criticaram a validade dessa escala e mesmo da utilização do DFH como instrumento diagnóstico de ansiedade (Engle & Suppes, 1970; Handler, 1984; Sims, Dana & Bolton, 1983). Recomenda-se, portanto, cautela na utilização dessa escala. Como de regra, outras técnicas devem também ser empregadas, e os resultados nunca devem ser interpretados sem considerar o contexto e a história do indivíduo.

SEXO DA FIGURA

O Desenho da Figura Humana é considerado como a expressão da auto-imagem de crianças que, teoricamente, projetam suas identificações e conflitos no desenho. Portanto, seria esperado que desenhassem figuras de seu próprio sexo. Machover (1949a) afirmou que crianças que desenham figuras do sexo oposto provavelmente apresentam um problema no desenvolvimento da sua identidade sexual. Nos últimos 50 anos, muitos estudos com crianças e adultos mostraram que existe uma tendência geral a desenhar figuras do mesmo sexo (Dickson, Saylor, & Finch, 1990; Houston & Terwilliger, 1995). Todavia, não há evidência sólida que apóie a hipótese de Machover, e alguns estudos (por exemplo, Roback, 1968) não encontraram relação entre o sexo da figura, identificação sexual e problemas emocionais.

Em um estudo delineado para investigar o desenvolvimento da identificação sexual no DFH, Bieliauskas (1960) obteve resultados que mostraram uma grande proporção de desenhos do mesmo sexo em crianças, e que esta proporção tendia a aumentar com a idade, embora as meninas apresentassem um padrão mais inconstante. Muitos estudos da década de 50 apresentaram resultados similares. Os achados de Jolles (1952), porém, mostraram que as meninas tendem a desenhar figuras do sexo oposto com mais freqüência, à medida que se tornam mais velhas, enquanto exatamente o oposto ocorria com meninos. Esses resultados foram corroborados por Swensen e Newton (1955). Butler e Marcuse (1959) argumentaram que esses resultados apontavam para um padrão evolutivo que seria compatível com o fato de que mulheres adultas desenham figuras do sexo oposto muito mais freqüentemente do que homens (Aranoff & McCormick, 1990).

Mais recentemente, Heinrich e Triebe (1972) revisaram 19 estudos e confirmaram que há uma tendência geral a desenhar, primeiro, uma figura do mesmo sexo, mas que a proporção de meninas que desenham figuras do sexo oposto aumenta com a idade. Esses achados foram explicados com base em influências culturais, com pouca ênfase em variáveis psicológicas. Numa tentativa de encontrar uma explicação psicológica para esse padrão diferencial, Dickson e colegas (1990) correlacionaram traços de personalidade com a incidência de desenhos do sexo oposto, feitos por meninos e meninas, mas não encontraram correlações significativas.

No Brasil, um estudo recente, feito por Hutz e Antoniazzi (no prelo), com mais de 1.500 crianças de 5 a 15 anos de idade, encontrou o mesmo padrão evolutivo citado na literatura. A maioria das crianças desenha figuras do mesmo sexo, mas a proporção de figuras do sexo oposto aumenta, consistente e sistematicamente, para meninas e diminui para meninos. Não foram encontradas correlações entre o sexo do desenho e medidas de desenvolvimento e de ajustamento emocional em qualquer faixa etária.

Não se tem conhecimento sobre as razões que levam uma criança ou um adulto a desenhar primeiro uma figura do sexo oposto. Porém, está claro que, por si só, o sexo do DFH não é indicador de normalidade ou de patologia.

CONCLUSÃO

Testes psicológicos medem constructos hipotéticos e de forma indireta. A única coisa que podemos realmente observar é o comportamento do indivíduo face à tarefa, suas respostas, seus atos, gestos, verbalizações e outras expressões públicas. Não se pode, portanto, esperar de um teste psicológico, por melhor que sejam suas qualidades psicométricas, a objetividade e a precisão que se obtêm em exames laboratoriais que medem a quantidade de certas substâncias em circulação no sangue, a presença ou ausência de microrganismos, e assim por diante. A utilização de um teste psicológico pode trazer muita informação para um psicólogo, pode corroborar outras fontes de informação, pode apontar hipóteses diagnósticas que devem ser investigadas. Nenhum teste, porém, pode substituir o julgamento clínico, e, isoladamente, fora de um contexto específico, nenhum teste permite um julgamento seguro sobre a personalidade de uma pessoa.

O DFH pode ser um instrumento extremamente útil para o psicólogo que sabe utilizá-lo e entende suas limitações. As aplicações descritas neste capítulo são apenas parte das possibilidades dessa técnica. O DFH, em conjunto com outras técnicas gráficas, tem sido utilizado também para diagnóstico e avaliação de vítimas de abuso sexual (p.ex., Kaufman & Wohl, 1992; Wohl & Kaufman, 1985) e para variadas finalidades de pesquisa em muitas áreas (por exemplo, Koller, Hutz & Bandeira, 1997). Nota-se uma redução significativa na pesquisa internacional com o DFH, principalmente em função do grande número de instrumentos que têm surgido nas últimas décadas para a avaliação de crianças e adolescentes. Porém, na nossa realidade, considerando os custos e as dificuldades de traduzir, adaptar e validar essas novas técnicas, o DFH deverá continuar sendo um instrumento importante para o psicólogo ainda por várias décadas. Sua utilidade, porém, dependerá de um investimento constante em pesquisa e de bom treinamento de psicólogos em avaliação psicológica.

Desenho da Família
Neli Klix Freitas, Jurema Alcides Cunha

ADMINISTRAÇÃO

Na administração, geralmente se solicita ao sujeito que desenhe a sua família e, a seguir, se pede que nomeie as figuras desenhadas (Campos, 1977). Mas há outras versões, como a de instruir o sujeito a desenhar uma família, como imagina (Corman, 1967), ou uma família em movimento (Burns & Kaufman, 1978), sendo este um procedimento complementar ao desenho tradicional da família.

Na primeira opção, não há outras instruções, a não ser a de oferecer ao sujeito algum encorajamento, se há indícios de hesitação ou, mesmo, de confusão (Groth-Marnat, 1984). Já Hulse, conforme Klepsch e Logie (1984), em seu trabalho com crianças, estimulava-as "a dizer o que quisessem a respeito de seus desenhos" (p.87). Por outro lado, Corman (1967) propôs que, após a representação da família imaginária, se introduza um questionário, para que o sujeito indique, dentre os diferentes membros, qual é considerado o melhor, o pior, o mais infeliz, o mais feliz e qual o seu preferido. Complementarmente, deve dizer quem seria, se fizesse parte dessa família, e as razões da escolha desse personagem de identificação.

Observa-se, também, que, enquanto há autores que sugerem que se forneça uma borracha ao sujeito, Corman (1967) prefere não o fazer, entregando-lhe uma nova folha, quando deseja suprimir uma figura.

Assim, recomenda-se que o psicólogo previamente decida que subsídios vai utilizar em sua interpretação, para evitar problemas por uma administração que deixe de oferecer as informações de que necessita.

INTERPRETAÇÃO

Não existe um roteiro padronizado para a interpretação do desenho da família, embora haja certa concordância entre autores sobre algumas hipóteses interpretativas.

A impressão geral transmitida pelo desenho parece ser explícita ou implicitamente valorizada por vários autores. Há mais ênfase nos sentimentos do sujeito em relação à sua família "do que no estilo das pessoas individuais" (Groth-Marnat, 1984, p.143).

Hulse, que, segundo Klepsch e Logie (1984), sugeriu a utilização do desenho da família como técnica projetiva, propunha uma abordagem gestáltica como especialmente útil para explorar aspectos psicodinâmicos, principalmente para revelar precocemente conflitos da criança, a percepção que ela tem de sua família, bem como seus sentimentos e atitudes em relação aos diferentes membros. Destacava a importância de se considerar o tamanho de cada pessoa representada, o tamanho relativo de alguns membros em relação aos outros, a distância das figuras entre si e a sua posição no papel, que são itens também levados em conta por Hammer (1991).

Conforme Klepsch e Logie (1984), só secundariamente Hulse se detinha na distribuição seqüencial das figuras, nas omissões, nos "exageros caricaturescos"(p.87), no sombreado e em outros tipos de ênfase, que são valorizados por outros autores. Não obstante, Campos (1977) relaciona hipóteses interpretativas de Hulse associadas com alguns desses itens. Assim, lembra que há omissão do próprio sujeito na representação da família, quando ele não se sente nela incluído, dela não participa, não recebe afeto ou se há um problema de rejeição. Por outro lado, tanto a distribuição seqüencial, como ênfases especiais no desenho de algum membro da família, podem se relacionar com a valência afetiva que ele tem para o sujeito, seja num sentido positivo como negativo. Se o próprio sujeito se coloca em primeiro lugar, a hipótese é de egocentrismo e, se em último, de cerceamento. A representação de algum membro da família em negrito pode identificar um conflito com essa pessoa. Uma figura riscada pode indicar simbolicamente o desejo de afastá-la da família ou subentender um desejo de sua morte. Igualmente, se um membro da família é circunscrito num círculo, pode ter essa mesma significação ou pode denotar uma ênfase especial por razões afetivas ou circunstanciais (problema de doença, por exemplo). A inclusão, na representação familiar, de pessoas já falecidas pode sugerir fixação. E se a família é desenhada em grupos que se distanciam uns dos outros, há uma hipótese de divisão na constelação familiar.

Hammer (1991), que também considera valioso o desenho da família se o psicólogo está interessado "na percepção que o paciente tem de si mesmo na família e/ou na percepção de sua relação com as figuras parentais e dos irmãos" (p.297), pondera que, na sua análise, o tamanho "talvez seja a variável mais importante (p.294). Deste modo, uma grande figura materna sugere uma mãe dominante, enquanto um pai pequeno, apenas maior que o próprio sujeito, indica que este percebe aquele como sendo somente um pouco mais importante que ele. Por outro lado, chama a atenção para a existência ou não de uma relação entre tamanho e idade, levantando algumas hipóteses. Tamanhos diversos para representar gêmeos podem revelar sentimentos diferenciados para com esses membros da família. A criança que desenha um irmão menor (até um bebê) de igual tamanho ao seu está pressupondo que ele represente uma figura competitiva, ameaçadora para sua posição na família. Mas se um adulto desenha a si próprio no colo materno, está manifestando tendências regressivas.

Outra relação que esse autor estabelece é entre proximidade ou afastamento das figuras e distância emocional entre as pessoas desenhadas. Membros da família distantes uns dos outros configuram um grupo familiar desunido, como se as pessoas fossem desenhadas individualmente e não como família, e sem evidência de "troca emocional" (p.296). Ao contrário, uma criança pode se colocar, no desenho, ao lado de um dos pais, demonstrando suas próprias preferências ou efeitos do conflito edípico. Por outro lado, o distanciamento afetivo pode ter uma representação simbólica pela interposição de elementos extras entre membros da família, que denunciam uma interferência no canal de comunicação ou no intercâmbio afetivo. Um exemplo disto seria o desenho de uma árvore entre as figuras do pai e da mãe, que pode sugerir dificuldades no relacionamento do casal ou o desejo de separá-los. Aliás, para clarear a significação afetiva das relações mútuas, é importante observar a expressão facial que o sujeito empresta a cada figura, que pode apresentar um ar afetuoso, bondoso ou, pelo contrário, agressivo ou proibitivo.

O sujeito que se sente rejeitado, não atendido, carente, desenhará a si mesmo (caso se inclua na representação familiar) de um modo diferente daquele que se percebe como o filho preferido. A inclusão ou a omissão do próprio sujeito se associa com a presença ou não de um sentimento de pertinência. A omissão de irmãos pode denunciar sentimentos de rivalidade da criança, que tenta simbolicamente excluir da família figuras competitivas.

Se os membros da família são representados por figuras muito diferenciadas daquelas do grupo sociocultural do sujeito, como, por exemplo, por marcianos, isso pode significar que somente num plano muito distante do nível de realidade ele pode conceber um maior contato ou integração com eles, o que também sugere que busca refúgio na fantasia.

Finalmente, quando Hammer (1991) analisa seus casos, observa-se que leva em conta aspectos formais e estruturais de cada figura e, em especial, da que representa o próprio sujeito, integrando dados relativos ao grupo familiar com hipóteses interpretativas do desenho da figura humana.

Corman (1967) diferencia três níveis de interpretação do desenho de uma família: o nível gráfico, o das estruturas formais e o do conteúdo.

No nível gráfico, leva em conta a amplitude, a força e o ritmo do traçado, a localização na página e o movimento do traçado.

A amplitude do traçado, se é maior ou mais restrita, associa-se com expansão vital ou inibição. A força do traçado representa a força dos impulsos, com liberação ou inibição dos instintos. Esses aspectos podem ser considerados em relação ao desenho total ou podem ser usados para enfatizar um personagem; por exemplo, desenhando-o bem maior que os demais.

Por ritmo, subentende-se como o sujeito desenvolve a tarefa de forma mais espontânea ou, pelo contrário, estereotipadamente, numa repetição simétrica de traços, pontos, etc., até atingir um grau de minuciosidade que pode chegar a ser compulsivo.

A localização é considerada em termos do simbolismo do espaço, na folha que o sujeito desenha, em que a parte superior representa a expressão da fantasia, e a inferior, de ausência de fantasia, de energia, como zona de depressão. Já o lado esquerdo se relaciona com o passado, e o lado direito, com o futuro, enquanto os lugares que ficam vazios significam zonas proibidas. Assim, o movimento do traçado da esquerda para a direita tem um sentido progressivo e, da direita para a esquerda, tem um sentido regressivo.

No nível das estruturas formais, a representação da figura humana é pressuposta como o esquema corporal do sujeito, sendo possível avaliar a sua maturidade (muito embora haja influência também de aspectos emocionais, além dos cognitivos) e a presença de transtornos do esquema corporal. Leva em conta, neste nível, uma diferenciação em tipos de representação das figuras, como as mais espontâneas, em que predominariam linhas curvas, e as mais rígidas, em que se salientam as linhas retas. Destaca, assim, um tipo sensorial (o mais espontâneo e livre) e um racional (o mais rígido), que começa a se fazer mais freqüente, nos desenhos, depois do ingresso na fase escolar.

Realmente, é em nível de conteúdo que são principalmente considerados os aspectos projetivos do desenho, notando-se, entretanto, que, nesse teste, "as defesas operam de forma mais ativa, as situações geradoras de ansiedade são afastadas mais resolutamente, e as identificações se regem, de bom grado, pelo princípio do poder" (p.41). Corman (1967) exemplifica com o caso de uma criança que tem ciúme do irmão menor e, então, pode omiti-lo no desenho, negando a sua existência, pode trocar de papel com ele ou se colocar em seu lugar, com ele se identificando. Não obstante, antes de qualquer interpretação num sentido projetivo, recomenda que se examine em que medida o desenho obedece ao princípio de realidade (com a representação exata da família real) ou resulta puramente da fantasia do sujeito, que, então, projetará tendências pessoais diversas em personagens distintos. Assim, "as regras que dirigem a análise variam *segundo o nível de projeção*" (p.49), que deve ser determinado pela comparação da família desenhada com a família real, autêntica. Recomenda, também, não fazer uma interpretação às cegas, mas buscar uma "convergência de indícios" (p.51) em dados de outras fontes (de testes e de informações clínicas), para a confirmação das hipóteses levantadas a partir do desenho.

Neste nível de conteúdo, salienta quatro pontos que devem ser especialmente considerados: a valorização do personagem principal, a desvalorização de um personagem, a distância entre as figuras e a presença de representações simbólicas.

O personagem principal é o mais importante no sentido de que as relações do sujeito com ele são especialmente significativas, seja porque "o admira, inveja, teme" (p.54), seja porque com ele se identifica. Evidencia-se como a primeira figura a ser desenhada; pela colocação em primeiro lugar; pelo maior tamanho; por merecer um traçado mais cuidado, mais caprichado ou com mais adornos; por sua localização ao lado de uma figura importante (do pai, por exemplo); por ser desenhado em posição mais central, de modo que chame a atenção entre as outras figuras ou concentre a atenção dessas figuras; por ser aquela mais enfatizada, por representar o próprio sujeito, que com ela se identifica.

A desvalorização implica intentos de negação, que é indicada, freqüentemente, pela omissão total de uma figura ou de detalhes da mesma. Mas pode também ser sugerida pelo tamanho menor que as outras figuras; pela colocação seqüencial em último lugar; por sua localização distanciada das demais, horizontalmente ou em plano inferior; por sua representação menos caprichada, cuidada ou detalhada; por ser depreciada de alguma maneira, como pela omissão do nome; ou, ainda, por ser uma figura com que raramente o sujeito se identifica.

A distância entre as figuras associa-se com dificuldades no relacionamento e tanto pode ser indicada pelo afastamento entre as representações dos personagens quanto por outros indícios, como por um traço de separação.

Outro ponto importante a ser considerado é a inclusão de animais, domésticos ou selvagens, no desenho do sujeito, que serviriam para a expressão mais livre de diferentes tendências pessoais, que podem, assim, ser mascaradas. Desta maneira, desenhar irmãos como figuras de animais seria uma forma de desvalorizá-los como pessoas. Mas, como se trata de representações simbólicas, deve-se tentar analisar a sua possível significação.

Finalmente, observa-se que, neste nível de conteúdo, Corman (1967) dá uma ênfase importante à interpretação dos conflitos infantis, principalmente aos que considera mais notórios, "os conflitos de rivalidade fraterna e os conflitos edípicos" (p.59).

Groth-Marnat (1999) salienta a forma como as figuras são representadas, bem como a ordem seqüencial em que aparecem, que permitiriam explorar as relações interfamiliares e a maneira como o sujeito se percebe dentro do contexto. Valoriza, especialmente, a primeira colocação, que identifica a pessoa com a qual estão associados os sentimentos mais fortes do sujeito, sejam positivos ou negativos. A omissão do sujeito é explicada por ausência de poder ou de influência na família. Variações no traçado, borraduras ou o uso da cor podem indicar sentimentos em relação a membros familiares específicos.

Já no desenho cinético da família, a dinâmica das relações familiares é especialmente focalizada, sendo importante identificar a presença ou a natureza das interações. As atividades representadas, às vezes, são estereotipadas, refletindo papéis do cotidiano da família, mas, mesmo assim, o fato de a criança selecionar uma ação específica pode ter significação. Burns e Kaufman (1978) lembram que a ação de cozinhar, por exemplo, aparece freqüentemente, porém, simboliza uma figura materna protetora, enquanto a atividade de limpar se associa "com mães compulsivas que se preocupam mais com a casa do que com a gente que a habita" (p.27). Já o pai, que é representado guiando um carro ou no trabalho, parece não estar tão integrado na família como aquele que está lendo o jornal, pagando as contas ou brincando com os filhos, que "são atividades freqüentes de pais normais" (p.27).

Conforme Groth-Marnat (1999) comenta, se um membro da família é representado "em posição precária" (p.331) ou no verso do papel, pode-se pressupor a existência de tensão ou, mesmo, de conflito não resolvido do sujeito com essa pessoa. No caso de o sujeito não bem desenhado, há "insegurança quanto aos seus sentimentos de pertencer à família" (Groth-Marnat, 1984, p.145), que, quando são exacerbados, se traduzem pela omissão do sujeito, no desenho.

Qualquer ênfase numa figura identifica uma característica marcante ou um envolvimento específico. Figuras em plano mais elevado associam-se com sentimentos de dominação e poder, enquanto braços estendidos podem sugerir "uma tentativa de controle do ambiente" (p.145).

Determinadas dificuldades no relacionamento podem transparecer no estilo do desenho (Burns & Kaufman, 1978), como pela compartimentalização, que denuncia isolamento, que pode ser inclusive da criança e de seus sentimentos. Pessoas podem ser representadas encapsuladas ou enquadradas de forma simbólica.

Podem, também, ser colocadas barreiras entre as figuras, denotando um bloqueio da energia emocional. Como se trata de representações simbólicas, devem ser examinadas com cuidado. "Bolas", por exemplo, são freqüentemente usadas para indicar interação, às vezes com um sentido competitivo. Certas atividades agressivas entre irmãos, que também podem envolver o arremesso de uma bola ou de uma faca, podem indicar rivalidade fraterna (Burns & Kaufman, 1978). "Luz" e "fogo" podem ser consideradas como representações concretas de sentimentos positivos na interação (Groth-Marnat, 1999), relacionados com afeição e amor, embora "fogo" possa subentender raiva por falta de gratificação das necessidades correspondentes. "Nuvens pesadas" podem ter relação com preocupações e depressão. Por outro lado, se há sentimentos de instabilidade, o sujeito pode "tentar criar alguma estabilidade, *sublinhando* todo o desenho ou os indivíduos com os quais as suas relações parecem instáveis" (Groth-Marnat, 1984, p.145). É um outro estilo do desenho (Burns & Kaufman, 1978).

CASO ILUSTRATIVO

Informações básicas: César é um menino de 10 anos de idade, que tem uma irmã gêmea e um irmão de 12 anos. O pai deixou de ser funcionário público quando ficou com um defeito na perna e um problema de visão, por causa de um acidente, passando a trabalhar como pipoqueiro na frente do colégio de César. Este o auxilia, diariamente, a empurrar a carrocinha de pipoca até o portão da escola, indo buscá-lo à tardinha. A mãe trabalha como balconista de uma grande loja, tendo melhor remuneração que o marido. Conseguiu para o filho mais velho, que também trabalha como *office-boy* de um banco, uma bolsa de estudos num colégio particular. É o filho para quem a mãe "passa bem as roupas", "compra roupas" e com quem conversa. Afirma que ele "vai ser alguém na vida" (*sic*). Ellen, a irmã gêmea de César, mora com os padrinhos, pessoas de posses que lhe dão tudo, porque não têm filhos. Visita a família nos fins de semana, e a mãe quer que ela "estude e faça um bom casamento" (*sic*).

Motivos do encaminhamento: César foi encaminhado pelo SOE à psicóloga porque tem se isolado dos colegas, não brinca no recreio e, às vezes, chora. Diz não gostar de sua casa, porque fica muito só.

Interpretação: A figura mais importante, talvez por uma questão de identificação, é o pai. Foi desenhada em primeiro lugar. Nota-se que foi representado com seu defeito físico (com uma perna mais curta) e com chapéu, indicando que precisa de proteção.

A mãe é a figura maior, possivelmente por ser quem trabalha mais, recebe melhor ordenado e comanda a organização da casa.

O irmão mais velho, Robson, é representado próximo da mãe e num plano superior aos

Figura 34.1 Desenho da família de um menino de 10 anos.

dos irmãos, o que condiz com o fato de ser mais valorizado por ela. Mas, mesmo sendo mais velho, sua figura é menor que a de César, o que se relaciona, por certo, à competição entre ambos e com o desejo deste de que Robson seja inferior a ele.

Ellen, a irmã gêmea de César, é desenhada em tamanho maior que ele, inclusive maior que todas as figuras do sexo masculino, assim como a mãe é a maior da família. Evidencia-se a valorização das figuras femininas, talvez em função do papel da mãe, que é o mais produtivo da família.

César sente-se o mais rejeitado, o menor. É o último a ser representado, distante de todos. Desenha-se depois da irmã, apesar de esta ter a mesma idade. Identifica-se com o pai (pelo desenho), mas também não se aproxima dos demais. Permanece de braços abertos, mas não dá nem recebe. O sentimento de rejeição fica evidente, assim como a valorização dos irmãos ou, mais especificamente, da irmã, embora valorize mais o pai, com quem se identifica.

As figuras são pobres, com expressão humilde, sem adornos. Falta riqueza expressiva. Além disso, não há uma percepção integrada da estrutura familiar (as figuras estão distantes, flutuando), o que denuncia a distância afetiva, que é real na família.

Tais dados foram corroborados por outros de outras fontes, durante o processo psicodiagnóstico.

35 Desenho da Casa, Árvore e Pessoa (HTP)

Neli Klix Freitas, Jurema Alcides Cunha

ADMINISTRAÇÃO

Para a administração do teste, o psicólogo entrega ao sujeito três folhas de papel em branco, lápis e borracha, solicitando-lhe que desenhe uma casa, uma árvore e uma pessoa. Contudo, Hammer (1991) propõe que se dê uma folha de cada vez, colocando-a com a dimensão maior horizontalmente na frente do sujeito, para o desenho da casa, e verticalmente, para o desenho da árvore e da pessoa. Já Groth-Marnat (1999) lembra a versão que foi sugerida por Burns e Kaufman, em 1970, em que é fornecida uma única folha de papel para que o sujeito nela faça os três desenhos. Essa proposta é valiosa para se analisar as inter-relações dos três desenhos.

Costumeiramente, a fase gráfica é seguida por uma fase verbal. Nesta, pode-se utilizar uma abordagem mais aberta, sugerindo ao sujeito que fale sobre a casa, a árvore e a pessoa que desenhou, que conte uma história usando os três elementos, ou, ainda, pode ser usado um procedimento mais estruturado. No Anexo E, pode ser encontrada uma lista de perguntas utilizada no interrogatório.

Para muitos psicólogos, a administração do HTP resume-se a essas fases. Não obstante, encontram-se outras versões. Topper e Boring (1969) propuseram a utilização de sete folhas de papel: uma, com linhas incompletas, para o sujeito completar o desenho, e as demais para que desenhe uma casa, uma árvore, uma pessoa (completa), uma pessoa do sexo oposto (completa), ele mesmo (completo) e qualquer outra coisa que queira. Segue-se um questionário de quinze perguntas, numa base de faz-de-conta.

Hammer (1991) faz a complementação dos desenhos acromáticos com uma fase cromática, que constitui um recurso para explorar "camadas mais profundas da personalidade" (p.1), permitindo obter um quadro "da hierarquia de conflitos e defesas do paciente" (p.31). Neste caso, são fornecidas mais três folhas em branco, borracha e lápis de cor. As instruções são as mesmas, e, após a fase cromática, é feito um interrogatório como anteriormente.

Morris (1976) salienta também a importância das observações durante a testagem. Devem-se registrar as reações do sujeito às instruções, que podem envolver indícios de ansiedade, resistência, desconfiança ou, pelo contrário, de cooperação ou de aceitação passiva da tarefa. Além disso, devem-se anotar o tempo de reação e os comportamentos verbais e não-verbais. Caso o sujeito manifeste ansiedade, resistência ou desconforto, recomenda-se dizer que não se preocupe em chegar a uma produção artística, porque não se pretende avaliar sua aptidão, mas sim a maneira como desenha.

INTERPRETAÇÃO

Simbolismo da casa, árvore e pessoa. Para analisar os desenhos da casa, árvore e pessoa, é essencial "considerar as áreas mais amplas da personalidade investigadas por esses três conceitos" (Hammer, 1991, p.125).

De um modo geral, pensa-se na casa como o lar e suas implicações, subentendendo o clima da vida doméstica e as inter-relações familiares, tanto na época atual como na infância. Em conseqüência, há uma tendência para as crianças expressarem suas relações com pais e irmãos, enquanto as pessoas casadas vão refletir, no desenho, aspectos de suas relações adultas com os demais membros. Contudo, quanto mais comprometido estiver o sujeito, mais existe a probabilidade de projeções de relações mais regressivas. Nesta linha de pensamento, entender-se-ia o ponto de vista de que, "para algumas pessoas, a casa reflete suas relações com a mãe" (Groth-Marnat, 1984, p.141), já que a interação infantil mais característica é com a figura materna. Assim, a casa envolve a percepção de família, seja numa ótica atual, passada ou, ainda, num futuro idealizado, mas também aspectos do ego que tem tal percepção, que podem representar um auto-retrato (Hammer, 1991).

A árvore e a pessoa permitem investigar o que se costuma chamar de auto-imagem e autoconceito (Hammer, 1991) ou "diferentes aspectos do *self*" (Groth-Marnat, 1999, p.525). Aspectos projetados na árvore associar-se-iam com conteúdos mais profundos da personalidade, enquanto, na pessoa, revelariam "a expressão da visão de si mesmo mais próxima da consciência e de sua relação com o ambiente" (Hammer, 1991, p.126). Não obstante, existe uma hipótese de que a árvore reflete a relação com o pai, assim como o desenho da casa envolveria aspectos da relação com a mãe. Groth-Marnat (1984) diz que não é absurda a pressuposição de que as três figuras explorariam sentimentos sobre si mesmo ou em relação a outras pessoas significativas, "uma vez que as projeções que fazemos em outras pessoas (incluindo nossos pais) são, na verdade, projeções externas de autopercepções e de sentimentos" (p.142).

Hammer (1991) acha que os três desenhos proporcionam simultaneamente informações em diferentes níveis de personalidade. O desenho da pessoa revela "o grau de ajustamento num nível psicossocial", enquanto a árvore, como investiga os "sentimentos e auto-atitudes mais duradouros e profundos" (p.41), é o desenho menos suscetível a mudanças em situações de reteste. Por outro lado, considerando a pessoa e a árvore como extremos de um *continuum*, a casa estaria em algum ponto entre ambas. Já os desenhos cromáticos suplementam os acromáticos, porque atingem camadas mais profundas da personalidade, em razão do impacto emocional da cor, de sua associação com aspectos infantis (lápis de cor, usados na infância) e em decorrência do fato de que o sujeito, ao chegar à fase cromática, está afetivamente mais vulnerável do que no início da tarefa.

Impressão geral. Na análise do desenho, em primeiro lugar é essencial identificar a impressão geral que causa. Pressupondo-se que a casa, a árvore e a pessoa especificamente desenhadas tenham sido selecionadas por terem uma significação simbólica para o sujeito, como temas importantes de sua vida passada ou por se associarem com aspectos mais profundos de sua personalidade, algo de muito pessoal se comunica pela impressão geral transmitida pelos conteúdos projetados. Um salgueiro, por exemplo, batido pelo vento, sugere sentimentos e atitudes bem diversos de um carvalho frondoso, assim como a figura de um príncipe altaneiro provoca uma impressão contrastante com a de um mendigo maltrapilho deitado numa calçada. Campos (1977) faz comentários sobre a impressão global de vazio, de nudez, transmitida por alguns desenhos, enquanto outros se caracterizam por harmonia e, ainda outros, por inquietude.

Interpretação de aspectos projetivos e expressivos globais. Van Kolck (1975) e Campos (1977) recomendam o exame de uma série de itens, que podem ser avaliados sem referência aos desenhos individuais, como a posição, o tamanho, as características do traçado, as correções, os retoques, o sombreado, as borraduras, a simetria, a estereotipia e vários outros detalhes.

Posição e tamanho, segundo Groth-Marnat (1984), são muito importantes, principalmente quando os três desenhos são feitos na mesma folha, pressupondo-se casa e árvore como representações parentais e a figura humana como envolvendo mais implicações pessoais. Então, posição e tamanho relativos podem indicar não só características específicas da constelação familiar, mas também podem se associar com certos aspectos dinâmicos da interação. A proximidade da figura humana com a casa ou com a árvore, por exemplo, pode sugerir uma relação mais estreita ou uma identificação mais definida. A colocação da pessoa entre casa e árvore pode se vincular à necessidade de união da família ou de se sentir mais protegida. A percepção da relação dos pais pode ser vislumbrada também pelo manejo dos elementos posição e tamanho. A separação dos desenhos individuais pode corresponder a distanciamento emocional ou, mesmo, a antagonismo, enquanto a predominância no tamanho de um deles pode sugerir uma posição de poder, dominação ou, até, de opressão. Por outro lado, a ausência real ou não pode ser indicada por uma figura pequena ou distante. Porém, se é a figura humana que se destaca pelo tamanho, a questão deve ser analisada com cuidado, porque pode se relacionar com egocentrismo, exibicionismo, com uma necessidade de chamar a atenção ou, ainda, de compensação por sentimentos de inadequação ou insegurança.

Esta perspectiva de uma triangularidade relacional pode formar maior riqueza de conteúdos interpretativos, se outros dados permitirem que se levante a hipótese de que elementos representativos de natureza edípica estão em jogo. Então, posição, tamanho e outros detalhes que esclareçam conexões afetivas assumem significação mais específica, a partir do embasamento teórico. Neste caso, a colocação da pessoa entre a casa e a árvore não se ligaria a uma necessidade de união da família ou de busca de proteção, mas, muito pelo contrário, se vincularia a um desejo de se interpor, de interferir na relação.

Eventualmente, o sujeito desenha casas ou árvores adicionais (Groth-Marnat, 1984); neste caso, considera-se a hipótese de haver mais de uma imagem de uma das figuras parentais ou de ambas. Isso também poderia ser apresentado pelo desenho de uma única árvore ou casa, mas "composta por dois (ou mais) estilos diversos" (p.142).

Por certo, este nível de interpretação será mais preciso se levar em conta, além dos itens da série acromática, os das representações cromáticas e os dados da elaboração complementar, por meio de comentários, história ou questionário.

INTERPRETAÇÃO DO DESENHO DA CASA

Na interpretação do desenho da casa, são considerados seus elementos essenciais (telhado, paredes, porta, janelas) e acessórios (chaminé, perspectiva, linha de solo, etc.). A ausência de qualquer dos elementos essenciais, conforme vários autores citados por Groth-Marnat (1984), suscitaria a hipótese da presença de transtornos mais graves.

Como regra básica, pode-se afirmar que quanto mais lógica e estruturada é a representação da casa, tanto mais adequadas podem ser consideradas as condições de funcionamento do ego. Ao contrário, quanto mais aparecerem indícios bizarros e ilógicos, mais probabilidade há da presença de problemas psicopatológicos.

A forma de representação das paredes associa-se com a força do ego. Paredes desenhadas com linhas frágeis ou inadequadas correspondem a dificuldades sérias nas funções do ego. Porém, se há tentativas de reforçar os limites das paredes, o ego ainda luta contra a sua desintegração. Por outro lado, a presença de transparências sugere problemas nos limites pessoais com a realidade ou, ainda, no teste de realidade, a menos que tal característica ocorra em etapas de desenvolvimento em que pode ser atribuída à imaturidade. Da mesma maneira, só é adequado fazer interpretações com enfoque projetivo com base em aspectos que podem envolver coordenação visomanual e organização perceptoespacial, se puderem ser desconsiderados outros fatores etiológicos para a explicação das dificuldades encontradas.

O tamanho do telhado relaciona-se com a medida em que a fantasia distorce ou invade o funcionamento mental. Em casos extremos, o telhado acaba por se constituir na representação total da casa toda, em que são acrescentadas portas e janelas, tipo de desenho mais freqüentemente encontrado em pacientes esquizofrênicos. Num outro extremo de um *continuum*, a ausência de telhado verifica-se em sujeitos geralmente incapazes de regressão a serviço do ego, "em personalidades reprimidas e com orientação concreta" (Hammer, 1991, p.128). Já o reforço do telhado denota esforços defensivos contra impulsos que buscam expressão na fantasia.

Portas e janelas representam canais de comunicação ou vias de acesso ao mundo externo. Portanto, a sua ausência significa inacessibilidade, isolamento. Tentativas do ego de permanecer inacessível também são indicadas pela colocação da porta muito acima da linha de solo, inclusive sem o acesso por degraus. Já a porta de tamanho muito grande sugere fortes necessidades de dependência, e a porta aberta, "intensa necessidade de reforço emocional de fora" (Hammer, 1991, p.129). Ainda que as janelas constituam uma forma de contato secundária com o ambiente (Hammer, 1991), podem denotar uma diminuição na interação, na medida em que aparecem fechadas ou trancadas, pois tal tipo de representação já teria um sentido defensivo. Por outro lado, o acréscimo de cortinas, persianas ou o desenho da janela apenas parcialmente aberta, são compatíveis com a existência de interações com o ambiente, mas controladas.

A presença ou não de chaminé pode ser explicada por motivos socioculturais. Mas, apesar disso, é freqüentemente representada, por se prestar como um símbolo de "calor psicológico", conforme Buck, em referência de Groth-Marnat (1984). Porém, tal hipótese deve ser modificada se ela se apresenta com uma quantidade densa de fumaça, o que pode refletir tensão ou sugerir conflito nas relações familiares (Hammer, 1991).

A linha de solo dá indícios sobre o contato com a realidade, principalmente no que se refere à qualidade e à firmeza do traço. Os caminhos devem ser examinados com cuidado. Em princípio, significam vias de acesso e de comunicação, mas também podem ser usados como barreiras ou meios de proteção, dificultando as interações. Os demais acessórios, como cercas, arbustos, flores, etc., sempre devem ser considerados em termos de sua finalidade de facilitar o intercâmbio com o mundo externo ou, pelo contrário, de estabelecer meios de defesa ou de proteção.

INTERPRETAÇÃO DO DESENHO DA ÁRVORE

A árvore, além dos aspectos já discutidos sobre simbolismo, de acordo com Buck, conforme Burns e Kaufman (1978), representa o crescimento, e, como Campos (1977) comenta, pode revelar sentimentos do sujeito em várias fases de seu desenvolvimento, simbolizado pela progressão da raiz até a copa. Assim, o tronco refletiria sentimentos de poder e a força do ego, a estrutura dos galhos forneceria indícios sobre como o sujeito percebe sua capacidade de encontrar satisfação no ambiente e a organização total teria que ver com seus sentimentos sobre o próprio equilíbrio emocional. Entretanto, em termos essenciais, conforme o ponto de vista de vários autores, citados por Groth-Marnat (1984), a representação de uma árvore pressupõe um tronco e, pelo menos, um galho. "Se esses elementos críticos estão faltando, deve ser considerada uma deterioração intelectual" (p.139).

A impressão geral do desenho é, em grande parte, determinada pela colocação no papel e pelo tipo de árvore.

A árvore bem centrada relaciona-se com equilíbrio e bom relacionamento com ambos os sexos. A colocação para a esquerda já não sugere equilíbrio emocional e se associa com forte influência materna, ao passo que, para a direita, denuncia identificação com a figura paterna. Quando o desenho é feito na parte superior da folha, indica fuga na fantasia, mas, na parte inferior, inibição da fantasia e sentimentos depressivos.

O tipo de árvore resulta principalmente da forma como o tronco e os galhos são desenhados. O tronco representa a força do ego, a auto-estima. Se delineado com linhas reforçadas, sugere a necessidade de uso de recursos defensivos para proteger a integridade do ego. Já as fracas se associam com fragilidade das defesas e conseqüente vulnerabilidade. Irregularidades no tronco podem indicar sentimentos de inadequação, e cicatrizes costumam ser identificadas com experiências traumáticas, cuja ocorrência tem que ver com sua localização na árvore. Já a copa representa a organização da personalidade e a maneira desta interagir com o ambiente (Groth-Marnat, 1999). Os galhos, portanto, sugerem sentimentos que podem ser bastante diversificados, caso sejam abundantes (busca de excessiva satisfação), diminutos (incapacidade de obter satisfação), voltados para dentro (egocentrismo), quebrados (sentimentos de impotência, castração e trauma), mortos (desesperança, depressão) ou ausentes (falta de contato). Quando os galhos estão cheios de folhas, associam-se com meticulosidade e precisão, mas, se elas são elaboradas, detalhadas, identificam traços perfeccionistas. A ausência de folhas pode se relacionar com vulnerabilidade ou, eventualmente, com insatisfação, embora tais pressuposições devam ser corroboradas por outros dados, já que árvores deste tipo também são desenhadas por pessoas normais, particularmente no inverno. A presença de frutos, em desenhos de adultos, associa-se com sentimentos de satisfação e criatividade (desejo de ter filhos?). Em desenhos infantis, maçãs pendentes sugerem necessidades de dependência, mas, quando se apresentam caídas no chão, sentimentos de rejeição.

INTERPRETAÇÃO DO DESENHO DA PESSOA

Conforme Hammer (1991), o desenho da pessoa pode conter elementos do auto-retrato ou de um *self* ideal, embora possa resultar "da percepção de outras pessoas significativas (pais, irmãos, etc.)" (p.143). Deste modo, freqüentemente, há representação das características pessoais, físicas ou psicológicas, como são na realidade (inclusive, muitas vezes, com registro de defeitos físicos), como são percebidas, sentidas, imaginadas ou projetadas nos demais. Por isso, é extremamente importante verificar o tipo de pessoa desenhada, definindo-o melhor pelo confronto com os comentários do sujeito ou com suas respostas ao questionário. A seguir, é preciso considerar outros itens do desenho, como a cabeça, que se associa com aspectos intelectuais e "freqüentemente reflete a necessidade de controle racional de impulsos e/ou da fantasia" (Groth-Marnat, 1984, p.131), os detalhes associados com a comunicação e interação com o ambiente (principalmente os traços faciais, os braços e as mãos) e com a atitude do sujeito frente aos seus impulsos (tronco). Finalmente, é conveniente lembrar que qualquer ênfase ou elaboração específica de alguma parte do corpo pode ter uma conotação real ou simbólica de problema ou conflito, merecendo, por certo, uma análise especial.

Sob outros pontos de vista, o desenho da pessoa, no HTP, pode ainda ser examinado conforme as considerações sobre o desenho da figura humana.

CONSIDERAÇÕES ESPECIAIS NA INTERPRETAÇÃO DO HTP

Já foi referido que a omissão de partes essenciais na representação da casa ou da árvore pode-se associar com deterioração intelectual (Groth-Marnat, 1984). Por outro lado, o próprio HTP já foi utilizado para estimativa da inteligência adulta, ainda que já não haja sentido em usá-la com tal objetivo, uma vez que o psicólogo dispõe de recursos mais sofisticados e precisos para este fim. Não obstante, parece importante que ele esteja familiarizado com os efeitos do nível intelectual sobre a representação das figuras, para que não chegue a fazer interpretações indevidas sobre a pobreza das produções gráficas, eventualmente atribuindo-a a aspectos emocionais, quando outros fatores estão em jogo.

INDICADORES DIAGNÓSTICOS

Traços psicóticos

O HTP foi utilizado por Deabler (1969), na triagem de pacientes psiquiátricos. Após um estudo de 3.000 casos, identificou uma série de indicadores diagnósticos, corroborando seus dados com conclusões psiquiátricas sobre os sujeitos. São interessantes, especialmente, as observações que faz sobre desenhos produzidos por psicóticos.

Em pacientes com funcionamento em *nível psicótico*, são freqüentes as produções bizarras, com distorções importantes, que resultam no aparecimento de figuras ilógicas e irrealísticas. Pacientes esquizofrênicos (com exceção de alguns casos paranóides bem integrados) são os que apresentam o HTP mais comprometido.

No desenho da casa, observam-se:

a) ausência de partes essenciais (portas, janelas), sugerindo inacessibilidade ou mau contato com o ambiente;

b) representação ilógica, pela presença de transparências;

c) representação sincrética, em que o telhado substitui a casa total, refletindo a exacerbação da fantasia;

d) problemas de perspectiva, com a representação simultânea de três lados da casa, ou com a parede extrema desproporcionalmente maior que a parede principal, mesmo em casos com bom nível intelectual;

f) paredes com a extremidade fendida, denunciando quebra dos laços com a realidade.

No desenho da árvore, notam-se:

a) tronco fendido, compatível com desorganização de personalidade;

b) copa com tamanho mínimo, revelando mau contato ou tendências de se afastar do ambiente.

No desenho da pessoa, são as seguintes as características:

Figura 35.1 Desenho da casa de um paciente psicótico de 24 anos (HTP).

a) ausência de partes essenciais (olhos, mãos, braços, tórax, cabeça, etc.), sugerindo a falta de percepção do corpo como totalidade ou "incapacidade para lidar com os problemas da vida" (p.175);

b) representação ilógica, com transparências, observando-se órgãos internos, através do vestuário;

c) ambivalência no perfil, com corpo e cabeça em direções opostas;

d) omissão da roupa ou ênfase nos órgãos sexuais, como desconsideração de normas sociais ou, ainda, sugerindo aspectos agressivos;

e) superacentuação de olhos ou de orelhas, denunciando hipervigilância paranóide ou subentendendo componentes alucinatórios;

f) perfil típico esquizofrênico: "sem cabelo, um rosto parecido com máscara e um físico magro, rígido, desvirilizado" (p.174).

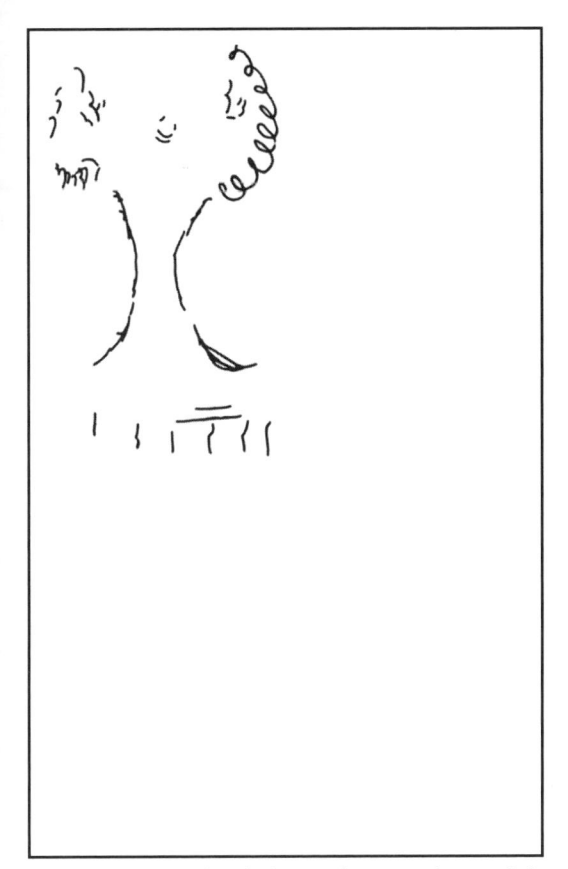

Figura 35.2 Desenho da árvore de um paciente psicótico de 24 anos (HTP).

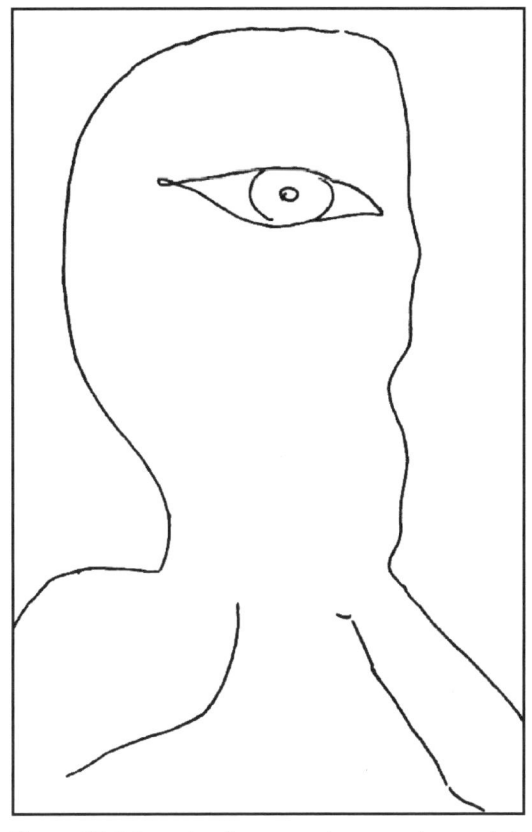

Figura 35.3 Desenho da pessoa de um paciente psicótico de 24 anos (HTP).
Observação: Tentativa de desenhar a pessoa completa

Disfunção cerebral

Em casos com problemas de *disfunção cerebral*, foram observadas muitas rasuras e piora no desempenho a cada nova tentativa de representar o conceito, com queixas dos pacientes de não se sentirem capazes de realizar a tarefa.

As figuras são simples, concretas. A qualidade da linha está comprometida, e o desenho é feito com linhas quebradas, esboçadas, irregulares. As dificuldades de simetria sugerem falta de equilíbrio em pacientes com esse problema. Por outro lado, a fadiga leva à piora do desempenho nos últimos desenhos, principalmente quando é usada a fase cromática.

Em todos os desenhos, há problemas de organização, em especial considerando as relações das partes com o todo. No desenho da casa, essas dificuldades aparecem mais precocemente.

Traços depressivos e traços hipomaníacos

Numa pesquisa de Freitas (1997), com trinta casos de pacientes que sofreram perdas significativas, foram identificados traços caracterizados como depressivos e como hipomaníacos.

Traços depressivos:
a) casa simples, vazia, pobre, com portas abertas;
b) árvore desprotegida, tênue, desvitalizada, podendo apresentar nódulos, sombreamentos, ramos frágeis e copa pequena.

c) figura humana frágil, mas organizada, sugerindo impotência; ênfase na cabeça e no tronco; semblante triste; figura simétrica relacionada com controle obsessivo;

De um modo geral, os desenhos apresentam tamanho pequeno, sem sugestão de movimento, com traçado débil, trêmulo, cortado, inibido. A localização pode variar, mas, habitualmente, são desenhos soltos "no ar". Nas Figuras 35.4, 35.5 e 35.6, têm-se as produções no HTP de uma mulher, de 41 anos, com crise depressiva, em razão da perda recente de um filho de 16 anos por leucemia.

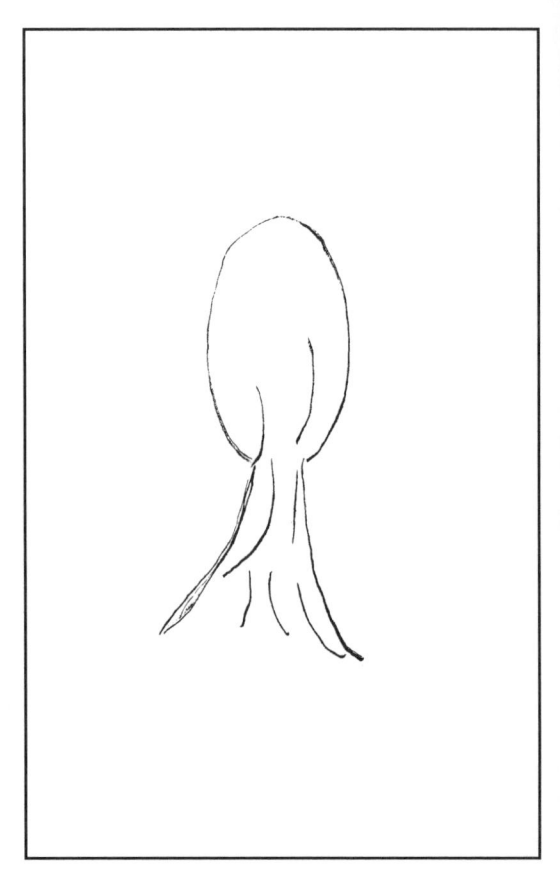

Figura 35.5 Desenho da árvore de uma mulher, de 41 anos, com crise depressiva (HTP).

b) árvore com grande dimensão, em expansão, ultrapassando os limites da folha; copa esférica; ramos para fora e para o alto;

c) figura humana de tamanho grande, com os braços para fora e para o alto; fisionomia com expressão de triunfo (sorriso do tipo "boca de palhaço"); impressão de imaturidade, de infantilidade.

De um modo geral, os desenhos são localizados no canto da folha, voltados para o "alto". Observam-se movimentos de expansão, mas as linhas são grossas, e o traçado é forte, feito com pressão. Nas Figuras 35.7, 35.8 e 35.9, têm-se as produções gráficas de uma mulher, de 43 anos, que perdeu o marido há seis meses, por enfisema pulmonar. Após enviuvar, passou a gastar excessivamente, a participar de jogos de azar, com apostas altas, e a discutir com as pessoas, com agressividade verbal desproporcional à situação.

Figura 35.4 Desenho da casa de uma mulher, de 41 anos, com crise depressiva (HTP).

Traços hipomaníacos:
a) casa desenhada em perspectiva, com tamanho grande; ênfase nas portas e presença de flores;

Figura 35.6 Desenho da pessoa de uma mulher, de 41 anos, com crise depressiva (HTP).

Figura 35.8 Desenho da árvore de uma mulher, de 43 anos, com traços hipomaníacos (HTP).

Figura 35.7 Desenho da casa de uma mulher, de 43 anos, com traços hipomaníacos (HTP).

Figura 35.9 Desenho da pessoa de uma mulher, de 43 anos, com traços hipomaníacos (HTP).

MÓDULO XIII – Wechsler Intelligence Scales (WIS)

Este módulo abrange importantes recursos psicométricos para medida da inteligência, as Escalas Wechsler. Como conjuntos de tarefas, não oferecem maiores dificuldades para o examinador, uma vez que as instruções dos manuais costumam ser bastante explícitas. Há, porém, alguns pontos precípuos que precisam ser considerados.

Obviamente, as escalas mais populares entre os psicólogos, no Brasil – o WISC, o WISC-R, o WAIS e o WAIS-R –, não foram adaptadas para nossas condições socioculturais, e não existem normas brasileiras. O WPPSI e sua forma revisada, embora eventualmente usados, são um pouco menos acessíveis e estão nas mesmas condições. O WISC-III e o WAIS-III já começaram a ser utilizados, e estão sendo desenvolvidas pesquisas a respeito. Dessa maneira, resolvemos delinear a apresentação deste tema do seguinte modo.

Em primeiro lugar, vamos expor aspectos gerais sobre as Escalas Wechsler, só eventualmente nos referindo de forma especial a uma determinada escala. Em segundo lugar, serão reservados dois capítulos especificamente para características e manejo do WISC-III e do WAIS-III.

Esta parece ser a única forma de lidar com essa fase de transição da utilização desses instrumentos, a partir das escalas mais antigas, ainda úteis (pelo acervo de trabalhos existentes), para considerar, então, as mais atuais, psicometricamente com maior excelência, mas com poucos estudos em nosso meio.

Escalas Wechsler

Jurema Alcides Cunha

36

INTRODUÇÃO: OS QIS E A SUA SIGNIFICAÇÃO

Tradicionalmente, as Escalas Wechsler têm sido incluídas entre os instrumentos mais conhecidos para a avaliação do QI, embora também sirvam a outros propósitos, quando, então, eventualmente, o QI pode ser o dado menos importante entre os subsídios obtidos.

Em todo caso, principalmente entre leigos, medida de inteligência associa-se a QI, e muita gente pensa que QI é uma síntese da inteligência de uma pessoa.

Na realidade, sabe-se que "o constructo de inteligência tem sido proposto para explicar e esclarecer o complexo conjunto de fenômenos que justificam as diferenças individuais em termos de funcionamento intelectual" (McGrew & Flanagan, 1998, p.1).

Spearman, considerado o pai da psicometria, foi quem primeiramente tentou explicar o que era inteligência, nos primórdios do século XX. Depois que propôs o *fator g* como pressuposto, em seu referencial teórico, surgiram muitos pensadores, ora apresentando um modelo dicotômico, ora criando explicações que envolviam fatores múltiplos ou capacidades cognitivas múltiplas. Entretanto, no estado atual de nosso saber, pode-se afirmar que qualquer instrumento de mensuração da inteligência, na realidade, só mede "algumas áreas de funcionamento". Em suma, "um QI é uma estimativa do nível atual de funcionamento, enquanto este é medido pelas várias tarefas requeridas num teste" (Groth-Marnat, 1999, p.153). E, no momento em que se salienta que é uma medida do nível *atual*, fica claro que não se trata de um dado fixo e imutável, podendo variar conforme uma série de fatores ambientais, psicopatológicos ou outros, que afetam as funções cognitivas, além de variáveis que podem influenciar o desempenho nas tarefas envolvidas, como compreensão das instruções, motivação, empenho em dar uma determinada impressão, etc.

Entretanto, o fato de os testes de inteligência não nos oferecerem uma visão mais abrangente do que parecem medir tem, no momento, mais interesse teórico do que prático, porque a avaliação intelectual geralmente é feita para se ter uma idéia do possível êxito do sujeito, do ponto de vista escolar (acadêmico) e ocupacional, o que, a grosso modo, pode ser possível por meio dos instrumentos disponíveis.

CONSIDERAÇÕES GERAIS E NORMAS PARA A ADMINISTRAÇÃO E ESCORE

Antes de usar uma das Escalas Wechsler, é necessário que a escala escolhida e o sujeito sejam compatíveis. É preciso, então, conhecer as escalas e o sujeito. A escala deve corresponder à idade do sujeito. Mas há superposição de algumas escalas em certas faixas etárias, e é importante considerar qual a mais adequada, conforme os objetivos do exame. Por outro lado, são importantes certas informações prévias sobre o sujeito, para prevenir fatores que podem interferir no desempenho (como presença de dificuldades verbais ou motoras, necessidade do uso de óculos para a leitura e mão preferencial).

A cada escala corresponde um material específico e pressupõe instruções, que variam de um instrumento para outro. O psicólogo deve estar suficientemente familiarizado com este, de modo que o sujeito constitua o seu principal foco de atenção, e não o material, as normas e as instruções. É evidente que estas devem ser seguidas, para que o resultado seja uma medida válida. Devem ser adequada e inteiramente memorizadas. Por outro lado, a familiaridade com o material pressupõe o seu manejo prévio, para garantir segurança em sua manipulação. Assim, o psicólogo, antes de iniciar a testagem, deve dispor de todo o material de forma acessível e organizada, de maneira a não usar mais de quinze segundos para manipulá-lo, entre um subteste e outro.

Além de memorizar as instruções para a administração, é importante que o psicólogo tenha em mente as normas para a atribuição de escores, não com a intenção de quantificar imediatamente as respostas, mas para ser capaz de conduzir perguntas adicionais, para obtenção das informações necessárias a permitir precisão na atribuição posterior do escore.

Sendo o sujeito o principal foco de atenção, todo o seu comportamento verbal e não-verbal deve ser observado e, tanto quanto possível, anotado. Desse modo, desaconselhamos, na maior parte dos subtestes, a atribuição de escores imediata à resposta do sujeito, da mesma forma que aconselhamos que as respostas sejam registradas textualmente, a não ser quando muito objetivas ou estereotipadas. Em primeiro lugar, porque realmente é difícil evitar uma boa margem de erro ante respostas até certo ponto semelhantes, mas que podem obter escores diversos; em segundo lugar, para evitar certa tendenciosidade ou um efeito de halo. Freqüentemente, após uma série de respostas de boa qualidade (ou, ao contrário, de má qualidade), pode ocorrer que o examinador não se empenhe muito no inquérito de uma resposta não muito completa, porque parece que já "sabe" o que o examinando quer dizer. Entretanto, se vai atribuir o escore só mais tarde, procurará reunir o máximo de dados para fundamentá-lo.

Segundo uma revisão feita por Groth-Marnat (1999), entre os erros mais freqüentes, na administração, estão a omissão do registro de respostas e do tempo de desempenho do sujeito; omissão de inquérito, quando indicado, bem como inquérito inadequado (em desacordo com as instruções).

Quando o psicólogo não registra a resposta textual, atribuindo logo o escore, ou quando anota apenas lembretes resumidos, com a finalidade precípua de manter apenas os dados pertinentes e adequados para a atribuição posterior do escore, muitas vezes são perdidos indícios clínicos importantes, ainda que às vezes sutis, para a compreensão de dificuldades em nível de ego.

Assim, a partir do pressuposto de que qualquer das escalas Wechsler, mais do que uma medida de inteligência, é um importante auxiliar no processo diagnóstico total, pode-se concluir que o psicólogo não deve orientar o inquérito apenas para fundamentar o escore, mas para uma compreensão mais ampla e profunda, que possa revelar não só peculiaridades na organização do pensamento, mas também conteúdos emocionais, que não devem passar despercebidos. Matarazzo (1976) comenta o caso de um sujeito ter um bom desempenho nos subtestes de execução do WAIS e, inclusive, em boa parte do Arranjo de Figuras, mas demonstrar dificuldade especial no item Táxi, podendo-se pressupor que seu conteúdo teve um efeito perturbador, pela ansiedade que o tema de cunho sexual despertou. Trata-se de um instrumento psicométrico, mas isso não constitui impedimento para que certas respostas ou a omissão de respostas assumam uma qualidade projetiva. Comenta o autor que se poderia argumentar que, se tais respostas são categorizadas como erro, num sentido psicométrico, isso não poderia pôr em xeque a questão da precisão do instrumento. Não obstante, tais fracassos são anômalos e, por conseguinte, não chegam a afetar substancialmente a soma dos escores do subteste. Aliás, já Rapaport e colegas (1965) ressaltavam a necessidade de interrogar o sujeito, não só pela falta de clareza, mas ante qualquer indício peculiar ou estranho, porque considerável desorganização pode estar subjacente a uma aparência sadia, que é denunciada apenas por um ou outro indício. Da mesma forma, as respostas "Não sei" podem ocultar lapsos incipientes que, com inquérito, podem demonstrar a presença de sinais de transtorno de pensamento, como salienta Berg (1983), apoiando-se no ponto de vista de Carr e colegas, expresso em 1979.

É precípua, pois, a compreensão do raciocínio subjacente às respostas dadas, assim como o entendimento dos bloqueios, das hesitações e das manifestações de certos estados emocionais. Ademais, as modificações no comportamento (variações da atenção, concentração e das atitudes) frente ao examinador ou ao material e, especialmente, particularidades e peculiaridades no manejo deste material podem ajudar consideravelmente na interpretação de flutuações no desempenho inter e intratestes. Da mesma forma que variáveis do sujeito, variáveis do examinador (sexo, atitude, etc.) devem ser consideradas, para avaliar o comportamento numa série de dimensões, além das de natureza estritamente cognitiva (Glasser & Zimmerman, 1972).

Outro aspecto importante parece ser a questão do limite de tempo nos subtestes de execução. Este deve ser considerado quanto à atribuição do escore, mas parece importante que o sujeito não seja interrompido na tarefa, se deseja continuar, a não ser quando se observa que o fracasso o está perturbando ou quando já utilizou um tempo demasiado, digamos, mais ou menos, o dobro do tempo limite. Tal procedimento ajuda a identificar a natureza da dificuldade encontrada, como também a verificar se o sujeito é capaz de encontrar a solução, embora o seu ritmo seja lento. Também pode parecer importante verificar se o sujeito que conseguiu a solução após o tempo limite manterá o mesmo padrão nos itens seguintes ou, pelo contrário, conseguirá se recuperar, dando a solução dentro do limite de tempo. É evidente que o item respondido após o tempo limite terá zero como escore, e os itens respondidos com acerto, após o número de fracassos previstos, não serão considerados para o cálculo do QI, mas podem dar uma idéia dos limites do próprio sujeito, no desempenho de tarefa idêntica, mas sem que esteja sob pressão.

Por outro lado, quando o sujeito erra itens fáceis, atingindo o número de fracassos previstos para interromper o subteste, e tal desempenho está em desacordo com o que vem apresentando em outros subtestes, convém administrar mais alguns itens, ainda que o sucesso nestes não possa ser computado para o cálculo do QI, na escala de execução. Pretende-se apenas examinar se o sujeito é capaz de vencer os itens mais difíceis, apesar de seu fracasso inicial, o que qualitativamente pode se tornar um dado significativo. Trata-se assim do que se denomina teste dos limites, um recurso mais usual no Rorschach, mas que pode ser empregado nas escalas Wechsler, para explorar melhor o potencial do sujeito e esclarecer questões diagnósticas. Deste modo, a não-interrupção do desempenho do examinando, nos subteste de Cubos e Armar Objetos, por exemplo, é clinicamente importante, porque vai permitir compreender se o insucesso em completar a tarefa se deve a uma incapacidade de encontrar a solução ou a outros problemas, como ansiedade, lentificação dos movimentos por depressão, problemas de coordenação ou problemas perceptuais. Entretanto, se o sujeito ficar muito perturbado com sucessivos fracassos, é melhor interrompê-lo, porque o ganho possível em compreensão não compensa a insegurança que pode se transferir a outros desempenhos sob a forma de subprodutividade.

Acima, falamos sobre subtestes de execução, em geral, e a estes podem ser acrescentados os subtestes de Dígitos e Aritmética da escala verbal, porque a graduação de dificuldades, nessas provas, é muito menos sujeita a influências socioculturais.

Quanto a subtestes essencialmente verbais, não padronizados para o nosso meio, a nossa opinião já é diversa. Acontece que os itens de subtestes essencialmente verbais são ordenados em função do grau de dificuldade crescente, verificado na padronização americana, e nada nos autoriza a pensar que seja idêntico no Brasil. Aliás, numa pesquisa em que analisamos o grau de dificuldade dos itens de alguns subtestes do WPPSI, verificamos que a ordem encontrada em nosso meio foi bastante diversa da original. Assim sendo, enquanto não houver pesquisas que nos autorizem a proceder de outra forma, nos subtestes de Informação, Compreensão e Vocabulário, costumamos administrar todos os itens, com exceção dos casos com suspeita de limitações intelectuais mais severas, em que fazê-lo seria não só uma perda indevida de tempo, como poderia representar uma pressão demasiada para o nível de tolerância do sujeito. Contudo, introdutoriamente, no caso de crianças, costumamos dizer que o teste se aplica a crianças pequenas e até a adolescentes, e que, naturalmente, há itens muito fáceis e outros bem mais difíceis. Tal explicação geralmente é suficiente para que a criança não se sinta por demais ansiosa ante possíveis fracassos. Além disso, quando os fracassos começam a ocorrer mais amiúde, costumamos comentar que parece que "isto" ela ainda "não teve na escola".

Entre os subtestes de execução, Completar Figuras também parece apresentar o mesmo problema quanto ao grau de dificuldade dos itens. Neste, como nos subtestes essencialmente verbais, costumamos administrar todos os itens, considerando, para o escore, todos os acertos. Em relação a possíveis críticas referentes à conduta adotada, lembramos apenas que, para a padronização de qualquer teste, são aplicados todos os itens, e somente a partir do processamento de dados é possível definir normas. Neste caso, não se costuma levar em conta as possíveis frustrações ou ansiedades devidas a fracassos inevitáveis. Assim, não cremos que estamos exigindo demais do sujeito e não estamos desconsiderando normas, uma vez que não existem normas brasileiras. Entretanto, ainda que consideremos tal procedimento clinicamente defensável, admitimos que só deva ser usado em caráter precário.

Nas escalas Wechsler mais recentes, foi adotado o recurso de entremear subtestes verbais com os de execução, como meio de manter o nível de interesse do sujeito. No WISC e no WAIS, não consta tal recomendação. Entretanto, parece viável que, se durante os testes foram observados sinais de fadiga ou de insatisfação, principalmente porque as tarefas se parecem muito com atividades escolares, seja possível utilizar o mesmo procedimento.

Para concluir, insistimos na necessidade de registrar todo o comportamento verbal e não-verbal do sujeito, bem como as impressões que nos transmite. Além disso, é importante procurar explorar todas as possibilidades de resposta do sujeito, na escala verbal, a não ser em caso de resposta única, como em Aritmética. O potencial deve ser examinado não só para investigar suas implicações clínicas, mas para diminuir as probabilidades de que fatores emocionais venham a interferir na produtividade. Por exemplo, a resposta "Não sei" pode indicar desconhecimento, mas também oposição, insegurança ou medo de errar. Subjacentemente, podem se encontrar fatores cognitivos ou emocionais, envolvendo um potencial inusitado ou dados qualitativos. Portanto, o sujeito deve ser estimulado a desenvolver sua resposta, mesmo que esta seja dada como "palpite". Naturalmente, tais perguntas, no inquérito, devem ser devidamente assinaladas, assim como as perguntas que o sujeito faz para esclarecer uma situação, explorar possibilidades ou controlá-la e dominá-la (Glasser & Zimmerman, 1972).

Evidentemente, para tal fim, quase sempre a folha de registro tradicional é insuficiente, mas vale a pena o trabalho. Não só facilitará a supervisão, quando se tratar de psicólogo iniciante, como oferecerá a todos uma riqueza de dados clínicos, muito importantes na interpretação final dos resultados. A folha de registro tradicional continua indispensável do ponto de vista quantitativo. Podem ser acrescentadas folhas adicionais para facilitar as observações e registro de inquéritos especiais ou de respostas a itens não considerados na contagem. Finalmente, no caso de uso de quaisquer dos procedimentos não ortodoxos aqui sugeridos, é importante que os mesmos sejam de alguma forma indicados no registro das respostas, para não haver qualquer interferência no cálculo tradicional do QI.

Aliás, o próprio psicólogo clínico deve decidir qual a melhor forma de registro e manejo de seus dados.

PROBLEMAS GERAIS NO ESCORE

Em relação ao escore, geralmente, as instruções constantes nos manuais são suficientes. É importante que o examinador esteja completamente familiarizado com as exigências para a atribuição de diferentes escores, para que saiba quando os seus dados são suficientes, de um ponto de vista quantitativo, ou quando deve estimular o sujeito a falar mais. As recomendações anteriores, no sentido de melhor entender o raciocínio subjacente à resposta, não implicam quebra de instruções na administração, a não ser no caso específico do número de fracassos, para a interrupção do subteste, exclusivamente em tipos de tarefas que parecem mais afetadas por fatores socioculturais.

Por outro lado, mesmo que o sujeito deva ser o principal foco de atenção, a testagem e a atribuição de escores devem constituir um processo inteligente de parte do examinador. Isto significa que, embora o manual deva ser seguido, sempre haverá situações em que o examinador deve decidir por si próprio que decisão tomar. Desta maneira, freqüentemente ocorre que sejam apresentadas respostas inusitadas, bem diversas das constantes entre os exemplos do manual. É claro que não estamos aqui falando de respostas inusitadas no sentido de conterem elementos extravagantes ou bizarros. Algumas dessas respostas, não relacionadas, podem ser adequadas e, por vezes, envolverem alto grau de conhecimento e sofisticação. A adequabilidade ou correção de tais respostas deve ser julgada pelo examinador, que, não raro, deve até consultar pessoas especializadas ou obras específicas, para se certificar de qual escore pode ser razoável. É claro que tal tipo de resposta é bastante raro. Já nos ocorreu ter de consultar uma pessoa ligada ao escotismo para julgar da adequabilidade de alguns procedimentos para quem se encontra perdido numa floresta, ou até precisar realizar uma pesquisa bibliográfica para levantar particularidades não muito divulgadas sobre feitos de Gengis Khan.

Estes fatos acontecem mais quando se trata de pessoas muito intelectualizadas e, particularmente, aquelas que dão muitos detalhes, respostas múltiplas ou alternativas. Entretanto, freqüentemente ocorre o fato de pessoas darem uma resposta correta e acrescentarem detalhes, ou alternativas, que podem envolver incorreções. Neste caso, o examinador deve procurar discernir o que é essencial e o que é secundário ou irrelevante. Se a idéia essencial é conservada, embora sejam acrescentados elementos que não a melhoram, mas que também não prejudicam o pensamento implícito, ainda é possível atribuir escore, valorizando os aspectos essencialmente positivos. Se, porém, as especificações acabam comprometendo o que é essencialmente exigido da resposta, ou a primeira resposta correta é manifestamente substituída por uma inadequada, não temos outra alternativa que atribuir um escore zero. Pode acontecer, entretanto, que seja dada uma resposta de nível superior (escore 2) e uma resposta inadequada. Neste caso, Glasser e Zimmerman (1972) ainda atribuem o escore 1 à resposta. Concordamos com tal critério, desde que a segunda resposta não seja dada como correção à primeira.

Pode ocorrer que também o oposto se verifique e seja dada uma resposta incorreta, seguida de uma resposta adequada, até de bom nível. Neste caso, procuramos verificar se a intenção do sujeito é de corrigir a primeira ou de manter ambas como alternativas possíveis. No primeiro caso, parece-nos que o escore deva ser positivo e, no segundo, negativo, isto é, zero.

Um caso específico ocorre no subteste de Vocabulário, quando o sujeito apresenta vários sinônimos, digamos que um é bom, outro, referente a um uso secundário ou pouco comum do vocábulo ou, ainda, que seja vago e impreciso e um que pode ser considerado como uma resposta errada. Neste caso, conduzimos o inquérito, para verificar qual o sentido que a palavra realmente tem para o sujeito. Às vezes, é suficiente perguntar qual, dentre as várias opções, a que o sujeito considera a mais adequada, tentando ver as razões para tal escolha. Se o sujeito consegue optar pela resposta correta e justifica a sua opção, utilizamos tal explicação para fins de escore. Se o sujeito insiste em que o sinônimo adequado e o vago podem ser usados como alternativas, todavia, demonstrando compreensão, ainda concedemos o escore. Mas se insiste que tanto o sinônimo correto como a resposta obviamente incorreta podem ser usados como alternativas, consideramos a resposta negativa, pois não demonstrou conhecer a significação da palavra.

Já nas provas com limite de tempo, parece ser possível aceitar correções, desde que não ultrapassem o tempo previsto. Assim, no caso de uma resposta imediata, mas hesitante, ou obviamente impulsiva, costumamos perguntar ao sujeito se está seguro de que esta é a resposta e alertar que há tempo disponível. Freqüentemente, isso ocorre por influência de ansiedade, exatamente na primeira prova em que se começa a marcar o tempo. Uma observação deste tipo, feita em tom casual, por vezes leva o sujeito a se recuperar de uma ineficiência temporária.

Como já referimos, muitas vezes parece importante que o sujeito complete a tarefa em que se empenha, apesar de ultrapassar o tempo limite, no caso, por exemplo, de Cubos ou de Armar Objetos. Isso nos permite avaliar se o sujeito tem um desempenho eficaz, embora lento. Todavia, deve-se ter o máximo cuidado de registrar o que o sujeito conseguiu realizar até o limite do tempo; por exemplo, quais as peças do objeto que conseguiu juntar, para que o escore se baseie exclusivamente em tal desempenho.

Quanto ao escore, em geral, as informações dos manuais são bastante claras. Entretanto, é bom recapitular, com Groth-Marnat (1999), erros mais comuns na questão do escore dos itens: a) omissão ou erro no assinalamento do escore correspondente, em testes executivos, em que a correção e o tempo são critérios para escore e bônus de tempo; b) indulgência ou severidade na atribuição do escore; c) cálculo incorreto do escore bruto ou erro por não conversão do escore bruto em ponderado. Enfim, *erros de cálculo*, no manejo das escalas, *são apontados como surpreendentemente elevados*.

PROBLEMAS ESPECÍFICOS NA ADMINISTRAÇÃO E ESCORE DOS SUBTESTES*

Informação

Informação é bastante satisfatório como subteste introdutório, porque não contém aspectos por demais ansiogênicos ou ameaçadores. Assim, mesmo quando se costuma intercalar subtestes da escala verbal e de execução, esta tarefa, como inicial, parece muito aceitável tanto para adultos, como para crianças. Porém, certo grau de reserva, falta de espontaneidade ou, até mesmo, certa apreensão, constituem modos adaptativos frente a uma situação desconhecida. Entretanto, geralmente tais atitudes não chegam a prejudicar a produtividade. Sinais mais acentuados de timidez, ansiedade ou de algum outro comportamento em desacordo com a expectativa devem ser observados (Glasser & Zimmerman, 1972).

Os primeiros itens são cruciais para indivíduos com limitações mais severas, tanto que, em caso de fracasso completo, é importante considerar a conveniência de interromper a prova, substituindo-a por uma mais discriminativa nos níveis mais baixos. As escalas Wechsler atualmente cobrem praticamente todas as faixas etárias em que o sujeito é testável, a não ser em idades muito precoces. De forma que, eventualmente, se pode utilizar o mesmo

---

*Subtestes específicos do WISC-III e do WAIS-III são incluídos noutros capítulos.

subteste, mas de outra escala menos exigente e, se necessário, recorrer a equivalentes de idade escalar, para avaliação da capacidade.

Naturalmente, ante hesitações, respostas incompletas ou pouco claras, o examinando deve ser estimulado ou interrogado a respeito. A pergunta pode ser repetida, se necessário, mas não alterada em sua formulação essencial. Não obstante, modificações mínimas, que não mudem o estilo, podem ser introduzidas, especialmente com crianças.

As correções ou reformulações das respostas podem ser aceitas e consideradas no escore, mas não se ocorrem numa segunda sessão de testagem. Desta maneira, se o sujeito diz que não lembra no momento, após ser-lhe dado o tempo necessário, é melhor não insistir, mas a resposta pode ser considerada, se a lembrar durante a mesma sessão de testagem, o que raramente acontece. Porém, se o sujeito hesita, pode-se sugerir-lhe que tente um palpite sobre a resposta, especialmente no caso de a mesma ter implicações numéricas. Por outro lado, ante uma resposta aparentemente absurda, como "A capital da Itália é a Espanha", convém investigar cuidadosamente se se trata de um lapso, uma resposta impulsiva de uma pessoa limitada cultural e intelectualmente ou se é o caso de uma desorganização da memória (Zimmerman, Woo-Sam & Glasser, 1976; Rapaport et alii, 1965, p.57).

Determinados fracassos ou respostas errôneas parecem ser bastante discrepantes em relação ao nível de instrução do sujeito. Se existe qualquer suspeita ou notícia de comprometimento cerebral do sujeito, Lezak (1995) sugere que se pergunte se alguma vez sabia a resposta que, agora, não recorda. Acha que este recurso oferece dados sobre o comprometimento do sujeito, bem como de sua reação emocional ao mesmo.

Compreensão

O subteste de Compreensão envolve uma mudança brusca em termos das exigências colocadas, especialmente com sujeitos que tendem a adotar atitudes contestatórias e oposicionistas e, principalmente, com adolescentes que ainda não elaboraram seus problemas frente a figuras de autoridade, bem como frente a seus substitutos simbólicos. E justamente pelo fato de o subteste poder ser mobilizador de componentes emocionais, é de particular importância o registro textual das respostas.

Conforme Zimmerman e colegas (1976), a causa de grande parte das dificuldades que ocorrem neste subteste está "na aceitação, por parte do examinador, de respostas vagas ou incompletas" (p.89). Conseqüentemente, torna-se importante a realização de um inquérito, em que se solicite ao sujeito que explique um pouco mais ou diga mais alguma coisa, mesmo ante respostas que parecem convencionais, estereotipadas ou "superaprendidas", já que o sujeito pode repetir normas socialmente aprendidas sem as compreender, ou apresentar, de forma subjacente, pensamentos extravagantes. Esses autores dão um exemplo de uma menina que, ao item Más companhias, respondeu: "Má fluência. Má fluência" (p.89). É que não conhecia nem a palavra correta "influência", nem suas implicações.

Glasser e Zimmerman (1972) sugerem grande flexibilidade no manejo dos itens, inclusive a necessidade de reformular a pergunta, com base em itens específicos ou na resposta dada, para que a criança entenda o conceito implícito no vocábulo utilizado em alguns itens.

Outro aspecto que justifica o estímulo para falar mais e que os autores citados consideram uma desvantagem do subteste é a necessidade de respostas múltiplas, em alguns itens, que pode ser desfavorável para a criança que se esforça por dar uma resposta única (no seu entender, a melhor) e para a criança que, não sendo compulsiva, "acha (não sem razão) que uma resposta é suficiente" (p.53). Aliás, isto também pode ser observado em adultos, inclusive com tendências compulsivas, mas cuja compulsão se caracteriza por ambição de qualidade.

Entretanto, embora achemos que o inquérito é fundamental, não deixamos de observar que tal inquérito deve ser feito com cuidado. Os autores citados, por exemplo, notam que crianças criativas podem ser prejudicadas, neste subteste, por procurarem dar soluções inusitadas aos problemas. O inquérito não deve induzir o sujeito a tal atitude. Neste subteste, o inquérito visa primordialmente a verificar o grau de compreensão, tentando deslindar o raciocínio subjacente à resposta.

Aritmética

Este é o subteste mais semelhante à experiência com atividades escolares que o sujeito tem ou teve. Por um lado, este fato pode influir desfavoravelmente, no caso de o indivíduo ter alguma atitude negativa ou insegurança, por fracassos na área escolar ou, ainda, por julgar que sua aptidão para a matemática é escassa. Por outro lado, especialmente em crianças e adolescentes, permite levantar indícios sobre atitudes a respeito da aprendizagem, aproveitamento escolar e sobre sucessos e fracassos na área escolar.

Exatamente por causa da atitude que os sujeitos possam ter sobre a sua capacidade para resolver problemas aritméticos, nas escalas para adultos, não se menciona a natureza da tarefa ao introduzi-la.

Outro aspecto que deve ser observado é que, dentro da escala, Aritmética é o primeiro subteste em que o cronômetro é utilizado. Assim, eventualmente, o sujeito dá uma resposta errada, de forma insegura, bem antes do tempo limite. Neste caso, costumamos perguntar ao sujeito se está certo de sua resposta ou se quer pensar um pouco mais, pois ainda dispõe de tempo. Pretendemos, pois, que o sujeito entenda que não deve ser apenas rápido, mas também eficiente.

Rapaport e colegas (1969), ante um fracasso, consideravam importante determinar o tipo de raciocínio implícito, já que o pensamento pode ser lógico, mas haver erro de cálculo. Na realidade, muitas vezes a própria resposta oferece indícios neste sentido. Portanto, aconselhamos registrá-la, em vez de simplesmente classificá-la como certa ou errada. Por outro lado, quando estimulamos o sujeito a pensar, sem lhe dizer que a resposta está certa ou errada, mas sugerindo apenas que tem tempo, estamos lhe dando uma oportunidade para chegar à resposta correta, se usa princípios lógicos, resposta esta que será considerada, se for dada dentro do tempo limite. Se a resposta certa ocorre após esse tempo, o escore é zero, sugerindo apenas um indício qualitativo.

A distratibilidade freqüentemente afeta os escores, em conseqüência da ansiedade. Portanto, a presença de indícios a este respeito, no comportamento do sujeito, deve ser observada e anotada, pois poderá ser de ajuda na interpretação de flutuações de escore. Por outro lado, as respostas obviamente estranhas podem eventualmente ocorrer nos itens mais difíceis, tornando o subteste "uma medida de processos de pensamento desviantes" (Glasser & Zimmerman, 1972, p.5).

Semelhanças

A administração de Semelhanças geralmente não envolve problemas maiores, mas apenas algumas dificuldades específicas. Estas ocorrem quando o sujeito diz que não existem semelhanças ou começa a assinalar diferenças. Vários autores sugerem diferentes recursos para que se maneje a situação. Tais dificuldades ocorrem especialmente no WISC e no WAIS, em que não havia instruções especiais a respeito. Logicamente, tais dificuldades passaram a ser consideradas no desenvolvimento das escalas. No WAIS-R, por exemplo, se no item Laranja-banana o sujeito dá uma resposta de nível 1, como "Você come as duas", o examinador deve dizer: "Está certo, você come as duas. Também, ambas são frutas" (Wechsler, 1981a, p.86). Igualmente, os dois tipos de resposta são apresentados, se o sujeito fracassa ou dá uma resposta errada. Nos itens subseqüentes não se dá qualquer ajuda.

Zimmerman e colegas (1976) apresentam uma dificuldade extra. Trata-se do caso em que o sujeito responde corretamente o item Laranja-banana e, ao lhe ser apresentado o item seguinte, diz: "O mesmo que nas frutas". Segundo esses autores, essa resposta deve ter um escore zero, mas, se o sujeito acrescentar "...ambos servem para vestir", deve-se dar dois pontos (p.116). Sob o nosso ponto de vista, esta é uma situação em que o inquérito se faz necessário, para que o sujeito explique melhor o que quer dizer com "o mesmo que nas frutas", antes de decidir qual o escore que deve ser atribuído. Aliás, parece imprescindível que o examinador esteja completamente familiarizado com exemplos de respostas, que correspondem a diferentes graus de abstração, para que possa conduzir bem o inquérito. Convém lembrar ainda que às vezes uma resposta correta fica comprometida por serem introduzidas idéias aparentemente extravagantes ou ilógicas. Então, a não ser que o inquérito possa demonstrar a presença de vinculações lógicas, o escore a ser atribuído é zero (Zimmerman, Woo-Sam & Glasser, 1976).

Dígitos ou Números

Uma vez que *dígitos* se referem a algarismos arábicos de 0 a 9, por motivos óbvios preferimos manter a designação usada por Wechsler para o subteste, e não a designação *Números*, utilizada na tradução brasileira do WISC.

O subteste de Dígitos compõe a escala verbal no WAIS e no WAIS-R. No WISC, é um subteste suplementar que, na prática, muitas vezes é usado como alternativo. No WISC-R, e também no WISC-III, é um subteste suplementar, que deve ser utilizado quando houver disponibilidade, mas rotineiramente não é considerado para o cômputo do QI. Quando aplicado como subteste subsidiário, Dígitos proporciona informações importantes e pode ser incluído no cômputo do QI no WISC, mas não no WISC-R. Como alternativo, é incluído na contagem em ambos os casos. Não obstante, têm havido pesquisas para examinar a adequabilidade de aplicar rotineiramente Dígitos, como subteste subsidiário no WISC-R, utilizando a transformação proporcional da contagem ponderada. Boyd e Hooper (1987) consideraram válido esse procedimento. Silverstein (1989), observando que esses autores utilizaram uma amostra atípica, replicou o estudo com dados de 2.200 sujeitos, que faziam parte da amostra de padronização do WISC-R, com uma abordagem metodológica mais adequada, chegando à conclusão, face às escassas diferenças encontradas, que o psicólogo poderia decidir pelo procedimento que julgasse mais conveniente.

Também convém lembrar que os dígitos, seja em que ordem for, devem ser apresentados com o intervalo de um segundo, evitando-se qualquer alteração do ritmo. Rapaport e colegas (1969) chegam a recomendar que, se eventualmente o examinador alterou inadvertidamente o ritmo (fato que pode perturbar sujeitos ansiosos e inseguros), deve apresentar uma outra série equivalente, no caso de os resultados terem sido comprometidos. De nossa parte, achamos que o psicólogo deve se preparar suficientemente, para que nem eventualmente ocorra tal problema de modificação de ritmo. Sob o nosso ponto de vista, esse procedimento de apresentação de uma série equivalente só poderia ser utilizado excepcionalmente, se ocorresse um ruído súbito e alto ou se alguém inadvertidamente batesse na porta, quando poderia haver uma interferência na audição ou na atenção.

Outra exceção parece ser o caso quando o sujeito fracassa nas duas tentativas de uma série curta, quando se deveria dar outra da mesma extensão, para "distinguir entre deterioração e grande diminuição de atenção, associada com ansiedade" (Rapaport *et alii*, 1969, p.58). Achamos que isso pode ser feito com interesse clínico, mas sem utilizar o eventual sucesso para fins de escore.

Durante a administração de Dígitos em qualquer das escalas, parece importante observar se o sujeito utiliza algum tipo de método para memorização, como repetir os dígitos em voz baixa, tentar reter imagens visuais, procurar agrupá-los ou transformá-los em totais.

Também é recomendável registrar as desculpas que o sujeito apresenta em relação aos seus fracassos, verificando quando existe pelo menos um esforço em direção ao êxito (Rapaport *et alii*, 1969), quando projeta a culpa no examinador ou quando há evidência de déficit auditivo.

Vocabulário

Vocabulário, geralmente, não apresenta dificuldades maiores em sua aplicação, pois é bem aceito pela maioria dos sujeitos. Se o examinador está bem familiarizado com o sistema de escore, também não terá dúvidas para decidir se deve estimular o examinando ou não. Não obstante, há alguns aspectos para os quais é necessário chamar a atenção.

Quando administramos o subteste a sujeitos inteligentes, às vezes são dadas respostas por demais casuais para os itens fáceis. Zimmerman e colegas (1976) acham que se deve explorar respostas lacônicas, mesmo que mereçam escore 2, solicitando explicação mais ampla. Por vezes, o que se observa é uma preocupação de que a resposta constitua um sinônimo perfeito. A solicitação de uma resposta mais ampla não só permitirá verificar se a significação atribuída é realmente adequada, como facilitará a resposta do sujeito a itens que não podem ser respondidos com simples sinônimos.

Muitas vezes, apresentam-se dúvidas e vacilações através das respostas: "Não sei" ou "Sei o que quer dizer, mas não sei explicar". Nestes casos, o sujeito deve ser estimulado a falar, no primeiro caso, sugerindo-se que adivinhe, ou, no segundo caso, que procure usar a palavra numa frase e, depois, tente defini-la. Rapaport e colegas (1969) observam que a vacilação pode ser devida apenas ao temor do fracasso ou a uma ineficiência temporária, e a adivinhação não pode resultar numa resposta correta. Por outro lado, a insegurança pode "encobrir associações extravagantes" (p.141).

Quando a resposta parece não se relacionar com o item proposto, pode ser que o sujeito haja entendido uma palavra diferente, ou pode-se tratar de uma resposta arbitrária, que pode constituir um indício de patologia.

Em geral, os exemplos e os critérios de escore dos manuais são suficientes para avaliar as respostas e atribuir o escore. Eventualmente, o sujeito dá uma definição que não parece arbitrária, mas que não consta nos manuais, ou, ainda, utiliza o termo numa acepção regional. Neste caso, recomendamos que se procure a definição do vocábulo em dicionários usuais, para verificar a adequabilidade de uma determinada acepção, e, em seguida, que se determine o escore, a partir dos critérios constantes nos manuais.

Código e Casa de Animais

É importante que, antes de dar as instruções, o psicólogo se informe se o sujeito é destro ou não. Se o sujeito é canhoto, geralmente cobre a chave com a mão, ao copiar os símbolos, e é, então, necessário colocar uma segunda folha de registro, dobrada, à sua frente, de maneira que uma chave de código extra fique bem visível. Nas escalas WISC-R mais recentes, as instruções prevêem que tal folha seja colocada quando, ao iniciar a tarefa, se observar que o sujeito está cobrindo o código com a mão.

O subteste não apresenta muitas exigências para o examinador, exceto no caso de Casa de Animais, em que as instruções devem ser seguidas muito cuidadosamente, devendo-se anotar, além do tempo, erros e omissões. Nas demais escalas, os erros e as omissões ficam registrados, e o examinador, além do tempo, deve apenas observar comportamentos especiais. No entanto, se essas falhas ocorrerem durante o exercício prévio, devem ser corrigidas imediatamente, revisando-se o uso do código. Estando este bem compreendido, prossegue-se com o teste, marcando o tempo, exceto que, no primeiro caso de omissão de um item, deve-se dizer que "não pule" nenhum e siga em ordem.

Às vezes se observa um tipo especial de erro, em que o sujeito copia corretamente certo número de símbolos e, então, deixa um espaço vazio e registra, no espaço seguinte, o símbolo que corresponderia ao espaço omitido, continuando, depois, normalmente, para, em seguida, persistir com o mesmo procedimento, mesmo que advertido após a primeira omissão. Essa recusa tácita de seguir instruções não impede que se atribua escore aos acertos, mas é importante tomar anotações a respeito da conduta do sujeito, como veremos mais tarde.

Os sujeitos que apresentam dificuldades especiais costumam ser os que têm pouca experiência com lápis e papel, os que têm deficiências de aprendizagem, de visão e de motricidade, bem como aqueles com pouca motivação (Zimmerman, Woo-Sam & Glasser, 1976). Naturalmente, o examinador deve estar atento para qualquer indício sugestivo dessas dificuldades que possa auxiliar na interpretação.

Há sujeitos que, a partir dos primeiros ensaios, aprendem a consultar o código, cada vez com mais facilidade, buscando o lugar correto para encontrar o símbolo que procuram, enquanto outros não demonstram qualquer progresso na aprendizagem. Deve-se observar, também, se, após consultar o código, copiam o símbolo em seguida ou apresentam um comportamento de verificação permanente, demonstrando vacilação, ansiedade e dúvida (Rapaport et alii, 1969). Como o subteste é muito vulnerável à ansiedade, mas também ocorrem escores baixos por outras causas, tal comportamento do sujeito é sobremodo importante.

Por vezes, o sujeito trabalha lentamente. Isso pode acontecer por uma exigência de qualidade na representação do símbolo, revelando uma tendência perfeccionista (Glasser & Zimmerman, 1972), por dificuldade de se decidir ou por lentidão motora (Rapaport et alii, 1965). Também ocorre por dificuldades de coordenação visomanual ou por mau controle do lápis. Se já na cópia dos exemplos se identifica uma atitude perfeccionista, é importante referir que "não é necessário, nem essencial, desenhar corretamente" (Zimmerman, Woo-Sam & Glasser, 1976, p.157).

Observam-se ainda distorção, simplificação, desconsideração ou inversão dos símbolos, dificuldades de concentração, irritação com a monotonia da tarefa, bem como outras características individuais, na maneira de realizar o subteste, que devem ser cuidadosamente registradas, para consideração posterior.

Completar Figuras

Trata-se de um subteste constante em todas as escalas Wechsler, variando os itens e o limite de tempo, por item. Envolve uma tarefa geralmente bem aceita pela maioria dos sujeitos.

As instruções, em todas as escalas, exceto no WPPSI, são claras para o caso em que o sujeito dá, como resposta, uma parte não essencial, quando é lícito dizer: "Sim, mas qual a parte mais importante que está faltando?" Porém, há uma situação prevista apenas no WPPSI e no WISC-R, que ocorre freqüentemente com crianças pequenas, na qual acreditamos que, mesmo no WISC, se possam adotar as instruções propostas naquelas escalas. Ocorre quando a criança simplesmente denomina o objeto da figura, quando parece lícito dizer: "Sim, mas o que é que está faltando?" Há ainda outro caso, também previsto no WPPSI e no WISC-R, que é comum entre crianças, mas também acontece entre adultos, e é quando o sujeito menciona algo que não está no cartão (como o "Remador", no "Barco", do WAIS, ou o "Homem", no "Casaco", do WISC). De acordo com as instruções daquelas escalas, seria permissível dizer: "Está faltando uma parte na figura (ou no cartão). O que é que está faltando?" De nossa parte, costumamos dizer: "Diga-me o que está faltando no que está desenhado". Acontece que, eventualmente, o sujeito continua a insistir que a figura não está completa ou que, no cartão, faltam as partes aludidas. Ao falar no que está desenhado, fica pressuposto que pode não estar desenhado tudo o que a criança tem em mente, mas que deve atentar apenas para o que foi desenhado. A observação pode ser feita apenas duas vezes no WPPSI. Acreditamos que possa ser feita, mas uma única vez, nas outras escalas.

Todas essas particularidades no comportamento do sujeito devem ser anotadas, porque, se continuam ocorrendo, especialmente após ser feita a observação de praxe, têm significação clínica. Da mesma forma, convém anotar as respostas do sujeito, especialmente se incorretas ou não coincidentes com as comumente esperadas. Outras particularidades também devem ser registradas, como as respostas "Não sei" (quando convém insistir, se está dentro do tempo limite) e "Nada está faltando".

Ainda que se peça uma resposta verbal, aceita-se, quando o sujeito apenas mostra corretamente o que está omitido na figura. Todavia, isso só é admitido se o examinador está certo de que o sujeito está apontando realmente para a parte que falta.

O fato de se aceitar a resposta não-verbal apenas faz com que alguns examinadores tendam a ser generosos, quando, por exemplo, a criança aponta corretamente e diz: "Falta uma coisinha". Esta resposta não é admissível. É claro que, às vezes, a criança não sabe o nome exato do que falta. No WISC, fica claro que se pode aceitar um sinônimo, o WPPSI especifica um sinônimo próximo, e o WISC-R aceita tanto um sinônimo como uma explicação com as próprias palavras da criança. No WAIS-R, não há exigência do nome exato, mas a parte correta deve ser adequadamente descrita. Todavia, em caso de dúvida, sempre convém solicitar que o sujeito mostre o lugar onde está faltando alguma coisa. Mesmo assim, se a indicação está correta mas a resposta verbal é indubitavelmente incorreta, o escore é zero. É preciso que "o examinador esteja razoavelmente seguro de que a resposta verbal seja correta, antes de atribuir-lhe crédito" (Wechsler, 1981a, p.46).

Arranjo de Figuras

Arranjo de Figuras é um subteste em que o sujeito, distribuindo figuras em seqüência, constrói historietas e, ao fazê-lo, demonstra compreensão de situações que envolvem inter-relações sociais, comuns na cultura atual. O sujeito precisa ter uma percepção visual das figuras, antecipar seu seguimento e organizá-las, usando relações de causa e efeito. Convém não esquecer as instruções para que o sujeito avise quando considera a tarefa terminada. Observamos muitos casos em que a ordenação está correta, e o sujeito a desmancha e dá outra seqüência às figuras. É importante observar, porém, que, no WAIS-R, a recomendação para que o sujeito avise, quando terminar, é feita apenas no item 2. Entretanto, do item 2 ao 10, o examinador deve parar o cronômetro, quando considera óbvio que a tarefa está pronta, mesmo que o sujeito "esqueça de dizer ao examinador" (Wechsler, 1981a, p.68).

Parece que, se o examinador tem bem presentes os aspectos envolvidos, se torna relativamente fácil observar e, conseqüentemente, anotar o que pode ser significativo. Aliás, o primeiro ponto a ser observado é como o sujeito ordena sua seqüência. Na grande maioria dos casos, a ordenação é da esquerda para a direita. Ocasionalmente, encontramos crianças que seguem a ordem inversa. Se, na colocação das figuras, o sujeito parece começar pela direita, pergunta-se: "Onde começa a sua história?" Se a seqüência está correta, o item é considerado. Especialmente em avaliações neuropsicológicas, algum paciente pode ordenar suas figuras verticalmente. Não o corrija, porque pode se tratar de uma estratégia para evitar erros por dificuldade de atenção relativa a um lado do espaço.

Alguns examinadores solicitam sempre a verbalização da história correspondente. Outros o fazem apenas em face de um desempenho incorreto ou falho (Glasser & Zimmerman, 1972; Rapaport et alii, 1965). A não ser em caso de desempenho incorreto, costumamos solicitar a verbalização de uma história, mesmo antes de uma seqüência incorreta, quando a história da série anterior pareceu confusa, estranha, extravagante ou, de alguma forma, significativa. Também solicitamos a verbalização de todas as histórias quando parece importante avaliar os aspectos cognitivos do sujeito, ou este, espontaneamente, dispõe-se a contá-las.

Como exame dos limites, Glasser e Zimmerman (1972) sugerem a investigação da compreensão latente, por meio de perguntas sobre aspectos específicos da história. Também sugerem que se ordene a seqüência correta para a criança, se misturem imediatamente as figuras e se solicite que a reproduza. Já Zimmerman e colegas (1976) recomendam que, ante um fracasso, se dê alguma pista ao sujeito, como, no item 8 do WAIS, dizer: "O homem leva um manequim" ou "É a mesma pessoa em todos os desenhos", para, a seguir, se solicitar que apresente outra história, porque, então, se pode ter "uma informação valiosa acerca de sua rigidez e enfoque da realidade, no exame" (p.198). Outro recurso seria o de mostrar qual a primeira figura da série e "fazer com que o sujeito realize as antecipações correspondentes" (Rapaport et alii, 1965). De nossa parte, acreditamos que tais recursos devem ser utilizados estritamente nos casos em que pareça importante avaliar um acentuado prejuízo cognitivo ou outra probabilidade de patologia grave e não, indiferentemente, porque possibilitam um treinamento e comprometem eventuais retestes. Entretanto, se imprescindíveis, devem ser usados apenas após a testagem padronizada de todo o subteste.

Naturalmente, ter-se-ia provavelmente uma boa compreensão sobre as antecipações do sujeito se fosse possível anotar toda movimentação das figuras, em suas tentativas de ensaio e erro. Trata-se, porém, de um recurso bastante exaustivo para o examinador e nem sempre compensador; pois, se o sujeito se dá conta de que estamos fiscalizando todos os seus movimentos, isto pode ser bastante ansiogênico.

Embora não pareça ser o caso de anotar todas as movimentações das figuras, é recomendável observar se o sujeito se limita a trocar uma única figura, se persevera nos mesmos movimentos ou, ainda, se, em vez de procurar ordenar as figuras, procura simplesmente unir os bordos das mesmas. Estes comportamentos têm implicações clínicas que examinaremos mais adiante.

Como a presença de problemas de visão pode causar dificuldade no desempenho, convém observar e anotar qualquer particularidade que levante suspeitas nesse sentido.

Finalmente, recomendamos anotar sempre a seqüência dada como resposta e não simplesmente considerá-la como certa ou errada, comparando-a com a ordem das figuras, impressa na folha de respostas. Isto permitirá comparar melhor com as histórias contadas, se for o caso, ou avaliar melhor os erros cometidos.

Quanto ao escore, basta apenas seguir as instruções, uma vez que não apresenta maiores dificuldades.

Cubos

Cubos envolve uma tarefa geralmente bem aceita por crianças e por adultos, embora estes eventualmente a considerem como algo infantil. Zimmerman e colegas (1976) sugerem que, conforme o tipo do sujeito, convém dizer que a prova se relaciona com "habilidades para a construção" (p.182), para torná-la mais aceitável.

Em relação à construção do modelo e à apresentação do desenho, há nos manuais uma série de instruções, que devem ser seguidas à risca. Em geral, chamam especial atenção para o cuidado que o examinador deve ter no sentido da orientação correta tanto do modelo com cubos, como do bloco de desenhos impressos.

No WAIS-R, há uma recomendação que, ao nosso ver, deve ser seguida nas demais escalas. Se o sujeito é destro, o modelo deve ser colocado um pouco à sua esquerda e, se o sujeito é canhoto, um pouco à direita, devendo-se observar se ele se encontra sentado corretamente, em relação à borda da mesa.

A definição de fracasso pode ser considerada idêntica para todas as escalas. Existe fracasso quando a reprodução do sujeito não é igual ao modelo ou quando não foi completada dentro do tempo limite.

Quanto à rotação, geralmente os manuais não são muito claros. O WISC inclui uma nota de rodapé sobre inversão do desenho, cujo exemplo envolve uma inversão de cores. Deve-se, então, chamar a atenção da criança, fazendo a *rotação* dos cubos, para que fiquem iguais ao modelo. A palavra rotação não aparece mais no restante das instruções, e o escore é atribuído ao desenho realizado com êxito (Wechsler, 1949). No WPPSI, são aceitas rotações nos desenhos de 1 a 4, que não são contadas como erros, mas corrigidas; contudo, são consideradas como fracassos nos desenhos de 5 a 10. Entretanto, uma restrição é imposta: "Rotação não inclui a inversão de cores" (Wechsler, 1967, p.74). Afinal, é possível perguntar: "O que é rotação?" Alguns manuais resolvem essa dúvida, ao esclarecer que somente quando chega a aproximadamente 30 graus ou mais a rotação será considerada um fracasso (Wechsler,

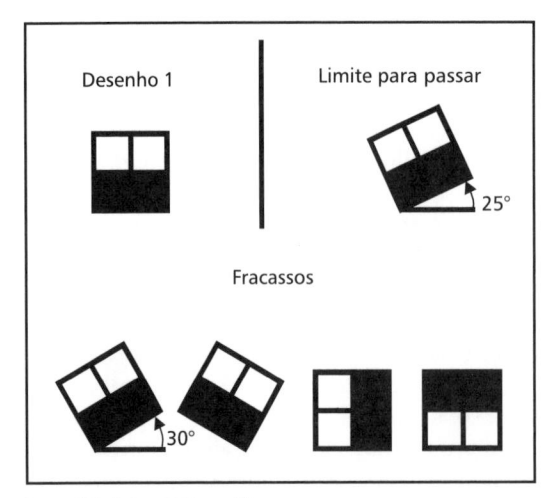

Fonte: Wechsler, 1981a, p.52.
Figura 36.1 Exemplos de rotação em Cubos no WISC-R.

1981a; Wechsler, 1981b), dando exemplos bastante ilustrativos.

Portanto, a partir de tais exemplos, temos a resposta do que constitui uma rotação do desvio que deve haver, em relação à perpendicular, para ser considerada como tal, e também concluímos que a inversão de cores, quando envolve rotação do desenho, deve ser considerada rotação. Quanto aos itens do subteste em que pode ser tolerada, como do 1 ao 4, no WPPSI, corrigida ou considerada como erro, é só seguir o manual e anotar a presença de erro ou não.

Quanto aos demais erros, recomenda-se que sejam registrados, assim como certos comportamentos inusitados, como a tentativa de copiar as faces laterais, além da parte de cima dos modelos, ou a tentativa de copiar os desenhos na posição vertical.

No WAIS-R NI (Kaplan, Fein, Morris et alii, 1991), é indicado um procedimento que permite representar graficamente o curso da construção do sujeito. Evidentemente que o protocolo utilizado pode ser substituído por folhas com quadriculado grande, ou, ainda, o examinador pode confeccionar folhas de registro.

Já havíamos, em edição anterior, sugerido algo semelhante, como no modelo hipotético a seguir, em que b = branco e v = vermelho.

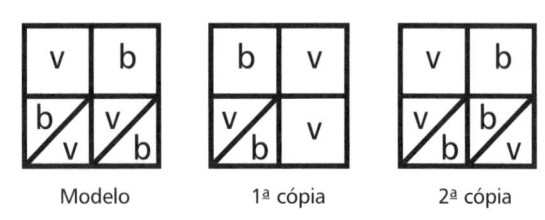

Porém, o procedimento, sugerido no WAIS-R NI, é bem mais complexo e permite identificar: "a) a seqüência da colocação dos cubos" (que se anota no canto superior esquerdo da representação do cubo); "b) o tipo de superfície do cubo" (um pequeno círculo = superfície toda branca; um ponto = superfície toda vermelha; pequeno círculo e ponto, separados por diagonal = superfície metade vermelha e metade branca); e "c) a maneira de colocação dos cubos" (indicando rotações através de setas) (p.141-142).

No caso, o exemplo da primeira cópia do modelo supramencionado ficaria representado assim, indicando a ordem de colocação e a rotação observada, o que pode ser feito através de várias representações, para acompanhar o raciocínio do sujeito, ao manusear os cubos, registrando suas estratégias (de ensaio e erro, de análise e síntese, de *insight*), bem como os tipos de erros no desenvolvimento da tarefa e soluções finais incorretas ou mesmo bizarras, como na perda da configuração quadrangular.

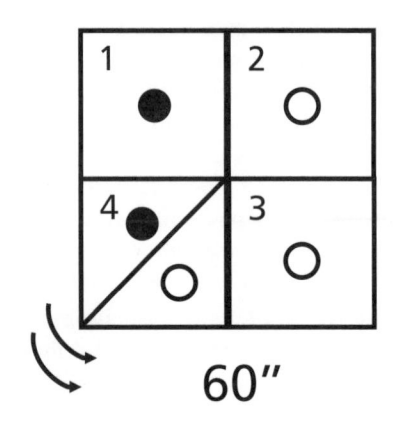

Desta maneira, é possível registrar erros e correções, anotando todos os movimentos do examinando. Ao registrar todos os tipos de erro de construção, pode-se identificar déficits, que podem refletir o papel desempenhado por um ou outro hemisfério cerebral. Assim, quando há suspeita ou conhecimento de algum comprometimento cerebral, é sumamente importante ter um registro completo do desempenho do paciente.

Já em 1965, Elizur chamava a atenção para alguns fracassos típicos de pacientes com déficits cerebrais, como nos exemplos a seguir.

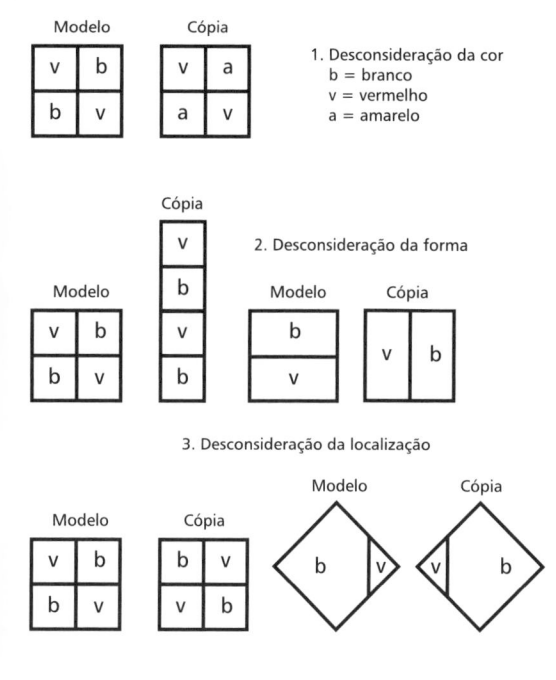

1. Desconsideração da cor
b = branco
v = vermelho
a = amarelo

2. Desconsideração da forma

3. Desconsideração da localização

O manuseio que o sujeito faz com os cubos também pode ser importante. Glasser e Zimmerman (1972) referem que parece ser diferente, se os movimentos são organizados; se o sujeito manuseia os cubos desajeitadamente e se atrapalha, quando o desenho está quase completo; se dá voltas ou gira incessantemente os cubos, particularmente quando os gira, ao mesmo tempo, um em cada mão; preocupa-se com detalhes insignificantes, como diferenças mínimas de cor; deixa de conferir a cópia com o modelo ou se mostra alguma forma de construção descuidada.

Rapaport e colegas (1969) citam alguns desses comportamentos e chamam a atenção também para a dificuldade de lidar com cubos com faces bicolores, para o uso de cubos brancos ou vermelhos onde deveria ser usado um bicolor, ou para a confusão com a direção correta das diagonais, buscando outro cubo bicolor, em vez do que tem na mão, ou, ainda, construindo o desenho com menos cubos que os disponíveis, para a falta de atenção ou minuciosidade excessiva, etc.

Parece importante, em alguns casos, quando o sujeito não consegue iniciar ou completar o desenho, considerar como fracasso e, após completar a prova, fazer a demonstração do modelo com cubos, desmanchar o modelo e propor-lhe que tente, copiando o modelo impresso. Esse procedimento permitirá avaliar a capacidade que o sujeito tem de aprender, parecendo também poder ser usado quando o sujeito usou algum tipo de solução em que o processo do pensamento subjacente não ficou claro para nós, para determinar o grau de desorganização ou a medida em que o sujeito necessita que o problema seja oferecido em termos mais concretos.

Alguns autores sugerem vários tipos de ajuda, para melhor avaliar as condições do sujeito, inclusive, logo após o item em que o sujeito fracassou, como sugerem, por exemplo, Allison e colegas (1988). Acreditamos, porém, que procedimentos que sugerem qual o erro feito ou ainda como usar os cubos, para conseguir determinadas configurações, mesmo que não sejam empregados no decorrer do subteste, poderão afetar o desempenho em retestes futuros e, de preferência, não devem ser utilizados.

Em relação ao escore, não parece haver maiores dificuldades. Quando o sujeito tenta várias vezes e desiste, mas ainda está dentro do tempo limite, costumamos avisá-lo que ainda tem tempo disponível e estimulá-lo a tentar achar a solução correta, considerando o desempenho como sucesso, se consegue fazê-lo dentro do tempo limite. Por outro lado, no WISC-R e no WAIS-R, há uma observação de que o examinador deve parar o cronômetro, após os modelos iniciais, quando a criança obviamente terminou sua cópia, mesmo que não avise o examinador (Wechsler, 1981a; Wechsler, 1981b). Achamos que tal procedimento deve ser usado em outras escalas, particularmente nos itens em que há bonificação pelo tempo despendido. Apenas, cremos que nem sempre se tem segurança completa de que o sujeito haja realmente ficado satisfeito com sua construção, embora obviamente tenha parado de manusear os cubos. Neste caso, parece que devemos anotar o tempo, em vez de parar o cronômetro, perguntando simplesmente se está pronto o desenho.

Armar Objetos

Armar Objetos envolve uma tarefa bem aceita por crianças e adultos, a qual, como Cubos, implica a combinação de peças para formar um conjunto, com duas diferenças: a) não envolve cópia, e o objeto a ser construído deve ser deduzido, e b) representa um objeto simples, familiar, e não um desenho geométrico (Glasser & Zimmerman, 1972; Zimmerman, Woo-Sam & Glasser, 1976).

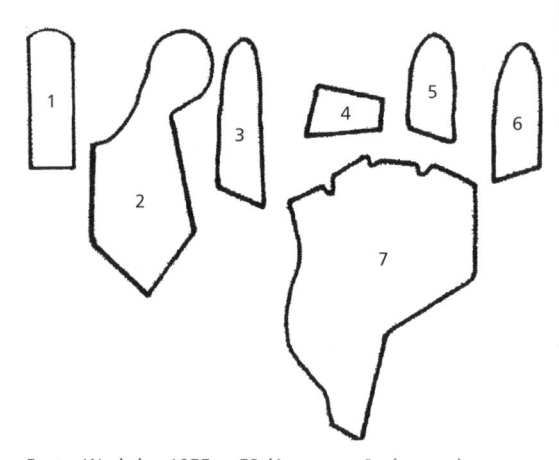

Fonte: Wechsler, 1955, p.53 (A numeração é nossa.)
Figura 36.2 Peças do item "Mão" no WAIS.

As instruções dos manuais devem ser seguidas cuidadosamente. É muito importante que o examinador esteja bem treinado na distribuição das peças, em termos de localização, orientação e da distância relativa entre as mesmas. Muito cuidado é preciso ter no sentido de observar se, no manuseio, o sujeito vira uma das peças com a parte superior para baixo, caso em que o examinador deve discretamente desvirá-la. Especialmente, no item "Mão" do WAIS, tal cuidado deve ser redobrado, pois o fato de algumas peças (dedos) serem muito semelhantes e não terem traços na superfície faz com que, por vezes, se o sujeito vira um deles, ao manuseá-lo, sem que o examinador se dê conta, haja prejuízo para o examinando, que não consegue justapô-la. Assim, na Figura 36.2, entre as peças do item "Mão", as de número 3 e 6 são muito semelhantes em formato, de modo que se o sujeito virar uma delas, isto pode passar facilmente despercebido pelo examinador. Uma solução seria a de numerar o verso das peças, num procedimento sugerido para facilitar o escore (Zimmerman, Woo-Sam & Glasser, 1976) e que chamariam mais a atenção do examinador, no caso de ser virada a parte posterior para cima.

Quanto à observação do comportamento do sujeito, Rapaport e colegas (1969) recomendam que o examinador registre a sucessão de todas as manipulações, em justaposições bem sucedidas ou não. Embora tal procedimento pareça difícil, na prática, é possível, sendo um procedimento indicado no WAIS-R NI (Kaplan, Fein, Morris et alii, 1991). Evidentemente, com o auxílio de um diagrama, a seqüência dos sucessivos ensaios pode ser registrada, com a indicação das peças justapostas e sua respectiva posição. Não obstante, em tal manuseio, o que parece importante observar é se:

1 – O sujeito parece claramente compreender as relações parte-todo, prosseguindo em movimentos organizados.

2 – O sujeito hesita, por longo tempo, demonstrando falta de compreensão do que representa o todo.

3 – O sujeito parece compreender do que se trata, mas tem dificuldades para conseguir construir o todo. (Isto acontece muito comumente no item "Elefante", em que o sujeito conclui tratar-se de um elefante, mas não consegue encaixar determinadas partes para chegar a um todo integrado.)

4 – O sujeito prossegue, por ensaio e erro, com altos e baixos, e só tardiamente, às vezes até após o tempo-limite, descobre do que se trata. (Este procedimento é especialmente comum na "Mão".)

5 – O sujeito inicia a tarefa, aparentemente por ensaio e erro, e, de forma acidental, descobre uma pista, um indício, que lhe permite um *insight* e, então, trabalha organizadamente para atingir a síntese.

6 – O sujeito demonstra flexibilidade ou rigidez em seu manuseio e/ou persevera em justapor insistentemente a mesma peça numa localização incorreta.

7 – O sujeito insiste em unir peças com bordas curvas ou sinuosas com peças com bordas retas, sem ver que não encaixam (como, por exemplo, o bordo superior sinuoso da peça central do "Cavalo" com o bordo reto da peça traseira do mesmo).

8 – O sujeito consegue chegar a um todo, mas troca certas peças, como as pernas do "Cavalo" ou "Manequim".

9 – O sujeito consegue chegar a um todo, mas inverte certas peças, como a porta do "Carro".

10 – O sujeito consegue chegar a um todo, mas omitindo uma parte, como a peça central do "Cavalo".

11 – O sujeito consegue chegar a um todo perfeitamente integrado, mas com uma rotação de 90 graus.

12 – O sujeita tenta colocar as peças (especialmente da figura humana), em posição vertical, perpendicular à mesa.

13 – O sujeito perturba-se, trabalha sem um planejamento ou desiste, manifestando sentimentos de desânimo.

14 – O sujeito constrói figuras absurdas.

15 – O sujeito tenta justapor as peças, orientando-se por linhas internas do desenho, às expensas do formato global (Kaplan, Fein, Morris *et alii*, 1991).

16 – O sujeito tenta justapor as peças, procurando o alinhamento das bordas (focalizando o contorno) (Kaplan, Fein, Morris *et alii*, 1991).

De um modo geral, esses são os procedimentos, características e fenômenos mais comumente encontrados, uns com maior freqüência, outros com menos.

Em relação ao momento em que o sujeito se deu conta do que se trata, ou teve um *insight*, Rapaport e colegas (1969) recomendam que se, mesmo atento, o examinador não conseguiu detectá-lo, pergunte ao sujeito, após terminada a construção, a respeito de sua idéia inicial e de quando ou como chegou a ter a idéia correta. Já no WAIS-R, pede-se ao sujeito que comunique ao examinador quando consegue identificar e nomear o objeto (Kaplan, Fein, Morris *et alii*, 1991).

No subteste das escalas mais recentes, existe a recomendação de que o examinador pare o cronômetro no momento em que o sujeito haja obviamente terminado a sua construção, embora não comunique ao examinador (Wechsler, 1981a; Wechsler, 1981b). Entretanto, nem sempre o examinador pode estar completamente seguro de que o sujeito está completamente satisfeito com o resultado. Isso é particularmente verdadeiro em casos em que se nota alguma pequena inversão de peças. Parece, então, mais prudente anotar o tempo, sem parar o cronômetro, perguntando, de forma casual, ao examinando se terminou.

Em relação ao escore, não há dificuldades maiores, exceto para soluções parciais ou incompletas. Podem-se usar diagramas dos objetos também para este fim, colocando uma cruz nas junções bem sucedidas, caso não tenha ainda sido utilizado o procedimento já proposto, para acompanhar todo o processo.

Da mesma forma que em Cubos, pode-se, após o sujeito ter terminado a tarefa, construir um ou outro objeto rapidamente, recolocando-os na posição original de apresentação, para avaliar a capacidade de aprender do sujeito. Alguns autores sugerem, inclusive, ajudas mais extensivas, com as quais não concordamos por achar que podem prejudicar o reteste. Seria então preferível, para testar os limites do sujeito, utilizar material de outra escala.

Labirintos

Este subteste é incluído no WISC, no WISC-R, no WISC-III, no WPPSI e no WPPSI-R. No WISC-R, os labirintos são 9 e não 8, como no WISC, e são impressos em duas cores. Também o x do centro dos labirintos do WISC foi substituído pela figura diminuta de um menino ou uma menina, e o tipo e número de fracassos foi alterado em conseqüência das modificações nas definições de erro (Wechsler, 1981b).

No WISC, é um subteste suplementar, mas pode ser utilizado como alternativo, no caso da invalidação de outro subteste de execução. Não obstante, seu uso como teste alternativo é questionável, dada a sua correlação relativamente baixa com outros subtestes (Wechsler, 1949). Em conseqüência, parece mais adequado utilizá-lo de forma complementar e, então, proporcionalizar a contagem ponderada da escala.

No WISC-R e no WISC-III, pode ser usado de forma suplementar, quando houver disponibilidade de tempo, para obter informações subsidiárias, embora o seu escore não seja incluído no cômputo para o QI. Contudo, conforme as instruções, Labirintos pode substituir Código, no WISC-R, se for a preferência do examinador, ou pode, ainda, ser usado como alternativo a outro subteste de execução, que for invalidado. Não obstante, como no caso do WISC, tem sido questionada a sua validade como substituto de outro teste, tendo em vista as suas propriedades psicométricas (Boyd & Hooper, 1987), supondo-se que seria preferível considerá-lo como um subteste suplementar, utilizando o procedimento da transformação proporcional da contagem, do que incluí-lo no cômputo, com mais quatro subtestes, para a obtenção do QI. No entanto, Silverstein (1989), com base em resultados de pesquisa, demonstrou que ambos os procedimentos são viáveis.

No WPPSI, não é considerado como subteste suplementar e difere do WISC, pela introdução de três labirintos não quadrangulares, em que a criança trabalha na direção horizontal, já que foi observado que a criança menor de 6 anos fica confusa quando se lhe exige que comece a tarefa num centro fechado, o que pode ser atribuído a um desconforto de "se sentir 'fechada' ou a uma capacidade ainda limitada de orientação espacial" (Wechsler, 1967, p.10).

A principal recomendação que se pode fazer é que sejam seguidas cuidadosamente as instruções para a administração e escore dos manuais. Estas apresentam variações consideráveis, de uma escala para outra. Assim, a experiência, embora apreciável numa das escalas, não é suficiente para que o examinador aplique bem o subteste em outras escalas.

As observações a serem realizadas devem se direcionar principalmente para dificuldades quanto à coordenação visomotora, para comportamentos atribuíveis à impulsividade ou a outras manifestações do estado emocional infantil.

Desenhos Geométricos (WPPSI)

Este subteste foi introduzido no WPPSI em vista da capacidade da criança de reproduzir figuras geométricas. No WPPSI-R, destina-se à criança de mais idade (para crianças de menos idade, é uma tarefa apenas de reconhecimento e discriminação visual). Envolve aspectos perceptivos, visuais e motores. Assim, todos os indícios que surgirem nesse sentido, a partir da observação do comportamento da criança, podem se tornar importantes na interpretação dos resultados. Além disso, seguem-se as considerações gerais no sentido da observação do comportamento.

A administração do subteste é relativamente simples, mas os critérios de escore devem ser seguidos muito cuidadosamente.

Sentenças (WPPSI)

Sentenças envolve a tarefa de repetir verbalizações e constitui um subteste suplementar no WPPSI e opcional no WPPSI-R.

Não há dificuldades especiais na administração, e os erros de pronúncia não assumem importância. Todavia, o examinador deve estar muito bem treinado para a identificação de possíveis erros. Podem ocorrer erros por omissão, transposição, adição ou substituição, e existem exemplos para a orientação do examinador (Wechsler, 1967).

ESCORES BRUTOS E PONDERADOS

Nas escalas infantis, os escores brutos pressupõem uma utilização específica somente quando se deseja trabalhar com equivalentes de idade ou idades escalares, que podem fornecer uma base para a introdução de programas remediais. Caso contrário, *sempre* devem ser transformados em escores ponderados, conforme a idade, por meio de consulta a tabelas específicas, constantes nos manuais, cuja contagem vai permitir chegar à classificação do QIV, do QIE e do QIT. Não obstante, é imprescindível lembrar que, quando se administram menos ou mais subtestes que o número previsto para a avaliação do QI, torna-se essencial fazer a transformação proporcional da contagem ponderada, conforme tabelas constantes nos manuais, antes de converter as somas dos escores em QIs.

Nas escalas para adultos, os escores brutos são transformados em equivalentes de escores ponderados, através de uma tabela, desenvolvida com base num grupo de referência da população geral. Todavia, os valores de QI, encontrados com base na soma dos escores brutos, são determinados com o uso de tabelas específicas, conforme a idade do sujeito. Nas escalas para adultos, a avaliação do QI é feita com base em 6 subtestes verbais e em 5 de execução. No caso específico do WAIS-R, a Tabela 23 do manual permite fazer a transformação proporcional da contagem ponderada, no caso de ter sido omitido um subteste verbal ou de execução, antes de utilizá-la para encontrar o equivalente de QI correspondente.

Outro ponto importante a ser observado é sobre o uso dos escores ponderados, equivalentes aos escores brutos, conforme o grupo etário, para a avaliação neuropsicológica. A tabela que consta na Folha de resposta se baseia em dados de um grupo de referência da população geral, mas *não* deve ser utilizada quando o objetivo da testagem é a avaliação neuropsicológica. Neste caso, o QI não é um dado de interesse, mas sim a avaliação de déficits específicos. Devem-se transformar os escores brutos em escores ponderados, de acordo com a idade do sujeito, conforme tabelas específicas para tal fim, encontradas na seção final de ambos os manuais. Note-se, entretanto, que o WAIS-R é o instrumento de escolha para a avaliação dos resultados, especialmente após o lançamento do WAIS-R NI, que permite uma análise mais precisa das funções cognitivas.

NÍVEIS DE INTERPRETAÇÃO DAS ESCALAS WECHSLER

Analisando o trabalho de vários autores, Groth-Marnat (1999) sugere um procedimento seqüencial, na análise do material colhido, que permite, através de sucessivos passos, "confirmar, infirmar ou alterar as hipóteses derivadas das questões do encaminhamento e de qualquer informação acessível sobre antecedentes" (p.157). Mas deve ficar claro que todas as inferências feitas com base em dados das escalas devem encontrar apoio em outras fontes.

Considerando que tal abordagem tem um caráter didático, vamos procurar segui-la de um modo geral e na medida em que parece aplicável à maioria das Escalas Wechsler, pois aspectos mais específicos relacionados com o WISC-III e o WAIS-III serão objeto de capítulos próprios.

Nível I. O QI total

Pode-se afirmar que o QI total (QIT), como escore singular, "é o escore mais fidedigno e válido" (Groth-Marnat, 1999, p.159). Não obstante, Kaufman e Reynolds (1983) chamam a atenção para um ponto que nos parece importante. Afinal, o QI é apenas um número, e cabe um julgamento do nível intelectual do indivíduo em relação ao seu grupo de iguais" (p.121), que pode ser proporcionado em termos de percentis, com uma classificação descritiva.

Ao se registrar o resultado, em termos de QI, é aconselhável referir o percentil equivalente, porque este vai nos dar a posição relativa do indivíduo na população. Evidentemente, além de nos dar uma idéia da posição relativa do sujeito, este procedimento facilitará a comparação com os resultados de outros testes de nível intelectual. No Quadro 36.1, é apresentada uma classificação descritiva, que tem sido geralmente associada ao QIT, nas escalas Wechsler. Estão incluídos os valores percentílicos e o percentual teoricamente esperado em cada nível, em termos da população geral.

QUADRO 36.1 Classificação descritiva correspondente aos vários níveis de QI, nas Escalas Wechsler*, e percentual incluído

QI	Percentis	Classificação descritiva	Percentual incluído
130 e mais	98 e mais	Muito superior	2,2
120 – 129	91 – 87	Superior	6,7
110 – 119	75 – 90	Médio superior	16,1
90 – 109	25 – 73	Médio	50,0
80 – 89	9 – 23	Médio inferior	16,1
70 – 79	3 – 8	Limítrofe	6,7
69 e menos	2 e menos	Deficiente cognitivo	2,2

Fontes: Kaufman e Reynolds, 1983, p.122; Wechsler, 1981, p.13.
*As classificações específicas referentes ao WISC-III e ao WAIS-III serão apresentadas nos capítulos 37 e 38.

No Quadro, a classificação descritiva não é uma transcrição literal das comumente apresentadas nas escalas Wechsler. Usamos a terminologia utilizada por Poppovic, quando de sua tradução do WISC (Wechsler, s/d), que é a mais divulgada no Brasil, com exceção de seu nível mais baixo. Poppovic usou a expressão "débil mental". Em várias escalas Wechsler, é utilizada a expressão tradicional de "deficiente mental", ou "deficiente intelectual", mas, no WAIS-R, registra-se "retardado mental". Entretanto, Kaufman & Kaufman, em 1977, ponderaram que, embora esta última possa ser precisa, é muito severa, propondo adaptá-la para "deficiente cognitivo" (Kaufman & Reynolds, 1983, p.121). A tendência atual, porém, é de evitar expressões que possam sugerir a inclusão de uma categoria diagnóstica. Por isso, numa apresentação de resultados, deve se ter certa cautela para evitar interpretações errôneas, deixando bem claro o significado de certas expressões. Por exemplo, quando no WAIS-R é utilizada a classificação "retardado mental", deve ficar bem esclarecido que não se trata de um diagnóstico, pois para isso teria sido necessária uma avaliação do comportamento adaptativo. Ademais, deixa de ser considerada a classificação descritiva pertinente ao WISC-III e ao WAIS-III, a ser exposta posteriormente, nos capítulos 37 e 38.

Por outro lado, mesmo considerando as qualidades psicométricas das escalas Wechsler, sempre existe uma margem de erro. Sem entrar em particularidades estatísticas, basta dizer que se considera que "o nível de confiança de 85% a 90% é apropriado para a maioria dos propósitos clínicos". Em termos práticos, isso significa que, de um modo geral, o QI total pode variar cerca de 5 pontos, para mais ou para menos. Essa noção, baseada no conceito de erro padrão de medida, permite encarar um determinado QI, sem os riscos de uma "superinterpretação ou rigidez" no uso dos escores (Kaufman & Reynolds, 1983, p.121-122). Evidentemente, para cada escala, existe informação sobre o erro padrão médio, que sempre deve ser incluído e discutido ao informar os resultados, num laudo.

Outro aspecto que deve ser considerado com o maior cuidado é o resultado obtido no reteste de sujeitos. Sabe-se que, quando transcorre pouco tempo entre o teste e o reteste, se pode esperar um aumento discreto nos escores, devido ao efeito da prática (Quereski, Treis & Riebe, 1989), principalmente em alguns subtestes específicos, como Símbolos, Completar Figuras e Cubos. Tal diferença dificilmente chega a ser significativa, exceto em intervalos muito curtos, como de um mês ou menos. Na prática, parece que um intervalo de seis meses entre teste e reteste é bastante confiável. Também Lezak (1983) acha que não é comum o aumento expressivo de escores, no reteste de pessoas normais. Inclusive em pacientes com comprometimento neurológico, os efeitos da prática tendem a ser pequenos. Não obstante, o examinador deve estar atento para não fazer interpretações indevidas, a partir do aumento de escore num subteste isolado.

Na administração individual, a estabilidade temporal do QI, entre teste e reteste, é tanto mais fidedigna quanto menor for o intervalo entre ambos e quanto maior for a idade do sujeito na época da primeira testagem (Schuerger & Witt, 1989).

Um quadro um pouco diverso pode ser encontrado quando escalas diferentes são usadas para teste e reteste, recurso comum na faixa etária de 16 anos. Ainda que inicialmente houvesse uma pressuposição de equivalência, nesse período etário, entre as escalas (Wechsler, 1981a), estudos posteriores revelaram resultados diversos e até contrários, sob alguns aspectos (Quereski, Treis & Riebe, 1989; Vance, Brown, Hankins et alii, 1987).

Por outro lado, estudos realizados em alguns países esclarecem esta questão de resultados discrepantes, sendo observado que, a cada década, o desempenho intelectual tende a melhorar, com um ganho nos QIs (Flynn, 1998; 1999).

O laudo de um cliente, portanto, deve ser bastante completo. Parece importante que se registrem não só o QI e a classificação descritiva, mas também o percentil e considerações nele baseadas, para o entendimento da posição relativa do indivíduo na população e, ainda, que se acrescente alguma referência sobre o erro de medida. É aconselhável, ainda, incluir informações adicionais, no caso de testagem incompleta, com utilização somente de uma das escalas ou de apenas alguns subtestes, devendo-se recorrer à transformação proporcional da contagem ponderada. Isso pode ocorrer por dificuldades físicas ou médicas ou por motivos de ordem psicológica (recusa em continuar, intensa ansiedade ou depressão, etc.), bem como por dificuldades em responder os itens verbais em pessoa de origem estrangeira.

Esses dados todos permitem que se explique, por exemplo, o atual desempenho escolar, que se façam predições sobre o aproveitamento, bem como que se examinem outras conseqüências, como o grau de sucesso em certas atividades profissionais ou a resposta a outros tipos de terapia. Dessa maneira, conforme Kaufman & Reynolds (1983), "ainda que crucial, a interpretação normativa é insuficiente numa testagem inteligente", e "as diferenças intra-individuais podem ser importantes na alteração das predições feitas pelos QIs, porque essas predições não pressupõem alterações importantes, que ocorrem no ambiente" (p.122).

Além disso, Groth-Marnat (1999) chama a atenção para o fato de que "um QI elevado, de nenhuma maneira é garantia de sucesso" (p.154); apenas aponta para a existência de uma condição. Ao contrário, um QI baixo tende a se associar com restrições de opções, de forma que as predições costumam ser mais precisas.

Embora, inicialmente, se tenha salientado as propriedades psicométricas do QIT, é preciso esclarecer que, *se a diferença QIV-QIE é significante, o QI total "torna-se inadequado como sumário estatístico que represente o nível geral de capacidade do indivíduo"* (Kaufman & Reynolds, 1983, p.123). Da mesma maneira, ele perde em importância como medida, quanto maiores forem as discrepâncias existentes entre fatores ou, mesmo, se houver acentuadas flutuações entre os subtestes individuais (Groth-Marnat, 1999).

Vamos recapitular aqui um exemplo, apresentado noutro capítulo da edição anterior (Cunha et alii, 1993). Foram administrados, a um menino de 8 anos e 5 meses, o WISC-R, o INV e os Cubos de Kohs, cujos dados foram transcritos no Perfil de Desempenho, para melhor serem comparados (Figura 36.3).

Pelos dados apresentados, vemos que existe uma diferença de 17 pontos de escore entre o QI verbal e o de execução. No WISC-R, uma diferença de 15 pontos ou mais é considerada, estatisticamente, significativa ao nível de 1%. Se, para fins clínicos, o nível de 5% (12 pontos de diferença) é tido como significante, concluímos que existe uma discrepância assaz importante entre os QIs, o que torna o QIT inadequado para classificar o nível de funcionamento intelectual.

Embora o QI, em alguns casos específicos de avaliação, não constitua a informação mais importante ou sequer um dado essencial, como em exames de pacientes com déficits cognitivos (Lezak, 1983), há muitas outras situações em que dá subsídios quanto ao possível desempenho na escola ou no trabalho, ou pode fundamentar, até certo ponto, o prognóstico do aproveitamento escolar, sempre num sentido extremamente probabilístico.

PERFIL DE DESEMPENHO

Identificação: G.A. _____   Data do nascimento: _____
Psicólogo: _____ Escola: _____   Série: 1ª esp. (rep^te) Data: _____

Escala verbal	Escore bruto	Escore ponderado	Escala de execução	Escore bruto	Escore ponderado
Informação	7	6	Arranjo de Figuras	18	8
Semelhanças	5	8	Completar Figuras	12	14
Aritmética	5	6	Cubos	6	8
Vocabulário	21	8	Armar Objetos	17	10
Compreensão	9	10	Código	25	10
Dígitos	3	3	Labirinto	7	7

Escala	Escore	QI	Classificação	Média
Verbal	41/34	80	Médio inferior	6,81
Execução	57/48	97	Médio	9,50
Total	98/82	87	Médio inferior	8,17

INV – Perc. 70
KOHS – IM 7 a 6 m (QI 89)

PERFIL DE DESEMPENHO

Identificação: G.A. _____   Data do nascimento: _____
Psicólogo: _____ Escola: _____   Série: 1ª esp. (rep^te) Data: _____

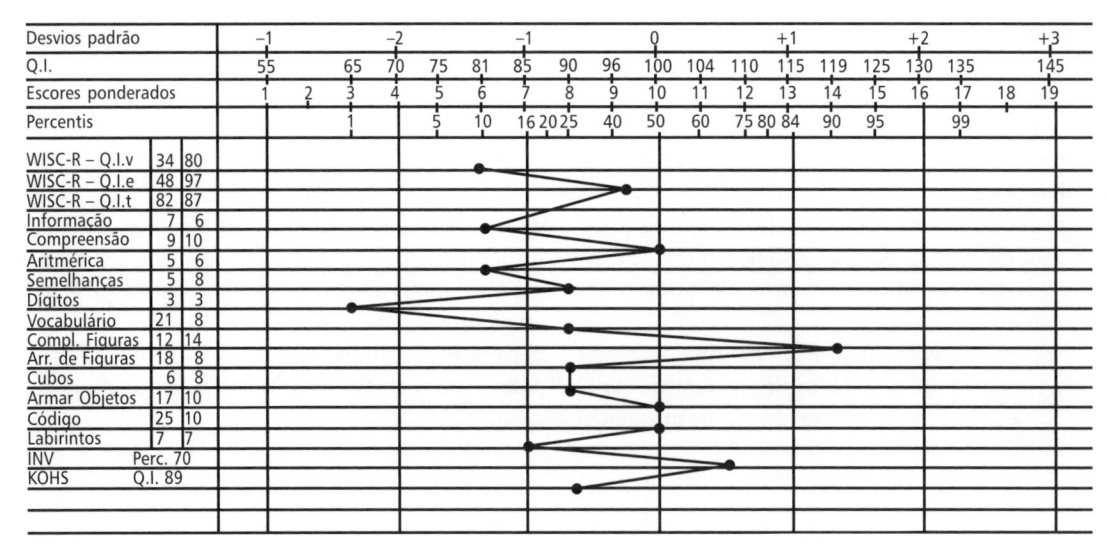

Desvios padrão		-1		-2		-1		0		+1		+2		+3
Q.I.		55	65	70	75	81	85	90	96	100	104	110	115	119	125	130	135	145
Escores ponderados		1	2	3	4	5	6	7	8	9	10	11	12	13	14	15	16	17	18	19
Percentis					1		5	10	16 20 25	40	50	60	75 80 84	90	95		99		
WISC-R – Q.I.v	34	80																	
WISC-R – Q.I.e	48	97																	
WISC-R – Q.I.t	82	87																	
Informação	7	6																	
Compreensão	9	10																	
Aritmérica	5	6																	
Semelhanças	5	8																	
Dígitos	3	3																	
Vocabulário	21	8																	
Compl. Figuras	12	14																	
Arr. de Figuras	18	8																	
Cubos	6	8																	
Armar Objetos	17	10																	
Código	25	10																	
Labirintos	7	7																	
INV	Perc. 70																		
KOHS	Q.I. 89																		

Figura 36.3 Perfil de desempenho, no WISC-R, INV e KOHS, de um menino de 8 anos e 5 meses.

Vincent (1987) procura interpretar a significação do QI para a predição do êxito escolar e ocupacional, com referência a cursos e títulos acadêmicos usuais nos Estados Unidos, sem correspondência exata com os brasileiros. No Quadro 36.2, apresentamos, a título de ilustração, algumas das relações que estabelece.

QUADRO 36.2 Significação do QI para a predição do êxito escolar e ocupacional

QI	Cursos	Ocupações (exemplos)
80-89	*High school**	Auxiliar de enfermagem, copeiro, etc.
90-99	*High school + junior college*	Cosmetologista, montador eletrônico, técnico de laboratório, empregado de escritório, etc.
100-109	Bacharelato em *college*	Ocupações técnicas, ocupações mais complexas de escritório, professor de *high school*, etc.
110-119	Bacharelatos em *colleges* mais competitivos, mestrado ou doutorado	Gerente de grandes empresas, engenheiro, assistente social, programador de computador, etc.
120-129	MD ou PhD	Ocupações do mais alto nível, com exigência de soluções de problemas mais complexos

Fonte: Vincent, 1987, p.43-44 (resumido).
*Habitualmente requerendo ajuda extra em disciplinas básicas.

Nível II. QI verbal e de execução, fatores e outras medidas

Passo II.a. Diferença entre o QI verbal e o de execução (QIV-QIE)

Durante os primórdios das investigações com as escalas Wechsler, um dos achados que mais impressionou os pesquisadores foi a diferença freqüente entre o QI verbal e o de execução (QIV-QIE), chegando a constituir um dos indicadores diagnósticos mais comuns na literatura (Portuondo, 1970b; Rapaport et alii, 1965; Wechsler, 1958). Blatt e Allison, em 1968, citados por Zimmerman e colegas (1976), chegaram ao exagero de afirmar que a discrepância entre os QIs "permite ao clínico descrever a organização dos processos psicológicos do sujeito", possibilitando fazer inferências sobre defesas, motivações, impulsos, grau de patologia, assim como sobre "seu potencial e suas capacidades para enfrentar a realidade e se adaptar" (p.21). Após um exame da literatura, porém, estes últimos definiram seu ponto de vista de que uma diferença significativa pode ser comparada com a febre, isto é, constitui apenas uma indicação de uma condição de anormalidade ou de um desvio da normalidade, e afirmam que "o significado deste desvio só pode ser estabelecido com a ajuda de outras indicações mais específicas e diferenciais" (p.24).

Existe uma pressuposição básica de que, em praticamente todas as escalas Wechsler (com fortes evidências nas escalas mais recentes), exista um fator mais geral que seria determinante para os escores da escala total, assim como de que um fator de compreensão verbal esteja subjacente à escala verbal e um de organização perceptual, à escala de execução. Todavia – salienta Groth-Marnat (1999) – os clínicos sabem que "um teste puro de compreensão verbal ou de organização perceptual não existe" (p.160).

Neste tipo de enfoque, o primeiro passo a ser seguido consiste em examinar a diferença existente entre o QIV e QIE (QIV-QIE). Como já se viu antes, se a diferença QIV-QIE é estatisticamente significativa, o QI total "torna-se inadequado como um sumário estatístico que represente o nível geral de capacidade do indivíduo" (Kaufman & Reynolds, 1983, p.123), e deve-se procurar o significado de tal diferença.

Mas, quando tais diferenças podem ser consideradas estatisticamente significantes? Wechsler apresenta diferenças mínimas requeridas, em vários grupos etários, para serem significantes ao nível de confiança de 15% e 5% (Wechsler, 1981b). Kaufman & Reynolds (1983) dão informações em relação a algumas escalas: a) no WISC-R, "uma diferença entre estes dois escores (QIV-QIE) de 12 pontos é estatisticamente significante, ao nível de $p>5$, e de 15 pontos, ao nível de $p<0,01$"; b) no WAIS-R, "os valores comparáveis são de 10 e 13, respectivamente"; e c) no WPPSI, "os valores correspondentes estão mais próximos de 11 e 14" (p.123). Em relação ao WPPSI, conforme Wechsler (1967), embora 11 seja de fato o valor para certos grupos de idade (4, 4 ½ e 6 ½ anos), a média para todos os seis grupos é de 10,29, ao nível de confiança de 5%, e de 7,56 ao nível de confiança de 15%. Quanto ao WAIS, Zimmerman e colegas (1972) apresentam dados de Newland e Smith, que indicam que uma diferença de 10 pontos é significante, num nível de confiança de 5%, nos grupos de idade de 18-19, 25-34 e 45-54 anos. "Nos dois grupos de sujeitos mais jovens, basta uma diferença de 13 pontos para alcançar o nível de 1%, enquanto que, nos sujeitos de 45-54 anos, este valor é só de 12 pontos"(p.21). Ainda, em relação ao WAIS, Vincent (1987) afirma que uma discrepância de 15 pontos entre as escalas é significante ao nível de 0,01 e que, quando os autores referem que tal diferença, ou até maior, pode ser encontrada em 25% da população dita normal, é preciso lembrar que os dados da população geral incluem indivíduos com vários tipos de comprometimentos clínicos e portanto, numa distribuição de freqüência, estariam abaixo do percentil 25. Já em relação ao WISC, nem Wechsler (1949), nem Glasser e Zimmerman (1972) apresentam diferenças significativas. Koppitz (1976), em sua pesquisa, considerou significante uma diferença de 10 pontos entre o QIV e o QIE, no WISC, sem indicar a fonte em que se baseou.

Generalizando, pode-se dizer que, quando é observada uma diferença entre os QIs ao redor de 12 pontos, em qualquer das escalas Wechsler, convém que seja melhor investigada. Isso não quer dizer que tal diferença seja uma ocorrência rara. Trata-se, apenas, de uma informação útil (Groth-Marnat, 1999). Constatada uma diferença significante entre os QIs, a primeira hipótese que se pode levantar é de que "o indivíduo não pensa, raciocina ou se expressa num nível equivalente, através da modalidade verbal de linguagem e através de métodos mais concretos, não-verbais" (Kaufman & Reynolds, 1983, p.123). Já em relação à explicação possível de tais diferenças, Kaufman, em 1979, sugere que, no WISC-R e, na maioria dos casos, no WPPSI e no WAIS-R, "possam refletir:

a) déficits sensoriais;
b) diferenças na inteligência verbal e não-verbal;
c) diferenças da inteligência fluida *versus* a inteligência cristalizada;
d) deficiências psicolingüísticas;
e) bilingüísmo;
f) efeito do dialeto negro;
g) problemas de coordenação motora;
h) reação à pressão do tempo na escala de execução;
i) diferenças na dependência-independência de campo;
j) diferenças nas operações de avaliação de Guilford, ou
k) influências socioeconômicas" (Kaufman & Reynolds, 1983, p.123-124).

Embora grandes discrepâncias entre os QIs tenham sido sistematicamente associadas com anormalidade, Kaufman e Reynolds (1983) salientam que não basta considerar a magnitude das diferenças, mas também é preciso levar em conta a freqüência com que aparecem. Desse modo, "para que uma diferença em QIV-QIE tenha *significação* diagnóstica, deveria ser relativamente infreqüente na população normal" (p.124).

Já Field, em 1960, citado por Zimmerman e colegas (1976), chamara a atenção para o assunto. No Quadro 36.3, a porcentagem, com

QUADRO 36.3 A anormalidade das diferenças QIV-QIE, no WAIS

% da população com uma diferença igual ou menor	Grupos de idade (WAIS)*		
	18-19 25-35	45-54	60-64
50,0	6,8	6,2	6,3
25,0	11,7	10,6	10,9
20,0	13,0	11,8	12,1
10,0	16,7	15,2	15,6
5,0	19,9	18,1	18,6
2,0	23,7	21,5	22,1
1,0	26,2	23,8	24,5
0,1	33,5	30,4	31,2

Fonte: Field, 1960, apud Zimmerman, Woo-Sam & Glasser, 1976, p.35.
*Neste quadro não foram incluídos todos os grupos de idade constantes do original.

uma diferença igual ou maior, é apresentada, para quatro grupos de idade, no WAIS.

Num estudo realizado por Kaufman, em 1976 (citado por Kaufman & Reynolds, 1983), com as crianças da amostra de padronização do WISC-R, a discrepância QIV-QIE (independentemente da direção) encontrada foi de 9,7 pontos, com um desvio padrão de 7,6, em média a mesma para todos os grupos de idade. "A discrepância média foi aproximadamente de 11 pontos para crianças com pais profissionais liberais, e que diminui para uma média de 9 pontos para filhos de trabalhadores não especializados" (p.125). A distribuição das discrepâncias QIV-QIE foi resumida pelo mesmo autor, em 1979, e está transcrita no Quadro 36.4, em que se podem ver as discrepâncias "inusitadas" ou "anormais". Consultando a última coluna, é evidente que discrepâncias de 15 pontos ou mais ocorrem em menos de 2% das vezes e assim por diante. "Estes valores permitem que os examinadores avaliem cada discrepância QIV-QIE significativa (p<0,05), que observem e determinem se a diferença, nas capacidades verbais e não-verbais da criança, é inusitada ou anormal" (Kaufman & Reynolds, 1983, p.125). O quadro também fornece normas, conforme cinco categorias socioeconômicas.

Os psicólogos clínicos "podem selecionar qualquer grau de anormalidade que pareça adequado para um dado propósito". Num laudo comum, parece que uma discrepância "menor que 15%" é um critério adequado para caracterizá-la como rara; porém, quando um diagnóstico de excepcionalidade pretende ser feito, em parte, com base na discrepância, deveria ser empregado um critério de "menor que 5%" ou "menor que 2%" (p.125).

Os autores citados estabelecem uma distinção a respeito das discrepâncias, em termos de diagnóstico e tratamento. Acham que, em termos de diagnóstico de uma anormalidade, deve-se considerar tanto a significância como a infreqüência da discrepância. Todavia, em termos terapêuticos, podem-se considerar apenas as diferenças significativas, que "indicam discrepâncias reais nas capacidades do indivíduo e, portanto, fornecem um valioso *input* para fazer recomendações educacionais e práticas" (p.126).

Na realidade, qualquer diferença deve ser interpretada num contexto, em que devem ser considerados o grupo etário, antecedentes educacionais e aspectos socioculturais, mas será melhor discutida no item sobre Escala Verbal ou Escala de Execução. No exemplo dado na Figura 36.3, vemos que concorrem para a baixa, na Escala Verbal, escores de subtestes muito afetados pela educação formal e, então, já teríamos evidentemente uma área a ser melhor investigada, antes de qualquer interpretação.

Groth-Marnat (1999) aponta para duas questões verdadeiramente importantes para melhor interpretar dados obtidos. Em primeiro lugar, ele diz que, mesmo que haja uma diferença significante entre as escalas, não pode

QUADRO 36.4 Porcentagem das crianças normais com discrepâncias QIV-QIE, de determinada magnitude ou maior, distribuídas conforme a ocupação parental*

Tamanho da discrepância	Ocupação parental**					Amostra total
	1	2	3	4	5	
9	52	48	48	46	43	48
10	48	44	43	41	37	43
11	43	40	39	36	34	39
12	40	35	34	31	29	34
13	36	33	31	28	26	31
14	32	29	29	25	24	28
15	29	25	26	21	22	24
16	26	22	22	19	19	22
17	24	19	18	15	16	18
18	20	16	16	14	15	16
19	16	15	13	12	14	14
20	13	13	12	10	13	12
21	11	11	8	9	10	10
22	10	9	7	7	9	8
23	8	8	6	6	8	7
24	7	7	5	5	6	6
25	6	6	4	4	5	5
26	5	5	3	3	4	4
27	4	4	2	2	3	3
28-30	3	3	1	1	2	2
31-33	2	2	<1	<1	1	1
34+	1	1	<1	<1	<1	<1

* Classificação da ocupação parental: 1. Profissionais liberais e técnicos; 2. Administradores, empregados de escritório e vendedores; 3. Trabalhadores especializados; 4. Trabalhadores semi-especializados. 5. Trabalhadores não-especializados.
**Independente da direção.

ser levada em conta, se Dígitos e Aritmética tiverem escores muito baixos ou muito altos, porque esses subtestes estão mais associados ao fator de Resistência à Distratibilidade do que ao de Compreensão Verbal, principalmente se for observada baixa também de Código.

Neste caso, faz mais sentido interpretar os achados a partir dos subsídios que se têm sobre a solução fatorial, com três fatores, do que dentro de um modelo dicotômico, verbal/não-verbal.

Em segundo lugar, lembra a importância de se observar se existe uma grande amplitude de escore na Escala Verbal ou de Execução (como, por exemplo, de 9 pontos, na Escala Verbal, e 9, na de Execução do WAIS-R). Este autor observa que um grau elevado de discrepância vai contra o constructo implícito no QI, que é unitário. Quando as diferenças são muito grandes, é, então, recomendável lidar com forças e fraquezas que aparecem no perfil.

Para se ter uma idéia dessa questão da amplitude dos escores ponderados, para julgar a discrepância, estamos transcrevendo, no Quadro 36-5, um resumo da análise que Kaufman e Reynolds (1983) fizeram para a interpretação de dados, em crianças.

Passo II.b. Fatores

Desde a década de 50, isto é, a partir dos trabalhos de Cohen, citado por vários autores, começaram a se verificar tentativas no sentido de realizar análises fatoriais das escalas, procurando isolar fatores que, contribuindo para a variância dos escores, permitissem um melhor entendimento dos resultados.

Alguns achados se mostraram algo contraditórios, mas, na maioria dos casos, os estudos permitiram chegar a uma conclusão fatorial, com três fatores: Compreensão Verbal, Organização Perceptual e Resistência à Distratibilidade. Os dois primeiros estão obviamente relacionados com as duas escalas, verbal e de execução, e colaboram tanto para a interpretação dos QIs, como para a diferença entre eles. O terceiro corresponde a um atributo comportamental e tem sido objeto de muitas pesquisas.

No Quadro 36.6, tem-se a distribuição dos subtestes, resultante da análise fatorial, realizada por Kaufman, em 1975, e apresentada, posteriormente, por ele e colega.

É preciso chamar a atenção, entretanto, de que, no WAIS-R, Arranjo de Figuras não é incluído no fator de Organização Perceptual.

Da mesma forma, Resistência à Distratibilidade é um constructo que tem sido extensivamente examinado em crianças e tem sido menos estudado em adultos. Também, no WAIS-R, conforme a literatura, só em alguns grupos específicos (idades 18 e 19 e 45-54), Código parece se associar com Resistência à Distratibilidade. Apesar do nome específico, este fator envolve uma série de variáveis, além de distratibilidade, como atenção, concentração, memória imediata, ansiedade, etc. Portanto, a baixa desse fator significa fraqueza em certas funções, que tendem a influenciar o desempenho também em outras áreas (Groth-Marnat, 1999).

QUADRO 36.5 Grau de anormalidade de um índice de discrepância dos subtestes (amplitude dos escores ponderados)*

Freqüência de ocorrência na população normal	Escala verbal 5 subtestes	6 subtestes	Escala de execução 5 subtestes	6 subtestes	Escala total 10 subtestes	12 subtestes
< 15%	7	8	9	9	10	11
< 10%	8	9	10	10	11	12
< 5%	9	10	11	11	12	13
< 2%	10	11	12	13	13	14
< 1%	11	12	13	13	14	14

Fonte: Kaufman & Reynolds, 1983, p.130.
*Amplitude dos escores ponderados igual ao maior escore ponderado menos o menor escore ponderado de uma criança.

QUADRO 36.6 Distribuição dos subtestes do WISC-R, resultante dos dados da análise fatorial realizada por Kaufman (1975)

Compreensão Verbal	Organização Perceptual	Resistência à Distratibilidade
Informação	Completar Figuras	Aritmética
Semelhanças	Arranjo de Figuras	Dígitos
Vocabulário	Cubos	Código
Compreensão	Armar Objetos	
	Labirinto	

Fonte: Kaufman & Reynolds, 1983, p.116.

Da mesma forma, com a inclusão de novos subtestes no WISC-III e WAIS-III, há diferenças quanto aos fatores que emergiram da análise, que serão tratados nos capítulos correspondentes.

Como exemplo de um tipo de análise, adotando esta abordagem, vamos apresentar a fórmula para determinar escores padrão, de Kaufman, de 1990, para o WAIS-R, citada por Groth-Marnat (1999):

Fórmulas para determinar escores-padrão (M=100l; DP=15), no WAIS-R

Fatores	Fórmula*
Compreensão Verbal	1,4 (Informação + Vocabulário + Compreensão + Semelhanças) + 55
Organização Perceptual	2,0 (Completar Figuras + Cubos + Armar Objetos) + 40
Resistência à Distratibilidade	2,8 (Dígitos + Aritmética) + 44

Fonte: Groth-Marnat, 1999, p.163 (adaptado).
*Devem ser usados escores ponderados corrigidos por idade.

É importante apresentar os passos que, segundo o autor, devem ser seguidos:
"1. Encontre a média para os três escores padrão baseados nos fatores.
2. Calcule a diferença entre cada um dos três escores padrão e a média do total dos escores padrão.
3. Determine se a diferença dos escores varia a partir da média" (p.163).

E, para avaliar se a variação da diferença fica num nível de 5%, de novo, Groth-Marnat (1999) cita Kaufman:

Fatores	16 a 19 anos	20 a 74 anos
Compreensão Verbal	8	7
Organização Perceptual	11	9
Resistência à Distratibilidade	11	9

Fonte: Groth-Marnat, 1999, p.164 (adaptado).

Novamente, existe a condição de que não haja muita flutuação entre os subtestes, para se poder fazer interpretações com base nos fatores, porque a existência de muita discrepância entre os escores dos subtestes, dentro de cada fator, significa que estes, na verdade, seriam compostos, e os resultados poderiam ser melhor interpretados sob outro enfoque. Se a diferença entre o subteste de escore mais alto e o de escore mais baixo chegar a 7 em Compreensão Verbal, 8 em Organização Perceptual e 4 em Resistência à Distratibilidade, não é possível dar prosseguimento à interpretação com base nos fatores (Groth-Marnat, 1999).

Passo II.c. Outras abordagens: categorias de Bannatyne, Perfil ACID e Agrupamentos de Horn

Análises fatoriais do WISC mostram que os fatores isolados no WISC-R já contribuíram para a explicação de vários subtestes (Glasser & Zimmerman, 1972). Assim, a partir de estudos com o WISC, já era conhecido o quociente, que resulta da divisão da soma de subtestes essencialmente verbais pela soma dos que envolvem fatores perceptuais, isto é, (Informação + Compreensão + Semelhanças + Vocabulário) ÷ (Completar Figuras + Arranjo de Figuras + Cubos + Armar Objetos).

Esperava-se que o quociente em crianças sem problemas específicos de aprendizagem fosse igual a 1,00 ou próximo. O quociente acima de 1,00 seria sugestivo de problemas perceptuais; abaixo de 1,00, de problemas na área de linguagem.

Num caso de um menino com problemas neurológicos, os escores ponderados foram: Informação = 9; Compreensão = 11; Semelhanças = 11; Vocabulário = 11; Completar Figuras = 6; Arranjo de Figuras = 7; Cubos = 8; Armar Objetos = 9. Seu quociente de 1,4 seria sugestivo de problemas de ordem perceptual. Não obstante, esse quociente nada informa sobre problemas de resistência à distratibilidade, tão comuns nessas crianças.

Alguns estudos chamaram a atenção para um achado consistente em crianças com incapacidade para a aprendizagem, o perfil ACID, que consiste em escores baixos em Aritmética, Código, Informação e Dígitos. Na realidade, reúne subtestes associados com aproveitamento escolar (Aritmética e Informação), mas que ficam mesclados com os que envolvem resistência à distratibilidade (Aritmética, Código e Dígitos), de forma que este último fator (que representa 75% do perfil) poderia "ser a chave para a avaliação da incapacidade para a aprendizagem" (Kaufman & Reynolds, 1983, p.132). Todavia, as características desse perfil parecem adquirir mais significação se consideramos as categorias, propostas por Bannatyne, segundo Kaufman e Reynolds (1983), para a classificação dos subtestes: Conceitual (Semelhanças, Vocabulário e Compreensão), Espacial (Completar Figuras, Cubos e Armar Objetos), Seqüencial (Aritmética, Dígitos e Código) e Conhecimento Adquirido (Informação, Aritmética e Vocabulário), que se superpõem, até certo ponto, aos fatores recém-referidos. A partir de tal categorização dos subtestes, foi caracterizado um perfil que seria típico de crianças com incapacidade para leitura e aprendizagem: Espacial > Conceitual > Seqüencial. Se examinarmos aquele caso de um menino de 8 anos e 5 meses, apresentado no item anterior, vemos que o seu perfil é exatamente este: Espacial = 32 > Conceitual = 26 > Seqüencial = 19.

Entretanto, pesquisas desenvolvidas com grupos diferenciados apontaram para outros fatores que parecem ter efeitos sobre a ordem das categorias, sendo necessárias mais pesquisas a respeito. Não obstante, as categorias Bannatyne parecem ser de alguma utilidade para caracterizar forças e fraquezas no caso individual, podendo servir como ponto de partida para planejamentos educacionais.

Apresentamos, até agora, um resumo dos primeiros estudos que sugerem tais abordagens. As *Categorias de Bannatyne*, por exemplo, foram inicialmente desenvolvidas para o melhor entendimento de transtornos de aprendizagem. Porém, atualmente, são usadas para melhor interpretação do perfil e não, apenas, para diagnosticar determinados quadros. Ainda pode se utilizar o método tradicional de calcular as médias de cada categoria e compará-las. Entretanto, para o WAIS-R, Kaufman, em 1990 e 1994, citado por Groth-Marnat (1999), delineou uma fórmula para a obtenção de um escore padrão (M=100; DP=15), nas diferentes categorias:

Categorias	Fórmula*
Espacial	2,0 (Completar Figuras + Cubos + Armar Objetos) + 40
Conceitualização Verbal	1,9 (Vocabulário + Compreensão + Semelhanças) + 43
Seqüencial	2,3 (Dígitos + Aritmética + Símbolos) + 30
Conhecimento Adquirido	1,9 (Informação + Vocabulário + Aritmética) + 43

Fonte: Groth-Marnat, 1999, p.163 (adaptado).
*Devem ser usados escores ponderados corrigidos por idade.

Depois de usar as fórmulas, calcula-se a média dos quatro escores padrão, e, para verificar se o grau de diferença de cada um em relação à média é significativo ao nível de 5%, são usados os seguintes valores:

Categorias	16 a 19 anos	20 a 74 anos
Espacial	11	10
Conceitualização Verbal	9	8
Seqüencial	11	9
Conhecimento Adquirido	8	7

Fonte: Groth-Marnat, 1999, p.165 (adaptado).

Outro tipo de abordagem, algo semelhante, a que já nos referimos, é chamado *Perfil ACID*, que ocorre muitas vezes em pessoas com problemas de aprendizagem. Para calcular o escore padrão (com M=100 e DP=15), usando dados do WAIS-R, tem-se a fórmula de Kaufman, de 1990, citada por Groth-Marnat (1999, p.166):

ACID: 1,6 (Aritmética + Símbolos + Informação + Dígitos)* + 36

*Devem ser usados escores ponderados corrigidos por idade.

Verifica-se a variação do escore em relação ao QIT, que, ao nível de 4%, deve ser diferente pelo menos 11 pontos (nas idades de 16-19 anos) e 9 (de 20 a 74 anos).

Na história do desenvolvimento de teorias sobre a inteligência, Cattell, em trabalhos de 1941 e 1957, propugnou por um modelo dicotômico, de inteligência fluida e inteligência cristalizada, modelo este aperfeiçoado por estudos de Horn, nas décadas de 60 a 90. Inteligência fluida incluiria "raciocínio indutivo e dedutivo, capacidades que se considerou serem influenciadas principalmente por fatores biológicos e neurológicos e pela aprendizagem incidental, através da interação com o ambiente", enquanto inteligência cristalizada consistiria "principalmente de capacidades (especialmente conhecimento), que refletem diferenças individuais, devidas à influência da aculturação" (McGrew & Flanagan, 1998, p.8).

O enfoque de Horn e Cattell serviu de base para delinear agrupamentos de subtestes. No WAIS-R, para obter um escore padrão de Inteligência Fluida (com M=100 e DP=15), pode-se usar a seguinte fórmula:

1,1 (Dígitos + Semelhanças + Completar Figuras + Arranjo de Figuras + Armar Objetos) + 34.

A fórmula para o escore padrão de Inteligência Cristalizada seria a seguinte:

1,4 (Informação + Vocabulário + Compreensão + Semelhança) + 44.

E um terceiro *Agrupamento de Horn* é Retenção, cuja fórmula é a seguinte:

2,0 (Informação + Dígitos + Aritmética) + 40.

No cálculo dessas três fórmulas, devem ser usados os escores ponderados corrigidos por idade. Para fazer comparações entre os três escores padrão, apresentados por Groth-Marnat (1999), primeiramente é necessário calcular a média dos três (soma dos 3 agrupamentos/3). A seguir, verifica-se se há diferença (ao nível de 5%), caso os seguintes valores sejam alcançados:

Agrupamentos	16 a 19 anos	20 a 74 anos
Inteligência Fluida	9	9
Inteligência Cristalizada	7	6
Retenção	9	7

Fonte: Groth-Marnat, 1999, p.147-148 (adaptado).

Nível III. Interpretação da variabilidade intertestes

Neste nível, vai-se procurar interpretar as flutuações dos escores dos subtestes, na medida em que se desviam seja da média dos escores da escala total, seja da escala verbal ou da de execução. Tal abordagem permitirá que se faça uma análise das forças e fraquezas do funcionamento intelectual do indivíduo, que somente é necessária quando existe suficiente variabilidade intertestes. Para realizar tal abordagem, é preciso conhecer quais as capacidades que podem ser envolvidas pelas tarefas de cada subteste, ter experiência clínica, bem como familiaridade com as especificidades do caso individual (queixas no encaminhamento, sintomas observados e história clínica).

Groth-Marnat (1999) também faz uma observação muito importante: "quanto mais testes podem ser combinados, para fazer inferências, baseadas nas capacidades compartilhadas, mais apoio pode ser encontrado para uma certa inferência" (p.168). Por outro lado, muita cautela deve ser usada para elevações ou baixas isoladas. Assim sendo, apresenta três passos que considera fundamentais:

a) determinar a significância das flutuações encontradas;

b) desenvolver hipóteses sobre as possíveis significações de tal ocorrência;

c) integrar as hipóteses no contexto do caso total.

Passo III.a. Determinação da significância das flutuações

Em relação às escalas mais recentes, há muito mais recursos para a determinação da significância das flutuações. Em todo caso, algo que deve ser feito, independentemente da escala utilizada, é determinar se a comparação do escore (alto ou baixo) será feita em relação à média global, à média da escala verbal ou de execução. Existe uma norma geral que deve ser seguida: se a diferença QIV-QIE não é significante, utilize a média da escala total.

Também, obras mais recentes recomendam que, para realizar tal análise, devam ser utilizados escores ponderados corrigidos por idade, embora, evidentemente, isto não seja viável em todas as escalas. Assim sendo e, a propósito, sabendo que o WAIS e o WISC, embora considerados por muitos como instrumentos ultrapassados, ainda são utilizados no Brasil, vamos recapitular como manejá-los, antes de entrar em discussão sobre escalas usadas ulteriormente.

Desvios dos escores do subtestes, em termos da média do sujeito e em termos da população geral, no WAIS e no WISC

O primeiro passo para analisar se existem ou não flutuações importantes num perfil é o cálculo da média. Calcula-se a média da escala verbal, dividindo-se a soma dos escores ponderados pelo número de subtestes verbais aplicados. Utiliza-se o mesmo procedimento para a escala de execução e para a escala total. Entretanto, o mínimo crítico de subtestes, para que se possa calcular a média da escala total, é 8 (Vincent, 1987). Vejamos um exemplo no Quadro 36.7.

A partir da média, são determinados os desvios do perfil. Na literatura específica, encontram-se várias definições do que constitui um desvio da média do sujeito. A princípio, Wechsler (1958) considerou que um desvio de 2 ou mais pontos, a partir da média do sujeito, seria um "corte" adequado para a maioria dos propósitos. Isto quer dizer que, segundo tal critério, em nosso exemplo, na escala verbal, cuja média é de 9,83, os valores de 11,83 e

Quadro 36.7 Levantamento quantitativo dos resultados do WAIS de um sujeito do sexo masculino de 26 anos

Subtestes do WAIS	Escore bruto	Escore ponderado	Desvio 2	DP 3	Distribuição na curva	Desvio de Vincent
Informação	15	10				
Compreensão	24	16	(+)	(+)	(+)	(+)
Aritmética	4	4	(-)	(-)	(-)	(-)
Semelhanças	11					
Dígitos	9	7	(-)			
Vocabulário	59	13	(+)	(+)		(+)
Soma verbal: 59						
Código	29	6	(-)	(-)		(-)
Completar Figuras	10	8				
Cubos	28	9				
Arranjo de Figuras	23	10				
Armar Objetos	34	11	(+)			
Soma de execução: 44						

Escala	Escore	QI	Classificação	Média	+ / − DP
Verbal	59	98	Médio	9,83	12,83-6,83
Execução	44	93	Médio	8,80	11,80-6,80
Total	103	96	Médio	9,36	12,36-6,36

7,83 (9,83±2,00) constituiriam os limites da zona de escores médios do sujeito. Os escores iguais ou que ultrapassassem tais limites indicariam forças e fraquezas em seu desempenho intelectual. O mesmo critério valeria para a escala de execução, cuja média é 8,80. Assim, haveria desvios nos subtestes de Compreensão, Aritmética, Dígitos, Vocabulário, Código e Armar Objetos.

Conforme Wechsler (1958), tais desvios se baseavam num nível de significância de 15%. A rigor, supõem maior probabilidade de erro do que nos níveis geralmente exigidos para a pressuposição da significância de diferenças (Anastasi, 1965). Portanto, esses desvios não são estatisticamente significantes e não podem se prestar para uma interpretação diagnóstica. Na prática, podem apenas auxiliar o entendimento do desempenho individual, se corroborados por outros dados, como indícios somente discretos, já que podem resultar de um erro de medida, de um efeito de um fator não controlado. Assim, chamamos tais afastamentos da média de desvios discretos.

Para uma análise mais precisa é indicado o uso do *desvio padrão*, que, de um ponto de vista estatístico, é plenamente justificável.

No WAIS e no WISC, o desvio padrão é de 3 pontos (Wechsler, 1955). Em nosso exemplo, os limites da zona de escores médios seriam 12,83 e 6,83, na escala verbal (isto é, a média de 9,83±3,00), e 11,80 e 6,80, na escala de execução (8,80±3,00). Então, na escala verbal, podemos considerar significantes as elevações de Compreensão (16) e Vocabulário (13) e queda em Aritmética (4), enquanto, na escala de execução, é significante somente a baixa em Código (6). Apenas esses desvios devem servir de base para conclusões diagnósticas. Conseqüentemente, os desvios relativos de Dígitos e Armar Objetos, baseados nos critérios iniciais de Wechsler, constituem meramente indícios discretos, que podem auxiliar o entendimento, se corroborados por outros dados.

Embora vários autores sugiram calcular as médias das duas escalas separadas, Vincent (1987) discorda de tal procedimento, defendendo a utilização clínica apenas da média total (desde que tenha havido a administração de pelo menos oito subtestes), porque as dispersões vão se concentrar precisamente na área em que as deficiências do sujeito são mais acentuadas.

Até aqui, as considerações basearam-se na média observada do sujeito. Não obstante, se levarmos em conta a curva de distribuição da população normal, sabemos que, nas Escalas Wechsler, a média esperada é 10. Como os escores ponderados variam de 0 a 20, com uma média de 10 na população geral, os extremos da curva também se tornam pontos de referência importantes num psicodiagnóstico. Então, os escores de 16 ou mais e de 4 ou menos seriam considerados extremamente altos ou extremamente baixos, porque se situam dois desvios padrão acima ou abaixo da média da população normal (10,00 ± 2 x 3,00). Nesta comparação entre o desempenho do sujeito e os dados da população normal, em nosso exemplo, chamariam a atenção o escore extremamente alto em Compreensão (16) e o escore extremamente baixo em Aritmética (4).

Vincent (1987) combina o procedimento que toma como ponto de referência a média total do sujeito, mais ou menos um desvio padrão (3,00), com o procedimento que leva em conta os afastamentos da média da população geral (10,00), também utilizando o desvio padrão (3,00). Independentemente da média do sujeito, define os escores de 13,00 e 7,00, entre os quais estariam compreendidos os escores médios. De acordo com os critérios desse autor, seriam significantes os desvios da média total do sujeito, iguais ou maiores de 3,00, e que, simultaneamente, fossem iguais ou ultrapassassem os escores de 13,00 e 7,00. Assim, em nosso exemplo, sendo a média total 9,36, constituem desvios os escores que são iguais ou ultrapassam 12,36 e 6,36 e, *simultaneamente*, são iguais ou ultrapassam 13,00 e 7,00. Portanto, segundo os critérios de Vincent, podem ser considerados como desvios as elevações em Compreensão (16) e em Vocabulário (16) e as quedas em Aritmética (4) e em Código (6). Não obstante, é preciso lembrar que, conforme esse autor, a média total só pode ser utilizada se estiver baseada, pelo menos, nos escores ponderados de oito subtestes administrados.

Desvios dos escores dos subtestes, em termos da média do sujeito e da adequabilidade da especificidade dos subtestes, no WAIS-R, no WISC e no WPPSI

No WAIS-R, no WISC e no WPPSI, as flutuações de escore devem ser justificadas do ponto de vista psicométrico e estatístico, para que possam ser consideradas significantes em nível suficiente para autorizar uma interpretação clínica.

Conforme Kaufman & Reynolds (1983), duas condições devem ser satisfeitas para tal fim:

a) o desvio do escore do sujeito, em relação à média, deve ser estatisticamente significante;

b) o subteste deve ter especificidade pelo menos adequada.

Calculada a média, como já foi exposto, para cada escala, verifica-se a diferença entre a média e o escore ponderado de cada um dos subtestes de cada escala. O desvio, para ser significante, deve ser de 3,0 a 4,0, para o WISC-R e para o WAIS-R, e de 3,0, para o WPPSI. Estes valores são indicados para se considerar a existência de uma diferença real, não suscitada por erro de medida ou resultante de algum fator não controlado. Assim, qualquer subteste que apresente um desvio da média que seja igual ou maior que o número de pontos citado deve ser considerado com "candidato à interpretação individual, que pode refletir uma força ou uma fraqueza significante no espectro da capacidade da criança" (Kaufman & Reynolds, 1983, p.127).

Entretanto, não é suficiente a certeza da presença de uma discrepância significativa. Deve-se considerar a proporção relativa da variância específica do subteste e julgar a sua adequabilidade, como base da interpretação. Conforme Kaufman e Reynolds (1983), "a especificidade do subteste refere-se à quantidade de variância, num escore, que é tanto fidedigna, quanto única para esse subteste" (p.127). A classificação dos subtestes, nas escalas do WISC-R, WPPSI e WAIS-R, é apresentada no Quadro 36.8, num resumo de Kauf-

QUADRO 36.8 Classificação dos subtestes da Escala Wechsler, de acordo com a proporção relativa na variância específica de cada subteste

	Ampla	Adequada	Inadequada
WPPSI	Vocabulário Semelhanças Casa de Animais (exceto aos 4 anos) Completar Figuras Labirintos Cubos	Aritmética Desenho Geométrico Casa de Animais (4 anos)	Informação Compreensão
WISC-R	Informação Semelhanças (de 6 ½ a 8 ½ anos) Aritmética Dígitos Completar Figuras (de 6 ½ a 8 ½ anos) Arranjo de Figuras Cubos Código Labirintos	Vocabulário Compreensão Completar Figuras (de 9 ½ a 16 ½ anos)	Semelhanças (de 9 ½ a 16 ½ anos) Armar Objetos
WAIS-R*	Dígitos Aritmética Completar Figuras Arranjo de Figuras Código	Informação Compreensão (de 25 a 74 anos) Semelhanças Cubos	Vocabulário Compreensão (de 16 a 24 anos) Armar Objetos

Fonte: Kaufman & Reynolds, 1983, p.128.
*Somente observadas as tendências etárias importantes.

man e Reynolds (1983), a partir de pesquisas desenvolvidas por Kaufman, Carlson e Reynolds, Gutkin, Reynolds e Galvin.

Como se pode ver, cada subteste pode possuir uma especificidade *ampla*, *adequada* ou *inadequada*. Uma vez que um subteste apresenta um desvio significativo, em relação à média do sujeito, e possui uma especificidade pelo menos adequada, deve-se examinar qual a interpretação possível. Esta pode ser influenciada pelas observações realizadas durante a testagem, sobre o comportamento do sujeito, baseando-se nos aspectos medidos pelo subteste. Estes decorrem "de uma análise de conteúdo das operações mentais necessárias para desempenhar as tarefas exigidas pelo subteste e pela revisão dos correlatos fundamentais na literatura de pesquisa" (Kaufman & Reynolds, 1983, p.127-128).

Desvios dos escores ponderados dos subtestes, corrigidos por idade, no WAIS-R

Atualmente, para a interpretação do perfil do WAIS-R, são sempre utilizados escores ponderados, corrigidos pela idade.

Os escores ponderados equivalentes aos escores brutos por idade são determinados a partir de tabelas, constantes no manual do WAIS-R (p.142-150). No manual, há dados para as idades de 16-74 anos. Normas para idades não abrangidas no manual podem ser encontradas em Ryan e colegas (1990) ou em Ivnik e colegas (1992). São, então, calculadas as médias para cada escala e para a escala total e determinadas as diferenças, em relação à média em cada subteste. Estas são consideradas em termos de valores críticos, calculados para cada subteste, com base nos dados da população geral por Silverstein, citados por Wechsler (1981a). Por exemplo, se forem usados todos os subtestes da escala verbal, os valores críticos são: Informação: 2,4; Dígitos, 2,9: Vocabulário: 1,8; Aritmética: 2,8; Compreensão: 2,9; Semelhanças: 3,0. São relacionados, na folha de análise do WAIS-R (Wechsler, 1981a), também os valores críticos para os subtestes da escala verbal, quando foi omitido Dígitos, para a escala de execução, com ou sem inclusão de Código, e para a escala total (como uso de 9 ou 11 subtestes). Se a diferença da média, num subteste, em relação à média, é igual ou ultrapassa o valor crítico correspondente e é positiva, é assinalada como força; se negativa, é assinalada como fraqueza, podendo-se, portanto, fazer inferências com referência aos correlatos do subteste.

Deve-se considerar, também, a freqüência com que ocorre a flutuação observada. Groth-Marnat (1999) refere dados de pesquisas que registraram que 9 pontos de desvio da escala total (7, na verbal e na de execução) não são dados inusitados.

Outra observação importante desse autor é de que os indivíduos com QI baixo têm menos possibilidade de apresentar grande quantidade de desvios, mas, se isto ocorre, deve ter significação clínica. Entretanto, "uma elevada amplitude de discrepância entre subtestes pode simplesmente indicar mais um estilo cognitivo, do que patologia ou excepcionalidade" (p.170). Pode-se considerar elevada, se a diferença entre o escore mais alto e o mais baixo no WAIS-R chegar a 7 na escala verbal, 9 na de execução e 10 na total.

Evidentemente, se não foi possível determinar a presença de flutuações consideradas significantes, não é possível levar a análise aos níveis subseqüentes.

Passo III.b. Desenvolvimento de hipóteses com base nas flutuações dos subtestes

Dois tipos de raciocínio são de importância na consideração do desenvolvimento de hipóteses com base nas flutuações dos subtestes.

Em primeiro lugar, flutuações dos escores ocorrem em razão de vários fatores. Sabe-se que a elevação ou a baixa de escores podem envolver diferentes funções. Vamos pensar no subteste de Cubos, que pode envolver análise e síntese, coordenação visomotor-espacial, velocidade perceptual, etc. Um escore alto não significa que o sujeito esteja bem em todas as funções, assim como um escore baixo não significa fraqueza em todas elas. Então, deve-se examinar outros dados do perfil, que nos dêem subsídios para levantar hipóteses num ou noutro sentido. É preciso, pois, conhecer as implicações clínicas de cada subteste, estar familiarizado com as configurações que se apresentam com freqüência, comparar dados do perfil, para poder levantar uma hipótese de que uma baixa, por exemplo, em Cubos, significa, por acaso, um déficit de coordenação ou uma dificuldade de análise e síntese.

Outra abordagem seria comparar os padrões de teste com os padrões da sintomatologia, para decidir se existe base para o desenvolvimento de hipóteses.

Esta etapa, portanto, envolve um processo inteligente de comparar forças e fraquezas sistematicamente.

Passo III.c. Integração das hipóteses levantadas com outras informações

Em continuação ao passo anterior, aqui é preciso considerar informações adicionais. Esta é uma etapa em que a habilidade e sensibilidade clínica do psicólogo é de especial importância, ao apreciar e julgar as hipóteses, dentro de um contexto mais amplo, principalmente cotejando os dados de teste com as observações durante a testagem e com as outras informações que tem sobre o paciente.

Por exemplo, certas quedas de escore podem se relacionar com determinadas funções cognitivas, com aspectos afetivos, antecedentes, etc. Por outro lado, um escore baixo em Aritmética envolve atenção, concentração, mas também capacidade seqüencial e habilidade em cálculos ou, mesmo, ansiedade. Como foi o desempenho em outras tarefas, quanto à sua atenção? Ou quanto a determinadas séries de instruções? Suas experiências anteriores fazem com que tenha uma atitude de não aceitação de problemas aritméticos? Qual seu resultado em Dígitos? E mais: Quais seus escores, comparativamente, em Aritmética, Dígitos e Código? Estes subtestes, conforme registra Groth-Marnat (1999), "têm sido referidos como escalas de validade, uma vez que têm probabilidade de baixar em conseqüência de má motivação" (p.171). Ou poderia ser um efeito da ansiedade? O psicólogo deve julgar com inteligência, temperada por sensibilidade clínica, para decidir como interpretar uma elevação ou baixa de escore com significação estatística. Portanto, não é suficiente a evidência de uma flutuação significativa, para obter uma indicação precisa. É o examinador que deve julgar o significado clínico de tal dado.

Por outro lado, este modo de focalizar as informações permite às vezes que um pequeno indício, mesmo sem significação estatística, adquira sentido clínico dentro do contexto mais geral de observações, durante a testagem, ou de informações sobre o examinando. Assim, no início desta seção (Nível III), lembramos que Wechsler considerava desvios com base num nível de significância de 15%, que caracterizamos como desvios discretos (não significantes), pois, na verdade, poderiam resultar de um erro de medida, mas poderiam auxiliar o entendimento do caso.

Conforme lembra Groth-Marnat (1999), integrar indícios mesmo sem significação estatística com outras observações sobre o comportamento do examinando seria um procedimento em harmonia com "a filosofia subjacente da interpretação das escalas e subtestes Wechsler" (p.171).

Nível IV. Variabilidade intrateste

Esta é uma fonte de informação importantíssima, que é especificamente explorada no WAIS-R NI (Kaplan, Fein, Morris *et alii*, 1991), e que se baseia na ordenação crescente da dificuldade dos itens. Como, na maioria das escalas Wechsler, não houve, no Brasil, uma análise de item que permitisse uma adaptação da ordem de dificuldade dos itens do subteste, esta é uma fonte de informação em parte prejudicada, se quisermos trabalhar com rigor científico.

Na verdade, com um pouco de bom senso, é possível observar, por exemplo, quando o examinando fracassa em itens fáceis e tem êxito nos mais difíceis. Apenas, não poderíamos *medir*, como no WAIS-R NI.

Podemos observar não apenas em termos de acerto e erro, como também em variações na qualidade da resposta (isto é, irregularidade de desempenho), independentemente da dificuldade do item. Desse modo, obtêm-se dados que podem nos dar indícios sobre déficits cognitivos (atenção, memória), simulação ou problemas nas funções do ego.

Nível V. Análise qualitativa

Neste nível, é feita uma abordagem do conteúdo das respostas, especialmente nos subtestes de Informação, Vocabulário, Compreensão e Semelhanças. Tais subtestes, primeiramente o de Compreensão, cujas respostas a questões abertas suscitam formulações mais elaboradas, permitem a intrusão eventual de aspectos conflitivos em funções do ego teoricamente livres de conflito. Por vezes, chega-se a observar uma capacidade inconsistente de resguardar as operações cognitivas da invasão de aspectos afetivos, principalmente caracterizadas em respostas impulsivas e agressivas. Já no subteste de Semelhanças, muitas vezes se notam dificuldades em nível conceitual, com a emergência de respostas de nível concreto e funcional, eventualmente em desacordo com a capacidade intelectual. Também neste subteste e no de Vocabulário, às vezes, são apresentados conceitos muito amplos e sincréticos, aspectos confabulatórios, perseverativos, respostas inusitadas, absurdas, idiossincráticas, etc., bem como associações anômalas, sendo possível obter importantes subsídios em diferentes dimensões do funcionamento cognitivo ou da personalidade.

IMPLICAÇÕES CLÍNICAS DAS ESCALAS E DOS SUBTESTES WECHSLER

Como já deve ter ficado implícito, em várias das considerações precedentes, as tarefas associadas a cada subteste envolvem diferentes capacidades, que podem sofrer influências variadas. Em consequência, razões muito diferenciadas podem contribuir para a elevação ou queda dos escores. Portanto, só analisando cuidadosamente todas as possibilidades, dentro de um contexto amplo (que inclui desde observações de testagem, história de vida e até dados de ordem médica), é possível chegarmos a interpretações mais acuradas e considerarmos as implicações clínicas do perfil. Estas sempre devem ser referidas com um caráter probabilístico, como possibilidades a serem melhor investigadas.

Limitar-nos-emos à discussão das implicações clínicas dos subtestes, com base na literatura específica, sem uma tentativa de relacionar indicadores diagnósticos com critérios diagnósticos de categorias nosológicas, na forma de sua classificação atual, porque consideramos os estudos a respeito muitas vezes insuficientes, quando não insatisfatórios. Assim, a eventual referência a categorias diagnósticas atuais dependerá da adequabilidade dos achados de pesquisa a respeito. Conseqüentemente, caberá ao psicólogo integrar as informações oferecidas com a observação sobre o sujeito, com sua história clínica e os resultados de outros testes, tendo em mente suas próprias hipóteses de trabalho e os critérios exigidos para a classificação nosológica.

É fundamental, também, antes de levantar qualquer hipótese interpretativa, que o psicólogo se assegure de que está se baseando em diferenças reais e não resultantes de erro. As escalas Wechsler são instrumentos extremamente valiosos do ponto de vista clínico, mas devem ser utilizadas com propriedade científica.

Escala verbal

A escala verbal envolve as seguintes variáveis:
• Capacidade de lidar com símbolos abstratos
• Qualidade da educação formal e estimulação do ambiente
• Compreensão, memória e fluência verbal

Pelas habilidades que as tarefas incluídas na escala verbal exigem, é possível aquilatar que englobam subtestes extensivamente sujeitos à influência de variáveis socioculturais, enquanto as escalas de execução são mais isentas de tal influência. Portanto, por uma série de razões, muitas pessoas costumam ter escores mais elevados na escala verbal do que na de execução. Como já foi referido, uma diferença de 12 pontos entre os QIs é considerada significante.

Desempenham-se melhor, nos subtestes verbais, pessoas mais inteligentes, com nível de escolaridade elevado, bem como com tendência para valorizar a auto-realização. Também terão resultados melhores os sujeitos que, por alguma razão, tendem a se desempenhar pior nos subtestes de execução, por lentificação depressiva, ou estilo de trabalho lento, dificuldades visomotoras, ou com tarefas práticas, ou, ainda, por impulsividade. O QIV maior que o QIE (5-6 pontos) também é mais comum entre grupos psiquiátricos e em pacientes com problemas de coordenação motora (Groth-Marnat, 1999). Por outro lado, registra-se apenas uma tendência para diminuição dos escores verbais, em casos com lesão predominantemente ou unicamente no hemisfério esquerdo, porém, isto não ocorre de forma muito regular (Lezak, 1995). Há referências na literatura de maior freqüência da ocorrência de QI nove pontos acima do QIE em casos com lesão no hemisfério direito (Groth-Marnat, 1999). Não obstante, Lezak (1995) pensa que tal diferença não pode ser considerada um indício diagnóstico, porque há várias razões para baixa nos subtestes de execução em pacientes com déficits muito diferenciados, enquanto o próprio Groth-Marnat (1999) salienta que "existe uma complexa interação de um amplo número de variáveis" (p.173).

Informação

Extensão do conhecimento adquirido
    Qualidade da educação formal e motivação para o aproveitamento escolar
    Estimulação do ambiente e/ou curiosidade intelectual
        Interesse no meio ambiente
        Memória remota

O subteste de Informação mede basicamente o fundo de conhecimentos que o sujeito mantém armazenado e é capaz de lembrar. Exige informações que um indivíduo comum pode ter a oportunidade de adquirir, seja pela sua experiência geral, seja por meio da educação formal. Particularmente, para crianças mais velhas, adolescentes e adultos, pode-se dizer que mede a capacidade de inteligência cristalizada, considerando que esta "se refere à expressão e à profundidade do conhecimento adquirido que uma pessoa tem de uma cultura e a efetiva aplicação deste conhecimento" (McGrew & Flanagan, 1998, p.14). Trata-se de informações "baseadas em material habitual, superaprendido" (Groth-Marnat, 1999, p.174), sendo, junto com Vocabulário, um subteste especialmente resistente a comprometimento cerebral ou psicopatológico. Oferecendo, assim, importantes subsídios sobre conhecimento geral, é incluído em praticamente todas as baterias neuropsicológicas em uso (Lezak, 1995), sendo considerado uma excelente medida da capacidade geral, apesar de altamente correlacionada com o aproveitamento escolar. Resultados de Informação e Vocabulário, no WAIS-R, constituem uma variável preditora do desempenho escolar (Groth-Marnat, 1999).

Apresenta, pelo menos, seis áreas de conteúdo de informações (Kaplan, Fein, Morris *et alii*, 1991). Indivíduos com pouca escolaridade, mas inteligentes, podem ter um escore total baixo no subteste, mas serem capazes de ter particular êxito em uma área específica, dependendo de seu campo de experiência profissional (Lezak, 1995). Por outro lado, dificuldades marcantes em uma ou outra área – exceto se devidas a problemas escolares – e associadas ao tipo específico de erro podem permitir levantar hipóteses sobre determinados déficits cognitivos (Kaplan, Fein, Morris *et alii*, 1991).

A elevação ou baixa significativa dos escores, quando não se explica por aspectos socioculturais, pode oferecer indícios sobre como a pessoa lida com as coisas de seu ambiente, sobre seu maior ou menor interesse no meio circundante, e, qualitativamente, podem ser encontrados subsídios a respeito do seu contato com a realidade. Como se trata de tarefa fácil, similar a trabalho escolar, presta-se para se observar indícios de desorganização do pensamento, que se caracterizam por respostas inusitadas, bizarras, ou, ainda, pela presença de auto-referências.

Rapaport e colegas (1965) chamam a atenção para a propriedade de se inquirir o sujeito sobre uma resposta aparentemente absurda, como "A capital da Itália é a Espanha", por poder se tratar de um lapso de atenção, uma informação errônea de um retardado mental ou resultado de uma desorganização psicótica. De particular interesse são fracassos ou mesmo sucessos em desacordo com a formação cultural do indivíduo. É muitas vezes possível converter a "fonte de erro" num indicador diagnóstico útil (Wechsler, 1958, p.180).

Outras vezes, não é preciso inquérito, porque a resposta é reveladora por si só. Assim, sobre a distância entre São Paulo e Rio, se for dada a resposta de que "Nunca viajei para lá", não são necessários outros esclarecimentos. Tal resposta, que pode aparecer no retardamento mental, foi dada no caso por uma adolescente de inteligência fronteiriça, mas que apresentava uma depressão grave. Wechsler (1958), porém, registra uma resposta similar de um adolescente "psicopata". Todavia, além de hipóteses sobre retardamento mental, de retirada de interesse do mundo circundante ou meramente de uma atitude impulsiva de oposição negativista, tal resposta pode envolver um nível de pensamento mais concreto e, também, uma auto-referência que, se for acompanhada por outros indícios no mesmo sentido, poderia sugerir uma tendência autista.

Todavia, as respostas bizarras são ainda mais significativas e, segundo Wechsler, são dadas principalmente por esquizofrênicos, maníaco-depressivos e, ocasionalmente, por "psicopatas", embora o conteúdo seja diverso. Eis alguns exemplos que dá:

Capital da Itália: "Roma, mas pode ter mudado" (maníaco-depressivo).

Direção Rio de Janeiro-Panamá: "Eu tomo um avião e deixo que o piloto se preocupe com a direção" ("psicopata").

Roupas escuras x roupas claras: "Roupas escuras são mais leves, roupas claras, mais pesadas" (esquizofrênico).

Alcorão: "Como um couro ou um pedaço de cordão" (esquizofrênico) (Wechsler, 1958, p.180).

De nossa experiência clínica, lembramos de um caso de uma moça de 21 anos, com um quadro de esquizofrenia paranóide, que respondeu que "o ano tem 400 semanas", que o fermento faz crescer a massa do pão porque "as moléculas do fermento expulsam as moléculas do pão, tomando conta da massa", que Alcorão é "uma doença alcoólica", que Apócrifa é o "oposto de aprofofagia" (neologismo), e que quem escreveu Hamlet "foi Alan Kardec... não, foi Shakespeare... não, foi Chico Xavier". Não obstante, este último tipo de resposta, que parece envolver um processo de adivinhação, também costuma aparecer em transtornos de conduta e em transtornos de personalidade (Mayman, Schafer & Rapaport, 1976). Aliás, as respostas citadas antes, que refletem transtornos de pensamento, têm sido observadas especialmente no WAIS de pacientes com transtornos de personalidade *borderline* (Hymowitz, 1983).

Todavia, é uma tarefa em que geralmente a maioria das pessoas alcança resultado bom, idêntico ou levemente abaixo ao de Vocabulário. Na realidade, o escore de Informação depende grandemente do conhecimento adquirido de maneira mais formal, ao passo que o de Vocabulário tem muito que ver com o conhecimento adquirido espontaneamente, ao longo do desenvolvimento. Dada a associação entre ambos, Rapaport (1965) já observava que o escore significativamente mais baixo em Informação poderia denunciar uma diminuição da disponibilidade do conhecimento geral. Segundo ele, isto poderia ocorrer por não-aquisição (como no retardamento mental), pela interferência de repressão, por perda de interesse no meio ambiente (por depressão grave) ou por perda de contato com a realidade (na esquizofrenia). Entretanto, nos dois últimos casos, os dados devem ser corroborados por evidências em outros subtestes.

Como Lezak (1995) chama a atenção, quando o escore baixo é observado em pacientes com disfunção cerebral sabida ou suspeitada, torna-se muito importante examinar a diferença entre "fracassos devidos à ignorância, à perda de informações uma vez armazenadas e à incapacidade de recordar antigos aprendizados ou verbalizá-los sob ordem" (p.556). Deve-se considerar o grau de escolarização e a história social do paciente para julgar se, de um ponto de vista probabilístico, algum dia deveria conhecer a resposta. Se seu nível de escolaridade for adequado, deve-se inquirir se antigamente sabia a resposta. Então, o armazenamento da informação pode ser testado por meio de um recurso de escolha múltipla de respostas, como é usado no WAIS-R NI (Kaplan, Fein, Morris et alii, 1991). Tal estratégia permite fazer uma estimativa do fundo de conhecimento pré-mórbido, comparando-o com o nível atual de funcionamento.

Uma discreta queda em Informação é possível em qualquer tipo de disfunção cerebral. Uma baixa marcante pode ser preditora de um envolvimento do hemisfério esquerdo, se é corroborada por outras diminuições em testes verbais e se outra hipótese não é viável. Por outro lado, pesquisas recentes, ao contrário do que se pensava, apontam Informação como uma medida adequada da gravidade de casos de demência (Lezak, 1995).

Escores elevados podem denotar não só boa memória remota, interesses culturais, interesse no meio ambiente, como também uma atitude de alerta ou vigilância frente aos estímulos circundantes. Portuondo (1970b) observou elevação de escores em indivíduos com traços paranóides, inclusive em casos agudos de esquizofrenia paranóide, que tendiam a baixar com a cronicidade.

Os escores elevados também podem se associar com ambição intelectual ou com uma forma intelectualizada de lidar com as coisas, uma defesa de caráter obsessivo-compulsivo. O pressuposto seria de que é necessário conhecer tudo, para saber qual a coisa certa a ser feita (Pope & Scott, 1967). Em crianças, ocorre a necessidade exagerada de armazenar informações, quando o conhecimento significa segurança (Glasser & Zimmerman, 1972). Muitas vezes, os aspectos obsessivos refletem-se, principalmente ou apenas, na maneira superelaborada de formular respostas, seja pela riqueza de minúcias, pela prolixidade da linguagem, seja na ostentação de conhecimentos. Estes aspectos podem representar apenas um modo de defesa da personalidade, embora, em pacientes obsessivos adultos, o escore de Informação possa estar acima do de Vocabulário. Todavia, às vezes, as tendências perfeccionistas podem levar a vacilações, por exigências de precisão indevida, baixando o escore (Zimmerman, Woo-Sam & Glasser, 1972).

O escore baixo pode se relacionar, principalmente em crianças, com não-aproveitamento escolar, com aspectos culturais, ou com o pressuposto de que "conhecimento é uma coisa perigosa" (Glasser & Zimmerman, 1972, p.45). Isto se associa com uma atitude de "não ver, não ouvir, não falar" em temas que podem se vincular com conflitos ou suscitar ansiedade. "Depois de um certo tempo, a repressão pode deixar de ser dirigida somente para conflitos focalizados e se tornar um modo generalizado de adaptação" (Pope & Scott, 1967, p.73). Assim, os indivíduos que usam repressão de forma mais generalizada ou maciça apresentam escores baixos em Informação. Não obstante, a ansiedade praticamente não afeta os escores (Groth-Marnat, 1999).

Os escores baixos, em crianças, também podem refletir hostilidade contra aspectos intelectuais ou uma orientação do comportamento mais para a ação do que para aspectos cognitivos (Glasser & Zimmerman, 1972). Tal orientação, que subentende a desvalorização de questões intelectuais, provavelmente justifica o resultado baixo, neste subteste, em adolescentes com transtornos de conduta.

Dígitos

Extensão da atenção
  Retenção da memória imediata (dígitos na ordem direta)
  Memória e capacidade de reversibilidade (dígitos na ordem inversa)
    Concentração
    Tolerância ao estresse

Este subteste é composto por duas partes, que têm em comum a exigência da retenção de dígitos, que são apresentados pelo examinador e que devem ser repetidos pelo sujeito. Aparentemente, envolve uma tarefa simples que exige atenção auditiva e memória imediata, tanto que uma criança de três anos pode ter sucesso numa série de três dígitos (Zimmerman, Woo-Sam & Glasser, 1976). Talvez em parte devido à sua vulnerabilidade, esse subteste não foi incluído nem no WPPSI, nem no WPPSI-R. Contudo, Wechsler (1967) justificou a exclusão pela limitada amplitude dos escores.

Apesar de envolver memória imediata, escores satisfatórios no subteste não significam memória preservada para tarefas mais complexas (Kaplan, Fein, Morris et alii, 1991).

Os escores das duas partes do subteste são somados para obter o escore em Dígitos, o que parece envolver o pressuposto de que as duas tarefas subentendam "o mesmo comportamento ou comportamentos altamente correlacionados" (Lezak, 1995, p.357), o que não é o caso.

Espera-se que adultos com inteligência normal sejam capazes de reter pelo menos cinco dígitos na ordem direta e três na ordem inversa (Pope & Scott, 1967), enquanto uma criança normal, de 7 anos e meio, consegue reter, no mínimo, quatro dígitos na ordem direta e dois na ordem inversa (Glasser & Zimmerman, 1972). Essa diferença de dois pontos, ou de um ponto, é a usualmente encontrada em pessoas normais. Com o passar dos anos, e até os 70 anos aproximadamente, o número de dígitos na ordem direta tende a permanecer estável, podendo haver a diminuição da extensão dos dígitos na ordem inversa, o que depende também do nível de escolaridade. Se a disparidade encontrada for maior do que dois pontos, isto pode se associar com rigidez do pensamento, pensamento concreto e falta de reversibilidade do esquema de referência. Tal diferença é verificada com mais freqüência em grupos de pacientes com problemas de disfunção cerebral, sendo raramente observada entre pessoas normais.

Também pouco comum é se verificar a relação inversa, com o escore de dígitos na ordem inversa ultrapassando dígitos na ordem direta. Essa disparidade "provavelmente reflete a falta de esforço numa tarefa simples" (Lezak, 1995, p.354), em que se pode pressupor que o desempenho do sujeito poderia ser, pelo menos, tão satisfatório quanto na outra. Eventualmente, tanto em adultos como em crianças, isso pode ser explicado por uma atitude oposicionista, rejeitando o sujeito a ordem direta e se sentindo desafiado frente à ordem inversa. Contudo, pode ser suposta a presença de uma resistência à tensão numa situação difícil e, por certo, capacidade de controle dos processos mentais e flexibilidade.

As causas mais simples para a baixa do escore total são déficits auditivos e fadiga. Portanto, qualquer hipótese clínica só é aplicável quando esses dois fatores puderem ser definidamente excluídos. Uma vez excluídos esses fatores, ante a evidência de um escore baixo, o único dado real que se tem é da existência de um problema de atenção e de memória imediata, eventualmente associado com interferência da ansiedade, mas que pode constituir a indicação precoce de algum transtorno mais grave, de ordem funcional ou orgânica (Glasser & Zimmerman, 1972). Contudo, é importante observar que o estresse também pode afetar os escores. Quando se suspeita que esta pode ser a explicação, Lezak sugere que o subteste seja readministrado mais tarde, durante o processo psicodiagnóstico. Nesse caso, a melhora do desempenho confirma os efeitos do estresse. Se o escore continua baixo, outros fatores devem ser considerados.

Sujeitos com dificuldades no manejo da ansiedade podem ter problemas neste subteste. Assim, transtornos em nível neurótico geralmente se associam com uma queda no escore, embora eventualmente obsessivo-compulsivos obtenham bons resultados (Portuondo, 1970b).

É importante mencionar que o bom desempenho exige capacidade de controle do ego sobre os processos do pensamento, além do manejo adequado do *input* dos estímulos, sem a intrusão da ansiedade e de componentes depressivos. É de se esperar, pois, que os escores sejam baixos ou muito variáveis, quando certas funções do ego estão enfraquecidas, há problemas na organização do pensamento (Groth-Marnat, 1999) ou quando existem déficits de ordem cognitiva.

Segundo Portuondo (1970b), os psicóticos apresentam escores baixos, além de ocorrer disparidade de desempenho entre a ordem direta e a inversa. Às vezes, os esquizofrênicos utilizam recursos mnemônicos arbitrários, como o de somar os dígitos (Mayman, Schafer & Rapaport, 1976).

Nas primeiras edições das escalas Wechsler, o segundo ensaio de cada série era administrado somente no caso de ocorrência de fracasso no primeiro ensaio. Todavia, nas edições mais recentes, ambos os ensaios são administrados e recebem escore, independentemente da presença de erro ou de acerto no primeiro ensaio. "A mudança no procedimento de escore serve para aumentar a variabilidade dos escores no subteste" (Wechsler, 1981a, p.12). Contudo, o escore total continua a ser obtido pela soma da extensão correta dos dígitos na ordem direta e inversa. Segundo Lezak (1995), esse procedimento envolve perda de informações significativas. Esta crítica pode ser considerada pertinente no campo da neuropsicologia, já que, sob outros pontos de vista, a inovação melhora a qualidade psicométrica do subteste.

Em caso de avaliação neuropsicológica, dígitos na ordem direta e na ordem inversa são considerados como dois testes, que "envolvem atividades mentais diferentes e que são afetados diversamente por lesão cerebral" (Lezak, 1995, p.357). Por outro lado, se o psicólogo estiver interessado em examinar a fidedignidade da atenção do paciente e não a extensão dos dígitos reproduzidos, Lezak sugere a apresentação de mais ensaios em cada série.

Para propósitos neuropsicológicos, em que o QI é um dado de menor valia, o escore bruto é considerado uma medida suficiente. Na ordem direta, em pessoas normais, a variação do escore bruto é de 6±1, ainda que possa ser influenciada pelos antecedentes educacionais do paciente. Assim, a obtenção de um escore de 6 ou mais estaria dentro de *limites normais*, enquanto 5 seria tido como um escore *margi-*

nal. O escore de 4 seria classificado como *borderline* e o de 3, *deficiente*, em termos da eficiência da atenção (Lezak, 1995).

O escore de dígitos na ordem direta é baixo na disfunção cerebral, especialmente quando é afetado o hemisfério esquerdo, porém não se apresenta vulnerável a lesões difusas, permanecendo estável em muitos casos de demência. Com o tempo, os déficits são reversíveis, após trauma craniano e psicocirurgia. Com a idade, entretanto, o escore tende a baixar discretamente, principalmente após os 70 anos (Lezak, 1995).

Dígitos na ordem inversa introduzem uma dificuldade extra para pacientes com pensamento concreto, que podem ter problemas para compreender a tarefa proposta. Neste caso, Lezak (1995) costuma usar como exemplo a série de dois dígitos ou, mesmo, exemplificar a tarefa com uma série de 1-2-3, que, sendo um "padrão inerentemente familiar", é facilmente revertido. O desempenho, avaliado em termos de escores brutos, pode ser assim classificado: "4 ou 5, como dentro de *limites normais*, 3 como *deficiente borderline* ou *deficiente*, dependendo dos antecedentes educacionais do paciente, e 2 como *deficiente*" (p.367).

Tal capacidade de reverter dígitos apela mais para a memória de trabalho do que a tarefa de dígitos na ordem direta, que envolve mais um tipo de apreensão passiva. Caracteristicamente, dígitos na ordem inversa associam-se com um funcionamento cognitivo sadio, dependendo provavelmente de funções do lobo temporal. Tanto pacientes com lesão cerebral no hemisfério esquerdo, como com déficits visuais, apresentam escores baixos nesta parte do subteste. É considerado também vulnerável a comprometimentos difusos que ocorrem em quadros demenciais, exceto na psicose de Korsakoff. Por outro lado, observa-se reversibilidade dos déficits, no decorrer do tempo, após a psicocirurgia (Lezak, 1995).

O desempenho do paciente pode ser avaliado quanto à extensão da série de dígitos que repete, ou qualitativamente, em relação ao tipo de erros cometidos, como erros no seqüenciamento dos dígitos, omissão ou adição de dígitos, respostas perseverativas, etc., que podem ter uma significação clínica e são analisados no WAIS-R NI (Kaplan, Fein, Morris *et alii*, 1991).

Vocabulário

Desenvolvimento da linguagem
    Conhecimento semântico
    Inteligência geral (verbal)
    Estimulação do ambiente e/ou curiosidade intelectual
    Antecedentes educacionais

Entre os subtestes essencialmente verbais, Vocabulário é especialmente importante. Em primeiro lugar, porque a sua alta correlação com a soma da escala verbal o torna uma boa medida da inteligência verbal. Em segundo lugar, pelo fato de ser uma medida bastante estável, pouco vulnerável a transtornos, tem sido considerado como possível referencial para a estimativa da inteligência pré-mórbida (Rabin, 1965), podendo servir de parâmetro para avaliar a diminuição de outras funções. Inspirados nos estudos de Rapaport e colegas (1965), baseados em pressuposições da psicologia do ego, Allison e colegas (1988) sustentam que é possível avaliar forças e fraquezas no funcionamento adaptativo, a partir de dispersões dos escores de diferentes subtestes em relação ao de Vocabulário. Não obstante, alertam para o fato de que tal escore não pode ser tomado como referência para pesquisa de certos grupos minoritários que viveram, na infância, em ambientes muito empobrecidos ou pouco estimulantes do ponto de vista intelectual.

Para o desempenho neste subteste contribui, de forma fundamental, o vocabulário adquirido por meio das experiências precoces de socialização, cuja extensão e qualidade refletem aspectos socioeconômicos e a escolaridade inicial, não sendo afetado tão decisivamente pelo aproveitamento acadêmico, como o são os subtestes de Informação e Aritmética (Lezak, 1995). Todavia, a qualidade das respostas reflete a sofisticação do ambiente sociocultural, tanto pelas experiências acadêmicas ou da vida extracurricular, como por interesses pessoais e idéias. Em outras palavras, para o desempenho em Vocabulário, é essencial a influência do ambiente precoce, mas o fundo de conhecimento semântico pode ser aperfeiçoado por fatores ulteriores (Groth-Marnat, 1999).

A estabilidade temporal dos escores e o caráter refratário deste subteste têm sido salientados, inclusive quando à sua insensibilidade a vários comprometimentos psicológicos e neurológicos (Groth-Marnat, 1999) e os dependentes da idade (Carr, 1975a). Não obstante, com a idade, parece se verificar uma queda no nível das respostas (Zimmerman, Woo-Sam & Glasser, 1976). Storck e Looft, em 1973, citados por Lezak (1983), observaram uma diminuição de sinônimos, que é a resposta mais freqüente entre adultos, quando os sujeitos ultrapassam os 60 ou os 70 anos, com uma intensificação no uso de definições funcionais ou instrumentais, descrições e demonstração (mais comuns em crianças) e explicações.

Segundo Feifil, citado por Zimmerman e colegas (1976), as respostas podem ser categorizadas em quatro níveis: "1) sinônimos; 2) uso da descrição; 3) explicação) e 4) explicação de tipo inferior, ilustração e demonstração" (p.139). Na realidade, quando se pede ao sujeito que dê o significado de uma palavra, ele "a assinala num esquema referencial complexo, no qual o dito conceito é um elemento inter-relacionado. A definição do mesmo se realiza, precisamente, tornando explícitas essas relações" (Paín, 1971, p.198). A resposta reflete um nível de generalização conceitual, com base num sistema de referência, que pode ser mais primitivo, obtendo-se uma definição em nível funcional ou instrumental, ou mais maduro, classificando-se a definição em nível abstrato. Tal diferenciação permite a atribuição de diferentes escores.

Muitas vezes, porém, a resposta pode obter o mesmo número de pontos, mas ser qualitativamente diferente. Glasser e Zimmerman (1972) observam que "existe uma diferença óbvia entre uma criança que define 'burro' como um animal, e uma criança que diz: 'uma besta de carga de quatro patas, que é classificada com os mamíferos'". Realmente, a resposta dá ao examinador a oportunidade de apreciar tanto a riqueza de idéias da criança, sua qualidade e tipo de linguagem, quanto o seu grau de pensamento abstrato. Além disso, sucessos e fracassos fornecerão indícios sobre o ambiente sociocultural da criança. Esses autores chamam a atenção, por exemplo, para o fato de crianças de lares de bom nível educacional serem capazes de responder a palavras não comuns, como "dólar" e "espionagem" e fracassar em itens mais fáceis. Por outro lado, salientam a importância clínica do "caráter semântico de uma definição, que dá uma compreensão sobre a natureza dos processos de pensamento da criança" (p.67). Do mesmo modo que Compreensão, Vocabulário oferece uma oportunidade de colher indícios bastante importantes e úteis, do ponto de vista clínico, sobre antecedentes, experiências de vida, tolerância à frustração, nível e organização do pensamento.

Lezak (1995) assinala a importância deste subteste no diagnóstico diferencial, entre categorias que envolvem transtornos nos processos de pensamento e comprometimento cerebral, dizendo que os pacientes que apresentam um transtorno funcional do pensamento ocasionalmente deixam de lado suas defesas, ante uma prova que "parece um teste inócuo de habilidade verbal, revelando um problema de pensamento em expressões 'clangorosas', associações idiossincrásicas ou em respostas personalizadas ou confabulatórias" (p.541).

Matarazzo (1976) classifica as verbalizações desviantes, que podem denunciar perturbações no processo do pensamento, em cinco tipos:

a) *superelaboração*, constituída pela "tendência a dar significados alternativos e detalhes irrelevantes, ou a ser excessiva e desnecessariamente descritiva", que pode ser exemplificada pela seguinte resposta ao item "Diamante": "Uma gema; parte da joalheria que consiste em pedras preciosas; o que se dá a uma moça quando se está comprometido";

b) *superinclusão*, caracterizada por "uma resposta que se refere a um atributo que é partilhado por tantos objetos que o conceito perde seu aspecto delimitador", como a seguinte: "Cachorros e leões são semelhantes porque ambos têm células";

c) *elipse*, verificada pela "omissão de uma ou mais palavras (algumas vezes apenas sílabas) necessárias para completar o significado numa frase ou sentença", como na resposta ao item "Microscópio": "Germes' (omitido ou implícito, um instrumento para aumentar pequenos objetos, como germes)" (p.446). Neste caso, não se inclui a omissão da palavra proposta para definição. Há pacientes com dificuldade de recordar palavras (especialmente nomes) e consistentemente deixam de usá-la, substituindo-a por "alguma coisa" ou "coisa", apesar de conseguirem dar uma definição adequada, podendo-se pensar em anomia (Kaplan, Fein, Morris *et alii*, 1991);

d) *auto-referência*, que consiste na "incorporação a uma definição de elementos personalizados ou de detalhes que reflitam auto-envolvimento, como para ocultar", "Esconder-se de olhos perspicazes";

e) *bizarria*, caracterizada por "definições que implicam associações marcadamente idiossincrásicas ou justaposição de idéias desconexas", como, em relação a item "Sentença"*, "um modo de pensar em gramática" (Matarazzo, 1976, p.446). Pacientes esquizofrênicos, às vezes, dão definições que constituem associações retumbantes às palavras-estímulo (Kaplan, Fein, Morris *et alii*, 1991).

Entre as categorias citadas, as três últimas têm um caráter definidamente desviante e comumente se associam com um nível de funcionamento psicótico. Quanto à primeira, como é completamente aceitável para a atribuição de escore, pode passar despercebida. Wechsler (1958) salienta que a sua interpretação pode ser variável, já que: a) muitas vezes, constitui apenas um leve indício de uma atitude pedante; b) noutras, associar-se-ia com sentimentos de insegurança e ambivalência: c) em outros casos, assinalaria uma tendência à superintelectualização, que, eventualmente, poderia representar um sinal precoce de esquizofrenia, mesmo que outros sinais estivessem ausentes.

---

*No original, consta "Plural, e não "Sentença".

Quanto à segunda categoria, é relacionada apenas por Matarazzo (1976), mas não por Wechsler (1958). Respostas circunstanciais e tangenciais são freqüentes entre pacientes psiquiátricos. Não obstante, respostas prolixas, superdetalhadas e, até, personalizadas ou, de outra forma, desviadas, não aparecem apenas em casos com perturbações psiquiátricas, mas também podem ocorrer em algumas disfunções neurológicas.

Além das respostas desviantes, já examinadas, Zimmerman e colegas (1976) chamam a atenção para a possibilidade de serem observadas, nas respostas, "associações fonéticas (caverna-taberna), palavreado com termos incoerentes, mescla confusa de palavras e perseveração inadequada" (p.152). Comumente, quando o examinando oferece uma definição de uma palavra, que é foneticamente associada à palavra-estímulo (como ao definir a palavra *agregar*, quando se solicita o conceito de *segregar*), é porque a palavra ultrapassa o fundo de conhecimento semântico que possui (Kaplan, Fein, Morris *et alii*, 1991). Porém, existem outras possibilidades, como de que tenha um problema de percepção auditiva ou esteja desatento, por falta de motivação. Outra resposta algo semelhante, porque pode refletir uma extensão de vocabulário limitada, é aquela em que o examinando responde apenas a uma parte da palavra-estímulo, por exemplo, para *compaixão*, o sujeito responde *amor*, definindo, portanto, *paixão*. Ainda outra explicação possível para tal resposta é de que o paciente se prende a um estímulo que é mais comum.

As respostas podem também revelar um sintoma de perseveração consistente, que freqüentemente se caracteriza pela repetição de expressões, como começar as definições com "...é uma coisa que..." ou "...é quando...". As perseverações podem refletir uma tendência não-adaptativa, mas, se aparecerem também em outras circunstâncias, podem suscitar uma hipótese em nível neuropsicológico (Kaplan, Fein, Morris *et alii*, 1991).

O entendimento da significação dos erros do examinando, muitas vezes, é mais adequado quando se utiliza adicionalmente uma versão de escolha múltipla, como no caso do WAIS-R NI, pois é possível investigar se a palavra era, ou não, do conhecimento do paciente ou se ele não retém o conhecimento semântico pré-mórbido (Kaplan, Fein, Morris *et alii*, 1991).

A própria descrição de aspectos qualitativos das respostas, como acabamos de ver, já demonstra que o caráter refratário do subteste é realmente relativo. Não obstante, Vocabulário é pouco vulnerável a transtornos "neuróticos", exceto em casos de depressão grave.

Em alcoolistas, Vocabulário raramente apresenta queda nos escores (Parsons, 1980). Durante o primeiro mês de abstinência, observamos que os escores se mantêm estáveis (Cunha, Minella, Argimon *et alii*, 1990), o que corroborou os dados da literatura (Wilkinson & Poulos, 1987).

Os escores costumam cair quando há transtornos de linguagem (Zimmerman, Woo-Sam & Glasser, 1976), e, se estão significativamente abaixo da média de outros subtestes essencialmente verbais, isto pode significar atraso do desenvolvimento dessa dimensão específica ou a sua diminuição (Rapaport, 1965).

Em crianças, problemas emocionais não costumam afetar os escores, mas às vezes se refletem nos aspectos qualitativos das respostas. Por exemplo, para "Catacumba", "Um buraco fundo, um lugar que deixa com medo", e, para "Isolar", "É a coisa mais ruim da vida; a gente fica vivendo sozinho". São auto-referências. Encontram-se, também, auto-referências de sentido depreciativo, que não apenas podem dar indícios referentes ao autoconceito, como em relação ao convívio num ambiente que não é sadio, como nas respostas: "Eu sou um burro"; "Eu dou prejuízo". Em casos mais severos, além de desvios já examinados, podem-se observar associações pelo som das palavras, sendo dada, então, a definição da palavra associada; sucessões incoerentes de palavras ou a perseveração da mesma definição, dada a várias palavras diferentes (Glasser & Zimmerman, 1972). A confusão entre sons parecidos (dizer-se "isolar" e o sujeito entender "escolar") é atribuída por Moor (1969) a um transtorno da percepção auditiva.

Os resultados altos refletem boa inteligência geral, principalmente boas condições socioculturais e necessidade de auto-realização. Entre os grupos clínicos, escores altos tendem a se associar com mecanismos de intelectualização e compulsivos (Groth-Marnat, 1999). Já escores baixos refletem fundo de informação pobre (que pode se explicar por fracos antecedentes escolares, ambiente desprivilegiado ou inteligência geral limitada), mas também podem denotar imotivação, hipoatividade (pouca responsividade aos estímulos) ou problemas de linguagem expressiva.

Aritmética

Capacidade computacional e rapidez no manejo de cálculos
  Memória auditiva
  Antecedentes/oportunidades/experiências escolares
  Concentração, resistência, distratibilidade, raciocínio lógico, abstração
  Contato com a realidade

O subteste de Aritmética foi incluído nas escalas Wechsler pela existência de um nível satisfatório de correlação entre raciocínio aritmético e inteligência geral (Wechsler, 1958). Por tal razão, esse subteste consta de várias formas reduzidas das escalas. Kaufman, citado por Kaufman e Reynolds (1983), compôs a sua forma reduzida do WISC-R com a díade Aritmética-Vocabulário, considerando as capacidades mentais envolvidas, o potencial desses subtestes para a predição do aproveitamento escolar, a saturação do *fator g* em Vocabulário e o fato de que "a inclusão de Aritmética assegura que o fator de Resistência à Distratibilidade seja representado" (p.113). Já Rapaport e colegas (1965), em vista da vulnerabilidade deste subteste entre "neuróticos" e, até, entre normais, achavam que não deveria integrar uma díade que tivesse como objetivo a triagem de transtornos intelectuais.

Aritmética é um subteste composto por problemas, cujas soluções têm que ver com situações cotidianas, que envolvem a utilização de operações matemáticas fundamentais, não ultrapassando o que é usualmente aprendido na escola ou, conforme Wechsler (1958) refere em relação ao WAIS, não indo além do que um adulto comum poderia adquirir em suas transações diárias. Não obstante, esse ponto de vista não reduz a influência da educação formal ou da ocupação dos indivíduos sobre os escores. Na verdade, tanto as experiências escolares como as atitudes frente a elas podem afetar o desempenho. Todavia, dificilmente os sujeitos atribuem fracassos à falta de conhecimento, alegando "nervosismo" ou problemas de atenção. E, por certo, problemas de concentração, manipulação conceitual e memória imediata podem comprometer o desempenho de pessoas muito habilidosas em problemas matemáticos (Lezak, 1995). Desse modo, espera-se que o adulto que tenha cursado o equivalente ao ensino fundamental ou pouco mais não encontre qualquer dificuldade, a não ser por problemas de concentração. Entretanto, em comparação com Informação e Vocabulário, é um subteste mais estressante, por impor mais exigências e pelo limite de tempo. "Assim, pessoas que são suscetíveis aos perturbadores efeitos da ansiedade têm probabilidade de serem afetadas desfavoravelmente" (Groth-Marnat, 1999, p.178). Aliás, já Rapaport e colegas (1965) chamaram a atenção para o fato de que o fator concentração fica reforçado, neste subteste, pela restrição do tempo de que o sujeito dispõe para chegar à solução. Mayman e colegas (1976) afirmavam que esta "é uma prova de concentração, porque requer uma focalização da atenção, uma abstração dos aspectos essenciais do problema e uma elaboração das relações implicadas" (p.620). Para Glasser e Zimmerman (1972), o subteste explora "a capacidade da criança para utilizar conceitos abstratos de número e de operações numéricas, que constituem medidas do desenvolvimento cognitivo" (p.55). Porém, em crianças, além de concentração, o desempenho pode se associar com atitudes frente às atividades escolares ou em relação à autoridade, bem como pode refletir a resistência à distratibilidade, sendo, também, muito vulnerável a estados emocionais. Contudo, escores muito baixos, caso não possam ser explicados por retardamento mental, podem ser sugestivos de transtornos mais sérios, podendo envolver até o comprometimento dos laços com a realidade.

Em adultos, as implicações são semelhantes. A atitude frente a tarefas escolares ou acadêmicas pode também influir os escores, assim como o uso de intelectualização como defesa. O indivíduo com pouca escolaridade, ou aquele que acha que não tem aptidão para raciocínio aritmético, geralmente não aceita bem a tarefa e demonstra tensão e ansiedade. Escores baixos podem refletir desde simples erros de cálculo, interferência da ansiedade ou "até a despreocupação provocada por uma tendência ao fracasso ou por perda do contato com a realidade, quando são dadas respostas extravagantes" (Zimmerman, Woo-Sam & Glasser, 1976, p.111).

Rapaport e colegas (1965) observaram que, no perfil, o escore de Aritmética se apresenta um pouco acima do de Dígitos e levemente abaixo da tendência central da escala verbal, o que atribuem à ansiedade, mesmo em pessoas normais. Tal padrão também é encontrado em "neuróticos", ainda que em nível um pouco mais baixo, embora tendências à intelectualização possam elevar os escores, como no caso de obsessivos que conseguem associar meticulosidade com rapidez. Também encontraram resultados mais altos em pessoas com traços esquizóides.

Tudo parece indicar que a atitude do sujeito frente ao mundo influencia seu desempenho. "Uma vez que números provêm do ambiente externo, e criam regra e ordem, alguns indivíduos reagem de forma rebelde". Assim, sai-se bem o aluno obediente e o sujeito em boas condições socioeconômicas, mas saem-se mal personalidades anti-sociais e histriônicas, "que não aceitam ordem com facilidade e geralmente recusam assumir a responsabilidade por suas ações" (Groth-Marnat, 1999, p.178). Isso não significa que o escore baixo seja característico desses grupos; é, apenas, compatível com sua atitude face ao mundo.

Escores baixos, além de serem comuns em retardados mentais e pacientes com déficits cognitivos, são encontrados em psicóticos, e, neste caso, isso pode estar relacionado a seu comprometimento nos laços com a realidade (Portuondo, 1970b; Rapaport et alii, 1965; Zimmerman, Woo-Sam & Glasser, 1976).

No campo da neuropsicologia, são sugeridas algumas estratégias para avaliar melhor o desempenho do paciente. Por exemplo, se há suspeita ou conhecimento de lesão no hemisfério direito, é recomendada a administração dos itens iniciais, mais fáceis, porque tais indivíduos podem não ser capazes de contar, ainda que resolvam "problemas aritméticos bastante difíceis de um ponto de vista conceitual" (Lezak, 1995, p.641). Outra sugestão é a de registrar a resposta do paciente na íntegra, mesmo quando incorreta. No último item do WAIS ou do WAIS-R, isto se torna particularmente importante, porque, dependendo da resposta, é possível identificar se o paciente foi capaz de selecionar os dados e aplicar a operação matemática correta, errando o cálculo, ou se a resposta resulta de mau raciocínio e de confusão. Também é recomendada a obtenção de dois escores, um deles atribuído conforme as normas do teste, e outro, com desconsideração do limite de tempo. O segundo constituiria uma estimativa da capacidade aritmética propriamente dita. Esta orientação é usada no WAIS-R NI.

Ainda duas outras estratégias seriam aplicáveis. Tais estratégias são utilizadas no WAIS-R NI (Kaplan, Fein, Morris et alii, 1991), sendo especialmente úteis na avaliação de pacientes. A primeira delas seria a de fornecer ao paciente uma folha de papel em branco para os cálculos, "se o fracasso parece ser devido a um déficit de memória imediata, concentração ou clareza conceitual" (Lezak, 1995, p.642). A segunda consiste em apresentar o problema impresso, para que o paciente o estude durante o tempo que desejar. Com isso, podem ser obtidos dois escores: um, como "medida da extensão em que os problemas de memória e de eficiência mental estão interferindo no manejo mental dos problemas", e o outro, como "estimativa de suas habilidades aritméticas em si" (p.643).

A justificativa para a utilização dessas estratégias é de que o escore do subteste de Aritmética, obtido em condições-padrão, com sujeitos que apresentam disfunção cerebral, "pode ser mais confuso do que revelador" (p.644), pela exigência de concentração e de memória, impostas pela administração oral. Segundo Lezak (1995), esse tipo de administração baixa os escores de certos pacientes. Por outro lado, o examinador deixa de explorar "os efeitos do tipo espacial de discalculia, que se tornam aparentes quando o paciente deve organizar os conceitos aritméticos no papel" e pode deixar de identificar a presença da "alexia numérica que apareceria se o paciente tivesse de olhar os símbolos aritméticos no papel" (p.644).

Tendem a ser um pouco mais baixos os escores em pacientes com déficits no hemisfério esquerdo do que no direito. Em alguns casos, também pacientes com lesões no hemisfério direito apresentam queda no escore, em relação aos demais subtestes verbais. Às vezes, o mau desempenho associa-se com "comprometimento na capacidade de organizar os elementos dos problemas, enquanto em outros casos pode ser atribuível a "déficits de atenção e memória" (p.644).

Em suma, escores altos associam-se com boa capacidade computacional associada a uma boa concentração e, conseqüentemente, resistência à distratibilidade, com uma atitude de alerta aos estímulos e bom contato com o ambiente, além de rapidez no manejo dos números e memória auditiva imediata. Escores baixos, ao contrário, sugerem pouca capacidade de raciocínio matemático, escassa concentração e, portanto, distratibilidade, além de dificuldades de memória auditiva imediata.

Compreensão

Capacidade de senso comum, juízo social, conhecimento prático e maturidade social
    Conhecimento de normas socioculturais
    Capacidade para avaliar a experiência passada
    Compreensão verbal, memória e atenção
    Pensamento abstrato (provérbios)

No mesmo sentido que o subteste de Informação, o subteste de Compreensão é uma medida da capacidade de inteligência cristalizada (McGrew & Flanagan, 1998), já que, para realizá-lo, o indivíduo deve demonstrar conhecimentos práticos adquiridos e aplicá-los a situações-problema propostas. Na realidade, este é um ponto crítico do subteste, devendo-se primeiramente avaliar se o sujeito está usando subsídios, aprendidos ao longo de seu desenvolvimento no meio social, para resolver um problema que lhe é apresentado, de maneira adaptativa, ou está dando apenas uma demonstração de conhecimento superaprendido. Por outro lado, pode não estar utilizando o conhecimento de que realmente dispõe de maneira eficiente para resolver o problema. Esta é uma hipótese possível, afirma Groth-Marnat (1999), se o escore de Informação é significativamente maior que o de Compreensão. Groth-Marnat (1999) sugere também verificar se certas respostas, como, por exemplo, ao item "Floresta", "Más companhias" ou aos provérbios soam estereotipadas, como "fala de papagaio", ou parecem indicar "uma solução acurada de problema, bom julgamento ou raciocínio abstrato" (p.179). Na realidade, os itens envolvem temas de interesse comum, isto é, assuntos sobre os quais o sujeito já opinou ou já presenciou discussões a respeito, e é necessário avaliar como utiliza as informações de que dispõe sobre normas e regras sociais.

O contexto do subteste é composto por duas grandes unidades críticas, e é conveniente analisar as respostas separadamente. A primeira é constituída por itens que envolvem raciocínio prático, e outra, por provérbios (Lezak, 1995). Na primeira, como no subteste de Informação, por exemplo, no WAIS-R, os itens podem ser agrupados em diferentes áreas de conteúdo: "legal/governamental (itens 4, 8-9, 11 e 16), comportamento pessoal socialmente aceitável (itens 2, 6-7 e 10) e de conhecimento geral (itens 1, 3, 5 e 13)", sendo possível que o sujeito possa apresentar "um déficit específico de conhecimento ou de juízo em qualquer dessas áreas" (Kaplan, Fein, Morris *et alii*, 1991, p.99). Um déficit na primeira área pode resultar da má qualidade ou falta de aproveitamento das oportunidades ou experiências educacionais. Já uma deficiência na área de conteúdos de comportamento pessoal socialmente aceitável pode estar associado com impulsividade ou com um déficit nas funções executivas.

A pressuposição de que o desempenho neste sentido reflete o quanto o sujeito apresenta conformidade com normas de sua cultura e se beneficiou das experiências e oportunidades educacionais é grandemente aceita e, até certo ponto, validada pelo fato de que escores de Compreensão, segundo pesquisa de Sippo e colegas, citados por Groth-Marnat (1999), apresentaram, junto com Arranjo de Figuras, relação substancial com medida de inteligência social. Entretanto, o conhecimento do que é convencionalmente aprendido traduz-se na verbalização do que é considerado certo, mas isto não constitui uma garantia de que o sujeito seja capaz de manifestar tal conformidade em seu comportamento, ou, melhor, de que a resposta realmente expresse "um julgamento independente e criador" (Mayman, Schafer & Rapaport, 1976, p.620). Então, há dois aspectos a serem considerados. Um deles é a propriedade da compreensão do sujeito, a respeito de certa situação, em que utiliza uma informação prática, internalizada a partir de normas socioculturais, particularmente no que concerne a juízo moral. Outro, é o sentimento que o sujeito tem a respeito. Assim, o conceito de juízo envolve um fator emocional, além dos fatores intelectuais, que o torna "um conceito fronteiriço entre as áreas a que freqüentemente chamamos de 'intelectual' e de 'emocional'" (Rapaport et alii, 1965, p.42). Em conseqüência, o escore baixo em Compreensão reflete a possível dificuldade de "entender os componentes sociais das situações" (Groth-Marnat, 1987, p.75).

É importante lembrar que este "é um dos poucos subtestes com questões abertas, requerendo, de certo modo, formulações verbais elaboradas" (Kaplan, Fein, Morris et alii, 1991, p.99).

Isso permite, por um lado, a intrusão de indícios associados a conteúdos emocionais, que podem ser evidenciados por meio de aspectos qualitativos, assumindo eventualmente conotações bastante personalizadas e idiossincrásicas. Assim, apenas a título de ilustração, são apresentados, nos Quadros 36.9 e 36.10, alguns exemplos do WAIS e do WISC, já constantes da edição anterior.

Mas nunca é demais lembrar que, pelas razões citadas antes, quaisquer interpretações em nível de personalidade devem ser feitas com extrema cautela e dentro do contexto das informações colhidas na história clínica e dos demais subsídios do psicodiagnóstico. Na verdade, como afirma Lezak (1995), já ficou plenamente demonstrado por muitos pacientes com lesão no hemisfério direito que "altos escores em Compreensão não são garantia de senso comum prático ou de comportamento razoável" (p.629). Por tal razão, é conveniente comparar os indícios observados, por exemplo, "de impulsividade com o que é conhecido do comportamento real do examinando, porque ambos podem ser completamente incongruentes" (Kaplan, Fein, Morris et alii, 1991, p.99). Porém, também parece oportuno lembrar que, embora uma resposta isolada não possa servir de base para muitas inferências, "uma resposta infreqüente ou inusitada pode ser significativa", já que "um comportamento inesperado não é habitualmente uma questão de acaso" (Wechsler, 1967, p.44), devendo ser considerado no contexto do teste e associado a outras fontes de informação.

Por outro lado, nessas formulações mais elaboradas, têm-se uma amostra mais sistemática da produção da linguagem do que em outros subtestes, e o examinador deve estar alerta para erros que podem resultar de problemas na compreensão da linguagem, da memória e da atenção, que podem suscitar hipóteses de dificuldades cognitivas.

Por outro lado, ao contrário de subtestes que aceitam respostas de uma única palavra ou de uma única sentença, como nos de Informação e Semelhanças, este subteste oferece oportunidade para observar aquele examinando que tende a apresentar uma responsividade mínima, o que pode ser atribuído a possíveis razões, como "comprometimento do sistema subcortical frontal, depressão, ansieda-

QUADRO 36.9 Exemplos de respostas ao subteste de Compreensão no WAIS que podem envolver indícios clínicos significativos

Item	Resposta	Hipóteses interpretativas
1. Roupas	"Minha mãe disse."*	Auto-referência; dependência
2. Locomotiva	"Porque fabricam assim." "Nunca vi um trem."	Retardamento mental (?) Bloqueio (?) Auto-referência; pensamento concreto
3. Envelope	"Procuraria me informar de quem é e ia levar para o dono. Talvez até fosse recompensado, se fosse coisa importante." "Não é assunto meu."	Infantilidade; ganho secundário Esquizofrenia.** Delinqüência*
4. Más companhias	"A companhia é a gente que escolhe e se escolhe pessoas parecidas." ... o sujeito arqueia as sobrancelhas, discute o conceito formulado, ri entre dentes ou faz referências a si mesmo.** "Eu não creio necessariamente que devamos fazê-lo; há possibilidade de levá-los ao bom caminho."	Pseudo-sofisticação; moralismo Personalidade histriônica Pensamento obsessivo
5. Cinema	"Pegava o extintor e ia apagar o fogo. Depois, chamaria os bombeiros." "Se eu percebo, alguém vai perceber em seguida... (?) Depende do lugar em que estivesse sentado... se estivesse na porta, ia sair. Se fosse o primeiro, avisava o pessoal de fora... (?) Os bombeiros." "Cantar o hino nacional."**	Impulsividade; pensamento ilógico. Estado de ansiedade, tonalidade obsessiva Esquizofrenia
6. Impostos	"Tudo teve sua origem na idéia de que, se não houvesse impostos, não existia representação"** "Porque o Governo obriga. Acham que o povo deve pagar; senão, multam."	Conformismo; necessidade de controles externos Esquizofrenia
7. Ferro	"Sim, pela eletricidade... vai aquecendo... vai aquecendo..." "Não se pode passar, quando o ferro está frio."	Esquizofrenia Retardamento mental
8. Menores	"Quase todos os menores não são responsáveis... Caso aconteça alguma coisa... erro no trabalho, roubo, ele não pode responder e, se não quiser, não precisa..." "Evitam que consiga trabalho e dinheiro."	Transtorno de conduta Referência pessoal. Projeção
9. Floresta	"Ia tentar encontrar alguém que estivesse lá." "Do mesmo modo que entrei, saía. Não me perco." "Se estivesse perdido na floresta de dia, me guiaria pelo sol.. ou, pelo musgo, que cresce do lado norte das árvores... ou, talvez, seguiria uma corrente d'água. Teria uma bússola? Neste caso, eu... (?) Depende de como fosse o terreno. Se... (etc.)."**	Dependência Negação (?) Falta de reflexão; atitude de oposição Pensamento obsessivo
10. Surdos	(em tom confidencial) "Algumas pessoas querem manter em segredo, mas eu sei que é porque sofrem dessa doença. (?) Sim, uma enfermidade venérea." "Porque Deus não quis que nascessem assim."	Esquizofrenia paranóide.** Fobia, hipocondria, auto-referência* Desatenção histérica

QUADRO 36.9 *(continuação)*

Item	Resposta	Hipóteses interpretativas
11. Terrenos	"Isto não é bem assim. Procurando, se consegue uma 'barbada'." "Eu prefiro o campo."	Pensamento concreto, atitude de oposição, contestação Auto-referência; contestação
12. Casamento	"Para proteção dos filhos." "Os homens continuam casando com as mulheres, se aproveitam delas."	Atitude ingênua, moralista Fobia, temores de exploração, referência pessoal
13. Cão	"Enquanto está latindo, não pode morder." "Está errado este ditado, porque o meu late bastante e morde bastante."	Pensamento concreto, atitude ingênua Pensamento concreto; auto-referência, atitude de contestação
14. Andorinha	"Precisaria muitas para voarem e fazerem vento, se for o caso." "Porque chega o inverno, os passarinhos vão para outro lugar, migram para um lugar quente. Uma só andorinha não vai ir. Vai ir todas."	Esquizofrenia Pensamento concreto; atitude ingênua

* Exemplos apresentados por Zimmerman, Woo-Sam & Glasser, 1976, p.83-85.
**Exemplos apresentados por Mayman, Schafer & Rapaport, 1976, p.632-645.
Observação: Quando se incluem hipóteses com * ou com **, trata-se de caso em que os autores apresentam hipóteses diversas, para exemplo similar.

QUADRO 36.10 Indícios clínicos em respostas ao subteste de Compreensão no WISC

Item	Tipo possível de resposta emocional	Exemplos
1. Cortar dedo	Preocupação com mutilação, punição por desobediência, dependência dos pais	"Se saísse sangue, eu choraria." "Você não deve brincar com faca. Você é mau – diz a mamãe."
2. Perder bola	Empatia, sentimentos de culpa, de falta de cuidado, sentir-se vítima, evasão do problema, sentimentos de responsabilidade e de levar a efeito	"Eu daria todas as minhas." "Eu não ia dar a minha bola para ele."
3. Comprar pão	Desobediência, dependência ou independência, manejo de temores, por causa de dinheiro	"Comprava bala." "Ia para casa avisar, se a mãe me mandasse, aí eu ia noutra padaria." "Eu teria medo de ir noutra venda; poderia ser raptado."
4. Brigar	Tendências à atuação, necessidade excessiva de defesa contra a tendência a atuar, negação da hostilidade, rigidez parental, sentimentos a respeito de irmão	"Começava a dar nele." "Não me importava que batesse em mim." "Ficava com raiva. É como meu irmão: bate em mim e sai correndo."
5. Trem	Respostas pressagiando mal, respostas demonstrando a responsabilidade (ou impotência) da criança em relação à ação, sentimentos de culpa, reações de ansiedade	"Chamava os bombeiros, saía correndo. Pode ser que desvie, venha em cima de mim. Não quero ser morta pelo trem." "Não sei onde fica o homem que dirige o trem; não podia fazer nada." "Dizer que não fui eu que fiz. A culpa não é minha."
6. Casa	Temas de destruição	"Se venta forte, a casa de madeira não é bem colada e vai morro abaixo."
7. Criminosos	Temas de culpa, de punição (de restrição de atividade), problemas de atuação	"Eles são maus, como eu." "No tempo que estão lá dentro, não fazem mais."

QUADRO 36.10 *(continuação)*

Item	Tipo possível de resposta emocional	Exemplos
8. Naufrágio	Temas de diferença sexual e de papel sexual, papel da criança *versus* papel do adulto, confusão e dificuldade	"Mulher vale por muitas pessoas, porque dá para ter nenê." "São mais fracas e têm mais medo." "É um ato de cavalheirismo." "As crianças têm menos saúde e não sabem nadar, e as mulheres são fracas, podem estar grávidas e vão para o fundo."
9. Cheques	Sentimentos de culpa, ênfase no gastar, orientação de comprar agora e pagar depois, discussões parentais sobre dinheiro	"No cheque, a gente sempre tem dinheiro." "Não precisa pedir dinheiro a toda hora, para o pai ou marido."
10. Caridade	Preocupação com dissipação. Preocupação com exploração	"O pobre pode comprar algo que faz mal." "Quem pede é maloqueiro, muito espertinho."
11. Empregos	Preocupação com comunismo e infiltração.** Preocupação com saúde	"Para pegar espiões." "Para ver quem tem mais saúde, quem não provoca desastres."
12. Algodão	Preocupação com gastos. Preocupação com asseio**	"É barato."* "Para limpar os germes."*
13. Senadores	Preocupação com exploração.** (Preocupação com necessidade de ajuda)	"Assim, se tem um Hitler." "O Presidente não pode governar sozinho. Tem de haver pessoas para darem idéias."
14. Promessa	Exploração, culpa. (Tema religioso)	"Agradecer o favor, senão, da outra vez, não será atendido." "Porque é um pecado." "Se faz e não cumpre, não tem fé no que faz." "Se não cumpre, está mentindo."

*O tipo de respostas e os exemplos marcados com um asterisco foram transcritos de um quadro da obra de Glasser & Zimmerman, 1972, p.48-49.
**Estão marcados com dois asteriscos os tipos de preocupações que não parecem comuns em nosso meio.
Observação: Os tipos de respostas registrados entre parênteses, bem como os exemplos sem asterisco, são de material clínico colhido pela autora sênior.

de ou comportamento oposicionista" (Kaplan, Fein, Morris *et alii*, 1991, p.98). E, assim, uma vez que as instruções induzem a respostas abertas, o subteste oferece, dentro do WAIS-R, por exemplo, "a melhor oportunidade do clínico observar a disfluência, a dificuldade de encontrar palavras, a parafasia e a perseveração verbal" (p.99).

Carr (1975) examina o item do WAIS (mantido no WAIS-R) sobre o princípio de incêndio, num cinema, para demonstrar como a atitude diversa do "histérico" e do obsessivo, ao longo da prova, pode influir decisivamente no escore. Assinala que os sujeitos que se baseiam "na estrutura externa e na aprendizagem precoce", no caso os "histéricos", tendem a ter êxito em itens deste tipo, enquanto a resposta correta traz dúvidas ao obsessivo, na pressuposição de que "se o fogo é tão grande, ao ponto de perturbar a pessoa, e, ainda assim, tão pequeno que presumivelmente ninguém mais se deu conta, num grande cinema, pode ser tolice sair procurando o gerente ou um porteiro" (p.742). Dessa maneira, a seleção de alternativas lógicas suscita dúvidas e vacilações, que podem provocar incerteza, associada a "uma atitude pedante, que leva o sujeito a rejeitar as opiniões mais vulgares" (Mayman, Schafer & Rapaport, 1976, p.631), que se reflete em escores baixos, nos obsessivos, enquanto o seu uso de intelectualização os leva a apresentar escores elevados em Informação e Vocabulário. Como salienta Groth-Marnat (1999), indivíduos muito analíticos encontram dificuldade de compreender o contexto social das situações.

Entendido plenamente o contexto do subteste, não fica muito clara a inclusão, em algumas escalas, de três provérbios, que não são consistentes com o propósito dos demais itens, refletindo mais qualidades de pensamento abstrato (Carr, 1975a), e que requerem, portanto, um nível de capacidade mais elevado para a solução de problemas. Neste sentido, as respostas corretas, nesses itens, associam-se com um bom nível de inteligência geral.

As respostas do examinando aos itens de provérbios "requerem que o respondente trate os elementos ('andorinha', 'verão', etc.) como metáforas, para identificar o conceito abstrato que cada um representa, identificar as relações entre os elementos, captar a idéia geral expressa e para encontrar palavras específicas com as quais expressar a idéia" (Kaplan, Fein, Morris et alii, 1991, p.99). A má qualidade da educação formal e do meio sociocultural, bem como uma limitação intelectual pré-mórbida, são fatores que podem levar a uma resposta que denota um pensamento concreto ou a uma resposta que constitua um provérbio não-equivalente. Não obstante, eventualmente os aspectos concretos podem se associar com uma disfunção cerebral. Tais respostas concretas ou aquelas que constituem uma interpretação literal dos componentes do item tendem a aumentar com a idade e aparecem com freqüência em casos com patologia frontal ou no hemisfério direito.

Considerando o subteste como um todo, Lezak (1995) afirma que, "quando o dano é difuso, bilateral ou localizado no hemisfério direito, o escore de Compreensão provavelmente fica entre os melhores indicadores da capacidade pré-mórbida", e, por outro lado, "sua vulnerabilidade a déficits verbais o torna um indicador útil de envolvimento do hemisfério esquerdo" (p.630).

Os bons resultados encontram-se em sujeitos que têm a função do juízo bem preservada, caindo sensivelmente quando o nível de funcionamento é psicótico, por comprometimento desta função (Groth-Marnat, 1999). Também é importante observar que "o fracasso nos itens fáceis indica juízo comprometido", mesmo que haja êxito em alguns outros mais difíceis (p.179). Eventualmente, porém, até esquizofrênicos crônicos alcançam bons escores, por perdurarem vestígios de juízo, desenvolvido na fase pré-mórbida, e observam-se, então, respostas estereotipadas ou clichês verbais, associados a normas convencionais (Rapaport, 1965). Da mesma forma que, para alguns pacientes com disfunção cerebral, "Compreensão se tornou um teste de aprendizado antigo" (Lezak, 1995, p.630).

Por outro lado, os escores podem baixar em sujeitos com dificuldade de expressão verbal e, especialmente, naqueles com pensamento mais concreto, que terão dificuldade de elaborar suas respostas com base numa premissa hipotética (Zimmerman, Woo-Sam & Glasser, 1976).

No caso de Compreensão recair quatro pontos de escore ponderado, abaixo de Vocabulário, conforme Groth-Marnat (1999), possivelmente há algum comprometimento da função do juízo, impulsividade ou comportamento hostil em relação ao ambiente. Não obstante, pacientes psiquiátricos muitas vezes têm escores baixos não apenas por prejuízo desta função do ego, mas também por problemas na percepção, idéias idiossincrásicas ou, ainda, por impulsividade ou aspectos anti-sociais.

Em crianças, os escores elevados podem se associar com pensamento prático, amplitude no campo experiencial, elevada capacidade de organização de conhecimentos, maturidade social e da função do juízo, bem como uma capacidade satisfatória de verbalização de idéias. Superprodutividade e respostas múltiplas podem ser devidas a tendências compulsivas ou a um alto nível de aspiração. Já os escores baixos podem ser atribuídos a uma série de fatores, como: a) restrições de ordem física ou psicológica, que limitam a capacidade de lidar com o ambiente, como em casos de superdependência; b) pensamento concreto; c) dificuldades de verbalização, seja por escassa experiência de transmitir idéias de forma verbal, seja por necessidade de perfeccionismo, que leva a acréscimos e especificações, que comprometem a qualidade da resposta; d) presença de idéias fóbicas associadas a temas suscitados por alguns itens; e) atitude de oposição à testagem; f) mau controle dos impulsos (Glasser & Zimmerman, 1972).

Semelhanças

Raciocínio lógico e formação conceitual verbal (pensamento abstrato)
Raciocínio indutivo, com identificação de aspectos essenciais de não-essenciais
Desenvolvimento da linguagem e fluência verbal

Esta também é uma medida da inteligência cristalizada (McGrew & Flanagan, 1998), no sentido de que o indivíduo busca subsídios em sua memória remota, pelo que é muito importante a influência de antecedentes ambientais e da estimulação da linguagem, mas sem dúvida não é possível o indivíduo prescindir de sua capacidade de abstração e de sua fluência verbal para chegar a obter altos escores (Groth-Marnat, 1999).

O subteste apresenta uma tarefa em que o sujeito tem de explicar o que um par de objetos ou temas têm em comum, proposta em itens ordenados por dificuldade crescente. Tal seqüência crescente de dificuldade envolve, inicialmente, memória, compreensão e capacidade associativa, passando gradativamente a requerer uma capacidade conceitual, que exige que o sujeito distinga características essenciais das não-essenciais. Essa variação gradativa de dificuldade pode ser observada principalmente no WPPSI, no WISC, no WISC-R e no WISC-III, introduzidos com itens que envolvem analogias simples, para passar, posteriormente, a uma formulação que leva a uma comparação, que exige que o sujeito estabeleça relações de classificação. Nas escalas para adultos, este tipo de comparação está implícito a partir do primeiro item.

No momento em que o examinador não se propõe apenas a reunir elementos para determinar o QI, mas pretende fazer todas as inferências possíveis do ponto de vista cognitivo, parece importante que seja capaz de determinar o nível em que o sujeito pode estabelecer relações de classificação entre duas "coisas", como as apresentadas nos itens de Semelhanças.

Um conceito possui um *âmbito* ou uma *extensão* própria e um *conteúdo*. No âmbito de um conceito, pressupõem-se todas as coisas ou idéias por ele subentendidas. Elas precisam apresentar qualidades semelhantes para serem abrangidas pelo conceito. A soma dessas coisas qualitativamente semelhantes é o âmbito ou extensão. Portanto, o âmbito do conceito "laranja" abrange todas as coisas que apresentam qualidades tais que permitam que sejam pensadas como "laranjas". As qualidades pressupostas num conceito são várias. A soma dessas qualidades, comuns às coisas incluídas no âmbito de um conceito, denomina-se conteúdo (Mayman, Schafer & Rapaport, 1965; Rapaport *et alii*, 1965). As relações de classificação estabelecem-se a partir do conteúdo considerado, isto é, com base neste é feita uma relação qualitativa entre as coisas, de forma a classificá-las ou colocá-las numa determinada categoria. Portanto, as relações fundamentam-se em qualidades, que podem ser superficiais, funcionais ou essenciais. Isso envolve a idéia de ordem ou de hierarquia de abstração. Pode-se falar também em níveis, nos quais os sujeitos buscam subsídios para elaborar as suas respostas.

À medida que a criança cresce, vai ampliando seu campo experiencial e vai sendo cada vez mais capaz de generalizar, isto é, de definir o âmbito de um conceito, como também de verbalizar relações entre as coisas, que vão denotando um nível mais alto de abstração. Da mesma forma, quanto mais inteligente for um indivíduo, mais capacidade terá para estabelecer abstrações de nível mais elevado. Em termos de formação de conceitos, podemos considerar três níveis hierárquicos, exemplificados, a seguir, em relação ao Item "Em que são parecidas uma laranja e uma banana?" Uma resposta tipo "As duas têm casca" seria classificada no nível concreto. Isto é, o sujeito, dentre o conteúdo possível a ser explorado, utiliza uma característica ou qualidade concreta, comum a ambas. Da mesma forma, poderia usar uma situação concreta em que ambas se encontrem, no caso de uma mesa e uma cadeira, por exemplo, dizendo que "ambas estão na sala de jantar".

As respostas de que "Uma laranja e uma banana são parecidas porque ambas se comem" ou "a madeira e o álcool porque queimam" caracterizam o nível funcional. O conteúdo vinculador seria constituído por uma função que se executa com ambas, no primeiro exemplo, e que ambos "executam", no segundo.

Num terceiro nível, conceitual abstrato, são consideradas apenas as características essenciais, comuns a ambos os objetos, e o conteúdo vinculador seria um termo geral ou genérico, que os abrange. Em comparação com este, o conteúdo dos dois primeiros níveis é "demasiado limitado e não implica todo o conteúdo essencial comum a ambos os objetos" (Mayman, Schafer & Rapaport, 1976, p.619).

Esta distinção em níveis – concreto, funcional e abstrato – é, pois, muito importante para que se possa fazer uma estimativa sobre o funcionamento conceitual do sujeito. Duas crianças ou dois adultos podem somar 10 pontos de escore ponderado no subteste, situando-se num nível médio e, em termos de pensamento conceitual, terem respondido em níveis diferentes. Por exemplo, muitos casos de lesão cerebral que apresentam comprometimento da capacidade de raciocínio abstrato tenderão a dar respostas concretas no subteste de Semelhanças. Neste caso, saber que um sujeito obteve 10 pontos de escore ponderado no subteste de Semelhanças nos informa pouco, mas saber que estes 10 pontos resultaram de respostas em que o escore bruto individual de um era a regra e não a exceção realmente nos diz alguma coisa sobre o funcionamento cognitivo do sujeito.

O subteste de Semelhanças pressupõe uma "formação verbal de conceitos", em que "o sujeito pode resolver os problemas sem recorrer às próprias 'coisas' ", mas elabora a sua resposta a partir "de uma relação de coerência... entre o nome das duas 'coisas' e o termo genérico que expressa seu vínculo conceitual", como no caso de "laranja-banana-fruta". Esta "constitui uma série verbal coerente, que pode permanecer intacta até quando a formação ativa de conceitos sofra certa desorganização e as implicações do termo genérico 'fruta' se percam" (Rapaport et alii, 1965, p.42). Entretanto, nem sempre os itens envolvem conexões tão simples, de modo que, entre os subtestes essencialmente verbais, esta é a prova mais vulnerável a transtornos que afetam o pensamento conceitual. Portanto, para avaliar o quanto são lógicos o pensamento do sujeito e o nível de abstração de que é capaz, geralmente a análise não é tão fácil como se poderia supor. Mesmo o indivíduo que apresenta certo comprometimento de seu pensamento abstrato geralmente pode dar alguma resposta de nível 2, nos itens mais fáceis, em função da memória, caindo para respostas de nível 1, quando tem de usar ativamente a sua capacidade de abstração. Essa possibilidade de avaliar o funcionamento cognitivo do ponto de vista conceitual faz com que esse subteste seja considerado uma ótima medida da capacidade mental geral.

O subteste apresenta elevada correlação com a inteligência geral, pelo que pode ser utilizado como estimativa do potencial, quando os escores dos demais subtestes se apresentam muito irregulares e é possível excluir certos fatores como responsáveis pela variação do escore. Conseqüentemente, a elevação deste escore contra-indica a hipótese de uma limitação intelectual definida, especialmente se o escore de Cubos não é igual ou não está abaixo de dois desvios padrão da média da população geral. Mas, evidentemente, quando o escore é considerado isoladamente, é importante determinar o escore ponderado, em termos do grupo etário, em muitos casos de adultos, como também é conveniente examinar como o escore se compõe, no que se refere ao nível conceitual das respostas individuais.

Em crianças, também esta distinção de níveis é importante, porque diferencia uma resposta superior de uma resposta superficial, fornecendo indícios quanto ao funcionamento intelectual. Alguns escores totais, mesmo que possam ser considerados relativamente satisfatórios, porque ficam numa zona média, podem indicar um nível de funcionamento intelectual que tende a ser medíocre, porque o escore total é constituído predominantemente de respostas cujo escore é um, ainda que a fase de desenvolvimento da criança deva ser considerada. Por outro lado, há casos com proporções variáveis de respostas, que recebem créditos de 0, 1, e 2, que, embora possam ter um funcionamento irregular, provavelmente apresentam maior potencialidade e possibilidades (Glasser & Zimmerman, 1972).

A capacidade de pensamento conceitual, exigida pelo subteste, sofre menos a interferência de estados emocionais e de problemas na função do juízo do que Compreensão.

Em crianças com traços obsessivos, o escore pode ser bom, uma vez que se beneficiam com o fato de respostas múltiplas corresponderem a maior crédito. Já os escores mais baixos se encontram, às vezes, em crianças mais velhas, caracterizadas por um pensamento mais concreto, "rigidez nos processos de pensamento ('Eles não são parecidos') e distorção séria dos processos de pensamento", como também como resultado de "profunda desconfiança ('Você está tentando me lograr; eles não são parecidos')" (Glasser & Zimmerman, 1972, p.64).

E, em seguida, o subteste é especialmente sensível a disfunções cerebrais, independentemente de localização, com exceção de algumas categorias muito específicas, nas quais pode permitir uma estimativa da capacidade pré-mórbida. Já quando o déficit cerebral afeta funções verbais, Semelhanças torna-se grandemente vulnerável, e a baixa correspondente "se associa com envolvimento temporal e frontal esquerdo" (Lezak, 1995, p.606).

Tanto pacientes com comprometimento cerebral como esquizofrênicos tendem a apresentar escores baixos, mas o estilo das respostas é diferente. Os primeiros têm maus resultados por dificuldades de abstração, produzindo mais respostas "Não sei" do que esquizofrênicos e normais (Lezak, 1983); os segundos, principalmente pela incursão de idéias bizarras e idiossincrásicas nas respostas (Carr,

1975a), como no item Cachorro-Leão, "Depende da hereditariedade" ou "O cachorro pode ser animal de estimação" (Matarazzo, 1976, p.450). Podem ter sucesso nos itens mais difíceis e fracassar nas respostas fáceis, contaminando-as com incorreções, como "Uma laranja e uma banana são frutas cítricas" (Mayman, Schafer & Rapaport, 1976, p.642), ou produzem respostas superabstratas, por demais amplas e sincréticas, como, para Cachorro-Leão, "Ambas são formas de vida" (Matarazzo, 1976, p.450), "São compostos de células" ou "Carentes de inteligência humana" (Mayman, Schafer & Rapaport, 1976, p.642). Tais respostas se caracterizam por serem sobreideacionais, mas, às vezes, aparecem respostas concretas (Wechsler, 1958) e confabuladas, como "O ovo e a semente se parecem, porque se dá semente aos pintos, para que cresçam e ponham ovos" (Mayman, Schafer & Rapaport, 1976, p.642). É, pois, um subteste indicado para detectar "formas idiossincrásicas ou patológicas de formação de conceito" (Groth-Marnat, 1999, p.180).

As respostas perturbadas, caóticas, desorganizadas, que caracterizam a emergência do processo de pensamento primário, também são encontradas em pacientes com transtorno de personalidade *borderline*, ainda que, especificamente neste subteste, os esquizofrênicos demonstrem maior comprometimento que eles.

No grupo esquizofrênico, quando se observa um escore relativamente elevado, é provável a existência de traços paranóides (Mayman, Schafer & Rapaport, 1976). O subteste geralmente não é afetado na esquizofrenia paranóide, a não ser em casos crônicos e deteriorados, em que o escore cai abaixo de Vocabulário (Rapaport *et alii*, 1965). Já Portuondo (1970b) acha que, com o aprofundamento do inquérito, se verifica que as "abstrações" dos pacientes paranóides representam apenas respostas estereotipadas, subjacente às quais "só existe um conceito concreto" (p.62).

Altos escores indicam não apenas alto nível de abstração, mas conseqüentemente boas condições para *insight*, sugerindo um bom prognóstico em processo psicoterápico (Groth-Marnat, 1999). Quando os escores são muito altos, pode-se levantar a hipótese de tendências à intelectualização. Já escores baixos podem se associar com déficit da capacidade de abstração e rigidez do pensamento. Todavia, eventualmente, traços obsessivos podem ocasionar uma queda dos escores, em vista do aspecto polêmico e pedante no manejo dos temas (Mayman, Schafer & Rapaport, 1976).

Escala de execução

A escala de execução, segundo Groth-Marnat (1999), envolve:
• "O grau e a qualidade do contato não-verbal do indivíduo com o ambiente
• A capacidade de integrar estímulos perceptuais e respostas motoras pertinentes
• A capacidade de trabalhar em situações concretas
• A capacidade de trabalhar rapidamente
• A capacidade de avaliar informações visoespaciais" (p.180).

A escala de execução sofre menos a influência da educação formal. Uma diferença significante (p<0,05) com a escala verbal é de 12 pontos. Pessoas que têm o QIE significantemente mais elevado do que o QIV apresentam capacidades de organização e perceptuais em alto nível, têm facilidade de trabalhar sob pressão do tempo, e "a solução imediata dos problemas é melhor desenvolvida do que a solução de problemas baseada no conhecimento acumulado" (Groth-Marnat, 1999, p.181). Manejam bem problemas práticos e, geralmente, não provêm de bom nível socioeconômico, nem têm bom aproveitamento escolar, têm dificuldades de linguagem, problemas em nível de conduta e comportamento atuador. A predominância dos escores de execução ainda é comum "no autismo, retardamento mental, transtornos de aprendizagem, analfabetismo, delinqüência, transtorno de conduta ou psicopatia, populações bilíngües e indivíduos de ocupações (...) que enfatizam habilidades visoespaciais" (p.181).

Ainda que, tradicionalmente, a predominância dos escores de execução sobre verbais tenha se associado com possível história de lesão no hemisfério esquerdo, não há comprovação, registrando-se apenas uma tendência não regular nesse sentido (Lezak, 1995).

Completar Figuras

Reconhecimento e memória visual, organização e raciocínio
Interesse e atenção ao ambiente, concentração e percepção das relações todo-parte
Discriminação de aspectos essenciais de não-essenciais

Sendo um teste que envolve reconhecimento de material pictórico, pode oferecer eventuais dificuldades para quem tem algum déficit visual, particularmente para pessoas idosas (Lezak, 1995). Por isso, exclua qualquer hipótese nesse sentido, antes de tentar interpretar a qualidade e a quantidade das respostas.

O sujeito deve reconhecer o estímulo, usando subsídios da memória remota, e organizar o material evocado, estabelecendo relações. Para fazer isso, recorrerá ao raciocínio, podendo usar juízo prático ou estabelecer relações em nível conceitual. Para isso, concorrem fatores cognitivos e/ou emocionais. Por exemplo, a pessoa que responde que "falta o mastro", no item Bandeira, "responde ao óbvio ou tende a pensar em termos concretos simples" (p.634). Também, pode dizer que "falta o remador no barco", pela mesma razão, ou por ter pouca iniciativa. Na realidade, personalidades passivas, dependentes, podem dar tal resposta, por sentirem a ausência de agentes para as ações que percebem nas figuras (Groth-Marnat, 1999). Tal referência a detalhes obviamente ausentes, como a água ao redor do caranguejo, a cores, ao outro lado num perfil, especialmente quando se repete, sugere um tipo de pensamento anormalmente concreto e é comum na esquizofrenia, embora não exclusivamente. Pope e Scott, já na década de 60, observavam que, para tais sujeitos, o objeto parece tão vívido e real que o leva a uma associação de caráter eminentemente pessoal.

Dinamicamente, este tipo de resposta poderia ser entendido como uma forma caracteristicamente extrema de projeção, em que algo é *inserido* na figura e, depois, *removido*. Em crianças, parece sugerir "fluidez excessiva do pensamento" (Glasser & Zimmerman, 1972, p.75).

No WAIS-R, são principalmente os itens 2, 4, 6, 10-11, 14 e 20 que, por "requererem inferências cognitivas de nível mais elevado, muitas vezes eliciam respostas concretas, tais como 'A mão segurando o jarro', para o item 6" (Kaplan, Fein, Morris *et alii*, 1991, p.77). Tais erros de percepção também ocorrem por disfunções cognitivas, em pacientes com comprometimento neurológico.

A elevada correlação deste subteste com Informação, no WAIS, sugere que também memória remota e informação geral sejam aspectos implícitos por Completar Figuras (Lezak, 1995).

No WAIS-R, os itens "que exigem correta identificação da parte omitida e acurada memória visual" são 1, 5, 7, 8, 15, 18 e 19 (Kaplan, Fein, Morris *et alii*, 1991, p.77).

Observa-se que uma atitude negativista muitas vezes leva a uma queda dos escores, por insistência de que nada falta. Mas essa necessidade de negar a omissão pode se associar a uma preocupação com a integridade corporal (Glasser & Zimmerman, 1972; Zimmerman, Woo-Sam & Glasser, 1976), possivelmente relacionada com ansiedade de castração. Entretanto, ao expressar a necessidade de negar a omissão, o sujeito, criança ou adulto está projetando a culpa pela sua dificuldade no material de teste, embora também possa fazê-lo em relação ao examinador. Eventualmente, quando se critica pela dificuldade, está internalizando a culpa. Tais indícios de projeção e internalização são observados mais freqüentemente em crianças (Glasser & Zimmerman, 1972), mas também são encontrados em adultos. Já Groth-Marnat (1999) comenta que tal tipo de resposta algumas vezes é dado por indivíduos oposicionistas, negativistas e rígidos.

Completar Figuras freqüentemente não é um subteste discriminativo para lesões cerebrais, no sentido de que, quando existe um prejuízo lateral, os escores de Completar Figuras costumam ser mais elevados que os dos subtestes especialmente vulneráveis à disfunção específica. Assim, se o paciente tem um comprometimento no hemisfério esquerdo, o escore deste subteste costuma ser mais elevado do que nos subtestes de caráter eminentemente verbal. Se é no hemisfério direito, o escore de Completar Figuras é mais elevado que os demais subtestes de execução. Desta maneira, pode servir como o "o melhor indicador de teste da capacidade prévia", especialmente quando o paciente apresenta dificuldade para formulações verbais complexas" (Lezak, 1995, p.636). Observa-se que pacientes com anomia são capazes de localizações corretas, mas sem denominá-las. Por exemplo, um paciente respondeu o seguinte ao item 4 do WAIS-R (apontando o centro da carta de jogar): "Deveria haver outra dessas coisas aqui" (Kaplan, Fein, Morris *et alii*, 1991, p.77).

Entretanto, algumas disfunções localizadas se caracterizam por detalhes negligenciados num dos lados da figura ou por percepções falhas em determinado quadrante da figura (Kaplan, Fein, Morris *et alii*, 1991).

Por outro lado, ainda que pareça que a preocupação com minúcias da experiência possa favorecer os obsessivos, geralmente este não é o caso, porque a ansiedade pode comprometer a sua eficiência, em razão de suas dúvidas e vacilações.

Os esquizofrênicos caracterizam-se por fracassos nos itens fáceis e sucessos nos mais difíceis. Também a incapacidade de reconhecer o objeto, com um nível intelectual médio ou alto, é típica de confusão psicótica, na esquizofrenia. Todavia, pacientes paranóides, "manifestamente alertas a discrepâncias e detalhes menores, podem se sair bem neste subteste" (Carr, 1975a, p.742). Diríamos que o esquizofrênico (pelo menos, quando deteriorado) fracassa neste subteste em função de distorções perceptuais e conceituais ou, fundamentalmente, pela natureza de seus laços com a realidade; o paranóide pode ter escores relativamente bons ou até elevados, por sua atitude de vigilância frente ao mundo. Já o depressivo não vai bem, porque o subteste envolve interesse na realidade e exige rapidez. Os depressivos psicóticos constituem o grupo clínico com escores mais baixos neste subteste.

Uma vez que tanto esquizofrênicos como depressivos psicóticos apresentam escores baixos neste subteste, excetuando a análise qualitativa das respostas, o diferencial faz-se pelo exame dos demais resultados da escala de execução, porque os depressivos apresentam uma baixa sistemática de todos eles, enquanto os esquizofrênicos não (Rapaport et alii, 1965).

Em resumo, escores elevados costumam se associar com boa acuidade visual, interesse e familiaridade com o mundo circundante, percepção acurada das relações todo-parte, capacidade de julgar o que é essencial, diferenciando-o do não-essencial (já que, segundo Cohen, citado por Lezak [1995], este é o subteste de execução análogo a Compreensão) e bom contato com a realidade. Escores baixos podem se associar com a ausência ou diminuição de tais capacidades ou presença de depressão, ansiedade ou impulsividade.

Arranjo de Figuras

Capacidade para organizar e integrar lógica e seqüencialmente estímulos complexos

Compreensão da significação de uma situação interpessoal, julgando suas implicações, determinando prioridades e antecipando suas conseqüências, num certo âmbito sociocultural

Processamento visual

Este subteste pressupõe que o sujeito tenha capacidade para captar a significação de uma situação social, que ocorre num contexto sociocultural. Portanto, a falta de familiaridade com aspectos socioculturais, por provir o sujeito de ambiente desprivilegiado ou diferente, pode prejudicar o desempenho, por dificuldade de entender implicações e o humor subentendido, recomendando Groth-Marnat (1999) cautela ao interpretar resultados em tais casos específicos. Esse autor também chama a atenção para o fato de que muitas hipóteses interpretativas não se aplicam ao subteste de Arranjo de Figuras do WISC-III, já que, neste, a bonificação por tempo é um fator que influi consideravelmente.

Compreendendo a significação dos estímulos, o sujeito deve dispor as figuras numa seqüência temporal lógica (Carr, 1975a). Portanto, "pensamento seqüencial – incluindo a capacidade de perceber relações entre eventos, estabelecer prioridades e ordenar atividades cronologicamente – também desempenha um papel significativo neste subteste" (Lezak, 1995, p.639).

Basicamente, o sujeito deve ver e perceber os estímulos visuais de maneira correta, com atenção aos detalhes, para, então, poder arranjar os cartões numa seqüência adequada. Portanto, desatenção, problemas visuais e perceptivos constituem fatores de fracasso. A observação durante a testagem e a comparação do escore obtido com o de Completar Figuras, que também envolve organização visual, ajudam a discriminar quando o escore baixo se deve a transtornos visuais ou perceptuais (Rapaport et alii, 1965), ou quando se associa a dificuldades na organização da seqüência progressiva (Glasser & Zimmerman, 1972). A solicitação de uma história pode ser muito elucidativa, porque eventualmente um sujeito pode conseguir chegar a um arranjo correto, "sem qualquer apreciação do ponto principal da série", como salientam Kaplan e colegas (1991, p.82), sendo o contrário também possível. Na realidade, tem de haver uma avaliação certa dos detalhes (elementos-chave) e uma apreciação do ponto essencial ou idéia principal para o êxito no desempenho.

Cada arranjo pressupõe uma idéia principal, que deve ser captada. Como exemplo, no Quadro 36.11, vamos reproduzir os pontos principais das séries incluídas no WAIS-R, como são apresentadas por Kaplan e colegas (1981).

A consideração da percepção dos elementos-chave e da apreciação do ponto principal pode ter interesse clínico numa avaliação neuropsicológica de pacientes, já que o descuido com pequenos detalhes é mais freqüente em casos com disfunção no hemisfério esquerdo, enquanto dificuldades na captação do ponto principal da história ou do humor são mais

QUADRO 36.11 Idéias principais pressupostas pelas séries de figuras dos itens de Arranjo de Figuras do WAIS-R

Item	Ponto principal
1.	Construção de uma casa do início ao fim.
2.	Rei namorando mulher.
3.	O rapaz confunde o pai da moça com ela, para quem é a serenata.
4.	Homem põe fim à briga de meninos por causa de livro cômico e o toma.
5.	Mulher puxa a porta para abri-la, ao invés de empurrá-la.
6.	Prisioneiro rouba as roupas de outro recluso.
7.	Mulher termina ajudando o homem que está tentando ajudá-la.
8.	Criado esteve pondo peixe na linha de pescar do rei.
9.	Homem, depois de dar a um pedinte uma maçã, este o assalta à mão armada para roubar seu dinheiro.
10.	Homem fica envergonhado, porque, do lado de fora da janela do táxi, o busto parece ser de uma mulher real.

Fonte: Kaplan, Fein, Morris et alii, 1991, p.82-84 (adaptado).

associadas com disfunção no hemisfério direito, segundo os autores citados antes.

Por outro lado, para arranjar as figuras em ordem ou para captar a significação da situação, o sujeito precisa compreendê-la ou ter o que se costuma chamar de "inteligência social". As condições essenciais para tal pressupõem um funcionamento cerebral e intelectual satisfatório. Na realidade, pode-se supor que o conteúdo seqüencial do subteste só seja acessível a determinado nível intelectual. Aliás, este subteste, junto com Cubos, é considerado como medida de inteligência não-verbal (Groth-Marnat, 1999). Então, espera-se que os sujeitos com limitações ou problemas cognitivos muitas vezes tendam meramente a trocar uma figura de lugar ou apresentem um comportamento perseverativo, utilizando sempre os mesmos movimentos. Glasser & Zimmerman (1972) explicam que o fato de que, na primeira série do subteste, no WISC, seja necessário mudar apenas a primeira figura pode levar à manutenção do contexto dessa solução, ainda que considerem que tal incapacidade de modificar o esquema de referência seja "um sinal clássico de problemas perceptuais" (p.80).

Essa abordagem passiva, em que o examinando manuseia pouco os cartões (se é que faz algum movimento) é um erro que costuma aparecer em casos de lesão frontal direita, segundo McFie, em trabalho de 1975, citado por Kaplan e colegas (1991). Mas, evidentemente, devem também ser consideradas hipóteses em nível psicológico, como falta de motivação, por exemplo.

Outras dificuldades que causam interferências no arranjo seqüencial são "confusão conceitual, distorção perceptual ou problemas de juízo e raciocínio" (Lezak, 1995, p.617), mesmo em sujeitos sem comprometimento neurológico.

A necessidade de compreensão de situações sociais, para a realização do subteste, parece ter três conseqüências imediatas.

Em primeiro lugar, a facilidade de estabelecer relações sociais genuínas e de participar mais extensivamente de atividades sociais parece favorecer o desempenho. Assim, são referidas pesquisas em que pessoas introvertidas, mas normais, tiveram escores mais baixos neste subteste, enquanto universitários que desenvolviam muitas atividades extracurriculares tendiam a apresentar escores acima de 10 pontos (Matarazzo, 1976).

Em segundo lugar, a utilização da chamada "inteligência social", em proveito próprio, desconsiderando direitos alheios, parece levar a um incremento no escore deste subteste. Matarazzo (1976) cita uma pesquisa em que foi verificado que indivíduos com escores elevados eram "mais sensíveis a estímulos sutis" (p.415) do que aqueles com escores baixos. Também existem referências de que um escore de 3 pontos acima da média, neste subteste, é encontrado em adolescentes com transtorno de conduta, havendo a sugestão de que a tendência à atuação, à manipulação de pessoas, com sentido anti-social, pode levar a uma predominância deste subteste, no perfil (Portuondo, 1970b; Zimmerman, Woo-Sam & Glasser, 1976).

Em terceiro lugar, dificuldades de estabelecer vínculos afetivos ou problemas no relacionamento em geral levam a uma queda no escore deste subteste. Assim, tanto "neuróticos" como principalmente psicóticos têm um mau desempenho.

Portanto, desconsiderando antecedentes socioculturais, pode-se levantar a hipótese de que escores baixos se associam a dificuldades de interpretar situações sociais, por problemas no teste de realidade (psicóticos) ou oriundos do próprio envolvimento emocional na situação ("neuróticos"). Já quando as relações são adequadas (normais), a expectativa é de que os escores sejam adequados. Quando as relações são estabelecidas mais em função dos interesses e desejos pessoais (em transtornos de conduta e transtorno anti-social), os escores tendem a se elevar.

Pressuposições deste tipo devem estar subjacentes a uma fórmula antiga, que examina a relação entre subtestes – Completar Figuras + Cubos e Arranjo de Figuras + Armar Objetos – para obter indícios do nível de funcionamento do sujeito. No caso, a predominância do primeiro par sobre o segundo sugere um funcionamento "neurótico", enquanto a predominância do segundo par sobre o primeiro é compatível com a pressuposição de uma tendência "psicopática" (Portuondo, 1970b). Na realidade, a primeira díade envolve aspectos mais livres de conflito, e a segunda seria mais vulnerável a conflito emocional. Desta maneira, existe alguma lógica, nessa fórmula, que estabelece uma relação em que a ênfase, para um ou outro lado, parece depender, ponderavelmente e em grande parte, do escore mais baixo ou mais elevado em Arranjo de Figuras. Não obstante, considerando o número de variáveis que podem afetar os escores, inclusive questões associadas à organização perceptual, essa fórmula só pode ser usada com muita cautela e com o apoio de dados subsidiários.

A queda de escores parece poder ter outra explicação, associada ao fato de que o subteste exige uma capacidade de antecipação e planejamento. Arieti, citado por Dickstein e Blatt (1967), considerando a importância da antecipação como função do ego, a conceituou como "a capacidade de prever ou de predizer eventos futuros, mesmo quando não há estímulos externos que estejam direta ou indiretamente com esses relacionados" (p.36). Hartmann (1968) afirma que "o princípio de realidade também implica algo essencialmente novo, a saber, a conhecida *função de antecipação* do futuro, orientando nossas ações de acordo com ela e relacionando os meios e os fins entre si" (p.40).

Já foi referido que, em geral, o subteste se mostra vulnerável a comprometimento cerebral, mas os escores tendem a se mostrar mais baixos no caso de lesões no hemisfério direito do que no esquerdo, especialmente no lobo temporal direito (Lezak, 1995).

Groth-Marnat (1995), revisando estudos de outros autores, afirma que: a) um escore muito baixo em Arranjo de Figuras, quando a diferença QIV-QIE é escassa, pode se associar com a hipótese de lesão no lobo temporal direito anterior; b) lesões mais generalizadas no hemisfério direito ocasionam baixa neste subteste, bem como em Cubos e Arranjo de Objetos; c) também pode haver queda de escores neste subteste em casos com disfunção no lobo frontal, mas principalmente atribuída a uma resposta impulsiva, com desconsideração da situação total.

Em crianças, além das dificuldades já citadas, a ansiedade pode levar à mistura das figuras ao acaso, assim como a distração transitória ou o comportamento impulsivo podem baixar os escores. Assim, em muitos casos, a história contada pode ser muito ilustrativa. Conforme Glasser e Zimmerman (1972), "os temas infantis podem ser diretamente informativos; os temas bizarros podem esclarecer a extensão da patologia" (p.80), de modo que as histórias contadas freqüentemente envolvem punição ou fuga, por causa de travessuras e de outros aspectos de importância crucial na vida da criança. A associação de uma história incorreta com uma seqüência correta ou vice-versa, tanto em crianças como em adultos, é um indício importante e pode denunciar falhas na função do juízo, perturbação nos processos de pensamento, disfunção cerebral ou, apenas, impulsividade.

Os escores baixos em crianças também podem sugerir problemas na organização visual (como nas figuras colocadas "de lado") ou, até, falha no teste de realidade, como em soluções bizarras, que não podem ser explicadas por déficit perceptual (Glasser & Zimmerman, 1972). Os escores altos devem ser considerados em função dos aspectos clínicos envolvidos no subteste.

Já Groth-Marnat (1999) diz que os indivíduos com escores altos "são usualmente refinados, têm alto nível de inteligência social e demonstram uma capacidade de rapidamente antecipar as conseqüências de atos iniciais", enquanto aqueles com escore baixo "podem ter uma pobreza de idéias, dificuldade de planejar, processamento de informações lento, um mau senso de humor, dificuldade nas relações interpessoais e mau *rapport*" (p.184).

Cubos

Capacidade de análise e síntese
   Capacidade de conceitualização visoespacial
   Coordenação viso-motor-espacial, organização e velocidade perceptual
   Estratégia de solução de problema

Cubos é um subteste não verbal, bastante isento de influências socioculturais ou da educação formal, apresentando uma relação substancial com a inteligência geral, constituindo, portanto, uma boa medida de inteligência para a avaliação de pessoas provenientes de diferentes ambientes culturais (Groth-Marnat, 1999), sendo afetado quase exclusivamente por disfunção cerebral e depressão. Assim, no caso de estarmos seguros de que os escores não estão rebaixados por problemas de coordenação (geralmente fáceis de observar), déficits perceptocognitivos ou por interferências emocionais, podemos utilizar o escore deste subteste como uma boa estimativa do potencial intelectual do sujeito.

O desempenho neste subteste fornece uma boa amostra das estratégias que o sujeito tem para a solução de problemas, uma vez que a tarefa permite que se observem seus hábitos de trabalho, se não existe prejuízo maior de suas capacidades visoespaciais (Lezak, 1995).

Além disso, a observação da maneira como o indivíduo trabalha oferece indícios sobre aspectos emocionais, atitudes para consigo mesmo, limitações e erros.

Na escala para pré-escolares, este subteste representa basicamente uma tarefa de classificação e perceptomotora (Wechsler, 1967). Assim, muitas das hipóteses aqui levantadas a ela não se aplicam.

O sucesso no desempenho de Cubos exige que o sujeito seja capaz de decompor o modelo em partes ou unidades e de escolher, entre os cubos disponíveis, as unidades com que pode reconstruir o todo. Basicamente, portanto, requer que o sujeito utilize a sua capacidade de análise e síntese, buscando relações entre as faces dos cubos e o modelo. A rapidez e a facilidade com que estabelece tais relações fornecem indícios quanto ao seu nível de conceitualização visoespacial, conforme Lezak (1995). O *insight* precoce favorece a boa qualidade do desempenho. O nível mais alto de conceitualização é demonstrado pelo paciente que percebe a *gestalt* num relance e constrói o desenho de forma correta e rápida, raramente precisando olhar novamente o modelo. Num segundo nível, o paciente demora um pouco mais para compreender o modelo, tenta manipular um cubo ou dois e, a seguir, constrói o desenho corretamente e sem vacilações, ou, por outro lado, o paciente consulta o modelo repetidas vezes durante a sua construção. Num terceiro nível, o paciente constrói o desenho, através de ensaio ou erro, prosseguindo cubo a cubo, na busca da coerência entre a sua cópia e o modelo. Este desempenho é típico do sujeito com capacidade média. Pode não chegar a perceber a *gestalt* como um todo e até "nem considerar o formato quadrangular, mas, em virtude de sua percepção acurada e seus hábitos de trabalho ordenados, muitos podem resolver mesmo os problemas de desenho mais difíceis" (Lezak, 1995, p.590). Tais indivíduos, de capacidade média, podem compreender imediatamente, pelo menos, os problemas dos cinco itens mais fáceis, passando, a seguir, a utilizar ensaio e erro. Conforme Lezak (1995), "outro indicador do nível de capacidade, nesta tarefa de organização perceptual, é o nível do desenho mais difícil, que o sujeito compreende imediatamente" (p.590).

Segundo Paín (1971), é principalmente o elemento duração que pode nos sugerir o nível de desempenho, porque "por ensaio e erro é provável chegar a representar o modelo, mas isto consome um tempo próximo ao limite" (p.200). Na realidade, o tempo relaciona-se com o nível conceitual e com eficiência. Assim, "escores elevados, neste teste, dependem, até certo ponto, da velocidade, particularmente em sujeitos mais jovens" (Lezak, 1995, p.590). Entretanto, para melhor entendimento do sujeito, é sumamente importante, além de registrar indícios sobre as características temperamentais e críticas positivas ou negativas verbalizadas, que o examinador se detenha no desempenho seqüencial e na abordagem, conceitual ou de ensaio e erro, e, nesta, verificar se o sujeito prossegue metodicamente ou ao acaso, observando, também, as soluções errôneas.

Glasser e Zimmerman (1972) fazem uma série de observações sobre o desempenho infantil neste subteste, as quais, em grande parte dos casos, parecem ser úteis quando se lida com adultos. Assim, um manuseio marcado por excessiva atividade, dando sucessivas voltas nos cubos que estão na mesa, ou girando-os incessantemente, particularmente quando o sujeito os gira ao mesmo tempo, um em cada mão, é um comportamento que se observa tanto em crianças como em adultos, e que está freqüentemente associado com ansiedade manifesta, por dificuldades com o controle inibitório. Outra forma de manifestação de ansiedade ocorre quando o modelo é copiado de forma rápida e correta, com exceção de um cubo, que não chega a ser corrigido. Talvez isso possa se dever "aos efeitos incapacitantes da repressão sobre a consciência da integridade do padrão" (p.85). A ansiedade também pode se evidenciar no manuseio desajeitado, sem planejamento, no fracasso em conferir a cópia com o modelo e em outras abordagens casuais.

Um procedimento não muito freqüente, mas que se observa tanto em crianças como em adultos, é a tentativa de copiar as faces laterais dos cubos, além da parte de cima, quando eles são usados para a demonstração. Isto poderia sugerir uma abordagem "inusitadamente concreta" ou, ainda, tendências compulsivas, perfeccionistas. Por outro lado, os autores também sugerem que a criança possa estar sendo hostil em relação ao examinador, sob uma aparência de supercomplacência, que poderia constituir a "sua resposta típica a exigências de autoridade" (p.86). Outra alternativa seria a de que tal tipo de construção pudesse indicar uma atitude de alerta excessiva aos detalhes do ambiente, às vezes por medo de ser acusada por não fazer tudo exatamente como foi solicitado. Todavia, acreditamos que tais interpretações possam não se aplicar a crianças com menos idade. No WPPSI, os cubos não são tridimensionais, justamente porque havia sido observado que as cores e as formas das faces laterais atrapalham a criança e, mesmo que a demonstração com cubos tridimensionais melhore um pouco a confusão, pareceu insuficiente para as de 4 a 5 anos (Wechsler, 1967).

Na criança, a falha em se dar conta de que o desenho deve ser quadrangular sugere deficiência na capacidade de formar conceitos simples, enquanto a dificuldade de usar cubos bicolores para a construção de um modelo, segundo Glasser e Zimmerman (1972), "usualmente indica uma falha no desenvolvimento perceptual, uma vez que isto deveria ter sido atingido aos sete anos de idade" (p.86). Entretanto, esses autores não são claros quanto ao tipo de modelo a que se referem, porque há dois padrões distintos, que envolvem o uso de cubos bicolores, para formar uma diagonal, que pressupõem erros diversos. Em alguns modelos, a diagonal ocorre "discretamente", e o erro fica caracterizado pela má orientação de um cubo, mais do que por um fracasso em relação à configuração total. Conforme Lezak (1995), este erro é cometido não só pelo sujeito que apresenta problemas visoespaciais, mas por descuido ou por indivíduos com capacidade abaixo da média. Em outros modelos, a diagonal delineia-se pela justaposição de dois ou mais cubos. Ocorre fracasso em pessoas com pensamento mais concreto e em sujeitos que apresentam déficits visoespaciais, "particularmente naqueles com lesão no hemisfério direito" (p.588).

De um modo geral, problemas perceptuais e a má organização espacial refletem-se nos escores. Os transtornos de estruturação espacial ficam evidentes, não só pela observação do desempenho do paciente, mas no próprio modelo construído. Podemos ver, na Figura 36.4, modos de reprodução de modelos no subteste de Cubos do W-B, de sujeitos com tais transtornos, apresentados por Moor (1969), que são muito ilustrativos. Foram observados em crianças com problemas de dislexia e disgrafia, apresentando as seguintes características:

a) rotação;
b) inversões;
c) dificuldade de orientação nos cubos bicolores;
d) muitas hesitações, lentidão extrema, com conclusão do modelo após o limite de tempo;
e) fracasso em modelo fácil e êxito em itens mais difíceis;
f) construção correta, a seguir desfeita, para voltar a ser reiniciada;
g) reprodução inexata, da qual a criança não se dá conta, apesar de resultados elevados em outros subtestes.

Note-se que algumas dessas características são atribuídas à ansiedade, por Glasser e Zimmerman (1972).

Outras características dos modelos construídos que envolvem fracassos na reprodução da *gestalt* foram classificados por Elizur (1965) como desconsideração da cor, da forma, da localização e lentidão, e associados por ele com problemas orgânico-cerebrais. Na realidade, tais fracassos também são comuns em casos que estritamente não podem se classificar como "orgânicos", decorrentes de alterações no desenvolvimento neuropsicológico em crianças.

Portuondo (1970b), a partir de sua experiência com o W-B, afirma que o escore muito baixo em Cubos, combinado com o escore muito baixo em Armar Objetos, é um sinal patognômico de "complicação orgânica" (p.66). Hoje em dia, sabe-se que existe uma correlação elevada entre esses dois subtestes, e que ambos são sensíveis à patologia cerebral. Mas não é sempre que ambos baixam simultaneamente. Na discussão sobre o subteste de Armar Objetos, serão apresentados certos padrões de combinação entre os dois subtestes e sua significação específica.

De um modo geral, nos adultos há baixa em Cubos em qualquer comprometimento cerebral, especialmente em lesões lateralizadas, sendo o desempenho pior quando a localização é parietal, no hemisfério direito. Os escores não baixam tanto se a lesão é no hemisfério esquerdo, "exceto quando o lobo parietal

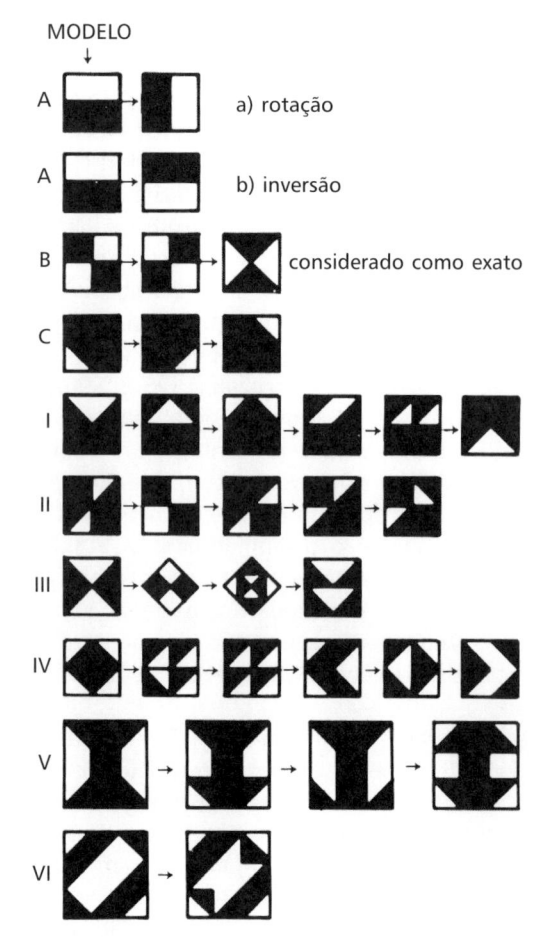

Fonte: Moor, 1969, p.201.

Figura 36.4 Modos de reprodução de Cubos, na escala W-B, apresentados por sujeitos com transtorno de estruturação espacial.

está envolvido", conforme McFie, citado por Lezak (1995, p.592). Na realidade, existem pesquisas que demonstram que ambos os hemisférios desempenham algum papel no processamento visoespacial. "A análise de erro é essencial para fazer distinções entre os déficits espaciais de pacientes com lesão cerebral unilateral" (Kaplan, Fein, Morris et alii, 1991, p.88). Observam-se confusão, simplificação dos modelos e manejo concreto dos padrões. Também apresentam maus resultados pacientes com a doença de Alzheimer e aqueles com lesões frontais que não têm problema perceptivo, mas apresentam "apraxia construcional" (Lezak, 1995, p.593). Lesões no hemisfério direito associam-se com "desorientação, distorções do desenho e percepções errôneas" (p.592). São típicas suas construções fragmentadas, que raramente ocorrem em casos de pessoas normais ou com lesões à esquerda.

O desempenho lento, neste subteste, pode se relacionar com efeitos do envelhecimento e da demência, sendo encontrado também em pacientes com patologia frontal, traumatismo craniano e depressão. Sabe-se que, às vezes, é muito difícil fazer o diagnóstico diferencial entre demência de Alzheimer e depressão, mas o fato de Cubos se apresentar extremamente baixo, nas fases iniciais, em pacientes com Alzheimer é um indício útil para o diagnóstico diferencial (Lezak, 1995).

O escore baixo em Cubos tem sido citado como muito freqüente entre alcoolistas, tanto do sexo masculino como do feminino (Fabian & Parsons, 1983; Löberg, 1980; Silberstein & Parsons, 1978; Wilkinson & Poulos, 1987). De um modo geral, sabe-se que, entre alcoolistas, fica mais afetado "o desempenho em tarefas que envolvem solução de problemas e coordenação perceptomotora" (Parsons, 1980, p.108), e sabe-se que Cubos, além de exigir coordenação perceptomotora, pressupõe a existência de "um julgamento rápido na avaliação de uma situação-problema" (Hesselbrock, Weidenmann & Reed, 1985, p.319).

Numa pesquisa realizada em nosso meio (Minella, Pereira, Argimon et alii, 1989), observou-se que, em alcoolistas, os escores de Cubos não permanecem estáveis durante o primeiro mês de abstinência. Posteriormente, em trabalho desenvolvido pelo mesmo grupo (Cunha, Minella, Argimon et alii, 1989a), verificou-se que a média dos escores, neste subteste, se mostrava baixa, após uma semana de abstinência, tendendo a se normalizar na quarta semana, já que a primeira medida era compatível com a presença de déficit cognitivo, havendo uma reversibilidade aparente durante o primeiro mês. Por outro lado, uma vez que Vocabulário se mostrou uma medida estável, durante o período, foi utilizado como parâmetro, para analisar as diferenças em relação a outros subtestes. Na primeira administração, verificou-se a existência de diferença significativa entre Vocabulário e Cubos, que não se manteve na outra administração. Todavia, melhora, no caso, poderia significar reversibilidade de um déficit na capacidade de análise e síntese ou remissão de um déficit na velocidade psicomotora e na coordenação visomotora, também exigidas pelo subteste. Então, realizou-se outro estudo (Cunha, Minella, Argimon et alii, 1989b), em que se procurou controlar o acréscimo no escore, que pode ocorrer por melhor velocidade psicomotora, pela exclusão de pontos brutos, obtidos no reteste, de bonificação por tempo extra. A análise de variância dos escores da segunda administração não acusou diferença significativa entre Vocabulário e Cubos, concluindo-se que houve, provavelmente, reversibilidade do déficit cognitivo, durante o primeiro mês de abstinência. Aliás, Wilkinson (1987), baseado num trabalho de Carlen, considerou Cubos como o instrumento mais sensível à melhora neuropsicológica em alcoolistas.

Em relação à discriminação de pacientes com comprometimento cerebral e esquizofrênicos, as pesquisas não são muito conclusivas, mas sugerem que os esquizofrênicos tendem a um bom desempenho, exceto os mais confusos e desorientados (Portuondo, 1970b; Rapaport et alii, 1965; Zimmerman, Woo-Sam & Glasser, 1976). Mayman e colegas (1976), porém, dão uma série de exemplos de erros (como persistência em considerar corretos desenhos incorretos, inverter sistematicamente a posição dos cubos, etc.), que atribuem ao contato deficiente com a realidade e à diminuição do pensamento conceitual em esquizofrênicos.

Considerando o desempenho de pacientes esquizofrênicos, no teste de Cubos de Goldstein-Scheerer (Goldstein & Scheerer, 1941), fica muito claro que, na medida em que estiver comprometida a sua capacidade de pensamento abstrato, haverá também, neste subteste, uma série de fracassos, caracterizados por tipos concretos de solução aos problemas envolvidos.

Tais soluções concretas, associadas a escores baixos, também podem ocorrer em sujeitos com retardamento mental. Por outro lado, eventualmente pessoas normais e inteligentes podem adotar uma atitude concreta, quando constroem com cubos, mas que é reversível, o que não costuma acontecer quando existem certos déficits, seja de etiologia orgânica, seja funcional. Às vezes, então, é aconselhável utilizar a demonstração com os cubos, num exame de limites, reapresentando um item, em que o sujeito fracassou, após a conclusão do subteste, para verificar se mantém ou não a solução concreta anterior.

As soluções extravagantes e bizarras (como tentar a construção diretamente sobre o modelo impresso ou em posição vertical), em crianças ou em adultos, são apontadas como indícios de séria perturbação do teste de realidade (Glasser & Zimmerman, 1972; Zimmerman, Woo-Sam & Glasser, 1976).

O escore baixo também pode ocorrer por insegurança e por tendências compulsivas. A atenção a detalhes não essenciais (por exemplo, a diferenças insignificantes de cor) pode indicar, em crianças e em adultos, uma necessidade compulsiva de precisão ou, ainda, "uma rejeição hostil da tarefa, através do uso negativo do perfeccionismo" (Zimmerman, Woo-Sam & Glasser, 1976, p.191), que pode levar a uma queda nos escores em obsessivos. Esta também pode ser devida a um estilo compulsivo que leva a um desempenho vagaroso (Groth-Marnat, 1999), a tentativas lentas e sucessivas de comprovação da coerência entre a cópia e o modelo ou a um estado de tensão, que diminui a eficiência (Mayman, Schafer & Rapaport, 1976; Zimmerman, Woo-Sam & Glasser, 1976).

Exceto os obsessivo-compulsivos, outros "neuróticos" apresentam um bom desempenho neste subteste, já que a ansiedade, quase sempre, leva apenas a uma ineficiência temporária e só eventualmente a uma queda do escore.

O fator de personalidade especialmente responsável pela queda dos escores é a depressão, sendo a sua baixa proporcional à gravidade do quadro (Rapaport *et alii*, 1965). Os psicóticos caracterizam-se por uma diminuição acentuada e relativamente parelha em todos os subtestes de execução, mais evidenciada em Cubos e levemente menor nos subtestes de Completar Figuras e Arranjo de Figuras. Embora os "neuróticos" depressivos graves apresentem uma queda parelha, esta não é tão acentuada como nos psicóticos. Já a co-morbidade com outro transtorno, como esquizofrenia, associa-se com a diminuição de Cubos e Código, especialmente do primeiro, mas a queda em execução não seria parelha (Portuondo, 1970b).

Os escores altos devem ser considerados em função dos aspectos envolvidos no subteste, como capacidade de análise e síntese, nível de pensamento conceitual, rapidez, precisão e flexibilidade na solução de problemas, etc. Cabe assinalar, porém, que a experiência com este tipo de construção na infância ou com outros instrumentos que envolvem cubos pode melhorar o desempenho, até certo ponto (Glasser & Zimmerman, 1972; Zimmerman, Woo-Sam & Glasser, 1976). Assim, este é um fator a ser considerado no reteste, seja no âmbito clínico, seja em pesquisas.

Armar Objetos

Capacidade de síntese de um conjunto integrado

Capacidade de reconhecer configurações familiares (formação de conceitos visuais) e de antecipar relações parte-todo (organização visoespacial)

Processamento visual, velocidade perceptual e manipulativa

Este subteste envolve basicamente a capacidade de síntese de partes num conjunto organizado e integrado e requer do sujeito percepção adequada, concentração, manipulação visoespacial, antecipação e estabelecimento de relações parte-todo, portanto, de relações visoespaciais para a conceitualização do objeto. Sujeitos neurologicamente intactos têm "uma reação imediata ao todo", que é seguida por "um entendimento da relação com as partes individuais" (Wechsler, 1944, p.97). O subteste oferece indícios sobre o pensamento e hábitos de trabalho do sujeito. Já de um ponto de vista dinâmico, como envolve figuras familiares em pedaços, às vezes "é muito sensível aos efeitos da ansiedade a respeito da integridade ou vulnerabilidade do corpo" (Carr, 1975a, p.742).

É importante observar que este subteste apresenta baixa fidedignidade, tendo sido excluído do WPPSI exatamente por esse motivo (Wechsler, 1967). Entretanto, a partir de novas pesquisas, foi introduzido no WPPSI-R (Wechsler, 1989). Assim sendo, em relação às escalas mais antigas, as hipóteses interpretativas nele baseadas devem ser utilizadas com cuidado, uma vez que, até certo ponto, a variabilidade dos escores pode ser atribuída ao acaso. Apesar disso, Glasser e Zimmerman (1972) acham que "parece medir a capacidade de organização perceptual" (p.89). Mas é uma medida apenas moderada de inteligência geral (Groth-Marnat, 1999).

Em geral, os problemas perceptivos não ocorrem nos itens mais fáceis. Se isto acontece, é possível pensar em problemas mais sérios. A troca das pernas do "Manequim" no WISC, segundo Glasser e Zimmerman (1972), costuma se associar com rigidez e problemas perceptivos, "particularmente se não é corrigida, a despeito de questionamento" (p.91). Da mesma forma pode ser interpretada a troca de pernas do "Cavalo", embora não seja tão significativa, se a criança tem menos de oito anos, quando, então, seria considerada uma distorção perceptual leve. Igualmente, em crianças menores, não parece ser especialmente importante, se usam a peça central do "Cavalo" como uma espécie de pescoço.

Evidentemente, deve-se considerar a idade da criança e a qualidade do erro, se a dificuldade é eventual, ocorrendo apenas quando o encaixe é mais complexo. O item "Carro", por exemplo, geralmente não apresenta qualquer problema para uma criança de 10 anos. A inversão da porta revela falta de atenção ao detalhe, possivelmente associada à ansiedade ou com "descuido impulsivo" (p.91). A ansiedade pode chegar a comprometer os escores, mas freqüentemente transparece na forma de manuseio do material, sem planificação ou objetivo, por meio de manifestações de insegurança, inibição e de impotência ("não consigo"), de desesperança, de pedidos de ajuda e, também, pode se evidenciar pela baixa também de escores de outros subtestes vulneráveis a seus efeitos.

A ansiedade também pode elevar os escores até três pontos acima da média, numa "ênfase compensatória na manipulação do ambiente" (p.90). Carr (1975) explicou essa elevação do escore por possível ênfase na reação contra sentimentos de vulnerabilidade corporal ou ansiedade de castração mobilizada pela presença de figuras mutiladas. Todavia, também pode baixar o escore, porque a tarefa exige tolerância à frustração, mas, quando a ansiedade baixa os escores, não o faz à custa de distorções severas. Por exemplo, quando a criança insiste em unir bordos sinuosos com bordos retos, a hipótese será mais provavelmente de uma distorção perceptual do que de ansiedade. Este comportamento, encontrado por Moor (1969) em crianças com transtornos disléxicos e disgráficos, também foi observado por nós em crianças com alterações no desenvolvimento neuropsicológico e em adultos com disfunção cerebral.

Embora a rotação da reprodução não esteja prevista nos manuais, para fins de escore, é um fenômeno que ocorre e que deve ser interpretado qualitativamente, em termos da presença de indícios de transtorno na estruturação espacial, exceto em crianças muito pequenas. Também foi referido por Moor e observado por nós, em crianças com alterações no desenvolvimento neurológico, embora seja um fenômeno relativamente raro, se forem consideradas rotações de 180°.

A tentativa de construir, especialmente a figura humana, em posição vertical, também observada por Moor, só foi por nós encontrada em crianças muito pequenas, e a atribuímos à falta de experiência com jogos de encaixe ou de construção, já que não foram encontrados outros indícios significativos.

As observações feitas durante a testagem são muito úteis para avaliar a falta de destreza motora, a flexibilidade e/ou a agilidade na exploração de soluções ou, pelo contrário, a rigidez ou a perseveração (Zimmerman, Woo-Sam & Glasser, 1976).

Dificuldades verificadas nas estratégias para chegar a uma solução oferecem indícios para discriminar pacientes com lesões no hemisfério esquerdo – que tendem a juntar as peças guiando-se pelo contorno – e aquelas com lesões no hemisfério direito – que costumam guiar-se pelas linhas internas. Exatamente para melhor investigar esses tipos de estratégias, o WAIS NI incluiu mais dois quebra-cabeças, em Armar Objetos: o Círculo e a Vaca (Kaplan, Fein, Morris et alii, 1991).

Há pacientes em que se nota um comprometimento da manipulação visoespacial, sem evidência de problemas na conceitualização e organização visoperceptual. Observa-se que o sujeito identifica o objeto (forma o conceito), mas é incapaz de construí-lo (Lezak, 1995).

Em outros, a dificuldade é oposta, já que está comprometida a conceitualização visoespacial, ainda que sua coordenação e controle visomotor possam ser satisfatórios. Trabalham metodicamente na justaposição de contornos e linhas, mas não sabem do que se trata, até, eventualmente, terem sucesso na construção. Às vezes, não chegam à solução e são capazes de aceitar figuras absurdas. Também seu escore é baixo em Cubos, e seu déficit geralmente se associa com comprometimento do córtex posterior no hemisfério direito (Lezak, 1995). É interessante observar que já Portuondo (1970b) considerava a tendência para a construção absurda como um indicador diagnóstico de patologia cerebral. Porém, Mayman e colegas (1976) encontraram certas construções absurdas (como colocar a metade da orelha no lugar adequado, em Rosto, e a outra metade na periferia), em esquizofrênicos (em razão de alguma disfunção no SNC?).

Há casos em que a conceitualização visoespacial não está tão comprometida como no grupo anterior, porém, fica muito dependente da atividade visomotora. Tais sujeitos não são capazes de antecipar o objeto, mas, à medida que vão manipulando as peças, por ensaio e erro, vão sendo capazes de identificar relações e "usam os conceitos visuais que (assim) se desenvolvem para se orientar" (Lezak, 1995, p.598). Em Cubos, apresentam o mesmo comportamento e têm um provável comprometimento parietal direito.

Outros, ainda, fixam a sua atenção nos contornos globais, mas demonstram incapacidade para discriminar detalhes, tais como as características internas das peças ou o seu tamanho relativo, como os dos dedos da Mão. Geralmente, a baixa dos escores, neste subteste e também em Cubos, associa-se com comprometimento do hemisfério cerebral esquerdo.

Há pacientes que apresentam muitos problemas em Armar Objetos, apesar de terem bom resultado em Cubos. Seu sucesso na construção dos cubos deve-se ao fato de que, nesse subteste, há um esquema de referência disponível (modelo), enquanto, em Armar Objetos, têm problemas para antecipar a identificação do produto final (objeto). A localização provável de seu comprometimento cerebral é frontal.

Por outro lado, sujeitos que têm um tipo de pensamento mais concreto se saem relativamente bem neste subteste, porque "envolve objetos concretos, significativos" (Lezak, 1995, p.598), apesar de terem mau desempenho em Cubos, em função dos aspectos abstratos implícitos e do tamanho reduzido dos modelos. Tal dificuldade é usualmente atribuída a alguma patologia frontal.

Lentidão pode ser observada também em pacientes com patologia frontal, embora não seja um indício específico deste grupo.

Além disso, pode-se dizer que, em vista do componente velocidade, Armar Objetos é afetado por comprometimento cerebral em geral e, mais especificamente, por lesões posteriores no hemisfério direito, que também se associam a escores baixos em Cubos (Lezak, 1983). Não obstante, um estilo compulsivo pode baixar o teste, por perda na bonificação por velocidade (Groth-Marnat, 1999).

Armar Objetos tem sido citado entre os instrumentos mais sensíveis aos efeitos do alcoolismo (Wilkinson & Poulos, 1987) ou entre os que apresentam escores mais baixos em alcoolistas do sexo masculino (Löberg, 1980), mas não do sexo feminino (Fabian & Parsons, 1983; Silberstein & Parsons, 1978). Em pesquisa realizada em nosso meio (Minella, Pereira, Argimon et alii, 1989), observou-se que os escores de Armar Objetos não permaneceram estáveis durante o primeiro mês de abstinência. Posteriormente, em trabalho desenvolvido pelo mesmo grupo (Cunha, Minella, Argimon et alii, 1989b), foi possível verificar que a média dos escores dos pacientes, após uma semana de abstinência, estava baixa, tendendo a uma aparente normalização no reteste, na quarta semana de abstinência, se considerados a média e o desvio padrão da população geral. Tomando Vocabulário como parâmetro, já que este subteste se comportou como uma medida estável durante o mês, os resultados acusaram uma diferença, na primeira administração, que não se manteve no reteste. Esses resultados são compatíveis com uma melhora funcional em correlatos comportamentais que se refletem no desempenho de teste. Não obstante, seria difícil afirmar se a melhora, no caso, se devia a uma reversibilidade de estabelecer relações espaciais ou à remissão de complicações secundárias ao alcoolismo, que podem afetar a velocidade psicomotora. Então, foi feito outro estudo (Cunha, Minella, Argimon et alii, 1989a), em que se procurou controlar a diferença de escore, que pode ocorrer por melhora na velocidade psicomotora, pela exclusão, na segunda administração, de pontos brutos obtidos por bonificação por tempo extra (quando não houve tal bonificação na primeira administração). Os resultados revelaram a presença de diferença entre os escores deste subteste e Vocabulário, podendo-se excluir a hipótese de melhora funcional, porque a elevação dos escores teria se associado à maior velocidade psicomotora e não à reversibilidade de outros aspectos disfuncionais.

Sujeitos que apresentam bons escores neste subteste apresentam, antes de mais nada, uma adequada coordenação motora e se caracterizam por uma "organização visual superior e podem manter um enfoque mental flexível", enquanto aqueles com escores baixos, pelo contrário, "mostram desorganização visomotora, pensamento concreto e dificuldades com a formação de conceitos visuais" (Groth-Marnat, 1999, p.186).

Código

Velocidade de processamento
Capacidade de seguir instruções sob pressão de tempo
Atenção seletiva, concentração (resistência à distratibilidade) e persistência motora numa tarefa seqüencial
Capacidade de aprender e eficiência mental
Flexibilidade mental

Código propõe uma tarefa que envolve coordenação visomotora, manutenção da atenção e memória e exige rapidez, precisão, motivação e persistência numa tarefa monótona.

O subteste é particularmente difícil para sujeitos com deficiências visuais e motoras, especialmente porque a tarefa deve ser executada sob a pressão do limite de tempo. Dessa maneira, os escores são muito afetados pela idade, particularmente pela lentidão do desempenho, que se torna mais acentuada com o passar do tempo. Igualmente, pessoas pouco habituadas ao uso do lápis também encontram dificuldades. Adultos que se ocupam com trabalhos manuais não especializados, pessoas com pouca escolaridade ou que concluíram sua formação escolar há mais de 15 anos apresentarão escores baixos, independentemente da presença ou não de problemas neuropsicológicos ou psicopatológicos.

Algumas dificuldades na produção grafomotora podem ser identificadas pela observação, como tremor, repasse ou outras distorções associadas a distúrbios motores. Quanto a dificuldades na persistência motora, há autores que sugerem que, num diagrama extra, se anote o número de símbolos completados a cada 30 segundos. Pode haver um desempenho inicial mais vagaroso, que se intensifica, por uma necessidade de aquecimento, ou o contrário pode ocorrer, por efeito de fadiga. "O desempenho que é uniformemente lento pode sugerir um defeito na ativação generalizada ou uma lentidão generalizada da depressão." Assim, "pela observação dos movimentos oculares, pode-se identificar uma checagem constante associada a uma falta de aprendizagem incidental dos pares de dígito-símbolo, à rigidez (isto é, manutenção do contexto da resposta), ou insegurança a respeito da própria aprendizagem" (Kaplan, Fein, Morris et alii, 1991, p.101).

Em crianças, também se observam distorções e omissões. Omissões eventuais (que ocorrem uma ou duas vezes) podem se associar com ansiedade e com um impulso para a realização, mesmo com prejuízo da precisão. Quando são mais freqüentes, já deve ser considerada a possibilidade de problemas de nível perceptual, podendo ser mantido o mesmo pressuposto em relação a distorções. Pode também se observar uma perda de orientação da tarefa, quando a criança simplifica os símbolos ou os reproduz em seqüência, desconsiderando a chave oferecida. Pode ser atribuída a problemas perceptomotores, cuja explicação pode ser de caráter funcional ou neuropsicológico. Entretanto, quando ela apresenta uma boa orientação nas tarefas verbais, a última hipótese parece mais provável (Glasser & Zimmerman, 1972).

Às vezes, a criança, depois de copiar alguns símbolos corretamente, deixa um espaço vazio e copia, no espaço seguinte, o símbolo que corresponderia ao espaço anterior. Tal fenômeno parece se associar com problema de percepção espacial. Já Moor (1969) observara esse erro em crianças disléxicas e disgráficas, relacionando-o a um transtorno na estruturação espacial. Mayman e colegas (1976) descreveram o fenômeno, referindo tê-lo encontrado em pacientes esquizofrênicos. Não o interpretaram, mas é de se supor que possa se associar com uma distorção de dados da realidade. Aliás, o mau contato com a realidade prejudica o desempenho, com a emergência de freqüentes erros, distorções e muita variabilidade no ritmo de trabalho. Isso parece ser particularmente verdadeiro no caso de esquizofrênicos (Mayman, Schafer & Rapaport, 1976), embora sua má eficiência também seja relacionada com comprometimento na concentração (Rapaport et alii, 1965).

Um comportamento um pouco menos raro que o citado se caracteriza pela cópia de apenas um tipo de símbolo de cada vez. Mesmo com explicação adicional, o sujeito mantém-se numa recusa tácita em levar em conta as instruções dadas pelo examinador. Fica implícita uma atitude de oposição, de desconformidade com a autoridade, que pode ser observada tanto em crianças como em adultos. Glasser e Zimmerman (1972) associam tal comportamento com rebeldia e, em caso de bom desempenho, "com o grau em que a criança acha necessário vencer, através de qualquer meio, apropriado ou não" (p.95).

Outro comportamento que tivemos ocasião de observar, que parece também refletir uma recusa em seguir as instruções, subentendendo uma atitude de oposição e desconformidade, mas, talvez, também a necessidade de adoção de um padrão pessoal de realização, foi o de uma criança que, preenchendo todas as carreiras e colunas exteriores (apesar de ser advertida a respeito), ao ser completado o tempo, havia formado uma verdadeira moldura, exceto por apenas uma quadrícula em branco.

Já vimos que o subteste de Código, junto com Dígitos e Aritmética, está bastante saturado pelo fator de Resistência à Distratibilidade, sendo especialmente vulnerável à ansiedade, variando os escores conforme a forma de manejá-la. Em grupos "neuróticos", os escores tendem a uma queda que, contudo, não é tão acentuada quando a ansiedade costuma ser liberada por meio de canais somáticos (Portuondo, 1970b).

As tendências depressivas, a minuciosidade e a dúvida também ocasionam um desempenho lento, e o escore tende a cair. A comparação dos escores de Código, Cubos e Armar Objetos pode ajudar no diferencial, porque a compulsividade não costuma afetar os escores dos dois últimos subtestes, enquanto a lentidão psicomotora, associada à depressão, tem efeitos sobre os três subtestes.

Assim, Código é bastante valorizado como teste de velocidade, em especial por sua vulnerabilidade aos efeitos da depressão, tanto em termos de lentificação, como de agitação psicomotora (Carr, 1975a).

Em alguns casos, porém, torna-se importante fazer o diferencial entre demência leve do tipo de Alzheimer e transtorno afetivo. Quando se discutiram detalhes da administração de Código, foi apresentado um procedimento, citado por Hart e colegas (1987). A pesquisa desses autores partiu do pressuposto de que tanto pacientes com demência leve, como os pacientes depressivos, apresentam lentificação psicomotora e déficit de memória, mas estes últimos seriam menos afetados por problemas de atenção na evocação incidental exigida na tarefa. Os resultados encontrados são resumidos no Quadro 36.12.

A partir dos dados do Quadro 36.12, pode-se concluir que, em termos de presença de déficit na memória psicomotora, medida por Código, no WAIS, os dois grupos de pacientes se diferenciam significativamente dos sujeitos normais. Mas, entre os dois grupos, há diferença na tarefa de memória incidental. Conforme os autores, há um "déficit motivacional geral", que tem mais influência sobre Código do que sobre a Memória Incidental, "porque a primeira tarefa requer tanto aprendizagem nova como atividade motora continuada", enquanto "a memória incidental para informação repetida requer menos esforço cognitivo do que outras tarefas de memória" (p.238).

Nota-se que não só os efeitos especiais de depressão, seja por lentificação, seja por agitação psicomotora, afetam os escores. A hiperatividade e a impulsividade também influenciam o desempenho, o que é particularmente observado em crianças.

O subteste é mais sensível a problemas cerebrais que os demais (Vincent, 1987), mesmo quando o comprometimento é mínimo e a despeito da localização da lesão; assim, é pouco útil nesse sentido, exceto em pacientes com comprometimento de *scanning*, que podem apresentar omissões ou apresentar mais erros no hemiespaço do diagrama do teste oposto ao da lesão (Kaplan, Fein, Morris et alii, 1991; Lezak, 1995).

Tal sensibilidade à disfunção cerebral não deve causar surpresa, dada a diversidade de fatores ou a interação deles que podem afetar os escores. Assim, a lentificação psicomotora baixa os escores de alcoolistas e, também, de pacientes com lesão no hemisfério direito e com a psicose de Korsakoff. Todavia, estes dois últimos grupos apresentam escores muito mais baixos que os primeiros. Modificações introduzidas na estratégia de administração sugeriram que isso se devia a um componente visoperceptual presente apenas nos últimos grupos (Lezak, 1983).

QUADRO 36.12 Resultados de Código do WAIS e de memória incidental de sujeitos normais, depressivos e com demência leve

Medida	Normais		Depressivos (N=18)		C/demência leve (N=18)		F
	M	DP	M	DP	M	DP	
Código							
Escore bruto (90s)	43,7	1,8	27,0*	2,7	25,1*	2,5	21,2***
Tempo total	178,8	6,9	314,5*	32,0	362,8*	42,8	11,7***
Memória incidental							
Pares de dígito-símbolo	6,4	0,4	4,3*	0,6	0,7**	0,2	43,7***
Total de símbolos	6,9	0,3	6,1	0,5	1,7**	0,5	39,0***

Fonte: Hart, Kwentus, Wade et alii, 1987, p.237 (tabela resumida).
*p>0,05 comparado com controles (teste de Tukey).
**p<0,05 comparado com controles de depressivos (teste de Tukey).
***p<0,0001.

Apesar de tais diferenças observadas, Código tem sido citado como o subteste com escore mais baixo em alcoolistas (Miller & Orr, 1990), tanto no sexo masculino (Wilkinson & Poulos, 1987) como no feminino (Fabian & Parsons, 1983; Silberstein & Parsons, 1978).

Em investigação com um grupo de alcoolistas (Minella, Pereira, Argimon et alii, 1989), observou-se que os escores deste subteste não permaneceram estáveis durante o primeiro mês de abstinência. Não obstante, a comparação das médias da primeira e da quarta semana de abstinência com a média e desvio padrão da população geral revelou que, embora com alguma melhora dos escores, os de Código permaneceram baixos, os mais baixos entre os subtestes utilizados, não sendo possível caracterizar a presença de reversibilidade dos déficits (Cunha, Minella, Argimon et alii, 1990). Aliás, a este respeito os achados na literatura não são coincidentes. Goldman (1987), por exemplo, constatou melhora na terceira semana de abstinência em alcoolistas com menos de 40 anos, enquanto Parsons (1980), após quatro anos de abstinência, verificou a presença de melhora sob vários aspectos, exceto em Código. Assim, convém lembrar a diversidade de fatores que podem suscitar diferenças entre os escores. Hesselbrock e colegas (1985) citam sexo, idade, duração do período de alcoolismo e quantidade de álcool ingerida no mês anterior à hospitalização.

Escores elevados podem possivelmente se associar com "excelente capacidade visomotora, eficiência mental", capacidade para tal tipo de aprendizagem e "reações psicomotoras rápidas", enquanto escores baixos podem indicar "capacidade reduzida para a aprendizagem visual associativa, funcionamento visomotor prejudicado" (Groth-Marnat, 1999, p.188).

CASO ILUSTRATIVO Nº 1

Informações básicas

Paciente do sexo masculino, solteiro, de 22 anos de idade. Cursou até a 3ª série do primeiro grau em escola especial. Nesta, teve treinamento em marcenaria, mas agora alega ter esquecido. Não tem profissão definida. Atualmente, trabalha como *office-boy*, restringindo-se a tarefas simples. Na sua história, há a ocorrência de convulsões por volta de um ano de idade e de provável traumatismo craniano entre 4 e 5 anos.

Motivo do encaminhamento

Avaliação intelectual, por suspeita de retardamento intelectual, e avaliação das condições mnêmicas.

Técnicas administradas

WAIS-R e WMS-R

Índices no WMS-R

Verbal: 75 (médio inferior); visual: 50 (deficiente); total: 55 (limítrofe); atenção e concentração: <50 (deficiente); evocação retardada: 62 (limítrofe).

Comentário sobre o comportamento durante a administração do WAIS-R

O paciente procurou colaborar, embora, em Aritmética, não tivesse demonstrado interesse ou empenho em encontrar a resposta correta. Em Cubos, seu método de trabalho foi de ensaio e erro, desistindo da construção dos modelos 4 e 7. No modelo 8, substituiu duas peças bicolores por branco e inverteu um cubo com a face bicolor. No item Mão, de Armar Objetos, foi possível observar que fixou a atenção no contorno global, desconsiderando o detalhe de tamanho dos dedos, trocando a posição de duas peças. Em Código, apresentou uma omissão e uma troca de símbolos.

Indicadores diagnósticos

QIV – QIE = 6
 Extensão dos dígitos na ordem direta: 3
 Extensão dos dígitos na ordem inversa: 2

Escores por idade: todos abaixo do percentil 25

Desvios dos escores ponderados em relação à média do sujeito: nenhum ultrapassa o valor crítico

Vocabulário – Semelhanças = 3
Compreensão – Semelhanças = 3
Arranjo de Figuras – Completar Figuras = 3

Escores em nível igual ou inferior a 2 DP da média da população geral: Dígitos (2), Aritmética (3), Semelhanças (3), Completar Figuras (3), Cubos (4), Código (4)

Presença de distorções em Cubos e Armar Objetos

Discussão sobre os resultados do WAIS-R

A diferença entre o QIV e o QIE é de 6 pontos, portanto, não significativa. Conseqüentemente, o QIT pode ser utilizado como sumário adequado da capacidade intelectual. O QIT é igual a 66, justificando uma classificação de retardamento mental leve (Código 317, no DSM-IV), situando-se o sujeito entre os 2,3% mais baixos da curva da população geral. Não obstante, se considerarmos os limites de confiança (QIT±5), vemos que 61 e 71 é a amplitude na qual pode se situar o QIT real do sujeito. A pressuposição de que seu desempenho possa eventualmente ser um pouco melhor fica reforçada pelo QIV igual a 70, classificado como fronteiriço, mas com uma possível variação entre 65 e 75, tomando como referência os limites de confiança (QIV±5). Por outro lado, o QIE é 64, que se classificaria no nível de retardamento mental leve, mas considerando os níveis de confiança (QI+-8 QI±8?), o QI real estaria entre 56 e 72. Portanto, pode-se dizer que, embora o desempenho de teste seja mais característico de retardamento mental leve, não se pode excluir a hipótese de um funcionamento em nível fronteiriço.

A consideração do perfil não fornece indícios especialmente úteis. A posição relativa dos escores do sujeito, em comparação com os de outros indivíduos da população geral de sua idade, recai sempre abaixo do percentil 25, evidenciando que, sob todos os aspectos medidos, seu desempenho pode ser caracterizado como fraco. Por outro lado, os desvios dos escores ponderados, em relação à própria mé-

QUADRO 36.13 Levantamento quantitativo dos resultados no WAIS-R de um sujeito de 22 anos, do sexo masculino

Subtestes do WAIS-R	Escore bruto	Escore por idade	Percentual	Escore ponderado	Diferença da média	Valor crítico
Informação	6	5	5	5	+0,67	2,4
Dígitos	3	1	1	2	-2,33	2,9
Vocabulário	27	7	16	6	+1,67	1,8
Aritmética	4	5	5	4	-0,33	2,8
Compreensão	13	6	9	6	+1,67	2,9
Semelhanças	2	3	1	3	-1,33	3,0
Soma verbal: 26						
Completar Figuras	3	3	1	3	-1,40	3,0
Arranjo de Figuras	6	6	9	6	+1,60	3,2
Cubos	7	4	2	4	-0,40	2,5
Armar Objetos	18	5	5	5	-0,60	3,5
Código	24	3	1	4	-0,40	3,0

Soma de execução: 22

Escala	Escore	QI	Classificação	Média
Verbal	26	70	65 – 75	4,83
Execução	22	64	56 – 74	4,40
Total	48	66	61 – 71	4,36

dia do sujeito, não são compatíveis com a identificação da presença de forças e fraquezas específicas, já que a diferença do escore de qualquer subteste, quanto à média, não ultrapassa o valor crítico correspondente, seja para mais ou para menos.

Examinando as flutuações dos escores entre pares de subtestes, verifica-se a existência de uma diferença real (que deve ser de 3 ou mais) entre Vocabulário e Semelhanças e entre Compreensão e Semelhanças. Esses dados permitem pressupor que o vocabulário do sujeito subentende um nível conceitual mais concreto, já que o escore em Semelhanças é compatível com déficit do pensamento abstrato. É de se supor que o vocabulário encontre suporte na memória verbal, já que o índice correspondente, no WMS-R, está num nível médio inferior. Ademais, a diferença entre Compreensão e Semelhanças sugere a presença de certo grau de senso comum e de conformidade com normas sociais, ainda que de forma mais estereotipada e não dependente de um juízo social maduro, pelas dificuldades de abstração, justificadas por um escore em Semelhanças abaixo de 2 DP da média da população geral.

Outro escore extremamente baixo é o de Completar Figuras, que pode se associar com problemas de atenção e concentração, evidenciadas também pela WMS-R. Mas a diferença entre o escore deste subteste e o de Arranjo de Figuras exclui transtornos visuais ou visoperceptivos, porque senão a queda de ambos seria parelha.

O escore de Arranjo de Figuras beirando menos 1 DP da média da população geral sugere, no sujeito, alguma capacidade de pensamento seqüencial na compreensão de situações sociais. O fato de este subteste estar no mesmo nível de Compreensão, que supõe algum recurso na função do juízo, representa um indício positivo sobre a adaptabilidade do sujeito.

Finalmente, resta considerar outros subtestes que apresentam escores extremamente baixos, levando em conta a média da população geral. Os escores de Aritmética e Código não são muito reveladores, já que podem ser explicados, em grande parte, pela pouca escolaridade do sujeito e pelo seu baixo nível ocupacional.

O escore de Cubos reforça a hipótese da presença de déficit no raciocínio abstrato, sugerida pelo escore de Semelhanças. A presença não só de uma baixa, neste subteste, mas também de alguma distorção, observada também em Armar Objetos, é compatível com a possibilidade de problemas na organização perceptual.

O desempenho de Dígitos é digno de nota. O sujeito só conseguiu reter uma extensão de três dígitos na ordem direta, denunciando uma deficiência da atenção, e uma extensão de dois dígitos na ordem inversa, que é um nível também classificado como deficiente. Isto é corroborado pelos resultados da WMS-R. Mesmo considerando os antecedentes educacionais do sujeito e o seu nível intelectual, o resultado é tão baixo que não é possível afastar uma hipótese da presença de déficit cognitivo, possivelmente associado a problema neurológico. Como tal hipótese também pode ser reforçada por indícios de comprometimento do pensamento abstrato, pela sugestão de problemas de organização perceptual, pelos índices da WMS-R e, finalmente, por antecedentes da história pessoal, sugere-se uma avaliação neuropsicológica mais completa.

CASO ILUSTRATIVO Nº 2

Informações básicas

D, menino de 6 anos e 11 meses, foi adotado aos 2 anos e 8 meses (idade constatada radiograficamente) por uma família de nível socioeconômico médio. Nesta, a filha mais velha apresentava um retardamento mental profundo e teve poucos anos de vida. Por receio de ter outro filho com problema idêntico, os pais adotaram uma menina. Pouco mais tarde, ficou comprovado que apresentava retardamento mental moderado, além de problemas de natureza neurológica. Então, adotaram D, tendo, a seguir, dois filhos normais. Não obstante, não existiam informações sobre a família de origem de D, exceto quanto à precariedade de seu meio socioeconômico. Em relação ao desenvolvimento de D, após a adoção, parece não ter havido atrasos substanciais, a não ser quanto a hábitos de higiene. Por ocasião da avaliação psicológica, em novembro, o controle vesical ainda era muito deficiente, e, até o início do ano letivo em curso, havia tido episódios de falta de controle anal, inclusive na escola. Apresentava intensa irritabilidade, com manifestações de hetero e auto-agressão, teimosia, muita dificuldade de se relacionar com os irmãos, sendo muito ciumento. Além disso, chorava muito e se lamentava.

Motivos do encaminhamento

Não conseguiu se alfabetizar. Tanto a professora como a mãe suspeitavam que fosse "deficiente mental".

Resultados do WISC

Trata-se de um caso muito interessante, por ter sido encaminhado por suspeita de "deficiência mental", tendo apresentado um QIT de 117 (médio superior), que corresponde a um percentil de 80, incluindo-se nos 26,1% superiores da curva de distribuição da população geral. O QIV é de 115 (médio superior), e o QIE, de 113 (médio superior), não havendo diferença significativa entre ambos.

Considerando a média do sujeito e utilizando o desvio padrão para avaliar as flutuações dos escores, apresenta escores significativamente baixos em Dígitos e Vocabulário e um escore significativamente alto em Aritmética. O escore em Semelhanças, embora esteja quase a dois desvios padrão da média da população geral, foi constituído predominantemente de respostas de nível 1, com apenas uma resposta de escore 2. Em Cubos, conseguiu reproduzir dois itens, além dos considerados para o escore, após o limite de tempo. Em Arranjo de Figuras, o mesmo se verificou em um item mais difícil, além do tempo-limite. Em Armar Objetos, tentou, várias vezes, unir bordos sinuosos com retos, obtendo só três

QUADRO 36.14 Levantamento qualitativo dos resultados do WISC de um sujeito de 6 anos e 11 meses, do sexo masculino

Subtestes do WISC	Escore bruto	Escore ponderado	Valor crítico
Informação	8	11	
Compreensão	8	11	
Aritmética	9	19	(+)
Semelhanças	9	15	
Dígitos	7	9	(-)
Vocabulário	17	9	(-)
Soma verbal: 74			
Completar Figuras	9	13	
Arranjo de Figuras	12	10	
Cubos	8	12	
Armar Objetos	14	11	
Código	46	15	
Soma de execução: 61			

Escala	Escore	QI	Perc.	Classificação	Média
Verbal	79/62	115	80	Médio superior	12,3
Execução	61	113	80	Médio superior	12,2
Total	123	117	80	Médio superior	12,3

pontos no item Rosto e só 1 ponto de escore, no Carro.

Na escala verbal, a queda em Vocabulário é compatível com um atraso na área de linguagem, já que está significativamente abaixo dos escores em subtestes que podem nos oferecer indícios sobre o seu potencial intelectual, isto é, em Semelhanças ($p<0,05$) e Cubos ($p<0,05$). Por outro lado, a baixa em Dígitos deve refletir problemas de atenção, embora denote capacidade de concentração, quando números são apresentados num contexto que faz sentido (Aritmética=19). Observa-se, ainda, que a diminuição em Dígitos não se acompanha por diminuição correspondente em Aritmética e Código, o que pode excluir ansiedade como fator de interferência na atenção.

Tanto Cubos como Arranjo de Figuras e Armar Objetos envolvem coordenação visomotora, mas se observa que, nos dois primeiros, houve itens só completados após o tempo-limite, o que prejudicou o escore, até certo ponto. Contudo, em Código, o sujeito apresentou boa velocidade psicomotora, tanto que obteve um escore significativamente elevado. Seus problemas, portanto, não parecem se justificar por dificuldades visomotoras, mas sim de organização perceptual, se considerarmos o desempenho nos subtestes entre si e no comportamento observado na construção em Cubos e, especialmente, em Armar Objetos.

A hipótese que é possível levantar é a de que o sujeito apresenta um atraso na dimensão específica da linguagem, dificuldades de atenção e problemas de organização perceptual, que colaboram para que seu aproveitamento escolar fique muito aquém do esperado, em termos de seu nível intelectual. Por outro lado, os dados clínicos associados a seu desempenho no Bender, bem como os indícios encontrados no WISC, pareceram compatíveis com a presença de algumas alterações no desenvolvimento neuropsicológico, hipótese que ficou corroborada por exame neurológico evolutivo. Além disso, o psicodiagnóstico permitiu identificar também a presença de dificuldades no desenvolvimento de algumas funções do ego, que complicavam mais o quadro, o que não cabe discutir no momento.

37 WISC-III
Vera L.M. Figueiredo

O DESENVOLVIMENTO DA TERCEIRA EDIÇÃO DO WISC

A principal razão para a uma nova edição do WISC-R de 1974 foi a desatualização de suas normas em aproximadamente 15 anos, considerando os estudos de Flynn (1984), que mostraram que a média do QI vem aumentando, no mínimo, em torno de três pontos por década, principalmente no que se refere à habilidade de execução. Num estudo de correlação entre o WISC-R e o WISC-III, os dois testes foram aplicados numa amostra de 206 crianças, e, em relação às médias dos QIs, o WISC-III apresentou escores menores, com as seguintes diferenças: QIV = -2; QIE = -7 e QIT = -5. Essas discrepâncias evidenciam que a pontuação do QI geralmente se apresenta dilatada, quando o desempenho de uma criança é aferido numa amostra de padronização retrógrada (Wechsler, 1991).

Outro objetivo do WISC-III foi investigar a estrutura fatorial do teste resultante de pesquisas com o WISC e WISC-R. Eram identificados dois fatores maiores, denominados de Compreensão Verbal (CV) e Organização Perceptual (OP), e um terceiro fator menor, reconhecido como Resistência à Distratibilidade (RD). O subteste Procurar Símbolos foi incluído no WISC-III para que a habilidade medida por este terceiro fator pudesse ser melhor distinguida. Entretanto, como conseqüência, emergiu um quarto fator, intitulado Velocidade de Processamento (VP), oportunizando quatro escores adicionais para a interpretação da habilidade cognitiva. O subteste Procurar Símbolos avalia discriminação perceptual, habilidade para explorar estímulos visuais, velocidade e precisão, atenção, concentração e memória a curto prazo. A tarefa exigida no subteste é observar, dentro de um tempo limite, se o(s) símbolo(s) modelo(s), exibido(s) à esquerda da Folha de Registro, encontra(m)-se ou não num outro grupo de símbolos apresentado à direita.

A estrutura de bonificação dos subtestes de execução foi revisada, sendo dada maior ênfase ao aspecto da velocidade no desenvolvimento da tarefa. Uma criança de 16 anos que executa corretamente todos os itens do subteste, dentro do tempo limite, sem ganhar pontos adicionais pela rapidez de desempenho, obterá um escore ponderado abaixo da média nos subtestes Código (8), Cubos (7), Armar Objetos (7) e Arranjo de Figuras (6).

Alterações também ocorreram no conteúdo dos itens de alguns subtestes. Em Arranjo de Figuras, por exemplo, itens considerados clínicos (briga, ladrão e fogo) foram eliminados ou alterados na tentativa de minimizar o conteúdo emocional, a violência e os conflitos pessoais. Kaufman (1994) recomenda aos que se lamentam que, após a sessão de aplicação do WISC-III, dediquem mais alguns minutos e administrem estes itens para obter as informações clínicas desejadas.

O WISC-III incluiu, ainda, mudanças no material do teste, no conteúdo dos itens e nos procedimentos de administração, proporcionando mais interesse e motivação para a criança e maior qualidade ao teste. Essas alterações referem-se a:

a) proposta de aplicação do teste numa única sessão, sendo estabelecida uma seqüência determinada para a apresentação dos subtestes (Completar Figuras, Informação, Código, Semelhanças, Arranjo de Figuras, Aritmética, Cubos, Vocabulário, Armar Objetos, Compreensão, Procurar Símbolos e Dígitos);

b) apresentação de novos itens em vários subtestes e introdução de mais itens com nível de dificuldade pequena e grande, para melhor discriminação da habilidade intelectual da população extrema da curva normal;

c) alteração de itens, visando a minimizar o viés de sexo, etnia e região, principalmente nos subtestes Informação, Vocabulário e Compreensão;

d) introdução da cor nos estímulos dos subtestes Completar Figuras, Arranjo de Figuras e no exemplo de Armar Objetos.

A ESTRUTURA GERAL

São 13 subtestes que, individualmente, predizem várias dimensões da habilidade cognitiva e, quando agrupados de forma específica, oferecem as escalas de QI e os Índices Fatoriais que estimam diferentes construtos subjacentes ao teste. Os subtestes do WISC-III estão organizados nos seguintes conjuntos:

a) Subtestes Verbais: Informação, Semelhanças, Aritmética, Vocabulário, Compreensão e Dígitos;

b) Subtestes de Execução: Completar Figuras, Código, Arranjo de Figuras, Cubos, Armar Objetos, Procurar Símbolos e Labirintos;

c) Subtestes Suplementares: Dígitos, Procurar Símbolos e Labirintos;

d) Escalas de QI: QI Verbal (QIV), QI de Execução (QIE) e QI Total (QIT);

e) Índices Fatoriais: Compreensão Verbal (CV), Organização Perceptual (OP), Resistência à Distratibilidade (RD) e Velocidade de Processamento (VP), obtidos a partir da somatória dos escores ponderados alcançados nos subtestes que formam cada fator, conforme arranjo do Quadro 37.1.

Sendo aplicados todos os 13 subtestes, Procurar Símbolos, Dígitos e Labirintos não entram para o cômputo dos QIs, que são calculados a partir da aplicação de cinco subtestes de cada escala. Procurar Símbolos e Dígitos são requeridos para a avaliação dos Índices Fatoriais, e, quando for necessária a aplicação de menos de cinco subtestes, Dígitos pode ser usado como alternativa para a escala verbal e Labirintos para a escala de execução. Procurar Símbolos substitui somente o subteste Código para o cálculo do QI de Execução, e, no caso de apenas quatro subtestes estarem disponíveis para alguma das escalas de QI, o manual do teste oferece uma tabela (A.8) para as equivalências proporcionais.

INTERPRETAÇÃO

A interpretação das dispersões das escalas de QIs, dos Índices Fatoriais ou dos subtestes deve ser precedida pela estimativa das significâncias das diferenças e das freqüências de ocorrência

QUADRO 37.1 Índices fatoriais do WISC-III

Compreensão Verbal	Organização Perceptual	Resistência à Distratibilidade	Velocidade de Processamento
Informação	Completar Figuras	Aritmética	Código
Semelhanças	Arranjo de Figuras	Dígitos	Procurar Símbolos
Vocabulário	Cubos		
Compreensão	Armar Objetos		

na população de padronização do teste, e os valores críticos aparecem nas tabelas do apêndice B do manual do WISC-III. Kaufman (1994) recomenda que a interpretação do protocolo do WISC-III deve iniciar com os escores mais gerais e finalizar com os específicos, modelo sugerido também para a redação das conclusões dos resultados da avaliação.

Sugere-se a seguinte seqüência para a interpretação dos resultados obtidos na administração do teste:

a) cálculo dos QIs com os respectivos Intervalos de Confiança; análise das discrepâncias significativas e das conseqüentes implicações;

b) cálculo dos Índices Fatoriais com os respectivos Intervalos de Confiança; análise das discrepâncias significativas e das conseqüentes implicações;

c) identificação de dispersão entre os subtestes e interpretação das habilidades que se apresentam discrepantes da média.

As escalas de QI

A ponderação dos escores brutos obtidos em cada subteste oportuniza o cálculo das escalas de QIs que apresentam resultados ponderados com média 100 e desvio padrão 15. Os três QIs, segundo Groth-Marnat (1999), são medidas integradas do funcionamento intelectual, e dispersões nas escalas prejudicam a unicidade do construto.

O QI Total é considerado como a melhor medida da habilidade cognitiva produzida no WISC-III, apresentando um coeficiente de fidedignidade de 0,96 e um erro padrão de medida (EPM) de 3,20. Entretanto, diferenças significativas entre os QI Verbal/Execução, flutuações dos Índices Fatoriais, dispersões entre os escores dos subtestes ou, ainda, a presença de variáveis, como fadiga, ansiedade, desmotivação ou privação cultural, diminuem a importância do QIT como um índice do nível de inteligência geral da criança. A escala verbal é mais precisa que a de execução, considerando os coeficientes de fidedignidade e do erro padrão de medida do QIV (r_{xx} = 0,95; EPM = 3,53) e QIE (r_{xx} = 0,91; EPM = 4,54). O QI Verbal avalia a compreensão verbal e proporciona informações sobre processamento da linguagem, raciocínio, atenção, aprendizagem verbal e memória. O QI de Execução é a medida da organização perceptual e avalia processamento visual, capacidade de planejamento, aprendizagem não-verbal e habilidades para pensar e manipular estímulos visuais com rapidez de velocidade.

A análise das discrepâncias entre as escalas verbal e execução é feita a partir de valores críticos considerados estatisticamente significativos (tabela B.1 do manual). Esses valores variam de 10 a 13 pontos para um nível de confiança de 0,05, e de 13 a 17 pontos para um nível de 0,01. Kaufman (1994) sugere que uma diferença ≥11 pontos pode ser interpretada como significativa. A escala verbal do WISC-III enfatiza a inteligência auditiva e oral, avaliando a facilidade de expressão verbal e percepção de diferenças sutis diante de conceitos verbais. A escala de Execução enfatiza a habilidade visomotora, exigindo rapidez no desempenho da tarefa. Uma grande discrepância entre V>E ou CV>OP reflete facilidade oral e auditiva e capacidade para expressar idéias em palavras, enquanto que E>V ou OP>CV expressa facilidade visomotora.

Segundo Kaufman (1994), identificar a presença de discrepâncias significativas não indica que automaticamente devem ser interpretadas, pois as medidas de QI podem não representar uma habilidade unitária. O WISC-III inclui dimensões mais puras das habilidades verbal e não-verbal, expressas nos Índices Fatoriais Compreensão Verbal e Organização Perceptual. Os escores destes fatores podem melhor informar sobre as habilidades verbal e não-verbal do que os escores produzidos por uma discrepância grosseira entre as escalas de QI. A amplitude dos escores ponderados, que evidencia a dispersão entre os escores dos subtestes, é um método conveniente para determinar, empiricamente, se cada QI está medindo um constructo unitário. A dispersão entre os subtestes verbais, por exemplo, indica que a inteligência dita verbal não foi a responsável pelos escores nos subtestes, mas que outras variáveis mais importantes influenciaram. Nesta situação, o QI Verbal representaria uma visão grosseira das habilidades, não correspondendo a uma habilidade unitária. Se uma das escalas não representa uma medida unitária, a discrepância dos QIs não parece ser uma medida interpretável.

Para calcular a amplitude dos subtestes, tanto para a escala verbal como para a de execução, basta diminuir o escore ponderado mais baixo do escore mais alto da escala, considerando somente os cinco subtestes usados para o cômputo do QI. Para analisar as diferenças significativas entre os escores fatoriais, a escala verbal é avaliada por (CV-RD) e a de execução por (OP-VP). Os valores considerados como significativos para interpretação, propostos por Kaufman (1994), baseados nas tabelas B.1 e B.5 do manual do teste, são os seguintes:

a) Amplitude da dispersão entre os subtestes, presente em 15% da amostra de padronização:
Escala Verbal (5 subtestes): ≥ 7 pontos
Escala de Execução (5 subtestes): ≥ 9 pontos

b) Diferenças entre escores fatoriais a nível de 0,05:
Escala Verbal (CV-RD): ≥ 13 pontos
Escala de Execução (OP-VP): ≥ 15 pontos

Se algum desses critérios for identificado, a discrepância entre QIV/QIE não deve ser interpretada, e, assim, deve-se tentar analisar a diferença entre os fatores Compreensão Verbal e Organização Perceptual, explicada logo a seguir. Entretanto, se os critérios não são encontrados, a interpretação das diferenças dos QIs procede. Discrepâncias altas entre os QIs indicam diferenças reais entre a inteligência verbal e não-verbal; diferenças pequenas mostram que a criança tem habilidades verbais ou não-verbais pobremente desenvolvidas.

Na análise da discrepância entre Compreensão Verbal e Organização Perceptual, feita no caso da inadequação da interpretação da disparidade dos QIs, considera-se uma diferença de 12 pontos como significativa em nível de 0,05. Segundo Kaufman (1994), deve-se também analisar a unicidade do constructo dos dois fatores por meio da presença ou não de dispersão entre seus escores. A dispersão é analisada pela amplitude dos escores ponderados, comparando-se o escore ponderado mais alto com o mais baixo, dentro de cada um dos dois fatores. Uma amplitude ≥ 7 pontos para CV e ≥ 8 pontos para OP indica presença de dispersão significativa, uma vez que os valores ocorrem em somente 15% da amostra de padronização. Identificada a dispersão, a diferença entre os fatores CV e OP não deve ser interpretada, pois indica que a dimensão do fator não é unitária. Em relação às discrepâncias encontradas nas análises, quando significativas, indicam diferenças de funcionamento nas duas escalas, sendo valiosas para ajudar o profissional a fazer recomendações importantes e propor sugestões para o planejamento educacional; quando pequenas e comuns na população, não devem ser usadas como diagnóstico de anormalidade.

Os índices fatoriais

Os quatro fatores subjacentes ao WISC-III proporcionam informações adicionais, refletindo diferentes aspectos da habilidade cognitiva. Os escores ponderados têm média = 100 e desvio padrão = 15 e apresentam qualidades psicométricas satisfatórias. Os coeficientes de fidedignidade e os erros de medida estão apresentados no Quadro 37.2, na ordem crescente de validade e fidedignidade.

QUADRO 37.2 Coeficientes de fidedignidade e erro padrão de medida dos índices fatoriais

Fatores	Fidedignidade	EPM
Compreensão Verbal	0,94	3,78
Organização Perceptual	0,90	4,68
Resistência à Distratibilidade	0,87	5,43
Velocidade de Processamento	0,85	5,83

Segundo Wechsler (1991), uma vez que envolvem mais de um subteste correlato, a interpretação dos escores fatoriais é mais fidedigna que a interpretação individual dos subtestes e oferece importantes informações de interesse clínico e educacional. Entretanto, estudos de Glutting e colegas (1997) sobre a validade dos escores fatoriais, como prognóstico do rendimento acadêmico, apontam o QIT ainda como o mais poderoso preditor do potencial de aprendizagem, uma vez que, para os autores, as medidas do QIV, QIE e dos Índices Fatoriais não acrescentam informações diferentes.

As medidas de QI foram sempre consideradas como duas dimensões subjacentes às escalas de inteligência de Wechsler e estudadas para investigar discrepâncias que caracterizassem grupos específicos. Entretanto, para Kaufman (1994), os profissionais que priorizam essa interpretação desconsideram as inúmeras análises fatoriais desenvolvidas em meio século, que evidenciaram a falta de unicidade das escalas de QI em relação aos Índices Fatoriais, sendo os últimos mais confiáveis de serem interpretados qualitativamente. Mais do que pelas escalas de QI, uma versão mais pura e precisa da dimensão verbal e não-verbal da habilidade intelectual da criança é dada pelos fatores Compreensão Verbal e Organização Perceptual, que refletem habilidades do domínio cognitivo. O objetivo de Wechsler com o QIE, por exemplo, era avaliar a inteligência não-verbal, que consiste na habilidade de utilizar estímulos visoespaciais na resolução de novos problemas. Algumas vezes, entretanto, a pessoa pode obter resultados baixos nesta dimensão, devido a variáveis não cognitivas, como pobreza de coordenação motora, falta de reflexão ou compulsividade, aspectos refletidos no fator Velocidade de Processamento. Neste caso, a escala de execução fica rebaixada pela deficiência de rendimento em Código e Procurar Símbolos, tornando-se inadequada a interpretação deste QI, uma vez que a escala de execução deixa de ser um constructo único. As análises referentes às diferenças fatoriais já foram comentadas no tópico anterior relativo às discrepâncias dos QIs.

Resistência à Distratibilidade, segundo Groth-Marnat (1999), é o mais complexo e controvertido constructo. Está dentro do domínio verbal e depende de memória auditiva e processamento seqüencial. O fator apresenta grande correlação com habilidade matemática e, além de atenção, avalia concentração e memória imediata. Alguns autores referem-se a uma denominação inadequada do constructo, que, segundo Roid e colegas (1993), seria melhor identificado por Memória de Trabalho. O rendimento no fator é influenciado pela ansiedade, carência de estratégias mentais e pobreza de automonitoramento. Não deve ser interpretado se os escores de Aritmética e Dígitos diferirem em quatro ou mais pontos.

Velocidade de Processamento surgiu em função do acréscimo do subteste Procurar Símbolos e reflete velocidade psicomotora (Código) e velocidade mental (Procurar Símbolos) para resolver problemas não-verbais, avaliando, também, a capacidade de planejar, organizar e desenvolver estratégias. Suas habilidades incluem-se em dois domínios, pois processamento implica cognição e velocidade e têm componentes tanto comportamentais como cognitivos (Kaufman, 1994). O fator sustentou-se diante das análises fatoriais exploratórias e confirmatórias, feitas com a amostra de padronização, com exceção do grupo de crianças de 6 e 7 anos. Entretanto, Kamphaus (1993) recomenda precaução na sua interpretação, até que mais pesquisas evidenciem a validade e a utilidade deste índice. Escore baixo reflete pobreza no controle motor, o qual não deve ser interpretado se os valores alcançados em Aritmética e Dígitos diferirem em quatro ou mais pontos.

Segundo Groth-Marnat (1999), a dispersão entre os Índices Fatoriais pode ser analisada, calculando-se, inicialmente, a média geral dos resultados ponderados para os quatro escores fatoriais, para ser comparada com o escore ponderado de cada um dos Índices Fatoriais. O autor sugere, como pontos de corte para identificar discrepâncias significativas: 7 pontos para Compreensão Verbal, 8 pontos para Organização Perceptual e 4 pontos para Resistência à Distratibilidade e Velocidade de Processamento. Não encontrando discrepâncias significativas, interprete as diferenças; caso contrário, desconsidere-as, a não ser que as diferenças sejam muito grandes para serem ignoradas.

Os subtestes

Para Sattler (1992), os escores individuais dos subtestes não devem ser usados como um meio fidedigno de descrever as habilidades cognitivas específicas. Eles devem ser usados para gerar hipóteses gerais sobre as habilidades da criança, identificando-se as capacidades defasadas, as medianas e as dominantes. Geralmente, os resultados obtidos nos subtestes mostram certa variabilidade, e, segundo Groth-Marnat (1999), a interpretação da variabilidade dos subtestes é procedente, no caso de haver dispersão, pois resultados eqüitativos dispensam interpretação do perfil. O autor sugere três passos para interpretar a variabilidade dos subtestes: a) determinar se as flutuações são significativas; b) desenvolver hipóteses relacionadas com o significado da flutuação de cada subteste; c) integrar essas hipóteses com informações relevantes referentes ao examinando.

Um procedimento comum para avaliar as discrepâncias dos escores envolve a comparação do escore ponderado de cada subteste com o escore médio de todos os subtestes, ou com o escore médio do grupo de subtestes (escala) que inclui o subteste em questão. A tabela B.3 do manual do teste apresenta as diferenças mínimas consideradas significativas para os níveis de confiança 0,15 e 0,05. O resultado ponderado em Informação, por exemplo, pode ser comparado com a média obtida nos escores ponderados nos cinco ou seis subtestes verbais, com a média dos 10 subtestes que contribuem para o QI geral, com a média de todos os subtestes ou, ainda, com a média dos quatro subtestes que formam o índice Compreensão Verbal. O Quadro 37.3 reproduz as diferenças consideradas significativas, em nível de 0,05, para os escores ponderados dos subteste e a média de escores de diferentes escalas.

A amplitude geral dos escores ponderados proporciona informações sobre a variabilidade ou dispersão dos subtestes, e a medida consiste na distância entre dois escores ponderados extremos, subtraindo-se o escore mais baixo do mais alto. No grupo de padronização, as amplitudes médias encontradas foram de 7,5 pontos para 10 subtestes da escala Total, de 4,6 pontos para cinco subtestes da escala Verbal e de 6,0 pontos para cinco subtestes da escala de Execução. Se forem escolhidos como pontos de corte, a freqüência de dispersão ocorrida em 15% da amostra de padronização, os valores aumentam para 7, 8 e 10, conforme a tabela B.5 do manual do teste.

QUADRO 37.3 Diferenças significativas entre os escores ponderados de cada subteste e o escore médio das escalas formadas por diferentes números de subtestes

Subtestes	Número de subtestes na escala						Compreensão Verbal	Organização Perceptual
	5	6	7	10	12	13		
Informação	2,88	2,99	-	3,32	3,41	3,45	2,69	-
Semelhanças	3,00	3,12	-	3,48	3,58	3,63	2,79	-
Aritmética	3,19	3,34	-	3,74	3,86	3,91	2,48	-
Vocabulário	2,62	2,70	-	2,97	3,04	3,08	3,01	-
Compreensão	3,26	3,41	-	3,84	3,96	4,01	-	-
Dígitos	-	2,87	-	-	3,26	3,30	-	-
Completar Figuras	3,31	3,47	3,60	3,81	3,94	3,99	-	3,11
Código	3,28	3,43	3,56	3,77	3,89	3,94	-	3,17
Arranjo de Figuras	3,38	3,55	3,68	3,91	4,04	4,09	-	2,66
Cubos	2,76	2,85	2,93	3,04	3,12	3,16	-	3,45
Armar Objetos	3,72	3,92	4,08	4,37	4,52	4,58	-	-
Procurar Símbolos	-	3,55	3,68	-	4,04	4,09	-	-
Labirintos	-	-	4,02	-	-	4,50	-	-

Nota: p < 0,05; dados parciais da tabela B.3 do manual.
Fonte: Wechsler, 1991, p.263.

Sendo a amplitude dos subtestes muito elevada, não é recomendável usar os subtestes como medidas isoladas. A interpretação dos subtestes é feita pela comparação dos escores ponderados da criança com os alcançados pelo grupo de normatização do teste. Uma pontuação isolada maior que a média pode refletir uma potencialidade relativa, enquanto uma diferença significativamente menor pode indicar uma relativa debilidade. Essa análise deve sempre ser feita em relação ao nível de capacidade geral da criança, pois um escore acima de 10 pode representar um déficit para uma criança com capacidade geral extremamente alta (Wechsler, 1991). Para descrever os subtestes, pode-se utilizar as categorias sugeridas por Sattler (1992), para identificar as potencialidades e debilidades cognitivas. 1 a 7 = abaixo da média; 8 a 12 = média; 13 a 19 = acima da média.

Outro critério é sugerido por Kaufman (1994), que considera interpretável um desvio de ±3 pontos para os subtestes Informação, Semelhanças, Aritmética e Vocabulário; ±4 pontos para Compreensão, Dígitos, Completar Figuras, Arranjo de Figuras, Cubos, Armar Objetos e Procurar Símbolos e ± 5 pontos para Código.

Interpretação de índices adicionais

Além das escalas de QI e dos Índices Fatoriais, outros agrupamentos de subtestes podem oferecer interpretações úteis a partir dos escores obtidos no WISC-III. São interpretações opcionais e podem ser empregadas quando parecerem relevantes na investigação. Caracterizam-se pela apresentação de escores baixos em determinados subtestes, produzindo perfis característicos encontrados, com maior freqüência, na população que apresenta dificuldades cognitivas.

ACID

O perfil ACID surgiu na década de 70, quando pesquisas com crianças que apresentavam dificuldades na leitura, na aprendizagem e na atenção evidenciaram escores baixos no WISC-R, nos subtestes **A**ritmética, **C**ódigo, **I**nformação e **D**ígitos. O perfil agrupa subtestes associados com aproveitamento escolar (Aritmética e Informação) e com resistência à distratibilidade (Aritmética, Código e Dígitos). Segundo Kaufman (1994), no WISC-III, o perfil ACID foi encontrado, com maior freqüência, entre as crianças que apresentavam dificuldades de aprendizagem e déficit de atenção do que entre as da população normal; entretanto, esse sucesso é aparente, uma vez que, no subteste Informação, o rendimento das crianças se apresentou dentro da média. Para o autor, o perfil ACID assemelha-se aos fatores Resistência à Distratibilidade e Velocidade de Processamento, constructos validados e de características psicométricas reconhecidas, devendo sua interpretação ser priorizada pelos clínicos. O autor ainda sugere que esse perfil seja substituído pelo SCAD.

A validade do perfil ACID foi investigado num grupo de 612 crianças, com problemas de aprendizagem, por Watkins e colegas (1997), e o mesmo não se mostrou eficiente para discriminar crianças que apresentavam ou não dificuldades. Ward e colegas (1995) também investigaram a utilidade dos perfis ACID, ACIDS e SCAD, e os resultados embasaram o uso dos perfis, uma vez que se apresentaram freqüentes na população estudada; entretanto, nenhum deles é recomendado como critério para determinar excepcionalidade. Wechsler (1991) examinou a freqüência do perfil num grupo de crianças com problemas de aprendizagem, e os resultados estão comentados a seguir, no tópico referente a Populações Especiais.

SCAD

Kaufman (1994) propôs a substituição do perfil ACID pelo SCAD, em que é eliminado o subteste de Informação, que geralmente apresenta escores altos na investigação do perfil ACID em populações especiais. O perfil caracteriza-se por um rebaixamento nos escores de Procurar Símbolos, Compreensão, Aritmética e Dígitos, os quatro subtestes que compõem os fatores Resistência à Distratibilidade e Velocidade de Processamento. Segundo o autor, o índice SCAD, além de indicar presença de dificuldades de aprendizagem, é adequado também para identificar crianças com dificuldades neurológicas ou com excepcionalidades associadas à disfunção cerebral.

A fórmula *1,7 (Si + Cd + A + D) + 32* permite calcular o índice SCAD, que apresenta média 100 e desvio padrão 15 (Groth-Marnat, 1999). O perfil SCAD pode ser comparado com o desempenho da criança em Organização Perceptual, considerada a melhor estimativa do funcionamento cognitivo para a maioria das crianças encaminhadas para avaliação. Uma diferença (OP − SCAD) de 9 (p<0,05) ou 12 pontos (p<0,01) é significativa. Grandes diferenças não indicam presença ou ausência de determinada excepcionalidade, mas são mais prováveis de ocorrerem em amostras de crianças com deficiências na aprendizagem e na atenção. Em crianças com dificuldades visoperceptuais moderadas ou graves, que provavelmente têm dificuldade nos subtestes Cubos e Arranjo de Figuras, o índice de Compreensão Verbal é mais adequado para ser comparado com o índice SCAD, e uma diferença de 8 e 11 pontos entre os dois índices aponta significância em nível de 0,05 e 0,01, respectivamente.

Categorias de Bannatyne

As categorias desenvolvidas por Bannatyne, em 1971, foram criadas para diagnosticar dislexia, estendendo-se, posteriormente, para identificar problemas de aprendizagem em geral. O modelo caracteriza-se quando as habilidades espaciais aparecem superiores à Conceitualização Verbal, as quais são superiores às habilidades seqüenciais, e estas, mais elevadas que Conhecimento Adquirido, evidenciando o modelo Espacial > Conceitualização Verbal > Seqüencial > Conhecimento Adquirido. Segundo Groth-Marnat (1999), muitos autores já provaram que nem todos os indivíduos com problemas de aprendizagem apresentam o perfil proposto. Atualmente, o modelo tem sido aplicado mais para estudar o entendimento do funcionamento cognitivo do que para diagnosticar condições específicas. As categorias são formadas pelos subtestes especificados no Quadro 37.4.

Os escores ponderados de cada categoria têm média 100 e desvio padrão 15 e, segundo Groth-Marnat (1999), podem ser calculados pelas seguintes fórmulas:

Espacial: 2,0 (CF + Cb + AO) + 40
Conceitualização Verbal: 1,9 (V + Co + Se) + 43
Seqüencial: 2,3 (D + A + Cd) + 31
Aquisição de Conhecimento: 1,9 (I + V + A) + 43

Após a identificação da magnitude de cada categoria, os escores individuais podem ser comparados com o escore médio alcançado nas quatro categorias. As diferenças consideradas significativas em nível de 0,05 são: 10 pontos para Espacial, 8,5 para Conceitualização Verbal, 12 pontos para Seqüencial e 8,5 pontos para Aquisição de Conhecimento.

FORMAS REDUZIDAS DO TESTE

Formas reduzidas para as escalas Wechsler sempre foram estudadas, com o objetivo de economizar tempo de aplicação. Apesar da prati-

QUADRO 37.4 Categorias de Bannatyne

Habilidades			
Espacial	Conceitualização Verbal	Seqüencial	Conhecimento Adquirido
Completar Figuras	Semelhanças	Dígitos	Informação
Cubos	Vocabulário	Aritmética	Vocabulário
Armar Objetos	Compreensão	Código	Aritmética

cidade referente ao tempo, este procedimento não apresenta coeficientes muito fidedignos para a estimativa da capacidade intelectual, por produzir uma margem grande de erro, além de oferecer poucas informações clínicas. As formas reduzidas seriam úteis apenas como um grosseiro indicador de inteligência, ou como sugestão da necessidade de uma avaliação completa. Segundo Kaufman (1979), vários critérios devem ser levados em consideração na formação de uma bateria reduzida, entre eles, uma correlação mínima de 0,90 com os resultados de uma aplicação completa.

O manual do WISC-III não apresenta nenhuma proposta de forma reduzida para o teste, e o QI é calculado a partir da aplicação de 10 subtestes, sendo cinco verbais e cinco de execução, oferecendo a possibilidade de cálculos proporcionais apenas no caso da administração de quatro subtestes, em uma das escalas (tabela A.8 do manual do teste).

Em relação às formas reduzidas citadas na literatura, a menor estrutura usada tem sido a díade formada pelos subtestes Vocabulário e Cubos, considerando serem os que apresentam maior correlação com o QI Verbal (0,87) e com o QI de Execução (0,80), respectivamente. Groth-Marnat (1999) sugere a proposta de Kaufman e colegas, de 1996, formada por quatro subtestes (Semelhanças, Aritmética, Completar Figuras e Cubos), cuja administração leva em torno de 27 minutos. A fórmula para o cálculo do QIT apresenta-se diferenciada para cada faixa etária:

6, 8-14, 16 anos e amostra total = $(1,6\ S_{4s} + 36)$,

7 anos = $(1,7\ S_s + 32)$ e

15 anos = $(1,5\ S_s + 40)$,

sendo Σ_s = soma dos resultados ponderados dos 4 subtestes (Se + A + CF + Cb).

Sattler (1992) propõe vários arranjos de dois, três, quatro e cinco subtestes, com os respectivos coeficientes de validade e fidedignidade, como também os Quocientes de Desvio, para as respectivas formas reduzidas. As combinações que apresentam os melhores requisitos psicométricos de cada conjunto de 2, 3, 4 e 5 subtestes encontram-se no Quadro 37.5, podendo-se observar que os coeficientes melhoram à medida que o número de subtestes usados para a avaliação também aumenta, oferecendo maior confiança no diagnóstico.

QUADRO 37.5 Índices de fidedignidade e validade de formas reduzidas do WISC-III

Subtestes	Fidedignidade	Validade
Vocabulário e Informação (2)	0,92	0,80
Vocabulário e Cubos (2)	0,91	0,86
Informação, Vocabulário e Cubos (3)	0,93	0,88
Informação, Semelhanças, Vocabulário e Cubos (4)	0,94	0,87
Informação, Semelhanças, Aritmética, Vocabulário e Cubos (5)	0,95	0,90

Fonte: Tabela L-11, de Sattler, 1992, p.1170 (dados resumidos).

Donders (1997) testou um modelo de oito subtestes (Vocabulário, Semelhanças, Aritmética, Dígitos, Completar Figuras, Cubos, Código e Procurar Símbolos), que proporcionou adequados coeficientes de validade e fidedignidade maiores ou iguais a 0,85. A forma oportuniza, além do Desvio de QI Total, a interpretação dos Índices Fatoriais, oferecendo uma avaliação mais ampla das diferentes habilidades cognitivas da criança, vantagem sob o ponto de vista clínico, em relação às demais proposições que produzem somente a estimativa do QI geral. Foram produzidas tabelas para o cálculo dos Quocientes de Desvio do QI Total e dos fatores Compreensão Verbal e Organização Perceptual. Para a ponderação dos índices de Resistência à Distratibilidade e Velocidade de Processamento, a tabela A.7 do manual do teste pode ser utilizada.

Um modelo de forma reduzida do WISC-R, usado com sucesso na reavaliação de crianças com problemas de aprendizagem, incluindo os subtestes Informação, Vocabulário, Completar Figuras, Cubos e Código, foi testado para o WISC-III, por Dumont e Faro (1993). Na determinação do QI Total, os escores ponderados são somados, e a seguinte fórmula deve ser aplicada: *1,29 (CF + I + Cd + Cb + V) + 34,56*. Os resultados da pesquisa mostraram que os diagnósticos obtidos com a forma reduzida do

WISC-III foram preditivos dos encontrados na aplicação completa do teste, entretanto, os autores salientam que os resultados são preliminares e recomendam replicações dos dados com outras amostras.

ESTUDOS DO WISC-III COM GRUPOS ESPECIAIS

Segundo Hishinuma (1995), o WISC-III apresenta algumas características, tanto nos seus itens como no procedimento de administração, que facilitam a avaliação de crianças com certo grau de comprometimento. O teste não exige habilidades para leitura, a não ser para os últimos itens de Aritmética, que, no caso de dificuldade, podem ser lidos pelo examinador; não requer a expressão escrita, com exceção de dois subtestes, em que um demanda a reprodução de símbolos (Código) e outro em que seja assinalada a resposta "sim" ou "não", após a identificação da inclusão ou não de símbolos-modelo numa série (Procurar Símbolos). A aplicação de cada subteste, de forma individual, permite ao psicólogo maior controle sobre as dificuldades relacionadas a déficit de atenção (impulsividade, distratibilidade) e a distúrbios de conduta (recusa em responder). O teste facilita também a avaliação de deficientes sensoriais, pois os subtestes de execução podem ser aplicados a deficientes auditivos ou, mesmo, todo o instrumento, se tiver o auxílio de um intérprete que domine linguagem de sinais; aos deficientes visuais, podem ser administrados somente os subtestes verbais.

Segundo Kaufman (1994), os estudos realizados com os diversos grupos clínicos têm encontrado um modelo claro, em que a maioria dos grupos apresenta escores baixos nos Índices Fatoriais RD e VP. Nos grupos que envolvem prejuízos na aprendizagem ou no desenvolvimento da linguagem, o fator CV aparece comprometido direta ou indiretamente, e, conseqüentemente, esse fator não avalia a capacidade intelectual na maioria destas amostras, sendo OP a melhor estimativa do potencial cognitivo destes grupos. Slate (1995) analisou se as discrepâncias entre as escalas de QI e os escores fatoriais poderiam proporcionar diagnóstico diferencial de dificuldades específicas, num grupo de 476 crianças com dificuldades de aprendizagem, com retardo mental e sem diagnóstico de deficiência. Observou-se que, como no grupo de normatização, as discrepâncias estavam presentes, e o QIE apresentou-se, na maioria das vezes, superior ao QIV, não sendo as discrepâncias muito úteis como indicadoras de anormalidade.

A seguir, apresentam-se algumas das inúmeras pesquisas desenvolvidas com o WISC-III em amostras específicas, objetivando a confirmação do modelo fatorial do teste e a busca de um perfil característico para os grupos especiais.

Superdotação

No manual do teste, é relatada pesquisa com um grupo de 38 crianças identificadas como superdotadas, quando foram investigadas as propriedades psicométricas do teste para essa população. Os escores médios para as escalas de QI foram 128 (QIV), 124 (QIE) e 128 (QIT), observando-se rendimento menor e maior variabilidade nos escores de Velocidade de Processamento (média = 110, DP = 17,9).

Fishkin e colegas (1996) verificaram a estrutura do WISC-III, numa amostra de 42 crianças superdotadas, que apresentaram escores altos em Semelhanças, Compreensão, Código e Procurar Símbolos. Cubos encontrou-se rebaixado, contradizendo estudos anteriores da literatura, que apontavam o subteste como um dos escores máximos no perfil de superdotados.

Atraso mental

O WISC-III foi aplicado a um grupo de 43 crianças que apresentavam retardo mental, e as médias dos escores das escalas de QIV, QIE e QIT foram, respectivamente, 59, 59 e 56. A menor variabilidade dos resultados foi observada entre os Índices Fatoriais, e VP (70) apareceu com o escore mais alto, formado por subtestes que normalmente apresentam a menor correlação com habilidade intelectual geral.

Dificuldades de aprendizagem

A dificuldade de aprendizagem caracteriza-se por um pobre processamento de informações e dificuldade no desenvolvimento de habilidades para leitura, escrita, linguagem, discriminação auditiva e raciocínio. As crianças com adequado nível intelectual mostram defasagem nas habilidades cognitivas, provavelmente devidas à disfunção do sistema nervoso central (Groth-Marnat, 1999). As escalas de inteligência de Wechsler facilitam a identificação das habilidades cognitivas defasadas, e inúmeros estudos são realizados, desde a primeira edição do WISC, à procura de um perfil que caracterize a dificuldade de aprendizagem. Estudos com o WISC-III comprovam escores baixos nos subtestes do perfil SCAD apenas em alguns grupos de crianças com dificuldades na aprendizagem. Segundo Wechsler (1991), o WISC-III foi administrado a 65 crianças que apresentavam dificuldades de aprendizagem, em que o escore médio do QIV (92) se apresentou um pouco inferior a QIE (97), discrepância encontrada na mesma direção entre CV (94) e OP (100). Os índices de RD (87) e VP (89) mostraram-se rebaixados, e os escores mais altos foram encontrados em Completar Figuras (10,5) e Armar Objetos (10,1); entre os mais baixos, Código (7,5), Aritmética (7,6), Procurar Símbolos (8,0) e Dígitos (7,5).

A evidência do perfil ACID foi examinada nesta amostra, sendo observado rebaixamento nos quatro subtestes que constituem o perfil em 5% do grupo e rebaixamento em três dos subtestes (menos Informação) em 20% da amostra. Os resultados sugeriram que, quando o perfil estiver presente, a hipótese de dificuldade de aprendizagem deve ser investigada; mas, quando está ausente, não pode ser desconsiderada.

Hiperatividade e déficit de atenção

O WISC-III foi administrado a um grupo de 68 crianças, diagnosticadas pelo DSM-III-R como hiperativas e/ou portadoras de déficit de atenção. Os escores nas escalas de QIs apresentaram-se dentro da média, apesar da defasagem nos subtestes Código (7,7) e Dígitos (8,2) e baixo rendimento em RD. Wechsler (1991) recomenda cautela na interpretação desses resultados, uma vez que essas defasagens não se encontram em grande proporção de crianças deste grupo.

O perfil ACID foi observado em 11% da amostra, e uma diminuição em três dos quatro subtestes do perfil foi encontrada em 28% da amostra, sugerindo que, quando ele está presente, a hipótese de déficit de atenção deve ser considerada, mas, quando o perfil está ausente, a hipótese não deve ser descartada.

Distúrbios de conduta

Os resultados da aplicação do WISC-III a um grupo de 26 crianças com distúrbios de conduta mostraram predomínio no desempenho da escala de execução em relação à verbal, confirmando pesquisas anteriores da literatura. Nas escalas de QI, os escores médios apresentaram-se entre 78 (QIV e QIT) e 82 (QIE) e, entre os escores fatoriais, OP foi o mais alto (85) e CV (78) o mais baixo. Escores inferiores nas escalas verbais (QIV e CV) são esperados, dado o atraso acadêmico e o empobrecimento das oportunidades culturais e educacionais que normalmente este grupo apresenta (Wechsler, 1991).

Deficiência auditiva

O WISC-III foi administrado a crianças com deficiência auditiva grave e profunda, com procedimento adaptado para a linguagem de sinais. A média dos escores foi QIV = 81, QIE = 115, QIT = 92, CV = 81, OP = 106, RD = 87 e VP = 101, confirmando melhor desempenho na área não-verbal. Segundo Wechsler (1991), os resultados devem ser interpretados com precaução, uma vez que a padronização do procedimento de aplicação do teste foi alterada, podendo o uso da linguagem de sinais modificar o constructo avaliado. Memória para Dígitos, por exemplo, ao ser aplicado pela linguagem de sinais, estima a memória visual, e não a auditiva. Maller e Ferron (1997) investigaram a invariância do modelo fatorial do WISC-III com crianças surdas (N = 110), sendo todas as instruções e os itens verbais do teste também traduzidos para a linguagem de sinais. Os resultados da análise fatorial confirmatória indicaram que o modelo se manteve, concluindo-se que o teste pode ser indicado com a população em estudo.

Sullivan e Montoya (1997), ao administrarem o WISC-III a 196 crianças surdas, para investigar a estrutura do teste, encontraram médias de 75 (QIV), 101 (QIE) e 86 (QIT), estando o QIV e o QIT em torno de 1 desvio padrão abaixo da média dos sujeitos da amostra de padronização, que era de ouvintes. Os resultados da análise fatorial não confirmaram a estrutura de quatro fatores da inteligência, mas sim de dois fatores denominados Organização Visoespacial (Armar Objetos, Arranjo de Figuras, Cubos, Código, Procurar Símbolos, Completar Figuras e Labirintos) e Compreensão da Linguagem (Informação, Vocabulário, Semelhanças, Compreensão, Aritmética e Dígitos), já identificados anteriormente por Sullivan e Schulte (1992), com o WISC-R, aplicado a crianças com o mesmo tipo de dificuldade.

Distúrbios psiquiátricos

Tupa e colegas (1997) investigaram os modelos de um, dois, três e quatro fatores para o WISC-III, em 177 pacientes portadores de distúrbios relacionados ao humor, conduta, hiperatividade e ansiedade. Por meio de análise fatorial confirmatória, o modelo de quatro fatores apresentou o melhor ajuste para a amostra, evidenciando aplicabilidade de interpretação dos quatro Índices Fatoriais, que foram bons preditores do rendimento acadêmico dos pacientes estudados.

CONCLUSÃO

O WISC-III, assim como as edições anteriores, continua entre os instrumentos mais populares de avaliação psicológica com crianças, independentemente de exigir um tempo considerável para sua administração e intensivo treinamento dos examinadores. Apesar dos inúmeros melhoramentos e do substancial número de itens alterados, a estrutura básica das escalas anteriores mantém-se, assim como a consistência dos requisitos psicométricos, que foram amplamente demonstrados pelos estudos de fidedignidade e validação, numa amostra de padronização bastante representativa (N = 2.200). A nova edição oferece, além das informações referentes às escalas de QI, dados produzidos pelos quatro escores fatoriais, oportunizando uma ampla interpretação das habilidades cognitivas da criança. Padrões de escores rebaixados vêm sendo pesquisados para identificar características específicas de determinados grupos clínicos. Entre os mais investigados, encontram-se as categorias de Bannatyne e os perfis ACID e/ou SCAD, que, ao serem identificados, levantam a hipótese de deficiência, mas, quando ausentes, não a eliminam. O WISC-III deve ser utilizado com precaução para grupos especiais, considerando que os estudos apresentados por Wechsler (1991) são baseados em amostras de tamanho reduzido (25 a 60), e mais estudos são necessários para investigar as características psicométricas do WISC-III, quando utilizado com crianças que exigem auxílio especial.

38

WAIS-III

Elizabeth do Nascimento

INTRODUÇÃO

As Escalas Wechsler de Inteligência para Adultos (WAIS) foram elaboradas com a finalidade de auxiliar na avaliação do funcionamento intelectual de adolescentes e adultos. Apresentam-se como importantes recursos diagnósticos para a identificação de diferentes habilidades cognitivas, possibilitando também a investigação do impacto de problemas emocionais, psiquiátricos e neurológicos no funcionamento cognitivo. A avaliação de problemas de aprendizagem, a predição do desempenho acadêmico futuro, o diagnóstico de transtornos neurológicos e psiquiátricos que afetam o funcionamento mental estão entre os objetivos mais freqüentes para sua utilização.

As Escalas Wechsler de Inteligência constituem importantes instrumentos psicométricos, sendo reconhecidas mundialmente. O WAIS-III consiste na mais recente revisão realizada da versão para adultos (WAIS), tendo sido publicado nos Estados Unidos em 1997, por The Psychological Corporation.

Embora o WAIS-III represente uma continuidade do WAIS-R, introduz aperfeiçoamentos substanciais, a saber: atualização e expansão das normas americanas; extensão da faixa etária, passando o limite etário superior de 74 anos para a idade de 89 anos; modernização do conteúdo e formato dos itens; uso de estatísticas para análise do viés dos itens durante o desenvolvimento do teste; aumento da utilidade clínica pela inclusão de novos procedimentos diagnósticos; diminuição da ênfase no tempo de execução; ampliação da base para avaliação do extremo inferior da curva de distribuição por meio da adição de itens fáceis para melhorar a avaliação de retardo mental; adição de medidas de raciocínio fluido, memória de trabalho e velocidade de processamento; fortalecimento das bases teóricas e psicométricas, pelo desenvolvimento de quatro Índices Fatoriais suplementares aos QI Verbal e QI de Execução, da normatização conjunta com o WMS-III (*Wechsler Memory Scale – Third Edition*) e com o WIAT (*Wechsler Individual Achievement Test*), além das análises psicométricas de precisão e validade.

A atualização de normas é requisito básico para a utilização de testes psicométricos, pois permite proceder comparações dos desempenhos entre pessoas de um mesmo tempo e lugar e controlar o fenômeno de que há aumento do resultado em QI ao longo do tempo. A normatização americana do WAIS-III foi feita com base em uma amostra composta por 2.450 pessoas, com idades entre 16 e 89 anos. No delineamento da amostra, foram controladas as variáveis sexo, idade, nível escolar e região geográfica de residência, de acordo com os dados do censo americano de 1995. A variável raça/etnia também foi considerada. Com relação à idade, a amostra foi dividida em 13 grupos etários (16-17, 18-19, 20-24, 25-29, 30-34, 35-44, 45-54, 55-64, 65-69, 70-74, 75-79, 80-84 e 85-89 anos).

O aumento da faixa etária de 74 anos para 89 anos, na normatização do WAIS-III, reflete o aumento da expectativa de vida da população americana e conseqüente aumento da população de idosos. A extensão da faixa etária gerou a necessidade de proceder modificações nos materiais e procedimentos de aplicação dos subtestes, de forma a torná-los apropriados para a avaliação de pessoas com mais idade.

As modificações de itens do WAIS-R justifica-se em função da existência de vários itens que se tornaram obsoletos, tanto no formato quanto no conteúdo. Para a elaboração do WAIS-III, os conteúdos de alguns itens verbais foram atualizados, e os estímulos dos subtestes Completar Figuras e Arranjo de Figuras foram redesenhados e modernizados, com a finalidade de torná-los condizentes com os tempos atuais, tornando-os mais atrativos. Com a finalidade de não prejudicar pessoas com problemas de acuidade visual, o tamanho da maioria dos estímulos foi aumentado.

Em razão da crítica feita ao WAIS-R, de que não era capaz de discriminar adequadamente pessoas com retardo mental leve e moderado, foram incluídos itens extremamente fáceis, com o objetivo de ampliar a base para a avaliação do extremo inferior da curva de distribuição. Para tal, sujeitos diagnosticados com retardo mental leve ou moderado foram testados. Desta forma, no WAIS-III, o limite inferior dos resultados em QIs foram ampliados, sendo de 45 para o QI Total, 48 para o QI Verbal e 47 para o QI de Execução.

Para aumentar a utilidade clínica, auxiliando o examinador a testar os limites do desempenho ou a examinar, mais acuradamente, os tipos de erros cometidos pelos examinandos, foram incluídos dois procedimentos opcionais no subteste Códigos, a saber, Aprendizado Espontâneo (avalia a habilidade do examinando de recordar os símbolos do Códigos) e Cópia (a cópia dos símbolos permite avaliar a velocidade grafomotora e perceptual).

A ênfase no tempo de execução foi reduzida com o propósito de não prejudicar pessoas com mais idade. Assim, o número de itens com bônus por tempo de execução foi diminuído, e Armar Objetos foi substituído pelo subteste Raciocínio Matricial, que não tem limite de tempo.

Considerando que o WAIS-R não possui subtestes que meçam adequadamente o raciocínio fluido, e considerando a importância que esse domínio possui para compreensão do funcionamento cognitivo, foi criado o subteste Raciocínio Matricial. Da mesma forma, em vista da constatação na literatura da importância da memória de trabalho e da velocidade de processamento no processo de aprendizagem, foram incluídos dois novos subtestes no WAIS-III (Seqüência de Números e Letras e Procurar Símbolos), de forma a permitir a avaliação desses componentes.

A inclusão desses três novos subtestes gerou a principal mudança estrutural no WAIS-III. Os resultados das análises fatoriais procedidas com os dados de normatização para a população americana permitiram identificar a existência de quatro importantes dimensões do funcionamento intelectual, a saber: Compreensão Verbal, Organização Perceptual, Memória de Trabalho e Velocidade de Processamento. Esses fatores passam a ser sintetizados numericamente em quatro Índices Fatoriais, fortalecendo, assim, a utilidade clínica do instrumento.

PROPRIEDADES PSICOMÉTRICAS DO WAIS-III

Para avaliação das propriedades psicométricas do WAIS-III, foram realizados estudos sobre a fidedignidade e validade do referido instrumento.

As médias dos coeficientes de fidedignidade para os subtestes na amostra total americana variaram de 0,70 (Armar Objetos) a 0,93 (Vocabulário), enquanto as médias dos coeficientes de fidedignidade dos resultados em QI e Índices Fatoriais foram de 0,88 (IVP) a 0,98 (QIT). Os subtestes que apresentam maiores índices de estabilidade temporal, em média, foram Informação e Vocabulário (em torno de 0,90).

Estudos sobre a validade concorrente foram feitos comparando os resultados no WAIS-III com diferentes instrumentos (WAIS-R, WISC-III, WIAT e Matrizes Progressivas de Raven, entre outros). Os resultados da comparação dos desempenhos do WAIS-III com o WAIS-R e com o WISC-III permitem afirmar que tais instrumentos medem essencialmente o mesmo constructo. No estudo sobre a validade de constructo, encontraram-se correlações estatisticamente significativas entre os subtestes, indicando que são interdependentes, o que permite fazer inferências acerca da inteligência geral. As intercorrelações médias foram maiores entre os subtestes verbais que os de execução, sendo que o subteste Vocabulário é o que se correlaciona mais fortemente com a Escala Verbal, enquanto Cubos e Raciocínio Matricial com a de Execução. Para a validade de constructo, o WAIS-III também foi aplicado em diferentes grupos clínicos (demência de Alzheimer, danos cerebrais, retardo mental, transtornos psiquiátricos, transtornos de aprendizagem, problemas de audição).

Em geral, os resultados acerca da fidedignidade e validade indicam que o WAIS-III se revela adequado para avaliar inteligência de adolescentes e adultos em diferentes contextos e populações.

DESCRIÇÃO DO WAIS-III

O WAIS–III mantém a mesma estrutura do WAIS–R e das outras Escalas Wechsler de inteligência. Apesar dos inúmeros aperfeiçoamentos realizados, incluindo o aumento de novos itens, aproximadamente 68% dos itens (113 dos 165 itens) do WAIS–R (excluindo o Códigos) foram mantidos, seja na forma original ou ligeiramente modificada.

O Quadro 38.1 permite identificar o número total de itens em cada subteste do WAIS-III,

QUADRO 38.1 Número total de itens em cada subteste do WAIS-III e número de mudanças ocorridas nos itens em relação ao WAIS-R

Subteste	Total de itens no WAIS-R	Não modificados ou ligeiramente modificados	Substancialmente modificados	Itens novos	Total de itens no WAIS-III
Escala Verbal					
Vocabulário	35	25	0	8	33
Semelhanças	14	11	0	8	19
Aritmética	14	13	1	6	20
Dígitos	14	14	0	1	15
Informação	29	18	1	9	28
Compreensão	16	12	0	6	18
Seqüência de Números e Letras	–	–	–	7	7
Escala de Execução					
Completar Figuras	20	8	2	15	25
Códigos	93	93	9	40	133*
Cubos	9	9	0	5	14
Raciocínio Matricial	–	–	–	26	26
Arranjo de Figuras	10	5	0	6	11
Procurar Símbolos	–	–	–	60	60
Armar Objetos	4	2	1	2	5

Fonte: Wechsler, 1997, p.19.
*Não foram incluídos os itens das tarefas opcionais: Pareamento (18), Recordação Livre (9) e Cópia (133).

bem como o número de mudanças ocorridas nos itens em relação ao WAIS-R.

Como pode ser observado no Quadro 38.1, no WAIS-III, houve o aumento no número de itens em nove subtestes e um ligeiro decréscimo em apenas dois, quando comparado com o WAIS-R. No entanto, oito subtestes apresentam de três a cinco itens extremamente fáceis que compõem a seqüência inversa, aplicada somente quando o examinando fracassa nos dois primeiros itens do ponto de início da aplicação do subteste. Deste modo, esses itens tendem a ser aplicados em uma minoria de examinandos. Os subtestes que apresentam a regra de reversão ou seqüência inversa são: Vocabulário, Semelhanças, Aritmética, Informação, Compreensão, Completar Figuras, Cubos e Raciocínio Matricial.

Dos três novos subtestes integrados ao WAIS-III, Procurar Símbolos consiste em uma adaptação do já existente no WISC-III.

Dessa forma, atualmente, o WAIS-III é composto de 14 subtestes agrupados em dois conjuntos: Verbal e de Execução (com sete subtestes cada). O Quadro 38.2 apresenta a composição de cada conjunto, e o número que precede cada subteste indica a posição que ele ocupa na ordem padronizada de aplicação.

SUBTESTES DO WAIS-III

Os 14 subtestes do WAIS-III foram elaborados para avaliar diferentes aspectos do funcionamento cognitivo. A investigação sobre a especificidade de cada subteste constitui aspecto importante, uma vez que tal avaliação oferece fundamentação para a interpretação dos resultados, no que se refere às habilidades específicas atribuídas aos subtestes, evitando interpretações errôneas sobre as forças e fraquezas do funcionamento cognitivo da pessoa em avaliação. O grau de especificidade pode ser calculado estatisticamente e diz respeito à proporção da variância que é fidedigna e peculiar ao subteste, não sendo compartilhada com outros subtestes e nem devida ao erro. Os subtestes são classificados como tendo ampla, adequada ou inadequada especificidade (vide Quadro 38.3).

Os estudos realizados por Kaufman e Lichtenberger (1999) e por Sattler e Ryan (1999) sobre o grau de especificidade dos subtestes do WAIS-III, com base na amostra de normatização americana, permitiram constatar que vários subtestes do WAIS-III possuem suficiente especificidade. Enquanto Sattler e Ryan apresentam a avaliação do grau de especificidade de cada subteste de forma detalhada, considerando em que faixas etárias os subtestes apresentam algum grau de especificidade, Kau-

QUADRO 38.2 Subtestes do WAIS-III que compõem os conjuntos Verbal e de Execução e a ordem de aplicação

Verbal	Execução
2. Vocabulário	1. Completar Figuras
4. Semelhanças	3. Códigos
6. Aritmética	5. Cubos
8. Dígitos	7. Raciocínio Mental
9. Informação	10. Arranjo de Figuras
11. Compreensão	12. Procurar Símbolos (suplementar)
13. Seqüência de Números e Letras (suplementar)	14. Armar Objetos (opcional)

Fonte: Wechsler, 1997, p.3.

QUADRO 38.3 Subtestes do WAIS-III categorizados de acordo com o grau de especificidade

Ampla especificidade	Adequada especificidade	Inadequada especificidade
Dígitos	Arranjo de Figuras	Procurar Símbolos
Raciocínio Matricial	Cubos	Armar Objetos
Códigos	Informação	
Completar Figuras	Compreensão	
Seqüência de Números e Letras	Semelhanças	
Aritmética	Vocabulário	

Fonte: Kaufman & Lichtenberger, 1999, p.80.

fman e Lichtenberger fazem uma avaliação geral, independente dos grupos etários. Em linhas gerais, os autores apresentam resultados concordantes acerca do grau de especificidade dos subtestes.

Segundo Sattler e Ryan (1999), aqueles subtestes com inadequada especificidade não devem ser interpretados no sentido de estarem medindo funções específicas. Eles podem ser interpretados como sendo boas ou razoáveis medidas de g, e, quando apropriado, representando um dos quatro fatores identificados no WAIS-III (vide Quadro 38.4).

A seguir, dos 14 subtestes, serão apresentados os subtestes Seqüência de Números e Letras, Raciocínio Matricial e Procurar Símbolos, que representam importantes inovações no WAIS-III, de vez que os subtestes restantes mantêm a mesma estrutura das edições anteriores.

Seqüência de Números e Letras

O subteste Seqüência de Números e Letras foi introduzido no WAIS-III com o objetivo de auxiliar na avaliação da atenção e memória de trabalho. O seu formato foi inspirado no trabalho de Gold, Carpenter, Randolph, Goldeberg e Weinberg, em 1997 (apud Psychological Corporation, 1997), que desenvolveram tarefa similar para determinar o comprometimento da memória de trabalho em indivíduos com esquizofrenia.

A tarefa requer que o examinando organize, seqüencialmente, 21 séries de números e letras apresentadas oralmente, colocando os números em ordem crescente e as letras em ordem alfabética. A aplicação do subteste é suspensa após o fracasso nas três tentativas de um item. O subteste é composto de sete séries de números e letras, com três tentativas cada. O número de elementos em cada série aumenta progressivamente, sendo que a primeira é composta de dois elementos, e a última, de oito.

Os dados empíricos obtidos pelos estudos conduzidos para a elaboração da versão original americana do WAIS-III apontam que, do ponto de vista psicométrico, o subteste Seqüência de Números e Letras pode ser considerado uma razoável medida da capacidade intelectual geral, sendo que, no WAIS-III, 42% de sua variância pode ser atribuída ao fator g. Contribui substancialmente para o Índice Memória de Trabalho, apresentando carga média de 0,61. Apresenta coeficientes de fidedignidade entre 0,75 e 0,88 nos 13 grupos etários. Seqüência de Números e Letras correlaciona-se mais com os subtestes Dígitos ($r = 0,57$) e Aritmética ($r = 0,55$). Em relação às escalas, apresenta correlação moderadamente alta com a Escala Total ($r = 0,64$) e a Escala Verbal ($r = 0,62$), e correlação moderada com a Escala de Execução ($r = 0,57$).

Segundo Sattler e Ryan (1999), o subteste Seqüência de Números e Letras apresenta especificidade ampla ou adequada para cinco grupos etários (18-19; 30-34; 45-54; 70-74; 85-89 anos) e inadequada para oito grupos etários (16-17; 20-24; 25-29; 35-44; 55-64; 65-69; 75-79; 80-84 anos). As habilidades investiga-

QUADRO 38.4 Subtestes do WAIS-III enquanto medidas de habilidade geral (g)

Boa medida da habilidade geral		Razoável medida da habilidade geral	
Subteste	Carga média de g	Subteste	Carga média de g
Vocabulário	(0,83)	Procurar Símbolos	(0,70)
Semelhanças	(0,79)	Arranjo de Figuras	(0,66)
Informação	(0,79)	Seqüência de Números e Letras	(0,65)
Compreensão	(0,77)	Completar Figuras	(0,64)
Aritmética	(0,75)	Armar Objetos	(0,62)
Cubos	(0,72)	Códigos	(0,59)
Raciocínio Matricial	(0,72)	Dígitos	(0,67)

Fonte: Sattler & Ryan, 1999, p.1218 (adaptado da tabela N-12).

das por esse subteste e compartilhadas com outros subtestes são: percepção auditiva de estímulo verbal simples, memória de trabalho, inteligência fluida, visualização, aquisição e recuperação de curto prazo, memória do estímulo simbólico, processamento seqüencial, codificação da informação para posterior processamento cognitivo, facilidade com seqüências superaprendidas, memória de curto prazo (auditiva), habilidade de aprender, habilidade de planejamento e verbalização (Kaufman & Lichtenberger, 1999).

Dentre os fatores que afetam os resultados no subteste estão: atenção, ansiedade, concentração, distração, flexibilidade, analfabetismo (não sabe as letras e o alfabeto no nível automático) ou dislexia, transtornos de aprendizagem, hiperatividade, negativismo e persistência. As condições ambientais e físicas também podem prejudicar o desempenho, como por exemplo, barulho ou problemas de audição.

Raciocínio Matricial

A configuração do subteste Raciocínio Matricial é semelhante à de testes como o de Matrizes Progressivas de Raven. O subteste Raciocínio Matricial foi introduzido no WAIS-III com o objetivo de aprimorar a investigação do raciocínio fluido (habilidade geral de raciocínio não-verbal).

O subteste é composto de 26 itens, além dos três exemplos que servem de treino na tarefa. É composto de quatro tipos de itens: padrões contínuos e discretos, classificação, raciocínio analógico e raciocínio serial. O fato de não apresentar limite de tempo tem se mostrado favorável para pessoas de mais idade que apresentam velocidade de resposta mais lenta. Foi inspirado no teste de Raven, em 1938, (Kaufman & Lichtenberger, 1999). A tarefa consiste em completar uma série de padrões incompletos, apontando ou dizendo o número do estímulo que está faltando entre as cinco alternativas apresentadas. Após quatro erros consecutivos ou quatro erros em cinco itens consecutivos, a aplicação do subteste é suspensa.

Do ponto de vista psicométrico, o subteste Raciocínio Matricial pode ser considerado, juntamente com Cubos, como sendo a melhor medida da capacidade intelectual geral entre os subtestes da Escala de Execução, sendo que, no WAIS-III, 52% de sua variância pode ser atribuída ao fator g. Ele contribui moderadamente para o Índice Organização Perceptual, apresentando carga média de 0,49, correlacionando-se mais com os subtestes Cubos ($r = 0,60$) e Aritmética ($r = 0,58$). Apresenta coeficientes de fidedignidade entre 0,84 e 0,94 nos 13 grupos etários. Esse subteste apresenta ampla especificidade para todos os grupos etários.

Entre as habilidades investigadas em Raciocínio Matricial e compartilhadas com outros subtestes, estão: percepção visual de estímulo abstrato, percepção auditiva do estímulo verbal complexo (seguir as instruções), capacidade de distinguir os detalhes essenciais dos não-essenciais, organização perceptual, inteligência visual, inteligência fluida, produção convergente, processamento holístico, habilidade de aprendizado, raciocínio não-verbal, processamento simultâneo, visualização espacial e organização visual (Kaufman & Lichtenberger, 1999).

Dentre os fatores que afetam os resultados no subteste, estão: habilidade para responder quando inseguro, estilo cognitivo, cegueira para cor (em alguns itens, o uso de várias cores pode confundir pessoas com cegueira para cor), flexibilidade, nível motivacional, negativismo, predomínio do pensamento concreto, persistência e problemas visoperceptuais (Kaufman & Lichtenberger, 1999).

Procurar Símbolos

O subteste Procurar Símbolos foi introduzido, inicialmente, no WISC-III. No entanto, algumas modificações foram efetuadas para a sua inclusão no WAIS-III. A inclusão desse subteste no WAIS-III permitiu chegar a uma estrutura fatorial semelhante à do WISC-III, o que se mostra relevante para efeitos de comparação longitudinal dos resultados obtidos com as duas Escalas, tanto nos contextos clínico quanto de pesquisa.

A tarefa consiste em identificar se os símbolos mostrados no grupo-alvo estão presentes no grupo de busca, marcando a resposta no campo apropriado. O subteste apresenta tempo limite de 120 segundos. O subteste apresenta apenas uma forma composta de 60 itens, e cada item apresenta dois símbolos no grupo-alvo e cinco símbolos no grupo de busca.

Do ponto de vista psicométrico, Procurar Símbolos pode ser considerado uma medida razoável da capacidade intelectual geral entre os subtestes da Escala de Execução, sendo que, no WAIS-III, 49% de sua variância pode ser atribuída ao *fator g*. Como seria esperado, contribui substancialmente para o Índice Velocidade de Processamento, apresentando carga média de 0,70 e maior correlação com o subteste Códigos ($r = 0,65$). Foram estimados coeficientes de fidedignidade entre 0,74 e 0,82 nos 13 grupos etários e correlação moderadamente alta com a Escala Total ($r = 0,66$) e com a Escala de Execução ($r = 0,69$).

O subteste tem como objetivo investigar as habilidades de atenção, velocidade de processamento mental e de inspeção visual. Segundo Sattler e Ryan (1999), sua especificidade é ampla ou adequada para três grupos etários (30-34; 35-44; 45-54 anos) e inadequada para 10 grupos etários (16-17; 18-19; 20-24; 25-29; 55-64; 65-69; 70-74; 75-79; 80-84; 85-89 anos).

Entre as habilidades investigadas em Procurar Símbolos e compartilhadas com outros subtestes, estão: percepção visual de estímulo abstrato, percepção auditiva do estímulo verbal complexo (seguir as instruções), organização perceptual, produção convergente e avaliação do estímulo simbólico, planejamento, codificação da informação para processamento cognitivo posterior, habilidade de aprendizado, memória de curto prazo (visual), visualização espacial, velocidade do processamento mental, habilidade com lápis e papel, coordenação visomotora e acurácia (Kaufman & Lichtenberger, 1999). Os fatores que afetam os resultados no subteste são: ansiedade, distração, transtornos de aprendizagem, hiperatividade, nível motivacional, preocupação obsessiva com acurácia e detalhes, persistência, problemas visoperceptuais e capacidade de trabalhar sob pressão do tempo (Kaufman & Lichtenberger, 1999).

APLICAÇÃO E CORREÇÃO DO WAIS-III

A aplicação, correção e interpretação do WAIS-III mantêm os mesmos princípios e passos contidos nas outras versões das Escalas Wechsler de Inteligência.

A aplicação é individual e tem como requisito básico o treinamento, por parte do examinador, no manuseio dos materiais e das instruções contidas no manual. A aplicação padronizada permanece em torno de 90 minutos.

Para se obter tanto os resultados dos QIs quanto dos Índices Fatoriais, deve-se aplicar 13 subtestes, excluindo-se o subteste Armar Objetos, que passa a ser considerado opcional. Este subteste é aplicado em circunstâncias específicas, podendo substituir qualquer subteste da Escala de Execução, que, por algum motivo, foi invalidado durante a aplicação. No entanto, essa possibilidade de substituição pode ser usada somente em pessoas com idades entre 16 e 74 anos. Os subtestes Seqüência de Números e Letras e Procurar Símbolos são considerados suplementares por contribuírem exclusivamente para os Índices Fatoriais, entrando no cálculo do QI apenas em situações em que Dígitos ou Códigos foram invalidados por alguma razão. Desse modo, o subteste Seqüência de Números e Letras poderá substituir apenas o primeiro, enquanto Procurar Símbolos somente o segundo.

Com base no Quadro 38.2, observa-se que a ordem de aplicação dos subtestes se dá de forma alternada, com a finalidade de manter o interesse do examinando, procedimento este adotado a partir do WAIS-R.

No WAIS-R, os resultados ponderados no teste, que serviam de referência para o cálculo do QI, eram baseados unicamente nos resultados do grupo etário de 20 a 34 anos da amostra de normatização. Este procedimento foi alvo de crítica, uma vez que prejudicava a investigação do desempenho de sujeitos com maior idade. Não obstante o fato de ter sido mantido como procedimento opcional à ponderação dos resultados a partir do grupo de referência (20 a 34 anos), no WAIS-III, outra importante inovação foi que os resultados brutos passaram a ser ponderados, a partir de todos os grupos etários contemplados na normatização, de forma que cada indivíduo possa ser comparado com o grupo etário ao qual pertence.

No que se refere ao cálculo dos Índices Fatoriais, o procedimento é semelhante ao adotado para obtenção dos resultados em QI. Cada índice é obtido a partir da soma dos resultados ponderados dos respectivos subtestes que o compõem. As somas dos resultados ponderados são convertidas para uma escala normalizada, com média de 100 e desvio padrão de 15, a mesma utilizada para os resultados em QI.

INTERPRETAÇÃO DOS RESULTADOS ALCANÇADOS NO WAIS-III

A interpretação do WAIS-III segue basicamente os mesmos passos para interpretação das outras Escalas Wechsler de Inteligência. A inclusão dos Índices Fatoriais e de procedimentos alternativos possibilita o levantamento de informações que enriquecem a interpretação do WAIS-III. As discrepâncias entre os resultados ponderados nos subtestes, entre os QI e entre os Índices Fatoriais, são consideradas importantes indicadores diagnósticos para identificar as forças e fraquezas do funcionamento intelectual. A análise qualitativa dessas discrepâncias tem sido objeto de inúmeros estudos referidos na literatura (Kaufman, 1990; Kaufman & Lichtenberger, 1999; Matarazzo, 1976; Matarazzo, 1990; Sattler & Ryan, 1999).

Em linhas gerais, a análise dos padrões de desempenho no WAIS-III é feita com base nos seguintes aspectos:

1) discrepâncias significativas do ponto de vista estatístico e freqüência clinicamente importante das diferenças entre os resultados em QI e entre os Índices Fatoriais;

2) análise das variações nos desempenhos nos subtestes;

3) informações sobre a história de vida do examinando;

4) observações diretas do comportamento;

5) resultados de outras avaliações.

Com o objetivo de levantar hipóteses sobre as capacidades cognitivas do examinando, a interpretação dos resultados quantitativos (QI Total, QI Verbal, QI de Execução, os quatro Índices Fatoriais e os 14 resultados ponderados nos subtestes) serve de referência para a interpretação qualitativa. A recomendação é que se parta dos resultados globais para os específicos.

Passo 1 – Interpretação do QI Total

O primeiro resultado a ser levado em consideração é o QI Total, que consiste no resultado que expressa o nível de funcionamento global. No entanto, juntamente com o resultado quantitativo, é importante estabelecer o intervalo de confiança, ou seja, a margem de erro, o percentil e a descrição da categoria intelectual.

As categorias diagnósticas correspondentes são apresentadas no Quadro 38.5. É importante também verificar se o QI Total se apresenta consistente com o quadro de pré-morbidade (quando for o caso), o nível educacional e profissional do examinando.

Como pode ser observado no Quadro 38.5, a classificação utilizada no WAIS-III para o limite extremo inferior do QI foi alterada em relação às versões anteriores, cuja classificação era deficiência mental ou retardo mental. Essa alteração teve como objetivo evitar que o resultado apresentado seja considerado como uma evidência suficiente para efetuar o diagnóstico de retardo mental. O resultado extremamente baixo no WAIS-III indica que este é muito inferior à média, podendo ser indicativo de presença de um déficit no funcionamento cognitivo.

Passo 2 – Interpretação da discrepância entre o QI Verbal e o QI de Execução

O segundo passo consiste em analisar a discrepância apresentada entre o QI Verbal (QIV)

QUADRO 38.5 Descrição qualitativa do QI Total no WAIS-III

QI	Classificação	Percentual incluído	
		Curva normal teórica	Amostra atual
130 e acima	Muito Superior	2,2	2,1
120-129	Superior	6,7	8,3
110-119	Média Superior	16,1	16,1
90-109	Média	50,0	50,3
80-89	Média Inferior	16,1	14,8
70-79	Limítrofe	6,7	6,5
69 e abaixo	Extremamente Baixo	2,2	1,9

Fonte: Wechsler, 1997, p.25.
*As porcentagens apresentadas são do QI Total, estando baseadas na amostra total de normatização americana (N = 2.450). As porcentagens obtidas para o QI Verbal e QI de Execução são muito semelhantes.

e o QI de Execução (QIE). Como nas outras Escalas Wechsler de Inteligência, o QIV constitui uma medida do conhecimento adquirido, raciocínio verbal e facilidade com materiais verbais, ao passo que o QIE é uma medida do raciocínio fluido, processamento visoespacial, atenção para detalhes e integração visomotora.

Esses resultados em QI são analisados, separadamente, somente quando apresentam diferenças significativas e relativamente infreqüentes na amostra de normatização. O manual americano de aplicação e correção do WAIS-III (Wechsler, 1997) apresenta as tabelas B.1 e B.2, necessárias para identificação de tais aspectos. Para a maioria dos grupos etários, a diferença de 8 a 9 pontos entre o QIV e o QIE são significativas ($p < 0,05$).

Considerando que a diferença significativa encontrada pode ser comum na população, refletindo muitas vezes flutuações normais nas habilidades intelectuais dos indivíduos, é necessário identificar se ela é infreqüente na amostra de normatização para fins de análise. Para se ter uma idéia, diferenças significativas de 15 pontos entre os dois resultados em QI mostraram-se freqüentes, tendo sido encontradas em aproximadamente 18% da amostra de normatização americana. Em linhas gerais, consideram-se as diferenças de 10 a 20 pontos como sendo moderadas, enquanto diferenças maiores que 20 pontos podem ser consideradas extremas. As diferenças moderadas oferecem informações sobre as habilidades do examinando, permitindo identificar os pontos fortes e fracos no desempenho. Embora a identificação de diferenças extremas entre os resultados permita levantar hipóteses mais seguras acerca da existência de algum problema cognitivo decorrente de transtorno neurológico ou psíquico, fatores como classe social, histórico educacional e fatores étnicos também podem contribuir para tais discrepâncias. A existência de diferenças moderadas ou extremas entre os QIV e QIE torna inadequada a interpretação inicial do QIT, uma vez que esse resultado passa a não expressar com clareza as forças e fraquezas cognitivas identificadas (Olin & Keatinge, 1998).

Olin e Keatinge (1998) oferecem algumas hipóteses possíveis para interpretação das diferenças entre os QIV e QIE, desde que os resultados nos subtestes sejam homogêneos:

1) QIV > QIE sugere, possivelmente, lentidão psicomotora, falta de motivação ou esforço, reduzida coordenação visomotora e de processamento, estresse ou ansiedade devido à pressão do tempo, dano orgânico, déficit visual ou de organização perceptual, depressão, ansiedade, melhores habilidades intelectuais verbais.

1) QIE > QIV sugere, possivelmente, falta de educação formal ou fatores culturais, impulsividade, falta de atenção, problemas com o raciocínio verbal, problemas de audição e fala, ou melhores habilidades intelectuais não-verbais.

Passo 3 – Análise das discrepâncias entre os Índices Fatoriais

Os Índices Fatoriais constituem medidas de domínios mais discretos. Dessa forma, além dos QI tradicionais (Verbal, Execução e Total), o WAIS-III permite o levantamento de quatro Índices Fatoriais: Compreensão Verbal, Organização Perceptual, Memória de Trabalho (semelhante ao fator de resistência à distratibilidade do WISC–III) e Velocidade de Processamento.

O Índice Compreensão Verbal (ICV) reflete o conhecimento verbal adquirido e o processo mental necessário para responder às questões, que seria a capacidade de compreensão (raciocínio verbal). É obtido pela soma dos resultados ponderados dos subtestes Vocabulário, Informação e Semelhanças.

O Índice Organização Perceptual (IOP) consiste na medida do raciocínio não-verbal, raciocínio fluido, atenção para detalhes e integração visomotora. É obtido pela soma dos resultados ponderados dos subtestes Cubos, Completar Figuras e Raciocínio Matricial.

O terceiro Índice, Memória de Trabalho (IMT), relaciona-se com a capacidade de atentar-se para a informação, mantê-la brevemente e processá-la na memória, para, em seguida, emitir uma resposta. É obtido por meio da soma dos resultados ponderados dos subtestes Aritmética, Dígitos e Seqüência de Números e Letras.

O quarto Índice, Velocidade de Processamento (IVP), está relacionado com a resistência à distratibilidade, medindo, então, os processos relacionados à atenção, memória e concentração para processar, rapidamente, a informação visual. É obtido pela soma dos resultados ponderados dos subtestes Códigos e Procurar Símbolos.

Embora os dois primeiros Índices meçam habilidades semelhantes aos QI Verbal e de Execução, respectivamente, eles consistem em medidas mais refinadas de tais capacidades, de vez que não incluem aqueles subtestes que estão correlacionados com os outros dois domínios. Os subtestes que contribuem para um Índice apresentam correlações maiores com subtestes no mesmo domínio do que com aqueles que medem outros domínios de habilidades. No entanto, embora os subtestes Compreensão e Arranjo de Figuras apresentem correlações com Compreensão Verbal e Organização Perceptual, respectivamente, não foram incluídos no cômputo dos respectivos Índices Fatoriais. O subteste Armar Objetos não foi incluído na investigação dos quatro domínios recém-apresentados, embora esteja correlacionado com a Organização Perceptual.

A análise dos Índices Fatoriais pode ser feita com base na discrepância entre os pares de Índices, permitindo, assim, seis possíveis comparações (ICV-IOP, ICV-IMT, IOP-IVP, ICV-IMT, IOP-IMT, IMT-IVP). O critério para interpretação dos pares de Índices é o mesmo utilizado para comparação dos QIV e QIE, ou seja, a análise e interpretação é feita verificando se os valores obtidos são significativamente diferentes ou suficientemente grandes para serem considerados anormais ou raros, e se tais diferenças são passíveis de interpretação. As tabelas utilizadas para identificação de diferenças significativas entre os QIV e QIE e a freqüência em que aparecem na amostra de normatização em cada grupo etário também apresentam tais valores para os pares de Índices Fatoriais. Em linhas gerais, observa-se que diferenças menores de 15 pontos entre os pares de Índices são esperadas, enquanto diferenças de 15 a 25 pontos são moderadas, e aquelas acima de 25 pontos podem ser consideradas extremas. Assim, as diferenças moderadas oferecem informações relevantes sobre as forças e fraquezas cognitivas e as diferenças extremas levantam suspeita de algum prejuízo cognitivo (Olin & Keatinge, 1998).

Passo 4 – Interpretação dos resultados nos subtestes

Após a interpretação dos resultados em QI e dos Índices Fatoriais, é possível proceder a análise dos resultados individuais nos subtestes aplicados, o que permite a investigação mais acurada de possíveis flutuações no desempenho do examinando. Nessa etapa, o grau de especificidade de cada subteste deve ser considerado, conforme descrito no tópico referente aos subtestes do WAIS-III.

As variações nos desempenhos nos subtestes são analisadas a partir de dois procedimentos opcionais: cálculo do desempenho médio a partir de todos os subtestes aplicados, ou cálculo do desempenho médio em cada conjunto (Verbal e de Execução).

Neste último, a média do desempenho no conjunto serve como ponto de comparação para identificar a diferença entre a média no conjunto e o resultado em cada subteste do mesmo conjunto. Para identificar se as diferenças encontradas são freqüentes, o manual americano apresenta tabelas nas quais as diferenças significativas foram calculadas a partir da amostra de normatização americana.

O sistema de correção proposto por Kaufman (1990) está entre os mais utilizados por profissionais brasileiros para interpretação dos resultados ponderados obtidos nos subtestes. O autor propõe os seguintes passos:

1) Examinar a diferença entre o QIV e o QIE para determinar se os respectivos subtestes devem ser analisados separadamente ou em combinação um com o outro. Se a diferença entre o QIV e o QIE é menor que 10 pontos, deve-se comparar todos os subtestes em conjunto. Caso a diferença seja superior a 10 pontos, devem-se interpretar os conjuntos separadamente. Desta forma, se a discrepância for menor que 10 pontos, o examinador deve comparar cada resultado ponderado de cada subteste com a média geral de todos os subtestes (11 a 14 subtestes). Se a discrepância for maior que 10 pontos, o examinador deve comparar cada resultado ponderado dos subtestes verbais com a respectiva média dos subtestes verbais (6 ou 7 subtestes). O mesmo é feito com relação aos subtestes do conjunto de execução, sendo a média calculada a partir dos resultados nos subtestes de execução (5, 6 ou 7 subtestes).

2) Para identificação das diferenças significativas entre os resultados individuais e as médias calculadas, a regra de considerar as diferenças de ±3 pontos é usada para identificar as forças e fraquezas. Desse modo, subtestes com resultados ponderados 3 pontos acima da média indicam a presença de um componente forte, enquanto 3 pontos abaixo da média indicam componente fraco.

3) A partir da identificação dos subtestes que devem ser analisados mais detidamente, é importante considerar o que cada um avalia e a variabilidade de desempenho intra-subteste. Tais aspectos permitem nortear o levantamento de hipóteses acerca das forças e fraquezas cognitivas identificadas. É importante considerar também os possíveis fatores que possam ter afetado o desempenho do examinando. Entre esses fatores, destacam-se os de natureza não-cognitiva, que podem ser identificados pela análise qualitativa das respostas, das observações clínicas, como também, pelo uso de outros instrumentos. Ao se constatar discrepâncias que merecem ser interpretadas, é importante identificar se variações ocorreram em função de tais fatores secundários, apresentados no Quadro 38.6.

QUADRO 38.6 Fatores não-cognitivos que tendem a diminuir ou aumentar o desempenho no WAIS-III

Tendem a diminuir o desempenho:
  humor (ansiedade, depressão, negativismo, hostilidade); imaturidade; impulsividade; falta de socialização; cultura/etnia/língua/educação; pressão do tempo

Tendem a aumentar o desempenho:
  obsessividade para detalhes, perfeccionismo (podendo também lentificar o desempenho); superaprendizado teórico/livresco (aumento superficial); flexibilidade no raciocínio

O grau de motivação ou persistência pode contribuir tanto para o aumento quanto para a diminuição do desempenho nos subtestes.

Com base nos passos sugeridos para interpretação do perfil, torna-se possível gerar hipóteses sobre o funcionamento cognitivo da pessoa em avaliação.

Procedimentos opcionais auxiliares na interpretação

No WAIS-III, foram incluídos procedimentos opcionais que auxiliam na interpretação do desempenho em dois subtestes, a saber, Códigos e Dígitos.

Considerando que a realização da tarefa proposta no subteste Códigos envolve diferentes habilidades, muitas vezes se torna difícil para o profissional identificar as razões que levaram o examinando a apresentar fraco desempenho no subteste. Dentre os fatores que contribuem para o fraco desempenho, estão a dificuldade em memorizar o estímulo e a baixa velocidade de processamento. Assim, dois procedimentos opcionais foram incluídos no subteste Códigos, com o objetivo de identificar que habilidades podem estar comprometidas.

O primeiro procedimento, chamado aprendizagem espontânea, consiste em uma medida da habilidade do examinando em recordar os pares de números e símbolos e de recordar os símbolos independentemente dos números. Tal procedimento é utilizado logo após a aplicação-padrão do Códigos e não tem limite de tempo. No entanto, para aplicação da aprendizagem espontânea, é necessário que o examinando complete, no mínimo, quatro linhas de símbolos durante a aplicação do Códigos. Caso o examinando necessite de tempo além do limite estabelecido na aplicação (120 segundos) para completar quatro linhas, os símbolos completados após o tempo limite não contam no resultado do Códigos.

O segundo procedimento opcional é aplicado no final do WAIS-III, sendo chamado de Cópia. A tarefa consiste em que o examinando copie, no espaço inferior, o símbolo constante na parte superior de cada um dos quadros apresentados na parte final da folha de registro do WAIS-III. Este procedimento é composto de sete itens para treino e 133 para execução, dentro do tempo limite de 90 segundos.

Tendo em vista que a ordem direta e a ordem inversa do subteste Dígitos avaliam diferentes aspectos da memória, tem-se o procedimento opcional de comparar os resultados obtidos em cada uma das ordens. No manual americano de aplicação e correção do WAIS-III constam duas tabelas (tabelas B.6 e B.7; Wechsler, 1997), que apresentam o desempenho da amostra de padronização na ordem direta e na ordem inversa. A tabela B.6 apresenta as porcentagens cumulativas para as maiores séries alcançadas pela amostra americana, tanto na ordem direta quanto na ordem inversa. A amostra americana foi capaz de recordar, em média, seis dígitos na ordem direta e cinco dígitos na ordem inversa. Conforme a tabela B.7, em todos os grupos etários e na amostra total, ocorreu a recordação de maior número de dígitos na ordem direta que inversa, sendo a diferença entre os resultados em torno de dois pontos. A diferença no resultado bruto de três pontos ou mais entre a ordem direta e inversa deve ser alvo de análise (Sattler & Ryan, 1999).

Como pode ser observado na tabela B.7, a recordação de maior número de dígitos na ordem inversa que na direta é relativamente rara de ocorrer, sendo que a porcentagem da amostra de padronização americana que apresentou tal padrão de desempenho foi de aproximadamente 4%. Dentre as possíveis explicações para a maior recordação de dígitos na ordem inversa que na direta está o fato de que, para algumas pessoas, a ordem inversa apresenta-se mais estimulante, de vez que exige maior processamento que a ordem direta.

VANTAGENS E LIMITAÇÕES DO WAIS-III

Como todo instrumento psicológico, o WAIS-III apresenta vantagens e limitações. As publicações recentes sobre o referido instrumento avaliam tais aspectos (Gregory, 1999; Kaufman & Lichtenberger, 1999; Sattler & Ryan, 1999), que serão apresentados a seguir. As características do WAIS-III consideradas como vantajosas foram destacadas ao longo do capítulo. Dentre as características do WAIS-III tidas como limitações, destacam-se:

1) O teste não é aplicável a pessoas gravemente retardadas ou extremamente inteligentes.

2) Três subtestes apresentam baixa fidedignidade, a saber, Arranjo de Figuras, Procurar Símbolos e Armar Objetos.

3) Os subtestes Seqüência de Números e Letras, Arranjo de Figuras e Armar Objetos não apresentam excelente estabilidade temporal.

4) Os fatores Organização Perceptual e Velocidade de Processamento não emergem

como constructos separados para as pessoas com idades entre 75 e 89 anos.

5) Ocorrem dificuldades em interpretar as normas quando se usa um subteste suplementar em substituição a um subteste-padrão, pois não existem estudos investigando os efeitos de tais substituições.

6) Possíveis dificuldades podem ocorrer ao pontuar respostas nos subtestes Vocabulário, Semelhanças, Compreensão e Informação.

7) O material e o desenho de alguns subtestes, como Arranjo de Figuras e Raciocínio Matricial, são considerados de má qualidade. No caso do Arranjo de Figuras, alguns detalhes são bastante discretos, podendo dificultar a compreensão das estórias. No caso do subteste Raciocínio Matricial, alguns itens dependem do reconhecimento das cores para solucioná-los, o que pode prejudicar pessoas que apresentam cegueira para cor.

Anexo A

MINI-EXAME DO ESTADO MENTAL*

Objetivo

O Mini-Exame do Estado Mental fornece uma avaliação quantitativa do desempenho e da capacidade cognitiva do paciente. O teste é útil na avaliação quantitativa da gravidade do prejuízo cognitivo e na documentação em série de alterações cognitivas.

Método

O entrevistador é instruído a deixar o paciente confortável, a estabelecer *rapport* com o paciente e a evitar pressioná-lo em itens que ele ache difícil, enquanto faz uma série de 11 perguntas. O exame geralmente requer 5 a 10 minutos para ser administrado.

Instruções

Orientação

1. Pergunte a data. Então, pergunte especificamente as partes omitidas (por exemplo, "Você pode me dizer também em que estação do ano estamos?"). Um ponto para cada resposta correta.

2. Pergunte sucessivamente "Você pode me dizer o nome deste hospital? (cidade, estado, etc.)". Um ponto para cada resposta correta.

---

*Reproduzido de MacKinnon, R.A. & Yudofsky, S.C. (1988). *A avaliação psiquiátrica na prática clínica*. Porto Alegre: Artes Médicas (com autorização da Editora).

Registro dos dados

Pergunte ao paciente se você pode testar sua memória. Então, diga os nomes de três objetos não relacionados, clara e vagarosamente, aproximadamente 1 segundo para cada. Após ter dito os três, peça-lhe que repita. Essa primeira repetição determina seu escore (0-3), mas ele deve ficar tentando até que possa lembrar todos os três nomes até seis tentativas. Se não conseguir, eventualmente, lembrar os três, sua capacidade de lembrança não poderá ser testada significativamente.

Atenção e cálculo

Peça ao paciente que, começando em 100, conte ao inverso de 7 em 7. Pare após cinco subtrações (93, 86, 79, 65). Classifique o número total de respostas corretas. Se o paciente não puder ou não quiser desempenhar essa tarefa, peça-lhe que diga a palavra "mundo" de trás para frente. O escore é o número de letras em ordem correta (p.ex., odnum = 5, odunm = 3).

Lembrança

Pergunte ao paciente se lembra das três palavras que você pediu que ele gravasse anteriormente. Escore 0-3.

Linguagem

Nomear. Mostre ao paciente um relógio de pulso e pergunte-lhe o que é. Repita com um lápis. Escore 0-2.

Repetição. Peça ao paciente que repita uma frase depois de você tê-la dito. Permita apenas uma tentativa. Escore 0-1.

Comando em três estágios. Dê ao paciente um pedaço de papel em branco e repita o comando. Conte 1 ponto para cada parte corretamente executada. Comando: pegue uma folha de papel, dobre ao meio e coloque-a no chão.

Leitura. Em um pedaço de papel branco, escreva a frase "Feche os olhos". Escreva com letra suficientemente grande para que o paciente veja claramente. Peça-lhe que a leia e faça o que ela diz. Conte 1 ponto somente se ele realmente fechar os olhos.

Escrita. Dê ao paciente um pedaço de papel branco e peça-lhe que escreva uma frase. Não dite a frase; esta deve ser escrita espontaneamente. Ela deve conter um sujeito, um verbo e ser sensível. Gramática e pontuação corretas não são necessárias.

Cópia. Em um pedaço de papel em branco, desenhe pentágonos cruzados, cada lado com aproximadamente 2,5 cm, e peça ao paciente que copie exatamente da mesma forma. Todos os dez ângulos devem estar presentes e dois devem se cruzar para contar 1 ponto. Tremor e rotação devem ser ignorados.

Avalie o *sensorium* do paciente ao longo de um continuum, de alerta à esquerda, à coma à direita.

Classificação

O escore para o Exame do Mini-Estado Mental pode ser encontrado no formulário, que é mostrado a seguir.

Interpretação

Um escore total possível é de 30; o escore médio para pacientes com demência é de 9,7; para pacientes com prejuízo cognitivo devido à depressão, a média é de 19,0; e para pacientes com uma perturbação afetiva não-complicada ou depressão, a média é de 25,1. O escore médio para pessoas normais é de 27,6.

"Mini-Exame do Estado Mental"

Máximo Escore	Escore	
		ORIENTAÇÃO
5	( )	Em que (ano) (estação) (mês) estamos?
5	( )	Onde estamos (estado) (município) (cidade) (hospital) (andar)?
		REGISTRO
3	( )	Nomeie 3 objetos: Eu ajudo a dizer cada um. Então pergunte ao paciente todos os 3 após tê-los nomeado. Conte 1 ponto para cada resposta correta. Então repita-os até que ele tenha aprendido os 3. Conte as tentativas e registre. Nº de tentativas: _____
		ATENÇÃO E CÁLCULO
5	( )	Conte de 7 em 7. 1 ponto para cada subtração correta. Pare após 5 respostas. Alternativamente, soletre "mundo" de trás para frente.
		LEMBRANÇA
3	( )	Pergunte os 3 objetos repetidos acima. Dê 1 ponto para cada correto.
		LINGUAGEM
9	( )	Nomeie um lápis e um relógio (2 pontos). Repita o seguinte "Nem mas, nem meio mas". (1 ponto). Siga um comando de 3 estágios. "Pegue um papel com sua mão direita, dobre-o ao meio e coloque-o no chão" (3 pontos). Leia e obedeça ao seguinte: Feche os olhos (1 ponto). Copie um desenho (1 ponto). Escore total AVALIE o nível de desempenho ao longo do continuum

| alerta | sonolento | estupor | coma |

Fonte: MacKinnon & Yudofsky, 1988, p.201 (reproduzido com autorização da Editora).

Anexo B

PASSOS BÁSICOS DO DESENVOLVIMENTO DA CRIANÇA (PBDC)

Aidyl L. M. de Queiroz Pérez-Ramos

a) **Finalidade**

O presente instrumento consiste de uma escala de avaliação referencial do comportamento esperado da criança, ao longo dos seus três primeiros anos de vida. Seu emprego se destina a obter uma apreciação geral do desenvolvimento durante esse período evolutivo. Não se pretende, com seu uso, conhecer níveis exatos desse processo, mas sim configurar uma imagem aproximada dos progressos alcançados, assim como dos déficits detectados.

A escala é composta de uma listagem de comportamentos evolutivos (84 itens), que podem ser considerados indicadores desse processo, os quais são agrupados em 14 unidades, de natureza etária, denominadas *Passos Básicos*. Os mesmos variam não só em função dos comportamentos que os definem, mas também da sua periodicidade, conforme o ritmo e mudanças que ocorram ao longo desse período de vida. Assim, no 1º ano de vida, os Passos Básicos são especificados de mês a mês, até o 4º mês; passando depois de dois em dois meses, até o 12º; no segundo ano, de três em três meses; e, no terceiro, de seis em seis meses.

b) **Fundamentação**

A escala PBDC surgiu da necessidade de se dispor de um instrumento referencial para apreciar os progressos e atrasos no desenvolvimento da criança pequena, devendo ser de aplicação ampla, não só por psicólogos, mas também por outros profissionais da equipe de diagnóstico infantil, e inclusive pelos pais, quando instruídos no seu uso. No caso de outros profissionais dessa equipe, como pediatras, educadores, enfermeiras, entre outros, a escala lhes permitirá obter um conhecimento geral do nível de desenvolvimento da criança e de informações intercambiáveis entre os mesmos, usando parâmetros comuns. No caso dos pais, o instrumento lhes proporcionará uma percepção mais objetiva do processo evolutivo do filho e, também, segurança para colaborar no exame psicológico que for necessário realizar no estudo da criança. Além disso, a Escala poderá constituir para eles efetivo recurso para auxiliar na sua condição de *mediadores* nos programas de intervenção precoce aplicáveis a seus filhos, dessas idades, com necessidades especiais. Quanto ao psicólogo, a PBDC lhe permitirá obter um conhecimento preliminar do desenvolvimento da criança e, com tal informação, prosseguir com maior segurança, com os exames psicológicos que forem pertinentes.

Este instrumento provém de experiências clínicas da própria autora, durante mais de duas décadas, havendo publicado escala no gênero, em 1975, como recurso útil, para os pais observarem o comportamento de sua criança pequena (Pérez-Ramos, A., 1975). Desde então, o uso desse instrumento passou a ser também um auxiliar efetivo para o psicodiagnóstico e seguimento do desenvolvimento das crianças, nas idades referidas, atendidas em clínicas psicológicas, creches e serviços de estimulação precoce.

À medida que o emprego dessa escala inicial se mostrava de utilidade, comprovou-se também a necessidade de generalizar a possibilidade de sua aplicação a alguns profissionais não psicólogos (pedagogos, fisioterapeutas, entre outros) e de incluir determinadas mudanças destinadas a precisar e atualizar a escala original, dando lugar à atual. Tais alterações foram feitas em função de contingências atuais, da comparação com outros instrumentos congêneres (Atkin, Superviellet, Canton et alii, 1987; Karnes, 1992), de sua utilização em pesquisas de estudos de casos (Carpentiri, 1994; Silva, 1997) e, principalmente, da verificação de sua validade (validade de conteúdo, efetuada por juízes ad hoc, especialistas em psicologia do desenvolvimento).

c) Recomendações para a aplicação da Escala PBDC

As mesmas são de caráter geral, sem especificar instruções para sua aplicação, uma vez que se trata de uma guia sistematizada de observação, utilizando itens progressivos de desenvolvimento e equipamentos e brinquedos não determinados especificamente. Indicam-se a seguir recomendações consideradas necessárias para poder garantir efetividade no uso do instrumento:

– Solicitar a presença da mãe ou, na impossibilidade desta, da pessoa que cuida quotidianamente da criança, para efetuar o exame.

– Preparar um ambiente adequado para sua aplicação, se possível silencioso e sem muitos estímulos que possam distrair a criança. No caso de bebês menores de 6 ou 7 meses, prover-se de mesa alta, cama de consultório ou, ainda, bebê-conforto. Para crianças maiores, que engatinham, que sentam ou caminham, é recomendável área livre, com tapete próprio de criança.

– Explicar à mãe ou responsável, em linguagem coloquial, as finalidades do exame, destacando que o mesmo permitirá conhecer, de maneira geral, o desenvolvimento do filho. Além disso, deve-se motivá-la a exercer o papel de *mediadora* nesse processo avaliativo, com explicações de como desempenhar esse papel na realização dos itens da prova, especialmente quando se tratar de criança menor de um ano de idade. As explicações transmitidas à genitora devem ser tão práticas quanto possível, mas sem utilizar-se da criança como recurso demonstrativo. Adverti-la também para não interferir nas tentativas que a criança faz para reagir ao solicitado.

– Solicitar dela informações, quando necessárias, sobre o comportamento do filho, como garantia às respostas daquele aos itens da prova.

– Assegurar-se de que a criança se encontre em bom estado de saúde e suas necessidades básicas satisfeitas. No caso de bebês, especialmente nos seus primeiros meses, verificar se as condições que apresentam são as próprias de "estado de alerta", isto é, que estejam bem despertos, calmos, alimentados e limpos.

– Estabelecer um *rapport* com a mãe e a criança, por meio de "conversas" e brincadeiras com esta última.

– Iniciar a aplicação da Escala pelo nível correspondente à idade da criança e ir descendo ou subindo conforme o seu desempenho. Marcar no traço que precede os itens do protocolo, um sinal +, no caso de reação positiva, e um –, quando negativa, além de registrar as observações que forem pertinentes sobre o comportamento da criança e também da genitora, para subseqüentes interpretações e orientações.

PASSOS BÁSICOS DO DESENVOLVIMENTO DA CRIANÇA

Folha de Aplicação (do nascimento aos três anos de idade)   Nº _____

Nome:..Sexo:...Data Aplic.:..........................

Data Nasc.:...........................

Idade:................................

1º mês
- Realiza movimentos de sucção ao estimular-lhe os lábios.
- Agarra firmemente o dedo do adulto quando colocado na palma de sua mão.
- Movimenta-se levemente na posição deitada.
- Acalma-se ao ouvir a voz humana.
- Olha brevemente a face dos outros, quando próxima da sua.
- Emite sons guturais.

2º mês
- Sustenta a cabeça por momentos, quando de bruços.
- Segue com movimentos dos olhos e de cabeça um estímulo que se move ao alcance de sua vista.
- Esboça um sorriso como resposta às "brincadeiras" que lhe fazem.
- Emite sons em forma variada.
- Segura, com as duas mãos, um pequeno objeto, no centro de seu corpo.

3º mês
- Mantém com firmeza a cabeça e o tronco, na posição de bruços.
- Leva à boca a mão ou o chocalho.
- Volteia o corpo lateralmente.
- Segue com o olhar o movimento das pessoas.
- Ri e sorri às "brincadeiras" que lhe fazem.
- "Brinca" com suas mãos, fixando seu olhar nos movimentos que faz com as mesmas.

4º mês
- Apóia-se nas mãos e nos braços para sustentar a cabeça e o tronco, estando de bruços.
- Vira-se de posição de bruços para a de costas.
- Segura e leva à boca um objeto pequeno.
- Começa a sentar-se com apoio.
- Murmureja e ri fortemente.
- Pula quando sustentada na posição de pé, pelas axilas.

5º ao 6º mês
- Sorri espontaneamente às pessoas que lhe são familiares.
- Agarra seus pés e "brinca" com eles.
- Senta-se brevemente, sem apoio.
- Reconhece as vozes dos familiares.

7º ao 8º mês
- Tira o pano que lhe cobre o rosto.
- Passa um objeto de uma a outra mão.
- Introduz objetos pequenos em caixinha, utilizando o polegar e o indicador.
- Faz barulho, intencionalmente, com objetos nas suas mãos.
- Reage negativamente às pessoas estranhas.
- Engatinha com certa soltura.

9º ao 10º mês
- Grita e chora para chamar a atenção.
- Fica de pé, apoiando-se ou agarrando-se.
- Imita sons e movimentos, como estalo de língua ou bater palmas.
- Empilha dois objetos.
- Compreende e executa algumas ordens simples.
- Repete alguns sons do que lhe "falam".

11º ao 12º mês
- Vale-se de gestos e poucas palavras para se comunicar.
- Arremessa e rola uma bola.
- Permanece sentada longo período.
- Manifesta afeto por beijos e abraços.
- Explora brinquedinhos por algum tempo.
- Tenta rabiscar pegando o lápis com toda a mão.

1 ano a 1 ano e 3 meses
- Brinca de "esconde-esconde".
- Diz "mamã" e "papá" e sons semelhantes para designar os pais.
- Anda apoiando-se nos móveis ou segurada por um adulto.
- Manifesta variedade de emoções: possessividade, ciúmes, afeto, ansiedade.
- Vira grosseiramente páginas de um livrinho.
- Fica atenta por períodos de tempo, demonstrando interesse pelo que passa ao seu redor.

1 ano e 4 meses a 1 ano e 6 meses
- Caminha firmemente.
- Agacha-se e levanta-se com facilidade.
- Empilha ou enfileira vários brinquedinhos.
- Reconhece sua imagem no espelho.
- Alcança com uma das mãos algum objeto desejado.
- Balbucia repetindo diferentes sílabas.

1 ano e 7 meses a 1 ano e 9 meses
- Sobe e desce escada alternando os pés.
- Bebe líquido usando xícara ou copo.
- Começa a tirar sua roupa.
- Compreende e executa várias ordens.
- Identifica animais e pessoas por palavras simples.
- Puxa carrinho por cordinha.

1 ano e 10 meses a 1 ano e 12 meses
- "Nina" boneca ou ursinho de pelúcia.
- Dá e recebe bola.
- Faz vários riscos com lápis.
- Come sozinha, usando colher.
- Usa palavras-frases.
- Encaixa peças simples.
- Começa a comer alimentos sólidos com as próprias mãos.
- Identifica carrinhos e animais por onomatopéias.

2 anos a 2 anos e 5 meses
- Acompanha música com movimento rítmico.
- Sobe e desce escada alternando os pés.
- Nomeia e identifica partes do corpo.
- Pede para ir ao banheiro.
- Forma frases de duas ou três palavras.
- Participa de jogos de "casinha".

2 anos e 6 meses a 3 anos
- Corre de maneira desenvolta.
- Desabotoa botões em casas grandes.
- Faz perguntas "por quê?" e "o quê?".
- Participa de jogos de "casinha".
- Diz seu nome e idade.
- Veste e desveste peças simples de roupa.
- Realiza "garatujas" com rabiscos em várias direções.

MATERIAL DE APOIO

A seguir, é apresentada a relação do material a ser utilizado para a observação dos diferentes comportamentos contidos na Escala. Ao lado da indicação dos materiais, são sugeridos os "passos" da Escala para os quais aqueles são recomendados.

Material	Passos básicos
• Chocalho	2º e 3º mês
• Bichinho de borracha	4º, 5º ao 6º mês
• Pano quadrado de 50cm (mais ou menos)	7º ao 8º mês; 11º ao 12º mês
• Bichinhos pequenos de borracha	7º ao 8º mês; 11º ao 12º mês
• Caixinha para pôr os bichinhos pequenos	7º ao 8º mês; 11º ao 12º mês
• Dois pratinhos de metal	7º ao 8º mês
• Dadinhos coloridos	7º ao 8º mês; 9º ao 10º mês; 1 ano e 4 meses a 1 ano e 6 meses
• Bolachinha	1 ano e 4 meses a 1 ano e 6 meses
• Livrinho com folhas grossas	1 ano a 1 ano e 3 meses; 2 anos a 2 anos e 5 meses
• Carrinho de puxar, com barbante	1 ano e 7 meses a 1 ano e 9 meses
• Bola, tamanho normal	11º mês ao 12º mês; 1 ano e 10 meses a 1 ano e 12 meses
• Um espelho manual	1 ano e 4 meses a 1 ano e 6 meses
• Carrinhos e animaizinhos de brinquedo	1 ano e 4 meses a 1 ano e 6 meses
• Lápis grosso com capa e papel	11º ao 12º mês; 1 ano e 10 meses a 1 ano e 12 meses
• Xícara ou copo	1 ano e 7 meses a 1 ano e 9 meses
• Boneca ou ursinho de pelúcia	1 ano e 10 meses a 1 ano e 12 meses
• Coletinho simples, com botões e casas grandes	2 anos e 6 meses a 3 anos
• Aparelhinho de café	2 anos e 6 meses a 3 anos

Observações sobre o comportamento da criança e da mãe ou responsável: _____
_____
_____
_____
_____
_____
_____
_____
_____

Data: _____ / _____ / _____

Anexo C

QUADRO C.1 Tabela para conversão de escores das escalas óbvias e sutis do MMPI em notas T

Escore bruto	Sexo masculino									
	D-O	D-S	Hy-O	Hy-S	Pd-O	Pd-S	Pa-O	Pa-S	Ma-O	Ma-S
40										
39	120									
38	118									
37	116									
36	114									
35	111									
34	109									
33	107									
32	105		115							
31	102		112							
30	100		110							
29	98		108							
28	95		105	84	111					
27	93		103	81	118					
26	91		101	79	106					
25	89		98	77	103					
24	86		96	75	100					
23	84		93	73	97		121		109	103
22	82		91	70	95	102	117		105	99
21	80		89	68	92	98	114		102	95
20	77	85	86	66	89	94	110		98	91
19	75	81	84	64	86	90	107		95	87
18	73	78	82	62	83	86	103		92	84
17	71	74	79	59	81	82	100	97	88	80
16	68	70	77	57	78	78	96	93	85	76
15	66	67	74	55	75	74	93	88	81	72
14	64	63	72	53	72	70	89	84	78	68
13	62	60	70	51	70	66	86	80	74	64
12	59	56	67	48	67	62	82	76	71	60
11	57	52	65	46	64	58	79	71	68	57
10	55	49	63	44	61	54	75	67	64	53
9	53	45	60	42	59	50	72	63	61	49
8	50	41	58	39	56	46	68	58	57	45
7	48	38	56	37	53	42	65	54	54	41
6	46	34	53	35	50	38	62	50	50	37
5	44	31	51	33	48	34	58	46	47	34
4	41	27	48	31	45	31	55	41	44	30
3	39	23	46	28	42	27	51	37	40	26

(continua)

QUADRO C.1 Tabela para conversão de escores das escalas óbvias e sutis do MMPI em notas T (*continuação*)

Escore bruto	Sexo masculino									
	D-O	D-S	Hy-O	Hy-S	Pd-O	Pd-S	Pa-O	Pa-S	Ma-O	Ma-S
2	37	20	44	26	39	23	48	33	37	22
1	35	16	41	24	37	19	44	28	33	18
0	32	13	39	22	34	15	41	24	30	14
40	112									
39	110									
38	108									
37	106									
36	104									
35	102									
34	100									
33	98									
32	95		103							
31	93		101							
30	91		99							
29	89		97							
28	87		95	85	115					
27	85		93	83	112					
26	83		91	81	109					
25	81		88	78	107					
24	79		86	76	104					
23	77		84	73	101				109	105
22	75		82	71	98	105			106	101
21	73		80	69	95	101			102	97
20	71	83	78	66	92	97	119		99	93
19	69	79	76	64	89	93	115		96	89
18	67	76	74	61	86	87	111		92	85
17	65	72	72	59	84	84	107	104	89	81
16	63	68	70	57	81	80	103	99	86	77
15	61	65	67	54	78	76	99	94	82	73
14	59	61	65	52	75	72	95	90	79	69
13	57	57	63	50	72	68	91	85	76	66
12	55	54	61	47	69	64	87	80	72	62
11	53	50	59	45	66	60	83	75	69	58
10	51	46	57	42	64	55	79	71	66	54
9	49	43	55	40	61	51	75	66	63	50
8	47	39	53	38	58	47	71	62	59	46
7	45	35	51	35	55	43	67	57	56	42
6	43	31	49	33	52	39	63	52	53	38
5	41	28	47	31	49	35	59	47	49	34
4	39	24	44	28	46	31	55	43	46	30
3	37	20	42	26	43	26	51	38	43	26
2	34	17	40	23	41	22	46	33	39	22
1	32	13	38	21	38	18	42	29	36	18
0	30	9	36	19	35	14	38	24	33	14

Fonte: Wiener & Harmon (1946), *apud* Dahlstrom, Welsh & Dahlstrom, 1972, p.402-403.

QUADRO C.2 Tabela para conversão de escores da escala de Força do Ego (ES) em notas T

Escore bruto	Sexo Masculino	Sexo Feminino	Escore bruto	Sexo Masculino	Sexo Feminino
68	87	94	30	27	34
67	86	92	29	25	32
66	85	91	28	24	31
			27	22	29
65	83	89	26	20	28
64	82	87			
63	80	86	25	19	26
62	78	84	24	17	24
61	77	83	23	16	23
			22	14	21
60	75	81	21	12	20
59	74	80			
58	72	78	20		18
57	70	76	19		17
56	69	75	18		15
			17		14
55	67	73	16		12
54	66	72			
53	64	70	15		
52	62	69	14		
51	61	67	13		
			12		
50	59	65	11		
49	58	64			
48	56	62	10		
47	54	61	9		
46	53	59	8		
			7		
45	51	58	6		
44	49	56			
43	48	54	5		
42	46	53	4		
41	45	51	3		
			2		
40	43	50	1		
39	41	48	0		
38	40	47			
37	38	45			
36	37	43			
35	35	42			
34	33	41			
33	32	39			
32	30	37			
31	29	36			

Fonte: Hathaway & Briggs (1957), *apud* Dahlstrom & Welsh, 1962, p.441-442.

Anexo D

QUADRO D.1 Itens evolutivos de Koppitz: percentis por faixa etária

Escore bruto	Faixa etária									
	5	6	7	8	9	10	11	12	13	14
5	5	3	2	1	–	–	–	–	–	–
6	10	4	3	2	–	–	–	–	–	–
7	15	5	4	3	1	–	–	–	–	–
8	20	7	5	4	2	–	–	–	–	–
9	30	10	7	5	3	–	–	–	–	–
10	35	15	10	8	4	1	1	–	1	–
11	45	25	15	10	5	2	2	1	2	–
12	50	30	20	13	6	3	3	2	3	1
13	65	40	25	15	7	4	4	3	4	2
14	75	50	40	20	10	5	5	4	5	3
15	80	60	50	30	15	10	10	5	8	4
16	90	70	55	40	25	15	15	10	10	5
17	95	75	65	50	35	25	25	20	15	10
18	98	80	75	55	45	35	35	30	25	20
19	99	85	85	65	55	50	50	40	35	30
20		90	90	75	65	65	60	50	45	40
21		95	95	85	75	75	70	60	50	50
22		98	98	90	85	85	80	70	60	60
23		99	99	95	95	90	85	75	75	70
24				99	97	95	90	80	80	80
25					99	97	95	85	90	85
26						99	98	90	95	90
27							99	95	98	95
28								99	99	99

Fonte: Hutz & Antoniazzi, 1995, p.8.

QUADRO D.2 Indicadores emocionais de Koppitz: percentis por faixa etária

Escore bruto	Faixa etária									
	5	6	7	8	9	10	11	12	13	14
0	99	99	95	90	85	85	80	75	75	70
1	95	95	85	75	70	70	60	50	50	50
2	90	85	70	50	50	50	40	30	30	20
3	80	70	50	45	30	30	20	15	15	10
4	70	50	35	30	15	10	10	5	8	8
5	50	30	20	15	10	1	1	1	5	5
6	40	20	10	10	5	–	–	–	1	1
7	20	15	5	5	3	–	–	–	–	–
8	10	10	3	3	1	–	–	–	–	–
9	5	5	1	1	–	–	–	–	–	–
10	1	1	–	–	–	–	–	–	–	–

Fonte: Hutz & Antoniazzi, 1995, p.9.

Anexo E

QUADRO E.1 Lista de perguntas para interrogatório do HTP

P1	É um homem, uma mulher, um menino ou uma menina?
P2	Que idade tem?
P3	Quem é?
P4	(Se dá o nome) Quem é ele?
P5	O que está fazendo?
P6	Onde está?
A1	Que tipo de árvore é esta?
A2	Onde está esta árvore?
A3	Que idade tem esta árvore?
A4	Esta árvore está viva?
A5	a. O que você acha que fez com que ela morresse?
	b. Viverá de novo?
C1	Esta casa tem um andar de cima?
C2	É a sua casa?
C3	Você gostaria de possuir esta casa?
C4	Que quarto você escolheria?
C5	Quando você olha para a casa, parece próxima ou longe?
C6	Parece que está acima de você, abaixo ou na mesma altura?
A6	Esta árvore se parece mais com um homem ou com você, abaixo ou na mesma altura?
A7	Se esta árvore fosse uma pessoa, para que lado está você, abaixo ou na mesma altura?
A8	Esta árvore está sozinha ou num grupo de árvores?
A9	Olhando para esta árvore, parece que está acima de você, abaixo ou na mesma altura?
P7	Em que está pensando?
P8	Como se sente?
P9	Em que esta pessoa lhe faz pensar?
P10	Esta pessoa está bem?
P11	Esta pessoa é feliz?
P12	Como é que está o tempo neste quadro?
C7	Em que esta casa faz você pensar?
C8	É um tipo de casa que parece feliz, amiga?
C9	Como é que está o tempo neste quadro?
C10	Em que pessoa que você conhece esta casa lhe faz pensar?
C11	Alguém ou alguma coisa alguma vez fez algum mal a esta casa?
C12	(Sujeito instruído a desenhar o sol.) Suponhamos que este sol fosse alguma pessoa, que você conhece, quem seria?
A15	(Sujeito instruído a desenhar o sol.) Suponhamos que este sol fosse alguma pessoa, que você conhece, quem seria?
A16	Em que esta árvore lhe faz pensar?

QUADRO E.1 Lista de perguntas para interrogatório do HTP *(continuação)*

A17	É uma árvore sadia?
A18	É uma árvore feliz?
P13	Esta pessoa lhe lembra que pessoa?
P14	Que tipo de roupa esta pessoa está usando?
P15	De que esta pessoa mais precisa?
P16	Alguém fez algum mal a esta pessoa? a. Como? b. Que idade ela tinha quando aconteceu?
P17	(Sujeito instruído a desenhar o sol.) Suponhamos que este sol fosse alguma pessoa, que você conhece, quem seria? (Sujeito instruído a desenhar a linha do solo)
A19	De que pessoa, que você conhece, esta árvore lhe lembra?
A20	Alguém ou alguma coisa alguma vez fez mal a esta árvore?
A21	De que esta árvore mais precisa?
C13	Em que esta casa lhe faz pensar?
C14	De que esta casa mais precisa?

Fonte: Jolles, 1969, p.225-228.
Observação: Nem sempre são usadas todas as perguntas, e, às vezes, são incluídas mais algumas no todo ou em cada série. Tomaremos a lista utilizada no interrogatório de uma criança.

QUADRO E.2 Manual de tabulação para os 30 itens evolutivos do teste da figura humana (infantil), segundo Koppitz

1. Cabeça: qualquer representação; necessário um esboço claro da cabeça.
2. Olhos: qualquer representação dos mesmos.
3. Pupilas: círculos ou pontos definidos, dentro dos olhos. Um ponto com um risco em cima se computa como olhos e sobrancelhas.
4. Sobrancelhas ou pestanas: uma ou outra ou ambas.
5. Nariz: qualquer representação.
6. Fossas nasais: pontos acrescentados aos narizes.
7. Boca: qualquer representação.
8. Lábios: dois lábios esboçados e superados por uma linha: *não se computam* duas fileiras de dentes.
9. Orelhas: qualquer representação.
10. Cabelo: qualquer representação ou chapéu ou gorro cobrindo a cabeça e ocultando o cabelo.
11. Pescoço: precisa separação nítida entre cabeça e corpo.
12. Corpo: qualquer representação; requer esboço claro.
13. Braços: qualquer representação.
14. Braços em duas dimensões: cada um representado por mais de uma linha.
15. Braços apontando para baixo: um ou ambos, em um ângulo de 30° ou mais, com relação à posição horizontal ou braços erguidos adequadamente para a atividade que está realizando a figura. *Não se computa* quando os braços se estendem horizontalmente e logo se inclinam para baixo, a certa distância do corpo.
16. Braços corretamente unidos ao ombro: ombro precisa estar indicado, e os braços devem estar firmemente conectados ao tronco.
17. Cotovelo: requer que tenha ângulo definido no braço.
18. Mãos: requer definição dos braços e dos dedos, tais como alargamento do braço ou uma demarcação relativa ao braço mediante uma manga ou pulseira.
19. Dedos: qualquer representação que distinga dos braços e das mãos.
20. Número correto de dedos: cinco dedos em cada mão ou braço, a menos que a posição da mão oculte alguns dedos.
21. Perna: qualquer representação; no caso de figuras femininas, com saias largas, computa-se só se a distância entre a cintura e os pés é suficientemente larga para permitir a existência de pernas sob as saias.
22. Pernas em duas dimensões: cada uma das pernas assinalada por mais de uma linha.
23. Joelho: um ângulo nítido em uma ou ambas as pernas (perfil) ou desenho da rótula (frente). *Não se computa* quando há só uma curva na perna.
24. Pés: qualquer representação.
25. Pés bidimensionais: pés que se estendem numa direção a partir dos calcanhares (perfil) ou pés desenhados em perspectiva (frente).
26. Perfil: cabeça de perfil, embora o resto da figura não esteja todo de perfil.
27. Roupa: uma peça ou nenhuma, nenhuma peça indicada ou só chapéu, botões, cinto ou *esboço* de vestimenta sem detalhes.
28. Roupa: duas ou três peças; computam-se como roupa: calças ou calção, saias, camisa ou blusa (parte superior de um vestido, separada por um cinto, é

QUADRO E.2 Manual de tabulação para os 30 itens evolutivos do teste da figura humana (infantil), segundo Koppitz *(continuação)*

contada como blusa), chapéu, copa do chapéu, cinto, gravata, fita de cabelo, fivela ou broche de prender cabelo, colar, relógio, anel, pulseira, cachimbo, cigarro, guarda-chuva, bengala, arma de fogo, ancinho, sapatos, coturnos, livro de bolso, maleta, bastão (de beisebol), luvas, etc.

29. Roupa: quatro itens ou mais; quatro ou mais dos citados anteriormente.
30. Boas proporções: a figura está *bem*, ainda quando não seja inteiramente correta do ponto de vista anatômico.

Fonte: Koppitz, 1976, p.379-381.

QUADRO E.3 Manual de tabulação para os 30 indicadores emocionais do teste da figura humana (infantil), segundo Koppitz

Sinais qualitativos

1. Integração pobre das partes (meninos: 7 anos; meninas: 6); uma ou mais partes não estão unidas ao resto da figura; uma das partes só está unida por um risco ou apenas toca o resto.
2. Sombreado no rosto: de todo o rosto ou de parte do mesmo, inclusive sardas, sarampo, etc.; um sombreado suave e parelho de rosto e mãos para representar a cor da pele *não se computa*.
3. Sombreado do corpo e/ou extremidade: (meninos: 9 anos; meninas: 8).
4. Sombreado das mãos e/ou pescoço: (meninos: 8 anos; meninas: 7).
5. Assimetria grosseira de extremidades: um braço ou perna difere marcadamente de outro na *forma*. *Não se computa* se os braços ou as pernas têm forma parecida, porém, são um pouco desparelhos no tamanho.
6. Figuras inclinadas: o eixo vertical da figura tem uma inclinação de 15° ou mais em relação à perpendicular.
7. Figura pequena: mede 5cm ou menos de altura.
8. Figura grande: (desde os 8 anos, em ambos os sexos); mede 23cm ou mais de altura.
9. Transparências: aquelas que compreendem as proporções maiores do corpo ou as extremidades. *Não se computam* os riscos ou quando as linhas dos braços atravessam o corpo.
10. Cabeça pequena: a altura da cabeça é menos de um décimo da figura total.
11. Olhos estrábicos ou desviados: ambos os olhos voltados para dentro ou desviados para fora. Olhares de soslaio *não se computam*.
12. Dentes: qualquer representação de um ou mais dentes.
13. Braços curtos: acessórios curtos tipo braços; braços que não chegam à cintura.
14. Braços compridos: excessivamente; por seu comprimento, podem chegar debaixo das rótulas ou onde estas deveriam estar.
15. Braços presos ao corpo; não há espaço entre o corpo e os braços.
16. Mãos grandes: de tamanho igual ou maior que o rosto.
17. Mãos omitidas: braços sem mãos nem dedos. *Não se computam* as mãos ocultas atrás da figura ou nos bolsos.
18. Pernas juntas; pernas unidas, sem nenhum espaço entre si; nos desenhos de perfil, se aparece só uma perna.
19. Genitais: representação realista ou inconfundível simbólica dos genitais.
20. Monstro ou figura grotesca; pessoa ridícula, degradada ou não humana; o grotesco da figura deve ser buscado deliberadamente pela criança e não é resultado de sua imaturidade ou falta de habilidade para o desenho.
21. Desenho espontâneo de três ou mais figuras: várias figuras que não estão inter-relacionadas ou realizando uma atividade significativa; desenho repetido de figuras quando foi solicitado só *uma* pessoa. *Não se computam* o desenho de um menino e uma menina ou o da família do examinado.
22. Nuvens: qualquer representação de nuvens, chuva, neve ou pássaros voando.
23. Omissão dos olhos: ausência total dos olhos; *não se computam* olhos fechados ou vazios.
24. Omissão do nariz: (meninos: 6 anos; meninas: 5).
25. Omissão da boca.
26. Omissão do corpo.
27. Omissão dos braços (meninos: 6 anos; meninas, 5).
28. Omissão das pernas.
29. Omissão dos pés (meninos: 9 anos; meninas, 7).
30. Omissão do pescoço (meninos: 10 anos; meninas, 9).

Nota: Todos os indicadores emocionais são considerados válidos para meninos e meninas de 5 a 12 anos, a menos que expressamente se indique o contrário.
Fonte: Koppitz, 1976, p.383-385.

QUADRO E.4 Questionário para crianças (teste da figura humana de Machover)

Desenho da Figura Humana na Técnica de Machover
Questionário para crianças

Nome .... Idade .... Nº.....................
Escolaridade .... Sexo .... Data................

Instruções: Conte uma história sobre esta figura como se ela (ou ele) fosse o personagem de uma novela ou de uma peça, respondendo às seguintes perguntas sobre ela (ou ele) da melhor maneira que você puder.

1. O que ela (ele) está fazendo? ....
2. Qual é a idade dela(e)? ....
3. Ela (ele) é casada(o)? ....
4. Tem filhos? Meninos ou meninas? ....
5. Que trabalho ela (ele) faz? ....
6. Em que ano está na escola? ....
7. O que ela (ele) quer ser? ....
8. Ela (ele) é inteligente? ....
9. Tem boa saúde? ....
10. É bonita(o)? ....
11. Qual é a parte mais bonita do seu corpo? ....
12. Qual é a parte mais feia do seu corpo? ....
13. Ela (ele) é muito bonita(o)? ....
14. O que a(o) preocupa? ....
15. Quando ela (ele) se irrita? ....
16. Que sinais de nervosismo ela (ele) dá? ....
17. Quais são os seus três piores hábitos? ....
18. Quais são os seus melhores hábitos? ....
19. Tem muitos amigos? Mais velhos ou mais novos? ..
20. O que as pessoas dizem dela(e)? ....
21. Quanto ela (ele) gosta de sua família? ....
22. Quanto ela (ele) gosta da escola? ....
23. Ela (ele) sai muito com meninos(as)? ....
24. Como ela (ele) se diverte? ....
25. Ela (ele) se casará? ....
26. Com que idade? ....
27. Com que tipo de rapaz (moça) ela (ele) vai se casar?
28. Quais são os três maiores desejos? ....
29. Quem ela (ele) lembra? ....
30. Você gostaria de ser como ela (ele)? ....

Tradução de Van Kolck, de Machover (1956).
Fonte: Van Kolck, 1984.

QUADRO E.5 Questionário para adolescentes e adultos (teste da figura humana de Machover)

Desenho da Figura Humana na Técnica de Machover
Questionário para adolescentes e adultos

Nome .... Idade .... Nº.....................
Escolaridade .... Sexo .... Data................

Instruções: Conte uma história sobre esta figura como se ela (ou ele) fosse o personagem de uma novela ou de uma peça, respondendo às seguintes perguntas sobre ela (ou ele) da melhor maneira que você puder.

Associações

1. O que essa pessoa está fazendo? ....
2. Que idade tem? ....
3. É casada? ....
4. Tem filhos? ....
5. Com quem vive? ....
6. Está mais ligada ao pai ou à mãe? ....
7. Quantos irmãos tem? ....
8. Que trabalho faz? ....
9. Vai à escola? ....
10. O que quer ser? ....
11. É inteligente? ....
12. É forte? ....
13. Tem boa saúde? ....
14. É simpática? ....
15. Qual é a melhor parte de seu corpo? ....
16. Qual é a parte mais feia do seu corpo? Por quê? ..
17. É um tipo nervoso? ....
18. O que está pensando? ....
19. Do que tem medo? ....
20. É triste ou alegre? ....
21. O que a encoleriza? ....
22. O que mais deseja? Quais são seus três maiores desejos? ....
23. Quais são suas três melhores qualidades? ....
24. Quais são seus três piores defeitos? ....
25. Prefere estar sozinha ou com outras pessoas? .....
26. Ela se perturba quando é observada? ....
27. O que as pessoas dizem dela? ....
28. Confia nas pessoas? ....
29. Tem medo das pessoas? ....
30. Ela se dá bem com a mulher (ou marido) ou com os pais (se é solteira)? ....
31. Ela está sempre junto ou separada do cônjuge? (se é solteira, pular esta pergunta) ....
32. Como são as relações sexuais com o marido ou a mulher? (se é solteira, pular esta pergunta) ....
33. Quando teve sua primeira experiência sexual? .....
34. Tem namorado(a) firme? (para solteiros) ....
35. Espera casar-se? (para solteiros) ....
36. Que tipo de moço ou moça ela prefere? (para solteiros) ....
37. Já teve relações sexuais com moças? Se for homem, com moços? ....
38. Já foi abordado? (homossexualmente) ....
39. Ela se masturba freqüentemente? ....
40. O que pensa sobre isso? ....
41. Com quem essa figura se parece? ....
42. Você gostaria de ser parecida com ela? ....
43. Qual é a parte mais bonita do corpo dessa pessoa?
44. Qual é a parte mais feia desse desenho? ....

Apreciação de si mesma

45. Qual é a parte melhor do seu corpo? Por quê? .....
46. Qual é a parte pior do seu corpo? Por quê? ....
47. O que você tem de bom? ....
48. O que você tem de mau? ....

Tradução e adaptação de Van Kolck, de Machover (1956).
Fonte: Van Kolck, 1984.

Referências Bibliográficas

Abduch, M. (1997). *Aids: discursos de vida diante da morte. Estudo de mulheres portadoras do HIV e/ou AIDS*. São Paulo, USP. (Tese de doutorado)

Aberastury, A. & Knobel, M. (1991). *Adolescência normal: um enfoque psicanalítico*. 9.ed. Porto Alegre: Artes Médicas.

Aberastury, A. (1978). *Teoria e técnica del psicoanalisis de niños*. Buenos Aires: Paidós.

Aberastury, A. (1982). *Psicanálise da criança: teoria e técnica*. Porto Alegre: Artes Médicas.

Adrados, I. (1967). *Teoria e prática do teste de Rorschach*. Rio de Janeiro: Fundação Getúlio Vargas.

Adrados, I. (1973). *Atlas e dicionário para crianças e técnica do Rorschach*. Rio de Janeiro: Fundação Getúlio Vargas.

Aiello-Vaisberg, T.M.J. (1997). Investigação de representações sociais. In W. Trinca, Org. *Formas de investigação clínica em psicologia* (p.255-288). São Paulo: Vetor.

Ajuriaguerra, J. (1983). *Manual de psiquiatria infantil*. São Paulo: Masson.

Alcock, T. (1956). *La Prueba de Rorschach en la práctica*. México: Fondo de Cultura Económico.

Alexopoulos, G.S. (1991). Psychological autopsy of an elderly suicide. *Int. J. Geriatric Psych.*, 6, 1, 45-50.

Allen, R.M., & Dorsey, R.N. (1954). The effect of suggestion on human movement in Rorschach's test. *Rev. Diagn. Psychol. & Person. Exp.*, II, 137-142.

Allison, J., Blatt, S.J. & Zimel, C.N. (1988). *The interpretation of psychological tests*. New York: Taylor & Francis.

Allsop, S., Saunders, B., Phillips, M. & Carr, A. (1997). A trial of relape prevention with severely dependent male problem drinkers. *Addiction*, 92, 1, 61-74.

Amiralian, M.L.T.M. (1997). Pesquisas com o método clínico. In W. Trinca, Org. *Formas de investigação clínica em psicologia* (p.157-178). São Paulo: Vetor.

Anastasi, A. & Urbina, S. (1996). *Psychological testing*. 7.ed. New Jersey: Prentice Hall.

Anastasi, A. (1965). *Testes psicológicos: teoria e aplicação*. São Paulo: Herder.

Anastasi, A. (1988). *Psychological testing*. 6.ed. New York: McMillan.

Andolfi, M. & Angelo, C. (1988). *Tempo e mito em psicoterapia familiar*. Porto Alegre: Artes Médicas.

Anzieu, D. (1960). *Les méthodes projectives*. Paris: Presses Universitaires de France.

Anzieu, D. (1981). *Os métodos projetivos*. 3.ed. Rio de Janeiro: Campus.

APA (American Psychiatric Association) (1980). *Diagnostic and Statistical Manual of Mental Disorders*. DSM-III. Washington: APA.

APA (American Psychiatric Association) (1987). *Diagnostic and Statistical Manual of Mental Disorders: DSM-III-R*. Washington: APA.

APA (American Psychiatric Association) (1994). *Diagnostic and statistical manjual of mental disorders*. DSM-IV. 4.ed. Washington: APA.

APA (American Psychiatric Association) (1995). *Manual diagnóstico e estatístico de transtornos mentais: DSM-IV*. 4.ed. Porto Alegre: Artes Médicas.

Aranoff, D.N. & McCormick, N.B. (1990). Sex, sex role identification, and college student's projective drawings. *J. Clin. Psychol.*, 46, 460-466.

Argimon, I.L., Minella, D.M.L., Pereira, I.T. & Cunha, J.A. (1989). Exame da melhora da disfunção orgânica cerebral, através do Bender-Lacks, em alcoolistas, durante o primeiro mês de abstinência. São Paulo: *VII Congresso Brasileiro de Alcoolismo*.

Argimon, I.L., Werlang, B.G., Cunha, J.A., Escovar, T., Santos, M.S. & Michelena, T. (1998). Uma experiência com o Teste das Fábulas na terceira idade. Santiago: *X Congresso Latino-Americano de Rorschach e Outras Técnicas Projetivas*.

Aron, L. (1982). Stressfull life events and Rorschach content. *J. Pers. Assses.*, 46, 6, 582-585.

Aronov, E., Reznikoff, M. & Rauschway, A. (1970). Some old and new directions in Rorschach testing *I Pers. Assess.*, 43, 227-234.

Arzeno, M.E.G. (1995). *Psicodiagnóstico clínico: novas contribuições*. Porto Alegre: Artes Médicas.

Asgard, U. (1990). A psychiatric study of suicide among urban Swedish women. *Acta Psychiatrica Scandinavica*, 82, 2, 115-124.

Atkin, L.C., Superviellet, T., Canton, A. et alii. (1997). *Paso a paso: como evaluar el crecimiento y desarrollo de los niños*. México: Pax México/UNICEF.

Augras, M. (1978). *O ser e a compreensão: fenomenologia da situação de psicodiagnóstico*. Petrópolis, RJ: Vozes.

Augras, M., Sigelmann, E. & Moreira, M.H. (1969). *Teste de Rorschach: atlas e dicionário*. Rio de Janeiro: Fundação Getúlio Vargas.

Ávila, A. & Rodríguez-Sutil, C. (1995). Evaluación psicológica forense. In M. Clemente, Coord. *Fundamentos de la psicología jurídica* (p.149-169). Madrid: Pirámide.

Azevedo Jr., J. (1996). O dano moral e sua avaliação. *Revista do Advogado*, 49, 7-14.

Bach, Z. (1987). Keep "Gestalt" in the name of the test: the curious name permutations of the Bender-Gestalt Test. *J. Pers. Assess.*, 51, 1, 109-111.

Baker, G. (1970). Post-diagnostic use of the Rorschach. In B. Klopfer et alii. *Developments in the Rorschach Technique*. V.III (p.321-384). New York: Harcourt, Brace & Jovanich.

Balken, R. (1940). Frequencies of themes in the stories of schizofrenic patients. *J. Cons. Psychol.*, 17, 269-282.

Bandeira, D.R. & Hutz, C.S. (1994). A contribuição dos testes DFH, Bender e Raven na predição do rendimento escolar na primeira série. *Psicologia: Teoria e Pesquisa*, 10, 59-72.

Bandeira, D.R., Loguercio, A., Caumo, W. & Ferreira, M.B.C. (1998). O Desenho da Figura Humana é válido para avaliar ansiedade em crianças? *Revista de Psicologia Escolar e Educacional*, 2, 129-134.

Bandura, A. (1977). Self-eficacy: toward an unifying theory of behavior change. *Psychol. Rev.*, 84, 191-215.

Barnes, G.E. (1979). The alcoholic personality: a reanalysis of the literature. *J. Stud. Alc.*, 40, 7, 571-634.

Barreto, M.L. (1998). *As imagos parentais em crianças que experienciaram a separação de seus pais: contribuição do Rorschach Temático*. Ribeirão Preto, SP: Universidade de São Paulo. (Dissertação de mestrado)

Beck, A.T., Steer, R.A. & Trexler, L.D. (1989). Alcohol abuse and eventual suicide: a 5- to 10-year prospective study of alcohol-abusing suicide attempts. *J. Stud. .Alc.*, 50, 3, 202-207.

Beck, A.T., Steer, R.A., Beck, J.S. & Newman, C.F. (1993). Hopelessness, depression, suicidal ideation and clinical diagnosis of depression. *Suicide Life-Threat. Behavior*, 32, 2, 139-145.

Beck, S.J. (1944). *Rorschach test: variety of personality pictures*. V.1. New York: Grune & Straton.

Beckwith, J.B., Hammond, S.B. & Campbell, I.M. (1983). Homogeneous scales for the neurotic triad of the MMPI. *J. Pers. Assess.*, 47, 6, 604-613.

Bell, J. (1964). *Técnicas proyectivas*. 2.ed. Buenos Aires: Paidós.

Bellak, L. (1954). The concept of projection. *Psychiatric*, 7, 353-370.

Bellak, L. (1967a). El test de apercepción temática en la clínica. In L.E. Abt & L. Bellak, Org. *Psicología proyectiva* (p.119-140). Buenos Aires: Paidós.

Bellak, L. (1967b). Sobre los problemas del concepto de proyección, una teoría de la distorsión aperceptiva. In L.E. Abt & L. Bellak, Org. *Psicología proyectiva* (p.25-36). Buenos Aires: Paidós.

Bellak, L. (1979). *El uso clínico de las pruebas psicológicas del TAT, CAT y SAT*. México: El Manual Moderno.

Bellak, L. & Bellak, S. (1981a). *Teste de Apercepção Infantil (com figuras animais)*. São Paulo: Mestre Jou.

Bellak, L. & Bellak, S. (1981b). *Teste de Apercepção Infantil (com figuras humanas)*. São Paulo: Mestre Jou.

Bellak, L. & Small, L. (1980). *Psicoterapia de emergência e psicoterapia breve*. Porto Alegre: Artes Médicas.

Belter, R.W.; McIntosh, A., Finch, A.J., Williams, L.D. & Edwards, G.L. (1989). The Bender-Gestalt as a method of personality assessment with adolescents. *J. Clin. Psychol.*, 45, 3, 414-423.

Bender, L. (1955). *Test Guestáltico Visomotor: usos y aplicaciones clínicas*. Buenos Aires: Paidós.

Berg, M. (1983). Borderline psychopathology as displayed on psychological tests. *J. Pers. Assess.*, 47, 2, 120-133.

Berman, A.L. (1993). Forensic suicidology and the psychological autopsy. In A.A. Leenaars, Org. *Suicidology essay in honor of Edwin S. Shneidman* (p.248-266). Northvale, NJ.: Jason Aronson.

Bertolucci, P.H., Brucki, S.M.D., Campaci, S.R. & Juliano, Y. (1994). O Mini Exame do Estado Mental em uma população geral: impacto da escolaridade. *Arq. Neuropsiq.*, 52, 1-7.

Beskow, J., Runeson, B. & Asgard, U. (1991). Ethical aspects of psychological autopsy. *Acta Psichiatrica Scandinavica*, 84, 482-487.

Bieliauskas, V.J. (1960). Sexual identification in children's drawings of human figure. *J. Clin. Psychol.*, 16, 42-44.

Bien, T.H., Miller, W.R. & Tonigan, J.S. (1993). Brief interventions for alcohol problems: a review. *Addiction*, 88, 315-336.

Billingslea, F.Y. (1965). The Bender-Gestalt: a review and a perspective. In B.J. Murstein, Ed. *Handbook of projective techniques* (p.703-726). New York: Basic Books.

Bleichmar, N.M. & Bleichmar, C.L. (1992). *A psicanálise depois de Freud*. Porto Alegre: Artes Médicas.

Boccalandro, E.R. (1998). *Diagnóstico de disritmia no PMK*. 2.ed.rev.ampl. São Paulo: Vetor.

Bottino, C., Cid, C.G. & Camargo, C.H.P. (1997). Avaliação neuropsicológica. In O.V. Forlenza, Ed. *Depressão e demência no idoso* (p.121-140). São Paulo: Lemos.

Boulenger, J.-P. & Lavallée, Y.-J. (1993). Mixed anxiety and depression: diagnostic issues. *J. Clin. Psych.*, 51, 1 (suppl.), 3-8.

Boyd, T.A. & Hooper, S.R. (1987). Psychometric validity of proration and Digit Span substitution for estimating WISC-R verbal and full-scale IQs. *Perc. Motor Skills*, 65,19-25.

Brasil. (1986). *Código de Processo Penal*. São Paulo: Saraiva.

Brasil. (1997). *Código de Proteção e Defesa do Consumidor (1990)*. Brasília: Ministério da Justiça, Departamento de Proteção de Defesa do Consumidor.

Brasil. (1988). *Constituição da República Federativa do Brasil: promulgada em 5 de outubro de 1988*. São Paulo: Saraiva.

Brasil. (1998). *Estatuto da criança e do adolescente*. São Paulo: Saraiva.

Brasil. Ministério do Trabalho. (1996). *Código de Ética Profissional dos Psicólogos*. Conselho Federal de Psicologia.

Brent, D.A. (1989). The Psychological Autopsy: methodological considerations for the study of adolescent suicide. *Suicide and Life-Threat. Behavior*, 19, 1, 43-57.

Brent, D.A., Perper, J.A., Kolko, D.J. & Zelenak, J.P. (1988). The Psychological Autopsy: methodological considerations for the study of adolescent suicide. *J. Am. Acad. Child. Adolesc. Psych.*, 27, 3, 262-266.

Brent, D.A., Perper, J.A., Moritz, G., Allman, C.J., Roth, C., Schweers, J. & Balach, L. (1993). The validity of diagnosis obtained through the psychological autopsy procedure in adolescent suicide victims: use of family history. *Acta Psychiatrica Scandinavica*, 87, 118-122.

Brito, L.M.T. (1993). *Separando: um estudo sobre a atuação do psicólogo nas Varas de Família*. 2.ed. Rio de Janeiro: Relume-Dumará.

Brody, E.B. et alii (1973). *The lost ones: social forces and mental illness in Rio de Janeiro*. New York: International Universities Press.

Brown, F. (1954). Bender Gestalt: meanings of individual figures. Springfield, MA: *Fred Brown Workshop* (mimeo).

Brown, F. (1967). El Test Guestáltico de Bender y la actuación. In L.E. Abt & S.L. Weissman, Ed. *Teoría y clínica de la actuación* (p.348-360). Buenos Aires: Paidós.

Brown, T.A. & Barlow, D.H. (1992). Comorbidity among anxiety disorders: implications for treatment and the DSM-IV. *J. Consult. & Clin. Psychol.*, 60, 6, 835-844.

Brozek, J. & Kjenaas, N.K. (1963). Item analysis of the psychoneurotic scales on the MMPI in experimental starvation. In G.S. Welsh & G.S. Dahlstrom, Ed. *Basic readings on the MMPI in psychology and medicine* (p.484-191). Minneapolis, MN: University of Minnesota Press.

Bucher, J.S.N.F. (1985). Mitos, segredos e ritos na família. *Psicologia, Teoria, Pesquisa*, 1, 2, 110-117.

Burley, T. & Handler, L. (1997). Personality factors in the accurate interpretation of projective tests. In E.F. Hammer, Ed. *Advances in projective drawing interpretation* (p.359-377). Springfield, IL: Charles C.Thomas.

Burns, R.C. & Kaufman, S.H. (1978). *Los dibujos kinéticos de la familia como técnica proyectiva*. Buenos Aires: Paidós.

Buschke, H. & Fuld, P. (1974). Evaluation of storage, retention, and retrieved in disordered memory and learning. *Neurol.*, 11, 1019-1025.

Butcher, J.N., Keller, L.S. & Bacon, A. (1985). Current developments and future directions in computerized personality assessment. *J. Counsel. & Clin. Psychol.*, 53, 6, 803-815.

Butler, R.I. & Marcuse, F.L. (1959). Sex identification at different age using the DAP Test. *J. Proj. Techn.*, 23, 299-302.

Campos, D.M.S. (1977). *O teste do desenho como instrumento de diagnóstico da personalidade*. Petrópolis, RJ: Vozes.

Campos, D.M.S. (1978). *O teste do desenho como instrumento de diagnóstico da personalidade*. 9.ed. Petrópolis, RJ: Vozes.

Carneiro, T.F. (1983). *Família, diagnóstico e terapia*. Rio de Janeiro: Zahar.

Carpentieri, N. (1994). *Modelo transacional de avaliação-intervenção mediante enfoque longitudinal: seguimento de caso único portador de síndrome de Down nos seus primeiros dez anos*. São Paulo: USP. (Tese de doutorado)

Carr, A.C. (1975). Psychological testing of intelligence and personality. In A.M. Freedman, H.I. Kaplan & B.J. Sadock, Ed. *Comprehensive textbook of psychiatry*. V.2 (p.736-757). Baltimore, MD: The Williams & Wilkins.

Carvalho, J.M. (1955). *Dicionário prático da língua nacional*. Porto Alegre: Globo.

Cassidy, J. (1998). Child emotional adjustment of grief: a study of CAT Test. *Psychotherapy Counseling*, 33, 4, 3310-3318.

Castex, M.N. (1997). *Daño psíquico y otros temas forenses*. Buenos Aires: Tekné.

Castro, C.C. (1990). *Uma interpretação psicodinâmica da observação de mulheres estéreis com endometriose*. São Paulo: USP. (Dissertação de mestrado)

Chabert, C. (1983). *Le Rorschach en clinique adulte: interpretation psychanalytique*. Paris: Dunod.

Christian, W.L., Burkhart, B.R. & Gynther, M.D. (1978). Subtle-obvious ratings of MMPI items: new interest in an old concept. *J. Cons. & Clin. Psychol.*, 46, 6, 1178-1186.

Christofi, A.A.S.N. (1995). *O estudo dos aspectos dos desenhos no Procedimento de Desenhos-Estórias, em crianças com dificuldades no aprendizado da leitura e escrita*. São Paulo: USP/EPM. (Monografia)

Clarck, D.C. & Horton-Deutsch, S.L. (1992). Assessment in absentia: the value of the Psychological Autopsy method for studying antecedents of suicide and predicting future suicides. In R.W. Maris, A.L. Berman, J.J. Maltsberger & R.I. Yufit. *Assessment and* prediction of suicide (p.144-182). New York: The Guilford Press.

Clark, L.A. & Watson, D. (1991). Tripartite model of anxiety and depression: psychometric evidence and taxonomic implications. *J. Abnormal Psychol,, 100*, 3, 316-336.

Clawson, A. (1959). The Bender Visual Motor Test as an index of emotional disturbance in children. *J. Proj. Tech., 23*, 2, 198-206.

Clawson, A. (1980). *Bender infantil*. Porto Alegre: Artes Médicas.

Climent, C.E.R., Plutchik, R. & Estrada H. (1975). A comparison of traditional and symptom-checklist-based histories. *Am. J. Psych., 132*, 450-453.

Cloninger, C.R. (1990). Comorbity of anxiety and depression. *J. Clin. Psychopharm., 10*, 3, 435-465.

Coie, J.D., Watt, N.F., West, S.G. et alii (1993). The science of prevention: a conceptual framework and some directions for a national research program. *American Psychologist, 48*, 10, 210-241.

Cordioli, A.V. (1993). *Psicoterapias: abordagens atuais*. Porto Alegre: Artes Médicas.

Corman, L. (1967). *El test del dibujo de la familia*. Buenos Aires: Kapelusz.

Coy, A. Resolución de conflictos: mediación. In M. Clemente, Coord. *Fundamentos de la psicología jurídica* (p.261-293). Madrid: Pirámide.

Cristiano de Souza, C. (1971). *O método de Rorschach..* São Paulo: Vetor.

Cronbach, L.J. (1990). *Essentials of psychological testing*. 5.ed. New York: Harper & Row.

Cronbach, L.J. (1996). *Fundamentos da testagem psicológica*. 5.ed. Porto Alegre: Artes Médicas.

Cunha, J.A. & Minella, D.M.L. (1993). Avaliação neuropsicológica. In J.A. Cunha et alii. *Psicodiagnóstico-R*. 4.ed. (p.116-123). Porto Alegre: Artes Médicas.

Cunha, J.A. & Nunes, M.L.T. (1993). *Teste das Fábulas: forma verbal e pictórica*. São Paulo: Centro Editor de Testes e Pesquisa em Psicologia.

Cunha, J.A. & Nunes, M.L.T. (1996). Medida projetiva. In L. Pasquali, Org. *Teoria e métodos de medida em ciências do comportamento* (p.341-365). Brasília: Laboratório de Pesquisa em Avaliação e Medida/Instituto de Psicologia/UnB: INEP.

Cunha, J.A. & Streb, L.G. (1998). Estudo dimensional da depressão e da ansiedade em pacientes com episódio depressivo maior ou com transtorno misto de ansiedade e depressão. *R. Psiq. RS, 20*, 43-48.

Cunha, J.A. & Werlang, B.G. (1997). Teste das Fábulas: o enfoque psicodinâmico na adolescência. Ribeirão Preto, SP: *I Congresso da Sociedade Brasileira de Rorschach e Outros Métodos Projetivos e I Congrès de la Societé Internationale de Psychopathologie Phénomeno-Structurale* (Anais, Disquete nº 1, p.288-296)

Cunha, J.A. (1977a). *Sinais simbólicos de agressão no Teste de Bender e a dimensão normalidade-anormalidade*. Porto Alegre: Instituto de Psicologia da PUCRS (Dissertação de mestrado).

Cunha, J.A. (1977b). *Suicídio e o Teste de Bender*. Porto Alegre: Instituto de Psicologia da PUCRS (Tese de Livre-Docência).

Cunha, J.A. (1984). Desenvolvimento da identidade profissional do psicólogo clínico: implicações na situação de psicodiagnóstico. *Psico, 8*, 1,5-18.

Cunha, J.A. (1993). Fundamentos do psicodiagnóstico. In J.A. Cunha. *Psicodiagnóstico-R*. 4.ed.rev. (p.3-10). Porto Alegre: Artes Médicas.

Cunha, J.A. (1996). Avaliação psicológica. In J.G.V. Taborda, P. Prado-Lima & E.A. Busnello. *Rotinas em psiquiatria* (p.50-57). Porto Alegre: Artes Médicas.

Cunha, J.A. (1998). Teste das Fábulas (mesa-redonda). Santiago: *X Congresso Latino-Americano de Rorschach e Outras Técnicas Projetivas*.

Cunha, J.A. et alii (1993). *Psicodiagnóstico-R*. 4.ed.rev. Porto Alegre: Artes Médicas.

Cunha, J.A., Brizolara, A.G., Fulgêncio, M.A.C.M. & Miranda, M.L.G. (1991). Desvios no Bender, relacionados com transtornos no desenvolvimento neurológico, segundo Clawson e Koppitz. In J.A. Cunha, N.K. Freitas & M.G.B. Raymundo. *Psicodiagnóstico*. 3.ed. (p.358-368). Porto Alegre: Artes Médicas.

Cunha, J.A., Minella, D.M.L., Argimon, I.L. & Pereira, I.T. (1989a). Cubos e Armar Objetos e a questão da melhora funcional em alcoolistas abstinentes. *Psico, 17*, 1,43-50.

Cunha, J.A., Minella, D.M.L., Argimon, I.L. & Pereira, I.T. (1989b). *Déficits cognitivos em alcoolistas e a questão da sua reversibilidade, durante o primeiro mês de abstinência com base em alguns subtestes do WAIS*. (inédito)

Cunha, J.A., Minella, D.M.L., Argimon, I.L. & Pereira, I.T. (1990). Déficits cognitivos e a questão da melhora funcional em alcoolistas abstinentes. *Psico, 19*, 1, 79-94.

Cunha, J.A., Minella, D.M.L., Werlang, B.G. & Carneiro, T.F. (1993). Alguns tipos específicos de avaliação psicológica In J.A. Cunha, N.K. Freitas & M.G.B. Raymundo. *Psicodiagnóstico*. 3.ed. (p.101-134). Porto Alegre: Artes Médicas.

Cunha, J.A., Nunes, M.L.T. & Silveira, M.R. (1990). Panorama geral da utilização de técnicas projetivas na infância e, em especial, na faixa pré-escolar. *Ciência e Cultura, 42*, 7, 463-464.

Cunha, J.A., Streb, L.G. & Serralta, F.B. (1997). Transtornos depressivos e transtornos de ansiedade: a questão de superposição de sintomas. *Psico, 28*, 1, 237-248.

Cunha, J.A., Werlang, B.G., Oliveira, R.V. & Curia, F.V. (1999). Notas preliminares sobre o uso do Teste das Fábulas em pacientes esquizofrênicos. Porto Alegre: *VIII Congresso Nacional de Avaliação Psicológica*. Pôster nº 79.

Curphey, T.J. (1969). El especialista en ciencias sociales en la configuración médico legal de la muerte por suicidio. In N.L. Farberow & E.S. Shneidman. *¡Necesito ayuda! Un estudio sobre el suicidio y su prevención (p.128-135). México: La Prensa Médica Mexicana.

Dahlstrom, W.G. & Welsh, G.S. (1962). *An MMPI handbook*. Minneapolis, MN: University of Minnesota Press.

Dahlstrom, W.G., Welsh, G.S. & Dahlstrom, L.E. (1972). *An MMPI handbook: clinical interpretation*. V.1. Minneapolis, MN: University of Minnesota Press.

Dana, R.H. (1972). *Teoria y practica de la psicología clínica*. Buenos Aires: Paidós.

Dana, R.H. (1984). Personality assessment: practice and teaching for the next decade. *J. Pers. Assess., 48*, 1, 46-57.

Dana, R.H., Field, K. & Bolton, B. (1983). Variations of the Bender-Gestalt Test: implications for training and practice. *J. Pers. Assess., 47*, 1, 76-84.

Davanloo, H. (1980). Trial therapy. In H. Davanloo, Ed. *Short-term dynamic psychotherapy* (p.99-128) Northvale, NJ: Jason Aronson.

Davidson, R. (1997). Questões motivacionais no tratamento do comportamento aditivo. In G.E. Edwards, C. Dare et alii. *Psicoterapia e tratamento de adições* (p.159-172). Porto Alegre: Artes Médicas.

De Tichey, C. & Lighezzolo, J. (1983). A propos de la dépression "limite": contribution du test de Rorschach en passation "classique"et "psychanalytique". *Psychol. Française, 28*, 141-156.

Deabler, H.L. (1969). The H-T-P in group testing as a screening device. In J.N. Buck & E.F. Hammer, Ed. *Advances in House-Tree-Person technique: variations and implications* (p.171-178). Los Angeles, CA: Western Psychol. Services.

DeMendonça, M., Elliot, L., Goldstein, M., McNeill, J., Rodríguez, R. & Zelkind, I. (1984). An MMPI-based descriptor/personality traitlist. *J. Pers. Assess., 45*, 5, 483-485.

Detre, T. & Kupfer, D.J. (1975). Psychiatric history and mental status examination. In A.M. Freedman, H.I. Kaplan & B.J. Sadock, Ed. *Comprehensive textbook of psychiatry*. 2.ed. V.1 (p.724-733). Baltimore, MD: The Williams & Wilkins.

Dewald, P. (1981). *Psicoterapia: uma abordagem dinâmica*. Porto Alegre: Artes Médicas.

Di Leo, J.H. (1987). *A interpretação do desenho infantil*. 2.ed. Porto Alegre: Artes Médicas.

Di Nardo, P.A. & Barlow, D.H. (1990). Syndrome and symptom co-occurrence in the anxiety disorders. In J.D. Maser & C.R. Cloninger, Ed. *Comorbidity of mood and anxiety disorders* (p.205-230). Washington: American Psychiatric Press.

Dickson, J.M., Saylor, C.F. & Finch, A.J. (1990). Personality factors, family structure, and sex of drawn figure on the Draw-A-Person Test. *J. Pers. Assess., 55*, 362-366.

Dickstein, L.S. & Blatt, S.J. (1967). The WAIS Picture Arrangement subtest as a measure of anticipation. *J. Proj. Tech. & Pers. Assess., 31*, 3, 32-38.

Dobson, K.S. & Cheung, B. (1990). Relationship between anxiety and depression: conceptual and methodological issues. In J.D. Maser & C.R. Cloninger, Ed. *Comorbidity of mood and anxiety disorders* (p.611-632). Washington: American Psychiatric Press.

Dolto, F. (1989). *Quando os pais se separam*. Rio de Janeiro: Zahar.

Donadussi, A.R., Medina, C., Lucca, C., Marin, N., Rosa, R., Both, T., Dal Vesco, A., Tarasconi, C. & Benincá, C. (1999). Desenho da Figura Humana e rendimento escolar. Porto Alegre: *Resumos do VIII Congresso Nacional de Avaliação Psicológica*.

Donders, J. (1997). A short form of the WISC-III for clinical use. *Psychol. Assess., 9*, 1, 15-20.

Draime, J. (1973) *La spécificité de la planche IV du test de Rorschach: approche expérimentale*. Louvain, Bélgica: Université Catholique de Louvain. (Mémoire inédit)

Drake, L.E. & Oetting, E.R. (1967). *An MMPI codebook for counseling*. Minneapolis, MN: University of Minnesota Press.

Dumont, R. & Faro, C. (1993). A WISC-III short form for learning-disabled student. *Psychology in the Schools, 30*, 212-219.

Ebert, B. (1991). Guide to conducting a psychological autopsy. In K.N. Anchor, Org. *The handbook of medical psychotherapy cost: effective strategies in mental health* (p.249-256). Lewiston, NY: Hohrefe & Huber.

Edington, G.E. (1980) An ink-blot story technique with children: preliminary observations. *Perceptual Motor Skills, 51*, 283-286.

Efron, A.M., Fainberg, E., Kleiner, Y., Sigal, A.M. & Woscoboinik, P. (1978). La hora de juego diagnóstica. In M.L.S. Ocampo, M.E.G. Arzeno, E.G. Piccolo et alii. *Las técnicas proyectivas y el processo psicodiagnóstico* (p.195-221). Buenos Aires: Nueva Visión.

Elkins, G.R. & Barrett, E.T. (1984). The MMPI in evaluation of functional versus organic low back pain. *J. Pers. Assess., 48*, 3, 259-264.

Elizur, B. (1976). Content analysis of the Rorschah in two phases: imaginary story and self-interpretation. *Perceptual Motor Skills, 43*, 43-56.

Elizur, G.R. et alii. (1965). The psychologic evaluation of the organic child. *J. Proj. Tech. & Pers. Assess., 27*, 3, 292, 299.

Endara, J. (1967). *Test de Rorschach: técnica, evolución y estado actual*. Barcelona: Científico-Médica.

Erdberg, p. (1990). Rorschach assessment. In G. Goldstein & M. Hersen, Ed. *Handbook of psychological assessment*. 2ed. (p. 387-399). New York: Pergamon.

Erikson, E.H. (1971). *Identidad, juventud y crisis*. Buenos Aires: Paidós.

Espada, A.A. (1986). El peritaje psicologico en los procesos judiciales. In F.J. Burillo & M. Clemente, Coord. *Psicología social y sistema penal*. Madrid: Alianza.

Exner, J.E. (1974). *Sistema compreensivo del Rorschach*. Madrid: Pablo del Río.

Exner, J.E. (1980). *Sistema compreensivo del Rorschach*. 2.ed. V.1. Madrid: Pablo del Río.

Exner, J.E. (1983). Rorschach assessment. In I.B. Weiner, ed. *Clinical methods in psychology* (p.58-99). New York: Wiley & Sons.

Exner, J.E. (1991). *The Rorschach: a comprehensive system - interpretation*. 2.ed. V.2. New York: Wiley & Sons.

Exner, J.E. (1993). *The Rorschach: a comprehensive system - interpretation*. 3.ed. V.1. New York: Wiley & Sons.

Exner, J.E. (1994). *El Rorschach: un sistema comprehensivo*. V.1. Madrid: Psimática.

Exner, J.E. (1995). *Issues and methods in Rorschach research*. New Jersey: Lawrence Erlbaum.

Exner, J.E. (1999). *Manual de classificação do Rorschach para o Sistema Compreensivo*. São Paulo: Casa do Psicólogo.

Exner, J.E. & Sendín, C. (1999). *Manual de interpretação do Rorschach para o Sistema Compreensivo*. São Paulo: Casa do Psicólogo.

Exner, J.E., & Weiner I.B. (1995). *The Rorschach: a comprehensive system - assessment of children and adolescents*. 2.ed. V.3. New York: Wiley & Sons.

Fabian, M.L. & Parsons, O.A. (1983). Differential improvement in recovering alcoholic women. *J. Abn. Psychol.*, *92*, 1, 87-95.

Farberow, N.L. & Shneidman, E.S. (1969). *¿Necesito ayuda! Un estudio sobre el suicidio y su prevención*. México: La Prensa Médica Mexicana.

Farberow, N.L. (1963). Personality patterns of suicidal mental hospital patients. In G.S. Welsh & W.G. Dahlstrom, Ed. *Basic readings on the MMPI in psychology and medicine* (p.427-432). Minneapolis, MN: University of Minnesota Press.

Farberow, N.L., Shneidman, E.S. & Leonard, C.V. (1969). Suicidio entre los pacientes esquizofrenicos. In N.L. Farberow & E.S. Shneidman. *¿Necesito ayuda! Un estudio sobre el suicidio y su prevención* (p.90-127). México: La Prensa Médica Mexicana.

Féres-Carneiro, T. (1996). *Família: diagnóstico e terapia*. Petrópolis, RJ: Vozes.

Fernández-Ballesteros, R. (1986). *Psicodiagnóstico*. V.I. Madrid: UNED.

Fernández-Ballesteros, R.F., Izal, M., Montorio, I. et alii (1992). *Evaluación e intervención psicológica en la vejez*. Barcelona: Martinez Roca.

Ferreira, A.B.H. (1986). *Novo dicionário da língua portuguesa*. 2.ed.rev.ampl. Rio de Janeiro: Nova Fronteira.

Figlie, N.B. (1999). *Motivação em alcoolistas tratados em ambulatório específico para alcoolismo e em ambulatório de gastroenterelogia*. São Paulo: USP. (Dissertação de mestrado)

Finkel, S.I. .& Rosman, M. (1995). Six elderly suicides in a 1-year period in a rural midwestern community. *International Psychogeriatrics*, *7*, 2, 221-230.

First, M.B., Gibbon, M., Spitzer, R.L. & Williams J.B.W. (1996). *User's guide for the Structured Clinical Interview for the DSM-IV Axix I Disorders*. New York: NY State Psychiatric Institute.

Fishkin, A. et alii (1996). Exploring the WISC-III as a measure of giftedness. *Roeper Review, 18*, 3, 226-231.

Flynn, J. (1984). The mean QI of americans: massive gains. *Psychol. Bull.*, *95*, 29-51.

Flynn, J.R. (1998). WAIS-III and WISC-III IQ gains in the United States from 1972 to 1995: how to compensate for obsolete norms. *Perc. & Motor Skills*, *86*, 1231-1239.

Flynn, J.R. (1999). Searching for justice: the discovery of IQ gains overtime. *Amer. Psychol.*, *54*, 1, 5-20.

Foley, V. (1990). *Introdução à terapia familiar*. Porto Alegre: Artes Médicas.

Folstein, M.F., Folstein, S.E. & McHugh, P.R. (1975). Mini-Mental State: a practical guide for grading the mental state of patients for the clinician. *J. Psych. Res.*, *12*, 189-198.

Fonseca, E.S. (1999). KIT Brinquedos e Brincadeiras no atendimento pedagógico-educacional hospitalar. *Boletim Academia Paulista de Psicologia*, XIX, 2, 15-16.

França e Silva, E., Ebert, T.N.H. & Miller, L.M. (1984). *O teste de apercepção temática de Murray (TAT) na cultura brasileira*. Rio de Janeiro: Fundação Getúlio Vargas.

Freitas, A.M.L. (1996). *Teste Zulliger: aplicação e avaliação*. São Paulo: Casa do Psicólogo.

Freitas, N.K. (1995). O TAT em mulheres mastectomizadas. *Revista de Psicologia Hospitalar*, *4*, 3, 16-24.

Freitas, N.K. (1996). O emprego do TAT na psicoterapia breve. São Paulo: *Anais da IV Jornada de Práticas Clínicas e Psicologia Hospitalar* (p.178-190).

Freitas, N.K. (1997). Avaliação psicológica em situações de enlutamento. São Paulo: *Anais da II Jornada de Perdas e Luto*, p.28-37

Freitas, N.K. (1997). *Um estudo do processo do luto materno através da psicoterapia breve*. São Paulo: PUC/SP. (Tese de doutorado)

Freitas, N.K. (1998). O CAT de crianças com diagnóstico de esquizofrenia infantil. *Caderno de Práticas Clínicas*, *6*, 28-41.

Freitas, N.K. (1999a). Negação e depressão em crianças enlutadas, através do CAT. Porto Alegre: *VIII Congresso Nacional de Avaliação Psicológica*.

Freitas, N.K. (1999b). Luto infantil através do CAT. Porto Alegre: *III Jornada de Iniciação Científica PUCRS. Resumos*. p.206.

Freitas, N.K. (no prelo). *Luto materno e psicoterapia breve*. São Paulo: Summus (no prelo).

Freud, A. (1974). *El yo y los mecanismos de defesa*. Buenos Aires: Paidós.

Freud, S. (1910). As perspectivas futuras da terapêutica psicanalítica. In *Edição standard brasileira das obras psicológicas completas de Sigmund Freud*. V. XI (p.127-136). Rio de Janeiro: Imago, 1970.

Freud, S. (1969). Notas psicanalíticas de um caso de paranóia. In *Edição standard brasileira das obras* psicológicas completas de Sigmund Freud. V.XII (p.23-108). Rio de Janeiro: Imago.

Freud, S. (1974). Totem e tabu. In *Edição standard brasileira das obras psicológicas completas de Sigmund Freud*. V.III (p.20-123). Rio de Janeiro: Imago.

Freud, S. (1976). Além do princípio do prazer. In *Edição standard brasileira das obras psicológicas completas de Sigmund Freud*. V.XVIII (p.13-85). Rio de Janeiro: Imago.

Freud, S. (1986a). Sobre os fundamentos para destacar da neurastenia um síndrome específica denominada "Neurose de Angústia". In *Edição standard brasileira das obras psicológicas completas de Sigmund Freud*. V.III (p.91-112). Rio de Janeiro: Imago.

Freud, S. (1986b). Observações adicionais sobre as neuropsicoses de defesas. In *Edição standard brasileira das obras psicológicas completas de Sigmund Freud*. V.III (p.154-173). Rio de Janeiro: Imago.

Freud, S. (1989). Três ensaios sobre a teoria da sexualidade. In *Edição standard brasileira das obras psicológicas completas de Sigmund Freud*. V.VII (p.118-126). Rio de Janeiro: Imago.

Freud, S. (s/d). Análise de uma fobia em um menino de cinco anos. In *Edição standard brasileira das obras psicológicas completas de Sigmund Freud*. V.X (p.13-154). Rio de Janeiro: Imago.

Fuld, P.A. (1980). Test profile of colinergic dysfunction and Alzheimer type dementia. *J. Clin. Neuro psychol.*, *6*, 380-392.

Gabbard, G.O. (1998). *Psiquiatria dinâmica: baseada no DSM-IV*. 2.ed. Porto Alegre: Artmed.

Gambos, S. (1998). Animal pictures for obtaining children's projections. *Psychoanal. Ther.*, *33*, 3315-3339.

Garfield, S.A. (1965). Historical introduction. In B.B. Wolman, Ed. *Handbook of clinical psychology* (p.125-140). New York: McGraw-Hill.

Gavião, A.C.D. & Pinto, K.O. (1998). Representações da interdisciplinaridade: um estudo através do Procedimento de Desenhos-Estórias com Tema. *Rev. Psicol. Hosp.*, *15*, 2, 7-17.

Gaviria, F.M. & Flaherty, J.A. (1990). Distúrbio bipolar (doença maníaco-depressiva). In J.A. Flaherty, R.A. Channon & J.M. Davis. *Psiquiatria: diagnóstico e tratamento* (p.58-65). Porto Alegre: Artes Médicas.

Gilberstadt, H. & Duker, J.A. (1965). *A handbook of clinical and actuarial MMPI interpretations*. Philadelphia: W.B. Saunders.

Giurgea, C.E. (1995). *Envejecimiento cerebral*. Barcelona: Masson.

Glass, K.C. (1997). Refining definitions and devising instruments: two decades of assessing mental competence. *Int. J. Law & Psych.*, *20*, 1, 5-33.

Glasser, A.J. & Zimmerman, I.L. (1972). *Clinical interpretation of the Wechsler Intelligence Scale for Children*. New York: Grune & Stratton.

Glutting, J., Youngstrom, E., Ward, T., Ward, S. & Hale, R. (1997). Incremental efficacy of WISC-III factor scores in predicting achievement. What do they tell us? *Psychol. Assess.*, *9*, 3, 295-301.

Goldfried, M.R. & Ingling, J.H. (1964). The connotative and symbolic meaning of the B.G. *J. Proj. Tech. & Pers. Assess.*, *28*, 185-191.

Goldman, J.J. (1987). Differential WAIS/WAIS-R IQ discrepancies among institutionalized mentally retarded persons. *Amer. J. Clin. Defic.*, *91*, 6, 633-635.

Goldstein, G. & Hersen, M. (1990). Historical perspectives. In G. Goldstein & M. Hersen, Ed. *Handbook of psychological assessment*. 2.ed. (p.3-17). New York: Pergamon Press.

Goldstein, K. & Scheerer, M. (1941). Abstract and concrete behaviors: an experimental study with special test. *Psychol. Monographs*, *53*, 2.

Gomes, C.L.S.P, Santos, M.C.C.L. & Santos, J.A. (1998). *Dano psíquico*. São Paulo: Oliveira Mendes.

Goodenough, F.L. (1974). *Test de inteligencia infantil por medio del dibujo de la figura humana*. 7.ed. Buenos Aires: Paidós.

Gossop, M. (1997). Tratamentos cognitivos e comportamentais para o uso inadequado de substâncias. In G.E. Edwards, C. Dare et alii. *Psicoterapia e tratamento de adições* (p.146-158). Porto Alegre: Artes Médicas.

Gough, H.G. (1963). The F minus K Dissimulation Index for the MMPI. In G.S. Welsh & G.S. Dahlstrom, Ed. *Basic readings on the MMPI in psychology and medicine* (p.321-327). Minneapolis, MN: University of Minnesota Press.

Grassano, E. (1996). *Indicadores psicopatológicos nas técnicas projetivas*. São Paulo: Casa do Psicólogo.

Greene, R.L. (1988). The relative efficacy of F-K and the obvious and subtle scales to detect overreporting of psychopathology on the MMPI. *J. Clin. Psychol.*, *44*, 2, 152-259.

Gregory, R. (1999). *Foundations of intellectual assessment: the WAIS-III and other tests in clinical practice*. Boston, MA: Allyn & Bacon.

Greist, J.H. (1990). Computers and psychiatric diagnosis. In D. Baskin, Ed. *Computer applications in psychiatry and psychology* (p.21-42). New York: Brunner/Mazel.

Grisso, T. (1986). *Evaluating competencies*. New York: Plenum.

Groth-Marnat, G. (1984). *Handbook of psychological assessment*. New York: Van Nostrand Reinhold.

Groth-Marnat, G. (1999). *Handbook of psychological assessment*. 3.ed. New York: Wiley & Sons.

Gudjonsson, G.H. (1995). Psychology and assessment. In R. Bull & D. Carson, Ed. *Handbook of psychology in legal contexts* (p.55-66). Chichester, Engl.: Wiley & Sons.

Guerra, G.A. (1977). *O Teste de Zulliger; uma experiência brasileira*. Rio de Janeiro: CEPA.

Guilford, J.P. & Frutcher, B. (1973). *Fundamental statistics in psychology and education*. 5.ed. New York: McGraw-Hill.

Güntert, A.E.V.A. (1996). *Crianças com nódulo vocal: estudo de personalidade por meio da prova de Rorschsch*. São Paulo: UNIFESP/EPM. (Tese de doutorado)

Güntert, A.E.V.A., Nascimento, R.S.G.F., Cardoso, Z.M., Freitas, L.M., Dorado, A.S., Monteiro, M.S.F. et alii (1997). Dados preliminares do Rorschasch com crianças brasileiras de famílias de baixa renda. Ribeirão Preto, SP: *Anais do II Encontro da Sociedade Brasileira de Rorschach e Outros Métodos Projetivos (SBRo) e I Congrès de la Societé Internatinale de Psychopatologie Phénomeno-Structurale*.

Gustin, Q.L., Goodpaster, W.A., Sajadi, C. et alii. (1983). MMPI characteristics of the DSM-III borderline personality disorder. *J. Pers. Assess.*, *47*, 1, 50-59.

Gynther, M.D. & Gynther, R.A. (1983). Personality inventories. In I.B. Weiner, Ed. *Clinical methods in psychology*. 2.ed. (p.152-232). New York: Wiley & Sons.

Hain, J.D. (1964a). Scoring system for the Bender Gestalt Test. In: G. Groth-Marnat (1984). *Handbook for psychological assessment*. Appendix C (p.411-416). New York: Van Nostrand Reinhold.

Hain, J.D. (1964b). The Bender-Gestalt: a scoring method for identifying brain damage. *J. Consult. Psychol.*, *28*, 34-40.

Hair, J.F.; Anderson, R.E., Tatham, R.L. & Black, W.C. (1998). *Multivariate data analysis*. 5.ed. New Jersey: Prentice Hall.

Hall, C.S. & Lindzey, G. (1973). *Teorias da personalidade*. São Paulo: EPU-EDUSP.

Hammer, E.F. (1958). *The clinical application of projective drawings*. Springfield, Il.: Charles C. Thomas.

Hammer, E.F. (1981). *Aplicações clínicas dos desenhos projetivos*. Rio de Janeiro: Interamericana.

Hammer, E.F. (1991). *Aplicações clínicas dos desenhos projetivos*. São Paulo: Casa do Psicólogo.

Hammer, E.F. & Piotrowsky, Z A. (1997). Hostility as a factor in the clinician's personality as it affects the interpretation projective drawings (H-T-P). In E.F. Hammer, Ed. *Advances in projective drawing interpretation* (p.349-357). Springfield, IL: Charles C.Thomas.

Handler, L. (1967). Anxiety indexes in the Draw-A-Person Test: a scoring manual. *J. Proj. Tech. & Pers. Assess.*, *31*, 46-57.

Handler, L. (1984). Anxiety as measured by the Draw-A-Person Test: a response to Sims, Dana, and Bolton. *J. Pers. Assess.*, *48*, 82-84.

Hanvick, L.J. (1963). MMPI profiles in patients with low-back pain. In G.S. Welsh & W.G. Dahlstrom, Ed. *Basic readings on the MMPI in psychology and medicine* (p.599-504). Minneapolis, MN: University of Minnesota Press.

Harris, D.B. (1963). *Children's drawings as measures of intellectual maturity: a revision and extension of the Goodenough Draw-A-Man test*. New York: Hartcourt, Brace, and World.

Hart, R.P., Kwentus, J.A., Wade, J.B. & Hamer, R.M. (1987). Digit Symbol performance in mild dementia and depression. *J. Consult. & Clin. Psychol.*, *55*, 2, 236-238.

Hartmann, H. (1954). *Modern clinical psychology*. New York: Basic Books.

Hartmann, H. (1968). *Psicologia do ego e o problema da adaptação*. Rio de Janeiro: Bibl. Univ. Pop.

Hathaway, S.R. & McKinley, J.C. (1951). *Minnesota Multiphasic Personality Inventory. Manual-R*. New York: Psychological Corporation.

Hathaway, S.R. & McKinley, J.C. (1967). *Minnesota Multiphasic Personality Inventory. Manual-R*. New York: Psychological Corporation.

Hathaway, S.R. & McKinley, J.C. (1971). *Inventário Multifásico Minnesota de Personalidade. Manual*. Rio de Janeiro: CEPA.

Hathaway, S.R. & Meehl, P.E. (1963). Psychiatric implications of code types. In G.S. Welsh & W.G. Dahlstrom, Ed. *Basic readings on the MMPI in psychology and medicine* (p.136-144). Minneapolis, MN: University of Minnesota Press.

Hathaway, S.R. & Meehl, P.E. (1967). *An atlas for the clinical use of the MMPI*. Minneapolis, MN: University of Minnesota Press.

Hathaway, S.R. & Monachesi, E.D. (1965). *Adolescent personality and behavior*. Minneapolis, MN: University of Minnesota Press.

Haworth, M.R. (1966). *The CAT: facts about fantasy*. New York: Grune & Stratton.

Heather, N. (1989). Psychology and brief interventions. *Brit. J. Addiction*, *84*, 357-370.

Heather, N. (1992). Addictive disorders are essentially motivational problems. *Brit. J. Addiction*, *87*, 828-830.

Heaton, R.K., Chelune, G.J., Taley, J.L., Gay, G.G.& Curtiss, G. (1993). *Wisconsin Card Sorting Test Manual (revised and expanded)*. Odessa, FL: Psychological Assessment Resources.

Heikkinen, M.E., Aro, H.M., Henriksson, M., Isometsa, E.T., Sarna, S.J., Kuoppasalmi, K & Lönnqvist, J.K. (1994). Differences in recent life events between alcoholic and depressive nonalcoholic suicides. *Alcohol. Clin. & Exper. Res.*, *18*, 5, 1143-1149.

Heilae, H., Isometsa, E.T., Henriksson, M., Heikkinen, M.E., Marttunen, M. & Lönnqvist, J.K. (1997). Suicide and schizophrenia: a nationwide psychological autopsy study on age and sex-specific clinical characteristics of 92 suicide victims with schizophrenia. *Am. J. Psych.*, *154*, 9, 1235-1242.

Heimann, P. (1950). On counter-transference. *Int. J. Psychoanal.*, *31*, 81-84.

Heinrich, P. & Triebe, J.K. (1972). Sex preferences in children's human figures drawings. *J. Pers. Assess.*, *36*, 263-267.

Helzer, J.E., Robins, L.N., Croughan, J. & Welner, A. (1981). Renard Diagnostic Interview. *Arch. Gen. Psych.*, *38*, 393-398.

Hertz, M. R. (1951). *Frequency tables for scoring Rorschach responses*. 3.ed. Cleveland, OH: Western Reserve University Press.

Hertz, M.R. (1977). The organization activity. In M.A. Rickers-Ovsiankina. *Rorschach psychology*. New York: Robert E. Kriger.

Hesselbrock, M.N., Weidenmann, M.A. & Reed, H.B.C. (1985). Effects of age, sex, drinking history, and antisocial personality on neuropsychology of alcoholics. *J. Stud. Alc.*, 46, *4*, 313-320.

Hiller, W., Zandig, M. & Bose, M. (1989). The overlap between depression and anxiety on different levels of psychopathology. *J. Affect. Dis.*, *16*, 223-231.

Hilman, J. (1993). *Suicídio e alma*. Rio de Janeiro: Vozes.

Hilman, J. (1997). *Encarando os deuses*. São Paulo:Cultrix/Pensamento.

Hinshelwood, R.D. (1992). *Dicionário do pensamento kleiniano*. Porto Alegre: Artes Médicas.

Hishinuma, E. (1995). WISC-III accomodations: the need for practioner guidelines. *J. Learn. Disabil.*, *28*, 3, 130-135.

Horvath, A,. Gaston L. & Luborsky, L. (1993). The therapeutic alliance and its measures. In N.E. Miller, L. Luborsky, J.P. Barber & J.P. Docherty, Ed. *Psycho dynamic treatment research* (p.247-273). New York: Basic Books.

Hotz, R.L. (2000). Cientistas desvendam mistérios da linguagem. *O Estado de São Paulo*. São Paulo, 5 fev. 2000. p.A15.

Houston, A.N. & Terwilliger, R. (1995). Sex, sex roles, and sexual attitudes: Figure gender in the Draw-A-Person test revisited. *J. Pers. Assess.*, *65*, 343-357.

Hryckowian, M.J. & Gynther, M.D. (1989), MMPI item subtlety: familiar vs unfamiliar constructs. *J. Clin. Psychol.*, *45*, 5, 778-781.

Hutt, M.L. & Briskin, G.J. (1960). *The clinical use of the revised Bender Gestalt Test*. New York: Grune & Sttraton.

Hutt, M.L & Gibby, R.G. (1970). *An atlas for the Hutt adaptation of the Bender-Gestalt Test*. New York: Grune & Stratton.

Hutt, M.L. (1975). *La adaptación Hutt del Test Guestáltico de Bender*. Buenos Aires: Guadalupe.

Hutt, M.L. (1985). *The Hutt adaptation of the Bender-Gestalt Test*. 4.ed. Orlando, FL: Grune & Stratton.

Hutz, C.S. (1986). O teste de Bender e a Figura Humana como preditores de prontidão para a leitura. Curitiba: *38ª Reunião Anual da Sociedade Brasileira para o Progresso da Ciência*.

Hutz, C.S. (1989a). Estabilidade de alguns indicadores emocionais no desenho da figura humana. Ribeirão Preto, SP: *Resumos da XIX Reunião Anual de Psicologia da Sociedade de Psicologia de Ribeirão Preto*.

Hutz, C.S. (1989b). Normatização, padronização e validação de indicadores do DFH: estado do projeto. Gramado, RS: *Anais do II Simpósio Brasileiro de Pesquisa e Intercâmbio Científico da Associação Nacional de Pesquisa e Pós-Graduação em Psicologia*.

Hutz, C.S. & Antoniazzi, A.S. (no prelo). Sex differences in the development of sexual representation in Human Figure Drawings. *Perceptual and Motor Skills*.

Hutz, C.S. & Bandeira, D.R. (1993). Tendências contemporâneas no uso de testes: uma análise da literatura brasileira e internacional. *Psicologia: Reflexão e Crítica*, *6*, 1/2, 85-108.

Hutz, C.S. & Bandeira, D.R. (1995). Avaliação psicológica com o Desenho da Figura Humana: técnica ou intuição? *Temas em Psicologia*, *3*, 35-41.

Hymowitz, P. (1983). The WAIS and Rorschach test in diagnosing borderline personality. *J. Pers. Assess.*, *47*, 3, 588-596.

Ibañez, E. & Ávila, A. (1990). Psicología forense y responsabilidad legal. In A. Garzon, Ed. *Psicología y justicia* (p.287-326). Valência: Promolivro.

Iglesias, M. (1985). *Contribuições sobre algumas variáveis objetivas e subjetivas presentes na relação do psicólogo com o processo psicodiagnóstico*. Porto Alegre: PUCRS. (Monografia)

Iozzi, M. (1988*)* *O Rorschach Temático: uma exploração clínica das respostas do Rorschach em crianças*. Ribeirão Preto, SP: Universidade de São Paulo. (Dissertação de mestrado)

Isenhart, C. (1994). Motivational subtypes in an impatient sample of substance abusers. *Addictive Behavior*, *19*, 5, 463-475.

Isometsa, E., Heikkinen, M., Henriksson, M., Marttunen, M., Aro, H. & Lönnqvist, J. (1997). Differences between urban and rural suicides. *Acta Psychiatrica Scandinavica*, *95*, 297-305.

Isometsa, E., Henriksson, M., Aro, H.M., Heikkinen, M., Kuoppasalmi, K. & Lönnqvist, J. (1994). Suicide in psychotic major depression, *J. Affec. Disord.*, *31*, 3, 187-191.

Isometsa, E., Aro, H.M., Henriksson, M, Heikkinen, M.E. & Lönnqvist, J.K. (1994). Suicide in major depression in different treatment settings. *J. Clin. Psych.*, 55, 12, 523-527.

Ivnik, R.J., Malea, J.F., Tangalos, E.G. et alii. Mayo's older American normative studies: updated WAIS-R norms for ages 56 to 87. *Clin. Neuropsychol.*, *6*, 293-297.

Jacobs, D. & Klein, M.E. (1993). The expanding role of psychological autopsies. In A.A. Leenaars, Org. *Suicidology essay in honor of Edwin S. Shneidman* (p.209-247). Northvale, N.J.: Jason Aronson.

Jacobs, D. & Klein-Benhein, M. (1995). The Psychological Autopsy: a useful tool for determining proximate causation in suicide cases. *Bull. Am. Acad. Psych. Law*, *23*, 2. 165-182.

Jacobson, W. & Cooper, A.M. (1993). Psychodynamic diagnosis in the era of current DSMs. In N.E. Miller, L. Luborsky, J.P. Barber & J.P. Docherty, Ed. *Psychodynamic treatment research* (p.109-126). New York: Basic Books.

Jacquemin, A. (1997). *Interação Personalidade-Cultura: estudo de descendentes de imigrantes japoneses e portuguese*. Ribeirão Preto, SP: Universidade de São Paulo. (Relatório inédito)

Jolles, I. (1952). A study of the validity of some hipotheses for the qualitative interpretations of the HTP for children of elementary school age. I. Sexual identifications. *J. Clin Psychol., 8,* 113-118.

Jolles, I. (1969). The use of the H-T-P in a school setting. In J.N. Buck & E.F. Hammer, Ed. *Advances in the House-Tree-Person Technique: variations and applications* (p.223-242). Los Angeles, CA: Western Psychological Services.

Joseph, J., Breslin, C. & Skinner, H. (1999). Critical perspectives on the transtheoretical model and stages of change. In J.A. Tucker, D.M. Donovan & G.A. Marlatt. *Changing addictive behabior; bridging clinical and public health statregies* (p.160-190). New York: Guilford Press.

Jung, C.G. (1985). Psicologia e alquimia. In: Jung, C.G. *Obras completas*. V.12. Rio de Janeiro: Vozes.

Jungerman, F.S. & Laranjeira, R. (1999). Entrevista motivacional: bases teóricas e práticas. *J. Bras. Psiq., 48,* 5, 197-207.

Kahn, M.W., Fox, H. & Rhode, R. (1988). Detecting faking on the Rorschach: computer versus expert clinical judgement. *J. Pers. Assess., 52,* 3, 516-523.

Kamphaus, R. (1993). *Clinical assessment of children's intelligence*. Boston, MA: Allyn & Bacon.

Kaplan, E., Fein, D., Morris, R. & Delis, D.C. (1991). *WAIS-R NI, Manual: WAIS-R as a neuropsychological instrument*. San Antonio: Psychological Corporation.

Kaplan, H.I. & Sadock, B.J. (1999a). Relato do exame psiquiátrico. In H.I. Kaplan & B.J. Sadock. *Tratado de psiquiatria*. 6.ed. V.1 (p.580-583). Porto Alegre: Artmed.

Kaplan, H.I. & Sadock, B.J. (1999b). Sinais e sintomas típicos de doença psiquiátrica. In H.J. Kaplan & B.J. Sadock. *Tratado de Psiquiatria*. 6.ed. V.1 (p.584-592). Porto Alegre: Artmed.

Karnes, M.B. (1992). *You and your small wonder*. Circle Pine, MN: American Guidance Science. Book 1.

Kast, V. (1997). *A imaginação como espaço de liberdade*. São Paulo: Loyola.

Katon, W. & Roy-Byrne, P.P. (1991). Mixed anxiety and depression. *J. Abnormal Psychol,, 100,* 3, 337-345.

Kaufman, A. (1979). *Intelligent testing with the WISC-R*. New York: Wiley & Sons.

Kaufman, A. (1994). *Intelligent testing with the WISC-III*. New York: Wiley & Sons.

Kaufman, A.S. (1990). *Assessing adolescent and adult intelligence*. Boston, MA: Allyn & Bacon.

Kaufman, A.S. & Lichtenberger, E.O. (1999). *Essentials of WAIS-III Assessment*. New York: Wiley & Sons.

Kaufman, A.S. & Reynolds, C.R. (1983). Clinical evaluation of intelectual function. In I.B. Weiner, Ed. *Clinical methods in psychology*. 2.ed. (p.100-151). New York: Wiley & Sons.

Kaufman, B. & Wohl, A. (1992). *Casualties of childhood: a developmental prospective on sexual abuse using projective drawings*. New York: Brunner/Mazel.

Kay, S.R., Fiszbein, A. & Opler, L.A. (1987). Positive and Negative Syndrome Scale (PANSS) for schizophrenia. *Schizophrenia Bull., 13,* 261-276.

Kelly, T.M. & Mann, J.J. (1996). Validity of DSM-III-R diagnosis by psychological autopsy: a comparison with clinician ante-mortem diagnosis. *Acta Psychiatrica Scandinavica, 94,* 337-343.

Kendall, P.C. & Clarkin, J.P. (1992). Introduction to special section: comorbidity and treatment implications. *J. Consult. & Clin. Psychol., 60,* 6, 833-834.

Kiernan, W.E.S., McCreadie, R.G. & Flanagan, W. L. (1976). Trainees' competence in psychiatric case writing. *Br. J. Psych., 129,* 167-172.

Klein, M. (1980). A técnica psicanalítica do brinquedo: sua história e significado. In M. Klein, P. Heimann, P. & R.E. Money-Kyrle. *Novas tendências na psicanálise* (p.25-48). Rio de Janeiro: Guanabara.

Klepsch, M. & Logie, L. (1984). *Crianças desenham e comunicam*. Porto Alegre: Artes Médicas.

Klerman, G.L. (1990). Approaches to the phenomena of comorbidity. In J.D. Maser & C.R. Cloninger, Ed. *Comorbidity of mood and anxiety disorders* (p.13-37). Washington: American Psychiatric Press.

Klopfer, B. (1937). The present status of the theoretical development of the Rorschach method. *Rorschach Res. Exch., 1,* 142-147.

Klopfer, B. & Davidson, H. (1940). The technique of Rorschach scoring and tabulation. *Rorschach Res. Exch., 4,* 75-83.

Klopfer, B. & Davidson, H.H. (1966). *Técnica de Rorschach*. Buenos Aires: Paidós.

Klopfer, B. & Kelley, D.M. (1946). *The Rorschach technique*. Younkers-on-Hudson, NY: World Book.

Klopfer, B. & Sender, S. (1936). A system of refined scoring symbols. *Rorschach Res. Exch., 2,* 19-22.

Klopfer, B., Ainsworth, M.D., Anderson, D.V., Baker, G., Bolgar, H., Fox, J., Hallowell A.I., Higham, E., Kellmann, S., Klopfer, W.G., Meilkiu-Dworetzki, G., Snowden R.F., Sgein, M.D., Troup, E. & Williams G. (1956). *Developments in the Rorschach technique*. V.2. Yonkers-on-Hudson, NY: World Book.

Klopfer, B., Ainsworth, M.D., Klopfer, W.G. & Holt, R.R. (1954). *Developments in the Rorschach technique*. V.1. Yonkers-on-Hudson, NY: World Book.

Koller, S.H., Hutz, C.S. & Bandeira, D.R. (1997) The use of drawings to study tolerance, and stereotyping with street children and middle class children. Québec: *Anais da XIV Biennial ISSBD Conference*.

Koppitz, E.M. (1968). *Psychological evaluation of children's human figure drawings*. New York: Grune & Stratton.

Koppitz, E.M. (1971). *El Test Guestáltico Visomotor para niños*. Buenos Aires: Guadalupe.

Koppitz, E.M. (1976). *El dibujo de la figura humana en los niños*. 3.ed. Buenos Aires: Guadalupe.

Koppitz, E.M. (1987). *O Teste Guestáltico Bender para crianças*. Porto Alegre: Artes Médicas.

Kornblit, A. (1978). Hacia un modelo estructural de la hora de juego diagnóstica. In M.L.S. Ocampo, M.E.G. Arzeno, E.G. Piccolo et alii. *Las técnicas proyectivas y el processo psicodiagnóstico* (p.223-234). Buenos Aires: Nueva Visión.

Koss, M.P., Butcher, J.N. & Hoffman, N. (1976). The MMPI critical items: how well do they work? *J. Couns. & Clin. Psychol.*, 44, 6, 921-928.

Kroeff, P. (1988). Normas brasileiras para o Teste de Bender. *Psicologia: Reflexão e Crítica*, 3, 1/2, 10-17.

Kroeff, P. (1992). Desempenho de crianças no Teste de Bender e nível sócio-econômico cultural. *Ciência e Cultura*, 43, 827-828.

Kusnetzoff, J.C. (1982). *Introdução à psicopatologia psicanalítica*. Rio de Janeiro: Nova Fronteira.

Kwitko, C. (1984). *Estudo sobre o excepcional*. Porto Alegre: PUCRS, 1984. (Monografia)

Lacks, P. (1984). *Bender Gestalt Screening for Brain Damage Dysfunction*. New York: Wiley & Sons.

Lafond, C. (1999). L'affect et su représentation. *Revue Française Psychanalitique*, 63, 1, 71-86.

Lanyon, R.J. & Goodstein, L.D. (1982). *Personality assessment*. New York: Wiley e Sons.

Lau, R.W. (1994). Fatal suicides among children and adolescents 1992-1994. *Bull. of the Hong Kong Psychol. Soc.*, 32, 105-112.

Leavitt, F. & Garron, D.C. (1982). Rorschach and pain characteristics of patient with low pain and "conversion V" MMPI profiles. *J. Pers. Assess.*, 46, 1, 18-25.

Lebovici, S. & Soulé, M. (1980). *O conhecimento da criança pela psicanálise*. Rio de Janeiro: Zahar.

'Lectric Law Library. *Law & Medicine: medical malpractice*. 21 jan. 2000. Disponível: http://www.lectlaw.com/tmed.html.

Levin, H.S., Soukoup, V.M., Benton, A.L., Fletcher, J.M. & Satz, P. (1999). Avaliação neuropsicológica e intelectual de adultos. In H.I. Kaplan & B.J. Sadock. *Tratado de psiquiatria*. 6.ed. V.1 (p.613-633). Porto Alegre: Artmed.

Levitt, E.E. & Gotts, E.E. (1995). *The clinical application of MMPI special scales*. 2.ed. Hillsdale, NJ: Lawrence Erlbaum.

Levy, S. (1991). Desenho projetivo da figura humana. In E.F.Hammer, Ed. *Aplicações clínicas dos desenhos projetivos* (p.61-85). São Paulo: Casa do Psicólogo.

Lezak, M.D. (1983). *Neuropsychological assessment*. New York: Oxford Universities Press

Lezak, M.D. (1995). *Neuropsychological assessment*. 3.ed. New York: Oxford Universities Press.

Lima, C.M.B. (1997). Desenvolvimento e atualização. In W. Trinca, Org. *Formas de investigação clínica em psicologia* (p.217-251). São Paulo: Vetor.

Lishman, W.A. (1998). *Organic psychiatry: the psychological consequences of cerebral disorder*. 3.ed. London: Blackwell Science.

Litman, R.E. (1984). Psychological Autopsies in Court. *Suicide and Life-Threat. Behavior*, 14, 2, 88-95.

Litman, R.E. (1989). Psychological Autopsies. *J. For. Issues*, 34, 3, 638-646.

Litman, R.E. (1996). Suicidology: a look backward and ahead. *Suicide and Life-Threat. Behavior*, 26, 1, 1-7.

Litman, R.E., Curphey, T., Shneidman, E.S., Farberow, N.L. & Tabachnick, N. (1963). Investigations of equivocal suicides. *J. Am. Med. Assoc.*, 12, 184, 924-929.

Logan, N. (1991). Avaliação diagnóstica de crianças. In R.J. Craig. *Entrevista clínica e diagnóstica* (p.385-405). Porto Alegre: Artes Médicas.

Lohrenz, I.J. & Gardner, E.W. (1967), The Mayman Form level scoring method: scorer reliability and correlates of Form level. *J. Proj. Tech.*, 31, 39-46.

Lopes, M.C.F.M. (1984). *Estudo sobre respostas populares no Teste de Bender*. Porto Alegre: Instituto de Psicologia da PUCRS (Dissertação de mestrado).

López-Pedraza, A.R. (1999). *Hermes e seus filhos*. São Paulo: Paulus.

Lösel, F. (1994). La resiliencia en el niño y en el adolescente. *La Infancia en el Mundo*, 5, 3, 14-20.

Lösel, F. Psychology and law: overtures, crescendos, and reprises. In F. Lösel, D. Bender & T. Bliesener, Ed. (1992). *Psychology and law* (p.3-21). New York: de Gruyter.

Lubin, B., Larsen, R.M. & Matarazzo, J.D. (1984). Patterns of psychological test usage in the United States: 1935-1982. *Am. Psychol.*, 39, 451-454.

Lubin, B., Larsen, R.M., Matarazzo, J.D. & Seever, M. (1985). Psychological test usage patterns in five professional settings. *Am. Psychol.*, 40, 857-861.

Lubin, B., Walls, R. & Paine, C. (1971). Patterns of psychological test usage in the United States: 1935-1969. *Prof. Psychol.*, 2, 70-74.

Luborsky, L. (1984). *Principles of psychoanalytic psychotherapy: a manual for supportive-expressive treatment*. New York: Basic Books.

Luborsky, L. (1993). Benefits of adherence to psychotherapy manual, and where to get them. In N.E. Miller, L. Luborsky, J.P. Barber & J.P. Docherty, Ed. *Psychodynamic treatment research* (p.211-226). New York: Basic Books.

Lydiard, R.B. (1991). Coexisting depression and anxiety: special diagnostic and treatment issues. *J. Clin. Psych.*, 52, 6 (suppl.), 48-54.

Lynn, S. (1980). *Structured Doll Play (SDP)*. Burlingame, CA: Test Developments.

Macedo, R.M.S. (1968). O Teste Z em adolescentes. *Rev. de Psicol. Normal e Patológica*, 14, 1/2, 3-47.

Machover, K. (1949a). *Personality projection in the drawing of the human figure: a method of personality investigation*. Springfield, Il.: C.Thomas.

Machover, K. (1949b). *Proyección de la personalidad en el dibujo de la figura humana*. Habana: Cultural.

MacKinnon, R.A. & Michels, R. (1981). *A entrevista psiquiátrica na prática diária*. Porto Alegre: Artes Médicas.

MacKinnon, R.A. & Yudofsky, S.C. (1988a). *A avaliação psiquiátrica na prática clínica*. Porto Alegre: Artes Médicas.

MacKinnon, R.A. & Yudofsky, S.C. (1988b). *A avaliação psiquiátrica na prática diária*. Porto Alegre: Artes Médicas.

Mahler, M. (1983). *As psicoses infantis e outros estudos*. Porto Alegre: Artes Médicas.

Mahmood, Z. (1990). The Zulliger: its past and future. *Br. J. Proj. Psychol.*, 35, 2, 2-15.

Mahoney, M.J. (1993). Desenvolvimentos recentes e futuras possibilidades em psicologia. *Psicologia: Reflexão e Crítica*, 6, 1/2, 3-16.

Malan, D.H. (1980). Criteria for selection. In H. Davanloo, Ed. *Short-term dynamic psychotherapy* (p.169-189). Northvale, NJ: Jason Aronson.

Maller, S. & Ferron, J. (1997). WISC-III factor invariance across deaf and standardization samples. *Educ. & Psychol. Meas.*, 57, 6, 987-994.

Maloney, M.D. & Glasser, A. (1982). An evaluation of the clinical utility of the draw-a-person test. *J. Clin. Psychol.*, 38, 183-190.

Marks, P.A. & Seeman, W. (1963). *Actuarial description of abnormal-personality: an atlas for use with the MMPI*. Baltimore, MD: Williams & Wilkins.

Marlatt, A. & Gordon, J. (1993). *Prevenção da recaída: estratégia e manutenção no tratamento de comportamentos adictivos*. Porto Alegre: Artes Médicas.

Marlin, E. (1989). *Genograms*. Chicago: Contemporary Books.

Marmor, J. (1980). Evaluation and selection. In H. Davanloo, Ed. *Short-term dynamic psychotherapy* (p.149-168). Northvale, NJ: Jason Aronson.

Marttunen, M.J., Aro, H.M. & Lönnqvist, J.K. (1993). Adolescence and suicide: a review of psychological autopsy studies. *Eur. Child and Adoles. Psych.*, 2, 1, 10-18.

Maser, J.D., Kaelber, C. & Weise R.E. (1991). International use and attitudes toward DSM-III and DSM-III-R: growing consensus in psychiatric classification. *J. Abn. Psychol.*, 100, 271-279.

Matarazzo, J.D. (1976). *Wechsler: medida e avaliação da inteligência do adulto*. São Paulo: Manole.

Matarazzo, J.D. (1990). Psychological assessment versus psychological testing. *Am. Psychol.*, 45, 9, 999-1017.

Mayman, M., Schafer, R. & Rapaport, D. (1976). Interpretación de la escala de inteligencia Wechsler-Bellevue en el estudio de la personalidad. In H.H. Anderson & G.L. Anderson. *Técnicas proyectivas del diagnóstico psicológico*. 3.ed. (p.605-649). Madrid: Rialp.

Maza, A.L. (1952). Primeras investigaciones con el Z-Test en sujetos españoles. *Rev. de Psicol. Gen. y Apl.*, 7, 107-116.

Mázzaro, A.C. (1984). *Investigação clínica da personalidade de adolescentes homicidas através do Procedimento de Desenhos-Estórias*. Campinas, SP: PUCCMP. (Dissertação de mestrado).

McConnaughy, E.A., Prochaska, J.O. & Velicer, W.F. (1983). Stages of change in psychotherapy: measurement and sample profiles. *Psychotherapy: Theory, Research & Practice*, 20, 368-375.

McGlashan, T.H. & Hoffman, R.E. (1999). Esquizofrenia: teorias psicodinâmicas e neurodinâmicas. In H.J. Kaplan & B.J. Sadock. *Tratado de Psiquiatria*. 6.ed. V.1 (p.1027-1038). Porto Alegre: Artmed.

McGoldrick, M. & Gerson, R. (1987). *Genogramas en la evaluación familiar*. Buenos Aires: Gedisa.

McGoldrick, M. & Gerson, R. (1995). Genetogramas e o ciclo de vida familiar. In B. Carter & M. McGoldrick. *As mudanças no ciclo de vida familiar* (p.144-166). Porto Alegre: Artes Médicas.

McGoldrick, M., Gerson, R. & Shellenberger, S. (1999). *Genograms, assessment and intervention*. New York: Norton & Co.

McGrew, K.S. & Flanagan, D.P. (1998). *The Intelligence Test Desk Reference (ITDR): Gf-Gc cross-battery assessment*. Boston, MA: Allyn & Bacon.

McIntosh, J.A., Belter, R.W., Saylor, C.T., Finch, A.J. & Edwards, G.L. (1988). The Bender-Gestalt with adolescents: comparison of two scoring methods. *J. Clin. Psychol.*, 44, 2, 226-230.

McKinley, J.C. & Hathaway, S.R. (1963). Scale 1 (Hypocondriasis). In G.S. Welsh & G.S. Dahlstrom, Ed. *Basic readings on the MMPI in psychology and medicine* (p.64-72). Minneapolis, MN: University of Minnesota Press.

McWilliams, N. (1994). *Psychoanalytic diagnosis*. New York: Guilford

MEC. Ministério da Educação e Cultura. Secretaria de Educação Especial. (1995a). *Diretrizes gerais para atendimento educacional aos alunos portadores de altas habilidades/superdotação e talentos*. Série Diretrizes, n° 10. Brasília: MEC/UNESCO. p.50.

MEC. Ministério da Educação e Cultura. Secretaria de Educação Especial. (1995b). *Diretrizes educacionais sobre estimulação precoce*. Brasília: MEC/UNESCO. p.45.

Meisner, S. (1988). Susceptibility of Rorschach distress correlate to malingering. *J. Pers. Assess.*, 52, 3, 564-571.

Melton, G., Petrila, J., Poythress, N. & Slobogin, C. (1997). *Psychological evaluations for the court*. 2.ed. New York: Guilford.

Melvin, L. & Wolkmar, F. (1993). *Aspectos clínicos do desenvolvimento na infância e adolescência*. Porto Alegre: Artes Médicas.

Menninger, K. (1970). *Eros e Tânatos: o homem contra si mesmo*. São Paulo: IBRASA.

Mestriner, S.M.M.E. (1982). *O Procedimento de Desenhos-Estórias em pacientes esquizofrênicos hospitalizados*. São Paulo: USP. (Dissertação de mestrado).

Miermont, J. (1994). *Dicionário de terapias familiares*. Porto Alegre: Artes Médicas.

Miller, W.R. (1983). Motivational interviewing with problem drinker. *Behavioral Psychotherapy*, 11, 147-172.

Miller, W.R. (1985). Motivational for treatment: a review with special emphasis on alcoholism. *Psychol. Bull.*, *98*, 84-107.

Miller, W.R. (1995). Increasing motivation for change. In R.L. Hester. & W.R. Miller, Ed. *Handbook of alcoholism and treatment approaches: effective alternatives*. 2.ed. (p.89-104). Massachusetts: Allyn & Bacon.

Miller, W.R. & Orr, J. (1980). Nature and sequence of neuropsychological deficits in alcoholics. *J. Stud. Alc.*, *41*, 3, 325-337.

Miller, W.R. & Rollnick, S. (1991). *Motivational interviewing: preparing people to change addictive behavior*. NewYork: Guilford Press.

Miller, W.R. & Sanchez, V.C. (1994). Motivating young adults for treatment lifestyle change. In G. Howard, Ed. *Issues in alcohol and misuse by young adults* (p.55-82). Notre Dame, IN: University of Notre Dame Press.

Miller, W.R. & Tonigan, J.S. (1996). Assessing drinker's motivation for change: the Stages of Change Readiness and Treatment Eagerness Scale (SOCRATES). *Psychol. Addictive Behaviors*, *10*, 81-89.

Miller, W.R. & Tonigan, J.S. (1999). Assessing drinkers motivation for change: the Stages of Change Readiness and Treatment Eagerness Scale (SOCRATES). In G.A. Marlatt & G. Vandebos, Ed. *Addictive behaviors: readings on etiology, prevention, and treatment* (p.355-369). Washington: American Psychological Association.

Miller, W.R., Zweben, A., DiClemente, C.C. & Rychtarick, R.G. (1992). *Motivational enhancement therapy. Manual - A clinical research guide for therapists treating individuals with alcohol abuse and dependence*. Project MATH monograph series. Rockville, Md: National Institute on Alcohol Abuse and Alcoholism (NIAAA).

Mineka, S., Watson, D. & Clark, L.A. (1998). Comorbidity of anxiety and unipolar mood disorders. *Ann. Rev. Psychol.*, *49*, 377-412.

Minella, D.M.L., Pereira, I.T. & Argimon, I.L. (1987). Disfunção orgânica em pacientes alcoolistas de intoxicação recente e abstinentes. *Rev. Bras. Saúde Mental*, *1*, 1, 18-20.

Minella, D.M.L, Pereira, I.T., Argimon, I.L. & Cunha, J.A. (1989). Estudo da estabilidade de alguns instrumentos neuropsicológicos em alcoolistas, durante o primeiro mês de abstinência. São Paulo: *VIII Congresso Brasileiro de Alcoolismo*.

Minuchin, S. (1982). *Famílias, funcionamento & tratamento*. Porto Alegre: Artes Médicas.

Modlin, H.C. (1963). A study of the MMPI in clinical practice. In G.S. Welsh & W.G. Dahlstrom, Ed. *Basic readings on the MMPI in psychology and medicine* (p.388-402). Minneapolis, MN: University of Minnesota Press.

Monod, M. (1963). Le symbolisme de planches et leur sucession dans l'intepretation du Rorschach. *Bulletin de Psicologie*, *17*, 155-157.

Moor, L. (1969). *Tests mentales en psiquiatria infantil*. Barcelona: Toray-Masson.

Moore, B.E. & Fine, B.D. (1968). *A glossary of psychoanalytic terms and concepts*. New York: American Psychoanalytic Association.

Moore, B.E. & Fine, B.D. (1992). *Termos e conceitos psicanalíticos*. Porto Alegre: Artes Médicas.

Morali-Daninos, A. & Canivet, N. (1968). *Le test Z: manuel d'application*. Paris: Centre du Psychologie Apliquée.

Morris, J.C., Heyman, A., Mohs, R.C. et alii. (1989). The Consortium to Establish a Registry for Alzheimer's Disease (CERAD). *Neurol.*, *39*, 1159-1163.

Morris, W.W. (1976). Otras técnicas proyectivas. In H.H. Anderson & J.L. Anderson. *Técnicas proyectivas del diagnóstico psicológico*. 3.ed. (p.576-604). Madrid: Rialp.

Morval, M.V.G. (1982). *Le TAT et les fonctions du moi*. 2.ed. Montreal: Presses de l'Université de Montréal.

Moser, C.A. & Kalton, G. (1971). *Survey methods in social investigation*. 2.ed. London: Heinemann Educational Books.

Murphy, J.M. (1995). Diagnostic schedules and rating scales in adult psychiatry. In M.T. Tsuang, M. Tohen & G.E.P. Zahner, Ed. *Textbook of psychiatric epidemiology*. (p.253-271). New York: Wiley & Sons.

Murray, H. (1951). *Exploration de la personalité*. Paris: Presses Universitaires de France.

Murray, H. (1953). *Exploration de la personalité*. Paris: Presses Universitaires de France.

Murray, H. (1975). *Test de Apercepción Temática (TAT). Manual para la aplicación*. Buenos Aires: Paidós.

Murray, H. (1977). *Test de Apercepción Temática (TAT). Manual para la aplicación*. Buenos Aires: Paidós.

Murray, H. et alii (1938). *Explorations in personality*. New York: Oxford.

Nascimento, R.S.G.F. (1993). *Bipolares: um estudo de características de personalidade através do Rorschach*. São Paulo: PUCSP. (Tese de doutorado)

Nascimento, R.S.G.F., Güntert, A.E.V.A., Freitas, L.M., Pedrosa, Y.C.G., Silveira, E.D.X. da, Campagna, V.N. et alii (1997). Um estudo das médias de qualidade formal em um grupo de sujeitos não-pacientes de São Paulo, conforme o Sistema Integrado de Exner. Ribeirão Preto, SP: *Anais do II Encontro da Sociedade Brasileira de Rorschach e Outros Métodos Projeticos (SBRo) e I Congrès de la Societé Internatinale de Psychopatologie Phénomeno-Structurale*.

Neill, K., Benensohn, H., Farber, A.N. & Resnik, H.L. (1974). The psychological autopsy: a technique for investigating a hospital suicide. *Hospital and Community Psychiatry*, *25*, 33-36.

Netter, B.E. & Viglione Jr., D.J. (1994). An empirical study of malingering schizophrenia on the Rorschach. *J. Pers. Assess.*, *62*, 1, 45-57.

Oas, P. (1984). Validity of the Draw-A-Person and Bender Gestalt Tests as measures of impulsivity with adolescents. *J. Consult. & Clin. Psychol.*, *52*, 1011-1019.

Ocampo, M.L.S. & Arzeno, M.E.G. (1981). La entrevista inicial. In M.L.S. Ocampo, M.E.G. Arzeno et alii. *Las técnicas proyectivas y el proceso psicodiagnóstico.* V.1 (p.9-47). Buenos Aires: Nueva Visión.

Olin, J. T. & Keatinge, C. (1998). *Rapid psychological assessment.* New York: Wiley & Sons.

Ombredane, A. (1969). *L'exploration de la mentalité des noirs.* Paris: Presses Universitaires de France.

OMS (Organização Mundial da Saúde) (1993). *Classificação de transtornos mentais e de comportamento da CID-10: descrição clínicas e diretrizes diagnósticas.* Porto Alegre: Artes Médicas.

Orford, J. & Edwards, G. (1977). *Alcoholism.* New York: Oxford Universities Press.

Othmer, E. & Othmer, S.C. (1994). *The clinical interview using the DSM-IV.* Washington: American Psychiatric Press.

Paín, S. (1971). *Psicometría genética.* Buenos Aires: Galerna.

Paiva, M.L.F. (1992). *Relações entre representações cognitivas, afetivas e desempenho escolar de crianças de 4 a 5 anos de idade.* São Paulo: USP. (Tese de doutorado)

Palma, C.L.S. (1996). *A relação entre aspectos psicológicos e quadros reincidentes de candidíase vaginal: estudo de caso.* Ribeirão Preto, SP: Universidade de São Paulo. (Dissertação de mestrado)

Parsons, O.A. (1980). Cognitive dysfunction in alcoholics and social drinkers. *J. Study Alc.,* 41, 1, 107-118.

Pasquali, L. (1996). Medida psicométrica. In L. Pasquali, Org. *Teoria e métodos de medida em ciências do comportamento* (p.73-115). Brasília: Laboratório de Pesquisa em Avaliação e Medida/Instituto de Psicologia/UnB: INEP.

Pasquali, L., Azevedo, M.M. & Ghesti, I. (1997). *Inventário Fatorial de Personalidade: manual técnico e de aplicação.* São Paulo: Casa do Psicólogo.

Pérez-Ramos, A.M.Q. (1966). *Psicología clínica: técnicas de diagnóstico.* Caracas: Mediterráneo.

Pérez-Ramos, A.M.Q. (1975). *Estimulação precoce: informações básicas para pais e profissionais.* Curitiba: OEA.

Pérez-Ramos, A.M.Q. (1990). Modelos de prevenção: perspectivas dos programas de estimulação precoce. *Psicologia USP,* 1, 1, 67-75.

Pérez-Ramos, A.M.Q. & Pera, C. (1995). *Brinquedos e Brincadeiras para o bebê: kit para criança nos seus dois primeiros anos de vida.* São Paulo: Vetor.

Pérez-Ramos, A.M.Q. & Pérez-Ramos, J. (1992). *Estimulação precoce: serviços, programas e currículos.* 2.ed. Brasília: Ministério da Justiça/CORDE.

Pérez-Ramos, A.M.Q. & Pérez-Ramos, J. (1996). *Estimulação precoce: serviços, programas e currículos.* 3.ed. Brasília: Ministério da Justiça/CORDE.

Perlman, M.D. & Kaufman, A.S. (1990). Assessment of child intelligence. In G. Goldstein & M. Hersen, Ed. *Handbook of psychological assessment.* 2.ed. (p.59-78). New York: Pergamon Press.

Perlstein, A.P. Suicide in adolescence. *New York J. Med.,* 1:3017-3020, 1966.

Perry, G.G. & Kinder, B.N. (1990). The susceptibility of the Rorschach to malingering: a critical review. *J. Pers. Assess.,* 54, 1/2, 47-57.

Peterson, C.A. & Schilling, K.M. (1983). Card pull in projective testing. *J. Pers. Assess.,* 47, 3, 265-275.

Peterson, G.W., Clark, D.A. & Bennett, B. (1989). The utility of MMPI subtle, obvious scales for detecting fake good and fake bad response sets. *J.Clin. Psychol.,* 45, 4, 575-583.

Piccolo, E.G. (1977). *Indicadores psicopatológicos en técnicas proyectivas.* Buenos Aires: Nueva Visión.

Pick, I.B. (1985). A elaboração na contratransferência. In E.M.R. Barros, Org. *Melanie Klein hoje: evoluções* (p.181-198). São Paulo: Escuta.

Pincus, L. & Dare, Ch. (1981). *Psicodinâmica da família.* Porto Alegre: Artes Médicas.

Piotrowski, C. & Keller, J.W. (1984). Psychodiagnostic testing in APA - approved clinical psychology program. *Prof. Psychol.: Research and Practice,* 15, 450-456.

Piotrowski, Z.A. (1957). *Perceptanalysis.* New York: MacMillan.

Pistori, R. & Crovara, C. (1994). Signos de resiliencia en una experiencia latinoamericana. *La Infancia en el Mundo,* 5, 3, 47-50.

Pope, B. & Scott, W.H. (1967). *Psychological diagnosis in clinical practice.* New York: Oxford Universities Press.

Portuondo, J. (1970a). *Cuatro técnicas en el Test de Apercepción Temática y la autobiografia como técnica proyectiva.* Madrid: Biblioteca Nueva.

Portuondo, J.A. (1970b). *Escala Wechsler-Bellevue (su enfoque clínico).* Madrid: Biblioteca Nueva.

Portuondo, J.A. (1973). *Test proyectivo de Karen Machover.* 2.ed. Madrid: Biblioteca Nueva.

Prochaska, J.O. & DiClemente, C.C. (1982). Transtheoretical therapy: toward a more integrative model of change. *Psychotherapy: Theory, Research, and Practice,* 19, 276-288.

Prochaska, J.O. & DiClemente, C.C. (1984). *The transtheoretical approach: crossing traditional boundaries of therapy.* New York: Dow-Jones Irwin.

Prochaska, J.O. & DiClemente, C.C. (1986). Toward a comprehensive model of change.In W.R. Miller & N. Heather, Ed. *Treating addictive behaviors: process of change* (p.3-27). New York: Plenum.

Prochaska, J.O., DiClemente, C.C. & Norcross, J.C. (1992). In search of how people change: applications to addictive behaviors. *Amer. Psychol.,* 47, 1102-1114.

Prochaska, J.O., DiClemente, C.C. & Norcross, J.C. (1999). In search of how people change: applications to addictive behaviors. In G.A. Marlat & G. Vandebos, Ed. *Addictive behaviors: readings on etiology, prevention, and treatment* (p.671-696). Washington: American Psychological Association.

Project MATCH Research Group (1993). Project MATCH: rationale and methods for a multisite clinical trial matching patients to alcoholism treatment. *Alcoholism: Clinical and Experimental Research*, *19*, 1130-1145.

Psychological Corporation (1955). Method of expressing tests scores. *Test Serv. Bull.*, *48*, 7-10.

Psychological Corporation (1997). *WAIS-III and WMS-III: technical manual*. San Antonio, TX: Psychological Corporation.

Quereski, M.Y., Treis, K.M. & Riebe, A.L. (1989). The equivalence of the WAIS-R and the WISC-R at age 16. *J. Clin. Psychol.*, *45*, 4, 633-641.

Quintela, G.F. (1955). Psicodiagnóstico do Rorschach. *Arq. Bras. Psicot.*, *7*, 1, 7-28; *7*, 2, 75-112; *7*, 3, 47-55.

Rabin, A.I. (1965). Diagnostic and use of intelligence tests. In B.B. Wolman, Ed. *Handbook of clinical psychology* (p.477-497). New York: McGraw-Hill.

Racker, H. (1981). *Estudos sobre técnica psicanalítica*. Porto Alegre: Artes Médicas.

Rapaport, D. et alii (1965). *Tests de diagnóstico psicológico*. Buenos Aires: Paidós.

Rappaport D., Gill, M. & Shaffer, R. (1946). *Diagnostic psychological testing*. V.2. Chicago, IL: Year Book Publ.

Rausch de Traubenberg, N. (1983). Actividade perceptiva e actividade fantasmática no teste de Rorschach. O Rorschach: espaço de interações. *Análise Psicológica*, *4*, 17-22.

Reynolds, W.M. (1979). Psychological tests: clinical usage versus psychometric quality. *Prof. Psychol.*, *9*, 324-329.

Rich, Ch.L., Sherman, M. & Fowler, R.C. (1990). San Diego suicide study: the adolescentes. *Adolescence*, *25*, 100, 855-865.

Roback, H.B. (1968). Human figure drawings: their utility in the clinical psychologist's armamentarium for personality assessment. *Psychol. Bull.*, *70*, 1-19.

Robins, L.N., Helzer, J.E., Croughan, J. & Ratcliff, K.S. (1981). National Institute of Mental Health Diagnostic Interview Schedule: its history, characteristics and validity. *Arch. Gen. Psych.*, *38*, 381-389.

Rogers, R., Dolmetsh, R. & Cavanaugh, J.L. (1983). Identification of random responders of MMPI protocols. *J. Pers. Assess.*, *47*, 4, 364-368.

Roid, G., Prifitera, A. & Weiss, L. (1993). Replication of the WISC-III factor structure in an independent sample. *Journal of Psychoeducational Assessment Monograph Series:* Advances in Psychoeducational Assessment, Wechsler Intelligence Scale for Children, Third Edition, 6-21.

Rollnick, S., Heather, W. & Bell, A. (1992). Negotiating behaviour change in medical settings: the development of brief motivational interviewing. *Journal of Mental Health*, *1*, 35-37.

Rollnick, S., Kinnersley, P. & Stott, N. (1993). Methods of helping patients with behaviour change. *B.M.J.*, *307*, 188-190.

Rorschach, H. (1948). *Psicodiagnóstico*. Buenos Aires: Médico-Quirúrgica.

Rorschach, H. (1967). *Psicodiagnóstico*. São Paulo: Mestre Jou.

Rossi, L. (1965). Utilitá del test delle Düss nell'indagine psicodinamica degli psicotici. *Neuropsichiatria*.

Rossini, E.D. & Kaspar, C. (1987). The validity of the Bender-Gestalt emotional indicators. *J. Pers. Assess.*, 51, 2, 254-261.

Roth, M., Tym, E., Mount, J.C. et alii (1986). CAMDEX: a standardized instrument for the diagnosis of mental disorder in the elderly with special reference for the early detection of dementia. *Br. J. Psych.*, *140*, 673-698.

Rouquayrol, M.Z. (1994). *Epidemiologia e saúde*. 4.ed. Rio de Janeiro: MEDSI.

Rovinski, S.L.R. & Elgues,G.Z. (1999). Avaliação psicológica na área forense: uso de técnicas e instrumentos. São Paulo: *III Congresso Ibero-americano de psicologia jurídica*.

Roy, R.S. (1984). The Goldberg neurotic-psychotic rule and MMPI 2-7-8 patients. *J. Pers. Assess.*, *48*, 4, 398-402.

Ryan, J.J., Paolo, A.M. & Brungardt, J.M. (1990). Standardization of Wechsler Adult Intelligence Scale - revised for persons 75 years and older. *Psychol. Assess.*, *2*, 404-411.

Sá, A.A. (1997). Os três instrumentos de avaliação dos apenados na legislação penal brasileira. *Justiça e Democracia*, *3*, 163-179.

Sadock, B.J. & Kaplan, H.I. (1999). Classificação dos transtornos mentais. In H.J. Kaplan & B.J. Sadock. *Tratado de Psiquiatria*. 6.ed. V.1 (p.727-751). Porto Alegre: Artmed.

Salomon, F. (1962). *Ich-Diagnostik in Zulliger-Test*. Berna: Hans Huber.

Sampaio, D. & Gameiro, J. (1985). *Terapia familiar*. Porto: Afrontamento.

Sanders, C. (1998). *A grief study: responses of children to animal pictures*. New York: Wiley.

Santucci, M. & Percheux, G. (1968). *Manuel pour l'examen psychologique de l'enfant*. Suíça: Delachaux et Niestlé (tradução mimeo).

Sattler, J.R. (1992). *Assessment of children: WISC-III and WPPSI-R supplement*. San Diego, CA: Jerome M. Sattler.

Sattler, J.R. & Ryan, J.J. (1999). *Assessment of children. Revised and updated third edition. WAIS-III supplement*. San Diego, CA: Jerome M. Sattler, Publ.

Schachter, M. (1973). Le probleme des series paralleles au test de Rorschach et l'utilité des series paralleles personnelles: le Schachter-Rorschach. *Ann. Neuropsich. Psichoanal.*, *20*, 157-172.

Schafer, R. (1954). *Psychoanalytic Interpretation in Rorschach Testing*. New York: Grune & Stratton.

Schilder, P. (1981). *A imagem do corpo*. São Paulo: Martins Fontes.

Schuerger, J.M. & Witt, A.C. (1989). The temporal stability of individuality tests intelligence. *J. Clin. Psychol.*, *45*, 2, 294-302.

Schultz, D. & Schultz, S. (1992). *História da psicologia moderna*. 9.ed. São Paulo: Cultrix.

Scott, H. (1999). Epidemiologia dos transtornos psiquiátricos. In H.I. Kaplan & B.J. Sadock. *Tratado de psiquiatria*. 6.ed. V.3 (p.2721-2726). Porto Alegre: Artmed.

Seidman, L.J. (1994). Listening, meaning, and empathy in neuropsychological disorders: case exemples of assessment and treatment. In J.M. Ellison, C.S. Weinstein & T. Hodel-Malinofsky, Ed. *The psychotherapist's guide of neuropsychiatry* (p.1-22). Washington: American Psychiatric Press.

Seligman, M. (1999*)*. *Comprehensive textbook of psychosocial development of children*. New York: Kluwer Academic Press.

Selkin, J. (1994). Psychological autopsy: scientific psychohistory or clinical intuition? *Am. Psychol.*, Jan., 74-75.

Semer, N.L. (1999). Estudo da auto-estima em crianças enuréticas pelo método de Rorschach. São Paulo: UNIFESP/EPM. (Tese de doutorado)

Serebrinski, B. (1948). *Manual de Rorschach en adolescentes*. Buenos Aires: Livreros Editores.

Setten, T. (1998). Grief and object relations: a study of CAT Test. *Psychoanal. Theory*, 16, 2, 179-197.

Shaffer, D., Gould, M.S., Fisher, P. & Trautman, P. (1996). Psychiatric diagnosis in child and adolescent suicide. *Arch. Gen. Psych.*, 53, 4, 339-348.

Shafii, M., Carrigan, S., Whittinghill, J.R. & Derrick, A. (1985). Psychological autopsy of completed suicide in children and adolescents. *Am. J. Psych.*, 149, 9, 1061-1064.

Shaw, C.R. (1977). *Quando seu filho precisa de ajuda*. Porto Alegre: Globo.

Shaw, C.R. & Lucas, A.R. (1970). *The psychiatric disorders of childhood*. 2.ed. New York: Appleton-Century-Crofts.

Shneidman, E.S. (1969). Suicide, lethality, and the psychological autopsy. In E.S. Shneidman. & M. Ortega. *Aspects of depression* (p.225-249). Boston, MA: Little, Brown.

Shneidman, E.S. (1981). The Psychological Autopsy. *Suicide and Life-Threat. Behavior*, 11, 4, 325-340.

Shneidman, E.S. (1994). Clues to suicide, reconsidered. *Suicide and Life-Threat. Behavior*, 24, 4, 395-397.

Shneidman, E.S., Ed. (1967). *Essays in self destruction*. New York: Science House.

Shneidman, E.S. & Farberow, N.L. (1969). Investigaciones sobre muertes dudosamente suicidas. In N.L. Farberow & E.S. Shneidman. *¡Necesito ayuda! Un estudio sobre el suicidio y su prevención* (p.136-147). México: La Prensa Médica Mexicana.

Shneidman, E.S., Farberow, L. & Litman, R.E. (1969). El Centro de Prevención del Suicidio. In N.L. Farberow & E.S. Shneidman. *¡Necesito ayuda! Un estudio sobre el suicidio y su prevención* (p.6-19). México: La Prensa Médica Mexicana.

Siegel, C.L.F. & Marion, T.S. (1973). The ghost (GH) responce: a pathognomic indicator in children's Rorschachs. *J. Pers. Assess.*, 37, 3, 242-243.

Sifneos, P. (1980). Motivation for change. In H. Davanloo, Ed. *Short-term dynamic psychotherapy* (p.93-98). Northvale, NJ: Jason Aronson.

Sifneos, P. (1993). *STAPP: psicoterapia breve provocadora de ansiedade*. Porto Alegre: Artes Médicas.

Silberstein, J.A. & Parsons, O.A. (1978). Women and alcohol: cognitive functioning in women alcoholics and nonalcoholics. *Alc. Techn. Rep. Okla. City*, 7, 941-100.

Silva Neto, A.C.P. (1999). *Características de personalidade de jogadores patológicos avaliados pelo método de Rorschach*. São Paulo: UNIFESP/EPM. (Dissertação de mestrado)

Silva, F. (1993). *Psychometric foundation and behavioral assessment*. London: Sage Publications.

Silva, S.M. (1997). *Construção de programas de estimulação para crianças desnutridas graves na primeira infância*. Campinas, SP: UNICAMP. (Tese de doutorado)

Silveira, N. (1992). *O mundo das imagens*. São Paulo: Ática.

Silverstein, A.B. (1989). On the use of the WISC-R supplementary subtests as alternates. *Psychol. Reports*, 64, 580-582.

Simon, R. (1989). *Psicologia clínica preventiva: novos fundamentos*. São Paulo: EPU.

Simon, R. (1993). Proposta de redefinição da Escala Diagnóstica Adaptativa Operacionalizada (EDAO). *Mudanças*, 1, 1, 13-25.

Simon, R.I. (1995). *Postraumatic stress disorder in litigation: guidelines for forensic assessment*. London: American Psychiatric Press.

Sims, J., Dana, R., & Bolton, B. (1983). The validity of the Draw-A-Person Test as an anxiety measure. *J. Pers. Assess.*, 47, 3, 250-257.

Skaf, C.R. (1997). *Instruções técnicas para elaboração de laudos, atestados e pareceres*. 2.ed. Curitiba: Conselho Regional de Psicologia.

Slate, J. (1995). Discrepancies between QI and Index Scores for a clinical sample of students: useful diagnostic indicators? *Psychology in the Schools*, 32, 103-108.

Soares, J.F. & Siqueira, A.L. (1999). *Introdução à estatística médica*. Belo Horizonte: UFMG/Departamento de Estatística. (http://www.est.ufmg/br-estmed)

Someonoff, B. (1990). The Zulliger test in a selection context. *J. Proj. Psychol.*, 35, 2, 28-48.

Spellman, A. & Heyne, B. (1989). Suicide? Accident? Predictable? Avoivable? The Psychological Autopsy in jail suicides. *Psych. Quarterly*, 60, 2, 173-183.

Spiro, M.E. (1988). Is the Oedipus complex universal? In G.H. Pollock & J.M.Ross, Ed. *The Oedipus papers* (p.435-471). Madison: International Universities Press.

Spitzer, R.L. (1984). Psychiatric diagnosis: are clinicians still necessary? *Psychotherapy research: where are we and where should we go?* New York: Guilford Press.

Spitzer, R.L., Gibbon, M., Skodol, A., Williams, J.B.W. & First, M. (1996). *Casos clínicos: complemento didático para o Manual Diagnóstico e Estatístico de Transtornos Mentais.* 4.ed. Porto Alegre: Artes Médicas.

Spitzer, R.L., Williams, J.B.W., Gibbon, M. & First, M. (1992). Structured Clinical Interview for the DSM-III-R (SCID). I. History, rationale, and description. *Arch. Gen. Psych.*, 49, 624-629.

Spreen, O. & Benton, A.L. (1977). *Neurosensory Center Comprehensive Examination for Aphasia (NCCEA).* Victoria: University of Victoria.

Sternberg, D. & Levine, A. (1965). An indicator of suicidal ideation on the Bender Visual Gestalt Test. *J. Proj. Tech.*, 29, 3, 377-379.

Strauss, G.D. (1999). A entrevista psiquiátrica, a história psiquiátrica e o exame do estado mental. In H.I. Kaplan & B.J. Sadock. *Tratado de psiquiatria.* 6.ed. V.1 (p.570-580). Porto Alegre: Artmed.

Strub, R.L. & Black, F. (1985). *Mental status examination in neurology.* 2.ed. Philadelphia: F. Davis.

Suczek, R.F. & Klopfer, W.G. (1952). Interpretation of the Bender Gestalt Test: the associative value of the figures. *Am. J. Orthopsych.*, 22, 1, 62-75.

Sullivan, P. & Montoya, L. (1997). Factor analysis of the WISC-III with the deaf and hard-of-hearing children *Psychol. Assess.*, 9, 3, 17-21.

Sullivan, P. & Schulte, I. (1992). Factor analysis of WISC-R with deaf and hard-of-hearing children. *Psychol. Assess.*, 4, 537-540.

Sundberg, N.D. (1961). The practice of psychological testing in clinical services in the United States. *Am. Psychol.*, 16, 79-83.

Sutton, S. (1997). Os "estágios de mudança" podem orientar o tratamento das adições? Um exame crítico do modelo de Prochaska e DiClemente. In G. Edwards & C. Dare, Ed. *Psicoterapia e tratamento das adições* (p.173-188). Porto Alegre: Artes Médicas.

Swensen, C.H. & Newton, K.R. (1955). The development of sexual diferentiation on the Draw-a-Person Test. *J. Clin. Psychol.*, 11, 417-419.

Tardivo, L.S.C.P. (1985). *Normas para avaliação do procedimento de desenhos-estórias numa amostra de crianças paulistanas de 5 a 8 anos de idade.* São Paulo: Instituto de Psicologia da USP (Dissertação de mestrado).

Tardivo, L.S.C.P. (1997). Análise e interpretação. In W. Trinca, Org. *Formas de investigação clínica em psicologia* (p.115-156). São Paulo: Vetor.

Tavares, M. (1997). *Adaptação e padronização da Entrevista Clínica Estruturada para o DSM-IV no Brasil.* Relatório de projeto de pesquisa do CNPq.

Tavares, M. (1998). *Validade clínica.* Brasília: Laboratório de Psicoterapia e Psicodiagnóstico/Instituto de Psicologia/UnB. (Manuscrito)

Tavares, M. (1999). *A entrevista clínica estruturada para avaliação da história e do risco de tentativa de suicídio.* Brasília: Laboratório de Psicoterapia e Psicodiagnóstico/Instituto de Psicologia/UnB. (Manuscrito)

Tavares, M. (2000a). A entrevista clínica. In J.A. Cunha, Org. *Psicodiagnóstico-V.* 5.ed.rev. Porto Alegre: Artes Médicas. p.45-56.

Tavares, M. (2000b). Entrevista clínica estruturada para o DSM-IV. In J.A. Cunha, Org. *Psicodiagnóstico-V.*. 5.ed.rev. Porto Alegre: Artes Médicas. p.75-87.

Terroba, G. & Saltijeral, M.T. (1983). La autopsia psicológica como método para el estudio del suicidio. *Salud Pública de México*, 25, 285-293.

Thelen, M.H., Varble, D.L. & Johnson, J. (1968). Attitudes of academic clinical psychologists toward projective techniques. *Am. Psychol.*, 23, 517-521.

Tobiansky, R., Blizard, R., Livingston, G. & Mann, A. (1995). The gospeal oak study Stage IV: the clinical relevance of subjective impairment in older people. *Psychol. Med.*, 25, 779-786.

Topper, R.C. & Boring, R.O. (1969). The Topper-Boring H-T-P variation. In J.N. Buck & E.F. Hammer, Ed. *Advances in House-Tree-Person Technique: variations and applications.* Los Angeles: Western Psychological Services.

Trimboli, F. & Kilgore, R.B. (1983). A psychodinamic approach to MMPI interpretation. *J. Pers. Assess.*, 47, 6, 514-626.

Trinca, A.M. (1997). Ampliação e expansão. In W. Trinca, Org. *Formas de investigação clínica em psicologia* (p.45-66). São Paulo: Vetor.

Trinca, W. (1972). *O desenho livre como estímulo de apercepção temática.* São Paulo: Instituto de Psicologia da USP (Tese de doutorado).

Trinca, W. (1976). *Investigação clínica da personalidade: o desenho livre como estímulo de apercepção temática.* Belo Horizonte: Interlivros.

Trinca, W. (1983). *O pensamento clínico em diagnóstico de personalidade.* Petrópolis, RJ: Vozes

Trinca, W. (1984). O processo diagnóstico de tipo compreensivo. In W. Trinca, Org. *Diagnóstico psicológico: a prática clínica* (p.14-24). São Paulo: EPU.

Trinca, W. (1987). *Investigação clínica da personalidade: o desenho livre como estímulo de apercepção temática.* 2.ed. São Paulo: EPU.

Trinca, W. (1989). O Procedimento de Desenhos de Família com Estórias (DF-E) na investigação da personalidade de crianças e adolescentes. *Bol. Psicol.*, 39, 90/91, 45-54.

Trinca, W. et alii (1991). Estudo histórico sobre desenhos de família. *Rev. Bras. Pesq. Psicol.*, 3, 3, 30-38.

Tupa, D., Wright, M. & Fristad, M. (1997). Confirmatory factor analysis of the WISC-III with child psychiatric inpatients. *Psychol. Assess.*, 9, 3, 302-306.

Van Kolck, O.L. (1966). Sobre a técnica do desenho da figura humana na exploração da personalidade. Boletim nº 293. *Psicol. Educac*, 7.

Van Kolck, O.L. (1973). Sinais de ansiedade e de distúrbios emocionais no desenho da figura humana de crianças: tentativa de validação. *Bol. Psicol.*, 65, 11-45.

Van Kolck, O.L. (1975). *Técnicas de exame psicológico e suas aplicações no Brasil. Testes de personalidade*. Petrópolis, RJ: Vozes.

Van Kolck, O.L. (1981). *Interpretação psicológica de desenhos*. São Paulo: Pioneira.

Van Kolck, O.L. (1984). *Testes projetivos gráficos no diagnóstico psicológico*. São Paulo: EPU.

Van Praag, H. (1993). *"Make-believes" in psichiatry or the perils of progress*. New York: Brunner/Mazel.

Vance, H.R., Brown, W., Hankins, N. & Ferguson, S.C. (1987). A comparison of the WISC-R and the WAIS-R with special education students. *J. Clin. Psychol.*, 43, 3, 377-380.

Vane, J.R. & Guarnaccia, V.C. (1989). Personality theory and personality assessment measures: how helpful to the clinician? *J. Clin. Psychol.*, 45, 1, 5-19.

Vaz, C.E. (1980). *O Rorschach: teoria e desempenho*. Porto Alegre: Artes Médicas.

Vaz, C.E. (1997). *O Rorschach: teoria e desempenho*, 3.ed. São Paulo: Manole.

Vaz, C.E. (1998). *Z-Teste - Técnica de Zulliger: forma coletiva*. São Paulo: Casa do Psicólogo.

Vianna, H.M. (1973). *Testes em educação*. São Paulo: IBRASA.

Vilhena, J. (1988). Psicanálise e terapia de família. In S.A. Figueira, Org. *Efeito psi, a influência da psicanálise* (p.87-101). Rio de Janeiro: Campus.

Vincent, K.R. (1987). *The full battery codebook: a handbook of psychological test interpretation for clinical, counseling, rehabilitation, and school psychology*. Norwood, N.J.: Ablex.

Wade, S.K. & Tarvis, C. (1992). *Psychology*. New York: Harper Collins.

Walters, G.D., White, T.W. & Greene, R.L. (1988). Use of the MMPI to identify malingering and exageration of psychiatric sintomatology in male prison inmates. *J. Couns. & Clin. Psychol.*, 56, 1, 111-117.

Ward, S. et alii (1995). The incidence and utility of the ACD, ACIDS, and SCAD profiles in a referred population. *Psychology in the Schools*, 32, 4,, 267-276.

Watkins, M., Kush, J. & Glutting, J. (1997). *Psychology in the Schools*, 34, 4,, 309-319.

Wechsler, D. (1949). *WISC - Wechsler Intelligence Scale for Children. Manual*. New York: Psychological Corporation.

Wechsler, D. (1955). *WAIS - Wechsler Adult Intelligence Scale. Manual*. New York: Psychological Corporation.

Wechsler, D. (1958). *The measurement and appraisal of adult intelligence*. 4.ed. Baltimore, MD: The Wiliams & Wilkins.

Wechsler, D. (1967). *WPPSI - Wechsler Preschool and Primary Scale of Intelligence. Manual*. New York: Psychological Corporation.

Wechsler, D. (1981a). *WAIS-R - Wechsler Adullt Intelligence Scale - Revised*. Cleveland, OH: Psychological Corporation.

Wechsler, D. (1981b). *WISC-R-Español. Escala de inteligencia revisada para el nível escolar*. Manual. México: Manual Moderno.

Wechsler, D. (1987). *WMS-R. Wechsler Memory Scale - Revised. Manual*. San Antonio, TX: Psychological Corporation.

Wechsler, D. (1989). *WPPSI-R - Wechsler Preschool and Primary Scale of Intelligence - Revised. Manual*. San Antonio, TX: Psychological Corporation.

Wechsler, D. (1991). *Wechsler Intelligence Scale for Children - Third Edition (WISC-III)*. San Antonio, TX: Psychological Corporation.

Wechsler, D. (1997). *WAIS-III - administration and scoring manual*. San Antonio, TX: Psychological Corporation.

Wechsler, D. (s/d). *WISC: Escala de Inteligência Wechsler para Crianças*. Manual. Rio de Janeiro: CEPA.

Weiner, I.B. (1994). The Rorschach Inkblot Method (RIM) is not a test: implications for theory and practice. *J. Pers. Assess.*, 62, 3, 494-504.

Weiner, I.B. (1998). *Principles of Rorschach interpretation*. New Jersey: Lawrence Erlbaum.

Weinstein, C.S. & Seidman, L.J. (1994). The role of neuropsychological assessment in adult psychiatry. In J.M. Ellison, C.S. Weinstein & T. Hodel-Malinofsky, Ed. *The psychotherapist's guide to neuropsychiatry* (p.53-106). Washington: American Psychiatric Press.

Weitzel, W.D., Morgan, D.W. & Guyden, T.E. (1973). Toward a more efficient mental health status examination. *Arch. Gen. Psych.*, 28, 215-218.

Welsh, G.S. (1963). An Anxiety Index and an Internalization Ratio for the MMPI. In G.S. Welsh & G.S. Dahlstrom, Ed. *Basic readings on the MMPI in psychology and medicine* (p.298-307). Minneapolis, MN: University of Minnesota Press.

Widiger, T.A., Sanderson, C. & Warner, L. (1986). The MMPI, prototypal typology, and borderline personality disorder. *J. Pers. Assess.*, 50, 4, 540-553.

Wiener, D.N. (1963). Subtle and obvious keys for the MMPI. In G.S. Welsh & G.S. Dahlstrom, Ed. *Basic readings on the MMPI in psychology and medicine* (p.195-204). Minneapolis, MN: University of Minnesota Press.

Wilkinson, D.A. (1987). CT span and neuropsychological assessment of alcoholism. In O.A. Parsons, N. Butters & P.E. Nathan, Ed. *Neuropsychology of alcoholism* (p.76-102). New York: Guilford.

Wilkinson, D.A. & Poulos, C. (1987). The chronic effects of alcohol on memory: a contrast between an unitary and dual system approach. In: M. Galanter, Ed. *Recent developments in alcoholism*. V.5 (p.6-26). New York: Plenum.

Williams, J.B.W., Gibbon, M., First, M., Spitzer, R.L., Davies, M., Borus, J., Howes, M.J., Kane, J., Pope Jr., H.G., Rounsaville, B. & Wittchen, H.U. (1992). Structured Clinical Interview for the DSM-III-R (SCID): II. Multisite test-retest reliability. *Arch. Gen. Psych.*, 49, 630-636.

Wilson Jr., M.R. (1971). A proposed diagnostic classification for adolescent psychiatric cases. In S.C. Feinstein, Ed. *Adolescent psychiatry* (p.275-295). New York: Basic Books.

Wilson, B., Cockburn, J. & Baddeley, A. (1985). *Rivermead Behavioural Memory Test*. Sussolk: Eury St. Edmunds.

Wilson, B., Cockburn, J. & Baddeley, A. (1989). *MEAMS. the Middlessey Elderly Assessment of Mental State*. Sussolk: Eury St. Edmunds.

Wing, J.K., Birley, J.L.T., Cooper, J.E., Granham, P. & Isaacs, A. (1967). Reliability for a procedure for measuring and classifying 'present psychiatric state'. *Br. J. of Psych., 113*, 499-515.

Winnicott, D.W. (1975). *O brincar e a realidade*. Rio de Janeiro: Imago.

Winnicott, D.W. (1984). *Consultas terapêuticas em psiquiatria infantil*. Rio de Janeiro: Imago.

Wohl, A. & Kaufman, B. (1985). *Silent screams and hidden cries: an interpretation of artwork by children from violent homes*. New York: Brunner/Mazel.

Wolman, B.B. (1963). Mental health and mental disorders. In B.B. Wolman, Ed. *Handbook of clinical psychology* (p.1119-1139). New York: McGraw-Hill.

Wong, M.R. (1984). MMPI scale five: its meaning, or lack thereof. *J. Pers. Assess., 48*, 3, 279-284.

Xavier, F.M.F. (1999). *Prevalência de declínio cognitivo associado ao envelhecimento em uma população de longevos (com mais de 80 anos) residentes na comunidade*. São Paulo: UNIFESP. (Dissertação de mestrado)

Xavier, M.A. (1985). O teste Z em crianças: análise das respostas banais. *Arq. Bras. Psicol., 37*, 4, 131-141.

Yager, J. & Gitlin, M.J. (1999). Manifestações clínicas de transtornos psiquiátricos. In H.J. Kaplan & B.J. Sadock. *Tratado de Psiquiatria*. 6.ed. V.1 (p.692-726). Porto Alegre: Artmed.

Yazigi, L., Antúnez, A.A., Duarte, C.S., Silva Neto, A.C.P. & Santoantonio, J. (1999). Chimeric Rorschach: a research on hemispheric specialization. Amsterdam: *Abstracts - XVI International Rorschach Congress*.

Younger, S., Clark, D.C., Oehmig, L.R. & Stein, R.J. (1990). Availability of knowledgeable informants for a psychological autopsy study of suicides committed by elderly people. *J. Amer. Geriatrics Soc., 38*, 11, 1969-1175.

Zacker, J. (1989). It only takes one psychologist to demonstrate the impact of psychological assessment. *J. Pers. Assess., 53*, 1, 173-179.

Zandig, M., Mittelhammer, J., Hiller, W et alii. (1991). SIDAM: a structured interview for the diagnosis of dementia of the Alzheimer's type, multi-infarct, dementia, and dementia of other aetiology, according to ICD-10 and DSM-III-R. *Psychol. Med., 21*, 225-231.

Zimmerman, E.B. *Integração de processos interiores no desenvolvimento da personalidade: um estudo clínico de psicologia analítica a partir de um trabalho em grupo com dança mediativa e desenho livre*. Campinas, SP: UNICAMP. (Dissertação de mestrado)

Zimmerman, I.L., Woo-Sam, J.M. & Glasser, A.J. (1976). *Interpretación clínica de la Escala de Inteligencia de Wechsler para adultos (WAIS)*. Madrid: Tea.

Zubin, J. (1967). Classification of the behavior disorders. *Ann. Rev. Psychol., 18*, 373-406.

Zulliger, H. (1948). *Der Z-Test Dispositiv-Test*. Berna: Verlag, Hans Huber.

Zulliger, H. (1954). *Der Zulliger-Tafeln-Test*. Berna: Verlag, Hans Huber.

Zulliger, H. & Salomon, F. (1970). *El test Z: un test individual e colectivo*. Buenos Aires: Kapelusz.

Índice Onomástico

A

Abduch, 384
Aberastury, 97, 98, 99, 423, 428, 431
Aberholzer, 368
Adelman, 214
Adrados, 257, 356, 359
Agras, 241
Aiello-Vaisberg, 430, 438
Ainsworth, 356, 358, 359, 362, 363, 389
Ajuriaguerra, 96, 100
Alchieri, 238
Alcock, 393, 394
Aleichem, 67
Alexander, 243
Alexopoulos, 199, 200
Alford, 241, 242
Allison, 276, 544, 551, 569
Alloy, 228
Allsop, 92
Ambrosini, 242
Ames, 257
Amiralian, 438
Anastasi, 160, 161, 163, 164, 170, 211, 253, 558
Anderson, 281, 389
Andolfi, 142
Angelo, 142
Antoniazzi, 221, 508, 509, 512
Antúnez, 369
Anzieu, 214, 218, 248, 259, 266, 267, 269, 389, 411, 421, 422
APA, 21, 35, 36, 48, 75, 76, 77, 78, 80, 81, 82, 83, 119, 120, 146, 160, 179, 188
Appel, 218, 220
Archer, 247
Ardilla, 285
Argimon, 206, 207, 228, 229, 230, 242, 276, 288, 333, 334, 335, 571, 591, 595, 598
Arietti, 587
Arnold, 259
Aro, 199, 200
Aron, 345
Aronov, 378
Arzeno, 39, 40, 267, 271, 416
Asgard, 199, 200
Atlas, 242
Augras, 208, 257, 356, 358, 359
Ávila, 183, 185, 188, 189, 192
Axelrod, 285
Azevedo Jr., 194, 243

B

Bach, 206, 293
Bacon, 25
Baddelay, 181
Baker, 119, 218, 241, 242
Balken, 400
Balla, 272, 274
Bandeira, 22, 222, 238, 252, 507, 508, 510, 511, 512
Bandura, 93
Bannatyne, 610
Barlow, 21, 22, 238, 241
Barnes, 486
Barraz, 241
Barreto, 383
Barrett, 483
Barron, 451, 452
Beatty, 284
Beck, A.T., 227, 228, 229, 230, 238, 239, 241, 242
Beck, J., 228
Beck, R., 228
Beck, S., 254, 255, 256, 257, 345, 358, 359, 368, 372, 389
Beckwith, 463
Behn-Eschenburg, 386
Bell, 207, 215, 248, 270, 271
Bellak, L., 64, 211, 213, 214, 215, 259, 262, 400, 410, 411, 412, 413, 414, 415, 416, 417, 418
Bellak, S., 211, 214, 215, 416, 417, 418
Bender, 203, 204, 311, 326
Benensohn, 199, 200
Benkö, 245
Bennett, 448
Benowitz, 207

Ben-Porath, 247
Benton, 171, 173, 182
Benton, A., 208, 276, 285
Berg, 115, 136, 531
Bergman, 228
Berman, 199, 200, 264
Berndt, D., 241, 242
Berndt, S., 241, 242
Bernstein, 264, 270
Bertolucci, 181
Beskow, 199, 200
Bevens, 251
Bezerra, 181
Biaggio, 233, 235
Bianchi, 242
Bien, 93
Biermann, C., 259
Biermann, R., 259
Billingslea, 206
Billingslea, 295, 317, 326, 327
Binet, 23, 208, 216, 253
Binetti, 285
Bion, 266
Birley, 75
Birskin, 296
Bishop, 228
Blackburn, 228
Blanco, 285
Blatt, 587
Blatt, S.J., 276
Blatt, S.S., 264
Bleichmar, C.L., 96
Bleichmar, N.M., 96
Bleuler, 253
Blizard, 182
Blum, 211, 214, 215, 216
Boccalandro, 248
Bochner, 257
Bohm, 257, 359
Bolognani, 181
Bolton, 206, 224, 293
Boone, 285
Böring, 519
Bornstein, 285
Bose, 21, 239
Bottino, 178
Boulenger, 21, 239
Bowen, 142, 143
Boyd, 281, 537, 545
Brannigan, 207, 315

Brasil, 67
Brem-Gräser, 219, 220
Brenner, 241
Brent, 199, 200
Breslin, 89, 90
Briskin, 206, 320, 321, 326, 333
Brito, 193
Brizolara, 206, 311, 313
Brody, 344
Brown, 22, 206, 207, 238, 281, 300, 315, 317, 320, 321, 322, 323, 549
Brozek, 462
Brucki, 181
Brutschke, 181, 182
Bucher, 141
Buck, 222, 232, 522
Bühler, 359
Bumberry, 242
Burgemeister, 215, 216
Burger, 226
Burkhart, 497
Burley, 509, 510
Burns, 219, 220, 513, 517, 519
Butcher, 25, 225, 247, 468, 497, 500
Butler, 261
Byrd, 296

C

Caldwell, 452, 482, 500, 501-502
Calhoun, 224
Camargo, 181
Campaci, 181
Campbell, 463
Campos, 220, 224, 232, 253, 510, 513, 514, 520, 523
Canivet, 386, 389
Capleton, 285
Cappa, 285
Cardoso, 369
Carlen, 591
Carlson, 560
Carmio, 266
Carneiro, 142
Carpenter, 619

Carpentieri, 151, 154
Carr, 218, 259, 531, 569, 579, 582, 585, 586, 592, 593, 597
Carrigan, 199, 200
Carson, 241, 242
Carvajal, 211
Carvalho, 38
Carvalho, L.C., 238
Cassidy, 416
Castex, 194
Cattell, 23, 224, 226, 233, 557
Cavanaugh, 461
Celener de Nijamkin, 270
Ceverny, 227, 258, 259
Chabert, 380
Chanon, 285
Chase, 482
Chelune, 28, 34, 175, 241, 284
Chioqueta, 241, 242
Christ, 229, 230
Christian, 497
Christy, 285
Chu, 136
Chwaki, 244
Cicchetti, 272, 274
Cisco, 281
Clark, 21, 22, 199, 200, 229, 239, 448
Clarkin, 20
Clawson, 204, 206, 295, 296, 297, 298, 299, 300, 301, 311, 313, 314, 321
Clements, 228
Climent, 77
Cloninger, 21, 238
Cockburn, 181
Coie, 151
Collins, 285
Constantino, 211, 261
Coolidge, 180
Cooper, 20, 51, 75
Cordioli, 52
Córdoba, 270
Corman, 218, 220, 513, 515, 516
Corson, 504
Costa-Fernandez, 261
Court, 253
Cox, 221
Coy, 193
CPS, 196
Cristiano de Souza, 392
Cristoffi, 431
Cronbach, 22, 162, 170, 211, 261, 264
Croughan, 48, 75, 83
Crovara, 151
Cunha, 19, 21, 22, 27, 43, 109, 171, 174, 192, 206, 207, 214, 216, 218, 224, 228, 229, 230, 238, 239, 241, 242, 247, 253, 257, 261, 264, 265, 269, 270, 274, 276, 288, 290, 311, 313, 322, 324, 331, 421, 422, 423, 426, 550, 571, 591, 595, 598

Curphey, 196, 197, 198, 199, 200
Curtiss, 284
Cytrin, 282

D

Dahlstrom, L., 247, 439, 442, 445, 446, 447, 448, 454, 456, 457, 458, 460, 464, 465, 466, 467, 468, 469, 470, 472, 473, 476, 478, 482, 486, 487, 500
Dahlstrom, W., 247, 439, 441, 442, 445, 446, 450, 451, 452, 454, 456, 457, 458, 460, 463, 464, 465, 466, 467, 468, 469, 470, 472, 473, 474, 475, 476, 478, 482, 486, 487, 497, 500
Dana, 22, 206, 224, 259, 293, 400
Dare, 142
Davanloo, 48
Davidson, 88, 89, 257, 345
Davis, 228
De Tichey, 378, 385
Deabler, 523
Delatte, 224
Delis, 276, 278, 279
DeMendonça, 455, 456, 458, 462, 465, 467, 468, 470, 472, 473, 475, 477
Denkla, 285
Desmond, 92
Despert, 264
Detre, 58
Di Leo, 219, 220, 221, 224, 510
Di Nardo, 21
Dickstein, 587
DiClemente, 88, 89, 90, 91, 92
DiScipio, 242
Dobson, 28, 35, 241
Dolmetsh, 461
Dolto, 194
Donadussi, 509
Donders, 612
Dool, 272
Draime, 378
Drake, 472, 478, 489
Duarte, 369
Ducros, 264
Duker, 455, 456, 458, 464, 473, 474, 476, 504
Dumont, 612
Düss, 264, 421, 422
Duszynski, 221, 224

E

Eber, 226, 296
Ebert, 199, 200
Edington, 378
Edwards, 242, 243

Edwards, G., 93
Efron, 98, 99, 100, 101
Eizirik, 261
Eksberg, 369
Elizur, 378, 543, 591
Elkins, 483
Elliot, 208, 441, 442, 447, 450, 452, 453
Emery, 228, 230
Endara, 257, 300, 359
Endicot, 75
Engle, 224
Epstein, 238, 285
Erbaugh, 241
Erdberg, 341, 365, 366
Erikson, 100
Espada, 186, 191, 192
Exner, D.E., 264
Exner, J.E., 254, 255, 256, 257, 265, 368, 369, 376, 389, 400

F

Fabbiani, 212, 214
Fainberg, 99
Fairbairn, 266
Farber, 199, 200
Farberow, 196, 199, 200, 230
Faro, 612
Faterson, 223
Feifil, 569
Fein, 172, 173, 180, 276, 278, 279, 542, 544, 545, 563, 564, 566, 567, 569, 570, 571, 573, 574, 575, 576, 578, 579, 584, 585, 586, 591, 594, 596, 598
Feixas, 228
Felippe, 261
Fenwick, 206
Féres-Carneiro, 51, 226, 227
Ferguson, 281
Fernández-Ballesteros, 107, 179, 180, 23
Ferreira, 35, 38, 227
Ferron, 613
Field, 206, 293, 552
Figlie, 90
Figueiredo, 283, 284
Fin, 230
Fine, 324
Finkel, 199, 200
First, 77, 78, 79, 83, 83
Fisher, 199, 200, 466
Fishkin, 612
Fiszbein, 75
Flaherty, 476
Flanagan, 211, 276, 278, 285, 289, 529, 557, 564, 574, 580
Fleck, 241
Fletcher, 208, 276, 285
Flynn, 253, 272, 276, 277, 283, 284, 549, 603
Foley, 142, 143
Folstein, F. G., 181, 182
Folstein, M. F., 181, 182

Fonseca, 155
Forbes, 251, 253
Foulds, 251
Fowler, 199, 200, 226
Fox, 189
França e Silva, 409, 410
Franks, 242
Franzen, 235
Freides, 285
Freitas, A., 269, 292
Freitas, A.M.L., 369, 389, 390
Freitas, N., 238, 253, 261, 290, 400, 404, 407, 418, 419, 526
Freud, A., 97, 415
Freud, S., 54, 24, 29, 96, 97, 99, 211, 324, 409, 410
Fruchter, 170
Fuld, 181, 182
Fulgêncio, 206, 311, 313
Full, 180

G

Gabbard, 19, 22, 64, 501
Galifret-Granjon, 206
Galland de Mira, 248
Galton, 23, 216
Galvin, 560
Gambos, 416
Gameiro, 142, 143
Gardner, 355
Garfield, 23
Garney, 206
Garrison, 228, 230
Garron, 482, 483
Gaston, 52
Gavião, 430
Gaviria, 476
Gay, 284
Gehring, 253
Genshaft, 264
Gerber, 211
Gerson, 143, 146, 148, 149, 150
Ghesti, 243
Ghrist, 242
Gibb, 321, 333
Gibbon, 48, 49, 77, 78, 79, 80, 81, 83
Giglio, 250
Gilberstadt, 455, 456, 458, 464, 473, 474, 476, 504
Gill, 389
Gilleard, C., 288
Gilleard, E., 288
Gitlin, 23, 32, 33, 34-35
Giurgea, 177
Glang, 228
Glass, 186
Glasser, 224, 276, 281, 507, 531, 532, 533, 534, 535, 536, 538, 539, 540, 541, 544, 551, 552, 555, 566, 567, 568, 569, 571, 573, 577, 578, 580, 581, 582
Glutting, 606
Gold, 619

Goldberg, D.P., 250
Goldberg, P.A., 218
Goldeberg, 619
Goldfried, 206, 320
Goldman, 285, 598
Goldstein, G., 20, 24, 171, 261, 288
Goldstein, K., 218, 224, 591
Goldstein, M., 441, 442, 447, 450, 452, 453
Gomes, 195
Goodenough, 221, 222, 507
Goodpaster, 450
Goodstein, 400, 401
Gordon, 92, 93
Gorsuch, 233, 235
Gossop, 93
Gotts, 136, 448, 451, 452, 461, 497, 498, 499, 500
Gough, 461, 497
Goulart, 240, 241
Gould, 199, 200
Gouveia, 181
Grace Arthur, 243
Graham, 247, 449, 450, 452, 503, 505
Grassano, 267, 271, 416, 430, 431
Grassi, 244
Grayson, 500, 501
Greenbaum, 206
Greene, 235, 497
Gregory, 626, 627
Greist, 77
Grisso, 183, 185, 193
Groth-Marnat, 19, 20, 23, 24, 25, 29, 136, 202, 205, 207, 214, 218, 220, 221, 224, 232, 247, 256, 257, 261, 274, 277, 284, 300, 314, 315, 316, 317, 320, 321, 331, 333, 440, 441, 442, 445, 452, 454, 455, 456, 457, 458, 459, 461, 462, 464, 465, 466, 467, 468, 469, 470, 471, 472, 473, 474, 475, 477, 478, 479, 480, 481, 482, 483, 484, 485, 486, 487, 488, 489, 490, 491, 492, 493, 494, 495, 496, 501, 513, 516, 517, 519, 520, 521, 523, 530, 531, 534, 547, 549, 550, 551, 552, 553, 555, 556, 557, 558, 562, 563, 564, 566, 568, 572, 573, 574, 575, 576, 579, 580, 605, 606, 607, 609, 610, 612
Guarnaccia, 24, 261, 264
Guazzelli, 289
Gudjonsson, 185
Guerra, 292, 386, 390
Guilford, 170
Guinzbourg de Brande, 270
Güntert, 266, 369, 376
Gustin, 450
Guthrie, 208
Gutkin, 560

Gynther, M., 224, 225, 247, 497, 500
Gynther, R., 224, 225, 247, 497, 500

H

Haas, 228
Haasiosalo, 269
Hagen, 210
Hain, 204, 206, 314, 320, 321, 326, 331
Hair, 162
Hall, 399
Hallikainen, 285
Halpern, 203, 206, 257, 293
Halpern, 321
Hames, 284
Hammer, 206, 219, 220, 221, 223, 224, 232, 322, 507, 509, 510, 513, 514, 515, 519, 520, 522, 523
Hammon, 431
Hammond, 463
Handler, 222, 224, 509, 510, 511
Hankins, 281, 549
Hänniken, 285
Hannum, 242
Hanvick, 483
Harmon, 46, 463, 464, 466, 468, 472, 476
Harris, 218, 220, 221, 285, 474, 507, 508
Hart, 597
Hartlage, 206
Hartman, 587
Hartmann, 400, 421
Hathaway, 247, 442, 445, 446, 454, 463, 466, 467, 470, 472, 476, 478, 497, 502
Hatzenbuehler, 242
Haworth, 211, 214, 420
Head, 224
Heather, 88, 93
Heaton, 175, 284
Heikkinen, 199, 200
Heilae, 199, 200
Heimann, 54
Heineck, 264, 265
Heiss, 265
Hellman, 500
Helzer, 48, 75, 83
Hendrikson, 224
Henri, 253
Henriksson, 199, 200
Hens, 254
Heráclito, 40
Herbart, 410
Hersen, 20, 24, 171, 261
Hertz, 254, 256, 359, 368, 372, 389
Hesselbrock, 276, 591, 598
Hewes, 211
Heyman, 181, 182
Heyne, 199, 200
Hildreth, 216

Hiller, 21, 181, 239
Hillman, 38
Hiltman, 265
Hinshelwood, 54, 96, 97
Hirsch, 211, 214, 215
Hirst, 264
Hishinuma, 612
Hoffman, 500
Holt, 262
Honaker, 226
Hooper, 281, 537, 545
Horn, 557
Horner, 285
Horton-Deutsch, 199, 200
Horvath, 52
Hotz, 71
House, 242
Howarth, 221
Huber, 285
Hulse, 218, 220
Hurvich, 214, 215
Hutt, 189, 203, 204, 206, 293, 295, 296, 312, 315, 317, 320, 321, 322, 326, 327, 329, 330, 331, 332, 333
Hutz, 22, 221, 507, 508, 509, 510, 512
Hymowitz, 565

I

Ibañez, 183
Iglesias, 43
Iguchi, 228
Ingling, 206, 320
Iozzi, 378
Isenhart, 89
Isometsa, 199, 200
Ivnik, 561
Izal, 179

J

Jackson, 211, 242
Jacobs, 199, 200
Jacobson, 51, 219
Jacquemin, 214, 243, 245, 276
Johnson, 321
Jolles, 507, 511
Joseph, 89, 90
Jung, C., 24, 231, 268
Jung, M., 261
Jungerman, 91, 95

K

Kabacoff, 226
Kahill, 224
Kahn, 189
Kalton, 163
Kamphaus, 607
Kaplan, C., 289
Kaplan, E., 542, 544, 545, 563, 564, 566, 567, 569,

570, 571, 573, 574, 575, 576, 578, 579, 584, 585, 586, 591, 594, 596, 598
Kaplan, H., 33, 61
Karam, 228, 230
Karol, 226
Kaspar, 300
Kast, 42
Kathy, 288
Katon, 21
Kaufman, 314
Kaufman, A.S., 211, 216, 219, 220, 270, 274, 276, 281, 284, 289, 547, 548, 549, 550, 551, 552, 554, 555, 556, 559, 560, 561, 572, 603, 605, 606, 608, 609, 611, 612, 618, 620, 622, 625, 626, 627
Kaufman, S.M., 513, 517, 519, 523
Kay, 75
Kazenstein, 259
Keatinge, 247, 258, 277, 288, 480, 623
Keller, 19, 25, 225, 247
Kelley, 257, 344, 345, 350, 351, 355, 359
Kelly, 199, 200, 228
Kendall, 20
Kent, 269
Kerner, 253
Kierman, 77
Kilgore, 247, 449, 450, 452, 454, 462, 463, 464, 465, 466, 468, 469, 470, 471, 472, 473, 474, 476, 478, 482, 487, 488, 489, 490, 493, 495, 496, 501, 502, 503, 504, 505
Kinder, 189, 256, 257
Kinget, 268, 269
Kinnersley, 89
Kitay, 296
Kjenaas, 462
Klein, 96, 97, 99, 199, 200, 266
Klein-Benheim, 199, 200
Kleiner, 99
Klepsch, 513
Klepsh, 218, 219, 220, 221, 223, 224, 232
Klerman, 23, 24, 35
Klopfer, B., 254, 255, 256, 260, 344, 345, 350, 351, 355, 356, 357, 358, 359, 362, 363, 364, 368, 369, 372, 389, 394
Klopfer, W. G., 206, 320, 356, 358, 359, 362, 363
Knehr, 259
Knijnik, 261
Knobel, 423
Kohs, 243
Koivisto, 285
Kolko, 199, 200
Koller, W., 285
Koppitz, 204, 206, 218, 221, 223, 224, 295, 296, 297,

300, 306, 307, 308, 309, 310, 311, 312, 313, 314, 315, 316, 507, 508, 509, 510, 552
Kornblit, 99
Koss, 500
Kovacs, 228
Kraemer, 247
Kraepelin, 24, 29
Kramer, 206, 264
Krampe, 208
Krevelen, 270
Krís, 211
Kroeff, 205, 206, 309, 308, 310
Kupfer, 58
Kusnetzoff, 415
Kutcher, 241
Kwentus, 597
Kwitko, 34

L

La Rosa, 234, 235
Lachar, 501
Lacks, 206, 207, 326, 327, 331, 332, 333, 334, 335, 336, 337, 339
Lafond, 416
Lair, 482
Laks, 294
Lanyon, 207, 400, 401, 502
Laranjeira, 91, 95
Larsen, 507
Lau, 199, 200
Lavalleé, 21, 239
Lavon, 501
Lawton, 215, 218
Learned, 257
Leavitt, 482, 483
Lebovici, 96
Lemes, 241, 242
Lemgruber, 227
Leonard, 199, 200
Lester, 228
Letric Law Library, 67
Levenbaerg, 219
Levin, 171, 173, 208, 276, 285
Levine, 207, 322, 323, 326
Levitt, 136, 233, 448, 451, 452, 461, 497, 498, 499, 500
Levy, 218, 224, 507
Lezak, 171, 172, 173, 174, 175, 176, 178, 180, 189, 206, 208, 211, 224, 232, 243, 245, 253, 257, 276, 279, 285, 288, 293, 535, 549, 551, 563, 564, 565, 566, 567, 568, 569, 572, 573, 574, 578, 579, 580, 582, 583, 584, 585, 586
Liberman, 266
Lichtenberger, 618, 620, 622, 626, 627
Lighezzolo, 378, 385
Lima, 249, 437

Lindemann, 276
Lindlolm, 269
Lindzey, 399
Lingoes, 474
Lishman, 172, 174, 208
Litman, 196, 199, 200
Little, 466
Livingston, 182
Löberg, 288
Logan, 99
Logie, 218, 219, 220, 221, 223, 224, 232, 513
Lohrenz, 355
Lönnquist, 199, 200
Looft, 569
Loosli-Usteri, 257, 359
Lopes, 206, 300, 301
López-Pedraza, 43
Lorge, 215, 216
Lösel, 151
Loureiro, 222, 266
Lubin, 261, 507
Luborski, 48, 52
Lucas, 32
Lucca, 509
Luria, 243
Lushene, 233, 235
Lydiard, 21
Lydiard, 239
Lynn, 154

M

Macedo, 292, 386, 390
Machover, 222, 223, 224, 507, 509, 511
MacKinnon, 114, 119, 288, 40, 41, 57, 59, 60, 61, 62, 74
Maddux, 92
Magni, 285
Magnum, 219
Mahler, 60
Mahmood, 386
Mahoney, 19
Mainord, 215
Malan, 48
Malgady, 261
Malhorta, 264
Maller, 613
Maloney, M., 264
Maloney, M.D., 507
Maloney, M.P., 224
Man, 199, 200
Mandler, 208
Mann, 199, 200
Maraninchi, 257
Marcuse, 215
Marder, 250
Margulies, 228
Marion, 351
Marks, 455, 464, 471, 472, 483, 496, 505
Marlatt, 92, 93
Marley, 321
Marlin, 148, 149
Marmor, 48
Martin, 285

Martins, M., 264
Martins, M.L., 229, 230
Marton, 242
Marttunen, 199, 200
Maser, 77, 241
Matarazzo, 276, 507, 531, 570, 582, 586, 622
Mathom, 271
Matthews, 242
Mattlar, 269
Mauco, 211
Mayman, 276, 355, 565, 568, 573, 574, 577, 579, 580, 581, 582, 583, 591, 592, 594, 596
Maza, 386
Mc Fie, 586, 591
McArthur, 224
McClure, 242
McConaughy, 90, 91, 93
McCormick, 315
McGlasman, 35
McGoldrich, 143, 146, 148, 149, 150
McGraw, 321
McGrew, 211, 276, 278, 289, 529, 557, 564, 574, 580
McHugh, 181, 182
McIntosh, 315, 316
McKinley, 247, 442, 454, 463, 466, 476, 478, 502
McLachlan, 224
McPhee, 219
McReynolds, 233, 235, 241
McWilliams, 51
MEC, 155, 156
Medina, 509
Meehl, 470, 472, 480
Meisner, 189
Melo, 71
Melton, 183, 188, 189, 193
Melvin, 100, 101
Mendelson, 241
Menéndez de Rodriguez, 214
Menninger, 324
Merril-Palmer, 243
Metraux, 257
Metz, 242
Michels, 40, 41
Miermont, 143
Miller, H.B., 285
Miller, W.R., 598
Mineka, 21, 228, 229, 239
Minella, 17l, 174, 206, 207, 276, 288, 333, 334, 335, 571, 591, 595, 598
Minkoff, 228
Minuchin, 141, 148, 149
Miotti, 195
Mira y López, 248
Miranda, 206
Mitchell, 224
Mittelhammer, 181
Moch, 241
Modlin, 448
Mohs, 181, 182
Monachesi, 467, 495
Monod, 380
Montagna, 215

Montoro, 179
Montoya, 613
Moor, 590, 593, 596
Moore, 324
Moraes, 238, 269, 270
Morali-Daninos, 386
Moreira, 257, 356, 358, 359
Morgan, 259
Morgenthaler, 254, 368, 386
Moritz, 199, 200
Morris, R., 172, 173, 180, 181, 182, 276, 278, 279, 542, 544, 545, 563, 564, 566, 567, 569, 570, 571, 573, 574, 575, 576, 578, 579, 584, 585, 586, 591, 594, 596, 598
Morris, W.W., 232, 519
Morval, 380
Moser, 163
Mosse, 264
Mount, 181
Mundy, 321
Munley, 247
Murphy, 166, 285
Murray, H., 380, 399, 400, 401, 402, 403, 406, 407, 408, 410, 411, 412, 416
Murray, R., 288

N

Naglieri, 221
Nascimento, E., 283
Nascimento, S., 369, 376
Natalício, 233
Nathan, 211
Navran, 257, 356
Neill, 199, 200
Nekanda-Trepka, 228
NEME, 160
Netter, 189
Newland, 551
Newman, 228
Newport, 207
Nick, 236, 237, 238, 245, 250
Niemeyer, 228
NIMH, 77
Norcross, 90, 91, 92
Norris, 261
Nunes, 22, 109, 214, 216, 261, 264, 265, 274, 421, 422, 423, 426

O

O'Brien, 219
Oas, 224, 321
Oberholzer, 254, 386
Ocampo, 110, 271, 39, 40
Oehming, 199, 200
Oetting, 472, 478, 489
Olin, 247, 258, 277, 288, 480, 623
Oliveira, 214, 216, 228, 229, 230, 241, 264, 265, 274, 422

Oliver, 242
Ollendick, 235
Ombredane, 380, 389
OMS, 120, 147, 37
Opler, 75
Oren, 285
Orr, 598
Ortega, 218, 220
Osterrieth, 230, 232
Othmer, E., 51, 83
Othmer, S., 51, 83
Ott, 261
Oxford, 93

P

Padovani, 285
Paín, 236, 238, 252, 253, 569, 589
Paine, 507
Palma, 382
Pancheri, 468
Paniak, 285
Paolo, 285
Parkin, 221
Parpal, 53
Parsons, 288
Partenen, 285
Partenio, 314
Pascal, 204, 206, 293, 296, 314, 317, 326, 327, 328
Pasquali, 158, 242, 243, 250, 271, 272
Patterson, 285
Patton, 219
Pauker, 326
Paul, 284
Payne, 216
Peçanha, 226, 227, 265
Peck, 295
Pera, 151, 155
Percheux, 204, 206, 293, 302, 303, 304, 305
Pereira, D., 238
Pereira, I., 591, 595, 598
Pérez-Ramos, A., 151, 152, 154, 155, 212
Pérez-Ramos, J., 151, 154
Perlman, 216, 274, 289
Perlstein, 324
Perper, 199, 200
Perry, 189, 369
Person, 505
Peterson, 355, 357, 448
Petrila, 188, 189
Petzel, 241, 242
Pfister, 265, 386
Phillipson, 265, 267
Piaget, 100, 236, 252
Piccolo, 215, 222, 224, 267, 271, 420
Pichot, 211, 218
Pick, 54
Pietrowski, 254, 256, 257
Pigem, 270
Pincus, 142
Pinheiro, 283
Pinto, 430

Piotrowski, 19, 368, 389
Pistori, 151
Pitcher-Bake, 219
Pitrowski, 510
Plass, 288
Platt, 228
Pollyson, 261
Pope, 118, 218, 42, 44, 442, 443, 444, 566, 567, 584
Popovic, 280, 281, 547
Popplestone, 206, 293
Porot, 218, 219
Portuondo, 222, 223, 224, 262, 276, 404, 408, 414, 420, 551, 566, 568, 573, 582, 586, 587, 591, 592, 594, 597
Post, 242
Poulos, 571, 591, 595, 598
Poythree, 188, 189
Prieb, 241, 242
Prigatano, 285
Prochaska, 89, 90, 91, 92
Pruitt, 261, 507
Psychological Corporation, 279

Q

Quast, 295
Quereski, 549
Quintela, 258, 356, 358, 359

R

Rabin, 569
Rabinovich, 242
Racker, 54
Ramanaiah, 233, 234, 235
Rammohan, 285
Randolph, 619
Rapaport, 254, 256, 276, 357, 359, 368, 369, 389, 392, 401, 402, 404, 406, 407, 408, 420, 531, 535, 536, 537, 538, 539, 540, 541, 544, 545, 551, 564, 565, 568, 569, 571, 572, 573, 574, 575, 576, 577, 579, 580, 581
Raskin, 219
Raush de Trautenberg, 379, 380, 382
Raven, J., 253
Raven, J.C., 250, 253
Raymundo, 257, 290
Reader, 285
Reed, 276, 591
Resnik, 230
Rey, 230, 231
Reynolds, 211, 219, 270, 281, 507, 547, 548, 549, 550, 551, 552, 554, 555, 556, 559, 560, 561, 572
Reznokoff, 218
Rhode, 189, 216
Rian, 261

Rich, 199, 200
Riebe, 549
Rinkers-Ovsianka, 258
Roberts, 296, 321
Robiner, 331
Robins, 48, 75, 83
Rocha, 269-270
Rodríguez-Sutil, 185, 188, 189, 192
Roemer, 254
Rogers, 188, 451, 461
Roid, 607
Rollnick, 88, 89, 92
Rorschach, 24, 253, 290, 341, 345, 358, 368, 377, 379, 386, 392
Rosman, 199, 200
Ross, 224
Rosseli, 285
Rossi, 285, 422
Rossini, 300
Roth, 181
Rotter, 216
Rouquayrol, 165
Roy, 487
Roy-Byrne, 21
Runeson, 199, 200
Ruschel, 206
Rush, 228, 230
Russell, 207, 218, 226
Ryan, 285, 561, 618, 619, 620, 626, 627

S

Sá, 192
Sacks, 216, 217, 218
Sadock, 33, 36, 37, 61
Safra, 249
Sajadi, 14
Salomon, 386
Saltijeral, 199, 200
Sampaio, 142, 143
Sanchez, 93
Sanders, 416
Sanderson, 136
Santos, 258
Santucci, 204, 206, 293, 302, 303, 304, 305
Sattler, 210, 607, 611, 618, 619, 620, 626, 627
Satz, 208, 261, 276, 285
Schachter, 392
Schafer, 43, 256, 257, 276, 300, 359, 364, 389, 391, 393, 565, 568, 574, 577, 579, 580, 581, 582, 583, 592, 596
Schaffer, 199, 200
Scheerer, 591
Schelini, 284
Schilder, 206, 510
Schill, 235
Schilling, 355, 357
Schlanck, 500
Schlieper, 257
Schneidman, 196, 197, 198, 199, 200, 230

Schuerger, 549
Schuerholtz, 285
Schulberg, 326
Schulte, 613
Schultz, D., 399
Schultz, S., 399
Schwartz, 264, 285
Scott, H., 180
Scott, W. H., 42, 44, 118, 218, 566, 567, 584
Scott, W.E., 442, 443, 444
Scribner, 224
Sechrest, 218
Seeman, 455, 464, 471, 472, 483
Seidman, 171, 172, 173, 175, 176, 232
Seligman, 416
Semer, 369
Sendin, 368, 376
Serebrinski, 392
Serralta, 21, 238, 239
Setten, 416
Shaffer, 221, 224
Shaffi, 199, 200
Shapiro, 206, 316
Shaw, 32, 33, 228, 230
Shearn, 218
Shek, 242
Shellemberger, 146, 148, 149, 150
Shentoub, 112, 259, 261, 400
Sherman, 199, 200
Shum, 288
Siegel, 351
Sifneos, 48
Sigelman, 356, 358, 359
Silva Neto, 369
Silva, A.A.V., 243, 244, 245
Silveira, 38, 109
Silverstein, 282, 545
Simon, 49, 75, 195
Simpson, 296, 316
Sims, 224
Singelmann, 257
Siqueira, 165
Skaf, 190
Skinner, 89, 90
Skodol, 48, 83
Slate, 612
Sluske, 225
Slutske, 247
Small, 64, 258
Smith, 261, 507, 551
Snow, 285
Soares, 165
Someonoff, 386
Sopchak, 224
Soukoup, 208, 276, 285
Soukup, 171, 173
Soulé, 96
Spader, 269
Sparrow, 272, 274
Spearman, 271, 529
Spellman, 199, 200
Spielberger, 233, 234, 235, 296
Spiro, 425

Spitzer, 48, 49, 75, 77, 78, 79, 80, 81, 83
Spreen, 182
Steer, 228, 230, 238, 242
Stein, 136, 216, 218
Sternberg, 207, 322, 323, 326
Stipp, 268, 269
Stork, 569
Stotland, 227
Stott, 89
Strauss, 59, 60
Streb, 21, 238, 239
Suczek, 206, 320
Sullivan, 613
Sundberg, 507
Supers, 224
Suttel, 204, 206, 293, 296, 314, 317, 326, 327, 328
Sutton, 91
Sweeney, 228

T

Taley, 175, 285
Tambara, 247
Tamkin, 207
Tardivo, 212, 214, 248, 265, 431, 432, 435
Tarvis, 88
Tavares, 49, 75, 76, 78
Taylor, 230, 314
Tellier, 285
Tendler, 216
Terman, 211
Terroba, 199, 200
Thelen, 261, 507
Thomas, 221
Thorndike, 210
Tobiansky, 182
Tolor, 206, 326
Tonigan, 93
Topper, 519
Touguinha, 229, 230, 242
Tratt, 482
Treis, 549
Trentini, 229, 230
Trexler, 228
Trimboli, 247, 448, 449, 450, 452, 454, 462, 463, 464, 465, 466, 468, 469, 470, 471, 472, 473, 474, 476, 478, 482, 487, 488, 489, 490, 493, 495, 496, 501, 502, 503, 504, 505
Trinca, A., 430
Trinca, W., 42, 248, 249, 428, 430, 431, 436, 437
Troster, 285
Troter, 285
Tryon, 136
Tucker, 296
Tupa, 614
Tym, 181

U

Urbina, 160

V

Valle, 269, 270
Van Kolck, 208, 211, 218, 222, 224, 232, 238, 248, 259, 270, 431, 508, 510, 511, 520
Van Praag, 22
Vance, 549
Vane, 24, 261, 264
Vasconcelos, 224
Vaz, 258, 292, 354, 386, 389, 390, 391, 392, 393, 394, 395, 396
Velicer, 91
Viana, 159, 161, 162, 165
Viglione, 189, 369
Vilhena, 1
Villemor Amaral, 266
Vincent, 207, 241, 247, 331, 454, 457, 458, 459-460, 462, 467, 471, 474, 479, 480, 482, 486, 487, 489, 490, 493, 494, 495, 551, 558, 559, 598
Von Hug-Hellmuth, 96
Von Staabs, 258, 259

W

Wade, 88, 597
Wail, 236, 237, 238
Wallerstein, 20
Walls, 507
Walters, 497
Ward, 242, 264, 609
Warner, 136
Warteg, 267, 269
Watkins, 609
Watson, 21, 22, 229
Watt, 151
Weaver, 211
Wechsler, D., 175, 181, 182, 243, 274, 276, 277, 279, 281, 283, 285, 288, 289, 536, 540, 542, 544, 545, 546, 549, 551, 558, 561, 562, 564, 565, 567, 568, 570, 572, 578, 582, 588, 590, 592, 593, 603, 606, 607, 608, 609, 612, 613, 614, 617, 618, 622, 623
Wechsler, L., 508, 509
Wechsler, S., 221, 284
Weidemman, 276
Weinberg, 619
Weindenmann, 591
Weiner, 202, 368, 376, 377, 386, 389
Weinstein, 171, 172, 173, 175, 176, 232
Weishaar, 228
Weissman, 228
Weitzel, 77
Welsh, 247, 439, 442, 445, 446, 450, 451, 452, 454, 456, 457, 458, 460, 463, 464, 465, 466, 467, 468, 469, 470, 472, 473, 474, 476, 478, 482, 486, 487, 497, 500
Wenger, 219
Werba, 269, 270
Werlang, 214, 228, 229, 230, 264, 265, 422, 423
Wertheimer, 203
West, 151
Wetzel, 228
White, 321, 497
Whittinghill, 199, 200
Widiger, 136
Widlocher, 218, 220
Wiener, 463, 464, 466, 468, 472, 476, 497
Wiggins, 136
Wilkinson, 288, 571, 591, 595, 597
Williams, 49, 77, 78, 80, 81, 83, 247
Wilson Jr., 62, 65
Wilson, 181
Windholz, 258
Wing, 75
Winnicott, 384, 428
Witmer, 23
Witt, 549
Wolff, 218, 220
Wolkmar, 100, 101
Wolman, 24
Woltman, 204, 206, 293
Wong, 470
Woo-Sam, 276, 535, 536, 538, 539, 544, 566, 567, 569, 571, 573, 577, 580, 584, 586, 591, 592, 594

X

Xavier, 182, 386
Xavier, M.A., 243, 245

Y

Yager, 23, 32, 33, 34-35
Yazigi, 369
Younger, 199, 200
Yudofsky, 57, 59, 60, 61, 62, 74, 114, 119

Z

Zacher, 25
Zamorani, 259
Zandig, 21, 181
Zarontonello, 247
Zazzo, 271
Zimmerman, 39, 276, 281, 531, 532, 533, 534, 535, 536, 537, 538, 539, 540, 541, 544, 551, 552, 555, 566, 567, 568, 569, 571, 573, 577, 578, 580
Zubin, 20
Zulliger, 290, 386, 387
Zweben, 88

Índice

A

Abreviação, 321
Abstração, 70, 536, 572, 573, 580-583, 600
Abuso de substâncias (do álcool, de drogas), 147, 458, 477, 484, 486, 490, 493, 495
Ação, 88, 90, 91, 92, 93
ACID, perfil, 555-557
Aconselhamento, 89, 93, 93
Aculturação, 380
Adaptação
　Lacks, 294, 326, 331, 337
　Hutt, 326
　Hutt-Birskin, 316
Adequação à realidade, 100, 104
Aderência ao tratamento, 87
Adolescentes, 424, 425, 427
Afasia, 71
Afetividade, 68, 72
Agitação psicomotora, 597, 598
Agorafobia, 78, 79
Agressão, 321, 322, 324, 380, 380, 467, 469, 470, 488, 490, 504-506
Agressividade, 72, 317, 318, 319
Agrupamentos de Horn, 555, 557
Ajustamento, nível global de (MMPI), 449-452
Alcoolismo, 199, 200, 595, 598
Alcoolistas pacientes, 333
Algoritmo/s, 79, 83, 84, 85, 86
Aliança
　de trabalho, 52, 52
　terapêutica, 52
Altruísmo vs. narcisismo, 423
Alucinação/ões, 68, 69, 475, 481, 488, 495, 496, 501
Ambivalência afetiva, 73
Ambivalência, 88-90, 92, 93
　resolução da, 88, 92
Amplitude (WISC-III)
　dos escores, 606
　dos subtestes, 606

Análise clínica (Murray), 399, 401, 402, 404, 406, 407
Análise fatorial nas escalas Wechsler, 554, 555
Análise fatorial, 159, 165
Análise
　de adultos, 96
　de conteúdo (D-E), 431
　de documentos, 197, 198
　de fantasias, 99
　infantil, 96
　retrospectiva, 196
Anamnese, 57, 59, 65, 107, 124
Angulação
　aumento ou diminuição, 321, 330
　dificuldades de, 333, 334, 335, 337
　mudança na, 321, 329
Ângulos
　adição, acréscimo ou omissão, 314, 321
　agudos, 315
　por curvas, 309, 314
Angústia, 72, 73
Anomia, 570, 585
Ansiedade de castração, 104
Ansiedade, 72, 73, 177, 403, 405, 405, 406, 407, 453, 462, 465, 467, 468, 473, 473, 479, 481-485, 487, 488, 483, 493-496, 500, 501-505, 510-511, 521-532, 534, 536, 537, 539, 549, 555, 562, 566-568, 573, 575, 576, 577, 579, 584, 585, 588-590, 592, 593, 596, 597, 601, 602
　avaliação da, 510-511
　índices de, 510
　nível de, 110
　situacional, 390, 395, 397, 398
Ansiedade/s
　natureza das, 413, 414, 415
Ansiedade/s, 46, 52, 53, 60, 61, 418, 420, 431, 432, 436
Antecipação
　capacidade de, 587

função de, 587
Apatia, 73
Apercepção temática, 429
Apercepção, 379, 380, 409, 410, 411, 414
Aplicação (Z), 386, 387-388
Aprendizagem da SCID, 83, 86, 87
Argumentação, 92
Aritmética, subteste de, 274, 275, 276, 280, 288, 289
Armar Objetos, subteste de, 274, 280, 288
Arranjo de Figuras, subteste de, 274, 280
Arranjo de Sentenças, subteste de, 278
Associação livre, 46
Associação
　de palavras, 24
Associação/ões livre/s, 378, 385
Associação/ões livre/s, 429, 431, 437
Associação/ões
　fonética, 571
Ataque/s de pânico, 78
Atenção, 68, 171, 178-181
　ausência de, 68
　diminuição da, 68
　extensão da, 566
　falta de, 68
　seletiva, 596
Atitude básica (D-E), 431, 435
Atitude do examinando, 448
Atividade lúdica, 96
Atuação/ões, 62, 458, 467, 470, 478, 485, 486, 488, 490, 492-495, 500, 501, 502, 504, 505
Auto-eficácia, 90-93
Auto-imagem, 511
Automotivação, 90
Autópsia psicológica, 196-201
Auto-referência, 391-392, 564, 565, 570, 571, 575, 576, 577
Auto-retrato, 520, 523
Avaliação (WAIS-III)
　da inteligência, cognitiva, 618

de adolescentes e adultos, 615
Avaliação
　clínica, 32, 34, 57, 104, 146, 184, 201
　cognitiva, 177, 180
　comportamental, 19
　compreensiva, 27, 28t, 57, 119
　computadorizada, 25
　da motricidade, 102
　da psicopatologia, 36
　dinâmica, 64, 65, 211, 218, 222, 232, 260, 263, 270, 380
　dos padrões de funcionamento, 148, 149
　Escala de, Global, 36
　estratégia de, 19, 20, 21, 22, 197, 198
　familiar, 219
　forense, 183, 185, 186
　impressionista, 22
　instrumentos de, 185
　intelectual, 121
　multiaxial, 35, 36
　neuropsicológica, 22, 109, 177, 179, 203-207, 207-208, 230-232, 245, 274, 277, 279, 284, 547, 568, 586, 600
　objetivo da, 109, 110
　pericial, 186
　plano de, 106-111, 113, 127
　preliminar, 84
　processo de, 19
　prospectiva, 151
　psicidinâmica, 22, 57
　psicológica, 19, 21, 22, 23, 26, 27, 32, 35, 101, 199, 183, 185, 188, 193, 194, 200, 158
　psicométrica, 158
　psiquiátrica, 185
　recursos de
　　conforme a faixa etária
　　adolescentes, 204, 208, 210, 216, 219, 221, 223, 228, 231, 232, 238, 240, 244, 248, 251, 258, 259, 263, 266, 268, 270, 272,

273, 274, 276, 279, 281, 284, 286, 290
adultos, 204, 208, 210, 216, 219, 223, 228, 231, 232, 233, 238, 240, 248, 250, 251, 258, 259, 263, 265, 266, 268, 270, 272, 273, 274, 276, 279, 284, 286, 290
crianças, 204, 208, 210, 212, 219, 221, 223, 231, 232, 233, 244, 248, 251, 258, 259, 263, 268, 269, 270, 271, 273, 279, 281, 282, 284, 288
idosos, 208, 231, 240, 263, 268, 276, 279, 286
pacientes psiquiátricos, 230, 231, 238, 239, 248, 250, 266
conforme a forma de administração
coletiva, 204, 216, 219, 221, 223, 225, 226, 227, 232, 235, 240, 242, 244, 246, 250, 251, 263, 268, 269, 290
consensual, 226, 255
individual, 204, 208, 210, 212, 215, 216, 219, 221, 223, 225, 227, 231, 232, 235, 240, 242, 244, 246, 248, 250, 251, 255, 263, 266, 268, 269, 271, 273, 274, 277, 278, 279, 281, 282, 284, 287, 288, 290
conforme o problema
ajustamento, 246
alcoolismo, 204
ansiedade, 222, 234, 235, 238, 239
aproveitamento escolar
problemas de, 204, 209
atenção, déficit de, 284
atitude frente à testagem, 246
atuação, 204, 246
competência social, 273
conflitos, 212, 217, 263
crises, 263
declínio cognitivo, 208
defesas, 212, 263
déficits (ou disfunções) cognitivos, 204, 284
depressão, 227, 230, 241
desenvolvimento cognitivo, 221
desesperança, 227
dinâmica familiar, 219
disfunção cerebral (triagem), 204
estádios do desenvolvimento, 212
fatores de personalidade, 203, 224-226
flexibilidade do pensamento, 284
funcionamento adaptativo, 272
cognitivo, 277
familiar, 226, 258
hiperatividade, 284
inteligência, 204, 210, 215, 221, 237, 244, 251, 269, 274, 277, 281, 282
lesão cerebral, 204, 207, 208, 284
maturação grafo-motora-perceptiva, 204
maturação visomotora, 204
maturidade mental, 215, 221
memória, 207, 231, 285-288
imediata, 208
pensamento abstrato, 284
percepção, 231
visoespacial, 208
personalidade, 211, 216, 223, 225, 232, 242, 248, 255, 259, 266, 267, 268
pessimismo, 227
raciocínio
analógico, 272
geral, 215
relações
familiares, 226, 232
objetais, 266, 267
retardamento mental, 273
retrospectiva, 196, 197, 198
Avaliação/ões
de sintomas demenciais, 171
neuropsicológica/s, 171, 173-176
psicológica, 171
Avaliação-intervenção, 151, 152, 153
modelos, 151

B

Baby tests, 154
BAI, Beck Anxiety Inventory. Vide Inventário de Ansiedade de Beck
Balança decisional, 89, 90
Bannantyne, categorias de (WISC-III), 610
Bannatyne, categorias, 555, 556
Bateria de testes, 26, 28, 109, 110, 113, 119
não-padronizada, 110
padronizada, 109, 110
Bateria/s (de testes), 178, 181, 182
fixas, 178, 180
Bateria/s neuropsicológica/s, 171
compreensivas, 171
fixas, 171
flexíveis, 171
BDI, Beck Depression Inventory. Vide Inventário de Depressão de Beck
Bender (B-G), 203-207
Bender memória, 205
Bender, teste de, 111, 112, 117, 127, 134, 135
Benton, 207-208
Bestiário, teste do, 270
BHS, Beck Hopelessness Scale. Vide Escala de Desesperança de Beck
Binet-IV, 208-211
Bizarria, 570
Blacky, teste, 211
Borderline
contato, 134, 135
personalidade, 127
transtorno, 127
Brinquedo/s, 96-104
BRTV. Vide Visual Retention Test. Vide Benton
BSI, Beck Scale for Suicide Ideation. Vide Escala de Ideação Suicida de Beck
BVMGT (Bender Visual Motor Gestalt Test). Vide Bender, teste de

C

Cambridge Mental Disorders of the Elderly Examination (CAMDEX), 181
Capacidade simbólica (de simbolizar), 97, 100, 103
Casa de Animais, subteste de, 288
Casa-árvore-pessoa, teste da. Vide HTP
CAT, 114, 211-215, 385
Categoria diagnóstica, 119, 120
Categoria/s
diagnóstica, 28
nosológica/s, 28
Categorias diagnósticas, 35, 78, 83
Children Apperception Test. Vide CAT
Ciclo vital, 141, 142, 150
adaptação ao, 150
Classificação diagnóstica, 65
Classificação Internacional das Doenças (CID), 77
Classificação
categorias de (Bellak), 413, 415
da resposta, 353
das respostas (Z), 388-389
de transtornos mentais, 120
diagnóstica, 118, 119, 120, 121
nosológica, 106, 118, 121, 124, 125, 415
sistema de (Z), 389
simples, 108, 121
sistema/s de, 120, 121
tipos, 121
Classificação/ões
da psicopatologia, 36
dos transtornos mentais 24, 29
nosológica/s, 21, 24, 27, 28, 35, 36, 37, 407, 408
oficiais, 25
psiquiátrica, 23
simples, 27, 29
sistemas de, 21
Codificação do perfil (MMPI), 445-447
sistemas (MMPI), 446
uso do (MMPI), 447
Código (ou Símbolos), subteste de, 274, 280
Coeficiente
Alfa de Cronbach, 160, 162
de consistência interna, 160, 161
de estabilidade da medida, 160
de fidedignidade, 159, 161, 162
de Kuder-Richardson, 162
Coesão, 333, 333, 337
Cognição, 171-173, 178
Coleta de dados (de subsídios), 57, 60, 65, 66
Colisão (ou tendência a), 321, 329, 330, 333, 336
Colisão, 313, 314, 315
Columbia Mental Maturity Scale. Vide Columbia
Columbia, 213, 215-216
Combinação confabulatória, 361
Co-morbidade, 21, 147
Competência legal, 186
Competência/s do entrevistador, 47
Competição, 393, 396
Completamento de Sentenças, 216-218, 288
Completar Figuras, subteste de, 274, 276, 280, 288, 289
Completamento
de desenhos, teste de, 266-269
de Figuras. Vide Completar Figuras, subteste de
de Sentenças. Vide teste de Completamento de Sentenças
Comportamento aditivo, 484, 487, 489
Compreensão (entendimento) dinâmica, 400, 403, 407, 408
Compreensão Verbal (CV) (WISC-III), 603, 604, 606
Compreensão Verbal
fator de, 283, 288, 289
índice de, 276
subteste de, 274, 276, 281
Compreensão verbal, 506, 551, 554, 555, 574
Compreensão, 457, 461
dinâmica, 389
subteste de, 115, 119

Comunicação de resultados, 107, 118, 121, 122, 123, 124
  assistemática, 124
  sistemática, 124
Comunicação dos resultados, 31
Conceito/s, 70
  abstrato, 573
  âmbito do, 580
  aritmético, 573
  concreto, 580
  formação de, 580
Concentração, 171
Concepção do meio (Bellak), 414, 415
Concordância com o critério, 83
Concordância entre juízes, 509
Condição/ões médica/s geral/ais, 80, 81, 84
Condições cognitivas, 177
Conduta suicida, 148, 149
Conduta, 68, 71, 72, 73
Confabulação (Z), 391-392
Confabulação, 361
Confiabilidade, 77
Configurações específicas
  das escalas de validade, 459-460
Conflito intrapsíquico, 394
Conflito/s, 401-403, 405-407, 413, 414, 415, 417, 418, 420, 421-427, 430-432, 435-437, 45, 47, 49, 53, 55, 56, 57, 60, 61, 62, 65, 66, 96, 97, 100, 102, 103
Confusão
  conceitual, 534
Conhecimento semântico, 569, 571
Consciência, 68, 70
  alterações da, 68
  intra e inter-entrevistador, 78, 83
  turvação da, 70
Consistência interna, 159-162
Consortium to Establish a Registry for Alzheimer's Disease (CERAD), 181
Construção absurda, 594
Constructo/s
  teórico/s, 158, 159, 164
  validade de, 159, 163, 164, 165
Contaminação (Z), 391-393
Contaminação, 361
Contemplação, 90-92, 93
Conteúdo
  escore de, 356, 357
  inquérito de, 353
  latente, 402
  manifesto, 402
Conteúdos (Z), 388, 389, 391-399
Conteúdos edípicos, 424-426
Contexto familiar, 60, 62
Contrato de trabalho, 121, 122, 123, 125

Contrato de trabalho, 26, 30
Contrato terapêutico, 47
Contratransferência, 41, 42, 43, 47, 54, 115
Controle Mental, subteste de, 286
Controle, 391, 393, 395, 397, 398
Cópia de Símbolos, subteste de, 278
Criatividade, 100, 103, 386, 392
Crise/s, 35
  depressiva, 526, 527
  intervenção/ões em, 76, 199, 200
  psicótica, 83
  da adolescência (ou adolescente), 65
  de desenvolvimento, 64, 65
  edípica, 66
  pré-adolescente, 64, 65
  psicossociais, 64
Critérios diagnósticos, 76, 79, 82, 83
Cubos
  de Goldstein-Scheerer, teste de, 591
Cubos, subteste de, 272, 276, 278, 280, 288
Cultura
  efeito da, 508

D

D, escala (MMPI), 462, 463-465, 469, 475
D, escala 2 (MMPI), 482, 486, 494, 503, 505
Dano/s
  moral, 194, 195
  psíquico, 194, 195
Declínio
  associado à idade, 179
  cognitivo, 177
    associado à idade, 179, 182
  normal, 177
Defesa/s, 46, 49, 52, 53, 97, 98, 100, 107, 111, 120, 131, 132, 136, 389, 391, 393, 403, 405, 406, 409, 413, 418, 420, 454, 459, 465, 471, 473, 476-478, 484, 485, 493, 495, 496, 501-505
  mecanismo/s de, 399, 407, 410, 411, 415, 418, 420, 466
  sistema de, 458, 459
Defesa/s. Vide também Mecanismos de defesa, 32, 33
Deficiência cognitiva, 177
Déficit/s, 118
  auditivo/s, 537, 567
  cognitivo, 109, 172, 173
  cerebrais, 543, 582

cognitivo/s, 177-180, 181, 551, 563, 564, 568, 573, 591, 600
  de atenção, 573, 597, 598
  de memória, 110, 573, 597, 598
  espacial, 591
  nas funções executivas, 574
  perceptual/ais, 588
  psicológicos, 173
  sensoriais, 178, 552
  visoespacial, 590
  visuais, 569, 583
Definição operacional, 159
Delírio/s, 68, 71, 488, 495, 496, 501, 502
  persecutórios, 471
  somático/s, 462
  de grandeza, 487, 496, 502
  somático/s, 483, 484
Demência, 68
  de Alzheimer (ou doença de), 591, 597
  de Alzheimer. Vide também Doença de Alzheimer, 178, 180-182
Denominadores comuns, 65, 117
Dependência de substâncias (do álcool, de drogas), 486
Dependência do álcool ou drogas, 147
Dependência vs. independência (conflito de), 467, 479, 490, 493
Dependência, 106, 133, 134, 135, 424, 426
Depressão maior, 199, 200
Depressão/ões, 178, 462-465, 467, 476, 481-483, 484-486, 487, 488, 491, 495, 500, 501, 502, 505
  dupla, 80, 81, 83, 84, 85, 86, 87
  mascarada, 87
  recorrentes, 53
Desatenção seletiva, 68
Desejos, 431, 432, 436, 437
Desempenho (maturidade) perceptomotor, 310-311, 315
Desempenho, 390, 396
Desenho da casa, árvore e pessoa. Vide HTP
Desenho da Família, 218-220
Desenho da Figura Humana (1), 220-221
Desenho da Figura Humana (2), 222-224
Desenho da Figura Humana sexo da figura, 511-512
  utilidade clínica, 507
  validade, 507, 508, 511
Desenho/s
  cinético, 517
  da família, 436, 517
  da casa, árvore e pessoa. Vide HTP

da casa-árvore-pessoa (HTP), 112, 114, 127, 108
da figura humana, 112, 134, 135
de Estória com Tema, 438
  livre, 429, 430
Desenhos Geométricos, subteste de, 288
Desenvolvimento
  do ego, 418
  infantil, 416
  grafoperceptivo, 304
  neuropsicológico, 301, 309, 311, 312-314
Desesperança, 227, 230
Desfecho (Murray), 402, 403-407
Desintegração, 306, 307, 309
Deslocamento (mecanismo de), 503
Desvio/s padrão, 167-170
Desvios
  Bender, 311
  Clawson, 313, 314
  Koppitz, 313, 314
Determinação genética, 176
Determinação, 90, 92
Determinante/s (Z), 388-398
Determinantes
  escore de 349, 356-357
  inquérito de, 351, 354
Determinismo psíquico, 411
Devolução
  entrevista de, 30
Devolução, 87
Dezesseis PF, 224-226
DF-E (Desenhos de Família com Estórias), 436, 437
DFH. Vide também Desenho da Figura Humana
Diagnostic Interview Schedule (DIS), 48, 75, 83
Diagnóstico, 50, 401, 403, 407, 408
  clínico, 67, 77, 83
  nosológico, 67
  diferencial, 49, 76, 80, 81, 83, 84, 87, 106, 107, 108, 118, 119, 121, 125, 126, 137, 174, 178, 179
  neuropsicológico, 174
  psicodinâmico, 50
  sindrômico, 51
Diferenças individuais, 19, 23, 35
Dificuldades cognitivas, 171
Dificuldades
  de cruzamento, 329
  de fechamento, 330, 331, 333, 337
  de superposição, 329, 333, 336
  na angulação, 333, 337
  na curvatura, 329
Dígitos, subteste de, 182, 274, 276, 280, 281, 282, 286
Dinâmico
  abordagem, 60, 66

avaliação, 64, 65
da personalidade, 399, 406, 407
da personalidade, 428
entendimento, 57, 65, 66
familiar, 63, 119, 124, 428, 437
inconsciente, 428
Direito
de família, 193
penal, 192
Disartria, 71
Discalculia, 573
Discrepância, 92, 93
Discrepâncias entre (WAIS-III) pares de Índices Fatoriais (WAIS-III), 624
QIV-QIE (WAIS-III), 623, 625
Disfonia, 71
Disforia, 72, 132
Disfunção (orgânica) cerebral, 314, 320, 326, 332-333, 339
Disfunção cerebral, 172, 173, 175, 526
Disfunção
cerebral, 565-568, 573, 579, 580, 588, 593, 598
cognitiva, 584
Disfunção/ões da memória, 110
Disfunção/ões
do SNC, 180
Disgrafia, 590
Dislalia, 71
Dislexia, 590
Dispersão (ou discrepância) (WISC-III), 606
entre índices fatoriais, 605
entre subtestes, 605, 606, 607-608
Dissimulação, 188, 189
Distância das figuras, 513, 516
Distimia, 72, 79, 83, 84, 85, 86
Distorção, 184, 187-189, 321, 328
Distorção/ões da forma, 306, 309, 312
Distração, 68
Distúrbios emocionais, 507
Doença de Alzheimer, 174, 591, 597
Doença de Parkinson, 284
Doença mental, 32, 33, 35, 36, 58
Doença
física grave, 147
mental, 24, 29, 147
Dominância
anômala, 176
lateral, 175
manual, 175
DSM-III, 21
DSM-III-R, 35, 36
DSM-IV, 22, 35, 36, 37, 75, 77, 78, 83, 106, 119-121, 125, 136, 138, 179, 188, 480, 498, 499

E
Edward's Personal Preference Schedule. Vide Inventário Fatorial de Personalidade
EFE. Vide Entrevista Familiar Estruturada
Ego, 409-413, 414, 415
funções do, 57, 404
ideal do, 65
integração do, 407
Egossintônica com a fase, 423
Eixo
horizontal, 142
vertical, 142
Elaboração, 296, 300, 329
Elipse, 570
Embelezamento, 321
Empatia, 92, 93
Encaminhamento/s, 25, 26, 27, 29, 30, 32, 45, 46, 47, 49, 50, 52, 58, 65, 105-108, 118-120, 123-126, 137, 171-174
motivos do, 27, 30
Encefalopatia/s tóxica/s, 174
Ensino, 75, 77, 78, 86, 87
Entendimento dinâmico, 100
Entendimento
dinâmico, 24, 27, 28, 57, 65, 66, 106, 115, 121, 124, 127, 133
Entrevista Clínica Estruturada para o DSM-IV (SCID), 49
Entrevista Clínica Estruturada para o DSM-IV, 75
Entrevista Diagnóstica Adaptativa Operacionalizada (EDAO), 49, 75
Entrevista Estruturada para Diagnóstico de Demência (ENEDAM), 181
Entrevista Familiar Estruturada, 226-227
Entrevista lúdica, 96, 98, 99, 101-104
Entrevista Motivacional (EM), 88, 95
Entrevista/s, 20, 21, 35, 183-185, 187, 188, 190, 193
clínica, 45, 46, 47, 48, 49, 50, 53, 54, 75
com pais, 64
com terceiros, 197, 198
conjunta, 63
de anamnese, 50, 154
de devolução (devolutiva), 30, 47, 51, 52, 121, 122, 123, 124, 125
devolutiva (de devolução), 41
de família, 52
de livre estruturação, 48
de triagem, 50
diagnóstica/s, 25, 50, 79, 83
dinâmica, 64
epidemiológica, 48
estruturação da/s, 75
estruturada, 20, 25, 48, 75, 77, 78, 83

familiar, 146
inicial (ou primeira), 27, 45, 47, 53
lúdica, 66
não-estruturada, 48
objetivo da, 45, 46, 48
psicodinâmica, 49, 50
psiquiátrica/s, 20
semi-estruturada, 48, 75, 76, 201
sistêmica/s, 51
técnica/s de, 48
tipo/s de, 46, 48
Envelhecimento, 177-179, 182
Episódio/s depressivo/s, 127, 133, 137, 138
Episódio/s
depressivo maior, 80, 81, 82, 83, 84
hipomaníaco/s, 82, 84, 85, 86
maníaco/s, 82, 83, 84, 85
misto, 80, 81, 82, 84, 85
Escala de Desesperança de Beck (BHS), 227-229
Escala de Handler, 511
Escala de Ideação Suicida de Beck (BSI), 229-230
Escalas de desenvolvimento, 154
Escalas de QI (WISC-III), 604, 605-606
Escalas Wechsler de Inteligência (WAIS-III), 615
Escalas Wechsler, 22, 180-182
Escalas
aditiva, 159, 160, 162
de avaliação da EFE, 226-227
de Binet-Simon, 23, 208
de Grace Arthur, 243
de inteligência, 274-290
Bellevue, 272, 280
Binet-IV, 208-211
para adultos (WAIS), 274-276
revisada (WAIS-R), 274-276
3ª ed. (WAIS-III), 276-278
para crianças (WISC), 279-282
revisada (WISC-R), 279-282
3ª ed. (WISC-III), 282-284
para pré-escolares (WPPSI), 279
revisada (WPPSI-R), 279
de Koppitz, 309, 311, 312
de Likert, 159
de maturação (visomotora), 308-310, 312
de maturidade intelectual, 213, 215-216
de maturidade mental, 213, 215-216
de maturidade social. Vide Vineland
de medida, 166
de memória (WMS), 285-288
revisada (WMS-R), 285-288

3ª ed. (WMS-III), 285-288
de Memória Wechsler Revisada (WMS-R), 175
de Merrill-Palmer, 243
de observação do desenvolvimento infantil, 154
de psicopatologia, 314, 315, 329, 330
de Stanford-Binet, 209
de Wechsler. Vide Escalas de inteligência
do MMPI
Ad, de Admissão de sintomas, 465, 466
clínicas, 447, 461-470
CLS, de descuido, 445, 446, 461, 506
D, de depressão (escala 2), 482, 494, 503, 505
D, de depressão, 462, 463-465, 469, 475
de caráter, 469, 478, 501-505
de sintomas, 461, 502, 503
de transtorno da personalidade, 134-136
de Tryon, Stein e Chu, 136
de validade, 454-461
de Wiggins, 136
Dn, de negação de sintomas, 465, 466
D-O, 463, 464
Drev, 463
D-S, 463, 464
Ds, de dissimulação, 497, 500
ES, de força do ego, 441, 500
especiais, 497, 498, 499
F, 441-442, 456-458, 484-487, 491, 494-497, 502
F-K, 497
Hs (escala 1), 483, 484, 485, 503, 506
Hs, 462-463
Hy (escala 3), 483, 491, 501, 504, 505
Hy, 465-467
Hy-O, 466
Hy-S, 465, 466
I-RD, de Distorção da Realidade, 136
K, 442-444, 458-459, 483, 491, 492, 502, 503, 506
L, 440, 441, 455-456, 487, 492, 502, 506
Ma (escala 9), 481, 486, 492, 502, 504
Ma, 475-477
Ma-O, 476
Ma-S, 476
Mf (escala 5), 492, 501, 506, 497
Mf, 468-471
Não posso dizer, "?", 439-440, 454, 455
óbvias, 488, 497
Pa (escala 6), 484, 486, 489, 494, 495, 502, 504

Pa, 471-473
Pa-O, 472
Pa-S, 472
Pd (escala 4), 484, 485, 486, 487, 488, 492, 495, 501, 502, 504, 505, 506
Pd, 467-468
Pd-O, 468
Pd-S, 468
Pt (escala 7), 481, 495, 496, 503
Pt, 473-474
Sc (escala 8), 484, 487, 491, 495, 503, 504
Sc, 474-475
Si (escala 0), 495, 502
Si, 477-479
suplementares, 136
sutis, 488, 497
Merrill-Palmer, 154
Weschsler, 172, 175
Escola Wechsler de Memória III (WMS-III), 181
Escolha de brinquedos e jogo, 100, 101
Escore (sistema)
da Escala da Maturação, 308
de Koppitz, 306
de Santucci-Percheux, 302
Escore de atribuição (MMPI), 442
Escore/s
bruto/s, 166-168, 170
crítico, 330
de Lacks, 337
marginal, 330
padronizado/s, 166-170
percentílicos, 167
T, 168-170
Z, 168-170
Escuta, 52, 53
Especificações, 343, 348-351, 359, 361-363
Especificidade, 165-166
Esquizofrenia, 35, 49, 79, 82, 83, 137-138, 142, 199, 200, 474, 479, 481, 484, 487, 488, 491, 495, 496, 497, 502, 565, 566, 570, 575, 576, 577, 582, 584, 585, 592
paranóide, 471, 472, 487, 493, 494, 495
Estado/s
de crise, 500
de fuga, 490
de pânico, 496
depressivo, 495
hipomaníaco, 502
maníaco, 484, 495
paranóide, 495
psiquiátrico, 500
Estados emocionais, 423, 424, 426
Estanino/s, 169, 170
Estereotipia(Z), 393
Estereotipia, 101
Estimativa do nível formal, 349, 350, 359-363

Estimulação precoce, 154
guia curricular para, 154
programas individuais de, 154
Estratégias facilitadoras, 156
Estresse, 35, 63, 457, 460, 461, 462, 465, 467, 468, 482, 483, 484, 485, 488, 495, 500, 503, 506, 497
Estressor, 83, 84
Estressores, 32, 33
Estrutura familiar, 143, 147, 150
Estruturação das entrevistas, 75
Ética/s, 45, 47, 55, 56
Código de, 121, 122
implicações, 122
profissional, 125
Euforia, 394
Evocação retardada, subteste de, 286
Evocação, 69
Exame do Estado Mental, 181
Exame psiquiátrico, 74
Exame
criminológico, 192, 192
das funções do ego, 28, 127
do estado mental, 28, 30, 57, 65, 172
no Rorschach, 342-344
objetivos do, 27, 28, 30, 31, 60, 66, 105, 106, 107, 108, 110, 113, 116-118, 121, 122-125
psicológico, 23, 29, 31
precoce da criança, 151
subjetivo, 28, 30
retrospectivo/s, 196
Expansão, 297, 300, 321
Explicação psicodinâmica, 171
Extensão espacial, subteste de, 278, 286
Externalização, 410, 411, 472

F

Fábula/s
de Despert, 262
F1, do Passarinho, 421-427
F2, do Aniversário de Casamento, 424-427
F3, do Cordeirinho, 423, 424, 426, 427
F4, do Enterro, 426
F5, do Medo, 426
F8, do Passeio, 424-427
Teste das, 262-265
Fadiga, 113, 125
Família, Desenho da, 218-220
Família/s, 141
de origem, 141
disfuncionais, 142
organização da, 141
saudável, 142
Fantasia/s, 39, 41, 43, 46, 51, 52, 52, 53, 97-104, 196,

437, 378, 382, 384, 385, 422, 423, 425-427, 430-431
análise de, 104
Fase edípica, 104
Fator g, 529
Fatores
de personalidade, 222, 224-226, 242-243
G, 237, 250, 251, 271
de proteção, 151, 152, 153, 154
de risco, 151, 152, 153, 154
Fechamento, 295, 298, 299
dificuldades de, 329, 331-333, 336, 329
falta de, 321
Feedback, 89, 93-94
Fenômeno, 115
transferencial, 41
contratransferencial, 42
Fenômeno/s especial/is (Z), 388, 391, 397
Fenômenos afetivos, 72
Fidedignidade, 77, 78, 83, 115, 158-162
tipos de, 160, 161
Figura/s em quadros, 296, 300
Figuras Complexas de Rey, 230-232
Figuras-símbolos, 143
Fixação, 67, 69
Flexibilidade mental, 178, 596
Fluência verbal, 181, 182, 563, 580
Fobia/s, 73, 473, 487, 495
Forma/s
do conceito, definição da, 359
escore da, 355
inquérito da, 351
Formas reduzidas (WISC-III), 610-612
Fragmentação (ou tendência à), 313, 314, 329, 330, 333-335, 336
Fuga de idéias, 71
Fuld Object Memory Evaluation (FOME), 181
Função catártica, 426
Função/ões
cognitiva/s, 100, 171, 173, 175, 530, 547, 562
do ego, 70, 106, 127, 130, 136, 563, 568, 580, 587, 602
do juízo, 579, 580, 582, 588, 600
do superego, 391
executivas, 173, 180
receptivas, 173
defensiva, 503
psíquica, 71
Funcionamento cognitivo, 177, 179
Funcionamento familiar, 142, 143, 148, 149, 150
Funções
egóicas, 431

G

Ganho/s
primários, 59
secundário/s, 59
Generabilidade, 77
Genetograma, 60, 143, 144, 145, 147-150
construção do, 146
Gerações, 143, 147-149
Goodenough-Harris, teste de, 221

H

Hemisfério
Cerebral, 543
direito, 563, 573, 573, 578, 579, 584, 586, 587, 590, 591, 594, 595, 598
esquerdo
Herói (Murray), 401-407
Herói principal (Bellak), 413-415
Hipocondria, 483-484
Hipótese/s
diagnóstica/s, 400, 483, 487
inicial/is, 26, 28, 30, 109, 118, 126, 134, 135, 136
História relacional, 51
História
clínica, 26, 28, 30, 57, 58, 60, 65, 106, 116-120, 124, 127, 136, 137, 442, 484, 487, 489
conjugal, 62, 63
da doença atual, 57, 58
do caso, 121
do estado mental, 57
do paciente, 480
escolar, 62
ocupacional, 63
pessoal. Vide também Anamnese, 57, 58, 59, 60, 106
pré-natal e perinatal, 60
da primeira infância, 60
da infância intermediária, 61
da pré-puberdade, puberdade e adolescência, 62
da vida adulta, 63
pessoal, 26, 28, 30
pregressa, 59
Homicídio, 494
Homossexualidade, 469, 492
Hora de Jogo Diagnóstica, 428
Hora de jogo. Vide também Entrevista lúdica, 98-100, 104, 111
diagnóstica, 98, 99, 102
terapêutica, 98
Hostilidade, 468, 473, 483, 484, 485, 486, 487, 489, 490, 495, 504
HTP
administração, 519
impressão geral, 520, 523
interpretação, 519-523

simbolismo, 519, 523
HTP. Vide também Desenho da casa-árvore-pessoa, 112, 114, 127, 134, 135
Http, 232
 acromático, 232
 cromático, 232
Humor
 deprimido, 80, 81, 82, 83, 84, 85
 elevado, 82, 83, 84
 expansivo, 82, 83, 84
 hipomaníaco, 84, 85
 irritável, 80, 81, 82, 83, 84
 maníaco, 84, 85
 misto, 84
 sintomas de, 83
Hy, escala, 465-467, 483, 491, 501, 504, 505

I

Id, 409, 410, 414, 415
IDATE, 232-235
IDATE-C, 235
Ideação suicida, 77, 80, 81, 205, 227, 229-230, 322, 330, 326, 487, 488, 505
Ideal de ego, 65, 411, 412
Idéia
 de auto-referência, 391-392
 de referência, 391-392, 471, 472, 492, 494, 505
Identidade, 457, 469, 470, 474, 476, 492, 494, 505
 do receptor, 121-123, 125
Identificação com o herói, 422
Identificação do paciente, 40, 41
Identificação sexual, 511
Identificação
 da unidades de escore, 347
Idosos, 177-180, 181, 182
Imagem corporal, 510
Imagem de si mesmo, 449, 460, 461, 497
Implicações terapêuticas (MMPI), 462, 464, 467, 468, 470, 471, 473, 475, 477, 479, 482-497
Impotência vs. onipotência, 423, 424
Impotência, 333, 336, 337
Impressão geral do desenho, 513
Impulsividade, 130, 321, 394, 468, 546, 563, 574, 575, 576, 578, 580, 585, 588, 598
Impulso/s, 393, 394, 431-432, 436, 476, 477
 controle dos, 467, 488, 489, 492, 495, 504
Impulsos do id, 101
Indicadores (ou itens)
 emocionais, 223
 evolutivos, 221
 indicadores psicológicos, 222

indicadores psicopatológicos, 222
Indicadores, 419
 de atuação, 315, 321
 de depressão (CAT), 419
 de esquizofrenia (CAT), 420
 de Hain, 320
 de impulsividade, 321
 de Koppitz, 300, 309, 314
 de lesão cerebral, 311, 330
 de patologia orgânica cerebral, 311-313
 de perturbação emocional, 295
 de tendências maníacas (CAT), 419
 emocionais, 296, 300, 314, 318-321, 508, 509
 evolutivos, 508, 509
 preditivos, 156
Índice de Memória Geral, 175
Índice
 AI, 500
 AV, 500
 de Goldberg, 487
 F-K, 136, 451, 457, 461, 506
 IR, 500
 ME, 448
 TR, 454, 457, 460-461, 506
 TR+CLS, 136
 TR e a Escala de Descuido, 445-446
Índices de WMS, 204, 287
Índices fatoriais (WAIS-III), 615, 621
 ICV, 623
 IMT, 624
 IOP, 624
 IVP, 624
Índices Fatoriais (WISC-III), 604, 606-607
Infantilismo, 394
Inferência clínica, 27, 28, 109, 118
 nível de, 26, 27, 30, 118, 119, 121
Informação, subteste de, 110, 274, 276, 278, 281, 286, 288
Informe
 sistemático, 124, 125
 tipo de, 107, 121, 124
Iniciativa, 393-396
Inquérito (Bellak), 412, 413, 415
Inquérito, 341-344, 344, 346-357
Insight, 58, 398, 400, 404, 455, 456, 458-460, 461, 462, 466, 467, 469-471, 473, 542, 545, 583, 589
Instruções do teste, 113, 115, 131
Instrumento/s
 cognitivos, 45
 de medida, 159, 162, 165
 projetivos, 45
 qualitativos, 159
 quantitativos, 158

Instrumentos Específicos de Avaliação Forense, 185
Integração, 312, 314
Intelectualização, 42, 570, 572, 573, 579, 583
Inteligência, 68, 71, 72, 390, 391, 393, 395, 398
 cristalizada, 552, 557, 564, 574, 580
 fluida, 552, 557
 pré-mórbida, 569
 social, 574, 586, 588
Intenção
 de autodestruição, 197, 198
 letal, 196
 suicida, 196
Intencionalidade, 197, 198, 199, 200, Fig.18-a
Interação clínica, 41, 43, 44, 107, 115, 119
Interação/ões clínica/s, 57
Intergeracional, 142, 143
Internalização, 584
Interpretação (Z), 388-389
Intervenção em crise, 76
Intervenção, 151-156
Introjeção, 425
INV, 236-238, 271
Inventário Cumulativo de Estimulação Ambiental (ICEA), 154
Inventário de Ansiedade de Beck (BAI), 238-239
Inventário de Ansiedade Traço-estado. Vide IDATE
Inventário de Depressão de Beck (BDI), 239-242
Inventário de Depressão de Beck. Vide também BDI, 22
Inventário Fatorial de Personalidade (IFP), 242-243
Inventário Multifásico Minnesota de Personalidade. Vide MMPI
Irritabilidade, 395
Itens
 críticos, 456, 465, 479, 488, 496, 500-501

J

Jogo de Rabiscos, 428
Jogo, 60, 61, 62
 atividade do, 97
 hora de, 98-100, 104
 sala de, 98
 técnica do, 97
Jogos estruturados de Lynn, 154
Juízo, 70, 71
 prático, 584
 social, 573, 600
Julgamento clínico, 34, 35, 76, 77, 83, 87
Julgamento, 179, 180

K

KFD, 219
Kit "Brinquedos e Brincadeiras", 155
Kohs, 243-245
Koppitz, sistema de, 204

L

Labilidade afetiva, 73, 83
Labirintos, subteste de (WISC-III), 604
Labirintos, subteste de, 280, 281, 282, 288
Lâminas do TAT, 400, 401, 404, 406, 407, 411
 específicas, 412, 413
 femininas, 412
 masculinas, 412
 universais, 412
Laudo, 25, 30, 58, 60, 64, 66, 185, 186, 187, 188, 190-192, 195
Lesão cerebral, 173, 176, 330, 568, 569, 581, 591
Letalidade, 199, 200, Fig.18-a
Limites, teste de, 343
Linguagem corporal, 39
Linguagem lúdica, 97
Linguagem, 68, 71, 122, 123, 126, 130, 131, 138, 178-180, 181
Linha
 densa, 315
 fina, 298, 299, 300
 ondulada, 298-300
Lista de Palavras, 182
Lobo frontal, 587
Localização
 escore de, 349, 351, 353
 inquérito de, 350
Localização/ões
 Atlas de, 390

M

Ma, escala (escala 9) (MMPI), 481, 486, 492, 502, 504
Ma, escala (MMPI), 475-477
Manejo
 da agressão, 504-505
 da ansiedade, 503
Manual de Diagnóstico e Estatística de Transtornos Mentais, 75
Manutenção, 90-92, 93, 95
Material de teste, 114, 115, 133
Material lúdico, 98, 99
Matrizes Progressivas, teste das. Vide Raven
Maturidade visomotora, 301
ME (média dos escores) (MMPI), 448
Mecanismos de defesa, 120, 131, 431, 432, 436, 437, 466, 478, 501-503
 arcaicos, 492

Média, 167-170
Mediana, 167
Médico legista, 197, 198, 201
Medo/s, 454, 473-474, 477
Memória de Trabalho (WISC-III), 607
Memória Lógica, subteste de, 182
Memória
 auditiva, 572, 573
 comprometimento, 113
 de Figuras, 286
 de Trabalho, índice de, 276, 532
 déficit, 110
 desorganização, 535
 disfunção, 110
 escala de. Vide WMS, WMS-R, WMS-III
 Geral, índice de, 286
 imediata, 555, 567, 572, 573
 incidental, 597, 598
 Lógica, subteste de, 286
 preservação, 567
 psicomotora, 598
 remota, 564, 566, 580, 584
 Verbal, índice de, 286, 600
 Visual, índice de, 286, 583, 584
 Visual, subteste de, 286
Memória, 68, 69, 171, 173, 175, 178-181
 alterações da, 69
 dimensões da, 69
Menu (recaída), 93
Método
 das Fábulas, 262
 das formas paralelas, 160, 161
 das metades, 160, 161
 do teste-reteste, 160, 161
Mf, escala (MMPI), 468-471, 492, 501, 506
Mini-Exame do Estado Mental (MEEM), 181, 182
Minnesota Multiphasic Personality Inventory. Vide MMPI
Miocinético, teste. Vide PMK
Mitos, 141, 142
MMPI, 22, 24, 112, 113, 125, 127, 131-132, 136, 137, 245-247
MMPI-2, 245
MMPI-A, 245
Mobilização afetiva, 421, 426
Modalidade de brinquedo, 100, 101
Modelo
 categórico, 28, 35, 121
 conceitual, 25
 de avaliação, 23
 de avaliação psicológica, 19
 de Murray, 399
 de psicopatologia, 35
 dimensional, 21, 35
 estatístico, 119
 médico/s, 24, 29, 35, 58, 118, 121, 428

metapsicológico, 20
psicométricos, 428
psicológico, 23, 29, 30, 31, 57, 118
qualitativo, 172
quantitativo, 172
teórico/s, 20, 21
Modo da morte, 196, 197, 198
Motivação, 199, 200
 ausência de, 89
 conceito de, 88, 89
 inconsciente, 399
 para a mudança, 88, 93
Motivational Enhancement Therapy (MET), 88
Motivational Interviewing (MI), 88
Motivo/s (Murray), 402-403, 405-406
 aparente, 40
 conscientes, 38
 defensivos, 60
 do encaminhamento, 118-120, 126, 137
 explícitos, 40, 58
 inconscientes, 38
 subjacentes, 63
Motricidade, 100, 102
MPAS, 24
Mudança
 associadas à idade, 180
 de tamanho, 295, 297, 300, 315
 estágio/s de, 89, 90, 92, 93
 motivação para, 88, 93
 na angulação, 295, 298, 299
 na curvatura, 295, 298, 299
 plano de, 93, 94
 processo de, 88-92, 93
 prontidão para, 89, 92
Mutilação, 298, 299

N

Não posso dizer, "?", escala (MMPI), 454, 455
National Institute of Mental Health (NIMH), 77
Necessidade/s (Bellak), 409, 411, 413-415
Necessidade/s (Murray), 399, 402
Necessidade/s, 70, 71, 72, 73, 380, 382, 384, 385
Negação, 124, 406, 418-420, 427, 456, 459, 460, 461, 465-467, 469, 476, 477, 481, 482, 485, 486, 495, 497, 501, 502
Neuropsicologia, 172, 174, 176
Neurose de transferência, 97
Nível/eis
 abstrato, 580
 conceitual, 580
 concreto, 565, 580
 das estruturas formais, 515
 de ansiedade, 110, 136

de funcionamento da personalidade, 110, 121
de inteligência, 105, 130
de inferência, 118, 119, 121
de projeção, 516
do conteúdo, 515, 516
fantasmático, 379, 380, 380
formal, 131
gráfico, 515
lúdico, 111
perceptivo, 379
psicótico, 110
Normas éticas, 121, 154
Normas, 141

O

Objetividade, 390, 391, 396
Objetivo/s
 da avaliação, 42, 109, 110
 de entendimento dinâmico, 106
 de prevenção, 106
 de prognóstico, 106
 diferencial, 127
 do psicodiagnóstico, 40, 44, 106, 107, 110, 111
 forenses, 106
Objetivos do psicodiagnóstico, 23, 26, 30, 64
 de avaliação compreensiva, 27, 28
 de classificação nosológica, 27, 28
 simples, 27
 de descrição, 27, 28
 de entendimento dinâmico, 27, 28
 de perícia forense, 27, 28
 de prevenção, 27, 28
 de prognóstico, 27, 28
 diferencial, 27, 28
Obnubilação, 68
Observação
 direta, 83
 participante, 154
 por meio de vídeo, 83
 por sala de espelho, 83
 sobre o comportamento, 136
Omissão, 321, 514, 516, 517
Oposicionismo, 131
Organização do ego, 365
Organização grafoperceptiva, 302, 303, 305
Organização Perceptual (OP) (WISC-III), 603, 604, 606
 fator de, 283
 índice de, 276, 288
Organização, 390, 391
 afetiva, 131
 das defesas, 132
 espacial, 590
 perceptual, 551, 554-555, 587, 589, 593, 600-602
 visoespacial, 592
 visoperceptual, 594
 visual, 586, 588
Orientação, 68, 69, 70

P

Pa, escala (MMPI), 471, 473, 484, 486, 489, 494, 495, 502, 504
Paciente identificado, 143-147
Padrões
 de funcionamento, 148, 149
 de interação, 142, 148, 149
 de organização, 148, 149
 familiares, 143, 146, 150
 sintomáticos, 150
 transacionais, 141
 vinculares, 150
Papel do psicólogo, 38, 42, 43, 99
Paranóia, 87
Parecer/es, 30, 107, 121, 124, 125
Pares Visuais Associados, subteste de, 292
Passos para manejo (MMPI), 441-453
Pátrio poder, 187, 191, 192
Patte Noir, 211
Penetração, 322
Pensamento, 68, 70, 173
 abstrato, 130, 569, 574, 579, 580, 581, 591, 600
 bizarro, 474
 bloqueio do, 71
 concreto, 565, 567, 569, 575, 576, 577, 580, 582, 590, 594, 595
 conceitual, 130, 136, 581, 582, 591, 592
 confuso, 474, 488
 delirante, 472, 491
 desagregação, 71
 desorganização do, 472, 475, 496, 563
 esquizóide, 474
 extravagante/s, 535
 fluidez do, 584
 inibição do, 71
 infantil, 104
 lógico, 70, 131, 136, 391, 396, 575, 576
 mágico, 70, 132, 503
 obsessivo, 473
 organização, 568, 569
 patologias do, 70
 perseveração do, 71
 primário, 582
 processos de, 488, 544, 568, 569, 570, 582, 588
 rigidez do, 567, 582, 583
 seqüencial, 586, 600
 tangencial, 496
 transtornos do, 115, 137, 138, 487, 491, 495, 531, 565, 570
Pequeno Hans, 96
Percepção autista, 410, 411
Percepção subjetiva do idoso, 179
Percepção visomotora, 306, 308
Percepção, 131, 132, 133, 379, 380, 410, 415

errônea, 591
espacial, 596
Perda/s, 416, 418-420
Perfil (WISC-III)
 ACID, 609
 SCAD, 609-610
Perfil
 no MMPI, 442-445
 validade do. Vide também Escalas de validade, 447
Perguntas iniciais. Vide também Hipóteses iniciais, 106, 107, 122, 126, 134, 135
Perícia psicológica
 destituição de pátrio poder e, 187, 191, 193
 ética e, 187, 191, 192
 exame criminológico e, 192
 informe pericial, 187
 instrumentos de medida na, 185
 papel do psicólogo na, 186, 191
 reincidência, 191, 192
Perseveração (Z), 391, 393
Perseveração/ões, 101, 298, 299, 307-309, 312-314, 321, 329, 330, 333-336, 571, 579, 594
Personagem, valorização do, 516, 518
Personalidade
 anti-social, 495
 borderline, 475
 esquiva, 489
 esquizóide, 488, 494
 histriônica, 461, 466
 narcisista, 461
 paranóide, 494
 passiva-agressiva, 490, 493
 psicopática, 467, 469, 476
Personificação, 100, 102, 103
Personologia, 399, 400
Pfister, teste de. Vide Pirâmides coloridas
Phillipson, teste de. Vide Relações Objetais, teste de
Pigem, teste de. Vide Teste Desiderativo
Pirâmides coloridas, teste das, 265-266
Planejamento, 390, 393
Plano de avaliação, 26, 28, 30, 106-111, 113, 127, 158, 180
Plano de mudança, 93, 94
Plano de tratamento. Vide também Planejamento do tratamento, 119
Plasticidade, 101
PMK, 248
Posição
 do papel, 329
 do primeiro desenho, 329
 na família, 514
Positive and Negative Symptoms for Schizophrenia (PANSS), 49, 75

Potencial suicida, 465, 488, 489, 505
Praxia, 180, 181
Precipitadores e/ou estressores, 199, 200, Fig. 18-a
Precisão
 de classificação diagnóstica, 76
 diagnóstica, 77
Pré-contemplação, 90, 93
Preditores de altas habilidades, 156
Present State Examination (PSE), 75
Pressões (Murray), 399, 402, 403, 405-407
Pressupostos psicodinâmicos (ou psicanalíticos), 106
Prevenção, 151, 196, 201
Problema/s
 ambientais, 35, 36
 definição de, 33
 psicossociais, 35, 36
Problemas de aprendizagem, 507
Procedimentos de Desenhos-Estórias, 248-249
Procedimentos opcionais no WAIS-III, 616-617
Processo/s
 avaliativo, 43
 de separação-individuação, 422
 defensivos, 43
 demencial/ais, 174, 178
 diagnóstico, 24, 38, 42
 inconscientes, 42
 perceptivo/s, 379
 psicótico, 473, 473, 487, 490
 psicodiagnóstico, 38, 39, 41, 58
Procurar Símbolos, subteste de (WAIS-III), 603, 604, 606, 616, 620
Procurar Símbolos, subteste de, 282
Produção, 390
Prognóstico, 27, 28, 87, 105, 106, 118-120, 124, 134, 135, 151, 156
Projeção invertida, 410
Projeção simples, 410
Projeção, 142, 409, 472, 487, 490, 493, 502, 504
Projeto MATCH, 88, 93
Propriedades psicométricas do WAIS-III, 616-617
Propriedades psicométricas, 158
Psicodiagnóstico miocinético. Vide PMK
Psicologia
 clínica, 45, 48, 75, 76, 183
 do desenvolvimento, 45, 100
 do ego, 97
 evolutiva, 102
 experimental, 183
 forense, 75, 76, 183
 hospitalar, 49, 50, 75

 judicial, 183
Psicometria, 171, 174
Psicomotricidade, 102
Psicopatologia
 subjetiva, 22, 33
Psicopatologia, escala de, 329, 330
Psicose breve (reativa), 83
Psicose de Korsakoff, 569, 598
Psicoterapia breve, 400
Psicoterapia infantil, 97
Pt, escala (MMPI), 481, 495, 496, 503

Q

QI (WAIS-III), 622
QI
 significação do, 529, 530
QIE (WAIS-III), 622, 623
QIT (WAIS-III), 622
QIT, 547-551
QIV (WAIS-III), 622, 623
QIV-QIE (WAIS-III), 623
QIV-QIE, 550-553, 558, 587
Qualidade
 da/s medida/s, 22, 158
 metodológica, 21
 psicométrica, 21
 dos testes diagnósticos, 165-166
Questionário de Saúde Geral de Goldberg (QSG), 249-250
Questionário dos 16 Fatores de Personalidade. Vide Dezesseis PF
Questionários
 estruturados, 159
 semi-estruturados, 159
Questões
 descritivas, 174
 diagnósticas, 174
 psicodinâmicas da fase, 64, 65

R

Raciocínio analógico, 272
Raciocínio Matricial, subteste de (WAIS-III), 276, 616, 620
Raciocínio/s, 70
 lógico, 391, 393
Racionalização, 406, 425-427
Rapport, 42, 82, 114, 115, 122, 344, 387, 388
Rasura, 298, 299
Raven, 250-253
Reação transferencial, 120
Realidade
 sentido de, 131
 teste de, 131, 134,135, 134-136, 137, 367
Recaída, 91-93
Receptor, 121-125
Recomendações terapêuticas, 87
Reconhecimento, 68, 69

Regras, 141, 142, 148, 149
Rejeição, 426, 427
Relação profissional, 45, 46
Relatório, 30
Renard Diagnostic Interview (RDI), 75
Reparação, 398
Repassamento, 298-300, 328, 238
Representação/ões simbólica/s, 514, 516, 517
Repressão, 132, 391, 394, 405, 425, 426, 456, 481, 482, 490, 501-505
Reprodução Visual, subteste de, 286
"Resiliência", 151-154
Resistência à Distratibilidade (RD) (WISC-III), 603, 604, 554, 555, 572-573, 596, 597
Resistência, 38, 39, 41, 42, 46, 52, 54, 89, 90, 92, 94, 184
Responsabilidade/s, 89, 93, 95
Resposta/s
 absurda/s, 535, 563, 564
 bizarra/s, 564
 caótica/s, 582
 circunstancial/ais, 570
 confabulatórias, 570
 classificação da/s, 342, 349, 353-359
 de posição (Z), 391
 desorganizadas, 582
 desviante/s, 571
 errônea, 535
 estereotipada/s, 580, 582
 extravagante/s, 573
 idiossincrásicas, 563
 inusitadas, 533, 563, 564
 personalizada/s, 570
 perturbada/s, 582
 populares, 295, 298, 299, 307, 309, 312-314
 tangencial/ais, 570
 vagas, 570
Retardamento mental
Retrato gráfico, 143
Retrogressão, 329, 333, 336
Revisão geral dos sistemas e funções, 180
Rigidez, 98, 101
Rorschach temático
 estudos em
 crianças, 379-380, 383, 385
 imigrantes, 380, 382
 sujeitos com AIDS, 384
 sujeitos com candidíase vaginal, 382
Rorschach, 218, 253-258
 aplicação (Exner), 369, 370
 atividade organizativa (Exner), 368, 369
 auto-estima, 374, 376
 autopercepção, 376
 códigos especiais (Exner), 372-377

Combinação fabulada (FA-BCOM), 373
Combinação incongruente (INCOM), 373
Confabulação (CONFAB), 374
Contaminação (CONTAM), 373
Conteúdo abstrato (AB), 374
Conteúdo mórbido (MOR), 374, 376
Fenômeno especial de cor (Cp), 374, 375
Lógica inadequada (ALOG), 373
Movimento agressivo (AG), 374, 376, 377
Movimento cooperativo (COP), 374, 376
Perseveração (PSV), 374, 377
Respostas desviantes (DR), 373
Respostas personalizadas (PER), 374
Verbalizações desviantes (DV), 373
combinações inadequadas, 373
confabulação, 374
conteúdo/s, 372
  abstrato, 374
  idiossincrático, 372
  mórbido, 374
  projetivo, 377
déficit relacional, 376
depressão
  constelação da, 376
  índice de, 376
determinantes (Exner), 371-372
dinâmica
  da personalidade, 377
distorção/ões
  perceptivas (Exner), 377
esquizofrenia, índice de (Exner), 376
estilo obsessivo, 376
estresse
  situacional, 375
  tolerância ao, 375
hipervigilância, 376
ideação, 373, 375
interpretação (Exner), 376-377
mediação, 375
pares (Exner), 370-372, 376
pensamento, 373, 375
percepção, 372, 375-377
perseverações (Exner), 377
processamento (Exner), 375
projeção
  de cor (Exner), 374, 375
qualidade
  evolutiva (Exner), 370, 371, 375
  formal (Exner), 370, 372, 375-377

reflexos, 371
resposta/s
  classificação das (Exner), 370-374
  de cor (Exner), 371
  de forma-dimensão (Exner), 371
  de movimento (Exner), 371, 374
  de pares (Exner), 372
  de reflexo (Exner), 372
  de sombreado (Exner), 371
  desviantes (Exner), 373
  localização das (Exner), 370
  número das (Exner), 370, 373-375
  personalizadas (Exner), 374
  populares (Exner), 370, 372
RIAP, 377
suicídio, 376
sumário estrutural (Exner), 374-376
variável/eis chave (Exner), 377
verbalizações
  desviantes (Exner), 373
  inusuais (Exner), 372, 374
Rorschach, teste de, 24, 110, 112, 114, 115, 117, 127, 131, 133, 134-137
Rotação, 321, 328, 329, 330, 332, 333, 334, 335

S

Saúde Geral. Vide Questionário de Saúde Geral
Saúde mental, 32, 33, 35, 36, 75, 76, 77, 78, 83
Sceno-test, 258-259
  aplicação familiar do, 258
Schedule for Affective Disorders and Schizophrenia (SADS), 75
SCID, 75-79, 83-87
SCID-B/C, 78
SCID-II, 78
SCID-NP, 78
SCID-P, 78
Screening, 179, 181
Segredos, 142
Segunda tentativa, 295, 297
Self ideal, 523
Semelhanças, subteste de, 274, 276, 278, 281, 288, 289
Senescência normal, 178, 180
Sensibilidade, 165-166
Sensibilização, 410
Sensopercepção, 68
  transtornos da, 68
Sentenças, subteste de, 288
Sentimentos
  derivados
    do conflito, 432
    do instinto de vida, 432
    do instinto de morte, 432

expressos, 431, 432, 436
Seqüência de Letras e Número, subteste de, 276
Seqüência de Números e Letras, subteste de (WAIS-III), 616, 619-620
Seqüência, 329
Setting, 47, 49
Sexualidade infantil, 96
Sigilo profissional, 105, 121, 124
Simbolismo, 103
Símbolos, subteste de, 143, 146-149, 274, 276, 280
Simplificação, 298, 299, 313, 314, 329, 333, 336
Simulação, 187, 188, 189
"Sinais de alerta", 151-154, 155, 156
  altas habilidades, 151, 155, 156
  deficiência mental, 156
Sinal/ais, 32, 33, 34, 45, 50, 51, 68
  de alerta, 34
  de Brown, 323
  de Hutt-Briskin, 333
  de penetração, 322, 324
  de perturbação, 62
  de Sternberg e Levine, 323, 326
  simbólicos de agressão, 326
Síndrome/s, 34, 36, 50, 51
  agudas e crônicas, 451-452
Síntese dinâmica (Murray), 401
Síntese interpretativa (CAT), 420
Síntese, 68, 70, 71
Sintoma/s, 32, 33, 34, 35, 36, 45, 49, 50, 51, 54, 68, 73, 150
  admissão de, 58
  aparecimento de, 62
  de humor, 83, 84
  demenciais, 171, 182
  emergentes, 57, 58
  especiais, 61
  na adolescência, 65
  obsessivo-compulsivos, 60
  psicóticos, 80, 81, 83
  psiquiátricos, 77
  pré-adolescentes, 65
Sistema disfuncional, 143
Sistema legal, 183
Sistema nervoso central. Vide também SNC, 68, 71
Sistema
  de Koppitz, 221
  de Naglieri, 221
Sistemas de escore
  de Billingslea, 326
  de Hain, 331
  de Hutt, 326, 329
  de Pascal e Suttell, 326, 327, 328
Situação
  clínica especial, 114
  de testagem, 115, 116
  padronizada, 115

Situação-problema, 421
SNC, 171, 173, 174
SOCRATES, 93
Solidão, 424, 426
Sombreamento, 509, 510
SSCT (Sacks Sentence Completion Test). Vide Complementamento de Sentenças
Stanford-Binet, escala. Vide Binet IV
Sublimação, 501
Sucessos da vida, 150
Suicídio, 196-201, 229, 324, 501
  avaliação da história, 75
  idéias de, 227, 229, 230, 464
  risco de, 124, 131, 136, 228, 230, 486, 488, 496, 505
  risco de tentativa de, 75
  tentativa/s, 486-488, 490, 494
  tentativa de, 126, 229, 230
Suicidologia, 201
Superdotação, 151
Superego, 65, 409, 411-413, 414, 415
  desenvolvimento do, 420
  forças do, 402
  sanções do, 402
  severidade do, 418, 420
Superelaboração, 570
Superinclusão, 570
Superposição, 298, 299, 321, 322, 329, 330, 333, 336
Supervisão (prática supervisionada), 47, 55, 56
Supressão (mecanismo de), 501
Szondi, 24

T

Tamanho, 513, 514, 516, 518
  aumentado, 297, 300, 315, 321
  diminuído, 297
  irregular, 297
  pequeno, 300
  redução de, 321
TAT (Thematic Apperception Test), 112, 127, 131-133, 136, 137, 218, 259-262, 378, 380, 385
TDM, 83, 84, 86
Técnica/s
  auto-administrada, 112
  de associação livre, 378
  de Zulliger, 386
  gráficas, 110, 111, 137
  projetivas, 20, 22, 35, 108, 110-112, 116, 132, 154, 159, 300, 301, 429, 431, 437
  psicanalítica, 96
  psicológicas, 121
  psicométricas, 109
Tema (Murray), 402, 404-407
Tema principal (Bellak), 413

Tendência/s (Murray), 401, 402, 405-406
Tendências, 431, 432, 436, 437
Teoria da personalidade, 118, 119, 399
Teoria/s sistêmica/s, 45
Terapia familiar, 143
Terceira idade, 426, 427
Testagem, 107, 108, 110-113, 115-116, 119, 120, 122, 124, 126, 127, 131, 132, 136, 137
Testagem, tempo de (MMPI), 441-442
Teste Comportamental de Memória de Rivermead, 181
Teste das Fábulas, 213-214, 262-265
Teste das Pirâmides Coloridas, 265-266
Teste das Relações Objetais, 266-267
Teste de Completamento de Desenhos (Wartegg), 266-269
Teste de Evocação de Buschke, 181, 182
Teste de Lembranças Seletivas, 182
Teste de Sondagem Intelectual, 269-270
Teste Desiderativo, 270-271
Teste Não-Verbal de Raciocínio para Crianças (TNVRI), 271-272
Teste projetivo, 413, 416
Teste Z, 386
Testes
 Alfa, 23
 administração, 113-115
 bateria de, 109, 110, 113, 116
 Bender. Vide Bender (B-G)
 Benton, 207-208
 Beta, 24
 Blacky, 211
 das Pirâmides Coloridas, 265-266
 das Relações Objetais, 266, 267
 de apercepção infantil
  Blacky, 211
  CAT-A, 211, 212
  CAT-H, 211, 212
  CAT-S, 211
  da Patte Noir, 211
  TEMAS, 211
 de atitudes familiares, 211
 de Casa-Árvore-Pessoa. Vide http
 de Completamento de Desenhos, 266, 269
 de Completamento de Sentenças, 216-218
 de Cubos de Kohs. Vide Teste de Kohs
 de desenho. Vide Desenho
 de Goodenough, 221
 de Goodenough-Harris, 221
 de Harris, 221
 de inteligência não-verbal. Vide INV
 de Nathan e Mauco, 211
 de Pfister. Vide Pirâmides Coloridas, teste de
 de Phillipson, 266
 de realidade, 131, 134, 135, 134-136, 137
 de Relações Objetais, 266, 267
 de Rey. Vide Teste da Figura Complexa de Rey
 de Rorschach. Vide Rorschach
 de Frustração, 259
 Desiderativo, 270-271
 diagnósticos, 165-166
 do Bestiário, 270
 estruturados, 115, 119, 130
 Guestáltico Visomotor. Vide Bender
 Miocinético. Vide PMK
 neuropsicológicos, 180
 projetivos, 110, 115, 117, 119, 399, 400
 psicométricos, 110, 117, 174
 psicométrico/s. Vide também Técnicas psicométricas, 22
 psicológicos, 183, 185
 temático. Vide também Teste de apercepção infantil
 Picture Story Test, 259
 Pickford Projective Pictures, 211
 Senior Apperception Test, 259
 TAT. Vide TAT
 Tell Me A Story Test, 211
 Wisconsin de Classificação de Cartões. Vide Wisconsin
 Wisconsin de Classificação de Cartas, 175
 Teste-reteste, 78, 83
 Tétrade psicótica, 443, 444, 450
 The Middlessey Elderly Assesment of Mental State (MEAMS), 181
 Tolerância à fatigabilidade, 111
 Tolerância à frustração, 100, 104
 Traço/s (Murray), 402, 405
 Traços
  de disfunção cerebral, no HTP, 526
  depressivos, no HTP, 526-527
  hipomaníacos, no HTP, 526-527
  psicóticos, no HTP, 523-525
 Transferência, 41, 42, 43, 52, 53, 54, 97
 Transgeracional, 142
 Transtornos (ou problemas)
  afetivo, 127, 136, 479, 488, 493
  bipolar, 79, 83, 85, 108, 127, 458, 477, 488
  borderline, 83
  ciclotímico, 82, 86
  classificação dos, 24, 29
  conversivo, 482, 483
  de abuso de álcool, de drogas, de substâncias, 484, 486, 490, 493, 495
  de ajustamento, 84, 86, 296, 300, 458, 479, 486, 487, 490, 495
  de alimentação, 79
  de ansiedade, 21, 79, 473, 479, 481, 484, 487, 493, 495, 496
  de caráter, 467
  de conduta, 300, 457
  de estresse agudo, 35, 79
  de estresse pós-traumático, 35, 79
  de humor, 488
  de pensamento, 115, 137, 138, 487, 491, 495
  de personalidade, 24, 121, 127, 134-136, 484, 497, 498, 499
   anti-social, 126, 484, 486, 493, 498, 499
   borderline, 127, 127-138, 183, 184, 458, 461, 474, 488, 493, 498, 499
   dependente, 127, 136, 137, 498, 499
   esquiva, 487, 488, 498, 499
   esquizóide, 488, 498, 499
   esquizotípica, 127, 136, 138, 474
   histriônica, 483, 498, 499
   narcisista, 498, 499
   obsessivo-compulsiva, 487, 488, 498, 499
   paranóide, 471, 498, 499
   passivo-agressiva, 484, 486, 487, 498, 499
  delirante, 79, 82
  depressão maior, 21
  depressivo maior, 79, 82, 83, 85, 86, 127, 483, 488, 489
  depressivo, 50, 85, 86, 481, 483, 485, 487, 493
  dissociativo, 484, 491
  distímico, 82, 75, 85, 86, 479, 483, 484, 487, 489, 496
  do humor, 79, 83, 84, 85
  do pânico, 78, 79
  doloroso, 106
  emocionais na criança, 296
  esquizoafetivo, 79, 83, 85, 458, 488, 497
  esquizofrênico, 127, 131, 134, 135, 137, 487
  esquizofreniforme, 79
  funcionais, 24
  generalizada, 79
  maturação (maturidade) viso-motora, 301
  médicos, 33
  mentais, 75, 76, 77, 78, 120, 121
  mental/is, 29, 32, 35, 36, 147, 313, 469
  misto de ansiedade e depressão, 21
  neurótico/s, 487
  no desenvolvimento neuropsicológico, 301, 311, 312-314
  obsessivo-compulsivo, 79, 461, 473, 496
  orgânicos, 24
  psicótico/s, 79, 82, 83, 84
  psiquiátricos, 24, 33
  relativos ao uso de substâncias, 79
  somatoforme/s, 79, 479, 481, 484, 491
Treinamento prático, 83
Treinamento, 46, 47, 55, 56
Tríade
 neurótica, 443, 444, 449, 452, 464, 471, 486, 496, 500
Triagem
 de conflitos emocionais, 263
 intelectual, 215-216, 269
Triangularidade edípica, 61
Triangularidade relacional, 521
Triângulos, 150
Tristeza, 426

U

Urgência psiquiátrica, 124
URICA, 93
Uso de substâncias, 79
Uso do álcool, 486

V

Vale conversivo (V conversivo), 462, 482, 483
Valência afetiva, 514
Validação de escalas ou testes, 159, 166
Validade, 158, 159, 163
 concorrente, 163-164
 convergente, 163, 164
 de conteúdo, 163
 de face, 163
 discriminante, 163, 164
 do diagnóstico, 76, 83
 fatorial, 163, 164, 165
 hipóteses de
  de Dahlstrom, Welsh e Dahlstrom, 443-445
  de Levitt e Gotts, 446-447
  de Vincent, 443-445
 preditiva, 163-164
 relacionada a constructo, 159, 163, 164, 165
 relacionada a conteúdo, 163
 relacionada a critério, 163-164
Validade, escalas ou indicadores (MMPI), 454-461, 502, 506

Valores, 141, 142
Variáveis psicológicas
  do paciente, 43
  do psicólogo, 43
Velocidade de Processamento
  (VP) (WISC-III), 603, 604
  fator de, 283
  índice de, 276
Verbalização/ões, 388, 390
Vineland, 272-274
Visita domiciliar, 154
Vocabulário, subteste de, 115, 274, 275, 276, 278, 281, 288, 289
Vulnerabilidade/s (prévia/s) no desenvolvimento, 64, 65, 66, 423, 425-427

W

WAIS, *Wechsler Adult Intelligence Scale*, 119, 127, 136, 137, 274-276
WAIS-III, *Wechsler Adult Intelligence Scale* 3ª edição. 276-278, 287
WAIS-R NI, 278-279, 542, 544, 547, 563, 565, 569, 571, 573
WAIS-R, *Wechsler Adult Intelligence Scale Revised*, 110, 274-276
Wartegg. teste de. Vide Teste de Completamento de Desenhos
WASI, 279, 281
WCST (*Wisconsin Card Sorting Test*). Vide Wisconsin
Wechsler, escalas. Vide também Escalas de Inteligência de memória, 285-288
WIAT, *Wechsler Individual Achievement Test*, 283
WIS (*Wechsler Intelligence Scales*), 22, 180
WISC, *Wechsler Intelligence Scale for Children*, 279-282
WISC-III, em grupos clínicos, 612-614
WISC-III, *Wechsler Intelligence Scale for Children* 3ª edição, 282-284
Wisconsin, 284-285
WISC-R, *Wechsler Intelligence Scale for Children Revised*, 279-282
WMS, 285-288
WMS-III, 285-288
WMS-R, 285-288
WPPSI, 281, 288, 290
WPPSI-R, 281, 288, 290

Z

Z-teste, 290-292, 386